Heinz-Otto Sieburg

Geschichte Frankreichs

Fünfte, erweiterte Auflage

Verlag W. Kohlhammer
Stuttgart Berlin Köln

Eva Maria,
meiner Frau und Mitarbeiterin,
zugeeignet

Die Deutsche Bibliothek – CIP-Einheitsaufnahme

Sieburg, Heinz-Otto:
Geschichte Frankreichs / Heinz-Otto Sieburg. – 5., erw. Aufl. –
Stuttgart ; Berlin ; Köln : Kohlhammer, 1995
  ISBN 3-17-01664-X

Fünfte, erweiterte Auflage 1995
Alle Rechte vorbehalten
© 1975 W. Kohlhammer GmbH
Stuttgart Berlin Köln
Verlagsort: Stuttgart
Gesamtherstellung:
W. Kohlhammer Druckerei GmbH + Co. Stuttgart
Printed in Germany

4

Inhalt

Vorwort

Zwar gibt es auf dem deutschen Büchermarkt zur Zeit einige Längs-schnitte durch die französische Geschichte, die dem Stand der heutigen Forschung entsprechen, wie z. B. die vom Autor verfaßten ›Grund-züge der französischen Geschichte‹ (Darmstadt ²1973). Diese Bücher enthalten aber nur das Gerüst der politischen Ereignisgeschichte oder bringen sie lediglich im Abriß. Nach wie vor fehlt es an einem nicht allzu schmalen Handbuch der französischen Gesamtgeschichte, das außer dem Geschehnisablauf der politischen Entwicklung auch die mehr statisch-strukturellen Faktoren institutionellen, wirtschaftlichen, sozialen, geistesgeschichtlichen und kulturellen Charakters angemes-sen berücksichtigt. Ein somit bestehendes Bedürfnis versucht die hier vorgelegte Geschichte Frankreichs zu befriedigen. Sie ist das Ergebnis jahrzehntelanger Beschäftigung des Autors mit der so reichen Ver-gangenheit unseres Nachbarvolkes und mit der ihr gewidmeten inter-nationalen Forschung. Aus Raumgründen konnte nur sehr wenig von deren Resultaten in dem knapp zu haltenden Anmerkungsapparat sichtbar gemacht werden; wie breit aber die Literaturgrundlage ist, auf der die Darstellung beruht, läßt der vom Autor erarbeitete For-schungsbericht erkennen, der in der Auswahlbibliographie mit ange-führt ist. Die in ihr genannten Bibliographien und darstellenden Werke mögen den interessierten Leser zu einer vertieften Beschäfti-gung mit Einzelfragen der französischen Geschichte anregen.
Tragender Gedanke dieser Darstellung ist die These, daß der in unserer Gegenwart problematisch gewordene »Nationalstaat« durch Frankreich und im Verlauf seiner Geschichte zu einer so reinen Form ausgeprägt worden ist, daß er in dieser seiner französischen Variante geradezu als historischer Modellfall gelten darf. Andererseits aber wird der Leser immer wieder mit dem merkwürdigen Phänomen konfrontiert, daß gerade das französische nationale Selbstverständnis gleichzeitig auch mit einem durchaus universalen, die Grenzen der eigenen Nationalität sprengenden Zug ausgestattet ist und daß dem-entsprechend innerfranzösische Entwicklungen häufig und in ganz besonderem Maße gesamteuropäische, ja welthistorische Fernwirkun-gen gezeitigt haben, die – wie z. B. die Große Revolution und die aus ihr hervorgegangene moderne Demokratie – noch heute das Leben jedes einzelnen in vielfältiger Weise elementar bestimmen.
Zuletzt noch ein Wort des Dankes. Es gilt einmal dem Verlag

W. Kohlhammer, der diese Arbeit angeregt und sich dem Verfasser gegenüber außerordentlich entgegenkommend und verständnisvoll gezeigt hat. Vor allem aber danke ich von Herzen meiner Frau für ihre vielfältige, über die Lektüre von Korrekturfahnen und die Anfertigung des Registers weit hinausreichende unermüdliche Mitarbeit, die sehr wesentlich zum Gelingen dieses Buches beigetragen hat.

Saarbrücken, im März 1975   *Heinz-Otto Sieburg*

Vorwort zur fünften Auflage

Entsprechend dem Aufbau des Buches, wonach die Darstellung desto ausführlicher wird, je mehr sie sich der Gegenwart nähert, ist auch das neue, das sechste Kapitel über »Frankreichs V. Republik in der nachgaullistischen Ära« umfangreicher angelegt als die vorhergehenden. Das ist aber auch darin begründet, daß es sich hier um erlebte Zeitgeschichte handelt, die dem politisch interessierten Leser täglich in Wort und Bild in vielen Einzelheiten begegnet, ohne daß damit in jedem Falle auch gleichzeitig die größeren Zusammenhänge erkennbar würden.

Wenige Wochen nach Erscheinen der vierten Auflage begannen tiefgreifende Umwälzungen die politische Landschaft Europas zu verändern, die im Verlaufe der letzten fünf bis sechs Jahre auch die französische Außen- und Innenpolitik nachhaltig beeinflußten. Von daher erscheint es begründet, die Darstellung über das Jahr 1989 hinaus fortzuführen und die sich daraus ergebenden Entwicklungen bis zum Ende der Präsidentschaft François Mitterrands zu verfolgen.

Es handelt sich dabei um die Demokratisierungs- und Unabhängigkeitsbewegungen in den ehemaligen Ostblockstaaten, die Vereinigung der beiden deutschen Staaten, den Zerfall der Sowjetunion sowie dessen Auswirkungen auf das Ost-West-Verhältnis und auf alte und neue Konfliktherde in- und außerhalb Europas.

Gleichzeitig waren die Fortschritte in der Europa-Politik, die nach 1990 einsetzende weltweite Wirtschaftsrezession und die 1993 beginnende zweite *cohabitation* in ihrem Einfluß auf die französische Innen- und Wirtschaftspolitik zu berücksichtigen.

Zwanzig Jahre sind seit dem Erscheinen der ersten Auflage der »Geschichte Frankreichs« vergangen, und im Rückblick auf diese lange Zeit möchte ich beim Erscheinen der fünften Auflage meinen Dank sagen: den Lesern für ihr anhaltendes Interesse an dem Buch, dem Verlag W. Kohlhammer für die Möglichkeit, es zweimal bis zur Gegenwart fortzuschreiben, und in diesem Zusammenhang besonders Herrn Dr. Alexander Schweickert und Frau Monica Wejwar für die Geduld und das Verständnis, mit denen sie sein Wachsen begleitet haben, Frau Dr. Petra Roscheck für ihre wertvolle Hilfe bei der Bereitstellung der Quellen für die vorliegende Auflage und meiner Frau für ihre immerwährende Mitarbeit und Unterstützung.

Saarbrücken, im Mai 1995   *Heinz-Otto Sieburg*

Einleitung: Die Grundlagen

Im zweiten seiner beiden Memoirenwerke nimmt Charles de Gaulle eine Wesensbestimmung der französischen Geschichte vor,[1] die zwar zunächst das naheliegende Bemühen erkennen läßt, die eigene Regierungsform zu rechtfertigen, darüber hinaus aber allgemeine Gedanken enthält, die durchaus einer langen geistesgeschichtlichen Tradition entsprechen.[2] Wie z. B. Michelet schon vor etwa einem Jahrhundert in einer bekannten Metapher von Frankreich gesagt hat, es sei »eine Person«[3], so begreift auch de Gaulle das französische Volk als Kollektivindividuum, das sich durch alle Wandlungen der Jahrhunderte hindurch seine »Eigenart« bewahrt habe. Dies erkläre sich zum einen aus den besonderen geographischen Gegebenheiten der französischen Landschaft und zum anderen aus der dynamischen Kraft der Geschichte, welche die – mit je unverwechselbarem »Genius« ausgestatteten – »Völker«, die den Boden Frankreichs besiedelten, durch Prüfungen und Leiderfahrungen »unablässig zu einer einzigen Nation« zusammengeknetet habe. Diese gleichsam zeitlose Schicksalsgemeinschaft umfaßt die Geschlechterfolgen der Vergangenheit ebenso wie die der Gegenwart und der Zukunft. Ihr »Treuhänder« in den Wechselfällen der Geschichte ist der französische »Staat«, dessen Verwalter wiederum jene Dynastien der Merowinger, Karolinger und Kapetinger, der Valois und Bourbonen waren, die revolutionäre Republik ebenso wie die beiden Napoleone, die Monarchie der Restauration, das Bürgerkönigtum oder die republikanisch-demokratischen Regierungssysteme seit 1870. Sie alle wurden zur Macht berufen oder mußten abdanken, je nachdem sie es verstanden, in Katastrophenzeiten eine äußere oder innere Gefahr vom »Vaterlande« abzuwenden oder nicht. Denn in der französischen Geschichte sei es »stets ein Krieg« gewesen, der die »höchste Autorität« gegeben oder genommen habe, weil eben die »Legitimität einer Regierungsgewalt« darauf beruhe, ob sie imstande sei, die Einheit und Kontinuität der Nation im Wechsel der Ereignisse zu behaupten.
Obwohl diese Geschichtsphilosophie ganz unverkennbar die Handschrift des Mannes trägt, der sie mit wenigen markanten Sätzen umrissen hat, erscheint sie gleichzeitig wie das Resümee eines in Frankreich weitverbreiteten historischen Selbstverständnisses, das nicht nur von zahlreichen und während verschiedener Epochen wirkenden historisch-politischen Denkern getragen wurde und wird, sondern

auch in der Mehrheit des französischen Volkes bis in unsere Gegenwart hinein lebt, haben die Franzosen doch ihre Zustimmung zu diesen Gedanken de Gaulles noch in jüngster Vergangenheit eben dadurch bezeugt, daß sie die Herrschaft des Generals akzeptierten. Diese Geschichtsauffassung gründet sich auf die Überzeugung, daß die Nationen gleichsam das Urgestein der Geschichte und ihre eigentlichen Strukturkräfte seien. In der Tat kann sich wohl niemand, der über die Vergangenheit reflektiert, der Einsicht verschließen, daß sich in der »Nation« ein wesentliches Element verkörpert, mit dem der Historiker bei seiner Arbeit zu rechnen hat, selbst wenn er wie der Verfasser ein überzeugter Europäer ist, der in einer zukünftigen politischen Union unseres alten Kontinentes, in einem föderativ gestalteten Staatenbund – oder besser noch Bundesstaat – die auf weite Sicht einzige Chance erblickt, die Kultur der abendländischen Völkergemeinschaft ins nächste Jahrtausend hinüberzuretten, der also die Überwindung des »Nationalstaates« in seiner aus dem 19. Jahrhundert tradierten Form als eine politische Notwendigkeit für Europa ansieht. Aber die Nationen als solche würden ja bei ihrer Überwölbung durch ein einheitliches politisches Staatssystem ebensowenig in Frage gestellt werden wie einst jene Stämme, die bis heute regionale Grundelemente der bestehenden Nationalstaaten bilden.

Dieser Nationalstaat, dessen Wesen wir in Anlehnung an Formulierungen seines größten und in dieser Eindringlichkeit vorläufig wohl auch letzten Anwaltes in der zweiten Hälfte unseres Jahrhunderts zu bestimmen suchten, ist selbstverständlich keineswegs ein ausschließlich französisches Phänomen. Aber zweifellos ist er in unserem Nachbarland zu der reinsten Form ausgeprägt worden. Frankreich, das so viele Franzosen als eine Art Kunstwerk der Geschichte ansehen, ist zunächst einmal eine Schöpfung seiner Könige, die es verstanden haben, die im frühen Mittelalter noch sehr schwache monarchische Zentralgewalt im Laufe der Jahrhunderte konsequent so zu stärken, daß das Ergebnis ihres zähen Ringens mit den widerstrebenden Feudalmächten schließlich jener Nationalstaat älteren Typs gewesen ist, den Heinrich IV., Richelieu und Ludwig XIV. so glanzvoll verkörpert haben.

Das Werk der staatlichen Einigung wird nun von der Großen Revolution vollendet, in deren Verlauf die Franzosen die Königsherrschaft abschütteln und – ergriffen von der aufklärerischen Lehre vom Gesellschaftsvertrag und von der Volkssouveränität – sich als *nation une et indivisible* und schließlich unter Napoleon als *grande nation* empfinden lernen, weil sie als erstes Volk auf dem europäischen Kontinent wirklich mündig geworden, d. h. von »Untertanen« zu politisch selbstbewußten »Bürgern« herangereift sind. Beflügelt von diesem neuen nationalen Selbstverständnis, werden sie einerseits zu Trägern des modernen französischen Nationalstaates, den sie in einem das ganze 19. Jahrhundert ausfüllenden Prozeß in eine demokratische Republik umgestalten, und andererseits zu leidenschaftlichen Verkündern und Verfechtern der These, daß die politische Lebens- und Ordnungsform, die aus der Umwälzung von 1789, aber auch aus dem ihre wichtigsten Ergebnisse verfestigenden und in die Zukunft hinüberrettenden Herrschaftssystem Napoleons hervorgegangen ist, eine über ganz Frankreich hinausweisende, universale Geltung habe. Diese Identifikation mit der Welt bedeutet jedoch nicht etwas völlig Neues, sondern knüpft an eine unserem Nachbarland eigentümliche geistesgeschichtliche Tradition an. Denn schon im Mittelalter und im Ancien régime empfand sich Frankreich häufig als Wortführer der Menschheit, wobei es ihm an zustimmendem Echo in anderen Ländern keineswegs gefehlt hat. Dieser Anspruch entsprang im Mittelalter der Überzeugung, daß Frankreich die getreueste Tochter der Kirche und sein König darum der »allerchristlichste« sei. In diesem Zusammenhang sei an die ja wesentlich von Frankreich getragene und von da aus über das Abendland ausstrahlende Kreuzzugsbewegung erinnert oder an die Hugenottenkriege, in denen interne französische Probleme mit Auseinandersetzungen von gesamteuropäischem Charakter unlöslich verquickt waren. Ebenso stellte im Zeitalter des Absolutismus der so straff durchorganisierte französische Staat das Vorbild für fast ganz Kontinentaleuropa dar. Und schließlich traten von Frankreich aus jene Ideen der Aufklärung ihren Siegeszug an, die sich – vor allem eben seit 1789 – auf den größten Teil der zivilisierten Welt ausgedehnt und die politischen und sozialen Grundlagen eines menschenwürdigen Lebens in Freiheit und Unabhängigkeit und ohne Zwang und Unterdrückung jeglicher Art geschaffen haben. Daher kann man die Französische Revolution zu Recht als den »strategischen Schwerpunkt der neueren Geschichte«[4] ansehen.

Bis etwa zum 9. nachchristlichen Jahrhundert kann von einer »französischen« Geschichte im strengen Sinne noch keine Rede sein; die Grundelemente, aus denen sich nach dem Tode Karls des Großen eine »französische Nation« entwickeln sollte, sind allerdings schon erkennbar. Deren Ursprünge wiederum können nur ganz knapp skizziert werden.

Um 400 v. Chr. vollendete sich die Inbesitznahme Frankreichs durch die dort unter dem Namen Gallier weiterlebenden Kelten, während sie gleichzeitig Britannien, große Teile Spaniens und die oberitalienische Poebene besiedelten. Kühne Vorstöße des Brennus nach Rom im Jahre 390 v. Chr. sowie keltische Kriegszüge nach Makedonien, Griechenland und Kleinasien im 3. vorchristlichen Jahrhundert vermochten dagegen nicht zu dauernden Landnahmen zu führen. Bei der Betrachtung dieser die antike Welt des hellenistischen Zeitalters erschütternden Ereignisse, die die Kelten zum ersten Male im hellen Lichte der Geschichte zeigen, muß natürlich stets berücksichtigt werden, daß sie nicht – wie früher oft angenommen – eine »Rasse« waren, sondern »eine Gruppe von Gemeinschaften, deren Sprachen verwandt waren«[5].

Den eigentlichen Kernraum des Keltentums stellte – außer Britannien – jenes von den Galliern besiedelte Gebiet dar, das ganz Frankreich umfaßte und zu dem noch Belgien, ein Teil der Niederlande, das gesamte heute deutsche Gebiet links des Rheins und die Schweiz gehört haben. Die Kultur des alten Gallien erlebte in der La-Tène-Kunst ihren Gipfel. Ganz offensichtlich war die adlige Existenz- und Verhaltensweise, die die reichen Fürstengräber der Epoche erkennen lassen, stark an griechischen Vorbildern orientiert, die seit der Begründung der Kolonie Massilia (Marseille) durch Phokäer um 600 v. Chr. – übrigens das erste gesicherte Datum der französischen Geschichte – zunehmend an Einfluß gewannen. Jedenfalls standen die Gallier im ersten vorchristlichen Jahrhundert auf einem wesentlich höheren kulturellen Niveau als die kriegerischen Germanen jenseits des Rheins. Diese machten damals immer bedrohlichere Anstalten, nach Gallien vorzudringen, eine Tendenz, die Cäsar rechtzeitig erkannte und der er durch die Eroberung des Landes erfolgreich entgegentrat.

Politisch waren die Gallier in Stämme (*civitates*) aufgegliedert, die von Stammesfürsten (*principes*) regiert wurden. Diese Principes und die militärische Elite ihrer Gefolgsleute lebten seit etwa 200 v. Chr. in Adelsburgen (*oppida*), die von den übrigen Siedlungen räumlich isoliert lagen. Sie dienten in Kriegszeiten auch als befestigte Zufluchtsstätten des Stammes und wurden häufig zum Ursprung jener Gemeinwesen, aus denen schließlich berühmte Städte des historischen Frankreich hervorgehen sollten.

Seit der Eroberung durch Cäsar, die auch durch die verzweifelten Anstrengungen des Arverner-Fürsten Vercingetorix, alle gallischen Stämme im Kampf gegen Rom zu vereinen, letztlich nicht verhindert werden konnte, lernte das Land die Vorzüge römischer Administration kennen und so schätzen, daß in dem halben Jahrtausend seiner Zugehörigkeit zum Imperium Romanum (51 v. Chr. – 486 n. Chr.) nur ein einziges Mal ein Aufstand losbrach, nämlich die rasch niedergeworfene Rebellion des Julius Civilis zwischen 69 und 71 n. Chr. Infolgedessen hat Rom die drei Kernprovinzen, in die Gallien seit Kaiser Augustus eingeteilt war, nämlich Aquitania, Gallia Belgica und Gallia Lugdunensis, also die Gallia comata bzw. die Tres Galliae, ebenso garnisonsfrei verwalten können wie die Gallia Narbonensis, die seit 22 v. Chr. direkt dem römischen Senat unterstand. Dagegen gab es dicht gefüllte Standortquartiere zahlreicher Legionen in den beiden linksrheinischen Grenzprovinzen Germania superior und Germania inferior, die wegen ihrer unmittelbaren Nachbarschaft zum freien Germanien ständig als militärisch gefährdet galten. Unter dem jahrhundertelangen Schutz dieser Legionen und des weit nach Obergermanien vorgeschobenen Limes haben sich die Gallier so nachhaltig romanisiert, daß sie während der Kaiserzeit mit den – in Zentralgallien allerdings nicht sehr zahlenstarken – römischen Kolonisten zu einer einheitlichen gallo-romanischen Bevölkerung verschmolzen, die wiederum wesentliche Elemente der antiken Zivilisation ins Mittelalter hinüberzuretten vermochte.

Seine Blütezeit hat dieses römische Gallien wohl im 2. Jahrhundert n. Chr. erlebt. Eine hochentwickelte städtische Kultur förderte Handel und Gewerbe. Außerdem entfaltete sich auf dem Lande eine produktive Agrarwirtschaft innerhalb der Kolonendörfer, die an ausgedehnte Gutsbetriebe angeschlossen waren und schließlich den Städten sogar Konkurrenz zu machen verstanden. Seit der Mitte des 3. Jahrhunderts jedoch trat eine unverkennbare Rückwärtsentwicklung ein, die auf die zunehmenden – anfangs allerdings noch abgeschlagenen – Einfälle und Plünderungszüge der Germanen zurückzuführen ist. Diese verursachten gewaltige Bevölkerungsverluste und einen allgemeinen Wirtschaftsverfall und wirkten sich vor allem auf dem flachen Land verheerend aus, das naturgemäß unter den Invasionen am meisten zu leiden hatte; die hochentwickelte Landwirtschaft kam im Laufe der Zeit ganz zum Erliegen. Aber auch in den Städten wurde die Einwohnerzahl stark dezimiert; das lassen die stetig enger werdenden Mauerringe sehr deutlich erkennen, mit denen sich die bis dahin offenen Gemeinwesen zu umgürten begannen. Auf der anderen Seite breitete sich das Christentum rasch aus, seitdem Konstantin der Große seine Gleichstellung mit den Kulten des antiken Götterglaubens verfügt und Theodosius I. es 391 zur einzig zugelassenen Staatsreligion erklärt hatte. Während die durchaus noch heidnischen Germanen immer heftiger an die Tore Galliens pochten, übte der Hl. Martin, Bischof von Tours, seit 371 im Inneren dieser römischen Provinz seine Missiontätigkeit so wirkungsvoll aus, daß der neue Glaube seitdem zusehends an Boden gewann und überdies von Tours aus bis ins ferne Irland getragen wurde. Die beiden historischen Faktoren, die neben dem gallo-römischen Element im Werdeprozeß Frankreichs konstituierende Bedeutung erlangen sollten, Christentum und Germanentum, kündigten sich in dieser Zeit unüberhörbar an.

In erster Linie waren es die überwiegend ostgermanischen Völkerschaften der Vandalen, Quaden und Alanen, die im Jahre 406 endgültig den bis dahin ja immer noch schlecht und recht funktionierenden militärischen Sperriegel Roms durchbrachen, so daß Gallien seitdem zu einem bevorzugten Einbruchsgebiet von Germanen im Zeitalter der Völkerwanderung wurde. Wenn auch die Vandalen 409 nach Spanien weiterzogen, so hatten doch schon unmittelbar vorher Burgunder und Alemannen Mittel- und Oberrhein überschritten und sich in den östlichen Randgebieten festgesetzt. Im Zuge der Begründung ihres Spanien und Südfrankreich gleichzeitig umfassenden Tolosanischen Reiches ließen sich zwischen 418 und 507 Westgoten in den Tälern von Loire und Garonne dauernd nieder. 436 war das von Worms aus regierte mittelrheinische Herrschaftsgebiet der Burgunder durch den römischen Feldherrn Aetius mit Hilfe hunnischer Söldner vernichtet worden. Danach jedoch unterstützte dieser letzte große

Prokonsul Roms in Gallien die Errichtung eines neuen, nordwestlich der oberen Rhône gelegenen Burgunderreiches als Grenzwacht gegen die schon über das Elsaß hinausgreifenden Alemannen. Die gefährlichste dieser Invasionen der Völkerwanderungszeit kündigte sich indessen an, als die durch Germanen verstärkten Heerscharen König Attilas nach ihrem bis dahin unaufhaltsamen Siegeszug durch das südöstliche Europa im Jahre 451 auch den Boden des späteren Frankreich bedrohten. In diesem Augenblick hat Aetius die inzwischen auf gallischem Gebiet seßhaft gewordenen Germanenstämme zusammen mit seinen gallo-römischen Kerntruppen dem asiatischen Ansturm auf den Katalaunischen Feldern bei Châlons-sur-Marne entgegengeworfen und dessen Kraft so gebrochen, daß das Hunnentum alsbald von der historischen Bühne des Abendlandes verschwand. Gegenüber solchen Ereignissen wirkt die Festsetzung von Kelten aus Cornwall in der Bretagne um 440 fast provinziell; aber der Stammescharakter dieser Bewohner des äußersten Nordwestens, der fast ein Jahrtausend am Schicksal des übrigen Frankreich vorbeigelebt hat, ist dadurch bis in die Gegenwart hinein maßgeblich geprägt worden.

Natürlich haben all diese Vorgänge die weitere Entwicklung Galliens mehr oder weniger stark beeinflußt. Entscheidende Bedeutung gewannen in diesem Zusammenhang jedoch weder Westgoten noch Burgunder, sondern Franken, deren Stammsitze am Niederrhein lagen und die sich seit 407 von dort aus erobernd und siedelnd nach Nordgallien ausbreiteten, ohne deswegen ihre Verbindung mit der alten Heimat aufzugeben. Unter dem merowingischen König Childerich I., in dem die Geschichtsüberlieferung unseres Nachbarlandes den ersten in der langen Reihe französischer Monarchen erblickt, hatte diese Expansion nach Westen in der zweiten Hälfte des 5. Jahrhunderts System angenommen. Aber die fränkische Reichsgründung auf gallischem Boden ist doch erst das Werk Chlodowegs (482–511) gewesen, des ebenso skrupellosen wie politisch genialen Nachfolgers Childerichs.

Durch seinen entscheidenden Sieg 486 bei Soissons über Syagrius, den Nachfolger des Aetius, vernichtete der Frankenkönig die Reste der römischen Herrschaft in Gallien und legte gleichzeitig das Fundament zu einem größeren Staatsverband, der sich vom rheinischen Ausgangsgebiet dieses Stammes bis ins nördliche Gallien hinein erstreckte. Mit Hilfe einer bedenkenlosen, auch vor reinem Mord nicht zurückscheuenden Politik der Verwandtenausrottung beseitigte Chlodoweg daraufhin innerfränkische Rivalen und befestigte die Herrschaft seines Hauses, also der Merowinger. Anschließend dehnte er sein Reich auf Kosten der benachbarten germanischen Stämme aus: um 496 schlug er die Alemannen und im Jahre 500 die Burgunder, während es ihm 507 gelang, die Westgoten aus Südgallien zu verdrängen, die nur die Intervention Theoderichs des Großen vor einer politischen Katastrophe rettete. Infolge dieses Sieges vermochte Chlodoweg den fränkischen Machtbereich jetzt auch auf das südlich der Loire gelegene Land auszuweiten; so umfaßte seine Staatsgründung bei seinem Tod im Jahre 511 außer ihren Ausgangsgebieten an Mittel- und Niederrhein sowie im nördlichen Gallien noch Südwestdeutschland und Burgund, also den größten Teil des gegenwärtigen Frankreich und von Deutschland jene Territorien, die einst zum großrömischen Reiche gehört hatten. Aber auch noch in einer anderen Beziehung zog die Herrschaft dieser machtvollen Gründergestalt weitreichende Folgen nach sich, nämlich durch die Christianisierung der Franken, die Chlodoweg einleitete, als er sich im Jahre 496 mit seinem Gefolge in Reims von Bischof Remigius taufen ließ. Längst war das Christentum in der auf Athanasius gründenden dogmatischen Lehre des Katholizismus von der gallo-römischen Bevölkerung des Landes angenommen worden, und gerade darum stellte es einen Schritt von größter historischer Bedeutung dar, daß Chlodoweg zu dieser Form des Christentums übertrat und nicht zu der arianischen. Denn diese Entscheidung ersparte ihm und seinen Nachfolgern Konfessionskämpfe, wie sie das westgotische Reich erschüttert haben. Vor allem aber gewann der Frankenkönig den so einflußreichen römischen Episkopat Galliens als wichtige Stütze für seine Herrschaft. Da der Klerus das geistige Erbe Roms verkörperte, hätte eine von ihm ausgehende Opposition dem neuen Staatswesen auf die Dauer gefährlich werden können. Jetzt war es aber möglich geworden, daß die beiden Elemente Galliens sich auch auf geistigem Gebiete fanden. Dies wiederum hat der fränkischen Herrschaft eine Dauer verliehen, deren sich kein anderes der kurzlebigen germanischen Reiche auf römischem Boden erfreuen durfte.

Die gallo-römischen Einwohner, denen die germanischen Eroberer in der Völkerwanderungszeit in Gallien begegneten und mit deren Oberschicht adliger Großgrundbesitzer die fränkische Aristokratie relativ rasch zum *populus Francorum* verschmolz, waren nicht zuletzt auch Träger der spätrömischen Stadtkultur des Landes. Sie wurde allerdings nördlich der Loire infolge der gerade in diese Gebiete zielenden vorangegangenen Invasionen stark reduziert. Hingegen lebte die städtische Zivilisation, wenn auch in bescheidenerem Umfang als früher, im Süden ungebrochen fort, der durch germanische Einwirkungen nicht bemerkenswert verändert wurde. So hat sich vor allem in der Provence ein Städtewesen römischen Ursprungs kontinuierlich von der Spätantike bis ins Hochmittelalter hinein erhalten. Zwar gab es im französischen Teil des Westgotenreiches und im burgundischen Rhônegebiet germanische Siedler, an die nach dem Prinzip des *ius hospitalitatis* zwei Drittel des Grundbesitzes und ein Drittel des Herrenhofes hatte abgetreten werden müssen. Aber weder Goten noch Burgunder dürften so volkreich gewesen sein, als daß die vor ihnen ansässige romanische Bevölkerung sie auf die Dauer nicht hätte absorbieren können. Nachhaltigere Wirkungen hinterließ dagegen die fränkische Eroberung. Wie man heute weiß, gestaltete sie sich jedoch selbst in ihrem Kerngebiet nördlich der Loire keineswegs im Sinne einer rigorosen Unterdrückung oder Vernichtung des Bestehenden, sondern oft ebenfalls gemäß dem *ius hospitalitatis;* und daß Südfrankreich nie in nennenswertem Ausmaß von Franken besiedelt worden ist, war auch schon der älteren Geschichtsforschung bekannt. Diese Landnahme ging von der im heutigen Belgien gelegenen Landschaft Toxandria aus, die Kaiser Julian einst den salischen Franken als Siedlungsgebiet zugewiesen hatte. Sie vollzog sich überwiegend während des 5. Jahrhunderts und ohne Ausrottung der gallo-römischen Einwohner, also relativ reibungslos. Denn die Franken schoben sich vielfach in bislang noch menschenarme Gebiete vor und kultivierten diese Ödländer, ein Prozeß, der schon vor Beginn der eigentlichen Wanderung durch die Römer begünstigt worden war. Infolgedessen nahm die Bevölkerungsdichte in Belgien und Nordfrankreich erheblich zu, und es entwickelte sich ein im allgemeinen friedliches Zusammenleben von Germanen und Gallo-Romanen, wobei auch wichtige Institutionen aus der römischen Zeit von ersteren einfach übernommen wurden. Die fränkischen Fürsten verlegten ihre Herrensitze gern in die römischen Städte. Die Residenz der Merowingerkönige wanderte im Zuge der Ausweitung ihres Machtbereichs von Tournai nach Reims, Soissons, Paris und Orléans; bevorzugte Hauptstadt der ersten fränkischen Dynastie ist Paris gewesen, das seit Kaiser Julian zu größerer Bedeutung gelangt war. Naturgemäß haben all diese Umstände eine wirkungsvolle Romanisierung der Franken gefördert; sie wurde allerdings dadurch abgebrochen oder wenigstens verlangsamt, daß später die Karolinger den Schwerpunkt des Reiches auf ihre Ausgangsbasis im Maasraum zurückverlegten.

Wenn auch die römische Prägung Galliens durch die Völkerwanderungszeit keineswegs grundsätzlich ausgelöscht wurde, so hat die einschneidende historische Zäsur, die der Dammbruch von 406 markiert, das Land doch tiefgreifend verändert. Das läßt sich z. B. schon rein optisch an der Umwandlung des Landschaftstypus ablesen. Denn die großen, in der römischen Kaiserzeit entstandenen agrarischen Nutzflächen mit ihrer hochentwickelten Gartenkultur schrumpften seit dem 5. Jahrhundert außerordentlich zusammen, während der Waldbestand wieder zunahm und manche Siedlung aus der römischen Zeit diesem langsamen, aber stetigen Prozeß zum Opfer fiel. Andererseits entstanden jetzt in der Abgeschlossenheit dichter Waldungen zahlreiche Klöster und mit ihnen die Träger der heranwachsenden Kultur des christlichen Mittelalters.

Wie alle Frankenherrscher nach ihm, so betrachtete auch Chlodoweg das von ihm geschaffene Reich als Familienbesitz. Infolgedessen führte er bei seinem Tode jenen Brauch der Reichsteilung unter seine Söhne ein, der nach den germanischen Rechtsvorstellungen der Zeit keineswegs eine dauernde Aufgliederung begründen sollte, sondern eher eine administrative Maßnahme darstellte, um die Verwaltung des von den Nachkommen des königlichen Hauses einträchtig zu regierenden gemeinsamen Reiches zu erleichtern. Da dieses Prinzip in der Praxis schon früh und schließlich auch endgültig versagt hat, blieben aber den Franken nach Chlodowegs Tod existenzbedrohende Bruderkriege nicht erspart. Doch konnten die politischen Gefahren der Zersplitterung durch machtvolle Persönlichkeiten zunächst immer wieder abgewendet werden. Auf Grund der heterogenen Elemente, aus denen dieses Großreich zusammengesetzt war, sind allerdings als Folge der verschiedenen merowingischen Teilungen im 6. und 7. Jahrhundert drei geographische und gleichzeitig politische Schwerpunkte des Frankenreiches erwachsen: Austrasien im Nordosten, Neustrien auf dem Boden der ehemals gallischen Gebiete und Burgund im Südosten. Die zahlreichen Erbstreitigkeiten der späteren Merowingerzeit wurden vor allem von den miteinander rivalisierenden Hausmeiern, d. h. den schließlich mit der faktischen Macht ausgestatteten politischen Beratern der Könige in den einzelnen Reichsteilen, ausgetragen. Im Verlauf dieser Auseinandersetzungen stieg Austrasien, also das im Rhein-Maas-Raum gelegene Reichsdrittel, allmählich zur dominierenden Stellung auf. Denn den dortigen Hausmeiern aus dem Geschlecht der Karolinger gelang es, das Gesamtreich wieder zu vereinigen. Nachdem Pippin der Mittlere 687 den neustrischen Majordomus bei Tertry besiegt hatte, übte er die faktische Herrschaft im ganzen Staate aus, obwohl die in völlige Untätigkeit versinkenden Merowinger immer noch dem Namen nach Könige waren.

Der Sohn Pippins des Mittleren, Karl Martell (714-741), hat die Macht des Majordomus so gesteigert, daß er es seit 737 wagen konnte, überhaupt ohne König zu regieren, während er gleichzeitig die rebellischen Großen bezwang. Eine bedeutsame außenpolitische Leistung stellt sein Sieg von 732 auf dem Schlachtfeld zwischen Tours und Poitiers dar, durch den das Frankenreich gegen den Ansturm der aus Spanien vorstoßenden Mauren gesichert wurde. Fünf Jahre später vertrieb er die Araber aus der Provence, wo sie sich von dem 720 eroberten Stützpunkt Narbonne aus an vielen Stellen festgesetzt hatten. Karls Sohn, Pippin der Kurze, zog im Grunde nur die Konsequenz aus den tatsächlichen Machtverhältnissen, als er 751 den letzten merowingischen König, Childerich III., absetzte, ihn anschließend in ein Kloster schickte und sich selbst zum König (751-768) ausrufen ließ. Im Jahre 754 ist dieser Schritt durch Papst Stephan II. legalisiert worden, indem er in Saint-Denis Pippin und seine Söhne zu Königen salbte und damit jene ideelle Verbindung zwischen abendländischem Herrschertum und Papsttum anbahnte, die später so oft als verhängnisvolle Abhängigkeit der Träger der weltlichen Macht von den Nachfolgern Petri empfunden wurde. Seit dieser Zeit dehnte das fränkische Königtum seinen Einflußbereich auch auf Italien aus, weil Pippin zum Dank für den Weiheakt den Kirchenstaat gegen Übergriffe der Langobarden sicherte und deshalb vom Hl. Vater zum *patricius* von Rom ernannt wurde.

Nach dem Tode Pippins hat dessen Sohn Karl, dem die Geschichte den Beinamen »der Große« (768-814) verliehen hat, die Herrschaft anfangs noch mit seinem Bruder Karlmann geteilt, seit 771 jedoch allein regiert. Die vorübergehend erneut fragwürdig gewordene Reichseinheit stellte er nicht nur wieder völlig her, sondern er verhalf darüber hinaus mit seinen zahlreichen – äußerer Expansion, innerer Festigung und Absicherung der neu erreichten Grenzen dienenden – Kriegszügen gegen Langobarden, Sachsen, Bayern, spanische Sarazenen, Awaren, Dänen und Slawen dem Frankenstaat zu einer Ausdehnung wie nie zuvor; der Machtbereich Karls des Großen hat mit seinen Schwerpunktländern Deutschland, Frankreich und Italien sowie Teilen Spaniens fast das ganze westliche Kontinentaleuropa umfaßt. Dieses Kerngebiet der abendländischen Kultur des kommenden Jahrtausends wurde von dem einigenden Band der christlichen Religion, als deren militanten Ausbreiter und Schützer sich Karl begriff, zusammengehalten. Niemals mehr hat Europa später zu der nach dem Tode Karls des Großen rasch wieder verlorenen politischen Einheit dieses pränationalen Weltreiches zurückgefunden, obwohl es weder an kriegerischen noch politisch-diplomatischen, vor allem aber nicht an intellektuellen Versuchen gefehlt hat, sie erneut herbeizuführen oder wenigstens als Leitbild in der Erinnerung fortleben zu lassen. Ich möchte nicht versuchen, das mit der Kaiserkrönung Karls durch Papst Leo III. am 25. 12. 800 im Petersdom zu Rom erneuerte weströmische Kaisertum und den Charakter dieses Imperiums zu würdigen. Es seien vielmehr nur die wichtigsten administrativen, wirtschaftlichen und sozialen Faktoren des werdenden Frankreich unter Karl dem Großen skizziert, einem Herrscher, den die Franzosen mit demselben Recht wie die Deutschen als einen der ihren, als ihren König Karl I. betrachten.

Seine alle Bereiche des staatlichen Lebens erfassende Regierungstätigkeit steht in der Geschichte germanischer und romanischer Staatswesen des frühen Mittelalters ganz einzigartig dar. Das Reich ist in Grafschaften eingeteilt, die von königlichen Beamten, den *comites,* verwaltet werden. Im französischen Teil decken sich diese *comtés,* deren es auf dem Territorium des heutigen Frankreich etwa 110 gegeben hat, in etwa mit den *civitates* der Antike; in deren *cité* wiederum, dem städtischen Mittelpunkt also, amtiert häufig der Graf, dem die Militärgewalt, das Polizeiwesen und die Gerichtsbarkeit unterstehen. Das Volksrecht ist in der Lex Salica und der Lex Ripuaria aufgezeichnet. Die Volkssprachen, das aus dem Vulgärlatein sich entwickelnde Altfranzösisch und das am Hofe in seiner rheinfränkischen Variante gesprochene Althochdeutsch, sind nicht identisch mit der Schriftsprache; als solche fungiert bis ins Spätmittelalter hinein ausschließlich das Latein, d. h. die Sprache der Kirche.

Die gesellschaftliche Gliederung der Franken entspricht zunächst der gemeingermanischen und kennt Freie, Halbfreie, Hörige *(liti)* und

Unfreie. Freie, die sich dem Schutz eines Mächtigen unterstellen, werden damit zu dessen Vasallen. Hier wird schon eine der Wurzeln des späteren Lehnswesens greifbar, dessen erste Ansätze Karl der Große vorläufig allerdings noch einzudämmen vermag. Denn die Persönlichkeit des Kaisers ist in dem weiten, ausgedehnten Reich sozusagen allgegenwärtig, weil seine Verordnungen, die sog. Kapitularien, von den Königsboten, den *missi regis* oder *missi dominici,* rasch in die fernsten Winkel getragen und auf den Versammlungen der großen Würdenträger verkündet werden. So wird den Bischöfen, Grafen und Markgrafen genau vorgeschrieben, was sie zu tun haben, wann sie etwa ihren Anteil an jenem Heerbann der Freien, auf dem die fränkische Wehrverfassung prinzipiell auch jetzt noch wie in alter Zeit beruht, für einen der Feldzüge des Herrschers aufbieten müssen. Im Gegensatz zu den späten Merowingern, die schon meist in Paris residiert hatten, übt Karl seine Regierungstätigkeit zunächst von verschiedenen Pfalzen aus, zwischen denen er ständig hin- und herzieht. Diese liegen überwiegend im austrasischen Stammland der Karolinger, also im Maas-Rhein-Gebiet, mit Aachen als besonders beliebter und schließlich zur Quasi-Residenz erhobener Pfalz.

In Frankreich selbst wirkte sich die fränkische Herrschaft vor allem dahingehend aus, daß der politische Schwerpunkt des Landes von Süd- und Südostgallien, wo er in der römischen Zeit gelegen hatte, in den Nordosten verlagert wurde. Die damit einsetzende Vernachlässigung des Südens wurde zudem noch durch die arabische Invasion gefördert, die, obwohl ihr Karl Martell schließlich Einhalt gebieten konnte, den mediterranen Regionen langfristig gesehen schwere Schäden zugefügt hat. Denn die Einfälle der Muselmanen vernichteten die noch aus der Spätantike herrührende Wirtschaftsblüte der Provence nahezu vollständig, indem sie den Mittelmeerhandel und das florierende Gewerbeleben der Städte zum Erliegen brachten. Andererseits hatte das weitgehende Auseinanderleben von Nord- und Südfrankreich das später sowohl politisch als auch kulturell so reich entfaltete Sonderdasein der Provence zur Folge. Während im 6. und 7. Jahrhundert das Städtewesen in Südfrankreich, wenn auch unter empfindlichen Einbußen seiner einstigen Bedeutung, zu überleben vermochte, ist es im Norden in der Zeit der Karolinger endgültig zerfallen, um einer überwiegend agrarisch bestimmten Wirtschaftsstruktur Raum zu geben. Leider hat die Forschung die entsprechenden Kapitularien noch nicht genügend ausgeschöpft, um dieses Allgemeinbild durch konkrete Details verlebendigen zu können. Auch über die Bevölkerungszahl Frankreichs lassen sich für diesen Zeitraum keine auch nur annähernd zuverlässigen Angaben machen.

Auch nach dem Tode Karls des Großen hat man auf die alte Gewohnheit von Reichsteilungen zurückgegriffen. Dabei tauchte naturgemäß wieder die Gefahr einer politischen Zersplitterung auf, die auch früher stets bestanden hatte, der jedoch die späteren Karolinger nicht mehr wirksam zu begegnen wußten. In dem Jahrzehnt zwischen 830 und 840 kam es zu wiederholten Empörungen der Söhne Ludwigs des Frommen (814-840) – des 823 zum Mitkaiser gekrönten Lothar, Ludwigs des Deutschen und des frühverstorbenen Pippin – gegen ihren Vater und nach dessen Abdankung zu blutigen Auseinandersetzungen der Brüder untereinander, wobei sich Ludwig und der der zweiten Ehe Kaiser Ludwigs entstammende Karl gegen Lothar verbündeten. Die berühmten, in altfranzösischer und althochdeutscher Sprache von dem westfränkischen Heer Karls des Kahlen und dem ostfränkischen Ludwigs des Deutschen 842 zu Straßburg wechselseitig geleisteten Eide legen beredtes Zeugnis dafür ab, daß sich innerhalb des Reichssystems im Verlaufe einer längeren Entwicklung bereits ein überwiegend romanischer und ein in erster Linie germanischer Lebens- und Sprachraum herausgebildet hatten.

Im Vertrag von Verdun (10. 8. 843) haben die verfeindeten Brüder ihren Streit schließlich beigelegt, indem sie das Reich in drei Teile aufgliederten. Karl der Kahle erhielt das im wesentlichen mit dem alten Neustrien identische westfränkische Gebiet, Ludwig Ostfranken und Lothar den breiten, dazwischen eingelagerten Mittelstreifen, der von der Nordsee bis Italien reichte. Daß mit diesem Reichsteil auch die von Lothar getragene Kaiserwürde verbunden war, beweist, wie wenig die Brüder damals an eine grundsätzliche Preisgabe der Reichseinheit gedacht haben. Infolgedessen ist es ganz abwegig, im Vertrag von Verdun bereits nationale Motive wirksam sehen zu wollen, eine Interpretation, zu der im 19. Jahrhundert sowohl die französische als auch die deutsche Forschung geneigt hat. Denn auch diese Übereinkunft war das Ergebnis einer ausgesprochen dynastischen Interessenpolitik, wie sie im fränkischen Reich von jeher betrieben worden war.

Allerdings sollte sich rasch erweisen, daß der Reichsteilung von 843 der Charakter des Endgültigen anhaftete, und dies verleiht ihr in der Rückschau den besonderen historischen Rang. Sie hatte – im Gegensatz zu allen früheren – den irreversiblen Auseinanderbruch des fränkischen Reiches in drei Teilstaaten zur Folge, von denen sich zwei schon bald, eben Frankreich und sein Partner oder Kontrahent Deutschland, zu eigenständigen und außerordentlich lebenskräftigen Staats- und schließlich Nationalpersönlichkeiten zu entfalten vermochten. So hat der Vertrag von Verdun, unabhängig von den Beweggründen, die zu seinem Abschluß führten, als die Geburtsstunde der »Person Frankreich« zu gelten und als Ausgangspunkt der großen Rolle, die sie seitdem ununterbrochen in der Geschichte der europäischen Völkerfamilie gespielt hat.

I. Das Mittelalter (843–1483)

1. Die Entstehung der mittelalterlichen französischen Lehnsmonarchie (843–1180)

Die französische Lehnsmonarchie des Mittelalters verdankt ihre Entstehung jener Grundlage der Staatswerdung Frankreichs überhaupt, die mit dem Vertrag von Verdun geschaffen worden war. Die dort vorgenommene Teilung des fränkischen Reiches vertiefte sich in den folgenden Jahrzehnten in zunehmendem Maße, wodurch das Unwiderrufliche der Regelung von 843 immer deutlicher sichtbar wurde.

Denn Kaiser Lothar hinterließ bei seinem Tode 855 drei Söhne, die ihrerseits wiederum den Herrschaftsbereich ihres Vaters unter sich aufspalteten. Der erstgeborene, Ludwig II., erhielt damals zusammen mit dem Kaisertitel die italienische Südhälfte des lotharingischen Reiches, während von den beiden jüngeren Brüdern Lothar alles Land von der Nordsee bis zum Genfer See und Karl das Rhônegebiet, also Burgund und die Provence, bekam. Als aber auch Lothar II. schon relativ rasch (869) starb, haben seine Oheime, Ludwig der Deutsche und Karl der Kahle, seinen Besitz unter sich geteilt. Beide schlossen 870 den Vertrag von Meerssen ab, demzufolge Ostfranken sich weit nach Westen und tief in romanisches Sprachgebiet hinein vorschieben konnte; Westfranken besaß dagegen mit Flandern bereits seit 843 auch eine Landschaft germanischer Zunge. Diese Ausweitung des von Ludwig dem Deutschen regierten Reiches über die Maas und seit 1033, nach Angliederung des Reiches Arelat, sogar über Rhône und Saône hinaus, hat ihm jahrhundertelang ein eindeutiges machtpolitisches Übergewicht über den westlichen Nachbarn verliehen. So hat der Vertrag von Meerssen die auf den von Verdun zurückgehende Existenz zweier neuer Staaten, Deutschlands und Frankreichs, noch stärker akzentuiert. Unter dem Blickwinkel ihrer Wirkung sind beide Verträge als eine historische Einheit zu sehen.

Die ideelle Einheit des fränkischen Reiches als Ganzes war damit aber durchaus nicht aufgehoben, und nationale Gesichtspunkte spielten, wie die keineswegs an den Sprachgrenzen orientierten Grenzverläufe beweisen, noch keine Rolle. Im 9. und 10. Jahrhundert wuchsen die drei Hauptstämme der Franci, Burgundiones und Aquitani allmählich zu einem neuen Volk mit eigenem Staatsbewußtsein zusammen. Und erst gegen Ende des 11. Jahrhunderts wird der Begriff Francia in den Quellen – in diesem Falle in den Kreuzzugsgeschichten des Wibert von Nogent und Fulcher von Chartres – in dem Sinne verwandt, daß unter ihm das ganze Westfrankenreich als selbständige politische Einheit verstanden und empfunden wird. Diese Entwicklung war wiederum nur möglich, weil die beiden Verträge einen geographischen Raum als Schauplatz zukünftiger französischer Geschichte vorgezeichnet hatten, der etwa 500 Jahre lang im großen und ganzen mit dem Karl dem Kahlen zugewiesenen Gebiet identisch blieb, um später zum Ausgangspunkt einer vor allem nach Osten gerichteten Ausdehnung zu werden.

So ist Karl der Kahle als der erste Herrscher anzusehen, der nicht nur fränkischer, sondern schon französischer König gewesen ist, ein Staatsmann, von dem P. E. Schramm gesagt hat: »Was er empfing, war ein Haufen Völkerschaften, was er hinterließ, war ein ›Staat‹.«[1] Auch in innenpolitischer Hinsicht bahnte sich unter der Regierung Karls II. von Frankreich (843-877) ein bedeutsamer Wandlungsprozeß an. In diese Zeit fallen nämlich die Ansätze eines französischen Lehnswesens, dessen weitere Ausbildung und schließlich volle Entfaltung in den folgenden Jahrhunderten bis etwa 1180 eine zunehmende Schwächung der Zentralgewalt nach sich ziehen sollte. Man kann die politische und gesellschaftliche Entwicklung des mittelalterlichen, ja selbst noch des neuzeitlichen Frankreich bis zur großen Zäsur der Revolution von 1789 nur von dieser Grundlage her recht verstehen.

Das Lehnswesen ist ein allgemeines, über weite Teile Europas verbreitetes historisches Phänomen, das in Deutschland, Frankreich, Italien und Spanien in gleicher Weise anzutreffen und im 9. und 10. Jahrhundert spontan entstanden ist, ohne daß ein legislatorischer Akt oder eine gegenseitige entsprechende Übereinkunft der betreffenden Völker vorangegangen wäre. Von den erwähnten Ländern aus hat es später auch auf andere Regionen des Abendlandes übergegriffen, z. B. auf England und Skandinavien. Robert Holtzmann, dessen grundlegender französischer Verfassungsgeschichte diese Darlegungen folgen,[2] erklärt die Erscheinung des Lehnswesens und sein unaufhaltsames Vordringen aus der Diskrepanz, die zwischen der räumlichen Ausdehnung des fränkischen Weltreiches und dem noch relativ primitiven Zustand der es bewohnenden germanischen Völker bestand. Sie waren den ihnen gestellten politischen und administrativen Aufgaben zunächst einfach nicht gewachsen, zumal der alte Geburtsadel der Franken längst verschwunden war. So gelangten sie fast zwangsläufig dazu, eine neue – übrigens durchaus mit romanischen Elementen vermischte – militärisch-politische Elite auszubilden, während die große Masse der Bevölkerung vom politischen Leben in zunehmendem Maße ausgeschlossen wurde. Auf diese Weise entstand ein neuer Adel, dessen erste Anfänge bis in die Merowingerzeit zurückreichen und der durch großen Besitz oder die Ausübung gehobener Tätigkeiten, z. B. des Königsdienstes, gekennzeichnet ist. Er erhielt endlich seine charakteristische Ausprägung zur Feudalaristokratie durch das sich immer mehr durchsetzende Lehnswesen, wobei zwei Faktoren, ein wirtschaftlicher und ein politisch-militärischer, zusammengewirkt haben.

Die im 10. Jahrhundert nahezu im ganzen westfränkischen Reich verbreitete Aufteilung des Bodens in große Grundherrschaften rührte entweder wie vor allem im Süden noch aus der römischen Zeit her, oder sie war dadurch zustande gekommen, daß kleine bäuerliche Grundbesitzer ihr Land einem reicheren Gutsherrn hatten abtreten müssen, weil sie aus den verschiedensten Gründen in Armut und Schulden geraten waren; sie selbst traten dann als Hintersassen in seinen Dienst. Denn zum Wesen der Grundherrschaft gehört es, daß sie wegen ihrer großen Ausdehnung nur zum kleinsten Teil vom Eigentümer selbst bzw. von dessen Knechten bewirtschaftet wurde, während das übrige Land eben diese Hintersassen bebauten, d. h. Bauern, die in der Form der Hörigkeit von ihrem Grundherrn abhängig, zu Abgaben und Frondiensten verpflichtet sowie gewissen Beschränkungen ihrer persönlichen Freizügigkeit unterworfen waren. Daher kann man innerhalb der Landbevölkerung drei Hauptgruppen unterscheiden: adlige Grundherren, hörige (leib- oder grundeigene) Bauern und unfreie Knechte. Die außerdem noch existierende relativ zahlenschwache Klasse der landrechtlich freien Bauern oder Bürger fiel demgegenüber zunächst kaum ins Gewicht.

Die Grundherrschaft ist also die eine Säule, auf der der neue Adel beruhte. Die andere ist ein hierarchisch gestuftes Abhängigkeitsverhältnis aller Grundherren untereinander, das aus zwei Wurzeln, Landverleihung und Vasallität, erwachsen ist. Der schon im römischen Reich übliche Brauch der Landverleihung wurde von den Germanen übernommen und war bereits in der Merowingerzeit sehr verbreitet. Der Besitzer einer größeren Grundherrschaft konnte einen Teil davon auf Zeit, lebenslänglich oder in Erbpacht verleihen und erwies dem Beliehenen damit ein *beneficium*. Die Vergabe eines solchen Benefizialgutes, das im Gegensatz zum freien Eigen- bzw. Allodialgut stand, begründete ursprünglich nur einen sachlichen Anspruch des Verleihers an den Beliehenen, nämlich auf Zahlung eines gewissen Zinssatzes. Noch in merowingischer Zeit entwickelte sich darüber hinaus eine persönliche Beziehung zwischen beiden, eine gegenseitige Treuepflicht, deren Verletzung von seiten des Beliehenen, ohne daß er allerdings schon Heeresfolge hätte leisten müssen, zum Verlust des Benefizialgutes führen konnte.

Das bei Landverleihungen also erst allmählich aufkommende Abhängigkeitsverhältnis gehörte dagegen bei der Vasallität von vornherein zu ihrem Wesen. Sie ging aus der germanischen Gefolgschaft hervor und stellte einen auf Lebenszeit zum gegenseitigen Schutz geschlossenen Bund zwischen zwei Freien dar. Wer einem anderen Gefolgschaft gelobte, leistete ihm einen Treueid und verpflichtete sich zur Heeresfolge, begab sich aber gleichzeitig auch unter die größere Sicherheit gewährleistende Obhut des Gefolgsherrn, die dieser seinerseits durch die Überreichung einer Gabe – ursprünglich keineswegs in Form von Grund und Boden – symbolisch zum Ausdruck brachte.

Seit den Anfängen der Karolingerzeit verschmolzen nun diese beiden Phänomene mehr und mehr miteinander, so daß eine Landvergabe schließlich nur noch bei gleichzeitiger vasallitischer Huldigung stattfand und es kaum vorkam, daß ein Gefolgsmann kein *beneficium* erhielt. Diese Synthese von Benefizialverleihung und Vasallität stellt die Keimzelle des Lehnswesens dar. Die Begriffe wurden ebenso wie das entsprechende Ritual in der Mehrzahl von der Einrichtung der Kommendation übernommen: der Belehnte ist der *vassus* (auch *vassallus* oder *homo*), der Lehnsherr der *senior* (oder *dominus*, frz. *seigneur*). Für das Benefizialgut bürgerte sich etwa seit dem Beginn des 10. Jahrhunderts der wahrscheinlich aus dem Germanischen stammende Name *feodum* (*feudum*, frz. *fief*) ein.

Das adlige Lehen bestand in einer Grundherrschaft, die dem Vasallen die wirtschaftliche Unabhängigkeit sicherte und es ihm so ermöglichte, alle seine Kräfte in den Dienst des *seigneur* zu stellen. Es war frei von regelmäßigen Abgaben, da der Inhaber nur in ganz bestimmten Fällen *(quatre cas)* zu Zahlungen herangezogen werden konnte, etwa wenn sein Herr an einem Kreuzzug teilnahm oder sich aus einer Gefangenschaft loskaufen mußte. Aus solchen *aides féodales* sind später die außerordentlichen Einnahmen des Königs hervorgegangen. Im Gegensatz dazu beruhten die sog. bürgerlichen – d. h. einem Freien gehörenden, nicht etwa einem Stadtbürger – und hörigen Lehen nicht auf einem persönlichen Treueverhältnis, betrafen nur ein Stück Land ohne Hintersassen und waren mit regelmäßigen Abgaben und Frondiensten belastet. Während die Benefizialverleihungen z. T. durchaus erblichen Charakter besessen hatten, war dies bei der Vergabe von Lehen ursprünglich keineswegs der Fall, da die ihr zugrunde liegende vasallitische Beziehung durch einen Treubruch oder den Tod eines der beiden Partner beendet wurde (Heimfall des Lehens). Als sich auch hier die Erblichkeit allmählich durchzusetzen begann und seit dem 10. Jahrhundert die Regel wurde, behielt sich der *seigneur* als Relikt seiner ehemals unbeschränkten Verfügungsgewalt das Recht auf eine bestimmte Sonderabgabe für diesen Fall vor *(droit de lods et ventes)*, mit der sein Einverständnis zur Vererbung – Ähnliches galt in der Folge für den Kauf oder die Schenkung eines Lehens – quasi erkauft wurde. Diese Entwicklung förderte auch den Abschluß des neuen Lehnsaristokratie nach außen hin. Zunächst konnte jeder Adlige einen Freien durch Vergabe eines mit dem Treueid verbundenen Lehens in den Adelsstand erheben, aber dieses Recht wurde im Laufe der Zeit auf einen stetig kleiner werdenden Kreis von hohen Adligen eingegrenzt, so daß es schließlich im 12. Jahrhundert nur noch von den Kronvasallen und seit dem 13. Jahrhundert allein vom König ausgeübt werden durfte.

Durch das Lehnswesen waren alle Adligen in einem komplexen Beziehungsgeflecht miteinander verbunden und wechselseitig voneinander abhängig, da jeder *senior* auch noch Aftervasallen – die Vasallen seiner Vasallen – haben und andererseits selbst wiederum *vassus* eines höherstehenden Herrn sein konnte. Dies hat sich auf Staat und Gesellschaft des mittelalterlichen Europa umwälzend ausgewirkt, und ganz besonders in Frankreich. Denn gerade hier überlagerten in augenfälliger Weise die entstehenden Vasallitätsverbände allmählich den allgemeinen Untertanenverband. In dem Maße, in dem das Reiterheer die Fußtruppen verdrängte, wurde der Waffendienst für die weniger begüterten Grundherren zu teuer und damit zwangsläufig zum Monopol eines kleinen, aber privilegierten Berufskriegerstandes. Gegen Ende des 9. Jahrhunderts war der für das ganze Mittelalter fortan so charakteristische Schwertadel der *equites* oder *chevaliers*, also der »Ritter«, voll ausgebildet; im 10. Jahrhundert verbreitete er sich allgemein und schwang sich zu einer unbestrittenen politischen und sozialen Vorrangstellung auf.

Die wirtschaftlichen Folgen dieses Prozesses waren von nicht geringerer Bedeutung: der Heerbann erstreckte sich ja im Prinzip auf alle Freien; nahm jedoch der Besitzer eines Eigengutes dieses zu Lehen von einem *seigneur* an (aufgetragenes Lehen), so mußte nunmehr sein Herr die Kosten der Ausrüstung tragen. Da dies häufig vorkam, verwandelte sich zunehmend Allode in Lehen, so daß sie schließlich, weil das Umgekehrte nicht möglich war, in einigen Teilen Frankreichs, vor allem im Norden und Westen, fast ganz verschwand und gleichzeitig der kleine Grundbesitz mehr und mehr vom großen aufgesogen wurde.

Unter den Nachkommen Karls des Großen bildete sich darüber hinaus die Auffassung heraus, daß auch die öffentlichen Ämter, also z. B. die Funktion der Grafen, als Lehen anzusehen seien oder mit solchen in enger Verbindung stünden. Beim Tode des Herrschers etwa setzte es sich durch, daß die Beamten entsprechend den Gepflogenheiten des Lehnswesens durch eine Wiederholung der Huldigung bestätigt wurden. Die Folge dieser aufkommenden Gewohnheiten war, zumal angesichts der zur Regel werdenden Erblichkeit der Lehen, eine Umwandlung des Ämterbegriffs.

So hat sich in Frankreich zur Zeit der Jahrtausendwende eine feudale Hierarchie ausgebildet, durch die das Staatswesen grundlegend umstrukturiert wurde; das für mittelalterliche Verhältnisse straff zentralistisch regierte Reich Karls des Großen verwandelte sich jetzt in eine uneffizient verwaltete Lehnsmonarchie. Erstaunlicherweise hat sich jedoch der staatliche Zusammenhalt Frankreichs als stark genug erwiesen, das streng gestufte Feudalsystem nach oben hin abzuschließen und somit die Einheit des Reiches mit dieser Ordnung zur Deckung zu bringen. Dies war nur möglich, weil das Lehnswesen die Stellung des Königs und die alten Ämter nicht völlig absorbierte. Daneben bestand die landrechtliche Ordnung mit ihren provinzialen Gewalten weiter fort. Das eine beeinflußte das andere, und man kann diesen Prozeß wechselseitiger Durchdringung am besten am Gerichtswesen beobachten. Während es ursprünglich ganz in der Hand des Königs lag, gelang es unter den späten Karolingern einigen *seigneurs,* die landrechtliche, d. h. öffentlich-rechtliche Gerichtsbarkeit an sich zu reißen, die ja einen anderen Charakter hatte als die lehnsrechtliche, also privatrechtliche, die jedem adligen Grundherrn für den Bereich seiner Grundherrschaft zustand. Oft waren die alten Ämter, namentlich das des Grafen, die mittlerweile als erbliche Lehen vergeben wurden, wenn sie auch nie ausschließlich als solche galten, die Grundlage für die Ausübung der landrechtlichen Gerichtsbarkeit durch solche *seigneurs justiciers,* die dann wiederum darauf gestützt andere Grundherren in ein Vasallitätsverhältnis zu zwingen vermochten. Andererseits kam es auch häufig genug vor, daß ein reicher *seigneur* sich angesichts des Verfalls der staatlichen Zentralgewalt von seinem Grafen unabhängig zu machen und dessen richterliche Befugnisse für ein bestimmtes Territorium anzueignen verstand.

Wie die *seigneurs justiciers* eine Auswahl aus der Vielzahl der adligen Grundherren überhaupt darstellten, so sonderte sich von ihnen nochmals ein kleiner Kreis ab, auf den außer der Jurisdiktion weitere wesentliche ehemals königliche Befugnisse übergegangen waren, vor allem auf den Gebieten der Finanz- und inneren Verwaltung sowie der Kriegführung, selbst wo diese nicht, wie im Fehdewesen, Privatsache war, sondern das ganze Reich betraf. Die rechtliche Grundlage für die Erhebung dieser sog. Lehnsfürsten über die übrigen *seigneurs* war also in jedem Falle die Quasi-Usurpation ausgedehnter staatlicher Kompetenzen, während diese selbst im einzelnen auf sehr verschiedenartige Weise erreicht werden konnten, sei es, daß ein reguläres Amt wie das des Grafen oder Vizegrafen den Ausgangspunkt bildete, sei es, daß Reichtum sowie geschickte Erbschafts- und Ausdehnungspolitik, kurz das Ausmaß der persönlichen Macht eines *seigneur* ihn dazu in die Lage versetzte. Wir finden hier also ähnliche Umstände vor wie die, die zu der Sonderstellung der *seigneurs justiciers* führten, und es bietet sich das gleiche Bild einer Überlagerung bzw. gegenseitigen Steigerung von lehnsrechtlicher und landrechtlicher Gewalt. Einer gewissen Anzahl von solchen Lehnsfürsten gelang es darüber hinaus, andere kleinere in eine vasallitische Abhängigkeit von sich zu bringen.

Diese bedeutenden Territorialgewalten, die in der zweiten Hälfte des 9. und im 10. Jahrhundert als herzogliche oder herzogsähnliche Stammes- und Regionalfürstentümer aufstiegen, haben ihre Existenz im Westreich ähnlich vielschichtigen Gründen zu verdanken wie im Ostreich. Als Folge der Schwäche des Königtums kam es hier wie dort zu Zusammenschlüssen größerer Gebiete, wobei die Errichtung karolingischer Unterkönigreiche, wie z. B. Aquitaniens in Frankreich und Bayerns in Deutschland, eine ebensolche Rolle spielen konnte wie die Anhäufung mehrerer Grafschaften in einer kräftigen Hand oder der erfolgreiche Abwehrkampf gegen äußere Feinde – wie die Norman-

nen – durch ein angesehenes provinziales Geschlecht. Hatte ein Lehns-
fürst auf diese Art einen so ausgedehnten Lehnsverband unter sich
zu vereinigen gewußt, daß er schließlich über eine ganze Provinz
herrschte, so pflegte er sich zu guter Letzt mit oder ohne königliche
Genehmigung einen höheren Titel zuzulegen, wie den eines Markgrafen *(marquis)*, Herzogs *(duc)* oder gelegentlich auch Pfalzgrafen,
Bezeichnungen, die auch vielfach von ein und demselben Fürsten
neben- oder nacheinander geführt wurden. Die Lehnsfürsten waren
übrigens durchaus nicht identisch mit den Kronvasallen, denn einerseits hatte der König direkte Vasallen ohne lehnsfürstliche Rechte,
und andererseits waren, wie wir sahen, häufig mehrere kleine Lehnsfürsten von einem der großen Territorialfürsten abhängig, deren tatsächliche Macht in dem jeweiligen Gesamtgebiet von der Ausdehnung
ihres eigenen Lehnsfürstentums und davon abhing, wie stark sie ihre
Vasallen an sich zu binden vermochten.

An der Spitze der Pyramide jedoch stand der König, auch über den-
jenigen, die, wie z. B. die Herzöge, sonst keinen *seigneur* mehr über
sich hatten. Der Monarch war demnach nicht nur landrechtlich König,
sondern auch der oberste Lehnsherr Frankreichs. Die Stufenleiter dieser feudalen Hierarchie führte also von den kleinsten Vasallen über
die Lehnsfürsten und großen Kronvasallen bis hinauf zum König.
»Kein Land ohne *seigneur*« wurde zum Grundsatz des Lehnsstaates,
und selbst der König war nach theologischer Auffassung noch einem
allerhöchsten Lehnsherrn untergeordnet, nämlich Gott.

Die Auswirkungen dieses Systems auf den mittelalterlichen französischen Staat liegen auf der Hand. Denn schließlich war es die lehnsrechtliche Stellung des Monarchen, die zur Hauptstütze seiner Herrschaft wurde, nachdem seine landrechtlichen Befugnisse durch die
Lehnsfürsten und vor allem durch die Macht und Größe der erblichen
Kronlehen fast ganz beschnitten waren. Der zentralistische Staats-
gedanke ist also durch den Sieg des Feudalismus entscheidend geschwächt worden. Erst im Laufe des 12. Jahrhunderts sollten ernsthafte Bemühungen französischer Könige einsetzen, diesen Zustand
allmählich zu ändern und die Schranken des Lehnsrechtes im Interesse
des monarchischen Prinzips zu überwinden.

Da sich naturgemäß in erster Linie die großen Lehnsfürstentümer zu
einem sehr beachtlichen und den Einfluß der Krone zeitweise ernstlich
in Frage stellenden politischen Machtfaktor ausbildeten,[3] seien hier
die wichtigsten von ihnen kurz charakterisiert. Dem sich ellipsenförmig
um Paris und Orléans erstreckenden Herzogtum Franzien (France,
Ile de France) kam rasch eine besondere Bedeutung zu, weil es die
Hausmacht jener Robertiner bzw. Kapetinger darstellte, die ursprünglich im Anjou ansässig gewesen waren, das ihr Stammvater Robert
der Starke 866 erfolgreich gegen die eindringenden Normannen verteidigt und dabei sein Leben gelassen hatte, und die gegen Ende des
9. Jahrhunderts zu Grafen von Paris und schließlich zu Herzögen von

Franzien erhoben worden waren. Nach der endgültigen Übernahme des Königtums durch Hugo Capet[4] 987 stieg die Ile de France automatisch zur ersten Krondomäne auf und wurde zum Ausgangspunkt des nationalen Einigungswerkes der französischen Könige. Umrahmt wurde Franzien von den Graf- bzw. Pfalzgrafschaften Champagne und Blois. An letztere schloß sich westlich die Grafschaft Anjou an, und im äußersten Nordwesten lag das seit dem 7. Jahrhundert vom Frankenreich unabhängige Herzogtum (Grafschaft) Bretagne. Östlich davon folgte das Herzogtum Normandie, während die an der engsten Stelle des Ärmelkanals gelegene Grafschaft (Markgrafschaft) Flandern den nordöstlichsten Zipfel des Königreiches Frankreich bildete. Das geographisch mit der heutigen Landschaft Bourgogne identische Herzogtum Burgund war nur jener kleine bei der Krone Frankreichs verbliebene Teil des großen in der Schweiz und an der Rhône gelegenen Landes, das ursprünglich Burgund hieß und im Hochmittelalter ein Teilreich des römisch-deutschen Imperiums war; die Provence mit der Stadt Marseille gehörte damals nicht zu Frankreich. Eine ganz besondere Rolle spielte Südfrankreich, das anfangs noch unter dem Herzogtum Aquitanien vereint war. Es ist in dem hier zu betrachtenden Zeitraum in mehrere Teilfürstentümer aufgesplittert, nämlich in das eigentliche Kernland und Herzogtum Guyenne, das Herzogtum Gascogne, das allerdings seit der Mitte des 11. Jahrhunderts mit Guyenne wieder vereinigt war, in die Grafschaft (Markgrafschaft) Toulouse und die Markgrafschaft Septimanien oder auch Gothien, das spätere Herzogtum Narbonne. Der Zusammenschluß der letzteren beiden ab 1112 umfaßte das Gebiet der Languedoc im engeren Sinne. Zeitweise gehörte zu Septimanien noch jene Spanische Mark mit der Hauptstadt Barcelona, zu der Karl der Große um 795 seine 785 in Nordspanien gemachten Eroberungen zusammengefaßt hatte. Sie hat sich aber relativ rasch aus dem westfränkischen Reichsverband herausentwickelt, da ihre Interessen sich naturgemäß stärker mit denen der christlichen Königreiche Spaniens deckten. Nachdem ein Graf von Barcelona 1137 König von Aragon geworden war, löste sich auch noch die letzte Bindung der Spanischen Mark an Frankreich.

Die Ausbildung dieser größeren Lehnsfürstentümer hat sich auf die politische Entwicklung Frankreichs auch durchaus positiv ausgewirkt. Nachdem in der ersten Hälfte des 11. Jahrhunderts die staatliche Macht einen absoluten Tiefstand erreicht hatte, arbeiteten die großen Lehnsfürsten zielstrebig daran, ihre Rechte gegenüber den *seigneurs* auszuweiten; im Laufe des 12. Jahrhunderts ist es ihnen auch gelungen, den Prozeß der Aufsplitterung Frankreichs in feudale Kleinstgebilde allmählich aufzufangen und diese selbst durch ihre eigenen staatsähnlichen Organisationsformen zu überwölben.

Natürlich stellte diese Stärkung des Lehnsfürstentums zunächst eine erhebliche Gefahr für die Krone dar; aber selbst sie zog letzten Endes eher Gewinn daraus, da die Könige von Frankreich in der Folgezeit das Erbe der Lehnsfürsten anzutreten vermochten. Ist doch die sich zwischen dem 9. und 12. Jahrhundert vollziehende Entwicklung der Lehnsfürstentümer gleichsam als Präludium und Wegweiser der Politik anzusehen, die das Königtum seit dem 12. Jahrhundert eingeschlagen hat, eine Analogie, die R. Holtzmann auf die Formel bringt: »Die Dezentralisation, die das Lehnswesen mit sich brachte, ist zuerst durch eine provinziale Zentralisation, diese dann durch den französischen Einheitsstaat abgelöst worden.«[5] Damit aber stellt sich die Frage, welche Funktion zu Beginn des Hochmittelalters dem französischen Königtum zukam, das ja eine Doppelrolle als Spitze und Vollendung der Lehnshierarchie einerseits und als Wahrer und Verwalter der dem Feudalsystem übergeordneten Interessen des Gesamtreiches andererseits zu spielen hatte, also einer ständigen inneren Spannung ausgesetzt war. Diese offenbart sich darüber hinaus in der Antinomie zwischen zwei gegensätzlichen Prinzipien, auf die es sich jeweils gründete: nämlich zwischen Erb- und Wahlmonarchie. Jene war die ursprüngliche, aus fränkischer Zeit überkommene Form, diese setzte sich seit dem 10. Jahrhundert allmählich immer mehr durch; jedoch bewegte sich das Pendel seit der Regierung Philipp Augusts wieder in die andere Richtung.

Schon zu Beginn unserer Periode war das Erbrecht durch eine gewisse Anteilnahme des Volkes – dieses repräsentiert durch die Großen des Reiches – unterstützt und ergänzt worden, und zwar in Form von Zustimmung zu Reichsteilungen, Anerkennung der Regierungsfähigkeit, Huldigung oder auch direkter Wahl, wenn etwa eine Thronfolge strittig war. Im Vertrag von Coulaines, den der westfränkische Hochadel wenige Monate nach dem Vertrag von Verdun im Herbst 843 Karl dem Kahlen abgetrotzt hatte, war ihm eine solche Mitbestimmung sogar ausdrücklich verbrieft worden. So hatte Ludwig II. der Stammler (877-879), um als Nachfolger seines Vaters Karl des Kahlen anerkannt zu werden, am 30. 11. 877 eine mündliche und schriftliche *professio* ablegen müssen, in der er die Wahrung der Glaubenslehren und des weltlichen Rechts gelobte. Damit war ein Präzedenzfall geschaffen, dem zufolge zukünftig jeder Krönung eine entsprechende *professio* vorauszugehen hatte.

Sofort nach Ludwigs II. Tod zeigte sich, daß der Wahlgedanke schon so an Boden gewonnen hatte, daß er in einem Teilreich über das Erbrecht triumphieren konnte. Niederburgund, das 875 von Karl dem Kahlen annektiert worden war, machte sich 879 durch die Wahl Bosos von Vienne (877-887) zum König – wie sich herausstellen sollte, für immer – vom Westfrankenreich unabhängig. Man überging also die Söhne Ludwigs des Stammlers, Ludwig III. (879-882) und Karlmann (879-884), während sie in Frankreich als legitime Nachkommen Karls des Großen in der Königswürde bestätigt wurden. Der aus karolingischer Tradition erwachsende Erbreichsgedanke erwies sich hier auch weiterhin noch als besonders stark. Als Karlmann bei seinem Tod 884

in seinem Stiefbruder Karl dem Einfältigen nur ein fünfjähriges und damit noch nicht regierungsfähiges Kind als direkten Nachfolgekandidaten hinterließ, boten die Großen aus dynastischen Legitimitätsgründen die Krone dem ostfränkischen König, Kaiser Karl III. dem Dicken, an, so daß unter diesem Herrscher von 885 bis 887 das fränkische Gesamtreich, ausgenommen Niederburgund, noch einmal vereinigt worden ist. Dennoch war das Bewußtsein von der Sonderstellung beider Teile bereits so weit ausgebildet, daß in den Urkunden Karls des Dicken zwischen seinen Regierungsjahren in Ostfranken und denen in Westfranken unterschieden wurde. Übrigens wird er auch in der Reihe der französischen Könige gar nicht mitgezählt. Jedoch hat sich, nachdem Karl 887 in Ostfranken wegen seiner Unfähigkeit abgesetzt worden war, die Nachfolge keineswegs mehr reibungslos vollzogen, denn der karolingische Thronkandidat in Frankreich, Karl der Einfältige, wurde zunächst nicht zum Monarchen erhoben. Es zeigte sich, daß nicht nur der Wahlrechtsgedanke entscheidende Fortschritte erzielt, sondern auch die Vorstellung von der Selbständigkeit des Westreiches feste Wurzeln geschlagen hatte. Entschloß sich doch diesmal (888, einen Monat nach dem Tod Karls des Dicken) ein Teil der hohen Würdenträger, einen nationalen König zu wählen, nämlich den ältesten Sohn Roberts des Starken, Graf Odo von Paris (888-898), der 885 die Hauptstadt gegen die Normannen gehalten hatte. Man bewertete jetzt also die sichtbare militärische Leistung im Kampf gegen den Landesfeind höher als das Geblütsrecht. Allerdings blieb dies nicht unbestritten, und schon 893 erhob die karolingische Partei Karl den Einfältigen zum Gegenkönig, so daß das Westfrankenreich für mehrere Jahre von einem blutigen Thronstreit erfüllt wurde, der erst 897 mit einer Art Reichsteilung zwischen beiden Rivalen erlosch; nach dem Tode Odos 898 fand Karl III. (893/98-923) dann allgemeine Anerkennung. Indes war längst offenbar geworden, daß sich von nun an zwei Prinzipien gegenüberstanden, die sich eigentlich gegenseitig ausschlossen: Wahlrecht und Unteilbarkeit des sich bereits als eigenständigen Organismus empfindenden frühfranzösischen Staates auf der einen, Erbrecht und Teilbarkeit des Reiches nach karolingischer Tradition auf der anderen Seite.
Diese Auseinandersetzung hat sich bis ins letzte Drittel des 10. Jahrhunderts in wechselnden Konstellationen hingezogen, indem zwischen 922 und 923 Odos Bruder Robert von Franzien als Gegenkönig gegen den 923 gestürzten Karl III. auftrat, anschließend Westfranken sogar an Rudolf von Burgund fiel, bis seit 936 wieder die Karolinger herrschten. Jedoch ist die Regierung von Karls Sohn Ludwig IV., genannt »der Überseeische« (»d'outre mer«) (936-954), stets von dem Robertiner Hugo (dem Weißen) von Franzien angefochten worden, wobei er diplomatisch und militärisch von Kaiser Otto I. unterstützt wurde, ohne daß allerdings die Thronfolge eines weiteren Karolingers, nämlich Lothars (954-986), hätte verhindert werden können. Mit dem

frühen Tode Ludwigs V. erlosch im Jahre 987 das ruhmreiche Geschlecht Karls des Großen auch im westfränkischen Reich endgültig, und die darauf folgende Thronerhebung Hugo Capets (987-996) entschied den langen Kampf zwischen den beiden rivalisierenden Prätendentenfamilien zugunsten der Robertiner. Unter dem Namen ihres ersten wirklich unumstritten herrschenden Königs sollte diese einheimische Dynastie der Kapetinger zunächst in direkter Linie und schließlich in verschiedenen Seitenlinien fast ein Jahrtausend lang die Geschicke Frankreichs bestimmen.

Inzwischen hatte sich hier »eine merkwürdige Verbindung von Wahl- und Erbrecht«[6] herausgebildet. Schon die späten westfränkischen Karolinger hatten sich ihren Erbanspruch zusätzlich durch eine Wahl bestätigen lassen, und für die Kapetinger stellte sie naturgemäß sogar den ausschließlichen Rechtsboden ihrer Regierung dar, wenigstens bis zu Ludwig VII. Andererseits versuchten die Vertreter dieses Geschlechts sogleich, auch für sich das Erbrecht geltend zu machen, indem sie sehr geschickt den Sohn stets schon zu Lebzeiten des Vaters zum König wählen ließen. Da sie alle überlebende Söhne hatten, verblieb die Krone auf diese Weise sicherer im Hause, als es auf Grund bloßer Vererbung möglich gewesen wäre. Gleichzeitig wandelte sich Frankreich infolge dieser konsequent betriebenen Regelung der Nachfolgefrage quasi unmerklich aus einer Wahl- wieder in eine – gewohnheitsrechtliche – Erbmonarchie, obwohl niemals ein entsprechender legislatorischer Akt erfolgte. So vermochten die Nachfolger Hugo Capets jeweils von vornherein unangefochten die Regierung zu übernehmen, wie Robert II. der Fromme (996-1031), Heinrich I. (1031-1060), Philipp I. (1060-1108), Ludwig VI. der Dicke (1108-1137), Ludwig VII. (1137-1180) und schließlich Philipp II. August (1180-1223).

Darüber hinaus war die Stellung des französischen Monarchen bis zur Revolution im Transzendentalen verankert. Denn der Wahl, die durch die geistlichen und weltlichen Fürsten vollzogen wurde, während die kleinen »Ritter und Völker« anschließend akklamierten, folgte der quasi-religiöse Akt der Weihe, die aus Salbung und Krönung bestand, wobei beide Rituale seit der zweiten Hälfte des 9. Jahrhunderts aufs engste zusammenhingen. Die Salbung hatte stets ein Erzbischof oder der Papst vorzunehmen; im Regelfalle geschah dies in Reims durch den dortigen Erzbischof, seitdem der Berater Karls des Kahlen, Hinkmar, seinem Erzbistum den Primat in der westfränkischen Kirche gesichert hatte. Das französische Königtum hat damit von vornherein einen halbgeistlichen Charakter angenommen, und zwar weitaus stärker als das gleichzeitige deutsche, ein Umstand, der sein Schicksal mit dem der Kirche unlöslich verknüpfen und zugleich sein Ansehen im französischen Volk außerordentlich steigern mußte. Die schon seit Karlmann und Karl dem Großen übliche Devotionsformel *dei gratia* brachte diese religiöse Komponente des Königtums symbolisch zum Ausdruck.

Der großen rechtlichen und moralischen Autorität, mit der es ausgestattet war, entsprach indes zur Zeit der Jahrtausendwende nur eine sehr geringe reale Machtbasis. Denn der königliche Grundbesitz war im Westreich während des 9. Jahrhunderts durch zahlreiche Benefizialverleihungen erheblich zusammengeschmolzen, so daß die späten Karolinger geradezu in Abhängigkeit von ihren eigenen Vasallen gerieten. Außerdem durfte der König ursprünglich nicht gleichzeitig ein Amt als Herzog oder Graf innehaben, verfügte also über keine eigentliche Hausmacht. Seit dem 10. Jahrhundert allerdings verlor diese aus dem karolingischen Ämterbegriff herrührende Regel in dem Maße an Bedeutung, wie das Königreich ins Feudalsystem einbezogen wurde, und die Kapetinger pflegten schließlich ihr Herzogtum Franzien auch nach der Thronbesteigung beizubehalten. Sie erbten zudem Reste karolingischer Besitzungen, von denen die entfernter liegenden zwar bald verlorengingen, die angrenzenden aber mit der Krondomäne vereinigt wurden. In ihrer Eigenschaft als Herzöge von Franzien standen die frühen Kapetinger mithin auf derselben Stufe wie andere große Lehnsfürsten; darüber hinaus besaßen sie noch jene königlichen Befugnisse, die von den Karolingern auf sie übergegangen waren und die sich über das ganze Reich erstreckten. In der Theorie stand allen karolingischen und kapetingischen Königen des 9. bis 12. Jahrhunderts dieselbe landrechtliche Gewalt wie Karl dem Großen zu. In der Praxis jedoch war in diesem Zeitraum die legislative und jurisdiktionelle Wirksamkeit der Zentralgewalt, wie früher schon ausgeführt, auf ein Minimum reduziert. Seitdem im 9. Jahrhundert königliche Rechtsverordnungen in Form der Kapitularien in immer geringerer Zahl und schließlich überhaupt nicht mehr ergingen, hat es bis ins 12. Jahrhundert hinein in Frankreich gar keine allgemeine Gesetzgebung gegeben. Die Urkunden der letzten westfränkischen Karolinger und ersten Kapetinger enthalten Privilegien für die Kirche und für die Vasallen oder stellen nur lokale Erlasse dar, die etwa im Falle der Robertiner ausschließlich für deren Lehnsfürstentum Franzien galten. Die Entsendung von Königsboten, durch die einst der Herrscher seinen Willen im ganzen Reich kundgetan hatte, gehörte schon seit der zweiten Hälfte des 9. Jahrhunderts der Vergangenheit an, und die alten Grafen existierten entweder nicht mehr oder waren selbständig geworden.

Diese innere Schwäche des frühmittelalterlichen französischen Königtums hat sich naturgemäß auch auf die Außenpolitik ausgewirkt. Der entsprechende Handlungsspielraum des Monarchen war dadurch so eingeschränkt, daß er die Erfüllung einer seiner wesentlichsten Aufgaben, nämlich die Abwehr fremder Eindringlinge, häufig genug mächtigeren Territorialgewalten überlassen mußte. Das Feudalsystem machte es ihm mehr und mehr unmöglich, über die Köpfe der Lehnsherren hinweg alle Freien gemäß dem alten fränkischen Landrecht zum *service d'ost* aufzubieten, so daß er meistens nur noch über relativ schwache Vasallenheere verfügte. Zwar waren im Prinzip alle Lehnsfürsten zum Kriegsdienst verpflichtet, in der Praxis jedoch war der König kaum in der Lage, sie gegen ihren Willen dazu zu zwingen. Allerdings hatten die Kapetinger, gestützt auf ihr eigenes starkes Lehnsfürstentum, im Verhältnis zu ihren karolingischen Vorgängern schon mehr Machtmittel aufzuweisen. Im diplomatischen Bereich galt indes immer noch das Prinzip, daß jeder Staatsvertrag mit auswärtigen Mächten, z. B. ein Friedensschluß, nur vom König abgeschlossen werden konnte, wenn er für das ganze Reich gelten sollte.

Infolge dieser Situation war Frankreich der gleichzeitigen Bedrohung durch Sarazenen und Wikinger fast wehrlos ausgesetzt. Im Laufe des 10. Jahrhunderts verwandelten die Araber, die u. a. den Küstenstreifen vom Unterlauf der Rhône bis Italien und wichtige Westalpenpässe kontrollierten, in fortgesetzten Raubzügen große Teile der Provence und der Dauphiné in eine menschenleere Wüstenei. Ebenso gefährlich waren die Invasionen, mit denen die seebeherrschenden norwegischen und dänischen noch ihrem alten heidnischen Glauben anhängenden Wikinger etwa seit der Zeit Ludwigs des Frommen die nordwestatlantischen Küstengebiete heimsuchten, wobei sie schließlich das Westfrankenreich zum Schwerpunkt ihrer Angriffe machten. Mit ihren wendigen, leichten Schiffen drangen sie auf den großen Strömen oft bis tief ins Innere des Landes vor und legten dort improvisierte erdbefestigte Stützpunkte an, von denen aus ihre Kriegsscharen verheerende Streifzüge unternahmen, denen nicht nur Klöster, sondern auch manche der damals noch schlecht ummauerten Städte zum Opfer fielen. Das Loiregebiet war 834 das erste Ziel dieser Einfälle, die zur Zeit Karls des Kahlen ihren Höhepunkt erreichten und trotz des – im deutschen Ludwigslied verherrlichten – Sieges Ludwigs III. über die Normannen bei Saucourt (881) und ihrer Einschließung bei Elsloo im Jahre 882 noch nicht endgültig abgewehrt werden konnten. So erschienen die Wikinger 885 sogar vor Paris, wo Graf Odo die belagerte Stadt zwar erfolgreich verteidigte, aber Kaiser Karl III., der mit einem gewaltigen Entsatzheer herbeigeeilt war, doch keinen besseren Rat wußte, als zu guter Letzt den Abzug des furchtbaren Gegners durch einen Geldtribut und Landzuweisungen zu erkaufen. Letztere Maßnahme, in größerem Stil angewandt, hat sich schließlich als einzig wirksames Mittel erwiesen, um dieser gefährlichen Raubscharen Herr zu werden. Denn im Jahre 911 hat Karl der Einfältige mit dem dänischen Normannenführer Rollo jenen Vertrag von Saint-Clair-sur-Epte abgeschlossen, durch den ihnen unter der Auflage, zum Christentum überzutreten, die Lehnsoberhoheit des westfränkischen Königs anzuerkennen und die Küste fortan gegen eventuelle weitere Angriffe heidnischer Wikinger zu schützen, das seitdem »Normandie« genannte Gebiet beiderseits der Seine-Mündung als Siedlungsraum zugewiesen wurde. Die Normannen haben sich in ihre neue Rolle so rasch und intensiv eingelebt, daß sie alsbald zum Inbegriff christlich-französischen Rittertums wurden und ihr Land zu einem Musterstaat formen konnten. Unter ihrem Herzog Wilhelm dem Eroberer setzten sie sich ab 1066 auch im angelsächsischen England fest und leiteten damit eine Entwicklung ein, die schon ein Jahrhundert später zur Begründung der angevinischen Großmacht führen und die Existenz des französischen Königtums in Frage stellen sollte.

Die Beziehungen des jungen westfränkischen Reiches zu dem aus der gleichen Erbmasse hervorgegangenen ostfränkischen Bruderstaat gestalteten sich mehr als ein Jahrhundert lang ausgesprochen spannungsreich. Denn der Tod Kaiser Lothars hatte ja nicht nur die 870 zugunsten des Ostreiches gelösten territorialen Probleme aufgeworfen, sondern auch jene wichtige Prestigefrage, welchem der beiden Kontrahenten das Kaisertum und die mit diesem verbundenen Rechte zufallen sollten. Auch sie wurde, obwohl Karl der Kahle als einziger westfränkischer Herrscher die Kaiserkrone für einige Jahre an sich zu bringen vermochte (875-877), im Laufe der Zeit gegen Frankreich entschieden, und zwar definitiv mit der Erneuerung der Kaiserwürde durch Otto I. am 2. 2. 962. Und seit den Tagen Kaiser Ottos II. hörten alle Versuche von westfränkischer Seite auf, die Ergebnisse des Vertrages von Meerssen und die seit 925 bestehende Zugehörigkeit des Herzogtums Lothringen zum deutschen Reichsverband rückgängig zu machen. Die Motive zu den vorangegangenen Auseinandersetzungen darum sind übrigens weniger in nationalen als vielmehr in dynastischen Gegensätzen zwischen westfränkischen Karolingern auf der einen und den die Robertiner unterstützenden sächsischen Ottonen auf der anderen Seite zu suchen. Als Resultat all dieser Kämpfe um das Erbe Karls des Großen ist also Deutschland und nicht Frankreich zum politischen Schwerpunkt abendländischer Geschichte im Hochmittelalter geworden. Bis zum Untergang des staufischen Hauses in der Mitte des 13. Jahrhunderts vermochten die Beherrscher des deutschen Reiches diese Vorrangstellung auch unangefochten zu behaupten. Waren doch die französischen Könige damals viel zu sehr durch innere Probleme oder auch die Abwehr englischer Übergriffe und nicht zuletzt durch die vornehmlich von Frankreich getragene Kreuzzugsbewegung in Anspruch genommen, um sich der Ausweitung ihrer Ostgrenze zuwenden zu können.

Angesichts der Bedeutung, die den Versuchen zur Eroberung des Heiligen Landes gerade für die französische Geschichte zukommt, drängt sich die Frage auf, welche Rolle in ihr jene Kraft spielte, die letztlich hinter solchen Bestrebungen stand, nämlich die Kirche. Sie stellte zweifellos die stärkste geistige und moralische Autorität des christlichen Mittelalters dar. Mehr als jede andere Macht, die des jeweiligen Grundherrn vielleicht ausgenommen, wirkte sie unmittelbar auf das alltägliche Leben jedes einzelnen ein, indem sie dessen wesentliche Zäsuren – Taufe, Heirat, Bestattung – mit ihren Amtshandlungen begleitete und gleichzeitig das persönliche Gewissen zur Einhaltung ihrer Gebote verpflichtete. Gerade was letzteren Gesichtspunkt anlangt, ist im Mittelalter eine entscheidende Wandlung eingetreten; in weiten Teilen des Abendlandes lag ja die Rezeption der christlichen Botschaft noch nicht so lange zurück, als daß hier nicht heidnische Relikte unter der Oberfläche fortgelebt hätten. Erst um die Jahrtausendwende und vor allem im 11. Jahrhundert wurde die Lehre Christi auch innerlich wirklich angenommen, es vollzog sich gleichsam eine zweite geistig-religiöse Revolution, und zwar unter um so heftigeren Formen, je kürzer die Zeitspanne war, die seit der Christianisierung des betreffenden Landes verstrichen war. Frankreich, wo das Christentum schon seit Jahrhunderten heimisch und fest verwurzelt war, konnte bereits in dieser Phase zum Ausgangspunkt einer religiösen Erneuerungsbewegung werden. Politisch weitgehend machtlos, entfaltete es ideelle Kräfte, die in besonderem Maße dazu beigetragen haben, den Charakter des europäischen Hochmittelalters zu prägen. Ihr Träger war in erster Linie das französische Mönchtum, dessen Ursprünge bis auf Martin von Tours zurückreichen. Aus ihm gingen jene Reformbestrebungen hervor, die auf eine strengere Befolgung der inzwischen recht verweltlichten Benediktinerregeln abzielten, ihren Mittelpunkt in dem 910 gegründeten burgundischen Kloster Cluny fanden und von dort im Laufe des 10. Jahrhunderts nicht nur auf ganz Frankreich, sondern auch auf alle benachbarten Länder ausstrahlten. Die nach dem Modell Clunys neu gegründeten oder reformierten Klöster schlossen sich im 11. Jahrhundert zu einer Kongregation zusammen, die die ursprüngliche cluniazensische Klosterreform zu einer allgemeinen Kirchenerneuerung auszuweiten trachtete. Von tief pessimistischer Verachtung des diesseitigen Lebens und ethischem Rigorismus erfüllt, sagten die Reformer der schon sehr ausgeprägten Feudalisierung der Kirche leidenschaftlich den Kampf an. Da vor allem die hohe Geistlichkeit, also Bischöfe und Äbte, durch die Vergabe von ausgedehntem Grundbesitz und Gerechtsamen (Regalien) und Leistung des Treueides gegenüber dem König oder einem Lehnsfürsten weitgehend in das System des Lehnsstaates integriert worden war, wurden auch in Frankreich Laieninvestitur und Simonie durchaus praktiziert. Ihre Abschaffung sowie die strikte Beachtung des im niederen Klerus damals noch keineswegs selbstverständlichen Zölibats gehörten daher zu den wichtigsten Forderungen. Als Cluny im 12. Jahrhundert abzusinken begann, traten neue Klosterbewegungen sein ideelles Erbe an. Wiederum in Burgund wurde 1098 das Kloster Citeaux ins Leben gerufen, dessen Mönche sich ebenfalls für die genaue Einhaltung der Benediktinerregel und eine asketische Lebensführung einsetzten. Zisterzienser gründeten auch 1115 jenes Kloster Clairvaux, aus dem Bernhard von Clairvaux, der machtvolle Prediger zum 2. Kreuzzug, hervorgegangen ist. Etwa gleichzeitig entstand 1120 südwestlich von Laon das Kloster Prémontré, das der Regel des heiligen Augustinus folgte und dessen Prämonstratenser neben den Zisterziensern den einflußreichsten Orden in Frankreich seit Cluny darstell-

ten. In allen Fällen haben sich die Päpste bemüht, die Klöster der zuständigen bischöflichen Administration zu entziehen, um sie sich selbst unmittelbar zu unterstellen. Denn zwischen Reformklöstern und Reformpäpsten bildete sich im Laufe des 11. Jahrhunderts jenes enge Bündnis heraus, das unter der machtvollen Führung Papst Gregors VII. den Kampf gegen die Laieninvestitur aufnahm. Im Gegensatz zu Deutschland, wo die Kurie eine kompromißlose Haltung einnahm, hat es in Frankreich zwar auch entsprechende Auseinandersetzungen, aber keinen eigentlichen Investiturstreit gegeben. Das hing zum einen mit der festeren Verwurzelung des Christentums in Frankreich zusammen und zum anderen mit dem halbgeistlichen Charakter seines Königtums, das naturgemäß viel stärker auf eine Übereinstimmung mit Papsttum und päpstlicher Politik angewiesen war als das römisch-deutsche Kaisertum. Zudem bestanden zwischen dem Reich und dem Kirchenstaat erhebliche machtpolitisch bedingte Reibungsflächen, während im Verhältnis der Kurie zu Frankreich die gemeinsamen Interessen eher überwogen, zu deren besonderem Anwalt im 12. Jahrhundert der berühmte Abt Suger von St. Denis werden sollte, der wiederum Ludwig VI. in diesem Sinne beeinflußte. Da die Oberhäupter der 75–77 Diözesen und 10 Kirchenprovinzen, in die Frankreich damals kirchenpolitisch eingeteilt war, bei weitem nicht so viele staatliche Befugnisse hatten wie ihre deutschen Amtsbrüder, war das Investiturproblem hier auch von geringerer politischer Bedeutung. Stützte sich doch das französische Königtum nie in dem Maße auf die Bistümer, wie dies beim deutschen seit der Bischofspolitik Ottos des Großen der Fall gewesen ist. Infolgedessen behandelten die Päpste die Könige von Frankreich sehr viel vorsichtiger als die Kaiser; gegenüber Philipp I., der sich ebensowenig an das Investiturverbot hielt wie Heinrich IV., beschränkte sich Gregor VII. auf Drohungen, ohne jedoch offen mit ihm zu brechen. Als der französische König auf dem Konzil von Clermont in der Auvergne 1095 von Papst Urban II., der damals Frankreich durchreiste, um zum 1. Kreuzzug aufzurufen, dann doch exkommuniziert wurde, stellte dies »ein rein kirchliches Buß- und Strafverfahren«[7] wegen der anfechtbaren Zweitehe dar, die Philipp nach Verstoßung seiner ersten Gemahlin führte. Zwar ging auch in Frankreich im 12. Jahrhundert die Investitur mit Stab und Ring verloren, jedoch blieb der weltlichen Macht das Recht zur Genehmigung der Wahlversammlung sowie zur Übertragung der Regalien, und der Gewählte mußte ihr den Treueid leisten. So konnte das Königtum hier mit den Ergebnissen der Auseinandersetzung, die sich in einigen Nachbeben noch bis in die Regierungszeit Ludwigs VII. hineinzog, recht zufrieden sein.
Schon bevor die Kirche auf diese Weise staatliche Einwirkungen auf den geistlichen Bereich auszuschalten oder doch einzudämmen suchte, hatte sie sich ihrerseits eines öffentlichen Anliegens angenommen, dem die damals noch zu schwachen Könige nicht gewachsen waren. Um das

Fehdewesen, also jenes für das Mittelalter so charakteristische Recht zur Privatkriegführung, einzuschränken, hat sie im späten 10. und frühen 11. Jahrhundert die zuerst in Frankreich gültigen, von dort aber im Laufe der Zeit sich über das ganze Abendland ausbreitenden Friedensordnungen der *Pax dei* von 989 und *Treuga dei* von 1027 erlassen, deren Nichtbeachtung mit Exkommunikation bestraft wurde. Während jene bestimmte Personengruppen (Geistliche, Bauern, Kaufleute, Frauen und Arme) und Objekte (z. B. geistlichen Besitz und Mühlen) dem Fehdewesen dauernd entzog, grenzte diese das Recht, Privatkriege zu führen, für jedermann auf bestimmte Tage der Woche ein; danach waren Kampfhandlungen zunächst von Samstagabend bis Montagmorgen und später von Mittwochabend bis Montagmorgen verboten. Das Konzil von Clermont verkündete 1095 die Verbindlichkeit von *Pax dei* und *Treuga dei* für die ganze Christenheit. Das langsam wieder erstarkende Königtum unterstützte die Durchführung dieser Friedensordnungen auch mit Hilfe staatlicher Maßnahmen und baute sie weiter aus, so daß das Fehde- und Raubwesen seit dem 11. Jahrhundert allmählich abzunehmen begann.

Während die Kirche, ansetzend in Frankreich, im Innern der Christenheit erfolgreich darum bemüht war, den Kriegszustand als gleichsam normale Lebensform einzuschränken, hat sie nach außen hin eine der größten Kriegsperioden der Weltgeschichte ausgelöst, nämlich die Kreuzzüge (1096-1270)[8]. Erfüllt von dem allgemein verbindlichen Ideal, im Dienste Gottes stehend das Hl. Grab in Jerusalem für die ganze Christenheit befreien zu müssen, beugte sich das abendländische Rittertum von Norwegen über Deutschland, England, Frankreich und den iberischen Königreichen bis nach Italien dem Führungsanspruch des Papstes in Rom, dem Initiator dieses für das Mittelalter so charakteristischen Phänomens. Zum religiösen Motiv gesellten sich natürlich noch andere, weniger ideale Antriebe wie Abenteuerlust, Gewinn- und Machtstreben oder auch nur reines kabinettspolitisches Kalkül. Immerhin hatte die Konfrontation des Abendlandes mit der ganz andersartigen arabisch-islamischen Zivilisation zur Folge, daß das christliche Europa sich seiner kulturellen Eigenständigkeit und Zusammengehörigkeit zum ersten Male bewußt zu werden begann und ein Selbstverständnis entwickelte, das seitdem nie mehr völlig verlorengegangen ist. Eine der frühen europäischen Nationen engagierte sich nun besonders intensiv in dieser Bewegung, nämlich die französische, wodurch die Kreuzzugsepoche auf weiten Strecken ein integrierendes Element ihrer eigenen Geschichte ausmacht. Indem aber französische Ritter, Fürsten und Könige zu leidenschaftlichen Vorkämpfern der Kreuzzugsidee wurden, verbanden sich von vornherein aufkeimendes Nationalgefühl und universales Sendungsbewußtsein zu der Vorstellung, daß Frankreich und die Christenheit – in der Neuzeit sollte an diese Stelle das Begriffspaar »Frankreich und die Menschheit« treten – miteinander identisch seien.

Gleich den 1. Kreuzzug (1096-1099), zu dem der aus Frankreich stammende Papst Urban II. 1095 auf der Kirchenversammlung zu Clermont in der Auvergne und der Eremit Peter von Amiens in zahllosen Predigten aufriefen, führten überwiegend französische Fürsten und Ritter und solche aus benachbarten Gebieten an, nämlich Gottfried von Bouillon, Herzog von Nieder-Lothringen, mit seinen Brüdern Balduin und Eustachius, der Normannenherzog Robert, Sohn Wilhelms des Eroberers, Robert von Flandern, Stephan von Blois, Raimund von Toulouse sowie schließlich Hugo von Vermandois. Indessen mußten König Philipp I. von Frankreich und Kaiser Heinrich IV., beide vom päpstlichen Bannstrahl getroffen, machtlos und grollend beiseite stehen. Nachdem dieser Zug mit der Eroberung Jerusalems am 15. 7. 1099 sein Ziel völlig erreicht hatte, entstanden mit den lehnsrechtlich organisierten christlichen Königreichen, Fürstentümern und Grafschaften Jerusalem, Antiochia, Edessa und Tripolis, deren Gesetze, die *Assises du royaume de Jérusalem,* schon durch ihren Namen das französische Modell erkennen lassen, im Heiligen Land kleine Ablegerstaaten Frankreichs, in denen die moderne Forschung mit Recht allererste Prototypen seiner späteren neuzeitlichen Koloniegründungen erblickt. Die dort herrschenden französischen Fürsten leiteten eine Tradition der französischen Mittelmeerpolitik ein, die über Ludwig den Heiligen, Napoleon Bonaparte, die Kolonialherrschaft in Nordafrika und die Mandatsregierung in Syrien nach dem Frieden von Versailles bis in die unmittelbare Gegenwart reicht. Allerdings ist der durch den 1. Kreuzzug geschaffene Ansatz nicht von langer Dauer gewesen; es gelang den Sarazenen schon 1144 und dann erneut 1146, Edessa zurückzuerobern. Der 2. Kreuzzug, für den vor allem Bernhard von Clairvaux als Prediger warb und den Konrad III. und Ludwig VII. gemeinsam zwischen 1147 und 1149 durchführten, sollte daher den Zusammenbruch der christlichen Staaten im Heiligen Land verhindern; dieser Versuch scheiterte jedoch völlig, so daß Jerusalem 1187 wieder in die Hand der Mohammedaner fiel. Nichtsdestoweniger ist die Kreuzfahrerbewegung durch solche Mißerfolge keineswegs zum Erliegen gekommen, sondern erst in der Folgezeit zu ihrer breitesten Entfaltung gelangt.

Auch die aufblühende Kultur Frankreichs steht in dieser Epoche ausschließlich im Dienste der Kirche und wird durch deren Geist selbst da geprägt, wo, wie etwa in der Dichtung, noch germanisches Erbe durchschimmert. Das ist der Fall in den *chansons de geste,* deren Stoffe dem sagenhaften Paladinenkreis Karls des Großen oder der Araberabwehr an der Südküste Frankreichs entstammen. Das berühmteste dieser Heldenepen ist das etwas nach 1100 entstandene Rolandslied, in dem der Tugendkanon des christlich-französischen Ritters uns schon völlig ausgebildet entgegentritt. Um die Wende vom 11. zum 12. Jahrhundert kommt in Südfrankreich die in provenzalischer Sprache gedichtete Lyrik der Troubadours auf, nach Form und Gehalt bewußter

Ausdruck der exklusiven, politisch dominierenden Adelsgesellschaft. Seit der Mitte des 12. Jahrhunderts wird diese hohe Sprachkunst nach dem Norden Frankreichs übertragen, wo sie die *trouvères* in altfranzösischer Sprache weiterentfalten. Hier gelangt die höfische Dichtung unseres Nachbarlandes zu ihrer klassischen Vollendung, nämlich in den *romans courtois* des Chrétien de Troyes. Seine zwischen 1160 und 1190 entstehenden Versepen ›Erec‹, ›Lancelot‹, ›Yvain‹ und ›Perceval‹, deren Hintergrund die keltische Artus-Sage und der Gralsmythos bilden, umspannen den ganzen Kosmos ritterlicher Existenzweise und Erlebniswelt und offenbaren die ethischen Normen der Führungsschicht des Hochmittelalters. Doch nicht nur von daher gesehen, sondern auch auf Grund seiner glänzenden künstlerischen Gestaltung setzte dieses Werk Maßstäbe, die weit über Frankreich hinaus gewirkt haben.

Neben und gleichzeitig mit der Dichtung entsteht eine bedeutende Philosophie, die man als Vorform der erst im 13. Jahrhundert voll ausgebildeten Scholastik ansehen kann und die Frankreich in dieser Epoche die geistige Führungsrolle im Abendland verleiht. Sie wird, ebenso wie die *artes liberales,* zunächst in den sog. Kathedralschulen gelehrt, die im Laufe des 10. Jahrhunderts die Klosterschulen des frühen Mittelalters an Bedeutung überrundet haben. Außerdem existiert schon in dieser Zeit die Medizinschule von Montpellier, Keimzelle der ältesten Universität Europas. Eine entscheidende Weiterentwicklung wird gegen Ende des 12. Jahrhunderts durch die Gründung der Hochschule von Paris eingeleitet, die seit der Stiftung ihres Kollegienhauses durch Robert de Sorbon 1258 ihren berühmten Namen trägt und neben Bologna den klassischen Typus einer mittelalterlichen Universität repräsentiert.

Auch in der bildenden Kunst gibt Frankreich in Europa den Ton an, in diesem Bereich sogar während des ganzen Mittelalters. Sie ist wiederum sehr stark vom Religiösen her geprägt und tritt uns in erster Linie als Sakralbau und diesem funktional zugehörige Plastik entgegen; letztere erfüllt in einer Zeit, in der die Masse der Menschen – ein großer Teil der adligen Herrschaftsschicht nicht ausgenommen – weder des Lesens noch Schreibens kundig ist, die Aufgabe, die Gläubigen auf sinnfällige Weise mit den Inhalten der Heilsgeschichte vertraut zu machen.

Analog zur politischen Dezentralisation Frankreichs zeigt auch die damalige französische Kirchenarchitektur ein regional sehr verschiedenartiges Gesicht. Südlich der Loire, sowohl im Poitou als auch in der Provence, wirken in der vorromanischen Baukunst noch starke antike Überlieferungen nach, die man mit Richard Hamann als Ausdruck einer »Protorenaissance« bezeichnen könnte.[9] Vor allem im burgundischen Raum jedoch, also dem Lande der cluniazensischen Reformbewegung, wächst um die Jahrtausendwende eine rein romanische Architektur und Skulptur heran, die den Gemeinderaum, zu dem sich die spätantike Basilika säkularisiert hatte, wieder zum Haus Gottes umformt. Wuchtig und monumental wie der kubische oder z. B. bei der Dorfkirche von Paray-le-Monial pyramidale Baukörper dieser Kirchen wirkt auch die romanische Plastik in ihren strengen stereometrischen Formen, die besonders am Portalschmuck der Kathedrale von Autun in Erscheinung tritt und die mit Motiven wie denen des Jüngsten Gerichtes mehr den strafenden, Buße und Askese fordernden Christus als den erbarmungsvollen Heiland der Frohen Botschaft herausstellt.

Die in der ersten Hälfte des 12. Jahrhunderts in der Normandie und der Ile de France aufkommende und sich von hier allmählich über ganz Frankreich verbreitende Gotik überwindet die Blockhaftigkeit der romanischen Kirchen und stößt zum Richtungsbau vor, der den Eindruck einer Bewegung erzeugt. Der Turm rückt vom Zentrum der Vierung fort und setzt sich an die Westseite des Längsschiffes, wo er sich verdoppelt und das Eingangstor beiderseits flankiert. Die beiden Portaltürme eröffnen die Prozession der Strebepfeiler, deren Funktion, nämlich den Gewölbeschub aufzufangen, eine technische, deren Wirkung jedoch eine überaus ästhetische ist. Denn die zur Fassade hindrängende Massigkeit der Wand wird durch sie aufgehoben und deren Auflösung in eine scheinbar schwerelose Harmonie von Glas und Stein, in ein Filigranmuster von hohen Fenstern und schlanken Pilastern ermöglicht. Die zunehmende Verfeinerung der Architektur, die sich an dem besonders charakteristischen Spitzbogen, an den Kapitellen und Rippen und schließlich an der stetig wachsenden Höhe des ganzen Raumes abzeichnet, wird zum adäquaten Ausdruck einer Geisteshaltung, die das Irdische zu überwinden trachtet. Die klassischen Entwicklungsphasen der französischen Gotik im 12. und 13. Jahrhundert heißen: Sens, Chartres, Reims, Amiens und Beauvais, wo dieser symbolische Aufschwung zum Transzendentalen in Maßlosigkeit umschlägt. Die Ausstrahlungen der in diesen Kennworten angedeuteten Baukunst reichten weit über ihr Ursprungsland hinaus, indem sie sich während des Hoch- und Spätmittelalters in zahllosen Nachahmungen, Abwandlungen und Weiterentfaltungen des französischen Vorbildes über ganz Europa ausbreitete.

Gleichzeitig war sie eng verknüpft mit dem Werden der Städte, aus deren Mutterboden die großen Kathedralen emporwuchsen. Wir wissen schon, daß die Städte der römischen Zeit Galliens – vom äußersten Süden abgesehen – verschwunden waren. Wenn man unter »Stadt« im rechtlichen Sinne ein Gemeinwesen versteht, das ein Organ der Selbstverwaltung besitzt, so gab es im Lehnsstaat zunächst überhaupt keine Städte mehr, weil alle Verwaltungsfunktionen, z. B. solche des Finanz- oder Gerichtswesens, sowohl in kleinen als auch in größeren Ansiedlungen in den Händen seigneuraler Beamter lagen. Im Gegensatz zu dieser rechtlichen Situation existierte aber selbstverständlich auch auf dem Höhepunkt der Feudalordnung eine Anzahl von Orten, die vorwiegend von Handel und Gewerbe lebten und sich auf Grund dessen und ihrer Ausdehnung von einfachen Dörfern abhoben. In diesen ihrer ökonomischen Struktur nach städtischen Kommunen überwogen die Hörigen an Zahl die adligen und bürgerlichen Einwohner. Da sie zum größten Teil Arbeiter waren, mußten sie, anders als die ländlichen Bauern, in der ausschließlich auf agrarische Wirtschaftsformen abgestimmten Lehnsherrschaft eine Einschränkung oder gar Behinderung ihrer eigenen Interessen erblicken und naturgemäß danach streben, ihre Angelegenheiten selbst zu regeln. So entspann sich seit den sechziger Jahren des 11. Jahrhunderts ein Kampf der Städte gegen die feudalen Gewalten, der seinen Höhepunkt in der ersten Hälfte des 12. Jahrhunderts erreichte und einen durchaus revolutionären Charakter hatte. Dabei spielten vielfach die freiwilligen Vereinigungen eine entscheidende Rolle, also jene ursprünglich meist aus religiösen Gründen geschlossenen Verbrüderungen der Handwerker und Kaufleute, die als Keimzelle der Zünfte und Gilden anzusehen sind. Ein besonderes Ansehen genoß die Pariser Wassergilde, aus deren Satzung sich später die Stadtverfassung der französischen Metropole entwickeln sollte.

In allen Städten verschwanden die Hörigkeitskennzeichen, und die Bevölkerung war landrechtlich frei. Es bildeten sich im wesentlichen zwei Grundtypen von Stadtverfassungen heraus, wobei allerdings vereinzelt auch Mischformen zwischen diesen beiden vorkamen. In den sog. *villes libres* gingen alle staatlichen Gerechtsame der Lehnsfürsten und kleineren *seigneurs* auf die Stadt über, die sich somit souverän selbst verwalten konnte und nur noch dem König unterstand. Hingegen mußten sich die *villes franches* mit geringeren Zugeständnissen begnügen; hier hatten sich die bisherigen Lehnsherren noch gewisse eingegrenzte Rechte militärischer, finanzieller und juristischer Art vorbehalten können, so daß deren Vertreter sich mit den neuen städtischen Organen in die Verwaltung teilten bzw. sie mit diesen gemeinsam ausübten. Interessant ist übrigens ein bedeutsamer Unterschied innerhalb der *villes libres,* der erkennen läßt, daß die städtische Unabhängigkeitsbewegung teilweise klassenkämpferische Elemente enthielt. Im Norden Frankreichs hatten sie nämlich die spezifische Form der *commune jurée,* weil dort die Hörigen sich zu einer verschworenen Gemeinschaft zusammengeschlossen und alle politischen Rechte an sich gerissen hatten, während die Bürgerlichen weitgehend und Adel und Geistlichkeit ganz davon ausgeschlossen blieben. Die südfranzösische Variante des »Konsulats« trug dagegen durchaus aristokratische Züge; nicht nur waren alle Einwohner gleichberechtigt, der niedere städtische Adel bekleidete sogar häufig einige der höchsten Ämter.

Die Frage nach der Bevölkerungszahl Frankreichs ist für diesen Zeitraum noch schwerer zu beantworten als für andere Epochen der älteren Geschichte des Landes. Die Städte selbst wurden in der Regel wohl von nicht mehr als 2000–3000 Menschen bewohnt. Angesichts der Araber- und Normanneneinfälle, der dauernden inneren Fehden, der häufigen Mißernten, Hungersnöte und Seuchen, wozu einmal (873) sogar eine furchtbare Heuschreckenplage kam, nimmt man einen stetigen Bevölkerungsschwund bis zum 10. Jahrhundert und erst seit dem 11. wieder einen langsamen Anstieg an. Um 1000, zur Zeit des größten Tiefstandes, dürfte Frankreich etwa 12 Millionen Einwohner gezählt haben. [10]

Seltsamerweise war das Königtum dem aufkommenden Städtewesen gegenüber zunächst feindlich eingestellt, wohl weil es sich selbst noch zu sehr als feudale Gewalt empfand, um darin den großen Bundesgenossen der Zukunft zu erkennen, dem es ja schon gelungen war, eine Bresche in das festgefügte Lehnssystem zu schlagen. Erst unter Ludwig VII. zeichnete sich eine allmähliche Wende ab, denn damals wurden auch im königlichen Gebiet neue Städte gegründet, während der Monarch gleichzeitig außerhalb der Krondomäne gelegene Kommunen immer offenkundiger begünstigte. Unter Philipp August sollte sich die natürliche Interessengemeinschaft zwischen Krone und Städten im Kampf gegen das Lehnsfürstentum schließlich zu einer Art Bündnis festigen.

Diese Auseinandersetzung des Königtums mit den feudalen Gewalten setzte bereits unter Ludwig VI. ein, dessen Politik seit seinem Regierungsantritt 1108 konsequent darauf abzielte, seiner Stellung als oberster Lehnsherr allgemeine Anerkennung zu verschaffen. Eine Möglichkeit dazu bot sich etwa in solchen Fällen, in denen ein Vasall seinen Lehnsherrn der Treueverletzung (Felonie), meist der Verweigerung des ihm zustehenden Rechts, anklagte; dann konnte der König sich auf seiten des Klägers stellen und das betreffende Lehen des *seigneur* einziehen, wodurch der Vasall ihm selbst direkt unterstellt wurde. Auf diese Weise ist seit dem 12. Jahrhundert vor allem der Machtbereich der großen Kronvasallen allmählich beschnitten und die königliche Domäne stetig ausgedehnt worden. Damit war natürlich gleichzeitig eine Stärkung der Zentralgewalt überhaupt verbunden, sowohl in lehnsrechtlicher als auch nicht zuletzt in landrechtlicher Hinsicht, was wiederum den Prozeß der politischen Einigung Frankreichs förderte.

Die elementarste Aufgabe des Königtums bestand in der Gewährleistung von Ruhe und Ordnung nach innen und außen. Zunächst war dabei, da schwerwiegendere außenpolitische Probleme erst mit der Bildung des Angevinischen Reiches in der zweiten Hälfte des 12. Jahrhunderts auftauchten, die innere Friedenssicherung das dringlichere Anliegen. Der sog. Königsschutz, dem alle nicht waffenfähigen Gruppen der Bevölkerung anvertraut waren, konstituierte in der Theorie eine Art Polizeigewalt des Monarchen im ganzen Reich. Angesichts der dauernden Privatfehden war es allerdings fast unmöglich, diese auch in der Praxis immer auszuüben, so daß die Kapetinger des

11. Jahrhunderts die entscheidenden Initiativen wie *Pax dei* und *Treuga dei* der Kirche hatten überlassen müssen. Jedoch entwickelten sie deren Maßnahmen anschließend durch eigene Landfriedensgesetze weiter. Dieser im 12. Jahrhundert noch intensivierten friedensstiftenden Tätigkeit des Königtums lief eine zunehmende legislatorische und jurisdiktionelle Aktivität parallel. Seit Ludwig VI. bemühten sich nämlich die französischen Monarchen erfolgreich darum, ihre im Prinzip nie bestrittene, aber durch das Lehnswesen faktisch unterhöhlte Funktion als oberste Gesetzgeber und höchste Gerichtsherren zu erneuern und über die Krondomäne hinaus auf das Rechtsleben des ganzen Reiches bestimmend einzuwirken. Damit erhebt sich die Frage nach der rechtshistorischen Entwicklung Frankreichs bis zum Hochmittelalter.

Während im Norden das Gewohnheitsrecht *(coutumes)* vorherrschte, das Bestandteile des germanischen Rechtes, namentlich Relikte der sog. *leges barbarorum* aus fränkischer Zeit enthielt, lebten im Süden römische Überlieferungen fort, die allerdings im Laufe der Zeit ebenfalls gewohnheitsrechtlichen Charakter angenommen hatten. Seit dem Ende des 11. Jahrhunderts, und zwar im Zusammenhang mit der Fixierung von Stadtprivilegien, begann man auch die ursprünglich ungeschriebenen *coutumes* aufzuzeichnen. Im 12. Jahrhundert setzte nun insofern ein tiefgreifender Wandlungsprozeß ein, als das römische Recht in seiner alten Gestalt wiederbelebt wurde. Die Initiative dazu ging von den sog. Glossatoren der Universität Bologna aus, die auf die vier großen Rechtsbücher Justinians zurückgriffen und die darin enthaltenen Normen den Erfordernissen ihrer Zeit anzupassen suchten. Daneben bildete seit 1176 die Universität Paris einen Mittelpunkt dieser Erneuerung des römischen Rechts. In Südfrankreich verdrängte es das Gewohnheitsrecht fast überall völlig, während es die juristischen Grundsätze und Gepflogenheiten in Mittel- und Nordfrankreich nur in geringem Maße zu beeinflussen und zu ergänzen vermochte. Im 13. Jahrhundert war diese Entwicklung soweit abgeschlossen, daß Frankreich von da an in zwei rechtlich scharf voneinander unterschiedene Teile zerfiel, nämlich in die Länder des Gewohnheitsrechtes, die *pays de coutumes,* im Norden und in die Provinzen des römischen Rechtes, die *pays de droit écrit* oder *romain* im Süden.

Die Rückbesinnung auf römische Rechtstraditionen trug dazu bei, den Anspruch des Königtums, für eine das ganze Reich umfassende Gesetzgebung zuständig zu sein, erneut zur Geltung zu bringen. Die damit verbundene Stärkung der königlichen Autorität auf Kosten der Lehnsgewalten manifestierte sich in einer zunehmenden Zahl von allgemeinen Erlassen; die ersten erhaltenen sind die Verordnung Ludwigs VII. über die Juden von 1144 und sein Landfrieden von 1155, eine Friedensordnung Ludwigs VI. läßt sich aus einer Quellenstelle von 1114 erschließen, in der auf sie Bezug genommen wird. Anfänglich hießen diese Erlasse *ordinationes* oder auch *constitutiones,* aber schon bald kam für sie – im Gegensatz zu den Konstitutionen der deutschen Könige – der Name »Ordonnanzen« auf. Auf die längst der Vergangenheit angehörende Zeit der Kapitularien und eine fast 300 Jahre während Periode königlicher Untätigkeit auf legislatorischem Gebiet folgte also seit dem 12. Jahrhundert die der Ordonnanzen, deren stetig anschwellender Strom bis zur Großen Revolution von 1789 nicht mehr versiegt ist. Allerdings führten sie, zumindest im Prinzip, nie zu radikalen Änderungen des geltenden Rechts; vielmehr hatten sie lediglich seine Durchführung oder Wiederherstellung zu gewährleisten und entsprangen mithin nicht etwa Willkürentscheidungen des Herrschers.

Ein politisches Element, das dem Königtum in ferner Zukunft einmal zum Schicksal werden sollte, existierte nämlich in Ansätzen schon in dieser Zeit, und die Träger der Zentralgewalt pflegten sich seiner sogar als eines willkommenen Instrumentes in ihrem Kampf gegen die Feudalordnung zu bedienen. Denn bereits im Mittelalter hat es in Frankreich eine Art von Vertretung der Nation gegeben, und zwar in Form der *curia regis*. Diese Einrichtung ist aus der Vorstellung erwachsen, daß der König im Grunde nur der Repräsentant seines Volkes sei; sie gilt als höchste Institution des Reiches und steht dem Monarchen beratend zur Seite. Dieser wiederum ist zwar nicht an ihre Beschlüsse gebunden, befragt sie aber doch bei allen wichtigen Angelegenheiten.

Die Zusammensetzung der *curia regis* spiegelt deutlich den doppelten, gleichzeitig lehns- und landrechtlichen Charakter des mittelalterlichen französischen Königtums wider, indem ihr sowohl die direkten Vasallen des Königs in seiner Eigenschaft als Herzog von Franzien angehören als auch alle weltlichen und geistlichen Großen des Reiches. Dementsprechend hat sie eine zweifache Funktion zu erfüllen: sie stellt das wichtigste Verwaltungsorgan für den Gesamtstaat ebenso wie für die Kronländer dar. Ihre Versammlungen werden vom König aus gegebenem Anlaß, also nicht etwa periodisch einberufen und tagen an seinem jeweiligen Aufenthaltsort. Auch steht es im Belieben des Monarchen, aus den grundsätzlich zur Teilnahme Berechtigten einen bestimmten Personenkreis auszuwählen; jedoch dürfen auch die Nichtgeladenen erscheinen, während dies für die Geladenen Pflicht ist. Die *curia regis* ist darüber hinaus zur Keimzelle eines königlichen Beamtentums geworden. Denn die erwähnten Reichsversammlungen finden natürlich nur selten statt und sind auch nicht geeignet, wirkungsvolle Verwaltungsarbeit zu leisten. Um sie zu ermöglichen, ernennt der König allmählich einige kleine Vasallen zu eigentlichen Räten, deren Tätigkeit er durch die Vergabe weiterer Lehen oder auch durch Geld honoriert. So entsteht im Laufe des 11. Jahrhunderts ein geschlossener Ratskörper, dessen Mitglieder dauernd in der Umgebung bzw. im Dienste des Herrschers bleiben und infolgedessen zur Hofhaltung gehören.

Daneben gibt es noch weitere Beamte der Zentral- und der Lokal-
verwaltung, wobei die Spitze der zuerst genannten fünf große Ämter
bilden, die in der Administration Karls des Großen wurzeln, seitdem
aber eine gewisse Umstrukturierung erfahren haben und deren Inhaber nach unseren heutigen Begriffen als Minister zu bezeichnen wären.
Diese »Großoffiziere«, die gleichzeitig Sitz und Stimme in der *curia
regis* haben, sind der Kanzler, der Seneschall oder Truchseß, der
Kämmerer, der Mundschenk und schließlich der Konnetabel. Dem
Kanzler obliegen das königliche Urkundenwesen, die Leitung der
geistlichen Angelegenheiten und schließlich auch die gelegentliche Vertretung des Monarchen beim Hofgericht. Als Intendant am königlichen Hof, Chef der Armee und Vorgesetzter der lokalen Beamten,
also als eine Art Kriegs- und Innenminister in einer Person, vereinigt
der Seneschall eine solche Machtfülle, daß er schließlich zum Rivalen
der Krone zu werden droht. Daher sieht sich Ludwig VI. im Jahre
1127 gezwungen, den Seneschall Stephan von Garlanda zu stürzen
und anschließend das Amt mehrere Jahre unbesetzt zu lassen, eine
Praxis, die unter Philipp August zum Dauerzustand wird, womit das
Seneschallat seit 1191 de facto, wenn auch niemals de jure, beseitigt
ist. Der Kämmerer führt die Aufsicht über den königlichen Palast und
die Schatzkammer, ist also gleichsam Finanzminister. Seine Unterbeamten, die *chambellans*, bekleiden in Heer und Verwaltung z. T.
recht einflußreiche Stellen. Der Mundschenk hat die Weinländereien
zu bewirtschaften, doch ist er gleichzeitig auch im Gerichtswesen tätig.
Der Konnetabel, dem der königliche Marstall untersteht, der aber
nach der Ausschaltung des Seneschalls auch gelegentlich Funktionen
im Heer- und Gerichtswesen ausübt, ist zunächst der einflußloseste
der fünf Großoffiziere; im späteren Mittelalter spielt er jedoch eine
führende Rolle als oberster Feldherr, so daß die Könige dieses Amt
im Laufe der Zeit ebenfalls mit wachsendem Mißtrauen zu betrachten
beginnen und es zu guter Letzt wiederum durch andauernde Vakanz
praktisch in der Versenkung verschwinden lassen.
Was die – der *curia regis* nicht angehörenden – Beamten der Lokal-
verwaltung anlangt, so sind sie zunächst nur in der Krondomäne
tätig. Nach dem Vorbild der Lehnsfürstentümer haben die Kapetinger
ihr Herzogtum Franzien administrativ neu geordnet und als ausführende Organe *prévôts* eingesetzt, die unter Robert dem Frommen
zuerst nachgewiesen werden können. Das ganze Krongut ist seitdem
in *prévôtés* eingeteilt, die nach dem Pachtsystem meist an kleine
Adlige vergeben werden, und jeder *prévôt* besitzt in seinem Bezirk
fast uneingeschränkte Befugnisse, die das Militärwesen, die Einziehung von Steuern und sonstigen Abgaben und die Jurisdiktion betreffen. Eine wesentliche Aufgabe dieser Beamten besteht dabei in
ihrer Mitwirkung an der königlichen Gerichtsbarkeit, da ihnen die
für die nichtadlige Bevölkerung Franziens zuständigen Landgerichte
sowie auch die entsprechenden Lehnsgerichtshöfe unterstehen. Vor

das Hofgericht gehören dagegen die Angelegenheiten der adligen Vasallen, der unter Königsschutz stehenden Personen und in wichtigen Fällen sogar die der Städte, die ansonsten ihre eigene Gerichtsbarkeit auszubilden beginnen. Zwar erstreckt sich der Geltungsbereich des Hofgerichtes in erster Linie auf das Herzogtum Franzien, jedoch gelingt es, wie wir schon sahen, den zielstrebigen Bemühungen der Monarchen seit Ludwig VI., ihn auf Kosten der Lehnsfürsten allmählich immer weiter auszudehnen und damit die Autorität der Zentralgewalt überhaupt zu festigen.

Nichtsdestoweniger ist unter Ludwig VII., der 1137 zur Regierung kam, alles bis dahin Erreichte noch einmal in Frage gestellt worden. Denn im Laufe der 43 Jahre währenden und oft durch mangelnden politischen Spürsinn geprägten Herrschaft dieses Königs ging aus der Verbindung eines französischen Lehnsfürstentums mit England das Angevinische Reich hervor, das den französischen Staat und seine nationale Identität existentiell gefährden sollte. Der Keim hierzu lag in der Vermählung Gottfrieds von Anjou, der dem berühmten Fürstengeschlecht der Fulkoniden entstammte, mit Mathilde, der Enkelin Wilhelms des Eroberers und Tochter Heinrichs I. Zwar mußte Gottfried, der sich nach seiner Helmzier, einem Ginsterzweig *(planta genista)*, »Plantagenêt« nannte, harte Kämpfe bestehen, um den ihm aus seiner Ehe zuwachsenden Erbanspruch auf England, das damit verbundene Herzogtum Normandie und die wiederum davon lehnsabhängige Bretagne auch tatsächlich durchsetzen zu können. Nach dem Tod seines Schwiegervaters (1135) bestieg zunächst dessen Neffe Stephan von Blois den englischen Thron, während er selbst sich mit der Normandie begnügen mußte. Aber als Stephan 1154 starb, fiel die Krone Gottfrieds Sohn zu, der als Heinrich II. über ein Reich gebot, das neben England weite Teile Nordwestfrankreichs – Normandie, Bretagne, Anjou, Maine und Touraine – umschloß. Dadurch waren die Interessen des französischen Königtums naturgemäß schon ernstlich gefährdet. Nachdem jedoch Heinrich II. Eleonore von Poitou, Herzogin von Guyenne und Gascogne und ursprünglich Gemahlin König Ludwigs VII., von diesem aber auf dessen Betreiben wegen ihres lockeren Lebenswandels nach dem 2. Kreuzzug geschieden, geheiratet und damit ganz Südwestfrankreich in seinen Besitz gebracht hatte, sah sich die französische Monarchie einer schlechthin tödlichen Bedrohung ausgesetzt. Denn jetzt herrschte Heinrich von Angers aus, neben London der politische und kulturelle Mittelpunkt des angevinischen Staatswesens, über ein Reich, das von der schottischen Grenze über den Kanal und ganz Westfrankreich hinweg bis zu den Pyrenäen reichte; es war also um ein Vielfaches größer als der dem König von Frankreich de facto verbliebene Einflußbereich. Immerhin war der französische König für die auf französischem Boden gelegenen Gebiete des englischen Monarchen noch dessen Lehnsherr, aber die reale Machtstellung des so plötzlich aufgestiegenen Staates, den Heinrich II.

auch hervorragend regierte, war so gewaltig, daß Frankreich unter
diesem Gewicht schließlich fast erdrückt wurde. Ludwigs Sohn
Philipp II., als Philipp August in die Geschichte eingegangen, fand
bei seinem Regierungsantritt 1180 infolgedessen eine Aufgabe vor,
wie sie sich schwerer keinem Herrscher dieses Landes jemals gestellt
hatte.

2. Frankreich unter den großen Kapetingern (1180-1328)

Unter den großen Kapetingern, vor allem unter Philipp August,
Ludwig IX. und Philipp dem Schönen, hat Frankreich zwischen 1180
und 1314 nicht nur eine Blütezeit seiner politischen Geschichte, sondern auch seiner kulturellen Entfaltung erlebt und das klassische
Hochmittelalter der abendländischen Welt in entscheidender Weise
mitgeprägt.

Die politischen Voraussetzungen dazu bildeten zwei Faktoren: die
bedeutende Ausweitung der Krondomäne und die institutionelle Neuordnung des vergrößerten und sich allmählich über fast ganz Frankreich erstreckenden königlichen Machtbereiches. Dieser historische Prozeß leitete eine neue Epoche ein, die »Zeit der wachsenden Königsmacht«.

Eine solche Entwicklung hätte gegen Ende des 12. Jahrhunderts aber
wohl niemand vorauszusagen gewagt. Denn die angevinische Großmacht Heinrichs II. (1154-1189) reichte auch so weit nach Osten, daß
sich an der mittleren Rhône ihre Grenzen fast mit Burgund, also mit
dem römisch-deutschen Kaiserreich berührten, das damals unter Friedrich Barbarossa auf dem Höhepunkt seiner Macht stand. So war die
Krondomäne – das einzige Gebiet Frankreichs, über das die Kape-
tingerkönige wirklich geboten – auf allen Seiten also von den beiden
bedeutendsten Staatswesen des Hochmittelalters umgeben.

Es ist die historische Leistung Philipps II. August (1180-1223), durch
eine ebenso geschickte und vorsichtige wie im rechten Augenblick rücksichtslos zugreifende Politik, die aus einer Mischung von Diplomatie
und Krieg bestand, den festländischen Teil des Angevinischen Reiches
schließlich bis auf geringe Restbestände mit der Krondomäne vereinigt zu haben. Gegen Ende der 43jährigen Regierung dieses ersten
großen Königs der französischen Geschichte schien die englische Gefahr
gebannt, und Frankreich war zur Großmacht aufgestiegen.

Solange die machtvolle Gründergestalt des Angevinischen Reiches
noch lebte, betrieb der junge Franzosenkönig eine zurückhaltende
Politik, obwohl er immerhin versuchte, in die in den letzten Jahren
Heinrichs II. recht verworrenen inneren Verhältnisse des Reiches der
Plantagenêts einzugreifen. Aber von einer offenen Konfrontation
konnte bis zum Tode Heinrichs II. (1189) keine Rede sein. Anschlie-
ßend verband sich Philipp II. 1190 sogar mit dessen Nachfolger
Richard I. Löwenherz (1189-1199) zu einem gemeinsam unternom-

menen, dem 3. Kreuzzug. Allerdings traten schon dabei zwischen Franzosen und Engländern solche Spannungen zutage, daß Philipp nach der Eroberung Akkons 1191 nach Frankreich zurückkehrte, während Richard in fruchtlosen Kämpfen auf Zypern und infolge der Gefangenschaft, in die er auf seiner Heimfahrt in Deutschland geriet, wertvolle Zeit verlor, so daß er erst 1194 wieder englischen Boden erreichte. Zwar hatte Philipp die Abwesenheit seines Gegners dazu benutzt, dessen Stellung zu untergraben, er erlitt jedoch bei Fréteval eine Niederlage, die ihn bis auf weiteres zwang, auf der Stelle zu treten. Nachdem Richard Löwenherz 1199 in einem an sich ganz unbedeutenden Gefecht den Tod gefunden hatte, schlug endlich die große Stunde Philipp Augusts. Zunächst bediente er sich noch keiner kriegerischen Mittel, sondern setzte das Lehnsrecht als Instrument seiner Politik ein, indem er 1202 Richards Bruder und Nachfolger Johann ohne Land, der im Verdacht stand, seinen Neffen und Thronrivalen Graf Arthur von Bretagne ermordet zu haben, zur Klärung dieser Bluttat vor ein französisches Pairsgericht lud. Da Johann als Souverän nicht bereit war, vor einem anderen Souverän als Angeklagter zu erscheinen, zog Philipp August die natürlich eingeplanten Konsequenzen und verurteilte Johann zum Verlust seiner gesamten französischen Lehen; das vasallitische Band zwischen den Königen von Frankreich und England war jetzt zerschnitten, und fortan mußte das Schwert entscheiden.

Bekanntlich sind die Würfel in diesem Kampf zugunsten Frankreichs gefallen. Zwischen 1202 und 1204 eroberte Philipp mit der Normandie die Gelenkstelle und das zivilisatorische sowie administrative Kernstück des Reiches der Plantagenêts. Anschließend drang der französische König in Maine, in die Touraine, ins Anjou und ins Poitou sowie in die Bretagne ein und vereinigte diese Länder zum größten Teil mit der Krone Frankreichs. Als es 1204 zu einem Waffenstillstand kam, verblieben den Engländern nur noch Poitou, Guyenne und Gascogne. Das Angevinische Reich hatte faktisch aufgehört zu existieren.

König Johann war seinerseits nicht gewillt, sich mit dieser Lage abzufinden. Er gewann den Grafen von Flandern und Kaiser Otto IV. zu Bundesgenossen, mit deren Hilfe er den englischen Festlandsbesitz zurückzuerobern gedachte. Die Auseinandersetzung zwischen England und Frankreich verflocht sich mit dem welfisch-staufischen Bürgerkrieg in Deutschland, als sich der Sohn Heinrichs des Löwen 1213 mit Johann und der junge Staufer Friedrich II. mit Philipp August verbündeten. Aber der Mißerfolg König Johanns bei La Roche-aux-Moines in Westfrankreich und die Schlacht vom 27. 7. 1214 bei Bouvines im Nordosten, die der Graf von Flandern und Kaiser Otto gegen Philipp August verloren, senkten die Waagschale eindeutig zugunsten des französischen Monarchen und indirekt auch der Hohenstaufen. Denn seitdem waren Johann und Otto IV. keine ernst zu nehmenden Gegner mehr, und ersterer geriet schon im Folgejahr mit seinen großen Baronen in jenen Konflikt, in dessen Verlauf ihm die Magna Charta abgetrotzt wurde. Im – zeitlich allerdings begrenzten – Frieden von Chinon mußte Johann die Entscheidung von Bouvines vertraglich anerkennen, d. h. alle englischen Festlandsbesitzungen nördlich der Loire auch formell an Philipp August abtreten. Die südwestfranzösischen Lande blieben auch weiterhin in englischem Besitz. Das wiederum hatte zur Folge, daß auch die machtpolitische Rivalität zwischen den Kronen Englands und Frankreichs latent fortlebte, die den Nachfolgern Philipp Augusts, der sich im letzten Jahrzehnt seines Lebens dem inneren Ausbau seines Machtbereiches widmete, noch genug an außenpolitischen Aufgaben zu lösen übrig ließ.

Zunächst jedoch machte das französische Königtum seinen bisher nur theoretisch aufrechterhaltenen Herrschaftsanspruch in Südfrankreich, vor allem im Gebiet von Toulouse, geltend, und zwar im Rahmen der „Kreuzzüge" gegen die Albigenser, die Ludwig VIII. (1223 bis 1226), der Sohn Philipp Augusts, zu ihrem abschließenden Höhepunkt führte. Um sein diesbezügliches Eingreifen verstehen zu können, muß man sich vorher den weiteren Verlauf der allgemeinen Kreuzzugsbewegung vergegenwärtigen. Sie wurde besonders von Franzosen getragen und bildete neben dem Ringen mit England den Hauptinhalt französischer Außen- und Kriegspolitik im 13. Jahrhundert.

Wie der 3. Kreuzzug (1189-1192), an dem mit Friedrich Barbarossa, Richard Löwenherz und Philipp August die Beherrscher Deutschlands, Englands und Frankreichs persönlich beteiligt waren, so ist auch der 4. Kreuzzug (1202-1204), der von Papst Innozenz III. angeregt und überwiegend von französischen und venezianischen Fürsten und Rittern durchgeführt wurde, noch eine Gemeinschaftsunternehmung der abendländischen Christenheit gewesen; bekanntlich hat er sein ursprüngliches Ziel, Ägypten, völlig verfehlt. Statt dessen wurde Konstantinopel erobert und für ein gutes halbes Jahrhundert zum Mittelpunkt eines lateinischen Kaisertums (1204-1261), das sich vor allem auf Griechenland erstreckte. Dort errichteten französische Ritter wie etwa der Markgraf von Montferrat oder Herr von Villehardouin, der Historiker dieses Kreuzzuges und erste in französischer Sprache schreibende Chronist, ihre fränkischen Herrensitze. Seitdem aber hat es keine Kreuzzüge von übernationalem Charakter mehr gegeben. Stellte doch der 5. Kreuzzug (1228-1229) lediglich eine von päpstlicher Mißbilligung begleitete isolierte diplomatische Aktion Kaiser Friedrichs II. dar, mit deren Hilfe er die vorübergehende Rückgewinnung Jerusalems erreichte, während der 6. und 7. Kreuzzug (1248 bis 1254 und 1270) bereits rein nationalfranzösische Unternehmungen waren. Übrigens blieben beide völlig ergebnislos, da der eine 1250 in eine totale, sogar mit zeitweiliger Gefangennahme Ludwigs IX. durch die Muselmanen verbundene militärische Katastrophe führte und der andere mit Ludwigs Tod 1270 ein rasches Ende fand.

Um so mehr Erfolg brachte dem französischen Königtum dagegen jener Kreuzzug gegen die Albigenser, der Südfrankreich nach 20jähriger furchtbarer Erschütterung (1209-1229) fest in den französischen Staatsverband einfügte. So hat dieser verheerende Krieg wenigstens die nationale Einheitswerdung wesentlich vorangetrieben, wenn auch sein Charakter als »Kreuzzug" mehr als fragwürdig und seine Auswirkung auf die kulturelle Entwicklung katastrophal war. Er richtete sich nicht gegen Muselmanen, sondern gegen die häretischen Sekten der Katharer – eine Bezeichnung, in der wahrscheinlich der Ursprung des Begriffes »Ketzer« zu suchen ist – und der nach Petrus Waldus von Lyon benannten Waldenser, zu deren Zentren auch die dem Krieg den Namen gebende Stadt Albi gehörte. Die häretische Bewegung war stark von manichäischem Gedankengut erfüllt, ist aber grundsätzlich doch wohl noch als ein quasi protoreformatorisches Christentum anzusehen. Die Tatsache, daß Graf Raimund von Toulouse die Waldensererhebung unterstützte, verlieh ihr neben der religiösen gleichzeitig eine elementar politische Problematik, die schließlich auch den König von Frankreich auf den Plan rief und ihn veranlaßte, das Papsttum zu unterstützen. Denn Graf Raimund fand seinerseits einen Bundesgenossen in König Peter II. von Aragon, so daß sich zeitweise die Gefahr eines ganz aus der kapetingischen Monarchie herauswachsenden aragonesisch-südfranzösischen Staates abzeichnete. Dem 1208 von Papst Innozenz III. ausgehenden Appell zum Kreuzzug gegen die Häretiker leistete ein Teil des nordfranzösischen Adels unter der Leitung Simons von Montfort mit Enthusiasmus Folge und eröffnete 1209 die Albigenserkriege. In ihrem Verlauf, der durch eine selbst für mittelalterliche Verhältnisse unerhörte Grausamkeit gekennzeichnet ist, wurde das Land weitgehend verwüstet und entvölkert, und die blühende provenzalische Kultur versank in Blut und Schutt. Zwar hatte sich Philipp August, der durch seine Auseinandersetzung mit England völlig in Anspruch genommen war, der päpstlichen Mahnung, in den Kampf einzugreifen, noch versagt. Aber sein Sohn Ludwig, eine energische, kriegerische und der Kirche vorbehaltlos ergebene Natur, vereitelte schon 1224 einen Versuch der Engländer, vom Poitou und der Saintonge her zugunsten des bedrängten Grafen von Toulouse zu intervenieren, und nahm im Jahre 1226 sogar persönlich das Kreuz. In einem ebenso kurzen wie für das betroffene Land verheerenden Feldzug führte er den jetzt fast 20 Jahre währenden Krieg zu Ende. Da er dabei unerwartet starb, konnte er seinen Erfolg nicht mehr selbst auswerten. Aber seine Witwe, Blanka von Kastilien, die bis 1252 für ihren noch unmündigen oder infolge seiner ägyptischen Kreuzfahrt von Frankreich abwesenden Sohn Ludwig IX. (1226 bis 1270)[11] geschickt und tatkräftig die Regentschaft versah, schloß 1229 zu Paris einen Vertrag mit dem Grafen Raimund VII. von Toulouse, der das politische Fazit aus den Albigenserkriegen zum Vorteil des Königtums zog. Der größte Teil der Grafschaft Toulouse wurde damals sofort mit der Krone vereinigt, der zunächst noch autonom verbliebene Rest folgte 1271. Als Ergebnis des furchtbaren Waffenganges war zwar die Ketzerei ausgerottet worden, aber gleichzeitig hinterließ er im Süden Frankreichs noch jahrhundertelang andauernde Gefühle der Feindschaft gegenüber dem Norden. Da kurz nach dem Pariser Friedensvertrag der Bruder Ludwigs IX., Karl von Anjou, sich mit Beatrix, Erbin der zu Reichsburgund gehörenden Grafschaft Provence, vermählte, gerieten 1246 auch die Lande an Unterlauf und Mündung der Rhône in den Einflußbereich des kapetingischen Hauses.

Die Ansprüche der Krone auf das Gebiet nördlich der Loire sind ebenfalls erst unter der Regierung Ludwigs IX. definitiv geregelt worden. Denn der Vertrag von Chinon 1214 hatte ja nur den Charakter eines Waffenstillstandes gehabt und den englisch-französischen Gegensatz keineswegs so beigelegt, daß der Krieg nicht immer wieder aufgeflammt wäre. Noch im Jahre 1242 unternahm Heinrich III. von England, unterstützt von einer kräftigen antimonarchischen Bewegung französischer Barone, die die Jugend Ludwigs IX. zur Rückgewinnung ihrer alten politischen Stellung zu nutzen gedachten, den Versuch, von der Saintonge her einen Teil der alten plantagenêtischen Besitzungen zurückzuerobern, erlitt jedoch bei Saintes (Taillebourg) eine entscheidende Niederlage. Der Friede von Paris 1259 zwischen Ludwig IX. und Heinrich III. beendete dann diesen ersten »hundertjährigen Krieg« zwischen Frankreich und England zugunsten des ersteren. Der König von England verzichtete feierlich auf alle ehemals ihm gehörenden Festlandsgebiete nördlich der Charente, behielt aber das Herzogtum Guyenne mit Bordeaux als Hauptstadt, für das er den Lehnseid leistete, so daß das seit 1202 abgerissene vasallitische Band zwischen den Kapetingern und den Plantagenêts damit neu geknüpft wurde.

Die von Philipp August eingeleitete Expansion der Krondomäne ist also durch Ludwig VIII. konsequent weiterverfolgt und unter Ludwig IX. zu einem vorläufigen Abschluß gebracht worden. Frankreich war nunmehr nicht nur unzweifelhaft zur Großmacht aufgestiegen, sondern spielte darüber hinaus seit dem Zusammenbruch der deutsch-römischen Kaisergewalt nach dem Tode Friedrichs II. von Hohenstaufen 1250 die führende Rolle im Abendland überhaupt.

Dank der klugen und erfolgreichen Politik der französischen Könige ist das Ansehen der Zentralgewalt so gefestigt worden, daß sich das Prinzip der Erblichkeit endgültig durchsetzen konnte; seit Philipp August hielt kein König es mehr für notwendig, die Wahl seines Sohnes noch zu eigenen Lebzeiten durchzuführen.

Um sich von den römisch-deutschen Kaisern, deren Vorrang an sich anerkannt wurde, als eigenständige Souveräne abzugrenzen, legten sich einige Monarchen den antikisierenden Titel »Augustus« bei; im Falle Philipp Augusts ist er geradezu zu einem Element des Namens geworden. Eine besondere Steigerung erfuhr die Autorität des Königtums jedoch durch die persönliche Lauterkeit und Rechtlichkeit Ludwigs IX., den die Kirche schon kurz nach seinem Tode kanonisierte. Seine an moralischen und nicht an machtpolitischen Prinzipien orientierte Regierung verschaffte seinem Amt über Frankreich hinaus im ganzen Abendland ein ethisches Prestige, das jahrhundertelang nachwirkte und erst durch die Große Revolution erschüttert werden konnte. Von daher ist es verständlich, daß neuere Historiker für die einzigartige Ausstrahlungskraft der Institution als solcher den Begriff der »Religion des Königtums« geprägt haben. [12]

Die Erstarkung des staatlichen Gedankens hatte zur Folge, daß mit dem erneuerten Prinzip der Erblichkeit fortan keine Reichsteilung mehr Hand in Hand ging. Stets war der älteste überlebende Sohn Erbe der Krone, während sich für die jüngeren Söhne oder Brüder des Monarchen in diesem Zeitraum der Brauch durchzusetzen begann, sie mit Apanagen, d. h. mit eingezogenen Lehnsfürstentümern auszustatten. Ansätze dazu werden schon unter Philipp August greifbar, die dann das Testament Ludwigs VIII. von 1225 in großem Maßstab weiterentfaltete, und Ludwig IX. führte diese Entwicklung schließlich zum Höhepunkt. Obwohl in den entsprechenden Verleihungsurkunden gelegentlich ausdrücklich festgelegt wurde, daß Apanagen beim Fehlen eines männlichen Erben an die Krone zurückfallen sollten, eben weil sie Teil der Königsdomäne waren, haben solche Sicherheitsvorkehrungen doch nicht verhindern können, daß diese Einrichtung in einigen Fällen zu einem erneuten Hemmnis für die nationale Einigung Frankreichs zu werden drohte, wie vor allem das Beispiel Burgunds im 14. und 15. Jahrhundert beweist.

Zunächst jedoch hat sich das Prinzip, mehrere Mitglieder des Herrscherhauses an der Verwaltung des sich immer weiter ausdehnenden königlichen Machtbereiches zu beteiligen, angesichts der damals noch beschränkten administrativen Möglichkeiten durchaus bewährt. Vorsichtshalber wurde ein rechtlicher Anspruch der Prinzen auf Apanagierung nie anerkannt, und wichtige staatliche Befugnisse blieben in den betreffenden Territorien der Krone vorbehalten. Der berühmteste dieser Apanagenfürsten ist der charakterlich seinem Bruder, dem Hl. Ludwig, so unähnliche Karl von Anjou gewesen. Zunächst mit der Grafschaft Anjou ausgestattet, gelangte er – wie wir schon wissen – durch seine Heirat 1246 in den Besitz der Grafschaft Provence. Ende der 1260er Jahre liquidierte er die Reste der Hohenstaufenherrschaft in Süditalien, indem er das Königreich Neapel eroberte, das unter seinen Nachkommen im 14. Jahrhundert zu einer europäischen Großmacht aufsteigen sollte.

Das Anwachsen des Krongutes bedingte gewisse Wandlungen in seiner Administration, zumal ja die Bedeutung der »Großoffiziere« seit dem Ausgang des 12. Jahrhunderts abzunehmen begann. Durch den Wegfall des Seneschallats waren z. B. die *prévôts* fortan ohne Aufsicht.

Daher übernahm Philipp August nach der Eroberung der Normandie die von den dortigen Herzögen entwickelte und seit langem bewährte Einrichtung der *baillis* und setzte sie im gesamten Bereich der französischen Krondomäne als neue Oberbehörde der Provinzialverwaltung ein. Jedem *bailli* waren seitdem mehrere *prévôts* untergeordnet, die im übrigen allmählich ihre ehemals weitgehenden Funktionen verloren und auch in ihrem gesellschaftlichen Rang absanken, während die dem Adel oder dem nobilitierten Bürgertum entstammenden *baillis* direkt dem König bzw. der *curia regis* unterstanden. Im Gegensatz zu den Inhabern der verpachteten *prévôtés* konnten die *baillis* versetzt oder gar abgesetzt werden und übten ihr Amt in strenger Abhängigkeit vom König gegen Gehalt aus. Um 1300 gab es 15 *bailliages,* zu denen die *prévôté* von Paris und 7 südfranzösische *sénéchaussées* kamen, wobei letztere nichts mit dem ehemaligen Seneschallat zu tun hatten, vielmehr der Sache nach ebenfalls *bailliages* waren und ihre anderen Namen nur dem Umstand verdankten, daß die Könige bei der Vereinigung eines Lehnsstaates mit der Krone dessen Verwaltungsbezirke mit ihren ursprünglichen Bezeichnungen beizubehalten pflegten. Für bestimmte allgemeine Belange, z. B. die Realisierung von Ordonnanzen, hatten die zunächst nur in den Kronlanden amtierenden *baillis* auch Kontrollfunktionen in den ihren Bezirken jeweils benachbarten Lehnsfürstentümern und Apanagen wahrzunehmen, so daß auch dort dem Willen des Königs Gehör verschafft wurde. Die große Zeit der *baillis* ist das 13. Jahrhundert gewesen; schon seit dem 14. begann ihre Macht zugunsten neu aufkommender Gewalten eingeschränkt zu werden, gemäß dem von den Königen befolgten Brauch, eine zu souverän werdende Behörde zwar nicht offiziell abzuschaffen, aber ihr eine andere an die Seite zu stellen oder überzuordnen, die nach und nach die Kompetenzen ihrer Vorgängerin übernahm. Diese Jahrhunderte hindurch geübte Praxis hat schließlich dazu geführt, daß es gegen Ende des Ancien régime ein unüberschaubares Geflecht von dotierten und privilegierten, faktisch jedoch überflüssigen und politisch bedeutungslosen Titularämtern gab, an deren völlig unverständlich gewordener Existenz sich die lautstarke Kritik der Aufklärung nicht zuletzt entzünden sollte.

Immerhin waren auch die *baillis* von vornherein einer gewissen Kontrolle unterworfen, und zwar durch die eine außerordentliche Beamtenkategorie bildenden *enquêteurs* bzw. *enquêteurs réformateurs.* Sie wurden seit der Mitte des 13. Jahrhunderts gelegentlich in die Provinzen entsandt, um die anfechtbare und berüchtigte Amtsführung der *baillis* und Seneschalle zu überprüfen. Der Höhepunkt ihrer Tätigkeit fällt in die Regierungszeit Ludwigs des Heiligen, der mit ihrer Hilfe einen systematischen Feldzug gegen die vor allem den südfranzösischen Seneschallen zur Last gelegte Korruption unternahm. Im Gegensatz zu den fränkischen Königsboten, denen die *enquêteurs* ansonsten grundsätzlich vergleichbar sind, konnten sie Beamte nur maßregeln und bestrafen, aber nicht absetzen, was sich allein der König vorbehielt. Diese Institution sollte sich, obgleich sie zeitweilig an Bedeutung einbüßte, bis in die Neuzeit hinein erhalten und später unmittelbar in das Intendantenwesen einmünden.

Auch die Zentralverwaltung ist in der Mitte des 13. Jahrhunderts durch Ludwig IX. weiter ausgebaut worden, und zwar in Form einer Umstrukturierung und Differenzierung jener *curia regis*, die man als Kernzelle aller überregionalen Institutionen des alten Frankreich bis zur Großen Revolution ansehen kann.

Schon seit dem späten 12. Jahrhundert wird das Streben des Königtums immer deutlicher erkennbar, die hohe Aristokratie aus der *curia regis* nach und nach auszuschalten und durch Vertreter des kleinen abhängigen Adels sowie durch subalterne Kleriker zu ersetzen. Außerdem wächst unter Ludwig VII., geradezu systematisch aber seit Philipp August die Zahl der im Rate ständig mitwirkenden Bürgerlichen, die bei ihrem Eintritt in dieses Gremium allerdings zunächst noch mit adligen Lehen ausgestattet werden. Diese professionellen Räte sind alle Kenner des römischen Rechtes; von daher leitet sich die für sie aufkommende Bezeichnung »Legisten« ab. Unter Philipp IV. werden sie vielfach sogar ohne gleichzeitige Belehnung mit adligem Grundbesitz zu Rittern erhoben. So bildet sich allmählich neben der alten vasallitischen Aristokratie der *domestici* oder *familiares regis* ein neuer Adel aus, der der *chevaliers ès lois* oder *milites regis*, aus dem sich die später so wichtige *noblesse de robe* entwickeln sollte. Die Angehörigen dieses Standes sind dem König völlig ergeben und dienen ihm als willige Werkzeuge bei seinem Bemühen, die Feudalordnung zu unterminieren und gleichzeitig Frankreich politisch zu einigen. Denn seit Ludwig dem Heiligen, besonders aber unter Philipp dem Schönen werden befähigte Männer aus allen Reichsteilen, also nicht nur aus Franzien und den neuen Kronländern, in den königlichen Rat und in hohe Regierungsämter berufen und begünstigen als integrierendes Element das Zusammenwachsen Frankreichs unter der Zentralgewalt.

Auf diese seit langem vorbereitete Veränderung in der sozialen Zusammensetzung der *curia regis* folgt unter Ludwig IX. auch ihre organisatorische Neugliederung, wobei natürlich wiederum nicht ein einmaliger legislatorischer Akt nachgewiesen werden kann, vielmehr lediglich ein Nacheinander verschiedener Einzelmaßnahmen, die sich über zwei Menschenalter bis ins erste Drittel des 14. Jahrhunderts erstreckt haben. Die Aufteilung der *curia regis* vollzieht sich allmählich und ganz organisch, indem der König nicht mehr alle, sondern nur noch bestimmte, für genau umschriebene Fragenkreise zuständige Räte nach jeweils sachlichen Gesichtspunkten beruft. Dieser Prozeß wird schon unter Philipp August eingeleitet und durch Ludwig den Heiligen abgeschlossen. Nach dem Vorbild einer entsprechenden, bereits dem 12. Jahrhundert angehörenden Entwicklung innerhalb des normannischen *échiquier* bilden sich so in der Mitte des 13. Jahrhunderts drei Kammern der *curia regis* heraus, die seitdem ein eigenständiges Leben führen:

1. Das Hofgericht, das als Parlament *(pallamentum)* zuerst 1239 bezeugt ist. Für seine ständigen Mitglieder kommt seit 1252 die Bezeichnung *maîtres* auf. Zunächst werden diese nur zu gegebenem Anlaß berufen, bis eine Ordonnanz Philipps VI. von 1345 die Zusammensetzung dieses höchsten Gerichtshofes definitiv regelt.

2. Die Rechnungskammer *(camera compotorum)* als oberste Finanzbehörde taucht unter diesem Namen zwar erst 1309 in den Akten auf, existiert de facto aber schon seit etwa 1256 und erhält ihre endgültige Form gleichfalls durch eine spätere Ordonnanz (1320). Beide Kammern tagen in Paris, das seit Philipp August mehr und mehr zur festen Residenz und damit zur wirklichen Hauptstadt Frankreichs zu werden beginnt, auch wenn die Monarchen noch bis ins 16. Jahrhundert hinein sich keineswegs nur in der Seinestadt aufhalten, sondern nach wie vor im ganzen Lande zeigen.

3. Der Große Rat oder Staatsrat *(grand conseil, conseil privé)*, der mit den allgemeinen Fragen, also der Politik im eigentlichen Sinne befaßt ist.

Es empfiehlt sich, einen Überblick über die naturgemäß vielfältigen Aufgabenbereiche dieser drei großen Institutionen des hochmittelalterlichen Frankreich erst später zu geben, wenn wir bestimmte charakteristische Entwicklungen, die sie bis ins 14. Jahrhundert hinein mitgemacht haben, im ganzen überschauen.

Das erstarkende Königtum vermochte sein sich schon seit der zweiten Hälfte des 12. Jahrhunderts entwickelndes Bündnis mit den aufblühenden Städten gegen die feudalen Gewalten in unserem Zeitraum nicht nur enger zu gestalten, sondern häufig geradezu bis zu deren Beherrschung auszubauen. Nachdem die Städte in der Epoche Philipp Augusts ein Höchstmaß an politischen Freiheiten errungen hatten, arbeitete das Königtum in den folgenden Jahrhunderten bis zum Ende des Ancien régime zielstrebig daran, diese wiederum zu beschneiden. Es kam jetzt nicht selten sogar zur Ablegung förmlicher Lehnseide der Städte gegenüber dem König. Aus solchen Gepflogenheiten wurde alsbald ein direkter Anspruch abgeleitet, daß nämlich die städtischen Privilegien der Bestätigung durch den Monarchen bedürften. Diese Rechtspraxis, die zunächst vor allem im Verhältnis zu den *villes libres* geübt wurde, dehnte sich schließlich auch auf die *villes franches* aus und grenzte dort den Einfluß der jeweiligen *seigneurs* mehr und mehr zugunsten der Krone ein. Die Maßnahmen des Königtums liefen insbesondere auf eine Beschränkung der städtischen Gerichtsbarkeit und eine Kontrolle der kommunalen Finanzen hinaus und führten im Ergebnis dazu, daß die ehedem so ausgeprägte Unabhängigkeit der *villes libres* im 13. und 14. Jahrhundert erhebliche Einbußen erlitt und sich gleichzeitig die rechtlichen Unterschiede zwischen den verschiedenen Stadttypen allmählich einebneten, wenn auch deren Verwaltungsorgane unter ihren alten Bezeichnungen fortlebten. Unbeschadet dieser Minderung ihrer politischen Freiheiten wuchs jedoch die wirtschaftliche Kapazität der Städte stetig. Dem im Zeitalter der Kreuzzüge aufblühenden Levantehandel verdankte Marseille seinen Aufstieg ebenso wie auch Montpellier und Narbonne. Die großen Umschlagplätze und Messestädte der Champagne entwickelten sich im 13. Jahrhundert zur Handelsdrehscheibe zwischen Italien, West-, Mittel- und Nordwesteuropa. Weitere wichtige Messen fanden regelmäßig auch in Lyon und Paris statt. Bordeaux wurde zum ersten Handelszentrum des englischen Kontinentalbesitzes und vergrößerte sich so rasch, daß es seit 1326 seinen Mauerring um das Vierfache ausdehnen mußte. Auch die großen Biskaya- und Kanalhäfen La Rochelle, Nantes, Le Havre und Saint-Malo erlebten damals einen spürbaren Aufschwung.

Aber natürlich lag der Schwerpunkt des ökonomischen Lebens nach wie vor auf der Landwirtschaft. Hier dominierte bis zum Ausgang des 13. Jahrhunderts die immer noch expandierende Grundherrschaft, was gleichzeitig bedeutete, daß das Bauerntum in seiner Mehrzahl aus Leibeigenen bestand. Auf die Aktivität der Grundherren, nicht zuletzt der zahlreichen, meist in wildnisartiger Abgeschiedenheit gelegenen Klöster, vor allem der prämonstratensischen, ist die intensive Rodung zurückzuführen, die im 13. Jahrhundert einsetzte und bereits gegen Ende des Mittelalters den Landschaftscharakter Frankreichs so tiefgreifend veränderte, daß seitdem Waldregionen, wie z. B. die in der Normandie und in den Ardennen, als Ausnahmen erschienen. Auf die Rodung folgte in den betreffenden Gebieten die Ansiedlung von Kolonisten, die den neugewonnenen Boden unter den Pflug zu nehmen begannen, ein Vorgang, der schließlich auch soziale Konsequenzen nach sich zog, da sich die Zahl der freien Hintersassen, der *vilains francs*, vermehrte. Allerdings wurde die große im 13. Jahrhundert einsetzende Freilassungsbewegung indirekt auch noch durch das aufblühende Städtewesen beeinflußt. Denn mancher Grundherr entließ seine Hörigen aus der Leibeigenschaft, um ihre Abwanderung in die freiheitliche Luft der Städte zu verhindern.

So ist seit dem 13. Jahrhundert eine zunehmende Einschränkung der seigneuralen Rechte zu beobachten. Denn die Bauern leisteten zwar noch Dienste, aber die bislang persönlichen Lasten verwandelten sich allmählich in solche dinglicher Natur, wie sie sich in dem an Grund und Boden haftenden Zins *(cens)* darstellten. Dabei orientierte sich das Ausmaß der Fronen an gewohnheitsrechtlichen Gegebenheiten. Zudem lag die Höhe der Abgaben im großen und ganzen fest, es konnte also langfristig disponiert werden, nicht zuletzt auch darum, weil das Geld ziemlich stabil und nur einem sehr langsamen Entwertungsprozeß ausgesetzt war. Infolgedessen bildete sich bei der bäuerlichen Bevölkerung ein unbestreitbarer Wohlstand aus. Da sich die

Auflösung der grundherrlichen Macht in den beiden spätmittelalterlichen Jahrhunderten stetig fortsetzte, ging die vom Bauern bearbei-
tete Scholle de facto in seinen Eigenbesitz über, während dem Grundherrn daraus Renten zuflossen.
Diese günstige Entwicklung ist natürlich auch im demographischen
Bereich nicht ohne Folgen geblieben. Denn der ganze Zeitraum vom
11. bis zum 14. Jahrhundert ist durch ein kontinuierliches Ansteigen
der Bevölkerungszahl Frankreichs gekennzeichnet, die beim Ausbruch
des Hundertjährigen Krieges mit etwa 18–22 Millionen einen Höhepunkt erreichte. Die große Pest von 1349 hat hier allerdings einen
radikalen Rückschlag bewirkt.
Auch in diesem Zeitraum war die Kirche die zentrale geistige Macht,
die das Denken, Fühlen und Handeln jedes einzelnen vollkommen
bestimmte. Und im Gegensatz zu Deutschland, wo der Papst-Kaiser-
Streit ja gerade damals seinem zweiten Höhepunkt zustrebte und
1250 nach dem Tode Friedrichs II. mit dem Sieg der Päpste über die
Hohenstaufen endete, war das Verhältnis zwischen Kurie und französischem Königtum ausgesprochen gut, so gut, daß manche Nachfolger
Petri, die vor ihren kaiserlichen Gegnern aus Rom weichen mußten,
Zuflucht in Frankreich gesucht und gefunden haben. Allerdings ging
die Kirchentreue der Könige von Frankreich nie so weit, daß sie etwa
aktiv politisch oder gar militärisch Partei für den Hl. Vater ergriffen
hätten; vielmehr wahrten sie stets eine strikte Neutralität, nicht zuletzt Ludwig der Heilige, der es in seiner unbestechlichen Rechtlichkeit
ausdrücklich ablehnte, nach dem Konzil von Lyon 1245 gegen den
Kaiser vorzugehen, und sich überhaupt keineswegs als Höriger des
Klerus erwies, sondern diesem gegenüber – die Kurie nicht ausgenommen – durchaus als Herrscher aufzutreten wußte. Diese Mischung von
Sympathie und Selbstbewußtsein, die die großen Kapetinger des
12. und 13. Jahrhunderts in ihrem Verhältnis zur Kirche an den Tag
gelegt haben, hatte zur Folge, daß die Könige von Frankreich vor
Philipp IV. jeden Konflikt mit dem Papsttum vermeiden und als
dessen treueste Söhne gelten konnten; auf dieser Basis gelang es ihnen
darüber hinaus, einen in mancherlei Beziehung sogar beherrschenden
Einfluß auf die religiösen Institutionen zu gewinnen, so daß hier die
Anfänge der berühmten gallikanischen Freiheiten mit ihrer privilegierten Sonderstellung Frankreichs innerhalb der römischen Kirche zu
suchen sind.
Auch die kirchliche Gerichtsbarkeit wurde allmählich zugunsten des
Staates eingeschränkt. Die Geschichte der französischen Inquisition
veranschaulicht diesen Prozeß besonders gut. Die vom Papst eingesetzten und von ihm bzw. den Oberen der Dominikaner- und Fran-
ziskanerorden abhängigen Inquisitionstribunale entwanden bis zur
Mitte des 13. Jahrhunderts den bischöflichen Gerichten alle Ketzerei-
prozesse. Dabei oblag den weltlichen Gerichten die Vollstreckung von
durch sie verhängten Todesurteilen. Sie erregten jedoch wegen ihrer

außergewöhnlichen Verfahrensweise – Denunziationspflicht, Erschwerung der Verteidigung und Folter, deren Anwendung ansonsten damals schon eingeschränkt zu werden begann – alsbald starke Widerstände bei weltlichen Korporationen und staatlichen Instanzen. Schon in der zweiten Hälfte des 14. Jahrhunderts kam es zu einer von Krone, Parlament, Universitäten und Weltgeistlichkeit gleichmäßig getragenen Gegenbewegung, die zum relativ raschen Verfall der französischen Spielart der Inquisition führte. Zwar ist auch in Frankreich die Inquisition im ganzen Mittelalter nie offiziell abgeschafft, aber schließlich einfach nicht mehr ausgeübt worden.

Die ästhetische und intellektuelle Kultur Frankreichs wird in dieser Epoche mehr denn je von der Kirche geprägt. Die gotische Kathedrale gelangt im 13. Jahrhundert zu ihrer künstlerischen Vollendung. Die turmgeschmückte Westseite mit ihrer perspektivischen Portalflucht zieht den Herantretenden unwiderstehlich in den Innenraum hinein, wo ihn die Bewegungsrichtung der steilen und dichtgedrängten Pfeilerfolgen mitreißt, die erst vom Chor, also dem apsidalen Ruhepunkt im Osten der Kathedrale, aufgefangen wird. Alles ist Straffheit und Energie, vertikale und horizontale Dynamik, die zum Transzendenten hinstrebt.

Der asketisch-mystische Zug von Diesseitsverneinung, der sich darin letztlich ausdrückt, findet seinen Gegenpol in den reifen Figuren des Portalschmucks, die zu Trägern eines dem Irdischen zugewandten – man möchte sagen »apollinischen« – Lebensgefühls werden. Dabei macht die Plastik eine Entwicklung durch, die sich von Chartres über Notre-Dame von Paris bis Amiens und Reims deutlich verfolgen läßt. Die vollkommene Beherrschung des Technischen, die in Reims erreicht ist, bildet die Voraussetzung zur klassischen Ausformung von menschlichen Idealtypen, die die Verhaltensweise der aristokratischen Gesellschaft widerspiegeln. Diese wiederum beruht auf einer unbedingt verpflichtenden Konvention, die in ihrer normativen Funktion durchaus mittelalterlich erscheint und als letztes Ziel eine durchgeistigte Vornehmheit, eine Würde anstrebt, die Stolz und Demut gleichzeitig einschließt. Der Adel der Seele findet seinen adäquaten Ausdruck in der Harmonie des Körpers, auf die das »Echo des Gewandes« antwortet.[13] All diese Kathedralfiguren beugen sich leicht herab zum Zeichen der Demut, die solch »gotische Kurve« fordert. Aber das aristokratische Selbstbewußtsein läßt die Beugung nur dem Schwächeren gegenüber zu, da sie als eine freiwillige erscheinen will. Aus der Beugung wird so die Verbeugung, aus der Demut die Höflichkeit. Der germanisch-heidnische Krieger wandelt sich zum abendländisch-mittelalterlichen Ritter, der seine Huldigung der Frau entgegenbringt, die ihm durchweg als ergänzende Partnerin beigegeben ist, übrigens nicht nur im plastischen Portalschmuck, sondern auch in der höfischen Dichtung. Die Frau aber wird nicht nur herausgestellt, sondern sogar ins Kultische überhöht und erfährt im Bild der von Christus gekrönten Himmelskönigin eine Apotheose. Die »Dame« ist eine Schöpfung französisch-mittelalterlicher Gesittung, deren Ausstrahlungen damit bis in die Gegenwart hineinreichen.

Wie in der gotischen Kunst, so gelangt auch in der hochscholastischen Philosophie die mittelalterliche Weltschau gerade in diesem Jahrhundert zu klassischer Vollendung. Zwar sind die beiden repräsentativen Denker des Zeitalters nicht mehr Franzosen, aber sowohl der Deutsche Albertus Magnus als auch der Italiener Thomas von Aquin verbringen entscheidende Jahre ihrer Studien und ihrer Lehrtätigkeit an der Pariser Sorbonne. So erweist sich Frankreich wieder einmal als der große Umschlagplatz europäischer Intellektualität. Thomas entwickelt im Rahmen seines Gedankensystems u. a. eine Staatslehre, die von einer für das Mittelalter erstaunlichen Mäßigung getragen ist. Im Gegensatz zu Augustinus erkennt er darin der weltlichen Gewalt durchaus ein eigenständiges Existenzrecht zu, so daß die theokratischen Tendenzen, die das Papsttum gerade in diesem Zeitraum so energisch geltend gemacht hat, im Thomismus keine Stütze fanden.

Ebensowenig dachten die Nachfolger Ludwigs IX. daran, solche Bestrebungen zu begünstigen oder auch nur das bislang ungetrübte Verhältnis zur Kurie im traditionellen Sinne weiterzupflegen, seitdem sich das Papsttum nach dem Untergang der Hohenstaufen einer ungeheuren Machtfülle erfreute und sich anschickte, diese auf den Bundesgenossen von einst auszudehnen. Schon der Sohn Ludwigs des Heiligen, Philipp III. (1270-1285), bekam den Stimmungsumschwung am römischen Hof zu spüren, als er sich, ganz unter dem Einfluß seines Oheims Karl von Anjou stehend, während des Interregnums nach dem Tod Richards von Cornwall um die deutsche Kaiserwürde bemühte und dabei auf die Gegnerschaft Papst Gregors X. stieß. Denn der Hl. Vater bestätigte damals sehr schnell die Wahl Rudolfs von Habsburg, um die gefährliche Machtkonzentration von Frankreich und Deutschland in einer Hand von vornherein zu verhindern. Weiter haben sich die Beziehungen zwischen dem französischen Königtum und der Kurie unter der Regierung Philipps des Kühnen allerdings noch nicht zugespitzt, weil dieser glücklose Monarch in einem Krieg gegen Aragonien, in den er sich durch Karl von Anjou hatte hineinziehen lassen, schon 1285 Sieg und Leben verlor. So ist der schwelende Konflikt erst unter seinem Sohn Philipp IV. dem Schönen (1285-1314), der ein zwar persönlich frommer, aber trotzdem machtbeseelter, energischer und diplomatisch geschickter Herrscher von echtem staatsmännischem Format war, offen ausgebrochen. Ein Gewirr von fiskalischen und politischen Kompetenzstreitigkeiten, vor allem aber die zunehmende Tendenz des französischen Königtums, sich in die kirchlichen Angelegenheiten des Landes einzumischen, und andererseits die Versuche des Papsttums, das königliche Regalrecht zu beschränken oder gar zu beseitigen, verursachten die heftigen Kontroversen zwischen Philipp IV. und Bonifaz VIII. (1294-1303), die am 7. 9. 1303 in dem Attentat von Anagni, also der Verhaftung des Papstes durch Vasallen Philipps IV. gipfelten. Unmittelbar nach dem Tode Bonifaz' VIII., der infolge der erlittenen Aufregungen starb, löste der neue Papst Benedikt XI. (1303-1304) Philipp vom Bann und machte kirchenpolitische Kampfmaßnahmen seines Vorgängers wieder rückgängig. Im Jahre 1309 ist das Papsttum sogar ins Exil nach Avignon übergesiedelt und bis zu seiner Rückkehr von dort nach Rom 1377 faktisch in völlige Abhängigkeit von Frankreich geraten. Philipp wußte seinen Sieg über die geistliche Macht sofort im Sinne einer weiteren entschiedenen Stärkung staatlicher Omnipotenz zu nutzen, indem er zwischen 1307 und 1314 jenen höchst anrüchigen Prozeß gegen den Orden der Templer durchführen ließ, der mit der Einziehung der Besitzungen des reichen Ordens und der Hinrichtung des Hochmeisters Jakob von Molay endete.

Gleichzeitig betrieb Philipp eine systematische Expansion im Osten, die man mit Recht als die »Anfänge der französischen Ausdehnungspolitik« bezeichnet hat und die das Jahrhunderte hindurch gute Verhältnis zum Reich empfindlich stören mußte. [14] Nachdem ein von Philipp IV. zwischen 1294 und 1297 unternommener Versuch, die englischen Besitzungen in Guyenne an sich zu reißen, gescheitert war, schickte er sich an, die französische Ostgrenze auf Kosten des Reiches auszuweiten, wobei sogar der englisch-französische und der deutsch-französische Gegensatz zusammenwirkten, als sich der deutsche König Adolf von Nassau 1294 mit Eduard I. von England gegen Frankreich verbündete.

Schon im Jahre 1220 hatte der Herzog von Lothringen dem Grafen der Champagne für Neufchâteau den Lehnseid leisten müssen; seitdem die Champagne 1285 de facto französisches Krongut geworden war, unterstand er als Vasall dem König von Frankreich. Als Konsequenz aus dieser Rechtslage wurde bei der Zusammenkunft Philipps mit Albrecht I. 1299 in Quatre-Vaux die beiderseitige Grenze so fixiert, daß Frankreich bis Vaucouleurs reichte. Der lothringische Graf von Bar mußte im Vertrag von Brügge 1301 für den westlich der Maas gelegenen Teil seiner Länder (Barrois mouvant) die Lehnshoheit des französischen Königs anerkennen. Seitdem 1246 Karl von Anjou Marseille und die Provence erworben hatte, setzten im äußersten Südwestzipfel des Reiches politische Lösungstendenzen ein, die sich schließlich vom unteren auf das mittlere Rhônegebiet ausweiteten. Zwischen 1287 und 1307 gelang es Philipp dem Schönen, seine Lehnshoheit über die Grafschaft Viviers auszudehnen, und in den Jahren 1307-1312 folgte die Unterwerfung von Lyon und seine Einverleibung in die Krondomäne. Damit hat Philipp dem französischen – von den deutschen Kaisern kaum gestörten – Ausdehnungsdrang im südöstlichen Grenzgebiet ein weites Feld eröffnet, auf dem seine Nachfolger zu Beginn des 14. Jahrhunderts im Geiste ihres großen Vorgängers erfolgreich weitergearbeitet haben. Unter Ludwig X.

wurden 1316 das Valentinois und Diois lehnsabhängig. Von dort aus ist 1333, also noch nach Ausbruch des Hundertjährigen Krieges, Vienne besetzt und damit die Erwerbung der Dauphiné eingeleitet worden, die 1343 und 1349 durch Kauf abgeschlossen wurde. Der fortan mehr und mehr üblich werdende Titel »Dauphin« des französischen Thronfolgers knüpfte an den der Grafen von Grenoble an und leitete sich – wie die Bezeichnung für das ganze Gebiet – aus einem häufigen Eigennamen des Hauses (Dalfinus) her. Übrigens hat die Dauphiné formell bis ins 15. Jahrhundert hinein noch nicht zu Frankreich, sondern zum Königreich Burgund und damit zum Reich gehört. Im Gegensatz zu diesen Erfolgen führte Philipps IV. Versuch, die locker gewordene französische Herrschaft in Flandern wieder zu festigen, zu einer völligen militärischen Niederlage, die ihm die aufblühenden flämischen Städte 1302 in der »Sporenschlacht« von Kortryk bereiteten.

Zieht man die Bilanz, so hat Philipp IV. sowohl durch seinen Kampf mit der Kurie als auch durch seine expansive Außenpolitik die Weichen der französischen Geschichte für die Zukunft und über das Mittelalter hinausweisend gestellt. Dieses Urteil trifft aber auch im gleichen Maße für die Tätigkeit dieses Königs im Innern zu.

Die zentrale Behörde Frankreichs ist in der zweiten Hälfte des hier zu überblickenden Zeitraumes der Staatsrat (grand conseil). Die Zusammensetzung dieses wichtigsten Organs der großen Politik und Staatsverwaltung, dessen Sitzungen keineswegs regelmäßig und auch nicht immer in Paris stattfinden, ändert sich schon relativ früh insofern, als außer den ständigen und besoldeten Räten nicht nur Fürsten und hohe Geistliche nach Belieben an den Sitzungen teilnehmen können, sondern gelegentlich auch schon Repräsentanten der Städte zu den Beratungen hinzugezogen werden. Der Aufgabenbereich dieser bürgerlichen Elemente im Großen Rat erstreckt sich auf Fragen lokaler wie auch provinzialer Art. Werden letztere erörtert, tragen die Versammlungen einen allgemeineren Charakter. In den Lehnsfürstentümern, wo es ja ebenfalls eine curia der betreffenden Fürsten mit entsprechendem Großen Rat gibt, bildet sich zuerst der Brauch aus, in solchen Fällen Vertreter aller drei Stände, also der Geistlichkeit, des Adels und des städtischen Bürgertums, zusammenzurufen. Als dann im 13. Jahrhundert mehrere Lehnsstaaten zu Kronländern werden, greift auch das Königtum auf solche schon bestehenden Einrichtungen zurück.

Diese Provinzialversammlungen können auf zwei Arten zustande kommen, indem entweder alle Teilnahmeberechtigten oder nur eine beliebig ausgewählte Anzahl von ihnen geladen werden. Im Lauf des 14. Jahrhunderts bürgert sich für erstere der Name »Stände« (états provinciaux) ein, letztere werden ab etwa 1450 als Notabelnversammlungen (assemblées de notables) bezeichnet. Fragen allgemeinen Charakters, die die Politik des ganzen Reiches, z. B. Entscheidungen über Krieg und Frieden, betreffen, werden dementsprechend auf Zusammenkünften von Adel und Geistlichkeit aus allen Reichsteilen erörtert. Auch diese Einrichtung stellt im Prinzip eine Erweiterung der *curia regis* dar und knüpft überdies an die Tradition der karolingischen Reichsversammlungen, der sog. Maifelder, an. Je nach dem Einberufungsmodus, der dem freien Ermessen des Königs überlassen bleibt, kann man hierbei wiederum zwischen Ständen – Generalständen oder *états généraux* – und Notabelnversammlungen – des Reiches bzw. Generalnotabeln – unterscheiden, allerdings erst nachdem auch die Städte zu dieser großen Reichsversammlung hinzugezogen werden, womit die Krone – im Gegensatz zu den *assemblées provinciaux* – noch längere Zeit gezögert hat.

Es war Philipp der Schöne, der, beeinflußt von Peter Flotte, den Grundstein dazu legte, weil er während seines Streites mit Bonifaz VIII. die Nation ungeteilt hinter sich wissen wollte. So ist es zu der berühmten Versammlung in Paris vom 10. 4. 1302 gekommen, zu der alle Lehnsfürsten, Vasallen und königlichen Städte geladen wurden und die gleichzeitig die Konstituierung der französischen Generalstände bedeutet. Entscheidend dabei war, daß zwar auch vorher schon gelegentlich bürgerliche Vertreter in den Staatsrat berufen worden waren, jedoch bis dahin weder in dieser allgemeinen Form noch zur Beratung einer nationalen Frage von so außergewöhnlichem Gewicht. Die Landbevölkerung galt als durch ihre *seigneurs* vertreten. Die Generalstände haben sich in der Folgezeit zu einer häufigen Einrichtung entwickelt. Denn schon 1308 wurden sie wieder aufgeboten, diesmal in Tours gegen die Templer, dann wieder 1312 in Lyon gegen das Konzil von Vienne und schließlich 1314 zu Paris, um dem König für seinen flandrischen Krieg außerordentliche Steuern zu bewilligen. Seitdem und vor allem während der englischen Kriege gehörte die Gewährung von Geldmitteln an die Krone zu den wichtigsten Aufgaben dieser so sehr in die Zukunft weisenden Institution.

Die Rechtsentwicklung Frankreichs ist in diesem Zeitraum dadurch gekennzeichnet, daß Gewohnheitsrecht, römisches Recht, königliche Gesetzgebung durch Ordonnanzen und Kirchenrecht nebeneinander existieren, sich ergänzen und wechselseitig durchdringen. Dabei sollte sich das durch die Legisten praktizierte und allmählich nach Norden ausgreifende römische Recht als das zukunftsträchtigste erweisen, nicht zuletzt darum, weil es vielfach vom Parlament rezipiert worden ist, das in der weiteren Geschichte der französischen Monarchie eine so große Rolle nicht nur in der Jurisdiktion, sondern schließlich auch in der Politik gespielt hat.

Nach seiner Abspaltung von der *curia regis* bildet das Parlament im Laufe des 13. und 14. Jahrhunderts vier Kammern aus, die für jeweils verschiedene Sachgebiete zuständig sind. Seit Philipp dem Schönen tagt es regelmäßig, und zwar ohne Unterbrechung vom 12. November bis Mitte August des nächsten Jahres. Eine eigene Kanzlei mit dazugehörigem Archiv sorgt für die Aufzeichnung und Aufbewahrung der Urteile, wobei wiederum entsprechende Gepflogenheiten beim normannischen *échiquier* Pate gestanden haben; diese von der zweiten Hälfte des 13. Jahrhunderts an relativ vollständig vorliegenden Parlamentsakten stellen eine wesentliche Quelle zur älteren französischen Geschichte dar. Die Krone trachtet systematisch danach, die weltlichen und geistlichen Großen mehr und mehr auszuschalten und durch bürgerliche *maîtres* (Laien und niedere Kleriker), also auf Lebenszeit ernannte, prinzipiell aber absetzbare Beamte zu ersetzen. Als das Parlament etwa seit der Mitte des 14. Jahrhunderts das Recht erlangt, sich durch Kooptation selbst zu ergänzen, kommt der verhängnisvolle Brauch auf, daß die jeweiligen Amtsvorgänger ihre Nachfolger gegen Bezahlung vorschlagen. Die Anfänge dieser Unsitte fallen in die Regierungszeit Karls V., und unter Karl VI. ist die Ämterkäuflichkeit bereits so weit verbreitet, daß sie sich nicht mehr hat eindämmen lassen.

Das Pariser Parlament hat die zentrale Funktion, oberster Gerichtshof für ganz Frankreich zu sein. Ihm unterstehen jene Provinzparlamente, die aus den Hofgerichten eingezogener Lehnsfürstentümer hervorgegangen sind oder später nach dem Muster des Pariser Parlaments in Apanagefürstentümern oder Pairien neu gebildet werden, wobei sich übrigens nicht selten Kompetenzstreitigkeiten ergeben.

Eine Möglichkeit, über seine juristischen Befugnisse hinaus Einfluß auf die Politik zu nehmen, ergibt sich im Laufe der Zeit für das Parlament daraus, daß ihm das *droit d'enregistrement,* das Recht zur Protokollierung königlicher Erlasse, zusteht. Dies liegt zunächst durchaus im Interesse des Monarchen, weil die Aufnahme in die Parlamentsregister die Veröffentlichung und authentische Überlieferung seiner Ordonnanzen gewährleistet. Vorher jedoch kann er sie durch seine Räte daraufhin überprüfen lassen, ob sie nicht zu früheren Erlassen oder bestehendem Recht in Widerspruch stehen. Falls die Parlamentsmitglieder schwerwiegende Einwände *(remontrances)* erheben, darf die Registrierung verweigert werden. Das *droit de remontrances* ist mithin die direkte Folge des *droit d'enregistrement,* das ursprünglich auch die Rechnungskammer in weitgehendem Maße besitzt, das aber später auf den rein finanziellen Bereich eingegrenzt wird, wie auch dasjenige der übrigen höchsten Behörden, das seit dem 15. Jahrhundert besteht, sich stets nur auf ihre jeweiligen Ressorts erstreckt. Seit dem späten 14. Jahrhundert führen Verhandlungen zwischen Parlament und Krone über strittige Punkte häufiger nicht mehr zu einer Einigung, weil ersteres auf Grund seines erstarkten politischen Selbstbewußtseins weniger als früher zu Konzessionen bereit ist. Dann kann jedoch der König die Registrierung durch ein *lit de justice* (»Kissensitzung«) erzwingen; seine Anwesenheit versetzt das Parlament automatisch wieder in die Rolle eines bloßen Ratgebers, der sich dem königlichen Willen zu fügen hat. Der König ist also in jedem Fall die höchste Instanz; er vermag nicht nur die Beschlüsse des Parlaments aufzuheben, sondern ihm auch Prozesse zu entziehen, die er selbst zu entscheiden wünscht. Zu diesem Zweck pflegt er Beisitzer aus dem Staatsrat zu berufen, so daß sich im 14. Jahrhundert allmählich ein neues, noch über dem Parlament stehendes Hofgericht *(grand conseil de justice)* konstituiert, in dem vor allem persönliche Sekretäre des Monarchen, die sog. *maîtres des requêtes de l'hôtel,* zu einer gewissen Bedeutung gelangen.

Die Rechtssituation Frankreichs in dieser Epoche und letztlich auch darüber hinaus bis zum Ausbruch der Großen Revolution ist gekennzeichnet durch das Nebeneinander vieler hoher und niederer Gerichte, deren Kompetenzen sich häufig überschneiden, durch die daraus resultierende Uneinheitlichkeit der Jurisdiktion, die Schwerfälligkeit der Verfahren und die Beschränkung der königlichen Gewalt. Andererseits wiederum ist die Stellung des Königs als letzte Quelle allen Rechts unbestritten souverän und gestattet ihm willkürliche Maßnahmen. Ein ähnlicher Gegensatz offenbart sich darin, daß die Aufgabenteilung zwischen Parlament und Staatsrat keineswegs konsequent durchgeführt erscheint, vielmehr jede der beiden Institutionen gleichzeitig politische, juristische und administrative Befugnisse ausübt. Mit Recht resümiert Robert Holtzmann: »Solche Vermischung der Kompetenzen ist für das ganze Ancien régime nicht minder bezeichnend.«[15]

Im Bereich des Finanzwesens kann man in diesem Zeitraum schon deutlich zwei Kategorien von königlichen Einnahmen unterscheiden, die sich bis zur Großen Revolution behauptet und immer weiter differenziert haben: die ordentlichen und die außerordentlichen Einkünfte. Die ordentlichen Einnahmen leiten sich aus der Stellung des Königs als Lehnsherr her, da er aus seinen Grundherrschaften und vergebenen Lehen Abgaben erhält, sowie als *seigneur justicier* aus seinen Gerichten Gewinne (Geldbußen, Güterkonfiskationen usw.) erzielt. Ferner stellen Beurkundungen, das in jährliche Abgaben verwandelte und vor allem auf den Kirchen ruhende Herbergsrecht, Zölle und Münzrecht eine ergiebige Geldquelle dar, wobei dies ursprünglich auch für die Lehnsfürsten gilt, deren entsprechende Privilegien die Krone allerdings in zähem Ringen fast vollständig an sich zu reißen vermag. Die Kassen des Monarchen füllen sich darüber hinaus noch durch Zahlungen, die häufig mit der Gewährung des Königsschutzes verbunden sind und die ihm ferner aus dem bei zahlreichen Bistümern erhalten gebliebenen Regalrecht zufließen.

Regelmäßige allgemeine direkte Steuern sind in den germanischen Ländern und so auch in den Nachfolgestaaten des fränkischen Reiches von vornherein nicht üblich. Sie können nur in bestimmten Notfällen erhoben werden und haben von daher den Charakter des Außergewöhnlichen. Die Bezeichnung »außerordentliche Einnahmen« lebt in Frankreich auch dann weiter fort, als sie längst regelmäßig geworden

sind. Das Recht des Königs, auf sie zurückzugreifen, wird zunächst aus feudalen Grundsätzen und erst später auch mit Hilfe des römischen Rechtes entwickelt. Ihre Ursprünge sind in jenen uns schon bekannten *aides féodales* zu sehen, zu denen jeder Vasall seinem *seigneur* gegenüber in vier Fällen *(quatre cas)* verpflichtet ist: bei Ritterschlag des Sohnes, bei Heirat der Tochter, bei Gefangennahme des Herrn zur Aufbringung des Lösegeldes sowie bei dessen Teilnahme an einem Kreuzzug. Den Beginn dieser Entwicklung markiert die von Ludwig VII. 1146 im ganzen Königreich erhobene Steuer, die jeden, auch die Geistlichkeit betrifft, der nicht an der Fahrt ins Hl. Land teilnimmt. Zur Finanzierung der späteren Kreuzzüge dienten wiederum solche allgemeinen Umlagen, während Ludwig der Heilige zum ersten Male auch Abgaben anläßlich der Heirat seiner Tochter und des Ritterschlages seines Sohnes verlangt. Die zur Lösung Johanns des Guten aus englischer Gefangenschaft im Frieden von Brétigny 1360 geforderten 3 Millionen Goldtaler schaffen einen neuen fiskalrechtlichen Präzedenzfall. Seit dem 14. Jahrhundert erstrecken sich jedoch die *aides* bereits über die *quatre cas* hinaus; diesen Prozeß hat Philipp August entscheidend gefördert, denn er beginnt damit, nicht nur für Kreuzzüge, sondern auch für seine zahlreichen übrigen Kriege außerordentliche *aides* zu fordern, und zwar wiederum von allen, die nicht mit der Waffe kämpfen. Infolgedessen ist der Adel, weil gerade dies ja zu seinen vornehmsten Aufgaben gehört, von der direkten Steuer befreit. In diesem Umstand stellt sich der historische Grund für die Steuerprivilegien des Adels im Ancien régime dar. Die Kirche versteht es ihrerseits, sich durch freiwillige Zahlungen von diesen allgemeinen Verpflichtungen quasi loszukaufen. Da es jedoch in den Armeen Philipp Augusts natürlich auch Nichtadlige gibt, stellt der König 1215 alle Bürgerlichen vor die Wahl, ob sie kämpfen oder die *aide de l'ost,* also Zahlungen leisten wollen. Seit Ludwig IX. wird es zudem noch üblich, die Abgaben von Bürgerlichen und Hörigen nicht mehr über ihre *seigneurs,* sondern direkt einzutreiben. Dieser Schritt kommt einem radikalen Bruch mit feudalen Anschauungen gleich, und bis zum 14. Jahrhundert setzt sich diese Art der Steuererhebung bei den *aides* allgemein durch. Außerdem beginnt sich das Steuerwesen bereits seit der zweiten Hälfte des 13. Jahrhunderts sehr zu differenzieren, indem zu den direkten Steuern – hier ist vor allem die Einkommensteuer der *taille* zu nennen – noch indirekte außerordentliche Abgaben, nämlich neue Zölle und Verbrauchssteuern auf bestimmte Nahrungsmittel sowie nicht zuletzt die von Philipp VI. eingeführte Salzsteuer hinzutreten. Die indirekten Steuern gelten im Prinzip für alle Stände, jedoch erlangt der Adel später auch hier Privilegien.
Alle außerordentlichen Abgaben beruhen rein rechtlich auf der Basis der Freiwilligkeit, was daraus erhellt, daß sie wenigstens theoretisch stets aufs neue bewilligt werden müssen, und zwar durch die Provin-

zial- oder Generalstände bzw. im Falle der Kirche durch Provinzial-
oder Reichssynoden. In der Praxis übt die Krone allerdings oft erheblichen Druck aus, und entsprechend der persönlichen Machtstellung
des jeweiligen Monarchen sinkt die Zustimmung dieser Versammlungen zu einer bloßen Formalität herab, zumal nachdem einige Steuern
wie etwa die *taille* oder die Salzsteuer zu einer feststehenden Einrichtung geworden sind. Wesentliche Mißstände im Steuersystem des
Ancien régime, die sich in den folgenden Jahrhunderten immer stärker
ausprägen und daher häufig Ärgernis erregen und heftige Kritik
herausfordern sollten, reichen in ihren Ansätzen also bis ins späte
Mittelalter zurück.

Jedoch weisen die hier angedeuteten Perspektiven bereits weit in die
Zukunft hinein. Zunächst sah sich Frankreich zu Beginn des 14. Jahrhunderts mit schwerwiegenden innenpolitischen und bald auch außenpolitischen Problemen konfrontiert. Denn nach dem Tode Philipps
des Schönen war die 300 Jahre währende Kontinuität der Erbfolge
innerhalb der Dynastie der Kapetinger auf einmal in Frage gestellt,
als sein Sohn Ludwig X. (1314-1316) nach zweijähriger Regierung
starb und nur eine vierjährige Tochter, Johanna, hinterließ. Damit
kam es zum ersten Male in Frankreich zu einer Regentschaft im staatsrechtlichen Sinne, die allerdings nicht Ludwigs zweiter Gemahlin, die
ein Kind erwartete, übertragen wurde, die vielmehr der energische
Graf Philipp von Poitou, der zweite Sohn Philipps des Schönen,
sogleich an sich zu reißen verstand, nachdem er seine beiden Mitbe-
werber um dieses Amt, seinen Onkel Karl von Valois sowie den
Bruder der ersten Gemahlin Ludwigs X. und Onkel Johannas, Odo
von Burgund, zum Verzicht auf ihre Ansprüche gezwungen hatte.
Anschließend berief er eine Versammlung von weltlichen und geistlichen Großen ein (Juli 1316), die seine Regentschaft auch formal anerkannte und zudem deren Dauer festlegte: falls die Königin-Witwe
einem Sohn das Leben schenkte, sollte Philipp die Regierungsgeschäfte
bis zu dessen Großjährigkeit weiterführen, sonst bis zur Mündigkeit
der beiden Töchter, also Johannas und ihrer eventuellen Stiefschwe-
ster, wobei noch keine Entscheidung getroffen wurde, welcher von
ihnen dann der Thron gebühre. Der im November 1316 geborene
Sohn Ludwigs X., Johann I., starb jedoch bereits nach fünf Tagen,
worauf sich Philipp unverzüglich zum König ausrufen und im Januar
1317 zu Reims salben und krönen ließ. Zwar hätte er gemäß den
Bestimmungen der Notabelnversammlung von 1316 lediglich Regent
bleiben dürfen, indes stützte er sich bei seinem staatsstreichartigen
Vorgehen auf den Umstand, daß die Möglichkeit des Todes eines
männlichen Nachkommen nicht erwähnt worden war. Odo von Burgund beschwichtigte er mit der Zusage, seiner Nichte Johanna später
die Champagne zu geben. Eine neue Notabelnversammlung am
2. 2. 1317 zu Paris, der auch Bürger der Stadt und Universitäts-
doktoren angehörten, bestätigte Philipp V. (1316-1322) als legitimen

Herrscher – nachdem ihn schon vorher sein Onkel und sein jüngerer Bruder Karl der Schöne anerkannt hatten – und proklamierte zudem ausdrücklich, daß eine Frau nicht König von Frankreich werden könne. Seitdem aber galt der Ausschluß der weiblichen Thronfolge als allgemein anerkannter und nie mehr bezweifelter Grundsatz der französischen Monarchie. So folgte Philipp V., der schon 1322 wiederum ohne männlichen Erben starb, ganz selbstverständlich sein Bruder als Karl IV. (1322-1328) auf den Thron.

Bei dessen Tod tauchte jedoch die gleiche Problematik auf wie 1316: er hinterließ eine Tochter und eine kurz vor der Niederkunft stehende Gemahlin. Immerhin stand diesmal fest, daß der jetzt zu wählende Regent im Falle der Geburt einer weiteren Tochter automatisch selbst König werden würde. Eine Versammlung der hohen Würdenträger des Reiches wurde zu Paris zusammengerufen – im Gegensatz zu denen von 1316 und 1317 bevor ihre Entschlüsse durch Fakten präjudiziert worden wären –, um die Ansprüche der beiden Thronanwärter abzuwägen, die nun auftraten: Philipp von Valois, Sohn des inzwischen verstorbenen Karl von Valois, und König Eduard III. von England, dessen Mutter Isabella eine Schwester der drei letzten französischen Könige war. Dieser stellte sich auf den Standpunkt, daß mit den Frauen nicht gleichzeitig auch deren männliche Nachkommen von der Thronfolge ausgeschlossen sein müßten und daß ihm der Vorrang vor Philipp von Valois gebühre, weil jener nur der Neffe, er aber der Enkel Philipps IV. und darum mit diesem unmittelbarer verwandt sei. Nach einigem Schwanken entschied sich die Notabelnversammlung jedoch für seinen Rivalen, der zunächst Regent und, nachdem die Königin-Witwe am 1. 4. 1328 eine Tochter geboren hatte, als Philipp VI. (1328-1350) auch König wurde. Zu seinen ersten Amtshandlungen gehörte die Übertragung des Königreiches Navarra, das seit Ludwig X. in Personalunion mit Frankreich verbunden gewesen war, an dessen Tochter Johanna; die ihr 1316 versprochene Champagne wurde hingegen der Krondomäne einverleibt. Zusammenfassend ist also festzuhalten, daß der Ausschluß der weiblichen Linie vom französischen Thron in zwei Etappen erfolgt ist, nämlich zuerst durch den Staatsstreich Philipps V. von 1316 und dessen nachträgliche Legalisierung von 1317 und dann durch den Beschluß der Notabelnversammlung von 1328, auch den männlichen Nachkommen von Frauen kein Anrecht auf die Krone zuzubilligen.

Seit 1350, also während der englischen Kriege, haben sich die französischen Kronjuristen zur Rechtfertigung dieser Entscheidungen auf die *Lex Salica* berufen, was zu der Zeit, in der sie gefällt wurden, nie geschehen ist und wozu auch keine Veranlassung bestand. Denn das salische Recht macht den Frauen nur privatrechtlich die Erbschaft von Immobilien streitig, sieht aber hinsichtlich der staatsrechtlichen Frage der Thronfolge keine Einschränkungen vor. Rein juristisch gesehen beruhten daher die Regelungen von 1317 und 1328 auf einer sehr zweifelhaften Grundlage. Während jedoch beim erstenmal durchaus keine nationalen Interessen auf dem Spiel standen, war dies 1328 ganz offensichtlich der Fall, weil eine Wahl Eduards III. zum Regenten gleichzeitig dessen mögliche Erhebung zum französischen König bedeutet, jedenfalls aber zu einer unerträglichen Abhängigkeit Frankreichs von England geführt hätte. Eduard selbst beugte sich zunächst dem neugeschaffenen Rechtszustand, indem er Philipp 1329 sogar den Lehnseid für sein Herzogtum Guyenne leistete. Erst im Jahre 1337 legte er sich dann doch den Titel eines Königs von Frankreich zu und spitzte den latenten Konflikt so zu, daß er nur noch mit dem Schwerte gelöst werden konnte. Und angesichts der Härte, die England in dem schon bald ausbrechenden Kriege an den Tag legen sollte, sah Frankreich innerhalb weniger Jahrhunderte zum zweiten Male seine nationale Identität in Frage gestellt.

3. Hundertjähriger Krieg und Ausgang des Mittelalters (1328-1483)

Die zusammenfassende Bezeichnung »Hundertjähriger Krieg« für die Vorgänge der französischen und englischen Geschichte zwischen 1337 und 1453 [16] wird als Terminus technicus von der modernen Historiographie seit Beginn des 19. Jahrhunderts verwandt. Zuerst taucht dieser Begriff im ›Tableau chronologique de l'Histoire du Moyen Age‹, einem von C. Desmichels zu Paris 1823 veröffentlichten Lehrbuch auf, um sich dann rasch allgemein durchzusetzen. Das bedeutet jedoch keineswegs, daß nicht auch schon den Zeitgenossen die innere Einheit der englischen Kriege als einer zusammenhängenden Kette von politischen und militärischen Ereignissen bewußt gewesen wäre.

Die große Auseinandersetzung hat sich nicht nur an der dynastischen Rivalität zwischen den Plantagenêts und den Valois entzündet, vielmehr liegt ihr ursprünglich wohl ein weit weniger anspruchsvolles Motiv zugrunde: das Problem Guyenne. Diese damals von etwa 400 000 Menschen bewohnte südfranzösische Landschaft mit Bordeaux als Mittelpunkt gehörte ja seit Heinrich II. zu England und stand seit dem Pariser Frieden von 1259 wieder unter französischer Lehnsabhängigkeit. Infolgedessen waren die englischen Monarchen in ihren Entschlüssen nie so frei, etwa in eine Allianz mit europäischen Mächten gegen Frankreich einzutreten, wenn sie sich nicht der Felonie schuldig machen und damit ihr französisches Lehen aufs Spiel setzen wollten. Wie die heutige Forschung annimmt, beabsichtigte Eduard III., diesen Zustand zu beenden und die französische Lehnshoheit über Guyenne abzuschütteln. Zu diesem Zweck aber habe er sich nach fast zehnjährigem Zögern des taktischen Mittels bedient, seinen Erbanspruch auf den Thron von Frankreich wieder geltend zu machen, um diesen zu gegebener Zeit als Tauschobjekt für den Verzicht des französischen Königs auf seine lehnsherrliche Gewalt über Guyenne einsetzen zu können. Als jedoch die militärischen Anfangserfolge Eduards III. eine unzweifelhafte Überlegenheit seines Heeres über die französische Streitmacht offenbarten, habe er, in dessen ritterlichen Tugenden die Chronisten seiner Zeit die Eigenschaften eines Herrschers modellartig verkörpert sahen, während moderne Historiker ihm übersteigerten Ehrgeiz und Bedenkenlosigkeit in der Wahl seiner Mittel vorwerfen, seine Ziele höher gesteckt und dann wirklich wie auch seine Nachfolger nach der Krone von Frankreich gestrebt. Mit dieser neuen Interpretation ist der bisherige Wissensstand zwar durch wesentliche Nuancen bereichert, aber die alte Auffassung, daß in dem Erbfolgestreit der Nachfolger der letzten Kapetinger die eigentliche Ursache des Hundertjährigen Krieges zu sehen sei, keineswegs widerlegt worden.

Beide Parteien haben sich auf den großen Kampf frühzeitig auch diplomatisch vorbereitet, indem sie Bündnispartner zu gewinnen trachteten; Frankreich fand einen solchen in den Schotten, Englands Erbfeinden, und Eduard III. in deutschen, vor allem rheinischen Reichsständen und sogar in Kaiser Ludwig dem Bayern. Doch erwiesen sich Englands Allianzen in Deutschland als bedeutungslos; während der ganzen Dauer des Krieges hat sich das Reich jeglicher Einmischung enthalten. Die Spannungen zwischen beiden Staaten, die Frankreichs nach Osten gerichtete Expansionspolitik seit der zweiten Hälfte des 13. Jahrhunderts heraufbeschworen hatte, klangen sogar für eineinhalb Jahrhunderte wieder ab, denn die durch die englischen Kriege bis zum äußersten bedrängten französischen Monarchen konnten damals natürlich nicht an zusätzliche Konfrontationen mit dem Reich denken. Das Bündnis Frankreichs mit den Schotten hatte dagegen mehr reale Bedeutung, da die Engländer bis zum Vertrag von Berwick, der 1357 den schottisch-englischen Krieg mit einem Remis beendete, im Norden lange Zeit durch eine zweite Front gebunden waren. Viel wichtiger jedoch war Flandern, wo 1322 der offene Kampf zwischen dem dortigen Grafen, Ludwig von Nevers, dem Adel und dem reichen Bürgertum auf der einen und einer revolutionären städtischen Volksbewegung auf der anderen Seite ausgebrochen war. In diese Auseinandersetzung griff Philipp VI. 1328 zugunsten des ihm lehnsuntertänigen Grafen ein und besiegte das Rebellenheer bei Cassel. Dadurch entfremdete er sich indes die breiten Massen noch mehr. Nachdem nun Eduard, dem am Bündnis mit Flandern viel gelegen war, durch wirtschaftlichen Druck die hier besonders wichtige Tuchindustrie zu ruinieren drohte, lehnten sich die Zünfte und Gilden zunächst in Gent, Brügge und Ypern und bald im ganzen Land unter Führung Jakobs von Artevelde erneut gegen Graf Ludwig auf, zwangen ihn zur Flucht und schwenkten auf die englische Seite über. So konnte Eduard schließlich 1340 in Gent Hoftag halten, und zwar nicht als König von England, sondern von Frankreich.

Daraufhin entwickelte sich die bislang auf Vorgeplänkel begrenzte englisch-französische Auseinandersetzung zu einem regelrechten Krieg. Die Entscheidungen fielen in den nächsten Jahren in rascher Folge: 1340 kam es zur ersten großen Schlacht, der Seeschlacht von Sluis, in der Engländer und Flamen den Kern der französischen Flotte vernichteten. Sechs Jahre später landete Eduard III. in der Normandie und brachte am 26. August bei Crécy den Franzosen jene denkwürdige Niederlage bei, die in die Kriegsgeschichte eingegangen ist, weil die disziplinierte Fußtruppe der englischen Bogenschützen über das feudal strukturierte französische Ritterheer siegte, vor allem aber, weil hier zum erstenmal – auf englischer Seite – Kanonen eingesetzt worden sind und damit das Zeitalter der Feuerwaffen beginnt. Mit der Einnahme der Stadt Calais am 4. 8. 1347, verbunden mit jenem »Opfergang« von sechs ihrer Bürger, in dem die bildende Kunst und die Dichtung noch Jahrhunderte später ein ergreifendes Beispiel höchster menschlicher Selbstentäußerung gesehen haben, rundete Eduard III. diese Erfolge ab, indem er sich an der Küste Frankreichs einen Brückenkopf schuf, von dem aus er jederzeit neue Feldzüge ins Innere des Landes unternehmen konnte. Jedoch brachte die Große Pest von 1349/50, die über Frankreich und England gleichmäßig verheerend hereinbrach, die Kampfhandlungen für mehrere Jahre zum Erliegen. Nachdem König Johann II. der Gute (1350-1364) auf Philipp VI. gefolgt war, erneuerte sich der Krieg in unverminderter Heftigkeit, wobei sich die Lage für die Franzosen zusehends weiter verschlechterte. Denn Karl der Böse von Navarra, Sohn jener mit Philipp von Evreux vermählten Johanna, Tochter Ludwigs X., die 1316 in der Thronfolge übergangen und später mit dem kleinen Pyrenäenkönigreich abgefunden worden war, wechselte jetzt ins andere Lager über und gewährte den Engländern der Guyenne erwünschte Rückendeckung, als diese 1355 unter der Führung des »Schwarzen Prinzen«, des ältesten Sohnes Eduards III., in einem furchtbaren Feldzug die Languedoc in eine Wüstenei verwandelten. Das französische Ritterheer, das sich am 19. 9. 1356 dem englischen Fußvolk bei Maupertuis im Poitou entgegenstellte, erlitt wieder eine völlige Niederlage, die um so entscheidender war, als König Johann der Gute dabei in die Gefangenschaft des Gegners geriet, in der er – übrigens bei äußerst zuvorkommender Behandlung – bis zur Zahlung der ersten Rate des schon erwähnten beträchtlichen Lösegeldes Anfang Oktober 1360 in London verblieb. So ist die Regierung faktisch schon nach dieser Schlacht auf den Dauphin, den späteren König Karl V. (1364-1380), übergegangen. Dies geschah zu einer Zeit, in der das Land nicht nur von außen aufs härteste bedrängt, sondern auch noch von einer Empörung im Innern von gefährlichem Ausmaß heimgesucht wurde, die ihrerseits nicht zuletzt eine Reaktion auf die ständigen Niederlagen im Kampf gegen den nationalen Feind darstellte.

Der Führer dieser sozialrevolutionären Bewegung, die vor allem vom städtischen Bürgertum getragen wurde, dann aber auch auf das

Bauerntum übergriff, ist Etienne Marcel gewesen, der *prévôt des marchands* von Paris, also nach unseren Begriffen Bürgermeister der Hauptstadt, der in Jakob von Artevelde sein politisches Vorbild sah. In den Sitzungen der zwischen 1356 und 1358 zum Zweck der Geldbewilligung einberufenen *états généraux* tat er sich als Sprecher des für die Regierung immer unbequemer werdenden Dritten Standes durch seine kompromißlose Haltung hervor. Von ihm inspiriert, verlangten die Reichsstände damals eine Kontrolle der Regierung, die durch besonders zuverlässige Vertreter aus ihren eigenen Reihen auszuüben sei. Natürlich lehnte der Dauphin diese Forderung ab. Daraufhin brach im Februar 1358 in Paris der offene Aufstand aus, in dessen Verlauf Etienne Marcel zwei Ratgeber des Kronprinzen in dessen Gegenwart töten ließ und überdies nicht davor zurückscheute, sich insgeheim mit Karl dem Bösen, der selbst nach der Krone strebte, und den Engländern zu verständigen. In der Absicht, die Stadt durch regelrechte Belagerung zurückzuerobern, verließ der Dauphin im März Paris und berief neue Stände nach Compiègne ein, die ihm angesichts dieser offenen Rebellion ihre Unterstützung nicht versagten.

Zunächst aber verschärfte sich die dramatische innere Lage noch, indem sich der bürgerlichen Revolution in der Hauptstadt seit Ende Mai auch eine bäuerliche in den Provinzen, besonders im Beauvaisis und in der Umgebung von Paris, hinzugesellte, die Jacquerie, so genannt nach »Jacques Bonhomme«, dem für die leibeigene Landbevölkerung üblichen Spitznamen. Die Bauern der Ile de France, die von den Folgen des sich endlos hinziehenden Krieges in ihrer menschlichen und wirtschaftlichen Existenz meist besonders schwer betroffen waren, erhoben sich unter der Führung von Guillaume Caillet gegen ihre adligen Grundherren, wobei es zu solchen Grausamkeiten kam, daß die Bezeichnung Jacquerie zum Inbegriff blutiger Bauernrevolten schlechthin geworden ist.

Jene Ereignisse haben jedoch andererseits das so sehr beeinträchtigte Prestige der Krone wieder aufgewertet, da sich jetzt alle Gegner der Anarchie um den Dauphin scharten, als dieser zur Belagerung von Paris schritt, um das Zentrum der Revolution zu bezwingen. Was die Ausschreitungen der Bauern vorbereitet hatten, vollendete Etienne Marcel wider Willen, indem er navarresischen und englischen Truppen Einlaß in die umkämpfte Hauptstadt gewährte. Diese Konspiration mit dem Landesfeind hat die größte Revolution des französischen Mittelalters zum Scheitern verurteilt, nachdem der Bauernaufstand schon kurz zuvor niedergeschlagen worden war. Denn jetzt fiel auch das städtische Bürgertum von seinem bisherigen Idol ab, erschlug Etienne Marcel, vertrieb die Engländer und öffnete dem Kronprinzen die Tore der Hauptstadt, der sich nach diesem 31. 7. 1358 allenthalben in Frankreich als Wiederhersteller der Ordnung anerkannt sah.

Zwei Jahre später gelang es ihm auch, zu Brétigny bei Chartres einen

Frieden mit England zu schließen (8. 5. 1360), der am 24. 10. 1360 zu Calais ratifiziert wurde. Darin verzichtete Eduard III. auf seinen Anspruch auf die französische Krone, während Johann der Gute dafür seine Lehnshoheit über Englands kontinentale Besitzungen Poitou, Guyenne, Gascogne, Calais und Guines aufgab, so daß der englische Herrscher damals das Hauptziel erreichte, dessentwegen er seinerzeit den großen Waffengang eröffnet hatte. Da jedoch beide Monarchen den Vertrag von Brétigny/Calais nur mit äußeren und inneren Vorbehalten unterzeichnet hatten und die Durchführung seiner Bestimmungen wie z. B. die Räumung der wechselseitig im Krieg besetzten Territorien oder die Zahlung des restlichen Lösegeldes sehr zögernd vor sich ging oder gar unterblieb, fanden sich schon nach wenigen Jahren für beide Seiten, insbesondere für die französische, formaljuristische Vorwände, die Kämpfe seit 1369 wieder aufleben zu lassen. Erst ein zwischen 1375 und 1377 zu Brügge ausgehandelter Waffenstillstand beendete sie wirklich für längere Zeit. Vom Standpunkt der Engländer aus, deren bedeutender Herrscher gleichzeitig starb und die Regierung seinem minderjährigen Enkel Richard II. hinterließ, bedeutete er allerdings einen Rückschlag gegenüber den Vereinbarungen von 1360, denn sie behielten diesmal nur noch Bordeaux und Bayonne sowie Brest und Calais, wozu 1378 noch Cherbourg kam, das sie besetzten und gegen französische Belagerung behaupteten, als Karl V. wegen einer neuen Verschwörung Karls des Bösen dessen vom Vater ererbte Besitzungen in der Normandie einzog.

Daß Frankreich sich in dieser relativ kurzen Phase des Krieges den Engländern zum erstenmal militärisch gewachsen oder gar überlegen gezeigt hatte, verdankte es dem bretonischen Ritter Bertrand du Guesclin, der seit 1370 als *connétable* Oberbefehlshaber der französischen Streitkräfte war und damals eine neue, stark vom englischen Modell geprägte Taktik anwandte. Indem er auf den Einsatz der großen, aber wenig disziplinierten vasallitischen Ritterheere klassischen Stils sowie auf die große rangierte Schlacht verzichtete und statt dessen zu einer überwiegend von Söldnertruppen und auch schon von Artillerie getragenen Kleinkriegführung überging, gelang es ihm, zahlreiche Burgen zu erobern und die Engländer durch einzelne Scharmützel und die Blockierung ihres Nachschubs allmählich zu zermürben. Damit aber begann sich das französische Militärwesen von seinen mittelalterlichen Überlieferungen zu lösen und neue, in die moderne Zeit weisende Wege einzuschlagen. Um die beiden divergierenden Elemente der Armee, Heerbann und Söldnertruppen, in militärisch gefährdeten Gebieten besser koordinieren zu können, traten seit dem ausgehenden 13. Jahrhundert in den Grenzprovinzen, z. B. im Languedoc, Poitou und Artois, besondere Generäle, die Gouverneure, an ihre Spitze. Auf Grund ihrer relativ großen Machtstellung hat sich dieses stets mit Vertretern des Hochadels besetzte Amt im Laufe der Zeit über seine ursprünglich rein militärische Funktion hinaus zur maßgeblichen Oberbehörde der Provinzverwaltung überhaupt entwickelt.

Die im Kampf gegen den Landesfeind und die innere Revolution errungenen Erfolge Karls V., dem die Geschichte mit Recht den Beinamen »der Weise« verliehen hat, haben Frankreich eine mehr als 40jährige Atempause verschafft, die der König dazu nutzte, die innere Reorganisation seines so furchtbar heimgesuchten Landes einzuleiten. Umgeben von befähigten Räten wie vor allem dem Kämmerer Bureau de la Rivière, aber auch von politischen Denkern wie Raoul de Presles, Philippe de Mézières und Nicolas d'Oresme, versuchte der sehr gebildete König seine Vorstellungen von einer guten Staatslenkung in die Tat umzusetzen und vor allem die durch den Krieg völlig ruinierte finanzielle Basis Frankreichs wiederherzustellen. Einzelheiten seiner epochemachenden Steuerreformen werden wir im Rahmen eines Überblicks über die Institutionen im 14. und 15. Jahrhundert noch kennenlernen.

Als verhängnisvoll für die politische Einigung Frankreichs erwies sich bereits in dieser Zeit die seit der ersten Hälfte des 13. Jahrhunderts übliche Ausstattung von Prinzen aus dem Königshaus mit Lehnsfürstentümern. Zwar wurden diese Apanagen in der Regel mit gewissen Einschränkungen vergeben – Heimfall an die Krone beim Fehlen direkter Nachkommen, Ausschluß der weiblichen Erbfolge, Aufrechterhaltung königlicher Rechte im Finanz- und Gerichtswesen usw. –, aber ihre bedenkliche Häufung vor allem seit Johann dem Guten führte im Lauf des 14. Jahrhunderts zur Entstehung einer *deuxième féodalité*, die das Land erneut aufzusplittern drohte, da manche ihrer Träger sich alsbald starke und von der Zentralgewalt unabhängige Machtpositionen zu erobern verstanden. So erhielt z. B. der zweite Sohn Johanns des Guten, Ludwig, Anjou und Maine und wurde somit zum Begründer der jüngeren Linie Anjou; später erbte er auch noch die Grafschaft Provence, also ein Kerngebiet des früheren Königreiches Burgund innerhalb des Imperiums. Geradezu schicksalhaft aber sollte sich die Vergabe des erst 1361 für die Krone gewonnenen Herzogtums Burgund an Johanns vierten Sohn Philipp den Kühnen (1363-1404) auswirken, zumal hierbei die weibliche Erbfolge nicht, wie sonst meist üblich, ausdrücklich ausgeschlossen wurde. Denn dieses Gebiet weitete sich bereits 1384 zu einem Frankreichs Nordostflanke halbkreisförmig umschließenden Herrschaftsbereich aus, als Herzog Philipp durch den Tod seines Schwiegervaters die Grafschaften Flandern, Artois, Nevers und Rethel sowie die Freigrafschaft Burgund hinzugewann. Somit waren, als er 1404 starb, bereits die Grundlagen eines burgundischen Staatswesens[17] gelegt, das nicht nur aus französischen, sondern auch aus deutschen Territorien (Franche-Comté) bestand und eine europäische Macht darstellte, deren Gewicht ausschlaggebend werden konnte, falls der Krieg gegen England eines Tages wieder ausbrechen sollte. Denn zwischen den Herzögen von Burgund, obgleich sie französische Prinzen waren, und den Königen von Frankreich begannen sich alsbald Gegensätze auszubilden, die bereits unter Johann ohne Furcht (1404-1419) offen zutage traten, wenn auch noch nicht in Form einer militärischen Konfrontation. Seitdem die Dynastie der Valois mit Karl VI. (1380-1422) von einem Monarchen repräsentiert wurde, der den größten Teil seiner langen Regierung in geistiger Umnachtung verdämmert hat, wurde die französische Krone mehr und mehr zum Spielball rivalisierender Parteien. Neben der bayrischen Prinzessin Isabeau, die einen abträglichen Einfluß auf ihren wenig pflichtbewußten, verschwenderischen und vergnügungssüchtigen Gemahl ausübte, waren es vor allem Vertreter der Häuser Orléans-Armagnac und Burgund, die für den seit 1392 unheilbar kranken König die Regentschaft führten und dabei in einen Gegensatz zueinander gerieten, der sich seit 1411 zu offenen Parteikämpfen steigerte. In dieser Auseinandersetzung stellte sich die Stadt Paris auf seiten Burgunds, während beide Parteien gleichmäßig nach einem Bündnis mit England strebten. Die Situation spitzte sich in gefährlicher Weise zu, als sich mit diesem Machtkampf gleichzeitig eine sehr ernstzunehmende soziale Revolution vermischte. Schon 1382 hatte sich gezeigt, daß die Unruhe, die seit den Tagen Etienne Marcels im Lande herrschte, immer noch weiterschwelte; damals hatten hohe Steuerforderungen in Rouen und Paris, aber auch in anderen Städten, besonders in Flandern, den Aufstand der Maillotins, der »Hammermänner«, ausgelöst. In bedrohlicherem Ausmaß flammte diese städtische Revolte im April und Mai 1413 wieder auf, wobei die Pariser Zünfte unter der Führung des Schlachters Caboche den König zum Erlaß weitreichender administrativer Reformen (»Ordonnance cabochienne«) zwangen. Nach der Niederwerfung der Cabochiens im Herbst des gleichen Jahres mußten die Burgunder Paris verlassen, und die Armagnacs bemächtigten sich ihrerseits der Hauptstadt. Dieses Ereignis bildet eine schwerwiegende Zäsur in der Geschichte des Hundertjährigen Krieges, weil es die Erneuerung des seit 40 Jahren ruhenden Kampfes nach sich zog und damit dessen zweite Phase einleitete.

Denn jetzt verbündete sich Johann ohne Furcht offen mit England, und dessen tatkräftiger Herrscher Heinrich V., von Shakespeare der Nachwelt als das Idealbild eines Königs überliefert, zögerte nicht, diesem Ruf zu folgen und in Frankreich zu landen. Am 25. 10. 1415 erlitt das französische Ritterheer, das sich bei Azincourt in der Nähe von Crécy den englischen Bogenschützen entgegenstellte, eine vernichtende Niederlage, und Karl von Orléans, Führer der Armagnaken, geriet in englische Gefangenschaft. Anschließend eroberte Heinrich, den Johann schon 1416 als König von Frankreich anerkannte, die Normandie. Immerhin war sein festländischer Bundesgenosse doch noch unschlüssig, ob er die Sache Frankreichs ganz preisgeben sollte. Erst seine Ermordung auf der Brücke von Montereau am 10. 9. 1419 durch Anhänger des Dauphin, mit dem er gerade ergebnislos verhandelt hatte, trieb Burgund auch als kriegführende Macht an die Seite Englands, da Johanns Sohn Philipp der Gute (1419-1467) daraufhin kompromißlos für Heinrich V. Partei ergriff. Dieses Bündnis aber sollte Frankreichs nationale Identität tödlich bedrohen. Bereits 1420 gelang es Heinrich V. mit der Unterstützung Philipps des Guten, Karl VI. den Vertrag von Troyes aufzuzwingen, der dem englischen Monarchen nicht nur die Hand von Karls Tochter Katharina, sondern auch den Anspruch auf die Krone von Frankreich zusicherte, während der legitime Thronfolger, der spätere Karl VII., sich ausdrücklich ausgeschlossen und zu tatenlosem Aufenthalt in Bourges genötigt sah, nachdem Heinrich V. im gleichen Jahr in Paris eingezogen und von den *états généraux* als König von Frankreich anerkannt worden war. Obwohl Heinrich bereits 1422 starb und nun ein minderjähriges Kind, sein 10¹/₂ Monate alter Sohn Heinrich VI., die Kronen von England und Frankreich auf einem Haupte vereinigte, vermochte der Dauphin aus dem Hause Valois zunächst nur theoretische Ansprüche auf den Thron anzumelden, nicht aber ihn wirklich in Besitz zu nehmen. Denn dem Herzog von Bedford, der in Frankreich für Heinrich VI. als Regent waltete, gelang es 1428, die Stadt Orléans einzuschließen und damit zum Sprung auf die südlich der Loire gelegenen Lande anzusetzen. Es schien so, als könne nur ein Wunder Frankreich jetzt noch retten.

Und was in diesem Augenblick Jeanne d'Arc (1412-1431), jene legendenumwobene Gestalt,[18] vollbrachte, mutet in der Tat wie ein Wunder an. Natürlich ist es nicht die Aufgabe des Historikers, dem Realitätscharakter jener mystischen Stimmen nachzugehen, die das junge Bauernmädchen aus dem lothringischen Domrémy beflügelt haben, den schier aussichtslosen Versuch zu wagen, Karl VII., dem »König von Bourges«, den Thron der französischen Monarchie zu erobern. Die Methode aber, nach der Johanna ihr Vorhaben ins Werk setzte, nachdem der machtlose Valoiserbe in der Begegnung von Chinon 1429 ihr Hilfsangebot akzeptiert hatte, war politisch klar durchdacht: sie lief darauf hinaus, zunächst die Engländer von Orléans zu vertreiben und dann den Dauphin nach Reims zu führen, um ihn an dieser legitimierenden Stätte krönen und salben zu lassen und ihm damit jene Sakrosanktheit zu verleihen, die sein Königtum in den Augen aller Franzosen als das ordnungsgemäße erscheinen lassen mußte. Demgegenüber würde der ohnehin fragwürdige Thronanspruch Heinrichs VI., der übrigens erst 1431 in Notre-Dame zu Paris durch den Bischof von Winchester geweiht wurde, vollends einen usurpatorischen Charakter annehmen. Dem von Johanna geführten und zu höchster Begeisterung angespornten Ritterheer gelang es denn auch, am 7. 5. 1429 in der Schlacht bei Orléans die Engländer entscheidend zu schlagen und die belagerte Stadt zu entsetzen, so daß die Gefahr eines feindlichen Vorstoßes nach Südfrankreich gebannt war. Anschließend geleitete die »Jungfrau von Orléans« Karl VII. nach Reims; die am 17. 7. 1429 vollzogene Salbung und Krönung erhob ihn zum fortan unumstrittenen König von Frankreich. Obwohl Jeanne d'Arc auf eine energische Fortsetzung des Feldzuges zur Eroberung von Paris drängte, schenkten ihr der stets zaudernde König und seine Heerführer nun kein Gehör mehr. Sie selbst geriet im Verlauf eines militärisch ganz unbedeutenden Gefechtes bei Compiègne am 24. 5. 1430 in burgundische Gefangenschaft und wurde den Engländern ausgeliefert. Diese haben ihr in Rouen den Prozeß wegen Ketzerei und Zauberei gemacht; sein Ausgang stand von vornherein fest, weil sein Ziel ein eindeutig politisches war. Denn die Engländer und die schon rasch abbröckelnde Schar ihrer Parteigänger in Frankreich hofften, mit der Verurteilung Johannas gleichzeitig auch die Gültigkeit des Krönungsaktes von Reims in Frage stellen zu können. Am 30. 5. 1431 wurde sie in Rouen verbrannt, ohne daß Karl VII. eine Hand gerührt hätte, um seine Retterin vor diesem Justizmord zu bewahren. Erst sehr viel später hat er sich um die Rehabilitierung der Jungfrau von Orléans, mit der verglichen dieser König im übrigen ausgesprochen kläglich wirkt, bemüht und erreicht, daß die Kurie am 7. 7. 1456 in feierlicher Form das ungerechte Urteil widerrief.

Zwar hat das Auftreten der Jungfrau von Orléans den Krieg noch nicht beendet, ihn aber doch für Frankreich entschieden. Im Jahre 1435 kam es zum Vertrag von Arras, durch den Philipp der Gute von Burgund ins französische Lager zurückkehrte. Allerdings gelang es ihm dabei, sehr günstige Bedingungen für sich auszuhandeln, indem er selbst keinen Lehnseid zu leisten brauchte. Jedoch bedeutete dies keineswegs auch ein Ausscheiden des burgundischen Herzogtums aus dem französischen Reichsverband, da dem König die Gerichts- und Regalrechte vorbehalten blieben.

Ebenso entscheidend wie dieser Vertrag wirkte sich aber der Tod des Herzogs von Bedford im gleichen Jahre aus; in ihm starb die Seele des englischen Eroberungswillens auf dem Festland in dieser letzten Phase des Hundertjährigen Krieges. Da gleichzeitig die unerhört erbittert und blutig geführten Rosenkriege im Innern einsetzten, die das Inselreich unter der langen Regierung Heinrichs VI. in den Grundfesten erschütterten, war England außenpolitisch so gelähmt, daß es sich 1444 zu einem Waffenstillstand mit Frankreich bereit fand, der sich später als ein faktischer, wenn auch nicht formeller Friedensschluß erweisen sollte. Seitdem ist der Krieg allmählich erloschen; die letzte Kampfhandlung, in der übrigens der englische Feldherr Talbot fiel, hat 1453 bei Castillon stattgefunden. Schon damals hatten die Engländer alle Besitzungen in Frankreich bis auf Calais, das sie noch bis zum Ende des 16. Jahrhunderts zu behaupten vermochten, verloren, so daß das Ergebnis dieses wohl längsten Krieges der europäischen Geschichte eine reinlichere Scheidung zwischen der englischen und der französischen Nation gewesen ist. In den letzten Jahren seiner Regierung konnte Karl VII. (1422-1461) sich ungestört der inneren Reorganisation seines Landes widmen, wobei sich alsbald herausstellte, daß die Königsmacht aus der großen nationalen Prüfung nicht nur ungeschwächt, sondern offensichtlich sogar gestärkt hervorgegangen war.

Natürlich hat der Hundertjährige Krieg auch soziale und wirtschaftliche Folgen nach sich gezogen. Während an der Peripherie gelegene Landschaften wie die Provence und Lothringen, aber auch Flandern von den Kriegsauswirkungen nur wenig verspürt hatten, waren zentrale Schauplätze der militärischen Operationen oder der revolutionären Erhebungen, wie der Jacquerie, furchtbar heimgesucht worden; so die Normandie, das Seinebecken und das mittlere Loiregebiet, wo die Bevölkerung um schätzungsweise ein Drittel reduziert wurde. Zu diesen Verlusten infolge der Kampfhandlungen kamen diejenigen, die die große in der Mitte des 14. Jahrhunderts von Asien aus über Europa hereinbrechende Pest, die größte Seuchenkatastrophe in der Geschichte des abendländischen Kulturkreises, in Frankreich – und übrigens weit stärker noch in England – verursachte. 1347 erreichte sie in der Provence zuerst französischen Boden, drang von dort aus nach Norden vor und verheerte bis etwa 1350 fast das ganze Land, wobei die Kriegskonstellation, die Zusammenballung der Landbewohner in ummauerten Gemeinwesen und die ständige Fluktuation der Bevölkerung, dem schwarzen Tod einen besonders günstigen Nährboden verschaffte. Weitere Pestschübe folgten in den Jahren 1361, 1363, dann wieder – vor allem in der Provence – zwischen 1382 und 1384 und schließlich 1427, 1491 und 1517-1519.[19] Erst gegen Ende des 16. Jahrhunderts sollte Frankreich die Bevölkerungszahl von etwa 18–20 Millionen wieder erreichen, die es in der ersten Hälfte des 14. Jahrhunderts aufgewiesen hatte; ein langsamer Anstieg trat erst nach der Beendigung des Hundertjährigen Krieges ein.

Seit den letzten Regierungsjahren Karls VII. erholte sich auch die Landwirtschaft allmählich wieder von den Folgen der ungeheuren Kriegsverwüstungen. Zur Wildnis gewordenes Nutzland wurde seit der Mitte des 15. Jahrhunderts durch Entwaldung oder Melioration erneut kultiviert. Um diesen Prozeß zu intensivieren, wurden in den betreffenden Wüstungsgebieten Hörige in großer Zahl in die Freiheit entlassen. Diese weitgehend kriegsbedingte Entwicklung beschleunigte den Niedergang der Grundherrschaft und die Aufteilung des Bodens in kleinere Parzellen, was wiederum im Spätmittelalter die Rechtsposition des Bauern spürbar verbesserte, indem er seinen Besitz ungehindert durch grundherrliche Einsprüche verkaufen, vertauschen und vererben konnte. Gleichzeitig bildeten sich innerhalb der nichtadligen Landbevölkerung zwei Schichten aus: die sog. *labouriers,* also Bauern, und die *journaliers,* die Tagelöhner. Angesichts der quantitativen Bescheidenheit bäuerlichen Besitzes ist aber die Zahl der letztgenannten Landarbeiter erheblich geringer als die der eigentlichen Bauern gewesen. Häufig betrieben die nicht voll ausgelasteten *journaliers* noch einen gewerblichen Nebenberuf.

Auch der mit den Städten so eng verbundene Handel war durch die Kriegswirren erheblich beeinträchtigt worden, obwohl andererseits wiederum die Kommunen durch den großen Konflikt mit England durchaus an Kontur gewonnen hatten, da die ständige Unsicherheit dazu zwang, planvoll befestigte Siedlungsplätze in großer Zahl anzulegen. So nahm das Städtewesen, das neben Paris damals besonders von Reims und Bourges repräsentiert worden ist, an Gewicht erheblich zu. Damit wuchs aber gleichzeitig auch die Problematik der sozialen Fragen, die naturgemäß mit dem Zusammenleben so vieler Menschen auf verhältnismäßig engem Raum verbunden waren und die zu jenen revolutionären, z. T. durchaus klassenkämpferische Züge aufweisenden Eruptionen in der Mitte und zweiten Hälfte des 14. Jahrhunderts geführt haben, die uns schon hinlänglich bekannt sind. Eine hervorragende Rolle hat dabei das Zunftwesen gespielt, in das im 14. und 15. Jahrhundert jegliches städtische Gewerbeleben fast ausnahmslos eingebettet war.

Der große englische Krieg hat nun auch die weitere Entwicklung der Institutionen des alten Frankreich entscheidend vorangetrieben. Sowohl General- und Provinzialstände als auch das für das spätere Ancien régime charakteristische Steuerwesen und die ihm zugehörige Finanzverwaltung bildeten sich in dieser Epoche zu der Gestalt aus, die sie bis zur Großen Revolution grundsätzlich beibehalten haben.

Die große Zeit der Generalstände setzt mit dem Jahre 1346 ein, also etwa gleichzeitig mit dem Beginn des Hundertjährigen Krieges. Die popularen Bewegungen von 1355 bis 1358 und dann wieder von 1413, verbunden mit einer absolut dominierenden Stellung des Dritten Standes, markieren den geschichtlichen Höhepunkt dieser Institution, dem in der zweiten Hälfte des 16. Jahrhunderts ein erneuter Aufschwung folgen sollte.

Entstehung und Zusammensetzung der Generalstände sind uns bereits bekannt. Der Abstimmungsmodus kennt nur eine Abgabe von Standesvoten, ein Gesamtvotum wäre aber damals vom Dritten Stande auch gar nicht zugelassen worden, um die Gefahr des Überstimmtwerdens auszuschalten. Dies ergab sich folgerichtig aus dem Brauch, nicht gemeinsam, sondern nach Ständen getrennt zu beraten. Insgesamt wächst der Einfluß der Generalstände seit dem 14. Jahrhundert in bemerkenswertem Maße, weil sie immer häufiger befragt und ihre Wünsche zum Teil sogar in entsprechenden Ordonnanzen berücksichtigt werden, obwohl das Königtum rein rechtlich nicht daran gebunden ist. Aber das gewaltige Ringen mit England bindet beide eng aneinander, weil der Monarch ohne die Stände nicht jene außerordentlichen Abgaben erheben kann, die zur Führung des Krieges unbedingt erforderlich sind. Unter Karl V. ist es bereits Brauch, daß immer wieder gewährte Steuern allmählich zu dauernden werden, bei denen die Zustimmung der Stände als gegeben vorausgesetzt und lediglich der Form halber eingeholt wird. Zu Beginn des 15. Jahrhunderts häufen sich jedoch die Geldforderungen der Krone und dementsprechend die mit ihrer Billigung befaßten Ständeversammlungen; infolgedessen gestaltet sich der Zustand der Staatsfinanzen immer komplizierter und unübersichtlicher, zumal auch die Kriegssteuer vielfach gar nicht mehr für den Krieg, sondern für andere Regierungsausgaben verwandt wird, so daß Karl VII. schließlich seit dem Jahre 1439 die Bildung eines festen Steuersystems einleitet, das die vorhandenen und von uns schon früher skizzierten Ansätze konsequent weiter ausbaut.

Die außerordentlichen Einnahmen der französischen Krone setzen sich aus direkten und indirekten Abgaben zusammen. Die *taille*, die unter diesem von dem lateinischen Wort *talea* (Holzstück oder Kerbholz) abgeleiteten Namen schon 1190 auftaucht, ist die erste direkte Steuer Frankreichs; sie wird ab der Mitte des 12. Jahrhunderts gelegentlich, im 13. Jahrhundert häufiger und im Verlauf des 14. regelmäßig erhoben. Als dauernde Einrichtung wird diese *taille royale*, wie sie im Gegensatz zu der seit den Anfängen des Lehnswesens existierenden und auch jetzt noch trotz entsprechender Verbote weiterbestehenden seigneuralen *taille* genannt wird, rein rechtlich durch die Ordonnanz Karls VII. von 1439 eingeführt. Sie stellt eine Einkommensteuer dar und ist nur von Bürgerlichen und Hörigen zu entrichten; der Adel, der ja – wenigstens im Prinzip – Kriegsdienst mit der Waffe leistet, ist davon befreit, und die Geistlichkeit leistet andersgeartete Abgaben. Je nachdem, ob Personen selbst oder Grundbesitz besteuert wird, unterscheiden wir die *taille personnelle* und die *taille réelle*, die aber nur im kleineren Teil des Landes, vorwiegend im Süden, üblich ist. Seitdem sich im 14. Jahrhundert der Adel als Stand abgeschlossen hat und infolgedessen ein Adliger nichtadlige und ein Bürgerlicher adlige Güter erwerben kann, muß in ersterem Falle die *taille réelle* gezahlt werden, in letzterem hingegen nicht. Eine gleichmäßige Einführung der *taille* in allen Lehnsstaaten hat sich nicht durchgesetzt, da es verschiedenen Provinzen bei ihrer Eingliederung in die königliche Krondomäne gelingt, sich durch freiwillige, nicht mehr steigerungsfähige Umlagen *(abonnements)* davon quasi loszukaufen. Darin ist ein wesentlicher Grund der späteren so überaus ungleichmäßigen und ungerechten Verteilung der Steuerlast im Frankreich des Ancien régime zu sehen.

Zu den indirekten Abgaben gehören bestimmte Zölle, Verbrauchssteuern und schließlich die berüchtigte Salzsteuer. Neben den alten Zöllen *(péages:* Brücken- und Wegegelder usw.) kommen ab der Mitte des 13. Jahrhunderts außerordentliche Zölle, vor allem als Ausfuhrzölle an den Grenzen des Reiches, auf, die zwar ursprünglich nur als gelegentliche und von der Zustimmung der Stände abhängige Einnahmen gedacht sind, deren Erhebung aber schließlich als königliches Regal betrachtet wird. Welch große Rolle die *traites*, wie die neue Zollart wegen ihrer Eintreibung durch Pächter *(traitants)* genannt wird, alsbald spielen, macht der Fall des Lösegeldes für Johann den Guten deutlich. Damals haben einige meist in Nord- und Mittelfrankreich gelegene Provinzen ihren Beitrag dazu in Form einer 5prozentigen Umsatzsteuer beim Verkauf von Waren und eines Sonderzolls *(traite foraine)* bei Ausfuhr ins Ausland bzw. in die übrigen, daran nicht beteiligten Landesteile entrichtet. Bei diesen handelt es sich hauptsächlich um den Süden und Südosten Frankreichs, der seinen Anteil durch Umlagen aufgebracht und von da an gegenüber den der *traite foraine* unterworfenen Provinzen als zollpolitisches Ausland *(provinces réputées étrangères)* gegolten hat, ebenso wie die Bretagne und Flandern, die sich sogar jeglicher Beteiligung an dem Lösegeld zu entziehen vermochten. Die Frankreich während des ganzen Ancien régime durchschneidende innere Zollinie geht also auf die 1360 getroffene Regelung zurück, die allerdings später noch mannigfach modifiziert worden ist. Die *aides* im engeren Sinne sind von Philipp dem Schönen eingeführte Verbrauchssteuern, die auf bestimmten Lebensmitteln, zunächst vor allem auf Getreide und Wein und im Laufe der Zeit auch auf wechselnden Produkten liegen.

Die berüchtigtste all dieser Steuern, die von der Aufklärungskritik mit Recht immer wieder gegeißelt worden ist, verdankt ihre Entstehung dem Eingreifen des Königtums gegen den Preiswucher der im sog. »Salzring« zusammengeschlossenen Kaufleute. Aber was unter Ludwig X. noch eine Schutzmaßnahme gegenüber dem Volk zu sein scheint, offenbart sich alsbald als das konsequente Streben der Krone, eine neue ergiebige Einnahmequelle zu erschließen: Philipp VI. führt 1341 die Salzsteuer, die *gabelle*, ein, die zwar noch einige Male wieder aufgehoben, seit 1383 jedoch zu einer ständigen Einrichtung wird. Von da an verfügt der Monarch über das Salzmonopol; dieses wichtige Konsumgut darf nur in staatlichen Verkaufsstellen *(greniers à sel)*, natürlich zu entsprechend hoch festgesetzten Preisen, erworben werden. Um dem daraufhin einsetzenden Schmuggel wirksam begegnen zu können, läßt Karl V. jeder Familie sogar einen reichlich bemessenen Mindestsalzverbrauch vorschreiben und durch scharfe Kontrollen dafür sorgen, daß auch tatsächlich eine entsprechende Menge Salz eingekauft wird. Jedoch gelingt es auch hier wieder den südlichen Provinzen, Privilegien zu erlangen, so daß sie zum Schwerpunkt der *pays de petite gabelle* werden, wo nur der Verkauf monopolisiert ist, während die Kernländer als *pays de grande gabelle* die ganze Last dieser stets als besonders drückend und ungerecht empfundenen Steuer zu tragen haben. Flandern, Artois, Boulogne und Bretagne sind sogar von der Salzsteuer ausgenommen.

Die Finanzadministration steht in diesem Zeitraum ebenfalls schon in den für das nächste halbe Jahrtausend gültigen Grundzügen vor uns. Die ordentlichen Einnahmen sind ursprünglich von einem *grand chambellan* verwaltet worden, fallen seit dem 13. Jahrhundert aber in die Kompetenz der aus der *curia regis* abgespaltenen Rechnungskammer. Ihr legen die *trésoriers* als oberste Beamte sowie auf der unteren Ebene die *baillis* bzw. die durch die große Ordonnanz von 1320 eingesetzten *receveurs du domaine* Rechenschaft ab. Seit dem 14. Jahrhundert gibt es neben ihr noch den Finanzkontrolleur, der im königlichen Auftrag die Bilanzen seinerseits zu überprüfen hat. Die *chambre des comptes* ist gleichzeitig Finanzgerichtshof und untersteht auch als solcher unmittelbar dem König.

Was nun die außerordentlichen Einnahmen anlangt, so stellt sich im Laufe des 14. Jahrhunderts angesichts ihrer wachsenden Bedeutung die Notwendigkeit heraus, sie unabhängig von den ordentlichen zu verwalten. Zu diesem Zweck wird ein neuer Beamtentyp geschaffen, und zwar der der Finanzgeneräle. Sie sind Vorgesetzte sowohl der *élus*, die für die Erhebung der *taille* und der Verbrauchssteuern zuständig sind, als auch der *grenetiers*, die die Salzsteuer eintreiben, und schließlich der Zolleinnehmer *(maîtres des ports et passages)*. Als Kassierer fungieren sog. *receveurs des aides*. Alle diese Beamten, die zuerst in der durch die Generalstände 1355 beschlossenen großen Verwaltungsreform erwähnt werden, sind ursprünglich nur für einen begrenzten Zeitraum ernannt worden; jedoch werden sie rasch in dem Maße, in dem die Abgaben sich von befristeten zu dauernden entwickeln, auch ihrerseits zu einer ständigen Einrichtung. Während der König die *grenetiers* und Zollbeamten von vornherein selbst einsetzt, werden die Finanzgeneräle und *élus* anfangs von den Generalständen gewählt, und zwar unter paritätischer Berücksichtigung aller drei Stände, aber schon seit Karl V. ebenfalls vom Monarchen ernannt. Obwohl infolgedessen der Name *élus*, für deren Amtsbereich sich seit dem 15. Jahrhundert der Begriff *élection* einbürgert, gar nicht mehr den tatsächlichen Gegebenheiten entspricht, bleibt er doch das ganze Ancien régime hindurch in Gebrauch. Da die außerordentlichen Einnahmen nicht nur aus den Kronlanden, sondern auch aus den Lehnsstaaten zusammenkommen, werden die entsprechenden Steuerbezirke geographisch weitgehend an die kirchliche Diözesaneinteilung angeschlossen, weil diese allein das ganze Königreich gleichmäßig erfaßt.

Die Finanzgeneräle und ihre Unterbeamten üben ebenso wie die Mitglieder der *chambre des comptes* auch richterliche Funktionen aus, wobei erstere die abgesehen vom König selbst letzte Appellationsinstanz bilden. Die Vielfalt der Aufgaben macht schon bald eine Arbeitsteilung innerhalb dieses Gremiums erforderlich, so daß sich seit 1389 drei der sechs Finanzgeneräle ausschließlich juristischen Belangen widmen und die *chambre des aides* – *aides* hier im weiteren Sinne verstanden – konstituieren, d. h. den obersten Gerichtshof für den Bereich der außerordentlichen Einnahmen, der gleichberechtigt neben dem Parlament und der Rechnungskammer steht.

Zu den verbleibenden drei Finanzgenerälen, die allein diesen Namen weiterführen und lediglich administrativ tätig sind, gesellt sich zu Beginn des 15. Jahrhunderts ein vierter. Die Verwaltung der außerordentlichen Einnahmen ist also seitdem in etwa so aufgebaut wie die der ordentlichen Einkünfte, wo es die *chambre des comptes*, vier *trésoriers* und die *baillis* mit ihren *receveurs du domaine* in den *bailliages* gibt.

Die Praxis der Steuererhebung läßt sich am besten am Beispiel der *taille* demonstrieren. Sie beruht im Gegensatz zum modernen Steuersystem nicht auf einem bestimmten Prozentsatz des jeweiligen Einkommens (Quotitätssteuer), sondern stellt eine Repartitionssteuer dar. Das bedeutet, daß der Gesamtbetrag, den das ganze Land im betreffenden Jahr aufzubringen hat, unter Mitwirkung der Stände im voraus festgesetzt und dann stufenweise durch die Finanzgeneräle, die *élus* und die von den Gemeindemitgliedern gewählten *asséeurs* auf die *élections*, die Pfarreien und schließlich die einzelnen Familien aufgeteilt wird. Dabei wird in gewissen Grenzen auch die Leistungsfähigkeit der verschiedenen Bezirke bzw. Steuerpflichtigen berücksichtigt, da die *taille* ja keine Kopf-, sondern eine Einkommensteuer ist. Trotzdem kommen natürlich häufig sehr krasse Ungerechtigkeiten vor. Die Eintreibung der repartierten Beträge vollzieht sich auf den genannten drei Ebenen ganz entsprechend in der umgekehrten Richtung durch *collecteurs, receveurs des aides* und *receveurs généraux des aides*.

Jedoch ist von dieser Methode der Steuererhebung nie das ganze Reich erfaßt worden. Einzelnen Provinzen gelingt es, sich ihr entweder ganz oder durch besondere Zahlungen zu entziehen, deren Höhe dann die jeweiligen Provinzialstände bestimmen. In solchen Ländern amtieren infolgedessen keine *élus;* sie gehören nicht zu den *pays d'élections,* sondern zu den bezüglich der *taille* steuerlich privilegierten *pays d'états,* wenn sich auch diese Namen erst etwas später einbürgern.

Die *taille* diente nun in erster Linie dazu, das stehende Heer von Soldtruppen zu finanzieren, also die 1445 geschaffene Kavallerie der berühmten Ordonnanz-Kompanien sowie die ständige Infanterie der besoldeten Freischützen, die Karl VII. in den Jahren 1448 bis 1451 ebenfalls neu organisiert hat. Damit werden als in die Zukunft weisendes Ergebnis des Hundertjährigen Krieges bereits unter der Regierung dieses Monarchen zwei Grundelemente der absolutistischen Staatsidee in Frankreich schon deutlich greifbar: ein modernes Steuersystem, verbunden mit einem entsprechenden Berufsbeamtentum, und das stehende Heer.

Was ihr Verhältnis zur Kirche anlangt, so haben es die französischen Könige gerade in diesem Zeitraum verstanden, sie weitgehend in den Staat zu integrieren, so daß man seitdem bis zum Ausbruch der Großen Revolution fast von einer französischen Nationalkirche sprechen könnte. Unter der Devise einer Rückkehr zur alten »Freiheit der gallikanischen Kirche« kam es 1385 zur ersten Pragmatischen Sanktion, die Kirchen und Klöster in Frankreich vor dem rigorosen Zugriff des päpstlichen Fiskalismus schützen sollte. Durch die konziliare Bewegung im ersten Viertel des 15. Jahrhunderts, also durch die Konzilien von Konstanz und von Basel sowie auch durch das Basler Konkordat von 1418 mit Martin V. ist die kirchenpolitische Tendenz Frankreichs weiter ausgesprochen begünstigt worden. Eine in Bourges zusammengerufene Nationalsynode des französischen Klerus beriet im Mai und Juni 1438 die Beschlüsse des Basler Konzils und machte sie sich in den wesentlichsten Punkten zu eigen, wobei dem Papst sogar in geringem Umfang finanzielle Entschädigungen für den Verlust bisheriger Einnahmen zugebilligt wurden. Karl VII. trug den Verhandlungsergebnissen dieser Synode in einer großen Ordonnanz vom 7.7.1438 Rechnung, die als Pragmatische Sanktion von Bourges in die Geschichte eingegangen ist. Bedeutsam war dabei jedoch, daß der französische Klerus seine in Basel und Bourges postulierte Freiheit bei der Besetzung von Bistümern und Abteien gleichzeitig in gewisser Weise wieder schmälerte, indem dem König und den Prinzen des königlichen Hauses indirekt das Recht eingeräumt wurde, empfehlend, wenn auch ohne Gewaltanwendung, auf die entsprechenden Wahlen einzuwirken. So wurde in dieser wichtigen Frage der Einfluß des Papstes im Grunde nur durch den des Königs ersetzt, d. h. die »gouvernemental-staatskirchliche Seite des Gallikanismus«[20] konnte 1438 einen entscheidenden Erfolg erringen, der anzeigte, daß auch im Verhältnis zur Kirche die moderne Staatsidee über den mittelalterlichen Geist zu triumphieren begann.

Während sich also im 14. und 15. Jahrhundert im Bereich des politischen und gesellschaftlichen Lebens allenthalben zukunftsträchtige Entwicklungen in Frankreich anbahnen, geht die kulturelle Vorherrschaft, die es in der vorangehenden Epoche ausgeübt hat, jetzt verloren und für lange Zeit auf das Italien der aufblühenden Renaissance und die im burgundischen Staatsverband zusammengefaßten Lande über, wenn auch letztere rein lehnsrechtlich zum Teil noch zur französischen Monarchie gehören. Von den Vertretern der französischen Literatur des Spätmittelalters ist einzig François Villon in die Weltliteratur eingegangen. Seine chansonartig-balladesk wirkende Lyrik, Abbild einer schließlich ins Verbrechertum abgesunkenen Existenz, gilt als der Höhepunkt mittelalterlicher Vagantendichtung. In ihr klingt jenes chaotische Jahrhundert nach, das Frankreich soeben durchlitten hatte und das Jean Froissart in seinen ›Chroniques‹ so lebendig schildert, daß dieses Werk eine der bedeutendsten Leistungen früher französischer Prosa darstellt.

Als Ludwig XI. (1461-1483) den französischen Thron bestieg, fand er einen Staat vor, der aus der existenzbedrohenden Auseinandersetzung mit England zwar erfolgreich hervorgegangen war und auch infolge der Bemühungen Karls VII. Ansätze zu einer inneren Konsolidierung aufwies, dessen Zentralgewalt sich aber noch allenthalben von den Mächten der *deuxième féodalité* eingeengt sah. Deren Repräsentanten, die sich 1465 dem König unter der Leitung seines eigenen Bruders Karl von Berry in der *Ligue du bien public* entgegenstellten, waren die Lehnsfürsten der Bretagne, Bourbons, Armagnacs und des Anjou. Ein weitaus gefährlicherer Rivale erwuchs der Krone jedoch in dem Initiator dieser Fürstenopposition, in Karl dem Kühnen von Burgund (1467-1477). Das zwischen Deutschland und Frankreich eingelagerte und zu beiden Reichen im Lehnsverhältnis stehende Staatswesen war von Philipp dem Guten schon beträchtlich ausgedehnt worden; sein Sohn, der wohl glanzvollste Vertreter spätmittelalterlichen Fürstentums, erweiterte es in kurzer Zeit noch um oberrheinische – vor allem elsässische – Gebiete und schließlich um Lothringen. Seitdem umspannte das Herzogtum, das sein Beherrscher – allerdings vergebens – sogar zum Range eines Königreiches zu erheben trachtete, den Ostteil der französischen Monarchie in einem großen Halbkreis zusammenhängender Territorien, die sich von der Nordsee bis zur Schweiz erstreckten. Wie gefährlich der Herzog von Burgund ihm werden konnte, mußte Ludwig XI. bereits 1468 anläßlich seiner Begegnung mit Karl zu Péronne erkennen. War er doch damals faktisch der Gefangene seines Lehnsmannes und gezwungen, sich vorübergehend zum Werkzeug für dessen Politik mißbrauchen zu lassen, d. h. mit ihm gegen Lüttich zu ziehen. Nachdem schon vorher im Zuge der Auseinandersetzung mit der Fürstenliga von 1465 das unentschiedene Gefecht bei Montlhéry den französischen König mit tiefen Zweifeln an der eigenen militärischen Kraft erfüllt hatte, bewog diese Demütigung von Péronne den ebenso verschlagenen wie skrupellosen Monarchen endgültig dazu, seinem Gegner auf keinen Fall im offenen Felde entgegenzutreten. Ludwig XI. zog es statt dessen vor, den zwar gleichfalls machtbesessenen und grausamen, im Guten wie im Bösen jedoch stets ritterlich-offenen und überdies kriegstüchtigen Herzog von Burgund in das Netz seiner überlegenen Diplomatie ausweglos zu verstricken. Das Endergebnis dieser von Philippe de Commynes später so eindrucksvoll geschilderten Politik war schließlich jene katastrophale Niederlage der burgundischen Truppen vor den Spießen und Hellebarden der eidgenössischen Gevierthaufen, die dabei quasi als Handlanger des französischen Königs auftraten, auf dem Schlachtfeld von Nancy, wo Karl der Kühne am 5. 1. 1477 Sieg und Leben verlor. Damit war die burgundische Gefahr, die ein Jahrhundert lang auf Frankreich gelastet hatte, mit einem Schlag gebannt.

Allerdings sah sich Ludwig XI. sofort in der Erwartung getäuscht, Burgund als Ganzes gewinnen zu können. Lediglich die unter französischer Lehnshoheit stehenden Teile – das eigentliche Herzogtum Burgund (Bourgogne) sowie die Grafschaften Mâcon, Auxerre, Bar-sur-Seine, Amiens, Ponthieu und Boulogne – konnte er einziehen; die Masse dieses bedeutenden Zwischenreiches, namentlich die früher französischen Grafschaften Flandern und Artois, die deutschen Niederlande und die Freigrafschaft Burgund, fiel dagegen mit der Hand der

Tochter Karls des Kühnen, Marias von Burgund, an Erzherzog Maximilian von Österreich. Andererseits erbte Ludwig nach dem Tod des »guten« Königs René von Anjou 1480 dessen französische Stammlande, so daß noch im gleichen Jahr das Anjou und 1481 Maine sowie die Provence mit Marseille, die bis dahin zum römisch-deutschen Reich gehört hatte, in seinen Besitz gelangten. So war, als Ludwig XI. 1483 die Augen schloß, die jetzt weit mehr als die Hälfte des ganzen Landes umfassende Krondomäne ausgedehnter und Frankreich gefestigter denn je zuvor.

Und doch hinterließ dieser Herrscher, dessen Charakter und historische Leistung Leopold von Ranke in der Formel zusammenfaßt, er habe »ein Königreich groß gemacht, aber ohne alle eigene persönliche Größe«[21], seinen Nachfolgern eine folgenschwere Hypothek. Denn der große burgundisch-französische Gegensatz hatte im Augenblick seines Verschwindens einen noch gefährlicheren heraufbeschworen: den zwischen Frankreich und Habsburg. Dieser drängte fortan sogar die alte Erbfeindschaft gegenüber England in den Hintergrund und sollte für Jahrhunderte als unheilvolles Erbe auf Europa lasten.

II. Die neuere Zeit (1483-1789)

1. Frankreich unter seinen Renaissancekönigen (1483-1559)

Die Politik der Abrundung Frankreichs und der königlichen Krondomäne, die die Kapetinger und zuletzt die Valois betrieben hatten, ist von den beiden ersten Nachfolgern Ludwigs XI. systematisch fortgesetzt worden. Denn auf Betreiben von dessen Tochter Anna, die zusammen mit ihrem Gemahl Peter von Beaujeu aus dem Hause Bourbon in den ersten Jahren der Minderjährigkeit ihres Bruders für Karl VIII. (1483-1498) die Regentschaft führte, wurde der jugendliche König 1491 mit Anna, der letzten Herzogin der bis dahin noch selbständigen Bretagne, vermählt. Als Karl 1498 früh starb, heiratete sein Nachfolger Ludwig XII. (1498-1515, aus dem Hause Orléans, Vetter zweiten Grades von Ludwig XI.) seine Witwe, und beider Tochter Claudia brachte 1514 das Herzogtum, das durch seine geographische Lage an der äußersten Nordwestspitze Frankreichs eine strategische Schlüsselposition besaß, Franz I. mit in die Ehe, der als Sohn von Ludwigs Vetter Karl von Angoulême der nächste Thronanwärter war. Im Jahr 1532 ist die Bretagne dauernd mit der französischen Krondomäne verbunden worden, die im ersten Viertel des 16. Jahrhunderts auch noch um die Apanagen Ludwigs XII. und Franz' I. (Orléans-Valois-Blois und Angoulême) vergrößert wurde. Außerdem zog Franz 1523 den umfangreichen Besitz Karls von Bourbon nach dessen Abfall zu Kaiser Karl V. ein und ließ sich diese Maßnahme vier Jahre später durch Parlamentsspruch auch juristisch sanktionieren. Sein Nachfolger Heinrich II. fügte dem Krongut 1548 die Markgrafschaft Saluzzo als erledigtes Lehen der Dauphiné hinzu und nach der Eroberung von Calais 1558 auch diese wichtige Hafenstadt. So konnte seit Ludwig XI. der Besitz der Könige von Frankreich auf Kosten der Lehnsfürsten und angrenzender Staaten so weit ausgedehnt werden, daß er um die Mitte des 16. Jahrhunderts etwa zwei Drittel des Königreiches bedeckte, dessen äußere Kontur damals schon in sehr groben Umrissen jene Form erkennen ließ, die es im Laufe der folgenden Jahrhunderte endgültig ausbilden sollte. Die zentralistischen Bestrebungen der französischen Renaissancekönige fanden nicht zuletzt auch in der inneren Administration ihren Niederschlag, indem sich nämlich der monarchische Absolutismus rasch durchzusetzen begann. Daß diese Entwicklung relativ widerstandslos hingenommen wurde, ist besonders auf die beiden Nachfolger Ludwigs XI. zurückzuführen. Denn sie verstanden es, die wenig anziehenden Regierungspraktiken Ludwigs XI., die viele seiner Untertanen als unverhüllten Despotismus empfunden hatten, zu einem mehr patriarchalischen Absolutismus abzumildern, den vor allem der geschickte, menschenkundige und volkstümliche Ludwig XII. so unauffällig zu handhaben wußte, daß ihn die Vertreter der Ständetagung vom 14. 5. 1506 begeistert als *pater patriae* begrüßten.

Immerhin war das Königtum noch rund 20 Jahre zuvor von zwei Seiten hart bedrängt worden: der große Feudaladel, der nach dem Tode Ludwigs XI. seine Zeit wieder gekommen wähnte, hatte 1485 einen Aufstand gegen die Krone entfesselt, den sog. »Tollen Krieg«, der jedoch von der Regentin Anna sehr rasch niedergeworfen werden konnte. Und auch die Reichsstände, eingedenk des großen Einflusses, den sie im 14. und noch im 15. Jahrhundert ausgeübt hatten, unternahmen 1484 einen – letztlich ebenfalls vergeblichen – Versuch, über das Budgetrecht maßgeblich auf die Politik einzuwirken. In der Folgezeit verloren die *états généraux* zunehmend an Bedeutung; ein ähnlicher Prozeß spielte sich in den Provinzen ab, wo nur die Stände der neuerworbenen Provinzen Provence und Bretagne eine gewisse Machtstellung zu behaupten vermochten. Seitdem sowohl die Feudalgewalten als auch die Stände politisch weitgehend entmachtet waren, konnte die Zentralgewalt ihren Geltungsbereich ungehindert ausdehnen, was sich vor allem in der jetzt selbstverständlichen Praktizierung eines wohlfunktionierenden Steuersystems zeigte.

Dieser gewaltige Machtzuwachs aber, den das französische Königtum seit dem Ausgang des Hundertjährigen Krieges auf Kosten der inneren Oppositionskräfte erlangt hatte, befähigte es andererseits wiederum, eine kraftvolle und mit kriegerischen Aktionen verknüpfte Außenpolitik zu betreiben, deren Anfänge ins Jahr 1494 fallen, ein Datum, das L. v. Ranke mit Recht als Beginn der neueren europäischen Geschichte begriffen hat. Denn in den Krieg, den Karl VIII. damals eröffnete, um die von den Anjous überkommenen Erbansprüche auf das Königreich Neapel geltend zu machen, haben sehr rasch auch die Großmächte der Zeit eingegriffen, nämlich Spanien und Österreich, die alsbald unter der gemeinsamen Krone Habsburgs vereinigt sein und Frankreich zum furchtbaren Gegner werden sollten. So weitete sich dieser Kampf um italienische Fürstentümer zwangsläufig zu einer allgemeinen Auseinandersetzung aus, deren Folge schließlich die Ausbildung jenes Gleichgewichtssystems gewesen ist, auf dem das Staatenkonzert des modernen Europa beruht.

Nachdem er sich durch die Abtretung der Grafschaft Roussillon an das damals aufblühende Aragon Ferdinands des Katholischen und durch die Überlassung des Artois an Maximilian von Habsburg den Rücken gesichert zu haben glaubte, marschierte Karl mit einem Ritterheer in Italien ein. Doch kaum hatte er Neapel besetzt, als sich eine Koalition italienischer Staaten gegen ihn bildete, deren Rückgrat aber Aragon und Habsburg darstellten. Diese Konstellation zwang Karl zu überstürztem Rückzug aus Italien (1495).

Gleich dieser erste Italienzug traf also auf die offene Gegnerschaft Habsburgs. Diese Großmacht hatte seit dem Gewinn des größten Teiles der burgundischen Erbschaft einen steilen Aufstieg genommen. Die natürliche Bundesgenossenschaft, die sich aus der französischen Okkupation Neapels zwischen dem Nachfolger Kaiser Friedrichs III., Maximilian I., und Ferdinand dem Katholischen ergab, hat schließlich zu jener Heiratspolitik zwischen Habsburg und Aragon-Kastilien geführt, aus der das Weltreich Karls V. hervorgegangen ist, das Frankreich von drei Seiten her umschloß.

Italien diente dem französischen Königtum als Ansatzpunkt, Glieder aus diesem Ring herauszubrechen. Nach der gescheiterten Unternehmung Karls VIII. versuchte Ludwig XII., sich in Mailand und Neapel festzusetzen, mußte aber hier nach der Schlacht am Garigliano 1504 den Aragonesen und dort nach der Bildung der Hl. Liga 1511 und nach seiner Niederlage bei Novara 1513 den Eidgenossen das Feld räumen. Jedoch erschien schon 1515 wieder ein französisches Heer in Italien, diesmal von seinem Nachfolger, dem jugendlichen Franz I., geführt, und eroberte Mailand durch den glänzenden Sieg bei Marignano zurück. Im »Ewigen Frieden« von 1516 hat sich die Schweiz unter definitivem Verzicht auf eine Großmachtpolitik für immer mit dem Königreich Frankreich ausgesöhnt.

Dieser verheißungsvolle Auftakt seiner Regierung veranlaßte Franz I. (1515-1547)[1], sich um die Krone des Heiligen Römischen Reiches deutscher Nation zu bewerben, um mit dem Gewinn dieser höchsten Würde der abendländischen Christenheit gleichzeitig auch die drohende Umklammerung durch eine habsburgische Weltmonarchie von Frankreich abzuwehren. Doch statt seiner wählten die deutschen Kurfürsten 1519 den spanischen Karl zum Kaiser. Danach konnte es für die französischen Könige nur noch ein außenpolitisches Ziel geben: die Hegemonie Habsburgs in Europa zu bekämpfen, wo immer es möglich war. Dabei erwuchsen ihnen in den außen- und innenpolitischen Gegnern des Kaisers natürliche Bundesgenossen: in den Türken, in den Päpsten und nicht zuletzt in den deutschen Fürsten. Am Zusammenwirken aller dieser Faktoren mußte das universale Kaisertum Karls V. schließlich scheitern.

Viel schillernder als die tragische Gestalt dieses letzten großen Repräsentanten der abendländisch-christlichen Reichsidee ist die Persönlichkeit Franz' I. von Frankreich, des bedeutenden und am Ende doch erfolgreichen Gegenspielers Karls V., der den Typus des französischen Renaissancekönigs wohl am eindrucksvollsten verkörpert hat. Obwohl die außenpolitische Situation Frankreichs während der ganzen Regierung Franz' I. und auch noch unter seinen Nachfolgern immer bedrängt blieb, waren die inneren Verhältnisse der französischen Monarchie ungleich günstiger als in dem aus so völlig verschiedenartigen, vielfach geradezu antinomischen Elementen zusammengesetzten Weltreich Karls V. Zwar bekannte sich auch Franz I. noch zu einer mittelalterlich anmutenden Idee des Königtums, wenn er, der ja von den Feudalgewalten getragen war und mit diesen rechnen mußte, sich selbst einmal als »den ersten Edelmann des Königreiches« bezeichnete. Aber insgesamt überwiegen schon die modernen Züge in seinem politischen Herrschaftssystem. Denn Franz wußte sich von den Lehnsfürsten doch ganz eindeutig als Oberhaupt mit absoluter Gewalt anerkannt; keiner der großen Barone hat z. B. daran gedacht, dem *connétable* Karl von Bourbon zu folgen und vom König abzufallen. Zu sehr hatte das überpersönliche Interesse der Nation, dem Franz durchaus mit den Mitteln moderner Staatsraison diente, die Herzen auch der französischen Großen bereits ergriffen.

Nicht nur die weltlichen Feudalherren Frankreichs erkannten damals die Autorität ihres Königs widerspruchslos an, auch die französische Kirche geriet fester in den Griff der monarchischen Gewalt als je zuvor. Das Konkordat von 1516 zwischen Franz I. und Papst Leo X. bestätigte wiederum jene gallikanischen Freiheiten, die sich in der faktischen Ernennung der Bischöfe durch die Krone, in einer Reduzierung klerikaler Gerichtsbarkeit zugunsten der staatlichen und in der Besteuerung der Kirche darstellten; damit wurde die katholische Kirche Frankreichs in Wirklichkeit zu einer Nationalkirche, in der der Einfluß des Papstes, den es der Form nach natürlich nach wie vor gab, wesentlich geringer war als der des Monarchen. Allerdings trug dieser Sieg des Gallikanismus auch wiederum entscheidend dazu bei, die Interessen der französischen Krone mit denen der Kirche so unlöslich zu verflechten, daß die Hugenotten der zweiten Jahrhunderthälfte niemals in der Lage waren, dieses Bündnis von Königtum und Katholizismus auf die Dauer zu sprengen.

Die Finanzlage, die Franz I. bei seinem Regierungsantritt vorfand, war durchaus gesund, nicht zuletzt darum, weil die italienischen Kriege seiner Vorgänger mehr eingebracht als gekostet hatten. Jedoch ist es dem größten Renaissancekönig Frankreichs nicht gelungen, seinem Lande einen ausgewogenen Staatshaushalt zu erhalten. Die Ursachen hierfür sind vor allem darin zu suchen, daß dieser prachtliebende, festesfreudige und ein großzügiges Mäzenatentum auf vielen Gebieten von Kunst und Wissenschaft, namentlich im Bauwesen entfaltende Monarch stets weit über seine Verhältnisse gelebt hat, und dies zu einer Zeit, in der auf Grund der seit der Schlacht bei Pavia meist unglücklich verlaufenden Kriege gegen Karl V. die italienischen Geldquellen zu versiegen und die militärischen Unternehmungen teuer zu werden begannen. Um das entstehende Defizit auszugleichen, ließ sich Franz I. zu einer weitreichenden finanzpolitischen Maßnahme hinreißen: er begünstigte nämlich die Ämterkäuflichkeit in entscheidender Weise, d. h. er erhob eine Unsitte, die sich seit dem 14. Jahrhundert in Frankreich ausgebildet hatte, zur selbstverständlich gehandhabten Regierungspraxis. Durch dieses System aber wurde der Korruption Tür und Tor geöffnet, einem Mißstand also, den die Historiker als eine sehr wesentliche Ursache für den Untergang des alten Frankreich ansehen. [2]

Die auf diese Weise für den Augenblick wieder gefüllte Staatskasse ermöglichte Franz I. nicht nur die Errichtung großartiger und künstlerisch den Höhepunkt französischer Renaissance-Architektur darstellender Schlösser, sondern auch die sich immer wieder erneuernde Kriegführung gegen Karl V.

Französische Ansprüche auf Navarra und Neapel, kaiserliche auf Mailand und Burgund haben im Jahre 1521 zum Ausbruch des ersten der vier Kriege zwischen Karl V. und Franz I. geführt. Wie stark die innere Stellung des Königs von Frankreich längst geworden war, zeigte sich, als Franz 1525 von dem Landsknechtsheer Karls bei Pavia schwer geschlagen wurde und in kaiserliche Kriegsgefangenschaft geriet, die ihn etwa ein Jahr lang in Madrid festhielt: keiner der großen Feudalherren hat es damals noch gewagt, sich gegen die Krone zu erheben. Im Frieden von Madrid 1526 verzichtete Franz auf Mailand, Neapel, die Lehnshoheit über Flandern und das Artois und bewilligte die Herausgabe des Herzogtums Burgund. Außerdem stellte er seine Söhne als Geiseln.

Jedoch erklärte er anschließend diese Zugeständnisse für erzwungen und eröffnete den zweiten Krieg gegen Karl (1527-1529), wobei sich Papst Clemens VII. offen auf die Seite Frankreichs stellte und durch den *Sacco di Roma* (1527) den Hauptschaden davontrug. 1529 verständigten sich die Tante des Kaisers, Margarethe von Österreich, und die Mutter des Königs, Luise von Savoyen, im Damenfrieden von Cambrai dahingehend, daß Franz I. zukünftig seinen italienischen Ambitionen entsagen würde. Nichtsdestoweniger machte der französische Monarch nach dem Tode des Herzogs Franz Sforza im Jahre 1536 seine Ansprüche auf Mailand wieder geltend. In seinem dritten Krieg gegen den Kaiser stand der Allerchristlichste König im Bunde mit dem osmanischen Sultan Soliman II. Ohne daß es zu einer echten Entscheidung gekommen wäre, wurden die Kampfhandlungen 1538 im Waffenstillstand zu Nizza beendet: die endgültige Auseinandersetzung stand noch bevor.

Während sich die Türken zwischen 1541 und 1543 für zwei Jahrhunderte in den Besitz Ungarns brachten und die Grenze ihrer gewaltigen militärischen Macht so weit nach Norden vorschoben, daß sie nur noch wenige Tagereisen von Wien entfernt verlief, begann Franz I. 1542 den vierten Krieg gegen Karl V., wobei er wiederum mit den Osmanen verbündet war. Außer diesen hatten sich aber auch noch Dänemark, Schweden, Schottland und insbesondere der Herzog von Jülich-Kleve als Bundesgenossen der französischen Sache angeschlossen. Die jülich-klevischen Truppen brandschatzten in der niederländischen Hausmacht des Kaisers, und gleichzeitig operierte Franz an der spanischen Nordgrenze und eroberte, unterstützt von dem nordafrikanischen Korsarenfürsten Chaireddin Barbarossa, Nizza. Nur England stand auf des Kaisers Seite. In dieser Zeit breitete sich in Deutschland, besonders im Nordwesten, der Protestantismus immer mehr aus. Aber angesichts der außenpolitischen Bedrängnis sah sich der Kaiser zunächst nicht in der Lage, dem Vordringen der neuen Lehre Einhalt zu gebieten. Statt dessen verständigte er sich 1544 auf dem Reichstag zu Speyer mit den Protestanten, um ihre Hilfe gegen Franzosen und Türken zu erhalten. Indem die seit 1531 im Schmalkaldischen Bund zusammengeschlossenen protestantischen Reichsstände ihm damals Unterstützung gewährten, ließen sie Frankreich als Alliierten fallen. Im September des gleichen Jahres gelang es Karl zudem, den für ihn sehr vorteilhaften Frieden von Crépy mit Franz I. abzuschließen. Dieser beendete die zurückliegenden Auseinandersetzungen erfolgreich für den Kaiser, war aber auch für den französischen König nicht unehrenhaft. Für das Hauptstreitobjekt wurde nämlich die Kompromißformel gefunden, daß der Herzog von Orléans, der zweite Sohn Franz' I., eine Tochter Karls V. heiraten und dann Mailand erhalten sollte. Da der französische Prinz schon 1545 starb, wurde diese Lösung jedoch wieder hinfällig.

Nach diesem Erfolg, dem ein allerdings unter demütigenden Umständen erkaufter Waffenstillstand seines Bruders Ferdinand von Österreich mit den Türken zur Seite ging, vermochte sich der Kaiser seinem eigentlichen Anliegen, der Unterdrückung des deutschen Protestantismus, mit ungeteilter Kraft zuzuwenden. Durch seinen Sieg im Schmalkaldischen Krieg schien dieses Ziel auch schon zum Greifen nahe.

Aber in diesem Moment schwang sich der mächtigste Kurfürst, der bisher mit Karl verbündete Moritz von Sachsen, zum Haupt jener Fürstenverschwörung auf, die sich am 15. 2. 1552 im Vertrag von Chambord mit Heinrich II. (1547-1559) verband und bei dieser Gelegenheit dem französischen König das Reichsvikariat über Toul, Metz und Verdun zugestand als Preis für seine Waffenhilfe bei dem geplanten und dann auch in Passau erfolgreich durchgeführten Schlag gegen den Kaiser. Anschließend hatte Karl V. sowohl in Deutschland selbst – vor Magdeburg – als auch gegen Frankreich zu kämpfen, als er 1552 vergeblich Metz belagerte, das von den Franzosen auf Grund des Februarvertrages in Besitz genommen worden war. Bekanntlich hat der Ausgang dieses Feldzuges im Kaiser den Entschluß zum Thronverzicht reifen lassen.

Durch die Reichsteilung, die er bei seiner Abdankung 1556 vornahm, verwandelte sich der noch unbeendete Krieg aus einem deutsch-französischen in einen spanisch-französischen. Philipp II. operierte dabei – im Bunde mit England – von den Niederlanden aus und vermochte die französischen Truppen bei St. Quentin und Gravelingen zu schlagen. Indes gelang es Frankreich, Calais zurückzugewinnen und damit den letzten Brückenkopf, den England seit dem Hundertjährigen Kriege noch auf dem Festland besessen hatte. Der Vertrag von Cateau-Cambrésis von 1559 wurde für Heinrich II. zwar Spanien gegenüber zu einem Verlustfrieden, weil er ihn zwang, Savoyen und Piemont und damit auch die begehrten Alpenpässe nach Italien wieder zu räumen; andererseits jedoch garantierte er ihm nicht nur den endgültigen Besitz von Calais, sondern auch das dauernde Reichsvikariat in den Bistümern Metz, Toul und Verdun. So ging Deutschland als der Leidtragende aus diesem spanisch-französischen Kriege hervor, in dessen Verlauf Frankreich seinen Einflußbereich weit nach Osten hatte vorschieben können. Doch sollten sich die Auswirkungen dieses Ereignisses erst später zeigen, denn nach dem Tode Heinrichs II. trat Frankreich in jene mehr als 30jährige Epoche religiöser und politischer Wirren ein, die es bis zum Ende des 16. Jahrhunderts außenpolitisch völlig gelähmt und vielfach zu einem Objekt des im Zeichen der Gegenreformation stehenden spanischen Hegemoniestrebens gemacht haben.

Wenn man die Bilanz der italienischen Kriege Karls VIII., Ludwigs XII. und besonders Franz' I. zieht, so sollte man über ihren schon geschilderten außenpolitischen Folgen die bedeutsamen Anregungen nicht vergessen, die die französische Kultur seit dem Ausgang des 15. und in der ersten Hälfte des 16. Jahrhunderts von daher empfangen hat. Das neue Lebens- und Weltgefühl der italienischen Renaissance war damals auch nach Frankreich eingeströmt und hatte es geistig erobert. Das Land der großen Kathedralen legte nun das bunte, festliche Gewand der prunkvollen Königsschlösser an, die die Ufer der Loire säumten oder wie der Louvre und Fontainebleau in der Hauptstadt und in ihrem näheren Umkreis entstanden. Sie traten an die Stelle des mittelalterlichen Sakralbaues und wurden zum Zeugnis eines neuen Geistes, der sich zunehmend säkularisierte und einem weltfrommen Diesseitskult zugewandt war.

Darüber hinaus haben die französischen Renaissancekönige der Literatur, und zwar sowohl der Dichtung als auch dem historisch-politischen Schrifttum, eine Förderung angedeihen lassen, die entscheidend dazu beitrug, der universalen Bewegung des Humanismus, die in Italien entstanden war, auch in Frankreich zum Sieg zu verhelfen. Die klassische Literatur, vor allem die mit ihr verknüpfte Vergilbegeisterung, regte damals jene Hofgenealogien an, in denen der Ursprung mancher Dynastie bis auf die Helden von Troja zurückverlängert wurde; die Mehrzahl der europäischen Nationen setzte ihren Stolz darein, ihre Herkunft aus dem römischen Imperium und seiner großen Tradition abzuleiten, eine Mode, von der Frankreich natürlich keine Ausnahme machte. Die von den antiken Autoren gepriesenen Bürgertugenden gewannen eine neue Aktualität. Es erwachte ein literarischer Patriotismus, der sich mit dem nationalen Interesse, mit der Idee der Staatseinheit identifizierte. Diese Tendenzen gelangten besonders in den romanischen Ländern und dort vor allem in Frankreich zu großer Bedeutung, weil sich hier »das nationale Bewußtsein in engem Anschluß an den starken Staat selbst mit seiner gefestigten Einheit und seiner zentralen Verwaltung weiter entwickeln konnte« [3].

Höhepunkt und vorläufige Vollendung dieser Entwicklung innerhalb der Literatur stellt die klassische Prosa der ›Essais‹ von Montaigne dar. In ihnen offenbart sich die kaum zu überschätzende Bedeutung dieser Aneignung der Antike durch den französischen Geist: sie bildete zum einen die formale Grundlage, auf der übrigens auch die französische bildende Kunst aufbaute, und zum anderen bestimmte sie entscheidend den Gehalt einer philosophierenden Betrachtung, in deren Mittelpunkt immer der Mensch steht. Weder Montaigne noch auch Amyot oder Calvin ergehen sich in Reflexionen über das Metaphysische – ein Umstand, der Calvins Bedeutung für den theoretischen und spekulativen Bereich der Theologie gering erscheinen läßt –, vielmehr sind sie alle Moralisten, die dem Menschen dienen wollen, indem sie ihn zunächst beobachten und dann feste Regeln für seine Lebensführung aufstellen. Diese Tradition der französischen Literatur ist später von den großen Moralisten des 17. und 18. Jahrhunderts fruchtbar weitergepflegt worden.

Die vom humanistischen Geist geprägte Dichtung, repräsentiert durch so klangvolle Namen wie Rabelais, Marot, Ronsard und du Bellay, rundet das Bild eines Zeitalters ab, das einen ausgesprochenen Höhepunkt der französischen Kultur darstellt. Diesem verheißungsvollen Aufschwung setzte der tödliche Turnierunfall Heinrichs II. 1559 ein jähes Ende. Schon drei Jahre später stürzte Frankreich für ein halbes Jahrhundert in eine der dramatischsten Epochen seiner Geschichte, in der die Stimmen der Musen von dem Predigtton der Theologen und dem Schlachtruf der Bürgerkriegsheere übertönt wurden.

2. Das Zeitalter der Hugenottenkriege und Heinrichs IV. (1559-1610)

Ist Frankreich auch nicht das Ursprungsland gewesen, von dem die Weltbewegung der Reformation ausging, so hat doch der Calvinismus deren zweite Phase ganz entscheidend mitbestimmt.[4] Zwar weicht die von Calvin geschaffene, absolut eigenständige Theologie in sehr wesentlichen Punkten von der Luthers stärker ab als letztere von der Lehre der alten Kirche, doch ist die Leistung Calvins ohne die vorangegangene Luthers gar nicht denkbar. Denn er hat von dem deutschen Reformator entscheidende theologische Voraussetzungen des dogmatischen Lehrgebäudes übernommen, so daß Calvinismus und Luthertum Übereinstimmungen aufweisen, die beide Richtungen – zusammen mit dem reformatorischen System Zwinglis – weitgehend als eine einheitliche kirchengeschichtliche Bewegung erscheinen lassen. Auf der anderen Seite aber hätte sich die Reformation in den großen Religionskriegen der zweiten Hälfte des 16. und vor allem der ersten Hälfte des 17. Jahrhunderts wahrscheinlich nicht behaupten können, wenn Calvin ihr in seinem Einflußbereich nicht einen äußerst militanten Charakter verliehen und im Gegensatz zum frühen Luther jeden

Gedanken an einen Kompromiß mit der alten Kirche nicht stets schroff von sich gewiesen hätte. Nur auf dieser Basis konnte die Reformation als Ganzes, deren Existenz gegen Ende des 16. Jahrhunderts durchaus in Frage gestellt war, überhaupt am Leben bleiben und zu jener entscheidenden abendländischen Bewegung werden, die das Mittelalter von der Neuzeit trennt.

Gerade ihre Rigorosität gab der calvinistischen Minderheit in Frankreich erst die Möglichkeit, sich in einer überwiegend katholischen Umwelt zu behaupten, die seit der Mitte des 16. Jahrhunderts immer mehr Anstalten machte, die *huguenots* – wie man sie in Anlehnung an »Eidgenossen« nannte – auszulöschen. Immerhin war die Zahl der Anhänger des Genfer Reformators damals schon so angewachsen, daß sich 1559 Delegierte aus 50 Gemeinden zu einer französischen Nationalsynode versammeln konnten, auf der die Abendmahlslehre im Sinne einer Negierung der Realpräsenz festgelegt wurde. Während sich der Calvinismus vor allem auf dem Lande, d. h. beim niedrigen Adel und unter den von ihm abhängigen Bauern rasch ausbreitete und infolge der Unterdrückung seit etwa 1545 zunehmend radikalisierte, fand er in die größeren Städte nur sehr zögernd Eingang. Denn diese hingen meistens entschieden der alten Lehre an; vor allem standen Paris, die Sorbonne und das Parlament dem neuen Glauben kompromißlos ablehnend gegenüber.

Im Verlauf der blutigen Protestantenverfolgungen, die bereits unter Franz I. eingesetzt hatten und die von Heinrich II. entschlossen fortgesetzt worden waren, hatten der Herzog Franz und der Kardinal Karl von Guise mit ihren Anhängern allmählich einen solchen Einfluß auf die königliche Politik gewonnen, daß sie diese in ihrem innerhalb Frankreichs extrem protestantenfeindlichen Charakter verhängnisvoll bestärkten. Die religiösen Gegensätze zwischen dem katholischen und dem hugenottischen Volksteil Frankreichs spitzten sich nun unter den meist kurzen Regierungen der Söhne Heinrichs II., unter Franz II. (1559-1560), Karl IX. (1560-1574) und Heinrich III. (1574-1589), zu jenen erbitterten Glaubenskriegen zu, die Frankreich ein Vierteljahrhundert lang erschütterten.[5] In diesem Ringen versuchten die großen Adelsgeschlechter wieder einmal, ihre Macht auf Kosten der Krone auszuweiten, indem sie den Austrag der religiösen Kontroversen mit politischen Ambitionen zu verbinden wußten. Das in Lothringen beheimatete Geschlecht der Guise, das mit Maria Stuart, der schottischen Gemahlin Franz' II., verwandt war und darum diesen König weitgehend zu lenken vermochte, führte dabei die katholische, das der Bourbonen unter dem Prinzen Condé, der von dem Admiral Gaspard de Coligny unterstützt wurde, die protestantische Partei an. Das Haus Bourbon mit seinen Seitenlinien Condé und Vendôme war durch seine Abstammung von Robert von Clermont, einem Sohn Ludwigs des Heiligen, mit dem Königshaus verwandt, und seine Mitglieder galten als Prinzen von Geblüt. Eine noch engere Verbindung war durch die Heirat Antons von Bourbon-Vendôme, eines Bruders jenes Prinzen Ludwig Condé, mit Jeanne d'Albret zustande gekommen. Denn sie war die Tochter des Königs Heinrich von Navarra und der Schwester Franz' I., der als Dichterin bekannten Margarethe von Frankreich. Infolgedessen konnte der Sohn Antons und Jeannes, Heinrich von Bourbon-Navarra, neben dem unmittelbaren Erbanspruch auf den Thron von Navarra als Prinz von Geblüt und Großneffe des berühmten Renaissancekönigs auch einen indirekten auf die Krone von Frankreich erheben, natürlich nur dann, wenn die regierende Dynastie Valois einmal erlöschen sollte, was zunächst außerhalb jeder Wahrscheinlichkeit lag.

Zwischen beiden Faktionen aber stand die hochgebildete und politisch sehr begabte, in der Wahl ihrer Mittel jedoch unter Umständen vollkommen skrupellose Katharina von Medici, die als Regentin und Beraterin entscheidend auf ihre Söhne einzuwirken verstand. Da sie nie über wirkliche Machtmittel verfügte, bediente sie sich oft klug eingefädelter Intrigen, um ihr eigentliches Ziel zu erreichen, nämlich die Rechtsansprüche des Königtums und seine Unabhängigkeit gegenüber den Parteien aufrechtzuerhalten. In geschicktem Pendelspiel unterstützte sie dabei möglichst die jeweils schwächere Seite; gleichzeitig gelang es ihr, auswärtige Einmischungen, die von Spanien zugunsten der Katholiken und von England zugunsten der Protestanten drohten, von Frankreich abzuwehren.

Ab 1560 spitzte sich die Lage immer mehr zu. Zwar schlug ein Versuch hugenottischer Verschwörer fehl, den König gewaltsam dem Einfluß der Guisen zu entziehen, jedoch begannen jetzt beide Parteien, sich auf eine bewaffnete Konfrontation einzustellen. Nach dem frühen Tod Franz' II. am 5. 12. 1560 bemühte sich Katharina, beraten von ihrem damaligen Kanzler l'Hospital, den drohenden Bürgerkrieg im Keim zu ersticken. Sie vermittelte ein Religionsgespräch zu Poissy (1561) zwischen Katholiken und Protestanten, die dabei von Theodor Beza, dem Freund und späteren Nachfolger Calvins in Genf, angeführt wurden. Es verlief indes ergebnislos, und daraufhin erließ Katharina die beiden Edikte vom Juli 1561 und Januar 1562, in denen den Hugenotten gewisse Zugeständnisse gemacht wurden. Während ersteres noch sehr vorsichtig zwischen »Kult-« und »Gewissensfreiheit« unterschied und das Bekenntnis zu der neuen Religion, sofern sie nicht praktisch ausgeübt wurde, nur mehr durch Landesverweisung ahndete, ging letzteres einen entscheidenden Schritt weiter. Zwar wurde den Reformierten die Benutzung bestehender und der Bau eigener Kirchen untersagt, aber sie durften immerhin außerhalb der Städte eigene Gottesdienste abhalten, und zwar bei Tag und ohne Waffen. Synoden und Konsistorien waren grundsätzlich gestattet, wenn auch nur mit meist schwer zu erhaltender behördlicher Genehmigung. Diese Konzessionen waren allerdings zeitlich befristet, und zwar bis zum Zusammentritt eines Konzils oder dem Erlaß einer neuen Ordonnanz. Und außerdem wurde den Reformierten die Qualität, Christen zu sein, abgesprochen, indem man sie als Anhänger einer »neuen Religion« hinstellte. Seitdem wurde es üblich, den calvinistischen Glauben offiziell als *religion prétendue réformée* zu bezeichnen, ein Brauch, der vom Frieden von Beaulieu (1576) bis zum Jahre 1787 konsequent praktiziert worden ist. Trotz der in ihm enthaltenen prinzipiellen Einschränkungen des Rechtsstatus der französischen Protestanten lebt das Januaredikt in der Geschichtsschreibung als das erste Toleranzedikt der europäischen Geschichte fort, weil es die bis dahin unvorstellbare Möglichkeit eines Nebeneinanders verschiedener Konfessionen im gleichen Staatswesen indirekt anerkannte.

Daß sich daraus über kurz oder lang gefährliche Konsequenzen für sie selbst ergeben konnten, hat die katholische Partei sofort begriffen und entsprechend reagiert. So vermochte die Vermittlungspolitik der Regierung den inneren Frieden doch nicht mehr zu retten, sondern gab im Gegenteil den Auftakt zum ersten der acht Hugenottenkriege, die Frankreich bis zum Ende des Jahrhunderts in ein Chaos stürzen sollten. Als Herzog Franz von Guise im März 1562 eine gottesdienstliche Versammlung der Reformierten in der Stadt Vassy (Champagne) mit Gewalt auseinandersprengen ließ, wobei 74 Protestanten erschlagen und noch mehr verletzt wurden, erhoben sich die Hugenotten von Montauban bis zu den Cevennen in einem bewaffneten Aufstand, der sich rasch zum offenen Bürgerkrieg ausweitete. Von Anfang an trat der fanatische und grausame Charakter zutage, der allen Hugenottenkriegen eigentümlich sein sollte, weil in ihnen nicht nur disziplinierte Armeen, sondern auch irreguläre Truppen gegeneinander fochten. Die Kämpfe erfaßten praktisch ganz Frankreich, wobei die Positionen der gegnerischen Parteien nicht etwa durch bestimmte Frontlinien anschaulich zu machen wären, wollte man ein kartographisches Bild vom Ablauf der acht Religionskriege zeichnen. »Neutrale« Gebiete gab es überhaupt nicht, und fast kein Landesteil unterstützte nur eine der beiden Seiten. So waren z. B. einige Provinzen insofern geteilt, als hier zwei Gouverneure entgegengesetzter Parteirichtung amtierten und sich bekämpften. Die religiösen Feindseligkeiten wurden oft von regionalen, ja privaten Fehden überlagert; häufig genug stand innerhalb desselben Landstriches Grundherr gegen Grundherr und Dorf gegen Dorf, oder der Abgrund des Hasses riß sogar die Mitglieder der gleichen Familie auseinander. Manches Mal handelte es sich einfach um Plünderungszüge von Banden, deren Anführer die Partei wechselten, je nach ihrem Vorteil.

Nachdem die von Condé und Coligny befehligten Hugenotten am 19. 12. 1562 bei Dreux schwer geschlagen worden und dadurch in eine schier aussichtslose Lage geraten waren, kam ihnen der Zufall zu Hilfe: bei der Belagerung von Orléans, der damaligen Hochburg der religiösen Opposition, wurde Franz von Guise im Februar 1563 inmitten seines Feldlagers von einem hugenottischen Fanatiker ermordet. Der Verlust ihres genialen militärischen Führers hat die katholische Partei zunächst so entmutigt, daß sie sich zum Friedensschluß bereitfand. Das Edikt von Amboise vom 19. 3. 1563 gewährte den Protestanten eine gegenüber dem Januaredikt erweiterte, wenn auch immer noch mit gewissen Auflagen versehene Kultfreiheit, erkannte aber vor allem die unbegrenzte Gewissensfreiheit jedes einzelnen an. Abgesehen von einem gescheiterten Versuch im Jahre 1585, diesen Grundsatz anzutasten, blieb er von jetzt an ein Jahrhundert lang in Geltung, was natürlich nicht ausschloß, daß die Ausübung des Kultes in der Folge bald mehr, bald weniger eingeschränkt wurde.

Der Friede von Longjumeau (23. 3. 1568), der den zweiten Hugenottenkrieg beendete, bestätigte im wesentlichen diese Bestimmungen, hatte im Grunde jedoch auch nur den Charakter eines Waffenstillstandes. Noch im gleichen Jahr brach der dritte Religionskrieg aus, in dessen Verlauf Frankreich wie überhaupt in all diesen Konflikten auch zum Tummelplatz ausländischer Streitkräfte, vor allem spanischer auf katholischer und deutscher wie englischer auf protestantischer Seite, wurde. Bei Jarnac (Mai 1569) verloren die Hugenotten nicht nur eine Schlacht, sondern in dem Prinzen von Condé auch eine ihrer großen charismatischen Persönlichkeiten. Aber obwohl sie insgesamt eigentlich recht glücklos gefochten hatten, konnten sie mit dem Edikt von Saint-Germain-en-Laye (8. 8. 1570) einen bedeutenden Erfolg davontragen. Denn zum erstenmal wurden darin Konzessionen an die Reformierten für »immer und unwiderruflich« gemacht; sie erhielten Zugang zu allen öffentlichen Ämtern ebenso wie zu Universitäten, Schulen oder Spitälern. Das Prinzip der unbeschränkten Gewissensfreiheit wurde erneut bestätigt und die Freiheit des Kultes weiter ausgedehnt. Nichtsdestoweniger blieb der Katholizismus nach wie vor die bevorrechtigte »Staatsreligion«, so daß die Protestanten zwar geduldet, aber nicht wirklich gleichberechtigt waren, ein Zustand, der bis zur Revolution angedauert hat.

Ausdruck dieser Situation ist eine wesentliche Neuerung, die das Edikt enthielt und die auch aus den folgenden Religionsvergleichen nicht mehr verschwinden sollte: die Bewilligung sog. Sicherheitsplätze. Damals wurden den Reformierten für die Dauer von zwei Jahren vier Städte zur Selbstverwaltung überantwortet, gleichsam als Faustpfand für die Einhaltung der getroffenen Abmachungen und um Gefährdeten eine absolut sichere Zufluchtsstätte zu bieten. Drei davon, vor allem die wichtigste, nämlich La Rochelle, lagen im südwestlichen Viertel des Reiches, wo die Hugenotten besonders zahlreich waren. Auf diese Weise entstanden Enklaven, in denen die Protestanten auf Kosten einer nur geduldeten Minorität von Katholiken privilegiert waren und das Bewußtsein ausbilden konnten, ein Staat im Staat zu sein. Es versteht sich von selbst, daß sie danach strebten, dieser Regelung über den begrenzten Zeitraum hinaus Dauer zu verleihen, während es den Katholiken darum gehen mußte, dieses Provisorium sobald wie möglich wieder rückgängig zu machen. Aber zunächst gelang es Coligny, großen Einfluß auf den jugendlichen König zu erringen und ihn sogar zur Unterstützung der aufständischen Niederländer zu einem Krieg gegen Spanien zu überreden, der allerdings erfolglos verlief. Nach dem Urteil seines deutschen Biographen Erich Marcks dienten Colignys Bemühungen um die Gunst Karls IX. vor allem dem »Versuch . . ., Königtum und Calvinismus zu vereinen«, um nach der Gewinnung des Monarchen für den neuen Glauben ganz Frankreich zum Protestantismus bekehren zu können.[6] Ein erster Erfolg in dieser Richtung schien sich durch die Verbindung Heinrichs von Navarra mit des Königs Schwester, Margarethe von Valois, abzuzeichnen. Zu den prunkvollen Vermählungsfeierlichkeiten um den 20. 8. 1572 strömten zahlreiche Hugenotten nach Paris und demonstrierten damit für alle Welt sichtbar, wie stark ihre Position bei Hofe mittlerweile geworden war. Diese Situation mußte die Guisenpartei ebenso beunruhigen wie die Königinmutter und beide geradezu zwangsläufig zusammenführen.

Dem mißglückten Attentat, das Katharina auf Coligny verüben ließ, folgte ihre Mitwirkung an jener Bartholomäusnacht vom 23./24. 8. 1572, in der in Paris etwa 3 000–4 000 Protestanten, unter ihnen auch Coligny, ermordet worden sind. Den anschließenden Metzeleien des Pöbels in der Provinz fielen noch schätzungsweise weitere 12 000–20 000 Menschen zum Opfer. Dieses größte Blutbad in der Geschichte der Religionskriege hat Katharinas Namen für immer verfemt, obwohl die Quellen keinen eindeutigen Beweis für ihre Schuld liefern. Aber es steht doch wohl fest, daß sie damals nicht mehr über den Parteien stand, weil sie den Einfluß Colignys auf Karl IX. ausschalten wollte, und daß sie sich infolgedessen zumindest der wissentlichen Duldung eines welthistorischen Verbrechens schuldig gemacht hat.

Die »Pariser Bluthochzeit« zog nun keineswegs die vollständige Unterdrückung der protestantischen Partei nach sich, sondern lediglich das Wiederaufflammen der Hugenottenkriege, die jetzt noch fanatischer geführt wurden als vorher. Angesichts der schweren Verluste, die die Protestanten und vor allem ihre militärische und politische Führerschaft durch die Bartholomäusnacht und die ihr folgenden Ausschreitungen auf dem Lande erlitten hatten, sahen sie sich allerdings zunächst gezwungen, rein defensiv zu kämpfen und sich in den Jahren 1572 und 1573 auf die Verteidigung ihres wichtigsten Refugiums La Rochelle zu beschränken. Das Edikt von Boulogne, das im Juli 1573 diesen vierten Waffengang beendete, benachteiligte denn auch die Hugenotten ganz deutlich: es engte die Kultfreiheit wieder ein und sah keine Sicherheitsplätze mehr vor.

Jedoch hat dieser unverkennbare Rückschlag die Reformierten keineswegs entmutigt, sondern zu neuer Energieentfaltung befähigt. So vermochten sie nach dem fünften Hugenottenkrieg, der im Jahre 1575 ausbrach, mit dem Frieden von Beaulieu vom 6. 5. 1576 einen alle früheren Vertragsabschlüsse überragenden Erfolg zu erzielen. Diesen »paix de Monsieur« hatte Franz von Alençon seinem Bruder Heinrich III., der nach kurzer Regierung als Wahlkönig von Polen dem schon bald nach der Bartholomäusnacht verstorbenen Karl IX. 1574 auf dem Thron gefolgt war, abgerungen. Er räumte den Protestanten zum Teil mehr Rechte ein als später das Edikt von Nantes. Sie durften, mit Ausnahme von Paris und des königlichen Hoflagers, ihre Gottesdienste im ganzen Land frei abhalten. Zur Schlichtung von Streitfällen, in die Reformierte verwickelt waren, wurden beim Pariser Parlament und einigen Provinzparlamenten besondere paritätisch besetzte Kammern gebildet, die sog. *chambres mi-parties.* Besonders wesentlich aber war die erneute und diesmal unbefristete Bewilligung von Sicherheitsplätzen, die sogar auf acht verdoppelt wurden.

Diese sehr weitgehenden Zugeständnisse riefen naturgemäß auf katholischer Seite eine entschiedene Reaktion hervor, die sich in der Bildung der sog. »Liga« im Herbst 1576 manifestierte und die Gegensätze in diesem jahrzehntelangen Bürgerkrieg bis zur völligen Unversöhnlichkeit steigerte. Ihre regionalen Schwerpunkte lagen zunächst in der Picardie, im Poitou und vor allem in Paris, während die Saintonge fast ausschließlich und Montpellier sowie die Languedoc weitgehend hugenottisch waren. Natürlich gab es auch gemäßigte Köpfe auf katholischer Seite, aber insgesamt überwogen doch die Radikalen, deren Ziel der kompromißlose Vernichtungskampf gegen den französischen Protestantismus war. Zwischen den Parteien stand die Krone, nunmehr repräsentiert durch den letzten Valois, den ziemlich schwächlichen Heinrich III. (1574-1589), aber faktisch nach wie vor von Katharina beherrscht. Diese war bestrebt, ihre ursprüngliche Politik des Ausgleichs zu erneuern, worauf die Reformierten klugerweise auch eingingen, da sie ihnen weitere Vorteile in Aussicht stellte und nach dem sechsten (1576-1577) und siebten Religionskrieg (1579-1580) mit den Friedensschlüssen bzw. Verträgen von Bergerac (Poitiers) 1577, Nérac 1579 und Le Fleix 1580 auch tatsächlich einbrachte.

Zwar haben diese Stillhalteabkommen den Bürgerkrieg für mehrere Jahre unterbrechen können; als jedoch 1584 Franz von Alençon starb, ohne Nachkommen zu hinterlassen, und damit automatisch Heinrich von Navarra-Bourbon zum ersten Kandidaten um die Nachfolge des ebenfalls kinderlosen Heinrich III. aufstieg, flammten die Auseinandersetzungen in unverminderter Heftigkeit wieder auf. Es war wiederum ein Guise, der jetzt die Leitung der katholischen Partei übernahm, nämlich Heinrich von Guise, der Sohn des 1563 ermordeten Franz; zusammen mit seinem Bruder Kardinal Ludwig von Guise verlieh er der Liga auch eine neue Stoßrichtung, indem es ihr nun nicht mehr ausschließlich um die Verteidigung des orthodoxen Glaubens ging, sondern in gleichem Maße um die Aufrechterhaltung ständischer Privilegien gegenüber dem sich immer stärker abzeichnenden monarchischen Absolutismus. Die beiden Guisen machten sich zu so entschiedenen Vorkämpfern dieser Interessenkombination, daß man ihnen alsbald selbst den Griff nach der Königskrone zuzutrauen begann. Dies mußte dem Bürgerkrieg natürlich einen ganz neuen Charakter geben und eine Wandlung seiner Zielsetzungen herbeiführen. Auch bei den Protestanten haben sich die Motive in dieser zweiten Phase verändert. Ihr militärischer und politischer Führer war jetzt Heinrich von Navarra, der während der Bartholomäusnacht, um sein Leben zu retten, seinem evangelischen Glauben abgeschworen, diesen Schritt aber bald wieder rückgängig gemacht hatte. Und seitdem er selbst Thronanwärter geworden war, mußte für die von ihm geleitete Partei ein Krieg, der bisher eigentlich nur der Verteidigung ihrer Existenz gedient hatte, zwangsläufig darüber hinaus zu einem offensiven Ringen um die höchste Gewalt in Frankreich werden. Die Liga formierte sich ihrerseits zum entschlossenen Widerstand gegen die mögliche Thronerhebung eines »Ketzers«. Zunächst gelang es ihr auch, Heinrich III. vor ihren Wagen zu spannen und ihn im Vertrag von Nemours (7. 7. 1585) zu einer rigorosen Kampfansage an die Protestanten zu bewegen. Das darauf basierende Edikt von Paris widerrief ohne vorangegangenen Krieg alle früheren Erlasse, also die Entwicklung von 25 Jahren, indem es radikal die Kult- und sogar die Gewissensfreiheit aufhob und die Protestanten unter Androhung der Todesstrafe vor die Alternative stellte, entweder Frankreich binnen sechs Monaten zu verlassen oder der Reformation abzuschwören. Auf diese Herausforderung hin haben die Hugenotten natürlich sofort wieder zu den Waffen gegriffen. Im achten Religionskrieg, der jetzt ausbrach, verlor das Königtum den letzten Rest seiner ehemaligen Autorität, weil Heinrich III. sich immer tiefer in ein ziel- und auswegloses Lavieren zwischen Protestanten und Ligisten verstrickte. Das machte ihn letzteren schließlich so verdächtig, daß sie offen gegen ihn rebellierten und ihn abzusetzen trachteten, um anschließend die protestantische Partei endgültig vernichten zu können. Zu diesem Zweck war ihnen sogar das Mittel eines Bündnisses mit Philipp II. von Spanien recht, selbst unter Preisgabe der Unabhängigkeit Frankreichs. So verschmolz der letzte Hugenottenkrieg mehr und mehr mit der europäischen Auseinandersetzung zwischen den Niederlanden und England einerseits und Spanien andererseits. Diese Situation gab in Frankreich jenen gemäßigten Katholiken Auftrieb, die das Wohl des Staates über den Widerstreit der Konfessionen stellten und die nun gleichsam eine dritte Partei, die der sog. »Politiker«, bildeten. Im nationalen Interesse Frankreichs strebten sie eine politische Lösung des Konflikts an und erblickten im Königtum nicht nur den Garanten eines Ausgleichs der Gegensätze im Inneren, sondern auch das einzige Bollwerk gegen die auf Grund der ligistischen Diplomatie drohende Hegemonie Spaniens über Frankreich.

Als sich der König im Verlauf des sog. »Krieges der drei Heinriche« gegen die Bevormundung Heinrichs von Guise aufzulehnen begann und die Absicht erkennen ließ, in das Lager Heinrichs von Navarra überzuschwenken, bahnte sich sogar eine Art Bündnis zwischen jenen katholischen Royalisten und den Hugenotten an, weil sie das gemeinsame Ziel, die Krone vor dem Zugriff der Ligisten und das Vaterland vor der spanischen Gefahr zu retten, zwangsläufig zusammenführte. Die andere Seite wiederum reagierte auf Heinrichs Gesinnungswechsel mit der Bildung der radikalen Kampfgemeinschaft der »Liga der Sechzehn«, die die Absetzung des unzuverlässigen Königs und die Thronerhebung Guises auf ihr Panier schrieb. Am 12. 5. 1588, dem Tag der Barrikaden, kam es zum offenen, von der Liga geschürten Volksaufstand der fanatisierten Pariser Massen gegen den König. Dieser floh aus der Hauptstadt nach Blois, berief dort die Reichsstände ein und ersuchte sie um Rückendeckung in seinem Kampf gegen die Liga. Als die *états généraux* sich versagten, griff der König zum Mittel des Verbrechens und ließ Heinrich und Ludwig von Guise ermorden. Daraufhin sprang der Funke der Erhebung auch auf die Provinzen über, und Heinrich III. blieb nichts mehr übrig, als sich ins Lager Heinrichs von Navarra zu retten und seine Waffen mit denen des bisherigen Gegners zu vereinigen. Die bemerkenswerten militärischen Anfangserfolge der ligistischen Heerführer in fast allen Landesteilen, die in dem triumphalen Einzug Mayennes in Paris gipfelten, brachten die neuen Verbündeten in eine fast ausweglose Lage, und ihr Untergang schien nur noch eine Frage der Zeit zu sein. Der Umstand jedoch, daß die Liga sich entschlossen zeigte, auf Gedeih und Verderb mit den Spaniern zu paktieren, rief die national gesinnten und königstreuen Katholiken stärker als bisher auf den Plan, so daß es zu einem auch militärischen Zusammengehen von Royalisten und Hugenotten kam. Es gelang den vereinigten Truppen, allmählich wieder an Boden zu gewinnen, und als Anfang 1589 Mayenne, der von einem »Generalrat der Union der Katholiken«, einer regelrechten von den Spaniern unterstützten Revolutionsregierung, zum provisorischen Herrscher Frankreichs ernannt worden war, gegen Tours vorrückte, konnte er eindeutig zurückgeschlagen werden. Daraufhin sahen sich der König und Heinrich von Navarra sogar in der Lage, ein gemeinsames Heer vor Paris zu führen und die Hauptstadt im Juli 1589 einzuschließen. In diesem Augenblick, am 1. 8. 1589, ist Heinrich III. von dem durch die damals weitverbreitete Lehre vom Tyrannenmord fanatisierten Dominikaner Jacques Clément erdolcht worden. Unmittelbar vor seinem Tode designierte der letzte Valois Heinrich von Navarra zu seinem Nachfolger. Das Ungeheuerliche war geschehen: ein Protestant war König von Frankreich!

Sofort nach der Thronbesteigung Heinrichs IV. (1589-1610)[7] wandte sich das Blatt wieder zugunsten der soeben noch hart bedrängten Liga; sein Heer schmolz zusammen, denn nun trat für manche katholische Royalisten doch die Frage seiner Konfession stärker in den Vordergrund. Immerhin blieben dem unverzagten König selbst aus den Reihen der Katholiken einige Truppenführer treu, und er verstand es, in einem äußerst geschickten Wechselspiel von Kriegführung und Diplomatie sein Königreich in den folgenden vier Jahren wenigstens teilweise zu erobern oder zurückzukaufen. Alle militärischen und politischen Erfolge jedoch, die Heinrich im Laufe der Zeit in einigen Provinzen zu erringen vermochte, waren letztlich nicht entscheidend, solange Paris die Hochburg der Liga und fest in deren Hand blieb. Zu Beginn des neuen Jahrzehnts war sogar die nationale Selbständigkeit Frankreichs ernsthaft in Frage gestellt, weil Philipp II. einer Aufforderung der Liga folgte und sie jetzt nicht mehr nur indirekt unterstützte, sondern selbst auch ganz offen in den französischen Bürgerkrieg eingriff. Er entsandte nämlich 1590 Alexander Farnese von den Niederlanden aus mit einer starken Armee zum Entsatz der Hauptstadt und zwang damit Heinrich IV., die immer noch andauernde Belagerung aufzugeben, so daß spanische Truppen in Paris einrücken und fortan das militärische Rückgrat der Liga in ihrem Kampf gegen den als Ketzer betrachteten König bilden konnten. Dieser wurde jedoch mehr und mehr zur Seele eines leidenschaftlichen Widerstandes gegen den spanischen Hegemonieanspruch, und da Heinrich selbst die nationalen Interessen Frankreichs über die Frage der Konfession stellte und keineswegs daran dachte, die Rolle des Parteiführers auch als Monarch weiterzuspielen, kam sein hugenottischer Berater und langjähriger Minister Sully seinen geheimen Wünschen nur entgegen, als er, der selbst sein Leben lang Protestant blieb, dem König riet, zum Katholizismus überzutreten. Auf diese Weise konnte er die Mehrheit der französischen Nation, die ja dem alten Glauben anhing und ihm selbst die Legitimität streitig machte, solange er noch als Vorkämpfer der Hugenotten erschien, für sich gewinnen. So hat sich Heinrich IV. endlich zu diesem Entschluß durchgerungen, seine Bereitschaft dem Erzbischof von Bourges erklärt und am 25. 7. 1593 an den Gräbern der französischen Könige in Saint-Denis die Konversion vollzogen. Die feierliche Salbung in Chartres im Februar 1594 vollendete diesen entscheidenden Schritt, der von einer orthodox-protestantischen Minderheit zwar kritisiert oder gar verurteilt, von der großen Mehrzahl der späteren Historiker aber, nicht zuletzt auch von einem so strenggläubigen Lutheraner wie L. v. Ranke, nachdrücklich als richtig bewertet worden ist. Denn Katholizismus und nationale Einheit waren in Frankreich so unlöslich miteinander verknüpft, daß letztlich kein Inhaber der königlichen Würde mit ihrem halbgeistlichen Charakter denkbar gewesen wäre, der sich nicht zum alten Glauben bekannte. Heinrichs Konversion ist mithin die unerläßliche Voraussetzung zur Beendigung des Bürgerkrieges und zur Wiederherstellung des inneren Friedens gewesen, ein Ziel, das nur auf politische Weise, nicht jedoch mit Hilfe konfessioneller Überzeugungen erreicht werden konnte. Von daher gesehen erhält das oft als zynisch empfundene Wort dieses großen französischen Königs, daß Paris eine

Messe wert sei, einen sehr tiefen humanitären Sinn, den später die Aufklärung so gut verstanden hat, daß ein Voltaire in seiner ›Henriade‹ Heinrich IV. zu der geradezu legendären Inkarnation der Idee der Toleranz überhöhen konnte.

Konversion und Salbung brachten Heinrich mit einem Schlage den großen Erfolg ein, um den er vorher fünf Jahre vergeblich gerungen hatte. Jetzt wurden ihm die Tore von Paris freiwillig geöffnet, und am 22. 3. 1594 zog er in die Hauptstadt ein. Anschließend gewann er auch die Teile Frankreichs, die sich ihm bisher immer noch widersetzt hatten, für sich, wobei er sich entweder finanzieller Zuwendungen oder der Vergabe von Privilegien bediente, in einigen Fällen aber auch wieder zu den Waffen greifen mußte. Denn der Widerstand der Liga wurde seit der Konversion, vor allem nach der Kapitulation Mayennes, im Laufe des Jahres 1594 zwar zusehends schwächer, flackerte jedoch in manchen Gebieten, wo sich, wie z. B. in der Bretagne, ausgesprochen separatistische Tendenzen entwickelt hatten, noch bis 1597 immer wieder auf. Der Chronist Jean Moreau[8] hat gerade für die Bretagne die erschütternde Bilanz menschlichen Elends gezogen, die sich hier, wie überall in Frankreich, aus diesem grauenhaften Krieg ergab, mit dessen Ende der Becher des Leids noch keineswegs geleert war. Denn die Folgen der Kämpfe wirkten sich noch bis in die ersten Jahre des neuen Jahrhunderts hinein aus als Hunger, Pest und eine ganz Frankreich erfüllende Wolfsplage, von der unser Chronist sagt, daß auf den Krieg der Menschen untereinander der Krieg der Menschen gegen die Wölfe gefolgt sei, gegen Bestien, von denen die abergläubischen Zeitgenossen vielfach glaubten, in ihnen lebten in Wirklichkeit die Geister der gefallenen Soldaten fort, die jetzt als Werwölfe (loups-garous) ihr altes Handwerk weitertrieben. An einigen Stellen waren die Menschenverluste infolge des Krieges so groß, daß z. B. in einer Stadt wie Quimper von je 15 Einwohnern nur einer überlebte. Moreau schätzt die Zahl der Opfer nur für die letzte Kriegsphase seit 1585 auf etwa 1 Million Menschen.

Abgesehen von dem ungeheuren Tribut an Menschenleben, den der Bürgerkrieg gefordert hatte, verlor Frankreich in den Jahren ab 1569 auch etwa 10 000 Protestanten, die ins Elsaß und ungefähr 6 000, die nach England emigrierten, um sich den gegen ihren Glauben gerichteten Unterdrückungsmaßnahmen zu entziehen. Dies wirkte sich um so schwerwiegender aus, als der hugenottische Bevölkerungsanteil nicht nur durch klangvolle Adelsnamen repräsentiert war, sondern zum größten Teil aus städtischen Handwerkern, Gewerbetreibenden und Kaufleuten bestand, d. h. jener sozialen Schicht angehörte, die das Rückgrat der damaligen französischen Wirtschaft darstellte. Die Gesamtzahl der Einwohner Frankreichs betrug gegen Ende des 16. Jahrhunderts nicht mehr als zu seinem Beginn, nämlich schätzungsweise 20 Millionen, die natürlich zum überwiegenden Teil auf dem Lande lebten. Unter den Städten ragte Paris mit rund 200 000 Bürgern im

Jahre 1590 als weitaus größte hervor, aber es lag damit immer noch um 50 000–75 000 Seelen unter dem Stand, den es in der ersten Hälfte des 14. Jahrhunderts bereits erreicht hatte.[9] Immerhin war Frankreich trotz dieser offensichtlichen Stagnation infolge der Religionswirren um 1600 das mit Abstand volkreichste Land Europas, und diese günstige Ausgangslage ermöglichte nicht zuletzt seinen Aufstieg zur Hegemonialmacht auf dem Kontinent während des kommenden Jahrhunderts.

Seit 1597 also schwiegen überall in Frankreich die Waffen, und sofort ging der König an die Heilung des aus tausend Wunden blutenden Landes. Die entscheidende Voraussetzung dazu, nämlich eine echte Überwindung der konfessionellen Gegensätze, schuf Heinrich IV. mit jenem berühmten Edikt von Nantes vom 30. 4. 1598, das den religiösen Ausgleich brachte und damit das definitive Ende des mehr als 30jährigen Bürgerkrieges, an dem die nationale Einheit Frankreichs fast zerbrochen wäre. Dieser Erlaß, der aus 92 Artikeln, einem Breve über finanzielle Leistungen des Königs an seine alten Glaubensbrüder und aus mehr als 50 Geheimartikeln über die Gewährung von Sicherheitsplätzen und anderer Vorteile an die Protestanten besteht, beruht im wesentlichen auf den für die Hugenotten günstigen Edikten und Verträgen von Poitiers, Nérac und Le Fleix, auf die auch häufig Bezug genommen wird; er stellt also eine Zusammenfassung und Bestätigung all jener Teilerfolge dar, die die Reformierten in ihrem jahrzehntelangen Kampf errungen hatten. Als wichtigsten Grundsatz proklamiert das Edikt von Nantes die volle Gewissensfreiheit, wenn auch der Katholizismus (bis zum Toleranzedikt von 1787) nach wie vor Staatsreligion bleibt und die Protestanten ihren Kult nur unter mannigfachen Beschränkungen ausüben dürfen und z. B. weiterhin den katholischen Ehegesetzen unterworfen und zur Zahlung des Kirchenzehnten an die katholischen Pfarrer verpflichtet sind. Für ihre eigenen Bedürfnisse wird ihnen eine zusätzliche Selbstbesteuerung gestattet. Strikt ausgenommen von der Kultfreiheit sind der königliche Hof mit seinem Gefolge, Paris einschließlich seiner Bannmeile und die Armee bis auf die Quartiere reformierter Befehlshaber. Jedoch enthalten die Geheimartikel auch in dieser Hinsicht manche Erleichterungen.

Wie die vorangehenden Edikte sieht das von Nantes ebenfalls Maßnahmen vor, um die Rechte der Reformierten in politischer und gesellschaftlicher Beziehung zu sichern, d. h. die Zulassung zu allen zivilen und militärischen Ämtern und Würden sowie die Gleichberechtigung bei der Aufnahme in Universitäten, Schulen und Krankenhäuser. Auch im Bereich der Gerichtsbarkeit werden die Interessen der Reformierten erneut berücksichtigt, und zwar – verglichen mit den Bestimmungen von Beaulieu und Poitiers – in vereinfachter Form. Ferner gab es insgesamt etwa 150 Sicherheitsplätze, die von schätzungsweise 1,2 Millionen Hugenotten, einem guten Zwölftel der damaligen Gesamtbevölkerung Frankreichs, bewohnt wurden. Nur ihrer ungeheuren, aus tiefster Glaubensüberzeugung erwachsenden Energie hatten sie es zu verdanken, daß sie sich als Minorität eine solche Position erkämpfen konnten, die ihnen über die Tolerierung ihrer religiösen Eigenart hinaus auch einen politischen und militärischen Sonderstatus gewährte. Allerdings barg die damit verbundene Staat-im-Staate-Situation der Hugenotten große Gefahren für die Zukunft in sich. Denn angesichts des ausgeprägt unitarischen Charakters der französischen Monarchie konnte ihre quasi separatistische Stellung auf die Dauer nicht unangefochten bleiben; vielmehr mußte es eines Tages wieder zu einem Zusammenstoß zwischen der monarchischen Zentralgewalt und dem politischen Protestantismus kommen, der bei dem ungleichen Stärkeverhältnis letzterem nur zum Schicksal werden konnte. Aber dies lag vorerst noch in weitem Felde. Der Bürgerkrieg war jedenfalls zu Ende, wenn auch der Kampf gegen Spanien fortgesetzt wurde, und zwar als regulärer Krieg zwischen zwei Staaten, nachdem ihn Heinrich zu Beginn des Jahres 1595 offiziell an Philipp II. erklärt hatte. Überdies erteilte Papst Clemens VIII., der Bevormundung durch Spanien längst überdrüssig, schon im März des gleichen Jahres Heinrich IV. die Absolution, so daß Philipp nicht mehr für sich in Anspruch nehmen konnte, als Schutzherr der französischen Liga einen Glaubenskrieg gegen einen ketzerischen König zu führen. Der jetzt rein politische Charakter der französisch-spanischen Auseinandersetzung trat noch deutlicher zutage, als Heinrich 1596 eine Defensivallianz mit England und Holland abschloß. All seiner moralischen Trümpfe beraubt, fand Spanien sich schließlich unter Vermittlung des Papstes im Mai 1598 zum Frieden von Vervins mit Frankreich bereit, dem 1601 auch sein Bundesgenosse Savoyen zu Lyon beitrat. Durch diese Verträge erhielt Frankreich nicht nur Gebietsgewinne in der Provence und im Rhônegebiet auf Kosten Savoyens (Bresse, Bugey, Valromey und Gex), sondern darüber hinaus die Anerkennung seines vergrößerten Besitzstandes und seiner nationalen Unabhängigkeit. Mit der Einmischung Spaniens in die innerfranzösischen Angelegenheiten war es jetzt endgültig vorbei.

Das Jahrzehnt, das ihm noch verblieb, hat Heinrich IV. zu der dringend nötigen inneren Regeneration des Landes sowie zur Wiederherstellung und sogar Steigerung der monarchischen Autorität genutzt. Sein engster Mitarbeiter, von Heinrich selbst als *alter ego* bezeichnet, war dabei der alte Kampfgefährte Maximilien de Béthune, Herzog von Sully, der von 1597 bis zu des Königs Tod 1610 als leitender Minister von Frankreich das große Aufbauwerk entscheidend gestaltet hat.

Um seine Leistung würdigen zu können, muß man sich die allgemeine wirtschaftliche und soziale Situation Frankreichs im 16. Jahrhundert vergegenwärtigen. Sie wurde ganz erheblich durch die großen überseeischen Entdeckungen der Portugiesen und Spanier beeinflußt, als deren Folge sich ein gewaltiger Strom von Edelmetallen in den alten Kontinent ergoß, der wiederum zu einer Geldentwertung und einem

Preisanstieg von bisher nie gekanntem Ausmaß führte. Ein Beispiel möge das verdeutlichen: die Auffindung und Erschließung der Silbervorkommen von Potosi 1545 hatte zur Folge, daß sich der Silberbestand in Europa zwischen 1520 und 1620 verfünffachte. Auf Frankreich bezogen bedeutete dies einen solchen Kaufkraftschwund der damaligen, überwiegend auf Silber beruhenden Währung, daß der Realwert der festen Einkommen um 1600 nur noch ein Viertel ihres Nominalwertes ausmachte. Während die Bauern, Kaufleute und Bankiers im allgemeinen von dieser Entwicklung profitierten, verursachte sie den ökonomischen Ruin des Landadels, der Beamten und der Inhaber kleiner Vermögen, die von den Zinsen leben mußten (Rentner). Auf dem Lande bestand zwar die aus dem Mittelalter überkommene Grundherrschaft weiter fort, jedoch zwang die Inflation viele *seigneurs* dazu, ihre Güter teilweise oder ganz an finanzkräftige Bürger zu verkaufen und sich durch Ämter bei Hofe oder führende Ränge in der Armee eine neue wirtschaftliche Basis zu schaffen. Nach der Ansicht von Henri Sée waren die Hugenottenkriege für den verarmenden Adel nicht zuletzt auch eine Möglichkeit »wieder Boden unter die Füße zu bekommen« und »daher vielleicht bis zu einem gewissen Grade eine Folge der Geldschwierigkeiten« [10]. Das Königtum nutzte diese Krise der Feudalaristokratie geschickt dazu aus, den Aufstieg des reichen Bürgertums zu fördern, indem es mehr und mehr hohe und höchste Beamtenstellen vorzugsweise mit Nichtadligen besetzte. Die neue *noblesse de robe* verstand es ihrerseits, relativ rasch den alten Schwertadel zu unterwandern und sich mit ihm zu vermischen; die Folge war jedoch, daß sie selbst dessen Bewußtseinshaltung annahm und sich nach unten hin abschloß. Daher blieb die ständische Struktur Frankreichs nicht nur erhalten, sondern wurde eher noch verstärkt. Spielte der Adel im 17. Jahrhundert auch nicht mehr die politische Führungsrolle, so gab er doch gesellschaftlich nach wie vor unbestritten den Ton an.

Im Bereich des Handels dominierte dagegen naturgemäß das Bürgertum. Es war die tragende Säule der wachsenden Wirtschaftsbeziehungen Frankreichs in der Levante, zu Spanien, der Türkei, der Schweiz, zu Deutschland, England und vor allem zu den Niederlanden, dem damaligen Handelsmittelpunkt in Europa überhaupt. Die ökonomischen Bindungen Frankreichs an Italien verringerten sich im 16. Jahrhundert gegenüber dem Spätmittelalter zunehmend, trotz seines großen politischen und militärischen Engagements in diesem Land und obwohl es italienische Bankiers waren, die, namentlich in Lyon und Paris, die Grundlagen eines modernen französischen Bankwesens schufen. In diese Epoche fallen auch die ersten Anfänge einer von den Königen betriebenen Schutzzollpolitik merkantilistischen Charakters, die erkennen lassen, »daß der Colbertismus schon vor Colbert entstanden ist«. [11]

Eine ganz neue und zukunftsträchtige Entwicklung wurde dadurch eingeleitet, daß sich Frankreich bereits in der ersten Hälfte des 16. Jahrhunderts an der Erschließung und Kolonisierung der überseeischen Welt beteiligte. Hier fand der von der Krone geförderte Unternehmergeist des städtischen Bürgertums ein neues und reiches Betätigungsfeld, angefangen von den Pionierleistungen der Reeder von Dieppe und Honfleur, die seit mindestens 1508 ihren Fischfang bis zu den Neufundlandbänken ausgedehnt und dabei auch schon die Küsten des nordamerikanischen Kontinents erreicht hatten, über die Erkundungsreisen eines Verazzano (1524-1526) oder Jacques Cartier aus Saint-Malo (1534-1536), der den St.-Lorenz-Strom entdeckte und bis zu den späteren Städten Quebec und Montreal ins Innere des Landes vordrang, bis hin zu der ersten Kolonie »Nouvelle France«, die Roberval im Auftrag Franz' I. 1541 begründete, indem er offiziell von Neufundland, Teilen von Labrador und der St.-Lorenz-Bucht für Frankreich Besitz ergriff. Versuche französischer, namentlich hugenottischer Siedler, an der brasilianischen Küste (1555-1559, 1604 und 1612-1620) und in Florida (1562-1564/65) Fuß zu fassen, blieben dagegen infolge des portugiesischen bzw. spanischen Widerstandes Episode, ebenso wie erste Expeditionen nach dem Fernen Osten – 1526/29 reisten die Gebrüder Parmentier über Madagaskar nach Sumatra – und im Senegal. Immerhin gab es auch an der nordafrikanischen Küste bereits seit 1560 eine kleine französische Handelsniederlassung (Bastion de France), die in den folgenden Jahrzehnten oft zerstört und wiederaufgebaut wurde. Der Hauptschwerpunkt der französischen Bestrebungen in Übersee lag damals jedoch eindeutig in Kanada, das zur Keimzelle jenes ausgedehnten Kolonialreiches werden sollte, das Frankreich bis zur Mitte des 18. Jahrhunderts in Nordamerika errichtet hat. Dort entwickelte sich, trotz des Scheiterns erster Siedlungsversuche, ein intensiver Handel mit Fischen und Pelzen, zumal nachdem Heinrich IV. einer Gesellschaft bretonischer Kaufleute das Monopol hierfür verliehen hatte. Die Entdeckungsfahrten von Champlain (1603-1624), der den ganzen St.-Lorenz-Strom erforschte, die Gründung von Port Royal in Akadien (1604) und Quebec (1608) sowie erfolgreiche Ansätze, auch das Hinterland zu erschließen, markieren die wichtigsten Stationen auf diesem Wege, Kanada systematisch zu kolonisieren, wobei es zu Beginn des 17. Jahrhunderts eine Mittelstellung zwischen der Domäne einer Handelsgesellschaft und einer Kronkolonie einnahm.

Diese beträchtliche Ausdehnung der maritimen Aktivitäten Frankreichs hatte den Ausbau seiner Flotte und seiner Häfen zur Voraussetzung und zur Folge. Marseille erlebte ebenso wie Bordeaux eine neue Blüte, während für La Rochelle, Nantes, Saint-Malo und Rouen/Le Havre die Zeit ihres großen Aufstiegs anbrach; sie gehörten von da ab zu den bedeutendsten europäischen Seehäfen, eine Position, die sie erst infolge der Kontinentalsperre Napoleons 200 Jahre später wieder verlieren sollten.

Was die Zentralverwaltung des Königreiches anlangt, so hatten sich im Laufe der Zeit gewisse Veränderungen ergeben. Der Staatsrat *(conseil d'état)* als oberste Verwaltungsbehörde mit schwankender Zusammensetzung – teils festbeamtete Räte, teils Pairs, Lehns- und Apanagefürsten – hatte eine ähnliche Entwicklung durchgemacht wie die *curia regis* im Mittelalter: er hatte sich auf Grund seiner wachsenden und komplizierter werdenden Aufgaben in einzelne Ressorts aufgespalten: in ein neues königliches Hofgericht, den sog. *conseil privé*, den *conseil des finances*, den *conseil des dépêches* für die inneren Angelegenheiten und den *conseil des affaires étrangères* für die Außenpolitik; jedoch waren die Kompetenzen hier nie genau abgegrenzt. Für ganz geheime Fragen wurde überdies ein *conseil secret* der wichtigsten Räte einberufen. Die Räte in allen Bereichen setzten sich aus Angehörigen der niederen Geistlichkeit, des Kleinadels und vor allem des Bürgertums zusammen.

Da die aus dem Mittelalter überkommenen Stellen der Großoffiziere zu bloßen, allerdings sehr ehrenvollen und reich dotierten Titularämtern erstarrten bzw. ganz beseitigt wurden, wie z. B. die des Mundschenks, des Kämmerers und später auch des Konnetabel, und sich nur der Kanzler als Siegelbewahrer mehr oder weniger unangefochten behaupten konnte, mußte sich das Königtum neue Exekutivorgane heranziehen. Es griff dabei auf seine persönlichen, aus dem Bürgertum oder der *noblesse de robe* stammenden Notare oder Sekretäre zurück, von denen im Laufe der Zeit vor allem die Finanzsekretäre *(secrétaires d'état des finances du roi)* hervorragten. Seit 1547 gab es deren vier, die schließlich nur noch Staatssekretäre hießen und in allen Bereichen der Staatsverwaltung als eine Art Minister, jedenfalls als jederzeit absetzbare Beamte tätig waren, mit Ausnahme der Justiz und interessanterweise auch der Finanzen, deren Administration neu geordnet wurde. Alsbald setzte eine Spezialisierung ihrer Zuständigkeiten ein; Heinrich III. errichtete 1589 das Kriegs- und das Außenministerium. Die übrigen Ressorts wie Inneres, Kultus, Handel und Marine wurden zunächst ohne feste Abgrenzung von den beiden übrigen Staatssekretären verwaltet; erst später bahnte sich auch hier eine gewisse, aber bis zur Revolution nie ganz strenge Scheidung nach Geschäftsbereichen an, so daß man für das Ancien régime im großen und ganzen mit Recht von den vier Staatssekretären der Marine, des Krieges, der auswärtigen Angelegenheiten und »des königlichen Hauses« (Inneres und Kultus) sprechen kann. Im Zuge der eben schon erwähnten Umstrukturierung der Finanzadministration vereinigte Heinrich II. die Ämter der *trésoriers* und der Finanzgeneräle und erhöhte ihre Zahl. Die entsprechenden Verwaltungsbezirke hießen nun Generalitäten, während die Bezeichnung *trésorier* auf die Untergebenen *(trésoriers généraux de France)* der Finanzgeneräle überging, die in jeder Generalität ein kollegial arbeitendes *bureau des finances* bildeten. Auf der niederen Ebene blieben die *bailliages* und *élections* als Einteilung erhalten. Die Generalitäten wurden in der Folge, nicht zuletzt durch hinzukommende neue Territorien, ständig vermehrt; ihre Zahl betrug kurz vor der Revolution 33. Diese Entwicklung bedingte die Schaffung einer neuen zentralen Finanzbehörde. Diese stellte sich in den von Heinrich II. 1547 ernannten beiden Generalkontrolleuren, von denen der eine seinen Kollegen allmählich verdrängte und später mehr und mehr an Bedeutung gewann, und schließlich im Oberfinanzintendanten dar, dessen Amt Sully ausübte.

Vor dem Hintergrund der sozialen, wirtschaftlichen und administrativen Entwicklung Frankreichs im 16. Jahrhundert sind die Maßnahmen Sullys zu sehen. Die zerrüttete Finanzverwaltung, der er sein besonderes Augenmerk widmete, brachte er durch eiserne Spardisziplin und mit Hilfe von regelmäßigen Rechenschaftsberichten, die er von seinen Beamten forderte, wieder in Ordnung. Allerdings wurde in diesem Zusammenhang 1604 durch den Erlaß der nach dem Sekretär Charles Paulet so genannten »Paulette« die längst bestehende Ämterkäuflichkeit faktisch erblich. So ist dieser bedenkliche Mißstand gerade unter Heinrich IV. regelrecht systematisiert worden, und die Verfügungsgewalt der Könige über die staatlichen Institutionen verringerte sich noch mehr. Aber angesichts der ungeheuren Notlage Frankreichs glaubte Heinrich Konzessionen machen zu müssen, um sich die Geldmittel zu beschaffen, die für den Wiederaufbau erforderlich waren. Sullys Wirtschaftspolitik konzentrierte sich vor allem auf die Landwirtschaft. Sie wurde gefördert, indem Sumpfgebiete trockengelegt, Wüstungen in Ackerland verwandelt, die Salzsteuer vorübergehend verboten und Straßen gebaut sowie Kanäle projektiert wurden. Auf der anderen Seite vernachlässigte Sully einen so französischen Wirtschaftszweig wie etwa die Seidenindustrie und die Produktion von Luxusartikeln, weil der puritanische Calvinist die Erzeugung entsprechender Waren für höchst überflüssig hielt.

Diese notwendige, aber nüchterne Rekonstruktionsarbeit hat die seit Jahrzehnten verstummten Musen nicht gerade beflügelt; nur die politische und historische Literatur brachte einige Werke hervor, die der Selbstbetrachtung und Selbstdarstellung des Zeitalters dienten. Natürlich stand das ungeheure Geschehen des Bürgerkrieges dabei im Mittelpunkt. Das äußerte sich besonders in militanten Schriften, deren berühmteste die 1593 erschienene ›Satire Ménippée‹ mit ihrer ätzenden Kritik an der Liga und leidenschaftlichen Parteinahme für das Königsrecht Heinrichs IV. ist, ebenso wie in den politisch-theoretischen und historischen Werken der sog. Monarchomachen und der Historiker Jacques Auguste de Thou, genannt Thuanus, sowie des Italieners Arrigo Caterino Davila, der mit seiner ›Storia delle guerre civili di Francia‹ (1630) der objektivste dieser Zeitgeschichtsschreiber ist. Der berühmteste von ihnen ist aber zweifellos Jean Bodin, der wie übrigens auch Thuanus zu jenen »Politikern« gehörte, die sich um Heinrich IV. als den potentiellen Stifter des inneren Friedens scharten.

Sein Werk ›Six Livres de la République‹ (1576) trug erheblich zur völligen Überwindung des politischen, kriegerischen Konfessionalismus bei und leitete die ideelle Grundlegung eines neuen Zeitalters ein. Die innere Entwicklung Frankreichs im zweiten Jahrzehnt der Regierung Heinrichs IV. hat dem Absolutismus, den Bodin als Staatstheoretiker gefordert hatte, den Weg entscheidend geebnet. Die kluge Finanz- und konstruktive Agrarpolitik Sullys verhalf Heinrichs Bemühungen um Einigung und Konzentration der nationalen Kräfte relativ rasch zum Erfolg, so daß sich schließlich auch eine neue Großmachtstellung Frankreichs in Europa abzuzeichnen begann und es daran denken konnte, als Schiedsrichter in jenen europäischen Händeln aufzutreten, die in das politische Vorfeld des Dreißigjährigen Krieges gehören. Auch wenn der berühmte *grand dessin*, nach dem Europa völlig neu geordnet und in eine von Frankreich geführte *république chrétienne* umgestaltet werden sollte, heute nicht mehr dem König selbst, sondern Sully zugeschrieben wird, die Außenpolitik Heinrichs IV. in seinen letzten Lebensjahren also wesentlich nüchterner und begrenzter gesehen werden muß als früher, darf es doch wohl als sicher gelten, daß Heinrich in Übereinstimmung mit seinem Prinzipalminister damals die Errichtung einer Art von Protektorat über die protestantischen Fürsten Deutschlands – mit Stoßrichtung gegen den Kaiser – plante, als er sich im Sommer 1610 anschickte, aktiv in den Jülich-Kleveschen Erbfolgestreit einzugreifen. Dabei hat er einen großen Krieg gegen Habsburg – zunächst einmal gegen dessen deutsche Linie – gewiß mit einkalkuliert. So wurde schon ein gutes Jahrzehnt nach der Beilegung des offenen Kampfes gegen Spanien zu Vervins deutlich, daß sich der Gegensatz Habsburg–Frankreich als Antagonismus Habsburg–Bourbon wieder beleben und in eine neue Phase eintreten würde.

Diese Aussicht aber mußte sehr viele derjenigen Franzosen beunruhigen, die Heinrich IV. trotz seiner Verdienste um den inneren Frieden insgeheim nach wie vor für einen Ketzer hielten, der jetzt erneut beabsichtige, die wahre Vormacht des »rechten Glaubens«, nämlich das mit dem Papsttum so eng verbündete Habsburg, anzugreifen. Wie R. Mousnier nachgewiesen hat, [12] war im damaligen Frankreich ebenso wie im christlichen Europa überhaupt als eine Art von Kollektivpsychologie die Überzeugung verbreitet, daß ein ketzerischer Herrscher eo ipso ein Tyrann und der Tyrannenmord nicht nur erlaubt, sondern geradezu Pflicht sei. Diese Lehre, die mit ihren Wurzeln bis ins Mittelalter und in die Antike zurückreichte und im 16. Jahrhundert manches Opfer gefordert hatte – als bisher berühmtestes Heinrich III. –, keimte nun in vielen »Ravaillacs des Herzens« wieder auf. Einige von ihnen, wie z. B. Pierre Barrière, Jean Châtel oder der Dominikaner Ridicauwe, hatten schon Attentate auf den König versucht oder wenigstens geplant, ohne daß der völlig furchtlose Monarch vorsichtig geworden wäre. Als ihn schließlich der Dolch François

Ravaillacs am 14. 5. 1610 tatsächlich und tödlich traf, stand er im Begriff, zu der Armee abzureisen, mit deren Hilfe er in die deutschen Verhältnisse hatte eingreifen wollen.

So ist dieses tragische Zeitalter mit einem tragischen Ereignis abgeschlossen worden, das in jeder Beziehung folgenreich war. Denn der Ausbruch des Dreißigjährigen Krieges wurde durch das Verbrechen wahrscheinlich um einige Jahre hinausgezögert, weil es Frankreich daran hinderte, sich an die Spitze einer antihabsburgischen Koalition zu stellen. Noch weitreichender, wenn auch keineswegs im Sinne der Motive Ravaillacs, hat sich dessen Tat in innenpolitischer Hinsicht ausgewirkt. Denn sie wies die politische Führungsschicht und die überwiegend doch tief schockierte öffentliche Meinung Frankreichs gebieterischer denn je darauf hin, daß man jenes fanatische konfessionelle Freund-Feind-Denken, das das Schicksal der letzten zwei Generationen so unheilvoll bestimmt hatte, endgültig überwinden müsse, wenn Staat und Gesellschaft nicht in zügelloser Anarchie versinken sollten. Die einzige politische Ordnungsform aber, die diese Aufgabe eines konstruktiven Neubeginns zu meistern vermochte, war damals der Absolutismus. Und indem der Königsmord dem Wissen um diese »Lebensnotwendigkeit für Frankreich« zum Durchbruch verhalf, hat er »zum Triumph des französischen Absolutismus beigetragen, das Land vor dem Verlust seiner Selbständigkeit bewahrt und seine Weiterentwicklung ermöglicht.«[13] So hat Heinrich IV. selbst noch durch seinen Tod den Gang der Geschichte entscheidend und zukunftweisend beeinflußt.

3. Frankreichs Aufstieg unter den großen Kardinälen (1610-1661)

Der Übergang der Krone auf das Haus Bourbon hat nicht nur die innere Befriedung Frankreichs zur Folge gehabt, sondern auch die Macht des Königtums gestärkt und den Prozeß der Zentralisierung des Landes entscheidend vorangetrieben.[14] Denn das Drittel Frankreichs, das etwa seit dem Tode Ludwigs XI. noch nicht mittelbar oder unmittelbar zur Krondomäne gehörte, war zum größten Teil im Besitz der weitverzweigten Familie der Bourbonen. Und gerade deren Mitglieder hatten immer wieder an der Spitze von Fürstenoppositionen gestanden, wie Karl von Bourbon oder soeben noch die beiden Condés und Heinrich von Navarra selbst, in denen man ja nicht ausschließlich Vorkämpfer des reformierten Glaubens, vielmehr gleichzeitig auch Repräsentanten eines gegen den königlichen Zentralismus gerichteten feudalen Partikularismus zu sehen hat. Das änderte sich natürlich grundlegend mit der Thronbesteigung Heinrichs IV., weil seitdem die Interessen der Bourbonen mit denen des Königtums identisch waren, was auch nach außen hin durch eine beträchtliche Erweiterung der Krondomäne in Erscheinung trat. Ihr wurde jetzt der vorwiegend im Süden gelegene Territorialbesitz des neuen Monarchen einverleibt – de jure, d. h. durch eine vom Parlament registrierte Ordonnanz übrigens erst 1620 –, nämlich das bisher unabhängige Königreich Navarra, das seit 1512 nur noch Nieder-Navarra nördlich der Pyrenäen umfaßte, sowie die ebenfalls aus der Hinterlassenschaft Jeanne d'Albrets stammenden kleinen französischen Lehnsfürstentümer Béarn, Bigorre, Quatre-Vallées, Foix, Armagnac, Albret, Périgord und Limoges. Infolgedessen führten seitdem alle französischen Könige den Titel »Roi de France et de Navarre«, wobei es sich aber seit 1620 um eine echte Vereinigung und keineswegs nur um eine Personalunion beider Länder handelte. Das von seinem Vater ererbte Herzogtum Vendôme, mit dem Heinrich 1598 seinen legitimierten Sohn Cäsar aus seiner Verbindung mit Gabrielle d'Estrées apanagierte, gehörte seit 1607 ebenfalls zur Krondomäne.

Somit stand seit dem Beginn des 17. Jahrhunderts faktisch das gesamte französische Staatsgebiet – mit wenigen Ausnahmen, wie z. B. Avignons und des Comtat Venaissin, des Rethélois sowie der Fürstentümer Orange, Sedan/Raucourt und Dombes – unter der Kontrolle der Zentralgewalt, und die Vollendung der territorialen Einigung begünstigte wiederum die Entwicklung eines absolutistischen Herrschaftssystems, dessen ideologisches Fundament ja bereits in dem vorangegangenen Jahrhundert von dem klassischen Dreigestirn der Machiavelli, Hobbes und Bodin in ihren Staatstheorien gelegt worden war. Zumal bei letzterem erscheint der Monarch als die Verkörperung der staatlichen Souveränität schlechthin; er ist allein Gott verantwortlich, aus dessen Hand er seine Macht empfängt, während es ihm gegenüber keine Bürger, sondern nur Untertanen gibt, die zu unbedingtem Gehorsam verpflichtet sind. Die seit Karl VII. in den Ordonnanzen gebräuchliche Wendung »Car tel est notre plaisir« faßt diesen monarchischen Absolutismus in einer eindrucksvollen Formel zusammen.

Diese realpolitischen und ideellen Voraussetzungen ermöglichten es den beiden großen Kardinälen Richelieu und Mazarin, die Frankreichs Geschicke in der ersten Hälfte des 17. Jahrhunderts gelenkt haben, der Herrschaftsform des unpersönlichen Absolutismus zum Siege zu verhelfen und ihr Land gleichzeitig zur Hegemonialmacht des europäischen Kontinents zu erheben. Unmittelbar nach der Ermordung Heinrichs IV. sah es allerdings keineswegs so aus, als gehe Frankreich einem neuen Aufstieg entgegen, sank es doch vielmehr zunächst in einen Schwächezustand innerer Zerrissenheit und außenpolitischer Ohnmacht zurück.

Denn Maria von Medici, die zweite Gemahlin des ersten Bourbonenkönigs, die dieser nach der Auflösung seiner Ehe mit Margarethe von Valois (1599) geheiratet hatte und die nun für den erst 9jährigen Monarchen Ludwig XIII. (1610-1643) die Regentschaft übernahm, war weder fähig noch auch willens, die politische Linie ihres Gatten fortzusetzen, wie die rasche Entlassung Sullys aus seinem Amt bewies.

Während die Königin-Mutter außenpolitisch wieder völlig ins Fahrwasser der spanischen Politik einschwenkte, traten in Frankreich selbst von neuem Partei- und Konfessionsgegensätze auf den Plan. Die innenpolitischen Verhältnisse gestalteten sich durch den Konflikt, der sehr bald zwischen dem jungen König und seiner Mutter ausbrach, noch verworrener. Diese Rivalität innerhalb der königlichen Familie spitzte sich zu fast unverhüllter Konfrontation zu, als der Günstling der Regentin, der Italiener Concini, der als Maréchal d'Ancre Nachfolger Sullys geworden war, im Jahre 1617 ermordet und durch den Herzog von Luynes, einen Favoriten Ludwigs XIII., ersetzt wurde. In die schwer durchschaubaren Hofintrigen war damals bereits ein Mann verwickelt, der sich schließlich bis zum höchsten Staatsamt emporarbeiten sollte: Armand-Jean du Plessis de Richelieu[15], seit 1607 Bischof von Luçon.

Als Mitglied der Generalstände von 1614 hatte er die Aufmerksamkeit der Regentin erregt, und dieser zufällige Umstand wurde zum Ausgangspunkt seiner politischen Karriere. Maria von Medici zog ihn 1616 zunächst als Almosenier der jungen Gemahlin Ludwigs XIII., Anna von Österreich, an den Pariser Hof, setzte aber noch im gleichen Jahr seine Ernennung zum Staatssekretär für Auswärtige Angelegenheiten durch. Nach dem Tod Concinis, als dessen Anhänger er galt, teilte er einige Jahre das Exil der vom Hof verbannten Regentin, spielte aber gleichzeitig auf Grund seiner außerordentlichen diplomatischen Fähigkeiten sehr geschickt die Vermittlerrolle zwischen ihr und ihrem Sohn und brachte tatsächlich einen Kompromiß (Vertrag von Angoulême 1619) zustande. Daraus ergab sich für ihn selbst die Möglichkeit, sich auch dem Monarchen allmählich immer unentbehrlicher zu machen, zumal nach dem Tode Luynes' Ende 1621, als Maria von Medici wieder mehr Einfluß auf die Entschlüsse ihres Sohnes zu gewinnen begann. Der im Grunde seines Herzens sehr ehrgeizige, rücksichtslose und ausgesprochen machtbewußte Staatsmann wußte alle Schwierigkeiten, die sich seinem weiteren Aufstieg entgegenstellten, durch eine geradezu geniale Verstellungskunst zu meistern, die mit dem Instinkt des geborenen Politikers für Menschenbehandlung gepaart war. In jeder seiner Äußerungen verhielt er sich vorsichtig und abwägend. Das ihm wesensgemäße Herrentum, das er später durch betont prunkvolles Auftreten nach außen hin auch optisch demonstrierte, verstand er unter zunächst fast devoten Formen im Umgang mit den Machtträgern auf dem gefährlichen Parkett des Hofes geschickt zu verbergen. Mit zäher Beharrlichkeit intrigierte der 1622 zu dieser Würde erhobene Kardinal aus dem Hintergrund gegen das amtierende Kabinett, wobei er sich nicht nur der Vermittlung seiner hohen Gönnerin, sondern auch schon publizistischer Mittel, nämlich bezahlter Pamphlete, bediente. Und im April 1624 war es endlich soweit: innerlich widerstrebend, weil immer noch von Mißtrauen gegen den Favoriten der Mutter erfüllt, sich schließlich aber doch deren Druck beugend, nahm Ludwig XIII. Richelieu als Minister des Äußeren in seinen *conseil* auf. In diesem höchsten Gremium eroberte sich der geschickte Taktiker sehr rasch den ersten Rang und riß de facto die Leitung der Regierungsgeschäfte an sich, obwohl er offiziell erst seit 1629 den Titel eines *Principal Ministre d'Etat* führen sollte, ein Amt, das von da an häufiger die sechs »klassischen« Ministerien des Kanzlers, des Generalkontrolleurs der Finanzen sowie der vier Staatssekretäre für Krieg, Marine, Äußeres und Inneres ergänzte und ihnen übergeordnet war.

Richelieu, der 1585 als Abkömmling einer im Poitou ansässigen und dem Kleinadel angehörenden Familie geboren worden und dessen Vater unter Heinrich IV. *grand-prévôt* gewesen war, entstammte einem Lebenskreis, in dem man seit je streng monarchistisch eingestellt war und den Königsdienst als eine Selbstverständlichkeit betrachtete. Der Bischof von Luçon hat diese Gesinnung einmal auf die Formel gebracht »Weder Gott noch dem König fern« und interpretierend erläutert, ein Leben am Hofe bedeute, über alle anderen Menschen erhoben zu sein.[16] Für den Staatsmann Richelieu verschmolz dann, wie Bailly, einer seiner Biographen, ausführt, die Größe Frankreichs mit der Stärkung der Monarchie zu einer einzigen Leitidee. Dieses Ziel hat der Kardinal seit seinem Eintritt in die Macht im Jahre 1624 niemals aus den Augen verloren, und er trachtete es in drei großen Etappen zu erreichen, nämlich im Inneren durch die politische Entmachtung des rebellischen Hochadels und durch die Beseitigung der Staat-im-Staat-Situation der Hugenotten sowie im außenpolitischen Bereich durch die Rückkehr zu den Traditionen Heinrichs IV., d. h. durch die Wiederaufnahme des Kampfes gegen das Haus Habsburg und dessen Frankreich allseitig einschnürende Vormachtstellung.

Daß Richelieu seine Vorstellungen tatsächlich verwirklichen konnte, war nur möglich, weil Ludwig XIII. ihm während der 18 Jahre, die ihm bis zu seinem Tod verblieben, im wesentlichen freie Hand ließ. Wenn auch der König seinem Einfluß schließlich ebenso erlag wie jeder andere, der mit dem Kardinal in Berührung kam, so vermochte er doch noch am meisten Distanz zu halten; im Grunde seines Herzens war ihm sein Minister menschlich gar nicht so sympathisch. Auf die Nachricht von dessen Tode sagte der König nur: »Da ist ein großer Mann gestorben!« Es war vielleicht weniger die fast dämonische Ausstrahlung der Persönlichkeit Richelieus, als vielmehr »seine tiefe Überzeugung von der königlichen Größe«, die Ludwig XIII. so stark mit ihm verband. Bailly meint sogar, daß der oft verkannte Ludwig XIII. »instinktmäßiger und mystischer König« gewesen sei als Ludwig XIV.[17]

Im Verlauf des ersten Jahrzehnts seines staatsmännischen Wirkens, also von 1624 bis etwa 1635, ist es Richelieu gelungen, die großen innenpolitischen Probleme, die er vorfand, im Sinne einer Steigerung des monarchischen Absolutismus zu lösen. Zunächst ging der Kardinal gegen den politischen Protestantismus in Frankreich vor. Nach langer Belagerung, die der König und sein Minister persönlich leiteten, mußte La Rochelle, die militärische Hochburg der Hugenotten, 1628 vor der königlichen Armee kapitulieren. Anschließend jedoch zeigte sich die souveräne Meisterschaft des großen Staatsmannes. Denn der Friede von Alais und das Gnadenedikt von Nîmes, die 1629 die Beziehungen des Hugenottentums zum Staat auf neue Grundlagen stellten, nahmen den Protestanten zwar alle Sicherheitsplätze, so daß sie aufhörten, ein militärischer und politischer Machtfaktor innerhalb der französischen Monarchie zu sein, aber sie bestätigten gleichzeitig die religiösen, bürgerlichen und sozialen Rechte der Reformierten. Indem die Krone die Garantie dafür übernahm, blieben also diese Kernbestimmungen des Edikts von Nantes weiterhin in Kraft. So hat es Richelieu verstanden, die Hugenotten politisch in den Staat zu integrieren, ohne ihren konfessionellen Sonderstatus zu beschneiden; die Gefahr eines Wiederauflebens des religiösen Bürgerkrieges war auf diese Weise gebannt.

Aber noch stand Richelieu die Auseinandersetzung mit der Adelsopposition bevor, der anderen großen Kraft, die eine weitere Stärkung des Königtums zu verhindern trachtete und sich naturgemäß zunächst vor allem gegen Richelieu, den unerbittlichen Vollstrecker der das Jahrhundert prägenden Idee des Absolutismus, richtete. Am 11. 11. 1630 ist es dieser – jetzt um die mit ihrem ehemaligen Protegé längst völlig verfeindeten Maria von Medici gescharten – Faktion beinahe gelungen, dem Kardinal die Gunst des Königs zu entziehen und ihn dadurch zu stürzen. Richelieu jedoch meisterte diese für ihn äußerst gefährliche Situation mit unerhörter Kaltblütigkeit und wandelte sie aus einer drohenden Niederlage in einen glänzenden Erfolg um, so daß jenes Datum für die gegen ihn intrigierenden Kräfte zu einer *journée des dupes*, zum Tag der Geprellten wurde.

Seitdem Richelieu nun sicherer denn je zuvor sein konnte, das uneingeschränkte Vertrauen Ludwigs XIII. zu besitzen – wurde er doch 1631 sogar zum Herzog und Pair von Frankreich erhoben –, schlug die Stunde des seit dem Tode Heinrichs IV. wieder ständig aufbegehrenden Adels mit seinen regionalistischen, ja häufig geradezu separatistischen Bestrebungen. Eine wesentliche Maßnahme, die Richelieu in diesem Zusammenhang ergriff, war die Abschaffung des Duells. Als ein *seigneur* ostentativ gegen dieses Verbot eines feudalen Relikts verstieß, ließ er ihn hinrichten, um die Macht des königlichen Willens zu demonstrieren. Außerdem setzte er die Schleifung der Befestigungen aller Adelsburgen durch, soweit diese nicht in Grenznähe lagen, und dokumentierte dadurch den Sieg der modernen Staatsräson über das mittelalterliche Recht zur Privatfehde in besonders sinnfälliger Weise.

Im Rahmen des Ringens mit der inneren Opposition, bei dem der Kardinal in dem von Maria von Medici besoldeten Journalisten

Mathieu de Morgues einen gefährlichen Gegner fand, hat er seinerseits als neuartiges Kampfmittel die Presse ins Feld geführt, wobei zunächst der ›Mercure Français‹ und dann seit 1631 die von dem Arzt Théophraste Renaudot redigierte ›Gazette de France‹ als offizielle propagandistische Organe für den leitenden Minister gearbeitet haben. So bediente sich der Kardinal keineswegs nur militärischer, sondern auch publizistischer Mittel, um den Aufstand niederzuwerfen, den im Jahre 1632 Gaston von Orléans, der Bruder Ludwigs XIII., und Heinrich von Montmorency – unterstützt von der Königin-Mutter und im Einverständnis mit den Spaniern – gegen die Krone entfesselten. Während Gaston nach seiner Niederlage bei Castelnaudary glimpflich behandelt, Maria von Medici aber immerhin ins Exil verwiesen wurde, das sie in Köln nahm, hat Richelieu, dem es nie in den Sinn kam, seine Gegner zu erziehen, der sie vielmehr stets zerbrach, an Montmorency ein Exempel statuiert, indem er ihn auf dem Marktplatz von Toulouse am 30. 10. 1632 öffentlich hinrichten ließ. Durch solches Vorgehen gegen einen sehr populären Repräsentanten des höchsten Adels wurde diesem Stand ein politischer und moralischer Schlag versetzt, von dem er sich nie wieder völlig erholen sollte. Mit den offenen Erhebungen innerer Opponenten war es jetzt, solange Richelieu lebte, vorbei. Aber auch weiterhin hat es nicht an Versuchen gefehlt, den Kardinal zu beseitigen; noch im Jahre seines Todes, im Juni 1642, deckte er persönlich mit der Verschwörung des Cinq-Mars, in die unter anderem auch der Herzog von Bouillon verwickelt war, einen Anschlag auf, der unmittelbar auf sein Leben abzielte; im Zusammenhang damit wurden die dem Herzog gehörenden souveränen Fürstentümer Sedan und Raucourt sowie das Herzogtum Bouillon für die Krone eingezogen.

Aber mit dem Zusammenbruch der großen Rebellion von 1632 ist die gefährlichste Opposition, die des Adels, doch in ihren Wurzeln so entscheidend getroffen worden, daß ihr nochmaliges Aufflackern anderthalb Jahrzehnte später in Form der Fronde letztlich zum Scheitern verurteilt sein mußte. Richelieu hat diesen Sieg der Krone gleichsam institutionalisiert, indem er den Verwaltungsapparat planmäßig ausbaute.

Bereits seit dem Mittelalter gab es ja in Frankreich, wie wir schon gesehen haben, besondere Kommissare *(enquêteurs-réformateurs)* des Königs, die zu speziellen Kontrollen der ordentlichen Justiz- und Finanzbehörden in die Provinzen entsandt wurden. In der zweiten Hälfte des 16. Jahrhunderts nahmen solche *chevauchées,* d. h. Inspektionsreisen von königlichen Sendboten, häufig schon einen regelmäßigen Charakter an, wobei sich die *chevaucheurs* vorwiegend aus den ebenfalls bereits erwähnten *maîtres des requêtes de l'hôtel* rekrutierten, also vom Monarchen abhängige junge Beamte waren, die dieser auch – im Gegensatz zu den Inhabern der anderen, meist käuflichen Ämter – jederzeit ab- oder versetzen konnte. Diese ursprünglich außerordentliche Institution bildete die Basis für das Intendanten-wesen, das Richelieu zwar nicht, wie früher vielfach angenommen wurde, geschaffen, dem er aber durch seine Maßnahmen entscheidend den Weg gebahnt hat. Dadurch, daß er die »Intendanten«, welcher Begriff sich allmählich für die Kontrolleure einbürgerte, in den Generalitäten in wiederkehrenden Zeitabständen ihre Funktionen wahrnehmen und sie oft auch ständig dort wirken ließ, wandelte sich ihr Amt quasi unmerklich in ein ordentliches um. Dabei verdrängten sie u. a. auch die Gouverneure mehr und mehr aus deren Aufgabenbereich, eine Entwicklung, die durchaus im Sinne des Königtums war, das die seit dem 14. Jahrhundert ständig gewachsene Macht dieser hohen Provinzialbeamten mit Unbehagen und Mißtrauen betrachtet hatte. Auch ihr Amt war inzwischen erblich geworden, sank nunmehr aber zu einem reinen, finanziell natürlich nach wie vor sehr einträglichen Titularamt für den vornehmsten Adel ab. Daher nimmt es nicht wunder, daß nicht zuletzt aus den Reihen der Gouverneure jene feudale Opposition gegen den königlichen Zentralismus und Absolutismus hervorging, die später in der Fronde zum offenen Ausbruch gelangte. Die Verwaltungsbezirke der Gouverneure, deren es zuletzt 40 gab, blieben allerdings als wichtigste Grundeinteilung bis zur Revolution erhalten.

Zwei Kabinettserlasse vom September 1634 und vom September 1635 bereiteten in provisorischer Form die offizielle Einrichtung von Intendanturen vor, die unter genauer Angabe der entsprechenden Kompetenzen der *intendants de justice, police et finances, commissaires départis dans les généralités du royaume pour l'exécution des ordres du roi* allerdings erst nach Richelieus Tod durch eine königliche Ordonnanz vom 16. 4. 1643 erfolgte. Jedenfalls ist es das Verdienst Richelieus gewesen, »klaren Blickes erkannt zu haben, welch brauchbare Stütze das absolute Königtum in diesen Beamten zur Vollendung einer einheitlichen Verwaltung und der Zentralisation des Reiches finden könne«[18]. Mit ihrer Hilfe haben die französischen Könige und ihre Minister von da an dem unpersönlichen Absolutismus in der lautlosen Manier systematischer administrativer Arbeit zum Siege verholfen.

Auch dem nach seiner Überzeugung allzu mächtigen Pariser Parlament hatte Richelieu den Kampf angesagt. Er setzte 1631 mit der Verbannung von Räten ein, die sich der Registrierung eines Erlasses gegen die Anhänger Gastons von Orléans widersetzt hatten, und gipfelte im Februar 1641 in einem königlichen Edikt, das das Remonstranzrecht erheblich einschränkte, indem es dem Parlament untersagte, außer in Finanzangelegenheiten in die Staatsverwaltung und Entscheidungen der Regierung einzugreifen.

Nach der Bewältigung der wesentlichsten innenpolitischen Aufgaben konnte Richelieu daran gehen, auch das dritte Problem, den Kampf gegen das Haus Habsburg, vor allem gegen seine spanische Linie und deren Frankreich einschnürende Machtposition, offener in Angriff zu nehmen. Wenn er sich bis dahin noch eine gewisse Zurückhaltung auferlegt hatte, so nicht zuletzt darum, weil er von der Leistungsfähigkeit der französischen Armee, die im Gegensatz zu den kampferprobten Heeren des Kaisers und Spaniens seit Jahrzehnten keinen Krieg großen Stils geführt hatte, nicht sehr überzeugt war. Immerhin hatte er es schon kurz nach seiner Amtsübernahme verstanden, die Pläne der spanischen Politik durch ein geschicktes Wechselspiel von Diplomatie und militärischer Nachhilfe zu durchkreuzen: die von ihm entfesselte »Valtellina-Affäre« hatte durch den Vertrag von Monçon (5. 3. 1626) mit einem vollen Erfolg Frankreichs geendet, denn Spanien hatte auf das Durchzugsrecht durch dieses wichtige Gebirgstal in Graubünden verzichten müssen, das seine militärische Machtstellung in Norditalien mit der des Kaisers in Österreich verband. Kurz darauf hatte sich das französische Heer wieder im Mantuanischen Erbfolgekrieg bewährt, d. h. im savoyischen Westalpengebiet durch militärische Aktionen jene diplomatischen Geheimverhandlungen unterstützt, die zwischen Richelieu und Giulio Mazarini, dem als Vermittler fungierenden päpstlichen Unterhändler, geführt worden waren. Deren Ergebnis waren die Verträge von Rivalta (4. 9. 1630) und Cherasco (1632) sowie ein am 6. 7. 1632 in Turin abgeschlossenes Geheimabkommen, die dem Herzog von Nevers den Besitzanspruch auf Mantua und Monferrato zusprachen, der ihm von habsburgischer Seite streitig gemacht worden war. Außerdem gewann Frankreich bei dieser Gelegenheit von Savoyen die wichtigen Alpenübergänge Pinerolo und Perosa.

Das letzte Lebensjahrzehnt Richelieus hat fast ausschließlich im Dienste seines leidenschaftlichen Bestrebens gestanden, die habsburgische Vorherrschaft in Europa durch die bourbonische zu ersetzen. Obwohl Kardinal der römischen Kirche und in Frankreich selbst ein eifriger Verteidiger des Katholizismus gegen die Ansprüche des neuen Glaubens, hat Richelieu außerhalb des eigenen Landes die Protestanten in ihrem Kampf gegen die katholisch-habsburgische Hegemonie allenthalben unterstützt. Er vermochte die damit verbundene innere Spannung auf Grund seiner souveränen Persönlichkeit auch immer zu ertragen; nur einmal, im Jahre 1636, schien es so, als werde er doch daran zerbrechen: Welche Ereignisse führten diese persönliche Krise, die sich vor dem Hintergrund einer drohenden militärischen Katastrophe Frankreichs vollzog, herbei?

Als französische Truppen unter dem Vorwand, Herzog Karl III. habe dem nach seinem erfolglosen Aufstand flüchtigen Gaston von Orléans Schutz gewährt, zwischen 1633 und 1635 in dem zum Reich gehörenden Herzogtum Lothringen Garnison bezogen, wurde offenkundig, daß Richelieu zunehmend auch auf den seit 1618 in Deutschland tobenden Glaubenskrieg einzuwirken gedachte. Bis 1635 begnügte sich Frankreich mit nur indirekter Einmischung in die deutschen Verhältnisse. Richelieu vermittelte durch seinen Sonderbotschafter Charnacé im September 1629 zu Altmark einen Waffenstillstand zwischen Sigismund von Polen und Gustav Adolf und schloß mit letzterem Subsidienverträge ab. Solange die Macht des Schwedenkönigs noch nicht zu groß geworden war, hat Richelieu dessen militärische Operationen mit Geldmitteln unterstützt, weil sie ja indirekt auch den französischen Interessen dienten. Dies lag durchaus auf der Linie seiner Politik eines vorläufigen Abwartens. Als Gustav Adolf jedoch von Breitenfeld bis ins äußerste Süddeutschland und vor allem in die südwestdeutschen Lande am Oberrhein vordrang und sich als Folge seines Siegeszuges die Möglichkeit eines schwedisch-protestantischen Kaisertums anstelle des habsburgisch-katholischen in Deutschland abzuzeichnen begann, stellte Richelieu seine Hilfsmaßnahmen Anfang 1631 ein; wahrscheinlich hat er den Tod Gustav Adolfs bei Lützen insgeheim sogar aufatmend begrüßt. Jetzt trat Richelieu von neuem mit Schweden, dessen Politik Oxenstjerna für die noch unmündige Königin Christine leitete, und mit den Protestanten Deutschlands, deren militärischer und politischer Vorkämpfer in dieser Phase des Krieges Bernhard von Weimar war, in langwierige Verhandlungen ein. Im Jahre 1634 siegten die Kaiserlichen bei Nördlingen so entscheidend über die Schweden, daß diese bis fast an die Ostsee zurückweichen mußten. Zur gleichen Zeit breiteten sich die mit dem Kaiser verbündeten Spanier am Mittelrhein und im Moseltal aus, nahmen 1635 Trier ein und setzten dessen Kurfürsten, der sich dem Schutze Frankreichs unterstellt hatte, gefangen.

Angesichts dieser Situation sah sich Richelieu gezwungen, die bisher geübte Taktik der »verdeckten« Kriegführung aufzugeben und offen in den großen Kampf einzutreten. Nunmehr offiziell im Bündnis mit Schweden, erklärte Frankreich am 19. 5. 1635 in feierlicher Form den Krieg an Spanien. Österreich antwortete seinerseits mit der Kriegserklärung an Frankreich. Damit weitete sich die ursprünglich innerdeutsche Auseinandersetzung endgültig zu einem allgemeinen europäischen Konflikt aus, in dem Frankreich rasch zur führenden Macht des antihabsburgischen Lagers aufsteigen sollte.

Richelieu hat diesen entscheidenden Schritt nur unter dem Druck der Umstände und keineswegs gern getan. Denn angesichts der Unzulänglichkeit der französischen Heeresorganisation hielt er ihn vom militärischen Standpunkt aus für durchaus noch verfrüht. Und in seiner Befürchtung, daß es die eigene Armee kaum mit einer solchen Elitetruppe wie der spanischen Infanterie würde aufnehmen können, sah sich Richelieu zunächst auch vollauf bestätigt!

Zwar gab es einen Anfangserfolg in den Niederlanden, aber schon 1636 wurde Frankreich einer so schweren Belastungsprobe ausgesetzt, daß das ganze politische System Richelieus für einige Tage in Frage gestellt erschien. Eine große Offensive, die spanische und kaiserliche Truppen gemeinsam nach Nordfrankreich unternahmen, während

Condé in der Franche-Comté durch die vergebliche Belagerung der Festung Dôle gebunden war, führte die Verbände des Kardinal-Infanten Don Fernando und des kaiserlichen Reitergenerals Jan van Werth bis vor Corbie, wobei ihre Kundschafter bis Pontoise, also vor die Tore von Paris vordrangen.

Die Panik, die daraufhin in der französischen Hauptstadt ausbrach, löste sofort eine sehr gefährliche Demonstration gegen die höchst unpopuläre Politik des Kardinals aus. Angesichts der ungeheuren Erbitterung, die Volk, Adel und Parlament gegen den herrischen Minister vereinte, hat Richelieu in einem Anflug von verzweifelter Resignation diesmal aufgeben wollen, als eine wütende Masse sein Palais umlagerte. Nur der energische moralische Appell seines Vertrauten und Beraters, des Paters Joseph, riß ihn erneut empor, so daß er zu seiner alten Entschlossenheit und Tatkraft zurückfand und durch furchtloses persönliches Auftreten in der tobenden Menschenmenge seine Autorität wiederherzustellen vermochte. Voraussetzung dazu war allerdings, daß der König selbst in diesem kritischen Moment zu seinem Minister hielt. Die Stimmung schlug jetzt in nationale Begeisterung um, und Ludwig XIII. und Richelieu konnten daraufhin umfassende Verteidigungsmaßnahmen ergreifen. Sie bewirkten die rasche Rückeroberung von Corbie durch eine von beiden persönlich geführte Armee; außerdem wurde Dijon eingenommen, das die Kaiserlichen ebenfalls besetzt hatten. Ende 1636 war ganz Nord- und Ostfrankreich wieder frei. Die Kriegsfurie wälzte sich zurück ins Rheintal.

Wohl nicht ganz zu Unrecht vertritt Auguste Bailly die Auffassung, daß in diesem dramatischen Augenblick der französischen Geschichte die Idee der *patrie* geboren worden sei.[19] Gewiß darf man dieses Vaterlandsgefühl noch nicht an den modernen Kriterien der nachrevolutionären Epoche des 19. und 20. Jahrhunderts messen, aber die Begriffe Vaterland und Nation haben sich zweifellos im Zeitalter der Gegenreformation stärker ausgeformt. Sie waren gleichbedeutend mit der Vorstellung von einem machtvollen und zentralistischen Staatsverband mit bestimmten politischen Zielsetzungen, der wiederum in der Gestalt des absoluten Herrschers personifiziert erschien.

Nachdem der Angriff habsburgischer Armeen auf Frankreich abgewiesen worden war, hielt Richelieu die Zeit für gekommen, den Krieg gegen Spanien und Österreich seinerseits offensiv zu gestalten. In diesem Zusammenhang stellte der Kardinal auch seine Fähigkeiten als Militärorganisator unter Beweis. Er erhöhte die normale Friedensstärke des überwiegend aus ausländischen Söldnern gebildeten Heeres von 60000 – gegenüber 10000 unter Heinrich IV.! – auf 150000 Mann. Während des Krieges mußten jedoch auch die französischen Provinzen und Städte eine gewisse Anzahl wehrfähiger Leute stellen und für deren Ausrüstung aufkommen. Da man keinen Zwang auf den einzelnen ausüben konnte, veranlaßte Richelieu in einigen Fällen königliche Verordnungen, die bestimmte Handwerker und Kaufleute zur Schließung ihrer Läden und Entlassung ihrer Gesellen und Lehrlinge nötigten; letztere wurden infolgedessen leichte Opfer der Militärwerber. Auf diese Weise gelang es Richelieu, innerhalb von drei Jahren über eine vollwertige Streitmacht zu verfügen, die seit 1637 auf den deutschen Kriegsschauplätzen genügend Kampferfahrungen sammelte. Nach dem Tod Bernhards von Weimar 1639, der im Elsaß ein eigenes Fürstentum zu begründen beabsichtigt hatte, nahm er nicht nur dessen schlagkräftiges Heer in Dienst, sondern gleichzeitig auch die oberrheinischen Eroberungen des Herzogs de facto in Besitz und sicherte sich damit ein unschätzbares Faustpfand für zukünftige Friedensverhandlungen. So war er in der Lage, die Kampfhandlungen des letzten Kriegsjahrzehnts maßgeblich mitzugestalten.

Der entscheidende Sieg der französischen Reiterei über die Tertios des spanischen Fußvolkes bei Rocroi 1643, die Feldzüge Turennes in Mitteldeutschland, gipfelnd in der Niederwerfung der Kaiserlichen bei Nördlingen 1645, und schließlich die im Bunde mit den Schweden gegen Bayern gerichteten Zangenangriffe von 1647 und 1648, die letzten und gleichzeitig auch verheerendsten Operationen in diesem furchtbaren Kriege, gaben den Ausschlag dafür, daß am 24. 10. 1648 jener »Westfälische Frieden« von Münster und Osnabrück geschlossen wurde, um den schon seit 1644 diplomatisch gerungen worden war und der jetzt endgültig bewies, daß Frankreich über Österreich den Triumph davongetragen hatte. Diesen überwältigenden Erfolg, den die französischen Historiker als eine der Sternstunden in der Geschichte ihres Landes ansehen, hat allerdings derjenige, dem er letztlich zu verdanken war, nicht mehr miterlebt. Vielmehr mußte Richelieu es seinem Schüler und Nachfolger in der Leitung der Staatsgeschäfte, dem Kardinal Mazarin, überlassen, sein großes Vorhaben zu vollenden, nachdem er selbst am 5. 12. 1642 in dem Bewußtsein gestorben war, daß sein Werk in dem von ihm konzipierten Sinne weitergeführt werden würde.

Die außenpolitischen Ambitionen des Kardinals sind nun nicht auf Europa beschränkt geblieben; vielmehr bezog er auch überseeische Territorien, in denen Frankreich ja schon seit dem 16. Jahrhundert verheißungsvolle, obgleich noch nicht systematisch wirkende kolonisatorische Ansätze gemacht hatte, in seine Planungen ein. So hat er seinem Land eine bis in die jüngste Zeit hinein nachwirkende Aufgabe zugewiesen, die das französische Selbstverständnis oft und gern als eine Art Mission zur Ausbreitung der eigenen Zivilisation in der Welt begriffen und interpretiert hat.[20] Richelieu ist der erste französische Staatsmann gewesen, der eine koloniale Idee gehabt und zu ihrer Verwirklichung eine konsequente Kolonialpolitik großzügigen Charakters betrieben hat. Deren Grundprinzipien liefen darauf hinaus, daß die Auseinandersetzung mit Habsburg auch auf die neue Welt ausgeweitet werden müsse, wenn man Spanien wirkungsvoll entgegentreten wolle, und daß die Kolonisation nicht mehr nur aus wirtschaftlichen Motiven erwachsen und quasi privater Initiative überlassen bleiben dürfe, sondern eine politische Angelegenheit und damit Sache des Staates sei. Eine solche Zielsetzung jedoch machte den Aufbau einer starken Marine notwendig. Richelieu nahm sich daher besonders dieses bisherigen Stiefkindes der französischen Militärpolitik an und bewog zunächst den Herzog von Montmorency dazu, gegen eine hohe finanzielle Entschädigung auf seinen Titel als Großadmiral von Frankreich zu verzichten. Daraufhin beseitigte er dieses mehr repräsentative als effektive Amt völlig – ebenso wie übrigens auch das des *connétable,* dessen Funktionen als Oberbefehlshaber des Heeres von da an der König selbst ausübte – und ließ sich persönlich 1626 zum *grand-maître chef et surintendant-général de la navigation et du commerce* ernennen, vereinigte unter dieser neu geschaffenen Bezeichnung also nach modernen Begriffen die Aufgabenbereiche eines Marine- und Kolonialministeriums in einer Hand und förderte deren Belange tatkräftig und planvoll. Er unterstützte die Auswanderung von Kolonisten und rief vor allem große, vom König mit besonderen Privilegien ausgestattete und daher vom Staat abhängige Kolonialgesellschaften ins Leben (z. B. 1627 die »Compagnie de la Nouvelle France« bzw. »Compagnie des Cent Associés« für Kanada), weil sich die kleinen Unternehmer, die bisher den Handel mit überseeischen Gebieten betrieben und entsprechende Niederlassungen gegründet hatten, angesichts der von Seeräubern oder feindlichen Kaperschiffen drohenden Gefahren für die Risiken kolonialpolitischer Aktivität wirtschaftlich als zu schwach erwiesen hatten. Mit dieser seiner Kolonialpolitik hat Richelieu Maßstäbe gesetzt, die über seinen Tod hinaus während des ganzen Ancien régime bestimmend geblieben sind. Denn die unter seiner Ägide und seitdem entstandenen Handelskompanien begründeten bis gegen Ende der Regierung Ludwigs XIII. in Kanada, auf zahlreichen Antilleninseln, am Senegal und auf Madagaskar Kolonien oder bauten schon bestehende Kontore dazu aus, die die Grundpfeiler des ersten französischen Kolonialreiches bildeten.

Während die Maßnahmen des Kardinals auf den bisher betrachteten Gebieten so erfolgreich gewesen sind, kann man das gleiche von seiner Wirtschafts- und Sozialpolitik – aber auch von der seines Nachfolgers Mazarin – nicht sagen. Hier wirkten offensichtlich Kräfte, die sich der Beeinflussung durch den einzelnen, selbst durch eine so bedeutende historische Persönlichkeit wie Richelieu, entzogen, und zwar damals weit mehr als dies auch heute noch der Fall ist. Der wirtschaftliche Niedergang, der trotz der konstruktiven Politik Heinrichs IV. und Sullys seit der Mitte des 16. Jahrhunderts erfolgt war, setzte sich unter der Amtszeit der beiden großen Kardinäle fort. Der ganze Zeitraum bis etwa 1650/60 ist durch eine langsame, aber stetige Rezession der französischen Volkswirtschaft gekennzeichnet. Dadurch wurde die fiskalische Leistungsfähigkeit der Nation sehr beeinträchtigt, obwohl die Staatsführung wegen ihrer aufwendigen Außenpolitik während des Dreißigjährigen Krieges die Steuerschraube bis zum äußersten angezogen hielt. Infolge des langandauernden militärischen Konfliktes mit Spanien ging der Handel mit dessen überseeischen Kolonien ebenso zurück wie gleichzeitig – ganz im Gegensatz zum 16. Jahrhundert – auch der Zustrom von Edelmetallen aus Spanisch-Amerika immer geringer wurde, eine Entwicklung, die um 1650 ihren Tiefstand erreichte. Letzterer ganz Europa betreffende Vorgang wirkte sich natürlich auch auf Frankreich und dessen Wirtschaft aus, und zwar hier besonders einschneidend.

Während die Preise noch im 16. Jahrhundert stetig, seit den 1620er Jahren aber schon langsamer angestiegen waren, hielten sie sich von etwa 1630 bis 1640 auf einer gleichbleibenden Höhe, um von da an wieder abzusinken. Dies zwang zu Unterbietungen und brachte vor allem die Bauern, aber auch Handwerker oder Fabrikanten, d. h. die Hersteller von serienmäßig produzierten Fertigwaren, oft in erhebliche wirtschaftliche Schwierigkeiten. Hinzu kamen häufige Mißernten, die einerseits Hungersnöte nach sich zogen und andererseits die Bauern ruinierten, die ihren verschuldeten Besitz zu Schleuderpreisen verkaufen mußten und ins Lumpenproletariat absanken. Aus ihnen rekrutierten sich dann die vielen entwurzelten Existenzen, die sich als Landstreicher oder gar Wegelagerer durchschlugen und die allgemeine Unsicherheit erhöhten.

Die gewerbetreibenden Bewohner der Städte waren auf andere Weise nicht weniger bedroht: plötzlich auftretende Seuchen rafften nicht nur zahllose Menschen mit einem Schlag dahin, sondern lähmten auch die Produktion und den Handel nicht selten vollständig. Die betroffenen Gemeinwesen, über die außerdem während solcher Epidemien lange Quarantänezeiten verhängt und die damit von der Außenwelt isoliert wurden, mußten sich in Schulden stürzen, und diese oft jahrzehntelang nachwirkenden Belastungen verhinderten wiederum ihre wirtschaftliche Weiterentwicklung. Entvölkerten schon Seuchenkatastrophen und die Verelendung der Bauern infolge von Mißernten das Land oft weitgehend, so trugen die ständigen Kriege, die Frankreich mindestens so häufig führte wie jeder andere europäische Staat des 17. Jahrhunderts, noch dazu bei, diesen verhängnisvollen Prozeß zu beschleunigen, denn sie nötigten die Regierung zu immer neuen Rekrutierungen, deren Methoden ja in anderem Zusammenhang bereits angedeutet wurden.

Während also Frankreich unter Richelieu begann, sich zur ersten Großmacht Europas zu erheben, befand es sich gleichzeitig seit etwa 1630 in einer wirtschaftlichen Dauerkrise, die bis in die Zeit Colberts andauerte und nicht einmal von diesem großen Finanzminister völlig gemeistert werden konnte. Sie löste zahlreiche Revolten von Bauern und Handwerkern aus, in denen die marxistische Geschichtsschreibung der Gegenwart gern klassenkämpferische Bewegungen mit ideologischem Hintergrund sieht. Jedoch ist solche Interpretation konstruiert, da von einem proletarischen Klassenbewußtsein im 17. Jahrhundert noch gar keine Rede sein kann. Diese Aufstände trugen in der Regel einen völlig spontanen Charakter; nicht selten waren es sogar Landedelleute oder gar Beamte, die die Volksmassen gegen die häufig brutalen Steuererhebungsmethoden des absolutistischen Regimes aufwiegelten. Die Devise lautete dabei meistens: Verteidigung der »Freiheiten der Provinz«. Zu diesen regionalistischen Tendenzen traten noch feudalistische hinzu, so vor allem beim Fronde-Aufstand, den man als den historischen Höhepunkt dieser Serie innerer Revolten ansehen kann, die insgesamt eher darauf abzielten, frühere Zustände und vom Absolutismus unterdrückte Privilegien wiederherzustellen, als etwa grundsätzlich neue Entwicklungen im Sinne des modernen Fortschrittsdenkens einzuleiten.

Das Zeitalter der großen Kardinäle Richelieu und Mazarin, das mit dem Tode des letzteren in das Ludwigs XIV. einmündete, hat nicht nur die politische Geschichte in irreversibler Weise gestaltet, sondern auch dem Geistesleben seinen Stempel aufgedrückt. Den entscheidenden Auftakt dazu bildete die von Richelieu veranlaßte Gründung der *Académie française*, deren Statuten der König Ende Januar 1635 genehmigte. Das Pariser Parlament zögerte allerdings die formelle Registrierung um zwei Jahre hinaus, weil es nicht zu Unrecht argwöhnte, daß der Kardinal sich mit dieser Institution ein neues Machtmittel schaffen wolle, und es beglaubigte die *lettres patentes* erst am 10. 7. 1637, nachdem Richelieu gewisse Repressalien angedroht hatte. Die *Académie* wurde fortan zur Hüterin der Reinheit und Durchsichtigkeit einer französischen Sprache, der in der modernen Welt die gleiche universale Gültigkeit zukommen sollte, die bisher das Privileg des Lateinischen gewesen war. Der Siegeszug, den das Französische seitdem nicht nur als Sprache einer Literatur von Weltrang antrat, sondern auch als die der Diplomatie und für etwa 200 Jahre der Gebildeten überhaupt, bestätigte nachträglich immer wieder die große, zukunftweisende Bedeutung von Richelieus Kulturpolitik.

Mit der Begründung der *Académie française* hat Richelieu eine grundlegende Voraussetzung für das Aufblühen jener neuklassischen Literatur geschaffen, deren formale Prinzipien vor allem François Malherbe maßgeblich vorgezeichnet hatte und durch die gerade das 17. Jahrhundert zum *grand siècle* Frankreichs geworden ist. Darüber hinaus ist damals mit der Philosophie von René Descartes, dessen Hauptwerk, der ›Discours de la méthode‹, 1637 erschien, auch eine Reflexionsweise klassisch ausgeformt worden, die seitdem als identisch mit dem französischen Denkstil überhaupt gilt. Erwähnt sei noch die große Gestalt Pascals, in dessen Werk bereits eine durchaus modern anmutende Existenzphilosophie, erwachsend natürlich aus dem noch völlig intakten christlichen Grunderlebnis der Barockzeit, anklingt. So sind im Zeitalter Richelieus und seines Amtsnachfolgers Mazarin nicht nur die Fundamente für die Politik Ludwigs XIV. gelegt worden, sondern auch für jene einzigartige Entfaltung der intellektuellen und ästhetischen Kultur der ludowizischen Epoche, die zum Maßstab für ganz Europa wurde und das aufs höchste verfeinerte Stilbewußtsein der die damalige soziale Struktur absolut beherrschenden Adelsgesellschaft unverwechselbar geprägt hat.

Der Mann, der im Dezember 1642 die Amtsnachfolge Richelieus als Leitender Minister Frankreichs antrat, war seiner Herkunft nach Italiener. [21] Als Kind wohlhabender bürgerlicher Eltern in dem Abruzzen-Ort Pescina im Jahre 1602 geboren, war Giulio Mazarini als Offizier und Diplomat in den Diensten der Kurie aufgestiegen und hatte im Verlauf seiner schon erwähnten Verhandlungen mit Richelieu dessen Sympathie und schließlich auch Vertrauen gewonnen. Von da an setzte er, der bereits damals mehr die Interessen Frankreichs vertreten und nur nach außen hin den neutralen Vermittler gespielt hatte, alles daran, den Kontakt zu dem von ihm bewunderten Minister aufrechtzuerhalten und zu intensivieren, weil er sich von dessen Förderung die erstrebte steile Karriere versprach. In diesem Sinne nutzte er die Jahre seiner Nuntiatur in Paris ab 1634 und erreichte es auf Grund seiner politischen Fähigkeiten und seiner Beharrlichkeit tatsächlich, daß Richelieu ihn in zunehmendem Maße an sich heranzog und sogar in die Führung seiner Amtsgeschäfte einweihte. Es war schließlich nur konsequent, wenn Jules Mazarin, wie er sich nun nannte, 1639 die Naturalisierung erbat und ganz in französische Dienste überwechselte. Er hatte das damit zunächst verbundene Risiko richtig kalkuliert: Richelieu begann ihn als seinen Nachfolger zu betrachten und als solchen systematisch aufzubauen und verschaffte ihm, um seine Autorität zu stärken, im Jahre 1641 endlich auch die ersehnte Kardinalswürde, obwohl Mazarin niemals geistliche Weihen empfangen hatte.

Diese Voraussetzungen gestalteten die Situation des neuen Prinzipalministers anfangs sehr schwierig, zumal er bisher weitgehend im Verborgenen und im Schatten seines großen Vorgängers gewirkt hatte und man daher bei Hofe geneigt war, ihn als Machtfaktor zu unterschätzen. Infolgedessen mußte der ebenso ehrgeizige wie verschlagene Nachfolger Richelieus alle Register seiner überlegenen Diplomatie ziehen und gleichzeitig rücksichtslos vorgehen, wenn die Umstände es erforderten, um sich durchsetzen und die Politik vollenden zu können, die er als verpflichtendes Erbe übernommen hatte.

Im außenpolitischen Bereich gelang es Mazarin, den bei seinem Amtsantritt ja durchaus noch offenen Ausgang des großen Ringens in Deutschland so zu beeinflussen, daß der eigentliche Sieger des Dreißigjährigen Krieges schließlich Frankreich gewesen ist. Voraussetzung dafür waren natürlich die großen Schlachtenerfolge überragender Feldherren wie Condé und Turenne, aber Mazarin verstand es sehr geschickt, politische Krisensituationen zu meistern, indem er das Bündnis mit Schweden festigte und den Ausbruch eines größeren schwedisch-dänischen Krieges verhinderte, der Schwedens Aktivität von Deutschland abgelenkt hätte. Im Westfälischen Frieden, den der Kaiser zu seinem Nachteil nur als Interessenanwalt für seine Hausmacht, nicht aber als Reichsoberhaupt mit Frankreich und Schweden aushandeln konnte, errang der Bourbonenstaat eindeutig größere Vorteile als sein skandinavischer Alliierter, obwohl dieser sich militärisch viel stärker engagiert hatte. Während Schweden sich mit Landerwerbungen begnügen mußte, erreichte Frankreich neben solchen unmittelbaren Territorialgewinnen auch noch indirekt eine Schwächung des Hl. Römischen Reiches Deutscher Nation, des eigentlichen Verlierers dieses Krieges, die wiederum fast automatisch seinen eigenen Aufstieg zur europäischen Vormacht zur Folge hatte. Diese Entwicklung manifestierte sich in den Gebietsverlusten, die Deutschland 1648 erlitt. Die Schweiz und Holland schieden jetzt auch rechtlich, d. h. endgültig aus dem Reichsverband aus und wurden als selbständige europäische Mächte anerkannt. Damit war die Ausbildung einer Zwischenzone zwischen Deutschland und Frankreich diplomatisch offiziell bestätigt und ein jahrhundertelanger geschichtlicher Vorgang abgeschlossen.

Der Bourbonenmonarchie selbst wurde der uneingeschränkte Besitz der 1552 ja noch unter juristischem Vorbehalt erworbenen Bistümer Metz, Toul und Verdun definitiv zugebilligt. Außerdem erhielt sie neu hinzu Breisach, die österreichische Landgrafschaft Ober- und Niederelsaß, den Sundgau sowie die Landvogtei über zehn elsässische Reichsstädte, zu denen u. a. Colmar, Hagenau und Landau zählten. Frankreich war jetzt an den Rhein vorgestoßen und griff bei Breisach sogar auf das rechtsrheinische Ufer über. Von dieser Bastion aus konnte es jederzeit die süddeutschen Reichsstände unter Druck setzen und womöglich gegen Österreich mobilisieren. Als Garantiemacht des Westfälischen Friedens ebenso wie Schweden gleichzeitig Bürge der Reichsverfassung, verfügte es darüber hinaus auch noch über legale Mittel, um seine Einmischung in die innerdeutschen Verhältnisse juristisch zu rechtfertigen.

In dem Augenblick jedoch, in dem Mazarin die politische Konzeption Richelieus, eine durch die französische Hegemonie garantierte Gleichgewichtsordnung in Europa, unter dem Zeichen der *pax francica* von Münster verwirklicht hatte, flammte der gefährliche Aufstand der Fronde auf, deren Name sich von der Schleuder, einem damals in Paris besonders beliebten Kinderspielzeug, herleitet. Dieser Bürgerkrieg, der Frankreich fünf Jahre lang, von 1648-1653, erschüttert hat, ist als eine Reaktion der von Richelieu unterdrückten politischen Kräfte Frankreichs zu verstehen, die sich erst nach dem Tode des übermächtigen Staatsmannes wieder zu rühren gewagt und einige Jahre gebraucht hatten, um sich zu einer aktionsfähigen Kampfgemeinschaft zu formieren. Nun, da die Verteidigung der Krone allein in den Händen einer ausländischen Prinzessin und eines landfremden

Kardinals lag, hielt die innere Opposition ihre Stunde für gekommen. Seit dem Tode Ludwigs XIII. am 14. 5. 1643 führte seine Witwe die Regentschaft für ihren erst fünfjährigen Sohn. Anna von Österreich, wie sie wegen ihrer habsburgischen Abkunft genannt wurde, hatte während der ganzen Dauer ihrer nicht sehr glücklichen Ehe einen schweren Stand am Hof gehabt und war als »die Spanierin« stets mit Mißtrauen betrachtet worden. Eine Ausnahme bildete Mazarin, der ihr bis zu seinem Tode in enger Freundschaft verbunden blieb; sie vergalt ihm diese treue Ergebenheit ihrerseits durch rückhaltloses Vertrauen und dadurch, daß sie ihn sogleich in seinem Amt bestätigte und gegen alle Intrigen in Schutz nahm. Nach einer kurzen Phase außenpolitischer Erfolge stand ihrer gemeinsamen Regierung jetzt im Inneren eine schwere Bewährungsprobe bevor.

Die Zielsetzungen der Aufstandsbewegung waren so differenziert wie die sie tragenden politischen Gruppen. Allen gemeinsam war jedoch das Streben, die Ergebnisse von Richelieus Politik rückgängig zu machen, durch die ja eine unbegrenzte Machtstellung des Prinzipalministers als Garanten des unpersönlichen monarchischen Absolutismus in Frankreich begründet worden war, und zwar auf Kosten der ständischen Interessen, vor allem des Hochadels. Und so nimmt es nicht wunder, daß dieser zum Anführer jener Fronde wurde, die seitdem als Inbegriff der Opposition gegen die Omnipotenz des Staates überhaupt gilt. Das Pariser Parlament, das unter der Regentschaft seine früheren durch den Erlaß von 1641 so stark beschnittenen Kompetenzen wieder zurückerobert hatte, und die hauptstädtische Bevölkerung sind im Grunde nur Komparsen einer Adelsrevolte gewesen, deren Hauptinitiatoren die Prinzen von Orléans und Condé waren und nicht zuletzt natürlich auch Paul de Gondi, Kardinal de Retz, der mit seinen berühmten und sehr einseitig für die Fronde Partei ergreifenden ›Memoiren‹ zu ihrem klassischen Chronisten und Interpreten geworden ist.

Wesentlichstes Ziel der Rebellen mußte die Beseitigung Mazarins sein, wenn man die damals durch die Regentin verkörperte Macht der Krone einschränken und den Feudalgewalten ihre alten politischen Rechte zurückerobern wollte. Daß die Adelspartei sich nicht scheute, 1652 sogar mit dem Landesfeind Spanien, mit dem Frankreich noch in offenem Krieg lag, ein förmliches Bündnis abzuschließen, zeigt an, wie weit ihr Haß gegen das absolutistische Regime ging. Selbstverständlich hat auch die gleichzeitige Revolution Cromwells in England ihre stimulierende Wirkung auf die Fronde nicht verfehlt.

Den Keim zum Aufruhr legte Mazarin selbst, als er der hauptstädtischen Bevölkerung durch das Tarif-Edikt von 1647 eine Anzahl von finanziellen Abgaben auferlegte, die so unpopulär waren, daß das Pariser Parlament die Registrierung dieser Sondersteuern verweigerte. In dem sich daraufhin anbahnenden Konflikt gewann diese Institution immer mehr die Oberhand und nötigte der Krone einige Zugeständ-

nisse ab, die vor allem die Intendanten betrafen. Da diese auf Grund
ihrer sehr weitgehenden Befugnisse rasch in Konflikt mit schon länger
bestehenden Behörden, wie eben den Parlamenten und den Finanz-
büros, geraten waren, wurden sie jetzt zum bevorzugten Angriffsziel
der gegen die königliche Zentralgewalt gerichteten Opposition. Sie
erreichte es, daß die Regentin im Juli 1648 den Intendanten die Ausübung ihrer Funktionen untersagte und keine neuen mehr ernannte,
ohne allerdings den Erlaß von 1643 und damit die Einrichtung als
solche formell abzuschaffen. Trotz solcher und ähnlicher Beschwichti-
gungsversuche spitzte sich indessen die Krise weiter zu. Als Mazarin
den volkstümlichen Parlamentsrat Broussel verhaften ließ, kam es am
27. 8. 1648, am »Tag der Barrikaden«, zum offenen Aufstand der
Volksmassen gegen die Regierung, dessen die königlichen Truppen
so wenig Herr zu werden vermochten, daß sich die Königin-Mutter
Anfang Januar 1649 sogar gezwungen sah, mit ihrem Sohn, dem
10jährigen Ludwig XIV., nach Saint-Germain zu fliehen, von wo sie
erst im September wieder nach Paris zurückkehren konnten. Wirklich
bedrohlich wurde die Lage aber erst, als sich ein großer Teil des Hochadels der Fronde anschloß, als sogar die großen Feldherren Condé
und Turenne gemeinsame Sache mit den Rebellen zu machen begannen, diesen ihre Truppen zur Verfügung stellten und damit die Erhebung zum offenen Bürgerkrieg steigerten. Das ganze Jahr 1650 ver-
ging mit Kämpfen in den Provinzen, wobei Mazarin – und in seinem
Gefolge der junge König – zwischen den jeweiligen Brennpunkten der
militärischen Auseinandersetzung und Paris hin- und herpendelte.
Wie schwankend seine Position trotz der errungenen Siege schon
geworden war, zeigte sich indessen sehr rasch: das Netz der von
Parlamentsräten und Prinzen gesponnenen Intrigen zog sich immer
enger um ihn zusammen und zwang ihn im Februar 1651, bei Nacht
und Nebel aus der Hauptstadt zu fliehen. Auf Befehl der quasi in
Hausarrest gehaltenen Regentin mußte er schließlich sogar Frankreich
verlassen und fand beim Erzbischof von Köln auf dessen Schloß
Brühl Asyl. Doch ist der geschickte Italiener während seines rund
einjährigen Exils keineswegs untätig gewesen; seiner überlegenen
Diplomatie, mit der er von Deutschland aus in die französischen Verhältnisse hineinwirkte, gelang es, Condé, Orléans, Retz und Turenne
zu entzweien, so daß letzterer ins königliche Lager zurückkehrte und
zum Oberbefehlshaber der royalistischen Truppen ernannt wurde.
Mittlerweile war auch Ludwig XIV. im September 1651 für groß-
jährig erklärt worden – die feierliche Salbung und Krönung in Reims
fand erst drei Jahre später statt – und hatte formell die Regierung
angetreten, woraufhin das von Anfang an so heterogene Bündnis der
Frondeure zusehends zerfiel und sich immer mehr Mitglieder des Parlaments und des hohen Adels auf die Seite des Monarchen stellten. So
wurde z. B. der Herzog von Bouillon, ein Bruder Turennes, für seinen offiziellen Verzicht auf die 1642 eingezogenen Gebiete durch die

Belehnung mit einigen kleinen Grafschaften in Süd- und Mittelfrankreich entschädigt und auf diese Weise zurückgewonnen. Hinzu kam, daß Condés Herrschaft in Paris ihm wegen seiner mit Anmaßung gepaarten Unfähigkeit allmählich auch die feindselige Ablehnung des Bürgertums eingebracht hatte; infolgedessen schlug in der von Hunger und Seuchen bedrohten Hauptstadt die öffentliche Meinung ebenfalls zugunsten des Königtums um, von dem man sich eine Wiederherstellung der Ordnung erhoffte. Im Januar 1652 konnte Ludwig XIV. es wagen, Mazarin zurückzuberufen, aber es bedurfte noch monatelanger erbitterter Kämpfe, ehe der von spanischen Truppen unterstützte Prinz so geschlagen war, daß der König im Oktober seinen feierlichen Einzug in Paris halten konnte. Vier Monate später folgte ihm Mazarin; er betrat die Hauptstadt als Sieger, getragen vom Vertrauen des jungen Monarchen, der den Kardinal, dem er seinen Thron zu verdanken hatte, bis zu dessen Tod am 9. 3. 1661 noch so uneingeschränkt schalten und walten ließ wie sein Vater einst Richelieu. Der Aufstand der Fronde hatte sich als Episode erwiesen, und die Machtstellung des absoluten Königtums war unbestrittener denn je. Dem Parlament gegenüber wurden die Bestimmungen des Edikts von 1641 nicht nur erneuert, sondern sogar noch verschärft, indem ihm auch noch die Einmischung in Finanzangelegenheiten verboten wurde. Jetzt konnte Mazarin auch erneut auf die bewährten Intendanten zurückgreifen, die er zunächst, um den verhaßten Namen zu vermeiden, als *maîtres des requêtes* amtieren ließ; im Laufe der Regierung Ludwigs XIV. wurden sie auch unter ihrem eigentlichen Titel allmählich wieder in ihre alten Rechte eingesetzt und übten diese bis zum Ende des Ancien régime unangefochten aus.

Die Niederwerfung der Fronde versetzte Mazarin zugleich in die Lage, dem Krieg mit Spanien, der ja durch den Westfälischen Frieden nicht beigelegt worden war, seine ungeteilte Aufmerksamkeit zuzuwenden. Nachdem er 1657 einen Vertrag mit Cromwell zustandegebracht und dadurch England als willkommenen Bundesgenossen gewonnen hatte, gelang es ihm im Verlauf zweier weiterer Jahre, die Auseinandersetzung mit der südeuropäischen Großmacht einem für Frankreich unbestreitbar siegreichen Ende zuzuführen. Am 7. 11. 1659 wurde auf einer Insel des Grenzflusses Bidassoa der sog. Pyrenäische Frieden zwischen Frankreich und Spanien geschlossen. Er enthielt als wichtigstes Zugeständnis Philipps IV. die Vereinbarung, daß seine Tochter Maria Theresia dem französischen König die Hand reichen sollte, der auf Grund dieser Vermählung eines Tages seine Anwartschaft auf die Thronfolge in Spanien geltend machen konnte. Zwar mußte die Infantin bei der Eheschließung 1660 feierlich auf alle Erbansprüche verzichten, aber der vorausschauende Mazarin hatte daran die Bedingung einer hohen Mitgift geknüpft, die denn auch niemals ausgezahlt worden ist. Und die Zukunft sollte lehren, daß Ludwig XIV. sich in der Tat nicht als an das Versprechen seiner Gemahlin gebunden betrachtete. Hinzu kamen bedeutende territoriale Gewinne, die auf eine Vorverlegung der französischen Nordost- und Südgrenze hinausliefen. Denn Frankreich erhielt Teile von Flandern, die Grafschaft Hennegau, verschiedene Städte im Luxemburgischen und die Grafschaften des Artois. Südlich davon weitete Frankreich seinen Einfluß im lothringischen Raume weiter aus. Und schließlich mußte Spanien die Grafschaften Roussillon, Conflans und die nördliche Cerdagne abtreten, womit Frankreich im Pyrenäengebiet jene Grenzlinie erreichte, die bis heute konstant geblieben ist.

So hatte Frankreich nicht nur über die deutschen, sondern auch über die spanischen Habsburger den Triumph davongetragen. Die Hegemonie, die Spanien fast anderthalb Jahrhunderte lang in Westeuropa ausgeübt hatte, ging jetzt auf Frankreich über. Von Lothringen her, das sich wie ein Keil in die französische Ostflanke hineingeschoben hatte, drohte der Bourbonenmonarchie keine Gefahr mehr, während die spanischen Niederlande, bislang eine Offensivbasis des Pyrenäenstaates, nun französischen Angriffsoperationen offenstanden. Und nicht zuletzt war die enge Zusammenarbeit zwischen den beiden Zweigen der Dynastie Habsburg fortan erheblich erschwert. Daher hat L. v. Ranke die große Bedeutung dieses Friedensvertrages vor allem darin gesehen, daß er die »Weiterbildung des großen geographisch-militärischen Systems der französischen Monarchie« entscheidend begünstigt habe, die nun »ebensoviel bedeutende Positionen zur Verteidigung und Abwehr sowie zu künftigen Angriffen« hatte.[22]

4. Das Zeitalter Ludwigs XIV. (1661-1715)

Als Ludwig XIV. (1643-1715) am 9. 3. 1661 mit zweiundzwanzig Jahren seine Selbstregierung antrat,[23] war die außenpolitische Situation Frankreichs, wie wir gesehen haben, günstiger denn je zuvor. Im Innern war das Prinzip des Absolutismus dank der Politik der beiden großen Kardinäle bis zur Vollendung ausgebildet worden. Das während des Fronde-Aufstandes herrschende Chaos hatte ein übriges getan, um die französische Nation mit der Sehnsucht nach Ruhe und dem Ruf nach einer starken Monarchie zu erfüllen. Und Ludwig XIV. war genau die Persönlichkeit, diesem allgemeinen Verlangen gerecht zu werden. Er war, wie einer seiner modernen Beurteiler, G. Pagès sagt, der König, »den die Nation erwartete«[24]. Die für das Königtum so demütigenden Vorgänge des vierjährigen Bürgerkrieges hatte er schon mit hellem Bewußtsein miterlebt und dabei Eindrücke empfangen, die sich in den Memoiren, die er im Geiste eines Fürstenspiegels kurz nach Beginn der Selbstregierung für seinen Sohn geschrieben hat, niederschlugen. Die Maximen, die Ludwig hier entwickelt, sind von der Überzeugung getragen, daß der König seine Macht mit niemandem teilen dürfe und sorgfältig darüber zu wachen habe, daß sie ihm von keiner Seite entfremdet würde, Anspielungen, mit denen eindeutig die Frondeure der Adels- wie auch der Parlamentsopposition gemeint sind. Bekanntlich hat man ihm häufig das berühmt-berüchtigte Wort zugeschrieben: »L'Etat c'est moi!« Zwar ist längst wahrscheinlich geworden, daß er diesen Ausspruch nie getan hat, der auch seiner Staatsauffassung nicht entsprochen hätte.[25] Selbst ein Ludwig XIV. erkannte die »ungeschriebenen« an der christlichen Ethik orientierten »Grundgesetze« des französischen Königreiches prinzipiell an und war daher von jeglicher Willkürherrschaft, etwa im Stil eines orientalischen Despoten, weit entfernt. Aber die Praxis, nach der der allgewaltige Monarch sein Land regierte, kam einer Identifikation des Königs mit dem Staat doch so nahe, daß der gleichsam abstrakte Absolutismus, den Richelieu entwickelt hatte, unter Ludwig XIV. durchaus persönliche Züge annehmen konnte.

Die Art und Weise, wie er mit Ständen und Institutionen umsprang, beweist eindeutig, daß die königliche Macht nunmehr unbestritten war. Der seit dem Fronde-Aufstand endgültig niedergeworfene Adel wurde in ein perfekt ausgebautes System von Hofämtern, die mit Pensionen dotiert waren, eingefügt und täuschte sich schließlich durch königliche Gunstbeweise über seine politische Einflußlosigkeit hinweg. Auch das Parlament, das ja ebenfalls an der Erhebung beteiligt gewesen war, sich als Hüter der Unantastbarkeit jener ungeschriebenen »Grundgesetze« empfand und vom Volk vielfach auch wirklich als einzige Barriere gegen den Mißbrauch königlicher Allgewalt angesehen wurde, bekam die starke Hand des Monarchen zu spüren. Als letztes seiner ohnehin schon eingeschränkten politischen Befugnisse wurde ihm 1673 das Remonstranzrecht entzogen, so daß es nur noch für die reine Rechtsprechung zuständig war. Die Reichsstände, die sich 1614 selbst entmachtet hatten, als sie wegen interner Streitigkeiten an den Schiedsspruch des Königs appellierten, waren seitdem nicht mehr einberufen worden und blieben auch unter Ludwig XIV. und seinen Nachfolgern vom politischen Leben ausgeschlossen. So war es ein leichtes für den König, die Höhe der direkten und indirekten Steuern eigenmächtig festzusetzen und je nach Bedarf neue Abgaben einzuführen, vor allem zur Deckung der ständig steigenden Kriegskosten; er nahm damit ein Recht, das ja ursprünglich zu den vornehmsten der Generalstände gehört hatte, für sich in Anspruch, als stehe es ihm selbstverständlich allein zu. Auf diese Weise kamen unter seiner Regierung zwei neue direkte Steuern zu der *taille* hinzu, nämlich die sog. *capitation* als eine kombinierte Einkommen- und Kopfsteuer und der »Zwanzigste« *(vingtième)*. Zu den wichtigsten indirekten Steuern, die in dieser Epoche die schon bestehenden ergänzten, gehörten das Tabakmonopol (1674), das Kaffee- und Teemonopol (1692) sowie eine Art Grunderwerbssteuer (1703).

Das Bewußtsein seiner einzigartigen monarchischen Stellung ist nun in Ludwig XIV. so ausgeprägt gewesen, daß er ihr mehr als jeder andere König der modernen Geschichte Europas betont symbolischen Ausdruck verliehen hat. Als Sinnbild seines Herrschertums wählt er die Sonne. Sie grüßt von zahlreichen öffentlichen Gebäuden herab und verkündet den Untertanen die überall wirksame Macht des *roi soleil*, des Sonnenkönigs. Der Mittelpunkt des zentralistisch organisierten Königreiches ist die glanzvolle Residenz, zunächst vornehmlich die Schlösser von Marly und Trianon und dann seit 1682 der Prunkbau des Schlosses von Versailles. Hier entfaltet der König seinen von allen Fürsten Europas bewunderten und schließlich auch nachgeahmten Lebens- und Regierungsstil. Seinen Hofstaat steigert er auf etwa 4 000 Menschen, die alle unter eine bis ins letzte durchdachte Etikette gebeugt sind. Über der hierarchisch gestuften höfischen Gesellschaft thront der Monarch, so wie einst in antiker Olympierwelt Jupiter an der Spitze ewig junger und heiterer Götter stand, die ihrerseits wiederum hoch erhoben waren über den Alltag der Sterblichen. Die Mode dieser Zeit bringt das auch sinnfällig zum Ausdruck; die Stöckelschuhe und Allongeperücken, in denen uns die damaligen Menschen auf den Gemälden des Hochbarock, zumal auf den für diese Epoche so charakteristischen Reiterportraits oder Reiterstandbildern entgegentreten, überhöhen ihren Träger ins Hoheitsvolle und Herrscherliche.

Im Gegensatz zu seinem Nachfolger, dem das Hofleben so zum Selbstzweck werden sollte, daß ihm darüber die Zügel der Regierung aus den Händen glitten, bleibt diese Repräsentation für die vitale Natur Ludwigs XIV. letztlich doch nur eine allerdings prachtvolle Kulisse, vor der er pflichtbewußt, energisch und tatkräftig die Regierungsgeschäfte persönlich leitet. Er erscheint täglich im *conseil* und vermag den Erörterungen seiner Räte stundenlang voller Aufmerksamkeit zu folgen, wobei ihm kein Detail entgeht und er alles rasch erfaßt. Obwohl so hoch befähigte Minister wie Le Tellier (Krieg), Lionne (Äußeres) sowie deren Nachfolger Louvois und Pomponne, vor allem aber der bis 1683 amtierende geniale Finanz- und Wirtschaftsfachmann Colbert seine Mitarbeiter sind, trifft doch zuletzt immer der Monarch die Entscheidung, was zum Funktionieren der weitverzweigten Verwaltung, was im Rahmen der anspruchsvollen Außenpolitik, was in und mit der Armee, der bestorganisierten, schon einheitlich uniformierten, auf das modernste ausgerüsteten und zahlenstärksten Streitmacht des damaligen Europa, zu geschehen habe, wo Vauban seine berühmten Befestigungen anlegen solle, wie die Flotte, bis zur verlustreichen Seeschlacht gegen Engländer und Holländer bei La Hogue 1692 die größte der Welt, auszubauen und einzusetzen sei und endlich auch, welche Wege in der Wirtschaft einzuschlagen seien.

Allerdings ist der König gerade hier am frühesten auf Widerstand gestoßen, da Colbert eine vom Primat des Ökonomischen bestimmte Politik verfolgte, die mit der später mehr und mehr kriegerischen seines Herrn schließlich nicht mehr vereinbar war. Allerdings traten solche Diskrepanzen in den 1660er Jahren noch kaum zutage, so daß Colbert die Verwirklichung seiner Pläne, deren Kern eine Reform des Finanzwesens von der Basis her war, zunächst durchaus in Angriff nehmen konnte. Jean Baptiste Colbert (1619-1683) war lange Jahre der persönliche Verwalter Mazarins gewesen und hatte durch seine Genauigkeit, Gewissenhaftigkeit und unbedingte Zuverlässigkeit dessen Vertrauen gewonnen. Der Kardinal hatte ihn dem König gleichsam hinterlassen, in der Hoffnung, daß es diesem glänzend begabten Mann gelingen werde, den Staatshaushalt neu zu ordnen. Dieses Problem wurde nun um so dringlicher, als man in den vorangegangenen, von soviel inneren Unruhen und äußeren Kriegen erfüllten Jahrzehnten stets nur quasi von der Hand in den Mund gelebt hatte, wobei sich der Oberfinanzintendant Fouquet zwar als überaus findig gezeigt und sich auch nicht vor Münzverschlechterungen gescheut hatte, wenn es galt, die königlichen Kassen für den Moment zu füllen, aber durch seine undurchsichtigen und zum Teil skrupellosen Methoden nur dazu beigetragen hatte, das finanzielle Chaos zu vergrößern. Da er sich auch persönlich bereichert hatte, ließ ihn Ludwig XIV. 1661 fallen und beseitigte gleichzeitig das mit einer zu großen Machtfülle ausgestattete Amt des Oberfinanzintendanten. Zunächst beabsichtigte er, sich zukünftig allein auf seinen *conseil des finances,* der eine feste Organisation erhielt, zu stützen, jedoch gewann alsbald Colbert, seit 1660 Generalkontrolleur der Finanzen, einen so großen Einfluß in diesem Gremium, daß er zum eigentlichen Finanzminister aufstieg und zugleich auch noch weite Bereiche der inneren Verwaltung und des Handels übernahm. Seitdem war der Generalkontrolleur der höchste Beamte der Finanzverwaltung und seinen fünf Ministerkollegen durchaus gleichrangig.

Colberts Versuche, die zahlreichen, kaum noch überschaubaren und zum Teil sogar widersprüchlichen Bestimmungen, die die Krone im Laufe der Jahrhunderte auf dem Gebiet der direkten und indirekten Steuern erlassen hatte, zu vereinheitlichen und zu vereinfachen, blieben bis auf eine königliche Ordonnanz von 1680 zur Salzsteuer im Ansatz stecken. Die Ungerechtigkeiten gerade dieser Steuer wurden indes auch dadurch nicht beseitigt, sie hatten sich mittlerweile sogar noch verstärkt, indem zu den uns schon bekannten Ländern der *grande gabelle* (Nord- und Mittelfrankreich) und der *petite gabelle* (Süd- und Südostfrankreich) noch fünf weitere Gruppen von unterschiedlich behandelten Territorien hinzugekommen waren. In diesem Zusammenhang ist es vielleicht interessant, sich einmal in Zahlen zu vergegenwärtigen, welche Einnahmen die Krone in den verschiedenen Landesteilen aus dieser Steuerart bezog: von den 60 Millionen Livres, die sie insgesamt im späten 18. Jahrhundert jährlich einbrachte, entfielen 40 Millionen oder zwei Drittel auf die *pays de grande gabelle,* die aber territorial nur ein Drittel des Staatsgebietes bedeckten, 17 Millionen, d. h. ca. ein Viertel, auf die *pays de petite gabelle,* was auch ihrem Größenanteil in etwa entsprach, während die zwei Fünftel des Königreiches ausmachenden bevorrechtigten Provinzen lediglich 3 Millionen, also ein Zwanzigstel der ganzen Summe, zu zahlen hatten. Hingegen erreichte Colbert, vor allem durch eine Ordonnanz von 1664, eine gewisse Vereinheitlichung der Zölle. Er faßte die nördlichen und mittleren Regionen des Reiches zusammen und beseitigte hier sämtliche Binnenzölle, was eine große Erleichterung für den Handel bedeutete. Dieser Block der *cinq grosses fermes*, so genannt nach den früheren fünf Zollpachtbezirken, war vom übrigen Frankreich, wo auch die inneren Zölle erhalten blieben, quasi als zollpolitisches »Inland« deutlich abgegrenzt.

Außerdem arbeitete Colbert systematisch darauf hin, eine ganz Frankreich umspannende nationale Großwirtschaft ins Leben zu rufen, die an den Grundsätzen des von ihm praktizierten Merkantilismus orientiert war. In diesem Wirtschaftssystem kam es darauf an, den Export auf Kosten des Imports soweit wie möglich zu steigern, um auf diese Weise einen großen Hort an Geldmitteln zu schaffen, die ihrerseits den betreffenden Staat in die Lage versetzen sollten, eine Großmachtstellung zu erreichen oder zu festigen. So gesehen ist Wirtschaft im Grunde kein Selbstzweck, sondern ein der Politik, der Machtpolitik, dienendes Instrument.

Aber die von diesem Prinzip geleitete Wirtschaftspolitik Colberts hat Frankreich über das Politische im engeren Sinne weit hinaus in irreversibler Weise geformt, indem sie die Grundlagen seiner neuzeitlichen Wirtschaftsstruktur schuf. Colbert umgab das ganze Königreich mit einem Schutzzoll, er machte ausländische Herstellungsmethoden darin heimisch und steuerte planmäßig die Produktionsprozesse. Der Schwerpunkt dieser frühen Industrie, deren Entwicklung er auf Kosten der Landwirtschaft förderte – ein Umstand, der später die heftige Kritik der Physiokraten hervorgerufen hat –, lag auf der Erzeugung von Textilien sowie von Mode- und Luxusartikeln; die führende Stellung, die Frankreich in diesen Bereichen noch heute einnimmt, ist damals begründet worden. So entstand allmählich eine französische Großindustrie, die die erste ihrer Zeit in Europa war. Kanäle verbanden den Atlantik mit dem Mittelmeer, und schließlich wuchs durch eine systematisch betriebene Überseepolitik in der zweiten Hälfte des 17. Jahrhunderts das französische Kolonialreich zum zweitgrößten der Welt heran, das nur noch von dem Spaniens übertroffen wurde.

Die entsprechenden Ansätze Richelieus wurden – nach vorübergehender Stagnation unter Mazarin – von Ludwig XIV. weiter ausgebaut. Allerdings ist es nicht eigentlich der König selbst gewesen, dem neue, anregende Ideen zu verdanken waren, sondern vielmehr Colbert. In seinem politischen System spielte die koloniale Frage sogar eine entscheidende Rolle, weil er in den Kolonien unabdingbare Voraussetzungen für wirtschaftliche Expansion sah. Seine Intentionen fanden ihren Niederschlag im sog. *pacte colonial*, auch bezeichnet als *système colonial* oder *régime de l'exclusif.* Es wurden strenge Regeln für den Handel, besonders den Kolonialhandel aufgestellt, wobei oberster Grundsatz war, daß Frankreich, dem die Gründung der überseeischen Niederlassungen zu verdanken war und ihre Unterstützung oblag, von ihnen wiederum bereichert werden solle. Die Kolonien durften nicht mit dem Mutterland konkurrieren, d. h. keine eigene Industrie entwickeln; aller Handel hatte durch eigene Staatsbürger zu erfolgen, und ein Austausch von Produkten mit Drittländern war untersagt. Diese durch den *pacte colonial* für das ganze Ancien régime vorgezeichnete Kolonialpolitik erblickte den alleinigen Nutzwert von Kolonien darin, daß sie das Mutterland mit Agrarprodukten und Rohstoffen belieferten, die Frankreich selbst nicht hervorzubringen vermochte. Infolgedessen förderte Colbert vor allem tropische Pflanzungen wie die auf den Antillen oder in Ostindien auf Kosten der französischen Ansiedlungen in Nordamerika, besonders in Kanada, und der Negerhandel, dessen Zentrum für Frankreich die Senegalküste war, galt als notwendiges und löbliches Geschäft, weil ohne den Export schwarzer Sklaven nach den Antillen diese Schwerpunktkolonie nicht gedeihen konnte.

So waren – im Gegensatz zu Richelieu – in Colberts Konzeption keine politischen Antriebe ausschlaggebend, sondern wirtschaftliche. Die elementare Voraussetzung zu ihrer Verwirklichung war natürlich der weitere Ausbau des Kolonialreiches durch Handelskompanien (Gründung der »Compagnie des Indes orientales« 1664), die der Unterstützung durch den Staat um so mehr gewiß waren, als es galt, den überseeischen Territorien die Möglichkeit zur Selbstverteidigung während der großen Kriege Ludwigs zu geben. Auch die Missionierung wurde im Gegensatz zu ihrer noch stärker religiösen Motivierung in den Anfängen der Kolonisation mehr und mehr Mittel zum Zweck der Erschließung des Hinterlandes und der systematischen Ansiedlung von Kolonisten. So vollendet sich die aus wirtschaftlichen Motiven geborene Kolonialauffassung Colberts in der schließlich doch wieder politischen Idee eines *empire d'outre-mer.* Mit Kanada und Louisiana, das der berühmte Entdecker der Mississippi-Mündung, René de La Salle, 1682 für die französische Krone in Besitz genommen hatte und das weit über den heutigen US-Staat gleichen Namens hinaus die Landstriche beiderseits der ganzen Länge des Stromes umfaßte, mit den Antillen, vor allem dem westlichen Teil von Santo Domingo seit 1697, und Guayana, mit dem Senegal, mit Stützpunkten auf Madagaskar und den Maskarenen sowie mit den später zu einem den halben Subkontinent umspannenden Einflußgebiet ausgebauten Niederlassungen in Ostindien (z. B. Surat, Pondichéry und Chandernagor) besaß der König von Frankreich in der Tat ein Weltreich, das in drei außereuropäischen Kontinenten angesiedelt war.

Bekanntlich ist es Colbert versagt geblieben, alle seine weitreichenden Pläne zu verwirklichen. Die Vorbedingung dafür wäre eine lange

Friedensepoche gewesen, und von der Notwendigkeit einer entsprechenden Politik hat er seinen König auch zu überzeugen versucht. Hier
aber ist Colbert an der Selbstherrlichkeit Ludwigs XIV. gescheitert,
weil dieser, statt dem Rat seines Ministers zu folgen, sich mit der
Eröffnung des Niederländischen Krieges 1672 dazu entschloß, den
Weg kriegerischen Ruhmes zu gehen und die Alternative verwarf,
einer der größten Reform- und Friedenskönige der französischen Geschichte zu werden. In diesem Augenblick sind im Grunde jene Weichen
gestellt worden, die in die Französische Revolution hineingeführt und
damit schon frühzeitig über den Untergang des Ancien régime entschieden haben. Zur Entschuldigung Ludwigs muß man allerdings
sagen, daß es nicht ausschließlich sein mangelnder wirtschaftlicher Weit-
blick war, der eine Weiterführung von Colberts Politik verhinderte.
In gleichem Maße trugen dazu die zahlreichen Interessengruppen, die
zählebigen lokalen Traditionen und die provinziellen Engstirnigkeiten
bei, die den Maßnahmen des vielleicht größten Wirtschaftsgenies in
der Geschichte der absoluten französischen Monarchie einen schließlich
unüberwindbaren Widerstand entgegensetzten.
Zunächst jedoch waren solche negativen Auswirkungen noch keineswegs sichtbar. Denn das 17. Jahrhundert war nicht nur *le grand siècle*
französischer Politik, sondern in seiner zweiten Hälfte auch die klassische Epoche der Kultur, vor allem der Literatur Frankreichs, deren
hohes Niveau die Gebildeten der Welt bis heute unvermindert an-
zieht.
Indem der absolutistische Staat sich nicht nur als Machtstaat begreift,
schreibt er sich auch pädagogische und kulturpolitische Aufgaben zu.
Die Erziehung der Untertanen entwindet er allmählich der Kirche,
um sie selbst auszuüben. Dieser Staat begnügt sich nicht nur mit der
Emanzipation von der Kirche, sondern er sucht sie darüber hinaus
auch zu beherrschen. Frankreich hatte ja schon im Mittelalter begonnen, die gallikanischen Freiheiten auszubilden, und vollendet dieses
Staatskirchentum unter Ludwig XIV. Eine Ordonnanz von 1673
unterwirft alle Erzbischöfe und Bischöfe dem königlichen Regalrecht.
Die Verweigerung des Treueids durch zwei südfranzösische jansenis-
tische Bischöfe löst einen jahrelangen Konflikt mit der Krone aus,
in den sich auch Papst Innozenz XI. unter Mißachtung des Konkordates von 1516 einmischt. Eine daraufhin einberufene Klerikerver-
sammlung von 1681 bestätigt nicht nur das Regalrecht, sondern verkündet darüber hinaus in vier berühmt gewordenen, von Bossuet
redigierten Artikeln feierlich die gallikanischen Freiheiten. Die entsprechenden Edikte datieren vom Februar und März 1682. Wenn auch
Ludwig XIV. elf Jahre später gegenüber dem Hl. Stuhl wieder ein-
lenkt und das März-Edikt aufhebt, so ändert das doch nichts mehr an
der bis zum Ende des Ancien régime geübten Rechtspraxis. Das gesamte kulturelle Leben, bislang entscheidend von religiösen Institutionen geprägt, gerät mehr und mehr unter den Einfluß des Staates. Der

Begriff des Kulturstaates kündigt sich an, und es ist kein Zufall, daß dies zuerst in Frankreich geschieht, für dessen Geistesleben, vor allem seit dem Zeitalter Ludwigs XIV., eine enge Verbindung von Politik und Literatur charakteristisch ist.

Der strenge Formengeist, der das »große Jahrhundert« Frankreichs kennzeichnet, verkörpert sich eindrucksvoll in der so stilisierten Existenzweise des aristokratischen Menschen, in der Lebensauffassung einer sozialen Schicht, die trotz ihrer politischen Entmachtung gesellschaftlich immer noch tonangebend ist, sowohl als stark feudalisierter Klerus als auch als Adel. Diese beiden Stände sind in der Sozialstruktur des 17. Jahrhunderts führend und nicht der dritte, dem alle Berufsschichten vom besitzstarken Bürgertum bis zu grund- oder leibeigenen Bauern angehören. Und so ist es der Typus des Edelmannes, des *honnête homme*, in dem sich das Menschenbild der Zeit darstellt. In einem klassischen Essay darüber hat Carl Jacob Burckhardt[26] das damalige französische Schönheitsideal von der formalen Üppigkeit europäischer Barockkultur in Würzburg, Salzburg, Dresden oder Warschau abgegrenzt und als einen »aufs äußerste gebändigten« Stil umschrieben, der keineswegs nur mit der Denkschematik des Cartesius identisch, sondern außerdem auch der Reflex einer »besonderen französischen Gegenreformation« sei. Dieses Lebensgefühl äußert sich in so wesentlichen Bereichen der Kultur wie in der klassischen Tragödie Corneilles und Racines, wie in der Malerei Poussins, aber auch der Claude Lorrains, und nicht zuletzt gleichermaßen in der Gartenkunst Le Nôtres und der Architektur von Versailles. All diese Phänomene werden zur »Chiffre«, aus der sich das Selbstverständnis des Aristokraten im ludowizischen Zeitalter erschließen läßt; es basiert auf einem Tugendkatalog, den C. J. Burckhardt als »Gehaltenheit, Proportion, Gleichgewicht, savoir faire und savoir vivre« definiert hat. Diese Eigenschaften tendieren gleichzeitig zu einer Überhöhung ins »Heroische«, das sich seinerseits »im Schönen offenbart«.

Neben der heroischen Attitüde der »Desinvoltura« und letzten Endes sogar im Gegensatz zu ihr wird als die andere Möglichkeit menschlicher Selbsterkenntnis durch das Medium der Dichtung und Literatur jedoch auch das Bemühen wirksam, den Menschen illusionslos in seiner Schwäche zu sehen, indem jene letzten Triebfedern seines Verhaltens bloßgelegt werden, die zu dem stilisierten Ideal, das die große Tragödie und Malerei der Epoche geformt hat, in einem unübersehbaren Widerspruch stehen. Gewiß ist in den Charakterkomödien Molières viel zeitbezogene Gesellschaftskritik in Form satirischer Anspielungen enthalten, aber entscheidend ist doch die unvergängliche Gültigkeit seiner Menschentypen. Gleichzeitig gelangt in Molières Werken ein Wesenszug zu klassischem Ausdruck, der ein spezifisches Kennzeichen des französischen Geistes überhaupt ist, nämlich der Moralismus, d. h. das Streben, die menschliche Natur zu erkennen, um dem Menschen auf Grund dieser Diagnose sagen zu können, wie er möglichst menschengemäß, also human, leben könne und solle. Dieser humanitäre Pragmatismus, der in aller französischen Literatur mitschwingt, begegnet uns im ludowizischen Zeitalter auch bei den kleineren Klassikern wie La Fontaine, der Marquise de La Fayette, in den Briefen der Madame de Sévigné und vor allem in den ›Maximen und Reflexionen‹ von La Rochefoucauld, aber natürlich auch in den ›Charakteren‹ von La Bruyère sowie schließlich in der Memorialistik Saint-Simons, dessen Portraits gelegentlich den psychologischen Tiefgang dostojewskischer Menschendeutung erreichen und uns in unnachahmlicher Lebendigkeit die höfische Umgebung des Königs vor Augen führen. Es nimmt nicht wunder, daß dies Frankreich des *siècle de Louis XIV,* das selbst ein so skeptischer Geist wie Voltaire noch 100 Jahre später als einen der vier Höhepunkte der Menschheitsgeschichte − neben dem Athen des Perikles, dem Rom unter Augustus und dem Florenz der Medici − gepriesen hat, auf Grund seiner unstreitig überlegenen intellektuellen und ästhetischen Kultur zum Vorbild für ganz Europa, insbesondere für Deutschland wurde. Der Adel schickte seine Söhne auf Kavaliersreisen nach Frankreich, nahm französische Gesellschaftsformen an und kleidete sich nach französischer Mode, so wie er vorher spanische Sitten imitiert hatte. Gleichzeitig wirkte Frankreich auf das deutsche Geistesleben der Zeit ein; Leibniz bediente sich mit Vorliebe der französischen Sprache, und die Territorialfürsten ahmten den politischen Absolutismus, das Hofleben und die Schloß- und Gartenbauarchitektur von Versailles nach.

Diese Kulturhegemonie Frankreichs entsprach völlig der politischen Vormachtstellung, die der Staat Ludwigs XIV. auf dem europäischen Kontinent ausgeübt und die nicht zuletzt seine Beziehungen zum Reich beeinflußt hat. Gerade hier hatte sich ja eine − verglichen mit der Situation des Mittelalters − radikale Umkehrung der Machtverhältnisse seit dem Westfälischen Frieden ergeben. Die weitreichenden Ambitionen des Sonnenkönigs kündigten sich schon an, als er sich beim Wahlgang von 1658 um die Kaiserwürde des Hl. Römischen Reiches bewarb und diese Kandidatur durch seine Publizisten sogar ideologisch begründen ließ. Dabei wurde das Argument vorgebracht, daß nach dem Tode Karls des Großen den Königen von Frankreich das ihnen rechtmäßig gebührende Kaisertum in usurpatorischer Weise durch die deutschen Herrscher entfremdet worden sei. Infolgedessen nehme der französische Monarch gegenwärtig nur ein Recht in Anspruch, das ihm immer zugestanden habe. Zwar konnte sich Ludwig XIV. seinem Gegenkandidaten Leopold I. gegenüber ebensowenig durchsetzen wie einst Franz I. gegenüber Karl V., aber er verzichtete in diesem Falle keineswegs auf eine Einmischung in die deutschen Verhältnisse, wie die Gründung des sog. ersten Rheinbundes sofort bewies. Er wurde 1658 als eine Allianz auf drei Jahre zwischen dem König von Frankreich einerseits und den Kurfürsten von Mainz und Köln, dem Grafen von Pfalz-Neuburg, den braunschweigischen Herzögen, dem Reichsstand Schweden sowie dem Landgrafen von Hessen-Kassel andererseits mit dem Ziel abgeschlossen, Habsburgs Einfluß in Deutschland zu schwächen. Dieser Vertrag hat die Lage des Reiches um 1660 sehr schwierig gestaltet, weil jetzt die magnetische Kraft zweier Pole – Wien und Paris – auf seine staatlichen Einzelglieder einwirkte und diese auseinanderzog. Darüber hinaus aber ist die Politik Ludwigs XIV. seit dem Pyrenäischen Frieden ganz entscheidend durch die Hoffnung bestimmt worden, eines Tages die spanische Erbschaft oder doch Teile von ihr anzutreten.

Trotz seiner Siege über das Reich 1648 und über Spanien 1659 fühlte sich Frankreich immer noch durch die beiden Linien des Hauses Habsburg eingeengt. Um diese Zange aufzusprengen, erhob Ludwig nach dem Tode Philipps IV. Anspruch auf die spanischen Niederlande und eröffnete zu seiner Realisierung 1667 den sog. Devolutionskrieg. Dieser Name leitet sich von dem in einigen dortigen Provinzen geltenden Devolutionsrecht her, auf das sich der französische König dabei berief und wonach Töchtern aus erster Ehe ein Vorrang in der Erbfolge gegenüber Söhnen aus einer zweiten Verbindung gebührte. Ludwigs genialer Feldherr Turenne griff die spanisch-habsburgische Riegelstellung in Flandern an, wobei er 12 Festungen eroberte, während Condé die Freigrafschaft Burgund fast kampflos besetzte. Dieser Siegeszug wurde allerdings schon bald aufgehalten, weil sich eine Tripelallianz der protestantischen Mächte Holland, England und Schweden bildete, die in der Befürchtung, Frankreich gefährde das europäische Gleichgewicht, zugunsten Spaniens intervenierten und Frankreich 1668 zum Frieden von Aachen zwangen. Ludwig XIV. mußte die Franche-Comté gegen Lille und Douai eintauschen und den Plan, die gesamten spanischen Niederlande zu erwerben, vorerst fallenlassen.

Jedoch hat die militärische Risikolosigkeit dieses Krieges das Selbstbewußtsein Ludwigs XIV. so gesteigert, daß er schon 1672 zum nächsten Schlag ausholte. Er war gegen Holland gerichtet, das den Zorn des Königs erregt hatte, als es ihm 1668 in den Arm gefallen war. Der Brand dieses Niederländischen Krieges hat sehr rasch halb Europa ergriffen und es bis 1678 erfüllt. Er war durch Bündnisse und Subsidienverträge Frankreichs mit England, Schweden und etlichen deutschen Kleinpotentaten, vor allem den geistlichen Fürsten von Köln und Münster, diplomatisch ebensogut vorbereitet wie durch Turennes auf allseitige Umfassung Hollands abgestimmten Offensivplan auch militärisch. Dadurch geriet Holland im ersten Jahr dieses Krieges an den Rand des Abgrundes; als innenpolitische Folge wurde das oligarchische Regime der Brüder de Witt von einem Volksaufstand hinweggefegt, die beiden Ratspensionäre selbst wurden erschlagen, und anschließend berief man den populären Prinzen Wilhelm von Oranien an die Spitze der Regierung. Sie hat nicht gezögert, zum äußersten Mittel nationaler Verteidigung zu greifen, indem sie die

Dämme durchstechen, also die Kernprovinz Holland unter Wasser setzen ließ und auf diese Weise den französischen Vormarsch kurz vor der Hauptstadt Amsterdam zum Stehen brachte. Gleichzeitig aber spann Wilhelm von Oranien in halb Europa diplomatische Fäden gegen Frankreich. Schon 1673 hatte Friedrich Wilhelm, in der preußisch-deutschen Geschichtstradition unter dem Namen des Großen Kurfürsten fortlebend, aktiv die Partei der ihm verwandtschaftlich nahestehenden Oranier ergriffen und die französischen Operationen gegen Holland vom westfälischen Raum her zu stören versucht. 1674 traten das Reich, Österreich und Spanien als Bundesgenossen der Niederländer in den Krieg ein. Der Kampf breitete sich sofort über ganz Mitteleuropa aus, wobei außer den Niederlanden selbst die Franche-Comté, das Elsaß und schließlich auch das nordöstliche Deutschland zu Kriegsschauplätzen wurden. Denn Ludwig hatte die gegnerische Koalition dadurch zu paralysieren versucht, daß er das alte französische Bündnis mit Schweden und Polen wieder belebte und so seinen deutschen Kontrahenten eine zweite und dritte Front in den Rücken setzte. Der Große Kurfürst sah sich schließlich 1679 durch den Frieden von Saint-Germain-en-Laye um die Frucht seiner militärischen Erfolge über die Schweden gebracht, da er den größten Teil seiner Eroberungen in Pommern wieder herausgeben mußte. Erbittert gegen den Kaiser, von dem er sich im Stich gelassen wähnte, hat Friedrich Wilhelm III. von Brandenburg-Preußen daraufhin die Partei gewechselt und sich mit dem Sonnenkönig verbündet.

Schon ein Jahr zuvor war die allgemeine europäische Auseinandersetzung durch den Frieden von Nimwegen beendet worden. Nur schwächlich hatte der Kaiser den Reichskrieg gegen Frankreich führen können, war er doch zusätzlich von Polen und Türken bedroht, nachdem Ludwig XIV. jene Verbindung mit Osteuropa wieder aufgenommen hatte, die seitdem jahrhundertelang ein immer erneuertes Erbe französischer Politik bleiben sollte. So mußte das Haus Habsburg 1678 nachgeben, auf Kosten des Reiches, das einmal mehr zu zahlen hatte. Die Niederlande wurden in ihrem ganzen territorialen Umfang wiederhergestellt, allerdings unter der Auflage, zukünftig Neutralität zu wahren; der Höhepunkt der holländischen Großmachtrolle war offensichtlich überschritten. Spanien verzichtete zugunsten Frankreichs auf einige Orte im niederländisch-französischen Grenzgebiet, u. a. auf Valenciennes und Cambrai, und überdies auf die Franche-Comté. Diese Abtretung ging gleichzeitig zu Lasten des Reiches, von dem Spanien die Freigrafschaft formell zu Lehen besessen hatte. Als Gegenleistung für den Erwerb von Freiburg im Breisgau gab Ludwig das Besatzungsrecht in Philippsburg auf. Obwohl Lothringen seinem Herzog zurückgegeben werden sollte, verblieb es weiterhin faktisch bei Frankreich, da Karl V. sich weigerte, diese mit demütigenden Bedingungen für ihn verknüpfte Bestimmung des Vertrages zu akzeptieren. Wenn auch Ludwig XIV. sein eigentliches Kriegsziel, die politische

Vernichtung der Niederlande, nicht erreicht hatte, durfte er sich doch als den eigentlichen Sieger in diesem Kampf betrachten. Die Schwäche des Reiches war so offen zutage getreten, daß sie den König von Frankreich zu weiterer Expansionspolitik geradezu herausfordern mußte. Und Ludwig XIV. hat solcher Verführung auch nicht widerstanden, sondern zu Beginn der 1680er Jahre mitten im Frieden weitere Eroberungen auf Kosten des östlichen Nachbarn gemacht. Diesmal bediente sich der König statt militärischer Mittel jener Rechtsargumente, die ihm die Reunionskammern lieferten, die er 1680 in Metz, Breisach, Besançon und Tournai einsetzte. Diese Kammern waren Sondergerichtshöfe, denen es oblag, unter sophistischer Auslegung von oft unklaren Bestimmungen des Westfälischen Friedensvertrages die »Wiedervereinigung« (réunion) solcher Gebiete mit Frankreich juristisch abzustützen, die einst zu Territorien gehört hatten, die seit 1648 an die französische Krone gelangt waren. Den entsprechenden Urteilssprüchen ließ Ludwig die Vollstreckung auf dem Fuße folgen, indem er die strittigen Städte und Dörfer – im Laufe der Zeit insgesamt etwa 600 – militärisch besetzte und auf diese Weise Frankreich de facto einverleibte. Ihren Höhepunkt erreichten diese seine Maßnahmen am 30. 9. 1681, als er, übrigens in Übereinstimmung mit dem dortigen Bischof Egon von Fürstenberg, die Freie Reichsstadt Straßburg unter Androhung militärischer Gewalt zur Übergabe zwang und kurzerhand annektierte.

Im selben Maße, in dem sich das Machtstreben Ludwigs XIV. in seiner Außenpolitik immer unverhüllter offenbarte, steigerte sich sein Regiment im Inneren zu einem rigorosen Absolutismus. Im Interesse eines auch konfessionellen Zentralismus setzte er sich über die Sonderrechte, die sein Vorfahr Heinrich IV. den Hugenotten gewährt und die Richelieu für den religiösen Bereich bestätigt hatte, leichten Herzens hinweg. Schon 1661 hatte er damit begonnen, den verbrieften Freiheitsraum der Reformierten durch vielfältige und sich steigernde Schikanen mehr und mehr einzuengen. Im Jahre 1685 fühlte sich der König endlich stark genug, mit dem Revokationsedikt von Fontainebleau die Edikte von Nantes und Nîmes aufzuheben. Es untersagte jegliche Kultfreiheit und tolerierte lediglich die individuelle, nicht öffentlich praktizierte Gewissensfreiheit. Des weiteren wurde darin dekretiert, daß die Kinder von Protestanten in der katholischen Religion zu erziehen seien und daß niemand von ihnen – bei Strafe der Güterkonfiskation – auswandern dürfe. Die sog. Dragonaden, d. h. die Einquartierung von Soldaten, deren Disziplin keinerlei Kontrolle unterworfen war, gehörten ebenfalls zu solcher Zermürbungstaktik, um den hugenottischen Bevölkerungsteil dem alten Glauben wieder zuzuführen.

Die Folgen dieser klassischen Unterdrückungspolitik bestanden einerseits in einer trotz der Verbote 1685 einsetzenden Massenauswanderung von Hugenotten in die Schweiz, nach Holland, England und

Deutschland, besonders nach Brandenburg – eine Emigrationsbewegung, von der übrigens das Elsaß ausgespart blieb, weil Ludwig es nicht gewagt hat, auch in diesem erst jüngst angegliederten Gebiet die Religionsfreiheit anzutasten –, andererseits in einem über 15 Jahre schwelenden Aufstand glaubensstarker Protestanten, die sich in das schwer zugängliche Hochplateau der Cevennen zurückgezogen hatten, um dort der Regierung eine Art Guerillakrieg zu liefern. Allerdings ist eine wirksame Reaktion auf diese Politik der Gewaltsamkeit erst sehr langsam herangereift. Zunächst schien niemand der Machtentfaltung des Königs im Innern und nach außen hin Einhalt gebieten zu können. Kaiser Leopold I. mußte den Reunionen nicht nur ohnmächtig zusehen, sondern sie durch den auf 20 Jahre befristeten Waffenstillstand von Regensburg 1684 sogar tolerieren, in dem festgelegt wurde, daß Frankreich alle bis zum 1. 8. 1681 besetzten Gebiete einschließlich Straßburgs bis auf weiteres behalten dürfe. Kaiser und Reich waren gezwungen, dieser Regelung zuzustimmen, um alle Kräfte auf die Abwehr der Türken konzentrieren zu können, die mit Ludwig XIV. im Bunde standen. Der Allerchristlichste König hatte diese Entwicklung ganz nüchtern in sein politisches Kalkül einbezogen; nach dem zu erwartenden Sieg der islamischen Weltmacht über Österreich gedachte er sich selbst an die Spitze eines abendländischen Kreuzzugsheeres zu stellen, die aus drei Erdteilen rekrutierten Armeen des Sultans nach Asien zurückzutreiben und so anstelle des Kaisers als der eigentliche Schirmherr Europas aufzutreten.

Indes erwies sich diese Rechnung als falsch, da Habsburg 1683 aus eigener Kraft des Türkenansturms auf Wien Herr werden, in der anschließenden Gegenoffensive die feindlichen Streitkräfte endgültig in die Defensive drängen und den osmanischen Machtbereich in Europa auf die Balkanhalbinsel beschränken konnte. In dem großen Türkenkrieg, den Österreich in den 1690er Jahren so erfolgreich führte und der 1699 durch den Frieden von Carlowitz beendet wurde, ist es zur europäischen Großmacht aufgestiegen. Es war genau das Gegenteil dessen eingetreten, was Ludwig erhofft hatte: in der Türkenfrage hatte Frankreich nicht nur politisch, sondern auch moralisch versagt. Diese Tatsache, die Unterdrückung der Hugenotten und die französischen Annexionen an der deutschen Westgrenze mitten im Frieden trugen dazu bei, das Ansehen des ludowizischen Frankreich in Deutschland, ja in Europa zu untergraben und das der habsburgischen Vormacht neu zu festigen.

Obwohl die osmanische Militärmacht also die Erwartungen des Sonnenkönigs bei weitem nicht erfüllte, ermöglichte sie ihm durch die Bindung deutscher Truppen im Südosten immerhin eine neue außenpolitische Initiative. Schon 1685 war durch den Tod des Kurfürsten Karl die Frage der pfälzischen Erbfolge aufgeworfen worden. Seine Schwester Elisabeth Charlotte, die durch ihre originellen Briefe über die Zustände am französischen Hof der Nachwelt eine Geschichtsquelle von großer Ergiebigkeit hinterlassen hat, war mit dem Bruder des Königs, dem Herzog von Orléans, vermählt. In ihrem Namen hatte Ludwig damals gegenüber der Linie Pfalz-Neuburg Ansprüche auf große Teile des pfälzischen Gebietes erhoben. In Deutschland waren seine Forderungen jedoch zurückgewiesen und 1686 zu Augsburg sogar durch den Abschluß eines Bündnisses zwischen dem Kaiser, Spanien, Schweden und mehreren Reichsfürsten beantwortet worden, das sich durch die Wiener Allianz von 1688 noch um die seit der Glorreichen Revolution von Wilhelm von Oranien in Personalunion regierten Staaten England und Holland sowie um Savoyen erweiterte. Daraufhin eröffnete Ludwig XIV. jenen Kampf, der unter dem Namen des Pfälzischen Erbfolgekrieges in die Geschichte eingegangen ist und Mitteleuropa ein knappes Jahrzehnt lang – bis 1697 – verwüstet hat. Es ging dabei nicht nur um die Gewinnung des pfälzischen Grenzlandes; vielmehr hatte gerade diese Auseinandersetzung im Grunde den Charakter eines Präventivkrieges: Ludwig wollte seinen türkischen Bundesgenossen entlasten, damit dieser seinerseits Österreich möglichst lange daran hindern könnte, schon vor Eintritt des spanischen Erbfalles mit ungeteilter Kraft wieder am Rhein zu erscheinen. Das mit wechselndem Erfolg und schließlich als jahrelanger entscheidungsloser Stellungs- und Belagerungskrieg ausgefochtene Ringen lebt vor allem durch die »Zerstörung der Pfalz« 1689 in der Erinnerung fort, eine von Louvois angeordnete totale Devastation, der neben Hunderten von kleineren Städten und Dörfern vor allem Heidelberg, Mannheim, Speyer und Worms zum Opfer fielen und die später nicht nur die Empörung deutscher, sondern auch das Entsetzen französischer Historiker, etwa Michelets, erregt hat. Eine Schlacht von wirklich weittragenden Folgen fand auf dem Meere statt, als 1692 bei La Hogue an der Kanalküste die französische Flotte von den vereinigten Seestreitkräften Englands und Hollands so vernichtend geschlagen wurde, daß sie ihren Rang als größte der Welt an ihre britische Rivalin verlor.

Insgesamt endete der Krieg unentschieden, wie der Friede von Rijswijk 1697 offenbarte. Zwar gab Ludwig XIV. Freiburg im Breisgau, Breisach, Kehl und Philippsburg nach Schleifung ihrer Befestigungsanlagen sowie Pfalz-Zweibrücken an das Reich zurück, behielt aber dafür seine Eroberungen im Elsaß einschließlich Straßburgs. Andererseits wurde die pfälzische Erbschaft definitiv dem Hause Pfalz-Neuburg zugesprochen. Auch auf die Reunionen, die er seit dem Frieden von Nimwegen auf Kosten Spaniens durchgeführt hatte, mußte der französische König wieder verzichten, vor allem auf Luxemburg; lediglich einige Grenzstriche am westlichen Rand der spanischen Niederlande wurden an Frankreich abgetreten. Außerdem erreichte Wilhelm von Oranien, daß Ludwig XIV. ihn jetzt auch als König von Großbritannien anerkannte, d. h. nachträglich dem Sturz der Stuarts und der Glorreichen Revolution von 1688 seine Legitimation verlieh. In Lothringen, dessen Herzog nunmehr auch de facto wieder eingesetzt wurde, konnte Frankreich gleichwohl seinen Einfluß in Form des Durchmarschrechtes durch dieses strategisch so wichtige Gebiet behaupten. Die Grenzplätze Casale und Pinerolo in den Westalpen hatte Frankreich schon vorher in einem Sonderfrieden von Savoyen erhalten.

Die Übereinkünfte von Rijswijk bargen den Keim zu einer neuen, endgültigen Auseinandersetzung bereits in sich, denn es widersprach einer Natur wie Ludwig XIV., sich mit einem solchen Ergebnis zu begnügen. Hinzu kam, daß nun jederzeit mit dem Tod des kinderlosen spanischen Königs zu rechnen war. Wiederum entfaltete Wilhelm von Oranien, der schon 1688 die große Wiener Allianz gegen Frankreich geschmiedet hatte, eine vorausschauende diplomatische Aktivität mit dem Ziel, weder Österreich noch Frankreich in den Besitz der spanischen Gesamtmonarchie gelangen zu lassen, sondern diese möglichst zwischen den beiden Rivalen so aufzuteilen, daß das europäische Gleichgewicht gewahrt bliebe. Da auch Ludwig XIV. zunächst eine Kompromißlösung keineswegs ausschloß, einigten sich im ersten Teilungsvertrag vom Oktober 1698 England, Holland und Frankreich dahingehend, daß der sechsjährige Kurprinz Joseph Ferdinand von Bayern, ein Enkel Leopolds I. und Urenkel Philipps IV., Spanien selbst, dessen Kolonien und die spanischen Niederlande, Frankreich jedoch als Kompensation Neapel und Sizilien, der Kaiser Mailand und England einige überseeische Stützpunkte erhalten sollten. Die fehlende Zustimmung Karls II. von Spanien und der plötzliche Tod des Kurprinzen machten das ganze Projekt jedoch alsbald hinfällig.

Der daraufhin ausgehandelte zweite Teilungsvertrag vom Juni 1699 designierte Erzherzog Karl zum spanischen Thronfolger, und zwar mit einer Ausnahme unter den gleichen Bedingungen: Mailand wurde dem Herzog von Lothringen, dessen Stammland aber Frankreich zugesprochen. Da Karl II. aber verständlicherweise das Weltreich auch in Zukunft ungeteilt erhalten wissen wollte und dieses Ziel nur in Anlehnung an das starke Frankreich erreichen zu können glaubte, setzte er im Oktober 1700 einen Enkel Ludwigs XIV., der ja durch seine Großmutter und Urgroßmutter ebenfalls von den spanischen Habsburgern abstammte, zum Erben der Gesamtmonarchie ein. Als Karl II. schon unmittelbar darauf am 1. November starb, hat Ludwig denn auch nicht gezögert, dieses Testament für Philipp von Anjou anzunehmen.

Mehr den je schien das europäische Gleichgewicht in seinen Grundfesten erschüttert, wenn jetzt das österreichisch-spanische Zusammenwirken durch ein französisch-spanisches abgelöst werden würde. Denn auf Frankreichs Seite standen diesmal naturgemäß in erster Linie Spanien, wo der neue König vom Volk jubelnd begrüßt worden war, und außerdem in Italien die Herzöge von Savoyen und Mantua sowie die Wittelsbachischen Kurfürsten von Bayern und Köln. So hat Oranien erneut eine große Allianz zustande gebracht, in der sich im Jahre 1701

England und Holland mit Kaiser und Reich verbündeten; auch Portugal und schließlich sogar Savoyen, das 1703 die Partei wechselte, schlossen sich ihr an. Als Gegenleistung für seine Erhebung zum »König in Preußen« engagierte sich Friedrich I. militärisch weitaus stärker, als es seinen Verpflichtungen als einfacher Kurfürst von Brandenburg entsprochen hätte. Wenn auch der Initiator dieses Bündnisses schon 1702 starb, so führte doch seine Nachfolgerin Anna unter dem Einfluß des Feldherrn Marlborough und der mit dessen antifranzösischen Zielsetzungen übereinstimmenden Whig-Partei den Kampf entschlossen weiter.

Wie schon der Pfälzische, so ist auch der Spanische Erbfolgekrieg (1701-1713/14) im wesentlichen eine englisch-französische Auseinandersetzung gewesen. Er wurde ebenfalls nicht nur auf dem alten Kontinent ausgefochten, sondern gleichzeitig auf den Ozeanen und in Übersee: in Nordamerika erscheint er als »Erster Kolonialkrieg«. Sein Schwerpunkt lag jedoch in Europa, und er spielte sich sowohl in Deutschland – an Rhein und Donau – als auch in den Niederlanden und in Italien ab. In Spanien, wo die beiden Thronprätendenten Philipp und Karl von den Zentren Madrid und Barcelona aus operierten, nahm er den Charakter eines Bürgerkrieges an, in dem England als lachender Dritter 1704 Gibraltar erobern konnte. Auf dem deutschen Schauplatz errang die antifranzösische Koalition dank dem Zusammenwirken ihrer beiden größten Feldherren, des Prinzen Eugen und Marlboroughs, schon im Jahre 1704 einen Erfolg von weittragender Bedeutung: durch ihren Sieg bei Höchstädt wurde der Vorstoß der französisch-bayrischen Armee auf Wien aufgehalten und darüber hinaus der Gegner so entscheidend geschwächt, daß er fortan überall in die Defensive gedrängt war und in allen großen Schlachten das Feld räumen mußte. Unter dem Eindruck solcher Niederlagen war selbst ein Ludwig XIV. vorübergehend zum Verzichtfrieden bereit; nur die Starrheit seiner Kontrahenten und ihre demütigende Forderung, französische Truppen sollten sich an einer Vertreibung Philipps V. aus Spanien beteiligen, haben den König vor einer Kapitulation bewahrt und zur äußersten Anspannung aller Kräfte herausgefordert. Als es dann endlich 1713 zu Utrecht und 1714 zu Rastatt und Baden zum Abschluß von Friedensverträgen kam, konnte Ludwig mit deren Ergebnis sogar noch recht zufrieden sein, wenn es auch keineswegs seinen ursprünglichen Kriegszielen entsprach.

Diese Wendung der Dinge zu seinen Gunsten verdankte der König in erster Linie zwei unvorhersehbaren Ereignissen: im Jahre 1710 wurde das Whig-Ministerium in England durch eine Tory-Regierung abgelöst, was zur faktischen Entmachtung Marlboroughs und damit zum Sturz der Kriegspartei führte. Und nur ein Jahr später starb der erst seit 1705 regierende Kaiser Joseph I. ganz plötzlich. Da jetzt sein Bruder als Karl VI. sein Nachfolger wurde, rückte für den Fall, daß dieser sich auch in Spanien gegen seinen bourbonischen Rivalen durchsetzen könnte, die Erneuerung des Reiches Karls V. in greifbare Nähe. Eine solche Gefährdung des europäischen Gleichgewichtes wiederum durch Habsburg lief natürlich den Zielen der englischen Politik ebenso zuwider wie eine von Frankreich ausgeübte Hegemonie. Daher trat die neue britische Regierung 1712 in Verhandlungen mit Ludwig XIV. ein, an denen auch, mit Ausnahme von Kaiser und Reich, die Bundesgenossen Englands teilnahmen.

Die wesentlichste Bestimmung des Friedens von Utrecht bestand darin, daß Philipp V. von den Vertragschließenden als König von Spanien einschließlich seiner Kolonien anerkannt wurde, daß aber in Zukunft auch niemals eine Vereinigung des Pyrenäenstaates mit Frankreich, etwa in Form einer Personalunion, möglich sein sollte. Der größte Teil der bisherigen Nebenländer der spanischen Krone sollte Karl VI. zufallen, und zwar die Niederlande, Mailand, Neapel und Sardinien; Sizilien wurde dem Herzog von Savoyen zugesprochen. Preußen, dessen Erhebung zum Königreich offiziell bestätigt wurde, überließ seinen Anspruch auf das Fürstentum Orange an der unteren Rhône, der aus einer oranischen Erbschaft herrührte, dem König von Frankreich.

Der Kaiser, der diesen Abmachungen zunächst seine Zustimmung verweigert und weitergekämpft hatte, schloß für sich und das Reich ein Jahr später zu Rastatt und Baden Frieden mit Frankreich. Während er für sich, also faktisch für Österreich, die ihm zu Utrecht zugestandenen spanischen Nebenländer annahm, ging das Reich leer aus und mußte zudem noch Landau an Frankreich abtreten. Daß die Kurfürsten von Bayern und Köln wieder in ihren alten Besitzstand eingesetzt wurden, kam einem Prestigegewinn für Ludwig XIV. gleich.

Dennoch hat der Sonnenkönig das eigentliche und so anspruchsvolle Ziel seiner Außenpolitik letztlich nicht erreicht. Als er ein gutes Jahr später, am 1. 9. 1715, nach 72jähriger Regierungszeit starb, wußte er seine Hegemoniepläne endgültig gescheitert. Sein Staat erschien seit dem Spanischen Erbfolgekrieg wieder als eine Großmacht unter anderen; das europäische Gleichgewicht war gerettet, und zwar weniger durch eine Verkleinerung Frankreichs, das seinen Besitzstand im großen und ganzen wahren konnte und sogar einen Bourbonen auf dem Thron des seiner Großmachtstellung beraubten Spanien sehen durfte, als vielmehr durch die Vergrößerung der anderen Länder, der übrigen Kontinentalmächte in Europa ebenso wie vor allem Großbritanniens in der überseeischen Welt, das als der eigentliche Sieger dieses Krieges angesehen werden muß. Im Grunde jedoch hatten die europäischen Koalitionen in ihrem Kampf gegen Frankreich mehr verhindert als erreicht. Eine Suprematie über Europa hatte der Staat Ludwigs XIV. zwar nicht errichten können, aber seine militärische Machtstellung bestand nach wie vor.

Indes bot Frankreich im Innern nicht mehr dasselbe Bild wie in der ersten Hälfte der Regierung Ludwigs XIV. Denn die Kriege dieses

Königs hatten ebenso wie seine gewaltsame Religionspolitik die Bevölkerung dezimiert und die Wirtschaft des Königreiches so ruiniert, daß es bei seinem Tod ein innerlich kranker Staat war. Die *mortalités*, also die Zahl der Todesfälle innerhalb weniger Jahre, nahm gerade während der beiden letzten von Ludwig XIV. geführten Kriege in erschreckendem Maße zu. Zwar ist bis heute noch nicht genügend geklärt, inwieweit naturhafte oder politische Gründe für die Häufung von *mortalités* während des Ancien régime überhaupt verantwortlich waren, ein Problem, das bevorzugt das Interesse der jüngsten französischen Geschichtsforschung erregt. Aber das außergewöhnliche Ansteigen der Sterblichkeitsziffern zwischen 1693 und 1694 und besonders auf dem Höhepunkt des Spanischen Erbfolgekrieges 1709 und 1710 legt die Vermutung sehr nahe, daß damals eine Wechselwirkung von politischen und naturbedingten Umständen den an der Substanz der Nation zehrenden Bevölkerungsschwund verursacht hat, trafen doch zwischen 1708 und 1710 kriegerische Notsituationen mit ungewöhnlich harten Wintern zusammen. Unmittelbar nachzuweisen ist ein Einfluß der Politik auf die demographische Entwicklung beim Hugenottenproblem: denn infolge seiner Unterdrückungsmaßnahmen haben in der zweiten Hälfte der Regierung Ludwigs XIV. schätzungsweise 250 000–350 000 Protestanten Frankreich für immer verlassen und sind in die umliegenden protestantischen Staaten Westeuropas, ja nach Nordamerika und in die menschenleeren Gebiete des südafrikanischen Kaplandes ausgewandert. Während man für die Jahre um 1700 noch mit einer Einwohnerzahl von etwa 21 Millionen rechnet, zählte Frankreich beim Tode Ludwigs XIV. mit etwa 18 Millionen Menschen bereits ungefähr 2 Millionen weniger als zur Zeit der Ermordung Heinrichs IV.[27]

Dieser Bevölkerungsrückgang und in seinem Zusammenhang vor allem die Hugenottenaustreibungen, durch die gerade die Elite der gewerbetreibenden Berufsstände betroffen wurde, haben sich auf das Wirtschaftsleben Frankreichs außerordentlich nachteilig ausgewirkt und seit etwa 1690 einen Verfall des von Colbert so gut ausgebauten französischen Manufaktursystems zur Folge gehabt. Um 1715 war die Finanzlage des auch steuerlich völlig überanstrengten Landes so katastrophal, daß der Staatshaushalt um 18 Jahresbudgets überzogen[28] und Frankreich damit in ein Defizit hineingestürzt war, das erst Napoleon wieder auszugleichen vermochte, nachdem es vorher zu einer entscheidenden Ursache der Französischen Revolution geworden war.

Etwa gleichzeitig wurde offenkundig, daß die Errichtung eines französischen Kolonialreiches, das an Ausdehnung und innerer Geschlossenheit das erste der Welt und nach Colberts Vorstellungen eine wesentliche Grundlage französischer Wirtschaftsprosperität sein sollte, de facto gescheitert war. Nachdem Admiral de Ruyter 1692 die französische Flotte bei La Hogue vernichtet hatte, ging die Vorherrschaft zur See auf England über, und es erwarb im Frieden zu Utrecht wichtige außereuropäische Stützpunkte – außer Gibraltar in Amerika die Hudsonbai, Neuschottland und Neufundland –, die zu den tragenden Pfeilern des Imperiums werden sollten, das England im 18. und 19. Jahrhundert und in dieser ganzen Zeit im Gegensatz zu Frankreich begründete. Immerhin konnte auch die Bourbonenmonarchie einen nach wie vor gewaltigen Kolonialbesitz vom 17. ins 18. Jahrhundert hinüberretten.

Neben den wirtschaftlichen und sozialen Niedergangserscheinungen traten in der letzten Phase der Regierung Ludwigs XIV. auch negative Reaktionen im Bereich des Geisteslebens auf. Der Monarch mußte mehr und mehr erkennen, daß nicht nur die meisten Staaten Europas seine entschlossenen politischen und militärischen Gegner waren und blieben, sondern daß sich auch im eigenen Land intellektuelle Kräfte zu regen begannen, die der inneren Auflehnung Ausdruck verliehen, die seine selbstherrlichen Gewaltmaßnahmen ausgelöst hatten. Denn zur Zeit der Jahrhundertwende übte nicht nur der Prinzenerzieher François Fénelon in seinem pädagogischen Roman ›Les aventures de Télémaque‹, einem für den Sohn des Dauphin geschriebenen Fürstenspiegel, offen Kritik am Absolutismus, sondern es bildeten sich auch schon die Ansätze jener zunächst vor allem durch Pierre Bayle und sein großes Lexikon repräsentierten Aufklärungsbewegung aus, in der sich nach Paul Hazard die »Krise des europäischen Geistes« manifestierte.[29]

Die Nachwelt, öffentliche Meinung ebenso wie Geschichtswissenschaft, ist gerade mit diesem Monarchen stets streng ins Gericht gegangen. Bekanntlich hat man Ludwig XIV. oft vorgeworfen, er habe, im »Erbe von Richelieus Testament« stehend, die »natürlichen Grenzen« der Rheinlinie angestrebt und darum seine »Raubkriege« geführt. Deren psychologische Wirkung war jedenfalls verhängnisvoll und nachhaltig, denn die meist auf deutschem Boden ausgetragenen und von zahllosen Brutalitäten erfüllten Kriege des Sonnenkönigs haben in den Massen des deutschen Volkes, besonders im südwestdeutschen Raum, die erste Saat eines »Erbfeindbewußtseins« gegenüber Frankreich ausgestreut. Eine von nationalistischen Vorurteilen freie Forschung in beiden Ländern hat jedoch erwiesen, daß diese Kabinettskriege vornehmlich das Ziel verfolgten, Frankreichs Ostgrenze strategisch günstiger zu gestalten. So stellten die seit 1648 gewonnenen Plätze und Länder im Elsaß und am Oberrhein Stützpunkte dar, die je nach Bedarf zur reinen Defensive, aber auch zur offensiven Verteidigung dienen konnten, was wiederum in Deutschland und in den Niederlanden zwangsläufig als Bedrohung empfunden wurde. Die kontinentale Rückendeckung war jedoch die conditio sine qua non einer französischen Politik, die unter dem Primat des See- und Kolonialgedankens stand, in dem letztlich das Hauptmotiv dafür zu suchen ist, warum Ludwig das spanische Erbe begehrte. Dazu kam natürlich noch der elementare Wunsch, mit den spanischen Habsburgern die letzten Nachwirkungen des für die Franzosen so bedrückenden Weltreiches Karls V. verschwinden zu sehen. Um die historische Leistung Ludwigs XIV. einigermaßen gerecht bewerten zu können, darf man sich nicht mit der zweifellos richtigen Feststellung begnügen, daß er eine insgesamt verderbliche Macht- und Kriegspolitik betrieben und den von Colbert geschaffenen Wohlstand der Nation verschleudert habe. Zu dieser Einsicht ist übrigens der Monarch am Ende sogar selbst gelangt, als er wenige Wochen vor seinem Tod seinem Urenkel und Nachfolger gegenüber eingestand: »Ich habe den Krieg zu sehr geliebt!«[30] Wenn andererseits Frankreich unter seiner Regierung den klassischen Gipfel seiner ästhetischen und intellektuellen Kultur erlebte und sich durch eine Identität von Macht und Geist auszeichnete, wie wir sie sonst nur in ganz wenigen Epochen der Menschheitsgeschichte finden, so verdankte es dies nicht zuletzt dem Mäzenatentum des Königs, der auf die Entfaltung von Kunst und Wissenschaft in hohem Maße anregend und fördernd eingewirkt hat. Die Bedeutung des geistesgeschichtlichen Aspektes bei der Beurteilung Ludwigs XIV., den ja schon der nicht gerade autoritätsgläubige oder kritiklose Spötter Voltaire in den Mittelpunkt seiner Betrachtung gerückt hat, wird auch dadurch unterstrichen, daß ein so geschichts- und kulturbewußtes Volk wie das französische in seiner Mehrheit nicht das Zeitalter Napoleons, sondern das *grand siècle,* nicht die Übersteigerung der nationalen Kräfte ins Maß- und Grenzenlose, sondern die Vorherrschaft von *raison* und *mesure* als den Höhepunkt der eigenen Geschichte und die Vollendung der *civilisation française* begreift.

5. Frankreich im 18. Jahrhundert. Regentschaft und Regierung Ludwigs XV. (1715-1774)

Die Verträge von Utrecht, Rastatt und Baden haben eine rund 20jährige Friedensepoche auf dem europäischen Kontinent eingeleitet, die mit dem ersten Drittel der sehr langen und im Endergebnis durchaus verhängnisvollen Regierung Ludwigs XV. (1715-1774) zusammenfällt.[31] Da Sohn und Enkel des Sonnenkönigs vor diesem gestorben waren, folgte ihm sein 1710 geborener Urenkel auf den Thron, und es ergab sich wiederum die Notwendigkeit einer Regentschaft. Ludwig XIV. hatte in seinem Testament einen Regentschaftsrat eingesetzt, in dem sein Neffe Philipp von Orléans nur eines unter mehreren Mitgliedern dieses Gremiums sein und sich vor allem mit dem Herzog von Maine, dem ältesten legitimierten Sohn Ludwigs aus dessen Verbindung mit Madame de Montespan, in die Macht teilen sollte. Der ebenso ehrgeizige wie intelligente, aber auch moralisch höchst anfechtbare Herzog von Orléans war indes nicht gewillt, eine Schmälerung seiner eigenen Position hinzunehmen, und ließ bereits am 2. 9. 1715 das Testament des Sonnenkönigs vom Pariser Parlament annullieren und sich selbst als alleinigen Regenten anerkennen. Als Gegenleistung billigte er dem Parlament all jene Rechte, vor allem das auf Remonstranzen, wieder zu, die ihm seit Richelieu entzogen worden waren. Er konnte dabei der Unterstützung des Adels sicher sein, der nach dem Tod des allmächtigen Herrschers die Gelegenheit gekommen sah, seine alten politischen Vorrechte wiederzuerobern, und gleichzeitig der Zustimmung der öffentlichen Meinung, die ja in den Parlamenten, namentlich in dem von Paris, die letzte institutionelle Schranke gegen die Willkür der Staatsomnipotenz erblickte. Dieser Schritt zog jedoch weitreichende Folgen nach sich, denn von jetzt an demonstrierten die Parlamente ihre neu errungene Stärke ständig so nachdrücklich, daß die ganze Regierungszeit Ludwigs XV. von einem Machtkampf zwischen ihnen und dem Königtum erfüllt war. Dabei erfreuten sich die Parlamente größter Popularität beim Volk, obwohl sie in Wirklichkeit mehr für die Aufrechterhaltung aristokratischer Privilegien kämpften, die sie durch die Nivellierungspolitik des Absolutismus allenthalben bedroht sahen, als etwa für die Interessen des Dritten Standes. Denn sie wußten sich als Hauptgegner eines königlichen »Despotismus« aufzuspielen, der infolge der wenig achtunggebietenden Gestalt Ludwigs XV., seiner zahlreichen außenpolitischen Mißerfolge, der Rechtsunsicherheit auf Grund der berüchtigten *lettres de cachet,* die zur willkürlichen Gefangensetzung mißliebiger Persönlichkeiten in der Bastille führen konnten, und der einseitigen gesellschaftlichen und wirtschaftlichen Bevorzugung des Ersten und Zweiten zu Lasten des Dritten Standes immer verhaßter wurde. Diese Auseinandersetzung, die durchaus den Charakter eines grundsätzlichen Verfassungskonfliktes angenommen hatte, erreichte ihren Höhepunkt mit einem Edikt vom Dezember 1770, in dem dem Parlament nur noch eine beratende Funktion gegenüber den Entscheidungen des Königs zugebilligt wurde. Daraufhin traten die Mitglieder des Pariser Parlaments geschlossen zurück, und Ludwig XV. verbannte sie aus der Hauptstadt, ohne ihnen den Kaufpreis ihrer Ämter zu erstatten, worauf die Räte einen Rechtsanspruch besaßen, der die finanzschwache Zentralgewalt bisher stets von einer solchen Maßnahme abgehalten hatte. Im Januar 1771 wurde ein neuer, aus königlichen Beamten zusammengesetzter Gerichtshof gebildet, der nach dem Initiator der ganzen Aktion, dem Kanzler Maupeou, als »Parlement Maupeou« verhöhnt wurde. Ebenso wurden die *cour des aides* und die Provinzparlamente, die sich mit dem Pariser Parlament solidarisch erklärt hatten, beseitigt und durch dem König ergebene *conseils supérieurs* ersetzt. Dieser »Staatsstreich Maupeous«, wie man ihn zuweilen bezeichnet, hatte einen durchaus positiven Ansatz, der u. a. auch Forderungen der Physiokraten entgegenkam, indem er die Ämterkäuflichkeit im Gerichtswesen abschaffte; es hätte jedoch eines Herrschers von wirklich staatsmännischem Format bedurft, um von da aus zu einer grundlegenden Reform der gesamten Verwaltung vorzudringen. Auch in einem anderen, ebenso wichtigen Bereich blieb es bei Halbheiten: Philipp von Orléans sah sich gleich zu Beginn seiner Regentschaft mit dem Problem konfrontiert, wie die durch die Kriege Ludwigs XIV. ruinierten Staatsfinanzen zu sanieren und überhaupt die Wirtschaft wieder zu beleben seien. Bereits seit 1701 hatte die Krone ihre Zuflucht zur Ausgabe von Papiergeld genommen, und mit dem Experiment des John Law wurde nun dieses System in großem Stil praktiziert.[32] Der gebürtige Schotte hatte schon Ludwig XIV. seine Hilfe angeboten; der Regent gestattete ihm 1716 die Gründung einer Privatbank, deren Aktien zur Tilgung der Staatsschulden beitragen sollten. Das Monopol für die Erschließung von Louisiana 1717, die Vereinigung der entsprechenden Handelsgesellschaft mit der »Compagnie du Canada« und 1718/19 die Zusammenfassung dieser beiden mit der »Compagnie des Indes orientales« zur »Compagnie des Indes«, die Erhebung seiner Bank zur Staatsbank, die Ernennung zum Generalkontrolleur der Finanzen 1720 und schließlich die Verschmelzung der den gesamten Überseehandel beherrschenden Gesellschaft mit der Staatsbank: dies waren die weiteren Stationen in der steilen Karriere eines Mannes, den die Mit- und Nachwelt ebenso als Hochstapler verurteilt wie als Finanzgenie gepriesen hat. Solange die Aktionäre davon überzeugt waren, daß ihre Papiere ihnen den Anteil an dem angeblich unermeßlichen Edelmetallreichtum Louisianas und einen entsprechend hohen Gewinn verbürgten, verlief alles gemäß Laws Vorstellungen: die Kurse der Mississippi-Aktien stiegen höher und höher, und das gesamte Wirtschaftsleben nahm einen neuen Aufschwung. Als man jedoch zu erkennen begann, daß der Wert der von Law allzu reichlich ausgegebenen Aktien und Banknoten im Grunde irreal war, weil die kolonialen Schätze entweder gar nicht vorhanden waren oder jedenfalls nicht rasch genug ausgebeutet werden konnten, brach das ganze Gebäude überhitzter Spekulationen im Frühjahr 1720 in sich zusammen. John Law mußte fliehen, und das Ergebnis seines Experimentes waren der Staatsbankrott und eine Inflation, die in Frankreich ein langanhaltendes Mißtrauen gegenüber einem mit Notengeld und Aktien operierenden modernen Finanzwesen begründete, wie es in anderen Ländern, etwa in England und Holland, schon länger höchst erfolgreich praktiziert wurde. Die Zeche bezahlten die Gläubiger des Staates, der seinerseits im Zuge der Liquidierung des Lawschen Unternehmens seine Schulden um die Hälfte zu verringern vermochte, und die ohnehin wenig begüterten niederen Volksschichten vor allem in den Städten, da bei sinkender Kaufkraft des Geldes die Preise erheblich gestiegen waren.

Insgesamt jedoch hatten Handel und Gewerbe und sogar die Landwirtschaft von den Impulsen, die von Laws Finanzpolitik zweifellos ausgegangen waren, durchaus profitiert. Nach dem Tode Philipps von

Orléans (1723) und nach einem kurzen Intermezzo, während dem der Herzog von Bourbon-Condé maßgeblichen Einfluß im Staatsrat auf den nunmehr großjährigen König ausgeübt hatte, übernahm im Jahre 1726 der greise Kardinal Fleury, ehemaliger Erzieher Ludwigs XV., die Leitung der Regierung, zwar nicht formell, aber de facto als Premierminister. Seine klugen und umsichtigen Maßnahmen führten zu einer relativen Konsolidierung der Währung und des Staatshaushaltes und begünstigten ein gesundes Wirtschaftswachstum. Allerdings setzte nach seinem Tod 1743 wieder eine negative Entwicklung ein, die vor allem durch die etwa gleichzeitig beginnende verfehlte Kriegspolitik des fortan selbst regierenden Königs bedingt war.

Der Aufschwung des Wirtschaftslebens in den 1720er und 1730er Jahren vor dem Hintergrund einer längeren Friedensepoche fand seinen Niederschlag auch in einer Zunahme der Bevölkerung, die selbst durch die Mißernten und die damit verbundenen Hungersnöte von 1720 und 1739 nicht mehr wesentlich beeinträchtigt wurde. Seit etwa 1750 zeigte sich ein Nachlassen der *mortalités* und ein deutliches Ansteigen der Geburtenrate mit dem Ergebnis, daß Frankreich vor Ausbruch der Revolution mit 25–26 Millionen Einwohnern den unter Ludwig XIV. eingetretenen Substanzverlust mehr als ausgeglichen hatte.

Zu den Ursachen dieser Aufwärtsentwicklung gehörten neben bemerkenswerten medizinischen Fortschritten auch Änderungen in der Lebensweise der Bevölkerung und soziale Umschichtungen. Hier ist vor allem die während des ganzen Jahrhunderts andauernde Landflucht zu nennen, von der insbesondere die großen Seehäfen profitierten; so zählten z. B. um 1787 Marseille 90 000 und Bordeaux 76 000 Einwohner. Sie wurden noch von Lyon (135 000) und natürlich von Paris übertroffen, das von ca. 412 000–415 000 Seelen im Jahre 1637 – gegenüber 200 000 im Jahre 1590 – auf 600 000 anstieg und schon im 17. Jahrhundert den Ring seiner alten Befestigungsanlagen gesprengt hatte. Die große Masse der mittleren und kleineren Städte bewegte sich in Größenordnungen zwischen 10 000 und 50 000 Einwohnern. [33] Das starke Anwachsen der städtischen Bevölkerung führte dazu, daß sich hier allmählich ein Proletariat herauszubilden begann, das sich aus kleinen Handwerksmeistern, die im Konkurrenzkampf unterlegen waren, der großen Zahl von Gesellen ohne weitere Aufstiegsmöglichkeiten und den Manufakturarbeitern rekrutierte.

Allerdings änderte die Abwanderung in die Städte nichts an der agrarischen Grundstruktur Frankreichs; auch machten hier weder die Eigentumsverhältnisse noch die Produktionsweise in der Landwirtschaft so bemerkenswerte Wandlungen durch wie etwa im damaligen England. Für die Bauern spielte zwar die Hörigkeit, die sich hauptsächlich in der Heranziehung zu Frondiensten (Befestigungs- und Straßenbau) auswirkte, keine allzu bedrückende Rolle mehr. Der größte Teil der noch hörigen Landbevölkerung hatte ohnehin im Laufe des 18. Jahrhunderts die landrechtliche Freiheit erlangt. Ein auf Drängen von Necker 1779 erlassenes Edikt hob die Hörigkeit in den direkten königlichen Domänen sogar ganz auf und legte den übrigen *seigneurs* nahe, das gleiche zu tun. An die Stelle der alten landrechtlichen Unterschiede und lehnsrechtlichen Abhängigkeiten waren jedoch sehr ausgeprägte wirtschaftlich-soziale Ungleichheiten getreten, denn die Mehrzahl der Bauern verfügte als Kleinpächter nur über eine winzige Parzelle, die oft nicht ausreichte, ihren Mann zu ernähren. Dadurch wurde der Gegensatz zwischen dieser zahlenstarken Schicht, die um ihr Existenzminimum kämpfen und die schwersten Steuerlasten tragen mußte, und der Gruppe der in jeder Beziehung bevorrechtigten adligen Großgrundbesitzer, zu der mittlerweile auch noch ein aus den Spitzen des Dritten Standes hervorgegangenes Großpächtertum gehörte, zunehmend krasser. Diese Tatsache, daß die staatliche Wirtschafts- und Steuerpolitik die Armen ärmer und die Reichen reicher machte, ist unbestreitbar als der tiefste Grund für die Große Revolution anzusehen.

Dem im großen und ganzen stagnierenden Zustand der Landwirtschaft entsprach die erstarrte, noch halbmittelalterliche, d. h. weitgehend von der Zunftverfassung bestimmte Struktur des städtischen Gewerbes. Es geriet erst in den 1760er und 1770er Jahren wieder langsam in Bewegung, als die Industrielle Revolution, von England herkommend, auch in Frankreich Fuß zu fassen begann. Das neue Phänomen der maschinellen Produktionsweise drückte seinen Stempel zunächst der Textilindustrie auf, und nachdem man zwischen 1720 und 1734 in Nordfrankreich Steinkohlenlager entdeckt hatte, wurde auch der Bergbau allmählich von der Mechanisierung ergriffen. Jedoch gelangte die Industrielle Revolution in Frankreich bis 1789 noch nicht über erste tastende Ansätze hinaus; erst Napoleon hat sie zielstrebig fortentwickelt.

Für die Versorgung mit Rohstoffen und tropischen Agrarprodukten waren weiterhin die Kolonien von ausschlaggebender Bedeutung. Zwar schlug der koloniale Enthusiasmus, den die Transaktionen Laws in der öffentlichen Meinung Frankreichs ausgelöst hatten, sogleich nach deren Scheitern in sein Gegenteil, in Desinteresse, ja Feindseligkeit um. Aber von der langen Friedensepoche in Europa profitierten auch die überseeischen Besitzungen: der Handel verdoppelte sich, die Plantagen, insbesondere auf den Antillen, wurden gepflegt und vergrößert, und ihre Produktion stieg dementsprechend an. Die Kolonien wurden immer noch nach den gleichen Prinzipien verwaltet wie zur Zeit Ludwigs XIV.; nach wie vor waren privilegierte Häfen und Gesellschaften die Hauptakteure der Kolonialpolitik.

Selbst nach dem Frieden von Utrecht war die französische Domäne in Nordamerika ungleich ausgedehnter als die englische; sie umfaßte Kanada, das Territorium der Großen Seen und Louisiana, d. h. das ganze Gebiet zwischen den Alleghenies und dem westlichen Mississippital. Diese riesige Ländermasse umschloß die an der mittleren

Atlantikküste gelegenen britischen Kolonien von allen Seiten. Aber im Gegensatz zu diesen hatten die französischen Besitzungen nur im Norden einen relativ schmalen Zugang zum Meer, und zudem konnte die lebenswichtige St.-Lorenz-Mündung von den Engländern kontrolliert werden. Als weitere Nachteile kamen hinzu, daß die Zahl der französischen Siedler viel geringer war und daß ihre kanadischen Hauptstädte Montreal, Quebec und Louisbourg nicht ausreichend befestigt waren. Aus dieser Situation ergab sich zum einen, daß die koloniale Expansion Frankreichs nach der Küste strebte, die Englands hingegen ins Innere des Kontinents hinein, um dort den französischen Einschließungsring zu durchbrechen, und zum anderen, daß der dadurch latent weiterschwelende Konflikt zwischen den beiden großen Rivalen sich eines Tages zwangsläufig in einer neuen kriegerischen Auseinandersetzung entladen mußte.

Auch in Indien übertraf der französische Kolonialbesitz den englischen, der nur aus den drei allerdings sehr wichtigen Handelsniederlassungen Bombay, Madras und Kalkutta bestand, bei weitem. Die französische Einflußsphäre vergrößerte sich noch ganz erheblich, seitdem der äußerst befähigte und schon 12 Jahre im Lande lebende Dupleix 1742 zum Generalgouverneur ernannt worden war. Er verstand es, mit den Mitteln einer souverän gehandhabten Diplomatie immer mehr eingeborene Fürsten für sich zu gewinnen, so daß um 1750 der größte Teil Vorderindiens zwar keine direkte französische Kolonie darstellte, wohl aber ein Protektorat der »Compagnie des Indes«, das aus Carnatic und Circas im Osten, Dekkan im Inneren und der Konföderation von Mahrattes im Westen gebildet wurde, ein Gebiet, in dem 30 Millionen Menschen lebten und das zweimal so groß war wie das französische Mutterland.

Alle diese französischen Erfolge in Übersee wurden jedoch in der zweiten Jahrhunderthälfte zum großen Teil wieder zunichte gemacht. Die Kriege Ludwigs XIV. hatten Frankreich so geschwächt, daß es an eine Wiederaufnahme seiner Expansionspolitik in Europa vorerst nicht denken konnte. Den Versuch Spaniens, seine alte Hegemonialstellung in Italien auf Kosten Österreichs wiederherzustellen, der einer Störung des besonders von England argwöhnisch überwachten Gleichgewichtssystems gleichkam, erstickten Frankreich, Großbritannien und das Reich durch die Bildung der Quadrupelallianz von 1718 im Keim. Unter der Oberfläche des 20jährigen ungetrübten Friedenszustandes auf dem Kontinent – eine Periode, in der die französische Außenpolitik zunächst von dem Berater des Regenten, dem Kardinal Dubois, und dann von Fleury geleitet worden ist – blieben indes die alten Gegensätze Frankreich–England und Bourbon–Habsburg bestehen, wenn auch letzterer sich schon, wie die neuere Forschung erwiesen hat,[34] seit dem Ende des Spanischen Erbfolgekrieges unmerklich aufzuweichen begann. Und als im Laufe der 1730er Jahre sowohl das Problem der polnischen als auch das der österreichischen Thronfolge akut zu werden begann, verfinsterte sich der politische Himmel über Europa wieder in bedrohlichem Maße. Bereits 1713 hatte Karl VI. die sog. »Pragmatische Sanktion« erlassen, die seiner Tochter die Krone sichern, also die weibliche Erbfolge in Österreich durchsetzen sollte, und er trachtete seitdem konsequent und auch weitgehend erfolgreich danach, die Zustimmung der Großmächte zu diesem Akt zu gewinnen. Daß der Kaiser gleichzeitig die Ehe Maria Theresias mit dem Herzog Franz von Lothringen ins Auge faßte, um die Kontinuität der Dynastie für die Zukunft wieder zu gewährleisten – ein Projekt, das 1736 auch tatsächlich realisiert worden ist –, mußte die internationale Lage noch mehr zuspitzen.

Denn es war nicht zu erwarten, daß Frankreich die sich daraus ergebenden Konsequenzen tolerieren würde. Strebte es doch selbst seit langem nach dem seine Ostgrenze mächtig verstärkenden Lothringen und mußte zudem um die Sicherheit von Paris fürchten, wenn das nicht weit entfernte Herzogtum Österreich zufiel. So besann sich Kardinal Fleury auf eine alte Überlieferung der französischen Außenpolitik, indem er sich mit Polen in Verbindung setzte und erreichte, daß dort nach dem Tode Augusts II. von Sachsen die Mehrheit des Adels den 1721 entthronten Stanislaus Leszczynski wiederum zum König wählte und damit einen frankophil eingestellten Mann, dessen Tochter Maria ja seit 1725 mit Ludwig XV. von Frankreich verheiratet war. Da es aber Rußland und Österreich gelang, ihren von einer Minorität der polnischen Aristokratie unterstützten Kandidaten, nämlich den Sohn Augusts des Starken, als Gegenkönig faktisch zu installieren, sah sich Frankreich gezwungen, die Rechte seines Prätendenten mit den Waffen zu vertreten, wobei es in diesem 1733 ausbrechenden Polnischen Thronfolgekrieg Spanien und Sardinien als Bundesgenossen auf seiner Seite hatte, während seine Gegner Österreich und das Reich waren. Die wichtigsten Schauplätze der von beiden Seiten nicht besonders energisch geführten militärischen Operationen, die sich bis 1735 hinzogen, waren Italien und der Oberrhein; überall kämpften die Österreicher ohne Glück. Ihre Lage verschlechterte sich noch, als es der französischen Diplomatie gelang, der Hofburg 1736 die Hohe Pforte in den Rücken zu setzen, so daß es zu einem für Habsburg ebenfalls negativ verlaufenden und 1739 mit dem Verlust Belgrads endenden Türkenkrieg kam, während die europäischen Hauptkontrahenten seit 1735 langatmig über einen Friedensvertrag verhandelten, der 1738 in Wien abgeschlossen wurde und aus dem eindeutig Frankreich den größten Gewinn zog. Zwar mußte es den Verzicht Stanislaus Leszczynskis auf den polnischen Thron hinnehmen, jedoch wurden diesem als Kompensation die Herzogtümer Bar und Lothringen zugesprochen, und zwar mit der Auflage, daß sie nach seinem Tode an seinen Schwiegersohn, also Ludwig XV. fallen sollten. Dieser Erbfall ist dann im Jahre 1766 eingetreten und das Herzogtum Lothringen mit der Hauptstadt Nancy seitdem französisch. Gleichzeitig wurde

Herzog Franz Stephan von Lothringen mit der Toscana entschädigt, die 1737 durch das Aussterben der Medici herrscherlos geworden war. Österreich überließ seinerseits Neapel und Sizilien einer Sekundogenitur der spanischen Bourbonen und gewann dafür Parma und Piacenza sowie eine Garantie der Pragmatischen Sanktion durch Frankreich.

Der unzweifelhafte Erfolg, den Kardinal Fleury mit dem Wiener Frieden für sein Land hatte davontragen können, rief in Frankreich die alten maritimen und überseeischen Ambitionen wach. Die jetzt einsetzende Flottenaktivität deutete auf ein Wiederaufflammen des Gegensatzes zwischen Frankreich und England hin, das ja seit 1714 in Personalunion mit Hannover verbunden und daher noch stärker als früher auf dem Kontinent selbst engagiert war. Außerdem zweifelte in Europa niemand daran, daß sich nach dem bald zu erwartenden Tod Kaiser Karls VI. auch die traditionelle Rivalität zwischen Bourbon und dem Erzhaus erneuern würde. So näherten sich Großbritannien und Österreich einander, in ihrem Rücken ein mit ihnen sympathisierendes Rußland. Frankreich und einige an der Beseitigung der Habsburgerhegemonie in Deutschland interessierte Reichsstände, z. B. Sachsen, vor allem aber Bayern, dessen Kurfürst Karl Albert die Kaiserkrone erstrebte, bildeten das andere Lager, dem die Nichtanerkennung der Pragmatischen Sanktion als Rechtsgrundlage diente. Das europäische Gleichgewicht war einmal mehr in Frage gestellt, und ein allgemeiner Krieg kündigte sich drohend an.

Ausgelöst hat ihn jedoch ein Fürst, dessen Haltung bis zuletzt noch unklar blieb, nämlich Friedrich II. von Preußen. Wenige Wochen nach dem Tode Karls VI. im Oktober 1740 rückte der ehrgeizige junge Monarch ohne Kriegserklärung in Schlesien ein und besetzte diese österreichische Provinz, wobei er sich auf zweifelhafte, bis ins 16. Jahrhundert zurückreichende Erbverträge des Hauses Brandenburg mit schlesischen Fürsten berief. Indem Friedrich gleich anschließend ein Bündnis mit Frankreich und dem Kurfürsten Karl Albert von Bayern schloß, gab er das Signal zu jenem allgemeinen Kampf gegen das Thronfolgerecht Maria Theresias, der als Österreichischer Erbfolgekrieg in die Geschichte eingegangen ist und in dem wiederum Frankreich der Hauptgegner Habsburgs war. Während die Bourbonenmonarchie mehrere Reichsstände und – wenn auch nur zeitweise, nämlich in den Jahren 1740-1742 und 1744-1745 – das aufstrebende Preußen auf ihrer Seite hatte, wurde Österreich von England unterstützt, das nicht nur ein von König Georg II. persönlich kommandiertes Hilfsheer, die sog. Pragmatische Armee, nach Deutschland schickte, sondern Frankreich auch auf allen Meeren und in den Kolonien, in Kanada und Indien, militärisch entgegentrat. Zunächst haben die Franzosen und ihre deutschen Bundesgenossen sehr erfolgreich gefochten und Österreich und seine tapfere junge Herrscherin in eine tiefe politische Existenzkrise gestürzt. So konnte Karl Albert 1742 als Karl VII.

zum Kaiser gewählt und damit ein von Frankreichs Gnaden abhängiges Reichsoberhaupt inthronisiert werden. Friedrich von Preußen, der wohl die Schwächung des Erzhauses, aber nicht dessen Vernichtung anstrebte, verschaffte daraufhin Österreich soweit Luft, daß es Anfang 1742 gegen Franzosen und Bayern offensiv werden konnte; allerdings mußte es dafür wenig später Schlesien an Preußen abtreten. Dieser Verlustfriede von Breslau, den Maria Theresia natürlich nicht als endgültig ansah, hat zunächst ihre Erwartungen erfüllt. Die österreichischen Heere gewannen jetzt überall an Boden, und im Juni 1743 sah sich Karl VII. gezwungen, aus München zu fliehen. Auch die Franzosen wurden von den englischen Hilfstruppen zurückgeworfen, so daß das österreichische Heer Karls von Lothringen bis ins Elsaß vordrang. Die Anhängerschaft Karls VII. begann sich zu lichten, und Sachsen wechselte ins habsburgische Lager über.

Diese Wendung der Dinge hat Friedrich II. so beunruhigt, daß er, um seine Eroberung zu sichern, im Jahre 1744 das Bündnis mit Frankreich erneuerte und den zweiten Schlesischen Krieg eröffnete, der Österreich im Westen wieder zum Stillstand zwang. Im Frieden von Dresden (Dezember 1745) mußte es die Abtretung Schlesiens noch einmal bestätigen, während andererseits der Preußenkönig den Gemahl Maria Theresias als Kaiser anerkannte, nachdem Karl VII. schon im Januar verschieden war. Österreich, dessen Situation sich durch ein Bündnis mit Rußland erheblich verbessert hatte, konnte sich nunmehr ungeteilt seinem Hauptgegner Frankreich zuwenden, dem es nichtsdestoweniger bis 1746 gelang, die österreichischen Niederlande zu erobern. Der Friede von Aachen, der den Österreichischen Erbfolgekrieg 1748 beendete, brachte im Grunde keine Entscheidung und hatte eher den Charakter eines Waffenstillstandes. Zwar wurde, um hier nur die wesentlichsten Vertragsbestimmungen zu nennen, die Pragmatische Sanktion allenthalben ebenso wie die bislang durchaus noch nicht unumstrittene britische Thronfolge für das Haus Hannover anerkannt, und schließlich wurde Friedrich II. noch einmal im Besitz von Schlesien bestätigt. Aber das größte Problem, um das es in diesem langen Krieg gegangen war, die überseeische Rivalität zwischen Frankreich und England, blieb völlig in der Schwebe.

In Indien hatte Dupleix zunächst vergeblich versucht, sich mit den englischen Gouverneuren zu arrangieren, um den Subkontinent aus der englisch-französischen Auseinandersetzung herauszuhalten. Infolge seines wachsenden Einflusses auf die indischen Potentaten verstärkte sich aber der Konkurrenzkampf zwischen der französischen und der britischen Indien-Kompanie zusehends, so daß die späten 1740er und beginnenden 1750er Jahre solche eines bewaffneten Friedens waren, in denen beide Parteien sich für den nächsten Krieg möglichst günstige Ausgangspositionen zu schaffen suchten. Die französische Regierung dachte ihrerseits nicht daran, die einzigartige kolonialpolitische Leistung von Dupleix zu honorieren, da die erwarteten sofortigen Gewinne bei seinen auf die weitere Zukunft hin angelegten Unternehmungen natürlich ausblieben und sie zudem nicht zu Unrecht befürchtete, daß seine expansive Diplomatie zu militärischen Verwicklungen mit den englischen Kolonisatoren führen könnte. Und in der Tat kam es bereits mitten im Frieden 1751 in Carnatic und 1752 bei Tridrinopoli zu Feindseligkeiten, die in das Vorfeld des Siebenjährigen Krieges gehören. Dupleix' Hilferufe um Truppenverstärkungen verhallten in Paris nicht nur ungehört, vielmehr wurde er sogar 1754 seines Amtes enthoben und mußte von Frankreich aus, wo er 1762 unbekannt und verarmt starb, machtlos und verbittert zusehen, wie unter seinem Nachfolger, dem mittelmäßigen Gouverneur Godeheu, sein Werk rasch verfiel. Denn in der Konvention von Madras (1754) verzichteten beide Gesellschaften auf die Errichtung von Protektoraten, was jedoch faktisch allein zu Lasten der französischen Kompanie ging, da die britische noch gar keine Schutzgebiete besaß. Diese Kapitulation Frankreichs konnte indes nicht verhindern, daß Indien anderthalb Jahre später ebenso wie alle anderen überseeischen Besitzungen zum Schauplatz des entscheidenden Ringens zwischen den beiden westlichen Großmächten wurde.

Auch in Nordamerika breitete sich der Machtbereich Frankreichs, der sich nicht zuletzt auf die Ergebenheit eingeborener Indianerstämme, vor allem der Huronen, gegenüber dem großen fernen König jenseits des Ozeans gründete, so stark aus, daß die britischen Kolonisten sich mehr und mehr bedroht fühlen mußten. Bereits 1748 hatten die Franzosen damit begonnen, ihre Besitzungen in Louisiana mit denen an den Ufern der Großen Seen durch eine zusammenhängende Kette von Forts zu verbinden. Die englischen Siedler an der Ostküste reagierten auf die damit verbundene Gefahr einer halbkreisförmigen Umklammerung, die ihre Expansion in westlicher Richtung endgültig abgestoppt hätte, mit der Errichtung eigener Befestigungen in der gleichen Region und schritten schließlich, als sich dieser Interessenkonflikt unerträglich zugespitzt hatte, im Jahre 1754 zu bewaffneten Maßnahmen gegen ihre französischen Widersacher, die ein junger Major namens George Washington, der spätere Begründer der Vereinigten Staaten von Amerika, einleitete.

Frankreichs und Englands Kampf um die Hegemonie auf dem Globus hatte begonnen. Er verknüpfte sich sofort mit den Mächtegegensätzen in Europa. Das Vereinigte Königreich, das mit dem Griff Frankreichs nach Hannover, Englands schwacher Stelle auf dem Festland, zu rechnen hatte, setzte sich zunächst mit Rußland und, als von dort kein Echo erfolgte, mit Preußen ins Benehmen, mit dem es am 10. 1. 1756 den Westminster-Vertrag zum Schutze der Neutralität Norddeutschlands abschließen konnte. Friedrich II. leitete dabei die Erwartung, gegebenenfalls einen Angriff von Österreichs Bundesgenossen Rußland auf Preußen verhindern zu können, wenn er als Gegenleistung für die Engländer die Garantie ihres kontinentalen Nebenlandes übernähme. Die Prämisse dieser Politik war die Annahme, der Gegensatz zwischen Versailles und Wien und die Kraft des eigenen nach wie vor gültigen Bündnisses mit Frankreich seien immer noch so stark, daß dieser heikle Schritt gewagt und der festländische Frieden damit gesichert werden könne.

Die Überschätzung des britischen Einflusses am Zarenhof und die Unterbewertung des französisch-englischen Weltverhältnisses, die sich aus der rein kontinentalen Denkweise des Preußenkönigs ergab, bewogen Friedrich II. damals zu diesem schwerwiegenden diplomatischen Kunstfehler, der die politische Existenz seines Staates ernstlich in Frage stellen sollte. Die Reaktion in Versailles bewies sofort, daß der Krieg jetzt unvermeidbar geworden war, denn die französische Regierung betrachtete den Westminster-Vertrag als Bündnisbruch und schloß infolgedessen am 1. 5. 1756 zu Versailles eine gegen Preußen gerichtete Defensivallianz mit Österreich ab. Bereits einige Zeit vorher war es zu vertraulichen Verhandlungen zwischen Paris und Wien gekommen, die Kaunitz, der überragende Meister der Diplomatie, angeregt hatte, um der sich anbahnenden Verbindung England–Preußen wirksam entgegentreten zu können. Der vorsichtige König zögerte jedoch die Unterzeichnung eines förmlichen Vertrages so lange hinaus, bis nach dem Bekanntwerden des Westminster-Abkommens kein Zweifel mehr an der Haltung Friedrichs II. herrschen konnte. In einer Geheimklausel sicherte Österreich zu, im Falle eines gemeinsamen Sieges über Preußen und der Rückeroberung Schlesiens die österreichischen Niederlande an Frankreich abtreten zu wollen. Der in Aussicht gestellte Gewinn war also nicht gering, und dafür zu kämpfen, lohnte sich wohl schon.

So hat Frankreich damals jenen berühmten Bündniswechsel vollzogen, der es an die Seite Habsburgs und in die Gegnerschaft zu Preußen, schließlich aber auch in die Niederlage des Siebenjährigen Krieges geführt hat. Dieser Schritt bedeutete einen grundlegenden Wandel der seit fast drei Jahrhunderten überlieferten Deutschlandpolitik Frankreichs, hob er doch den ebenso lange als unüberwindlich angesehenen bourbonisch-habsburgischen Gegensatz auf. Und die sehr preußenfreundliche französische öffentliche Meinung der Zeit [35] und weitgehend noch die des 19. Jahrhunderts hat denn auch diesen radikalen Bruch mit allen bisherigen Traditionen nicht verstanden und heftig kritisiert.

Die unmittelbare Folge des *renversement des alliances* war die englische Kriegserklärung an Frankreich, und Friedrich II. kam seinerseits einer Offensive seiner Gegner zuvor, indem er im August 1756 überraschend in Sachsen einfiel, die sächsische Armee in Pirna einschloß und nach Zurückweisung eines österreichischen Entsatzversuches zur Kapitulation zwang. Der allgemeine Kampf zwischen Preußen, England und Hannover und mehreren norddeutschen Kleinstaaten auf der einen und Österreich, dem Reich, Rußland, Schweden und

Frankreich auf der anderen Seite begann also gleichzeitig in Mitteleuropa und in den Kolonien, soweit er nicht sogar, wie in Nordamerika, im Grunde schon im Gange war. Durch das preußisch-englische
Subsidienbündnis, das zwischen 1758 und 1761 wirksam war, verschmolzen beide Kriege auf ihrem Höhepunkt zur inneren Einheit
eines zusammenhängenden welthistorischen Vorganges. Frankreich
war auf allen Schauplätzen gleichmäßig tief in das große Ringen ver-
strickt. Bereits im Juni 1756 besetzten die Franzosen die Insel Menorca
und entzogen damit das westliche Mittelmeer englischer Kontrolle.
Gleichzeitig erfochten sie Anfangserfolge in Indien und Kanada, während eine gegen Hannover vorrückende Armee nach der siegreichen
Schlacht bei Hastenbeck den Herzog von Cumberland im Herbst
1757 zur Kapitulation zwang, die den Franzosen ganz Hannover
auslieferte. Aber seitdem wendete sich das Blatt, und zwar sowohl in
den Kolonien als auch in Deutschland; es erwies sich von jetzt an
immer wieder, daß Frankreichs Kraft nicht mehr ausreichte, der selbst-
gewählten Doppelbelastung standzuhalten. Die Bindung eines großen
Teiles seiner Streitkräfte in Mitteleuropa schwächte es gerade in den
Gebieten in verhängnisvoller Weise, wo es seine wirklichen vitalen
Interessen zu verteidigen hatte. Denn schon im Sommer 1757 mußte
es in Indien von Lord Clive bei Plassey und in Kanada 1759 von
Wolfe bei Quebec jene großen Niederlagen hinnehmen, durch die es
die Vormachtstellung in diesen Subkontinenten verlor. Auch die See-
schlachten bei Lagos und Quiberon im Jahre 1759 bestätigten nur die
Überlegenheit der britischen über die französische Flotte. Und als
Spanien 1761 durch den bourbonischen Familienpakt an die Seite
Frankreichs getreten war, wurde seine Seemacht von der englischen
fast vernichtet, während im selben Zeitraum auf Guadeloupe und Martinique, in Havanna und Manila britische Truppen landeten.
Daß England auf all diesen transozeanischen Entscheidungsfeldern
letztlich Sieger blieb, hatte es nicht nur seiner eigenen Kraft, sondern
in hohem Maße auch Friedrich dem Großen zu verdanken. Schon
William Pitt der Ältere hat dies in seinem berühmten Ausspruch
anerkannt, daß Amerika in Deutschland erobert worden sei. Denn
ohne Friedrichs glänzenden Sieg über die Franzosen bei Roßbach am
5. 11. 1757 und ohne die Erfolge seines Feldherrn, des Herzogs Ferdinand von Braunschweig, bei Krefeld 1758 und Minden 1759 würde
es Großbritannien kaum gelungen sein, Frankreich zu jenem einschneidenden Verlustfrieden von Paris zu zwingen, der am 10. 2. 1763 den
Siebenjährigen Krieg für diese beiden Mächte beendete. Frankreich
mußte auf ganz Kanada und die Insel Cap-Breton verzichten und
außerdem den Mississippi als Grenze zu den englischen Kolonien
anerkennen; da es den westlichen Teil Louisianas bereits zwei Jahre
zuvor an Spanien abgetreten hatte, und zwar als Kompensation für
das ebenfalls in britischen Besitz übergegangene Florida, war es nunmehr weitgehend aus Nordamerika verdrängt. Als winzigen Rest-

bestand seines ehemals so ausgedehnten Kolonialreiches konnte es nur die beiden kleinen Inseln Saint-Pierre und Miquelon sowie das Fischereirecht an den Neufundlandbänken behaupten. Auf den Antillen behielt es die wertvollen Inseln Martinique und Guadeloupe sowie den westlichen Teil von Santo Domingo, während einige kleinere, z. B. Tobago, an England fielen. Dagegen gab Frankreich im Senegal alle Niederlassungen mit Ausnahme der für den Sklavenhandel wichtigen Insel Gorée auf. In Indien schließlich vermochten die Franzosen zwar die fünf Städte Pondichéry, Chandernagor, Karikal, Yanaon und Mahé nebst einigen damit zusammenhängenden Handelsstützpunkten für sich zu retten, jedoch unter der Bedingung, sie nicht zu befestigen, keine Truppen zu unterhalten, sich nicht in indische Angelegenheiten zu mischen und auf jede territoriale Ausdehnung zu verzichten. Die französischen Rechte auf Madagaskar blieben ebenso wie die auf einen Teil Guayanas unangetastet; allerdings wurden sie so wenig wahrgenommen, daß die seit dem 17. Jahrhundert vorhandenen kolonisatorischen Ansätze stagnierten oder gar verfielen; nur auf den Maskarenen (Ile Bourbon und Ile de France) und auf den Seychellen gab es weiterhin intakte Stützpunkte.

Der Herzog von Choiseul, der seit 1758 die französische Außenpolitik leitete, war nun keineswegs gewillt, sein Land auf die Dauer durch England von den Meeren und aus den Kolonien verdrängen zu lassen. Darum hat er nicht nur die Kriegsmarine reorganisiert und die großen Antilleninseln zu Nachschubbasen ausgebaut, sondern auch um 1769 wesentliche Reformen in der Administration der restlichen überseeischen Besitzungen durchgeführt, indem er die Privilegien der Gesellschaften stark beschnitt, sie schließlich ganz aufhob und deren Niederlassungen der Krone direkt unterstellte. Infolgedessen übernahm von jetzt an der Staat die Versorgung der Kolonien, den Negerhandel, die Entsendung von Siedlern und den Ausbau von Städten und Häfen. Auf den Antillen wurden im Zuge einer aufklärerischen Politik, die seit 1762 u. a. das Verbot des Jesuitenordens in Frankreich durch Choiseul nach sich gezogen hatte, auch Juden und Protestanten als Einwanderer zugelassen. An der Erschließung des südlichen Pazifik, die in diese Zeit fällt und ihren großen Heroen in James Cook hat, ist Frankreich durch Bougainville, der von 1766-1769 große Teile der Südsee entschleierte, ehrenvoll beteiligt gewesen.

Was die Situation auf dem alten Kontinent anlangt, so konnte keine Rede von einem Übergang der österreichischen Niederlande an das Haus Bourbon sein, da der Friede von Hubertusburg, der am 15. 2. 1763 den Waffengang in Europa beendete, lediglich den Status quo ante bestätigte. Der Bündniswechsel von 1756 hat sich für Frankreich also zunächst als Fehlschlag erwiesen; seit dem Sieg Friedrichs des Großen im Siebenjährigen Krieg war die Existenz einer zweiten Großmacht in Deutschland offenkundig geworden und dadurch den französischen Interventionstendenzen bis zu den Revolutionskriegen ein

Riegel vorgeschoben. Die Niederlagen, die Ludwig XV. hier und auf den überseeischen Schauplätzen erlitten hatte und die sich aus ihnen ergebende Schwächung der außenpolitischen Situation Frankreichs haben mit dazu beigetragen, das Ansehen des französischen Königtums in der Nation so zu schwächen, daß man diese Momente häufig dem Ursachenkreis der Großen Revolution zugerechnet hat. Selbst solche unbezweifelbaren Erfolge wie die Erwerbung des kleinen bis dahin souveränen Fürstentums Dombes (1762) und die schon erwähnte von Lothringen, womit der Prozeß der territorialen Abrundung Frankreichs abgeschlossen war, und der Gewinn von Korsika, das 1768 durch Kauf von Genua an Frankreich fiel, allerdings erst nach einem etwa einjährigen Kampf gegen den erbitterten Widerstand der korsischen Patrioten unter Paoli in Besitz genommen werden konnte, vermochten als positive Aspekte die insgesamt negative außenpolitische Bilanz der Regierung Ludwigs XV. nicht aufzuwiegen. Nach dem Sturz Choiseuls, der 1770/71 im Zusammenhang mit der Auflösung der Parlamente, zu deren Anwalt er sich gemacht hatte, und auf Drängen seines Rivalen Maupeou entlassen und durch den Herzog d'Aiguillon ersetzt worden war, erwies sich der Einfluß von Versailles in der europäischen Diplomatie bereits als so gering, daß Frankreich 1772 der ersten Teilung Polens zusehen mußte, ohne diesen Gewaltakt der drei angrenzenden Großmächte verhindern zu können.

Aber es waren natürlich nicht nur diese Mißerfolge im außenpolitischen Bereich, die die Herrschaft des »vielgeliebten« Königs, wie Ludwig XV. in den ersten Jahren vom Volk noch gern genannt worden war, in den Augen seiner Untertanen als letztlich verhängnisvoll für sein Land erscheinen ließen, sondern in erster Linie die weiterbestehenden Ungerechtigkeiten in der steuerlichen Belastung, die zu spät in Angriff genommenen und nicht konsequent genug durchgeführten Verwaltungsreformen, die so äußerst unpopulären Maßnahmen gegen die Parlamente und schließlich die durch eine verschwenderische Hofhaltung sowie die steigenden Kriegskosten verursachte staatliche Finanzmisere. Daneben erregte jedoch auch der selbst für das 18. Jahrhundert bemerkenswert frivole Lebenswandel des Monarchen Anstoß und brachte die Idee des sakrosankten Königtums mit seinem halbgeistlichen Charakter zunehmend in Mißkredit; seine zahlreichen Maitressen, von denen die Marquise de Pompadour und die Gräfin Dubarry am bekanntesten sind, forderten sogar den Spott der gewiß nicht prüden Zeitgenossen heraus.

Daß der durch Ludwig XV. nicht mehr sehr überzeugend repräsentierte Absolutismus den Zenit seiner historischen Existenz schon Jahrzehnte vor Ausbruch der Großen Revolution überschritten hatte, läßt sich am Verhalten des Adels besonders deutlich ablesen. Denn dieser Stand, dessen Interessen ja längst mit denen des Königtums verschmolzen waren, stimmte lebhaft in die Kritik der Aufklärung an diesem Herrschaftssystem mit ein und förderte damit eine Bewegung, die an den Fundamenten der alten Gesellschaft und von Thron und Altar immer heftiger zu rütteln begann. Während der Aristokrat des 17. Jahrhunderts seinem König als dem Mittelpunkt des Staates gedient hatte, wandte sich der des 18. Jahrhunderts vom Monarchen ab und vereinzelte. Mit dieser Individualisierung lockerte sich das strenge Gefüge der aristokratischen Gesellschaft, und der in der englischen *society* entwickelte Typus des freien Privatmannes mit seinen vorwiegend wirtschaftlichen Interessen wurde mehr und mehr zum Leitbild. Seit der Mitte des 18. Jahrhunderts wurde es immer offenkundiger, daß die Angehörigen von Ständen, die sich den autoritäts- und traditionsfeindlichen Ideen der Aufklärung, des Voltairianismus und der Enzyklopädie so vorbehaltlos hingaben wie Adel und Geistlichkeit Frankreichs, den Glauben an sich selbst und ihr gutes Recht verloren hatten und schließlich nicht mehr zu kämpfen, sondern nur noch in schöner Pose zu sterben vermochten.

Jedoch ist dieser Gesellschaftsschicht gerade in der Spätphase des Ancien régime eine künstlerische Selbstdarstellung gelungen, die die mit der Gotik einsetzende höfisch-aristokratische Kultur zu einem letzten Höhepunkt geführt hat. Die Vollendung und Verfeinerung aller überlieferten Stilmittel in der Architektur und Malerei des Rokoko scheint den Hauch des nahen Untergangs zu atmen. Wiederum ist Frankreich Ursprungs- und Kernland der neuen Kunstrichtung, wo sie sich als *Régence* und *style Louis XV.* zu höchster Blüte entfaltet, ehe sie auf das übrige Europa ausstrahlt. Die bedeutendsten Repräsentanten der Malerei sind dabei Watteau, Boucher und Fragonard gewesen.

In der Kunst des Hochrokoko mit ihrer Bevorzugung des antikisierenden, gekünstelten Hirtenidylls kündigt sich u. a. auch ein Element an, das für die Lebensstimmung der zweiten Hälfte des 18. Jahrhunderts so kennzeichnend werden wird, nämlich jene sentimentalische Natursehnsucht, die in der Philosophie Rousseaus ihren literarischen Niederschlag und von daher auch Eingang in die Vorstellungswelt der Revolution finden sollte. Damit wird im Rahmen des Rokoko ein Realismus möglich, der seinem Wesen nach schon »bürgerlich« ist und neben die aristokratisch-überfeinerte Kunst des Zeitalters tritt; in der Genre- und Stillebenmalerei Chardins wird dieses übrigens schon im 17. Jahrhundert bei Le Nain anklingende Bemühen um wirklichkeitsgetreue Darstellung des eher Schlichten und Alltäglichen sichtbar. Aus einer ähnlichen Haltung heraus gestaltet La Tour seine Bildnisse, auf denen uns eine Persönlichkeit, ein unverwechselbares Individuum und nicht ein zum bloßen Typus stilisiertes, beliebig austauschbares Modell anblickt. Auch diese bedeutende Portraitkunst offenbart jenes Streben nach dem Natürlichen, das mehr und mehr dominiert und schließlich im letzten Drittel des Jahrhunderts in den Programmbildern von Jean-Baptiste Greuze einen aufdringlich tendenziösen Charakter annimmt; denn hier soll mit vorgespielter Naivität und hohem Pathos bewiesen werden, daß das höfische Leben verderbt und die wahre Tugend nur bei ländlicher Unschuld, bei den »einfachen Leuten« zu finden sei. Damit aber stehen wir schon unverkennbar im ideologischen Vorhof der Französischen Revolution. Denn schon lange strebte ein neuer, der Dritte Stand mächtig empor, und es ist der absolutistische Staat des Ancien régime selbst gewesen, der diesen Aufstieg des Bürgertums begünstigt hat. Nach außen hin Machtstaat und von unablässigem Streben nach Ausdehnung erfüllt, konzentrierte er alle seine inneren Kräfte auf diese expansiven Ambitionen, die sich im 16., 17. und 18. Jahrhundert in einer nicht abreißenden Kette von Kabinetts- und Erbfolgekriegen entluden. Aber nicht nur Armee und Verwaltungsapparat dienten der Verwirklichung solcher Ziele; auch das Merkantilsystem des Absolutismus, so glänzend vertreten durch Colbert, ist ihm eingefügt. Es gibt dem Staat die wirtschaftliche Potenz zur Ausdehnung, während die militärischen Aktionen gleichzeitig auf die Gewinnung neuer Märkte in Übersee gerichtet sind. Der Staat setzt seine Machtmittel in Bewegung, um Geld zu erwerben; das Geld aber wird wiederum zum Mittel einer Steigerung der Staatsmacht.

Das Bürgertum ist mit dieser Entwicklung jahrhundertelang einverstanden gewesen, denn es zog wirtschaftlichen Nutzen aus ihr. Unter dem Schutz einer absoluten Monarchie, die bis zum Frondeaufstand den Adel als politischen Gegner und das Bürgertum als willkommenen Bundesgenossen angesehen hatte, erstarkte es allmählich zu einem ökonomischen Machtfaktor. Indem es nicht mehr nur um des Lebensunterhaltes willen arbeitete, sondern schließlich in der Arbeit auch einen Selbstwert erblickte, entwickelte es die Gesinnung eines Kapitalismus, die anzeigte, daß das Ende des feudalen Menschentyps, der jahrhundertelang geherrscht hatte oder doch gesellschaftlich tonangebend gewesen war, herannahte.

Erst recht spät ist das Bürgertum im Zuge seines ökonomischen Aufstiegs zu einem Selbstbewußtsein herangereift, das sich um so stärker gegen die alte Ordnung auflehnte, je fühlbarer die Diskrepanz zwischen seiner wirtschaftlichen Bedeutung und seiner gesellschaftlichen Mißachtung und fehlenden politischen Repräsentation wurde. Zwar hatte die Nivellierungspolitik des Absolutismus alle Menschen auf die gleiche niedrige Stufe gegenüber dem Monarchen herabgedrückt, aber es gab andererseits innerhalb dieser so heterogenen »Untertanen« »eine solche Fülle von Privilegien und Sonderordnungen der Personen, Stände, Korporationen und Provinzen, daß von bürgerlicher Gleichheit gar nicht und von staatlicher Einheit nur mit Vorbehalt gesprochen werden kann«[36]. Erst vor dem Hintergrund dieser längst zum Anachronismus gewordenen Situation wird verständlich, warum die gemeineuropäische Ideenbewegung der Aufklärung gerade in Frankreich so radikale Züge annahm, daß sie jenes Jahrtausendgericht der Großen Revolution auszulösen vermochte, die das morsche Gebäude der alten Monarchie in einem Inferno ohnegleichen zerschlagen hat.

III. Das Zeitalter der Großen Revolution und Napoleons (1789-1815)

1. Die Vorgeschichte: Aufklärung, Reformen unter Ludwig XVI. und »Vorrevolution der Privilegierten« (um 1750/74-1789)

Es gibt im Leben der Völker einschneidende Bewußtseinskrisen, die tiefgreifende Veränderungen ihrer Existenzweise, ihrer gesamten Welthaltung und ihres geschichtlichen Sendungswillens bewirken. Diese entscheidenden Umbrüche geistiger und materieller Natur lösen die von ihnen betroffenen Völker aus dem Gebundensein an jene alten Autoritäten, die in jahrhundertelanger Entfaltung ihres nationalen Genius als politische, gesellschaftliche und religiöse Kräfte erwachsen sind, und überführen sie in den Zustand der Emanzipation. In ihm wird alles bisher Gültige fragwürdig, weil die eigene Geschichte nicht mehr als das Selbstverständliche gleichsam naiv akzeptiert, sondern zum Gegenstand kritischer Reflexion wird. Diese Sinnverwandlungen der historischen Existenz einer Nation manifestieren sich in den großen Revolutionen. Lange vorbereitet im Skeptizismus der Aufklärungsepochen, gelangen sie schließlich – für die Miterlebenden oft erschreckend plötzlich – zu explosivem Ausbruch, durchlaufen zahlreiche Stadien von Vor- und Rückstoß, Retardierung und neuem Ansturm, offenbaren sich als Freiheitsenthusiasmus, als Anarchie, sozialer Weltverbesserungswille und Cäsarismus oder Diktatur in wechselnder Folge. Fast nie erreichen sie ihr Ziel im ersten, zumeist gewaltigsten Anlauf. Auf bemerkenswerte und endgültig scheinende Stillstände oder gar Rückschläge folgen neue Erschütterungen wie Berge auf Täler in einer Welle.

So sind die Revolutionszeitalter oftmals von langer Gesamtdauer. In Rom betrug diese von den Gracchen eröffnete und erst durch Cäsar und Oktavian abgeschlossene Periode ein ganzes Jahrhundert und im England Cromwells etwa fünfzig Jahre. Die Auswirkungen der Russischen Revolution scheinen heute noch lange nicht abgeebbt zu sein, sondern werden in der Kettenreaktion revolutionärer Bewegungen vor allem in der Dritten Welt stets aufs neue sichtbar.

Auch in Frankreich, dem klassischen Land der »Großen Revolution«, hat es eines knappen Jahrhunderts bedurft, bis die Epoche der Umwälzungen abgeklungen war und seit dem späten 19. Jahrhundert durch einen anscheinend endgültigen Ruhezustand, durch jene inzwischen konservativ gewordene parlamentarische Demokratie abgelöst wurde, die die Errungenschaften der Revolution als Überlieferung bewahrt.

Entscheidend ist aber, daß die Französische Revolution von vornherein den Anspruch erhoben hat, nicht allein Frankreich, sondern darüber hinaus der Menschheit das Glück einer vernunftbestimmten, freiheitlichen und die Autonomie des Individuums garantierenden politischen und gesellschaftlichen Lebensweise zu bringen. Ihre Grundprinzipien strahlten sogleich auf das übrige Europa aus, wurden dort schließlich durch die Kriege Napoleons machtvoll ausgebreitet und gestalteten den südwestlichen und mittleren Teil unseres Kontinents bis 1848 so tiefgreifend um, daß damit ein völlig neues Zeitalter, das der modernen Demokratie, begann.

Dieser Zeitraum der Französischen Revolution und des mit ihr aufs engste zusammenhängenden und eine historische Einheit bildenden napoleonischen Herrschaftssystems, gerechnet vom Zusammentritt der Generalstände im Jahre 1789 bis zur Katastrophe von Waterloo 1815,[1] stellt sich dem Betrachter gleichsam als eine dramatische Trilogie dar, deren erster Teil eine Art Exposition bildet. Denn die zeitlich noch dem Ancien régime zugehörige Phase der Aufklärung, Reformbewegung unter Ludwig XVI. und Vorrevolution der Privilegierten rollt bereits jene Probleme auf, um deren Lösung in der eigentlichen Revolution gerungen worden ist. Diese selbst wirkt als Ganzes wie die kunstgerechte Durchführung einer klassischen Tragödie, deren drei Akte durch die Jahre 1789-1792, 1792-1794 und 1794-1799 sehr akzentuiert voneinander abgegrenzt erscheinen. Alle Elemente der seither abgelaufenen Geschichte sind in ihr schon vorweggenommen: der bürgerliche Freiheitsbegriff des Liberalismus in der Revolution von 1789, die radikaldemokratische Gleichheitsdoktrin mit sozialistischen und gelegentlich schon kommunistischen Ansätzen in der jakobinischen, schließlich in der Diktatur Robespierres gipfelnden Terrorherrschaft von 1793/94 sowie die beginnende Saturierung der abklingenden Revolution in den Jahren des Direktoriums.

Das pathetische Schlußstück dieser Trilogie, die in der zeitlichen Konzentration eines Vierteljahrhunderts mehr Geschichtsintensität enthält als die Mehrzahl der anderen Epochen unserer abendländischen Vergangenheit und die darum hier auch in einem eigenen Abschnitt behandelt werden muß, ist von der Persönlichkeit eines einzelnen gespielt, gestaltet und durchlitten worden, von Napoleon. Als Erbe und Überwinder der Revolution hat der Erste Konsul und Kaiser der Franzosen nicht nur den Exzessen der großen Umwälzung Einhalt geboten und gleichzeitig ihren Unverlierbarkeiten Dauer verliehen, sondern sie darüber hinaus über ganz Europa verbreitet und von einem französischen zu einem europäischen Phänomen gesteigert, wodurch sie erst jene Weltwirkung erlangt hat, die heute noch andauert.

In der gegenwärtigen Geschichtsschreibung über das Zeitalter der Revolution oder das moderne Frankreich seit der großen Umwälzung setzt es sich zunehmend durch, die Darstellung nicht erst 1789, sondern schon mit den 1760er Jahren beginnen zu lassen. Diese der historischen Wirklichkeit durchaus angemessene Epochenzäsur erwächst aus der Einsicht, daß die französische Monarchie des Ancien régime etwa seit dem Ausgang des Siebenjährigen Krieges in eine akute Krise geriet. Denn im letzten Jahrzehnt der Regierung Ludwigs XV. gelangte die schon unter Ludwig XIV. aufkommende Geistesbewegung der französischen Aufklärung zu ihrem Höhepunkt; seitdem wurde es auch – oder gerade – in den privilegierten Ständen üblich, an die bestehenden Zustände das Maß der aufklärerischen Kritik anzulegen und ganz offen darüber zu diskutieren, wie lange es in den gewohnten Bahnen noch weitergehen werde. Diese Infragestellung der alten Gesellschaft und ihres Staates hatte beim Tode Ludwigs XV. solche Ausmaße angenommen, daß sein Nachfolger Ludwig XVI. gleich nach seiner Thronbesteigung 1774 einschneidende Reformen einleitete, in der Hoffnung, auf diese Weise dem allgemein als bevorstehend erahnten gewaltsamen Umsturz den Wind aus den Segeln nehmen und die erforderlichen Veränderungen in Staat und Gesellschaft durch eine Revolution von oben durchführen zu können. Jedoch haben seine Bestrebungen sehr rasch jene bevorrechtigten Stände auf den Plan gerufen, auf deren Kosten ein solches Reformwerk ja hätte verwirklicht werden müssen. Sie haben ihm denn auch einen so entschlossenen Widerstand entgegengesetzt, daß es daran scheiterte und alles beim alten zu bleiben drohte. Diese historische Konstellation aber, die unter dem Begriff der »Vorrevolution der Privilegierten« von der Forschung erst relativ spät in ihrem wahren Wesen erkannt worden ist, hat schließlich die ungeheure Eruption der Französischen Revolution ausgelöst. Zu deren unmittelbarem Ursachenkreis gehören also in erster Linie die folgenden drei Faktoren:

1. die Ideenbewegung der Aufklärung
2. die Reformbestrebungen unter der Regierung Ludwigs XVI.
3. die Vorrevolution der Privilegierten, die wiederum in verhängnisvoller Weise mit einer empfindlichen Krise der französischen Wirtschaft zeitlich zusammenfiel.

Das Auftreten des Bürgertums auf der geschichtlichen Bühne hat sich zuerst im Bereich des Geistes angekündigt. Die Aufklärung des 18. Jahrhunderts schuf die theoretischen Grundlagen des bürgerlich-parlamentarischen Staates mit seiner Gewaltenteilung, des Toleranzprinzips unter weitgehender Emanzipation von Herrschaft und Kirche sowie einer deistischen oder atheistischen Weltanschauung. Der säkularisierte Glaube an unbegrenzte Fortschrittsmöglichkeiten im Diesseits wurde seitdem beherrschend. Seit Friedrich Meineckes Werk über den Historismus [2] wissen wir, daß diese Geisteshaltung sich bei den großen Autoren des Zeitalters der Vernunft schon keimhaft andeutet, so daß die Aufklärungsbewegung heute wesentlich differenzierter erscheint als früher.

Bereits um 1700 finden wir in der imponierenden französischen Geschichtswissenschaft des Spätbarock Elemente, die bezeugen, daß sie sich von theologischen Bindungen, von der mittelalterlich-scholastischen Tradition zu lösen beginnt. Sie weist in Ansätzen jene utilitaristisch-moralische Zweckbestimmtheit auf, die in der Geschichtsbetrachtung zu einer immer stärker um sich greifenden Säkularisierung und damit in die Moderne führt. Die politische Theorie und Historiographie Frankreichs im *siècle des lumières* spiegelt die sich damals in ganz Westeuropa anbahnende Entwicklung sehr deutlich wider. Dies gilt vor allem für François Marie Arouet, genannt Voltaire, den berühmten Vorkämpfer für religiöse Toleranz, gegen kirchliche Unterdrückung (»Ecrasez l'infâme!«) und menschliche Vorurteile überhaupt (Calas-Affaire), der gleichzeitig auch mit seinem ›Siècle de Louis XIV‹ (1751), seinem ›Essai sur les moeurs et l'esprit des nations‹ (1756) und seinen ›Annales de l'Empire‹ (1754) neben Montesquieu als der größte französische Geschichtsschreiber und -theoretiker der Aufklärungszeit anzusehen ist. In diesen Werken – und natürlich auch in anderen Schriften Voltaires wie z. B. der ›Henriade‹ (1724), den ›Lettres philosophiques‹ (1734) und dem ›Dictionnaire philosophique‹ (1764) – treten die gesellschaftlichen und intellektuellen Kräfte der Epoche mit scharfen Umrissen vor den Leser hin. Die ganze historische Vergangenheit wird darin an dem Maßstab der Gegenwart gemessen und von dem Standpunkt des so selbstsicheren aufklärerischen Denkens aus verurteilt. Die grundsätzliche Infragestellung aller wesentlichen Traditionen der französischen Geschichte, deren bestimmender Einfluß auf die soziale Wirklichkeit mehr und mehr als Anachronismus empfunden wurde, mußte natürlich die Folge sein.

Das historisch-politische Denken Voltaires erwächst aus einer Steigerung des Lebensgefühls, das sich wiederum ausschließlich am Diesseits orientiert. Es ist in der französischen Bourgeoisie um 1700 erwacht und manifestiert sich in den *douceurs de la vie,* den *douceurs de la société,* die ihrerseits Ausfluß der *art de vivre* und jener *culture de l'esprit* der französischen Rokokogesellschaft sind, von der die Voltaire immer wieder so warm spricht. Für den von dieser geistigen Atmosphäre geprägten lebensnahen Pragmatiker Voltaire bedeutet Geschichtsphilosophie – wie Meinecke es formuliert hat – die Hervorhebung »nützlicher Wahrheiten«[3].

Der große Einfluß des naturwissenschaftlichen Denkens, vor allem Newtons, führt bei Voltaire zu einer mechanischen Kosmologie und Moralauffassung und zu einem Rationalismus, dem letzten Endes die seelische Tiefe fehlt. Dieser bestimmt wiederum sein Geschichtsbild, das von dem Glauben an die »Perfektion« als eines in der gesamten Universalgeschichte wirksamen Prinzips lebt. Für Voltaire sind alle historischen Prozesse der Vergangenheit letztlich auf das Ziel hin ausgerichtet, die Ideale der Zivilisation und Vernunft, d. h. die Wert-

vorstellungen der eigenen Zeit zu verwirklichen. Dieser Fortschrittsoptimismus äußert sich ganz naiv in seinem Werk über die Epoche
des Sonnenkönigs; es ist nicht die ja eher geringere Blüte der Kunst,
sondern der Triumph der Vernunft, der sie ihm als das vollkommenste unter den vier klassischen Zeitaltern der Weltgeschichte erscheinen
läßt.

Die andere herausragende Gestalt der französischen Aufklärung,
Charles Baron de la Brède et de Montesquieu, dürfte gleichwohl der
tiefere politische Denker gewesen sein. Sein Werk ›L'Esprit des lois‹,
das 1748 erschien und innerhalb von nur zwei Jahren 22 Auflagen
erlebte, ist die Frucht einer immensen geistigen Leistung. Mit dem
Leitbild einer von ihm zweifellos idealisierten englischen Verfassung
vor Augen, hat der theoretische Begründer der modernen parlamentarischen Demokratie darin die Lehre von der Dreiteilung der Gewalten in Legislative, Exekutive und Judikative entwickelt und sie
als conditio sine qua non der politischen Freiheit erwiesen. Umrahmt
war diese Hauptschrift von kleineren Abhandlungen wie den zeitkritischen ›Lettres persanes‹ (1721) und den ›Considérations sur les causes
de la grandeur des Romains et de leur décadence‹ (1734).

Als Kind seines Jahrhunderts ist der Parlamentspräsident von Bordeaux dem Geiste der Aufklärung durchaus verhaftet gewesen. Jedoch
gelingt es ihm, die vernunftbestimmte Betrachtungsweise mit einer
»naturalistischen« zu vereinigen, wobei beiden die für die Aufklärung
so charakteristische Tendenz, zu kausalen Schlüssen zu gelangen, gemeinsam ist. Während bei Voltaire das rationalistische Moment so
überwogen hatte, daß das bunte Bild der tatsächlichen Ereignisse oft
zum unanschaulichen Schemen verblaßt war, versteht es Montesquieu,
sowohl der Erfahrung der Verschiedenartigkeit in der Geschichte als
auch der Bedeutung der generellen Vernunftprinzipien, die die historische Vielfalt zu sinnbestimmter innerer Einheit zusammenfügen,
gerecht zu werden. Und im Gegensatz zu Voltaire liegt es Montesquieu
durchaus fern, eine »barbarische« Vergangenheit an der »aufgeklärten« Gegenwart zu messen und von ihr her zu verurteilen; vielmehr
wird bei ihm schon das Bemühen erkennbar, sie in ihrem Eigenwert
zu respektieren.

Allerdings erscheint das Kernelement des Historismus, nämlich das
Gespür für das Singulare in der Geschichte, hier noch keineswegs voll
entfaltet, denn das Individuelle und das Typische stehen bei Montesquieu unvermittelt nebeneinander. Der Historiker Montesquieu bleibt
immer dem politischen Denker untergeordnet und hat ihm zu dienen.
Die Geschichte ist auch für diesen rationalistischen Staatstheoretiker
keineswegs Selbstzweck, sondern nach wie vor *exemplum* im Rahmen
des aufklärerischen Pragmatismus. Aber durch die Elemente des
Neuen, die in diesem System immerhin enthalten sind, steht Montesquieu geistesgeschichtlich gesehen eben nicht mehr nur in der Welt des
Rationalismus, sondern schon auf der Wegscheide zwischen diesem

und dem Historismus, der gegen Ende des 18. Jahrhunderts aufkam und das 19. Jahrhundert beherrschen sollte.

Neueste Forschung hat erwiesen, daß auch das repräsentativste Werk der französischen Aufklärung in vielen Teilen eine dem heranreifenden Historismus entsprechende Auffassung erkennen läßt.[4] Die ›Encyclopédie ou Dictionnaire raisonné des sciences, des arts et des métiers‹ ist in 28 Bänden zwischen 1751 und 1772 in Paris erschienen und wurde von Denis Diderot und Jean Le Rond d'Alembert herausgegeben, wobei der erstere die moralwissenschaftlichen, nach unserer heutigen Terminologie also geisteswissenschaftlichen Artikel redigierte, der Mathematiker d'Alembert aber die mathematisch-naturwissenschaftlichen. Berühmteste Mitarbeiter waren u. a. Voltaire und Rousseau. Dieses Riesenwerk, bereits ein klassisches Muster von Team-Arbeit, faßt alle Tendenzen der französischen Aufklärung zusammen und entwirft ein vollständiges Bild der Welt, das weitgehend durch einen ätzenden Kritizismus gegenüber den traditionellen Vorstellungen von Autorität, Staat und Kirche bestimmt ist. Darüber hat man bis vor kurzem völlig übersehen, daß die Enzyklopädie auch profilierte historisch-politische Beiträge enthält, die keineswegs so skeptizistisch sind, wie man bislang geglaubt hat.

Für die Enzyklopädisten ist die Geschichte sowohl Wissenschaft als gleichzeitig auch *magistra vitae*. Ihre Auffassung vom Staat lehnt den Absolutismus von Hobbes ab und entspricht eher der von Locke, indem sie in ihm zwar grundsätzlich eine Interessengemeinschaft, aber darüber hinaus auch eine Art höheres Wesen erblicken, das sein Eigendasein gegenüber dem Individuum führt. Man hat nachweisen können, daß so berühmte Termini wie die *volonté générale* oder die *volonté particulière* keineswegs Wortschöpfungen von Rousseau sind, sondern schon bei Diderot und Jaucourt vorkommen. Unabdingbare Forderungen der »Philosophen« sind immer und bei allen Enzyklopädisten die Prinzipien der Rechtsstaatlichkeit, des Naturrechts sowie der Freiheit und der Gleichberechtigung. Auch wird der Begriff des Bürgers klar herausgearbeitet und von dem des Untertanen scharf unterschieden. Was ihre Grundhaltung angeht, so neigen die Verfasser der Enzyklopädie insgesamt mehr zu einer evolutionären Erneuerung von Staat und Gesellschaft als zu gewaltsamen Veränderungen in Form einer Revolution, die sie zwar nicht für unmöglich, jedoch zur Durchführung ihrer Pläne eher für hinderlich halten, weshalb sie eben den Weg der Reformen von oben bevorzugen.

Allerdings unterscheidet sich einer der Autoren von allen anderen durch die Radikalität seiner Ideen; von ihm führt eine direkte Linie zur Französischen Revolution, ja im Grunde sogar über sie hinaus bis zum Nationalismus und Totalitarismus unseres Jahrhunderts. Überzeugt von den letztlich negativen Auswirkungen aller Kultur und Zivilisation, entwickelt Jean-Jacques Rousseau seine Leitidee, daß der Mensch zur Natur zurückfinden müsse, um seine wahre Tugend wiedererlangen zu können, zuerst in dem berühmten ›Discours sur les sciences et les arts‹ (1750), der von der Akademie von Dijon preisgekrönt wird und seinen Verfasser über Nacht zu einem berühmten Mann macht, den man in den Pariser Salons allgemein bewundert. In rascher Folge erscheinen die nächsten großen Bücher Rousseaus: 1761 die ›Nouvelle Héloïse‹, 1762 der große Erziehungsroman ›Emile ou de l'éducation‹, von Goethe als sein »Haupt- und Grundbuch« bezeichnet, und im gleichen Jahr sein umwälzendes Hauptwerk ›Du Contrat social ou Principes du droit politique‹, das unter dem Schlagwort des Gesellschaftsvertrages in unverminderter Aktualität bis in unsere Zeit hineinwirkt. Als dritte Gruppe stehen neben den pädagogischen und politischen die bekenntnishaften Schriften Rousseaus wie vor allem die 1766 begonnenen, aber erst zwischen 1781 und 1788 postmortal veröffentlichten ›Confessions‹, die Dialoge ›Rousseau juge de Jean-Jacques‹ (1772-1776) und die ›Rêveries du promeneur solitaire‹ (1777/78).

Rousseau entwirft ein neues Menschenbild und Erziehungsideal, für das er in der glühenden Sprache farbenprächtiger Metaphern wirbt, wenn er sich zum Anwalt des Rechtes auf Leidenschaft und seinen Emile zum Paradigma einer Erziehung macht, in der alle Hemmungen, die die Zivilisation der naturgemäßen Entfaltung eines Zöglings auferlegen könnte, fortzufallen haben.

Seine Thesen, die einen ungeheuren Anklang fanden, spiegeln deutlich einen Prozeß wider, der seit der Mitte des 18. Jahrhunderts eingesetzt hatte: die Vorherrschaft der Vernunft weicht der des Gefühls. An die Stelle von Descartes' *exister c'est penser* tritt bei Rousseau das *exister c'est sentir*, dem rationalistischen *savoir* hält er sein leidenschaftliches *croire* entgegen. Damit wird die mystische Kraft des Religiösen zurückgewonnen, die im Jahrhundert Voltaires verlorenzugehen schien. Immerhin ist auch Rousseau noch zu sehr der Aufklärung und ihrem deistischen Gottesbegriff verhaftet, als daß er zum Christentum hätte zurückfinden können.

Seine Vision eines der Natur wieder zurückgegebenen und in den Kosmos eingefügten Menschen ist eng verknüpft mit einem neuen Geschichtsbild, das jedoch auf Grund seiner Verdammung von Kultur und Zivilisation einseitig naturrechtlich orientiert und damit letzten Endes ahistorisch ist. Daher hat Rousseau im Gegensatz zu Voltaire, Montesquieu und nicht wenigen Enzyklopädisten trotz seiner bahnbrechenden Leistung als politischer Theoretiker zur Ausbildung des entstehenden Historismus nichts beigetragen. Seine Vorstellung vom tugendhaften Urmenschen ist zudem von der modernen anthropologischen und prähistorischen Forschung durchaus widerlegt worden. Diese späteren Erkenntnisse haben jedoch der historischen und politischen Wirkung seiner Lehre nicht den geringsten Abbruch getan, da der ›Gesellschaftsvertrag‹ nach wie vor die ideelle Basis der modernen, auf dem Prinzip der Volkssouveränität beruhenden Demokratie darstellt.

Rousseau geht von der Prämisse aus, daß der ursprünglich in völliger Freiheit lebende Mensch mit seinesgleichen in stillschweigender Übereinkunft einen Vertrag geschlossen habe, um die negativen Folgen des Urzustandes der Anarchie zu beseitigen. Durch diesen *contrat social* aber übertragen die einzelnen freiwillig ihre individuellen Rechte zum Zwecke der Lebens- und Eigentumssicherung einem Gesamtwillen, der wiederum den Staat, und zwar als Rechtsstaat, konstituiert. Doch ist diese *volonté générale* nach der Ansicht Rousseaus durchaus nicht identisch mit der *volonté de tous*, vielmehr manifestiert sich in ihr das von extremen individuellen Willensbestrebungen gleichmäßig entfernte Gesamtinteresse der Vertragschließenden. Dieser Staat, der aus dem Gesellschaftsvertrag erwachsen ist, beruht also nicht auf einem transzendentalen Prinzip, von dessen Basis her etwa ein Fürst »von Gottes Gnaden« über Untertanen regiert; vielmehr geht die Legitimierung der Macht, der Souveränität, vom Volke aus. Mit der Französischen Revolution hat dieser Staatsbegriff seinen Siegeszug durch Europa und die Welt angetreten und sich in mehr als anderthalb Jahrhunderte währenden Auseinandersetzungen schließlich allgemeine, wenn auch z. T. mehr theoretische als praktische Geltung verschafft.

So hat sich in Rousseau die französische Aufklärungsbewegung vollendet und zugleich selbst überwunden. In der Lehre des Genfer Philosophen gelangte ein seit der Renaissance die abendländische Geschichte zunehmend bestimmender Gedanke zur Erfüllung, nämlich der der Autonomie des zur Persönlichkeit gesteigerten Individuums. Rousseau hat zu diesem Prozeß so entscheidend beigetragen, weil er Energien wie Gefühl, Intuition und Phantasie machtvoll Bahn gebrochen hat. Damit stehen wir im geistigen Vorraum der Revolution, deren unmittelbare Ursachen in der politischen und wirtschaftlichen Entwicklung Frankreichs im letzten Drittel des 18. Jahrhunderts zu suchen sind.

Am 10. 5. 1774 gelangte mit dem damals zwanzigjährigen Ludwig XVI. (1774-1792), dem Enkel Ludwigs XV., ein Monarch auf den französischen Thron, der angesichts seiner strengen, aus tiefer Frömmigkeit erwachsenden moralischen Grundsätze als Person sehr viel integrer war als seine Vorgänger und den der ehrliche Wille beseelte, durch eine großzügige Reformpolitik die Mißstände seines Reiches zu beheben.[5] Aber die menschliche Güte Ludwigs XVI. war gepaart mit Phlegma, ja linkischer Unbeholfenheit und einer Willensschwäche, die ihn sehr bald zum Spielball seiner Umgebung machen sollte, die an Veränderungen und Erneuerungen nicht nur nicht interessiert war, sondern sie entschieden zu verhindern trachtete. Die Privilegierten fanden starken Rückhalt an der schönen, sehr selbstbewußten und weltgewandten Königin Marie-Antoinette, einer Tochter Maria Theresias, die als Persönlichkeit ihrem intellektuell unbedeutenden Gemahl so überlegen war, daß sie zunehmend zum Sammelpunkt aller reformfeindlichen Kräfte am Hofe wurde. Diese Tatsache und ihre oft als Leichtfertigkeit empfundene Vergnügungssucht haben die *Autrichienne* in weiten Kreisen des französischen Volkes äußerst unbeliebt gemacht; um so bereitwilliger wurden die Peinlichkeiten, die 1785 im sog. Halsband-Prozeß zutage traten, Marie-Antoinette angelastet, obwohl sie in Wirklichkeit gar nichts damit zu tun hatte. Daß die Erste Dame Frankreichs überhaupt öffentlich diskutiert wurde, bewies, wie sehr das Ansehen der Krone bereits untergraben war. Dies zeigte sich zu einem Zeitpunkt, in dem die Reformbewegung zu stagnieren begann und gleichzeitig schon abzusehen war, daß der wohlmeinende, aber schwache König zukünftigen großen Belastungen, die sich deutlich androhten, kaum würde gewachsen sein.

Die drückendste Hypothek, die Ludwig XVI. bei seinem Regierungsantritt vorgefunden hatte, war die ungeheure Staatsschuld, die auf Frankreich lastete. Genauso schwer wogen die sozialen Probleme, deren Ursachen und Entwicklung bis um 1770 wir schon kennengelernt haben und die sich sowohl aus Gegensätzen zwischen den Ständen als auch aus der Struktur des Dritten Standes ergaben. Die ersten beiden Stände, die Geistlichkeit und der Adel, die am Vorabend der Revolution 130 000 Zölibatäre sowie 140 000 Köpfe oder 25 000 Familien zählten,[6] verfügten über 10 bzw. 30 Prozent des Grundbesitzes, während auf die rund 24 Millionen Menschen des Dritten Standes, auf denen ja zudem die gesamten Steuerlasten um so drückender lagen, je geringer ihr Einkommen war, die restlichen 60 Prozent entfielen. Eine Statistik aus dem Jahre 1780, der allerdings nur der Wert einer Schätzung zukommt,[7] rechnet folgende Berufsgruppen zum Dritten Stand: Offiziere und Soldaten, Beamte, Wissenschaftler, Juristen, Ärzte, Bankiers, Groß- und Einzelhändler, Künstler, Handwerker, spannfähige Bauern, Tagelöhner, Gesinde und Dienerschaft. Er stellte also weder in wirtschaftlicher Hinsicht noch von seiner sozialen Schichtung her ein homogenes Gebilde dar, eine Einsicht, die durch die moderne Forschung zunehmend bestätigt wird. Was die Besitz- und Einkommensverhältnisse anlangt, so waren innerhalb dieser außerordentlich differenzierten und vielschichtigen Gruppe, die als politischer Faktor als Einheit erschien, die Unterschiede zwischen den reichen Großbürgern an der Spitze und den sehr ärmlich dahinvegetierenden bäuerlichen Kleinpächtern oder verproletarisierten Handwerkern an der Basis dieser Pyramide zweifellos erheblich größer als zwischen jenen und einer Vielzahl verschuldeter Adliger. Denn im Zusammenhang mit dem wirtschaftlichen Aufschwung, den Frankreich trotz seiner fiskalischen Schwierigkeiten im Laufe des 18. Jahrhunderts in solchem Ausmaß genommen hatte, daß sich z. B. der Außenhandel von 1715 bis 1789 vervierfachte, hatte sich eine vermögensstarke bürgerliche Schicht ausgebildet, die sich aus Kaufleuten, Industrie- und Bankunternehmern zusammensetzte, deren ökonomisch wohl begründetes Selbstbewußtsein jedoch, wie wir schon sahen, infolge der Rechtsordnungen des Ancien régime keine gesellschaftliche und politische Bestätigung fand. Sie mußte diesen Gegensatz zwischen der fehlenden öffentlichen Anerkennung ihrer eigenen Leistungsfähigkeit und den vielfältigen Privilegien eines weitgehend schon verarmten Adels mehr und mehr als anachronistisch empfinden und danach streben, eine ihrer wirtschaftlichen Potenz entsprechende politische Macht zu erringen. Nichtsdestoweniger darf man auch die Bedeutung der so ungleichmäßigen Güterverteilung zwischen den ersten beiden Ständen und dem Großbürgertum auf der einen und der Masse des Kleinbürgertums auf der anderen Seite nicht unterschätzen, ist sie doch ebenfalls zu einem auslösenden Faktor der Revolution geworden. Die breite Masse des Dritten Standes profitierte von der Wirtschaftsblüte sehr viel weniger oder gar nicht, da bei steigenden Preisen ihre Einkommen und Löhne stagnierten. Diese Entwicklung legte die Mängel eines völlig veralteten, ungerechten und wie z. B. im Falle der verhaßten *gabelle* auch mißbräuchlich verwalteten Steuersystems schonungslos bloß und spitzte sich schließlich in den 1780er Jahren durch eine schwere Krise der Industrie und Landwirtschaft, die 1788 in einer Massenarbeitslosigkeit ihren Höhepunkt erreichte, in katastrophaler Weise zu. Daß es so nicht mehr weitergehen könne, daß alle diese innenpolitischen Probleme einer explosiven Lösung zudrängten, wenn nicht rasch und durchgreifend Abhilfe geschaffen werde, darüber waren sich die Verantwortlichen im Grunde klar. Über den Charakter und das Ausmaß der erforderlichen Veränderungen ebenso wie über die dabei anzuwendenden Methoden herrschten jedoch durchaus verschiedene Auffassungen.

Eine davon war jene Wirtschaftstheorie der sog. Physiokraten, die seit etwa 1750 lebhaften Widerhall fand. Ihre Verfechter forderten zum einen die Freiheit der Wirtschaft, zum anderen aber die Verlegung ihres Schwerpunktes auf den agrarischen Bereich, da sie in Grund und Boden das Kernstück jeden nationalen Reichtums erblickten. Ein früher Vertreter dieser Richtung, die eine Steigerung der landwirtschaftlichen Produktion und zu diesem Zweck Agrarreformen anstrebte, ist in den Jahren 1757/58 Graf Mirabeau der Ältere gewesen. Der führende geistige Kopf der physiokratischen Bewegung aber war unzweifelhaft François Quesnay, der Leibarzt Ludwigs XV., mit seinem ›Tableau économique‹ von 1755, den ›Maximes générales du gouvernement économique d'un royaume agricole‹ von 1756 sowie den für die Enzyklopädie verfaßten Grundsatzartikeln über ›Grains‹ und ›Fermier‹. Seine Schüler Dupont de Nemours und Le Mercier de la Rivière haben in einer Reihe von Schriften seine Lehre noch ausgeweitet und in ganz Europa bekannt gemacht. In den Augen der Physiokraten stellten Kaufleute und Gewerbetreibende eine letzten Endes »sterile« Berufsschicht dar, im Gegensatz zu den wirklich »produktiven« Landwirten. Da sie allein nützliche Güter erzeugten und damit den Reichtum der Nation vermehrten, hätten auch nur sie berechtigten Anspruch auf Förderung. Praktisch bedeutete dies den Versuch, die Position der französischen Grundbesitzer durch ein wirtschaftsphilosophisches System theoretisch zu rechtfertigen, wobei zweifellos mehr an die adligen und großbürgerlichen Inhaber von Latifundien als an die Bauern gedacht war. Darum haben diese Vorstellungen bei den Hofkreisen auch soviel Anklang gefunden.

Die physiokratische Lehre hat nun auf die Reformbewegung der 70er und 80er Jahre starken Einfluß ausgeübt, besonders auf ihren bedeutendsten Träger, auf Anne Robert Jacques Turgot, der sich zwischen 1761 und 1773 als reformfreudiger Intendant von Limoges ausgezeichnet hatte. Gleich nach der Thronbesteigung Ludwigs XVI. ins Finanzministerium berufen, hat Turgot, unterstützt von Dupont de Nemours, im Jahre 1774 umfassende Neuerungen eingeleitet. Es ging ihm dabei nicht nur um das zunächst dringlichste Problem, durch Einsparungsmaßnahmen das beängstigend große fiskalische Defizit zu reduzieren; in Übereinstimmung mit den Wünschen des Königs strebte die von Turgot maßgeblich gesteuerte Regierung darüber hinaus an, auch in Frankreich einen aufgeklärten Absolutismus einzuführen, wie er in anderen Ländern des Kontinents, vor allem im Preußen Friedrichs des Großen, schon so gute Früchte gezeitigt hatte. Durch die allmähliche Anhebung der rechtlichen und sozialen Situation des Dritten Standes bei gleichzeitiger schrittweiser Einschränkung der Vorrechte des Ersten und Zweiten Standes sollte das staatliche Leben mit den modernen Verhältnissen in Einklang gebracht werden. Zu diesem Zweck erließ Turgot Verordnungen, die auf eine allgemeine Reform der Administration abzielten und sich z. B. in der Abschaffung der Binnen- und Wegezölle sowie in der Aufhebung der Zünfte darstellten.

Ludwig XVI. hatte allerdings bereits im November 1774 eine Entscheidung getroffen, die sich alsbald verhängnisvoll auswirken sollte: indem er – übrigens gegen den Rat Turgots – den wesentlichsten innenpolitischen Erfolg seines Vorgängers rückgängig machte, d. h. die Parlamente wieder zuließ, wenn auch mit eingeschränkten Rechten, erweckte er selbst gerade jene Institution zu neuem Leben, die seinen Erneuerungsbestrebungen den erbittertsten Widerstand entgegensetzte, sei es, daß einzelne ihrer Mitglieder zwar Reformen nicht grundsätzlich verwarfen, wohl aber den nach ihrer Auffassung doktrinären Charakter der ausschließlich von oben her oktroyierten und deren radikale Durchführung, sei es, daß andere wiederum die Interessen der Privilegierten gegen jegliche Veränderung zu ihren Ungunsten kompromißlos verteidigten. Im ganzen jedenfalls erschienen die obersten Gerichtshöfe mit ihrer Ablehnung des Absolutismus schlechthin, auch des aufgeklärten, als ein Bollwerk gegen den königlichen »Despotismus«, und den breiten Massen, die aus allem nur eine gern und unreflektiert akzeptierte Kritik am Königtum heraushörten, blieb die für sie selbst letztlich nachteilige Gesamttendenz der Parlamente ebenso verborgen, wie sie die wirklich reformerischen Ansätze in den Maßnahmen der Regierung nicht als solche erkannten.

Turgot seinerseits war mit dem bisher Erreichten keineswegs zufrieden und schlug darüber hinaus vor, Selbstverwaltungskörperschaften auf Gemeinde- und Provinzebene als Gegengewicht zu den Parlamenten zu errichten, wobei in diesen »Munizipalitäten« der Dritte Stand soviel Stimmen wie die beiden anderen zusammen erhalten hätte. Gipfeln sollten sie in einer »Generalmunizipalität des Königreiches«, also in einer ganz Frankreich repräsentierenden Delegiertenversammlung, die der Krone beratend zur Seite stehen sollte. Eine Realisierung dieses Projektes hätte den absoluten Charakter der französischen Monarchie zwar nicht angetastet, wäre aber immerhin ein Ansatzpunkt gewesen, von dem aus man sie im Laufe der Zeit im Sinne von Montesquieus Lehre der Gewaltenteilung hätte reformieren können.

Es ist nun nicht verwunderlich, daß solche Versuche einer Entmachtung der ersten beiden zugunsten des aufsteigenden Dritten Standes und im wahren Interesse der Krone die Opposition und schließlich reaktionäre »Vorrevolution der Privilegierten«[8] hervorgerufen haben. Schon 1776 erzwangen sie die Entlassung Turgots und haben seitdem die an sich noch anderthalb Jahrzehnte weiterlaufende Reformbewegung verhängnisvoll verwässert und letztlich zum Scheitern gebracht. Ludwig XVI. erwies sich nach verheißungsvollem Auftakt seiner Regierungstätigkeit als unfähig, sich in diesem Widerstreit der Kräfte durchzusetzen und den einmal eingeschlagenen Weg konsequent zu Ende zu gehen. Denn Necker, der zweite Nachfolger Turgots, wagte sich während seiner ersten Amtszeit (1777-1781), obwohl er selbst durchaus reformfreudig war, nicht mehr an so weitgehende Maßnahmen heran, sondern beschränkte sich im wesentlichen auf den Versuch, durch Einsparungen und Anleihen die nach wie vor zerrütteten Finanzen zu sanieren, ein allerdings vergebliches Unterfangen, weil das gleichzeitige militärische Engagement in Nordamerika riesige Summen verschlang. Im Jahre 1778 war nämlich Frankreich unter der Leitung des Außenministers Vergennes zusammen mit Spanien und Holland aktiv zugunsten der 13 Vereinigten Staaten in den Unabhängigkeitskrieg eingetreten, dessen erfolgreicher Ausgang sein machtpolitisches Prestige zweifellos wieder erheblich steigerte und ihm auch im Frieden von Versailles 1783 mit der Rückgabe der Antilleninsel Tobago und seiner ehemaligen Niederlassungen im Senegal durch die Engländer gewisse koloniale Gebietsgewinne einbrachte.

Dennoch hat dieses Unternehmen den Untergang der alten Monarchie eher noch beschleunigt, denn die von dem Marquis de La Fayette geführten französischen Freiwilligen, die an der Seite der Amerikaner gegen die Engländer gefochten hatten, waren bei ihrer Rückkehr in die Heimat erfüllt von demokratischen und republikanischen Ideen und trugen damit ein brisantes Element in die große Diskussion um die Grundlagen der bestehenden Ordnung, die in Frankreich ja längst im Gange war. Die neueste Forschung hat noch präziser, als man das bisher schon wußte, nachgewiesen, daß die berühmte Menschenrechtserklärung von 1789 auf unmittelbare Kontakte zwischen Jefferson und La Fayette zurückgeht.[9] Von nicht geringerer Bedeutung waren die finanziellen Auswirkungen, die den Staat immer tiefer und auswegloser in Schulden verstrickten. Necker, der es ursprünglich besser als Turgot verstanden hatte, sich mit den Parlamenten zu arrangieren, zog sich dann doch durch einige unvorsichtige Äußerungen deren Feindschaft zu; außerdem hatte er sich Vergennes zum Gegner gemacht, weil er dessen Pläne zu einem direkten Krieg gegen England nicht billigte, und so mußte auch er 1781 gehen. Kurz vorher jedoch hatte er durch seinen berühmten ›Compte rendu, présenté au roi‹ zum erstenmal der aufhorchenden Öffentlichkeit eine gedruckte Bilanz der finanziellen Situation Frankreichs vorgelegt, die allgemeine Entrüstung erregte und Necker mit einem Schlage berühmt und beliebt machte, so daß er auch weiterhin als der kommende Mann galt. Aus diesem Rechenschaftsbericht erfuhr das Volk, daß der Staat ungefähr 264 Millionen Livres Jahreseinnahmen erhalte, von diesen aber fast 62 Millionen für den Haushalt des Monarchen und den seiner Brüder sowie für Höflingspensionen ausgebe, während er für soziale und karitative Zwecke noch nicht einmal 1 Million aufwende. Um seine eigene Amtsführung in ein möglichst gutes Licht zu rücken, suchte Necker einen jährlichen Finanzüberschuß von etwa 10 Millionen Livres vorzutäuschen; wir wissen aber heute, daß davon nicht nur keine Rede sein konnte, sondern in Wirklichkeit ein Defizit von 46 Millionen Livres bestand, das sich durch die damals ja noch fortlaufenden Kosten aus der Beteiligung am Amerikanischen Unabhängigkeitskrieg sogar auf insgesamt 200 Millionen Livres erhöhte.[10]

Obwohl dieser ›Compte rendu‹ des scheidenden Ministers den katastrophalen Charakter der fiskalischen Lage also durch ausgesprochene Schönfärberei verschleierte, riefen seine detaillierten Angaben über die Verteilung der Steuereinnahmen doch ein allgemeines Unbehagen und Mißtrauen gegenüber der Haushaltspolitik der Regierung hervor, das den Nachfolgern Neckers im Finanzministerium ihre Aufgabe naturgemäß sehr erschwert hat. So ist es erklärlich, daß der von 1783-1787 amtierende Calonne ziemlich hemmungslos gewirtschaftet hat, in der Annahme, daß ein solches Vorgehen die Kreditwürdigkeit des Staates in den Augen der Öffentlichkeit wieder steigern würde.

Während Calonne als Finanzpolitiker einen sehr bedenklichen Weg beschritt, hat er als Verwaltungsreformer eine durchaus positiv zu wertende Aktivität entfaltet, die an die entsprechenden Versuche Turgots anknüpfte. Er begann damit, ein neues System einer gewissen Selbstverwaltung in den *pays d'élections* einzuführen, wobei die Provinzen mit Ständen zunächst davon ausgenommen waren, später aber auch eingegliedert werden sollten. Es war dreifach gestuft und kannte die *assemblées municipales* in Stadt- und Landgemeinden, die *assemblées de district,* die meist an die *élections* angeschlossen waren, und schließlich die *assemblées provinciales* auf Provinzebene. Letztere sollten das

Recht zur Erhebung und Repartition aller direkten Steuern haben, aber erst später, zudem noch nach einem komplizierten Modus und nur teilweise aus Wahlen hervorgehen, weil die Hälfte der Mitglieder vom König ernannt wurde. Die Macht der Intendanten wäre durch diese Selbstverwaltungskörperschaften sehr eingeschränkt worden, weshalb erstere auch einen erbitterten und zum Teil erfolgreichen Kampf gegen die neuen Organe führten. Da die entsprechende Instruktion erst am 17. 11. 1787 erlassen worden ist, hat sich diese Einrichtung bis zum Ausbruch der Revolution allerdings nicht mehr auswirken können. Eine Delegiertenversammlung des ganzen Reiches, entsprechend Turgots Generalmunizipalität, die an die Stelle der Generalstände hätte treten können, fehlte übrigens in Calonnes Plan vollständig. Auf dem Gebiet der Kirchenpolitik hat die Reformbewegung unter Ludwig XVI. zu einem bemerkenswerten Ergebnis geführt, nämlich dem Toleranzedikt vom November 1787, nachdem der rechtlose Zustand, der für die französischen Protestanten infolge des Ediktes von Fontainebleau 1685 eingetreten war, auf Betreiben des Kardinals Fleury im Jahre 1724 durch Ludwig XV. sogar noch verschärft worden war. Demgegenüber hat das Toleranzedikt von Versailles unmittelbar vor Ausbruch der Großen Revolution den »Protestanten«, wie die Reformierten hier zum ersten Male offiziell genannt wurden, wesentliche Erleichterungen in bezug auf die nichtöffentliche Kultausübung gewährt. Es galt im übrigen, dem Geist der Aufklärung entsprechend, für alle »Nichtkatholiken«, also auch für andere Religionsgemeinschaften, was faktisch vor allem die Juden betraf. Indem jetzt Nichtkatholiken auch vor Richtern Ehen schließen konnten, wurde wenigstens in Ansätzen schon die Zivilehe in Frankreich ermöglicht. Über Heiraten, Geburten, Taufen und Todesfälle bei den Angehörigen protestantischer oder jüdischer Religionsgemeinschaften sollten amtliche Register geführt werden; der Staat griff damit ganz offenbar in eine ehemals ausschließlich kirchliche Domäne ein. Immerhin hat selbst das Edikt von 1787 den französischen Protestanten nur Duldung, aber noch keineswegs Gleichberechtigung eingebracht. Diese haben sie erst durch die kirchenpolitischen Beschlüsse der Jahre 1791 und 1802 erlangt, also der Revolution und Napoleon zu verdanken, weshalb es nicht wundernimmt, daß sie besonders begeisterte Anhänger der großen Umwälzung gewesen sind.

Im Gegensatz zu diesen vernünftigen Reformen Calonnes erwies sich seine bis zum Leichtsinn ausgabenfreudige Finanzpolitik schließlich als ein solches Fiasko, daß er den König bewog, im Jahre 1787 eine Notabelnversammlung einzuberufen, die ihm seine vom Parlament heftig bekämpften Projekte bestätigen sollte. Um das Vertrauen dieses Gremiums zu gewinnen, deckte er die Finanzlage vor den erschreckten Ständevertretern offen auf, wobei er ein Defizit von 113 Millionen Livres zugab. Damit aber erreichte er nur das Gegenteil, denn um wirksame, d. h. gegen die Privilegierten gerichtete Maßnahmen zur

Sanierung der Finanzen zu verhindern, wie sie jetzt auch Calonne vorschlug, opponierten die Notabeln gegen den Minister und erzwangen seine Entlassung, während gleichzeitig einer der ihren, Loménie de Brienne, ein aufgeklärter, dem Feudalklerus entstammender Geistlicher, der mehr und mehr einer Katastrophe zusteuernden Entwicklung im Interesse der beiden ersten Stände Herr zu werden versuchte. Doch scheiterten diese Bemühungen schließlich auch; am 16. 8. 1788 mußte die *Caisse d'escompte* ihre Zahlungen einstellen, was einem Staatsbankrott gleichkam. Die Staatsschuld belief sich mittlerweile auf rund 5 Milliarden Livres, zu denen noch Jahresausgaben von ca. 500 Millionen Livres hinzukamen. Demgegenüber waren für das Jahr 1789 nur 475 Millionen Livres an Einnahmen zu erwarten.[11] Unter diesen Umständen wurde Brienne am 24. 8. 1788 seines Amtes enthoben. Ludwig XVI. entschloß sich dazu, wieder den im Volke sehr beliebten Necker mit den Aufgaben des Generalkontrolleurs der Finanzen zu betrauen. Dieser aber bewirkte jetzt beim König, daß die *états généraux* einberufen würden – was übrigens die Parlamente schon seit langem häufiger gefordert hatten –, um in Zusammenarbeit mit ihnen einen Ausweg aus der Staatskrise zu finden. Man hoffte, die Reichsstände dazu bewegen zu können, einer einmaligen großen Steuererhebung zur Deckung des Finanzdefizits zuzustimmen. Diese Entscheidung der Regierung sollte jedoch unabsehbare Folgen nach sich ziehen.

2. Die Große Revolution (1789-1799)

Das königliche Edikt, das am 24. 1. 1789 die Modalitäten der Einberufung der Reichsstände regelte, setzte fest, daß die Wahl der Abgeordneten durch Wahlmänner zu erfolgen habe und auf jeweils 300 Repräsentanten des Ersten und Zweiten insgesamt 600 des Dritten Standes entfallen sollten. Als die Versammlung der Generalstände am 5. 5. 1789 zu Versailles in feierlichem Zeremoniell vom König eröffnet wurde, war es von ausschlaggebender politischer Bedeutung, ob die Tagungen und die Abstimmungen nach Ständen getrennt oder gemeinsam bzw. nach Köpfen abgehalten werden würden. Denn davon hing ab, ob den Privilegierten oder dem Dritten Stand bei den bevorstehenden Beratungen das Übergewicht zukommen würde. Damals veröffentliche Abbé Sieyès seine berühmte Schrift ›Qu'est-ce que le Tiers Etat?‹, in der er drei Fragen aufwarf: 1. Was ist der Dritte Stand? 2. Was ist er bis jetzt in der politischen Ordnung gewesen? 3. Was verlangt er zu werden? Sieyès beantwortete jede dieser Fragen mit ganz lapidaren Feststellungen, nämlich mit »Alles«, »Nichts« und »Etwas« und führte zur Begründung aus, daß nicht die beiden ersten, sondern der Dritte Stand identisch mit der Nation sei und infolgedessen nach Köpfen, aber nicht nach Ständen abgestimmt werden müsse. Jedem politisch Denkenden war klar, daß die Erfüllung einer solchen Forderung zum Sieg des Dritten Standes führen müsse, weil dann sehr viele Vertreter des liberalen Adels und des niederen Klerus gemeinsame Sache mit ihm machen und gegen ihre eigenen Stände votieren würden. Daß aber selbst Geistlichkeit und Adel unbequem für das Königtum zu werden begannen, erwiesen von vornherein jene *cahiers de doléances*, in denen die einzelnen Deputierten die oft sehr schwerwiegenden Klagen aus ihren Wahlbezirken vortrugen. Denn diese Beschwerdehefte ließen in ihrer Gesamtheit erkennen, daß sich alle Stände darin einig waren, die monarchische Spitze des Staates in ihrer Machtbefugnis durch eine geschriebene Verfassung einschränken zu wollen. Es offenbarte sich also sofort, daß das Königtum nunmehr mit einem Organ konfrontiert war, in dem die Revolution gleichsam potentiell institutionalisiert war.

Trotzdem hätte der König von Frankreich auch jetzt noch die Möglichkeit gehabt, sein Schicksal von dem der Privilegierten zu trennen, wenn Ludwig XVI. nicht wieder gezögert hätte, auf dem einmal eingeschlagenen Wege weiterzugehen. Denn bei der feierlichen Eröffnung der Reichsstände berührte er die brennende Frage des Abstimmungsmodus mit keinem Wort, und die ersten Tagungen fanden denn auch nach Ständen getrennt statt, obwohl der Dritte Stand von Anfang an gemeinschaftliche Beratungen gefordert hatte.

Unter diesen Umständen nahmen die Repräsentanten des Bürgertums es selbst in die Hand, ihre Interessen zu verfechten, wobei sie das Glück hatten, in Mirabeau einen Vorkämpfer von großem staatsmännischen Format zu finden, der dieser ersten Phase der Revolution den Stempel seiner genialen Persönlichkeit aufgedrückt hat. Obwohl Riqueti Graf von Mirabeau, dessen Leben bis dahin schon sehr bewegt und vielfach in Konflikt mit der bestehenden Ordnung verlaufen war, dem Adel entstammte, widmete er seine Kräfte doch ganz der Sache des Dritten Standes, zu dessen ebenso glänzendem wie erfolgreichem Wortführer er wurde, als es darum ging, Forderungen gegen den königlichen Widerstand durchzusetzen. Im Juni 1789 gelang der entscheidende, sich in mehreren Phasen vollziehende Durchbruch: am 17. lud der Dritte Stand die beiden anderen Stände zu gemeinsamen Sitzungen ein und erklärte sich selbst gleichzeitig zur »Nationalversammlung« *(Assemblée nationale)*; am 20. folgte jener berühmte Eid im Ballhaus, in dem die Abgeordneten schworen, nicht eher auseinanderzugehen, als bis sie Frankreich eine Verfassung gegeben hätten; und am 23. widersetzte sich der Dritte Stand durch den Mund Mirabeaus dem königlichen Befehl, wieder zu getrennten Ständeversammlungen zurückzukehren. Die revolutionären Akte dieser drei großen Tage waren von Erfolg gekrönt, denn der König gab nach und wies die beiden ersten Stände an, fortan mit dem Dritten Stand gemeinsam zu tagen. Als sich daraufhin am 27. Juni alle Stände zur Konstituierenden Nationalversammlung vereinigten, hörten die Reichsstände in ihrer alten Form auf zu existieren; ihre Rechte gingen jetzt auf die

Assemblée constituante über (1789-1791). Damit aber hatte die Revolution einen ersten bedeutsamen Sieg über die alte Monarchie errungen.[12]

Der König seinerseits war allerdings immer noch weit davon entfernt, die Nationalversammlung wirklich als solche anzuerkennen, wenn diese sich auch als Siegerin gebärdete und einen Ausschuß bildete, um die Verfassungsgrundsätze der Monarchie und die Rechte der Bürger schriftlich festzulegen.[13] Denn Ludwig XVI. und sein Hof waren nur aus Furcht vor einem Volksaufstand in der Hauptstadt zurückgewichen. Um der von Paris aus drohenden Gefahr in Zukunft besser gewappnet begegnen zu können, begann die Regierung, Truppen aus den Grenzprovinzen in dem Raum zwischen Versailles und Paris zusammenzuziehen, da man der hauptstädtischen Garnison nicht mehr sicher war. Infolgedessen bemächtigte sich der Nationalversammlung das Gefühl, daß ihre Verbindung mit der Metropole abgeschnitten werden solle. Dieses Unbehagen steigerte sich zu einer offenen Konfliktsituation, als Ludwig XVI. den nach wie vor sehr populären Minister Necker absetzte und ein Kabinett unter dem Marquis de Breteuil berief, das den Vertretern des Dritten Standes als ein Instrument des Despotismus erschien. In diesem Augenblick trat ein völlig neuer politischer Faktor auf den Plan: das Volk von Paris. Es sollte von jetzt an den Verlauf der großen Umwälzung maßgeblich bestimmen und ihr jene blutigen Züge verleihen, die sie ebenso schreckenerregend wie geschichtlich wirksam gemacht haben.

Die Stadt Paris und ihre zahlreichen Vororte, von denen der *faubourg* Saint-Antoine in den nächsten Jahren eine besonders schwerwiegende Rolle spielen sollte, zählte beim Ausbruch der Revolution etwa 700 000 Einwohner; die außerordentlich verschiedenartig zusammengesetzte Bevölkerung befand sich schon seit etwa 1787 in starker Gärung, die nicht nur durch eine wachsende politische Erregung verursacht worden war, sondern ebensosehr durch die schwere Wirtschaftskrise, die Frankreich während der 1780er Jahre heimgesucht hatte und die neuerdings als ein wesentlicher vorbereitender Faktor der Französischen Revolution erkannt worden ist. Denn das zahlenstarke Kleinbürgertum und Proletariat der Arbeitervorstädte hatte unter den Folgeerscheinungen dieser Wirtschaftskrise, der jahrelangen Teuerung, Lebensmittelknappheit und minderwertigen Brotqualität, besonders gelitten und reagierte darauf mit immer erbitterteren Anklagen gegen den Absolutismus und die Privilegierten; die aufregenden Ereignisse der Monate Mai und Juni 1789 hatten diese gereizte Stimmung so verstärkt, daß regelmäßige Volksversammlungen im Palais Royal stattfanden, in denen zum Kampf gegen den Despotismus und zum Sturm auf die Adelsschlösser aufgerufen wurde. Es kam Anfang Juli schon vor, daß sich sogar Soldaten der königlichen Garde, schließlich ein ganzes Regiment, mit ihnen verbrüderten.

Solche Vorgänge begannen die Mehrheit jener bürgerlichen Wahlmänner, die im Stadthaus tagten, um die Verwaltung der Metropole zu kontrollieren, zunehmend mit Sorge zu erfüllen. Um die Ordnung in Paris aufrechterhalten zu können, die durch königliche Truppen nicht mehr gewährleistet erschien, leiteten damals diese der Nationalversammlung nahestehenden Politiker die Bildung einer Bürgermiliz ein, der sog. Nationalgarde. Sie war zwar als Maßnahme gegen Angriffe der Regierung getarnt, in Wirklichkeit aber als Schutz vor der drohenden Anarchie gedacht. Jedoch haben die militärischen Vorkehrungen des Versailler Hofes Nationalversammlung und »Volk« zunächst wieder einmal zusammengeführt.

Seit dem 12. Juli kam es zu Volksaufläufen am Palais Royal, bei denen Camille Desmoulins, ein der Sache der Revolution leidenschaftlich ergebener junger Journalist, in schwungvollen Reden die Massen aufforderte, sich zu bewaffnen. Die Nachricht von der Entlassung Neckers hat im Laufe des 13. Juli die Erregung der Volksmenge, die jetzt die Waffenarsenale plünderte und hier und da bereits mit königlichen Truppen handgemein wurde, rasch so gesteigert, daß sie am 14. 7. 1789 zum Sturm auf das zwischen der Altstadt und dem Vorort Saint-Antoine gelegene Staatsgefängnis der Bastille überging, das als Symbol des Despotismus galt. Bei der Eroberung des düsteren Gebäudes legten 98 Tote und 73 Verwundete auf seiten der Angreifer beredtes Zeugnis von deren rasendem Fanatismus ab. Die Verteidiger wurden, obwohl ihnen freies Geleit nach ihrer Kapitulation zugesichert worden war, niedergemacht, und ihrem Kommandanten schlug man den Kopf ab, um diese Trophäe anschließend auf einer Pike im Triumphzug durch die Stadt zu tragen. Es waren wenige Gefangene, die man nach diesem Kampf aus der Bastille befreite, da Ludwig XVI. von den Haftbefehlen, den *lettres de cachet,* nur noch sehr selten Gebrauch gemacht hatte. Im Anschluß an die Zerstörung des Staatsgefängnisses – die vom Geläute der Sturmglocken übertönt wurde, eine schreckenerregende Begleitmusik, die man in den folgenden Jahren immer wieder hören sollte, wenn das Volk an den »Großen Tagen« der Revolution, so z. B. am 10. 8. und 2. 9. 1792, in Aktion trat – besetzte die Masse das Stadthaus, massakrierte hier den Führer der alten städtischen Oligarchie Flesselles und übergab die Macht einem großbürgerlichen Ausschuß der Wahlmänner, dem der Abgeordnete Bailly als neuer Bürgermeister von Paris präsidierte. Die Leitung der Nationalgarde übernahm ein liberaler Adliger, der Marquis von La Fayette, der seit dem Amerikanischen Unabhängigkeitskrieg als Führer des französischen Freiwilligenkorps berühmt und populär war. Die Nationalversammlung atmete auf, denn durch die Erhebung des Volkes von Paris schien die Gefahr einer unmittelbar bevorstehenden royalistischen Gegenrevolution fürs erste gebannt. Schon am 15. Juli wurde sie vom König endgültig als »Nationalversammlung« anerkannt.

Die welthistorische Bedeutung des 14. 7. 1789 liegt natürlich nicht in der Eroberung und Zerstörung einer militärisch relativ unbedeutenden und von einigen halb dienstunfähigen Invaliden schwächlich verteidigten Befestigungsanlage. Sie ist vielmehr darin zu sehen, daß hier ein als Manifestation jahrhundertealter Unterdrückung geltendes Bollwerk gestürzt und damit einer bisher selbstverständlichen Bevormundung vieler durch wenige ein Ende bereitet wurde. In diesem Sinn ist der Sturm auf die Bastille stets als die Geburtsstunde der modernen Demokratie und eines gleichsam neuen Menschentyps begriffen worden, der sich seiner Freiheitsrechte und politischen Mündigkeit bewußt geworden ist. Der 14. 7. 1789 ist damit der eigentliche Angelpunkt der modernen Geschichte und ihre einschneidende Zäsur.

Die Pariser Aufstandsbewegung hat sofort auf ganz Frankreich ausgestrahlt und die Bauernunruhen der Monate Juli und August entfacht, die in die Geschichte als die *grande peur*, die Zeit der »großen Angst«, eingegangen sind. Schon seit dem Frühjahr 1789 hatten sich in den nördlichen und östlichen Teilen des Landes Bauern gegen Briganten zusammengerottet; seit dem Bastillesturm nahmen diese durch Hunger und durch die als Folge des Zusammenbruchs der alten Ordnung allenthalben um sich greifende Anarchie ausgelösten Reaktionen den Charakter offener Revolten an, die unmittelbar gegen die adligen Grundherren gerichtet waren. In vielen Gebieten Frankreichs stürmten Bauern Schlösser der *seigneurs*, ließen sie in Flammen aufgehen und erschlugen ihre Besitzer. Insbesondere ging es den Aufständischen darum, die Archive zu vernichten, in denen die Urkunden der Adelsprivilegien aufbewahrt wurden, um so die Beseitigung der bäuerlichen Verpflichtungen und Abhängigkeiten gegenüber den Feudalherren zu dokumentieren. Die Bauern nahmen für sich die Wald- und Jagdrechte in Anspruch, entrichteten keine seigneuralen Abgaben, leisteten keine Frondienste und zahlten keine Steuern mehr. Die Arbeit der staatlichen Behörden, der Intendanturen und Gerichtshöfe, kam zum Erliegen. Die Landgemeinden machten sich de facto autonom; ebenso wie in Paris bildeten sich auch in den Provinzstädten bürgerliche Gremien, nämlich ständige Ausschüsse von Revolutionsanhängern und Nationalgarden.

Frankreich schien sich auf den ersten Blick gleichsam in 30 000 selbständige Gemeinden aufzulösen. Da sich diese Kommunen jedoch alle nach Paris und seiner Revolution als Leitbild richteten und das Bewußtsein wirksam war, der »einen und unteilbaren« *(une et indivisible)* Nation der Franzosen anzugehören, zerfiel Frankreich als politischer Gesamtorganismus keineswegs in unzählige Atome. Damals war das französische Volk in seiner überwältigenden Mehrheit auch durchaus noch königstreu; man sah in Ludwig XVI. die sinnbildliche Verkörperung der Nation in ihrem revolutionären Aufbruch zu einer neuen Grundlage des staatlichen Zusammenlebens, der Volkssouveränität. Denn was beseitigt werden sollte, waren der Despotismus der Bürokratie und die Privilegien der Feudalherren.

Diese haben in den beiden Monaten der *grande peur* erkannt, daß ihre Stunde geschlagen hatte. Schon bald begann ein großer Teil des französischen Adels ins Ausland zu emigrieren. Zu den ersten, die ihre Heimat verließen, gehörten die Brüder Ludwigs XVI., die Grafen der Provence und von Artois, die später als Ludwig XVIII. und Karl X. französische Könige werden sollten. Sie wurden der Mittelpunkt einer immer stärker werdenden Fluchtbewegung, die ihre wesentlichsten Asylorte zunächst in Turin und seit 1791 unter dem Schutz deutscher Kurfürsten am Mittelrhein in Mainz und Koblenz fand. Von dort aus arbeiteten die Emigranten politisch gegen die Revolution und suchten die europäischen Großmächte zur kriegerischen Intervention gegen Frankreich zu bewegen. Sie selbst bildeten auch den militärischen Kern einer gegenrevolutionären Armee aus.

Die Bauernerhebung hat sich wiederum auf die Politik der Nationalversammlung ausgewirkt und sie erneut aktiviert. Die Delegierten hatten sich nämlich seit dem Bastillesturm, unter dessen Schockwirkung der König Necker zum drittenmal (bis September 1790) ins Amt des leitenden Ministers berufen hatte, der revolutionären Menge gegenüber ziemlich zurückhaltend gezeigt. Es waren einige liberale Adlige, die damals erkannten, daß die Nationalversammlung spektakuläre Zugeständnisse machen müsse, um die Initiative in der Hand zu behalten. Diese Einsicht hatte den berühmten Akt der spontanen Aufhebung des Feudalsystems in Frankreich zur Folge, denn in der von ungeheurem Enthusiasmus getragenen Nachtsitzung vom 4. auf den 5. 8. 1789 haben sich die Vertreter der privilegierten Stände förmlich überboten, ihre Vorrechte auf dem »Altar des Vaterlandes« zu opfern. Dienstleistungen und persönliche Abgaben zugunsten der *seigneurs* wurden entschädigungslos, die dinglichen Lasten gegen eine einmalige Zahlung der Gemeinden abgeschafft. Außerdem verzichteten der Adel auf seine Jagdrechte, der Klerus auf seinen Zehnten sowie andere Gebühren, die städtischen Bürger und die Provinzen auf ihre zahlreichen und verschiedenartigen Sonderrechte. Diese Beschlüsse offenbarten den großen Gedanken, daß nach Beseitigung jeglicher Privilegien und Abhängigkeiten zugunsten von Kirche und Adel alle Franzosen fortan als Menschen und Bürger gleichberechtigt sein sollten. Voller Stolz konnten sich ihre Initiatoren rühmen, in einer einzigen Nacht sei das Unrecht eines Jahrtausends aufgehoben worden. In konsequenter Fortführung des damals Begonnenen wurden im Dezember 1789 die Protestanten für politisch gleichberechtigt und im Januar 1790 die Juden zu Vollbürgern erklärt. Die formelle Abschaffung der Adelstitel erfolgte allerdings erst im Juni des gleichen Jahres.

Während der auf den 5. August folgenden Tage entspannen sich jedoch in der Nationalversammlung heftige und kontroverse Debatten über die endgültige Formulierung eines entsprechenden Dekrets, das schließlich am 11. 8. 1789 verabschiedet werden konnte. Aber seine Ausführung zog sich vielfach so schleppend hin, daß sich die Bauern in ihrer Erwartung geprellt sahen, nun mit einem Schlage aller Lasten und

Pflichten ledig zu sein, zumal sie sich von bestimmten Abgaben, die sich aus den damals noch respektierten Eigentumsrechten ihrer Grundherren herleiteten, nur durch größere Zahlungen befreien konnten. Die daraus resultierende Unzufriedenheit verschärfte wiederum die Revolution, so daß erst die Gewalttätigkeiten auf ihrem Höhepunkt die Realisierung des Dekrets vom 11. August in vielen Regionen Frankreichs erzwungen haben.

Als erstes Ergebnis ihrer Beratungen über die Frankreich zu gebende Verfassung beschloß die Nationalversammlung am 26. 8. 1789 deren Präambel, die feierliche »Erklärung der Menschen- und Bürgerrechte«, in der nach einem auf der amerikanischen Unabhängigkeitserklärung fußenden Entwurf La Fayettes die natürlichen, unveräußerlichen Rechte aller Menschen auf persönliche Freiheit und Sicherheit, Schutz des Eigentums und Gleichheit vor dem Gesetz festgestellt wurden. Bemerkenswerterweise wurde die Abschaffung der Sklaverei, ein für die Antilleninsel San Domingo brennendes Problem, das seit Beginn der Revolution zu permanenten Negerunruhen führte, von der Nationalversammlung gar nicht und in den Klubs kaum diskutiert. In dieser Frage siegten die wirtschaftlichen Interessen über die Ideologie; lediglich die freigeborenen Farbigen erhielten zwei Jahre später politische Rechte. Aber auch diese neue revolutionäre Proklamation, die sich durch ihren universalen Geltungsanspruch wesentlich von ihrem amerikanischen Vorbild unterschied, vermochte die seit dem Frühjahr in Frankreich vibrierende Erregung nicht zu dämpfen. Vielmehr schwoll sie in den folgenden Wochen wieder mächtig an und steigerte sich mit dem sog. »Zug der Frauen nach Versailles« am 5. und 6. 10. 1789 zu einer neuen Erhebung des Volkes, die an Bedeutung der des 14. Juli insofern gleichkommt, als sie diese gleichsam vollendete.

Denn alle Erfolge, die die Revolution im Verlauf dieses großen Jahres bisher erzielt hatte, waren keineswegs endgültig gesichert, solange der König und sein Hof in Versailles residierten und von dort aus versuchen konnten, retardierend auf die Arbeit der Nationalversammlung einzuwirken. Und in der Tat weigerte sich Ludwig XVI., die Erklärung der Menschenrechte und die Dekrete des 4. August anzuerkennen, während er gleichzeitig bestrebt war, möglichst viele Machtbefugnisse der Krone in die Verfassung hinüberzuretten.

Zwei Bewegungen haben dann den Oktoberaufstand herbeigeführt: eine populare, deren Träger wieder wie schon am 14. Juli die Massen von Paris waren, wobei diesmal, angestachelt durch Lebensmittelknappheit und Brotteuerung, die Frauen die Initiative ergriffen, und eine politische aus den Reihen der Nationalversammlung und der ihr nahestehenden Kräfte des Liberalismus, deren Protagonist La Fayette gewesen ist. Im entscheidenden Moment brachte er die von ihm geführte Nationalgarde mit ins Spiel, deren Einsatz sich wohl nicht nur gegen den König richtete, sondern auch den Volksaufstand unter Kontrolle halten sollte.

Wie dem aber auch immer gewesen sein mag: das Zusammenwirken dieser beiden Faktoren hat der Sache der Revolution zu einem ihrer ganz entscheidenden Siege verholfen. Denn die königliche Familie wurde gezwungen, unter dem problematischen Geleit der National-garde und der rebellischen Frauen von Versailles in die Tuilerien über-zusiedeln. Seitdem war der Monarch, dem die Nationalversammlung nach Paris gefolgt war, faktisch der Gefangene der Revolution und seiner Entscheidungsfreiheit beraubt. Andererseits klang nun die Gärung im Volk rasch ab, und das Jahr 1790 verlief so ruhig, daß man meinen konnte, die Revolution sei zu Ende.

Mirabeau jedoch sah schon damals deutlich voraus, daß die Revolution eines Tages doch in Unordnung und Chaos ausarten könnte, als Reak-tion der leicht aufputschbaren Massen auf die Unentschlossenheit und egoistische Kurzsichtigkeit der Regierung und der privilegierten Stände. In dieser Situation reifte er vom Parteimann zum echten Staatsmann heran, der über den einzelnen Gruppen und ihren Inter-essen stand und zwischen diesen zu vermitteln suchte, um die Revolu-tion noch rechtzeitig zu kanalisieren und ihr Abgleiten nach extrem links zu verhindern. So strebte er ein Bündnis von Königtum und Drittem Stand an mit dem Ziel, dem Staat durch seine Umwandlung in eine konstitutionelle Monarchie die einigende und ordnende Kraft an der Spitze zu erhalten. Während des Jahres 1790 verhandelte er in diesem Sinn mit Ludwig XVI. und setzte sich in den Verfassungs-beratungen der Nationalversammlung dafür ein, dem König statt des aufschiebenden ein absolutes Veto, also echte Macht zuzugestehen. Aber diese Verhandlungen sind schließlich gescheitert, nicht nur am Dritten Stand, sondern mehr noch am König, der Mirabeau letztlich doch stets mit Mißtrauen begegnete und überdies viel zu stark stän-disch-feudalen Vorstellungen verhaftet blieb, als daß er zu rechtzeiti-gen Konzessionen bereit gewesen wäre, die eine wirkliche Übereinkunft mit der *Assemblée constituante* ermöglicht hätten. Als Mirabeau, der damals ein schon vom Tode gezeichneter Mann war, am 2. 4. 1791 starb, war abzusehen, daß Frankreich über kurz oder lang in anarchi-sche Zustände stürzen würde.

Zunächst allerdings schien es, als seien mit der von der Nationalver-sammlung ausgearbeiteten und im Herbst 1791 verkündeten Verfas-sung die Probleme der Revolution tatsächlich gelöst, und zwar im Sinne eines so gelungenen Ausgleiches der gerechten Interessen von Königtum und Nation, daß diese Verfassung während des ganzen 19. Jahrhunderts als Modell für konstitutionelle Monarchien gegolten hat. So konnte die *Assemblée constituante* in dem guten Glauben, ihr Werk vollendet zu haben, am 30. 9. 1791 auseinandergehen.

Die Verfassung von 1791 hat Frankreich in eine konstitutionelle Mon-archie umgewandelt. Der bisherige königliche Absolutismus ist durch eine Volksvertretung im Sinne jener Gewaltenteilung eingeschränkt, die man seit Montesquieus ›L'Esprit des lois‹ diskutiert hat und auf dem Kontinent jetzt zum ersten Male praktiziert sieht. Die Legislative liegt bei dem aus nur einer Kammer bestehenden Parlament, die Exekutive beim Königtum, während die dritte Gewalt, die richterliche, von den beiden anderen unabhängig ist. Beamte und Richter werden jetzt nicht mehr ernannt, sondern von den Aktivbürgern für begrenzte Zeit gewählt. Die Unabhängigkeit der richterlichen Gewalt gelangt nicht zuletzt auch in der Institution der Geschworenengerichte nach englischem Vorbild zum Ausdruck. Die unserer heutigen Rechtspflege so selbstverständliche Verwendung von Laienrichtern im Strafprozeß gilt also seit dieser Zeit ebenso wie das mündliche und öffentliche Verfahren. Auch in der Verwaltung werden grundlegende Neuerungen eingeführt, denn die bisherigen königlichen Machtbefugnisse, verkörpert durch die Intendanten, gehen auf Organe der Selbstverwaltung wie Gemeinde- und Stadtverordnetenversammlungen über, deren Vertreter das Volk wählt. Die Bürger gliedern sich auf in Aktiv- und Passivbürger, d. h. in Besitzende und Besitzlose, kann doch nur der Aktivbürger, der einen je nach der Höhe seines Vermögens größeren oder kleineren Steuerzensus entrichtet, wählen oder gewählt werden. Das Wahlverfahren ist indirekt und an Wahlmänner gebunden.

Die Grundsätze dieser Verfassung, zu denen auch die Pressefreiheit, die Gewerbefreiheit (Aufhebung der Zünfte am 2. 3. 1791) und der Freihandel (Enteignung der Compagnie des Indes 1790 und Liberalisierung des Kolonialhandels 1790/91) gehören, zeigen sich eindeutig erfüllt von dem bürgerlichen Geist, der in der Aufklärungsbewegung zu politischem Selbstbewußtsein erwacht war, sich jetzt zum erstenmal historisch manifestiert und dann das ganze 19. Jahrhundert beherrschen wird. Das Standesprivileg ist durch den Besitz abgelöst, die Wahlen finden nicht mehr nach Ständen, sondern nach Bezirken statt, der Volksvertreter ist nicht mehr Repräsentant seines Standes, sondern der ganzen Nation. Parteien, die ihn zu linientreuer Disziplin verpflichten könnten, gibt es zu dieser Zeit noch nicht und infolgedessen ist er nur seinem Gewissen verantwortlich.

Das Parlament, die *Assemblée législative*, wiederum ist mit einer beträchtlichen Machtfülle ausgestattet, denn es besitzt nicht nur legislative, sondern auch exekutive Befugnisse. Die Nationalversammlung schlägt die Gesetze vor und beschließt sie; sie bestimmt die Steuern und ratifiziert Friedens-, Bündnis- und Handelsverträge. Die nach dem Fachprinzip arbeitenden Minister sind ihr und damit dem Volke verantwortlich. Im Verhältnis dazu erscheinen die Rechte des »Königs der Franzosen von Gottes Gnaden und auf Grund des Verfassungsgesetzes des Staates« ziemlich bescheiden, da er gegen die Beschlüsse der Nationalversammlung ein lediglich suspensives Veto einlegen kann. Als Verkörperer der Exekutive beruft und entläßt er die Minister, andererseits ist er auf deren Gegenzeichnung bei seinen Verordnungen angewiesen. Des weiteren ist er oberster Kriegsherr und Haupt der gesamten Staatsverwaltung; ihm sind die in jedem Distrikt durch

Bürgerwahlen eingesetzten Beamten verantwortlich. Durch ein Gesetz vom Dezember 1789 sind die mit den historischen Provinzen Frankreichs im wesentlichen identischen Intendanturen aufgelöst und das Land ist nach rein geographischen Gesichtspunkten in 83 neue Verwaltungseinheiten, die *départements*, aufgegliedert worden. Das bis dahin ja noch dem Papst gehörende Venaissin mit Avignon wurde 1791 Frankreich einverleibt. Die Ersetzung des königlichen Lilienbanners durch die blau-weiß-rote Trikolore, deren Farben das alte Königtum und das neue revolutionäre Element der Nation symbolisieren, drückt die Erneuerung Frankreichs auch nach außen hin sinnfällig aus. Denn durch die Verfassung von 1791, das Urbild aller späteren Verfassungen, ist Frankreich tatsächlich völlig umstrukturiert worden: die auf einer aristokratischen Gesellschaftsordnung beruhende absolute Monarchie hat sich in einen modernen, vom Bürgertum getragenen Rechts- und Nationalstaat verwandelt, dessen theoretische Grundlage die Idee der Volkssouveränität ist. Am 14. 9. 1791 hat Ludwig XVI. den Eid auf die Verfassung geleistet, aber bereits zu dieser Zeit war es offenkundig, daß zwischen dem Monarchen und dem neuen Staat der Revolution ein tiefer innerer Zwiespalt klaffte und bei der Nation nicht mehr viel übriggeblieben war von jener Begeisterung für ein durch die Revolution verjüngtes nationales Königtum, die das Fest auf dem Marsfeld am 14. 7. 1790 noch so rauschhaft bekundet hatte. Der Hauptgrund für diese Entwicklung lag in der Stellung, die die Nationalversammlung dem französischen Klerus zugewiesen hatte, indem sie am 2. 11. 1789 dessen feudale Sozialstruktur aufhob und den Kirchenbesitz in Nationalgüter umwandelte; für den Unterhalt der Priester kam seit dem April des Folgejahres der Staat auf. Außerdem versetzte ein Erlaß vom 12. 7. 1790 die Geistlichen in den Beamtenstatus, d. h. sie sollten auf jeder Ebene von Gemeinde- und Departementsgremien gewählt werden und den Eid auf die Verfassung leisten. Da diese »Zivilkonstitution des Klerus« die entsprechenden Rechte des Papstes weitgehend ausschaltete, traf sie bei Pius VI. auf schärfste Ablehnung. Das Verdikt der Kurie aber führte dazu, daß sich der französische Klerus in eine Mehrheit eidverweigernder und eine Minderheit vereidigter Priester aufspaltete und gleichzeitig der alte Machtstreit zwischen Staat und Kirche in radikalster Form wiederauflebte.

Der nun entbrennende Kirchenkampf, in dessen Rahmen auch die Aufhebung fast aller Orden (Februar 1790) gehört, wirkte sich verhängnisvoll auf das Verhältnis zwischen Königtum und Revolution aus. Denn der bisher ja recht willenlose, aber in religiösen Dingen sehr skrupulöse Monarch sah sich jetzt vor die persönliche Gewissensfrage gestellt, ob sein Beichtvater ein eidverweigernder oder ein vereidigter Priester sein solle, und wandte sich entschieden gegen die Revolution; er wagte sogar mit seiner Familie zu fliehen, ein Unternehmen, das in der Nacht zum 21. 6. 1791 in Varennes scheiterte. Seitdem hielt man

Ludwig XVI. in den Tuilerien wie einen halben Gefangenen der Revolution, hatte der Fluchtversuch doch das Mißtrauen gegenüber dem guten Willen des Königs geweckt oder gesteigert und den extremen Gruppierungen in der Nationalversammlung starken Auftrieb gegeben. Entstanden schon im Jahre 1790, gelangten diese Faktionen gerade jetzt, innerhalb der *Assemblée législative*, die am 1. 10. 1791 zusammentrat und bis in den September 1792 hinein bestand, zu jenen Profilierungen, die den weiteren Ablauf der Revolution entscheidend bestimmen sollten.

Auf Antrag Robespierres hatte nämlich die *Constituante* den Beschluß gefaßt, daß ihre Mitglieder nicht in die neue Gesetzgebende Nationalversammlung wählbar sein sollten. Als Folge dieser Maßnahme verloren die *Feuillants* – liberal eingestellte Adlige um La Fayette, die im ehemaligen Kloster der *feuillants* (Zisterzienser) in der Nähe der Tuilerien ihre Zusammenkünfte abzuhalten pflegten und die konstitutionelle Monarchie unterstützten – zunehmend an Einfluß, während sich die Macht der in der *Assemblée législative* führenden Girondisten, deren regionaler Schwerpunkt im Departement Gironde an der unteren Garonne lag, dadurch zunächst steigerte. Sie waren in den Jahren 1791 und 1792 noch in der Offensive, indem sie mit dem Gedanken zu spielen begannen, die Monarchie durch die Republik zu ersetzen. Dabei haben sich die Männer, die in dem politischen Salon der schönen und geistvollen Madame Roland zu verkehren pflegten, zunächst auch nicht gescheut, mit jenen Kräften zusammenzuarbeiten, die ihnen später zum Schicksal werden sollten. Sie verkörperten sich in der Partei der radikal-republikanischen *Montagnards* – so genannt, weil sie auf den höchsten Bänken des Sitzungssaales, also auf dem »Berg« saßen – und artikulierten sich in den demagogischen und ideologiegeladenen Reden eines Desmoulins, Danton, Marat und Robespierre, die die allgemeine Aufmerksamkeit mehr und mehr auf sich zu lenken wußten. Überdies aber zeichneten sich auch schon innerhalb der Bergpartei selbst die mit den Namen Danton und Robespierre verknüpften extremen Richtungen ab, deren Anhänger in zwei der zahlreichen, seit 1790 in Paris und in den Provinzen aus dem Boden schießenden politischen Klubs zusammentrafen, diskutierten und Resolutionen verfaßten, nämlich in der »Gesellschaft der Freunde der Menschen- und Bürgerrechte« und in der »Gesellschaft der Verfassungsfreunde«, die nach ihren Versammlungsorten, ehemaligen Klöstern, auch kurz als *Cordeliers* bzw. Jakobiner bezeichnet wurden und zum Zeichen ihrer revolutionären Gesinnung die phrygische Mütze mit der dreifarbigen Kokarde trugen.

Es lag im universalen Charakter der revolutionären Ideen, die ja den Anspruch erhoben, für die ganze Menschheit gültig zu sein, daß sie über ihr Ursprungsland Frankreich hinaus auf den europäischen Kontinent ausstrahlten. Dort gerieten sie zwangsläufig mit der konservativen Staaten- und Gesellschaftsordnung in einen Prinzipienstreit, der

zunächst einmal im Bereich der politisch-historischen Literatur ausgetragen wurde, darüber hinaus aber auch den Keim zu einer kriegerischen Auseinandersetzung in sich barg. Zwar hatten einige Regierungen den Ausbruch der großen Umwälzung keineswegs ungern gesehen,
hatte dies Ereignis doch eine außenpolitische Schwächung Frankreichs
zur Folge, die Großbritannien in einem Handelskonflikt mit Spanien
und den drei östlichen Monarchien Rußland, Österreich und Preußen
in Polen, wo es 1793 und 1795 zur zweiten und dritten Teilung kam,
erwünschte Bewegungsfreiheit verschaffte. Jedoch mußte man alsbald
erkennen, daß die schnell fortschreitende Entmachtung des französischen Königtums für die konservative Welt Europas gefährlich zu
werden begann. Immerhin blieben die auf Osteuropa konzentrierten
Interessen Österreichs, Preußens und Rußlands für die Außenpolitik
dieser Staaten zunächst noch so maßgeblich, daß eine Erklärung zugunsten Ludwigs XVI., die Kaiser Leopold II. und Friedrich Wilhelm II. von Preußen zu Pillnitz am 27. 8. 1791 abgaben, trotz des
in ihr mitschwingenden drohenden Untertones einen durchaus defen-
siven Charakter trug. Die französischen Emigranten indes entstellten
sie sofort im Sinne ihrer Wunschvorstellungen, und dies wiederum hat
die Kriegspartei in Frankreich sehr geschickt propagandistisch auszuwerten verstanden. Schon das 1790 zwischen Österreich und Preußen
zu Reichenbach geschlossene Bündnis, das die alten Spannungen zwischen den beiden deutschen Vormächten beigelegt hatte, war in Frankreich zur Entfachung einer Kriegspsychose genutzt worden, obwohl es
ebenfalls rein defensiver Natur und keineswegs nur gegen Frankreich,
sondern ebensosehr auch gegen Rußland gerichtet gewesen war. Aber
die Girondisten hatten es bewußt einseitig interpretiert, weil sie den
Krieg wollten, um das Volk von den inneren Schwierigkeiten ablenken und die Revolution aus dem drohenden Absinken in Überdruß
und Apathie herausreißen zu können. Und der Gironde, von deren
Vertretern Brissot einen entscheidenden Einfluß auf die Außenpolitik
besaß, gehörten zu dieser Zeit die Sympathien der französischen
Nation, denn die Mehrheit des Volkes haßte trotz der Allianz von
1756 Österreich immer noch und brachte diese Aversion vor allem
gegenüber der *Autrichienne* Marie-Antoinette unverhohlen zum Ausdruck. Aber auch deren Gemahl wünschte eine militärische Auseinandersetzung herbei, von der er sich eine Verbesserung seiner Lage
erhoffte, ganz gleich, ob die Entscheidung für oder gegen sein Land
fallen sollte. So sprach in Frankreich alles für den Krieg, den es denn
auch am 20. 4. 1792 an den »König von Böhmen und Ungarn« erklärte, woraufhin sich Preußen unverzüglich auf die Seite Österreichs
stellte. Anfangs verlief der Kampf für Frankreich alles andere als
glücklich. Die Heere Österreichs und Preußens brachen in den nord-
östlichen Grenzprovinzen ein, und es sah so aus, als würde Herzog
Ferdinand von Braunschweig, der Befehlshaber der im Zentrum operierenden preußischen Armee, das strategische Hauptziel des Feld-

zuges, den Vorstoß auf Paris und seine Eroberung, noch vor dem Herbst erreichen können.

Der Ausbruch des Krieges und die militärischen Ereignisse des Jahres 1792 haben wiederum weitreichende innenpolitische Rückwirkungen nach sich gezogen. In der geheimen Hoffnung, die Alliierten würden siegen und die Autorität der Krone in Frankreich wiederherstellen, wagte es Ludwig XVI. im Juni 1792, die Initiative zu ergreifen, indem er sein Veto gegen Beschlüsse der *Assemblée législative* einlegte, die girondistischen Minister entließ und ein Kabinett aus Vertretern der Feuillant-Partei bildete. Selbst die aufgebrachte Volksmenge, die sich daraufhin am 20. Juni vor den Tuilerien versammelte und zum Teil in den Palast eindrang, vermochte dem jetzt sehr charakterfesten Monarchen keine Zugeständnisse abzuringen. Nachdem der Herzog von Braunschweig am 25. Juli ein Drohmanifest gegen die Bevölkerung der Stadt Paris erlassen hatte, wurde es sogar – gewiß mit Zustimmung des Königs – in royalistischen Zeitungen veröffentlicht, um die Revolutionsmänner einzuschüchtern.

Aber gerade die Ankündigung des preußischen Befehlshabers, die Franzosen und ihre Hauptstadt mit furchtbaren Vergeltungsmaßnahmen heimzusuchen, falls dem König und seiner Familie ein Leid geschehe, hat die französische Monarchie endgültig in die Katastrophe gestürzt. Denn sie hat die »Zweite Revolution«, die des 10. August, unmittelbar ausgelöst, deren wichtigste Akteure die Girondisten und vor allem Danton gewesen sind. Als Führer des radikal-demokratischen Klubs der *Cordeliers* hatte Danton schon seit 1790 einen systematischen Propagandakrieg sowohl gegen die Monarchie als auch gegen die Girondisten entfesselt, weil er mit dem großbürgerlichen Staat der Verfassung von 1791 keineswegs zufrieden war, sondern die Republik und eine egalitäre Massendemokratie anstrebte. Im selben Maße, in dem die Erfolge der Alliierten den König und seine Anhänger wieder ermutigten, erbitterten sie die Träger der Revolution und stachelten sie zu höchster Entschlossenheit an. Auf Drängen der Girondisten erließ die Nationalversammlung am 11. 7. 1792 eine feierliche Proklamation, in der sie »das Vaterland in Gefahr« erklärte. Danton, damals auf der Höhe seines demagogischen Einflusses auf die fanatisierten Pariser Volksmassen, und andere Volkstribunen riefen in zündenden Reden und leidenschaftlichen Appellen dazu auf, die inneren Feinde, d. h. den König und die Royalisten, die mit dem äußeren Gegner konspirierten, zu vernichten, um so das Vaterland zu retten. In diesen gewaltigen Manifestationen wurde dreierlei geboren: der moderne Nationalismus, also die Verabsolutierung der Idee der »Nation« und des »Vaterlandes«, damit eng verknüpft die Forderung nach den »natürlichen Grenzen«, zu denen von jetzt an für eineinhalb Jahrhunderte der Rhein gehören sollte, und schließlich – und dies vor allem – die Zweite Revolution.

Denn alle diese äußerst wirkungsvollen Aufrufe radikalisierten die

Massen von Tag zu Tag und schürten die königsfeindliche Stimmung im ganzen Lande; die Ablösung der Monarchie und ihre Ersetzung durch die Republik wurden jetzt überall ganz offen diskutiert. Die Anhänger des republikanischen Gedankens taten ihrerseits alles, um einen solchen Umsturz auch aktiv vorzubereiten. Die Girondisten pflegten engen Kontakt mit den jakobinischen Mitgliedern der verschiedenen popularen Organisationen, und Volkstribunen wie Robespierre, Marat und vor allem eben Danton waren unermüdlich tätig, in ihren Klubs, in der Presse und im Zusammenwirken mit den Vertretern der Stadtverwaltung sowie den Sektionen von Paris auf eine zweite Revolution hinzuarbeiten. Gleichzeitig hielt man die Bataillone der Föderierten aus den Provinzen, die sich zum Gedenken an den Bastillesturm in der Hauptstadt versammelt hatten, zurück, um sie am Tage X einsetzen zu können. In den soeben erwähnten Institutionen und Organisationen, zu denen noch die Nationalgarde kommt, stellen sich jene Kräfte dar, die, dirigiert von den führenden Köpfen der Revolution, vom 10. 8. 1792 bis zum 9. Thermidor und teilweise auch noch darüber hinaus den weiteren Verlauf der Ereignisse maßgeblich bestimmt haben.

Wie wir schon wissen, ist die Nationalgarde im Sommer 1789 entstanden, nach offizieller Version, um die Errungenschaften der Revolution gegen eventuelle gegenrevolutionäre Bestrebungen verteidigen, in Wahrheit jedoch, um die Nationalversammlung gegebenenfalls vor den radikalen Pariser Volksmassen schützen zu können. So hatte sie sich ursprünglich aus Angehörigen des Großbürgertums zusammengesetzt und war von dem konstitutionell eingestellten La Fayette geführt worden. Seitdem dieser als General an der Front stand, war indes sein Einfluß auf die Nationalgarde zusehends geringer geworden, in die jetzt auch Passivbürger aufgenommen wurden. Damit aber radikalisierte sie sich so, daß sie am 10. August, obwohl sie zum Schutz des Königs vor den Tuilerien stand, zu den Revolutionsmännern überging und am Sturm auf das Schloß teilnahm. Anschließend wurde Hanriot, ein extrem jakobinischer Politiker, Chef der Nationalgarde. Immerhin sind Teile dieser »Bürgermiliz« auch in den Jahren 1793 und 1794 ihrer sozialen Struktur nach noch großbürgerlich geblieben, nämlich jene Abteilungen, die sich aus den wohlhabenden Westbezirken der Stadt rekrutierten und die später, am 9. Thermidor, den Ausschlag zuungunsten Robespierres geben sollten.

Die sog. Föderierten waren Einheiten der kommunalen Nationalgarden aus den Provinzen. Zum Nationalfest am 14. 7. 1792 waren sie aus allen Teilen Frankreichs in der Hauptstadt zusammengeströmt, wobei ein aus Marseille stammendes Bataillon auf seinem Marsch nach Paris jenes kurz zuvor aus der Feder von Rouget de Lisle in Straßburg als Kampfgesang für die französische Rheinarmee entstandene Revolutionslied in ganz Frankreich bekannt gemacht und verbreitet hatte, das später unter dem Namen *Marseillaise* zur Nationalhymne werden sollte. Diese Freiwilligenverbände, die teilweise bis Mitte August in Paris blieben, drängten in zahlreichen Resolutionen ebenfalls auf die Abschaffung des Königtums, zu dessen Sturz namentlich die Abordnungen aus Marseille und Brest wesentlich beitrugen. Einen ganz entscheidenden Anteil an der quasi generalstäblerischen Vorbereitung dieser Aktion hat nun die Pariser Stadtverwaltung gehabt. Nach dem Bastillesturm war die alte patrizische Munizipalbehörde ja im revolutionären Sinne umgebildet worden, doch wirkte sie zunächst unter dem den *Feuillants* nahestehenden Bailly als Bürgermeister noch recht gemäßigt, bis auch sie schließlich mehr und mehr von jakobinischen Vertretern durchsetzt wurde.

Waren es Danton und die Stadtverwaltung, zu der er im Sommer 1792 engste Kontakte unterhielt, die das August-Drama inszenierten, so wirkten an seiner Durchführung in erster Linie die »Sektionen« mit. Nachdem die Hauptstadt bis dahin administrativ in 60 Distrikte eingeteilt gewesen war, traten an ihre Stelle durch ein Gesetz vom Mai/Juni 1790 48 Sektionen. Da diese nicht nur als reine Verwaltungseinheiten dienten, sondern gleichzeitig die Urwählerbezirke waren, politisierten sie sich in zunehmendem Maße. In den Sektionen tagten die Gemeinderäte, die mit dem allgemeinen Stadtausschuß zusammenarbeiteten, und es fanden organisierte politische Veranstaltungen und Diskussionen statt, in denen auch die Redner der extremdemokratischen Klubs wie *Cordeliers* und Jakobiner auftraten. Infolgedessen haben sich die Sektionen – die des Pariser Westens wiederum ausgenommen – sehr rasch völlig radikalisiert und sind zu Hauptträgern der revolutionären Aktionen geworden. Gab es doch in ihnen regelrechte Kampfgruppen aus besoldeten »Patrioten«, die mit Piken ausgerüstet waren, wobei diese mit dem langen *pantalon* statt der aristokratischen Kniehose *(culotte)* und mit der phrygischen Mütze bekleideten *sans-culottes* ihrer revolutionären Gesinnung durch ein bewußt ungepflegtes Äußeres sowie ungehobelte Manieren demonstrativen Ausdruck verliehen. Unter dem Begriff »Sektion« ist also nicht nur ein Urwählerbezirk zu verstehen, sondern darüber hinaus auch eine von militant-politischer Aktivität erfüllte Urwählerversammlung und eine aus ihr hervorgehende jederzeit einsatzbereite Bürgerkriegstruppe von radikal-revolutionärem Charakter.

In den Sektionen nun wurden in der Nacht zum 10. 8. 1792 Kommissare gewählt, die fortan als »Stadtrat« *(Commune)* fungierten und sogleich alle als königstreu verdächtigen Nationalgardisten ausschalteten. Und es waren wiederum die Sektionen, d. h. bewaffnete *sans-culottes,* die zusammen mit den Föderierten und einem Teil der Nationalgarde am folgenden Tag die Tuilerien gestürmt, die das Schloß verteidigende Schweizergarde niedergemacht und Ludwig XVI. und seine Familie zur Flucht in die Nationalversammlung gezwungen haben. Jedoch konnte auch diese den König und die von ihm repräsentierte Monarchie nicht mehr retten – und großenteils wollte sie es auch gar nicht mehr. Selbst die gemäßigten, noch auf dem Boden der Verfassung von 1791 stehenden Delegierten mußten unter dem Druck der Verhältnisse der Suspendierung des Königs zustimmen; Ludwig XVI. wurde als Gefangener in den Temple gebracht und auch die königliche Familie inhaftiert. Mit dem Untergang der Monarchie am 10. 8. 1792 und ihrer offiziellen Abschaffung, die am 21. 9. 1792 gleichzeitig mit der Einführung der Republik – der ersten, von 1792-1804 bestehenden – dekretiert wurde, hat auch der *Assemblée législative* die Stunde geschlagen; am 20. 9. 1792 ging sie auseinander, um einer neuen Nationalversammlung, einem »Nationalkonvent« *(Convention nationale)* Platz zu machen, dessen Aufgabe es sein sollte, für Frankreich eine neue, republikanische Verfassung auszuarbeiten.

Sofort nach der Revolution des 10. August erfolgten Veränderungen grundsätzlichen Charakters. Der Unterschied zwischen Aktiv- und Passivbürgern fiel weg, und das allgemeine Wahlrecht wurde eingeführt, allerdings unter Beibehaltung des indirekten Wahlmodus. Das feuillantistische Ministerium, das Ludwig XVI. im Juni gebildet hatte, wurde durch eine Koalitionsregierung aus Girondisten und Jakobinern unter Roland abgelöst; Danton übernahm das Amt des Justizministers (10. 8.-11. 10. 1792) und hatte als solcher alle Maßnahmen, die jetzt getroffen wurden, durch sein Staatssiegel zu sanktionieren. Sein vorher mehr demagogischer Einfluß auf die französische Politik war nunmehr für einige Monate auch institutionalisiert. Er stand im Zenit seiner geschichtlichen Wirksamkeit, denn all die konstituierenden Akte des Hoch- und Spätsommers 1792 wie den Tuilerien-Sturm, die Einsetzung des Sicherheitsrates, die Septembermorde und den Beginn der Konventsherrschaft, die zusammen eine historische Einheit bilden, hat Georges Danton maßgeblich, verantwortlich und rücksichtslos gewaltsam mitgestaltet. Auf Grund dessen hat er die Französische Revolution vielleicht mehr »gemacht« als Robespierre, dem es vor allem darauf ankam, sie in ein System einzufangen und als solches zu verewigen.

Neben der von Danton beherrschten Regierung spielte aber auch die seit dem 10. August sehr einflußreiche *Commune* mit den hinter ihr stehenden Sektionen, in denen z. T. ziemlich unbedeutende Jakobinerfunktionäre eine Politik der Gewalt und des Terrors forderten, eine sehr erhebliche Rolle. Danton hat sie respektiert und den dadurch heraufbeschworenen Ereignissen zumindest freien Lauf gelassen und sich, wenn auch vielleicht nur notgedrungen, sogar mit ihnen identifiziert.

Die als »Septembermorde« in die Geschichte eingegangenen Greueltaten, zu denen Marat, der Thersites der Revolution, in seiner Zeitung ›Ami du peuple‹ ganz offen aufrief, verfolgten letztlich das Ziel, die öffentliche Meinung im Hinblick auf die bevorstehenden Wahlen zur *Convention nationale* zu beeinflussen. Die blutigen Ausschreitungen einer Minderheit, d. h. der Bergpartei, sollten die Mehrheit der Gemäßigten so einschüchtern, daß diese sich politisch überhaupt nicht mehr engagierte, also aus Furcht nicht an den Wahlen zum Konvent teilnähme. Natürlich sind dabei nicht nur solche politischen Beweggründe wirksam gewesen, sondern ebensosehr auch ganz irrationale wie Haß, Neid und Rachsucht.

Als am 2. 9. 1792 in einigen Sektionsversammlungen bekannt wurde, daß die etwa 3000 »Priester«, »Aristokraten«, »Verdächtigen« und »Verschwörer«, die seit Mitte August willkürlich verhaftet worden waren, vom »Volke« zu richten seien, begann in Paris ein Blutbad, das sich bis zum 5. und teilweise auch 7. 9. 1792 hinzog. Tagelang mordeten bewaffnete Aktionsgruppen, gebildet aus Föderierten, Nationalgardisten und Sansculotten aus den Sektionen in den Pariser Gefängnissen, wobei ein Mittelpunkt dieser meist mit einem Scheinverfahren verbundenen Lynchjustiz die Conciergerie war. Die Zahl der Opfer dürfte niemals mehr exakt festzustellen sein; sie schwankt zwischen 1100 und 1400 Menschen.

Die Septembermorde sind zwar von keiner höheren Stelle angeordnet, aber nachträglich von der *Commune* sanktioniert und von Danton als rechtens bestätigt worden. Er hielt diese Aktion durch die Gefährlichkeit der politischen Gesamtlage für gerechtfertigt; nach der Überzeugung der Träger der Revolution war sie notwendig, um die Anhänger des Alten endgültig auszuschalten und dem republikanischen Patriotismus zum Siege zu verhelfen. Die *terreur,* in dieser Form zunächst noch primitiv und improvisiert gehandhabt, später von Robespierre zum System perfektioniert, war damit als »bewußtes politisches Mittel«[14] zum erstenmal in der Revolution eingesetzt worden. Und der Ausgang der Wahl bewies den Schreckensmännern, daß ihre Rechnung aufgegangen war: im Konvent, der am 21. 9. 1792 zusammentrat und Frankreichs Schicksal fortan für drei Jahre bestimmen sollte (1792 bis 1795), dominierte alsbald eindeutig die Bergpartei. Andererseits haben die Septembermorde die Ausstrahlungskraft der revolutionären Ideenwelt auf Europa erheblich beeinträchtigt. Denn viele Idealisten, die außerhalb Frankreichs den Ausbruch der Revolution begeistert als Morgenrot einer neuen, freiheitlicheren Epoche der Menschheit begrüßt hatten, wandten sich jetzt entsetzt von einer Republik ab, deren Geburtsstunde mit einem solchen Verbrechen zusammenfiel.

Die militärische Lage hatte sich unterdessen während der Sommermonate immer mehr zuungunsten der schlecht ausgerüsteten, unorganisierten Revolutionsarmee zugespitzt. Die Verbündeten hatten einen großen Teil der Champagne fast kampflos besetzen können und die Festungen Longwy (23. 8.) und Verdun (3. 9.) zur Kapitulation gezwungen, was nicht zuletzt zur Fanatisierung der Stimmung in den Sektionen beigetragen hatte. Da brachte die Kanonade von Valmy am 20. 9. 1792, die den Rückzug der Preußen zur Folge hatte, die entscheidende Wendung. Dieser leicht, nämlich im Grunde nur wegen der Unentschlossenheit der Gegner errungene Erfolg hat den schon recht demoralisierten französischen Truppen das verlorene Selbstvertrauen wiedergegeben. Die leidenschaftlichen Aufrufe, in denen der Konvent an das neu geborene Nationalgefühl der Revolution appellierte und allen Völkern brüderliche Hilfe im Kampf gegen Feudalherrschaft und Unterdrückung verhieß, entflammten die patriotische Begeisterung bis zum äußersten, so daß immer mehr Freiwillige unter der Trikolore zusammenströmten. Von neuem Elan beseelt, gingen die Heere der Republik zum Angriff über und drangen ihrerseits nach allen Richtungen in die Nachbarstaaten ein, die alsbald von ihren suggestiven Schlagworten wie Gewinnung der »natürlichen Grenzen«, »Freiheit, Gleichheit, Brüderlichkeit« oder »Friede den Hütten, Krieg den Palästen« widerhallten. Die neuartige humanitäre Ideologie dieser sich kosmopolitisch gebenden Revolution nahm die Form einer militärischen Offensive an, die gegen das konservative Europa gerichtet war und zuerst Savoyen, die österreichischen Niederlande (Jemappes 6. 11. 1792) und das Rheinland traf. Gegen den Widerspruch Robespierres strebte der Konvent sogar die förmliche Eingliederung dieser Gebiete in die Französische Republik an, wobei man sich zur Feststellung des »Volkswillens« der revolutionären Klubs zu bedienen gedachte, die sich da und dort gebildet hatten, in der Regel aber nur eine Minderheit von Intellektuellen repräsentierten.

Was den innenpolitischen Bereich anlangt, so war von vornherein zu erwarten, daß der Konvent angesichts seiner Ursprünge auf dem Weg radikaler Maßnahmen fortschreiten werde. Und die schlimmsten Befürchtungen aller Gegner oder gemäßigten Parteigänger der Revolution sind durch die Entwicklung der nächsten zwei Jahre sogar noch übertroffen worden. Denn der Konvent, der in der Theorie nur legislative, in der Praxis aber auch exekutive Befugnisse besaß, da er mittels seiner Kommissare den Ministerrat beherrschte, ging sogleich mit erbarmungsloser Folgerichtigkeit daran, nicht nur die Repräsentanten des vorrevolutionären Systems, sondern schließlich auch viele Anhänger der liberalen Ideologie von 1789 zu liquidieren. Der spektakulär geführte Prozeß gegen den König machte den Anfang; Ludwig XVI. wurde zum Tode verurteilt und starb am 21. 1. 1793 auf der Guillotine, wobei er im Sterben mehr Würde und Haltung an den Tag legte als im Leben. Die Folgen dieser Hinrichtung waren von weittragender Bedeutung. In Frankreich hat sie den monarchischen Gedanken an der Wurzel getroffen, da der Mythos von der charismatischen, halbreligiösen Funktion des Königs dahin war, seitdem sich erwiesen hatte, daß man ihn töten konnte, ohne die Vergeltung des Himmels auf sich zu ziehen. So hat ein Gesetz vom 4. 12. 1792, das auf die Bekundung königstreuer Gesinnung die Todesstrafe setzte, nur selten Anwendung gefunden. Im Ausland dagegen und bei den französischen Emigranten steigerte dieser »Königsmord« die Erbitterung aufs höchste, so daß im März England und in seinem Gefolge auch Holland, Spanien, Neapel und das Deutsche Reich in den Krieg ein-

traten, der sich damit von dem bislang ja immer noch begrenzten Kampf der beiden Großmächte Preußen und Österreich gegen das revolutionäre Frankreich zu einem allgemeinen – dem ersten – Koalitionskrieg (1793-1797) ausweitete. Natürlich ist dieser Entschluß Englands nicht nur durch die zweifellos echte Empörung über die Hinrichtung Ludwigs XVI. ausgelöst worden, sondern mehr noch auf die wachsende Besorgnis zurückzuführen, den die im gesamten Rheingebiet und vor allem in Belgien um sich greifende militärische Ausbreitung der Jakobinerheere zur Zeit der Jahreswende von 1792 auf 1793 im Inselreich hervorgerufen hat. Das Zusammenwirken von machtpolitischen Interessen und moralischer Entrüstung der öffentlichen Meinung in Großbritannien hat den englisch-französischen »Weltgegensatz« (Ranke) in alter Schärfe wieder aufbrechen lassen. Im Verlauf der nun einsetzenden fast 25jährigen Kriegsepoche hat Frankreich – zuerst das revolutionäre und dann das napoleonische – zum zweiten Male innerhalb eines guten Jahrhunderts versucht, seine Vorherrschaft in Europa zu begründen. Diesem Ziel diente nicht zuletzt die am 23. 8. 1793 unter der Ägide des als eine Art Kriegsminister fungierenden Mitglieds des Wohlfahrtsausschusses Carnot verkündete *levée en masse*, der die Franzosen so zahlreich Folge leisteten, daß binnen kurzem 14 Armeen an den Grenzen standen. Die aus der Revolutionsbewegung erwachsene Idee der allgemeinen Wehrpflicht, verbunden mit einer ganz neuartigen Strategie und Taktik, verlieh diesen Heeren rasch eine moralische und militärische Überlegenheit, der ihre Gegner lange Zeit nichts Adäquates entgegenzusetzen hatten.
Natürlich ist die Ausweitung des Krieges nicht ohne Rückwirkung auf die innere Situation Frankreichs geblieben, wo man im Dienste der nationalen Verteidigung rigoroser als je zuvor die Feinde im Inneren mit denen von außen identifizierte. Infolgedessen trat die Revolution jetzt in ihre blutigste Phase ein, und der Konvent wurde bis 1794 zum Träger dieser Politik des Terrors.
Aus allgemeinen, allerdings indirekten Wahlen hervorgegangen, ist der Konvent zu dem Zweck zusammengetreten, die durch den Tuileriensturm anachronistisch gewordene Verfassung von 1791 zu revidieren. Theoretisch löst er diese Aufgabe auch, denn im Juni 1793 beschließt er eine Verfassung, die republikanisch ist und auf dem Prinzip der Volkssouveränität beruht. Die Gewaltenteilung im strengen Sinne wird dadurch unterlaufen, daß die wiederum aus einer Kammer bestehende gesetzgebende Körperschaft die Minister jedes halbe Jahr neu wählt und ihnen keinen eigenen Handlungsspielraum läßt. Das Wahlrecht ist nunmehr allgemein und direkt, kennt also keinen Zensus mehr und entspricht durchaus schon der Idee der egalitären Demokratie, wie denn auch in der vorangestellten Menschenrechtserklärung, anders als 1789, die Gleichheit in den Vordergrund gerückt erscheint. Aber, und das ist für den Historiker entscheidend, diese Verfassung von 1793 betont ihren provisorischen Charakter und ist auch niemals

in Kraft getreten. Soll sie doch erst für die Zeit nach der Revolution gelten, ein Termin, der mit der siegreichen Beendigung des Krieges gegen die auswärtigen Mächte gleichgesetzt wird. Bis zu diesem gänzlich unbestimmten Tag erklärt der Konvent, der nach wie vor die ganze Machtfülle in sich vereint, die Revolution in Permanenz und fordert gleichzeitig höchste patriotische Energieentfaltung zur Bezwingung aller inneren und äußeren Gegner. In die Regierungsgewalt teilen sich drei aus den Reihen der Konventsmitglieder gebildete Vollzugsräte, nämlich der Wohlfahrtsausschuß *(Comité de Salut public),* der als solcher ja bereits seit dem 10. 8. 1792 bestehende Sicherheitsausschuß für Verteidigungsfragen *(Comité de Sûreté générale)* und das im März 1793 ins Leben gerufene und von Fouquier-Tinville präsidierte Revolutionstribunal *(Tribunal révolutionnaire),* dessen Instrument die von jetzt an regelmäßig arbeitende Guillotine ist.

Der am 6. 4. 1793 geschaffene Wohlfahrtsausschuß gewinnt alsbald die größte Bedeutung und stellt vom September 1793 bis Ende Juli 1794 das eigentliche Exekutivorgan der Republik dar. Sein erster Vorsitzender ist Danton gewesen (6. 4.–24. 7. 1793). Im Gegensatz zu Robespierre kommt er zu der Einsicht, daß es nicht genüge, die Revolution zu machen, sondern ebenso entscheidend sei, sie rechtzeitig zu beenden. Dies aber versucht er, seitdem die Revolution nach der Hinrichtung Ludwigs XVI. blutiger Selbstzweck zu werden droht und Frankreich sich zudem noch der großen europäischen Koalition erwehren muß. So reift seit 1793 der Demagoge zum Staatsmann, der seine Landsleute jetzt immer wieder zu »Klugheit, Gerechtigkeit und Milde« ermahnt und nach außen hin eine geschickte Diplomatie entwickelt, die auf die Auflösung der Koalition und einen Friedensschluß mit den europäischen Mächten abzielt. Jedoch ist der »große, gute Danton«, wie er im französischen Geschichtsbewußtsein fortlebt, der Revolution zu sehr verhaftet, als daß er Mitte 1793 noch mit den Girondisten wirklich paktieren und diese gegen Robespierre ausspielen könnte. Im Laufe des Frühsommers hat sich nämlich der seit dem 10. 8. 1792 offenkundig gewordene Gegensatz zwischen der Gironde und dem Berg zu unverhülltem Machtkampf zugespitzt. Jene bezichtigt die *Montagnards* des Terrors und des Anarchismus, während diese ihr eine verfehlte Kriegs- und Wirtschaftspolitik und Verrat an der Republik vorwerfen. Zum eigentlichen Streitobjekt werden dabei die revolutionären Aktionsgruppen, die beide Parteien umwerben, um mit ihrer Hilfe die Gegnerin politisch entmachten zu können. Die Girondisten erringen indes nur in der Provinz einige Erfolge, in der Hauptstadt werden sie eindeutig von der Bergpartei überspielt. Und das gibt letztlich den Ausschlag, denn während der ganzen Revolution hat immer die Haltung der Pariser Massen über Sieg oder Niederlage entschieden. Damals, im Sommer 1793, gelingt es der Bergpartei, die in Sektionen, Gemeinderäten, *Commune* und Jakobinerklub vertretenen radikalen Kleinhandwerker und Proletarier durch

regelmäßige Besoldung bewährter Bürgerkriegsveteranen und durch die außerordentlich wirksame Agitation ihrer Redner auf ihre Seite zu ziehen und schließlich gegen die Gironde zu mobilisieren. Um der drohenden Gefahr zuvorzukommen, machen die Girondisten im Mai Anstalten, bewaffnete Anhänger aus den Provinzen in die Hauptstadt zu lancieren und beantragen gleichzeitig im Konvent ein Verfahren gegen die *Commune* sowie die Festnahme einiger Jakobiner. Jedoch erweist sich dieses – im übrigen mangelhaft organisierte und koordinierte – Vorgehen als zweischneidige Waffe: es löst am 31. 5. 1793 einen Aufstand der radikalen hauptstädtischen Aktionsgruppen aus. Bis zum 2. Juni sammelt sich ein 80 000 Mann starkes Aufgebot der Sektionen und der Nationalgarde mit Hanriot an der Spitze um die Tuilerien, den Tagungsort des Konvents, und verlangt die Auslieferung der prominentesten Girondisten. Die Erfüllung dieses Ansinnens, gleichbedeutend mit der Aufhebung des Prinzips der Immunität und damit letzten Endes mit der Selbstpreisgabe des Konvents zugunsten des »Volks«, wird einige Tage verweigert, aber dann auf Antrag Robespierres doch konzediert und hat die Verhaftung von 29 girondistischen Politikern zur Folge. Im Wohlfahrtsausschuß sieht sich Danton nunmehr zunehmend isoliert und scheidet freiwillig am 10. 7. 1793 aus; am 27. 7. wird Robespierre in den Ausschuß gewählt. Die Bergpartei ist nach diesem Anfangserfolg mehr denn je entschlossen, sich zur Alleinherrscherin im revolutionären Frankreich aufzuschwingen und rücksichtslos alle Kräfte niederzuwerfen, die sich ihr dabei in den Weg stellen könnten. Und solcher Widerstand erhebt sich in der Tat, brechen doch auf die Kunde von den Ereignissen in Paris in zahlreichen Provinzen bewaffnete Revolten gegen die jetzt ausschließlich von radikalen Jakobinern bestimmte Konventsherrschaft aus.
Dem vorausgegangen sind schon royalistische Bauernerhebungen in Maine, im Anjou und in der Bretagne, die nach ihrem Anführer, Jean Cottereau, genannt Chouan, als *chouannerie* bezeichnet werden, und vor allem die damit eng zusammenhängende, von ihrem Zentrum Poitou nach Norden ausstrahlende Erhebung in der Vendée, wo die königstreue und tief religiöse Landbevölkerung unter der Leitung des ehemaligen Marineoffiziers Charette und unvereidigter Priester zu einem offenen Aufstand gegen die Revolutionsregierung geschritten ist, der rasch den kreuzzugsartigen Charakter einer weltanschaulichen Auseinandersetzung angenommen hat. Die Konventstruppen haben die in dem unübersichtlichen Gelände bereits nach den Methoden der Guerillataktik erbittert kämpfenden Vendée-Bauern nicht entscheidend schlagen können; Ausläufer dieses von beiden Seiten mit ungeheurem Fanatismus geführten Kampfes reichen noch bis in die napoleonische Zeit hinein, und er sollte sogar in den Jahren der Julimonarchie für kurze Zeit wiederaufleben. Während der Vendée-Krieg, der für den Konvent zweifellos die gefährlichste Bürgerkriegsfront darstellt, ganz eindeutig durch royalistisch-kirchliche Impulse be-

stimmt ist, richten sich die Aufstände, die als Folge der Entmachtung der Pariser Girondisten in den diesen nahestehenden Städten wie Marseille, Toulon, Caen, Toulouse, Bordeaux und Lyon aufflammen, nicht unbedingt gegen die Revolution als solche. Ihr Träger ist das föderalistisch und individualistisch gesinnte Großbürgertum, das sich seine zwischen 1789 und 1791 errungenen Rechte auf Selbstverwaltung und eigenständige Wirtschaftsinitiative nicht mehr von einem Pariser Kollektivismus und Zentralismus nehmen lassen will, der unter jakobinischem Vorzeichen jetzt noch viel omnipotenter auftritt als jemals unter der absoluten Monarchie. So ist der Bürgerkrieg von 1793 weitgehend als die letzte große Auseinandersetzung zwischen staatlichem Zentralismus und partikularem Regionalismus zu begreifen. Die von den Königen jahrhundertelang konsequent betriebene Politik der inneren Aplanierung ist also nach der kurzen Zwischenphase von 1789–1793 vom Konvent in rigoroser Weise wieder aufgenommen und von Napoleon schließlich vollendet worden. Die Pariser Machthaber gehen dabei mit äußerster Rücksichtslosigkeit vor, was ihnen in einigen Fällen, wie z. B. in Toulon, psychologisch dadurch erleichtert wird, daß sich tatsächlich royalistisch-gegenrevolutionäre Tendenzen mit föderalistisch-girondistischen vermischen und sogar militärische Unterstützung durch den äußeren Feind, nämlich die Engländer, hinzukommt.

Die Kommissare, die der Wohlfahrtsausschuß an der Spitze von Konventsarmeen in alle Aufstandsgebiete mit dem Befehl entsendet, jeden Widerstand zu brechen und mit Hilfe von überall einzurichtenden Revolutionsausschüssen blutige Vergeltungsmaßnahmen vorzunehmen, entledigen sich, wie Tallien in Bordeaux, Lebon in Arras, Carrier in Nantes sowie Chalier und Fouché in Lyon, ihrer Aufgabe so gründlich, daß die Erhebungen Ende 1793 – mit Ausnahme der Vendée – überall niedergeworfen sind. Die Bergpartei beherrscht nunmehr allein die politische Bühne, sämtliche girondistischen Konventsabgeordneten werden, soweit sie nicht schon ermordet oder geflüchtet sind, zu Vaterlandsverrätern erklärt und verhaftet. Nach einem Prozeß, dessen Anklage auf »Verschwörung gegen die Einheit und Unteilbarkeit der Republik, gegen die Wohlfahrt und Sicherheit des französischen Volkes« lautet, besteigen 21 führende Politiker dieser einstmals so mächtigen Partei am 31. 10. 1793 die Guillotine, auf der kurz vorher, am 10. Oktober, auch die Königin Marie-Antoinette ihr Leben beendet hat. Aber die in den Zentren der Aufstandsbewegung stattfindenden Massenhinrichtungen Tausender – wie etwa die Ertränkungen (noyades) in Nantes – und die totale Zerstörung einer so blühenden Stadt wie Lyon lassen selbst in einem so entschiedenen Revolutionsanhänger wie Robespierre Zweifel an der Richtigkeit solchen Vorgehens aufkommen, zumal er den begründeten Verdacht hegt, daß ein Teil der Kommissare dabei seine Kompetenzen willkürlich überschritten und sich persönlich bereichert hat.

Auch die Ausschreitungen gegen die Kirche im Spätherbst, vor allem im November 1793, finden angesichts der mit ihnen verbundenen Zügellosigkeiten keineswegs die Zustimmung Robespierres, obwohl er selbst Deist ist, also nicht auf dem Boden der geoffenbarten Religion steht. Radikal kirchenfeindliche Tendenzen verficht die den äußersten linken Flügel des Jakobinertums bildende Gruppe der »Enragierten« mit militanten Atheisten wie Hébert, Chaumette und Cloots an der Spitze; sie sind nicht nur antiklerikal eingestellt, sondern greifen schließlich unverhüllt das Christentum als solches an, das sie durch eine säkularisierte Ersatzreligion aufklärerischen Charakters ersetzen wollen. Die Entschlossenheit der Republik, den Kampf gegen die Kirche zu verschärfen, wurde gleich nach der Revolution des 10. August erkennbar, als alle unvereidigten Priester – insgesamt 40 000 – aus Frankreich ausgewiesen wurden. Überdies führte der Staat im September 1792 anstelle der kirchlichen Geburts-, Heirats- und Sterberegister eigene Zivilstandsregister ein, wobei er im Rahmen dieser einschneidenden Kompetenzverlagerung die Möglichkeit der Ehescheidung legal verankerte. Damit ist ein fundamentaler Rechtsgrundsatz konstituiert worden, an dem auch der *Code Napoléon* mit Entschiedenheit festgehalten hat. Daß der Konvent aber auch eine neue Zeitrechnung dekretierte, und zwar gleich nach der Ablösung der Monarchie durch die Republik, also am 22. 9. 1792, die den überlieferten Gregorianischen Kalender ablösen sollte, bewies eindeutig, daß der revolutionäre Staat den Einfluß der Kirche nicht nur einschränken, sondern vollständig ausschalten wollte. Dieser Revolutionskalender, der im Laufe des folgenden Jahres durch eine von Fabre d'Eglantine geleitete Kommission ausgearbeitet und am 24. 11. 1793 vom Konvent verkündet wird, beginnt am 22. 9. 1793, dem 1. Vendémiaire des Jahres II, und wird bis zum 11. Nivôse des Jahres XIV, d. h. bis zum 31. 12. 1805 praktiziert. Die klangvollen Namen der je 30 Tage umfassenden, streng nach dem Dekadensystem eingeteilten und nur Ruhe-, aber keine Sonntage kennenden Monate, zu denen im bisherigen September (17.–21. 9.) die *5 jours sansculottides* und in Schaltjahren noch ein *jour complémentaire* hinzutreten, verraten die Naturschwärmerei der durch Rousseau so sehr geprägten Revolutionsideologie. In engem Zusammenhang damit werden am 20. 10. 1793 die christlichen Feste verboten; am 7. 11. verfügt der Konvent die offizielle Abschaffung des Christentums in Frankreich, und am 10. 11. 1793 wird in Paris das Fest der Vernunft gefeiert, nachdem man die Kathedrale Notre-Dame in einen Tempel dieses neuen Kultes umgewandelt hat. Dem Kirchensturm, den diese Maßnahmen in ganz Frankreich auslösen und in dessen Verlauf die Königsgräber in Saint-Denis geschändet und zahllose sakrale Kunstwerke verstümmelt oder zerstört werden, fallen etwa 2000 Gotteshäuser zum Opfer.
Diesen gewaltsamen Eingriffen in den Bereich des Religiösen sollte allerdings kein langes Leben beschieden sein, weil die Masse des fran-

zösischen Volkes dem alten Glauben noch so tief verhaftet war, daß schon die Direktorialregierung wieder eingelenkt und Napoleon die Kirche endgültig restauriert hat. Im Gegensatz dazu haben die wirtschafts- und sozialpolitischen Maßnahmen des Konvents auf dem Höhepunkt der Revolution irreversible Veränderungen in der Besitz- und Gesellschaftsstruktur Frankreichs herbeigeführt, die das Gesicht des Landes bis in die Gegenwart hinein bestimmen.

Die praktische Verwirklichung der berühmten Erklärung vom 4. 8. 1789 über die grundsätzliche Aufhebung des Feudalsystems war allerdings nur in Etappen möglich gewesen und hatte sich bis ins Jahr 1792 hingezogen. Am 11. 8. 1789 waren ja bereits ohne Entschädigung die Hörigkeit, die Gerichtsbarkeit der Grundherren, der Zehnte sowie das Jagdrecht abgeschafft worden. Auch die Grundrenten hatte man damals für ablösbar erklärt, allerdings die Höhe der Vergütungen nicht festgesetzt. All diese Maßnahmen hatten jedoch die Bauern keineswegs befriedigt, so daß sie weiter unruhig blieben und am 15. 8. 1790 weitere wichtige Dekrete erzwangen. Demnach konnten sich die Kleinpächter von allen Grund und Boden betreffenden Abgaben und Leistungen von Lehns- und Zinscharakter loskaufen. Daß die entsprechenden Summen jedoch in jedem Falle durch besondere Einzelverträge fixiert werden sollten, trug nur dazu bei, die Unzufriedenheit der Bauern weiter zu schüren. Die zunehmende Radikalisierung der Revolution ist nicht zuletzt auf solche als Halbheiten verstandene Maßnahmen zurückzuführen. Erst im Juli 1793 hat die Konventsregierung die radikale Entscheidung gefällt, alle grundherrlichen Rechte seien ohne jede Entschädigung aufzuheben. Damit war der Prozeß der Liquidierung des Feudalsystems und der Bauernbefreiung vier Jahre nach Ausbruch der Revolution definitiv abgeschlossen.

Diese Demontage der alten seigneuralen Besitzrechte hat eine völlige Neuverteilung der landwirtschaftlichen Nutzfläche und in ihrem Gefolge eine soziale Umstrukturierung Frankreichs in größtem Stil nach sich gezogen. Sie vollzieht sich in zwei Phasen: die durch die eben erwähnten Dekrete freigewordenen Güter gehen zunächst einmal in den Besitz des Staates über und werden damit sog. »Nationalgüter«. Als solche werden sie dann wieder an private Käufer, Bürger und Bauern, veräußert. Nachdem der geistliche Grundbesitz ja schon sehr früh enteignet worden war, zogen Nationalversammlung und Konvent ab 1792 auch das Eigentum der – meist adligen – Emigranten ein, das etwa 1297 Millionen Livres einbrachte. Außerdem wurden auch die ehemaligen Krongüter sowie der Gemeindebesitz oder der des Malteserordens verstaatlicht, wobei allein der Wert der Domänen auf etwa 135 Millionen Livres veranschlagt werden darf. Obwohl während der Restauration manche dieser Güter wieder in die Hand der ursprünglichen Besitzer zurückkehrten, war durch die vorangegangene Entwicklung letzten Endes doch ein fundamentaler Wandel in den ökonomischen und sozialen Verhältnissen gegenüber dem Ancien régime eingetreten, der nicht mehr rückgängig zu machen war. In manchen Gebieten hatten die Bauern bis zu 70 Prozent der enteigneten Ländereien erwerben können, wovon allerdings zumeist die ohnehin wohlhabenderen unter ihnen profitierten. Jedenfalls war der weitaus größte Teil der Bevölkerung an der zukünftigen Aufrechterhaltung der durch die Revolution in diesem Bereich geschaffenen Zustände vital interessiert.

Wie schon angedeutet, bestand ein direkter Zusammenhang zwischen diesen agrarpolitischen Maßnahmen der Revolutionsregierungen und der unausweichlichen Notwendigkeit, die durch den im August 1788 eklatant gewordenen Staatsbankrott ruinierten Finanzen wiederherzustellen. Die in dieser Hinsicht erstaunlich gewissenhaften Revolutionäre hatten nämlich alle Schulden des Ancien régime übernommen und sich dazu noch neue aufgeladen, indem sie nach der Abschaffung der Ämterkäuflichkeit die Rückzahlung der Kaufsummen an Richter und andere davon betroffene Beamte sowie die Begleichung der finanziellen Verpflichtungen enteigneter Geistlicher zugesagt hatten. Wie sollte aber der völlig mittellose Staat das inzwischen schier unübersehbar gewordene Heer von Gläubigern zufriedenstellen? In dieser Situation mußte sich der Gedanke geradezu aufdrängen, die eingezogenen Nationalgüter zur Grundlage einer Sanierung des zerrütteten Staatshaushaltes zu machen. Der Staat gab an seine Gläubiger Schuldverschreibungen mit 5prozentiger Verzinsung aus, deren Deckung in dem Erlös bestand, der aus dem Verkauf der Nationalgüter zu erwarten war. Diese Assignaten waren »Anweisungen, mit denen der Eigentümer bevorzugt Land erwerben oder die er zum Nennwert an Landkäufer abtreten konnte, solange verkäufliches Land vorhanden war.«[15] Zunächst repräsentierten diese Papiere also einen echten Wert, und der angestrebte Ausgleich des fiskalischen Defizits schien auf diese Weise in erreichbare Nähe gerückt. Denn im Jahre 1789 blieb der Gesamtbetrag der Assignaten auf 400 Millionen Livres begrenzt, und sie sollten aus dem allgemeinen Geldverkehr herausgehalten werden. Jedoch wurde schon seit April 1790 dieses gesunde Prinzip, nicht mehr Assignaten zu drucken als echte Deckung an Grund und Boden vorhanden war, mehr und mehr durchbrochen. Gleichzeitig wurde die Verzinsung zuerst gesenkt und dann ganz gestrichen, und der Mindestnennwert der einzelnen Assignaten sank von 5000 Livres Ende 1789 bis auf 5 Livres Anfang 1791. So wurden die Schatzanweisungen zu rasch sich entwertendem Papiergeld, das alsbald das Hartgeld verdrängte, da auch die Käufer von Nationalgütern damit und nicht mit Edelmetallen oder in der früheren Währung bezahlten. Die Einnahmen aus diesen Verkäufen blieben zudem unter der erwarteten Höhe; dessen ungeachtet produzierten jedoch nicht nur die Staatsdruckereien, sondern auch regionale und kommunale Notenpressen eine stetig steigende Menge an Assignaten, so daß schließlich eine rapide fortschreitende Inflation die zwangsläufige Folge solcher Finanzoperationen war. Einige Zahlen mögen diesen Prozeß verdeutlichen: als die *Assemblée constituante* 1791 auseinanderging, waren in Frankreich 9,2 Millionen Assignaten in Umlauf. Unter der *Assemblée législative* steigerte sich bis Herbst 1792 diese Summe schon auf 1972 Millionen, während der Wohlfahrtsausschuß im Jahre 1793 6028 Millionen ausgegeben hatte. Auch nach dem Ende der Schreckensherrschaft sollte diese Entwicklung unvermindert andauern: 1794 war die Assignatenflut auf 12 338 Millionen angeschwollen, um schließlich in den Anfängen des Direktoriums – 1796 – einen Höchststand von 45 579 Millionen zu erreichen, [16] bei einem gleichzeitigen Kursverfall von 98 im Herbst 1789 auf 0,35 im Februar 1796.

Abgesehen von der Tilgung der Staatsschulden, die aber, wie wir sahen, auf Grund der verfehlten Assignatenwirtschaft nicht gelang, standen die revolutionären Machthaber auch vor dem nicht weniger schwierigen Problem, auf welche Weise sie die laufenden Staatsausgaben, wozu alsbald ja die beträchtlichen Kriegskosten gehörten, finanzieren sollten. Infolge der Ausschaltung des gesamten entsprechenden Verwaltungsapparates des Ancien régime, wie Steuerpächter, Intendanten, *receveurs* usw., an dessen Stelle Vertreter der kommunalen Selbstverwaltungsorgane getreten waren, gingen die alten direkten Steuern nur noch in ganz geringem Umfang und mit großen Verzögerungen ein. Der einmalige »Patriotenbeitrag« von 25 Prozent aller Einkommen über 400 Livres, der im September 1789 beschlossen wurde, stellte im Grunde einen Tropfen auf einen heißen Stein dar, zumal drei Jahre vergingen, ehe er tatsächlich eingezogen war. Es gab schon früh Pläne zu einer grundlegenden Steuerreform im Sinne der Vereinfachung des früheren, so überaus komplizierten Systems und einer gerechteren Verteilung der Lasten. So wurden 1790 zunächst einmal alle indirekten Steuern, namentlich die verhaßte *gabelle*, beseitigt, obwohl der Fiskus durch diese aus prinzipiellen Erwägungen getroffene Entscheidung empfindliche Einbußen erlitt. Man hat dann auch schon 1795 mit der Wiedereinführung des Tabakmonopols stillschweigend auf diese unentbehrliche Einnahmequelle zurückgegriffen. Ebenfalls 1790 wurden drei neue direkte Steuern geschaffen, die Grund-, Immobilien- und Erwerbssteuer, die die im folgenden Jahr auch formell aufgehobenen alten Steuern (*taille, capitation* und Zwanzigster) ersetzen sollten. Da man jedoch nicht mehr über erfahrene Verwaltungsfachleute verfügte und die revolutionären Ausschüsse in den Departements und Gemeinden sich den mit der Festsetzung und Eintreibung dieser Abgaben verbundenen organisatorischen und administrativen Aufgaben keineswegs gewachsen zeigten, flossen auch hier die Gelder nur sehr langsam und in weitaus geringerer Höhe als veranschlagt in die leeren Staatskassen. Die finanzpolitischen Maßnahmen der Revolutionsregime von der *Constituante* bis zum Direktorium erwiesen sich demnach als ein einziges Fiasko, das sich auch katastrophal auf die Lage der Bevölkerung auswirkte.

Die unmittelbare soziale Folge der Assignatenwirtschaft und der aus ihr resultierenden Inflation ist eine ungeheure Verelendung der französischen Volksmassen gewesen. Überdies führten ständige Versorgungsschwierigkeiten zu Hungersnöten, vor allem in Paris selbst, und der Konvent nahm seine Zuflucht immer häufiger zu zwangsweisen Eingriffen in das Wirtschaftsleben, indem er z. B. im Juli 1793 alle Getreidevorräte durch Kommissare feststellen und unter ihrer Kontrolle verkaufen ließ. Im September des gleichen Jahres wurden sie sogar beschlagnahmt, und gleichzeitig wurden durch die sog. »Maximum«-Gesetze Höchstpreise für sämtliche Lebensmittel festgesetzt, deren Übertretung mit der Todesstrafe geahndet wurde. Außerdem wurden die »Reichen« in wachsendem Maße mit willkürlichen Steuern belastet und nach den sog. »Ventôse-Dekreten« vom Frühjahr 1794 die Vermögen »verdächtiger« Personen eingezogen, um an Bedürftige verteilt zu werden, ohne daß doch eine völlige Nivellierung der Besitzunterschiede, wie sie dem Wohlfahrtsausschuß letztlich wohl vorgeschwebt hat, erreicht worden wäre. Robespierre und seine Anhänger hatten »ein kleinbürgerlich proletarisches Ideal ohne klare Berücksichtigung wirtschaftlicher Zusammenhänge« vor Augen, und sie betrieben »eine halbsozialistische Klassenpolitik unter voller Beibehaltung der privatwirtschaftlichen Produktionsweise«[17], ein Experiment, das auf Grund all dieser inneren Widersprüche notwendigerweise scheitern mußte. Denn während der Revolution zerbrach der Dritte Stand vollends in die Gruppen des Bürger- und Händlertums auf der einen und eines ländlichen und städtischen Proletariates auf der anderen Seite. Dabei hat das Besitzbürgertum schließlich die Revolution am besten überstanden und aus ihr dauernde rechtliche und ökonomische Gewinne gezogen, während das Proletariat, das etwa seit 1793 an Zahl erheblich zuzunehmen begann und die Revolution auf ihrem Höhepunkt so tiefgreifend beeinflußte, als die Vorform des späteren Vierten Standes im 19. Jahrhundert anzusehen ist. In der Antinomie von Girondismus und Bergpartei kündigen sich solche Klassengegensätze schon an. Und es ist nicht nur die politische Umwälzung, sondern auch die soziale Umschichtung gewesen, die die Große Revolution zur entscheidenden Zäsur der französischen und darüber hinaus der modernen europäischen Geschichte überhaupt gemacht hat.
Die Diktatur Robespierres gehört aber noch unter einem ganz anderen Gesichtspunkt zu den dramatischsten und interessantesten Phasen der Revolution, deren Kulminationspunkt sie darstellt. Will man nämlich das eigentliche Wesen dieser Episode ergründen, so muß man gleichzeitig die im Grunde metahistorische Frage aufwerfen, ob Ideologie die Natur des Menschen verändern, ob so etwas wie ein besserer »neuer« Mensch den weniger vollkommenen »alten« für alle Zukunft ablösen könne oder nicht.
Wenn Danton einer der entscheidenden Männer gewesen ist, die die Revolution »gemacht« haben, so hat Robespierre sie systematisieren

und in ein ideologisches Schema bringen wollen, indem er das Reich der »Tugend« als politische Realität zu verwirklichen suchte, das wiederum die Revolution vollenden und in ihrer Vollendung verewigen sollte. In Wirklichkeit aber hat dieses hybride Experiment dazu geführt, daß sich das Irreale solch verstiegener Vorstellungen von den menschlichen Möglichkeiten erwies; Robespierre scheiterte, weil er verkannte, daß die Menschen nicht »tugendhaft«, sondern nur »glücklich« sein wollen. Mit seinem Scheitern scheiterte aber auch die Revolution, soweit sie über die Zielsetzungen ihrer Anfänge allzu kühn hinausgeschossen war, und kehrte zu den Prinzipien ihres Beginns zurück, die sie dann dem 19. Jahrhundert als politischen und gesellschaftlichen Auftrag vermacht hat.

Zum ersten Male ist Maximilien de Robespierre, Abgeordneter des Dritten Standes von Artois, am 20. 8. 1789 durch eine lange Rede in der Nationalversammlung aufgefallen; er wandte sich damals gegen den Antrag eines anderen Deputierten, den Gemeindebehörden das Recht zur Unterdrückung von Volksaufständen zu geben, damit sich Rebellionen wie die vom 14. Juli künftig nicht mehr wiederholen könnten. Robespierre setzte sich offen für solche Revolutionsakte ein und trat seitdem immer wieder als fanatischer Anwalt der Volksrechte auf, besonders nachdem er ab 1790 auch im Jakobinerklub zu reden pflegte und schon 1791 sogar zu dessen Vorsitzendem gewählt worden war. Jetzt wird der Advokat aus Arras sehr rasch zum Abgott der kleinbürgerlichen und proletarischen Volksmassen von Paris und versteht es zunächst auch, die Sympathie und Unterstützung der anderen großen Revolutionäre – also Marats, Dantons, Desmoulins', vor allem aber Saint-Justs, alsbald sein befähigtster und fanatischster Parteigänger – zu gewinnen. Zwei weitere Ämter verstärken seinen Einfluß, denn im Oktober 1790 wählt man ihn zum Richter des Tribunals im Distrikt von Versailles und im Juni 1791 zum Ankläger beim Pariser Kriminalgericht.

Was Robespierre in seinen langatmigen, weit ausholenden und dennoch stets mitreißenden Reden immer wieder verkündet, ist ein Idealstaat Rousseauscher Konzeption: getreu den Lehren seines großen Vorbildes, zu dem er als Zwanzigjähriger sogar nach Ermenonville gepilgert war, träumt er von einem durch die Revolution zu errichtenden Staatswesen, in dem das Individuum seine Freiheit dem Kollektiv delegiert hat und in dem es die Aufgabe des den Volkswillen repräsentierenden »Gesetzgebers« ist, das Reich der »Tugend« zu verwirklichen. Dessen Träger ist jener »neue« Mensch, der die Verderbnis der Zivilisation wieder überwunden und zu der – vermeintlich – ursprünglichen »Tugend« zurückgefunden hat, so wie sie in den frühen Zeiten der Geschichte, etwa im ältesten Rom, geherrscht haben sollte. In der Gegenwart aber verkörpert das einfache »Volk« dieses Tugendideal weit eher als der verhaßte Adel, und so wendet sich Robespierre immer wieder an dieses »Volk«, das seinerseits dem »Unbestechlichen«, wie der in spartanischer Einfachheit lebende und pausenlos und pedantisch arbeitende Revolutionär genannt wird, begeistert zujubelt, wenn er in der Nationalversammlung das Repräsentativ-System ablehnt, dem er als Adept Rousseaus tief mißtraut, und wenn er die Oligarchie des Geldes ebenso leidenschaftlich bekämpft wie die Aristokratie der Geburt. Zwar hat Robespierre vergeblich vor der Kriegserklärung an Österreich im Frühjahr 1792 gewarnt, weil er die Revolution zuerst im Inneren gefestigt sehen wollte und ein Wiederaufleben der alten Militärhierarchie, ja eine mögliche Militärdiktatur fürchtete; zwar hat er sich zur Zeit seines politischen Debüts für Prinzipien, z. B. die Abschaffung der Todesstrafe, eingesetzt, die er später kraß verleugnen sollte; aber auf die meisten großen Revolutionsereignisse hat er durch seine Reden aktiv eingewirkt, so auf die Suspendierung des Königtums, auf die Verurteilung Ludwigs XVI. und so auf den Sturz der Gironde bald danach.

Nach der Verdrängung Dantons aus dem Wohlfahrtsausschuß und der Übernahme des Präsidiums am 27. 7. 1793 reißt Robespierre immer mehr Macht an sich. Die Lenkung der Revolution ist von dem bislang tonangebenden Parlament – zuerst vertreten in den beiden Nationalversammlungen, zuletzt und der Form nach auch weiterhin im Konvent – auf die Minderheitengruppe der 12 Männer des Wohlfahrtsausschusses übergegangen, die ihrerseits wiederum de facto unter der Diktatur ihres Präsidenten Robespierre stehen.

Am 5. 9. 1793 läßt er durch Konvent und Wohlfahrtsausschuß die *terreur* zum offiziellen Prinzip einer Politik erklären, deren Ziele und Methoden er am 5. 2. 1794 in seiner großen Rede ›Über die Tugend und den Terror‹ vor dem Konvent, dem längst völlig verängstigten Akklamationsgremium einer angeblichen Volksvertretung, bis in die letzten Konsequenzen darlegt. Individuelle und politische Freiheit werden hier völlig miteinander identifiziert. Denn »das, was unmoralisch ist, ist auch unpolitisch«. »Der erste Grundsatz der Demokratie oder Volksherrschaft« ist aber jene »hohe Tugend, die in Griechenland und Rom so viele Wunder hervorbrachte und die im republikanischen Frankreich noch viel erstaunlichere vollbringen soll«. Sie ist »nichts anderes . . . als Liebe zum Vaterland und zu seinen Gesetzen«.

Es liegt nahe, daß Robespierre und seine Anhänger vor allem die Erziehung der noch relativ »unverdorbenen« Jugend in diesem Sinne beeinflussen wollten, nachdem sie ja den im Ancien régime auf diesem Gebiet führenden Orden entzogen worden war. Schon die Vertreter der *Assemblée constituante* und der *Assemblée législative* hatten die verschiedensten Projekte für ein staatlich geregeltes Schulwesen [18] diskutiert, wobei sich insbesondere Condorcet hervorgetan hatte. Das *Comité d'instruction* des Konvents unterbreitet weitere Vorschläge, aber erst ein Dekret vom 19. 12. 1793 führt die allgemeine Schulpflicht und die staatliche Besoldung der – mehr nach ihrer republikanischen Gesinnung als fachlichen Eignung ausgewählten – Lehrer ein. Diese

Ansätze werden nach dem 9. Thermidor vom Konvent weiter ausgebaut, indem im September 1794 die *Ecole polytechnique* und im Oktober die erste *Ecole normale* in Paris begründet werden. Ein Jahr später sollte dann ein letzter Erlaß des Konvents die Organisation der Grundschulen, Gymnasien und Fachschulen neu regeln und zudem das berühmte *Institut national des sciences et des arts* als Sammelpunkt der geistigen Elite Frankreichs ins Leben rufen.

Jedoch steht der Verwirklichung des politisch-moralischen Idealzustandes, der selbstredend auch die »Gleichheit« aller einschließt, die Existenz der sozialen Schicht der »Aristokraten« entgegen, die ihrerseits wiederum durch die königlichen »Despoten« der auswärtigen Mächte, die mit Frankreich im Kriege stehen, unterstützt werden. Sie sind daher Feinde der »Tugend«, und ihre Beseitigung ist kein Akt der Bestrafung oder Rache, sondern – um modern zu sprechen – der politischen Therapie. Seine Auffassung von der *terreur* als einer logischen Funktion der Politik bringt Robespierre in der Maxime zum Ausdruck: »Ohne den Terror ist die Tugend machtlos, weil der Terror nichts anderes ist als eine prompte, strenge und unbeugsame Justiz; er ist also eine Emanation der Tugend.« Es ist die Aufgabe des Terrors, alle Franzosen zu »Idealbürgern« zu erziehen und diejenigen, bei denen dies nicht möglich ist, der Guillotine zu überantworten.

Natürlich hätte diese Ideologie des Terrors nicht in die Tat umgesetzt werden können, wenn sie auf dem Höhepunkt der Revolution in der Kollektivpsychologie weiter Volksmassen Frankreichs nicht auch wirklich verbreitet gewesen wäre. Georges Lefebvre hat in seiner berühmten Revolutionsgeschichte diese Mentalität herausgearbeitet und deutlich gemacht, daß sie aus dem Gegensatzbewußtsein zu den alten, als »aristokratisches Komplott« empfundenen Mächten zu verstehen und durch die drei Begriffe *peur, réaction défensive* und *volonté punitive* zu charakterisieren sei.

Zu dem immer systematischer angewandten Instrumentarium des Schreckens gehören neben dem Revolutionstribunal auch Maßnahmen wie das Gesetz gegen »Verdächtige« vom 17. 9. 1793, gekoppelt mit der Einführung eines »Unbedenklichkeitsausweises« *(certificat de civisme)*, den nicht zu erhalten einem Todesurteil so gut wie gleichkommt; beides wiederum ist Voraussetzung der schon erwähnten »Ventôse-Dekrete« vom Februar/März 1794, auf Grund derer die Vermögen Mißliebiger beschlagnahmt werden können. Auch die Außenpolitik spannt Robespierre für seine Ziele ein, indem er die von außen drohende Gefahr vergrößert, der nur »tugendhafte« *citoyens* widerstehen könnten. So wird die von ihm selbst gesteigerte Kriegspsychose gleichzeitig zum Vorwand für die innenpolitische Verfolgung von »Verschwörern«, die angeblich im Dienste auswärtiger »Despoten« und »Tyrannen« stehen.

Die Vertreter dieser »reinen« Lehre sind aber nicht nur unduldsam gegenüber ihren erklärten Feinden von innen und außen, sondern auch gegenüber ihren eigenen Mitstreitern in Bergpartei und Konvent, soweit diese von dem durch Robespierre eingeschlagenen ideologischen Kurs nach links oder rechts abweichen, so daß die Revolution nach der völligen politischen Entmachtung ihrer wahren oder vermeintlichen Gegner zu einem Kampf ihrer Anhänger untereinander ausartet. Zunächst wendet sich der Vorsitzende des Wohlfahrtsausschusses gegen die Hébertisten, die durch ihre Ausschreitungen bei der Einführung des Vernunftkultes im Spätherbst 1793 die Grundlagen jeder Moral so sehr erschüttert haben, daß sie in dem politischen System eines Robespierre, der zwar nicht Christ, aber auch keineswegs Atheist und vor allem kein Anarchist ist, keinen Platz mehr haben. So schickt der Unbestechliche im März 1794 die um Hébert gescharten Linksradikalen, die zu guter Letzt die Volksmassen gegen Konvent und Wohlfahrtsausschuß zu mobilisieren versuchen, auf die Guillotine. Anschließend wagt er sich an die schwierigere Aufgabe, die Revolution nach rechts abzugrenzen, d. h. gegen Danton und die sog. »Moderantisten« im Konvent, die mit diesem in der Ablehnung des Terrors übereinstimmen.

Seit seiner Ausschaltung aus dem Wohlfahrtsausschuß sieht Danton immer hellsichtiger, daß »die Revolution ihre Kinder verschlingt« und daß er und seine Freunde, z. B. Camille Desmoulins, ihre Opfer sein werden. In den letzten Monaten, vom Untergang der Girondisten im Oktober 1793 bis zum Frühjahr 1794, wird Danton zusehends apathischer und tut wenig, um dem Schicksal, das Robespierre ihm bereiten wird, entgegenzuarbeiten. Sein großzügiger, welt- und sinnenfroher Lebensstil bietet dem puritanischen Robespierre, dessen einziges sinnliches Vergnügen im Genuß von Apfelsinen besteht, willkommenen Anlaß, im Namen der »Tugend« gegen ihn vorzugehen, sehr vorsichtig zunächst, weil dies angesichts seiner Popularität immer noch gefährlich ist, aber systematisch und letztlich erfolgreich. Zwar beruhigt Danton sich und die Seinen in den Wochen, in denen sich das Netz über ihm zusammenzieht, mit dem berühmten Wort: »Sie werden es nicht wagen!« Aber schließlich wagt Robespierre es doch: nach einem dreitägigen dramatischen und jeder Rechtlichkeit hohnsprechenden Prozeß werden Danton und seine Anhänger am 5. 4. 1794 zur Guillotine verurteilt und noch am selben Tage auf der *Place de la Révolution* hingerichtet.

Seitdem regiert Robespierre faktisch als Diktator, der auf keinen Rivalen mehr Rücksicht zu nehmen braucht bei seinem Versuch, das von ihm beherrschte revolutionäre Frankreich endgültig in eine Republik der »Tugend« umzuwandeln. Der Kult des »Höchsten Wesens«, den Robespierre gleich nach der Liquidierung der Gruppe um Danton einführt, wobei er persönlich, quasi als Hoherpriester, an der Spitze der Festprozession des Konvents am 8. Juni zum Marsfeld schreitet, dient diesem Ziel ebenso wie die Verschärfung des Terrorgesetzes am 10. 6. 1794, die die Zeit der *grande terreur* einleitet; die Guillotine wütet jetzt so pausenlos, daß ihr in den folgenden sechs Wochen allein 1285 »Revolutionsfeinde« zum Opfer fallen – das bedeutet die Hälfte aller Hinrichtungen dieses ganzen Jahres –, und Tausende werden in die Gefängnisse eingeliefert. Die unmenschliche Konsequenz und blutige Wirklichkeitsfremdheit dieses Systems erfüllt allmählich auch die Volksmassen und selbst die abgebrühtesten Revolutionäre mit Entsetzen und Furcht.

Zunächst allerdings scheint Robespierres Machtstellung noch unangreifbar zu sein. Obwohl er sich seit Mitte Juni in der Öffentlichkeit nur noch selten zeigt und an den Sitzungen des Konvents und des Wohlfahrtsausschusses wochenlang nicht teilnimmt, um sich in seiner spartanischen Dachkammer der Ausarbeitung einer großen Grundsatzrede über die endgültige Gestaltung des französischen Staatswesens zu widmen, beherrscht er die maßgeblichen Institutionen doch nach wie vor mit Hilfe des fanatischen Saint-Just und des gewalttätigen Couthon, die im Wohlfahrtsausschuß seine Politik durchsetzen, während der Konvent in der Furcht vor der Pariser *Commune* lebt, die ihrerseits wiederum ebenso unbestritten unter dem Einfluß Robespierres steht wie die revolutionären Ausschüsse in ganz Frankreich. Der bürokratische Zentralismus nimmt immer rigorosere Züge an.

Jedoch begeht Robespierre während dieser Wochen zunehmend taktische Fehler, die schließlich seinen Sturz ausgelöst haben. Zum einen wird er unverkennbar unduldsamer sogar gegenüber ihm bisher treu ergebenen Mitgliedern der Regierungskomitees, so daß diese sich schließlich von dem »Tyrannen«, als den man Robespierre mehr und mehr auch im Kreise extremer Revolutionäre zu empfinden beginnt, an Leib und Leben bedroht fühlen; zum anderen entfremdet sich der Diktator durch sein seltsames Fernbleiben von ihm hörigen Institutionen und Volksversammlungen die Massen so sehr, daß sie sich am 9. Thermidor nicht mit dem Nachdruck, der zur Rettung seines Systems erforderlich gewesen wäre, für ihn einsetzen. Zwei weitere Umstände spielen dabei noch eine wichtige Rolle: während man bezüglich der Lebensmittelpreise nunmehr unter der Hand durchaus Abweichungen vom Maximum gestattet, um angesichts der sich ständig verschärfenden Versorgungskrise Bauern und Händlern wieder einen stärkeren Anreiz zu vermehrter Produktion zu geben, wendet man das gleiche Gesetz auf die Löhne mit unnachsichtiger Strenge an. So läßt Saint-Just im Juni und Juli streikende Arbeiter der staatlichen Rüstungswerkstätten als »Verdächtige« verhaften, was natürlich der Popularität Robespierres erheblichen Abbruch tut. In demselben Sinne wirkt sich die außenpolitische Entwicklung aus, denn nachdem die inzwischen auf 500 000 Mann angewachsenen, relativ gut ausgerüsteten und disziplinierten Revolutionsarmeen zumindest auf dem Hauptkriegsschauplatz in Belgien im Juni und Juli unter Pichegru und Jourdan bedeutende Erfolge erringen konnten, breitet sich eine allgemeine Siegesstimmung aus, die das so lange gewaltsam unterdrückte Verlangen nach innerer Sicherheit, nach einem Ende des zügellosen Mordens bis zur offenen Auflehnung gegen die Schreckensherrschaft steigert. Als bekannt wird, daß der Vorsitzende des Wohlfahrtsausschusses ein neues Terrorgesetz einzubringen gedenke, als er endlich selbst am 8. Thermidor (26. 6.) wieder vor dem Konvent spricht und sich in so allgemein gehaltenen Drohungen gegen Konventskommissare, die sich in den Provinzen bereichert hätten, ergeht, daß jeder dieser gewalttätigen Terroristen von 1793 sich gemeint und persönlich bedroht fühlen kann, erreicht das schwelende Unbehagen in der Versammlung seinen Höhepunkt. Wird die Angst sie wieder, wie so oft, lähmen, oder wird sie sich jetzt zur Gegenwehr aufraffen? Es ist Fouché, einer der Schlächter von Lyon, der sich besonders gefährdet weiß, der diese psychologische Situation geschickt ausnützt und eine meisterhaft getarnte Konspiration aller Gegner Robespierres zustande bringt. Es gelingt den Verschwörern, auch die sog. *plaine* für ihr Komplott zu gewinnen, also jene Abgeordneten, die in der Sitzordnung des Konvents in der »Ebene« oder im »Sumpf« *(marais)* unterhalb des »Berges« ihre Plätze haben, sich aus Furcht nie an den Debatten beteiligen und die den allgewaltigen Diktator seit langem fürchten und seine Entmachtung herbeisehnen. Zu der fragwürdigen Bundesgenossenschaft der Terroristen um Fouché und der *plaine* gesellt sich als dritter Faktor noch eine kleine Gruppe von gesinnungsreinen, tüchtigen Mitgliedern des Wohlfahrtsausschusses, die, wie etwa Carnot, ihre vernünftige, von Sachverstand getragene Arbeit durch Robespierres Ideologiepolitik in Frage gestellt sehen. Diese so völlig heterogene Kombination hat am 9. Thermidor, dem 27. 7. 1794, den Sturz der Robespierristen herbeigeführt. An jenem Tag werden Robespierre und seine Freunde, unter ihnen auch Hanriot, dem man den Befehl über die Nationalgarde entzieht, und der ganze Stadtrat als »außerhalb des Gesetzes« stehend deklariert. Die Lage spitzt sich dramatisch zu, und es steht auf des Messers Schneide, wer als Sieger aus diesem Kampf hervorgehen wird. Denn nach seiner Verhaftung während der stürmisch verlaufenden Konventssitzung wird Robespierre auf dem Weg zum Gefängnis von seinen Anhängern wieder befreit und mit seinen Getreuen – Saint-Just, Couthon, Lebas und seinem Bruder Augustin – auf das Stadthaus gebracht, so daß sich am Spätnachmittag dieses Tages in Paris zwei Regierungen bürgerkriegsbereit gegenüberstehen, während es noch durchaus unklar ist, auf welche Seite sich die Nationalgarde schlagen wird, die zunächst eher Robespierre zuzuneigen scheint. Doch weiß Barras, eines der aktivsten Mitglieder der Verschwörung, diese Remis-Situation zu nutzen und mobilisiert Nationalgardisten aus dem Pariser Westen, also den großbürgerlichen Wohnvierteln, gegen die von Hanriot und der *Commune* aufgebotenen Sektionen. Die zur Verteidigung des Diktators zusammengeströmten militanten Sansculotten bröckeln indes in den Stunden langer Untätigkeit langsam ab, und die letzten Unentwegten werden zu guter Letzt noch durch einen Platzregen auseinandergetrieben. So können die konventstreuen Nationalgardisten in den frühen Morgenstunden des 10. Thermidor das Rathaus stürmen, ohne Widerstand zu finden, und Robespierre, der einen vergeblichen Selbstmordversuch unternimmt, sowie seine engsten Freunde endgültig verhaften. Am Spätnachmittag des 28. 7. 1794 werden sie alle und 21 weitere Anhänger ohne vorheriges Gerichtsverfahren guillotiniert; am 11. Thermidor wird auch noch der ganze Stadtrat hingerichtet.

Mit Robespierre und dem kleinen Kreis seiner fanatischen Parteigänger starb aber auch das Reich der »Tugend«, das der »Unbestechliche« gegen das Wesen der menschlichen Natur aufzurichten versucht hatte. Die Vorgänge bei Robespierres Tod bewiesen unmißverständlich, daß im Grunde niemand gewollt hatte, was ihm als die Erfüllung der menschlichen Geschichte erschienen war. Denn als der Kopf des gestürzten Diktators unter der Guillotine fiel, brach die vieltausendköpfige Zuschauermenge in einen ungeheuren Jubelschrei aus. In den folgenden Tagen und Wochen erfaßte ein wahrer Freudentaumel ganz Paris, so sehr wurde dieses Ereignis allgemein als Erlösung empfunden. Die *jeunesse dorée* – junge Leute aus den gehobenen Gesellschaftsschichten – wurde zur Avantgarde eines neuen Lebensgefühls und verdrängte das Sansculottentum aus seiner bisher tonangebenden Rolle.

Mit dem Abschluß dieser zweiten Phase der Französischen Revolution war gleichzeitig ihr Höhepunkt überschritten, und das letzte, von 1794-1795 reichende Jahr der Konventsherrschaft ist vor allem dadurch gekennzeichnet, daß die gemäßigten Vertreter der Revolution, die Politiker der »Mitte«, allmählich, wenn auch durchaus nicht kampflos, die Macht im Staat eroberten. Trotz des Widerstandes einiger radikaler Abgeordneter und Ausschußmitglieder wurden viele ehemalige Girondisten aus den Gefängnissen befreit und als Helden gefeiert; es fanden nur noch selten Prozesse vor dem Revolutionstribunal statt, und diese wenigen räumten den Angeklagten wieder rechtliche Verteidigungsmöglichkeiten ein und endeten meist mit Freisprüchen. Als Folge der Schließung des Jakobinerklubs im November 1794 gingen fast alle Sektionen zu den Gemäßigten über. Gleichzeitig wütete in den Provinzen der »weiße Terror«, und diese blutige Rache an den Schreckensmännern von 1793/94 stieß selbst viele erklärte Royalisten ab. Vendée-Aufstand und *chouannerie,* die ja nie völlig unterdrückt worden waren, flammten erneut auf, und auch nach einem gewissen Einlenken des Konvents im Februar 1795 schwelte dieser Kleinkrieg noch bis zum folgenden Frühjahr weiter.

Die wirtschaftliche Lage steuerte auf eine Katastrophe zu: trotz der Abschaffung des Maximums im Dezember 1794, in dessen Ablehnung sich Bürger und Arbeiter einig waren, trotz einer zunehmenden Liberalisierung des Handels und obwohl seit Januar 1795 diejenigen Emigranten, die in der Landwirtschaft oder im Gewerbe tätig waren, zurückkehren durften, vermochte die – noch dazu aus so divergierenden Elementen wie ehemaligen *Feuillants,* Girondisten und *Montagnards* in häufig wechselnden Konstellationen zusammengesetzte – Regierung der »Thermidorianer« der Versorgungskrise immer weniger Herr zu werden. Um die Jahreswende brach die Papierwährung völlig zusammen, und die Lebensmittelpreise stiegen ins Astronomische. In dieser Situation revoltierte die von akuter Hungersnot bedrohte Bevölkerung von Paris mit dem Schlachtruf »Brot und die Verfassung von 1793« gegen die großbürgerlichen Tendenzen des Konvents, jedoch konnten die durchaus wieder jakobinisch gestimmten Aufstände vom 12. Germinal (1. 4.) und 1. Prairial (20. 5.) 1795, bei denen nur wenig Blut geflossen ist, relativ leicht durch den Einsatz von Nationalgarde aus den Westvierteln der Hauptstadt und Militär unterdrückt werden, weil den Massen eine entschlossene und politisch erfahrene Führung fehlte.

Es lag auf der Hand, daß man die im Grunde totgeborene Verfassung von 1793 nicht zum Leben erwecken konnte, und so mußte jenen klarblickenden Revolutionären, die eine Wiederholung der vergangenen Exzesse verhindern, aber die konstruktiven Errungenschaften der großen Umwälzung in die Zukunft hinüberretten wollten, daran gelegen sein, dem französischen Staatswesen eine neue Basis zu geben. Im April 1795 begann daher ein Ausschuß, eine Verfassung auszuarbeiten, die am 5. Fructidor (22. 8.) des Jahres III vom Konvent verabschiedet wurde und – allerdings unter strikter Beibehaltung der Republik – eine gewisse Rückkehr zu den Prinzipien von 1789 bedeutete. Gleichzeitig jedoch beschloß der Konvent, daß zwei Drittel seiner bisherigen Mitglieder in die neuen gesetzgebenden Körperschaften wiedergewählt werden müßten, um dort eine bürgerlich-republikanische Kontinuität zu garantieren. Obwohl nun nicht nur die Verfassung, sondern auch – mit geringerer Mehrheit – diese »Zweidrittel-Dekrete« durch Volksabstimmungen zwischen dem 6. und 23. September sanktioniert wurden, entzündete sich gerade an ihnen die leidenschaftliche Opposition der »Royalisten«, ein Sammelbegriff für alle Politiker, Journalisten und Angehörigen der *jeunesse dorée,* die rechts vom Konvent standen und die Revolution entweder rückgängig machen oder doch weitgehend eindämmen wollten. Ihre Propagandisten warben mit Erfolg in den Sektionen der wohlhabenderen Bürger für ihre Erhebung gegen die Herrschaft der »Immerwährenden« *(perpétuels),* wie man die Konventsmitglieder wegen der Dekrete verächtlich nannte, die nun ihrerseits alte Jakobiner und ehemalige Terroristen zu ihrem Schutz zu mobilisieren begannen und damit noch Öl ins Feuer gossen. Am 13. Vendémiaire IV (5. 10. 1795) brach der Aufstand los: 20 000–25 000 bewaffnete Bürger marschierten von zwei Richtungen her gegen die Tuilerien, um den dort tagenden Konvent zu stürzen, der diesem Aufgebot nicht mehr als ca. 5 000 Mann, zusammengesetzt aus kleinbürgerlich-proletarischen Sektionen und Militäreinheiten, entgegenzustellen hatte. In dieser Bedrängnis entsann sich das mit der Verteidigung beauftragte Konventsmitglied Barras des jungen Generals Bonaparte, der 1793 entscheidend zur Einnahme Toulons beigetragen hatte, und übertrug ihm die Truppenführung am strategisch wichtigsten Punkt. Auch diesmal entledigte sich Napoleon Bonaparte seiner Aufgabe so erfolgreich, daß dieser 13. Vendémiaire nicht nur mit der völligen Niederlage der Aufständischen endete, sondern zudem auch zu einer sehr wichtigen Sprosse in der Leiter seines eigenen Aufstiegs wurde. Nach den relativ ruhig verlaufenen Wahlen zu den beiden Häusern des neuen Parlaments und nach dem Erlaß einer Generalamnestie ging der Konvent am 26. Oktober auseinander.

Die am 1. Vendémiaire in Kraft getretene und vom 5. Brumaire IV an praktizierte Direktorialverfassung (1795-1799) unterscheidet sich dadurch von ihren Vorgängerinnen, daß sie der Aufzählung der Menschenrechte eine Liste der Pflichten des Bürgers hinzufügt. Aber sie knüpft andererseits auch an die Anfänge der Revolution an, indem sie den indirekten Wahlmodus und eine gewisse Beschränkung des allgemeinen Stimmrechts wieder einführt; zu den Urwählern gehören alle, die überhaupt Steuern zahlen, und seien diese auch noch so gering, während man von den Wahlmännern den Nachweis eines bestimmten, wesentlich höheren Zensus verlangt. Außerdem ist ein nach den verschiedenen Gremien vom 25.–40. Lebensjahr gestaffeltes Mindestalter der Gewählten vorgeschrieben. Die Volksvertretung ist in zwei permanent tagende Kammern aufgegliedert, in einen »Rat der 500«, der die Gesetzesvorschläge einbringt, und in einen aus 250 Abgeordneten bestehenden »Rat der Alten«, dessen Zustimmung ihnen erst Rechtskraft verleiht. Die vollziehende Gewalt übt ein fünfköpfiges Direktorium aus, das für die äußere und innere Sicherheit verantwortlich ist und die Armee befehligt. Die Ernennung der Direktoren, die ihrerseits die rein administrativ tätigen Minister berufen, erfolgt auf Vorschlag des Rates der 500 durch den Rat der Alten. In jedem Jahr muß einer von ihnen, ebenso wie ein Drittel der Parlamentsdelegierten, neu gewählt werden. Im Falle der Gefahr kann das Direktorium für zwei Tage Sondermaßnahmen verfügen. Das Verhältnis zwischen Staat und Kirche, das trotz der entschieden antichristlichen Maßnahmen der Jakobiner formaljuristisch ungeklärt geblieben war, hatten die Thermidorianer durch die Erlasse vom 18. 9. 1794, 21. 2., 30. 5. und 29. 9. 1795 mittlerweile auch rechtlich so geregelt, daß fortan die völlige Trennung von Staat und Kirche bestand und die ausgesprochen kirchenfeindliche Politik fortgesetzt wurde. Die *jeunesse dorée* dieser Jahre pflegte in bewußter Abkehr von jakobinischem Plebejertum konservative, also betont höfliche Umgangsformen; gleichzeitig gab sie sich einer oft zügellosen Vergnügungssucht hin, die zwar als Reaktion auf die Schreckensherrschaft verständlich war, andererseits die Zeit des Direktoriums aber auch mit dem Odium der Dekadenz und Laszivität belastet hat.

Die Männer, die nunmehr die Zügel der Regierung in die Hand nahmen, die fünf Direktoren Barras, Reubell, Carnot, Letourneur und Larevellière-Lépeaux (sog. erstes Direktorium), waren größtenteils charakterfeste und nüchterne Arbeiter, denen es am Herzen lag, Frankreich wieder eine stabile innere Ordnung zu geben, gleichzeitig jedoch die positiven Ergebnisse der Revolution zu bewahren. Zur Bewältigung dieser Aufgabe stützten sie sich auf die soziale Schicht des *juste-milieu*, deren politische Ideale nach rechts und links, gegen die Royalisten ebenso wie gegen die Jakobiner, zu verteidigen waren. Angriffe von diesen, die an der Wiege des Direktoriums gestanden hatten, waren schon – wie wir wissen – niedergeschlagen worden. Auch seitdem hat es noch Unruhen gegeben, die aber nicht mehr den Charakter von Volksaufständen hatten wie an den großen Tagen der Revolution, sondern den von Verschwörungen und Staatsstreichen, deren man relativ leicht Herr werden konnte. Dies war ein deutliches Anzeichen dafür, daß die Revolution ihre Stoßkraft verloren hatte und abzuklingen begann. In dieser Zeit wurde Frankreichs Schicksal durch Politiker und Gruppierungen in den parlamentarischen Körperschaften bestimmt, für die schon die Begriffe »konservativ« und »liberal« aufkamen. Dabei bedeutete »liberal« die Ablehnung einer Wiederkehr des Ancien régime, verkörpert durch Absolutismus, Feudalismus und Klerikalismus, während man als »konservativ« jene Richtung bezeichnete, die – im Gegensatz zum Jakobinertum – eine auf Besitz und Bildung beruhende, differenzierte bürgerliche Sozialordnung aufrechterhalten wollte. Sie wurde von den »bürgerlichen Republikanern« vertreten, während eine immer noch bestehende Minderheit von »demokratischen Republikanern«, die an den zwischen 1792 und 1794 verfolgten Prinzipien festhielt, diese bürgerlich-konservative Ordnung in Frage stellte. In der Verschwörung des Gracchus Babeuf ist sie dem Direktorialregime vorübergehend gefährlich geworden.

Den Hintergrund dazu bildete die nach wie vor schwelende Finanz- und Wirtschaftskrise, die das Direktorium durch seine immer nur provisorischen Maßnahmen nicht in den Griff zu bekommen vermochte. Der Assignatenkurs fiel ins Bodenlose, und weder eine staatliche Zwangsanleihe vom Dezember 1795 noch die Ausgabe neuen Papiergeldes (»Territorialmandate«) im darauffolgenden Frühjahr führten zu einer Konsolidierung. Das allgemeine Mißtrauen gegenüber den finanziellen Manipulationen der Regierung wurde nur noch gesteigert, zumal dabei der letzte Rest der Nationalgüter an Spekulanten verschleudert wurde. Lediglich die Einnahmen aus den eroberten Gebieten bewahrten die Staatskasse vor dem völligen Ruin und dienten wenigstens kurzfristig zur Deckung der nötigsten Ausgaben. Infolge von Mißernten in den Jahren 1794 und 1795 verschlechterte sich im Winter 1795/96 die ohnehin sehr angespannte Versorgungslage rapide, unter der die durch die Inflation besonders geschädigten Lohnempfänger naturgemäß am meisten zu leiden hatten. Hohe Sterblichkeitsraten und die Zunahme von Bettelei und Straßenraub kennzeichneten die wachsende Verelendung der Massen, die auch durch staatliche Lebensmittelverteilung nicht aufgehalten werden konnte. Diese Situation lieferte den Nährboden für eine Wiederbelebung des Jakobinertums, die sich in der Neugründung entsprechender Klubs und Gesellschaften manifestierte. Zum bedeutendsten Wortführer des egalitären Radikalismus wurde nun der Journalist Babeuf, der nach dem 9. Thermidor zwar in die Verhöhnung Robespierres mit eingestimmt hatte, dann aber in seiner Zeitung ›Volkstribun‹ ätzende Kritik an der Politik des Direktoriums übte. Dabei entwickelte er Gedanken, die ihn als so weit links stehend erwiesen, daß man ihn seit je als den ersten modernen Kommunisten Europas begriffen hat. Allerdings war dieser Kommunismus noch sehr primitiv und rein agrarisch bestimmt. Nach der Enteignung der reichen Grundbesitzer sollte alles Land gleichmäßig verteilt und gemeinsam planmäßig bebaut werden, und die in Kollektivmagazinen gespeicherte Ernte sollte ohne Rücksicht auf die jeweilige Leistung allen zu gleichen Teilen zufließen. Das bedeutete mit anderen Worten völlige Gütergemeinschaft bei zwangswirtschaftlicher Produktionsweise.

Für diese Ziele begeisterte Babeuf, der seit der Schließung des Panthéon-Klubs im Februar 1796 im Untergrund agitierte, eine Gruppe fanatischer junger Leute, deren ideologische Väter sowohl Marat wie Hébert oder Robespierre waren und die es sich zur Aufgabe machten, das Direktorium gewaltsam mit Hilfe von Truppenverbänden zu stürzen, die in der Nähe von Paris lagen und die man mitfortreißen zu können hoffte. Anschließend wollte man eine jakobinische Regierung nach dem Muster der »Verfassung von 1793« errichten, um die eben skizzierten Zielsetzungen zu realisieren. Jedoch ist die Verschwörung rechtzeitig aufgedeckt und Babeuf sowie seine Anhängerschaft verhaftet worden. Nach langem Gerichtsverfahren wurden die meisten Angeklagten freigesprochen, er selbst aber zum Tode verurteilt und am 27. 5. 1797 hingerichtet.

Viel gefährlicher als derartige Bedrohungen von links erschienen dem herrschenden Regime in der nächsten Zeit solche von rechts. Dabei handelte es sich keineswegs um direkte Verfechter einer Restauration des alten Königtums, die es natürlich gab, die sich aber trotz des geringer gewordenen Drucks immer noch nicht offen hervorwagen konnten. Vielmehr verstand man ja unter »Royalisten« damals auch diejenigen, die zwar die Idee der Gleichheit und die Beseitigung der Privilegien, also die Prinzipien von 1789 grundsätzlich bejahten, aber der Republik wegen ihrer blutigen Herkunft und vor allem wegen ihrer nach wie vor bekundeten Christentums- und Kirchenfeindlichkeit tief mißtrauten und an ihrer Stelle einen Staat wünschten, in dem die Religion restauriert würde und deren Institutionen wieder ihre alte Funktion als Autoritätsträger und Ordnungsfaktor ausüben könnten. Natürlich stand bei nicht wenigen unausgesprochen doch der Wunsch dahinter, auch eine Monarchie, etwa parlamentarischen Charakters, einzurichten. Aber zunächst einmal wurde in dieser Zeit die Vokabel »royalistisch« gleichbedeutend mit »klerikalistisch« und der Begriff »republikanisch« zum Synonym von »antiklerikal«. Der grundsätzliche Gegensatz von »klerikal« gleich »konservativ« oder gar »reaktionär« und »laizistisch« gleich »republikanisch« bzw. »demokratisch«, der seitdem in der ganzen französischen Geschichte, vor allem in der Dritten Republik um 1900 eine so schicksalhafte Rolle gespielt hat, deutete sich damals schon an. Mit dem Staatsstreich vom 18. Fructidor V (14. 9. 1797) gelangten solche Spannungen zu unmittelbar politischer Austragung.

Die äußerst komplizierten Vorgänge des 18. Fructidor können in diesem Rahmen nur angedeutet werden. Sie haben sich innerhalb des Direktoriums selbst abgespielt, indem ein Teil seiner Mitglieder mit Hilfe des Militärs gegen die eigenen Kollegen einen Putsch inszenierte. Verfassungsmäßige Neuwahlen im Frühjahr 1797, in denen ein Drittel der Abgeordneten beider Parlamentskammern neu zu bestimmen war, hatten automatisch zur Folge, daß auch einer der Direktoren – Letourneur – zurücktreten und durch einen anderen ersetzt werden mußte. Da die Wahlen zum Rat der 500 und zum Rat der Alten nun wider Erwarten sehr »royalistisch« ausfielen, kam als Nachfolger Letourneurs mit Barthélemy, dem so erfolgreichen Unterhändler Frankreichs auf der Basler Friedenskonferenz 1795, ebenfalls eine als »Royalist« geltende neue Persönlichkeit ins Direktorium. Zwischen Barthélemy und dem gemäßigten Republikaner Carnot bildete sich alsbald eine enge Gesinnungsgemeinschaft aus, und so entstanden innerhalb des Direktoriums zwei konträre Gruppen, nämlich die von Barras, Reubell und Larevellière auf dem linken und die von Carnot und Barthélemy auf dem rechten Flügel. Hauptstreitpunkt zwischen beiden Richtungen war die Frage, ob man auf raschen Friedensschluß mit den Mächten der antifranzösischen Koalition drängen oder den Krieg bis zur definitiven Gewinnung der Rheinlinie fortsetzen sollte. Im Gegensatz zu Carnot und Barthélemy, den Fachleuten für Kriegsorganisation und Diplomatie, setzte sich die radikale Mehrheit der Direktoren mit Barras an der Spitze für die Weiterführung des Kampfes ein, wobei sie den Vorteil hatte, von allen drei Armeeteilen unterstützt zu werden. Während Moreau sich abwartend verhielt, ließ Hoche ein Truppenkontingent in Paris einmarschieren, und der so erfolgreich in Italien operierende General Bonaparte spielte dem Direktorium Unterlagen zu, wonach Pichegru, den die Ratsversammlungen zum Stadtkommandanten ernennen wollten, Landesverrat begangen habe und eine »royalistische Verschwörung« im Gange sei. Daraufhin übertrug Barras dem ebenfalls von Bonaparte nach Paris entsandten General Augereau den Oberbefehl über die hauptstädtische Division. Diese militärische Schützenhilfe dürfte die Dreier-Gruppe nicht zuletzt dazu ermuntert haben, ihre zwei unliebsamen Kollegen durch einen innerhalb der Regierung selbst durchgeführten Staatsstreich am 18. Fructidor unter dem Vorwand, sie hätten mit den Bourbonen konspiriert, aus dem Direktorium auszustoßen und durch zwei ihnen ergebene Männer, Merlin de Douai und François de Neufchâteau, zu ersetzen. Die beiden Parlamentskammern wurden am nächsten Tag gezwungen, Ausnahmegesetze zu beschließen, die die Ergebnisse der Frühjahrswahlen in 49 Departements für ungültig erklärten. Zwar hatten diese Gewaltakte der Regierung zahlreiche »royalistische« Aufstände in der Provinz zur Folge; doch wurden sie, nachdem schon Pichegru, Barthélemy und ein Teil der ihm nahestehenden Abgeordneten nach Cayenne deportiert worden waren – Carnot hatte man die Flucht ermöglicht –, alle blutig unterdrückt und anschließend etwa 160 Menschen wegen Aufruhrs durch Kriegsgerichte zum Tode verurteilt und hingerichtet.

Seitdem hat das sog. zweite Direktorium recht diktatorisch regiert, mit der Pressezensur operiert und eine ausgesprochen kirchenfeindliche Politik betrieben. Nicht zuletzt dadurch hat es sich bei einem großen Teil der Bevölkerung sehr unbeliebt gemacht. Andererseits gelang es der Regierung, die durch die ungeheure Inflation seit einem Jahrzehnt völlig erschütterte französische Wirtschaft allmählich wieder zu sanieren. Dies wäre allerdings nicht möglich gewesen, wenn Frankreich nicht dank seiner Generäle Hoche, Moreau und vor allem Napoleon Bonaparte bedeutende und alsbald auch definitive Erfolge auf allen Kriegsschauplätzen errungen hätte. Nachdem die Ausgabe von Papiergeld bereits im Februar 1797 endgültig eingestellt worden war, kehrte man nunmehr zur wertbeständigen Münzwährung zurück, deren Grundlage die aus den besetzten Gebieten – einige davon, namentlich die italienischen Staaten, wurden regelrecht und systematisch ausgeplündert – immer reichlicher zufließenden Edelmetalle bildeten. Ab September 1797 wurden alle Staatsschulden nur noch zu einem Drittel getilgt, und da gleichzeitig eine zentrale Steuerverwaltung eingerichtet und mit Berufsbeamten besetzt wurde, gingen auch die Steuern wieder regelmäßiger ein. Dies alles trug ebenso wie die Einführung neuer indirekter Steuern zu einer gewissen Ordnung des staatlichen Finanzwesens bei, wenn sie auch noch längst nicht vollkommen war. Landwirtschaft, Handel und Gewerbe, die sich langsam erholten, ließ die Regierung sich im wesentlichen frei, d. h. ohne Zwangseingriffe, entfalten, und die französische Industrie profitierte sogar von ihren vor allem gegen Großbritannien gerichteten protektionistischen Maßnahmen wie Schutzzöllen und Verbot der Einfuhr englischer Waren; letzteres betraf nach den Dekreten vom 31. 10. 1796 und vom 18. 1. 1798 sogar neutrale Schiffe mit entsprechender Ladung und unterwarf sie dem Prisenrecht, was wiederum zu Konflikten mit den USA führte.

So war die Stellung des Direktoriums Ende 1797 durchaus gefestigt und seine Lage fast als glänzend zu bezeichnen, aber man begann doch schon besorgt auf jenen Mann zu blicken, dem diese Erfolge nicht zuletzt zu verdanken waren.

Unter dem italienischen Namen Nabulione Buonaparte, den er erst 1796 endgültig ablegte, war Napoleon Bonaparte am 15. 8. 1769 in Ajaccio auf Korsika als zweites von acht Kindern des dem Kleinadel entstammenden Rechtsanwaltes Carlo Buonaparte und seiner Frau Laetitia geboren worden. In Brienne hatte er eine französische Militärausbildung erhalten, sich zu Beginn der Revolution vom korsischen Patrioten zum überzeugten Wahlfranzosen gewandt und sich als Artilleriehauptmann der Konventsarmee 1793 spekulativ vor Toulon ausgezeichnet. Der rasche Aufstieg des daraufhin zum General beförderten Bonaparte war dann durch den Sturz Robespierres, mit dessen Bruder Augustin er zeitweise in engem Kontakt gestanden hatte, vorübergehend verzögert worden. Auf Grund seiner Beziehungen zu Barras, dem einflußreichen Mitglied des Direktoriums, war ihm jedoch die Unterdrückung des royalistischen Aufstandes vom 13. Vendémiaire in Paris übertragen worden. Diese Aufgabe hatte er so sehr zur Zufriedenheit des Direktoriums gelöst, daß er anschließend den Oberbefehl über die in Italien operierende französische Armee erhielt, für die er seit 1794 Feldzugspläne ausgearbeitet und Barras zugeleitet hatte; unmittelbar nach seiner Vermählung mit Joséphine Beauharnais am 9. 3. 1796 hat er dieses Kommando angetreten.

Der Krieg, in den der junge General jetzt eingriff, tobte ja bereits seit den Jahren 1792 und 1793 als sowohl militärische als auch ideologische Auseinandersetzung zwischen dem revolutionären Frankreich und den Mächten des konservativen Europa, wobei Österreich und vor allem England die Hauptgegner der Republik waren. Diese hatte schon große Erfolge verzeichnen können, bevor Bonaparte dem Kampf wenigstens auf dem Kontinent die entscheidende Wende gab. Preußen, dessen Hauptaufmerksamkeit nach wie vor Polen galt, war am 5. 4. 1795 im Frieden von Basel – ebenso wie übrigens auch Spanien, das sich anschließend sogar in einen Bundesgenossen verwandelte – von der Koalition gegen Frankreich zurückgetreten und hatte einen großen Teil der deutschen Kleinstaaten in diese Abmachungen miteinbezogen. Als Preis für die Neutralität Norddeutschlands hatte die Hohenzollernmonarchie dem Konvent im Prinzip die Abtretung des linken Rheinufers zugestanden. Noch im selben Jahr war auch Holland durch General Pichegru zum Frieden gezwungen und in den fortan mit Frankreich verbündeten Vasallenstaat einer Batavischen Republik umgewandelt worden. Aber Österreich und die von ihm abhängigen Staaten Süddeutschlands und Italiens standen zusammen mit England nach wie vor im Krieg gegen Frankreich.

Im Verlauf seines berühmten Italienfeldzuges von 1796/97 gelang es Napoleon Bonaparte, dessen Charisma als Heerführer und genialer Stratege gleich dieses Debüt auf der Bühne der Weltgeschichte so eindrucksvoll erkennen ließ, die Österreicher aus Oberitalien zu verdrängen und die italienischen Staaten zu separaten Friedensschlüssen zu zwingen, als deren Ergebnis die Cisalpinische und die Ligurische Republik als Tochterstaaten Frankreichs begründet wurden. Im Frieden von Campo Formio vom 17. 10. 1797 hat schließlich auch die Habsburgermonarchie den Kampf eingestellt, die Niederlande und die Lombardei – gegen Entschädigung durch Venedig – abgetreten und sich insgeheim ebenfalls zum Verzicht auf das linke Rheinufer bereit gefunden. Die endgültige Regelung dieser Frage blieb dem Kongreß von Rastatt (1797-1799) vorbehalten, auf dem die Beziehungen des Reiches zur Französischen Republik geklärt werden sollten. Weitere Erfolge ließen nicht auf sich warten: im Februar 1798 wurde der Kirchenstaat, der schon ein Jahr zuvor auf die Romagna hatte verzichten müssen, gänzlich aufgelöst, eine Römische Republik ausgerufen und der Papst ins Exil geschickt. Im selben Monat verlor auch die Schweiz ihre Unabhängigkeit und wurde auf Grund von französischerseits geschürten Erhebungen zur Helvetischen Republik erklärt, während Genf und Mülhausen direkt annektiert wurden.

Indessen schwelte der Kampf zwischen England und Frankreich ohne Aussicht auf eine rasche Entscheidung weiter. Da eine Landung auf der Insel unmöglich erschien und der traditionsgegebene Einmarsch der Franzosen in Hannover infolge der Basler Abmachungen nicht in Frage kam, nahm nunmehr ein Plan konkrete Gestalt an, der – wahrscheinlich auf Initiative Talleyrands, des seit 1797 amtierenden Außenministers – im Direktorium schon seit längerem erörtert worden war und darauf abzielte, den Krieg über Europa auszudehnen, um Englands Weltstellung, besonders seine Herrschaft in Indien, durch die Besetzung einer strategischen Schlüsselposition, als welche sich in erster Linie Ägypten anbot, zu bedrohen und gleichzeitig womöglich die seit dem Siebenjährigen Krieg zusammengebrochene französische Kolonialpolitik zu erneuern. Bonaparte, der mit Talleyrand in engem Briefkontakt stand, machte sich diese Vorstellung sofort zu eigen und bestärkte die Regierung darin, wobei auf beiden Seiten auch persönliche Erwägungen eine Rolle gespielt haben dürften: bei Napoleon das Streben, seinen Ruhm durch Erfolge im legendenumwobenen Orient weiter zu steigern, beim Direktorium, das den allzu populären General bereits mit Mißtrauen betrachtete, der Hintergedanke, ihn durch die Fesselung an eine periphere Aufgabe auf unbestimmte Zeit von Frankreich fernhalten zu können.

So unternahm der junge Feldherr im Frühsommer 1798 seinen Zug nach Ägypten, der mit der Inbesitznahme Maltas, der Landung in Alexandria, der anschließenden Eroberung des ganzen Nillandes und einem Vorstoß bis nach Syrien auch durchaus erfolgversprechend begann. Infolge der Vernichtung der französischen Flotte vor Aboukir am 1. 8. 1798 durch die Seestreitkräfte Nelsons wurde jedoch das Expeditionskorps von der Heimat abgeschnitten, so daß das ganze Unternehmen von da an zum Scheitern verurteilt war. Währenddessen gelang es der britischen Diplomatie, eine neue Koalition gegen Frankreich zustande zu bringen, deren energischstes Mitglied Zar Paul I. von Rußland war. Zwar wurde die Gefahr, in welche die in Oberitalien, der Schweiz, Süddeutschland und anfangs sogar in den Niederlanden operierenden Armeen Österreichs, Rußlands und Englands die Französische Republik im Verlauf des Zweiten Koalitionskrieges (1799-1801) vorübergehend brachten, dadurch weitgehend wieder gebannt, daß der russische General Suworow sich mit den Österreichern völlig überwarf, seine Truppen in einem abenteuerlichen Marsch durch die Schweiz aus dem Kampf zurückzog und dem Zaren ein Ausscheiden aus der Koalition empfahl, aber das moralische Ansehen des Direktoriums erschien doch durch mehrere schwere Niederlagen, die die Franzosen vor allem in Oberitalien 1799 hinnehmen mußten, erheblich beeinträchtigt. Für den General Bonaparte hingegen stellte diese neue Lage in Europa, von der er erst recht spät erfahren hatte, ein willkommenes Alibi dar, das aussichtslos gewordene ägyptische Abenteuer aufzugeben, die Armee unter dem Kommando Klébers am Nil zurückzulassen und nach Frankreich heimzukehren, um sich dort als potentiellen Retter des bedrohten Vaterlandes ins Bewußtsein der mit dem Direktorialregime längst unzufriedenen öffentlichen Meinung zu bringen.

Seit dem 18. Fructidor hatten die leitenden Männer ein Verhalten an den Tag gelegt, das immer unverhüllter darauf abgestimmt war, aufkommende Widerstände von rechts wie von links gegen das bestehende politische System im Keim zu ersticken. Zu diesem Zweck scheuten sie auch weiterhin nicht vor verfassungswidrigen Mitteln zurück, wie schon nach wenigen Monaten ein neuerlicher Staatsstreich, der vom 22. Floréal VI (11. 5. 1798), bewies. In der Befürchtung, daß bei den im Frühjahr 1798 wieder anstehenden Drittel-Wahlen zum Parlament die Royalisten zu starken Einfluß gewinnen könnten, protegierte das Direktorium systematisch ihm genehme Kandidaten. Diese Wahlmanipulation erzeugte jedoch einen durchaus unerwünschten Nebeneffekt, indem nämlich nun in einem als gefährlich angesehenen Ausmaß auch alte Jakobiner in die Ratsversammlungen einzogen. Daraufhin erzwangen die Direktoren am 22. Floréal einen Parlamentsbeschluß, wonach die neugewählten Abgeordneten von ihren älteren Kollegen auf ihre politische Einstellung hin überprüft werden mußten. Diese staatsstreichähnliche Maßnahme hatte zur Folge, daß die Wahl von 106 Delegierten annulliert wurde und diese Sitze zum einen Teil durch Parlamentarier, die der Exekutive zusagten, besetzt wurden und zum anderen Teil leer blieben.

Dieses verfassungswidrige Vorgehen des Direktoriums hat zusammen mit den schweren militärischen Rückschlägen, die Frankreich 1799 zu Beginn des Zweiten Koalitionskrieges erlitt, den Patriotismus jakobinisch-demokratischen Gepräges wiederbelebt; allerdings besaß er nun nicht mehr die gleiche unwiderstehliche Energie wie auf dem Höhepunkt der Revolution. Immerhin wuchs die Anhängerschaft der Radikalen so stark an, daß sie bei der Drittel-Wahl vom Frühjahr 1799 beträchtliche Gewinne verbuchen konnten. Heftig kritisierten damals die beiden Kammern des Parlaments die korrupte und leichtfertige Regierungspraxis der Direktoren und nutzten die erste Gelegenheit, nämlich das Ausscheiden des durch Los bestimmten Reubell, um einen Mann ihres Vertrauens, Sieyès, in dieses Gremium hineinzuwählen. Schließlich holten sie sogar ihrerseits zu einem Staatsstreich aus, nachdem sie unmittelbar vorher auch Treilhard, den seit 1798 amtierenden Nachfolger von François de Neufchâteau, mit vorgeschobenen formalen Begründungen zugunsten von Gohier aus dem Direktorium verdrängt hatten. Am 30. Prairial VII (18. 6. 1799) ist es ihnen darüber hinaus gelungen, die Regierung so unter Druck zu setzen, daß zwei weitere Mitglieder, Merlin und Larevellière, zurücktreten mußten, an deren Stelle die politisch blassen Figuren Roger Ducos und General Moulin traten. In diesem dritten Direktorium war also von den Vertretern des ersten allein Barras übriggeblieben. Als neue Persönlichkeit übte Sieyès, der übrigens mit dem Abgeordneten Lucien Bonaparte eng befreundet war, alsbald den ausschlaggebenden Einfluß darin aus. Auch die Generäle hatten einen ihrer wachsenden Macht entsprechenden Erfolg errungen, da außer Moulin auch noch Bernadotte als Kriegsminister Eingang in die Exekutive gefunden hatte. Mit der diktatorischen Regierungsweise des Direktoriums war es nun zu Ende.

Statt dessen schien die Herrschaft der Massen wieder anzubrechen. Der Jakobinerklub wurde im Juli 1799 vorübergehend wieder geöffnet, und es machten sich sogar erneut Ansätze zu Sansculottenaufständen bemerkbar, die aber von dem Machtinstrument des neuen Polizeiministers Fouché im Keim erstickt werden konnten. Immerhin schickte sich der radikalisierte Rat der 500 im Sommer 1799 an, unter Hinweis auf die von außen her erneut drohende Gefahr unpopuläre Maßnahmen zu ergreifen, die an 1793 gemahnten, wie z. B. die Sonderbesteuerung der »Reichen«, das »Große Aufgebot«, das fünf Jahrgänge betraf und die vorher gegebene Möglichkeit außer Kraft setzte, sich durch einen Stellvertreter vom Militärdienst freizukaufen, und schließlich das »Geiselgesetz«, wonach in bestimmten »aufrührerischen« Departements die Verwandten von Emigranten für regierungsfeindliche Vorkommnisse an Leib und Vermögen haftbar gemacht werden konnten.

Diese jakobinische Politik des jetzt ziemlich allmächtigen gesetzgebenden Körpers erregte jedoch den Abscheu des Bürgertums, denn nach zehn Jahren Revolution war es aller Experimente überdrüssig und sehnte sich nach Ruhe und einer Ordnung, die ihm den politischen, sozialen und wirtschaftlichen Besitzstand sicherte, den es durch die Revolution errungen hatte. Angesichts der Schwäche des Direktoriums konnte dieser Ordnungsfaktor aber nur die Armee sein, verkörpert durch einen ihrer ruhmbedeckten Generäle. So war schon seit längerer Zeit der Gedanke aufgetaucht, daß Jourdan, der Führer der legendären Maas-Sambre-Armee, der geeignete Mann für eine solche Aufgabe sei. Dann waren Hoche und Moreau im Gespräch. Aber konnte dieser zukünftige Militärdiktator, der die Revolution zu liquidieren hätte, ohne ihre Ergebnisse preiszugeben, nicht auch der fast schon mythenumwobene General Napoleon Bonaparte sein, der soeben – im Oktober 1799 – aus Ägypten zurückgekehrt war und jetzt aus nächster Nähe die innenpolitischen Verhältnisse beobachtete? Die allgemeine Erwartung, daß irgend etwa geschehen müsse und werde, hatte gerade damals ihren Gipfelpunkt erreicht; die Möglichkeit eines Staatsstreiches lag gleichsam in der Luft, und es galt nur noch, den günstigsten Augenblick dafür zu wählen. Die Planung erwuchs sogar aus dem Kreis des Direktoriums, wobei Sieyès die treibende Kraft war und insgeheim bereits alle im Hinblick auf das Parlament nötigen Schritte sowie den Entwurf einer neuen Verfassung vorbereitete. In dem General Bonaparte, mit dem er über dessen Bruder Lucien Beziehungen aufnahm, die sich rasch zur Komplizenschaft einer politischen Verschwörung verdichteten, glaubte Sieyès den Steigbügelhalter gefunden zu haben, der ihn selbst in den Sattel der Macht heben würde. Sehr rasch zeigte sich jedoch, daß Sieyès, dieser geschickte Taktiker, sich gründlich verrechnet hatte und nicht er, sondern Bonaparte als Sieger aus jenem von beiden inszenierten Staatsstreich hervorgehen sollte, der unter dem Namen des 18. Brumaire in die Geschichte eingegangen ist.

Wegen einer angeblich drohenden anarchistischen Erhebung wird an diesem 9. 11. 1799 zunächst der Rat der Alten zu einer Sondersitzung einberufen, auf der die – von Sieyès schon vorher dafür gewonnene – Mehrheit der Abgeordneten der Vertagung beider Kammern nach Saint-Cloud zustimmt und Bonaparte mit ihrem militärischen Schutz betraut. Wie verabredet, treten gleichzeitig Sieyès und Roger Ducos als Direktoren zurück, während von ihren drei nichteingeweihten und überraschten Kollegen Barras die Vergeblichkeit eines Widerstandes einsieht und verzichtet, Gohier und Moulin aber, die sich weigern, unter Hausarrest gestellt werden. Cambacérès, der Innenminister, und Fouché stehen bereit, um einen möglichen Volksaufstand in Paris mit Polizeigewalt niederzuwerfen, aber es rührt sich keine Hand, um das unbeliebte Direktorialregime zu verteidigen. Am nächsten Tag allerdings läuft alles nicht mehr so reibungslos ab wie geplant, weil sich innerhalb der nunmehr in Saint-Cloud tagenden Ratsversammlungen, namentlich im Rat der 500, heftiger Widerspruch von seiten der jakobinisch eingestellten Deputierten gegen eine Verfassungsänderung erhebt und die Gemäßigten im Sinne einer bloßen Reform des Bestehenden vermitteln wollen. Bonaparte wird immer ungeduldiger, aber seine äußerst ungeschickten Versuche, die Abgeordneten durch drohende Reden einzuschüchtern, erreichen nur das Gegenteil: gehemmt durch die ihm ungewohnte Parlamentsatmosphäre gerät er fast ins Stammeln, und im Rat der 500 ertönt immer lauter die Forderung, ihn als außerhalb des Gesetzes stehend zu erklären. Jetzt rettet ihn nur die Kaltblütigkeit seines Bruders Lucien, der als Präsident dieses Gremiums den draußen harrenden Truppen den Befehl erteilt, die Versammlung zu sprengen, die ihren vergötterten General ächten wolle. Die Soldaten leisten ganze Arbeit, und um der dadurch buchstäblich in letzter Minute geglückten Aktion doch noch den Anstrich des Legalen zu verleihen, wird ein Teil der überrumpelten 500 mitten in der Nacht eilig wieder zusammengetrommelt. Er beschließt und der Rat der Alten bestätigt unverzüglich die förmliche Auflösung des Direktoriums und die Einsetzung eines aus drei »Konsuln« – Sieyès, Ducos und Bonaparte – bestehenden provisorischen Exekutivausschusses, der zusammen mit zwei aus den Ratsversammlungen zu bildenden Kommissionen eine neue Verfassung ausarbeiten soll.

Unter der Leitung Napoleon Bonapartes, der sich sofort als der führende Kopf des Konsularkollegiums erwies, haben diese Kommissionen sich ihrer Aufgabe in der kurzen Zeit vom 11. 11. bis zum 24. 12. 1799 entledigt. Es war die vierte Verfassung, die Frankreich seit dem Ausbruch der Großen Revolution nun erhielt, die sog. Konsulatsverfassung. Nachdem eine Volksabstimmung sie mit großer Mehrheit gutgeheißen hatte, trat sie noch Ende 1799 in Kraft. Damit aber verwandelte sich die provisorische Regierung in eine definitive mit Bonaparte, Cambacérès und Lebrun als Konsuln an der Spitze, nachdem Sieyès und Roger Ducos, die rasch erkannt hatten, daß ihre Zeit vorbei sei, freiwillig aus dem Triumvirat ausgeschieden waren. Der Erste Konsul zog gleichsam das Fazit aus der vorangegangenen Entwicklung, als er dem ruhebedürftigen französischen Bürgertum zu dessen tiefer Befriedigung am 15. 12. 1799 feierlich verkündete: »Bürger! Die Revolution ist zu den Grundsätzen zurückgekehrt, von denen sie ausging; sie ist zu Ende!«

3. Konsulat und Empire (1799-1814)

Bei der Betrachtung Napoleons[19] erscheint vor dem Blick des Historikers zunächst einmal der Vollstrecker der Französischen Revolution, der ihr Erbe durch die Reorganisation der gesamten Verwaltung und die Einführung des nach ihm benannten Gesetzeswerkes in Frankreich für immer gesichert und darüber hinaus im größten Teil Europas heimisch gemacht hat. Gerade dadurch ist das politische und gesellschaftliche Leben unseres Kontinents so tiefgreifend verändert worden, daß es auch nach seinem Sturz nicht mehr zu den Zuständen des Ancien régime zurückkehren konnte. Dies wiederum bedeutet, daß die grundlegendsten Errungenschaften der Französischen Revolution, also die Gleichheit aller vor dem Gesetz, die Konstituierung des Leistungsprinzips anstelle des Privilegs der Geburt, die Abschaffung der Leibeigenschaft und der moderne, die Freiheitssphäre des Individuums sichernde Rechtsstaat, im Bewußtsein von Mit- und Nachwelt zu selbstverständlichen Voraussetzungen einer demokratischen Staats- und Gesellschaftsordnung geworden sind, ohne die sich heute niemand mehr ein menschenwürdiges Leben vorzustellen vermag.

Andererseits jedoch wird im Herrschaftssystem Napoleons zum erstenmal in der neueren Geschichte und gleichsam modellartig auch jener Cäsarismus greifbar, der eine unheimliche Verschwisterung von plebiszitär manipulierter Demokratie und Diktatur enthüllt. Zwar sollte er sich erst sehr viel später und auch dann nicht in Frankreich zur Perfektion einer totalitären Staatsomnipotenz steigern, von der Napoleons aufgeklärt absolutistischer, letzten Endes dem 18. Jahrhundert verhafteter Regierungsstil noch weit entfernt war. Dennoch haben die dem Cäsarismus als solchem immanenten Entwicklungsmöglichkeiten die Napoleonforschung der Gegenwart zu manchem Vergleich zwischen dem ersten – aber auch zweiten – Bonaparte auf der einen und faschistischen Diktatoren wie Mussolini oder Hitler auf der anderen Seite herausgefordert.

Daher rührt der etwas schillernde Charakter des heutigen Napoleonbildes. Im Gegensatz dazu feierte man noch im ersten Drittel dieses Jahrhunderts den ersten Kaiser der Franzosen gern als Protagonisten der europäischen Einheit, dessen Scheitern nicht selten ausgesprochen beklagt wurde. Obwohl nun über die Notwendigkeit einer politischen Einigung unseres Erdteiles und die unbestreitbare Aktualität dieser Idee kein Wort zu verlieren ist, wird man heute auf Grund der mit Hitlers Politik gemachten Erfahrungen jeden mit militärischer Gewalt unternommenen und vom Vorherrschaftsanspruch eines einzelnen Volkes getragenen Versuch einer staatlichen Zusammenfassung Europas negativer beurteilen denn jemals zuvor. Infolgedessen erscheint uns Napoleon auch hinsichtlich seiner Europakonzeption in ein gewisses Zwielicht gerückt, wenngleich seine französischen Biographen nicht zu Unrecht einen Vergleich Napoleons mit Hitler überhaupt zurückweisen, weil er angesichts des unendlichen charakterlichen, intellektuellen und kulturellen Niveauunterschiedes zwischen beiden unangemessen sei.

Auch ein skeptischer Interpret der Gestalt des großen Korsen wird letztlich die innere Berechtigung jener Wertung Goethes nicht leugnen können, daß »Napoleon einer der produktivsten Menschen war, die je gelebt haben.«[20] Vielleicht ist gerade darin der Grund dafür zu suchen, warum sich immer wieder Historiker – und zwar solche von durchaus verschiedener weltanschaulicher Einstellung – von diesem Thema angezogen gefühlt haben. Wenn man Positives und Negatives bei Napoleon abzuwägen und ein Fazit der verschiedenen Deutungen seiner Persönlichkeit zu ziehen versucht, so wird man allerdings nur zu einem ambivalenten Urteil über seine geschichtlichen Leistungen als Feldherr und Staatsmann gelangen.

Wenn die Revolution eine neue Form der Wirtschaft und Gesellschaft geschaffen hatte, so war es die Armee, die diese Ordnung sicherte und ihr Dauer verlieh, als sie durch den Brumaire-Umsturz in der Gestalt Napoleons die Revolution durch die Diktatur bändigte. Unter der direkten Einwirkung Bonapartes ist unmittelbar nach dem Staatsstreich jene Konsulatsverfassung etabliert worden, die der Theorie nach auf dem Grundsatz der Volkssouveränität beruht, der durch allgemeines Wahlrecht und Plebiszit sogar bis zum äußersten realisiert erscheint. In der Praxis jedoch werden die dementsprechenden Einrichtungen mit Hilfe von *ingénieuses dispositions* von vornherein paralysiert. Neben Staatsrat und Senat, deren Mitglieder die Regierung ernennt, werden zwei Kammern nach folgendem Modus gewählt: die Urwähler haben aus ihrer Mitte Wahlmänner zu bestimmen, und diese wählen ihrerseits Notabeln, aus denen nach nochmaliger Auswahl die Delegierten berufen werden. Das Tribunat hat die Gesetzesvorlagen zu beraten, ohne darüber beschließen zu können, während der Gesetzgebende Körper *(Corps législatif)* ohne Debatte abstimmt. An der Spitze des Staates steht das Exekutivkollegium der drei Konsuln, von denen der zweite und dritte allerdings nur beratende Funktion besitzen, da der erste die ganze Fülle der Macht innehat. Er repräsentiert, erläßt Gesetze, schließt Staatsverträge ab und beruft oder entläßt gleichzeitig auch seine Mitkonsuln; seine Amtszeit beträgt zehn Jahre. Der Scheinkonstitutionalismus, der alle napoleonischen Verfassungen bis zum *Acte additionnel* von 1815 kennzeichnet, ist hier bereits voll ausgebildet. Wir begegnen dabei zum erstenmal in der modernen Geschichte dem Phänomen, daß auch eine Diktatur sich nicht nur der staatsrechtlichen Formen der Demokratie äußerst geschickt zu bedienen, sondern für längere Zeit auch mit einem gewissen Recht zu behaupten vermag, das von ihr vertretene System entspreche dem Volkswillen.

Die Zweite Koalition, die ihren Kampf gegen die französische Republik ja noch keineswegs aufgegeben hatte, wußte der Erste Konsul durch eine geschickte Verflechtung von Diplomatie und Kriegführung alsbald auseinanderzumanövrieren. Diese Politik bewirkte zunächst das Ausscheren Rußlands aus dem Bündnis mit England und Österreich noch 1799; das Folgejahr sah die entscheidenden militärischen Niederlagen, die Napoleon, wenn auch diesmal nur mit größter Mühe, am 14. 6. bei Marengo und Moreau am 3. 12. 1800 bei Hohenlinden den kaiserlichen Truppen beibrachten. Erst der Sieg über die österreichische Armee auf dem Hauptkampfschauplatz Oberitalien, der den Zweiten Koalitionskrieg zugunsten der Republik entschied, hat Napoleon die Macht über Frankreich endgültig verliehen, weil er gleichsam nachträglich den Staatsstreich vom 18. Brumaire rechtfertigte.

Die unmittelbaren und mittelbaren Auswirkungen der französischen Erfolge des Jahres 1800 sind die Friedensschlüsse von Lunéville vom 9. 2. 1801 und von Amiens vom 27. 3. 1802 gewesen. Das Abkommen mit dem Habsburgerstaat und dem Reich hat den Frieden von Campo Formio bestätigt und sowohl die neuen französischen Tochterrepubliken als auch die de facto ja schon bestehende Zugehörigkeit des linken Rheinufers zu Frankreich endgültig anerkannt. Überdies aber zeigte sich jetzt selbst England kriegsmüde; nach dem Rücktritt Pitts des Jüngeren und seiner Ablösung durch das verständigungsbereite Kabinett Addington nahm es Verhandlungen mit Frankreich auf, in die auch dessen Bundesgenossen Spanien und die Batavische Republik einbezogen wurden.

Der Friedensvertrag von Amiens lief im Grunde auf ein Unentschieden hinaus, denn er fixierte die damals bestehende Machtkonstellation, der gemäß Frankreich den europäischen Kontinent, England aber die Ozeane beherrschte. Immerhin gestand Addington seinem Vertragspartner die Rückgabe fast all jener überseeischen Gebiete zu, die im Verlauf des Krieges von der englischen Flotte besetzt worden waren, und auch Holland erhielt das Kap und Ceylon zurück. Außerdem versprach Großbritannien, die im Jahre 1800 okkupierte Insel Malta dem Malteserorden zurückzuerstatten. Das Osmanische Reich, das am 13. 5. 1802 dem Frieden beitrat, gelangte wieder in den Besitz von Ägypten. Außer diesem ohnehin geringen Opfer erlitt Frankreich keine machtpolitischen Einbußen, denn es behauptete alle Gewinne, die es auf dem Festland erzielt hatte. Dies bedeutete jedoch gleichzeitig, daß England auf den großen Einfluß, den es dort stets ausgeübt hatte, unausgesprochen verzichtete.

So schwiegen zum erstenmal seit 1792 überall in Europa und auf den Weltmeeren die Waffen, und Napoleon Bonaparte wurde allenthalben als der große Friedensstifter gefeiert. Er selbst münzte diesen außenpolitischen Erfolg sogleich in eine entscheidende verfassungsrechtliche Stärkung seiner Herrschaft um, indem er sich noch im gleichen Jahr in einem Plebiszit, bei dem er mit 3^{1}/$_{2}$ Millionen Ja- gegen nur wenige tausend Nein-Stimmen die überwältigende Mehrheit erhielt, zum Konsul auf Lebenszeit wählen ließ; durch Senatsbeschlüsse vom 2. und 4. 8. 1802 wurde diese Verfassungsänderung, die gleichzeitig die Machtbefugnisse des Ersten Konsuls erheblich erweiterte, rechtskräftig. Der erste Schritt auf dem Weg zur Monarchie war getan.

Wenngleich es von vornherein fraglich war, ob dieser Remis-Friede von Amiens von Dauer sein würde, hatte Bonaparte zunächst eine sehr erwünschte Atempause gewonnen. Sie gestattete ihm nicht nur, sein inneres Reformwerk in Frankreich weiterzuführen, sondern auch – jetzt sogar im Einverständnis mit Rußland – entscheidenden Einfluß auf die deutschen Verhältnisse zu nehmen, als diese im Reichsdeputationshauptschluß vom 25. 2. 1803, der konsequenten Folge des Friedens von Lunéville, völlig neu geregelt wurden. Alle geistlichen Fürstentümer und zahlreiche weltliche Miniaturherrschaften wurden säkularisiert bzw. mediatisiert und mit diesen Territorien die größeren deutschen Fürsten entschädigt, die auf dem linken Rheinufer Gebietsverluste erlitten hatten. Diese einschneidenden Veränderungen im Reich haben es Napoleon ermöglicht, die von ihm begünstigten Mittelstaaten wie Bayern, Württemberg und Baden so zu vergrößern, daß sie in ihrer Gesamtheit gleichsam als eine dritte politische Macht neben das ebenfalls gestärkte Preußen und das materiell wie moralisch geschwächte Österreich traten. Mit dem »Dritten Deutschland« hatte sich der Erste Konsul überdies eine Klientel geschaffen, aus der leicht ein neuer und viel wirksamerer »Rheinbund« geschmiedet werden konnte, als dies einst Mazarin gelungen war.

Parallel zu seinem so erfolgreichen außenpolitischen Wirken, das die Zeitgenossen vorübergehend hoffen ließ, der neue Machthaber in Frankreich sei ein Mann des Friedens und die lange Kriegsepoche gehöre endgültig der Vergangenheit an, sicherte Bonaparte seine Herrschaft im Inneren durch drastische, ja ausgesprochen skrupellose Maßnahmen gegen mögliche Opponenten von links und rechts ab, wobei ihm verschiedene Attentatsversuche und Verschwörungen zum Anlaß dienten. Die Bombenexplosion vom 25. 12. 1800, der er nur wie durch ein Wunder entkam, legte er alten Jakobinern zur Last und ließ 132 von ihnen auf die Seychellen deportieren, obwohl in Wirklichkeit *Chouans*, also Royalisten, die Verantwortung dafür trugen. Als 1804 ein weiterer Anschlag auf sein Leben rechtzeitig aufgedeckt werden konnte, verstand er ihn ebenfalls zur Einschüchterung der inneren Opposition und zur Ausschaltung von Rivalen aus den Reihen seiner eigenen Generäle zu nutzen, indem er diesmal durch die Hinrichtung Cadoudals und die Verbannung Moreaus nach Amerika sowohl die Royalisten als auch die Republikaner traf. Gleichzeitig nahm er diese Konspiration, in die angeblich ein bourbonischer Prinz verwickelt gewesen sein sollte, zum Vorwand, den jungen Herzog von Enghien, den letzten Abkömmling des Zweiges der Condé, aus Baden entführen und ohne ordentliches Gerichtsverfahren am 21. 3. 1804 erschießen zu lassen. Dieser Justizmord sollte den Bourbonen, die zeitweise im Ersten Konsul den Schrittmacher einer Wiederherstellung ihrer Herrschaft gesehen hatten, jede Hoffnung auf eine Restauration des alten Königtums rauben.

In den Jahren des Konsulates (1799-1804) hat sich Napoleon Bonaparte auf der Höhe seiner Leistungsfähigkeit befunden, wie vor allem jene von ihm erlassenen institutionellen Reformen bezeugen, die die administrative Struktur Frankreichs im Prinzip noch heute bestimmen. Das Gesetz vom 17. 2. 1800 beseitigte radikal alle Relikte der Selbstverwaltung, die zu Beginn der Französischen Revolution im Gegensatz zum Zentralismus des Ancien régime zwar eingeführt, jedoch schon vom Konvent wieder stark eingeschränkt worden war. Das neue Präfektensystem funktionierte statt dessen nach der dreigliedrigen Stufung von Präfekt (*département*), Unterpräfekt (*arrondissement*) und Bürgermeister (*mairie*) mit der Ernennungs- und Weisungszentrale in Paris. Diese straff und lückenlos von oben nach unten durchgeführte Organisation entsprach völlig den Verwaltungstendenzen des altfranzösischen Königtums und verwirklichte sie endgültig. Der französische Staat verfügte jetzt über einen modernen Beamtenkörper, der einen wesentlichen Faktor der Stabilität und Kontinuität darstellen und alle revolutionären Erschütterungen und inneren Krisen, denen das Land im 19. und 20. Jahrhundert ausgesetzt war, überdauern sollte. Auch das Schul- und Universitätswesen ist von Napoleon nach zentralistischen Prinzipien umgeformt worden. So trat am 1. 5. 1802 ein Gesetz in Kraft, das folgende Schultypen vorsah: Grundschulen, Sekundarschulen, staatliche Gymnasien und Spezialhochschulen. Es gab keine allgemeine Schulpflicht. Grund- und Sekundarschulen unterstanden lediglich der Oberaufsicht des Unterpräfekten bzw. des Präfekten und staatlicher Inspektoren und waren im wesentlichen auf Privatinitiativen angewiesen, so daß in diesem Bereich rasch wieder die lehrenden Orden an Boden gewannen. Im Jahre 1808 wurde das gesamte höhere Unterrichtswesen in die sog. *Université impériale* integriert, die – mit einem *grand-maître* an der Spitze als oberster wissenschaftlicher und administrativer Instanz – als eine Art Dachorganisation alle lokalen Akademien (z. B. in Paris, Bordeaux, Straßburg, Brüssel, Lyon usw.) umfaßte, in denen die Spezialschulen in Form von Fakultäten aufgingen. Gleichzeitig wurde die *Ecole normale,* eine internatsähnliche Ergänzung zu den Akademien für die Lehrerausbildung, reorganisiert. Im Zuge der Maßnahmen von 1802 waren außerdem neue Fachschulen (z. B. für den Bergbau) entstanden und die *Ecole polytechnique,* das *Conservatoire des arts et métiers* – eine Art Gewerbehochschule –, das bereits unter Franz I. begründete *Collège de France,* das als Eliteschule für Geistes- und Naturwissenschaften eine Mittelstellung zwischen Gymnasium und Universität einnahm, und schließlich das *Institut de France* reformiert und zu wirklich funktionsfähigen Institutionen ausgebaut worden. In diesen Rahmen gehört auch eine Neuordnung des Steuerwesens und der öffentlichen Finanzen. Die Gründung der Bank von Frankreich am 18. 1. 1800, die drei Jahre später das ausschließliche Recht zur Notenausgabe erhielt, und die Aufstellung des ersten regulären Staatshaushaltes seit Ausbruch der Revolution (1801) markieren hier eine deutliche Wende. Höhere Staatseinnahmen, die auf einem vom Privilegienwesen des Ancien régime gereinigten und darum gerechteren modernen Steuersystem beruhten, und steigende Kurse haben das französische Geldwesen rasch gesunden lassen, nicht zuletzt aber auch die Kontributionen und Reparationen, die Napoleon von den besiegten Staaten erpreßte. Bei diesen Maßnahmen wurde er überdies von der Hochfinanz und der Geschäftswelt unterstützt, die ihm unbegrenztes Vertrauen entgegenbrachten und zunächst auch unbegrenzten Kredit gewährten. Allerdings ist dieses moralische Kapital durch die ständigen Kriege des Kaisers im Laufe der Zeit restlos verspielt worden, so daß seit etwa 1808 wirtschaftliche Krisensymptome auftauchen sollten. Ihren Tiefpunkt erreichte diese negative Entwicklung, als die Bank von Frankreich 1814 ihre Zahlungen einstellen, also den Staatsbankrott anmelden mußte.

Gleichzeitig mit der Verwaltungsreform beendete der Erste Konsul durch das Konkordat zwischen der französischen Republik und Papst Pius VII. 1801 auch den Kirchenkampf, wobei der Katholizismus in Frankreich in seine überlieferten Rechte wieder eingesetzt wurde, während Napoleon andererseits den Papst dazu bewog, einer fortan beamtenrechtlichen Stellung des französischen Klerus zuzustimmen und damit die im Land der Revolution vollzogene soziale Umwälzung anzuerkennen. Beim Abschluß dieses Konkordates, welches das kirchliche Leben in Frankreich bis zur *Lex Briand* von 1905 bestimmt hat, ging Napoleon von dem Gedanken aus, daß die institutionalisierte Religion ein moralischer, gesellschaftlicher und staatstragender Faktor sei, ohne den das Werk innerer Befriedung, zu dem übrigens auch die nochmals ausdrücklich festgestellte rechtliche Gleichstellung der Protestanten ebenso wie die Emanzipation der Juden und nicht zuletzt die Wiedereingliederung der etwa 140 000 rückkehrwilligen Emigranten in den neuen Staat (Amnestie vom April 1802 mit Rückgabe der noch nicht veräußerten Güter) gehört haben, nicht gelingen könne.

Die Krönung all dieser Reformen aber stellte der Erlaß einer neuen Rechtsordnung dar. Mit dem *Code Napoléon,* dessen verschiedene Bücher zwischen 1804 und 1810 eingeführt wurden und der bis zur Gegenwart im wesentlichen in Kraft geblieben ist, gab sein Initiator der französischen Nation eine einheitliche Rechtsgrundlage, in der brauchbare Elemente älteren Rechts mit den revolutionären Prinzipien der Gleichheit vor dem Gesetz, Freizügigkeit und religiösen Toleranz verschmolzen waren. Die modernen Grundsätze dieses Gesetzeswerkes über Europa ausgebreitet und direkt oder indirekt in den meisten Ländern des Kontinents heimisch gemacht zu haben, ist eine der größten Leistungen Napoleons.

Nach außen hin benutzte Napoleon die Friedenszeit, um seine kontinentale Machtposition in der Schweiz, in Italien, in Deutschland und an der neugewonnenen flandrischen Küste weiter auszubauen; gleichzeitig versuchte er, französische Kolonien in Amerika zu entwickeln oder zurückzugewinnen, indem er 1801/02 eine Militärexpedition nach San Domingo entsandte, um diese Antilleninsel zurückzuerobern, deren Negerbevölkerung sich unter der Führung Toussaint Louvertures während der Revolution von der Kolonialherrschaft befreit hatte – der erste historische Fall erfolgreicher Dekolonisation übrigens –, und sich Louisiana, d. h. theoretisch das riesenhafte, fast noch unerschlossene Gebiet zwischen Mississippi und Pazifischer Küste, das ja schon einmal – bis 1763 – französisch gewesen war, von Spanien abtreten ließ. Beide Unternehmungen sind völlig gescheitert, da die Expedition nach San Domingo in einem militärischen Fiasko und mit der Unabhängigkeit Haitis (1804) endete und Bonaparte hinsichtlich Louisianas dem entschiedenen Einspruch der Amerikaner, die hier ihre Ausdehnung nach Westen bedroht sahen, nachgeben und dieses Gebiet 1803 für eine geringfügige Summe an sie verkaufen mußte. Aber trotz solcher kolonialer Mißerfolge blühte Frankreich politisch und wirtschaftlich so mächtig auf, daß England, um ein Druckmittel gegen den Rivalen in der Hand zu haben, es unterließ, die versprochene Räumung Maltas durchzuführen, wodurch seine Levantestellung unversehrt blieb. Andererseits zog sich Frankreich nicht aus Neapel zurück. Es trat immer offener zutage, daß dem Vertrag von Amiens nur der Charakter eines Waffenstillstandes zukam, hatte er doch alle großen Gegensätze zwischen den beiden Staaten in der Schwebe gelassen. Die Nichterfüllung dieser wesentlichen Vertragsbestimmungen löste denn auch schon bald – im Mai 1803 – einen neuen englisch-französischen Krieg aus.

Die Frage der Verantwortlichkeit für den Bruch des Friedens von Amiens ist häufig mit der grundsätzlicheren nach dem Wesen napoleonischer Außen- und Kriegspolitik überhaupt verknüpft worden. Entsprechende, je nach dem Standort des Verfassers in der einen oder anderen Richtung allzu einseitige Deutungsversuche sind ihrerseits immer wieder durch Untersuchungen in Frage gestellt worden, die sich bemühten, auf Grund einer detaillierten Analyse der Außenpolitik Napoleons die Unhaltbarkeit all jener Prämissen zu erweisen, aus denen man auf eine von Anfang an existierende Grundkonzeption des Kaisers schließen und seine Politik gleichsam zu einer Art Kunstwerk stilisieren zu können glaubte. Vielmehr hätten sich die einzelnen Planungen und Unternehmungen Napoleons aus den jeweiligen Umständen ergeben und seien somit wie von selbst gewachsen. Folgt man dieser Auffassung, die sich heute im wesentlichen durchgesetzt hat, so kann man Napoleon wiederum nicht mehr völlig von der Verantwortung für den Bruch des Friedens von Amiens und alle daraus erwachsenen Ereignisse freisprechen, selbst wenn man die große Bedeutung der Englandkomponente berücksichtigt, ohne die natürlich Napoleon nicht zu verstehen ist. Der Expansionsdrang einer bestimmten europäischen Macht und der traditionelle Wille Großbritanniens, die Hegemonie eines Mannes und eines Staates über den Kontinent unter allen Umständen zu verhindern, um im Interesse der eigenen Sicherheit das europäische Gleichgewicht zu erhalten, sind im Zeitalter Napoleons ebenso schicksalhaft aufeinandergeprallt wie vorher unter Philipp II. oder Ludwig XIV. und später unter Wilhelm II. oder Hitler. Und das Problem des Friedens von Amiens stellt sich uns heute so dar, daß beide Parteien an einer Aufrechterhaltung dieses Vertrages im Grunde gar nicht ernsthaft interessiert waren, der Krieg also geradezu zwangsläufig wiederaufflammen mußte.

Der Erste Konsul beabsichtigte, den Gegner diesmal entscheidend zu treffen. Doch hat er sein großes Vorhaben als endgültig gescheitert ansehen müssen, nachdem die geplante Invasion in England, zu deren Durchführung Bonaparte eine große Landungsarmee bei Boulogne zusammengezogen hatte, im Jahre 1804 durch widrige Winde und die Aufmerksamkeit der britischen Flotte verhindert und ein Jahr später, am 21. 10. 1805, die französischen Seestreitkräfte bei Trafalgar von Nelson vernichtend geschlagen worden waren.

In den gleichen Jahren, die zu diesen Niederlagen im Kampf gegen England führten, erreichte die kontinentale Stellung Napoleons ihren ersten Höhepunkt. Begünstigt durch die großen Erfolge innen- und außenpolitischer Art um die Jahrhundertwende, konnte der Erste Konsul seine cäsarische Herrschaft, die er faktisch schon seit dem 18. Brumaire ausübte, in triumphaler Weise vollenden. Anhänger Napoleons veranlaßten die legislativen Organe, ihm die Kaiserkrone anzubieten, woraufhin ein Senatskonsult vom 18. 5. 1804 das erbliche Kaisertum zum Staatsgrundgesetz erklärte. Bei dem feierlichen Akt am 2. 12. 1804 in der Kathedrale Notre-Dame hat die Mitwirkung Papst Pius' VII. zwar nicht gefehlt, aber Napoleon verstand es, sie auf die religiöse Zeremonie der Salbung einzuschränken, während er anschließend sich selbst und seine Gemahlin Joséphine eigenhändig krönte und durch diese Geste eventuellen päpstlichen Suprematsansprüchen von vornherein einen Riegel vorschob. Obwohl Napoleon I. (1804-1814/15) auch noch nach seiner Erhebung zum »Kaiser der Franzosen« für einige Zeit an der Fiktion festhielt, Frankreich sei Republik, und z. B. den republikanischen Kalender erst 1805 abschaffte, verband er damit gleichzeitig die Einsetzung neuer Institutionen, die eindeutig auf den monarchischen Charakter des napoleonischen Empire abgestimmt waren. Jetzt wurde ein glänzender, von dem Vertrauten Duroc als Oberhofmarschall geleiteter Hofstaat geschaffen, und es gab fortan kaiserliche Großwürdenträger, die seinen conseil privé bildeten sowie Sitz und Stimme in Senat und Staatsrat hatten. Außerdem stiegen 18 verdiente Generäle der Republik zu maréchaux de l'Empire auf, die der Kaiser durch verschwenderische Dotationen eng an sich zu binden suchte und die den Kern eines neuen Adels bildeten. Auch die bereits am 19. 5. 1802 begründete Légion d'honneur war auf den Zweck abgestimmt, Ruhmsucht und Ehrgeiz seinem Herrschaftssystem dienstbar zu machen. Auf der anderen Seite sorgte der Polizeiminister Fouché mit Hilfe seines allgegenwärtigen Machtapparates für eine lückenlose Überwachung der politischen Opposition, die sich immer weniger zu äußern vermochte; eine rigoros gehandhabte Zensur engte das geistige Leben schließlich so ein, daß die bedeutendsten französischen Schriftsteller wie Benjamin Constant oder Germaine de Staël in die Emigration getrieben wurden. Diese zunehmende Unterdrückung der Meinungsfreiheit konnte auch die neue Verfassung nicht verschleiern, wenngleich auf dem Papier alles noch recht liberal aussah und die Volksvertretung in Form von Gesetzgebendem Körper und Tribunat – letzteres wurde im August 1807 abgeschafft – weiter existierte, wobei sie de facto allerdings zu einem Schattendasein von politischer Bedeutungslosigkeit verurteilt war. An der Spitze des Empire stand der erbliche Kaiser, der, sollten legitime Nachkommen ausbleiben, den Thronfolger durch Adoption bestimmen durfte. Der Senat wurde beibehalten; seine Mitglieder ernannte der Souverän teils auf Grund von Wahllisten, teils nach eigenem Ermessen. Auch die Verhältnisse in Italien glich Napoleon denen Frankreichs an, indem er beide Staaten in Personalunion verband, ein Zustand, der bis 1814 Gültigkeit gehabt hat. Im Mai 1805 ließ er sich in Mailand als »König von Italien« und Träger der Lombardenkrone huldigen. Sein Stiefsohn Eugène Beauharnais hat dann als Vizekönig sehr geschickt über dieses Teilreich regiert. Gleichzeitig wurde die Ligurische Republik annektiert und direkt mit Frankreich vereinigt.

Inzwischen war England keineswegs untätig geblieben, sondern hatte versucht, seine Isolierung zu durchbrechen, indem es 1805 vor allem Rußland, Schweden und Österreich für die Dritte Koalition gewann. Ihr Schöpfer war William Pitt der Jüngere, der von 1803 bis zu seinem Tod 1806 wiederum als Premierminister amtierte. Um das eigentliche Ziel des Bündnisses, Frankreich in seine alten Grenzen zurückzuweisen und das Gleichgewicht in Europa wiederherzustellen, ist faktisch bis zum ersten Pariser Frieden von 1814 gerungen worden. Denn zunächst gelang es Napoleon, diese und spätere Allianzen so zu zerschlagen, daß er zwischen 1805 und 1808 seine Hegemonie über Kontinentaleuropa aufrichten und das *Grand Empire* der Jahre um 1810 schaffen konnte. Jedoch hörte die englische Politik, die nach dem Tode Pitts von Canning und seit 1812 von Castlereagh geleitet wurde, nie auf, diese Ambitionen Napoleons zu bekämpfen, und stellte dem Eroberer eine Koalition nach der anderen entgegen.

Daß der Kaiser trotzdem fast ein Jahrzehnt lang immer wieder über seine Gegner zu triumphieren vermochte, verdankte er einem der jeweiligen Situation angepaßten, souverän beherrschten Wechselspiel von Diplomatie und Kriegführung. Ermöglicht wurden seine großen Erfolge in beiden Bereichen zum einen durch die diplomatische Meisterschaft eines Talleyrand, der von 1797-1809 das Außenministerium leitete, und zum anderen vor allem durch jene »Große Armee«, die der Feldherr Napoleon seit 1803 in dem Lager von Boulogne angesammelt hatte und die das wichtigste Instrument seiner auf stete Kriegsbereitschaft abgestimmten Politik darstellte. Dieses Heer beruhte auf dem Konskriptionssystem, d. h. auf einer allgemeinen Wehrpflicht, die durch die Möglichkeit, sich davon freizukaufen und durch erfahrene Veteranen vertreten zu lassen, de facto wiederum eingeschränkt war. Die berühmtesten Truppenführer der im Jahre 1805 250 000 Mann starken Streitmacht waren die Marschälle Davout, Soult, Lannes, Ney, Bernadotte, Marmont, Augereau und Murat. Das Oberkommando aber lag während aller großen Feldzüge in Napoleons Händen selbst, der sich auch insofern revolutionärer Methoden der Kriegführung bediente, als er die Verpflegung seiner Soldaten durch Requirierungen in Feindesland vorsah, was bedeutete, daß die Armee in blitzschnellen Märschen an den Gegner herangebracht und diesem die entscheidende und bis Aspern 1809 immer vernichtende Schlacht aufgezwungen werden konnte. Anschließend besetzte Napoleon die feindliche Hauptstadt und diktierte den Frieden.

Diese Strategie, die erst in Spanien und später in Rußland zu versagen begann, erwies sich zunächst als äußerst wirkungsvoll. Mit seinem Eliteheer zerschlägt Napoleon die Dritte Koalition in den glanzvollen Siegen bei Ulm im Oktober und Austerlitz am 2. 12. 1805. Der Friede von Preßburg vom 25. 12. 1805 zwingt Österreich zum Eingeständnis seiner Niederlage und kostet es neben empfindlichen Verlusten sogar in habsburgischen Kernlanden wie Tirol, das halb an Bayern und halb an das Königreich Italien fällt, die Reste seiner territorialen Besitzungen und seines politischen Einflusses in Oberitalien und in Süddeutschland. Unmittelbare Folge dieser Entwicklung ist die Errichtung des aus 16 Staaten des »Dritten Deutschland«, vor allem aus den neugeschaffenen Königreichen Bayern, Württemberg und aus Baden bestehenden Rheinbundes unter dem Protektorat Napoleons am 16. 7. 1806, woraufhin Franz II. – seit 1804 als Franz I. österreichischer Kaiser – am 6. 8. des gleichen Jahres die deutsche Kaiserkrone niederlegt. Als anschließend Preußen, das seit dem Frieden von Basel gegenüber Frankreich in einer schließlich die Grenzen der politischen Selbstpreisgabe überschreitenden wohlwollenden Neutralität verharrt hat, endlich den Versuch macht, dieser Unterwerfung Deutschlands durch Napoleon Einhalt zu gebieten, bricht am 14. Oktober in der Doppelschlacht von Jena und Auerstedt die völlige militärische Katastrophe über den Hohenzollernstaat herein. Vier Fünftel seines ganzen Territoriums werden durch die französische Armee besetzt, und auch die jetzt im Verein mit den verbündeten Russen durchgefochtenen Schlachten bei Preußisch-Eylau im Februar und Friedland im Juni 1807 vermögen keine Wendung zum Guten mehr herbeizuführen. Im Frieden von Tilsit (7./9. 7. 1807) wird Preußen auf seine ostelbischen Gebiete reduziert, verliert den größten Teil seiner polnischen Besitzungen und muß sich zur Zahlung fast unerschwinglicher Reparationen verpflichten. Außerdem sieht sich Friedrich Wilhelm III. gezwungen, sein Heer auf 42 000 Mann zu beschränken und der Stationierung einer starken französischen Armee im eigenen Land zuzustimmen. Gleichzeitig schließt Zar Alexander von Rußland mit Napoleon nicht nur einen Frieden ohne alle Auflagen, sondern wechselt sogar ins französische Lager über. Aus den von Preußen abgetretenen Ländern westlich der Elbe sowie dem Kurfürstentum Hessen-Kassel und dem Herzogtum Braunschweig bildet Napoleon das Königreich Westfalen unter seinem Bruder Jérôme und aus den ehemals preußischen Gebieten in Polen, zu denen 1809 noch das vorher österreichische Galizien hinzukommt, das Herzogtum Warschau, das in Personalunion mit dem zum Königreich erhobenen Sachsen verbunden wird. Beide Staatsgründungen gehören ebenfalls dem Rheinbund an, der jetzt also bis zu Weichsel und Bug reicht. Und durch das Bündnis mit Rußland gewinnt Napoleon nach Osten hin auch eine willkommene Rückendeckung jenseits seiner eigenen Machtsphäre.

Gerade dieses Vertragswerk von Tilsit und seine Auswertung durch den Sieger lassen am deutlichsten erkennen, wie sich der Kaiser eine Umgestaltung Europas vorstellte. Seitdem er durch die Siege bei Austerlitz, Jena und Friedland die Hegemonie über Europa ganz unzweideutig errungen hatte, gingen seine Planungen weit über Frankreich hinaus, und er strebte nun offensichtlich die politische und wirtschaftliche Einigung des Kontinents unter französischer Führung an, wobei er sich in bewußter Stilisierung an dem Modell des römischen Kaisertums orientierte, andererseits aber auch Karl den Großen und sein Imperium als Vorbild begriff. Der Widerstand, den Großbritannien dem stufenweisen Ausbau des französischen Empire zu einem europäischen *Grand Empire*, dessen Mittelpunkt natürlich weiterhin Frankreich blieb, entgegensetzte, trieb Napoleon wiederum verstärkt dazu an, Europa in einer Art Universalmonarchie zusammenzufassen. Stets blieb es jedoch sein erklärtes Hauptziel, »die Engländer, diese Erbfeinde unserer Nation«, wie es in einem Armeebefehl vom 26. 10. 1806 heißt, auf die Knie zu zwingen. Dies versuchte er auch auf dem Weg des Handels- und Wirtschaftskrieges zu erreichen, indem er am 21. 11. 1806 von Berlin aus die Kontinentalsperre verhängte, die durch das Mailänder Dekret (17. 12. 1807) sowie die Dekrete von Trianon (5. 8. 1810) und von Fontainebleau (19. und 25. 10. 1810) noch erheblich verschärft wurde und die es England unmöglich machen sollte, seine industriellen Produkte auf dem europäischen Markt abzusetzen.

Die französischen oder von Frankreich beherrschten Gebiete gehörten von vornherein diesem System an. Und dort, wo man es freiwillig nicht akzeptieren wollte, gaben des Kaisers Heere den letzten Ausschlag. Das Königreich Neapel hatte er schon im Dezember 1805 seinem Machtbereich einverleibt, Portugal und Spanien folgten 1807/08. Reichte die mittelbare Abhängigkeit eines formal noch selbständigen Territoriums zur lückenlosen Durchführung der Kontinentalsperre nicht aus, so vereinigte es Napoleon kurzerhand direkt mit Frankreich, wie etwa Etrurien (1807/08), den Kirchenstaat einschließlich Roms (1809) – wobei er Papst Pius VII. als weltlichen Herrscher absetzte und in Savona quasi gefangen hielt –, das im Frieden von Schönbrunn erworbene Illyrien (1809) oder den schweizerischen Kanton Wallis (1810). Das gleiche Schicksal widerfuhr Holland, als Napoleon diesen seit 1806 als Königreich bestehenden Staat nach der Abdankung und Flucht seines Bruders Louis 1810 rücksichtslos seinem eigenen Kaiserreich angliederte, und schließlich sogar der deutschen Nordseeküste, als er im Dezember des gleichen Jahres durch einen Federstrich den nördlichen Teil Hannovers, Oldenburg sowie die drei Hansestädte bis Travemünde an der Ostsee annektierte, damit auch in dieser Region, wo der Schmuggel besonders blühte, die Blockade gegen England rigoros durchgeführt werden könnte. Weiter nördlich kontrollierte Napoleon die jütländische und die norwegische Küste durch ein Bündnis, das Dänemark nach dem Überfall der britischen Flotte auf Kopenhagen 1807 mit Frankreich abgeschlossen hatte, und im Osten endlich beteiligte sich das verbündete Rußland – allerdings etwas halbherzig – an der Kontinentalsperre, die damit allseitig abgerundet war und in der ständigen Kombination mit der parallellaufenden militärischen Auseinandersetzung England zweifellos bis hart an den Rand des Abgrunds führte.

Aber auch für Frankreich und darüber hinaus für den von diesem beherrschten Kontinent zog sie einschneidende und umwälzende Konsequenzen nach sich. So zerstörte sie jenen Atlantikhandel, der im 18. Jahrhundert den zentralen Nerv der europäischen, vor allem französischen Wirtschaft dargestellt hatte und dessen Schwerpunkte neben Lissabon, Hamburg und Kopenhagen die Biskaya-Häfen wie La Rochelle und Bordeaux, aber auch Marseille am Mittelmeer gewesen waren. Ihr Hinterland reichte bis ins Innere des alten Kontinents, da z. B. die bedeutende Leinenindustrie Deutschlands zum großen Teil auf den Export nach Amerika angewiesen war, der über die genannten Häfen abgewickelt wurde. In demselben Maße, in dem der bis dahin vorwiegend maritime Charakter der kontinentaleuropäischen Wirtschaft durch die Seeblockade, die England während der langen Kriegsepoche von 1793-1814, vor allem aber seit Verhängung der Kontinentalsperre ausübte, verlorenging, wußte sich der Inselstaat für ein Jahrhundert das Monopol des Überseehandels zu sichern. Infolgedessen geriet eben die Leinenproduktion in eine nahezu tödliche Strukturkrise und wurde zunehmend durch die damals relativ rasch aufblühende Baumwollverarbeitung verdrängt.

Gerade darin ist andererseits der positive Aspekt der Kontinentalsperre zu sehen, daß nämlich das napoleonische Europa gezwungen war, eigenständige Industrien aufzubauen, um den Ausfall der englischen Importe wettzumachen. Napoleon hat diese Entwicklung natürlich gefördert. Die Industrielle Revolution griff jetzt endgültig von England aus auf den Kontinent über, was besonders deutlich der »strategisch wichtige Bereich« [21] der Baumwollindustrie erkennen läßt, die schon weitgehend auf maschinellen Produktionsmethoden beruhte, also die Errichtung regelrechter Fabriken zur Serienherstellung von Textilien ausgesprochen begünstigte. In ihrem Gefolge kamen auch andere, vom Stempel der neuen Technik geprägte Industriezweige auf, wie z. B. Maschinenbau, chemische Betriebe und allererste Ansätze zu moderner Montanindustrie. Die sozialen Fortschritte, denen die Französische Revolution den Weg gebahnt hatte und die ihr Erbe Napoleon direkt oder indirekt in weiten Teilen Europas heimisch machte,

d. h. die Beseitigung der Grundherrschaft und des Zunftwesens zugunsten der Gewerbe- und Unternehmensfreiheit, wirkten sich in diesem Zusammenhang gleichfalls sehr positiv aus.

Zwar hätte die technische Revolution, deren Ausstrahlungen ja schon vor 1789 nachzuweisen sind, auch ohne Napoleon auf dem Kontinent Fuß gefaßt und sich in mancherlei Hinsicht sogar rascher ausgebreitet. Jedoch hat der tatsächliche geschichtliche Verlauf ihren Siegeszug unlöslich mit den wirtschaftspolitischen Maßnahmen des Kaisers verknüpft. Unter deren Einfluß bildeten sich in Nordostfrankreich, im Elsaß sowie in den dem französischen Empire angegliederten Ländern Belgien, Berg und Rheinland moderne Großindustrien aus, die auch den schweren Rückschlag, der nach Napoleons Sturz mit der Aufhebung der Kontinentalsperre eintrat, im großen und ganzen überdauert haben. So hat sich im napoleonischen Zeitalter der wirtschaftliche Schwerpunkt Frankreichs und des von ihm beherrschten Westmitteleuropa von der Atlantikküste in die Länder längs des Rheins verlagert.

Aber nicht nur im politischen und wirtschaftlichen, sondern auch im kulturellen Bereich sind von Napoleon wesentliche Impulse ausgegangen. Das trifft in erster Linie auf die bildende Kunst zu, weniger auf die Literatur, die sich überwiegend in ausgesprochener Protesthaltung zum Kaiserreich befunden hat. Aus der Auflösung des Rokoko und dem Gegensatz zur höfischen Kultur des Barock erwächst im letzten Drittel des 18. Jahrhunderts eine neue Hinwendung zur Antike, die in Deutschland griechenbezogen ist, während sie im Frankreich der Großen Revolution einen härteren und entschiedeneren Charakter annimmt, der sich auf das republikanische Rom beruft und seine größte Aussagekraft in der Malerei Jacques Louis Davids erfährt (z. B. »Schwur der Horatier« oder »Raub der Sabinerinnen«). Auch die Plastik – vertreten durch Canova, François Rude und David d'Angers – bleibt klassizistischer Formenstrenge verpflichtet, selbst wenn sie, wie bei Rude, von revolutionärem Sendungsbewußtsein durchdrungen ist. Gleiches gilt von der Architektur, in der sich der von Frankreich stets erhobene Anspruch, legitimer Erbe Roms zu sein, in besonders sinnfälliger Weise manifestiert. Stärker als jedes andere Kunstwerk der Zeit verrät der damals begonnene *Arc de triomphe,* daß für seinen Initiator Napoleon die an der Antike orientierte Gestaltungsweise mehr ist als eine bloß ästhetisierende Nachahmung, weil er sie als der eigenen Cäsarennatur zutiefst wesensgemäß empfindet.

Im Gegensatz dazu wirkt die französische Literatur in der Ära des Empire ebenso wie schon die der Revolutionsepoche ziemlich mittelmäßig. Es ist sicher nicht erstaunlich, daß eine von solch gewaltigen Erschütterungen erfüllte Zeit eher ein theoretisches Schrifttum philosophischen und historisch-politischen Charakters begünstigt hat als die reine Dichtung. Hinzu kommt, daß Napoleon »das Klima einer überwachten und kontrollierten Literatur« zu schaffen versteht, so wie vor ihm Ludwig XIV., »nur mit mehr Energie und weniger Glück« als dieser. [22] Infolgedessen tragen gerade die bedeutendsten literarischen Äußerungen den Stempel des Oppositionellen; das trifft vor allem auf die beiden größten Autoren der Epoche, auf Chateaubriand und Frau von Staël zu, die als erbitterte Gegner Bonapartes meist in der Emigration leben, nachdem frühe Versuche, sich mit dem Ersten Konsul zu arrangieren, gescheitert sind.

Die innere Opposition der politisch engagierten Schriftsteller niederzuhalten, ist Napoleon stets gelungen, nicht jedoch, den anschwellenden Widerstand von außen zu brechen, den er in solchem Ausmaß nicht vorausgesehen hatte: an der Auflehnung der Völker gegen seine Herrschaft ist er letztlich gescheitert. Denn die seit dem Frieden von Tilsit immer krasser geübte Praxis der Unterdrückung, hervorgehend aus der Wechselwirkung des Kampfes gegen England und der Errichtung einer Universalmonarchie in Europa, rief schließlich zwangsläufig Reaktionen in den betroffenen Ländern hervor. Die revolutionäre Idee der lebendigen Synthese von Staat und Nation und späterhin die geniale Persönlichkeit Napoleons und der Glaube der von ihm Geführten an seine Unbesiegbarkeit hatten die französischen Heere lange Zeit mit einer moralischen Überlegenheit und einem unwiderstehlichen Elan ausgestattet, vor denen die Staaten des alten Europa wie Kartenhäuser zusammengestürzt waren. Sobald jedoch die in Frankreich geborenen Prinzipien auf die anderen Völker zurückwirkten, legten sie in ihnen geistige Kräfte frei, die wiederum das materielle Übergewicht, das Napoleons Gegner in ihrer Gesamtheit ja durchaus besaßen, erst richtig zur Geltung brachten. Ohne daß der Kaiser dies natürlich beabsichtigt hätte, begünstigte seine Machtentfaltung diese Entwicklung sogar, erwachten doch unter dem Druck seiner Zwangsherrschaft die mißachteten nationalen Empfindungen der Völker aus dem Stadium noch schlummernder Instinkte zu lebendigem und alsbald leidenschaftlichem Bewußtsein ihrer selbst. Napoleon indes erkannte diese zum äußersten Opfer entschlossene Begeisterungsfähigkeit in ihrer für ihn so gefährlichen Elementarkraft nicht. Auf Grund seiner bisherigen Erfahrungen und seiner eigenen so stark rational-mathematischen Geisteshaltung rechnete er allzu lange mit der Staatsraison einer Kabinettspolitik aus vorrevolutionärer Zeit. Infolgedessen betrachtete er die neuen Energien als »Ideologien«, auf die er keine Rücksicht zu nehmen brauchte. Dieses in seiner Natur begründete Unvermögen, die irrationale Dynamik des modernen Nationalismus in Europa, den er selbst als Antithese zu seiner Universalherrschaftsidee heraufbeschworen hatte, zu begreifen, ist ihm – wie vor allem die außerfranzösische Geschichtsforschung immer wieder betont hat – schließlich zum Verhängnis geworden.

Die ersten Regungen dieser »Erhebung der Völker« konnte Napoleon allerdings noch verhältnismäßig rasch überwinden, als er am 5./6. 7. 1809 bei Wagram Österreich zum vierten Male niederwarf, während seine Marschälle oder Bundesgenossen in Tirol und Norddeutschland ausbrechende Aufstände erstickten. Der Friede von Schönbrunn vom 14. 10. 1809 reduzierte den Habsburgerstaat, der seine Zugänge zur Adria an Frankreich abtreten mußte, zu einer zweitrangigen Macht. Aber diesen Sieg hatte Napoleon doch nicht mehr so leicht zu erringen vermocht wie früher; in der Schlacht bei Aspern hatte er am 21./22. 5. 1809 seine erste Niederlage erlitten. Und in Spanien gestaltete sich die Situation für ihn zunehmend aussichtsloser. Er hatte ja den Feldzug von 1808 in der Absicht begonnen, auch dieses Land, das in seiner seit dem Basler Frieden von 1795 bestehenden Bündnistreue gegenüber Frankreich unzuverlässig geworden war, seinem Reich und der Kontinentalsperre einzufügen. Obwohl er durch die berüchtigte Intrige von Bayonne Karl IV. und seinen Sohn Ferdinand (VII.) zur Abdankung gezwungen, persönlich Madrid erobert und seinen Bruder Joseph als König eingesetzt hatte, war der Krieg damit keineswegs, wie er geglaubt hatte, beendet, sondern schwelte unter der Oberfläche unvermindert fort. Die in ihrem Nationalstolz und überdies wegen der Gefangensetzung des Papstes in ihrem kirchentreuen Katholizismus tief getroffenen Spanier setzten sich in allerorten aufflammenden Aufständen erbittert gegen diese Usurpation ihres Thrones zur Wehr und drängten die französischen Truppen allmählich hoffnungslos in die Defensive. Mit Hilfe der militärischen und finanziellen Unterstützung Großbritanniens breitete sich dieser kräfteverzehrende Guerillakrieg mehr und mehr aus und steigerte sich schließlich zu von Wellington geleiteten regulären militärischen Operationen großen Stils, die nach der entscheidenden Niederlage der Franzosen bei Vitoria im Juni 1813 zur völligen Befreiung des Landes geführt haben.

Zu ihrer stärksten Ausprägung aber sind die neuen ideellen Kräfte in dem Staat gelangt, der von Napoleon am empfindlichsten gedemütigt worden war, in Preußen. Die dort schon vor 1806 entstandene philosophisch-idealistische Bewegung streifte unter den Schlägen des Imperators den unpolitisch-ästhetischen und weltbürgerlichen Charakter ihrer Anfänge weitgehend ab, um einen fast schon exaltiert anmutenden Nationalismus auszubilden, ohne den die von Stein und Hardenberg getragenen Reformen seit 1807 und die Erhebung von 1813 nicht möglich gewesen wären.

Jedoch bedurfte es zur Abschüttelung der napoleonischen Herrschaft der materiellen Unterstützung durch einen starken Staat. Dieser konnte indessen nur Rußland sein, weil die Seemacht England zwar die Festlandstaaten zum Durchhalten zu ermutigen, nicht aber einen militärischen Zusammenbruch der Landmacht Frankreich zu bewirken vermochte. Aller Augen waren daher auf die Entwicklung der Beziehungen zwischen Zar Alexander und Napoleon gerichtet.

Schon früh sollte sich erweisen, wie fragwürdig es um das Bündnis, das beide zu Tilsit geschlossen hatten, in Wirklichkeit bestellt war. Die auf dem rein optisch wohl den Höhepunkt von Napoleons Prestige symbolisierenden Treffen zu Erfurt im Oktober 1808 verabredete Teilung Europas in zwei Machtsphären ließ sich nicht reinlich durchführen. Der Kaiser, der immer damit rechnen mußte, Rußland eines Tages wieder auf der Seite seiner Gegner zu finden, dachte nicht daran, Alexander die so heiß erstrebte Eroberung Konstantinopels und der Meerengen zuzugestehen, weil dies eine Gefährdung der französischen Mittelmeerinteressen bedeutet hätte. Der Zar hingegen betrachtete die Annexion von Illyrien und Dalmatien 1809 als Eingriff in die russische Einflußzone auf dem Balkan. Darüber hinaus bot die größte Reibungsfläche zwischen beiden Herrschern ihre Rivalität im polnischen Raum, dessen Westhälfte seit dem Frieden von Tilsit als Herzogtum Warschau ja unter der Kontrolle Frankreichs stand. Angesichts dieser Konfliktmöglichkeiten hat Napoleon sich beizeiten nach einem neuen Bundesgenossen umgesehen, den er nach 1809 in Österreich zu finden glaubte. Die Heirat mit der Kaisertochter Marie-Luise im April 1810, derentwegen er seine erste Ehe mit Joséphine Beauharnais auflösen ließ, war nicht zuletzt auf eine solche Allianz hin abgestimmt, obwohl bei diesem Schritt vor allem die Erwägung eine Rolle gespielt haben dürfte, durch eine so enge Verbindung mit dem ältesten Fürstenhaus Europas das eigene Kaisertum nachträglich mit dem Stempel einer monarchischen Legitimität zu versehen, die der aus der Revolution emporgestiegene »Usurpator« in den Augen des konservativen Europa ja keineswegs unbestritten besaß. Schließlich erhoffte sich Napoleon von seiner jungen Gemahlin einen Erben, der die Kontinuität der Dynastie Bonaparte sichern sollte. So schien sein Glück vollkommen, als ihm am 20. 3. 1811 ein Sohn, der »König von Rom« geboren wurde. Das Jahr 1811 markiert den Höhepunkt seiner Herrschaft über Europa, zugleich jedoch auch die Peripetie seines bisher so steil nach oben verlaufenen Schicksalsweges. Denn Rußland, dessen Prinzessinnen zeitweise ebenfalls im Blickfeld der napoleonischen Heiratspläne gestanden hatten, betrachtete die Vermählung mit Marie-Luise als ein Mißtrauensvotum gegen sich und reagierte, ohnehin gereizt durch die angedeuteten Konflikte im außenpolitischen Bereich, mit der teilweisen Aufhebung der Kontinentalsperre, unter der seine Wirtschaft schon erheblich gelitten hatte. Damit aber war die Hauptwaffe des Kaisers in seinem Kampf gegen England schon weitgehend entschärft.

Infolgedessen entschloß er sich im Jahre 1812, die Entscheidung in diesem Ringen an der äußersten Peripherie des Erdteiles zu suchen, um den Zaren wiederum zur strikten Durchführung der Blockade zu zwingen, wobei er nicht nur Franzosen, sondern Truppen aus ganz Europa – unter ihnen selbst preußische und österreichische Kontingente – in einer Gesamtstärke von rund 500 000 Mann mobilisierte. Die sehr geschickte russische Strategie des ständigen Zurückweichens vor dem Feind, der von Napoleon nicht recht genutzte Sieg von Borodino (7. 9. 1812), der Brand von Moskau und der zur faktischen Vernichtung der Großen Armee führende apokalyptische Rückzug durch die Schneewüsten des Ostens im Spätherbst und Winter 1812 haben jenes Vorhaben zunichte gemacht. Die unmittelbare Folge dieser Katastrophe der napoleonischen Streitmacht in Rußland ist die am 30. 12. 1812 zwischen den preußischen und russischen Generälen Yorck und Diebitsch zu Tauroggen abgeschlossene Konvention gewesen, durch die das preußische intaktgebliebene Truppenkorps neutralisiert wurde. Darüber hinaus hat sie die sofortige Erhebung Preußens und am 28. 2. 1813 zu Kalisch auch ein förmliches Bündnis des Hohenzollernstaates mit dem Zarenreich gegen Napoleon nach sich gezogen. Bei dieser Gelegenheit wurde von den Vertragschließenden feierlich erklärt, daß der bevorstehende Kampf der Befreiung Deutschlands von französischer Fremdherrschaft diene, ein Ziel, das auch König Friedrich Wilhelm III. in seinem berühmten Aufruf »An mein Volk« vom 17. 3. 1813 verkündete.

Der anschließend in Sachsen ausgetragene Frühjahrsfeldzug von 1813 zeigte, daß die verbündeten Russen und Preußen viel gelernt hatten, obwohl Napoleon immer noch siegreich focht. Aber seine aus blutjungen Rekruten bestehende Armee, die er noch einmal aus dem Boden gestampft hatte, war ihrer Qualität nach nicht mehr die alte. Dagegen war auf der Gegenseite die Dämonie des modernen Nationalismus erwacht, die sich der Genialität Napoleons jetzt schon als gleichrangig und bald als überlegen erweisen sollte. Zwar wurden die Alliierten am 2. 5. bei Groß-Görschen und am 20. und 21. 5. 1813 bei Bautzen geschlagen, jedoch fühlte sich auch Napoleon trotz dieser schwererrungenen Erfolge militärisch so regenerationsbedürftig, daß er am 4. 6. mit seinen Gegnern den zunächst auf sechs Wochen, dann bis zum 10. 8. 1813 befristeten Waffenstillstand von Pläswitz abschloß. Daraufhin zogen sich die Verbündeten hinter die Neiße nach Schlesien zurück, während Napoleon in Sachsen seine Armee zu reorganisieren und zu verstärken suchte. Vor allem aber versuchten in diesen Wochen beide Parteien, Österreich, das seine Armee ebenfalls aus der russischen Katastrophe hatte retten können und seitdem in bewaffneter Neutralität als interventionsbereite Macht Gewehr bei Fuß stand, auf ihre Seite zu ziehen. Die zwischen Preußen, Rußland und der Habsburgermonarchie zu Opocno und Reichenbach geführten Verhandlungen haben schließlich letztere dazu bewogen, eine großangelegte Vermittlungsaktion zu unternehmen, die in dem berühmten neunstündigen Gespräch zwischen Metternich – seit 1809 Österreichs Staatskanzler – und Napoleon im Palais Marcolini zu Dresden am 26. 6. 1813 gipfelte. Die Bedingungen, die Metternich damals zur Erhaltung des Friedens stellte, verlangten von Frankreich die Auflösung des Herzogtums Warschau, die Rückgabe der illyrischen Provinzen an Österreich sowie die Räumung der preußischen Festungen, der Hansestädte und Oldenburgs. Bekanntlich hat aber Napoleon diese Forderungen nicht akzeptiert und sich auch auf dem Anfang August zu Prag stattfindenden Kongreß, an dem sein Beauftragter Caulaincourt teilnahm, so wenig nachgiebig gezeigt, daß ihm endlich ein bis zum 10. 8. befristetes Ultimatum gestellt wurde, das ihm auch noch die Auflösung des Rheinbundes und die Wiederherstellung Preußens in seinen alten Grenzen zur Auflage machte. Unmittelbar nach Napoleons Weigerung, darauf einzugehen, trat Österreich am 12. 8. 1813 dem Bündnis offiziell bei und erklärte Frankreich den Krieg.

Die zweite und – wie jedermann fühlte – entscheidende Phase des deutschen Befreiungskrieges begann mit dem sog. Herbstfeldzug von 1813. Die Alliierten Rußland, Preußen, Schweden und Österreich, die durch bereits am 14. und 15. 6. abgeschlossene Subsidienverträge von Großbritannien finanziell unterstützt wurden, bildeten jetzt drei Armeen gegen den in Sachsen von der inneren Linie her operierenden Napoleon: die Böhmische Hauptarmee unter Schwarzenberg, bei der sich auch die drei verbündeten Monarchen Alexander I., Friedrich Wilhelm III. und Franz I. aufhielten, die Schlesische Armee unter Blücher und Gneisenau und schließlich die Nordarmee unter dem schwedischen Kronprinzen Karl Johann, dem 1810 von Karl XIII. adoptierten ehemaligen Marschall Bernadotte. Der Kriegsplan sah vor, daß die jeweils von Napoleon angegriffene Armee sich zurückzuziehen habe, während gleichzeitig die anderen beiden Heereseinheiten den Kaiser im Rücken und in den Flanken bedrohen sollten. Diese Strategie gab den folgenden Wochen das Gepräge und führte bei Leipzig zum Erfolg. Hier ist es zwischen dem 16. und 19. 10. 1813 zu jener Völkerschlacht gekommen, in der Napoleon nunmehr eindeutig unterlag und in eine solche Bedrängnis geriet, daß er den Rückzug antreten mußte. Im November 1813 überschritt er bei Mainz den Rhein und unternahm in Frankreich letzte Anstrengungen, um den jetzt zu erwartenden Angriff der Alliierten auf das Kerngebiet seines Reiches abwehren zu können, nachdem er ein neuerliches, unter den damaligen Umständen sehr großzügiges Friedensangebot Metternichs, das ihm selbst nach Leipzig die Alpen- und Rheingrenze belassen hätte, abermals abgelehnt hatte.

Mittlerweile jedoch gehörte das von ihm in Mitteleuropa errichtete Herrschaftssystem bereits der Vergangenheit an. Die Niederlagen seiner Unterfeldherrn im August und September hatten seine deutschen Verbündeten sogleich schwankend werden lassen. Zuerst fiel Bayern offen von ihm ab und stellte sich am 8. 10. im Vertrag von Ried auf die Seite seiner Gegner. In den Folgewochen gingen Rheinbundtruppen in großer Zahl zu den Alliierten über, und nach Leipzig schlossen sich auch die Fürsten diesem Vorgehen ihrer Soldaten an, indem sie ganz offiziell das Lager wechselten, so daß der Rheinbund bis zum Jahresende aufgelöst war; nur die Könige von Sachsen und Dänemark bewahrten Napoleon weiterhin die Treue. Seine letzte Schlacht auf deutschem Boden, die bei Hanau am 30. und 31. 10. 1813, mußte der Kaiser schon gegen bayerische Truppen schlagen, um sich den

Rückweg nach Frankreich zu erkämpfen. Relativ langsam folgten ihm in den regenschweren Wochen des Spätherbstes 1813 die Armeen der Alliierten und befreiten Deutschland von der französischen Herrschaft. Das Königreich Westfalen sowie die Großherzogtümer Frankfurt und Berg verschwanden von der politischen Landkarte, während sich die alten Regierungen von Hessen-Kassel, Braunschweig, Hannover und Oldenburg wieder etablierten und die von dem Freiherrn vom Stein geleitete »Zentralverwaltung für die in Deutschland eroberten Länder« in Kerngebieten des bisherigen Rheinbundes, also in Sachsen, Frankfurt und Berg, die notwendigen gegen Napoleon gerichteten Kriegsrüstungen organisierte. Dies geschah zu einer Zeit, in der Bülow die Franzosen aus Holland vertrieb, wo auf die Kunde der Entscheidung von Leipzig der Aufstand ausgebrochen war, Bernadotte Dänemark am 14. 1. 1814 zum Verlustfrieden von Kiel zwang, der es Norwegen kostete, und außerdem die Österreicher in Italien einrückten; sie stellten dort die alte Ordnung wieder her, wobei sie allerdings in Neapel die Herrschaft des inzwischen von Napoleon abgefallenen Murat tolerierten.

Das *Grand Empire* Napoleons brach also innerhalb von drei Monaten vollständig zusammen, aber der Krieg gegen ihn war damit noch keineswegs beendet, denn die Alliierten beschlossen am 1. 12. 1813, ihn energisch fortzusetzen und nach Frankreich hineinzutragen. Im Dezember standen Schwarzenberg und Blücher am Rhein, den der Österreicher bei Basel, der Preuße in der Neujahrsnacht bei Kaub überschritt. Das Plateau von Langres wurde von Januar bis März zum Schauplatz des Winterfeldzuges von 1814, in dem Napoleon noch einmal seine ganze Feldherrnkunst gezeigt hat. Jedoch waren seine Kräfte zahlenmäßig viel zu schwach, um mehr als eine Verzögerung seiner Katastrophe bewirken zu können. In geschickten Operationen suchte er seine Gegner einzeln zu überraschen und zu schlagen. Dank seiner blitzschnellen Marschbewegungen gelang es ihm auch in zahlreichen Schlachten und Gefechten, preußische, russische und österreichische Heeresteile zu werfen und voneinander getrennt zu halten, so daß die Vereinigung der Armeen Blüchers und Schwarzenbergs – unabdingbare Voraussetzung für einen erfolgreichen Vorstoß auf eine so große Stadt wie Paris – längere Zeit verhindert werden konnte. Damals boten ihm die in Châtillon konferierenden Alliierten sogar noch einmal den Frieden an, diesmal auf der Basis der Grenzen von 1792, jedoch wiederum vergebens, da Napoleon jetzt die früher als zu gering erachtete Rheinlinie forderte. So ging dieser Kongreß (5. 2. bis 19. 3. 1814) schließlich ergebnislos auseinander.

Aber danach hat Napoleon auch das Kriegsglück verlassen. Im März verlor er gegen Schwarzenberg die Schlachten bei Bar-sur-Aube und Arcis-sur-Aube und gegen Blücher die von Laon. Daraufhin marschierten die verbündeten Heere auf Paris, in das die drei Monarchen an der Spitze ihrer Armeen einzogen, nachdem der französische

Widerstand am Montmartre (30. 3. 1814) erfolglos geblieben und Napoleons Entsatzversuch zu spät gekommen war. Da Soult dem inzwischen von Spanien aus nach Südfrankreich vordringenden Wellington bei Toulouse (10. 4. 1813) ebenfalls unterlag, stellten die kaiserlichen Truppen den aussichtslos gewordenen Kampf ein. Schon am 2. 4. hatte der Senat auf Betreiben Talleyrands Napoleons Absetzung verfügt, und nun sagten auch die Marschälle mit Ney als ihrem Sprecher an der Spitze ihrem Herrn die Gefolgschaft auf. Das gab den Ausschlag: am 4. und 6. bzw. 12. 4. 1814 dankte der Kaiser der Franzosen ab, zunächst noch zugunsten seines Sohnes und schließlich bedingungslos. Acht Tage später nahm er im Schloßhof von Fontainebleau in einer großen historischen Szene Abschied von seinen Getreuesten, der Alten Garde, um sich, geleitet von alliierten Offizieren, auf die Insel Elba zu begeben, die ihm die Siegermächte als Exil und souveränes Fürstentum zugewiesen hatten. Außerdem waren ihm 2 Millionen Francs Einkünfte aus Frankreich, die Unterhaltung einer Truppe von 800 Mann seiner alten Soldaten und die Weiterführung des Kaisertitels zugebilligt worden; seine Gemahlin Marie-Luise erhielt das Herzogtum Parma. Am 4. 5. 1814 landete der entthronte Imperator auf Elba, bezog in dessen Hauptort Portoferraio seine Residenz und entfaltete alsbald eine administrative Aktivität wie in seinen besten Tagen. Sein Hauptaugenmerk blieb jedoch auf Frankreich gerichtet, wo sich zwischen den zurückgekehrten Bourbonen und einem großen Teil der französischen Nation in kurzer Zeit eine Konfliktsituation auszubilden begann, die einen Napoleon nicht gleichgültig lassen konnte.

4. Von der ersten zur zweiten Restauration.
  Die Hundert Tage (1814/15)

Mit der Besetzung der französischen Hauptstadt durch die Heere der Siegerkoalition und der Abdankung Napoleons war der Weg frei geworden, in Frankreich die Monarchie der Bourbonen wieder einzuführen. Damit etablierte sich im Lande der Großen Revolution als Nachfolgestaat des Empire ein politisches System, das als das der »Restauration« in die Geschichte eingegangen ist.[23] Daß das Werk der inneren Konsolidierung Frankreichs als Voraussetzung für eine Befriedung Europas nach mehr als 20jährigen kriegerischen Erschütterungen den Bourbonen übertragen wurde, war zunächst keineswegs selbstverständlich, vielmehr auf die Initiative Talleyrands zurückzuführen. Denn er war damals Chef und Außenminister einer am 1. 4. 1814 aus Männern wie Dalberg, Jaucourt, Beurnonville und Montesquiou gebildeten provisorischen Regierung, die in dem Interim zwischen der Absetzung Napoleons durch den Senat und der Rückkehr der Bourbonen amtierte. In ihm trat den siegreichen Alliierten ein Staatsmann entgegen, der bis heute als einer der größten Meister diplomatischer Kunst gilt und dem es in kurzer Zeit gelingen sollte, das völlig niedergerungene Frankreich wieder zum gleichberechtigten Partner in jenem Mächtekonzert der sog. Pentarchie zu erheben, das jetzt auf der Grundlage des europäischen Gleichgewichts und des in der Heiligen Allianz gleichsam institutionalisierten Prinzips der Legitimität neu konstituiert wurde.

Charles Maurice Herzog von Talleyrand-Périgord (1754-1838) entstammt einem Geschlecht, das bis ins 9. Jahrhundert zurück nachweisbar und ebenso alt ist wie das der Kapetinger. Wie viele Abkömmlinge der hohen Aristokratie wird der junge Charles Maurice für den geistlichen Stand bestimmt und bringt es bereits mit 34 Jahren zum Bischof von Autun. Da die innere Bindung des überzeugten Voltairianers an das katholische Dogma nicht sehr tief gewesen sein kann, fällt es ihm nicht schwer, sich zur Revolution zu bekennen und dies anläßlich des berühmten Nationalfestes vom 14. 7. 1790 auf dem Marsfeld in aufsehenerregender Weise auch öffentlich zu bekunden. Die Exkommunikation, die ihn als vereidigten Priester trifft, beantwortet er mit dem Austritt aus dem geistlichen Stand (1791 Demission als Bischof, 1802 Laisierung durch päpstliches Breve). Schon in dieser frühen Zeit erweist sich Talleyrand als einzigartiger Menschenkenner, der die Sprache virtuos dazu benutzt, mit Worten das Eigentliche zu verbergen und sich nie eindeutig zu exponieren. Diese Gabe verbindet er mit einer selbst für die gefährliche Zeit, in der er lebt, außergewöhnlichen Anpassungsfähigkeit an politische Machtkonstellationen, der die Bedenkenlosigkeit in der Wahl seiner Mittel durchaus entspricht. Bei alledem bleibt Talleyrand sich selbst immer treu, und nie gibt er seinen Persönlichkeitskern oder seine innere Freiheit preis. So gesehen ist seine Laufbahn weniger skandalös, als sie so vielen seiner Zeitgenossen und auch der Nachwelt noch häufig erschien, und die moderne Geschichtsschreibung hat denn auch im Grunde zu dem Urteil Goethes, der Talleyrand als den besten Diplomaten seiner Zeit bewunderte, zurückgefunden, indem sie ihn in mehreren erlesenen biographischen Werken[24] vom Odium der Charakterlosigkeit befreit hat, ebenso wie übrigens Metternich, seinen kongenialen Partner auf der damaligen historischen Weltbühne. Unter diesem Blickwinkel werden die verschlungenen Pfade des politischen Lebensweges Talleyrands durchschaubarer und verständlicher: seine Flucht nach England und Amerika während der Schreckensherrschaft, seine Rückkehr nach Frankreich zur Zeit des Direktoriums, dem er seit 1797 als Außenminister dient, seine Annäherung an Napoleon, den er frühzeitig als den kommenden Mann erkennt und unter dem er dasselbe Amt bis 1807 innehat, wobei er durch eine Reihe von Denkschriften die Eroberungssucht des Kaisers einzudämmen und ihn zu einer Politik des Friedens zu überreden versucht. Als er sich jedoch der Einsicht nicht mehr verschließen kann, daß er tauben Ohren predigt, wendet er sich von

Napoleon ab und nimmt Kontakt zu den Siegern von morgen auf, besonders zu Alexander von Rußland, auf den er seit den Tagen von Erfurt 1808 einen starken Einfluß ausübt. Und diese Beziehung kommt ihm jetzt zustatten, als er im Frühjahr 1814 mit dem Zaren, der damals als das eigentliche Haupt der festländischen Koalition, gleichsam als der Schiedsrichter Europas gilt, erneut zusammentrifft, um für Frankreich die unter den obwaltenden Umständen besten Bedingungen auszuhandeln.

Bereits am Tage des Einzugs der verbündeten Monarchen in Paris (31. 3. 1814) arbeiteten Talleyrand und Nesselrode, der Außenminister des Zaren, eine Proklamation aus, die nach einigen Abänderungen, die auf eine Schonung des empfindlichen Nationalstolzes der Franzosen abzielten, das Plazet Alexanders erhielt. Dieses Dokument informierte die hauptstädtische Bevölkerung darüber, daß die Sieger nicht daran dächten, mit Napoleon oder einem anderen Mitglied der Familie Bonaparte zu verhandeln, wohl aber die territoriale Integrität Frankreichs in ihrem Vorkriegsumfang respektieren und außerdem jede vom Senat verabschiedete Verfassung garantieren würden. Dieses Gremium legte in der Tat bereits am 6. 4. eine *Charte* vor, die auf den Prinzipien der Verfassung von 1791 beruhte und die in Übereinstimmung mit den Vorstellungen der Siegermächte von der Tendenz erfüllt war, das alte und das neue Frankreich endgültig miteinander zu versöhnen. Talleyrand, dessen Handschrift dieses Verfassungswerk deutlich offenbarte, wollte auch die Trikolore als nationales Symbol beibehalten, da er sehr klar voraussah, daß die Mehrzahl der Franzosen eine Wiedereinführung des Lilienbanners als Provokation auffassen würde. In diesen Tagen beherbergte der Chef der provisorischen Regierung den russischen Zaren als Gast in seinem Hause und vermochte ihn bald davon zu überzeugen, daß der von Alexander im Einverständnis mit dem österreichischen Kaiser Franz I. zunächst gehegte Plan, Bernadotte oder gar den König von Rom als Nachfolger des gestürzten Imperators auf den Thron von Frankreich zu setzen, absurd sei und nur, wie die englische Regierung stets gemeint hatte, die Restauration der Bourbonen in Frage komme. Denn eine Versöhnung zwischen Frankreich und Europa sei allein auf der Basis des Legitimitätsprinzips möglich, das dort wiederum keine andere als die angestammte Dynastie verkörpere.

Sehr rasch ist dann noch im Laufe des April auf Betreiben Talleyrands und unter den Augen der Besatzungsmächte die Wiedereinsetzung der Bourbonen in die Wege geleitet worden. Am 12. 4. betrat Karl Graf von Artois, der jüngste Bruder Ludwigs XVI., die Stadt Paris, wo er vom Senat zum Generalstatthalter des Königreiches ernannt wurde. Jedoch übte er diese Funktion nicht lange aus, da Louis Stanislas Xavier Graf der Provence bereits am 24. 4. in Calais landete und wenige Tage später pomphaft und von einer großen Schar mit ihm zurückgekehrter Adliger umgeben in die Hauptstadt einzog.

Der neue Monarch war im Jahre 1791 aus Frankreich geflüchtet, hatte sich zunächst in Koblenz und später in England niedergelassen und war dort zum politischen Mittelpunkt aller die Revolution und später Napoleon bekämpfenden französischen Emigranten geworden. Nach der Hinrichtung Ludwigs XVI. proklamierte er sich zunächst zum Regenten, der die Geschäfte für »Ludwig XVII.«, seinen im Temple eingekerkerten Neffen, führe, und nach dessen frühem Tod im Juni 1795 nahm er selbst den Namen Ludwig XVIII. an. Wie tief gerade dieser wegen seiner Leibesfülle rein äußerlich recht phlegmatisch und wenig königlich wirkende, aber mit einer wachen Intelligenz begabte und dem Voltairianismus ergebene König von der Sakrosanktheit seiner Stellung durchdrungen war, bewiesen gleich seine ersten Amtshandlungen: so bezeichnete er das Jahr 1814 bereits als das 19. seiner Regierung, um damit zum Ausdruck zu bringen, daß sowohl Revolution als auch napoleonische Herrschaft illegal gewesen seien; aus demselben Grunde führte er auch die Lilienfahne wieder ein. Vor allem lehnte er die vom Senat ausgearbeitete Verfassung ab und ersetzte sie durch eine oktroyierte *Charte*, in deren Präambel unzweideutig klargestellt wurde, daß sie nicht etwa vom Volk ertrotzt, sondern ein freiwillig gewährtes Gnadengeschenk des Königs sei. Im übrigen war diese Verfassung, die nach englischem Muster eine Gewaltenteilung zwischen dem König als Träger der Exekutive und zwei Kammern, einer Pairskammer und einer Deputiertenkammer, als Verkörperung der Legislative kannte, recht liberal und gab Frankreich den Charakter einer konstitutionellen Monarchie. Sie bezeugte überdies, daß Ludwig XVIII. trotz seines ausgeprägten monarchischen Selbstbewußtseins einsichtig genug war, die Notwendigkeit von Konzessionen an das Erbe der Revolutionsepoche zu begreifen; in dieser vernünftigen und realistischen Einschätzung der Lage in Frankreich stimmten allerdings weder sein Bruder Karl noch die Mehrzahl der ehemaligen Emigranten mit ihm überein.

Nach der Rückkehr der Bourbonen und ihrer Etablierung in Frankreich wurde die provisorische Regierung durch eine definitive abgelöst, in der wiederum Talleyrand die Schlüsselstellung zufiel, nämlich das Außenministerium, wo ja über Frankreichs zukünftige Rolle im europäischen Staatenkonzert entschieden wurde. Davon hing gleichzeitig die innere Konsolidierung der Monarchie ab, denn der Bestand der restaurierten Bourbonendynastie war nur dann einigermaßen gewährleistet, wenn ihr Land von den Siegermächten nicht allzusehr gedemütigt wurde. Als Talleyrand am 30. 5. 1814 seinen Namen unter das Dokument setzte, durch das der Erste Pariser Frieden in Kraft trat, konnte er sicher sein, dieses Ziel auf Grund seiner überaus geschickten Verhandlungsführung erreicht zu haben.

Dieser Vertrag, der den Kriegszustand zwischen Frankreich einerseits und England, Rußland, Österreich, Preußen sowie schließlich auch noch Spanien, das erst am 20. Juli beitrat, andererseits beendete, zielte auf die Begründung eines dauerhaften Friedens in Europa ab, der auf dem zu neuem Leben erweckten Grundsatz des Gleichgewichts beruhen sollte. Nach der Vertreibung Napoleons und der Beschränkung Frankreichs auf seine alten Grenzen war die Voraussetzung dazu gegeben. Doch war man der Ansicht, die territoriale Verkleinerung des besiegten Landes dürfe nicht zu weit getrieben werden, da es mit Rücksicht auf die noch ganz von den Überlieferungen der Großen Revolution und der napoleonischen Ära geprägten Empfindungen der französischen Nation nicht ratsam erschien, den Eindruck zu erwecken, als sei die Wiedereinsetzung des alten Königshauses um den Preis empfindlicher Gebietskonzessionen erkauft worden. Solche Überlegungen der Alliierten waren schon in einem Vertrag vom 23. 4. 1814 erkennbar geworden, durch den in allen Territorien, die am 1. 1. 1792 zum Staatsgebiet Frankreichs gehört hatten, die französische Zivilverwaltung wieder eingeführt wurde. Infolgedessen konnte die Bourbonenmonarchie beim endgültigen Friedensschluß sogar den Gewinn der päpstlichen Exklaven Avignon und Venaissin, der württembergischen Grafschaft Mömpelgard (Montbéliard), der Festung Landau sowie der Städte Saarlouis und Saarbrücken verzeichnen. Dadurch erhöhte sich die Bevölkerungszahl Frankreichs – trotz der sehr großen Menschenverluste durch die Revolution und die napoleonischen Kriege, die schätzungsweise 1,4 Millionen betragen haben dürften [25] – um etwa 1 Million gegenüber dem Jahre 1789. Die unter der Republik und dem Empire eroberten und jetzt wieder abgetretenen Länder sollten, soweit sie am Rhein lagen, zur Entschädigung von Holland, Preußen und anderen deutschen Staaten verwendet werden; außerdem wurde in einem Protokoll vom 31. 5. 1814 vereinbart, die Verteilung strittiger Gebiete aus der napoleonischen Konkursmasse auf jenem allgemeinen Kongreß zu regeln, der ab September in Wien tagen sollte.

Natürlich muß in diesem Rahmen darauf verzichtet werden, die Leistung der Staatsmänner des Wiener Kongresses zu würdigen, vor allem die seiner zentralen Gestalt, des österreichischen Staatskanzlers Metternich. Ebensowenig können wir auf Einzelheiten des von ihm so entscheidend inspirierten Vertragswerkes eingehen, das eine politische Neuordnung Europas konstituierte, die im großen und ganzen ein Jahrhundert überdauern sollte, und zwar auf der Grundlage jener von den fünf Großmächten England, Frankreich, Rußland, Österreich und Preußen gebildeten Pentarchie, die als eine Art Mächteareopag das europäische Gleichgewichtssystem bis zum Jahre 1914 erfolgreich garantiert hat. Hier interessiert lediglich die Frage, welche Rolle Frankreich auf einem Kongreß spielte, der zunächst gegen seine Interessen gerichtet zu sein schien? Diese Frage aufwerfen heißt aber, sich wieder Talleyrand zuwenden, der neben Metternich wohl eindrucksvollsten Persönlichkeit auf dem Wiener Kongreß.

Seine Politik war von vornherein darauf angelegt, dem von ihm repräsentierten Staat eine gleichberechtigte Großmachtstellung zurückzugewinnen. Von der Prämisse ausgehend, daß Erfolge nur zu erzielen seien, wenn er Mäßigung bei der Vertretung französischer Rechte und Ansprüche bekunde, vor allem aber den Verzicht auf jegliche Eroberungspolitik betone und sich entschieden zum Prinzip der Legitimität bekenne, hoffte er, die vier Hauptpunkte seines Programms verwirklichen zu können. Er wollte nämlich Österreich daran hindern, einen habsburgischen Prinzen zum König von Sardinien zu erheben, die Rückgabe Neapels an seinen früheren, also bourbonischen Herrscher erwirken, Polen wieder zu staatlicher Selbständigkeit verhelfen, d. h. die entsprechenden Annexionsabsichten Rußlands durchkreuzen, und schließlich die Angliederung Sachsens an Preußen vereiteln. Mit diesem Vorhaben bewegte sich Talleyrand in den bewährten außenpolitischen Überlieferungen des Ancien régime, und mit Ausnahme der Autonomie Polens vermochte er sich auch durchzusetzen.

Daß der französische Außenminister solche Erfolge verbuchen konnte, verdankte er vor allem dem herzlichen Einvernehmen mit seinem englischen Kollegen Lord Castlereagh, wie überhaupt jetzt schon eine Grundtendenz der Außenpolitik Talleyrands erkennbar wurde, die er später während seiner Botschafterzeit in London (1830-34) erfolgreich wiederaufgreifen sollte: sein Bestreben, eine Verständigung zwischen Frankreich und England als Voraussetzung für eine völlige Aussöhnung der beiden Erbfeinde herbeizuführen. Außerdem aber verstand er es, die kleineren Staaten gegen das exklusive Verhalten der vier Großmächte aufzubringen, während er ihnen gleichzeitig Frankreichs diplomatische Unterstützung anbot. So vermochte die Bourbonenmonarchie ihre Isolierung zu durchbrechen und überdies als Protektor der Klein- und Mittelstaaten einen zunehmenden Druck auszuüben. Es gelang ihr denn auch in kurzer Zeit, als fünfte Großmacht in den engsten Rat der Vier aufgenommen zu werden.

Doch gab sich Talleyrand damit noch keineswegs zufrieden. Indem er die ehemaligen Alliierten geschickt gegeneinander ausspielte, zerstörte er ihre antifranzösische Einhelligkeit und gewann dadurch selbst bei den Abstimmungen den ausschlaggebenden Einfluß. So wurde Frankreich schließlich zum Zünglein an der Waage, mit dem Erfolg, daß sich im Geheimvertrag vom 3. 1. 1815 England und Österreich wegen der sächsischen Streitfrage mit ihm gegen Rußland und Preußen zusammenschlossen. Ein halbes Jahr nach seiner Niederlage konnte Frankreich wieder als handelnde Großmacht auftreten, und die Gefahr eines Krieges zwischen den bisherigen Bundesgenossen zeichnete sich ab.

Es ist auch wieder zum Krieg gekommen, aber aus einer ganz anderen Ursache, denn den dritten Akt in diesem erregenden politischen Schauspiel sollte nicht mehr Talleyrand, sondern Napoleon inszenieren. Von Anfang an hatte der entthronte Kaiser von Elba aus die Entwicklung auf dem Kontinent mit gespannter Aufmerksamkeit beobachtet, wobei er natürlich den Blick vor allem auf Frankreich gerichtet hielt. Lud-

wig XVIII. war ein durchaus einsichtiger Herrscher, der sich ehrlich
bemühte, das alte Frankreich mit dem neuen zu versöhnen. So hatte
er sich nicht gescheut, in sein Kabinett neben Anhängern des Ancien
régime auch profilierte Politiker der jüngsten Vergangenheit aufzunehmen: nicht nur Talleyrand, der ja immerhin sowohl der Revolution als auch Napoleon gedient hatte, sondern selbst einen so suspek-
ten Mann wie Fouché, einer der *régicides* von 1793, »Schlächter von
Lyon« und gefürchteter Polizeiminister Napoleons, und außerdem im
militärischen Führungsbereich ehemalige Marschälle des Kaisers wie
Marmont, Soult und Ney. Vernünftige Maßnahmen solcher Art wurden ergänzt durch die sich aus der veränderten Weltlage von selbst
ergebende sofortige Abschaffung der Konskription, die Napoleon ja
so rücksichtslos gehandhabt hatte, daß ein sehr großer Teil der längst
völlig kriegsmüden Bevölkerung sich nicht zuletzt deswegen leichten
Herzens in den Regimewechsel von 1814 gefügt hatte.
Auf der anderen Seite waren den neuen und gleichzeitig alten Herren
schwere politische und psychologische Fehler unterlaufen, die das
System der Restauration rasch in solchen Verruf brachten, daß sich
Napoleon der Gedanke, die Bourbonen zu vertreiben und seine Herrschaft erneut aufzurichten, geradezu aufdrängen mußte. So hatte die
Abschaffung der ruhmbedeckten Trikolore und die Wiedereinführung
des Lilienbanners, das in den Augen der meisten Franzosen eine odiöse
Vergangenheit symbolisierte, das innenpolitische Klima von Anfang
an vergiftet. Und die Emigranten, die im Gefolge Ludwigs XVIII.
nach jahrzehntelanger Abwesenheit zurückkehrten, bewiesen in ihrer
Mehrzahl durch ihr törichtes Verhalten, daß sie, wie man damals
sagte, »nichts vergessen und nichts dazugelernt« hatten. Die Vorurteile
dieser Ultraroyalisten mußten das wohlgemeinte Werk des Ausgleichs,
das Ludwig XVIII. anstrebte, erschweren oder gar zum Scheitern
bringen. Wenn die Herzogin von Angoulême anläßlich eines Hoffestes
die Frau des Marschalls Ney, nicht nur des »Fürsten von der Moskwa«,
sondern auch des ranghöchsten Offiziers der restaurierten Monarchie,
provokativ mit »Mademoiselle Aiguié« anredete, so war dies mehr als
eine persönliche Beleidigung. Denn eine solche Bemerkung machte
schlagartig deutlich, daß die durch die *Charte* von 1814 garantierte
rechtliche Gleichstellung von bourbonischem Alt- und napoleonischem
Neuadel nur auf dem Papier stand, aber nicht der gesellschaftlichen
Realität entsprach.
Kränkungen dieser Art empfanden vor allem die kaiserlichen Veteranen als überaus demütigend und bestärkten sie in ihrer Ablehnung
des neuen Regimes, das ihnen darüber hinaus auch noch anderen konkreten Anlaß dazu bot. Während nämlich aus ehemaligen Emigranten,
die im Verlauf der großen Kriegsepoche vielfach mit der Waffe gegen
Frankreich gefochten hatten, eine von Adelshochmut erfüllte königliche Leibgarde gebildet wurde, verkleinerte die Regierung die Armee
in drastischer Weise und setzte allein mehr als 10 000 bewährte napo-

leonische Offiziere auf Halbsold. Naturgemäß bildeten gerade diese *demi-soldes* den Kern jener rasch wachsenden Zahl von Unzufriedenen, die wiederum Napoleon veranlaßte, nach Frankreich zurückzukehren. Den letzten Ausschlag dazu dürfte jedoch gegeben haben, daß wesentliche Bedingungen, die zwischen Napoleon und den Alliierten ausgehandelt worden waren, wie z. B. die Zahlung einer jährlichen Pension, nicht eingehalten wurden und daß sich darüber hinaus sogar Gerüchte verstärkten, wonach die Siegermächte den gestürzten Kaiser auch auf Elba noch für gefährlich hielten und ihn darum demnächst nach St. Helena verbannen wollten. Solche Befürchtungen, verbunden mit der Hoffnung, angesichts so vieler Mißgriffe der Bourbonen die Herrschaft in Frankreich zurückgewinnen zu können, haben in Napoleon Ende Februar 1815 den Entschluß ausgelöst, sein Inselfürstentum zu verlassen. Das Abenteuer der Hundert Tage nahm seinen Anfang.

Jetzt überstürzen sich die Ereignisse. Am 1. 3. 1815 landet der Kaiser mit wenigen Getreuen in Cannes; sein Marsch auf Paris wird zu einem Triumphzug, vor allem, seitdem bei Grenoble die ersten Truppen zu ihm übergegangen sind. Als sich wenige Tage später Marschall Ney, statt Napoleons Vormarsch aufzuhalten, mit seinem Korps bei Lons-le-Saunier in der Nähe von Lyon seinem alten Gebieter anschließt, ist bereits darüber entschieden, daß dieser seine Herrschaft wieder errichten kann. Am 20. März zieht Napoleon in Paris ein, von wo er Friedensbeteuerungen an die Welt richtet und dabei nicht versäumt, den Geheimvertrag vom Januar, den er unter den Papieren der unmittelbar vorher kopflos nach Gent geflüchteten Bourbonen findet, zu veröffentlichen, um auf diese Weise die antinapoleonische Einmütigkeit der europäischen Großmächte zu spalten. Zwar gelingt dies, wie sich rasch herausstellen wird, nicht, aber das Vertrauen des Zaren zu Talleyrand ist seitdem zerstört.

Sofort nach der Ankunft des Kaisers stellen sich ihm nicht nur zahlreiche seiner früheren Anhänger und Mitarbeiter wieder zur Verfügung, wie z. B. Davout, Cambacérès, Caulaincourt und selbst Fouché, die die Portefeuilles des Krieges, der Justiz, des Äußeren und der Polizei erhalten, sondern sogar Männer, die sich auf dem Zenit seiner Laufbahn von ihm ferngehalten hatten, wie sein Bruder Lucien und Carnot, der integre Republikaner, der jetzt das Ministerium des Inneren übernimmt. Am erstaunlichsten aber ist, daß selbst ein so geschworener Feind des Imperators wie Benjamin Constant, der klassische Anwalt des politischen Liberalismus, jetzt auf seine Seite tritt und jene bereits am 22. 4. 1815 vorlagereife »Zusatzakte zu den Verfassungen des Kaiserreiches« ausarbeitet, durch die Napoleon die französische Öffentlichkeit davon überzeugen will, daß er fortan nicht mehr autokratisch, sondern nach liberalen Prinzipien zu regieren gedenke.

Dieser *Acte additionnel* führt die Bestimmungen des Verfassungswerkes des Ersten Empire in etwas veränderter Form wieder auf, wobei ihre neuen, freiheitlicheren Aspekte vor allem in den Artikeln 59-66 zutage treten. Hier wird eine geordnete, rechtsstaatliche Justiz ebenso unterstrichen wie Kultus- und Pressefreiheit zugestanden werden. Auch die parlamentarischen Körperschaften erhalten mehr Befugnisse als früher. Seitdem zahlreiche Memoirenveröffentlichungen zur Zeit der Jahrhundertwende die Legende vom in Wahrheit liberalen Napoleon, die vor allem durch das ›Mémorial de Sainte-Hélène‹ des Grafen Las Cases verbreitet worden ist, zerstört haben, wissen wir, daß der Kaiser diese Zugeständnisse weder gern gemacht hat noch auch zu halten gedachte, sondern »nach der ersten gewonnenen Schlacht« wieder rückgängig machen wollte.

Natürlich wirkt die Nachricht von der Rückkehr Napoleons auf die in Wien versammelten Monarchen wie eine Bombe. Alle internen Streitigkeiten machen sofort wieder der einmütigen Entschlossenheit Platz, die Herrschaft des Usurpators auf keinen Fall mehr zu dulden. Schon am 13. 3. 1815 verhängen die Regierungen der Siegerkoalition über Napoleon als Friedensbrecher eine europäische Acht und erneuern den Krieg gegen Frankreich. Die österreichischen und russischen Truppen, deren Spitzen bei ihrem Rückmarsch in die Heimat bis Galizien gelangt sind und die ihre Demobilisierung greifbar nahe vor Augen sehen, werden unverzüglich angehalten und wieder nach Frankreich geschickt, wo sie jedoch erst eintreffen, als Napoleon schon endgültig geschlagen ist.

Denn sehr rasch ziehen die Alliierten eine englisch-niederländisch-deutsche Armee unter Wellington und eine preußische unter Blücher und Gneisenau zusammen. Auf letztere wirft sich Napoleon mit einem zahlenmäßig nicht sehr starken, aber aus seinen besten Eliteverbänden bestehenden Heer zuerst und bringt Blücher am 16. 6. 1815 bei Ligny eine empfindliche Niederlage bei. Dann wendet er sich gegen Wellington, der am gleichen Tag Ney bei Quatre-Bras zurückgeworfen hat und den Kaiser am 18. Juni auf einer Geländewelle in der weiten Ebene südlich von Brüssel bei Waterloo (Belle-Alliance) zur Schlacht erwartet. In der Annahme, daß Blücher sich mit seinen geschlagenen Soldaten auf Lüttich zurückziehe und von dem zum Nachstoß ausgesandten Truppenkorps Grouchys verfolgt werde, eröffnet der Kaiser den Angriff erst gegen Mittag und bringt die Engländer durch seine stets wiederholenden Attacken auch in große Bedrängnis. Doch gelingt es Wellington, sich bis zum Abend zu halten, da er weiß, daß ihm die Preußen mit ihrer ganzen Macht zu Hilfe eilen. Noch vor Einbruch der Nacht taucht Blücher in Napoleons rechter Flanke auf und verwandelt die letzte Schlacht des Imperators in jene apokalyptische Niederlage, in der das Empire endgültig untergeht.

Napoleon flieht zunächst nach Paris, um von dort aus zu versuchen, sich doch noch in der Herrschaft zu behaupten und weiter militärischen Widerstand zu leisten, dankt aber dann auf Betreiben Fouchés am 22. 6. 1815 zum zweitenmal ab und stellt sich anschließend in Rochefort dem Kommandanten der englischen Fregatte ›Bellerophon‹, wobei er in einem Brief an den Prinzregenten seine Situation mit der des Themistokles vergleicht, der im Persischen Reich Zuflucht sucht. Jedoch behandelt ihn die englische Regierung nicht als Gast, sondern als Kriegsgefangenen der Siegerkoalition. Auf deren Beschluß hin wird er auf dem Kreuzer ›Northumberland‹ nach St. Helena gebracht und stirbt dort als Verbannter am 5. 5. 1821, nachdem er seine letzten Lebensjahre durch intensive schriftstellerische Tätigkeit als sein eigener Biograph und Interpret, die ihn im übrigen in den Rang eines klassischen Meisters französischer Prosa erhebt, höchst wirkungsvoll dazu genutzt hat, jene Napoleonlegende vorzubereiten, die zur geistigen Grundlage des Bonapartismus und des Zweiten Empire seines Neffen Louis Napoléon werden sollte.

Der Epilog der Hundert Tage hat das für Frankreich so günstige politische Klima, das zur Zeit des Ersten Pariser Friedens geherrscht und das Talleyrand in der ersten Phase des Wiener Kongresses konstruktiv auszuwerten verstanden hatte, tiefgreifend verschlechtert. Nach Waterloo konnte das abermals völlig besiegte Land nicht mehr mit dem gleichen Wohlwollen seiner Gegner rechnen wie ein Jahr zuvor. So fiel denn auch der Zweite Pariser Frieden vom 20. 11. 1815 wesentlich rigoroser aus als der Erste. Diesmal mußte sich Frankreich dareinfügen, daß ihm an seiner Ostgrenze mehrere kleine, aber von der französischen Nation als sehr schmerzlich empfundene Landabtretungen auferlegt wurden. Die Städte Saarbrücken und Saarlouis kamen damals an Preußen, während die Festung Landau der Donaumonarchie zugesprochen und von dieser an Bayern weitergegeben wurde. Im Nordosten gingen Philippeville und Marienburg an das neugegründete Königreich der Niederlande verloren und am Fuße der Westalpen Gebiete von Savoyen, die Frankreich 1814 noch belassen worden waren, an das Königreich Sardinien-Piemont. Andererseits behielt Frankreich auch diesmal das Elsaß, dessen Rückgliederung an deutsche Staaten sehr vernehmlich nicht nur süddeutsche, sondern auch so profilierte preußische Politiker wie Stein, Gneisenau und Hardenberg gefordert hatten.

Darüber hinaus wurden Frankreich empfindliche politische und finanzielle Auflagen gemacht, die der Erste Pariser Friede nicht gekannt hatte. Denn 150 000 Mann alliierter Truppen, die dem Oberbefehl General Wellingtons unterstanden, sollten für einen Zeitraum von 3–5 Jahren große Teile Nordostfrankreichs und dortige Festungen besetzt halten, um sicherzustellen, daß die auf 700 Millionen Franken fixierte Kriegsentschädigung auch wirklich geleistet würde. Es war vorgesehen, diese Reparationsgelder unter die ehemaligen Gegner Frankreichs aufzuteilen und vor allem dafür zu verwenden, die Frankreichs Ostgrenze im Rheintal auf deutschem und niederländischem Gebiet gegenüberliegenden Festungen auszubauen. Die Kunstschätze, die Napoleon in den von ihm okkupierten Ländern geraubt und dann im Louvre konzentriert hatte, wurden ihren früheren Besitzern zurückgegeben. Schließlich fehlte nicht die Bestimmung, daß Napoleon und die Familie Bonaparte für immer von der Regierung Frankreichs auszuschließen seien.

Noch am selben Tage, an dem sie diesen Friedensvertrag unterzeichneten, erneuerten die Großmächte ihre antifranzösische Quadrupelallianz auf unbefristete Zeit und vereinbarten, fortan durch häufige Zusammenkünfte ihrer Monarchen oder Minister über die Aufrechterhaltung von Frieden, Sicherheit und Ordnung in Europa zu wachen und mögliche neue Revolutionen zu verhindern. Das Prinzip der Intervention, das in den Jahren um 1820 eine so große Rolle spielen sollte, deutete sich also bereits 1815 an.

Auch auf die Arbeit des Wiener Kongresses, die während der Hundert Tage fortgesetzt wurde, hat sich das napoleonische Nachspiel in einem für Frankreich ungünstigen Sinne ausgewirkt. Es nimmt nicht wunder, daß Talleyrand den großen Einfluß, den er dort anfänglich ausgeübt hatte, jetzt verlor, zumal er ja nach Bekanntwerden des Geheimbündnisses vom Januar 1815 beim Zaren auch persönlich in Ungnade fiel. So hat die Schlußakte des Wiener Kongresses vom 9. 6. 1815, in der die Ergebnisse seiner Verhandlungen zusammengefaßt worden sind, eine politische Neuordnung Europas etabliert, die unverkennbar antifranzösische Züge trug und von der Tendenz erfüllt war, eine Wiederholung französischer Aggressionen in Zukunft unmöglich zu machen. Nachdem die Bourbonenmonarchie ohnehin schon auf den territorialen Zustand von 1790 zurückgedrängt war, umschloß man sie überdies noch mit einem Halbkreis von kräftigen Klein- oder Mittelstaaten, die eventuelle expansionistische Bestrebungen eindämmen sollten. Die Vereinigung Hollands, Belgiens und Luxemburgs zum Königreich der Niederlande diente diesem Zweck ebenso wie die Verstärkung der neutralisierten Schweiz und des einer großen Zukunft entgegengehenden Piemont. Vor allem aber übertrug man durch die Angliederung der Rheinlande und Westfalens an Preußen die »Wacht am Rhein« der norddeutschen Großmacht, die von jetzt an eine gemeinsame Grenze mit Frankreich hatte und schützend hinter den Niederlanden stand. Dies geschah vornehmlich auf Betreiben Großbritanniens, das in dem preußischen Militärstaat den besten Garanten gegen jedweden Ausdehnungsdrang Frankreichs nach Osten hin erblickte. Die Pfalz wurde zu Bayern geschlagen, so daß auch hier die Rheinlinie ausreichend gedeckt erschien.

Bekanntlich haben die Verträge von 1815 in Frankreich tiefe Ressentiments ausgelöst. Während die Besiegung Napoleons im Jahre 1814 nicht eigentlich als französische Niederlage angesehen worden war, empfand man die von 1815 mit den verschärften Bedingungen des Zweiten Pariser Friedens und mit der Frankreich militärisch und politisch einschnürenden territorialen Neuordnung Europas als eine nationale Schmach, die im französischen Volk einen militanten Nationalis-

mus ausgebildet hat, der die Außenpolitik unseres westlichen Nachbarn bis 1870 in starkem Maße bestimmen sollte. Die Wurzeln dieses modernen französischen Nationalismus reichen ins 18. Jahrhundert zurück. Zwar war die Weltanschauung der Aufklärung von einem kosmopolitischen Humanitätsideal erfüllt, daneben aber und gleichzeitig entwickelte sie auch die Ideen der *patrie* und der *nation*, die in der Praxis schließlich über alle anderen dominierten, vor allem aber seit dem Beginn der Revolutionskriege. Wenngleich die Nationalversammlung von 1789 die berühmte Erklärung der Menschenrechte erlassen hatte, in der die ideellen Kräfte des Jahrhunderts zu gipfeln schienen, so siegte in der politischen Wirklichkeit doch der Begriff des »Bürgers« über den des »Menschen«. Denn, so sagt Huizinga, »die Menschheit konnte nicht Trägerin der so heißbegehrten Freiheit sein. Ihr Lebensraum war das Vaterland, ihr Subjekt das Volk. So trug die französische Revolution von Anfang an in hervorragendem Maße zur Aktivierung eines leidenschaftlichen Patriotismus und Nationalismus bei.«[26]
Dieser wiederum verband sich mit den Traditionen französischer Expansionspolitik, die von Richelieu und Ludwig XIV. her überkommen waren. Das französische Volk begann sich jetzt als »die Nation schlechthin«, als die – wie es der junge General Bonaparte in seinem Siegesbericht vor dem Direktorium nach der Rückkehr von seinem italienischen Feldzug 1797 als erster formuliert hat – *grande nation* zu begreifen, deren welthistorische Sendung es sei, die gesamte Menschheit zu befreien. Da Napoleon jedoch versuchte, die neuen Ideen der Rechtsgleichheit und der Freiheit seinem persönlichen Machttrieb dienstbar zu machen, wurden die Prinzipien Vaterland und Nation schließlich bis zur Unkenntlichkeit von der Realität des Herrschaftssystems überdeckt. Indessen ist diese Tatsache nach 1815 in Frankreich rasch in Vergessenheit geraten, um einer zunächst noch unklaren Sehnsucht Raum zu geben, die sich an den ruhmreichen Überlieferungen der Revolution und des Empire entzündete. Sie verdichtete sich alsbald zu dem Streben, der Hinterlassenschaft der großen Umwälzung und ihres Erben Napoleon, der zwar in legendärer Verklärung, aber politisch äußerst wirksam auch mit dem Geschehen des Jahrzehnts von 1789-1799 identifiziert wurde, trotz von außen auferlegter Restauration und trotz der Verträge von 1815 letztlich doch zum Siege zu verhelfen. So wirkte die Dynamik der Revolution im Frankreich des 19. Jahrhunderts und darüber hinaus weiter fort als gestaltende Kraft, deren konstituierende Rolle im Werdeprozeß unseres Nachbarstaates gar nicht hoch genug eingeschätzt werden kann.
Ferner strahlte die Revolution aber auch auf Europa und die von diesem im Laufe des kommenden Jahrhunderts unterworfene und geprägte außereuropäische Welt aus. Franz Schnabel hat im einleitenden Kapitel zu seiner ›Deutschen Geschichte‹ die Bilanz dieser übernationalen, universalhistorischen Wirkung der Französischen Revolu-

tion gezogen.[27] Ihr eigentliches Ergebnis ist die Begründung einer neuen Gesellschaftsordnung, die auf individueller Freiheit und Gleichheit aller vor dem Gesetz sowie auf dem daraus erwachsenden Gefühl mitmenschlicher Solidarität beruht, also auf jenen Idealen der »Freiheit, Gleichheit und Brüderlichkeit«, die die Revolution in ihrer lapidaren, manifestartigen Sprache als die unverzichtbaren ethischen Grundlagen wahrer Humanität verkündet hat. Durch das Prinzip der Repräsentation erlangt dieser neue, in Aufklärung und Revolution geborene Mensch nun auch als einzelner Mitwirkung am staatlichen Leben, woraus sich wiederum das Bewußtsein einer Einheit der Vielen im politischen Bereich ergibt, das in dem Empfinden gipfelt, einer Nation anzugehören, die als solche souverän ist und ihre Geschicke selbst gestaltet; auf Grund der Gewaltenteilung entsendet sie Vertreter in legislative und judikative Institutionen sowie in die Regierung, die dort, durch das Vertrauen des Volkes legitimiert, seine Interessen wahrnehmen, ihm aber verantwortlich und jederzeit abberufbar sind. Der Untertan ist also zum Bürger geworden, und den absolut regierten Fürsten- und Ständestaat löst der moderne Nationalstaat ab, der von der Aktionsgemeinschaft eines zu politischer Mündigkeit herangereiften Volkes getragen wird. Diese auf dem europäischen Kontinent zuerst in Frankreich verwirklichten Grundsätze werden im Lauf des 19. und spätestens im 20. Jahrhundert von allen Staaten der abendländischen Kulturgemeinschaft übernommen, wobei es teilweise nicht ohne so große Erschütterungen wie die Revolution von 1848 abgeht. Zum wesentlichsten äußeren Kriterium nationaler Einheit und zur Garantin ihres inneren Bestandes wird stets eine geschriebene Verfassung. Sie setzt die Spielregeln fest, nach denen sich die Mitwirkung des einzelnen am politischen Leben vollzieht. Infolgedessen ist der konstitutionelle Gedanke mit dem nationalen unlöslich verknüpft.

Die Französische Revolution stellt in viel höherem Maße ein Ereignis von universaler Tragweite dar als ihre Vorgängerinnen in England oder Nordamerika, die doch einen mehr nationalen Anstrich aufgewiesen hatten. Im Gegensatz zu ihnen hat sie sich von Anfang an als die missionarische Wegbereiterin des Liberalismus und der Demokratie in der modernen Welt begriffen.

Die Geschichte des alten Kontinents, vor allem auch die Außenpolitik seines Staatenkonzertes, ist seit der Revolution von den durch sie aufgerissenen Gegensätzen bestimmt worden, die in indirekten Nachwirkungen noch bis in unsere Zeit hinein spürbar sind. Neben das Gleichgewichtsprinzip als kardinalen, über Krieg oder Frieden entscheidenden außenpolitischen Grundsatz trat jetzt noch ein zweiter, nicht auf dem Wechselspiel der Mächte beruhender Faktor: die übernationale Solidarität einer bestimmten sozialen Schicht. Während die Interessen des Königs von Frankreich und der großenteils emigrierten Altaristokratie vom gesamten europäischen Adel und den Fürsten des Kontinents verfochten wurden, begriffen die unterdrückten Völker auf der anderen Seite die Sache des Dritten Standes in Frankreich als ihre eigene. In diesem Sinne hatte Gneisenau durchaus recht, wenn er den großen Krieg von 1792-1815 einmal als einen »Bürgerkrieg« bezeichnete, dessen Fronten nicht zwischen Nationen, sondern mitten durch die Völker verlaufen seien. Damit aber hatte die Französische Revolution ein Erbe hinterlassen, das in den folgenden Jahrzehnten nicht nur Frankreich, sondern auch so manchen europäischen Staat, vor allem Deutschland, tiefgreifend umgestalten sollte.

IV. Von der Restauration zur Republik.
Frankreich im 19. Jahrhundert (1815-1871)

1. Das Zeitalter der Restauration (1815-1830)

Zwar ist mit dem endgültigen Sturz Napoleons und den Verträgen von 1815 die Epoche der Großen Revolution für Frankreich abgeschlossen, aber die von ihr freigesetzten Kräfte wirken weiter und bestimmen das Schicksal Frankreichs in den beiden ersten Dritteln des 19. Jahrhunderts. In diesen rund 60 Jahren erscheint die Problematik des vorangegangenen Zeitraumes von 1789-1815 wieder aufgerollt, und alle damaligen politischen Experimente werden, nur in größeren Abständen und vielleicht auch mit geringerer Intensität, gleichsam zum zweitenmal durchgespielt. Verhältnismäßig rasch zeigt sich dabei, daß die Restauration der Bourbonenmonarchie trotz ihres wirklich liberalen Anstrichs zum Scheitern verurteilt ist, so wie ja auch die reformerischen Ansätze des Ancien régime unter Ludwig XVI. erfolglos blieben, obwohl dieser König grundsätzlich ebensogut die Notwendigkeit von Neuerungen einsah wie später sein Bruder Ludwig XVIII. Auch der Versuch, die Monarchie als parlamentarische und eindeutig vom Bürgertum getragene Staatsform zu retten, der mit dem Julikönigtum zwischen 1830 und 1848 gemacht wird, mißlingt wie die Realisierung der Verfassung von 1791. Das sehr kurze Zwischenspiel der Zweiten Republik von 1848 bis 1851/52 erinnert mit den radikalen Tendenzen des frühen Sozialismus zwischen Februarrevolution und Junischlacht an die jakobinische Phase der großen Umwälzung, und in der konservativen Republik eines Cavaignac, in der der neue Bonaparte aufsteigen kann, werden Parallelen zum Direktorialregime sichtbar. Und wie zwischen 1799 und 1804 die Erste Republik in die Alleinherrschaft Napoleons I. übergeht, so beginnt seit Ende 1849 die Zweite Republik in das Zweite Empire einzumünden. Die Entsprechungen zwischen Erstem und Zweitem Kaiserreich treten schon in der von Napoleon III. bewußt gewählten Synchronisation konstituierender Ereignisse, in der Analogie der Verfassungseinrichtungen und Institutionen sowie schließlich auch außenpolitisch im französischen Hegemonieanspruch innerhalb Europas deutlich zutage; die Zeitgenossen müssen allerdings rasch erkennen, daß der zweite Bonaparte eben nur ein – wie Victor Hugo ätzend sagt – »Napoléon le petit« ist.
Dieser Umstand ist historisch entscheidend und läßt weitere Wiederholungen der jüngsten Vergangenheit als kaum mehr möglich erscheinen. Zwar fehlt es auch nach dem Sturz des Zweiten Kaiserreiches

durchaus nicht an Versuchen, die Königsmonarchie erneut zu restaurieren, aber sie scheitern schon im Ansatz, so daß sich im letzten Drittel des 19. Jahrhunderts eine Republik quasi girondistisch-großbürgerlichen Charakters herausbildet, die radikal-revolutionäre Infragestellungen von links, wie sie sich im *Commune*-Aufstand von 1871 manifestieren, zurückzuweisen vermag. Nachdem sich so der Weg Frankreichs von der Restauration zur Republik zugunsten letzterer und damit gleichzeitig als ein Sieg der gemäßigten revolutionären Kräfte vollendet hat, erweist sich auch die Periode latenter Revolutionen als Hinterlassenschaft der Epoche der großen Umwälzung als endgültig abgeschlossen. Frankreich tritt zu Beginn der 1870er Jahre für längere Zeit in eine neue, grundsätzlich nicht mehr angefochtene politische und gesellschaftliche Ruhelage seiner historischen Existenz ein.

Durch das Abenteuer der Hundert Tage hatte sich nicht nur die außenpolitische Lage Frankreichs verschlechtert, sondern auch seine innere Situation verhängnisvoll zugespitzt; die zweite Restauration, die gleich nach dem endgültigen Sturz Napoleons mit der erneuten Rückkehr der Bourbonen und ihres Emigrantengefolges im Juni und Juli 1815 einsetzte, wies wesentlich härtere Züge auf als die erste. Den dramatischen Auftakt dazu gab die sog. *terreur blanche,* die, wie selbst der konservative Ranke eingeräumt hat, der ehemals von den Jakobinern praktizierten an Furchtbarkeit in nichts nachstand. Dieser »weiße Schrecken«, der bis um 1820 andauerte, begann zunächst mit regellosen Gewaltakten und nahm später einen geradezu systematischen, von der Regierung mehr oder weniger sanktionierten Charakter an. Von ihrem Ursprung Marseille breiteten sich diese Terroraktionen über die ganze Provence und die Languedoc aus. Ebenso ausgedehnt, wenn auch weniger blutig wütete der »weiße Schrecken« im Westen Frankreichs. Nicht selten bemächtigten sich dabei zurückgekehrte Emigranten, ohne sich um gesetzliche Regelungen zu kümmern, unter Berufung auf ihre alten Rechte aus der Zeit vor 1789 wieder ihrer von der Revolution enteigneten Güter, führten Leibeigenschaft und Frondienste aufs neue ein und verweigerten dem Staat die Steuerzahlung.

Derjenige, in dessen Namen dies alles geschah, Ludwig XVIII., dachte aber, wie wir schon wissen, ganz anders als seine uneinsichtigen und übereifrigen Anhänger. Die *Charte* von 1814, deren Entstehungsgeschichte wir bereits kennen und die jetzt wieder an die Stelle des *Acte additionnel* trat, war trotz ihres oktroyierten Charakters ganz vom Geist eines Ausgleichs zwischen dem alten und dem neuen Frankreich erfüllt. Dem Kabinett Talleyrand/Fouché, das der König am 10. 7. 1815 berief, gab er den ausdrücklichen Auftrag, eine darauf abgestimmte Politik zu betreiben. Von insgesamt 76 Artikeln sind mindestens 19 der Verfassung des Jahres VIII, also der des Konsulats, entnommen, um wesentliche Errungenschaften der jüngsten Vergangenheit in die Zukunft hinüberzuretten. Denn die *Charte* garantiert die allgemeine Gleichheit vor dem Gesetz, in der Besteuerung und bei der Zulassung zu öffentlichen Ämtern sowie die Freiheit des Gewissens, der Presse und der Kultausübung, wenn auch immerhin der Katholizismus das Privileg genießt, Staatsreligion zu sein. Einen sehr wesentlichen Kompromiß bedeutet die Anerkennung des Verkaufs der Nationalgüter, was einer Bestätigung der durch die Revolution geschaffenen Besitzverhältnisse gleichkommt, die Beibehaltung der Institution der Ehrenlegion und schließlich die Übernahme der Schulden der vorangegangenen Regierungssysteme.

Sehr streng ist in der *Charte* das Prinzip der Gewaltenteilung durchgeführt. Der König ist Träger der Exekutive und als solcher unverletzlich und niemandem verantwortlich. Er kann die Deputiertenkammer auflösen und Neuwahlen ausschreiben lassen, besitzt also insofern mehr Machtbefugnisse als die Volksvertretung. Aber die von ihm ausgehenden Regierungsakte bedürfen, um Gültigkeit zu erlangen, der Gegenzeichnung durch einen oder mehrere Minister, die von den Kammern gewählt und zur Rechenschaft gezogen werden können. Die Legislative ist auf eine Pairs- und eine Deputiertenkammer verteilt. Die Pairskammer, ihrerseits die Überlieferung des napoleonischen Senats fortsetzend und dem englischen Oberhaus vergleichbar, setzt sich zusammen aus Pairs auf Lebenszeit, die der Monarch ernennt, aus den Mitgliedern der königlichen Familie sowie den Prinzen von Geblüt. Die Deputiertenkammer, deren Legislaturperiode fünf Jahre beträgt, ist die eigentliche Volksvertretung, entspricht also in etwa dem englischen Unterhaus. Das Wahlrecht zu ihr ist sehr eingeschränkt. Aus den Verfassungen der napoleonischen Zeit ist das System des Wahlmännerkollegiums nicht nur beibehalten, sondern noch verstärkt worden, und selbstverständlich gilt – wie immer im frühen 19. Jahrhundert – das Zensusprinzip. Das aktive Wahlrecht ist von einer jährlichen Steuerzahlung in Höhe von 300 Francs und einem Mindestalter von 30 Jahren abhängig, während man, um gewählt werden zu können, 40 Jahre zählen und Steuern von wenigstens 1000 Francs entrichten muß. Infolgedessen ist die Zahl der wahlberechtigten Franzosen auf etwa 100 000, die der wählbaren sogar auf nur 16 000 Männer beschränkt, die faktisch die Elite einer Notabeln-Gesellschaft darstellen, die allein auf das politische Schicksal Frankreichs wirklich Einfluß zu nehmen vermag. Sie haben das Recht, über die vom König vorgeschlagenen Gesetze abzustimmen und das Budget zu verabschieden. Wenn man diese Verfassung im ganzen überblickt, kann man J. Godechot nur zustimmen, der sie trotz aller altertümlichen Floskeln für wesentlich liberaler hält als alle ihre Vorgängerinnen und für weitaus praktikabler als die von 1791.[1] Sehr rasch sollte sie zum Vorbild für alle Liberalen Europas werden, besonders für die Deutschlands. Wie die *Charte* wesentliche Errungenschaften der napoleonischen Epoche übernommen und weiter ausgebaut hat, so haben die Bourbonen auch die Verwaltungsstruktur, die der Erste Konsul Frankreich gegeben hatte, rezipiert und als Erbe an die folgenden Regime bis zur Gegenwart überliefert. Daß dies politisch nicht unbedenklich war, ist häufig bemerkt und noch von der jüngsten Forschung kritisch betont worden. [2] Allerdings ist solchen Einwänden entgegenzuhalten, daß Napoleon mit seinem Zentralismus ja nur jene Bestrebungen vollendete, die der monarchische Absolutismus jahrhundertelang verfolgt hatte, und daß insofern 1814/15 auch keine Prinzipien des Ancien régime preisgegeben wurden. So übernahm Ludwig XVIII. das Präfektursystem, in der Rechtspflege blieb der *Code Napoléon* in Kraft, und die kaiserliche Organisation des Schul- und Hochschulwesens wurde lediglich ihres militärischen Charakters entkleidet. Auch die Neuregelung des Verhältnisses von Staat und Kirche, die sich aus der Übereinkunft von 1801 herleitete, galt weiterhin, nachdem ein unter dem Druck der Ultras 1817 unternommener Versuch, das napoleonische Konkordat durch ein neues, an das von 1516 anknüpfende zu ersetzen, am Widerstand des Parlaments gescheitert war. Jedenfalls ließen die Bourbonen der Kirche, die ja durch die Romantik einen mächtigen Auftrieb erhalten hatte und sehr gekräftigt aus der zurückliegenden Ära hervorgegangen war, nachdrückliche Förderung angedeihen. Schien sie doch geeignet, das durch die Revolution in seinem Ansehen geschwächte Königtum von Gottes Gnaden metaphysisch zu sanktionieren und dadurch neu zu festigen. Obwohl Ludwig XVIII. persönlich freigeistigen Aufklärungsideen anhing, schritt er an der Spitze des königlichen Hofes bei Fronleichnamsprozessionen mit geweihten Kerzen in den Händen zur Heiterkeit der spottlustigen Pariser Bevölkerung durch die Straßen der Hauptstadt; der hohen Geistlichkeit wurde nachgesehen, daß sie in militanten Hirtenbriefen gegen die »Verfehlung« der Toleranz polterte, und vor allem wurde das Unterrichtswesen in starkem Maße klerikalisiert. Denn Kirchen- und Königstreue wurden jetzt, in dieser Zeit des beginnenden Bundes von »Thron und Altar«, nur zu gern miteinander identifiziert. Andererseits hat Ludwig XVIII. dem Gestaltwandel der französischen Gesellschaft insofern Rechnung getragen, als der napoleonische Neuadel gleichberechtigt neben die bourbonische Altaristokratie trat.

Jedoch ist dem König das Werk der Versöhnung, zu dem er sich durch solche verfassungsmäßigen und institutionellen Regelungen und nicht zuletzt durch die Wahl von Männern wie Talleyrand und Fouché zu führenden Ministern bekannte, von seinen eigenen Anhängern, den Ultraroyalisten, sehr erschwert worden. Zunächst einmal mußte er deren Revanchegelüsten nachgeben und strafrechtliche oder disziplinarische Prozesse gegen führende Persönlichkeiten, die sich während der Hundert Tage Napoleon wieder zur Verfügung gestellt hatten, gutheißen. Jetzt trat der »weiße Schrecken« in seine zweite Phase und wurde dabei gleichsam bürokratisiert. Daß es ausgerechnet Fouché zufiel, die erforderlichen Maßnahmen durchzuführen, verlieh dem

Ganzen einen besonders schockierenden Charakter. Der ehemalige Polizeiminister Napoleons spielte dabei eine so unrühmliche Rolle, daß er sich in kurzer Zeit zwischen alle Stühle setzte und sich zu der ohnehin vorhandenen Feindschaft der Royalisten auch noch die Verachtung der Bonapartisten zuzog, so daß Talleyrand es für angebracht hielt, die politische Entmachtung dieses unbequemen Kollegen einzuleiten. Nachdem er auf den Botschafterposten in Dresden abgeschoben worden war, wurde er bald darauf völlig kaltgestellt.

Eine wesentliche Voraussetzung für die Proskriptionen war der überraschende Wahlerfolg, den die Ultras bei den Wahlen im Oktober 1815 erzielten und der ihnen eine solche Mehrheit im Parlament einbrachte, daß der König im ersten Freudenrausch diese Kammer als die *Chambre introuvable* bezeichnete. Sie übte nun ein Jahr lang eine fast unumschränkte Herrschaft aus. Zunächst – zum Teil schon vor dem Zusammentreten der Kammer – wurden blutige Vergeltungsaktionen gegen profilierte Männer der Hundert Tage durchgeführt, deren prominentestes Opfer Michel Ney war, der am 7. 12. 1815 tapfer unter den Kugeln eines aus napoleonischen Veteranen zusammengesetzten Exekutionskommandos starb. In einer nicht abreißenden Kette von Prozessen wurden weitere Anhänger Napoleons und natürlich auch die »Königsmörder« zu Gefängnis, Verbannung und Verlust ihrer Besitzungen verurteilt. Von den noch aus dem Kaiserreich stammenden Beamten wurden viele ihrer Stellungen enthoben, in die dann oft wenig qualifizierte Royalisten nachrückten.

Gleichzeitig versuchten die Ultras auf dem Weg über das Parlament die Uhrzeiger der Geschichte wieder auf den Stand von vor 1789 zurückzudrehen. So stellten sie nicht nur den *Code civil*, sondern sogar die Nationalgüter in Frage, konnten aber diese Absichten in den leidenschaftlichen und teilweise turbulenten Kammerdebatten, die sich darüber entspannen, dann doch nicht durchsetzen. Dagegen gelang ihnen im Jahre 1816 immerhin zweierlei: einmal die Rückerstattung der bisher noch nicht verkauften Besitzungen der Kirche, die insgesamt einen Wert von 10 Millionen Francs ausmachten, und zum anderen die Aufhebung der zivilen Ehescheidung, nachdem sie bereits im Herbst 1815 – allerdings mit Unterstützung des Zaren – erreicht hatten, daß Ludwig XVIII. Talleyrand entließ und durch den Herzog von Richelieu, einen Nachfahren des großen Kardinals, ersetzte.

Mit der Ernennung dieser moralisch integren und politisch von den Grundsätzen eines gemäßigten Royalismus erfüllten Persönlichkeit zum leitenden Minister sicherte sich der König gleichzeitig die Gunst des Zaren. Denn Richelieu, der gleich 1789 aus Frankreich ausgewandert und nach Rußland emigriert war, hatte sich dort als Gouverneur des soeben von der Türkei abgetretenen Odessa, das er mit hervorragendem Geschick in den Staatsverband des Zarenreiches integriert hatte, das uneingeschränkte Vertrauen Alexanders I. erworben. Dieser Umstand mußte für Frankreichs Außenpolitik, deren sich der neue Ministerpräsident persönlich annahm, von ausschlaggebender Bedeutung sein.

Natürlich war es Richelieus Ziel, die politischen Hypotheken, die Frankreich seit dem Zweiten Pariser Frieden belasteten, in diplomatischer Kleinarbeit abzutragen. Dabei wurde er von Baron Louis, dem Finanzminister, so tatkräftig unterstützt, daß die Reparationsschulden schon nach drei Jahren, also zwei Jahre vor der gesetzten Frist, getilgt waren. Daher konnte die französische Diplomatie bereits 1818 auf dem Kongreß zu Aachen, dem ersten der in der Folgezeit von Metternich häufig einberufenen Kongresse, den Abzug der fremden Besatzungsarmeen aus Frankreich erwirken. Gleichzeitig erreichte Richelieu auch die Aufnahme seines Landes in die Heilige Allianz, was einer quasi-formellen Anerkennung der Großmachtstellung der Bourbonenmonarchie gleichkam. De facto wurde dieses Zugeständnis allerdings doch empfindlich eingeschränkt, da anschließend, am 15. 11. 1818, die vier Siegermächte ihr altes Bündnis gegen den Gegner von gestern insgeheim erneuerten, um für den Fall gewappnet zu sein, daß in Frankreich wieder die Revolution ausbräche oder Napoleon noch einmal zurückkäme. Aber jedenfalls hatte Frankreich die beengenden Fesseln, die es seit 1815 seiner Bewegungsfreiheit beraubt hatten, abzustreifen vermocht. Diesen Prozeß vervollständigte Marschall Laurent Gouvion Saint-Cyr, ein ehemaliger General Napoleons, insofern noch wesentlich, als er das Heerwesen bis 1819 reorganisierte. So gelang es den Staatsmännern Ludwigs XVIII. in nur vier Jahren, die große Aufgabe der Rückgewinnung nationaler Souveränität zu lösen.

Innenpolitisch hatten die Ultras mittlerweile den Bogen so überspannt, daß sie sogar mit dem König in Konflikt geraten waren. Auf Grund ihrer absoluten Mehrheit hatten sie nämlich verlangt, daß die Kammer und nicht der König den Ministerpräsidenten zu bestimmen habe, eine Forderung, die Chateaubriand in seiner Broschüre ›La Monarchie selon la Charte‹ theoretisch abgestützt hatte und die auf die Umgestaltung der konstitutionellen in eine parlamentarische Monarchie hinauslief. Gleichzeitig hatten sich ausgerechnet die Ultras für eine Herabsetzung des Wahlzensus eingesetzt, um das besitzende Bürgertum, also den Liberalismus, zu treffen und die Bauern, denen eine solche Maßnahme zu politischen Rechten verholfen hätte, für sich zu gewinnen.

Erreicht haben sie allerdings mit solchen gerade bei ihnen recht erstaunlich wirkenden Initiativen nur, daß die Diskussion um die in der Luft liegende Parlamentarisierung der Monarchie weiterbelebt wurde. Es gelang ihnen hingegen keineswegs, ihr eigentliches Ziel, nämlich die Stärkung des ständisch-aristokratischen Einflusses auf Kosten der Stellung des Königtums, auch zu verwirklichen. Denn Ludwig XVIII. erhielt angesichts dieser leicht durchschaubaren Tendenzen der Ultras die Unterstützung der Liberalen, die sich jetzt zu Anwälten der konstitutionellen Monarchie machten. Diese Schützenhilfe hat den König in die Lage versetzt, am 5. 9. 1816 die *Chambre introuvable* aufzulösen – nicht zuletzt übrigens auch auf Empfehlung Zar Alexanders und der ständigen Botschafterkonferenz der Siegermächte in Frankreich – und anschließend ein neues Wahlgesetz zu erlassen (5. 2. 1817), auf Grund dessen eine für die Regierung vorteilhafte, aus gemäßigten Royalisten bestehende Kammermehrheit zustande kam, die bis 1820 an der Macht blieb und unter der die parlamentarischen Gegner der Ultras stetig an Boden gewannen.

Entsprechend der Sitzordnung in der Deputiertenkammer bildeten sich in dieser Zeit die bis heute üblichen Bezeichnungen »rechts« und »links« aus. Gleich die frühen Jahre der französischen Parlamentsgeschichte führen uns diese Grundpositionen antinomischer politischer Weltanschauung in geradezu klassischer Ausprägung vor Augen. In den leidenschaftlichen Parlamentsdebatten dieser Jahre trafen diese Richtungen in der Arena der praktischen Politik unmittelbar aufeinander, wobei de Bonald und Chateaubriand als Vorkämpfer der ultraroyalistischen und Royer-Collard, der »Theoretiker der Charte«, Benjamin Constant und Maine de Biran als Verfechter der liberalen Position besonders hervorragten. Es waren gleichsam *deux Frances,* die sich hier unversöhnlich gegenüberstanden. »Die Welt des Ancien régime, royalistisch, aristokratisch und theokratisch, und das neue bürgerliche, aufgeklärt-liberale Frankreich der Revolution und Napoleons« begegneten sich als »zwei politische Credos«, die unvereinbar waren, es im Grunde bis heute geblieben sind.[3]

Nachdem Richelieu im Dezember 1818 zurückgetreten und ihm zunächst das Kabinett Dessoles/Decazes (1818/19) und dann ein ausschließlich von letzterem geleitetes Ministerium gefolgt war, lagen Frankreichs Geschicke in der Hand eines mit dem Liberalismus sympathisierenden Politikers, unter dem sich die Linksgruppierungen weiter verstärkten. Denn neben den konstitutionell-monarchistischen Liberalen kamen nun allmählich auch die Bonapartisten zum Zuge, erheblich begünstigt durch die schon zu Lebzeiten des auf St. Helena Verbannten entstehende und nach seinem Tode 1821 voll aufblühende Napoleonlegende. Selbst republikanische Kreise begannen jetzt wieder hervorzutreten, wobei sie natürlich an die Ideologie der Revolution anknüpften, ihrerseits aber auch unter dem Bann der Napoleonlegende standen und anfangs Hand in Hand mit den Bonapartisten gingen. Gleichzeitig fächerte sich die Richtung der Royalisten stärker auf, da Ultras und gemäßigte Königsanhänger sowie Gallikaner und Ultramontane in immer heftigere Kontroversen gerieten, die eine beginnende Schwächung der monarchistischen Position erkennen ließen und somit zur weiteren Entfaltung der Opposition insgesamt wesentlich beitrugen. Ein reges Parteileben bildete sich aus, in dem alle Entwicklungsmöglichkeiten des französischen Parlamentarismus im 19. und 20. Jahrhundert bereits keimhaft angelegt waren.

Jedoch sind die politischen Auseinandersetzungen dieser Zeit keineswegs auf parlamentarische Diskussionen beschränkt geblieben. Sie spiegelten sich auch in der damals im Aufschwung begriffenen Presse wider und entluden sich überdies in zahlreichen Duellen und sogar Verschwörungs- und Putschversuchen gegen die Regierung, die allerdings alle schon im Ansatz aufgedeckt wurden oder scheiterten und dann zu Prozessen, Todesurteilen und Hinrichtungen führten. Solche beunruhigenden Vorgänge offenbarten drastisch, daß die Versöhnung von Alt- und Neufrankreich alles andere als gelungen war. Die politisch folgenschwerste dieser Aktionen ist die Ermordung des Herzogs von Berry am 13. 2. 1820 gewesen. Berry war der zweite Sohn des Grafen von Artois, der seinerseits als jüngerer Bruder Ludwigs XVIII. erster Thronanwärter nach dem bald zu erwartenden Tode des kinderlosen Königs war. Da somit Berry nicht nur nach seinem Vater und seinem älteren ebenfalls kinderlosen Bruder, dem Herzog von Angoulême, nächster Thronfolgekandidat, sondern zudem der einzige bourbonische Prinz war, mit dem sich die Hoffnung auf Nachkommenschaft, also auf weiteren physischen Bestand des regierenden Hauses verband, wollte der Attentäter, ein von blindem Haß getriebener Sattler namens Louvel, die ganze Dynastie mit diesem Mord tödlich treffen, denn auch Berry hatte damals noch keinen Sohnessproß aufzuweisen.

Indessen hat diese Bluttat nur die moralische Position der Ultras und Klerikalen gestärkt und die der Liberalen geschwächt, zumal die Gemahlin Berrys am 29. 9. 1820 doch noch einem Sohn das Leben schenkte, den die Ultras begeistert als »das Kind des Wunders« und als Beweis der auf ihrer Sache ruhenden göttlichen Gnade begrüßten. Obwohl der Mord zweifellos das individuelle Verbrechen eines Fanatikers gewesen war, wurde er doch den Liberalen in die Schuhe geschoben, so daß sich Decazes, sehr zum Kummer Ludwigs XVIII., der darin eine entscheidende Schwächung seiner eigenen Politik erblickte, schon nach wenig mehr als einjähriger Amtszeit zum Rücktritt genötigt und durch ein zweites Kabinett Richelieu abgelöst sah, in dem die rechte Mitte dominierte. Damit war eine Richtung eingeschlagen, die den Ultras über kurz oder lang wieder zu größerem Einfluß verhelfen mußte. Dies wurde schon am 2. 12. 1821 offenbar, als Richelieu durch Villèle ersetzt wurde, also durch einen Staatsmann, der zwar selbst noch dem gemäßigten Liberalismus angehörte, aber einem Ministerium präsidierte, das eindeutig ganz rechts stand. Die Tatsache, daß ausgerechnet einer dieser Ultras, der Dichter Chateaubriand, als Nachfolger des Herzogs von Montmorency Außenminister, im folgenden Jahr einen spektakulären außenpolitischen Erfolg für Frankreich davontragen konnte, mußte deren Stellung wiederum beträchtlich stärken. Denn auf dem Kongreß von Verona beschlossen die Mächte der Heiligen Allianz im Herbst 1822, auf Spanien, das von einem heftigen Bürgerkrieg der Liberalen gegen den rigoros absolutistisch regierenden König Ferdinand VII. erschüttert wurde, jenes 1820 ins Leben gerufene Interventionsprinzip anzuwenden, das die Einmischung der Großmächte in die inneren Verhältnisse der von Revolutionen bedrohten Länder vorsah. Chateaubriand brachte es zuwege, daß die legitimistischen Mächte Europas Frankreich mit der militärischen Niederwerfung des spanischen Aufstandes betrauten. Das konnte als die Wiedererlangung der völligen Gleichberechtigung mit den anderen Ländern der Heiligen Allianz angesehen werden, und die Ultras haben denn auch den politischen Erfolg von Verona, dem 1823 der Einmarsch einer starken französischen Armee in Spanien und die Niederschlagung der Revolution zugunsten Ferdinands VII. auf dem Fuße folgten, lautstark als Sieg ihrer Sache gefeiert. Leichten Herzens gingen sie dabei über die leidenschaftliche Opposition der Liberalen in der Deputiertenkammer gegen diese in so krassem Widerspruch zu den Prinzipien des neuen Frankreich stehende Aktion hinweg; der weit links stehende Deputierte Manuel, der die liberale Position in dieser Frage eindrucksvoll verfocht, wurde deswegen sogar aus der Kammer ausgeschlossen, ein Faktum, das die Kluft zwischen den »beiden Frankreich« erheblich verbreiterte.

Es ist damals unbemerkt geblieben, daß Chateaubriand ein weit größeres Ziel, das ihm vorschwebte, in Verona durchaus nicht erreicht hatte, nämlich die Zustimmung des Zaren zu einer Diskussion über die Reannexion des linken Rheinufers durch Frankreich. Aber immerhin war dieses – bekanntlich ja nie verwirklichte – Hauptziel französischer Außenpolitik bis 1870 wenigstens anvisiert worden und sollte von Zeit zu Zeit immer wieder auftauchen.

Angesichts der Erfolge nach innen und außen brachten die Wahlen von 1823 den Ultras eine Neuauflage ihrer Mehrheit in der Kammer, die der von 1815 entsprach, während die Liberalen von 110 auf 19 Sitze zusammenschmolzen. Allerdings war diesmal die Abhängigkeit der rechten Majorität vom Kabinett, das weiterhin von Villèle geleitet wurde, weit größer als zur Zeit der »unfindbaren Kammer«. Um ihren politischen Sieg noch dauerhafter zu machen, haben Regierung und Parlamentsmehrheit damals das sog. Septennalitätsgesetz durchgebracht, das die bis dahin vorgeschriebene alljährliche Teilerneuerung der Deputiertenkammer durch eine alle sieben Jahre erfolgende Gesamtneuwahl von Kammer und Kabinett ersetzte. Schon 1822 hatte ein Pressegesetz die Zensur für alle politischen Zeitschriften eingeführt. Auf diese Weise glaubten die Ultras ihre Macht für sehr lange Zeit gefestigt zu haben, zumal nach dem Tode Ludwigs XVIII. am 16. 9. 1824 mit Karl X. (1824-1830) ein Monarch an die Spitze des Staates trat, der im Gegensatz zu seinem Bruder ein eindeutiger Parteigänger der Ultraroyalisten war und dessen Hof sich schon zur Zeit des letzten Ludwig mehr und mehr zu einer Art Nebenregierung der ehemaligen Emigranten entwickelt hatte.

Zwar hat Karl X. den doch relativ gemäßigten Villèle weiter amtieren lassen und dies sogar bis 1827, so daß sich die Befürchtungen, die die

Liberalen der Regierung gerade dieses Königs entgegenbrachten, zunächst nicht zu bestätigen schienen. Aber sehr rasch zeigte sich, daß der bei seiner Thronbesteigung bereits 67jährige Monarch geblieben war, wofür jeder ihn gehalten hatte: lebendiger Verkörperer einer konterrevolutionären Politik, der sich ganz einseitig auf Adel und katholische Kirche stützte und als militanter Vorkämpfer dieser durch die Revolution entmachteten Stände gelten konnte. Seine ersten Regierungsmaßnahmen wiesen durchaus in diese Richtung, denn im Gegensatz zu Ludwig XVIII., der klugerweise auf eine solche Demonstration verzichtet hatte, ließ Karl X. sich am 29.9.1825 mit allem mittelalterlichen Pomp in der Kathedrale von Reims feierlich krönen, wobei nicht einmal die Geste der Heilung von Skrofelkranken fehlte. Natürlich lebte auch die Hofetikette der vorrevolutionären Zeit in all ihrer Steifheit wieder auf. Daß die Emigranten für ihre während der Revolution entstandenen Verluste durch 1 Milliarde Francs entschädigt wurden, war gewiß als ein Akt politischer Gerechtigkeit anzusehen, daß jedoch in der Begründung eines entsprechenden Gesetzes die Nationalgüterpolitik als »Diebstahl« bezeichnet wurde, konnte auf die überwiegende Mehrheit der Franzosen nur aufreizend wirken. Auf der gleichen Ebene lag es, daß kirchliche Kongregationen vom Staat nachhaltig gefördert und die Universitäten unter geistliche Aufsicht gestellt wurden.
Natürlich hat diese Innenpolitik die Opposition gegen die Regierung noch verschärft. Neben den uns schon bekannten Köpfen tauchen aus den Reihen der Liberalen neue auf, wie z. B. Thiers, Mignet und Guizot, die in den 20er Jahren Geschichtswerke schreiben, in denen sie die Große Revolution offen verherrlichen oder an die Englische Revolution des 17. Jahrhunderts Reflexionen darüber anknüpfen, wie man zwar die Monarchie grundsätzlich beibehalten, aber auf jeden Fall parlamentarisieren und gleichzeitig einen Dynastiewechsel herbeiführen könne. Da sich schließlich sogar nicht wenige Royalisten dieser Opposition anschließen, werden die Wahlen von 1827 – der König hatte die Kammer am 6. 11. vorzeitig aufgelöst – zu einer schweren Niederlage für die Regierung. Die daraufhin erfolgende Entlassung Villèles und seine Ersetzung durch Martignac im Januar 1828 kommt einer Konzession an den Liberalismus gleich, die noch durch die Wahl Royer-Collards zum Präsidenten der Deputiertenkammer unterstrichen wird. Jedoch kann sich das neue Ministerium nur bis Mitte 1829 halten, da es nie nach dem Geschmack des Königs war. Dieser benutzt einen im Parlament gescheiterten Gesetzentwurf über Departemental- und Gemeindeverwaltung, der gewisse Ansätze zur Selbstverwaltung enthielt, um Martignac seines Amtes zu entheben und mit Polignac im September 1829 eine Persönlichkeit in die höchste Ministerverantwortung zu berufen, die als Inbegriff restaurativer Tendenzen gilt und von weiten Teilen der öffentlichen Meinung empört abgelehnt wird. Militante Pressekampagnen entfesseln vor allem der ›Constitu-

tionnel‹ und der ›National‹, wobei hinter letzterem der junge Journalist Adolphe Thiers steht, der sich im Laufe der kommenden Jahrzehnte zur führenden staatsmännischen Gestalt des französischen Liberalismus profilieren sollte. Als am 16. 5. 1830 die Kammer wiederum lange vor Ablauf der Siebenjahresfrist aufgelöst wird, beginnt die Opposition mit der Möglichkeit eines Staatsstreiches durch die Regierung zu rechnen, zumal diese Maßnahme in einem Augenblick erfolgt, in dem Siegesmeldungen aus Algier die jetzt erforderlich werdenden Neuwahlen durchaus zu deren Gunsten beeinflussen könnten. Wie schon Ludwig XVIII., so hat sich auch Karl X. außenpolitisch eng an Rußland angelehnt, das die Vormacht des europäischen Konservatismus darstellte und der restaurierten Bourbonenmonarchie besonders wohlwollend gesinnt war. Nicht zuletzt dank dieser Unterstützung, aber begünstigt auch von Metternich, hatte Frankreich seit den Kongressen von Aachen und Verona seine Isolierung in Europa ja zunehmend durchbrechen können. In den folgenden Jahren nun begann die auf den Prinzipien der Heiligen Allianz beruhende Zusammenarbeit der Pentarchie abzubröckeln, weil sich zwischen den Großmächten erneut Rivalitäten ausbildeten, die dazu führten, daß England als erstes Land dem politischen System Metternichs den Rücken kehrte. Aus dieser veränderten Konstellation konnte Frankreich nur Nutzen ziehen, zeichneten sich doch jetzt sogar neue Bündnismöglichkeiten ab.

Eine erste konkrete Chance solcher Art ergab sich Mitte der 20er Jahre durch die griechische Frage, an der die Einigkeit der konservativen Ostmächte zerbrach. Nikolaus I., der 1825 seinem Bruder Alexander I. auf den Zarenthron gefolgt war, sah in dem Aufstand der Hellenen gegen ihre türkischen Unterdrücker eine günstige Gelegenheit zu russischer Einflußnahme auf dem Balkan, während Österreich und in seinem Schlepptau Preußen ihre diplomatische Unterstützung prinzipientreu der Sache der Legitimität, also dem Sultan, zukommen ließen. Der Zar hingegen, der der Pforte den Krieg erklärte und dessen Truppen bis Adrianopel vordrangen, fand die Hilfe Englands und Frankreichs, dessen Regierung nicht zögerte, sich auf diese Weise dem Kaiser von Rußland erkenntlich zu zeigen. So hat damals eine vereinigte russisch-britisch-französische Flotte gegen die türkisch-ägyptische Seemacht operiert und sie 1827 in der Seeschlacht bei Navarino vernichtend geschlagen. Diese Aktion offenbarte deutlich, daß der ideologische und antifranzösische Mächteblock der Heiligen Allianz nicht mehr bestand, ein Umstand, der Frankreichs außenpolitischer Bewegungsfreiheit ungeahnte Perspektiven zu eröffnen schien.

So ist die französische Mittelmeerpolitik während des griechischen Unabhängigkeitskrieges auch keineswegs ohne weitreichende Folgen geblieben, denn aus der – übrigens ohne offizielle Kriegserklärung erfolgten – militärischen Konfrontation Frankreichs mit dem Osmanischen Reich konnte leicht der Gedanke erwachsen, sie auf die im westlichen Mittelmeer gelegenen Randbesitzungen der Türkei auszudehnen. Als Objekt solcher kolonialen Eroberungsabsichten bot sich vor allem der unter türkischer Oberhoheit stehende Barbareskenstaat des Dei von Algier an, dessen Piratenschiffe zusammen mit denen der anderen nordafrikanischen Seeräuberstaaten Tripolitanien, Tunesien und Marokko die christliche Seefahrt seit Jahrhunderten empfindlich belästigt hatten.

Bereits 1560 hatte Frankreich einen Vertrag mit nordafrikanischen Scheichs abgeschlossen, der ihm das Recht gab, an deren Küstengebieten Korallen zu fischen und eine Siedlung zu errichten, die Bastion de France. Diese ist in den folgenden Jahrzehnten oft zerstört und wiederaufgebaut worden; und im Lauf der Zeit kamen sogar noch weitere Niederlassungen hinzu. Im 17. Jahrhundert unternahm Frankreich häufiger militärische Expeditionen gegen die Piraten, die sich in einigen Fällen sogar zu regelrechten Kriegen ausweiteten. Nachdem auf den Kongressen von Wien und Aachen 1815 und 1818 offizielle Maßnahmen zur Unterbindung der Gefangenhaltung christlicher Sklaven in den Barbareskenstaaten beschlossen und England und Frankreich mit deren Durchführung betraut worden waren, verhandelten ein britischer und ein französischer Admiral seit 1819 mit dem Dei von Algier, wobei es auch nicht an Gewaltandrohung fehlte. Vor allem Frankreich entwickelte jetzt eine erhebliche Aktivität und erhob gleichzeitig Geldforderungen, die es noch aus der Empire-Zeit gegenüber Algerien geltend machen konnte. Daraus ergaben sich schwere diplomatische Spannungen zwischen beiden Ländern, die im Jahre 1827 solche Formen annahmen, daß der Dei sich dazu hinreißen ließ, den französischen Konsul ins Gesicht zu schlagen. Daraufhin wurden alle Franzosen in ihre Heimat zurückberufen und Algier einer französischen Blockade unterworfen, um den Geldforderungen Frankreichs Nachdruck zu verleihen. Als auch diese Maßnahme, die sich durch die Jahre 1828 und 1829 hinschleppte, wirkungslos blieb, beschloß der französische Ministerrat auf Betreiben Polignacs, der im Gegensatz zu seinem in der algerischen Frage zögernden Vorgänger Martignac einen Prestigeerfolg herbeizuführen wünschte, von dem er sich günstige Auswirkungen auf die innenpolitische Szene versprach, im Januar 1830 eine militärische Expedition nach Algerien. Diese lief im Mai an und gipfelte ab dem 28. Juni in einer Belagerung der Stadt Algier, die mit einem so furchtbaren Bombardement durch die französische Flotte verbunden war, daß der Dei sich am 4. Juli zur vorbehaltlosen Kapitulation gezwungen sah. Anschließend rief der Kriegsminister Bourmont, der die Expedition persönlich geleitet hatte, die Souveränität Karls X. über das Land aus, während sich der Dei ins Exil nach Neapel begab. Alle an der Küste gelegenen Forts sowie die Stadt Bône wurden von französischen Einheiten besetzt, die Beis von Titteri, Oran und Constantine unterwarfen sich ebenfalls. Polignac hatte sich zunächst noch mit dem Gedanken getragen, sich mit dem Besitz von

Bône und einer beträchtlichen Geldentschädigung zu begnügen, aber der Ministerrat entschied dann doch, Algier zu behalten und dem Land den Status einer *province transméditerranéenne* zu geben.

Die welthistorische Bedeutung dieses Ereignisses als Grundsteinlegung jenes zweiten französischen Kolonialreiches, das sich bis zum Ende des Jahrhunderts zum zweitgrößten der Geschichte entwickeln sollte, stellte sich erst im Laufe der Zeit heraus. Zunächst nämlich hat es auf die französische Öffentlichkeit, ganz entgegen der Erwartung der Regierung, so gut wie keinen Eindruck gemacht. Denn die Aufmerksamkeit der Nation war ungeteilt auf die innenpolitische Bühne gerichtet, wo sich der mit außerordentlicher Leidenschaft geführte Wahlkampf abspielte. Erbittert durch das suspekte Verhalten des Königs und des Kabinetts Polignac vereinigten sich dabei so verschiedenartige Gruppen wie gemäßigte Royalisten, Vertreter des politischen Großbürgertums, Liberale, Radikale und Republikaner zu einer Front gegen die Regierung. Profilierte Köpfe wie Casimir Périer, Laffitte, Thiers und Mignet standen an der Spitze dieser vielschichtigen Opposition, die denn auch einen überwältigenden Wahlsieg erringen konnte.

Karl X. hat sich jedoch durch diese vernichtende Niederlage seiner Anhänger nicht einschüchtern lassen, vielmehr so reagiert, wie man es seit längerem erwartet hatte: mit dem Staatsstreich. Am 26. 7. 1830 wurden jene vom König tags zuvor in Saint-Cloud unterzeichneten fünf Ordonnanzen veröffentlicht, die als die sog. »Juliordonnanzen« in die Geschichte eingegangen sind. Der Monarch berief sich darin auf den Artikel 14 der *Charte* und verfügte die Aufhebung der Pressefreiheit, die Auflösung der soeben gewählten Kammer, die Anberaumung von Neuwahlen und eine Beschränkung des Wahlrechts, wonach bei der Zensus-Berechnung künftig die vornehmlich vom Industriebürgertum aufgebrachte sog. *patente* nicht mehr berücksichtigt werden sollte, eine Maßnahme, die darauf abzielte, diese überwiegend liberal eingestellte gesellschaftliche Gruppe vom politischen Leben auszuschließen. Damit waren die Würfel gefallen und nicht nur die Gegner der Restaurationsmonarchie, sondern selbst die Anhänger der Verfassung von 1814 auf den Plan gerufen.

Die Antwort auf die Herausforderung des Königs läßt nicht auf sich warten. Noch am gleichen Tag schreibt Thiers im ›National‹: »Allen Beteuerungen zum Trotz ist die gesetzliche Regierung unterbrochen, die der Gewalt hat begonnen. In der gegenwärtigen Lage hört der Gehorsam auf, eine Pflicht zu sein.«[4] Unabhängig von Direktiven führender Oppositionspolitiker wie Godefroy, Cavaignac, Thiers, Mignet, Carrel und den Zöglingen des Polytechnikums, flammt in den Straßen von Paris der Volksaufstand auf, getragen vor allem von Kleinbürgern, Studenten und Intellektuellen, die in ihrer Mehrzahl radikalen Zielsetzungen anhängen und die Ausrufung einer Republik womöglich jakobinischen Stils anstreben. Diese Gruppen sind es überwiegend, die in der Innenstadt Barrikaden errichten, sich in Waffen zeigen und an allen Ecken und Enden die Trikolore aufpflanzen, jenes geschichtsträchtige Symbol der Großen Revolution und des Empire, das man seit 15 Jahren nicht mehr gesehen hat. Am 28. Juli schwellen erste Vorgeplänkel mit dem Militär zu regelrechter Straßenschlacht an. Jetzt versucht der Marschall Marmont, Oberbefehlshaber der etwa 11 000 Mann starken hauptstädtischen Garnison, seinen königlichen Herrn zum Nachgeben zu bewegen. Doch bleibt sein Brief unbeantwortet, und er kann den blutigen Austrag des Kampfes nicht mehr verhindern, der hauptsächlich auf der Place du Panthéon und um die Tuilerien, wo die königlichen Truppen ein gewaltiges Karree bilden, ausgefochten wird. Die Entscheidung fällt am 29. Juli, als zwei Linienregimenter auf dem Vendômeplatz zu den Aufständischen übergehen. Wie am 10. 8. 1792 endet auch die Schlußphase dieser Revolution damit, daß 200 Schweizergardisten im Palais Bourbon entweder verbrennen oder niedergemetzelt werden.

Zwar konstatiert Talleyrand, der sich wiederum für das kommende Regime bereithält, schon an diesem Tage, daß die ältere Linie der Bourbonen um 12.05 Uhr zu regieren aufgehört habe. Aber Karl X. dankt erst am 2. 8. 1830 für sich und den Dauphin ab, und zwar zugunsten seines Enkels, des kleinen Herzogs von Bordeaux und späteren Grafen von Chambord, während er gleichzeitig den Generalstatthalter auffordert, für diesen unmündigen Heinrich V. die Regentschaft zu übernehmen. Anschließend verläßt der letzte unmittelbare Bourbonenkönig, begleitet von einem langen Equipagenzug, in majestätischer Langsamkeit Paris und begibt sich zunächst nach England und dann nach Österreich, wo er 1836 gestorben ist, ohne es erlebt zu haben, »Heinrich V.« auf dem Thron von Frankreich zu sehen. Denn auf diesen hatte die Deputiertenkammer bereits am 7. 8. 1830 Louis Philippe erhoben, eben den »Generalstatthalter«, an den sich Karl X. vorher gewandt hatte.

Louis Philippe (1830-1848) war der Sohn jenes Philippe Égalité aus dem seit den Tagen Ludwigs XIV. mit der regierenden Bourbonenlinie rivalisierenden Seitenzweig Orléans, der Parteigänger der Revolution gewesen war, sogar für den Tod seines Vetters Ludwig XVI. gestimmt hatte, aber schließlich dem Tod auf der Guillotine doch nicht hatte entrinnen können. Louis Philippe, seit dem Tod des Vaters Haupt des Hauses Orléans, hatte als junger Mann ebenfalls der Revolution gedient und, was jetzt von seinen Königsmachern propagandistisch herausgestellt wurde, bei Jemappes auf französischer Seite und später nie gegen diese gefochten. Er war in liberalen Ideen aufgewachsen und hatte sich zu den Bourbonen stets in betonter Distanz gehalten. Seit langem stand er jenen großbürgerlichen Kreisen nahe, die zwar eine Parlamentarisierung der Monarchie wollten, aber auf jeden Fall doch eine Monarchie und keine Republik. Als sich nun in den Tagen der Julirevolution die Möglichkeit der Konstituierung einer Republik sehr deutlich abzuzeichnen begann, die besonnenen Gemütern weder aus innen- noch außenpolitischen Gründen wünschenswert erschien, richteten sich die Blicke der gemäßigten Oppositionellen ganz von selbst auf den Herzog von Orléans. Vor allem Thiers hat es damals systematisch und sehr erfolgreich unternommen, mittels des Mediums Presse Louis Philippe in der Öffentlichkeit so »aufzubauen«, daß es nach dem Abklingen der Revolution nicht mehr schwer gewesen ist, den Republikanern den Sieg aus den Händen zu winden und anstelle der von ihnen angestrebten Staatsform eine den Vorstellungen des Großbürgertums entsprechende parlamentarische Monarchie zu etablieren. Indem Thiers betonte, daß Orléans die einzige Alternative zu der sonst ebenso unausweichlichen wie gefährlichen Republik sei, gelang es ihm schon bis zum 30. Juli, die Deputierten in ihrer Mehrheit dazu zu bewegen, den Herzog als Generalstatthalter des Königreiches einzusetzen, der seinerseits am 31. 7. gleichzeitig mit der Annahme dieser Würde die Wiedereinführung der Trikolore und die Einberufung der Kammern für den 3. 8. proklamierte. Sofort wurde eine provisorische Regierung unter der Leitung des Generalstatthalters gebildet; nachdem Louis Philippe am 3. 8. die Abdankung Karls X. bekanntgegeben hatte, sprachen die Kammern 4 Tage später seine Erhebung zum König der Franzosen aus. Frankreich trat in eine neue Phase seiner modernen Geschichte ein: in die der Julimonarchie (1830 bis 1848).

2. Die Julimonarchie (1830-1848)

Zwar war Louis Philippe, der neue Monarch, ein Abkömmling der Generation der Revolution und des Kaiserreiches, jedoch fehlte ihm, wie Karl Hillebrand in seiner brillanten Charakterisierung feststellt, [5] der Sinn für den Idealismus von 1789 ebenso wie die Pietät für das alte Königtum, das die Bourbonen direkter Linie verkörpert hatten. Er, der es gelernt hatte, sich politischen Umwälzungen anzupassen, war ein kluger und beweglicher Kopf, mit beträchtlichem Geschäftssinn und großer Welterfahrung ausgestattet. Vor allem besaß dieser »Napoleon zu Fuß«, wie Heinrich Heine ihn mehr anerkennend als ironisch bezeichnete, jenen Instinkt für das außenpolitisch Mögliche, der ihn sich in allen entscheidenden Situationen seiner Regierung, namentlich im Krisenjahr 1840, den Exaltationen eines militanten Nationalismus widersetzen ließ, um außenpolitische Abenteuer zu vermeiden, die Frankreich in die militärische Konfrontation mit den konservativen Staaten Europas hätten verstricken und den Thron der neuen Dynastie von dieser Seite her gefährden können. Im Gegensatz zur Haltung seiner Vorgänger mutet Louis Philippes Selbstverständnis durchaus bürgerlich an; seine Handlungen waren nicht zuletzt darauf abgestimmt, die Krone seinen Nachkommen zu erhalten, wobei er diese übrigens durch die Übertragung seines etwa 100 Millionen Francs ausmachenden Privatvermögens für den Fall eines Scheiterns des Hauses Orléans persönlich sicherstellte. Die betont schlichte Art seines Auftretens wußte der »Bürgerkönig«, wie Louis Philippe von seinen Anhängern gern genannt wurde, z. B. durch den Stil seiner Kleidung und den berühmten, nie fehlenden Regenschirm auch schon rein optisch geschickt zu unterstreichen. Andererseits erzeugte seine so bewußt unkönigliche Attitüde bei den Zeitgenossen aber leicht den Eindruck, daß dieser Monarch im Grunde gar kein richtiger »König« mehr sei. Vor allem jedoch trug die politische Situation, der Louis Philippe seinen Aufstieg zu verdanken und in der er zu regieren hatte, dazu bei, seine Stellung von vornherein als äußerst problematisch erscheinen zu lassen.

Wenn auch die Monarchie angesichts ihres revolutionären Ursprungs nun keineswegs mehr im Prinzip der Legitimität gründete, wie sie die Heilige Allianz verstand, so erwies sich doch schon die Tatsache, daß sie als Staatsform immerhin beibehalten worden war, für Frankreichs außenpolitische Lage als ungemein vorteilhaft. Denn nur auf diese Weise konnte – wie die Königsmacher Louis Philippes sehr wohl gewußt hatten – ein allgemeiner europäischer Interventionskrieg zugunsten der erneut entthronten Bourbonen verhindert werden, der einer zweiten französischen Republik 1830 sicher nicht erspart geblieben wäre. Welche weitreichenden Auswirkungen selbst diese in ihren innenpolitischen Konsequenzen ja durchaus begrenzte Revolution in Frankreich auf Europa hatte, zeigte sich sehr rasch in Form einer Kettenreaktion revolutionärer Bewegungen, die in der zweiten Jahreshälfte 1830 Belgien, Teile Deutschlands sowie Polen und zwischen 1830 und 1834 Italien und Spanien ergriffen. Sogar in England, wo sie übrigens große Sympathien fand, löste die Julirevolution Entwicklungen aus, die 1832 zur ersten Parlamentsreform und damit zum Beginn einer langfristigen Erneuerung der politischen und gesellschaftlichen Strukturen Großbritanniens geführt haben.

Nicht zuletzt solche revolutionären Erschütterungen, die – wie wir noch sehen werden – die europäischen Großmächte in den 30er Jahren sehr beschäftigt haben, hielten die ehemaligen Gegner Napoleons von einem militärischen Eingreifen in Frankreich ab. Seitdem England sich von Metternichs legitimistischer Europapolitik abgewandt hatte und in der Griechenfrage selbst Rußland von ihr abgeschwenkt war, sah sich der österreichische Staatskanzler so isoliert, daß er 1830 den Gedanken, die restaurative Ordnung in Frankreich durch eine militärische Intervention der konservativen Mächte wiederherzustellen, erst gar nicht aufkommen ließ, sondern das *fait accompli* in Paris hinnahm, wobei er ja geltend machen konnte, daß die Monarchie als solche immerhin weiterbestehe. Diesem Beispiel Österreichs schlossen sich auch Preußen und der Deutsche Bund an. Im Gegensatz dazu war Nikolaus von Rußland über die Vorgänge in Paris so entrüstet, daß er ernsthaft an einen Krieg gegen das neue Frankreich des Julikönigtums dachte, um dieses Regime zu stürzen und wieder durch die Bourbonen älterer Linie zu ersetzen. Allerdings haben seine Verbündeten in Wien und Berlin dem Zaren von einem solchen Schritt entschieden abgeraten; vor allem aber nahm ihn alsbald die Niederwerfung jener polnischen und gegen die Verbindung mit Rußland gerichteten Revolution, die im Spätherbst 1830 ausbrach, so stark in Anspruch, daß man nicht einmal mehr in St. Petersburg militärische Maßnahmen gegen Frankreich erwägen konnte. Jedoch lehnte Nikolaus I. in seiner stark konservativen Haltung den »Barrikadenkönig«, wie er Louis Philippe schmähend zu nennen pflegte, auch weiterhin stets ab, während sich zwischen diesem, Metternich und Friedrich Wilhelm III. bald eine recht gute politische Zusammenarbeit herausbildete. Allerdings hinderte das die beiden deutschen Großmächte nicht daran, sich jetzt mit Rußland, das nach 1830 mit vollen Segeln ins legitimistische Lager zurückkehrte, wieder enger zusammenzuschließen; auf der anderen Seite ergab sich zwischen den beiden Westmächten eine erste *Entente cordiale*, die geschaffen zu haben das Verdienst Talleyrands gewesen ist, der zwischen 1830 und 1834 als Botschafter Frankreichs in London erfolgreich darauf hinarbeitete, die Gegensätze zwischen den alten Erbfeinden abzubauen. Zusammenfassend darf man von den außenpolitischen Folgen der Julirevolution sagen, daß diese den endgültigen Zerfall der von Metternich begründeten Pentarchie in einen aus Frankreich und England gebildeten Block liberaler West- und einen Rußland, Österreich und Preußen umfassenden konservativer Oststaaten bewirkt hat. Diese Konstellation hat ganz eindeutig bis zum Krimkrieg, aber über ihn hinaus wohl auch bis zum Ende des Zeitalters Bismarcks im großen und ganzen fortbestanden.

Was nun die innenpolitische Szenerie in Frankreich anlangt, so bedeutete die Thronerhebung Louis Philippes Anerkennung und Eindämmung der revolutionären Prinzipien zugleich. Obwohl er dem Hause der Bourbonen angehörte, übte er sein Amt nicht als absoluter Monarch, sondern als Repräsentant des Parlamentes aus. Die Verfassung von 1830 modifiziert und ergänzt die *Charte* von 1814, deren Verletzung ja die »Drei glorreichen Tage« der Julirevolution provoziert hatte, aus der Notwendigkeit heraus, die zweifellos anfechtbare Legitimität des neuen Königs zu begründen. Als er am 9. 8. 1830 den Eid auf diese Verfassung leistete und sich gleichzeitig als »Louis Philippe Ier« und nicht etwa als »Philippe VII« bezeichnete und überdies auch die Trikolore akzeptierte, erkannte er feierlich an, daß er sich als Vertreter eines neuen Königtums verstand, das mit jener monarchischen Vergangenheit Frankreichs brach, in der ein sakrosankter *roi de France* über »Untertanen« regiert hatte. Statt dessen verkörperte er, wie Art. 66 andeutete, eine auf dem Prinzip des Gesellschaftsvertrages und der aus ihm abgeleiteten Volkssouveränität beruhende Monarchie, in welcher der *roi des Français* an der Spitze eines Staates von mündigen Bürgern stand, und zwar im Sinne jener parlamentarisch eingeschränkten Herrschaftsbefugnis, die Thiers

auf die Formel gebracht hatte: *Le roi règne, mais il ne gouverne pas.*
Natürlich verschwindet die Präambel von 1814, in der das *droit divin*
betont und die *Charte* als Gnadengeschenk des Königs deklariert worden war, aus der neuen Verfassungsurkunde, als deren Urheber ja der
Wille der Nation anzusehen ist. Sie unterscheidet sich jedoch noch
durch weitere wesentliche Änderungen von ihrer Vorgängerin. So ist
der Katholizismus hinfort nicht mehr Staatsreligion, sondern nur ein
Glaube *professée par la majorité des Français.* Die Wiedereinführung
der Pressezensur wird ebenso ausdrücklich untersagt wie jener Art. 14
der *Charte* aufgehoben, der dem König aus Gründen der *sûreté de
l'Etat* den Erlaß verfassungseinschränkender Ordonnanzen gestattet
hatte. Auch erhalten die Kammern jetzt – genau wie der König – das
Recht zur Gesetzesinitiative. Das Mindestalter, um gewählt werden
zu können, wird auf 30 Jahre herabgesetzt, und ein kurz darauf erlassenes Wahlgesetz vermindert den Zensus von 300 auf 200 Francs,
wodurch sich der Kreis der Wahlberechtigten von 94 500 auf 166 500
erhöht, während der die Wählbarkeit ermöglichende Steuersatz um
die Hälfte reduziert wird. Damit waren indes nach wie vor mehr als
99 Prozent der Bevölkerung Frankreichs von politischer Aktivität ausgeschlossen und das Schicksal der Nation einer kleinen Oligarchen-
schicht anvertraut.
Das erste Jahrzehnt der Regierung Louis Philippes ist innenpolitisch
außerordentlich krisenreich gewesen. Das siegreiche Großbürgertum,
das mit der Julirevolution endgültig in den Besitz der politischen
Macht und des entscheidenden gesellschaftlichen Einflusses gelangt
war, die es bis in die 1880er Jahre auch uneingeschränkt zu behaupten
wußte, grenzte sich zunächst rigoros von der 1830 unterlegenen Aristokratie ab, die Frankreich in der Restaurationszeit noch einmal beherrscht hatte: die Regierung säuberte die leitenden Stellungen in
Verwaltung, Heer und Parlament von Anhängern Karls X., indem
sie 76 Präfekten, 196 Unterpräfekten, ca. 400 Gemeindepräsidenten,
65 Generäle und 175 Pairs durch orleanistisches Personal ersetzte.
Resigniert zog sich der dem bourbonischen Königtum und der katholischen Kirche treu ergebene, legitimistisch eingestellte Altadel auf seinen Landbesitz zurück und kapselte sich seitdem von einer modernen
Umwelt ab, die ihm zunehmend fremder wurde; immerhin stellten
sich die Vertreter dieses »alten« – als das »richtige« angesehenen –
Frankreich dem Vaterland weiterhin in Heer, auswärtigem Dienst
und Kirche zur Verfügung und haben diese Institutionen bis heute
durch ihren Einfluß stark geprägt.
An die Stelle dieser Schicht trat eben jenes Großbürgertum, dessen
politische und soziale Haltung des *juste-milieu* einer seiner profiliertesten Köpfe, der Innenminister François Guizot, am 13. 9. 1830 auf
die Formel bringt: »Frankreich wünscht die Verbesserung, den Fortschritt; aber eine langsame Verbesserung, einen geregelten Fortschritt.
Zufrieden mit dem Regime, das es sich soeben erobert hat, wünscht es

in erster Linie dessen Konsolidation.«[6] Und diesem Ziel diente die Politik der beiden in den Kammern führenden orleanistischen Parteigruppierungen. Dem *Centre droit*, geführt von Guizot, Périer und de Broglie, erschien die Julimonarchie als unüberbietbare Perfektion der von 1789 ausgehenden Entwicklung, die dem Dritten Stand den endgültigen Sieg beschert hatte; für diese »Doktrinäre« ging es jetzt darum, das Erworbene zu bewahren und jedem Abgleiten nach links von vornherein Riegel vorzuschieben. Demgegenüber empfand sich das ebenfalls völlig auf dem Boden des Regimes stehende *Centre gauche*, getragen vor allem von Adolphe Thiers, Duvergier de Hauranne und Rémusat, als progressiver orientiert; es steuerte bewußt auf die uneingeschränkte Parlamentarisierung der Monarchie hin und strebte begrenzte Reformen an.

Die Anhänger dieser beiden Stützpfeiler des Julikönigtums rekrutierten sich sowohl aus dem Besitz- und Bildungsbürgertum als auch aus der Aristokratie, die sich der Mitarbeit am politischen Leben keineswegs vollständig verschloß. Im weiteren Verlauf des Jahrhunderts unterschieden sich reiches Großbürgertum und Adel immer weniger voneinander, weil sie durch gemeinsame Tätigkeit in den politischen Gremien und im wirtschaftlichen Bereich zu einer – oft auch durch Einheirat reicher Bürgertöchter in geldbedürftige Adelsfamilien mitgeprägten – neuen Elite von »Notabeln« zusammenwuchsen, der man nicht mehr auf Grund der Geburt, sondern der Höhe des Steuerzensus angehörte.[7]

Die Tatsache, daß die Vertreter dieser Notabelnschicht ausgeprägte Individualisten waren, die sich weder leicht Parteidoktrinen beugten noch im Parlament Disziplin auferlegten, die sich vielmehr in Intrigen und Machtkämpfen gefielen, läßt gleich in diesen Anfangsjahrzehnten eines vollentwickelten französischen Parlamentarismus ein Phänomen erkennen, das später für die Dritte und Vierte Republik so charakteristisch werden sollte: eine ausgesprochene Instabilität des politischen Lebens. Sie trat in den leidenschaftlichen Wahlkämpfen, die sich in unregelmäßigen Zeitabständen wiederholten, ebenso zutage wie vor allem in den häufigen und oft recht kurzlebigen Regierungen. In dem Jahrzehnt von 1830-1840 hat Louis Philippe nicht weniger als 14 Kabinette verbraucht.

Auf eine provisorische Regierung unter Graf Molé, dem außenpolitischen Experten des Julikönigtums, und dem Herzog von Broglie folgte noch im gleichen Jahr ein definitives Ministerium, das von Laffitte, einem Großbankier, geleitet wurde und sich vergeblich bemühte, die außerordentlichen Anfangsschwierigkeiten, die sich dem neuen Regime entgegenstellten, zu meistern. Bereits 1831 gescheitert, wurde es von dem Kabinett Casimir Périer abgelöst. Diesem sehr energischen Staatsmann, dessen Innenpolitik unter der Devise stand »Völker, welche nach der Ehre, frei zu sein, trachten, müssen lernen, daß die Freiheit der Despotismus des Gesetzes ist«,[8] gelang es, die labile innere Situation einer Konsolidierung entgegenzuführen und das durch die Juli-revolution gestörte Verhältnis Frankreichs zu den europäischen Mächten wieder in Ordnung zu bringen. Der frühe Tod dieses bedeutenden Staatsmannes, der am 16. 5. 1832 der wie über ganz Europa, so auch über Frankreich hereinbrechenden Cholera erlag, stellte für die Juli-monarchie einen nicht wiederauszugleichenden Verlust dar.

Zwischen 1832 und 1834 versuchte das erste Kabinett Soult als ein »Ministerium aller Talente« den von Périer eingeschlagenen Weg fortzusetzen: mit Ministern wie Broglie (Äußeres), Thiers (Inneres) und Guizot (Unterricht) waren die meisten der führenden Köpfe der Julizeit in einem Ministerrat versammelt, der nicht nur weitere An-griffe gegen das neue Staatswesen abzuwehren, sondern darüber hin-aus auch auf dem Gebiet des Schulwesens Erfolge auf weite Sicht zu erzielen verstand. Anschließend kam es allerdings 1834/35 zu einer langanhaltenden Krise, in der sich Politiker wie Gérard, Molé, Maret und Mortier vergeblich um eine Regierungsbildung bemühten; erst Broglie brachte wieder ein arbeitsfähiges Kabinett zustande (1835/36). Von längerem Bestand sind aber auch das erste Ministerium Thiers (1836/37), die Regierung Molé, in der wiederum Guizot mitwirkte (1837), das Ministergespann Molé/Montalivet (1837/39) und schließ-lich das zweite Kabinett Soult (1839/40) nicht gewesen. Als dann Thiers 1840 sein zweites Ministerium bildete, wobei er neben dem Amt des Ministerpräsidenten auch das Ressort des Äußeren übernahm, erwartete jedermann nicht nur in Frankreich, sondern darüber hinaus in Europa, daß jetzt jener Zustand aufhören werde, den Lamartine ein Jahr zuvor auf die Formel gebracht hatte: »Frankreich langweilt sich!« *(La France s'ennuie!)*⁹. Traute man doch Adolphe Thiers auf Grund seines nach innen wie außen leidenschaftlichen Eintretens für Frankreichs nationale Geschlossenheit die starke Hand eines Staats-mannes zu, der in der sich androhenden außenpolitischen Krise gege-benenfalls auch zu einer den Risikofaktor des Krieges einkalkulieren-den Politik bereit sein werde. Denn zu dieser Zeit war es offenkundig, daß das Frankreich des Bürgerkönigs an einer einschneidenden Zäsur seines historischen Weges angelangt war.

Der durch das Julikönigtum repräsentierten Herrschaft des Großbür-gertums hat es nun an einer machtvollen und ausgesprochen gefähr-lichen Opposition parlamentarischen wie außerparlamentarischen Cha-rakters nicht gefehlt. Sie stellte sich dar in den Legitimisten, wie sich die früheren Ultras jetzt nannten, den Republikanern, deren linker Flügel zu Sozialismus und Anarchismus tendierte, und schließlich den Bonapartisten. So heterogen diese Kräfte naturgemäß auch waren, einte sie doch die völlige Ablehnung des bestehenden Regimes, so daß es durchaus vorkam, daß Legitimisten und Republikaner bei Wahl-kämpfen gemeinsame Sache machten.

Die ökonomische Grundlage der Legitimisten, also des alten Land-adels, war nach wie vor die Agrarwirtschaft, die allen Industrialisierungstendenzen des Zeitalters zum Trotz während des ganzen 19. Jahrhunderts den Schwerpunkt der nationalen Volkswirtschaft bildete und von der mehr als zwei Drittel der Bevölkerung lebten. Obwohl die Große Revolution den französischen Staat in eine »bäuerliche Demokratie« umgewandelt hatte, [10] war die Bodenreform in der Revolutionsepoche keineswegs so weit vorangetrieben worden, daß der Großgrundbesitz im Jahre 1815 etwa verschwunden gewesen wäre. Er bestand vielmehr durchaus weiter und erhielt durch die uns bereits bekannte Gesetzgebung zugunsten der Emigranten während der Restaurationszeit sogar zusätzliche Möglichkeiten, sich erneut auszubreiten. Infolgedessen gab es im zweiten Viertel des 19. Jahrhunderts weite Regionen Frankreichs, in denen neben den insgesamt immerhin überwiegenden bäuerlichen Betrieben, deren Effektivität durch das von Napoleon eingeführte Prinzip der Erbteilung übrigens stark gemindert wurde, Großgrundbesitzer über etwa 30–35 Prozent der landwirtschaftlichen Nutzfläche verfügten, Besitzer, die weitgehend dem Alt-, aber auch dem Neuadel und selbst dem Bürgertum angehörten. Solche Latifundien befanden sich in einigen in der Nähe der Hauptstadt gelegenen Departements, in der Picardie, vor allem aber in Westfrankreich, dem Kerngebiet der alten legitimistischen Adelsfamilien. Und dieser Raum, die royalistische Vendée, wurde auch zum episodischen Schauplatz des einzigen Aufruhrversuches, der von altbourbonischer Seite gegen Louis Philippe unternommen worden ist. Seine Initiatorin war die sehr wagemutige Herzogin von Berry, Schwiegertochter Karls X., die nach dessen Urteil zuviel Walter Scott gelesen hatte. Mit einer kleinen Schar von Anhängern erschien sie im April 1832 in der Vendée, um von dort aus für ihren Sohn den französischen Thron zu gewinnen. Angesichts der legitimistischen Einstellung der Vendéebevölkerung operierte sie zunächst auch keineswegs erfolglos, so daß die Regierung den Belagerungszustand über die unruhigen Provinzen des Westens verhängte; nach der Niederwerfung einer Bauernrevolte gelang es ihr nach längerer Fahndung schließlich, der Herzogin von Berry habhaft zu werden. Allerdings sah sie sich dann der Peinlichkeit enthoben, gegen die Aufrührerin einen Prozeß anstrengen zu müssen, da diese am 9. 5. 1833 einer Tochter das Leben schenkte, deren Vater der heimlich mit ihr vermählte Graf Lucchesi-Palli war. Dieser Umstand hat die Bannerträgerin der Lilienfahne solcher Lächerlichkeit ausgesetzt, daß man sie unbesorgt über die Grenze abschieben konnte und der Legitimismus fortan keine Gefahr mehr für das Julikönigtum darstellte.

Sehr viel gefährlicher ist für das Regime die republikanische Opposition gewesen, die übrigens nicht parteimäßig organisiert war, sich vielmehr in militanten Gesinnungsgruppen und in zahlreichen, vom italienischen Carbonaritum beeinflußten Geheimgesellschaften zusammenfand und über etliche Zeitungen verfügte. Bei dieser außerparlamentarischen Opposition, die sich vielfach in der Illegalität betätigte, handelte es sich zunächst einmal um die keineswegs ausgestorbenen Anhänger der revolutionären Ideologie von 1792, die tief erbittert darüber waren, daß die Orleanisten ihnen während der Julirevolution den Sieg aus den Händen gewunden hatten, und die ihr damaliges Ziel, die Monarchie durch die Republik zu ersetzen, immer noch fanatisch verfochten. Ihre führenden Männer, Persönlichkeiten wie Arago, Cavaignac, Garnier-Pagès und Ledru-Rollin, zogen ihre starke politische Kraft nicht aus einer neuen Theorie, sondern eben aus den Überlieferungen der Großen Revolution, die so glänzende Historiker wie Jules Michelet, Alphonse de Lamartine und Louis Blanc in berühmten Werken wiederbelebten, und zwar in dem Sinne, daß erst die mit 1792 einsetzende republikanische Phase und nicht etwa das Debüt von 1789 als eine Vollendung der französischen Geschichte erschien. Sie wurde als weiterverpflichtendes Erbe für die gegenwärtige Generation aufgefaßt, nachdem reaktionäre Kräfte wie Napoleon, die Restauration und schließlich die Großbourgeoisie des Julikönigtums den Sieg der wahren Volksherrschaft wieder zunichte gemacht hätten. Treffend hat R. v. Albertini diese Überzeugung der Republikaner als ein politisches »Credo« bezeichnet,[11] hinter dem ein fast mystischer Glaube an jenes *peuple* stand, das zwar – ohne das Geringste mit dem später in Deutschland auftauchenden Begriff des »Völkischen« im Sinne von »Rasse« und »Sprachgemeinschaft« zu tun zu haben – auch mit der ganzen »Nation« identisch ist, aber in erster Linie doch mit deren unteren, nichtprivilegierten Schichten, die im Gegensatz zur Oligarchie von Adel und Großbürgertum gesehen werden und die es, nachdem der entsprechende Versuch der ersten Revolution leider gescheitert sei, in einer neuen Revolution von der Unterdrückung durch bevorrechtigte Minderheiten zu befreien gelte, damit die Herrschaft des wahren »Volkes« endgültig errichtet werden könne. Gleichzeitig werde dann das Zeitalter der Gerechtigkeit, der Humanität, der Völkerverständigung, des Fortschritts und vor allem der Gleichheit anbrechen. Denn in einer gewissen Naivität identifizierte man diese Werte unreflektiert mit der Demokratie, als deren Voraussetzung die Republikaner das allgemeine Stimmrecht, das Einkammersystem und die Kontrolle der Regierung durch die Legislative forderten.

Am linken Flügel dieser Richtung bildete sich nun ein politischer Radikalismus aus, der durch den sich damals voll entfaltenden französischen Frühsozialismus und selbst durch rein anarchistische Tendenzen geprägt war und dessen Vertreter weit über die Zielsetzungen des jakobinischen Republikanertums hinausschossen, da für sie die Republik nicht Selbstzweck war, sondern nur als Mittel zur nachfolgenden Aufrichtung einer sozialistischen Staats- und Gesellschaftsordnung betrachtet wurde. Die Ausbildung solcher Ideologien ist natürlich als Antwort auf jene Fragen zu begreifen, die sich aus einer Entwicklung ergaben, die mittlerweile auch in Frankreich zum Sieg der Industriellen Revolution und damit zur Etablierung einer großbürgerlich-kapitalistischen

Wirtschaftsstruktur geführt hatte mit all jenen sozialen Folgeerscheinungen, die für die Frühphase der Technisierung so charakteristisch gewesen sind. Wir haben also – unter Rück- und Vorausblende in die Zeit vor 1830 und nach 1840 – einen Blick auf die wirtschaftliche Situation Frankreichs zur Zeit des Julikönigtums zu werfen als Voraussetzung für das Verständnis der republikanischen und sozialistischen Opposition.

Die Prinzipien des von Napoleon betriebenen Merkantilismus und Protektionismus sind auch nach 1815 beibehalten worden, wenn auch mit gewissen Abmilderungen. Innerhalb dieses Systems herrschte aber das *laissez faire, laissez aller* des frühen Wirtschaftsliberalismus, unter dessen Flagge jetzt auch das Schiff der französischen Wirtschaft in das Zeitalter der Industrialisierung hineinsegelte. Zunächst allerdings litt die junge, von Napoleon begründete oder geförderte Industrie sehr unter der Aufhebung der Kontinentalsperre: genau wie über Deutschland brachen jetzt auch über das ja ohnehin durch Kriegsfolgen wie Territorialverluste, Besatzungsdruck und Reparationsverpflichtungen sowie den Staatsbankrott von 1814 schwer geprüfte Land die in England aufgestapelten Waren herein; der daraus resultierende Preisverfall machte die entsprechenden französischen Produkte konkurrenzunfähig, so daß so manche industriellen Ansätze schon im Keim wieder erstickt wurden und sich der Prozeß der Technisierung insgesamt verlangsamte. Erst um 1830 war dieses ökonomische Ritardando überwunden, und es begann die Industrialisierung Frankreichs im großen Stil, wobei übrigens englische Unternehmer und Ingenieure, vor allem die Familie von William Cockerill, große Pionierleistungen vollbrachten.

Die Avantgarde dieser Entwicklung bildete die auf dem mechanischen Webstuhl beruhende Textilindustrie, die jetzt in großem Umfang Baumwoll- statt Wollwaren produzierte und hauptsächlich in der Normandie und im Elsaß angesiedelt war, während die Seidenindustrie in Lyon blühte, das 1847 bereits 50 000–60 000 Webstühle aufzuweisen hatte und sich rasch zu einer riesigen Arbeitergroßstadt ausweitete. Gleichzeitig begann der französische Bergbau zu einem zentralen Industriezweig aufzusteigen, der zwischen 1789 und 1830 seine Förderung verdoppelte, ein Symptom dafür, daß auch Frankreich allmählich von der Verwendung von Holz- zu der von Steinkohle überging. Regionale Schwerpunkte dieses Bergbaues, der übrigens die Bedürfnisse des eigenen Landes weder damals noch später zu decken vermochte, so daß es stets auf Importe aus England, Belgien und Deutschland angewiesen blieb, lagen an der Loire und bei Valenciennes. Die Kohlenförderung ermöglichte wiederum die Modernisierung der französischen Hüttenindustrie, wenn auch die Entwicklung der modernen Eisenindustrie, also eines Wirtschaftszweiges, in dem Frankreich später eine erstrangige Rolle spielen sollte, zunächst recht schleppend vor sich gegangen ist. Das wirkte sich anfangs auch nachteilig auf den

Eisenbahnbau aus, der seinerseits allerdings später in Frankreich ebenso wie in allen anderen großen Industriestaaten die Eisenindustrie mächtig belebt hat. Zwar verkehrte bereits 1837 die erste Eisenbahn Frankreichs zwischen Paris und Saint-Germain, im gleichen Jahr also, in dem auch die erste Dampferlinie entstand; aber der weitere Ausbau des modernen Schienenverkehrs, der durch private Gesellschaften betrieben wurde, verlief in den Folgejahren dann doch recht langsam und erst ab 1842 etwas rascher.

Führend war Frankreich jedoch auch schon in dieser Zeit auf dem Gebiet des Bankwesens, das für das Land später sogar zu einem wichtigen Instrumentarium seiner Außenpolitik werden sollte. Über den Zusammenbruch von 1814/15 hinweg hatte es sich seine Kreditfähigkeit auf dem internationalen Geldmarkt erhalten und mit der Tilgung der Reparationsschulden 1818 so rasch seine volle finanzielle Autonomie zurückerwerben können, daß es bereits 1825 ohne Schwierigkeiten die Entschädigungsmilliarde für die Emigranten aufzubringen vermochte. Da die Julirevolution das französische Finanzwesen nicht tangiert hatte, war Frankreich in der Folgezeit imstande, neben der von Napoleon geschaffenen Staatsbank, der *Banque de France,* so blühende privatwirtschaftliche Geldinstitute auszubauen wie die *Haute Banque* von Paris, deren ungekrönte Königin schon in der Zeit Ludwigs XVIII. die Familie Rothschild gewesen war, und die alten Bankhäuser von Laffitte und Périer oder neue Firmen, wie die der Hottinguer, Mallet, Neuflize, Delessert und Eichthal, ins Leben zu rufen. Dieses Bankensystem hat bei der industriellen Entwicklung Frankreichs eine entscheidende Rolle gespielt.

Die uneingeschränkt auf den wirtschaftsliberalistischen Grundsätzen von Angebot, Nachfrage und Konkurrenzkampf beruhende Prosperität unter der Julimonarchie hat jedoch schwere soziale Mißstände zur Folge gehabt. Die zahlenmäßig natürlich dünne, aus Bürgertum und Neuadel zusammengesetzte Notabelnschicht, die unter Napoleon im französischen Wirtschaftsleben dominiert hatte, konnte nämlich auch während der Restauration ihre Führungspositionen behaupten und nach 1830 auf Grund des fortbestehenden Zensusprinzips sogar noch weiter festigen und für Jahrzehnte unangreifbar ausbauen. Ihr gegenüber blieb die Masse der Kleinbürger und Arbeiter nicht nur in ihren politischen Rechten beschränkt, sondern auch weiterhin in einer gedrückten ökonomischen Situation, die ihnen wenig Aufstiegschancen bot. Infolgedessen begann jetzt ein ganz neues historisches Phänomen aufzutauchen, nämlich das der Sozialen Frage oder – wie man damals sagte – des Pauperismus. Denn die technische Aufwärtsentwicklung, so eng verbunden mit der stetig wachsenden wirtschaftlichen und politischen Machtentfaltung des Besitzbürgertums, hatte eine Kluft zwischen den Unternehmern und den Lohnempfängern aufgerissen, die zur Zeit der Julimonarchie deutlich sichtbar wurde, indem sich von dem ja niemals homogenen Dritten Stand ein weiterer, der Vierte

Stand, abspaltete. Dieser vergrößerte sich schnell, da die zunehmende Mechanisierung einen großen Teil der Handwerker brotlos werden ließ und infolge des Zwangs, von der Manufakturarbeit in der Heimwerkstatt zur maschinellen Fabrikarbeit überzugehen, aus Kleinbürgern Proletarier machte. Sie wurden von den kapitalistischen Unternehmern vielfach rücksichtslos ausgenützt und führten ein auch Frauen- und Kinderarbeit einschließendes Elendsleben bei langen Arbeitszeiten und kargen Löhnen, ohne die Segnungen einer gesetzlich verankerten Vorsorge für Alter und Invalidität zu kennen. Ein Ansatz zum Arbeiterschutz, der 1841 mit einem ersten Fabrikgesetz gemacht wurde, blieb infolge fehlender Inspektionsmöglichkeiten durch den Staat so gut wie völlig wirkungslos. Die zunehmende Abwanderung weiter Teile der Landbevölkerung in die rasch anschwellenden Industriestädte verstärkte den Prozeß um sich greifender Verproletarisierung noch erheblich, da die in den Ballungszentren sich ansammelnden Arbeitermassen völlig schutzlos dem relativ unkontrollierbaren Wechselspiel sich oft verändernder Arbeitsbedingungen und häufiger Konjunkturschwankungen ausgesetzt waren. Diese Entwicklung hatte im hochindustrialisierten England schon in der zweiten Hälfte des 18. Jahrhunderts eingesetzt und im ersten Drittel des 19. auch auf Frankreich übergegriffen. Dort trat sie seit 1830 deutlich zutage, während sie sich in Deutschland erst im Laufe der 40er Jahre abzuzeichnen begann.

Welche gefährlichen gesellschaftspolitischen Folgen diese neuartige Situation mit sich bringen sollte, zeigte sich in Frankreich zuerst unter dem Julikönigtum in einer Reihe gefährlicher sozialer Unruhen, deren Niederschlagung nur durch den Einsatz starker, teilweise bis zu 40 000 oder 50 000 Mann betragender Einheiten der Armee und der Nationalgarde möglich war, wobei es in den meist mehrtägigen blutigen Straßenkämpfen zu schweren, oft in die Hunderte gehenden Verlusten auf beiden Seiten kam: so in Lyon im November 1831 und dann wieder im Juli 1834, so im April 1834 in Paris und schließlich dort noch einmal im Mai 1839. Während ein Teil dieser bürgerkriegsähnlichen Ereignisse, wie die in Lyon, einfach als Hungerrevolten einer verelendeten Bevölkerung anzusehen sind, stellten die Aufstände in der Hauptstadt von 1834, insbesondere der von Barbès und Blanqui geleitete von 1839, gezielte politische Aktionen der republikanischen und sozialistisch-anarchistischen Opposition gegen das Julikönigtum dar. Das gilt vor allem für jene zahlreichen Attentate auf den Monarchen selbst, deren spektakulärstes der Korse Fieschi am 28. 7. 1835 verübt hat. Zwar kam der König auch diesmal mit dem Leben davon, aber 18 Menschen, unter ihnen der berühmte napoleonische Marschall Mortier, wurden von der Bombe zerrissen, die bei einer Parade inmitten einer großen Menschenmenge detonierte.

Solche Anschläge, die durch ihre häufige Wiederholung die Vertreter des herrschenden Regimes in Furcht versetzen und ein psychologisches

Klima für die Revolution schaffen sollten, waren das Werk zahlreicher republikanischer und sozialistischer Geheimgesellschaften, die zum Teil in Sektionen gegliedert waren und den Umsturz des bestehenden Staates zum Ziel hatten. Daß in solchen Geheimgesellschaften in dieser Zeit für ihre Mitglieder auch der Name *communards* auftauchte, kündigte an, daß nicht mehr nur die rein republikanische, sondern mehr noch die sozialistische Richtung zur »direkten Aktion« zu drängen begann: Berufsrevolutionäre wie Barbès und vor allem Blanqui, die den *communards* angehörten, sind seit dem Pariser Mai-Aufstand von 1839 nicht müde geworden, bis in die Tage der Kommune von 1871 hinein immer wieder den Aufstand zu proben, wobei sie es in Kauf nahmen, etwa die Hälfte ihres Lebens hinter Gefängnismauern zu verbringen.

Allerdings hat die besonders schauerliche Tat des Fieschi die republikanische Bewegung so viele Sympathien gekostet, daß die Regierung es sich leisten konnte, sich mit den »Septembergesetzen« von 1835 ein Kampfinstrument zu schaffen, das ihr eine recht wirksame Bekämpfung des politischen Terrors gestattete, so daß seitdem das Julikönigtum fest im Sattel saß. Aber es gelang ihm trotzdem nicht, die ideologische Stoßkraft des sog. Frühsozialismus einzudämmen, der die Soziale Frage breiten Kreisen intensiv zum Bewußtsein brachte und als die erste, pionierhafte Phase in der Geschichte des europäischen Sozialismus überhaupt anzusehen ist.

Von der Großen Revolution her kennen wir bereits die von Babeuf ausgehende extreme Richtung des *babouvisme*. Während der napoleonischen Zeit in Vergessenheit geraten, tauchte diese von Karl Marx als »roher Kommunismus« bezeichnete[12] Doktrin wieder auf, nachdem Babeufs Mitverschworener Buonarroti sie 1828 in seiner Schrift ›Histoire de la conspiration de l'égalité‹ zu neuem Leben erweckt hatte, und beeinflußte die Mitglieder der Geheimgesellschaften und die Sozialrevolutionäre, besonders einen Mann wie Blanqui, der seinen Putsch vom 12. 5. 1839 unter Auswertung der von Babeuf 1797 entwickelten konspirativen Planungen durchzuführen versuchte. Die Lehre von der terroristischen »direkten Aktion«, die im Frankreich des 19. Jahrhunderts eine so große Rolle gespielt hat, führt also auf Babeuf zurück, und Buonarroti stellt das Bindeglied zwischen dem protokommunistischen Babouvismus und dem französischen Frühsozialismus dar.

Als der eigentliche Begründer des klassischen literarischen Frühsozialismus ist nun Graf Henri de Saint-Simon, ein Nachfahre des berühmten Memoirenautors, anzusehen, der sich schon seit den Jahren 1807/08 und 1812 in anspruchsvollen Schriften mit der aufkommenden Sozialen Frage beschäftigt hatte und die Analyse dieses Problems in zahlreichen weiteren Abhandlungen während der Restauration fortsetzte. Zu den wichtigsten dieser Bücher gehören der ›Catéchisme des industriels‹ und ›L'organisateur‹; hier erweist sich Saint-Simon als ein Technokrat, dem es wohl als erstem gelungen ist, die Physiognomie des jetzt einsetzenden Industriezeitalters zu beschreiben. Man muß sich dabei allerdings vor Augen halten, daß er die Begriffe »Industrie« und »Industrielle« sehr weit faßt, indem er Künstler, Wissenschaftler, Landwirte, Fabrikanten, Kaufleute, Bankiers, Handwerker, Land- und Fabrikarbeiter darunter subsumiert. Da nach seiner Ansicht in Frankreich nach wie vor die »unproduktivsten« Klassen – Aristokraten, hohe Geistliche, Militärs, Beamte und Juristen – die öffentlichen Angelegenheiten allein leiten und dabei durch eine unrentable Verwaltung und luxuriösen eigenen Aufwand die Steuergelder verschleudern, ist eine radikale, aber gewaltlos verlaufende Veränderung der gesamten Gesellschaftsordnung herbeizuführen, deren oberstes Ziel »das größtmögliche Glück« aller ihrer Mitglieder und insbesondere die Vergrößerung des »Wohlbefindens der zahlreichsten Klasse«, d. h. der breiten Volksmasse, sein muß. Saint-Simon begnügt sich dabei nicht mit dem wirtschaftlichen und sozialen Fortschritt, vielmehr will er den Menschen darüber hinaus Glück und Freude, d. h. seelische Befriedigung vermitteln, indem er seine gesellschaftliche Heilslehre im ›Nouveau christianisme‹ zu einer Art säkularisierter Ersatzreligion überhöht, deren Kernprinzip die Bruderliebe bildet, die also rein sozial und karitativ verstanden wird.

Der unbedingte Glaube an den Sieg der menschlichen Vernunft, an die Einsichtsfähigkeit, an die natürliche Friedfertigkeit und an den guten Willen der Mehrheit, dem Gemeinwohl allen individuellen und Gruppen-Egoismus unterzuordnen, der ganze naive Fortschrittsoptimismus, den außer Saint-Simon auch die meisten anderen Frühsozialisten an den Tag legen, verleiht dem im Grunde unpolitisch wirkenden vormarxistischen Sozialismus nicht nur einen ausgesprochen idealistischen, sondern sogar utopischen Charakter, was schon Friedrich Engels betont hat. Mit Recht bezeichnet man infolgedessen alle Vertreter dieser Richtung – Louis Blanc vielleicht und Blanqui gewiß ausgenommen – als Utopisten.

Gerade der religiöse Teil der Lehre Saint-Simons hat jene Schule ins Leben gerufen, die zeitweilig berühmter war als der anregende Meister selbst, so daß dessen Andenken für lange Zeit einer unverdienten Mißachtung anheimfiel. Denn daran knüpften die Saint-Simonisten an, Männer wie Armand Bazard und Prosper Enfantin, die 1829/30 in einer ›Darstellung der Lehre Saint-Simons‹ diese interpretierten und durch eigene Gedankengänge weiter ausspannen.

Wenn Saint-Simon und seine Schule fruchtbare Anregungen gegeben haben, die zum Ausgangspunkt einer Sozialphilosophie der Zukunft werden sollten, so ist es der Kaufmann Charles Fourier gewesen, der in seinem Hauptwerk ›Théorie des quatre mouvements‹ von 1808 den Versuch unternommen hat, den Sozialismus in ein geschlossenes System zu bringen. Da das Grundübel der bestehenden Gesellschaftsordnung, die Fourier äußerst scharfsinnig und ätzend kritisiert, darin besteht, die menschlichen Triebe durch eine widernatürliche und heuchlerische Moralauffassung zu unterdrücken, kann nur eine radikale Veränderung Abhilfe schaffen, die sich allerdings wiederum friedlich, allein durch die allgemeine Überzeugung von ihrer Vernünftigkeit, vollziehen wird. Emanzipation der Frauen, freie Liebeswahl, Auflösung der Einzelfamilie zugunsten des »Phalansteriums«, der zwanglosen Liebes- und Lebensgemeinschaft mehrerer Individuen, markieren die Stufen der anzustrebenden Entwicklung. Im Verlauf dieses Prozesses wird es auch zur Aufhebung der Einzelwirtschaften kommen sowie zu einer Produktenteilung nach dem dreifachen Maß von Arbeit, Talent und Kapital.

Die Ideen Fouriers sind zunächst ziemlich unbeachtet geblieben und erst durch die sehr rege Schule, die sich spät um ihn gebildet hatte, zu neuem Leben erweckt worden. Der wichtigste Vertreter dieser sog. Fourieristen, die zur Zeit der Julimonarchie zu großem Einfluß gelangten, ist Victor Considérant gewesen, der in seinem Buch über ›Soziale Bestimmung‹ von 1838/39 die Öffentlichkeit mit den Zukunftsvisionen Fouriers vertraut machte, ohne selbst wesentlich Neues hinzuzufügen. In der von ihm herausgegebenen Zeitschrift ›Le Phalanstère‹, später in ›La Phalange‹ umbenannt, wurde ebenfalls fourieristisches Gedankengut verbreitet, das später von Pierre Leroux, einem zunächst vom deutschen Idealismus beeinflußten, dann aber zum Sozialismus überschwenkenden Philosophen zur Doktrin des sog. »Humanitarismus« weiterentwickelt wurde. Die gefälligste und publikumswirksamste Popularisierung haben Fouriers Vorstellungen im sog. ikarischen Kommunismus von Etienne Cabet erfahren, in dem jedoch auch Elemente des Saint-Simonismus und des Babouvismus verschmolzen sind. In seinem 1839 veröffentlichten Roman ›Reise nach Ikarien‹ wird die zukünftige soziale, auf dem Prinzip völliger Gleichheit und absoluter Gewaltlosigkeit beruhende Ordnung, so wie sie der Fourierismus erträumte, ausgemalt. Cabet hat sogar den Versuch unternommen, diese Ideen auch in die Tat umzusetzen, und nach dem Juni-Aufstand von 1848 in Nauvoo in Illinois eine kommunistische Kolonie gegründet, die jedoch rasch an internen Streitigkeiten gescheitert ist.

Die mehr genossenschaftlichen Zielsetzungen des um Saint-Simon und Fourier zentrierten französischen Frühsozialismus verwandelten sich nun bei dem Journalisten und Historiker Louis Blanc am Vorabend der 48er Revolution und während dieser selbst in eine konkrete und konsequent verfolgte Politik. Seine Vorstellungen entwickelte er zunächst in der von ihm herausgegebenen ›Zeitschrift des politischen, sozialen und liberalen Fortschritts‹ und veröffentlichte sie 1840 auch unter dem Titel ›Organisation der Arbeit‹ als Buch. Es stieß auf solches Interesse, daß es bis 1850 neun Auflagen erlebte.

Die Grundthese Louis Blancs ist die Überzeugung, daß die Konkurrenz der Verderb der ganzen Gesellschaft sei: für das »Volk« sei sie ein System der Vernichtung, und die Bourgeoisie führe sie zum Ruin. Auch werde sie zwischen England, an dessen Wirtschaft Louis Blanc seine Ideen eindringlich verdeutlicht, und Frankreich den Kampf auf Leben und Tod auslösen. Aus all diesen Gefahren erwachse gebieterisch die Notwendigkeit einer Reform, die darauf abzielen müsse, das Kapital dem Staat zu unterwerfen. So wird Louis Blanc zum ersten Anwalt des Staatskapitalismus, dessen Aufgaben er dahingehend präzisiert, daß die Regierung die Produktion zu planen und zu kontrollieren sowie die Arbeit, auf die jedermann ein Recht hat, zu verteilen und zu organisieren habe. Der Staat soll die Produktionsstätten errichten oder übernehmen; als Schöpfer von sog. Nationalwerkstätten überwacht er gleichzeitig die »Hierarchie der Funktionen«. Die privatwirtschaftlichen Unternehmungen werden von den öffentlichen alsbald überflügelt und auf diese Weise ohne direkten Zwang ausgeschaltet bzw. aufgesogen werden. Der Staatssozialismus ist mit diesem System also theoretisch begründet. Die Tatsache, daß Louis Blanc seine Vorstellungen nicht nur in der Gegenwart oder jedenfalls in naher Zukunft realisieren wollte, sondern auch den Versuch unternahm, in einem vielgelesenen zwischen 1841 und 1844 erschienenen zeitgeschichtlichen Werk ›Geschichte der zehn Jahre‹ nachzuweisen, daß ihre Nichtbeachtung im ersten Dezennium der Regierung Louis Philippes schwere soziale Spannungen zur Folge gehabt hätte, ließ ihn als einen besonders gefährlichen Feind des herrschenden Regimes und Protagonisten der auf dessen Beseitigung abzielenden Revolution erscheinen.

Krönung und Gipfel dieser Gedankenwelt des französischen Sozialismus ist das vor und nach der Revolution von 1848 entwickelte System von Pierre-Joseph Proudhon. In seinem Grundlagenwerk über die ganze Bewegung hat L. v. Stein Proudhons geschichtlichen Stellenwert dahingehend umschrieben, »daß er zuerst das Recht und den Nutzen des persönlichen Eigentums wissenschaftlich bezweifelt« habe. Die Kernideen seiner Lehre hat Proudhon 1840 in seinem Hauptwerk ›Qu'est-ce que la propriété? ou Recherches sur le principe du droit et du gouvernement‹ vorgetragen; sie laufen im wesentlichen darauf hinaus, »daß das Recht aller auf alles ... niemals durch das Recht der einzelnen auf das einzelne aufgehoben wird, sondern stets wirksam bleibt, so daß alles *stets* allen gehört«. In diesem Sinne ist Eigentum Diebstahl, und zwar nicht Eigentum schlechthin, sondern das ohne Arbeit gewonnene Kapital. Denn das, was hier als Diebstahl angeprangert wird, ist die Rentenfähigkeit des Kapitals, ganz gleich, ob es auf Grund und Boden oder auf Industrieunternehmungen beruht.

Die Vertreter des klassischen französischen und mit ihm des frühen europäischen Sozialismus überhaupt streben – von Neobabouvisten wie Blanqui und Barbès, aber selbstredend auch von Louis Blanc abgesehen – einen mehr genossenschaftlich orientierten Sozialismus an, ganz im Gegensatz zu dem mit dem Kommunistischen Manifest von Karl Marx und Friedrich Engels 1847 sich fanfarenartig ankündigenden Staatssozialismus, der die zweite Phase dieser Ideenbewegung kennzeichnet. Dieser frühe Sozialismus zielt auf eine sich allmählich ausbreitende agrarisch-industrielle Föderation mit dezentralistischem Charakter ab und – basierend auf der Theorie eines friedlichen Anarchismus – nicht auf die Eroberung der Staatsgewalt, sondern auf ihre Einschränkung und schließliche Abschaffung. Diese Ideen aber leben auch heute noch bei vielen französischen Sozialisten untergründig weiter, denn in Frankreich gibt es neben dem Marxismus immer noch einen Proudhonismus, der bis in die Gegenwart hinein die politische Gesinnung eines großen Teiles der Volksmassen nicht unerheblich prägt.

Neben Legitimismus, Republikanismus und mit diesem zunächst noch eng verbunden erscheinenden Sozialismus erhob sich nun als dritte Ideologie der Bonapartismus gegen das herrschende Regime. Auch er stellte keine parteilich-parlamentarisch formierte Opposition dar, sondern eine sehr differenzierte politisch-psychologische und nicht zuletzt geistige Kraft, die das Julikönigtum anfangs sogar noch selbst gefördert hat.

Bonapartismus ist zunächst einmal Napoleonlegende, also der in Historiographie, in Dichtung und Literatur, aber auch in bildender Kunst und Musik fortlebende Nachruhm des großen ersten Franzosenkaisers. Diese Napoleonlegende hat sich indessen sehr rasch auf Grund der ihr so günstigen Zeitumstände im Frankreich der Restauration und des Julikönigtums in die Wirkkraft einer politischen Ideologie verwandelt, die schon bald weder reines Bild noch unverbindliche Wissenschaft war, aus der sich vielmehr ein konkretes, zukunftsgewandtes politisches Programm entfaltete, das den Erben des Kaisers, den Prinzen Louis Napoléon Bonaparte (1808-1873), förderte und von ihm wiederum in den Dienst seiner Ambitionen gestellt und dabei weiterentwickelt wurde.

Der Schöpfer des Napoleonkultes und damit auch des Bonapartismus als einer historischen Energie ist, wie schon angedeutet, Napoleon selbst gewesen. Die Jahre des Exils auf St. Helena hatte der gestürzte Kaiser ja vor allem damit verbracht, sein Wesen und Wollen selbst in dem Lichte zu interpretieren, in dem er von der Nachwelt gesehen werden wollte. Als Werkzeuge bei dieser Arbeit, seine politischen Ideen der Zukunft als Erbe und Auftrag zu hinterlassen, dienten ihm dabei seine Getreuen, die ihn nach St. Helena begleitet hatten und denen der Kaiser unablässig aus seinem Leben diktierte, wobei eine Fülle von Memoiren entstand, die als die Werke der sog. »Helenier« gelten und ein stilisiertes Bild von Persönlichkeit und Wirken Napoleons enthalten. Eine erstrangige Rolle hat in diesem Zusammenhang das ›Mémorial de Sainte-Hélène‹ des Grafen Las Cases gespielt, gleichsam der Eckermann Napoleons, dessen Erinnerungen nicht nur eine kaum zu überschätzende Publikumswirkung erzielten, als sie 1821 gleich nach dem Tode des Kaisers erschienen, sondern seitdem in unverwüstlicher Frische zu den großen Dokumenten der *civilisation française* gehören.

Der ungeheure Erfolg, der diesem Buch beschieden war und der es von vornherein als ein unübersehbares Politikum erscheinen ließ, ist nur zu erklären aus der psychologischen Situation des seit 1815 in zwei sich bekämpfende Lager gespaltenen Frankreich. Verbunden mit der Ablehnung der wiedereingeführten bourbonischen Monarchie sowohl durch die jakobinisch eingestellten Veteranen der Revolution als auch durch die Anhänger Napoleons entstand nach der endgültigen Katastrophe des Kaisers eine Napoleonlegende. Sie wurde damals gleichmäßig von diesen beiden Oppositionsgruppen getragen und zu einer wirkungsvollen Parole des Liberalismus für dessen Kritik am Regime der Restauration. Denn die Liberalen machten aus dem französischen Cäsar, weitgehend unter Berufung auf den *Acte additionnel,* einen Vorkämpfer für die Werte der Großen Revolution. Gleichzeitig bildete sich eine Art Dolchstoßlegende aus, indem man versuchte, die Niederlagen von 1814/15 immer wieder durch Phrasen wie »Übermacht«, »Verrat« und »feiges Albion« zu erklären, und sich unablässig über die »schnöden Verträge« von 1815 erregte. So hatten sich in Frankreich zur Zeit von Napoleons Tod längst politische Gruppen herausgebildet, die entweder begeistert Partei für oder schroff gegen die Restauration ergriffen. Letztere trugen das Bild eines idealisierten Napoleon als Kampfsymbol vor sich her und brachten alle psychologischen Voraussetzungen dafür mit, die den Aufzeichnungen von Napoleons Vertrauten, besonders dem ›Mémorial‹ des Las Cases, zu einem Riesenerfolg verhelfen mußten, als diese Schriften Anfang der 1820er Jahre erschienen. Zu dieser Memoirenliteratur trat seit dem Ausgang dieses Jahrzehnts auch schon eine wissenschaftliche Napoleonhistoriographie hinzu, die zwischen 1845 und 1862 mit den gut 20 Bänden der ›Histoire du Consulat et de l'Empire‹ von Adolphe Thiers ihren Höhepunkt erreicht hat.

Aber mehr noch als die Historiker haben damals die Dichter Napoleon verherrlicht und seine Legende zum Mythos übersteigert. In klassischer Form geschah dies vor allem in Victor Hugos ›Chants du crépuscule‹ und den ›Châtiments‹, aber ebenso bei Stendhal, Alfred de Musset, Dumas, Béranger und Balzac. Auch die Malerei hat sinnfällig an der Ausbildung des Kultes mitgestaltet. Und wahrscheinlich haben diese ästhetischen Stimulantien durch Dichter und Maler die Mythologisierung Napoleons stärker gefördert als die wissenschaftliche Geschichtsschreibung.

So war also ein geistiges Klima entstanden, in dem die Napoleonlegende alle Aussichten hatte, sich vom Mythos des Heroenkultes zum Politikum des Bonapartismus zu konkretisieren. Der Staat Louis Philippes tat das Seine, diese Entwicklung zu fördern. Das begann schon 1833, als Thiers auf der Vendôme-Säule feierlich die Statue Napoleons postieren ließ. Es folgte die Vollendung des von Napoleon begonnenen *Arc de triomphe* und schließlich 1840 die Überführung der Gebeine des Kaisers von St. Helena nach Paris in den Invalidendom, und zwar mit großem Zeremoniell und unter offizieller Beteiligung der französischen Regierung. Diese Geste steigerte die damals allgemein herrschende Stimmung zur symbolstarken Optik eines Staatsaktes.

Zwar hatte das Julikönigtum das für es selbst so Bedenkliche dieser offiziellen Förderung des Napoleonkultes schon damals recht drastisch erfahren, so daß es sich dann auch unter dem Ministerium Guizot in dieser Beziehung zurückzuhalten begann. Denn es war längst offenkundig, daß der Bonapartismus zu einer sehr realen politischen Kraft anzuwachsen begann, die der Julimonarchie gefährlich zu werden vermochte, seitdem er in dem Prinzen Louis Napoleon Bonaparte eine tatkräftige Persönlichkeit gefunden hatte, die nichts unversucht ließ, um an die Macht zu kommen.

Charles Louis Napoléon Bonaparte ist am 20. 4. 1808 in Paris aus der Ehe von Louis Bonaparte, zwischen 1806 und 1810 König von Holland, und Hortense Beauharnais, Tochter der Kaiserin Joséphine aus deren erster Ehe, hervorgegangen. Die frühesten Erinnerungen des jungen Prinzen reichten durchaus noch in die glanzvollen Tage des Empire zurück, und während der Hundert Tage hatte er den großen Oheim auch noch persönlich erlebt. Dies und ein starkes, nicht zuletzt von der Mutter bewußt gepflegtes dynastisches Selbstbewußtsein als »Bonaparte« haben seine geistige Haltung von Jugend an entscheidend geprägt, Jahre, die er seit 1816 auf Schloß Arenenberg in der Schweiz und dann auf einem deutschen Gymnasium in Augsburg verbrachte. 1822 trat Louis Napoleon in die eidgenössische Artillerieschule Thun ein, wobei es vielleicht kein Zufall war, daß er gerade die Waffengattung wählte, in der schon Napoleon I. seinen Aufstieg begonnen hatte; die mitunter bis zur Kopie gehende Nachahmung dieses großen Vorbildes begann schon jetzt. Seitdem mit der Julirevolution die Verhältnisse Frankreichs und Europas aus den Fugen zu geraten drohten, wurde auch das Leben des Prinzen, in dessen Charakter offenbar eine Neigung zum Abenteurertum angelegt war, sehr bewegt. In diese Zeit fallen zwei Ereignisse, die für sein Leben entscheidend wurden: in Frankreich gewann er in Persigny, einem recht undurchsichtigen Verschwörertyp, der sich vom Saint-Simonismus über das Republikanertum zum Bonapartismus bekehrt hatte, den engen Vertrauten, der von nun an seinen Aufstieg stetig begleiten und tatkräftig fördern sollte, und in Wien starb mit erst 21 Jahren 1832 der Herzog von Reichstadt, für die Hüter der bonapartistischen Tradition »Napoleon II.«, so daß jetzt Louis Napoleon zum Erben des großen Kaisers aufrückte. Der zukünftige Napoleon III. bereitete sich von jetzt an ganz systematisch auf diese Aufgabe vor, indem er den politischen Anspruch des Bonapartismus auch ideologisch-literarisch zu untermauern versuchte, und zwar mit den Schriften ›Rêveries politiques‹ (1832), ›Des idées napoléoniennes‹ (1839) und ›Extinction du pauperismec (1844). In diesen Programmschriften wird die bisherige Napoleonlegende in ein durchaus eigenständiges politisches System umgeformt, indem nachdrücklich erklärt wird, daß im Falle einer Erneuerung des Empire die Ideen und Methoden des ersten Franzosenkaisers keineswegs nachgeahmt werden könnten und sollten. Dabei knüpft der Prinz bewußt nicht an die Kriegspolitik seines großen Oheims an, sondern betont, daß es die sozialen und humanitären Elemente des napoleonischen Systems seien, die der Bonapartismus in Frankreich wiederzubeleben hätte.

Bei diesen theoretischen Demonstrationen hat es Louis Napoleon aber nicht bewenden lassen, vielmehr setzte er alles daran, seine Ambitionen auch zu verwirklichen. Unterstützt von dem unentwegten Persigny unternahm er es 1836, die Straßburger Garnison zum Abfall von der Regierung zu bewegen, um anschließend ganz Frankreich zur Erhebung gegen das Julikönigtum fortzureißen. Dieser Putschversuch scheiterte jedoch gleich im Ansatz, und die Regierung bagatellisierte den ganzen Vorgang, indem sie den Prinzen nach Amerika abschob. Als dieser 1840 wieder auftauchte – von England aus und mit dem Ansatzpunkt Boulogne, wo er ähnlich taktierte wie vorher in Straßburg –, mißlang das Unternehmen abermals. Diesmal kam Louis Napoleon weniger gut davon, denn er wurde zu lebenslänglicher Haft verurteilt und in die bei Boulogne gelegene kleine Festung Ham eingewiesen. Nachdem er 1846 in der Verkleidung eines Bauarbeiters von dort nach England zu entfliehen vermocht hatte, schien er so vergessen zu sein, daß er für das Julikönigtum keine Gefahr mehr bedeutete.

Am Ende des ersten Jahrzehnts der Julimonarchie schien die Herrschaft Louis Philippes endgültig alle inneren Stürme erfolgreich überstanden zu haben und gefestigter zu sein denn je. Die Vermählungsfeier des Kronprinzen mit der Prinzessin Helene von Mecklenburg-Schwerin, einer Nichte Friedrich Wilhelms III. von Preußen, am 30. 5. 1837 und der aus dieser Ehe am 24. 4. 1838 hervorgehende Sohn, der den Bestand der Dynastie sicherte, konnten somit von den Orleanisten als Höhepunkt des sie verkörpernden Systems gefeiert werden. Seit der Julirevolution beruhte die französische Staatsstruktur auf den gleichen oder doch sehr ähnlichen politischen und gesellschaftlichen Voraussetzungen wie die englische, auf der von einem besitzstarken Großbürgertum getragenen parlamentarischen Monarchie. Das gemeinsame Bekenntnis beider Länder zum Liberalismus führte zu ihrer Annäherung und gleichzeitigen Distanzierung von den drei konservativen Staaten Rußland, Österreich und Preußen. Diese Politik einer ersten *Entente cordiale,* die – abgesehen von einer scharfen Unterbrechung in den Jahren 1839/40 – bis 1846 angedauert hat, ist, wie schon erwähnt, in erster Linie vom damaligen Botschafter Frankreichs in London, nämlich Talleyrand, betrieben worden. Sie bewährte sich vor allem in der belgischen und iberischen Frage und gab überdies Frankreich die Möglichkeit, in Italien selbst gegenüber Österreich aufzu-trumpfen. Das wichtigste außenpolitische Problem Frankreichs in den 30er Jahren war zweifellos das belgische. In Brüssel war im August 1830 unter dem frischen Eindruck der Julirevolution der Aufstand gegen das als Fremdherrschaft empfundene Regime Hollands ausgebrochen. Die Erhebung breitete sich rasch über das ganze Land aus, nahm schließlich die Form eines offenen Krieges zwischen Belgien und Holland an und führte nach mannigfaltigen Wechselfällen schließlich zur Errichtung eines unabhängigen Königreiches Belgien, das angesichts seiner strategischen Bedeutung fortan eine militärpolitische Schlüsselrolle für seinen größeren südwestlichen Nachbarn spielen sollte. Die Geburt dieses Staates wäre nicht denkbar gewesen, wenn England und Frankreich dabei nicht Hand in Hand gearbeitet hätten. Frankreich ließ 1831 Truppen in Belgien einrücken, die sich dann an der Eroberung der von der holländischen Besatzung hartnäckig verteidigten Zitadelle von Antwerpen maßgeblich beteiligten. Kurz darauf wurde der Krieg politisch schon zugunsten der Belgier entschieden, wenn er sich auch nach kurzer Unterbrechung militärisch noch bis 1839 hinziehen sollte. Die Londoner Konferenz der fünf Großmächte verfügte am 20. 1. 1831 einen Waffenstillstand, die Unabhängigkeit Belgiens und die ewige Neutralität des Landes. Im Juni 1831 ist Leopold von Sachsen-Coburg unter Assistenz der Großmächte Europas an die Spitze des neuen Staates getreten. Den weiterschwelenden Krieg beendete der Friedensvertrag vom 19. 4. 1839, und das am selben Tag abgeschlossene Londoner Protokoll bestätigte u. a. die Neutralisierung Belgiens, wozu auch gehörte, daß es seine Festungen an der französischen Grenze schleifte. Das Kerngebiet Luxemburgs einschließlich seiner Festung verblieb vorerst weiterhin bei der niederländischen Krone und im Rechtsbereich des Deutschen Bundes. Frankreich hatte so in der belgischen Frage im Grunde nur einen Prestigeerfolg errungen, denn die von allen Großmächten gewährleistete Neutralität Belgiens ist zunächst ganz zweifellos als eine gegen eventuelle französische Aggressionstendenzen gerichtete Schutzmaßnahme gedacht gewesen, die die militärische Entwertung der Befestigungsanlagen an der belgisch-französischen Grenze durch politische Garantien ausgleichen sollte.

Außer in Belgien hat sich die erste *Entente cordiale* vor allem in der iberischen Frage bewährt, die wenig später zu einem erstrangigen Krisenfaktor der großen europäischen Politik werden sollte, der den größten Teil der 30er und 40er Jahre geprägt hat, wobei sich der Konflikt in Form der sog. Karlistenkriege, nur von Zeit zu Zeit durch mehrjährige Friedensintervalle unterbrochen, bis in den Anfang der 1870er Jahre hingezogen hat. Diese Thronstreitigkeiten in Portugal und Spanien stellten u. a. politische Grundsatzauseinandersetzungen dar, in denen sich Liberale und Konservative als erbitterte Gegner gegenüberstanden; dementsprechend ergriffen auch die beiden Westmächte und die drei Ostmächte im europäischen Rahmen Partei. Sie unterstützten ihren jeweiligen Favoriten diplomatisch, moralisch und teilweise durch die Entsendung von Freiwilligen sogar militärisch. Am 22. 4. und 18. 8. 1834 verpflichteten sich Frankreich und England in zwei Abkommen gegenseitig zur Unterstützung Isabellas von Spanien und Marias von Portugal, so daß zwischen den Regierungen in Paris, London, Lissabon und Madrid eine Quadrupelallianz zustande kam. Daraufhin schlossen sich Preußen, Österreich und Rußland in einer Übereinkunft mit den konservativen Parteien in Spanien und Portugal zusammen. Somit war Europa eindeutig in zwei ideologisch konträre Machtblöcke aufgespalten, deren diplomatisch-politischer Konfrontationsschauplatz von jetzt an für ein Dutzend Jahre die iberische Halbinsel war. Jedoch hat Englands Premierminister Palmerston seinen Alliierten hier ebenso wie im Fall Belgien so eng an die Leine gelegt, daß latent durchaus vorhandene Interventionsneigungen in Frankreich nicht zum Zuge zu gelangen vermochten und die englisch-französische Zusammenarbeit infolgedessen einer immer stärker werdenden Belastung ausgesetzt war.

Der Eroberung Algeriens, die Louis Philippe tatkräftig fortsetzte, hat England dagegen von vornherein mit unverhüllter Mißbilligung zugesehen, ohne allerdings Frankreich direkt in den Arm zu fallen. So hat die Julimonarchie ungehindert von ernsthaften äußeren Einmischungen eine Aufgabe weiterführen können, die sie von dem vorangegangenen Regime als verpflichtendes Erbe übernommen hatte, das sie aus Prestigegründen nicht ausschlagen konnte. Erst unter Louis Philippe begann von Algier und den wenigen Küstenplätzen aus, die unter Karl X. besetzt worden waren, die Expansion ins Landesinnere und damit ein langwieriger Kolonialkrieg, der sich knapp zwei Jahrzehnte hinzog und für die Franzosen nicht ohne empfindliche Rückschläge, wie vor allem die Erhebungen unter Abd el-Kader zwischen 1834 und 1837 verlief. Als Kerntruppe, die diese Eroberung durchzuführen hatte, ist am 9. 3. 1831 die Fremdenlegion begründet worden, seitdem das militärische Rückgrat aller kolonialen Unternehmungen Frankreichs.

Auch innenpolitisch konnte das Julikönigtum gegen Ende seines ersten Jahrzehnts auf eine bedeutsame und in die Zukunft weisende Leistung zurückblicken, nämlich auf das dem Unterrichtsminister Guizot verdankende Gesetz vom 28. 6. 1833, das eine grundlegende Reform des Elementarunterrichtes bewirkte. Zwar hat Guizot es damals noch nicht gewagt, den allgemeinen Schulzwang einzuführen, aber sein Gesetz legte doch jeder Gemeinde die Verpflichtung auf, eine Volksschule zu unterhalten, während überdies jede Departementalhauptstadt und jeder Ort von mehr als 6 000 Einwohnern auch eine höhere Schule einzurichten hatten. Außerdem wurde ein Netz von einheitlich organisierten Schulbehörden über das Land ausgebreitet, die Mindestbesoldung des Lehrpersonals festgesetzt und Lehrerseminare begründet. Damit war der äußere Rahmen eines modernen Schulwesens für Frankreich geschaffen worden. Mit der Kirche dagegen hat sich das Julikönigtum zunächst schwer getan. Angesichts ihres Ursprunges aus einer Revolution, die ein auf die enge Verbundenheit von Thron und Altar gegründetes Regime hinweggefegt hatte, sah sich die aus dem Geist des Voltairianismus und der Ideen von 1789 geborene neue Monarchie der Kirche gegenüber zunächst zu einer distanzierten Haltung genötigt. Zwar wurde das Konkordat von 1801 respektiert, aber die budgetären Aufwendungen für die Kirche sanken bis 1836 alljährlich stärker ab, und der Hof vermied ängstlich jede Beteiligung an kirchlichen Zeremonien. Allerdings hatten die ständigen Revolten und Attentate der 30er Jahre sowohl in Kreisen der Regierung als auch in weiten Teilen der Bevölkerung eine Rückbindung an die Kirche zur Folge, da man sie – wie vorher schon Napoleon und die Bourbonen – als gewichtigen sozialen Ordnungsfaktor schätzen zu lernen begann, so daß ihr seit 1836 nicht nur wieder größere staatliche Zuwendungen zuflossen, sondern auch die führenden Gesellschaftskreise ihre antiklerikale Haltung aufgaben. Überdies entfaltete sich eine echt empfundene Erneuerungsbewegung, deren Hauptvertreter der katholische Sozialist Buchez, ein bedeutender Revolutionshistoriker, und Frédéric Ozanam, der große französische Dante-Forscher, gewesen sind. In stark sozialer Orientierung wurden dabei besonders die karitativen Verpflichtungen der Botschaft Christi herausgestellt; ein Mittelpunkt solcher Bestrebungen war die 1833 von Ozanam gegründete Gesellschaft des Hl. Vinzenz von Paul.

Allerdings sind auch von katholischer Seite Konzessionen an den modernen Geist gemacht worden, die auf eine Demokratisierung der Kirche abzielten. Der berühmteste Vorkämpfer dieser Richtung ist Lamennais gewesen, der in seiner Zeitschrift ›L'Avenir‹ darauf hinarbeitete, daß sich die katholische Kirche den Ideen der Französischen Revolution, also des Liberalismus und der Demokratie, nicht mehr verschließe, sie sich vielmehr in einer echten Synthese zu eigen mache, ihre enge Verschwisterung mit den Thronen der herrschenden Monarchen löse und sich der Sache der Unterdrückten annehme. Als die Kurie 1834 von den Anhängern dieser Auffassung Widerruf forderte, fielen manche Mitarbeiter von Lamennais ab, er selbst jedoch blieb seinen Ideen treu und brach durch die Veröffentlichung seiner ›Paroles d'un croyant‹ offen mit Rom. In Lacordaire und Montalembert, dem Verfasser einer ›Histoire de Sainte Elisabeth de Hongrie‹ (1836), fand er tatkräftige Helfer, die eine tiefempfundene katholische Religiosität mit sozialethischen Zielvorstellungen zu verbinden gedachten und auch noch zu Beginn der Revolution von 1848 mit der Linken sympathisierten. Aber der hartnäckige Widerstand der völlig konservativ eingestellten Mehrheit des französischen Episkopates, das Verdikt Roms und die Unmöglichkeit einer wirklichen Identifikation römisch-katholischen Glaubens mit der modernen liberal-demokratischen Welt haben diese Bewegung schließlich scheitern lassen und mit ihr das wohl interessanteste Experiment der französischen Kirchengeschichte im 19. Jahrhundert.

Die Epoche der Julimonarchie ist darüber hinaus eine der größten in der Geschichte der französischen Dichtung und Malerei gewesen. Es ist die Generation der »Kinder des Jahrhunderts«, wie Alfred de Musset in seinem Roman ›Confession d'un enfant du siècle‹ (1836) das um 1800 geborene Geschlecht genannt hat, das mit dem Erscheinen der Erstfassung von Alphonse de Lamartines Gedichtsammlung ›Méditations poétiques‹ 1820 die literarische Bühne Frankreichs betritt und bis 1850 beherrscht, wobei die Romantik sich mit Autoren wie eben Lamartine, A. de Musset, Victor Hugo und A. de Vigny endgültig Bahn bricht und der große realistische Roman des 19. Jahrhunderts sich bei B. Constant und H. Beyle, genannt Stendhal, in konstituierenden Leistungen vorbereitet und in dem Riesenwerk von H. de Balzac zu einem ersten Gipfel gelangt.

Drei große Namen ausländischer Dichter wurden der neuen Literaturgeneration Frankreichs jetzt zum Vorbild: Scott, Byron und Goethe. Für all diese jungen Franzosen ist Goethe Romantiker. Denn man sucht bei ihm weniger reife Lebensweisheit als vielmehr eine neue Form des Dramatischen, ähnlich wie bei Schiller und Bürger. Diese Bestrebungen machen sich zunächst als Opposition gegen den offiziösen Literaturbetrieb bemerkbar, setzen sich aber schließlich siegreich durch mit dem beispiellosen Bühnenerfolg von Victor Hugos ›Hernani‹, einem effektreichen Ritterdrama mit spanischem Hintergrund, das Elemente des neuen Stils exemplarisch enthält und einen völligen Bruch mit den überlieferten Regeln der französischen Tragödie bedeutet. Diese Theaterrevolution ereignet sich am 25. 2. 1830, also im gleichen Jahre wie die Julirevolution. So geht dem Zusammenbruch des politischen Restaurationssystems die Überwindung jener klassizistisch-traditionalistischen Kunstgesinnung zur Seite, die dem Fortschreiten Frankreichs zu moderneren Prinzipien im Reiche der ästhetischen Werte entgegenstand.

Dieses Geschlecht hat die große Umwälzung von 1789-1799 selbst nicht mehr erlebt und geht darum gedanklich leichtfertiger mit ihr um, als es die Väter tun. Nicht zuletzt darum werden Revolutionen wie die von 1830 und 1848 relativ leicht möglich. Aber es ist keineswegs in erster Linie das Politische, das gemeint ist, wenn man von »Revolution« spricht, denn im Gegensatz zur deutschen oder englischen ist die französische Romantik nicht konservativ, sondern progressistisch, so wie sie dies ja ganz eindeutig auch im Bereich der Form ist. Sie wird zum Fackelträger einer sowohl politischen als auch künstlerischen Fortschrittsideologie und zum Propagator der Ideen von 1789 und 1792. Es ist kein Zufall, daß der führende und gleichzeitig umfassend-

ste Geist dieser Bewegung in seiner ›Préface de Cromwell‹ die Romantik als den »Liberalismus in der Literatur« definiert. Dieses Wort bezieht sich zweifellos zunächst einmal auf die ästhetischen Tendenzen der französischen Romantik mit ihrem Streben nach Aufhebung des klassizistischen Regelzwanges und nach Befreiung des Individuums in der Domäne des Künstlerischen, nennt aber gleichzeitig auch ihre politischen und sozialen Zielsetzungen beim Namen. Zu diesen vom zeitgenössischen Frühsozialismus beeinflußten Bestrebungen gesellt sich das Mitgefühl mit den unterdrückten Völkern Europas, denen Hugo im November 1831 in der Vorrede zu ›Les feuilles d'automne‹ laut seine Sympathien bekundet. Eine ganz ähnliche Gesinnung legt Lamartine an den Tag. Wie Hugo als Legitimist beginnend, gerät er früh in die aktive Politik und ist seit Beginn der 30er Jahre Parlamentarier im liberalen Lager, um sich 1848 nicht nur sofort der Revolution anzuschließen, sondern sogar Präsident der provisorischen Regierung der Zweiten Republik zu werden. Sein Lebensweg und natürlich auch seine Epen, ursprünglich als Teile einer großangelegten Menschheitsdichtung gedacht und von humanitären, weltbürgerlichen und sozialistischen Idealen erfüllt, belegen ebenso exemplarisch wie Leben und Werk Hugos, daß die französische Romantik alles andere bedeutet als fromme Weltabgeschlossenheit und Innerlichkeit, vielmehr politische Aktion und selbst utopischen Weltverbesserungswillen intendiert. Damit aber unterscheidet sie sich ganz wesentlich von ihrer deutschen Schwester.
Auch die Malerei der französischen Romantik ist in ihren repräsentativsten Leistungen weder der historischen Vergangenheit noch – wie die deutsche der Runge und Friedrich – einer mythisch und pantheistisch empfundenen Natur zugewandt, sondern dient der in barocken Kompositionen vorgetragenen, effektvoll-pathetischen und zuweilen auch rührseligen Berichterstattung aktueller Motive und Geschehnisse; dabei verbindet sie alle formalen Überlieferungen der französischen bildenden Kunst mit in die Moderne weisenden Elementen. Géricaults ›Floß der Medusa‹ (1819) und Delacroix' Massaker-Szenen aus dem griechischen Freiheitskampf sind kennzeichnend für diese Synthese. So wird die Malerei der französischen Romantik um 1830 auch zum Ausdruck einer Gesinnung, wie sie die Große Revolution als Erbe hinterlassen hatte, das gerade jetzt wieder zündend und umwälzend wirkte und das nicht zufällig seinen unvergänglichen künstlerischen Ausdruck in Delacroix' Meisterwerk ›Die Freiheit führt das Volk‹ (1831) gefunden hat. Ein solches Gemälde steht als Kunstwerk gleichrangig neben Stendhals Roman ›Rot und Schwarz‹, weil es wie dieses Buch das Resümee des ganzen Zeitalters zieht.
Die Blüte der ästhetisch-intellektuellen Kultur, die diese Epoche zu einer der reichsten der französischen Geistesgeschichte macht, erscheint vor allem auf die Zeit zwischen 1830 und 1840 konzentriert. Danach beginnt schon ein Nachlassen der schöpferischen Kräfte sichtbar zu

werden, so daß das zweite Jahrzehnt der Regierung Louis Philippes zwar ruhiger, aber gleichzeitig auch steriler wirkt. Die große Orient- und Rheinkrise von 1839/40, die Europa hart an den Abgrund eines neuen großen Krieges führt, stellt dabei eine eindeutige Zäsur dar. Seit der Expedition Napoleon Bonapartes war Ägypten dem französischen Bewußtsein nie mehr ganz entschwunden. Inzwischen hatte sich das Nilland, in dem sich der Albaner Mehemed Ali nach dem Abzug der Franzosen festgesetzt hatte, unter der Führung dieses fähigen Staatsmannes zu einem für orientalische Verhältnisse modernen und starken Staatsgebilde entwickelt, das zwar formell nach wie vor der Pforte unterstand, aber de facto völlig unabhängig war. Dieses Aufbauwerk hatte Frankreich tatkräftig unterstützt, so daß es in Ägypten einen starken Einfluß besaß, der auf militärischen und technischen Beratern und überdies auch auf den dort wirkenden Unterrichtskongregationen beruhte. Der zweimalige Sieg Mehemed Alis 1831/32 und 1839 über den Großherrn in Konstantinopel ließ den alten Traum, das Mittelmeer – unter Rückbesinnung auf die großen Überlieferungen von Ludwig dem Heiligen bis zu Napoleon – zu einem *lac français* zu machen, wieder aufleben. Doch ist er rasch zerstoben, da sich außer Rußland auch England, Österreich und Preußen solchen Bestrebungen widersetzten, um den – nach einer Formulierung Nikolaus' I. – »kranken Mann am Bosporus« am Leben zu erhalten. Angesichts der Unterstützung Ägyptens durch Frankreich mußte andererseits eine Niederlage Mehemed Alis zwangsläufig auch eine Demütigung seines europäischen Partners nach sich ziehen, und diese Wahrscheinlichkeit zeichnete sich seit dem 15. 7. 1840 ab. An diesem Tag schlossen nämlich die vier Mächte und die Pforte in London eine Übereinkunft, die auf ein empfindliches Ultimatum an Mehemed Ali zwecks Rückgabe von Gebieten an den türkischen Sultan hinauslief. Sowohl der König als auch Thiers empfanden dieses Vorgehen der anderen Mächte als Herausforderung und Angriff auf die Ehre der französischen Nation. Ohne die abwesenden Kammern erst zu befragen, ordnete die Regierung intensive Rüstungen sowie den Ausbau von Paris zur Festung an. Eine ungeheure nationale Entrüstung ergriff die gesamte öffentliche Meinung des Landes, die jetzt wieder England als Erbfeind schmähte und die Rückeroberung der Rheinlinie verlangte, so daß nunmehr zur Orientkrise noch eine Rheinkrise parallel lief. Auf diese in Presse, Publizistik und sogar Dichtung (Musset) erhobene Forderung antwortete das gereizte deutsche Nationalgefühl bekanntlich ebenso lautstark. Jedoch wurden sich Thiers und mehr noch der König jetzt auch der Isolierung Frankreichs und des unfertigen Rüstungszustandes des Landes bewußt. So versuchte Thiers die Krise zu entschärfen, indem er Mehemed Ali zum Nachgeben riet. Dieser kümmerte sich indessen nicht darum und ließ die gesetzten Fristen ungenutzt verstreichen, so daß die französische Regierung noch keine Möglichkeit sah, dem herannahenden Konflikt mit der Großmachtkoalition von 1815 unter Wahrung des Gesichtes auszuweichen. Die alte Viererallianz richtete sich ihrerseits auf einen erneuten Waffengang mit Frankreich ein und verabredete für den Ernstfall eine strategische Planung, nach der Rußland den Schutz Konstantinopels, Preußen – in seinem Rücken abgesichert durch den Zarenstaat – den der Rheinlande und England sowie Österreich zusammen mit der Türkei schließlich die Niederkämpfung Mehemed Alis übernehmen sollten. Ermutigt durch solche Bundesgenossenschaft, erklärte der Sultan am 14. September den ägyptischen Vizekönig für abgesetzt, während englische und österreichische Seestreitkräfte an der syrischen Küste operierten und Mehemed Alis Sohn Ibrahim zu überstürztem Rückzug nach Ägypten zwangen.

Dieses Scheitern der französischen Nahostpolitik hat nun die Kriegsleidenschaft in Frankreich zur Siedehitze gesteigert, wobei Thiers sie am eifrigsten schürte, wenn er auch gleichzeitig, um die Erregung in Deutschland zu dämpfen, zu verstehen gab, daß eine eventuelle militärische Aktion Frankreichs sich vor allem durch Italien gegen Österreich richten würde; dabei mochte die Hoffnung mitschwingen, England womöglich von der Donaumonarchie zu trennen. Jedoch erklärte Palmerston unmißverständlich, daß Großbritannien den Habsburgerstaat nicht im Stich lassen werde und auch Preußen und Rußland gegebenenfalls ihren Bündnisverpflichtungen nachkämen.

Solche Warnungen haben ihre Wirkung auf Frankreich nicht verfehlt. Zwar wurden die Rüstungen zunächst noch fortgesetzt und die Kammern wegen der Kriegsgefahr zum 28. Oktober einberufen, aber in der Kabinettskrise, die gleichzeitig ausbrach, hat der König, der in Thiers die Kriegspartei verkörpert sah, seinen so unbequemen Premier schließlich fallenlassen, indem er sich weigerte, eine von diesem entworfene, sehr bellizistische Thronrede zu verlesen. Daraufhin sah sich Thiers am 20. 10. 1840 zum Rücktritt genötigt. Schon am 29. Oktober fand er in Guizot einen auf Frieden und Verständigung bedachten Nachfolger – Ministerpräsident war allerdings bis 1846 Soult und erst in den letzten beiden Jahren der Julimonarchie Guizot selbst –, der das Ressort des Äußeren dazu nutzte, die Krise schnell und gründlich beizulegen. Infolgedessen war Louis Philippes Thronrede vom 5. 11. 1840 ganz auf Friedensbereitschaft abgestimmt. Kurz darauf fand sich Mehemed Ali durch die Verträge vom 27. 11. 1840 und 18. 2. 1841 zur Preisgabe hochfliegender Pläne bereit und wurde dafür mit der erblichen Statthalterschaft über Ägypten belehnt. Schließlich wurde am 13. 7. 1841 unter Beteiligung Frankreichs zu London ein Meerengenvertrag abgeschlossen, der den Kriegsschiffen aller Nationen die Durchquerung von Bosporus und Dardanellen untersagte, während gleichzeitig der Türkei ihre Integrität garantiert wurde. Damit war zwar die Kriegsgefahr endgültig gebannt, aber die französische Öffentlichkeit ließ sich nicht darüber hinwegtäuschen, daß Frankreich eine schwere Demütigung erlitten hatte, und lastete dies einem Monarchen an, der sich der geradezu tragischen Situation ausgesetzt sah, den Krieg mit Europa unter allen Umständen vermeiden und gleichzeitig dem ungeduldigen außenpolitischen Ehrgeiz der eigenen Nation Rechnung tragen zu müssen, ein Dilemma, aus dem er schließlich keinen Ausweg mehr gefunden und das wesentlich zu seinem späteren Sturz beigetragen hat.

Ungeachtet dieses Mißerfolges seiner Ägyptenpolitik bot sich für Frankreich allerdings ein anderer nordafrikanischer Schauplatz an, auf dem sich mehr Lorbeer pflücken ließ, nämlich Algerien. Nachdem die Befriedung dieses Landes schon gesichert schien, wurde sie 1839 erneut völlig in Frage gestellt, als sich Abd el-Kader wieder gegen die französische Herrschaft erhob. Französischerseits trat diesem dritten Aufstandsversuch in dem Marschall Bugeaud ein äußerst energischer und militärisch sehr begabter Soldat entgegen, in dessen Amtszeit als Generalgouverneur (1840-47) die Eroberung Algeriens endgültig gelungen ist. So unterstand seit 1847 – ausgenommen die Kabylei – ganz Algerien Frankreich. Schon seit 1834 wurden diese »Französischen Besitzungen im Norden Afrikas« von einem Generalgouverneur verwaltet, der vom Kriegsministerium abhängig war und über eine Kolonie herrschte, die in drei Provinzen eingeteilt war: Algier, Oran und Constantine; in jeder gab es eine zivile, militärische und gemischte Zone. Ab 1842 wurde auch eine systematische Kolonisierung betrieben, um die neue Eroberung als Siedlerland nutzbar zu machen. Die provisorische Regierung der Zweiten Republik hat dann 1848 sogar die »Assimilation« Algeriens verfügt, indem sie es in Departements einteilte und wie das Mutterland von Zivilbeamten (Präfekten) verwalten ließ. Die weißen Kolonisten besaßen die französischen Bürgerrechte und wählten Abgeordnete in die Nationalversammlung. Indessen dauerte, wie schon die nähere Zukunft erweisen sollte, dieser relativ fortschrittliche Zustand keineswegs lange an.

In demselben Zeitraum, in dem Frankreich mit der Eroberung Algeriens den Grundstein für sein zweites Kolonialreich legte, vermochte es auch seine ihm 1814/15 verbliebenen Besitzungen am Senegal auszuweiten, zu festigen und neue Stützpunkte in Westafrika anzulegen, die später zu Ausgangsbasen für weitere und zum Teil riesenhafte koloniale Gründungen geworden sind. Die Entdecker gingen dabei den Kaufleuten, Soldaten und Administratoren voraus. Schließlich unternahm Frankreich ab 1835 auch noch in Ozeanien See-Expeditionen, die zwischen 1842 und 1847 zur endgültigen Inbesitznahme Tahitis geführt haben, wobei es nicht ohne Spannungen mit England abging, als die französische Regierung den britischen Missionar Prichard vorübergehend verhaften ließ.

Von solchen Reibereien in der Südsee und während des auch auf Marokko ausstrahlenden algerischen Krieges abgesehen, hat Großbritannien die systematische französische Kolonialpolitik im großen und ganzen toleriert, ohne sein Veto einzulegen. In Europa arbeiteten beide Länder nach 1840 außenpolitisch sogar wieder zusammen, denn die im Verlaufe der Orientalischen Krise zu Bruch gegangene *Entente cordiale* konnte alsbald erneuert werden, und zwar sehr spektakulär durch die Staatsbesuche, die die französische und die englische Königsfamilie sich in den Jahren 1843 und 1844 gegenseitig abstatteten, wobei im September 1843 auf Schloß Eu bei Tréport zwischen Louis Philippe und Königin Viktoria die Modalitäten einer weiteren Kooperation der beiden Westmächte in der spanischen Frage, die nach wie vor ein erstrangiger Spannungsherd der großen europäischen Politik blieb, vereinbart wurden. Allerdings ist mit dieser Abmachung auch der Keim zum frühzeitigen Ende der ersten *Entente cordiale* gelegt worden, das drei Jahre später durch die sog. »Spanischen Heiraten« verursacht worden ist.

Es ging dabei um die Frage, mit wem die junge Königin Isabella von Spanien vermählt werden sollte, ohne daß aus ihrer Eheschließung ein Gegensatz zwischen Frankreich und England erwüchse. Denn Großbritannien war natürlich daran interessiert, daß die frühere Verschwägerung der beiden bourbonischen Linien, die vom Spanischen Erbfolgekrieg bis zum Tod Ferdinands VII. 1833 bestanden hatte, nicht mehr erneuert würde. Zur Debatte standen Louis Philippes jüngster Sohn, der Herzog von Montpensier, und der England nahestehende Leopold von Coburg. Um eine Heirat des letzteren zu durchkreuzen, setzte Guizot in Madrid durch, daß folgende Doppelhochzeit am 10. 10. 1846 stattfand: Isabella heiratete ihren Vetter Franz von Paula, Herzog von Cadix, ihre jüngere Schwester, die Infantin Luise, hingegen den Herzog von Montpensier. Louis Philippe verband mit dieser Intrige den Hintergedanken, seinen jüngsten Sohn ohne direkten Bruch des Abkommens von Eu in fernerer Zukunft doch noch auf den spanischen Thron bringen zu können, da Cadix als impotent und die Ehe Isabellas somit von vornherein als unfruchtbar galt. Dieses Vorgehen erwies sich allerdings nicht als staatsmännische Leistung, denn es wurde von England unmißverständlich mit dem Bruch der ersten *Entente cordiale* beantwortet, und die bisherige Zusammenarbeit der beiden Westmächte verwandelte sich wieder in scharfe Gegnerschaft.

Infolgedessen sahen sich der König der Franzosen und sein Minister zu völliger außenpolitischer Umorientierung gezwungen. Sie suchten und vollzogen sie in eindeutiger Anlehnung an die drei Frankreich jetzt auch entgegenkommenden Ostmächte, besonders an das Österreich Metternichs, dessen Politik Louis Philippe nunmehr nachdrücklich unterstützte. Denn auf dieser Linie lag es, wenn Guizot die 1846 erfolgte Einverleibung des 1815 als Stadtrepublik noch selbständig verbliebenen Krakau, das zu einem Herd nationalpolnischer Aktivität geworden war, in den österreichischen Staatsverband tolerierte, indem sich Frankreich auf einen sehr schwächlichen Protest beschränkte.

Ganz offen begünstigte der Bürgerkönig, völlig im Schlepptau Metternichs segelnd, 1847 die auf eine Lösung von der Eidgenossenschaft abzielenden Tendenzen des konservativ-katholischen Sonderbundes, wobei die französische Regierung sogar an eine militärische Intervention dachte, die jedoch infolge des raschen militärischen Sieges der Eidgenossenschaft über den separatistischen Sonderbund unterblieben ist.
Rückblickend ist aus der Außenpolitik Louis Philippes das Resümee zu ziehen, daß sie einen großen Krieg zwischen Frankreich und der Koalition von 1815, der häufiger drohte, zu verhindern vermochte. Andererseits galt sie in Frankreich als ausgesprochen unpopulär, weil sie die dynamischen Ambitionen des gerade nach 1830 sehr lebendigen universal-demokratischen Nationalismus stets eingeengt hat. Und nachdem Louis Philippe sogar ins legitimistische Lager eingeschwenkt war, betrieb das Julikönigtum eine Politik, die so sehr allen französischen Wunschträumen entgegengesetzt war, daß Lamartine aus ihrer Entwicklung seit den spanischen Heiraten die Bilanz zog: »Von jenem Tage hat Frankreich werden müssen, was zu seinem Wesen und seinen Überlieferungen in geradem Widerspruch steht: ghibellinisch in Rom, klerikal in Bern, österreichisch in Piemont, russisch in Krakau, französisch nirgends, kontrerevolutionär überall.«[13] Einer der wesentlichen Gründe, die der Februarrevolution von 1848 den Boden bereitet haben, ist damit umschrieben.

Aber natürlich liegen die elementaren Ursachen zu dieser so tiefgreifenden Zäsur in der französischen Geschichte des 19. Jahrhunderts doch mehr im Innenpolitischen. In der inneren Entwicklung des Landes war seit der Übernahme der politischen Führung durch Guizot im Herbst 1840 eine offenkundige Beruhigung eingetreten, die, wie der große Wahlerfolg der Regierungspartei im August 1846 bewies, einen endgültigen Charakter zu haben schien. Der König, der seit der Orientkrise ein zunehmend persönliches Regiment führte, und der selbstbewußte Guizot, der jeden Gedanken an eine Wahlrechtsreform durch Senkung des Zensus weit von sich wies, um die politische Herrschaft der auf Besitz und Bildung beruhenden Notabelnschicht zu erhalten, ergänzten sich in ihrem autoritären Regierungsstil vortrefflich und haben es Jahre hindurch verstanden, durch die Gewinnung sicherer Parlamentsmehrheiten die orleanistische Großbürgermonarchie fest im Sattel zu halten. Es war wohl kein Zufall, daß der führende Kopf dieser Regierung, der aus dem Professorenstand hervorgegangene und schon vor Antritt seiner politischen Laufbahn als Historiker an der Sorbonne längst berühmte François Guizot (1787-1874), ein persönlich sehr integrer und auch puritanischer Kalvinist war, für den Besitz mehr bedeutete als auf Genuß abgestimmtes materialistisches Gewinnstreben. Dieser Grundhaltung entsprach es durchaus, wenn er jeder Forderung nach Demokratisierung von Staat und Gesellschaft mit dem nur allzu leicht mißverständlichen und zynisch wirkenden Wort begegnete: »*Enrichissez-vous par le travail, et vous deviendrez élec-*

teur!« [14] Dahinter stand die Überzeugung, daß »Reichtum ein Nachweis für Tüchtigkeit und persönliches Verdienst« [15] sei und daß jemand, der sich entsprechend ausgewiesen habe, als echte *capacité* gelten könne, die politische Verantwortung zu tragen verstehe. Allerdings hat Guizot recht problematische Methoden anwenden müssen, um diese innere Stabilität zu gewährleisten. So rekrutierte sich beispielsweise ein großer Teil der Kammerdeputierten aus politischen Funktionären und Beamten, die der Regierung nahestanden, wobei letztere oft recht handfest in ihrem Sinne auf Wahlen einzuwirken verstand. Diese Manipulationen der seit 1840 aus den »Doktrinären« gebildeten Regierungspartei erregten verständlicherweise die zwar regimetreue, aber eben doch in die parlamentarische Opposition gedrängte und vor allem von Thiers, aber auch Odilon Barrot, Duvergier de Hauranne oder Rémusat geführte Richtung des *Centre gauche*. Infolgedessen begann diese der Regierung vorzuwerfen, ihre parlamentarischen Praktiken übten einen depravierenden Einfluß auf die Volksvertretung aus und korrumpierten das politische Leben der Nation. Konsequenterweise verlangte die Opposition eine Änderung des Wahlrechtes durch spürbare Verringerung des Zensus. Daß diese durchaus berechtigte Forderung von Guizot hartnäckig abgelehnt wurde, beschwor in zunehmendem Maße ein allgemeines Unbehagen herauf, was sich wiederum dahingehend auswirkte, daß die vom Wahlrecht weitgehend oder völlig ausgeschlossenen Kreise und Schichten der Intellektuellen und des Kleinbürgertums die Opposition unterstützten, wodurch deren Kritik ein verstärktes Gewicht erhielt. Das Thema der Wahlrechtsreform wurde immer mehr zum zentralen politischen Diskussionsgegenstand.

Während es sich aber für die um Thiers und seine Freunde gescharte Gruppe nur darum handelte, den Zensus zu senken, kämpften Republikaner und Sozialisten für seine völlige Abschaffung und die Einführung des sog. *suffrage universel*, also des allgemeinen Wahlrechtes, eine Forderung, die für sie natürlich identisch war mit der Abschaffung der Monarchie und deren Ersetzung durch die Republik. Diese Opposition, die sich als eine für das Regime wesentlich gefährlichere außerparlamentarische neben der parlamentarischen auszubilden begann und von den uns bereits bekannten Ideologien getragen war, erhielt nun eine ungeahnte Verstärkung aus den Reihen des Arbeiterproletariates, dessen ohnehin prekäre wirtschaftliche und soziale Situation plötzlich durch eine schwere Wirtschaftskrise dramatisch verschlechtert wurde, die kurz nach den Augustwahlen 1846 einsetzte und Frankreich bis Ende 1847 heimsuchte. Schlechte Getreideernten verursachten eine ernste Ernährungskrise, die sich teilweise zu echter Hungersnot steigerte, und zwangen überdies die Regierung dazu, Getreideankäufe in Rußland zu tätigen, die ihrerseits einen empfindlichen Devisenabstrom nach sich zogen, der die französische Finanzwirtschaft in erhebliche Schwierigkeiten brachte. Darunter wiederum hatte vor allem die Industrie zu leiden, die ohnehin einen an Waren übersättigten Markt vorzufinden begann. Der Absatz ging zurück, die Fabriken mußten ihre Produktion reduzieren, es kam zu Massenentlassungen und einer Arbeitslosigkeit großen Stils; die Reallöhne verringerten sich zusehends durch die Lebensmittelteuerung. Unter solchen Umständen fanden die Agitatoren des frühen Sozialismus, besonders die Fourieristen, bei den Arbeitermassen großes Echo und vermochten diese für ihre säkularisierte Heilslehre zu mobilisieren. Damit aber war neben die jakobinischen Überlieferungen von 1792 noch eine zweite revolutionäre Ideologie von weit größerer Stoßkraft getreten.

So hatte sich fast unmittelbar nach dem Wahlerfolg von 1846 die innenpolitische Szenerie Frankreichs von heute auf morgen grundlegend geändert, und zwar zuungunsten der Regierung. Gefährlich konnte diese Situation aber erst werden, wenn die beiden ihrem Wesen nach so grundverschiedenen Oppositionstendenzen gemeinsam gegen die Regierung Front machten. Und dieses Zusammenspiel trat auch wirklich ein: seit Sommer 1847 fanden sich die führenden Köpfe der dynastischen Linken und der Radikalen bei den sog. Reformbanketten zusammen, also politischen Kundgebungen, bei denen im äußeren Rahmen einfacher Mahlzeiten leidenschaftliche Diskussionen über das Thema der Wahlrechtsreform geführt und entsprechende Resolutionen beschlossen wurden. Dabei stellte sich sehr rasch heraus, daß die beiden Zweckalliierten verschiedene Ziele anstrebten. Eröffnet am 9. 7. 1847 in Paris, ergriff diese Bewegung rasch das ganze Land, so daß man bis Februar 1848 insgesamt etwa 70 entsprechende Veranstaltungen in der Hauptstadt und in den Provinzen zählen konnte. In ihrem Verlauf haben etwa 17 000 politisch engagierte Franzosen den Gedanken der Wahlrechtsreform entweder als spürbare Herabsetzung des Zensus oder als dessen gänzliche Abschaffung so wirkungsvoll propagiert, daß die Regierung schließlich besorgt wurde und Guizot ein für den 22. 2. 1848 zu Paris angesagtes großes Bankett untersagte. Dabei fand er sogar die Zustimmung des *Centre gauche,* weil diesem vor der Bundesgenossenschaft mit den Radikalen allmählich unheimlich zu werden begann. Dieses Verbot jedoch löste Massenkundgebungen aus; seit dem 22. Februar kam es in Paris zu bedrohlich wirkenden Volksaufläufen, bei denen nicht selten die rote Fahne, das Symbol des neuen sozialistischen Revolutionsmythos, geschwenkt wurde, und die Straßen füllten sich mit rasch aufgeschichteten Barrikaden. Der Innenminister Graf Duchatel wagte indessen schon nicht mehr, gegen solche Zusammenrottungen die bewaffnete Macht ernsthaft einzusetzen. Zwar gelang es einer Kavallerieabteilung, eine vor dem Parlamentsgebäude demonstrierende Menschenmenge ohne Blutvergießen zu zerstreuen, aber das genügte nicht mehr, das Anschwellen der zunehmend revolutionsähnlichen Tumulte einzudämmen. Am 23. Februar verstärkten sich die Unruhen erheblich; dabei zeigte sich, daß nicht einmal die Nationalgarde mehr zuverlässig war. Denn aus ihren Reihen ertönten gefährliche Rufe wie »Nieder mit Guizot!« und »Es lebe die Reform!« Daraufhin bot der langjährige Ministerpräsident dem König seinen Rücktritt an, um einer Reform, die jetzt selbst er als unvermeidlich erkannte, den Weg zu ebnen. Der Monarch versuchte anschließend, ein Kabinett aus dem *Centre gauche* zu bilden, um die Wogen der wachsenden Revolution im letzten Augenblick noch zu glätten, und verhandelte bis zum Folgetag zunächst mit Molé, dann mit Thiers und schließlich mit O. Barrot über eine der Situation Rechnung tragende Regierung.

Aber es ist schon zu spät, denn seit dem Abend des 23. Februar spitzen sich die Ereignisse derart zu, daß die immer stärker anschwellende Unruhe in der Hauptstadt in die unverhüllte Revolution umschlägt. Der Funke, der sie entzündet, ist eine Demonstration von Blusenmännern – so nennt man wegen ihrer Kleidung in dieser Zeit die Proletarier der Vorstädte – vor Guizots Amtssitz auf dem Boulevard des Capucines. Bei hereinbrechender Nacht werden sie mit der Abteilung eines aus jungen Soldaten zusammengesetzten Linienregiments handgemein. Lange belästigen und beschimpfen die jugendlichen Heißsporne den Kommandeur des Regimentes, Oberstleutnant Courand, ohne daß dieser oder seine Untergebenen ihre vernunftbestimmte Kaltblütigkeit verlieren. Aber schließlich werden sie doch nervös, fällen das Bajonett und feuern eine Salve ab. Sechzehn Revolutionäre liegen tot auf dem Pflaster.

In diesem Augenblick, am 23. 2. 1848 um 21 Uhr, beginnt in Frankreich und gleich anschließend in Europa – in Italien, in Deutschland, in Ungarn und im schleswig-holsteinischen Bereich der dänischen Gesamtmonarchie – die große Revolution des »tollen Jahres« 1848. In Paris hört man jetzt überall den Ruf: »Mord! Zu den Waffen!« Vor allem aber wird der König selbst heftig angegriffen: »Louis Philippe läßt auf das Volk schießen, wie Karl X.! Senden wir ihn ihm nach!« Gegen 24 Uhr läutet die Sturmglocke der Kathedrale von Notre Dame jenen Tag ein, an dem sich Frankreich für immer von seiner Königsmonarchie trennen wird, den 24. 2. 1848.

Dieses Datum bezeichnet den eigentlichen Revolutionstag: am Ende von blutigen Barrikadenkämpfen, deren Schwerpunkt das vom 14. Linienregiment stundenlang gegen die Blusenmänner verteidigte *Palais royal* ist und welche die Sieger 289, die Truppen aber nur 72 Gefallene kosten, dankt Louis Philippe ab, nachdem der Versuch, die Truppen und die Nationalgarde durch sein persönliches Auftreten zu äußerster Verteidigung der Monarchie hinzureißen, an der mangelnden militärischen Attitüde und dem fehlenden königlichen Charisma des Orléans gescheitert ist. Auch seiner beherzten Schwiegertochter, der Mecklenburgerin Helene, die sich mit ihrem kleinen Sohn Zugang zur Deputiertenkammer verschafft, gelingt es nicht, den Thron wenigstens noch für Louis Philippes Enkel zu retten, weil revolutionäre

Volksmassen in den Sitzungssaal eindringen und sich außerdem der Tuilerien bemächtigen. Unter dem Eindruck dieser Vorgänge verständigen sich sogar die Legitimisten mit den Republikanern darüber, die verhaßte Dynastie der Orléans abzusetzen. Louis Philippe flieht daraufhin mit seiner Familie nach England, wo er im Jahre 1850 gestorben ist. Während der König Frankreich verläßt, ruft die siegreiche Partei am 25. 2. 1848 vom Pariser Stadthaus aus die Republik aus und bildet eine in ihrer Zusammensetzung sehr stark durch den Druck der Straße geprägte provisorische Regierung. An ihrer Spitze steht der Dichter Alphonse de Lamartine als erster Präsident dieser Zweiten Republik (1848-1852); als Minister gehören ihr markante Republikaner an wie Garnier-Pagès, Ledru-Rollin, Arago und Crémieux, aber auch der Sozialist Louis Blanc und selbst ein einfacher Arbeiter namens Albert. Frankreich, so scheint es, kehrt ungestüm zu den Traditionen von 1792 zurück.

Versucht man, die ganz konkrete Ursache herauszufinden, die diese Revolution ausgelöst und durch sie dem Julikönigtum ein so frühes Ende bereitet hat, unter dem Frankreich zweifellos eine der reichsten Epochen seines zivilisatorischen Aufstiegs und seiner kulturschöpferischen Entfaltung erlebt hat, so wird man mit Philippe Vigier zu der Überzeugung gelangen, daß es die Starrheit war, mit der Louis Philippe und Guizot sich jeder Reform des von der Mehrheit der Nation längst als ungerecht empfundenen Wahlrechts widersetzt haben. Denn gewiß war die Vorstellung, daß Reichtum einziges Kriterium politischer »Kapazität« sei, längst anachronistisch geworden, und somit erschien die Demokratisierung des Wahlrechts durch Senkung des Zensus zweifellos als überfälliges politisches Erfordernis. Dies nicht erkannt und dementsprechend gehandelt zu haben, ist dem letzten französischen König zum Schicksal geworden. Danach mußte das Pendel so weit nach links ausschlagen, daß jetzt an die Stelle eines allzu eng gefaßten Zensuswahlrechts das allgemeine Wahlrecht trat. Dies geschah jedoch zu einem Zeitpunkt, da die Franzosen für ein solches Geschenk noch keineswegs reif waren. Das Ergebnis ist dann zwar eine Republik gewesen, aber eine solche ohne Republikaner. Die nächsten vier Jahre sollten das eindeutig beweisen.

3. Die Zweite Republik (1848-1852)

Die provisorische Regierung der zunächst durchaus noch vorläufigen neuen Republik, die sich am 24. Februar konstituiert hatte, war ein Widerspiegel der divergierenden Tendenzen, die bei der Februarrevolution zusammengewirkt und zum Sturz Louis Philippes geführt hatten: neben klassischen Liberalen girondistischer Prägung wie dem Präsidenten und Außenminister Lamartine oder dem Ministerpräsidenten Dupont de l'Eure saßen im Kabinett linksradikale Demokraten wie Ledru-Rollin, der seine Tätigkeit als Innenminister damit begann, im Beamtenkörper einschneidende Personalveränderungen vorzunehmen, und ein reiner Sozialist wie der Theoretiker Louis Blanc, der zwar ohne Portefeuille war, aber als Präsident des Regierungsamtes für die Arbeiten fungierte. So stand das neue Staatswesen von vornherein unter dem Gesetz einer »Spannung zwischen der ›demokratischen Republik‹ und der ›sozialen Republik‹«[16], ein Umstand, der weitere revolutionäre Erschütterungen erwarten ließ. Die Tatsache, daß Lamartine seine ganze Autorität einsetzen mußte, um in eindringlicher Rede das Ansinnen auf Einführung der roten Fahne als nationalen Flaggensymbols zugunsten einer Beibehaltung der Trikolore zurückzuweisen, machte unmißverständlich deutlich, welche Gegensätze in der Zusammensetzung des neuen Regimes als potentieller Sprengstoff angelegt waren.

Zunächst sahen sich auch die bürgerlichen Demokraten genötigt, ihren ungeliebten radikalen und sozialistischen Bundesgenossen von gestern erhebliche Konzessionen zu machen. Schon am 25. 2. 1848 wurde den Forderungen der Arbeiterschaft Rechnung getragen und ein wesentlich von Louis Blanc erarbeitetes Gesetz erlassen, in dem das »Recht auf Arbeit« anerkannt wurde. Um es zu realisieren, beschloß man, sog. Nationalwerkstätten *(ateliers nationaux)* einzurichten. Überdies wurden Maximalarbeitstage von 10 Stunden in der Hauptstadt und 11 in der Provinz eingeführt sowie die Bildung von Gewerkvereinen gestattet. Die Schaffung von Nationalwerkstätten bedeutete, daß der Staat allen Bürgern entlohnte Arbeit garantierte und in den folgenden Monaten in der Bannmeile von Paris, vor allem auf dem Marsfeld, für je 2 Francs Tageslohn schließlich ca. 100000 Arbeiter, die etwa 75 verschiedenen Berufsgruppen entstammten, mit wenig produktiven Erdarbeiten beschäftigte; dieses öffentlich finanzierte Unternehmen trug erheblich dazu bei, daß im Gefolge der Revolutionswirren alsbald eine schwere Wirtschaftskrise über Frankreich hereinbrach, die wachsende Arbeitslosigkeit nach sich zog. Aber auch die Arbeiter waren von dieser Regelung nicht befriedigt, weil sie die Einrichtung echter, d. h. berufskonformer Werkstätten erwartet hatten. So nimmt es nicht wunder, daß gerade diese Institution eine Hebelwirkung auslösen sollte, die zur Eskalation der Revolution geführt hat.

Eine zweite Konzession an den linken Koalitionspartner stellte sich in der Einführung des allgemeinen und gleichen Wahlrechts dar. Die Verkündung des *suffrage universel* am 4. 3. 1848 bedeutete den völligen Fortfall des Zensus und vermehrte schlagartig die Zahl der wahlberechtigten (männlichen) Franzosen von etwa 250000 auf rund 9 Millionen, so daß mit diesem Schritt dem Gedanken der egalitären Demokratie endgültig zum Sieg verholfen war. Damit konnte Frankreich überdies auch den Ruhm für sich in Anspruch nehmen, als erstes Land auf dem europäischen Kontinent dem modernen demokratischen Wahlrecht überhaupt den Durchbruch ermöglicht zu haben.

Unter Anwendung des *suffrage universel* ist am 23. 4. 1848 eine Nationalversammlung gewählt worden, deren Aufgabe es war, dem neuen Staatswesen eine Verfassung zu geben und die Republik damit aus dem Stadium des Provisoriums herauszuführen. Dies geschah übrigens gegen den Willen des linken Flügels der Regierung, der von der Tätigkeit einer *Assemblée constituante* nicht Förderung, sondern Hemmung der von ihm angestrebten raschen Realisierung weittragender sozialreformerischer Projekte erwartete. Und die Wahlen fielen denn auch so aus, wie die Linke es befürchtet hatte: von den 7 800 000 Wählern, die von insgesamt 9 400 000 Stimmberechtigten zur Wahlurne geschritten waren, hatten sich nur relativ wenige für den politischen Radikalismus entschieden. Das war ein Beweis, daß dessen Theorien sehr weit davon entfernt waren, auf die in ihrer überwältigenden Mehrzahl ja noch bäuerlichen und religiös gebundenen Volksmassen Frankreichs Eindruck zu machen. Denn die radikalen Demokraten und Sozialisten gewannen nur 200 der insgesamt 900 Abgeordnetensitze, während deren 450 auf die gemäßigten Republikaner, 200 auf die Orleanisten, zu denen profilierte Politiker wie Barrot, Duvergier de Hauranne, Molé und Thiers gehörten, und schließlich auch noch 50 auf die Legitimisten entfielen. Die überragende Figur war wiederum Lamartine, der 2 300 000 Wählerstimmen auf sich hatte vereinigen können. Die unter dem Präsidium von Buchez stehende Versammlung wurde am 4. Mai eröffnet, erklärte Frankreich sofort definitiv und in feierlichem Akt zur Republik und wählte am Folgetag aus ihren Reihen einen »Vollzugsausschuß«, der als Nachfolger der provisorischen Regierung die Befugnisse der exekutiven Gewalt übernahm und dessen führende Köpfe Garnier-Pagès, Lamartine, Ledru-Rollin, Bastide und nicht zuletzt der berühmte Physiker Arago, Präsident dieses Regierungskomitees, waren.

Die Nationalversammlung ist zunächst kaum dazu gekommen, ihre eigentliche Bestimmung, die Erarbeitung einer neuen Verfassung, zu erfüllen, weil sie und der aus ihr hervorgegangene Vollzugsausschuß sich von der jakobinischen und sozialistischen Linken in ihrer Existenz bedroht sahen. Unter Blanqui und Barbès schritt die Avantgarde des hauptstädtischen Proletariats am 15. Mai zum bewaffneten Aufstand gegen die Regierung. Zwar scheiterte er blutig, und die Rädelsführer wurden anschließend von einem Gerichtshof in Bourges zu harten Strafen verurteilt, aber es zeigte sich sehr rasch, daß er nur das Vorgefecht eines Bürgerkrieges darstellte, den seit Karl Marx alle Beurteiler ungeachtet ihrer jeweiligen Wertungen übereinstimmend als ausgesprochene Klassenkampfaktion begriffen haben, als den ersten bewaffneten Konflikt großen Stils, der in der Geschichte des modernen Europa zwischen Bürgertum auf der einen und Industrieproletariat auf der anderen Seite ausgefochten worden ist.[17]

Ausgelöst wurde die »Junischlacht«, neben dem *Commune*-Aufstand von 1871 das blutigste Revolutionsereignis in der Geschichte des

19. Jahrhunderts, durch die am 30. 5. 1848 von der Nationalversammlung beschlossene und am 21. Juni vom Vollzugsausschuß angeordnete Auflösung der Nationalwerkstätten. Diese Einrichtung, für deren Unterhaltung das Land täglich 250 000 Francs aufzubringen hatte, war längst zu einem gefährlichen Diskussionsforum radikalisierter und teilweise bereits in politischen Clubs organisierter Arbeitermassen geworden. Ihre Entfernung aus Paris stellte deshalb für die Nationalversammlung eine täglich dringlicher werdende politische Notwendigkeit dar. Um das Auflösungsdekret weniger provokativ erscheinen zu lassen, verband man es mit der Empfehlung an die Arbeiter, je nach Lebensalter entweder in die Armee einzutreten oder in der Provinz Arbeit anzunehmen. Jedoch hörte das hauptstädtische Proletariat nur das Nein der Regierung und beantwortete es mit dem offenen Aufstand. Seit dem 21. Juni wuchsen in Paris, zunächst vor allem in den Vorstädten, dann aber zunehmend auch im Stadtinneren, Barrikaden aus dem Boden, auf denen rote Fahnen wehten, und es breitete sich eine von Angst, Haß und Kampfentschlossenheit erfüllte Stimmung aus, die Alexis de Tocqueville in seinen Memoiren außerordentlich eindrucksvoll geschildert hat. [18]

Die Nationalversammlung zeigte sich der gefährlichen Situation, vor die sie ein verzweifeltes Proletariat stellte, das die Losung *la république sans phrase* zu seinem Schlachtruf machte, durchaus gewachsen, indem sie am 24. Juni den Kriegsminister Louis Eugène Cavaignac, einen in Algerien gestählten General, der ein überzeugter Republikaner war und überdies für die Zeit nach dem Sieg der bürgerlichen Regierung wichtige, echte Reformpläne entworfen hatte, zum Militärdiktator ernannte. Ihm wurde die Linienarmee ebenso anvertraut wie die Nationalgarde, und für die Zeit des Belagerungszustandes stellten sich ihm sogar die Monarchisten zur Verfügung. Im Verlauf der blutigen Tage *(journées de juin)* vom 23.–27. 6. 1848 ist es Cavaignac in auf beiden Seiten gnadenlos geführten Straßen- und Häuserkämpfen gelungen, die in das Zentrum von Paris hereindrängenden jakobinischen und kommunistischen Aufrührer wieder in die Vorstädte zurückzuwerfen; als der letzte Widerstand der Rebellen am 27. Juni im *faubourg* Saint-Antoine erlosch, deckten mindestens 3 000 Tote und 5 000 Verwundete das Pflaster von Paris, während 11 000 der Unterlegenen den Regierungstruppen in die Hand gefallen waren.

Nachdem Cavaignac am 28. Juni seine diktatorischen Vollmachten an die Nationalversammlung zurückgegeben hatte und von dieser unverzüglich zum »Haupt der Exekutivgewalt und Kabinettschef« ernannt worden war, ein Amt, das er bis zum 20. 12. 1848 ausübte, konnte sich das französische Bürgertum als uneingeschränkten Sieger in diesem Bürgerkrieg betrachten. Es sicherte sich in den Folgemonaten durch abschreckende, vielfach auf Tod, häufiger auf Deportation hinauslaufende Prozeßurteile gegen die Hauptakteure des Juniaufstandes, überdies aber auch durch scharfe Gesetze gegen jeden Angriff auf

Eigentum und Familie sowie durch ein Versammlungsverbot und Pressegesetz in seiner Herrschaft ab. Gleichzeitig arbeitete die Nationalversammlung bis zum Spätherbst 1848 unter der Leitung von Experten wie Cormenin und Marrast eine Verfassung aus, in welche die im Frühjahr von der Linken abgetrotzten sozialreformerischen Neuerungen weitgehend nicht aufgenommen wurden, indem man etwa den präzisen Begriff *droit au travail* durch den sehr allgemeinen *droit à l'assistance* ersetzte. Auch der sehr fortschrittliche Antrag auf Aufnahme einer Klausel, wonach Frankreich den Gedanken der Begründung eines *Congrès universel et perpétuel des peuples*, also – modern gesprochen – eines »Völkerbundes«, fördern solle, wurde verworfen.

So spiegelt bereits die Entstehungsgeschichte des Verfassungswerkes die Schockwirkung wider, die ein Ereignis, das fortan von der französischen Arbeiterbewegung und dem ihr nahestehenden Syndikalismus zum heroischen Mythos übersteigert werden sollte, beim Gewinner der Bürgerkriegsschlacht hinterlassen hatte. Auch der Verfassungstext selbst, der am 4. 11. 1848 auf der Place de la Concorde feierlich verkündet wurde, läßt deutlich einen gegen sozialreformerische Tendenzen gerichteten Restriktionskurs erkennen. Natürlich gibt es darin auch allerlei progressive Elemente; so bekennt sich die Präambel zu einer »demokratischen Republik« und zu den klassischen Prinzipien der Großen Revolution, also zu *liberté, égalité* und *fraternité*. Die Todesstrafe wird abgeschafft und ein unentgeltlicher Grundschulunterricht vorgesehen. Ausdrücklich werden die Rechte anderer Nationen respektiert und dem Eingriff in ihre Freiheiten sowie dem Eroberungskrieg feierlich abgesagt. Aber der betont bürgerliche Charakter der Verfassung wird sichtbar, wenn expressis verbis »Familie«, »Arbeit«, »Eigentum« und »Öffentliche Ordnung« zu Grundlagen der französischen Republik erklärt werden. Die Volksvertretung besteht aus einer Kammer, wie es der aus der Großen Revolution überkommenen Tradition entspricht. Neu indes und nicht auf französische, sondern auf amerikanische Überlieferung zurückgehend ist die Institution eines mit weitgehenden Machtbefugnissen ausgestatteten und auf vier Jahre vom Volk direkt zu wählenden Präsidenten der Republik. Diese Stärkung der Exekutive durch eine Art Ersatzmonarchen auf Zeit resultiert aus den Erfahrungen des soeben durchlittenen Sommers und ist als Schutzwall dagegen gedacht, daß das zwar besiegte, aber nicht versöhnte Proletariat die Ordnung erneut stören könne.

Indem die Verfassung so zwei gleichmäßig starke und beide auf gleicher, allgemeiner und direkter Wahl basierende Gewalten schuf, nämlich Kammer und Präsident, ohne daß durch genügend präzise Definition der Ministerverantwortlichkeit und die Schaffung eines institutionell und in seinen Kompetenzen scharf umgrenzten Ministerrates eine dritte Kraft ins Leben gerufen worden wäre, die als Puffer zwischen Parlament und Inhaber der Exekutive hätte wirken können, barg sie den Keim eines Konfliktes zwischen den beiden tragenden Machtfaktoren von Anfang an in sich. Sie konnte funktionieren, aber aus ihrer Struktur heraus ebenso rasch Schiffbruch erleiden. Und letzteres ließ sich schon bald absehen, nachdem darüber entschieden war, daß dieser Präsident, dessen Befugnisse die Verfassungsschöpfer so stark ausgebaut hatten, nicht der Republikaner Cavaignac sein, sondern Bonaparte heißen würde.

Denn die Furcht vor einer sozialistischen Revolution, die seit den Junitagen auf der Mehrheit des französischen Volkes lastete, hat Louis Napoleon, dem Neffen des großen Kaisers, in der zweiten Hälfte des Jahres 1848 endgültig den Weg geebnet. Gleich nach der Februarrevolution war der Prinz von London nach Frankreich zurückgekehrt und hatte dort ein meisterhaftes taktisches Spiel betrieben, in dessen Verlauf er mehrfach mit eindrucksvollen Stimmenzahlen in die Kammer gewählt worden war, es aber abgelehnt hatte, diese Wahlen auch anzunehmen, so daß er den Eindruck vermied, der neue Bonaparte sei für die Zweite Republik womöglich so gefährlich wie der alte es für die erste gewesen war. Statt dessen erschien der Prinz alsbald als ein uneigennütziger Patriot, der sich einer zunehmenden Popularität erfreute und bis zum Spätherbst 1848 so nachhaltig ins Bewußtsein der französischen Öffentlichkeit zu rücken vermocht hatte, daß auch er für das Präsidentenamt kandidieren konnte, als dieses am 10. 12. 1848 zur Wahl stand. Außer ihm gab es noch drei weitere Bewerber, die den verschiedenen Schattierungen der republikanischen Parteigruppierungen angehörten, und zwar Lamartine, Ledru-Rollin und Cavaignac. Von diesen hatte nur letzterer wirkliche Chancen, und – so mußte es scheinen – als der Sieger in der Junischlacht sogar die größten. Aber jetzt rächte es sich, daß Cavaignac, der z. B. ein schlechter Redner war, während seiner Amtszeit als Staatsoberhaupt das Charisma eines Volksführers hatte vermissen lassen, und darüber hinaus wirkte sich verhängnisvoll für ihn aus, daß Thiers, dessen Monumentalwerk über das Konsulat und Empire den Napoleonkult in dieser Zeit zum Gipfel führte, sich jetzt auch für den ursprünglich von ihm wenig geschätzten Neffen des großen Kaisers einsetzte und diesem während des Wahlkampfes die in der sog. »Ordnungspartei« zusammengeschlossenen Ultramontanen, Orleanisten und Legitimisten zuführte. Selbst die Sozialisten verbündeten sich in ihrem Haß gegen die republikanischen Doktrinäre jetzt mit den Monarchisten. Diese Unterstützung und die konservativen Instinkte des Bauerntums der Provinz, das in einem Bonaparte den sichersten Schutzwall gegen eine Erneuerung der roten Gefahr sah, haben den Prinzen Louis Napoleon mit 5,4 Millionen gegen 1,4 Millionen Stimmen, die für Cavaignac abgegeben wurden, über seinen Konkurrenten triumphieren lassen. Mit dem *prince-président*, wie seine Anhänger ihn zu nennen pflegten, stand jetzt ein neuer Napoleon an der Spitze einer neuen französischen Republik.

Mit der Wahl Louis Napoleon Bonapartes zum Staatsoberhaupt der Republik hatte »nicht die Person, sondern der Name, die Legende … gesiegt – im Grunde gegen die Revolution von 1848 und ihre politischen Führer« [19]. Natürlich hat er alles getan, um Befürchtungen, schon bald könne die Republik durch eine neue bonapartistische Militärmonarchie abgelöst werden, zu zerstreuen. Aus diesem Grund berief er Odilon Barrot, einen seit der Julimonarchie profilierten Vertreter des politischen Liberalismus, an die Spitze des ersten von ihm gebildeten Ministeriums, aber immerhin gehörte diesem mit Drouyn de Lhuys als Außenminister auch eine Persönlichkeit an, die zu seinen engsten Vertrauten zählte.

Der Rechtskurs, der sich mit der Erhebung Louis Napoleons zum Präsidenten unüberhörbar angekündigt hatte, setzte sich auch bei der Wahl zur Nationalversammlung am 13. 5. 1849 eindeutig fort. Bei der recht geringen Wahlbeteiligung von nur etwa 60 Prozent haben damals die Monarchisten eindeutig die Oberhand gewonnen: denn ihnen gehörten von insgesamt 750 Abgeordneten 500 an, während die gemäßigten Republikaner 70, die Linke 180 Sitze erhielten und ein Mann wie Lamartine überhaupt nicht mehr gewählt wurde. Während die Republikaner im weiteren Sinne die Parteirichtungen der Sozialisten, der Radikalen und der gemäßigten Republikaner einschlossen, splitterten sich die zahlenstarken Monarchisten in Bonapartisten, Orleanisten und Legitimisten auf. Der Umstand, daß diese Gruppen untereinander völlig zerstritten waren, hat eine Wiederherstellung der Königsmonarchie in Frankreich, die damals durchaus denkbar gewesen wäre, unmöglich gemacht, natürlich nicht zuletzt auch der Widerstand, den die Bonapartisten einem solchen Versuch entgegengesetzt hätten.

Mit sehr feinem Instinkt für politische Konjunkturen hat der Prinz-Präsident sogleich erkannt, daß als Reaktion auf das sozialistische Experiment des Sommers und den daraus hervorgegangenen Bürgerkrieg nicht nur eine politische Rechtsschwenkung im öffentlichen Leben Frankreichs eingetreten war, sondern auch eine entschiedene Rückbindung an die religiösen Werte der katholischen Kirche. Diese wurde nunmehr nicht nur von den Klerikalen, sondern selbst von einem Voltairianer wie Thiers und vielen seiner Gesinnungsgenossen als Bollwerk der bürgerlichen Ordnung betrachtet und geschätzt. Der politische Ultramontanismus wurde also zu einer Kraft, der Napoleon von vornherein Rechnung getragen hat, denn er wußte schon damals, daß er sich mit Kirche und Klerus verbünden müsse, zunächst, um selbst zur Macht zu gelangen, und danach, um sich in ihr zu halten. So stellte er seine erste außenpolitische Aktion größeren Stils in den Dienst dieser Richtung, indem er im Frühjahr und Sommer 1849 ein von Oudinot geleitetes Expeditionskorps in Stärke von 20 000 Mann nach Rom entsandte, um die seit Februar bestehende, durch Mazzini politisch und Garibaldi militärisch geleitete Römische Republik zu stürzen und Papst Pius IX., der von den Revolutionären vertrieben worden war, wieder zurückzuführen. Nach längerer Belagerung gelang dies am 3. 7. 1849; jedoch haben die Franzosen stets eine starke Garnison zum Schutz des Papstes in der Heiligen Stadt belassen müssen, was später zu einer erheblichen Belastung der Politik Napoleons III. werden sollte.

Auch im Inneren hat der Präsident die Wünsche der Ultramontanen befriedigt, indem er das Schulwesen dem Klerus überantwortete und so der Einwirkung der republikanischen Linken entzog. Das geschah durch die nach dem damaligen Unterrichtsminister genannte *Loi Falloux* vom 27. 3. 1850. Dadurch dehnte die Kirche ihren ohnehin schon großen Einfluß auf die Grundschulen so weit aus, daß sie diese so gut wie völlig beherrschte; gleichzeitig wurde der Sekundarunterricht von den Universitäten, die hierin ein Monopol gehabt hatten, abgespalten, während zudem noch die Jesuiten die Erlaubnis erhielten, eigene Kollegien einzurichten.

Etwa zur gleichen Zeit schloß man jene Gruppen der Bevölkerung, die während der Junischlacht auf der anderen Seite der Barrikade gestanden hatten, faktisch wieder vom Wahlrecht aus. Denn am 31. 5. 1850 wurde ein Gesetz verabschiedet, das zwar die Errungenschaft des *suffrage universel* nicht grundsätzlich aufhob, aber durch einschneidende Sonderbestimmungen sehr stark einschränkte, indem allen Personen, die keinen ständigen Wohnsitz nachweisen konnten oder die im Gefolge der Juniereignisse aus politischen Gründen verurteilt worden waren, das Wahlrecht wieder entzogen wurde. Durch diese Maßnahme ist die Zahl der Wahlberechtigten von 9 auf 6 Millionen reduziert worden, und sie betraf in erster Linie große Teile der Arbeiterschaft, aber auch der Bauern. Natürlich war damit die Rechte noch keineswegs zufriedengestellt, weil sie in der Restriktion des Wahlrechts am liebsten noch weitergegangen wäre. Dies jedoch war ihr durch den Präsidenten verwehrt worden, der sehr klar erkannt hatte, daß sich hier eine Gelegenheit bot, sich in der Bevölkerung auf Kosten der Nationalversammlung und selbst der in ihr dominierenden Ordnungspartei beliebt zu machen. Es wurde offenbar, daß es über kurz oder lang zum Konflikt zwischen der Exekutive und der Legislative kommen würde.

Eine solche Möglichkeit zeichnete sich denn auch seit dem 31. 10. 1849 ab, als Louis Napoleon sein bisheriges Kabinett auflöste und es durch ein vom Grafen Hautpoul geleitetes ersetzte, das aus Persönlichkeiten seiner Wahl bestand, die nicht der Nationalversammlung angehörten. Für ein vom 10. 4. 1851 bis zum 14. 12. 1852 amtierendes Ministerium unter Léon Faucher galt dasselbe. Auch andere Anzeichen deuteten darauf hin, daß Bonaparte sich vom parlamentarischen Regime abzuwenden begann und auf eine Diktatur zusteuerte. Auf zahlreichen Reisen durch die Provinz im Jahre 1850 erhöhte er seine Popularität bei den Volksmassen; die bonapartistische Partei vergrößerte sich zu-

sehends, und nicht selten hörte man den Ruf: »Es lebe Napoleon!«
oder gar: »Es lebe der Kaiser!« Gleichzeitig verloren die sozialistischen und radikalen Parteien an Anhang, während sich in der Nationalversammlung Republikaner, Legitimisten und Orleanisten in end-
losen Wortgefechten zerstritten. So konnte der Präsident es wagen,
eine Kommission zum Zweck der Verfassungsrevision einzusetzen. Sie
arbeitete darauf hin, die Artikel 45 und 46 zu ändern, die es unter-
sagten, daß ein Präsident gleich im Anschluß an seine erste Amtszeit
wiedergewählt würde, und wonach die Wahl des nächsten Präsidenten
im Mai 1852 stattzufinden hatte. Denn solange diese Bestimmungen
in Kraft waren, konnte Napoleon aus verfassungsrechtlichen Gründen nicht damit rechnen, die Macht in Frankreich länger als bis zum
Frühsommer 1852 auszuüben, obwohl er so hoch in der Volksgunst
stand.
Nachdem die Nationalversammlung diesen seinen Versuch, auf legale
Weise im höchsten Amt zu bleiben, in einer langen, vom 14.–19. 7.
1851 währenden Parlamentsdiskussion verworfen hatte, war der Prinz
zum Staatsstreich entschlossen, bei dessen Vorbereitung er auf seinen
Halbbruder Graf Morny, den Sohn der Königin Hortense aus ihrer
Liebesbeziehung zum Grafen Flahaut, sowie auf Persigny und General Saint-Arnaud, den Leiter des militärischen Apparats und somit
eine Schlüsselfigur, als wichtigste Verbündete zählen konnte. Überdies gehörten u. a. General Magnan, Befehlshaber der Garnison von
Paris, und 20 weitere Generäle zu der Verschwörung. Als Termin
wurde bewußt der für die napoleonische Tradition so symbolträchtige
2. Dezember festgesetzt, also der Gedenktag von Austerlitz und der
Kaiserkrönung Napoleons I.
Morgens um 4 Uhr läßt der Polizeichef von Paris Maupas etwa
60 führende Abgeordnete der Nationalversammlung, darunter so profilierte Republikaner wie Cavaignac, die Generäle Changarnier und
Lamoricière und selbst Thiers, aus ihren Betten heraus verhaften und
ins Gefängnis einliefern. Gleichzeitig besetzen Einheiten der Bonaparte ergebenen Armee die strategisch wichtigsten Punkte von Paris,
besonders die Umgebung des Tagungsortes der Nationalversammlung.
Seit der Morgendämmerung des 2. Dezember kleben an den Mauern
Aufrufe an die französische Nation, die Bevölkerung der Hauptstadt
und das Heer, in denen die Nationalversammlung für aufgelöst erklärt, das *suffrage universel* als wiederhergestellt dekretiert und der
Belagerungszustand über die Metropole und 11 angrenzende Departements verhängt wird. Im wichtigsten Appell, dem an die Nation,
wird eine neue, vom Präsidenten vorgeschlagene Verfassung skizziert,
in der ein mit starken Machtbefugnissen ausgestattetes und auf zehn
Jahre zu wählendes Staatsoberhaupt, eine aus Staatsrat, *Corps législatif* und Senat bestehende Volksvertretung sowie das allgemeine und
gleiche Wahlrecht als Quelle jeglicher Staatsgewalt dem Volk zur plebiszitären Entscheidung vorgelegt werden.

Paris ist zunächst wie betäubt, aber am 3. Dezember bricht doch der Aufstand von Sozialisten und radikalen Republikanern aus. Mittelpunkt ist wieder die mit Barrikaden erfüllte Hauptstadt des Landes, wenn auch in einigen Departements in Südost- und in Mittelfrankreich Verfassungsanhänger ebenfalls bewaffneten Widerstand leisten. Überall jedoch bleiben die Truppen Herr der Situation: in Paris werden sämtliche, teilweise mit Erbitterung umkämpften Barrikaden von den Soldaten genommen und die engagierten Verteidiger der Republik in den Provinzen zerstreut. Insgesamt kostet dieser Staatsstreich 400 Tote und 500–600 Verwundete. Ein am 21./22. 12. 1851 durchgeführtes Referendum bestätigt Louis Napoleon Bonaparte eindeutig als Sieger, denn er erhält 7 436 216 Ja- gegen 646 737 Nein- bei nur 36 880 ungültigen Stimmen. Wenn auch bei dieser Wahl etwas nachgeholfen worden sein mag, so kann es doch keinen Zweifel geben, daß sich die überwältigende Mehrheit der Nation für Bonaparte und damit gegen die Republik ausgesprochen hat, die seitdem nur noch auf dem Papier besteht. Das alles ist die vollkommene Analogie zum Brumaire und seinen Folgen im Jahre 1799. Und wie der erste, so versichert auch der zweite Bonaparte, daß er die Revolution beenden und Ruhe und Ordnung wiederherstellen werde.

Unter dem Druck des Prinz-Präsidenten hat die nach dem Staatsstreich gebildete Kommission so rasch gearbeitet, daß die neue Verfassung bereits am 14. 1. 1852 vorlag und einen Tag später veröffentlicht werden konnte. Durch sie wird eine starke Exekutivgewalt geschaffen, die einem auf 10 Jahre gewählten Präsidenten – natürlich Louis Napoleon Bonaparte selbst – anvertraut ist. Ihm obliegt das Kommando über die Armee, er erklärt den Krieg, schließt Frieden und unterzeichnet Bündnis- und Handelsverträge; überdies ernennt der Präsident alle Beamten, hat das Begnadigungsrecht, darf Gesetze vorschlagen und setzt diese in Kraft. Nicht zuletzt kann er auch den Belagerungszustand verhängen. Nur ihm verantwortlich sind die Mitglieder des Kabinetts, das übrigens zwischen 1852 und 1869 an seiner Spitze keinen Ministerpräsidenten kennt, sondern lediglich einen Leitenden Minister. Ebenso abhängig vom Staatsoberhaupt wie dieser und seine jeweiligen Ressortminister ist auch der Staatsrat *(Conseil d'Etat)*, der aus ausgewählten und natürlich Bonaparte unbedingt ergebenen Persönlichkeiten aus den höchsten Gesellschaftsschichten besteht; er hat die Gesetze vorzubereiten und bei ihrer Diskussion durch die Gesetzgebende Körperschaft *(Corps législatif)* steuernd einzuwirken. Die Abgeordneten dieser parlamentarischen Institution werden nach dem Prinzip der Persönlichkeitswahl auf 6 Jahre delegiert, wobei die Regierung die Wahltermine festlegt. Dieser *Corps législatif* besitzt keinerlei Initiativrecht, weder auf dem Gebiet der Gesetzgebung noch des Budgetwesens, sondern ist allenthalben der Kontrolle des Staatsrates unterworfen. Seine jährliche Sitzungsdauer beträgt höchstens drei Monate, und wiederum hat die Regierung das Recht, über Einberufung und Auseinandergehen der Kammer zu befinden. Überdies ist es der Gesetzgebenden Körperschaft untersagt, einen vollständigen Text ihrer Debatten veröffentlichen zu lassen. Und schließlich wird sie nicht nur durch den Staatsrat, sondern auch durch den Senat gegängelt, der – in höchster Zusammensetzung bestenfalls 150 Mitglieder stark und aus Persönlichkeiten gebildet, die ihm wie z. B. Kardinäle, Marschälle oder Admiräle automatisch angehören oder aber vom Staatspräsidenten ernannt werden – dieselben Aufgaben wahrzunehmen hat, wie sie ihm einst von Napoleon I. zugebilligt worden waren. Seine Funktion ist es also vor allem, nicht verfassungskonforme Gesetze, die der *Corps législatif* womöglich verabschieden könnte, zu unterdrücken, während es ihm andererseits nicht gestattet ist, die Gesetze als solche zu diskutieren. Darüber hinaus jedoch interpretiert und ergänzt der Senat die Verfassung durch sog. Senatskonsulte (*sénatus-consultes*), deren Inhalt der Staatschef leicht zu beeinflussen vermag, da die Senatoren von ihm Dotationen in Höhe von 30 000 Francs jährlich erhalten »können«. Daß die Präambel sich auf die Prinzipien der Revolution von 1789 beruft, wobei es immerhin betonte Einschränkungen und gewiß nicht zufällige Auslassungen gibt, ist nicht so bemerkenswert wie die Tatsache, daß eine Priorität der institutionellen Einrichtungen des Konsulates und Ersten Kaiserreiches ihnen gegenüber ausdrücklich herausgestellt wird. Sehr wichtig ist, daß der Präsident nur der Nation verantwortlich ist und das Recht hat, sich in allen ihm wichtig erscheinenden politischen Fragen unter Übergehung der parlamentarischen Körperschaften direkt an das Volk zu wenden, um dessen Zustimmung zu seinen Maßnahmen einzuholen. Dieses plebiszitäre Element wird zu einer entscheidenden Grundlage des sich neu bildenden Empire, dessen zunächst noch de jure republikanische Verfassung wie eine Kopie der Grundordnung des Konsulates wirkt.

4. Zweites Empire und Deutsch-französischer Krieg (1852-1871)

Wie im Jahre 1804 die Umwandlung des Konsularregimes in eine Militärmonarchie nicht schwer gewesen war, so vollzieht sich auch der Übergang von der Republik zum Zweiten Kaiserreich (1852-1870) im Dezember 1852 reibungslos.[20] Eine tiefgreifende Veränderung der Verfassung ist dazu gar nicht erforderlich: es genügt, daß ein Senatskonsult vom 7. November dem Präsidenten die »kaiserliche Würde« (*dignité impériale*) zuspricht, worauf Louis Napoleon Bonaparte den Titel eines Kaisers annimmt und sich fortan Napoleon III. nennt. Am 21. November wird dieser Senatskonsult einem Volksentscheid unterworfen und mit 7 824 189 gegen 253 145 bei 65 126 ungültigen Stimmen mit überwältigender Mehrheit angenommen. Nach der Heirat Napoleons III. mit der spanischen Gräfin Eugenie von Montijo und

Teba am 29. 1. 1853 und der Geburt des Kronprinzen Louis Napoleon aus dieser Ehe am 16. 3. 1856 legt ein Senatskonsult vom 25. 5. 1857 die Bedingungen der Regentschaft fest. So war also, wie R. v. Albertini treffend formuliert hat, »aus dem Versagen des Bürgertums und einer utopisch-sozialistisch ausgerichteten Republik ... die von Tocqueville prophezeite und gefürchtete cäsaristische Demokratie erwachsen: mit demokratischer Basis, Volkssouveränität und allgemeinen Wahlen zwar, aber ohne Freiheiten und ohne repräsentative Volksvertretungen, vielmehr mit der durch die Volkssouveränität legitimierten Gewalt eines Diktators, der die Zwischengewalten und Kontrollen ausschaltet und autoritär regiert«.[21] Daß in diesem Regime Elemente einer Herrschaftspraxis, wie sie dann für totalitäre Staaten in unserem Jahrhundert so typisch werden sollten, in Ansätzen bereits unverkennbar angelegt sind, hat man in den letzten Jahrzehnten recht deutlich erkannt. Besonders eindrucksvoll hat wiederum v. Albertini typische Übereinstimmungen zwischen dem Zweiten Kaiserreich und faschistischen Diktaturen seit der Zwischenkriegszeit herausgestellt. In beiden Fällen geht der Errichtung des autoritären und diktatorisch gelenkten Staatswesens eine Periode voraus, die durch politische Wirren, revolutionäre Erschütterungen und anarchische Infragestellungen bislang fester Gesellschaftsstrukturen gekennzeichnet ist. Infolgedessen setzt sich als Reaktion auf Zerfahrenheit und Versagen von Parteien sowie staatlicher Macht überhaupt eine antiparlamentarische Stimmung durch, die den starken Mann, der Ruhe, Ordnung und nationalen Wiederaufstieg verspricht, an die Regierung bringt. Wie zu den faschistischen Diktaturen des 20. Jahrhunderts außer der nationalistischen und autoritären Komponente ja wesenhaft auch die sozialistische gehört, so weist bereits das Herrschaftssystem Napoleons III. das Janusgesicht einer nach rechts und links gleichzeitig tendierenden Politik auf, so daß »Reaktion« und »Progression« in gleicher Weise für das Regime eigentümlich sind. Und wie jene sich von den konservativen Schichten abgrenzten, indem sie revolutionäre und sozialistische Heilsbotschaften verkündeten und dabei die Massen gewannen, die ihnen von Fall zu Fall durch manipulierte Volksabstimmungen den rechten Weg bestätigten, so hat sich auch schon der zweite Bonaparte von Legitimisten und gemäßigten Republikanern entschieden distanziert und als ein auf demokratischer Basis in Übereinstimmung mit der großen Mehrheit der Nation regierender Volkskaiser geriert. Dieser stellte immer wieder soziale Leistungen des Staates in Aussicht und verwirklichte sie sogar, und zwar in solchem Ausmaß, daß er zumindest im ersten Jahrzehnt seiner Regierung in der Gunst des Volkes sehr hoch stand.

Wenn Napoleon III. auf Grund der Verfassungsstruktur der in seiner Person verkörperten cäsaristischen Militärmonarchie bis gegen Ende der 50er Jahre unbestritten ein persönliches Regiment ausüben konnte und die Kabinette dieser Zeit, Léon Faucher (1851-1854) und Eugène

Rouher (1855-1859), nicht viel mehr waren als von getreuen Bonapartisten, wie z. B. Drouyn de Lhuys, Morny, Persigny und Saint-Arnaud, durchsetzte willfährige Vollzugsorgane, die die Entscheidungen des Kaisers in die Tat umsetzten, so war dies möglich, weil die Erinnerung an die Schrecknisse des Revolutionsjahres 1848 noch lange stark nachwirkte. Die große Masse der Bauern, ein beträchtlicher Teil des orleanistisch gesinnten Großbürgertums sowie nicht zuletzt der Klerus und die Ultramontanen bildeten bis Ende der 50er Jahre fraglos eine machtvolle Gefolgschaft des Kaisers, die sich in einer Neuauflage der natürlich auch von den eigentlichen Bonapartisten mitgetragenen Ordnungspartei darstellte und die Säule der Regierungspolitik war. Ihr gegenüber fiel die eigentliche, das Regime als solches ablehnende Opposition der strengen Legitimisten und der Republikaner parlamentarisch aus. Denn erstere zogen sich schmollend und unter Verzicht auf Teilnahme am politischen Leben auf ihre Güter zurück, während die Führer der letzteren, vor allem Victor Hugo, Edgar Quinet, Ledru-Rollin und Louis Blanc, sich im ausländischen Exil aufhielten und von dort aus das Kaisertum von *Napoléon le petit* (V. Hugo) erbarmungslos attackierten. Daneben jedoch gab es noch die Opposition der gemäßigten Liberalen, die durch Schriftsteller wie Tocqueville, Thiers, Taine und Prévost-Paradol glanzvoll vertreten wurde, in der *Académie française* ihren Rückhalt fand und Zeitschriften wie das ›Journal des débats‹ und die ›Revue des deux mondes‹ zu Sprachrohren ihrer Angriffe machte. Diese stellte das Regime zwar nicht grundsätzlich in Frage, kritisierte indessen Details seiner jeweiligen Politik oft sehr scharf. Erst seit 1859/60 sollte sich diese Konstellation ändern.
Eine wesentliche Voraussetzung dafür, daß Napoleon III. zunächst so autoritär regieren konnte, war außer seinen unzweifelhaft großen außenpolitischen Erfolgen in den 50er Jahren ein steiler Aufstieg der französischen Wirtschaft, der, von einer Schwankung um 1857 abgesehen, während der Gesamtdauer des Zweiten Empire angehalten hat. Wenngleich es politisch gesehen im Grunde nur einen episodischen Charakter aufweist, so sind doch die beiden Jahrzehnte von 1850 bis 1870 wirtschaftsgeschichtlich zum Fundament des modernen Frankreich geworden, zur eigentlichen Gründerzeit im Bereich der Verkehrstechnik, des Städtebaus und der Schwerindustrie, wobei diese Entwicklung natürlich auch alle Probleme der Antinomie von Kapitalismus und Sozialismus mit bedingte und entsprechende innere Spannungen heraufbeschwor, welche die Zukunft belasten sollten. In der Mitte des 19. Jahrhunderts hat sich der Kapitalismus in Frankreich endgültig durchgesetzt. Und »in sozialer Hinsicht«, so sagt H. Sée, »vollzog sich damals eine Umwälzung, die selbst die große Revolution nicht erreicht hatte«.[22] Erst jetzt verloren die noch aus dem Ancien régime stammenden Familien des Altadels ihre ehemalige politische und soziale Führungsrolle vollständig; ab 1850 etwa sucht man ihre Namen

im öffentlichen Leben vergebens. Adel und Bürgertum verschmolzen weitgehend miteinander, die seit 1830 bestehende und 1848 vorübergehend gefährdete Herrschaft der Großbourgeoisie war um die Jahrhundertmitte gefestigter denn je und vermochte sich bis um 1880 auch unbestritten zu behaupten.

Napoleon III. hat nicht nur den materiellen Auf- und Ausbau der französischen Wirtschaft entscheidend gefördert, sondern auch auf das ökonomische Denken befruchtend eingewirkt. Durch seine Aufenthalte sowohl in England als auch den USA vor 1848 war der Kaiser von den Vorzügen des dort praktizierten Wirtschaftsliberalismus tief durchdrungen, gleichzeitig aber ebenso von den Ideen Saint-Simons. Die bis dahin in Frankreich immer noch fortlebenden restaurativen Tendenzen wurden jetzt weitgehend wenn auch noch keineswegs endgültig überwunden, und zwar zugunsten von Unternehmerinitiative angelsächsischer Prägung, aber auch einer vom Herrscher bewußt betriebenen Sozialpolitik im Interesse der Arbeiterschaft. Beides zielte darauf ab, Frankreich durch Steigerung seines Wirtschaftspotentials zu einer modernen Industriemacht zu erheben, die gleichrangig neben England stünde, und andererseits eine möglichst ausgeglichene und von extremen Schwankungen unabhängige Konjunkturlage zu gewährleisten. Diese sollte den Arbeitern ausreichende Beschäftigung und Lohn, dem Bürgertum aber Gewinn und Wohlstand sichern, also eine Situation wirtschaftlicher Problemlosigkeit herbeiführen, die ihrerseits wiederum den politischen Bestand des bonapartistischen Regimes garantieren sollte.

Auf wirtschaftlichem Gebiet hat Napoleon III. seine Ziele weitgehend auch erreicht; wenn gerade seine sozialpolitischen Pläne nur fragmentarisch verwirklicht werden konnten, so lag das vor allem an der militärisch-politischen Katastrophe von 1870. Immerhin wurde Frankreich seit den 50er Jahren finanzielles Gläubigerland im Weltmaßstab, in das große Mengen jener spektakulären Goldfunde, die damals in Kalifornien und Australien gemacht wurden, hineinströmten. Infolgedessen entwickelte es sich damals zu einem ausgesprochen goldreichen Land, das zunehmend auch zum Kapitalexporteur werden sollte. Als die schwere Wirtschaftskrise von 1857, die erste wahrhaft globalen Ausmaßes, diese wachsende Prosperität Frankreichs vorübergehend zu gefährden drohte, schloß Napoleon 1860 mit England jenen – nach dem britischen Unterhändler und berühmten Wirtschaftstheoretiker R. Cobden genannten – Cobden-Vertrag ab, der auf vielen Sektoren dem Freihandelsprinzip zum Durchbruch verhalf; er wurde 1864 durch einen auf dem gleichen Grundsatz beruhenden Handelsvertrag zwischen Frankreich und Preußen vervollständigt.

Obwohl es in dem an eine protektionistische Wirtschaftspolitik gewöhnten Frankreich an Widerständen gegen das Freihandelsprinzip nicht fehlte, hat der Cobden-Vertrag im großen und ganzen die in ihn gesetzten Erwartungen durchaus erfüllt. Dadurch, daß entsprechende

Beschränkungen und Reglementierungen wegfielen, wurde die freie Unternehmerinitiative angeregt und damit die Wirtschaft, die unter den Experimenten der 48er Revolution schwer gelitten hatte und in eine tiefe Krise geraten war, erneut angekurbelt. In der Landwirtschaft entwickelten sich die Preise für die Bauern so günstig, daß der ländliche Grundbesitz in seinem Wert um mehr als 50 Prozent stieg, [23] wobei neben dem Ausbau des Eisenbahnnetzes und dem steigenden Lebensmittelbedarf der Städte vor allem schmale Ernteerträge und der Fortfall russischer Getreideimporte infolge des Krimkrieges preisstimulierend wirkten. Daß England auf der ersten, der Londoner Weltausstellung von 1851 noch als unerreichbares industrielles Führungsland aufgetreten war, hatte Napoleon mit dem Ehrgeiz erfüllt, diesen Vorsprung einzuholen. Und in der Tat konnte sich Frankreich auf den Weltausstellungen von 1855 und 1867, übrigens glanzvollen gesellschaftlichen Höhepunkten in der Geschichte des Zweiten Empire, bereits als die zweite Industriemacht des Kontinents neben England ausweisen. Als völlige Neuerung auf dem Weltmarkt hat Frankreich in diesem Zeitraum im Textilgewerbe die sog. Konfektionsindustrie eingeführt, d. h. die normierte Bekleidung für die geschmacklich nivellierten Menschenmassen der Großstädte. Dabei ist zunächst für die Männerwelt der »Anzug von der Stange« entwickelt worden, während eine dementsprechende, aber im Geschmack doch differenziertere Damenbekleidung erst etwa 20 Jahre später auf dem Markt erschien. In diesen Rahmen gehört nicht zuletzt die Schöpfung der *haute couture*, eine Domäne, in der die Seine-Metropole seit den 1860er Jahren ein unumstrittenes Weltmonopol besitzt.

Die größte Gründerleistung aber hat das Zweite Kaiserreich mit dem entscheidenden Ausbau des französischen Eisenbahnwesens vollbracht. Nachdem er in den letzten Jahren der Julimonarchie stagniert hatte, trieb ihn Napoleon III. jetzt wieder schwungvoll voran. Seit 1852 wurden die großen Bahnlinien Paris-Orléans, Paris-Lyon-Mittelmeer, die Nord-, die Ost- und die Westbahn gebaut, so daß es 1870 insgesamt 16 887 km Hauptstrecken gab, die die Metropole strahlenförmig mit allen großen Städten und wichtigen Regionen des Landes verbanden. Auch der von Napoleon geförderte und von dem französischen Ingenieur Ferdinand Lesseps durchgeführte Bau des Suezkanals gehört in diese verkehrstechnische Entwicklungslinie hinein. Bekanntlich hat sich in der feierlichen Eröffnung des Suez-Kanals 1869 bei persönlicher Anwesenheit des französischen Kaiserpaares der letzte gesellschaftliche Höhepunkt in der Geschichte des Zweiten Empire dargestellt.

Ein besonderes Anliegen Napoleons III. ist darüber hinaus der Um- und Ausbau von Paris sowie zahlreicher anderer französischer Groß- und Mittelstädte gewesen. Dieses gigantische Arbeitsbeschaffungsprogramm, das der Kaiser auch durch Ansätze zu einer schon recht fortschrittlich anmutenden Sozialgesetzgebung ergänzte, wurde seit 1853 von dem Seine-Präfekten Georges Haussmann durchgeführt. Nach der

Beseitigung von Elendsvierteln, in deren Schmutz noch 1832 die Cholera üppige Nahrung gefunden hatte, wurde die Metropole modernisiert, ausgeweitet und verschönert und erhielt dabei jenes architektonische Gesicht, das sich im wesentlichen noch heute dem Besucher darbietet.

Das französische Geistesleben der Jahrhundertmitte zeigt sich durch eine entschiedene Hinwendung zum Realismus, ja sogar zum Naturalismus in Literatur und Kunst bestimmt, obwohl auch die Romantik noch nachwirkt und der Positivismus als Wissenschaftsgesinnung sich schon seit den 1820er Jahren vorbereitet hatte. Auch die historisch-politischen Wissenschaften erleben im zweiten und dritten Viertel des 19. Jahrhunderts einen mächtigen Aufschwung, der Frankreich an der in England und Deutschland bereits im 18. Jahrhundert entstandenen, aber erst jetzt zu voller Entfaltung gelangenden Bewegung des Historismus in bemerkenswerter Weise teilnehmen läßt. Der größte politische Denker, den das 19. Jahrhundert hervorgebracht hat, Alexis de Tocqueville, ist Franzose. Neben ihm erweisen sich der Religionshistoriker, Orientalist und politische Publizist Ernest Renan und der Historiker, Literaturwissenschaftler und Kunsttheoretiker Hippolyte Taine als die bedeutendsten Vertreter eines zum Szientizismus übersteigerten Historismus.

In der Literatur setzt sich zur Zeit der Jahrhundertmitte der dichterische Realismus endgültig durch. Der große Gesellschaftsroman des psychologischen Verismus – von Stendhal und Balzac bereits vorbereitet – gelangt in dem relativ schmalen, aber zur höchsten sprachlichen Delikatesse durchstilisierten Werk von Gustave Flaubert zu absolutem Gipfel. Auch Baudelaire, dessen ›Fleurs du mal‹ eine ins Französische transformierte und zur »Moderne« entwickelte Romantik darstellen, huldigt einem *L'art pour l'art*-Stil, der durch das Streben nach Anonymität, Neutralität und *impassibilité* charakterisiert ist. Diese Entpersönlichung der Lyrik begegnet uns dann bei den *Parnassiens* in Reinkultur.

Im Gegensatz dazu beginnen die großen Maler Frankreichs um 1850 die Welt der Arbeiter für sich zu entdecken und ihre Kunst so in höherem Sinne zu politisieren. In den Werken der Meister des französischen Naturalismus, Daumier, Millet und Courbet, werden zum erstenmal die Gegebenheiten jener neuartigen sozialen Situation in großem Stil ästhetisch gestaltet, die mit der Februar-Revolution auf der welthistorischen Bühne erschienen war. Unter Überwindung des Zigeunerkultes der französischen Romantik ergreift der neue Künstlertyp entschieden Partei für den Vierten Stand. Im häßlichen, schmuddeligen und schäbig gekleideten Proletarier erkennen die Naturalisten der Jahrhundertmitte den in seiner Würde gedemütigten Menschen. Ihre Protesthaltung manifestiert sich in einem plakatartigen Stil, zeit- und sozialkritischer Pessimismus gelangt hier zu pathetischem Ausdruck; in der schneidenden Satire von Daumiers Lithographien finden geistige Demonstrationen gegen die bürgerliche Struktur des hochkapitalistischen Zeitalters statt, die sich bis zu grundsätzlicher Menschenverachtung übersteigern können.

Die spektakulärsten Erfolge erzielte das Kaiserreich in den 50er Jahren auf dem außenpolitischen Sektor, auf jenem Gebiet also, wo ein neuer Napoleon sich in den Augen der öffentlichen Meinung vor allem zu bewähren hatte. Die Errichtung des Zweiten Empire war von den europäischen Großmächten mit einer Mischung aus Zustimmung und Argwohn zur Kenntnis genommen worden. Auf der einen Seite war man befriedigt darüber, daß die Revolution in ihrem Zentrum, eben in Frankreich, durch ein autoritäres Regime nachhaltig gebändigt und damit auch für den alten Kontinent ungefährlich geworden war. Aus diesem Grunde hatten die europäischen Souveräne die Herrschaft des zweiten Franzosenkaisers sofort oder nach kurzem Zögern allesamt anerkannt. Auf der anderen Seite rief die neue Militärmonarchie natürlich überall die Erinnerung an den ersten Napoleon und seine Kriege wach und ließ die Befürchtung aufkommen, auch der Neffe werde, um in Übereinstimmung mit den Wünschen der französischen Nation die Verträge von 1815 zu zerreißen, eine neue Kriegsepoche auslösen. Aus diesem Grund hatte Napoleon III. kurz vor seiner Erhebung zum Kaiser im Oktober 1852 die Devise erlassen: *»L'Empire, c'est la paix!«*
Die Friedensneigung Napoleons III. war im ersten Jahrzehnt seiner Regierung allerdings noch nicht ausgeprägt genug, um ihn von dem Versuch abzuhalten, seine Stellung als Herrscher durch persönlich gepflückte kriegerische Lorbeeren zu stärken. Entsprechende Aktionen erwartete ein großer Teil der öffentlichen Meinung Frankreichs – allen voran natürlich die Bonapartisten – von dem Erben des großen Kaisers. Da Napoleon III. angesichts des plebiszitären Charakters seiner Herrschaft auf diese Stimmungslage Rücksicht zu nehmen hatte, war es jedermann klar, daß sein laut verkündetes Friedensprogramm nicht eingehalten werden könnte und eine neue Serie von Kriegen bevorstände, deren Ziel die Erneuerung der Vormachtstellung Frankreichs in Europa sei.
Der Krimkrieg (1853/54-56), der letzte eigentliche Kabinettskrieg der europäischen Geschichte, ist nicht nur, wie es auf den ersten Blick scheinen möchte, eine weitere große Auseinandersetzung im Rahmen der Orientalischen Frage gewesen, sondern darüber hinaus eine in der Geschichte des 19. Jahrhunderts zäsurbildende militärische Entladung im Ringen der Großmächte um die Hegemonie auf dem Kontinent. Sie lag in der Luft, seitdem die Vormachtstellung des starr konservativen Rußland Nikolaus' I., das noch soeben durch seine Intervention in Ungarn 1849 zur Unterdrückung der Revolutionsbewegung Wesentliches beigetragen hatte, von den liberalen Westmächten Frankreich und England angefochten wurde. Die globale Spannung zwischen

Großbritannien und dem Zarenreich bestand schon seit den 1820er Jahren und erwuchs aus der Rivalität beider Weltmächte im Vorderen und Mittleren Orient und im nördlichen Pazifik sowie aus dem tiefen ideologischen Gegensatz zwischen liberaler Staatsstruktur auf der einen und autokratischer auf der anderen Seite. Sie war immer wieder hervorgebrochen, ohne jedoch bisher zu dem häufiger erwarteten Krieg zu führen. Zwischen dem Land der Großen Revolution und dem des zaristischen Absolutismus bestanden ebenfalls erhebliche Ressentiments, die nicht nur ideologische Gründe hatten, vielmehr vor allem auf jene von der französischen öffentlichen Meinung so viel geschmähten Verträge von 1815 zurückgingen, als deren Hauptgaranten man Rußland ansah und deren Beseitigung oder wenigstens Bekämpfung man vom Erben des großen Kaisers erwartete. So nimmt es nicht wunder, daß Napoleon III. die Chance ergriff, durch eine Demütigung Rußlands sein Prestige im französischen Volk zu steigern, als zu Beginn der 1850er Jahre die Orientalische Frage von Nikolaus I. neu aufgerollt wurde und somit die Möglichkeit eines Eingreifens an der Seite Englands und zugunsten der Türkei plötzlich gegeben war. Anläßlich neuer Unruhen in der Türkei im Jahre 1853 forderte Nikolaus I. durch seinen Sonderbotschafter Fürst Menschikow territoriale Zugeständnisse von der Pforte, die diese jedoch ablehnte, weil der englische Botschafter in Konstantinopel ihr den Rücken stärkte. Nachdem russische Truppen im Juli die Donaufürstentümer besetzt und die Großmächte vergeblich zu vermitteln versucht hatten, kam es 1853 zum offenen Krieg zwischen Rußland und der Türkei. Napoleon III. griff in diese Auseinandersetzung unverzüglich ein, indem er sich von der Pforte das Schutzrecht über die heiligen Stätten in Palästina zubilligen ließ, ein Privileg, das dem Zaren soeben verweigert worden war. Der britische Premierminister Lord Palmerston, der einen großen Teil der öffentlichen Meinung hinter sich wußte, steuerte sein Land ebenfalls zielbewußt in den Krieg mit Rußland hinein, um die Integrität der Türkei aufrechtzuerhalten und Frankreich nicht allein das Feld zu überlassen. Die französisch-englische Kriegserklärung vom 28. 3. 1854 wurde von Österreich eindeutig unterstützt, als es sich am 14. Juni mit der Türkei verbündete und die Russen diplomatisch zur Räumung der Donaufürstentümer zwang, die nunmehr von österreichischen und türkischen Truppen besetzt wurden. Gleichzeitig mobilisierte der Habsburgerstaat, der am 2. Dezember auch eine Allianz mit den Westmächten einging, an seiner galizischen Grenze und band dort für die Dauer des ganzen Krieges russische Streitkräfte. Am 26. 1. 1855 trat überdies Sardinien-Piemont an der Seite Englands und Frankreichs in den Krieg ein und stellte ein Truppenkontingent zur Verfügung.

Da Rußland an der Ostsee und bei der Halbinsel Kamtschatka, wo es im August 1854 zu ersten Seegefechten kam, nicht recht angreifbar war, entschlossen sich die Alliierten, auf der Krim, seiner verwundbarsten Flanke, offensiv zu werden. So ist diese Halbinsel zum eigentlichen Operationsfeld dieses Krieges geworden. Ihr militärischer Schwerpunkt, die Festung Sewastopol, war von Oktober 1854 bis September 1855 einer schweren Belagerung ausgesetzt, in der sich alle Schrecken eines bereits mit den Mitteln moderner Waffentechnik geführten Stellungskrieges offenbarten. Die großen Verluste beider Seiten wurden dabei mehr durch Krankheiten als durch unmittelbare Kampfeinwirkungen verursacht. Man begann damals, die bis dahin noch völlig unzulängliche Verwundetenfürsorge zu verbessern und wenigstens in Ansätzen zu organisieren, wobei große Frauengestalten wie Helene Pawlowna und Florence Nightingale ihren Namen für immer in die Geschichte der Humanität eingeschrieben haben. Am 8. 9. 1855 erstürmten die von General Mac Mahon geleiteten Franzosen unter großen Verlusten den Malakow-Turm, die Zitadelle der Festung, und erzwangen damit ihre Übergabe. Nachdem die Russen am 28. 11. 1855 durch die Eroberung von Kars im Kaukasus ihre Waffenehre wiederhergestellt hatten – eine Vorstellung, die im politischen und militärischen Denken des 19. Jahrhunderts eine für uns nur noch schwer zu begreifende Rolle spielte –, bot Alexander II., seit Frühjahr Nachfolger Nikolaus' I., seinen Gegnern den Frieden an, zu dem er wegen einer Finanzkrise und der schlechten Verkehrs- und Verwaltungsverhältnisse in Rußland längst geneigt war. Der am 6. 2. 1856 eröffnete Friedenskongreß von Paris hatte vor allem die Aufgabe, den Meerengenvertrag zugunsten der Westmächte abzuändern, was wiederum bedingte, daß alle am Vertragswerk von 1841 beteiligten Staaten, also auch solche, die wie Österreich und Preußen entweder nicht unmittelbar oder gar nicht im Krimkrieg mitgekämpft hatten, hinzugezogen wurden. Infolgedessen weitete sich der Pariser Kongreß zu einer Art von verkleinerter Neuauflage des Wiener Kongresses aus, nur daß diesmal nicht Österreich, sondern Frankreich dominierte. Die Regelungen des Pariser Friedens vom 30. 3. 1856 liefen im wesentlichen auf eine Neutralisierung des Schwarzen Meeres hinaus. Es sollte der Handelsschiffahrt aller Nationen offenstehen, ihren Kriegsflotten aber verschlossen bleiben. Außerdem hatte der Krimkrieg die territoriale Integrität des Osmanischen Reiches noch einmal garantiert, dem Drang der Russen nach Konstantinopel erneut einen Riegel vorgeschoben und dem Zarenreich empfindliche Beschränkungen auferlegt. Rußland hatte seine hegemoniale Stellung an Frankreich abgeben müssen und gleichzeitig Österreich als einen gefährlichen Gegner auf dem Balkan erkannt. Die Feindschaft, die zwischen den bisherigen Freunden eintrat, wurde nie mehr überbrückt, sondern ist eine Hauptursache für den Ausbruch des Ersten Weltkrieges geworden. Dagegen vermerkte man in St. Petersburg die wirklich neutrale Haltung Preußens so wohlwollend, daß man ihm 1866 und 1870 den Rücken stärkte. Sardinien-Piemont schließlich hatte durch seine Teilnahme am Krieg die Sympathien der Westmächte in solchem

Ausmaß gewonnen, daß sein leitender Staatsmann Cavour mit Recht glaubte, bei der bevorstehenden Auseinandersetzung mit Österreich auf deren diplomatische oder gar militärische Unterstützung in diesem Kampf rechnen zu dürfen. Der Pariser Kongreß bot den Italienern eine spektakuläre Gelegenheit, unterstützt von Napoleon III. ihre Beschwerden über Österreich vor einem internationalen Forum vorzubringen. Schon 1852 hatte der Kaiser, der in seiner Jugend ja sogar dem Carbonari-Orden angehört hatte, König Viktor Emanuel II. von Sardinien wissen lassen, er werde sich für Italien einsetzen, sobald seine Macht in Frankreich genügend gefestigt sei. Am 20. 7. 1858 fand dann in dem Vogesenbad Plombières jene Geheimbesprechung zwischen Napoleon III. und Cavour statt, in der sie verabredeten, alles daranzusetzen, um den Österreichern die Lombardei und Venetien abzunehmen und Italien zu einem Staatenbund zu vereinigen. Zum Dank für die dabei zu gewährende Hilfe sollte Frankreich Savoyen und Nizza erhalten. Diese Abmachungen wurden am 10. 12. 1858 zu einem geheimen Bündnis zwischen Frankreich und Sardinien auch militärisch verdichtet.

Anfang 1859 gingen die Verbündeten dazu über, die Donaumonarchie bewußt so zu provozieren, daß diese sich am 23. 4. 1859 in Form eines Ultimatums zur Eröffnung des Kriegszustandes mit Sardinien hinreißen ließ, das dadurch seinerseits einen Rechtsvorwand erhielt, Frankreich um Waffenhilfe zu bitten, die ihm auch unverzüglich gewährt wurde.

Es kam nun in Oberitalien zu gemeinsamen militärischen Operationen der französischen und piemontesischen Truppen gegen die Österreicher. Jedoch bewirkten die Siege bei Magenta und Solferino am 4. und 24. 6. 1859 politisch keineswegs jene Erfolge, die Napoleon und vor allem sein italienischer Bundesgenosse von diesem Waffengang erhofft hatten. Zwar war die Schlacht bei Solferino, in der 300000 Mann und 800 Kanonen gegeneinander gefochten hatten, mit etwa 29000 Toten und Verwundeten auf beiden Seiten außerordentlich blutig und eine der größten des 19. Jahrhunderts. Aber sie bewies zugleich Napoleon III., der persönlich den Oberbefehl geführt hatte, daß er das Feldherrngenie seines Oheims nicht besaß und den schwererkämpften Sieg nur der noch schlechteren Strategie und Taktik Kaiser Franz Josephs zu verdanken hatte. Außerdem haben die grauenhaften Szenen auf dem Schlachtfeld, die bekanntlich Henri Dunant zur Begründung des internationalen Roten Kreuzes 1864 in Genf bewogen, den an sich sehr weichherzigen Kaiser so tief beeindruckt, daß seine grundsätzliche Friedensbereitschaft wieder die Oberhand gewann, obwohl der Feldzug noch keineswegs entschieden war, da weitere 200000 österreichische Soldaten kampfbereit in der Festungsregion um Mantua standen. Ausschlaggebend für die Entscheidung, den Krieg unter Verzicht auf die ursprünglich gesteckten Ziele gleichsam unvollendet abzubrechen, ist aber ein schwergewichtiges politisches Moment gewesen: auf die Kunde von Solferino hin machte nämlich Prinzregent Wilhelm von Preußen, der seit dem 7. 10. 1858 die Regierungsgeschäfte für seinen in geistige Umnachtung gesunkenen Bruder Friedrich Wilhelm IV. führte, Anstalten, zugunsten Österreichs gegen Frankreich zu intervenieren und 6 Armeekorps an der Rheinlinie zu mobilisieren, wobei die preußische Regierung im Sinne der damals sehr antifranzösischen öffentlichen Meinung in Deutschland gehandelt hätte.

Angesichts der Gefahr eines Zweifrontenkrieges an Po und Rhein entschloß sich Napoleon zu einem raschen Arrangement mit Österreich, das seinen Wünschen entgegenkam, weil es nach einem damals in Wien umgehenden Wort »nicht einmal gerettet sein wollte von Preußen«, zu dem seit Olmütz ein latenter Gegensatz bestand. So handelten Napoleon und Franz Joseph persönlich am 8. 7. 1859 einen Waffenstillstand aus, dem bereits am 11. Juli der Präliminarfriede von Villafranca zwischen Österreich und Frankreich folgte. Am 10. November wurde zu Zürich der Definitivfriede geschlossen, dem auch – allerdings nur widerwillig, weil es sich von Napoleon betrogen wähnte – Sardinien beitrat. Mit Ausnahme von Mantua und Peschiera verlor Österreich sein lombardisches Königreich mit Mailand an Frankreich, behielt Venetien jedoch ungeschmälert. Napoleon III. seinerseits gab die Lombardei weiter an Viktor Emanuel von Sardinien, wofür dieser ihm Savoyen und Nizza abtrat, ein Akt, der durch ein Plebiszit der Bevölkerung im Jahre 1860 legalisiert wurde. Die im Laufe des Krieges aus ihren Besitzungen vertriebenen Fürsten von Toscana und Modena sollten dort wieder eingesetzt werden.

Jedoch ist es nicht mehr dazu gekommen, weil die nationale Bewegung Italiens, durch den Erfolg des Krieges von 1859 ermutigt, die Einigung der Halbinsel jetzt aus eigener Kraft vorantrieb und unter ihrem populären militärischen Anführer Garibaldi in den Jahren 1860/61 auch tatsächlich erkämpfte. Diese entscheidende Phase in der Nationalstaatsbildung Italiens ist indes nicht mehr mit der Hilfe Napoleons III., sondern bestenfalls unter seiner stillschweigenden Tolerierung erfolgt. Überdies war der Kaiser durch innenpolitische Rücksichten auf den einflußreichen Klerus und die Ultramontanen gezwungen, das französische Truppenkorps, das seit 1849 im Kirchenstaat stationiert war, zum Schutz des Papstes dort weiterhin zu belassen.

Es wurde deutlich, daß sich hinter seinem Manövrieren mit dem Nationalitätenprinzip häufig genug französische Interessenpolitik verbarg, es also weitgehend einer diplomatischen Taktik entsprang, die er zudem nicht gerade meisterhaft durchzuführen verstand. Die Halbheiten in seiner Behandlung des italienischen Problems erfüllten die Italiener ihm gegenüber mit Enttäuschung und Mißtrauen. Es kam sogar zu einem bewaffneten Zwischenfall, als sich Garibaldi 1867 mit seinen Freischärlern der Ewigen Stadt gewaltsam bemächtigen wollte und von den päpstlichen Zuaven der französischen Schutzmacht blutig abgewiesen wurde. Diese Stimmungslage bewirkte eine Umorientierung der italienischen Außenpolitik, die 1866 im Bündnis mit Preußen und dem gemeinsamen Waffengang gegen Österreich kulminierte, als dessen Ergebnis Italien endlich auch Venedig gewinnen konnte. Schließlich ermöglichten die Folgewirkungen von Sedan den Italienern, nach Abzug des französischen Schutzkorps im September 1870 Rom zu annektieren, womit sich der italienische Einheitsstaat also eher auf Kosten von Frankreichs Prestige als mit seiner Unterstützung vollendete.

Rein äußerlich bedeutete der immerhin ja siegreich durchgeführte Italienische Krieg von 1859 Höhepunkt und Peripetie der politischen Laufbahn Napoleons III. Das gilt in gleichem Maße für die Innenpolitik, wo sich eine Wende abzeichnete, seitdem die Ordnungspartei erste Abnutzungserscheinungen aufzuweisen begann. Diese ergaben sich daraus, daß ein Teil der Katholiken wegen der als antipäpstlich empfundenen Italienpolitik des Kaisers gegen die Regierung opponierte. Wir wissen bereits, daß Napoleon III. diese Unzufriedenheit durch seinen wiederum die Italiener verärgernden Kurswechsel seit Villafranca aufzufangen suchte. Jedoch hielt er es darüber hinaus für erforderlich, sich innenpolitisch Rückendeckung zu verschaffen, und zwar durch eine Anlehnung an die Liberalen aller Schattierungen von den Orleanisten bis zu den gemäßigten Republikanern. Zu diesem Zweck bestellte Napoleon 1859 Adolphe Billault zum Leitenden Minister, der dieses Amt bis zu seinem Tod am 13. 10. 1863 innehatte; von da an bis 1869 verwaltete es wieder Rouher, der von den Bonapartisten scherzhaft als »Vizekaiser« bezeichnet wurde. Der Wandel vom »autoritären« zum »liberalen« Kaisertum setzt ein gutes Jahr nach der Berufung Billaults mit dem Dekret vom 24. 11. 1860 ein, das die Kompetenzen von Senat und Gesetzgebender Körperschaft erweitert und die ungekürzte Publikation ihrer Debatten gestattet.

Dies war nur der Beginn einer weiteren Liberalisierung, die sich im Laufe der 1860er Jahre fortsetzte und deren Motor der *Tiers parti* war, der nun zunehmend an Einfluß gewann. Enttäuschte Ultramontane, aber auch liberale Katholiken fanden sich mit Vertretern aus protektionistisch eingestellten Wirtschaftskreisen, die sich durch die freihändlerische Zollpolitik des Kaisers beunruhigt fühlten, und schließlich mit Repräsentanten der liberalen Opposition in einer politischen Interessengemeinschaft zusammen, die als direkte Oppositionspartei auch im Parlament selbst gegen die natürlich nach wie vor bestehende Ordnungspartei auftreten konnte. Immerhin war diese Dritte Partei grundsätzlich ebenfalls regimetreu und begnügte sich mit der Forderung, die autoritäre Monarchie allmählich in eine parlamentarische umzuwandeln. Als extreme außerparlamentarische Linksopposition der Exilierten und radikalen Republikaner aller

Schattierungen gerierte sich mit zunehmender Lautstärke die gegen Ende der 60er Jahre von dem Volkstribunen Léon Gambetta geführte Richtung der »Unversöhnlichen«, die den Sturz des Kaiserreiches auf ihr Panier geschrieben hatte. Vorerst waren diese Radikalen allerdings noch ungefährlich. Aber auf die parlamentarische Opposition des von Thiers und schließlich auch Emile Ollivier wirkungsvoll geleiteten *Tiers parti* mußte der Kaiser – nicht zuletzt unter dem Eindruck der sich häufenden und von seinen Gegnern natürlich ausgenutzten außenpolitischen Mißerfolge – weitgehend Rücksicht nehmen und die von Thiers immer wieder in die Debatte geworfenen *libertés nécessaires* schrittweise einführen, die auf eine Stärkung der Legislative hinausliefen. Auch die Pressezensur wird allmählich gelockert. Allerdings zeigt der Seismograph der Wahlergebnisse eine zunehmende Distanzierung großer Teile der Bevölkerung vom Regime an, ein Prozeß, der dieser Liberalisierung auf dem Dekretswege parallelläuft. So stehen nach den Wahlen zur Gesetzgebenden Körperschaft vom 24. 5. 1869, bei denen es sehr freiheitlich zugeht, den 4 438 000 Ja-Stimmen für die Kandidaten der Regierung immerhin 3 355 000 Nein-Stimmen gegenüber, wobei die beiden größten Städte des Landes, Paris und Lyon, Schwerpunkte dieser Opposition sind. Dieses Wahlergebnis hat Napoleon III. veranlaßt, Eugène Rouher, geistiges Haupt des *Cercle de la rue de l'Arcade* und profilierter Vertreter einer reformfeindlichen Gruppe innerhalb der bonapartistischen Ordnungspartei, als Leitenden Minister zu entlassen und durch den liberaleren Jean de Forcade-Laroquette (17. 7.–27. 12. 1869) zu ersetzen.

Der endgültige verfassungsrechtliche Umbau des Kaiserreiches von einer autoritären Militärmonarchie zu einer unzweideutig parlamentarischen Monarchie ist in mehreren Etappen seit Herbst 1869 erfolgt. Am 2. 1. 1870 beauftragte Napoleon Emile Ollivier, den bisherigen Führer der liberalen parlamentarischen Opposition des *Tiers parti,* mit der Bildung eines Ministeriums, das ausschließlich der Kammermehrheit entnommen war. Dieser entscheidende Schritt zur parlamentarischen Regierungsweise wurde durch den Senatskonsult vom 20. 4. 1870 auch staatsrechtlich sanktioniert. Dieser aus 45 Artikeln bestehende Text kommt einer neuen Verfassung gleich, die von der des Jahres 1852 erheblich abweicht. Der Senat verliert seine verfassunggebende Gewalt und wird zu einer rein gesetzgebenden Körperschaft entsprechend dem *Corps législatif.* Die Zugehörigkeit zum Senat regelt sich nach den gleichen Modalitäten wie bisher. Der Staatsrat bereitet die von der Regierung eingebrachten Gesetzesentwürfe vor, aber die beiden Kammern können auch ihrerseits die Initiative dazu ergreifen. Der Kaiser regiert »unter Mitwirkung« (*»avec le concours«*) seiner Minister, die ihrerseits jetzt den Kammern gegenüber verantwortlich sind. Er selbst behält sich weiterhin so wichtige Rechte vor wie das der Kriegserklärung, des Amnestieerlasses, von Gewichtsverlagerungen innerhalb des Staatshaushaltes auf dem Verordnungswege oder der Regelung von Wahlausschreibungen. Vor allem ist er nach wie vor dem französischen Volk verantwortlich (*»responsable devant le peuple français«*), an das er jederzeit appellieren kann. Der für die bonapartistische Herrschaftsform so kennzeichnende plebiszitäre Charakter bleibt also nicht nur erhalten, sondern wird noch verstärkt, zumal der Kaiser die verfassunggebende Gewalt fortan nicht mehr mit dem Senat, sondern mit der Gesamtheit der Nation teilt, der er entsprechende Abänderungsvorschläge zur Entscheidung unterbreitet. Mit dem am 8. 5. 1870 in geheimer Wahl stattfindenden Plebiszit, das diese Modifikationen der Verfassung von 1852 und Zusätze zu ihr guthieß, konnte Napoleon relativ zufrieden sein: von 11 000 000 Wahlberechtigten stimmten 7 358 000 mit Ja, 1 572 000 mit Nein, 114 000 ungültig, und etwa 2 000 000 enthielten sich der Stimme. Innenpolitisch schien das Kaiserreich also seine latente Krisensituation überwunden zu haben und gestärkt in eine neue Zukunft zu gehen.

Die Liberalisierung der Verfassungsstruktur des Kaiserreiches in den 60er Jahren ist letzten Endes nur vor dem Hintergrund der Außenpolitik Napoleons III. im gleichen Zeitraum zu verstehen: im Gegensatz zu den vielversprechenden Aktionen zwischen 1854 und 1859 war sie mehr und mehr durch Fehlschläge gekennzeichnet, die den Kaiser, wie wir sahen, zu innenpolitischen Konzessionen zwangen. Zunächst war allerdings eine solche Entwicklung für oberflächliche Beobachter kaum zu bemerken; in der Kolonialpolitik, die Napoleon III. während seiner ganzen Regierungszeit in allen Weltregionen eifrig betrieb, konnte er im zweiten Jahrzehnt seiner Herrschaft sogar eine Reihe von recht spektakulär wirkenden Erfolgen verzeichnen, die gerade diese Phase als den äußeren Höhepunkt des Zweiten Empire erscheinen lassen.

Auch für Napoleon blieb Algerien der Schwerpunkt der französischen Kolonialpolitik. Er fand das Gebiet befriedet vor; einige Aufstände, vor allem in der Kabylenregion, während der 50er und 60er Jahre konnten leicht niedergeschlagen und überdies der weitere noch Jahrzehnte dauernde Vorstoß vom Süden des Landes aus in die Weiten der Saharawüste eingeleitet werden. Im Gegensatz zu der im wesentlichen friedlichen Entwicklung des mittleren Maghreblandes in diesem Zeitraum ist der Ausbau der französischen Altkolonie Senegambien unter dem sehr erfolgreichen Generalgouvernement des Generals Faidherbe (1854-1861 und 1863-65) ausgesprochen kriegerisch verlaufen. Im großen Halbkreis des Golfes von Guinea hat das Zweite Kaiserreich, auf Ansätzen der Julimonarchie aufbauend, auch schon den Keim gelegt, aus dem in der kommenden überseeischen Expansionsperiode weitere Kolonien erwachsen sollten, und zwar Guinea, die Elfenbeinküste, Dahomey und Gabun.

Selbst in Ostafrika hat Frankreich unter Napoleon III. Fuß gefaßt, indem es 1862 Obok an der Straße von Bab el-Mandeb und 1868 an der gegenüberliegenden arabischen Küste von Cheik-Said eine Kohlenstation erwarb. Gleichzeitig wurden zwischen 1853 und 1868 Versuche unternommen, alte französische Kolonialambitionen in Madagaskar zu erneuern. Diese Stützpunktgründungen an den Gestaden des Roten Meeres und des Indischen Ozeans standen in engem Zusammenhang mit dem starken finanziellen und technischen Engagement, das Frankreich in Ägypten, seiner alten Interessensphäre, beim Bau des 1869 seiner Bestimmung übergebenen Suezkanals durch Ferdinand Lesseps entwickelte. Hoffte man doch, den damit geschaffenen kürzesten Seeweg nach Indien durch solche Investitionen und Brückenköpfe sowohl an seiner Eingangs- wie Ausgangspforte beherrschen oder zumindest kontrollieren zu können. Denn daß sich die französische Kolonialpolitik nicht auf Afrika beschränken, sondern auch auf Ost- und Südostasien, ja selbst auf die australischen Gewässer, wo 1853 Neukaledonien annektiert worden war, übergreifen würde, machten größere Militärexpeditionen deutlich, die Frankreich damals im Fernen Osten unternahm.

Während das gemeinsam mit England in China 1857-1860 durchgeführte Unternehmen für Frankreich Episode blieb, vermochte es sich weiter südlich, nämlich in Kotschinchina, endgültig festzusetzen. Die Christenverfolgungen, die sich seit 1847 in Hinterindien immer wieder erneuerten, veranlaßten Napoleon III. im Jahre 1856 zu einer Flottenexpedition, die im Lauf der folgenden Jahre weitgespannte militärische Operationen gegen Tu-Duc, den Kaiser von Annam, nach sich zog. Diese führten im April 1863 schließlich zum Vertrag von Saigon, wonach Frankreich das östliche Kotschinchina als Kolonie und eine Art Protektorat über Annam zugesprochen wurde. Überdies erhielt es noch drei Häfen in Annam und eine beträchtliche Kriegsentschädigung. Damit aber hatte das Kaiserreich einen wichtigen Stützpunkt in Südostasien erworben, der zum Ausgangspunkt der Eroberung ganz Indochinas durch die Franzosen werden sollte.

Solche kolonialpolitischen Unternehmungen, deren Voraussetzung eine starke und von Napoleon III. entsprechend ausgebaute Flotte war, mußten natürlich das zur Zeit des Krimkrieges so enge Verhältnis zwischen Frankreich und England erheblich beeinträchtigen. Zwar wurde die traditionelle Spannung zwischen den beiden Großmächten des europäischen Westens für kurze Zeit durch ihre Gemeinschaftsexpedition in China und durch gleichartige freihändlerische Wirtschaftsinteressen, die ja zum Cobden-Vertrag führten, verdeckt. Jedoch lösten die französischen Suezkanalprojekte und die 1860 im Alleingang unternommene militärische Expedition nach Syrien, die durch dort ausgebrochene Christenverfolgungen veranlaßt worden war, in England eine solche Beunruhigung aus, daß Frankreich sich bereits 1861 genötigt sah, seine Truppen wieder abzuziehen.

Die Entfremdung zwischen Großbritannien und Frankreich hatte schon kurz nach dem Pariser Kongreß eingesetzt. Infolgedessen suchte

Napoleon III. seitdem im Zarenstaat ein Gegengewicht zu England zu gewinnen. Eine Begegnung mit Alexander II. in Stuttgart 1857 führte zu einer Annäherung zwischen Frankreich und Rußland, die es dem Zaren gestattete, auf Grund solcher Rückendeckung seine mittelasiatische Expansion weiter in Richtung Indien voranzutreiben. Dies irritierte natürlich wiederum Großbritannien, während nichtsdestoweniger das Mißtrauen Alexanders gegenüber dem bonapartistischen Usurpator auf die Dauer unüberwindlich blieb. Über der polnischen Frage ist die kurzlebige französisch-russische Freundschaft 1863 wieder zerbrochen. Napoleon III. hatte ja zunächst das Nationalitätenprinzip auf sein Panier geschrieben, aber schon 1859 und in den Folgejahren in Italien damit Schiffbruch erlitten. Indessen orientierte er seine auswärtige Politik auch weiterhin an diesem Grundsatz, und zwar in Übereinstimmung mit der politisch-literarischen Richtung des französischen Liberalismus. Die Erhebung, die im Januar 1863 in Kongreßpolen gegen Rußland ausbrach, wurde durch eine heftige Pressekampagne und zahlreiche Petitionen einflußreicher Kreise des öffentlichen Lebens beim Senat in Frankreich publizistisch unterstützt. Napoleon intervenierte während der ganzen ersten Hälfte des Jahres 1863 diplomatisch zugunsten der Aufständischen, wobei er gelegentlich sogar mit Krieg drohte, um England und Österreich mit Frankreich zu einer Einheitsfront gegen den Zarenstaat zusammenzuschließen. Jedoch hatte der Zar in der sog. Alvenslebenschen Konvention vom 8. 2. 1862 Rückhalt an Preußen gefunden, so daß er des Aufstandes relativ rasch Herr werden und zudem mit der diplomatischen Unterstützung Berlins rechnen konnte, wenn man auch dort nicht so weit gegangen war, das Angebot eines Militärbündnisses anzunehmen. Damit war die Niederlage der drei diplomatischen Gegner Rußlands vollständig, insbesondere auch die Napoleons. Seine erfolglose Intervention verschlechterte seine Stellung sowohl in Europa als auch in Frankreich selbst und vor allem sein Verhältnis zum Zaren ganz entscheidend, weil dieser sie ihm niemals verzieh und fortan durch ein betont distanziertes Verhalten vergalt.

Auf diesen ersten spektakulären außenpolitischen Rückschlag Napoleons III. folgte alsbald ein noch weit empfindlicherer. Im Verlauf des Auflösungsprozesses des spanischen Kolonialreiches in Lateinamerika zu Beginn des 19. Jahrhunderts hatte auch Mexiko im Jahre 1820 seine Unabhängigkeit errungen und nach jahrzehntelangen Bürgerkriegen 1858 in Benito Juarez einen tatkräftigen Präsidenten gefunden. Dieser bedeutende Staatsmann rein indianischer Abstammung versuchte die Ideale des Liberalismus gegen die Mächte des Feudalismus und Klerikalismus durchzusetzen, indem er Staat und Kirche trennte, das große Vermögen der letzteren nationalisierte, kirchliche und militärische Privilegien aufhob und gleichzeitig die Verzinsung der hohen mexikanischen Auslandsschulden für zwei Jahre sistierte, um auf diese Weise einen Staatsbankrott zu verhindern. Dieser Schritt jedoch zog die Intervention der drei wichtigsten Gläubigerländer, nämlich Spaniens, Englands und Frankreichs, nach sich. Napoleon III. glaubte diese Gelegenheit zur Hebung seines sinkenden Prestiges und zu einer verspäteten Wiederbelebung französischer Kolonialpolitik auf amerikanischem Boden ausnutzen zu können, zumal die Vereinigten Staaten infolge des Sezessionskrieges außenpolitisch vorübergehend gelähmt waren. Im Jahre 1861 landete ein gemischtes spanisch-französisch-englisches Expeditionskorps in Veracruz, woraufhin sich Juarez genötigt sah, den mexikanischen Zahlungsverpflichtungen nachzukommen. Während die Engländer und Spanier wieder abzogen, verblieben die französischen Streitkräfte im Lande und drangen ins Innere vor. Nachdem sie 1863 die Mexikaner bei Puebla geschlagen hatten, fiel ihnen die Hauptstadt als reife Frucht in den Schoß.

Sofort ging Napoleon daran, Mexiko in einen französischen Vasallenstaat umzuwandeln. Konservative Emigranten, die vor Juarez geflohen waren, hatten ihm eingeredet, daß man sich in Mexiko nach einer Monarchie sehne und ihre Einrichtung von Frankreich erwarte. So erzwangen die von General Bazaine geleiteten französischen Besatzungstruppen im gleichen Jahr die Einberufung einer aus Konservativen und Klerikalen bestehenden Nationalversammlung, die ein mexikanisches Kaiserreich proklamierte und den von Napoleon vorgeschlagenen Kandidaten, Erzherzog Maximilian von Österreich, zum Kaiser von Mexiko ausrief. Juarez formierte indes Widerstand. Im Lauf eines mehrjährigen erbitterten Guerillakrieges erwiesen sich seine Truppen der auf Kriegführung klassischen Stils eingestellten Berufsarmee Bazaines als so überlegen, daß die Franzosen langsam aber stetig an Boden verloren. Vor allem unterstützten die USA seit der Beendigung des Sezessionskrieges Juarez ganz offen, weil sie in der Expedition Napoleons III. einen Verstoß gegen die Monroe-Doktrin erblickten. Als sie ihn daher 1866 ultimativ zum Abbruch dieses Unternehmens aufforderten, mußte der Kaiser nachgeben und seine Truppen aus Mexiko abziehen, womit wiederum Maximilians Schicksal (Hinrichtung am 19. 6. 1867) besiegelt war.

So sah in der zweiten Hälfte der 60er Jahre die Bilanz der Außenpolitik Napoleons III. ausgesprochen negativ aus. Sowohl der Interventionsversuch in der polnischen Frage 1863 als auch die mexikanische Expedition waren völlig gescheitert. Es wurde immer offenkundiger, wie wenig er jene Erwartungen zu erfüllen vermochte, die der französische Nationalismus mit der Erneuerung des Kaisertums verknüpft hatte. Um die bedrohlich anwachsende innere Opposition zum Schweigen zu bringen, besann er sich auf die seit der Revolution bestehende außenpolitische Überlieferung und griff den französischen Anspruch auf zumindest Teile des linken Rheinufers wieder auf. Aber in dieser Frage stieß Napoleon auf einen genialen und ihm letztlich staatsmännisch überlegenen Gegner.

Zwar hatte der Kaiser den seit dem Amtsantritt Bismarcks im Jahre 1862 sich ankündigenden Aufstieg Preußens zur deutschen Vormacht keineswegs ungern gesehen und sich deshalb 1864 im Dänischen Krieg neutral verhalten. Immerhin schien es ihm, der damals sowohl von Preußen als auch von Österreich umworben wurde, bei Ausbruch des Deutschen Krieges 1866 nützlich, ein Arrangement mit dem Habsburgerstaat zu treffen. In einem Geheimvertrag vom 12. 6. 1866 verpflichtete sich die Wiener Regierung, in jedem Fall Venetien an Frankreich abzutreten, damit dieses es wiederum an Italien weitergeben könne. In der Hofburg erhoffte man sich von einem solchen Zugeständnis nicht nur die wohlwollende Neutralität Frankreichs im kommenden Waffengang mit Preußen, sondern gleichzeitig auch eine dämpfende Wirkung auf Italien, das denn auch als Bundesgenosse der Hohenzollernmonarchie den Krieg nur mit halber Kraft und alles andere als ruhmreich geführt hat. Napoleon wiederum sah sich damals schon als den zukünftigen Schiedsrichter des Kontinents, der die mitteleuropäischen Probleme nach einem längeren und für beide deutschen Großmächte verlustreichen militärischen Konflikt ohne eigentliche Entscheidung auf dem Schlachtfelde im Sinne der französischen Interessen regeln werde.

Der rasche und glänzende Sieg Preußens hat jedoch diese Ambitionen mit einem Schlag zunichte gemacht; man mußte in Frankreich erkennen, daß die Verwirklichung des deutschen Einheitsstrebens feste und greifbare Formen annahm. So schickte Napoleon gleich nach Sadowa – wie die Schlacht bei Königgrätz (3. 7. 1866) in Frankreich genannt wurde – seinen Gesandten Benedetti ins preußische Hauptquartier, um dort seine Bedingungen für eine weitere Neutralität im deutschen Bruderkrieg anzumelden. Der französische Vertragsentwurf vom 5. 8. 1866, der sog. Benedetti-Vertrag, enthielt Kompensationswünsche, die Napoleon schon lange insgeheim gehegt und die französische Publizistik seit Jahrzehnten in naivem Optimismus unverschleiert erörtert hatte. Die territorialen Forderungen erstreckten sich auf die im Zweiten Pariser Frieden von Frankreich an Preußen abgetretenen Gebiete von Saarbrücken und Saarlouis sowie auf die bayerische Pfalz und Rheinhessen, Mainz eingeschlossen. Überdies verlangte Frankreich die Aufhebung des preußischen Garnisonsrechtes in Luxemburg.

Bismarck, der im Gegensatz zu späteren deutschen Staatslenkern die ihm zur Verfügung stehenden Machtmittel stets richtig einzuschätzen wußte und sich durch Erfolge niemals berauschen ließ, begriff sofort, daß der Krieg unverzüglich zu beenden sei, um eine militärische Intervention Frankreichs und womöglich auch Rußlands zugunsten Österreichs zu verhindern. Diese Einsicht trug wesentlich zu der Mäßigung bei, die er in den Tagen von Nikolsburg bewies und durch die er einen raschen Friedensschluß mit der Donaumonarchie herbeizuführen verstand. Da es ihm gelungen war, Benedetti bis zu diesem Zeitpunkt hinzuhalten, hatte er nun wieder freie Hand und konnte es sich leisten, Frankreichs Rheinforderungen abzulehnen, während er gleichzeitig durch den Hinweis auf die von Westen drohende Gefahr die süddeutschen Staaten auf die Seite Preußens zog. In den folgenden Wochen stand Bismarcks Politik ganz im Zeichen der sog. »August-Bündnisse«. Deren Kernstück war der deutsche Bündnisvertrag vom 18. 8. 1866, in dem sich bis Oktober insgesamt 22 norddeutsche Staaten unter der Führung Preußens zu einem faktisch gegen Frankreich gerichteten Angriffs- und Verteidigungsbündnis zur Wahrung ihres territorialen Besitzstandes zusammenschlossen. Das zweite Scharnier dieses deutschen Bündnissystems war der Friede von Berlin, den Bayern am 22. 8. 1866 mit Preußen als der Vormacht des Norddeutschen Bundes abschloß. Dabei diente der Präliminarfriede von Nikolsburg als Grundlage, den beide Staaten in einem Zusatzabkommen zu einem − vorerst noch geheimen − Schutz- und Trutzbündnis steigerten, durch das sie sich ihren Länderbestand gegenseitig garantierten und sich bereit erklärten, »im Falle eines Krieges ihre volle Kriegsmacht zu diesem Zwecke zur Verfügung zu stellen«, wobei dann Preußen den Oberbefehl führen sollte. Diesem Modell inhaltlich entsprechende Verträge wurden in den gleichen Tagen überdies auch zwischen Preußen und den anderen süddeutschen Staaten abgeschlossen, so daß am 13. 8. Württemberg, am 17. 8. Baden und am 3. 9. 1866 Hessen-Darmstadt in dieses Vertragssystem einbezogen wurden.

Obwohl der Bündnischarakter dieser Abkommen vorerst geheimgehalten wurde, blieb es Napoleon natürlich nicht verborgen, daß er im Falle eines Krieges mit Preußen auch die übrigen deutschen Staaten auf dessen Seite finden würde. Vor einem bewaffneten Konflikt mit Gesamtdeutschland scheute der Kaiser aber zunächst noch zurück. Vielmehr warf er das Steuer jetzt herum, entließ seinen Außenminister Drouyn de Lhuys, den eigentlichen Motor des Kompensationsprojektes, und suchte − beraten vor allem von so preußenfreundlichen Ministern wie Rouher, La Valette und Moustier, dem neuen Leiter des Außenministeriums, − die Annäherung an Preußen und das von ihm geleitete Deutschland, dessen Einigung, wie französischerseits häufig betont wurde, Paris nicht verhindern, sondern unterstützen werde. Diese Politik gipfelte in einem Vertragsangebot, das Benedetti Bismarck am 28. 8. 1866 überreichte. Darin wurde vorgeschlagen, daß Preußen und Frankreich ein Defensiv- und Offensivbündnis miteinander schließen und sich ihren gegenseitigen Besitzstand verbürgen sollten. Überdies erwartete Frankreich, daß Preußen ihm bei der Inbesitznahme von Luxemburg behilflich sein und eine Angliederung Belgiens an das Kaiserreich womöglich sogar mit den Waffen unterstützen werde. Als Gegenleistung würde Frankreich nichts gegen den Zusammenschluß der süddeutschen Staaten mit dem Norddeutschen Bund unternehmen. Über dieses Projekt ist dann von August 1866 bis März 1867 verhandelt worden, wobei sich Bismarck den französischen

Vorstellungen zunächst keineswegs verschlossen hat. Wenn diese Verhandlungen schließlich doch im Sande verliefen, so lag das vor allem am Widerstand Wilhelms I., der um die großen Sympathien fürchtete, die er damals in Deutschland genoß. Überdies spielte bei Bismarck natürlich auch der Gedanke eine Rolle, daß England eine gemeinsame Aktion Frankreichs und Preußens gegen den selbständigen Status Belgiens kaum hinnehmen würde.

Nach dem Scheitern dieses Annexionsplanes hat Napoleon seine Gebietsansprüche auf das noch zum Staatsverband der Niederlande gehörende Gebiet um die Festung Luxemburg – in der Preußen trotz der Auflösung des Deutschen Bundes, der hier Besatzungsrecht genossen hatte, nach wie vor eine Garnison unterhielt – reduziert, das er von Holland kaufen und Frankreich angliedern wollte. Der niederländische König verhielt sich Napoleons Wünschen gegenüber zunächst keineswegs ablehnend, versagte sich dem Kaufprojekt aber schließlich doch auf den Rat Bismarcks, der seinerseits wiederum der antifranzösischen Haltung seines königlichen Herrn und der öffentlichen Meinung Genüge tun mußte. So ist die Luxemburg-Krise schließlich auf einem Kongreß der europäischen Großmächte in London am 11. 5. 1867 in der Form beigelegt worden, daß Luxemburg nach Abzug der preußischen Besatzung neutralisiert wurde und zunächst noch im niederländischen Staatsverband verblieb; erst 1890 erlosch die Personalunion zwischen Holland und Luxemburg, das damit selbstständiges Großherzogtum wurde. Bismarcks Einspruch hatte Napoleon also auch in dieser Frage eine diplomatische Niederlage beigebracht, auf die zu reagieren er indessen zunächst nicht in der Lage war, weil seine militärischen Eliteverbände ja noch auf dem mexikanischen Kriegsschauplatz gebunden waren.

Da der Kaiser erkannte, daß Frankreichs Kräfte allein nicht mehr ausreichten, um in einem siegreichen Krieg seine untergrabene innenpolitische Stellung wieder zu festigen, suchte er seit April 1867 Bundesgenossen zu gewinnen. Es ergaben sich langwierige Verhandlungen mit Österreich und Italien, in deren Verlauf es zu Begegnungen zwischen dem französischen Kaiserpaar und Franz Joseph im August 1867 in Salzburg und am 23. 10. 1867 in Paris kam. Überdies unternahm Erzherzog Albrecht im April 1870 eine Studienreise durch Frankreich, bei der ein gemeinsamer gegen Preußen und eventuell auch Rußland gerichteter Operationsplan der französischen, österreichischen und italienischen Armee verabredet wurde. Jedoch zeigte sich schon bei dieser Gelegenheit, daß die bündnisähnlichen Abmachungen, die zwischen den drei Vertragsinteressenten in einem Monarchenbriefwechsel vom September 1869 getroffen worden waren, eine starke Belastungsprobe kaum würden bestehen können. Denn Kaiser Franz Joseph und Erzherzog Albrecht betonten entschieden, daß Frankreich zuerst losschlagen müsse, da Österreich zur Mobilmachung mindestens sechs Wochen benötige und angesichts der in Süddeutschland verbreiteten Begeisterung für die Idee der deutschen Einigung dort erst eingreifen könne, nachdem die Franzosen ins Gebiet südlich des Mains eingerückt und von der Bevölkerung als Befreier vom Preußenjoch begrüßt worden seien. Es nimmt nicht wunder, daß ein französischer Kriegsrat vom 17. 5. 1870 diese Vorbedingung für unannehmbar hielt. Trotzdem hat sich Napoleon eingeredet, die moralische Kraft des zwar noch nicht ratifizierten, aber in seinen Grundzügen faktisch bereits existenten Dreibundes zwischen Frankreich, Österreich und Italien sei so verbindlich, daß er mit der Hilfe der beiden anderen Mächte rechnen könne, wenn es zum Krieg mit Preußen-Deutschland käme. Infolgedessen war er entschlossen, es bei der nächsten diplomatischen Konfrontation mit dem Hohenzollernstaat auf den Krieg ankommen zu lassen, und seine Berater, also vor allem der Außenminister Herzog von Gramont, die Kaiserin Eugénie und der ihr nahestehende Kreis einflußreicher orthodoxer Bonapartisten, bestärkten ihn in dieser Absicht.

Eine solche Situation trat ein, als die provisorische Regierung des Generals Prim dem Prinzen Leopold von Hohenzollern-Sigmaringen die Krone Spaniens anbot. Die sich damit eröffnende Möglichkeit, daß die Hohenzollern zukünftig nicht nur in Deutschland, sondern auch über Spanien herrschen könnten, mußte für die Franzosen tatsächlich die bedrückende Erinnerung an die Zeiten Kaiser Karls V. heraufbeschwören, in denen Frankreich sich dem Zweifrontendruck einer über mehrere Länder Europas gebietenden deutschstämmigen Dynastie ausgesetzt gesehen hatte.

Sehr lange ist die Schuld am Ausbruch des Deutsch-französischen Krieges von 1870/71 vornehmlich Frankreich zur Last gelegt worden. Wie indessen Jochen Dittrich in seinem aus dem Hausarchiv Hohenzollern-Sigmaringen geschöpften Buch endgültig nachweisen konnte,[24] hat Bismarck schon lange vor dem von ihm selbst in ›Erinnerung und Gedanke‹ eingeräumten Zeitpunkt die spanische Thronkandidatur des Erbprinzen Leopold systematisch betrieben, wobei es ihm zwar mehr darauf ankam, dem westlichen Nachbarn bei dieser Gelegenheit eine diplomatische Niederlage beizubringen, er aber immerhin auch entschlossen war, im äußersten Fall das Mittel des Krieges nicht zu scheuen. In Frankreich, dessen militärische Organisation 1867 durch das Wehrgesetz des Marschalls Niel modernisiert worden war, zeigten sich seit 1866/67 andererseits Regierung und öffentliche Meinung nicht mehr bereit, weitere Erfolge Preußens hinzunehmen. So kam es denn auch, als die spanische Thronkandidatur in Paris bekannt wurde, am 6. 7. 1870 auf Initiative Gramonts zu einer drohenden Erklärung in der Kammer.

Jetzt überstürzen sich die Ereignisse. Um die sich zuspitzende Krise, die sog. Juli-Krise von 1870, zu entschärfen, spricht am 12. 7. 1870 Fürst Karl Anton, der Vater des Erbprinzen, für seinen Sohn den Verzicht auf die Thronkandidatur aus. Jedoch gibt sich die französische Regierung damit nicht zufrieden, sondern fordert durch ihren Botschafter Graf Benedetti in Bad Ems von dem dort zur Kur weilenden König Wilhelm eine förmliche Erklärung, daß er auch zukünftig niemals seine Zustimmung zu einer eventuellen Erneuerung dieser Kandidatur geben werde. Zwar weist der Monarch dieses in der vollen Öffentlichkeit einer Kurpromenade an ihn gerichtete Ansinnen würdig zurück, läßt aber anschließend, womit er gleichzeitig die Ablehnung eines neuen Empfanges verbindet, Benedetti davon unterrichten, daß er den Verzicht des Erbprinzen vorbehaltlos billige. Damit zeichnet sich die Möglichkeit einer diplomatischen Demütigung Preußens ab, was wiederum Bismarcks Einigungspolitik gefährdet, da ein Zurückweichen des Hohenzollernstaates vor dem französischen Kaiserreich nicht ohne negative Auswirkungen auf die öffentliche Meinung in Süddeutschland bleiben kann. Eben dies befürchten Bismarck und seine Gäste Moltke und Roon, die Spitzenpersönlichkeiten der preußischen Militärmaschinerie, als die vom Geheimrat Abeken aus Ems telegrafierte Nachricht über die Vorgänge vom Spätvormittag des 13. Juli am gleichen Tag abends in Berlin eintrifft.

Bismarck meistert diese Situation jedoch, indem er das Telegramm Abekens ohne textliche Veränderungen so lapidar kürzt, daß es den Eindruck erweckt, als habe der König Benedetti in scharfer Form zurückgewiesen und als sei Frankreich der Verlierer des Spiels. Mit Zustimmung des Königs gibt er diese »Emser Depesche« noch am späten Abend des 13. Juli der Presse des Norddeutschen Bundes und dessen Botschaftern in den wichtigsten Hauptstädten der Welt zur Veröffentlichung bekannt. So verwandelt sich – wie Moltke es in seinem militärischen Jargon damals definiert – eine »Chamade« in eine »Fanfare«, Rückzug also in Angriff. Die französische Reaktion entspricht denn auch Bismarcks jetzigen Wünschen: am 19. 7. 1870 erklärt Frankreich Preußen den Krieg. Gleich anschließend erlebt die Regierung Napoleons III. die erste große Enttäuschung, denn entgegen allen Erwartungen stellen sich die süddeutschen Staaten sofort auf die Seite Preußens und erklären als dessen Bundesgenossen ihrerseits Frankreich den Krieg. Ganz Deutschland ist von patriotischer Begeisterung erfüllt, die sich gegen das als Erbfeind empfundene Nachbarvolk richtet, das den Rhein begehrt und überdies den zum Greifen nahen politischen Zusammenschluß der Nation zum Einheitsstaat verhindern will.

Die europäischen Großmächte, unter denen das kaiserliche Frankreich ohnehin wenig Freunde besitzt, werden jetzt, soweit sie es nicht schon längst sind, durch Bismarcks diplomatische Geschicklichkeit neutralisiert. Er lanciert in die ›Times‹ den dort am 25. 7. 1870 veröffentlichten Vertragsentwurf Benedettis vom 28. 8. 1866 und verhindert damit von vornherein eine Einmischung sowohl Belgiens als auch vor allem Großbritanniens. Alexander II. von Rußland, verstimmt durch Napoleons Haltung während des Polenaufstandes von 1863, ist ohne-

335

hin preußenfreundlich und übt einschüchternden Druck auf Österreich aus, so daß sich dieses wie auch Italien aus dem Kampf heraushält, wobei die fehlende formelle Ratifikation des Vertragsentwurfes von 1869 beiden den willkommenen Vorwand bietet, sich den damals eingegangenen Verpflichtungen zu entziehen. Überdies benutzt der Zarenstaat die Gelegenheit, die ihn einengenden Schwarzmeerklauseln von 1856 aufzukündigen, ein Schritt, den die europäischen Großmächte anläßlich der Londoner Pontuskonferenz durch einen Vertragsabschluß vom 13. 3. 1871 nachträglich gutheißen, wobei es an ausdrücklicher Parteinahme Bismarcks zugunsten Rußlands nicht gefehlt hat. So sieht sich Frankreich allenthalben isoliert, während Deutschland diesen Krieg als eine Art Duell mit seinem alten Gegner ohne Intervention von außen durchzufechten vermag.

Schon die ersten Grenzschlachten bei Weißenburg (4. 8.), Wörth (6. 8.) und Spichern (6. 8. 1870) enden für die Franzosen in blutigen Niederlagen. Unter ihrem Eindruck vollzieht man in Paris, wo die Kaiserin Eugénie anstelle ihres bei der Armee weilenden Gemahls als Regentin mit der Leitung der politischen Geschäfte betraut ist, einen auf die Bedürfnisse der Kriegssituation abgestimmten Kabinettswechsel, durch den am 9. August Ollivier als Ministerpräsident durch Cousin-Montauban, Graf von Palikao (9. 8.–4. 9. 1870) abgelöst wird. Gleichzeitig zeichnen sich bedrohliche strategische Folgen der beiden Niederlagen vom 6. 8. ab. Denn Mac Mahon zieht sich auf das Lager von Châlons-sur-Marne zurück, während sich Bazaine ebenfalls nach Norden absetzen will, um sich mit ihm zu vereinigen. Moltke jedoch vereitelt diesen Versuch der französischen Hauptarmee in mehreren Schlachten (Vionville/Mars-la-Tour, 16. 8.; Gravelotte/Saint-Privat, 18. 8. 1870) und schließt Bazaine in Metz ein; weiter südlich werden die Festungen Straßburg und Belfort ebenfalls belagert und erstere am 27. 9. zur Kapitulation gezwungen, wohingegen sich letztere bis nach dem Waffenstillstand zu halten vermag.

Nach der Einschließung von Metz formiert die deutsche Heeresleitung unter Moltke aus freigewordenen Verbänden eine weitere, die 4. deutsche Armee, die parallel zu den Einheiten des Kronprinzen Friedrich nach Norden in die Champagne hinein vordringt mit dem Fernziel Paris. Mac Mahon, bei dessen Armee sich jetzt der Kaiser aufhält, nachdem er gleich in den ersten Kriegstagen den Oberbefehl an Bazaine abgegeben hat, möchte auf Paris zurückgehen, um die Hauptstadt zu decken. Doch zwingt ihn die Rücksichtnahme auf die Kaiserin-Regentin und die öffentliche Meinung zu dem Versuch, an der belgischen Grenze entlang zum Entsatz Bazaines auf Metz vorzustoßen. Nachdem Moltke dieses Manöver durchschaut hat, dreht er die 3. und 4. deutsche Armee in östlicher und nordöstlicher Richtung ab und schließt Mac-Mahon bei Sedan in einer Zangenbewegung ein. Am Tag nach der blutigen Kesselschlacht dort am 1. 9. 1870 werden der französische Feldherr und Napoleon III. mit ihrer ganzen Armee zur Kapitulation gezwungen. Napoleon ist jetzt deutscher Kriegsgefangener und wird nach Schloß Wilhelmshöhe bei Kassel gebracht, von wo aus er undurchsichtige und von Bismarck geförderte Kontakte mit dem in Metz belagerten Bazaine unterhalten zu haben scheint, ohne jedoch das damit wohl angestrebte Ziel, die Restaurierung des Zweiten Kaiserreiches mit Hilfe der Streitmacht Bazaines, zu erreichen. Vielmehr muß er nach Kriegsende mit seiner Familie ins Exil nach England gehen, wo er 1873 gestorben ist. Bazaine wird 1873 der Prozeß wegen Landesverrat gemacht, das Todesurteil aber in zwanzigjährige Haft umgewandelt, aus der er 1874 nach Spanien fliehen kann.

Sedan bedeutet eine einschneidende Zäsur in der französischen Geschichte: drei Tage danach brach in Paris die Revolution aus, die das Kaisertum wegfegte, und die Zukunft sollte erweisen, daß dieser Abschied Frankreichs von jeglicher Form der Monarchie endgültig war, wenn sich auch die zunächst durchaus noch umstrittene republikanische Staatsform verfassungsrechtlich erst 1875 durchgesetzt hat.

Auf die Kunde von der Katastrophe bei Sedan und der Gefangennahme des Kaisers ziehen am 4. 9. 1870 Republikaner aller Schattierungen, die Gemäßigten um Grévy, die »Unversöhnlichen« Gambettas und die sich später zu *Communards* radikalisierenden außerparlamentarischen Revolutionäre, zum Pariser *Hôtel de Ville* und rufen hier die Republik aus, während die Kaiserin Eugénie mit ihrem Sohn Louis Napoléon dank der Hilfe ihres amerikanischen Zahnarztes nach England fliehen kann. Noch am gleichen Tag wird in der Hauptstadt eine »Vorläufige Regierung der nationalen Verteidigung« gebildet, deren wichtigste Mitglieder Louis Jules Trochu als Ministerpräsident, Jules Favre als Außen- und Léon Gambetta als Innenminister sind. Neben diesen relativ gemäßigten Republikanern verkörpert ein Mann wie der Journalist Henri de Rochefort, Abkömmling alten Adels, linksextreme sozialrevolutionäre Tendenzen. Gleichzeitig wird in Tours eine Art ergänzender Regierung (4. 9. 1870–18. 2. 1871) ins Leben gerufen, die ihren Sitz später nach Bordeaux verlegt und das Pariser Kabinett von außen unterstützt, nachdem die Hauptstadt seit dem 19. September von deutschen Armeen eingeschlossen ist. Gambetta gelingt es, im Luftballon zu entkommen, um von der Provinz aus die Fortsetzung des Krieges unter der Devise, Frankreich werde keinen Quadratmeter Land und keinen Stein seiner Festungen an den Feind abtreten, tatkräftig zu organisieren.

In dem folgenden Herbst- und Winterkrieg handelt es sich strategisch für die Deutschen darum, Paris eingeschlossen zu halten, auszuhungern und zur Übergabe zu zwingen, was der Entscheidung des Krieges gleichkäme, während die Franzosen versuchen müssen, ihre Hauptstadt von den Provinzen her zu entsetzen. Zu diesem Zweck stellt die Republik den Deutschen Armeen an der Loire, in Nordfrankreich und im Raum von Belfort an der Schweizer Grenze entgegen. Die deutschen Truppen kämpfen an diesen Fronten zunächst hinhaltend, gehen aber im November wieder zur Offensive über, nachdem die Belagerungsarmee von Metz durch die Kapitulation Bazaines am 27. Oktober zu weiterem Einsatz freigeworden ist. Als Ergebnis dieses Krieges in den Provinzen, in dessen Verlauf die Deutschen auch manche Rückschläge hinnehmen müssen, werden die Loire- und die Nordarmee in den Schlachten bei Le Mans (10.–12. 1. 1871) und an der Hallue (Anfang Januar 1871) ausgeschaltet sowie die Südostarmee im Februar 1871 auf Schweizer Gebiet abgedrängt und dort interniert. Diesen Bemühungen um Entsatz von außen laufen Ausbruchsversuche aus der seit 1840 ja befestigten Hauptstadt selbst parallel. Nach dem Scheitern all dieser militärischen Aktionen und dem Zusammenbruch der Provinzarmeen sieht sich das ausgehungerte und schließlich auch noch unter dem Beschuß schwerer deutscher Artillerie liegende Paris am 28. 1. 1871 zur Kapitulation genötigt.

Damit war der Krieg für Frankreich verloren. Er hatte es etwa 150 000 Tote, ebensoviel Verwundete und 600 000 Gefangene gekostet, während die Deutschen rund 130 000 Mann an Toten und Verwundeten zu beklagen hatten. Außer dem amerikanischen Sezessionskrieg war er die größte und ihrer technischen Perfektion nach modernste militärische Auseinandersetzung, die die Welt bislang gesehen hatte. Bismarcks souveräner Diplomatie war es gelungen, den Krieg – entgegen den Bemühungen Thiers', der im Oktober und November 1870 die wichtigsten europäischen Hauptstädte bereist hatte, um dort politische oder womöglich gar militärische Interventionen zugunsten der jungen Republik zu erwirken – als einen Kampf zwischen Deutschland und Frankreich zu lokalisieren, so daß er zu einem eindeutigen Triumph Gesamtdeutschlands zu werden vermochte. Als Siegespreis mußte der neue französische Staat zunächst im Präliminarfrieden von Versailles vom 26. Februar und definitiv im Frankfurter Frieden vom 10. 5. 1871 Elsaß und Lothringen an ein Deutschland abtreten, das seine langerstrebte nationale Einheit durch die Proklamation des Kaiserreiches am 18. 1. 1871 im Spiegelsaal von Versailles endlich verwirklicht hatte. Seit mehreren Jahrhunderten hatte Frankreich fast ununterbrochen die Vorherrschaft auf dem europäischen Festland besessen, von nun an galt für annähernd ein halbes Jahrhundert das neue Deutsche Reich als die stärkste Macht des alten Kontinents.

V. Das moderne Frankreich (1871-1975)

1. Entstehung und Aufstieg der Dritten Republik (1871-1914)

»Besiegt und zerschmettert, dachte das Frankreich von 1871 doch einen Augenblick an die Monarchie, als an das alte erprobte Werkzeug der nationalen Wiederherstellung. Die Enttäuschung war ungeheuer, und das französische Volk war eben unter furchtbaren Schlägen aus seinem Traum erwacht. Die Invasion, zwei Provinzen verloren, mehr als eine Million Franzosen ihrem Vaterlande entrissen, eine autoritäre und militärische Monarchie Herr Deutschlands und Deutschland willig, die Hegemonie Preußens anzunehmen – das war es also, das war der Bankrott, den die auf die Grundsätze der Revolution, die Sache der Völker und die Propaganda der liberalen Ideen begründete Politik gebracht hatte. Darum verzichtet das von seinen Illusionen geheilte französische Volk auf jede große Außenpolitik, zieht sich auf sich selbst zurück und widmet sich seiner inneren Reorganisation.« Mit diesen Sätzen umschrieb Jacques Bainville im Jahre 1915 in seiner ›Histoire de deux peuples‹[1] nicht nur die politische Situation des Frankreich von 1871 und die soeben abgelaufene Epoche europäischer Geschichte, sondern auch gleichzeitig jenes moralische Klima, aus dem der moderne französische Nationalismus hervorgegangen ist und mit ihm unlöslich verbunden auch jenes Erbfeindbewußtsein Deutschland gegenüber, zu dessen Hauptwortführern Bainville selbst gehört hat und das auch von deutscher Seite grundsätzlich erwidert wurde. Es sollte zu einer der wesenhaften Ursachen des Ersten Weltkrieges werden, denn es bestimmte im folgenden halben Jahrhundert nicht nur die zwischenstaatlichen Beziehungen beider Länder entscheidend, sondern darüber hinaus die große europäische Politik überhaupt. Von Deutschland her gesehen wurde sie durch den *cauchemar des coalitions* und später durch das Trauma von der »Einkreisung« geprägt, während die französische Außenpolitik elementar durch das Bestreben gekennzeichnet war, aus der durch Bismarck geschaffenen außenpolitischen Isolierung herauszugelangen.

Aber zunächst konnte Frankreich an so weitgespannte außenpolitische Zielsetzungen noch gar nicht denken, weil es völlig auf sich selbst zurückgeworfen war. Erschien doch sein innerer Zustand bei Kriegsende 1871 schlechthin chaotisch; um die Neugestaltung seiner staatlichen und gesellschaftlichen Struktur wurde anfangs in offenem Bürgerkrieg blutig und anschließend noch Jahre hindurch parlamentarisch gerungen.

Nach dem Waffenstillstand vom 28. 1. 1871 räumte der Sieger dem französischen Volk das Recht ein, innerhalb von 21 Tagen eine Nationalversammlung zu bilden, die in Bordeaux zusammentreten und dort über Krieg oder Frieden beschließen sollte. Am 8. Februar wurden 768 Abgeordnete gewählt, wobei die Monarchisten, sich zusammensetzend aus Legitimisten und Orleanisten, zur allgemeinen Überraschung die große Mehrheit erhielten. Der Mann, den die Nationalversammlung am 17. Februar ins höchste Staatsamt berief, Adolphe Thiers, blickte bereits auf 74 Lebensjahre zurück. Seit den Julitagen von 1830 hatte er Frankreich immer wieder in maßgeblichen, ja höchsten Staatsämtern gedient, andererseits aber auch unter dem Zweiten Kaiserreich gegen eine kurzsichtige oder hybride Außenpolitik opponiert. So war Thiers im Juli 1870 gegen eine überstürzte Kriegserklärung an Preußen eingetreten. Daher galt er in der kriegsmüden französischen Öffentlichkeit mit Recht als ein Mann mit politischem Realitätssinn. Ihm konnte man die Lösung des schwierigen Problems anvertrauen, mit dem Gegner einen glimpflichen Frieden auszuhandeln, und überdies schien er auch geeignet, in dem drohenden Bürgerkrieg der Kommune die Stirn zu bieten. Beiden Aufgaben hat er sich denn auch gewachsen gezeigt.

Während der zum Präliminarfrieden von Versailles vom 26. 2. 1871 führenden Verhandlungen sah sich der von Jules Favre als Außenminister unterstützte »Chef der Ausübenden Gewalt der Französischen Republik« mit Bismarck als Hauptunterhändler der deutschen Seite konfrontiert, da die Vertreter Bayerns, Württembergs und Badens nur eine untergeordnete Rolle spielten. Dank seiner geschickten Verhandlungstaktik brachte Thiers ein weniger ungünstiges Ergebnis heim, als man zunächst hatte erwarten können. Zwar mußten das Elsaß mit Straßburg und Lothringen mit Metz an das neue Deutsche Reich abgetreten werden, aber es gelang ihm doch, wenigstens Belfort zu retten, allerdings gegen die Konzession, daß deutsche Truppen triumphal in bestimmte Stadtteile von Paris einziehen durften. An Reparationen hatte Frankreich in einem Zeitraum von drei Jahren die damals als riesig angesehene Summe von 5 Milliarden Francs zu zahlen. Bis zur Erfüllung dieser Verpflichtungen sollten deutsche Truppen Teile Ostfrankreichs besetzt halten, wobei die Departements Marne, Ardennen, Maas und Vogesen als Pfand für 2 Milliarden, die Festung Belfort hingegen als Pfand für die restlichen 3 Milliarden Francs Kriegsentschädigung galten. Diesem Vorfrieden, der grundsätzlich schon alles Wesentliche regelte, sollte noch ein Definitivfrieden folgen, in dem die Fülle aller Einzelprobleme detailliert auszuhandeln war. Mit 645 gegen 107 Stimmen hat die französische Nationalversammlung diesen Frieden angenommen, die öffentliche Meinung jedoch hat sich nie wirklich mit ihm abgefunden.

Fast gleichzeitig mit dem Ende des äußeren Krieges brach am 18. 3. 1871 in Paris jener Aufstand der Kommune aus, der sich zu der größten revolutionären Aktion ausweiten sollte, welche die an Bürgerkriegsereignissen ja gewiß nicht arme Hauptstadt Frankreichs in ihrer wechselvollen Geschichte je erlebt hatte. Da die Mehrheit der Nationalversammlung monarchistisch, Paris aber republikanisch gesinnt war, wählte erstere nicht die Hauptstadt, sondern Versailles als Regierungssitz und siedelte am 10. 3. 1871 von Bordeaux in die ehemalige Königsresidenz über. Dieser Schritt schien wiederum darauf hinzudeuten, daß die Versammlung die Restaurierung der Monarchie anstreben würde, und so trat als Reaktion auf der anderen – durch Paris verkörperten – Seite eine Radikalisierung der republikanischen Gruppen ein. Schon am 15. Februar bildeten sie ein »Zentralkomitee«, das am 6. März den Beschluß faßte, das Departement Seine, also faktisch Paris, als autonome Republik zu konstituieren, falls die Nationalversammlung die traditionelle Hauptstadt Frankreichs nicht mehr als solche anerkenne. Als die Nationalversammlung ankündigte, den Sold der während der Belagerung durch die Deutschen bewaffneten Nationalgardisten weitgehend zu streichen, steigerte sich die Erregung beträchtlich. Daß die Generäle Thomas und Lecomte im Auftrag der Versailler Regierung den Nationalgardisten 170 auf dem Montmartre postierte Kanonen abzunehmen versuchten und dabei von Nationalgardisten verhaftet und erschossen wurden, hat schließlich am 18. März den offenen Aufstand der *Communards* ausgelöst. Daraufhin ließ Thiers Paris von den regulären und regierungstreuen Truppen räumen, um die Hauptstadt in regelrechter Belagerung zurückzuerobern. Dort wurde am 26. März der *Conseil général* des Departements gewählt, in dem die linksextremistischen Republikaner sozialistischer und anarchistischer Prägung von vornherein dominierten. Generalrat und Zentralkomitee bildeten nun die Regierung dieses revolutionären Stadtstaates, der unter dem Namen *Commune de Paris* in die Geschichte eingegangen ist und vom 26. 3.–29. 5. 1871 die Aufmerksamkeit der Weltöffentlichkeit auf sich lenkte. Seiner Exekutive, dem »Wohlfahrtsausschuß«, gehörten als sein Präsident Charles Delescluze und als weitere führende Köpfe Henri de Rochefort, Blanqui und Gustave Flourens an.

Bekanntlich hat Karl Marx die Kommune als die Avantgarde jenes internationalen Proletariates hingestellt, das einst die Weltrevolution durchführen werde. Seitdem sind marxistische Interpreten nicht müde geworden, diese Bewegung im Sinne ihrer Ideologie zu deuten. Die neuere Forschung sieht die Kommune jedoch noch keineswegs von solchen Zielsetzungen eines modernen, auf Marx zurückgehenden Sozialismus beherrscht, sondern begreift sie vielmehr aus jakobinischen Traditionen heraus, mit denen sich Elemente des französischen Frühsozialismus, vor allem des Proudhonismus, und gleichzeitig auch anarchistische, auf Bakunin zurückgehende Bestrebungen vielfältig vermischten.[2]
Und daß diese auf dem Boden der eigenen revolutionären Überlieferung gewachsenen Tendenzen die Kommune in ihren Maßnahmen lei-

ten würden, dokumentierte sie mit einer Erklärung vom 20. April, die auf ein Bekenntnis zum Jakobinertum von 1793 hinauslief und dessen politische Neubelebung in Aussicht stellte. Gleichzeitig wurde die Republik als definitive Staatsform Frankreichs proklamiert, aber eine Republik nicht zentralistischen, sondern föderativen Charakters. Innerhalb eines solchen Staatswesens sollten sich Paris und andere Gemeinwesen – wie z. B. Lyon, Saint-Etienne, Toulouse, Limoges und Marseille, wo sich ebenfalls kommunardische Regierungen bildeten, die jedoch alle rasch unterdrückt wurden – einer weitgehenden Autonomie erfreuen. Der Pariser Kommune, Modell aller anderen projektierten, unterstanden der Haushalt der Gemeinde, das Steuerwesen, die Wahl der Gemeindebeamten, das Unterrichtswesen und die Organisation einer Nationalgarde, die das Recht hatte, ihre Offiziere selbst zu wählen. Die vollkommene Verwirklichung dieses sozialrevolutionären Programms hätte bedeutet, daß sich Frankreich in eine Unzahl so gut wie völlig selbständiger Gemeinwesen aufgelöst und damit faktisch aufgehört hätte, ein einheitlicher Staat zu sein. Denn als solcher wäre der von den *Communards* geplante Ausschuß aller zur französischen Republik föderierten Kommunen kaum anzusehen gewesen.

Nicht nur die sozialrevolutionären, auch diese föderalistischen Tendenzen standen zu allen Überlieferungen der französischen Nation und ihres in einer tausendjährigen Geschichte so extrem zentralistisch zusammengewachsenen Staates in solch unversöhnlichem Widerspruch, daß entschlossener Widerstand gegen dieses Experiment nicht ausbleiben konnte. Seine Träger waren die Versailler Nationalversammlung und deren politischer Exponent Thiers. Die militärischen Operationen leitete Mac Mahon, der »glorreich besiegte« Marschall, der seine Streitmacht durch aus Deutschland zurückkehrende Kriegsgefangene ständig wachsen sah. Der Bürgerkrieg brach am 3. 4. 1871 offen aus, als zum erstenmal regierungstreue Linieneinheiten mit den *Communards* zwischen Paris und Versailles handgemein wurden. Nach mehrwöchiger Belagerung, in deren Verlauf Mac Mahon die Pariser Außenforts einzunehmen vermochte, gelang es dem Herzog von Magenta in der Morgendämmerung des 21. Mai mit 70 000 Mann in Paris einzudringen. Damit aber war die Peripetie der kommunardischen Herrschaft erreicht.

In der »blutigen Woche« vom 21.–28. 5. 1871 erfüllt sich die französische Hauptstadt mit dem Grauen eines Straßen- und Häuserkampfes, hinter dem selbst die Schrecknisse der Junischlacht von 1848 verblassen. Mehr als 500 Barrikaden werden von den Regierungstruppen im Bajonettangriff genommen; *Communards*, die dabei mit der Waffe in der Hand in Gefangenschaft geraten, werden ohne besonderen Richtspruch sofort niedergemacht. Insgesamt sind es etwa 17 000, die so ihr Leben verlieren, Frauen und gelegentlich selbst Kinder nicht ausgenommen. Als die fanatisch fechtenden *Communards* erkennen müssen, daß ihre Sache zum Scheitern verurteilt ist, erschießen sie, die auf

Gnade nicht rechnen können, die zahlreichen Geiseln, die sie in ihre Gewalt gebracht haben, unter ihnen den Erzbischof von Paris, Darboy, und lassen anschließend so ehrwürdige und repräsentative Bauwerke wie die Tuilerien, das Stadthaus, den Justizpalast, den Rechnungshof und das Finanzministerium in Flammen aufgehen, ehe sie selbst – vor allem profilierte Führer des Aufstandes wie Ferré, Rossel, Gaston Crémieux und Philippe – unter den Salven der Erschießungskommandos sterben. Die Gesamtverluste an Toten schätzt man auf etwa 30000, wobei die siegreiche Armee allerdings weniger als 1000 Gefallene zu beklagen hat. [3] Nach der Niederwerfung dieser Revolution werden bis Ende 1875 ungefähr 10000 Strafurteile verhängt; 215 dieser Urteile sind Todesurteile, und über 3000 Menschen werden nach Neukaledonien deportiert, ein Schicksal, welches u. a. auch Rochefort trifft. Durch das Gesetz vom 14. 3. 1872, das die Mitgliedschaft in internationalen revolutionären Gesellschaften unter Strafe stellt, sichert sich die siegreiche bürgerliche Gesellschaft gegen die Wiederholung eines sozialrevolutionären Experimentes ab, das zwar völlig gescheitert ist, aber seitdem als eine Art Mythos fortleben wird.

Zur gleichen Zeit, in der die Versailler Regierung den Aufstand der Kommune bekämpfte, führte sie durch Favre (Äußeres), Pouyer-Quertier (Finanzen) und de Goulard (Mitglied der Nationalversammlung) in Frankfurt mit Bismarck und Graf Harry Arnim Verhandlungen, als deren Ergebnis am 10. 5. 1871 der Definitivfriede unterzeichnet wurde. Er bestätigte noch einmal die uns bereits bekannten Bestimmungen des Vorfriedens von Versailles und und ist am 18. 5. 1871 von der französischen Nationalversammlung ratifiziert worden; am 20. Mai tauschten beide Staaten die Ratifikationsurkunden aus. Wie wenig sich aber französischer Nationalstolz mit der erlittenen Niederlage und dem Verlust Elsaß-Lothringens wirklich abfinden würde, brachte Gambetta, der als Mitglied der Nationalversammlung 1871 den Verlustfrieden mit Deutschland abgelehnt hatte, im September 1872 in seiner berühmten Rede zu Chambéry zum Ausdruck; er entwickelte, daß es Frankreichs zukünftige Hauptaufgabe sei, das ihm in den Tagen der Schwäche und des Unglücks geraubte Gut zurückzugewinnen, und schloß mit der Aufforderung: »Denken wir immer an das, was wir zu tun haben, sprechen wir aber nie davon!«

Was die definitive Staatsform Frankreichs betraf, so hatte die Nationalversammlung schon etliche Zeit vor Kommune-Aufstand und Frankfurter Frieden in der sog. Übereinkunft von Bordeaux, die am 12. 2. getroffen und am 10. 3. 1871 erneuert worden war, festgesetzt, daß die Republik als vorläufige Staatsform nur solange Bestand haben solle, bis sich das französische Volk nach Abzug der deutschen Besatzungsmacht in freier Wahl eine endgültige Verfassung geben könne. Zum Präsidenten dieser somit durchaus provisorischen Republik hatte die Nationalversammlung am 31. 8. 1871 offiziell Adolphe Thiers gewählt, der bis dahin ohne klare Kompetenzabgrenzung Staats- und

Ministerpräsident in einer Person gewesen war. Thiers hat nun in der kurzen Amtszeit, die ihm nur vergönnt sein sollte, seine ganze Kraft daran gesetzt, Frankreich von den elementarsten Hypotheken des verlorenen Krieges zu befreien. Dazu gehörte vor allem die Räumung des von deutschen Truppen besetzten Gebietes schon vor dem im Friedensvertrag vorgesehenen Zeitpunkt, und diese wiederum machte französischerseits eine möglichst rasche Zahlung der Reparationen erforderlich. Thiers erreichte dieses Ziel, indem er beim französischen Volk zwei Anleihen aufnehmen ließ, die dann sogar um ein Vielfaches überzeichnet wurden, so daß bis 1873 alle Reparationsverpflichtungen Deutschland gegenüber abgegolten werden konnten, also ein Jahr eher als vorgeschrieben. Infolgedessen räumten die Deutschen auch vorzeitig die besetzten Gebiete; am 16. 9. 1873 verließen die letzten Okkupationstruppen das Land. Schon vorher, im Jahre 1872, hatte Thiers auch die französische Armee reorganisiert; durch Gesetz war die allgemeine Wehrpflicht eingeführt worden, wonach jeder militärtaugliche Franzose fünf Jahre aktiv und vier Jahre in der Reserve dienen mußte. Dabei sah das sog. *recrutement universel* im Gegensatz zu den entsprechenden deutschen Gepflogenheiten vor, daß der Rekrut seine Militärzeit nicht in seiner Heimatprovinz ableistete, sondern jedem Regiment in einer beliebigen Region Frankreichs zugeteilt werden konnte. So läßt auch dieses Gesetz den Geist des französischen Zentralismus erkennen, und überdies ist es nicht zuletzt wohl auch als Reaktion auf die föderalistischen Tendenzen der Kommune zu verstehen. Thiers aber stand in den Jahren 1871-1873 auf der Höhe seines Ansehens, da ihm mit Recht das Verdienst zuerkannt wurde, den Aufstand der Kommune niedergeschlagen, die Verteidigungsfähigkeit Frankreichs wiederhergestellt und die vorzeitige Befreiung des Landes von fremder Besatzung erreicht zu haben.

Über der Frage, der man nun nicht länger ausweichen konnte, nämlich welche Staatsform Frankreich endgültig erhalten sollte, kam es jedoch schon bald zu einem Konflikt zwischen der in ihrer Mehrheit monarchistisch eingestellten Nationalversammlung und dem sich zum Republikaner wandelnden Staatspräsidenten. Der eindrucksvolle Wahlsieg der Konservativen aller Schattierungen von Anfang 1871 hatte eine Restaurierung der Monarchie durchaus in den Bereich des Möglichen gerückt, wobei es paradox anmutet, daß ausgerechnet das von den Republikanern verfochtene *suffrage universel* einem Wiederaufleben solcher Restaurationstendenzen Vorschub geleistet hatte. Drei Parteien mit je einem eigenen Kandidaten für eine Thronanwartschaft vertraten den monarchistischen Gedanken: die Bonapartisten mit dem im englischen Exil lebenden Exkaiser Napoleon III. bzw. seit dessen Tod am 9. 1. 1873 mit dessen Sohn Louis Napoleon (1856-1879), die Legitimisten mit dem Grafen von Chambord (1820-1883) und schließlich die Orleanisten mit dem Grafen Louis Philippe von Paris (1838 bis 1894). Diese heterogenen Gruppen einte nach außen hin das gemeinsame Ziel, einen Sieg der Republikaner in der Verfassungsfrage unter allen Umständen zu verhindern. Daß die Zeit jedoch eher für die Republik als für die Monarchie arbeitete, bewiesen Nachwahlen vom Sommer 1871, die den Republikanern zu starkem Auftrieb verhalfen. Dieser Gesinnungsumschwung ist wohl darauf zurückzuführen, daß sich die Republik, die bislang mit den Erinnerungen an 1793 und 1848 belastet gewesen war, durch die Niederwerfung des Kommune-Aufstandes als Ordnungsfaktor ausgewiesen hatte. Damit gewann sie in den Augen der bürgerlich-bäuerlichen Mehrheit des französischen Volkes an Respektabilität und moralisch immer stärker an Boden. Vielleicht galt das zunächst noch nicht für den radikalen Republikanismus, wie ihn anfangs Gambetta und Jules Ferry militant vertraten, wohl aber für jene gemäßigte Richtung, die Thiers, der ja ursprünglich selbst Orleanist gewesen war, jetzt zu seiner Sache machte, weil er der Ansicht war, die Republik sei die Staatsform, »welche uns am wenigsten trennt«. Zwar betonte er, der in Gambetta einen »wütenden Narren« sah, auch, »daß die Republik entweder konservativ sein oder gar nicht sein werde«,[4] aber die Tatsache, daß sich Thiers überhaupt für die Republik einsetzte, führte zu einem solchen Zerwürfnis zwischen ihm und der Nationalversammlung, daß es am 24. 5. 1873 zu einem Mißtrauensantrag gegen ihn kam, bei dem er mit 345 gegen 360 Stimmen unterlag. Sofort trat er zurück, und an seiner Stelle wählte die Nationalversammlung den Marschall Mac Mahon zum Präsidenten (1873-1879), in der Erwartung, daß dieser klerikal und monarchistisch eingestellte Soldat das Königtum wieder einführen werde. Daß der Marschall seinen Auftrag auch so verstand, bewies er mit der Berufung des Herzogs von Broglie zum Ministerpräsidenten, der seinerseits ein Rechtskabinett bildete, das in Frankreich die Wiederherstellung der Monarchie und in Italien die Restauration des Kirchenstaates anstrebte.

Da der Prinz Louis Napoleon als Exponent der Bonapartisten wegen der mit Sedan verbundenen Erinnerungen keinerlei Aussichten hatte, zur höchsten Macht in Frankreich berufen zu werden, blieben dafür nur zwei Kandidaten übrig: Graf Henri von Chambord, das Familienoberhaupt der 1830 gestürzten Bourbonen direkter Linie, und Graf Louis Philippe, der Nachfahre des Bürgerkönigs. Eine Erneuerung des alten Streits der beiden Bourbonenlinien hat Louis Philippe geschickt vermieden, indem er seinen Vetter anläßlich eines Besuches in dessen Exil in Frohsdorf bei Wien im August 1873 als rechtmäßigen König anerkannte, wobei jedoch der »Graf von Paris«, wie der Orléans von seinen Anhängern genannt wurde, genau wußte, daß mit dem Tod des kinderlosen Heinrich von Chambord die Krone ohnehin auf den Zweig der Orléans übergehen würde. Angesichts dieser Situation waren sich die Monarchisten beider Richtungen darin einig, Chambord als Heinrich V. zum König von Frankreich zu erheben, und auf Grund ihrer Mehrheit in der Nationalversammlung rechneten sie damit, dieses Vorhaben auch realisieren zu können. Da hat Chambord die Hoffnungen seiner Anhänger selbst zerstört, indem er am 27. 10. 1873 brieflich erklärte, daß er nur dann König werden wolle, wenn anstelle der Trikolore das Lilienbanner wieder eingeführt würde. Diese Forderung aber, die als Wille zur Erneuerung des Ancien régime oder zumindest der Restauration gedeutet werden mußte und deren Erfüllung die Gefahr eines Bürgerkrieges heraufbeschworen hätte, mutete so anachronistisch an, daß nicht nur die Orleanisten, sondern selbst ein Teil der Legitimisten ihren Kandidaten fallenließen und sich mit dem Gedanken zu befreunden begannen, die republikanische Staatsform zumindest als Provisorium auf weite Sicht verfassungsrechtlich zu konstituieren, in der Hoffnung, nach dem Tod »Heinrichs V.« eines Tages doch noch den Grafen von Paris auf einen französischen Königsthron bringen zu können.

Natürlich hat das Scheitern einer Restauration der Monarchie tiefere Gründe als lediglich einen Flaggenstreit. Waren doch Legitimisten und Orleanisten ihrer ganzen Mentalität nach zu verschieden, als daß ihre Fusion von langer Dauer hätte sein können. Denn jene verkörperten den alten Provinzadel, der sozial und ideenmäßig nach wie vor ein auf die katholische Kirche abgestütztes Ancien régime repräsentierte und sich in das moderne, nachrevolutionäre Frankreich gar nicht wirklich einfügen konnte, während diese, zumindest ihre maßgeblichen Vertreter, keineswegs nur dem Adel, sondern auch dem in Geschäfts- und Industriewelt führenden Großbürgertum angehörten. Zwar waren auch sie Monarchisten, jedoch im Sinne einer liberalen und parlamentarischen Monarchie, und gerade darum konnten sie auch zu Republikanern werden, vorausgesetzt, daß die Republik nur hinlänglich konservativ war. So eröffnete sich den Orleanisten die ihnen ja längst von Thiers vorgezeichnete Möglichkeit, ihren Weg von dem der Legitimisten zu trennen und sich in der Verfassungsfrage dem rechten Flügel der Republikaner zu nähern. Aus dieser Kursschwenkung sind 1875 die drei Gesetze vom 30. 1., 24. 2. und 16. 7. hervorgegangen, die man als die Verfassung der Dritten Republik bezeichnet und die mit einigen Modifikationen bis 1940 in Kraft geblieben sind.

Demzufolge steht an der Spitze der Republik ein Präsident mit siebenjähriger Amtszeit; er ist mit Machtbefugnissen ausgestattet, die etwa denen eines konstitutionellen Monarchen entsprechen. Gewählt wird er nicht vom Volk, sondern durch den aus Senat und Deputiertenkammer gebildeten Kongreß, und zwar mit der Möglichkeit einer Wiederwahl. Träger der gesetzgebenden Gewalt sind zwei Kammern, die Abgeordnetenkammer (Chambre des députés) und der Senat, vergleichbar dem englischen Unter- bzw. Oberhaus. Die Abgeordneten werden auf vier Jahre nach allgemeinem, gleichem und direktem Wahlrecht gewählt, während der Senat neun Jahre amtiert, wobei aber alle drei Jahre ein Drittel seiner Mitglieder (= Vertreter von Departements und Gemeinden) erneuert wird. Die Minister sind gemeinsam den beiden Kammern gegenüber verantwortlich. Im Falle einer Unstimmigkeit mit der Volksvertretung verlangt das Gesetz deren automatische Auflösung bzw. den Rücktritt des Kabinetts. Die Folge davon war eine große Instabilität des französischen Regierungssystems während der ganzen Dauer der Dritten Republik; allein bis 1914 hat es 52 Kabinette gegeben. Nach der Verabschiedung dieser drei Gesetze hat die Nationalversammlung am 31. 12. 1875 ihre Tätigkeit als beendet angesehen und sich am 8. 3. 1876 aufgelöst. Sie hatte Frankreich damit eine Verfassung gegeben, die sich als die solideste erweisen sollte, die das Land seit der Großen Revolution besessen hat. Unter ihr hat sich der demokratische Gedanke, wenn auch nicht ohne so schwere innere Erschütterungen wie Boulanger-Krise, Panama-Skandal und Dreyfus-Affäre, bis um die Jahrhundertwende endgültig durchgesetzt.

Etwa gleichzeitig mit dieser ihrer staatsrechtlichen Konsolidierung hat die junge Dritte Republik auch ihre erste außenpolitische Bewährungsprobe gut bestanden, indem sie sich in der sog. Krieg-in-Sicht-Krise Deutschland gegenüber behauptete und der damalige Außenminister Herzog von Decazes Bismarck sogar eine kaum verschleierte diplomatische Niederlage beibrachte. Verschiedene Aktionen des Reichskanzlers wurden in ganz Europa damals so interpretiert, als plane die Führung des Deutschen Reiches einen Präventivkrieg gegen Frankreich, um es zu zerschlagen, ehe es wieder zu Kräften gekommen sei. Neuere Forschung[5] hat erwiesen, daß Bismarck im Gegensatz . zu Moltke und dem Generalstab solche Absichten nicht hegte, andererseits aber auch das Interesse unterschätzte, das schon damals Rußland und England an der Aufrechterhaltung der französischen Großmachtstellung bekundeten, indem sie zugunsten Frankreichs auf dessen Initiative hin in Berlin diplomatisch intervenierten. Dies wiederum veranlaßte Bismarck zum Rückzug, weil er erkannt hatte, daß Frankreich in einem zukünftigen Waffengang nicht mehr wie 1870/71 isoliert sein, sondern von Rußland und England diplomatisch oder gar militärisch unterstützt werden würde. Die Konstellation von 1914 hatte sich zum erstenmal am Horizont der großen Politik abgezeichnet; der cauchemar des coalitions lastete seitdem zunehmend auf Bismarck und bestimmte maßgebend jene Politik der Bündnisabsicherung Deutschlands bei gleichzeitigem Streben nach Isolierung Frankreichs, die der Reichsgründer programmatisch im »Kissinger Diktat« vom 15. 6. 1877 entwickelt und bis in die Mitte der achtziger Jahre hinein auch virtuos zu handhaben verstanden hat. Sie schloß freundlichere Beziehungen zwischen Deutschland und Frankreich keineswegs aus; die zweite Hälfte der 70er und die erste der 80er Jahre sollten beweisen, daß eine gewisse Annäherung zwischen den beiden »Erbfeinden« durchaus möglich war.

Jedoch dominierte im Frankreich dieser Zeit nicht die Außen-, sondern nach wie vor die Innenpolitik. Obwohl die republikanische Staatsform durch die drei Gesetze von 1875 auch staatsrechtlich verankert war, hatten die Monarchisten ihre Hoffnung noch keineswegs endgültig begraben, sondern sahen in dem ihnen weltanschaulich nahestehenden Präsidenten Mac Mahon so etwas wie einen Platzhalter der Monarchie. Als die von Gambetta geführten radikalen Republikaner ihren ausgeprägten Antiklerikalismus wieder einmal nachdrücklich bekundeten, nahm Mac Mahon dies zum Anlaß, am 16. 5. 1877 den republikanisch eingestellten Ministerpräsidenten Jules Simon zu entlassen und wieder den konservativen Herzog von Broglie mit der Kabinettsbildung zu beauftragen. Ihn jedoch lehnte die Deputiertenkammer ab, woraufhin Mac Mahon sie im Einvernehmen mit dem Senat auflöste und Neuwahlen für den 14. 10. ausschrieb.

Zwar bewegte sich Mac Mahon mit diesen Schritten zweifellos auf dem Boden der Legalität, da er lediglich die Rechtsbefugnisse ausschöpfte, die die Verfassung dem Präsidenten zubilligte. Nichtsdestoweniger sahen die Republikaner seine Verfahrensweise als politisch unbegründet an und empfanden sie daher als einen Willkürakt, der mit Hilfe der Royalisten und Ultramontanen die Wiederherstellung der Monarchie vorbereiten solle. Die Antwort auf diesen »Staatsstreich« fiel denn auch eindeutig genug aus: die Oktober-Wahlen brachten 320 Republikaner gegenüber nur 210 Monarchisten, von denen wiederum 100 der bonapartistischen Richtung angehörten, in die Kammer und erwiesen sich damit als eine schwere Niederlage für Mac Mahon und die von ihm vertretene politische Gruppierung. Als kurz darauf die Generalratswahlen vom 4. 11. 1877 (800 Republikaner, 600 Konservative) die Mehrheitsverhältnisse auch im Senat zu ändern drohten, trat das Ministerium de Broglie zurück, um dem gemäßigt republikanischen Kabinett Dufaure Platz zu machen. Nachdem nun auch noch die Senatswahl vom 5. 1. 1879 den Republikanern zu 180, d. h. zu 60 Sitzen mehr als den Monarchisten verholfen hatte, sahen die Royalisten selbst in diesem Gremium ihre Hoffnungen zunichte gemacht und Mac Mahon seinen Auftrag als endgültig gescheitert an. Die auf Drängen der Republikaner erfolgte Entlassung einiger monarchistisch eingestellter Generäle nahm der Marschall zum Anlaß, am 30. 1. 1879 vorzeitig zurückzutreten. Er hinterließ seinen Nachfolgern ein Präsidentenamt, dessen politische Machtbefugnisse durch die mit dem »16. Mai« verbundenen Vorgänge dermaßen ausgehöhlt waren, daß seine Inhaber sich von da an de facto mit bloßen Repräsentationsfunktionen zufriedengeben mußten. Seit Mac Mahon hat kein Präsident der Dritten Republik mehr gewagt, die ihm verfassungsrechtlich zustehenden Kompetenzen auch wirklich auszuschöpfen. So markiert der Sieg, den das Parlament am 16. 5. 1877 über die Institution des Präsidenten errungen hatte, eine Zäsur in der Geschichte der Dritten Republik; er zeigte nämlich an, daß der republikanische Gedanke gegenüber 1871 entscheidende Fortschritte gemacht hatte, die sich als irreversibel erweisen sollten. Dies erreicht zu haben, ist nicht zuletzt das Verdienst Gambettas gewesen, der sich mit dem von Jules Ferry geleiteten Flügel der gemäßigteren Republikaner, der »Opportunisten« – so genannt, weil sie demokratische Prinzipienpolitik hinter einer den gegebenen Verhältnissen angemessenen pragmatischen zurückstellten – zusammengeschlossen hatte, um vereint der gemeinsamen republikanischen Sache gegenüber dem royalistischen Präsidenten zum Siege zu verhelfen.

Die französische Innenpolitik des folgenden Jahrzehnts wurde denn auch in erster Linie von diesen gemäßigten Republikanern bestimmt. Ihr Repräsentant Jules Grévy (1879-1887), nach dem Rücktritt Mac Mahons vom Kongreß mit 563 gegen 150 Stimmen ins höchste Staatsamt gewählt, war ein alter 1848er, der den jetzt einsetzenden Prozeß einer Demokratisierung des Staatswesens entschieden begünstigte. Dies dokumentierte sich nicht nur in der Berufung des Protestanten Waddington zum Ministerpräsidenten, sondern auch im Erlaß einer Amnestie für alle wegen politischer Umtriebe verurteilten Häftlinge, die auch die Mehrzahl der nach Neukaledonien verbannten *Communards* einschloß. Dem großen Demagogen Gambetta gegenüber blieb der bedächtige Grévy stets distanziert, weil er ihn für gefährlich hielt, so daß dieser sich erst sehr spät – 1881 – mit der Bildung eines Ministeriums betraut sah und noch dazu in einer Situation, in welcher der Führer der radikalen Republikaner sich rasch abnutzen und von der Regierungsbühne wieder abtreten mußte. Sein früher Tod am 31. 12. 1882 hat nicht nur Monarchisten und Ultramontane mit neuem Mut erfüllt, sondern gewiß auch Grévy aufatmen lassen.

Die überragende staatsmännische Gestalt unter der Präsidentschaft Grévys ist zweifellos Jules Ferry gewesen, der auf so verschiedenen Gebieten wie denen des Schulwesens und der Kolonialpolitik die Weichen auf weite Sicht gestellt und damit das Gesicht der Dritten Republik maßgeblich geprägt hat. Obwohl Ferry mit radikalen Republikanern wie Gambetta und Clemenceau keineswegs in allen Fragen übereinstimmte, teilte er doch völlig deren laizistische Grundeinstellung, wonach Klerikalismus und Katholizismus Feinde der an die Prinzipien der Französischen Revolution anknüpfenden Republik und darum zu bekämpfen seien. So hat Ferry zu Beginn der 80er Jahre als Premierminister (1880-1881 und 1883-1885) und als Unterrichtsminister durch seine restriktiven Gesetze gegen die schulischen Befugnisse der kirchlichen Kongregationen, insbesondere der Jesuiten, jenen fanzösischen Kulturkampf eröffnet, der schließlich zur Trennung von Staat und Kirche und damit vor allem zum ideologischen Sieg der laizistischen Republik über die konservativen Kräfte führen sollte. Mit dem epochalen Schulgesetz vom März 1882 hat Ferry die Grundlage für den Auf- und Ausbau eines modernen Unterrichtswesens geschaffen. Damals ist die allgemeine Schulpflicht und die nur von Laien geführte Volksschule in Frankreich ins Leben gerufen worden; allerdings hat es noch Jahrzehnte gedauert, bis sie in der Volksgunst den von Klerikern und Kongregationen unterhaltenen geistlichen Instituten endgültig den Rang abgelaufen hatte, obwohl ihr Besuch im Gegensatz zu dem jener unentgeltlich war.

Das französische Kolonialreich war durch den Krieg von 1870/71 nicht erschüttert worden; nach einem Stillstand in den 70er Jahren wurde nun dank der Initiative Jules Ferrys die Kolonialpolitik in großem Stil wiederaufgenommen. Zwischen dem Deutschen Reich und der Französischen Republik bestanden seit dem Berliner Kongreß von 1878 relativ gute Beziehungen, die Bismarck, der mit zunehmender Sorge die wachsende Entfremdung zwischen Rußland und dem eigenen Lande beobachtete und sich durch die Bündnisse mit Österreich 1879 und Italien 1882 für alle Fälle gegen zukünftige Gefahren zu wappnen suchte, nachdrücklich förderte. Aus diesem Grund unterstützte der Reichsgründer die überseeischen Ambitionen Frankreichs, weil er hoffte, daß sie seinen Ehrgeiz von der »blauen Linie« der Vogesen ablenken und es wegen Tunis sowohl in Gegensatz zu Italien als gleichzeitig auch zu England bringen würden. Diese Rechnung hat Bismarck nicht getrogen; seit der ägyptischen Krise von 1881/82 führte die koloniale Rivalität zwischen den beiden Westmächten zu einer Dauerspannung, die ein gemeinsames Vorgehen, etwa gegen Deutschland, vorerst unmöglich machte, während sich andererseits ab 1883 zwischen Deutschland und Frankreich auf kolonialpolitischem Gebiet eine ausgesprochen freundschaftliche Zusammenarbeit – nicht ohne antienglische Spitze – anbahnte, die 1885 auf der Kongokonferenz in Berlin einen Höhepunkt erlebte.

Von Algerien aus, dessen Grenze von tunesischen Stämmen verletzt worden war, unternahm Frankreich 1881 einen Feldzug gegen Tunis, der zur Eroberung dieses Landes führte. Seit dem Vertrag von Bardo (12. 5. 1881) bereits de facto französisches Protektorat, wurde Tunesien es durch den Vertrag von Marsa vom 8. 6. 1883 auch formell. Damit hatte Ferry, wie sich sehr rasch herausstellte, eine Entwicklung eingeleitet, in deren Verlauf sich Frankreich zur zweitgrößten Kolonialmacht der Geschichte aufschwingen sollte. Er selbst hat diesen Schritt ganz bewußt vollzogen. Durch seinen Kabinettschef Alfred Rambaud war er mit den imperialistischen Ideen Robert Seeleys vertraut gemacht worden und verwandelte sie nunmehr in eine auf französische Verhältnisse zugeschnittene Ideologie, in deren Bann der überseeische Expansionswille Frankreichs in den kommenden Jahrzehnten gestanden hat. Zwar zog Ferry angesichts der Bevölkerungszahl seines Landes keine Siedlungspolitik großen Stils in Betracht, war aber der Ansicht, daß eine koloniale Ausdehnung Frankreich zusätzliche militärische Stützpunkte sowie eine Vermehrung seiner Truppen durch farbige Soldaten einbringen und seiner Industrie schließlich neue Absatzmärkte erschließen würde.

Madagaskar, das die Franzosen schon seit dem 17. Jahrhundert interessiert hatte und das sich durch die Verträge von 1862 und 1868 in eine protektoratsähnliche Unterordnung gegenüber Frankreich begeben hatte, ist nach jahrzehntelangen, immer wieder aufflammenden Kämpfen gegen die die übrigen Stämme beherrschenden und von England unterstützten Hovas durch Jules Ferry endgültig in den Verband des französischen Kolonialreiches einbezogen worden (6. 8. 1896). Gallieni, der erste französische Generalgouverneur in Madagaskar (1896-1905), zog die Konsequenzen aus dieser Situation, indem er 1897 die stets aufsässige Königin Ranavalona absetzte, sie nach Réunion deportierte und die Monarchie abschaffte. Bis 1905 war die Befriedung der Insel so weit gediehen, daß Gallieni durch einen Zivilgouverneur ersetzt werden konnte. Auch auf dem ostafrikanischen Festland haben die Franzosen in den 80er Jahren ihre Stellung gefestigt, indem sie das ihnen seit 1862 gehörende, aber noch keineswegs faktisch in Besitz gebrachte Gebiet von Obok zu einer regelrechten Kolonie ausbauten. Sie legten dort Versorgungslager mit Kohlen und Lebensmitteln an, weiteten durch Protektoratsverträge mit den Eingeborenen ihre Domäne nach allen Seiten aus, legalisierten diese Maßnahmen 1884 durch ein Dekret und verlegten schließlich 1896 ihre Niederlassung nach Dschibuti, das damals die Hauptstadt der französischen Somaliküste wurde, einer Kolonie, der als Flottenstützpunkt für Frankreichs Südostasienpolitik eine große Bedeutung zukam. Gerade sie wurde unter Jules Ferry zum eigentlichen Schwerpunkt der französischen Aktivität in Übersee, und ihr Ergebnis war der Auf- und Ausbau eines zusammenhängenden kolonialen Imperiums in Indochina.

Wie wir bereits wissen, reichen dessen Anfänge in die Zeit Napoleons III. zurück, als dieser mit dem Vertrag von Saigon 1862/63 die östliche Hälfte Kotschinchinas erworben hatte. Aus diesem Besitz ergaben sich nun für Frankreich dauernde kriegerische Konflikte mit dem benachbarten Annam, die 1867 zur Besetzung der drei westlichen Provinzen Kotschinchinas führten und sich Anfang Februar 1883 zu einer von Jules Ferry initiierten großangelegten militärischen Offensive Frankreichs gegen Annam steigerten.

Gegen den Vertrag von Hué vom 25. 8. 1883, der Annam und Tongking zum französischen Protektorat machte, erhob sich in Annam leidenschaftlicher Widerstand und überdies weigerte sich China, das alte Hoheitsrechte über Annam und Tongking besaß, ihn zu akzeptieren und schickte reguläre Truppen nach Tongking. Im Verlauf der Kämpfe gegen Annamiten und Chinesen gelang es den Franzosen, China am 11. 5. 1884 zum Vertrag von Tientsin zu zwingen, den es aber erst am 9. 6. 1885 bestätigte, d. h. endgültig auf seine Oberhoheit über Annam und Tongking verzichtete und seine Streitkräfte aus letzterem Gebiet abzog. Allerdings zog sich die Pazifizierung der beiden nach wie vor unruhigen Territorien noch jahrelang hin: erst 1890 war die Befriedung des Deltas des Roten Flusses beendet und noch sehr viel später, nämlich 1898, die des Berglandes. Seit 1905 unterstanden die meisten Militärterritorien ziviler Verwaltung.

Die so verschiedenartigen hinterindischen Gebiete wurden 1887 in der »Union générale indochinoise« verwaltungsmäßig zusammengefaßt. Sie stellte ein recht inhomogenes Gebilde dar, zu dem Länder mit ganz unterschiedlichem staatsrechtlichem Status gehörten. Während Kotschinchina als Kolonie galt, waren Kambodscha (seit 1867) und Annam Protektorate. Tongking wiederum wurde als Provinz des protegierten Königreiches Annam betrachtet und unterstand einem Spezialregime; Hanoi, Haiphong und Tourane dagegen waren 1888 abgetreten worden und seitdem direkte französische Territorien. Zwischen 1886 und 1893 wurde teils durch Verträge mit Annam und Siam, die eine gewisse Oberhoheit über laotische Provinzen ausgeübt hatten, teils durch Abkommen mit den Eingeborenen selbst ganz Laos bis auf das Königreich Luang Prabang als koloniales Territorium annektiert; letzteres unterstand seit 1896, wenn auch ohne förmlichen Vertrag, einem de-facto-Protektorat Frankreichs. Alle diese Gebiete wurden von einem französischen Generalgouverneur regiert, dessen Befugnisse 1891 erheblich erweitert wurden und dem der Gouverneur von Kotschinchina sowie die vier Residenten in den anderen Territorien unterstellt waren. 1911 wurde mit der Schaffung eines »Gouvernement général de l'Indochine« der föderale Charakter der Union betont. Nach der Einführung von Eingeborenenvertretungen in den verschiedenen Teilstaaten dieser Föderation zwischen 1913 und 1923 war ihre politische Entwicklung auf dem Stand angelangt, der bis 1940 unverändert geblieben ist.

Natürlich ist die Bildung eines so großen kolonialen Imperiums nicht ohne diplomatische Reibungen mit England vonstatten gegangen, das in den 80er und 90er Jahren seine hinterindischen Besitzungen in Burma und Malaya ebenfalls ausweitete. Jedoch wurden solche Konflikte nicht militärisch ausgetragen, weil Siam als schützender Pufferstaat zwischen den beiden Kolonialreichen lag, deren Rivalität es auch die Aufrechterhaltung seiner Selbständigkeit ebenso verdankte wie Afghanistan seine Unabhängigkeit dem russisch-englischen Gegensatz dieser Zeit.

Selbst in Ozeanien hat Frankreich in dieser Epoche seine kolonialpolitische Aktivität wiederaufgenommen. Zu Tahiti, das seit den 1840er Jahren im Protektoratsverhältnis zu Frankreich stand, kam 1898 der ganze Archipel der Gesellschaftsinseln als französische Kolonie. Zwischen 1872 und 1895 auf Neukaledonien selbst unternommene Kolonisationsversuche scheiterten angesichts des mörderischen Klimas, so daß diese Australien vorgelagerte Inselgruppe ab 1896 auch nicht mehr Strafkolonie war. Schließlich hat Frankreich zwischen 1876 und 1906 auf der 1768 von Bougainville entdeckten und formell in Besitz genommenen Inselgruppe der Neuen Hebriden faktisch Fuß gefaßt und sie seitdem gemeinsam mit Großbritannien verwaltet.

Obwohl Ferry mit seinen kolonialen Initiativen in Tunesien, Madagaskar und Indochina den entscheidenden Anstoß zum forcierten Ausbau des französischen Kolonialreiches gegeben hat, ist er doch stets unpopulär geblieben. Wortführer seiner Kritiker war vor allem Georges Clemenceau. Der 1841 in der Vendée geborene Arzt hatte schon früh zur Politik gefunden und im Jahre 1871 als Abgeordneter in der Nationalversammlung durch sein Nein gegen den Friedensvertrag mit Deutschland zuerst von sich reden gemacht. Seit 1876 war er nun Abgeordneter in der Deputiertenkammer und wurde dort nach dem Tod Gambettas – gleichsam als dessen geistiger Erbe – Haupt des linken Flügels der republikanischen Partei. Seitdem war der unversöhnliche *revanchard* als Ministerstürzer gefürchtet, was ihm den Beinamen »der Tiger« eintrug. Zwar stimmte Clemenceau, wie schon erwähnt, in bildungspolitischer Hinsicht durchaus mit Ferry überein, jedoch lehnte er dessen Außenpolitik scharf ab, weil der Ministerpräsident über Indochina die Vogesengrenze zu sehr aus dem Auge verloren habe. Darum benutzte der »Tiger« die belanglose Niederlage französischer Truppen im Krieg gegen China bei Langson (21. 3. 1885), um den »Tongkinesen« Ferry zu stürzen. Danach sah es längere Zeit so aus, als sei die Zeit der Republikaner vorbei und die Reaktion käme wieder zum Zuge.

Die spektakulären Erfolge, die der General Boulanger in der zweiten Hälfte der 80er Jahre erringen konnte und die vorübergehend das demokratische System Frankreichs ernsthaft gefährdeten, schienen ein Beweis dafür zu sein. Die Voraussetzung dafür war allerdings eine schon von Gambetta vergeblich angestrebte Wahlrechtsreform, durch die im Juni 1885 die Listen- statt der Persönlichkeitswahl eingeführt wurde. Sie ermöglichte es fortan den Kandidaten, während des Wahlkampfes nicht nur in einem, sondern in verschiedenen Bezirken gleichzeitig für sich zu werben und so die Wirkung eventuell vorhandener demagogischer Fähigkeiten zu vervielfachen. Diese Änderung des Wahlmodus hat zunächst den Monarchisten große Erfolge eingebracht und anschließend der antirepublikanischen und diktatorischen, ja in vielen Zügen bereits protofaschistischen Strömung des Boulangismus starken Auftrieb gegeben. Als Kriegsminister in den Jahren 1886/87 wurde Boulanger zuerst politisch bekannt, indem er sich nicht nur als erbitterter *revanchard* gebärdete, sondern diese Einstellung auch durch militärische Demonstrationen an der französischen Ostgrenze in bedrohlicher Weise nach außen hin dokumentierte. Anläßlich der Schnäbele-Affäre vom April 1887, eines von Boulanger aufgebauschten Spionagefalles im Vogesengebiet, steigerte sich diese Politik zur unmittelbaren Gefahr eines deutsch-französischen Krieges. Das Kabinett Goblet (1886-87) lehnte jedoch die von Boulanger geforderte Mobilmachung ab und ließ in Berlin beschwichtigende Erklärungen abgeben, was wiederum Bismarcks zum Einlenken bereiter Haltung entgegenkam. Boulanger selbst wurde anschließend als Kriegsminister entlassen und 1888 auch als General in den Ruhestand versetzt. Dadurch wurde er indessen erst recht in die politische Kampfarena hineingestoßen, weil er von jetzt an wählbar war und als Kandidat auftrat, der von einer gewaltigen antiparlamentarischen und rechtsextremistisch orientierten Massenbewegung getragen und somit als potentieller Diktator der Republik höchst gefährlich wurde.

Die extreme Rechtsopposition im Frankreich der Dritten Republik, die sich zur Zeit der Boulangerkrise zu formieren begann, ist aus jenem legitimistischen, orleanistischen und großbürgerlichen Royalismus hervorgegangen, der bis 1875 die republikanische Staatsform ernsthaft hatte in Frage stellen können, aber seit dem »16. Mai« 1877 entscheidend an Einfluß verloren hatte. Fortan verharrte diese Rechte der Republik gegenüber in unverhohlener Ablehnung, ja Feindschaft, obwohl ihre Vertreter andererseits dem in ihr verkörperten französischen Staat in Diplomatie, Armee, Administration und Kolonialverwaltung dienten. Außenpolitisch war sie in den ersten Jahren der Dritten Republik gemäßigt eingestellt und zum Ausgleich mit Deutschland bereit, während die radikale republikanische Linke um Gambetta auf Grund ihrer jakobinischen Tradition nationalistisch, militaristisch und revanchistisch gesinnt war. Jedoch verschob sich dieses Bild seit der Boulangerkrise völlig in dem uns geläufigen Sinne: Nationalismus, Militarismus und Revanchismus wurden jetzt von der Rechten übernommen, indessen die republikanische Linke kosmopolitische, antimilitaristische und pazifistische Tendenzen entwickelte. Diese Umkehr der Fronten hat jener »integrale« französische Nationalismus herbeigeführt, der innerhalb der Rechtsopposition im damaligen Frankreich die Funktion einer Sammlungsbewegung ausübte und sich in den großen Krisensituationen der 80er und 90er Jahre als Ideologie ausbildete. Dabei hat die 1882 von Paul Déroulède, einem der bekanntesten Anwälte des französischen Revanchismus, begründete *Ligue des patriotes* wegweisend gewirkt.

Die genannten Krisensituationen erwuchsen aus öffentlichen Skandalen. Ein erster Fall solcher Art ist die Wilson-Affäre gewesen. Sie füllte Ende 1887 wochenlang die Spalten der Presse mit Enthüllungen darüber, daß Wilson, der Schwiegersohn des Präsidenten Grévy, seine familiäre Bindung an das Staatsoberhaupt dazu mißbraucht hatte, mit Orden und Ehrenzeichen einen einträglichen Handel zu betreiben. Obwohl Grévy persönlich nichts damit zu tun hatte, war er doch als erster Mann der Republik nicht mehr tragbar und mußte am 2. 12. 1887 zurücktreten. Zu seinem Nachfolger wurde Sadi Carnot gewählt, ein Nachfahre des berühmten Carnot der *levée en masse* von 1793. Während der Präsidentschaft Carnots, der 1894 in Lyon von dem italienischen Anarchisten Caserio ermordet wurde, steigerte sich ein schon unter Grévy angelaufener Skandal von viel größerer Brisanz zu seinem Höhepunkt: der Panama-Skandal.

Der von Ferdinand Lesseps, dem berühmten Erbauer des Suez-Kanals, gegründeten Panama-Gesellschaft gelang es im Jahre 1888, durch Bestechung der Presse und von Parlamentariern, zu denen selbst ein so

profilierter Politiker wie Clemenceau gehörte, in der Abgeordnetenkammer die Erlaubnis zu erhalten, zur Behebung ihrer finanziellen
Schwierigkeiten eine an sich gesetzeswidrige Lotterieanleihe in Höhe
von 600 Millionen Francs aufzunehmen. Im November 1892 deckte die
von Edouard Drumont geleitete antisemitische Zeitung ›La libre parole‹ die Tatsache auf, daß der Initiator dieser dubiosen Manipulation
der jüdische Bankier Baron Reinach gewesen war, was wiederum eine
heftige antisemitische Agitationswelle in Frankreich auslöste, die mit
der Dreyfus-Affäre ihren Gipfelpunkt erreichte. Als die Panama-Gesellschaft dann doch Bankrott machte, konnte dies zwar zunächst noch
verschleiert werden, führte aber später – 1892 und 1893 – zu einem
aufsehenerregenden Prozeß, der im März 1893 mit der Verurteilung
des Idealisten Lesseps und des geständigen Ministers Baïhaut zu Frei-
heitsstrafen endete. Die große Zahl der wahrhaft Schuldigen ging
hingegen straflos aus, unter ihnen auch Clemenceau, wiewohl er sich
immerhin genötigt sah, für längere Zeit der politischen Bühne fernzu-
bleiben.
Natürlich haben solche Skandale dem Ansehen der Republik schwer
geschadet und den Ruf nach dem starken Mann laut werden lassen,
und zwar schon bevor der Panama-Prozeß das ganze Ausmaß der
Korruption ans Tageslicht gebracht und Maurice Barrès in seinem
Roman ›Leurs figures‹ den Parlamentarismus in ätzender Form vor
aller Öffentlichkeit angegriffen hatte. Bereits der Wilson- und die
Anfänge des Panama-Skandals, dessen Auswirkungen Tausende von
Sparern um ihr Geld brachten, hatten Boulanger in der Gunst des
Volkes mächtig emporgetragen. Indessen hat es der General dann
doch nicht gewagt, den Boden der Legalität zu verlassen, obwohl die
Versuchung zu einem Staatsstreich nach seinem überwältigenden Wahlerfolg in Paris am 27. 1. 1889 sehr groß war, da er nicht nur die
Patriotenliga Paul Déroulèdes, sondern in diesem Augenblick wahrscheinlich auch die Polizei und das Militär hinter sich gehabt hätte.
Boulanger erwies sich in diesem Augenblick als nicht beherzt genug,
die einmalige Chance zu ergreifen, so daß sein Stern jetzt schnell ver-
blaßte und die Regierung und in ihr vor allem der energische Innenminister Constans Zeit fand, zum Gegenschlag auszuholen. Er erfolgte
im März 1889, als die *Ligue des patriotes* aufgelöst, ihre Anführer
verurteilt und Boulanger selbst vor den Senat als Tribunal geladen
wurde, um sich dort gegen die Anklage zu verteidigen, sich gegen die
Sicherheit der Republik verschworen zu haben. Der General erschien
jedoch nicht, vielmehr floh er nach Brüssel und brachte sich durch diesen Schritt um seinen letzten moralischen Kredit. Infolgedessen brach
seine Bewegung rasch völlig zusammen; er selbst gab sich am 30. 9.
1891 auf dem Grab seiner Geliebten den Tod.
Zur gleichen Zeit, in der die Dritte Republik diese schwere innere
Krise meisterte, zeichnete sich auch die Möglichkeit ab, die zwanzigjährige außenpolitische Isolierung zu durchbrechen. Der bedeutende

Einfluß, den Friedrich von Holstein von der Entlassung Bismarcks im Jahre 1890 bis 1906 auf die Diplomatie der Wilhelmstraße ausübte, hatte zunächst einmal zur Folge, daß der deutsch-russische Rückversicherungsvertrag von 1887, der Deutschland im Falle eines von ihm nicht provozierten Krieges mit Frankreich die wohlwollende Neutralität des Zarenreiches garantierte, nicht erneuert wurde, obwohl die Russen dies wünschten. Die aus diesem verhängnisvollen Schritt erwachsende deutsch-russische Spannung hat Frankreich, das seit langem ein Bündnis mit Rußland anstrebte, unverzüglich und alsbald auch erfolgreich ausgenutzt. Der Abschluß des Helgoland-Sansibar-Vertrages schien die Befürchtung der zaristischen Regierung zu bestätigen, das Deutsche Reich wolle sich jetzt England nähern und Rußland in die Isolierung drängen. Daraufhin beschloß man in St. Petersburg, Kontakte zu Frankreich anzuknüpfen. Schon im Sommer 1890 kam es zu zweiseitigen Generalstabsbesprechungen, und die spektakuläre Erneuerung des Dreibundes (Deutschland, Österreich-Ungarn und Italien) am 6. 5. 1891, die in Rußland große Besorgnis auslöste, intensivierte die bis dahin eher zögernd geführten Verhandlungen. Den Auftakt dazu gab der demonstrative Besuch der französischen Flotte in Kronstadt am 23. 7. 1891, bei dem sich der Zar stehend die Marseillaise anhörte, die seit 1880 offizielle Nationalhymne Frankreichs war, ebenso wie der 14. Juli seitdem als Nationalfeiertag galt. Auf einen ersten formellen Vertragsabschluß vom August 1891, wonach die Armeen beider Länder sich im Kriegsfall zu gemeinsamen Operationen zusammenfinden sollten, folgte am 17. 8. 1892 eine direkte Militärkonvention, die durch Notenwechsel vom 27. 12. 1893 und 4. 1. 1894 rechtskräftig wurde. Gemäß dieser Konvention würden Frankreich und Rußland all ihre »verfügbaren Kräfte für einen Angriff auf Deutschland einsetzen«, falls einer der beiden Vertragspartner von letzterem oder dessen Bundesgenossen mit des Reiches Unterstützung angegriffen werden sollte. Auf Mobilmachungsmaßnahmen des Dreibundes würde der Zweibund in gleicher Weise reagieren. Es sollten keine separaten Friedensverträge abgeschlossen werden, und die Zeitdauer der französisch-russischen Militärkonvention wurde auf die des Dreibundes festgelegt.

Dieses Bündnis, eines der folgenschwersten der neueren Geschichte, ist später noch gefestigt worden, und zwar durch den Briefwechsel zwischen den beiden Außenministern Graf Murawjow und Théophile Delcassé vom 28. 7. und 9. 8. 1899. Sein Abschluß hat die weltpolitische Lage, die unter Bismarck bestanden hatte, völlig verändert. Denn jetzt war Frankreich außenpolitisch nicht mehr isoliert, andererseits aber der von Bismarck so sehr gefürchtete Zweifrontendruck auf Deutschland eine Realität geworden, mit der die deutsche Außenpolitik fürderhin stets zu rechnen hatte.

Überdies wußten energische Präsidenten wie der uns schon bekannte Carnot und Jean Paul Pierre Casimir-Perier (1894/95), ein Enkel des berühmten Ministers Louis Philippes, der allerdings, angewidert vom politischen Intrigenspiel, schon nach einem halben Jahr freiwillig zurücktrat, das Ansehen des höchsten Staatsamtes, das durch die mit Grévys Abdankung verbundenen Umstände erheblich gelitten hatte, wieder so zu heben, daß auch der wenig imponierende Félix Faure (1895-1899) davon profitieren konnte. Auch Emile Loubet (1899 bis 1906) und Armand Fallières (1906-1913) haben ihren Auftrag in achtunggebietender Weise erfüllt.

So schien die Dritte Republik um die Mitte der 90er Jahre nicht nur ihre außenpolitische Isolierung, sondern auch ihre permanenten inneren Krisen überwunden zu haben. Jedoch stellte sich schon bald heraus, daß deren schwerste erst bevorstand, nämlich jene Dreyfus-Affäre, die den Bestand der Republik noch einmal in Frage gestellt und Frankreich Jahre hindurch in seinen staatlichen Grundfesten erschüttert hat. Sie wurde ausgelöst, als der jüdische Artilleriehauptmann Alfred Dreyfus im Dezember 1894 von einem geheim tagenden Militärtribunal wegen angeblichen Verrats waffentechnischer Geheimnisse an Deutschland und Italien aus der Armee ausgestoßen und zu lebenslänglicher Deportation nach der Teufelsinsel vor der Küste von Französisch-Guayana verurteilt wurde. Indessen ließen sich Zweifel an der Rechtmäßigkeit dieses Urteils nicht unterdrücken, so daß im Jahre 1897 das Senatsmitglied Scheurer-Kestner, der Dichter Emile Zola und die Familie von Dreyfus laut die Forderung nach einer Revision des Prozesses erhoben. Damit aber trat die Dreyfus-Affäre in jene Phase, in der sie als ein Politikum ersten Ranges ganz Frankreich in zwei Lager zerriß, die sich gegenseitig unversöhnlich befehdeten.

Auf der Seite der Dreyfus-Gegner stand das alte, das aristokratische, katholische, royalistische und militaristische Frankreich, standen Adel, Klerus und Armee, aber auch die Nationalisten der 1899 unter verändertem Namen *(Ligue de la patrie française)* neu begründeten Patriotenliga und die damals äußerst einflußreichen und zahlenstarken Antisemiten, deren publizistisches Sprachrohr Drumonts Zeitung ›La libre parole‹ war und die zu den Lesern seines Buches ›La France juive‹ gehörten. Auf der anderen Seite der Barrikade kämpften die laizistischen und radikalen Republikaner, die sich auf das Erbe der Großen Revolution beriefen und deren Zielsetzungen Emile Zola in dem grandiosen Manifest von 1897 ›J'accuse‹ pathetisch und mitreißend zum Ausdruck brachte. Aus demselben Geist heraus entstand damals auch die *Ligue des droits de l'homme*, die alsbald zu einer internationalen Organisation werden sollte. Sieg oder Niederlage der beiden Lager aber hingen davon ab, ob die Symbolfigur dieses Machtkampfes, der als Mensch keineswegs besonders bedeutende Alfred Dreyfus, rehabilitiert würde oder nicht. Bereits 1898 wurde seine Unschuld evident, als der Generalstabsoffizier Oberst Picquart das den Verurteilten belastende Dokument als eine Fälschung erwies. Im Sommer des gleichen Jahres stellte sich überdies heraus, daß der

Oberstleutnant Henry, übrigens Nachfolger Picquarts im Abwehrdienst, Urheber dieser Fälschung und der wirkliche Verräter ein Hauptmann Esterhazy war. Mit der uneingeschränkten Rehabilitation ihres Schützlings Dreyfus im Jahre 1906 siegten gleichzeitig die Progressisten über die Traditionalisten, so daß die demokratische Republik gestärkt aus dieser ihrer größten inneren Krise hervorging und ihre Verfechter jetzt entschlossen daran gehen konnten, den Staat weiter in ihrem Sinne zu gestalten.

In dem offen ausbrechenden Kulturkampf zwischen radikalen Republikanern und katholischer Kirche taten sich besonders die energischen Ministerpräsidenten Waldeck-Rousseau (1899-1902), Combes (1902-1905) und Rouvier (1905-1906) hervor. Wie schon zu Ferrys Zeiten, richtete sich auch jetzt wieder die Offensive der laizistischen Minister zunächst gegen die von Geistlichen geleiteten Schulen. Den Orden wurde die Lehrbefähigung entzogen, die Klöster wurden zum Teil mit militärischer Gewalt geschlossen und ihr Besitz vom Staat eingezogen. Dabei ging es nicht ohne Blutvergießen ab, weil sich an einigen Stellen, vor allem in der Bretagne, die kirchentreue Bevölkerung zusammenrottete, um entsprechende Maßnahmen zu verhindern. Als Papst Leo XIII. 1903 starb und ihm in Pius X. ein Kirchenoberhaupt folgte, das in Frankreich als deutschfreundlich galt und darum mit Mißtrauen betrachtet wurde, verschärfte sich der Streit zwischen dem französischen Staat und der römischen Kurie erheblich. Ausgelöst durch Kompetenzfragen bei der Neubesetzung von Bischofssitzen, flammte er unter dem Ministerpräsidium des fanatischen Combes, eines ehemaligen Priesterseminaristen, der jedoch ins antiklerikale Lager übergewechselt war und dessen Anhänger aus dem combisme eine militant-atheistische Weltanschauung machten, in voller Heftigkeit wieder auf. Dazu trug nicht zuletzt auch die Absicht des Präsidenten Loubet bei, König Viktor Emanuel III. im Frühjahr 1904 in Rom einen offiziellen Staatsbesuch abzustatten. Der Papst, der solche Auftritte katholischer Souveräne im »Räuberstaat Italien«, der 1870 den Heiligen Vater seiner weltlichen Macht beraubt habe, prinzipiell verurteilte, reagierte gerade im Falle Frankreichs, der »ältesten Tochter der Kirche«, besonders scharf, nämlich mit einem offiziellen Protest in Paris. Daraufhin berief Frankreich seinen Gesandten beim Vatikan am 21. 5. 1904 ab, und die Abgeordnetenkammer billigte diesen Schritt mit großer Mehrheit. Als sich wegen eines Formstreites über Bischofsenthebungen die Lage weiter zuspitzte, wurden am 28. 7. 1904 die diplomatischen Beziehungen zwischen der Kurie und der Dritten Republik ganz abgebrochen.

Seitdem hat die französische Linke – Radikale und Sozialisten in einer Front – mit Entschiedenheit auf die völlige Trennung von Staat und Kirche hingearbeitet und sie unter der Ministerpräsidentschaft Rouviers durch Gesetz vom 9. 12. 1905 auch tatsächlich erreicht. An dessen Formulierung hat Aristide Briand, damals noch der sozialistischen Partei zugehörig, als Gutachter maßgeblich mitgewirkt, und zwar im Sinne von Entschärfungen und eines Ausgleichs der Interessen. Als Kultusminister in den Kabinetten Sarrien (1906) und Clemenceau (1906-1909) ergänzte er es noch durch Zusatzgesetze von 1906 und 1907, so daß dieses ganze Werk unter dem Namen *Lex Briand* in die Geschichte eingegangen ist. Es hat die Beziehungen zwischen Staat und Kirche in Frankreich, die protestantischen Gemeinden übrigens ebenso eingeschlossen wie die jüdischen, bis zur Gegenwart bestimmt, abgesehen von der Episode des Vichy-Regimes von 1940 bis 1944. Seit dem Gesetz von 1905 besteht zwischen dem Staat und jeglicher Konfession keine amtliche und finanzielle Bindung mehr. Kirchliches Vermögen gehört zwar dem Staat, aber seine Nutznießung bleibt den kirchlichen Organisationen vorbehalten. Gehälter und Pensionen zahlt die Republik den Geistlichen nicht, so daß diese auf die freiwillige finanzielle Unterstützung durch die Gläubigen angewiesen sind. Eine Ausnahme bildete zunächst nur die Bestimmung, daß den 1905 noch im Amt befindlichen Klerikern ihre Pensionen weitergezahlt werden würden. Auch die Geistlichkeit beider Konfessionen in Elsaß-Lothringen hat man nach der Reannexion von 1918 von der *Lex Briand* ausgenommen. Daß Papst Pius X. durch die Bulle ›Gravissima officii munere‹ vom 10. 8. 1906 gegen die kirchenpolitische Entscheidung der Republik feierlich protestierte, hat diesen schwerwiegenden Schritt natürlich nicht mehr rückgängig machen können.

Zur gleichen Zeit, in der Frankreich von inneren Krisen erschüttert wurde, die nicht nur im Ausland, sondern auch im Inneren die Vorstellung aufkommen ließen, die französische Gesellschaft sei tief dekadent, hat es in der überseeischen Welt eine Aktivität entwickelt, die solche Auffassungen Lügen strafte. So konnte etwa bei den Gegnern der in den Panama-Sumpf verstrickten Politiker leicht der Glaube entstehen, das »wahre«, das »ewige« Frankreich sei gar nicht mehr in Frankreich selbst anzutreffen, sondern in der »France d'outre-mer«, wo kühne Pioniere und Missionare in Afrika, Asien und Ozeanien die *civilisation française* verbreiteten und mit einer Energie, die Zeugnis davon ablegte, welch unverbrauchte Vitalität in dieser Nation noch steckte, das zweite französische Kolonialreich seiner Vollendung entgegenführten. Ihren Höhepunkt erreichte diese überseeische Expansion im letzten Jahrzehnt des 19. Jahrhunderts, und ihren geographischen Schwerpunkt bildete das nordwestliche sowie ein beträchtlicher Teil des äquatorialen Afrika.

Die Einbeziehung Tunesiens ins französische Kolonialreich hat die um 1870 stagnierende Erschließung der mittleren und südlichen Sahara wieder aktiviert. Im Zuge dieser Eroberung sind 1902 alle neubesetzten und nicht von Franzosen besiedelten Gebiete unter dem Namen »Territoires du Sud« von Algerien getrennt und unter Zivilverwaltung gestellt worden, über die allerdings nach wie vor der Generalgouverneur von Algerien die Oberaufsicht besaß. Bis 1910 hat Laperrine die Zentralsahara erschlossen und befriedet; die Eroberung von Djanet 1911 markiert das Ende dieses Prozesses.

Gleichzeitig stießen die Franzosen in zahllosen Expeditionen und Eroberungszügen von ihrer alten Kolonie Senegal aus nach Osten in die südliche Sahara hinein vor und nach Südosten in Richtung auf ihre Niederlassungen am Golf von Guinea. Ihr Fernziel war, alle diese geographisch, klimatisch und ethnisch so verschiedenartigen Gebiete eines Tages zu einem geschlossenen, den größten Teil von Nordwest-Afrika umfassenden Kolonialreich zusammenzufügen. In der relativ kurzen Zeit vom 70er Krieg bis zur Jahrhundertwende ist dieses Ziel auch wirklich erreicht worden. Nach einer vorbereitenden Periode zwischen 1876 und 1890 wurden in den 90er Jahren die französischen Kolonien am Senegal und am Oberlauf des Niger miteinander vereinigt und das Hinterland der an den Küsten von Guinea, Elfenbeinküste und Dahomey bereits bestehenden Niederlassungen erforscht. 1890 wurde auch die Verbindung zwischen der Senegal- und Sudankolonie Frankreichs gesichert und im gleichen Jahr ein partieller Protektoratsvertrag in Guinea auf das ganze Land ausgedehnt. Durch mehrere Protektoratsverträge mit Eingeborenenhäuptlingen gelangte das gesamte zwischen Liberia und der britischen Goldküste gelegene Gebiet in französischen Besitz, wobei diese Côte d'Ivoire 1889 zunächst administrativ Guinea angegliedert, aber 1891/93 in den Rang einer eigenen Kolonie erhoben wurde. Die Eroberung von Dahomey konnte wegen des langandauernden Widerstandes der dortigen Stämme erst im Jahre 1911 vollständig abgeschlossen werden. Das westliche Sudan-Gebiet, dessen Hauptstadt Timbuktu 1894 eingenommen wurde, ist zwischen 1890 und 1900 in heftigen Kämpfen gegen die kriegerische Bevölkerung ins französische Kolonialreich einbezogen worden; von dort aus wurde die spätere Kolonie Niger unterworfen und die Pazifizierung der Nomadenstämme dieses Halbwüstengebietes systematisch in Angriff genommen. Weiter nördlich ist die Befriedung des östlichen Mauretanien zwischen 1903 und 1915 erfolgt.

Voraussetzungen für die Gründung dieses riesigen und territorial zusammenhängenden Kolonialreiches sind natürlich auch entsprechende Abkommen mit den anderen in diesen Gebieten kolonisierenden europäischen Mächten gewesen, also mit England, Deutschland, Portugal und Spanien. Der wichtigste dieser Verträge ist die Konvention von 1890, die das nördliche Afrika in eine englische und französische Interessensphäre aufteilte, aber auch Madagaskar als französisches Einflußgebiet anerkannte. Eine ebenfalls mit England abgeschlossene und 1904 modifizierte Konvention von 1898 regelte die nördlichen Grenzen der Goldküste und sicherte die Verbindung zwischen Dahomey und Niger. Mit Deutschland einigte man sich 1885 und 1897 vertraglich über den Grenzverlauf zwischen der deutschen Kolonie Togo und französischem Gebiet, über Mauretanien 1900 mit Spanien, das den westlichen Teil als Rio de Oro erhielt. Dieses ganze ausgedehnte Gebiet, das im Norden von Algerien und Tunesien, im Westen und Süden vom Atlantik und im Osten von fiktiven türkischen, später italienischen sowie im Bereich des Sudan von britischen Gebieten begrenzt war, wurde im Jahre 1895 zu der Verwaltungseinheit »Afrique Occidentale Française« (A. O. F.) zusammengefaßt, die einem Generalgouverneur unterstand, der gleichzeitig Gouverneur des Senegal war und in Saint-Louis residierte. 1924 ist die Hauptstadt dieser größten zusammenhängenden Kolonie, die Frankreich jemals faktisch besessen hat, nach Dakar verlegt worden.

Ein weiterer Schwerpunkt der französischen Kolonialpolitik im Schwarzen Erdteil lag in Äquatorialafrika. Die seit 1839 bestehenden französischen Besitzungen an der Gabun-Mündung waren 1875 geräumt worden, und es bestand die Absicht, diese Kolonie ganz aufzugeben. Es ist Savorgnan de Brazza, ein geborener Italiener, gewesen, der Gabun für Frankreich gerettet und zwischen 1875 und 1885 in fast ununterbrochenen Entdeckungsreisen die Urwald- und Buschgebiete des unteren Kongo entschleiert und unter französisches Protektorat gestellt hat, was übrigens dank seiner außerordentlich geschickten Verhandlungsführung mit den Eingeborenenfürsten kein Menschenleben kostete. Höhepunkt dieser Pioniertätigkeit war die Gründung der Stadt Brazzaville im Jahre 1880. Die Berliner Kongo-Konferenz von 1885 sprach Frankreich, das von Bismarck nachdrücklich unterstützt wurde, den Besitz der Täler des Ogowe und des Niari-Kouilou zu, während Ansprüche der internationalen Kongo-Gesellschaft auf das rechte Ufer des unteren Kongo zurückgewiesen wurden. Zwischen 1886 und 1898 amtierte de Brazza als Generalkommissar der französischen Regierung in der nach ihm benannten Stadt und verteidigte die junge Kolonie erfolgreich gegen Ambitionen der Belgier, Deutschen und Engländer, die ihre Ausdehnung nach Norden verhindern wollten.

Genau das aber strebte de Brazza an, mit dem Ziel, Französisch-Kongo mit den Kolonien in Nordwestafrika geographisch zu verbinden. Zahlreiche Expeditionen wurden in Richtung auf den Tschad-See ausgesandt; nach mehreren gescheiterten Versuchen gelang es Maistre in den Jahren 1892/93, das noch unbekannte Gebiet zwischen dem Ubangi und Adamaua zu durchqueren und durch Verträge mit den Eingeborenenhäuptlingen für Frankreich zu erwerben. Die Erreichung des Schari 1894 stellte eine weitere wichtige Etappe auf diesem Weg dar, und im gleichen Jahr schloß Frankreich mit Deutschland einen – 1897 in Details modifizierten – Vertrag über die Ostgrenze Kameruns ab, der Frankreich östlich dieser deutschen Kolonie einen breiten Streifen zum Tschad zubilligte. Bis 1897 ist das Ubangi-Schari-Gebiet so pazifiziert worden, daß es seitdem der Zivilverwaltung unterstellt werden konnte.

Dem noch weiterreichenden Ziel, Französisch-Westafrika mit Obok an

der Ostküste zu verbinden, diente die Expedition, die der Major Marchand in den Jahren 1896-1898 an den oberen Nil unternahm und die nach einem unsagbar strapaziösen Zug durch gänzlich unerforschte innerafrikanische Wildnis von dem Erfolg gekrönt war, daß er im Juli 1898 in Faschoda südlich von Khartum die Trikolore hissen konnte. Frankreich schien nun in der Lage zu sein, einen breiten Streifen französischen Kolonialgebietes vom Atlantik bis zum Indischen Ozean durch ganz Mittelafrika zu ziehen. Diese französischen Pläne im Sudan tangierten indessen Englands Ambitionen, die damals in dem Schlagwort »Vom Kap bis Kairo« gipfelten und darauf abzielten, die ganze Osthälfte Afrikas von Kapstadt bis Kairo in zusammenhängendes britisches Kolonialgebiet zu verwandeln. Daher forderte Lord Kitchener, der mit der anglo-ägyptischen Armee, die soeben die Mahdisten entscheidend bei Omdurman geschlagen hatte, im September 1898 ebenfalls in Faschoda erschien und den Union Jack neben der Trikolore aufpflanzte, von Marchand bedingungslosen Rückzug. Kriegsgefahr zwischen den beiden großen Westmächten zeichnete sich ab, die französische Presse polterte gegen England, das seinerseits wiederum seine Flotte in Alarmbereitschaft versetzte. Da London es offensichtlich ernst meinte, gab Delcassé, der neue Außenminister Frankreichs (1898-1905), nach und zog die französische Truppe aus dem strittigen Gebiet ab, wobei er immerhin erreichte, daß Marchand wie vorgesehen über Dschibuti zurückkehren durfte. Eine Konvention zwischen beiden Staaten von 1899, gedacht als Zusatzklausel zu der von 1898 über Westafrika, erklärte zur endgültigen Ostgrenze Französisch-Zentralafrikas die Wasserscheide zwischen Kongo- und Nilbecken. Die Nordgrenze der französischen Interessensphäre verlief jenseits des Tibesti-Massivs, was zunächst zu Konflikten mit der Türkei, die nominell die Oberhoheit über Tripolitanien ausübte, und später mit deren Erben Italien führen sollte. Mit diesem Abkommen, das schon die Weichen für die *Entente cordiale* von 1904 gestellt hat, war die Teilung Zentralafrikas zwischen den beiden Kolonialgiganten England und Frankreich definitiv beendet.
Die nach wie vor erstrebte Vereinigung seiner nordwest- und zentralafrikanischen Besitzungen ist Frankreich bis zum Ersten Weltkrieg gelungen, wobei der geographische Schwerpunkt entsprechender und zum Teil sehr kriegerischer Unternehmungen der Tschad gewesen ist, der 1900 zum Militärterritorium erklärt und 1914 in den Status einer Kolonie erhoben wurde. Nachdem die Pazifizierung dieses weiten Gebietes im wesentlichen abgeschlossen war, wurden 1910 die vier Kolonien Gabun, Mittel-Kongo, Ubangi-Schari und Tschad auch zu einer Verwaltungseinheit zusammengefaßt, dem »Gouvernement Général de l'Afrique Equatoriale Française« (A. E. F.), dessen Organisation der der A. O. F. ähnelte. Allerdings wurde schon im November 1911 durch das Marokko-Kongo-Abkommen das, wie wir noch sehen werden, die zweite große Marokkokrise beendete, die

Lebensfähigkeit dieser großen Kolonie für längere Zeit wieder in Frage gestellt. Denn gegen die Anerkennung des französischen Protektorats über Marokko trat Frankreich damals an Deutschland als Kompensation Teile von Mittel-Kongo und Ubangi-Schari ab, die sog. »Antennen«, so daß das Reich seine Kolonie Kamerun beträchtlich nach Osten und Süden bis zum Belgischen Kongo ausdehnen konnte, während Frankreich nur einen kleinen Zipfel im Nordosten von Kamerun (»Entenschnabel«) erhielt. Dadurch zerfiel Französisch-Zentralafrika in drei Teile; jedoch hat Frankreichs Sieg im Ersten Weltkrieg die Einheit der Kolonie wiederhergestellt.

Mit der Gründung der A. E. F. im Jahre 1910 hatte Frankreich den Ausbau seines riesigen Kolonialreiches in Afrika fast vollendet. Nur der Schlußstein Marokko fehlte noch in diesem Gebäude. Und gerade seine Gewinnung zwischen 1905 und 1911 sollte erweisen, wie eng und auch gefährlich die Kolonialpolitik längst mit der großen internationalen Politik verzahnt war.

Zur Zeit der Jahrhundertwende konnte das Frankreich der Dritten Republik aus der Entwicklung der letzten 30 Jahre eine sehr zufriedenstellende Bilanz ziehen: endgültige Festigung der republikanischen Staatsform, Begründung des zweitgrößten Kolonialreiches der Geschichte, bedeutende Leistungen in allen Bereichen der ästhetischen und intellektuellen Kultur. So nimmt es nicht wunder, daß die Jahre von etwa 1880 bis 1914 als die *belle époque* in die Geschichte eingegangen sind.

Eine Voraussetzung dafür war nicht zuletzt der große wirtschaftliche Aufschwung, den Frankreich zwischen 1871 und 1914 genommen hat. Die entsprechende positive Entwicklung, die unter dem Zweiten Kaiserreich so eindrucksvoll begonnen hatte, setzte sich auch in der Dritten Republik im großen und ganzen kontinuierlich fort. Verhältnismäßig rasch erwies sich, daß die wirtschaftliche Lebenskraft Frankreichs durch Krieg und Niederlage von 1870/71 nicht in Frage gestellt war, denn das Land verschmerzte die Reparationen in kurzer Zeit und schuf sich durch den Aufbau neuer Industrien einen gewissen Ersatz für den Verlust von Elsaß und Lothringen. Was die soziale Struktur Frankreichs anlangt, so hatte unter dem Zweiten Empire der Adel seine alte Bedeutung entscheidend eingebüßt; unter der nachfolgenden Republik verlor das Großbürgertum, also gleichsam das aristokratische Element innerhalb der Bourgeoisie, seit etwa 1880 stark an Einfluß, indessen das mittlere und kleine Bürgertum, in der Terminologie Gambettas die sog. *nouvelles couches sociales*, in den Mittelpunkt des wirtschaftlichen und politischen Lebens rückte. Gleichzeitig bildete sich auch der mächtig anwachsende Arbeiterstand zu einer politischen Potenz ersten Ranges aus; zur Zeit der Jahrhundertwende erschienen sozialistische Minister in den Regierungen. Aber die beherrschende Rolle spielte eindeutig das Bürgertum; es hat der Dritten Republik den Stempel aufgedrückt.

Mit einer »stationären Wirtschaft«, wie sie H. Sée mit dieser durch das Bürgertum geprägten Situation eng verbunden sieht,[6] hängt auch das häufig diskutierte und kritisierte Problem einer statischen Bevölkerungsentwicklung zusammen. Schon seit der Mitte des Jahrhunderts war ein deutlicher Geburtenrückgang zu erkennen, der dann während der ganzen Dritten Republik zu einem Dauerzustand wurde, beruhend auf dem Zwei- und schließlich nicht selten sogar Einkindersystem, das seit den beiden Weltkriegen durch entschlossene Gegenmaßnahmen ja wieder aufgelockert werden konnte. Das Streben nach einer Begrenzung der Geburtenzahlen, das in Frankreich so bemerkenswert eher als in den anderen Ländern Europas eingesetzt hat, ist aus der sozialpsychologischen Einstellung fast aller Bevölkerungsschichten erwachsen, den Kindern entweder die eigene Lebenssituation zu sichern oder gar eine höhere erreichbar zu machen. Darauf ist es zurückzuführen, daß die Gesamtbevölkerung Frankreichs von 36 140 000 im Jahre 1871 bis 1911 nur auf 39 210 000 stieg. Zwar gab es diese Bevölkerungsstagnation auch vor 1914 schon in anderen Ländern, aber wohl nur in Frankreich war sie damals bereits auf dem Lande allgemein verbreitet. Auch zur Zeit der Dritten Republik ist Frankreich ein ausgesprochenes Agrarland geblieben, in dem die Urbanisierung nur wenig an Boden gewann; der Prozentsatz der städtischen Bevölkerung betrug hier 44 Prozent gegenüber 60 Prozent in Deutschland. Dies hatte zur Folge, daß Frankreichs Wirtschaftsentwicklung seit 1871 ruhiger verlief als die Englands und Deutschlands. Allerdings hat dieser Rückstand auf dem ökonomischen Sektor auch wiederum dazu geführt, daß es weniger krisenanfällig war als z. B. Deutschland und weder von der mitteleuropäischen Krise 1873 noch von der Weltwirtschaftskrise um 1930 bemerkenswert berührt worden ist.

Der um die Mitte der 70er Jahre einsetzende Wirtschaftsaufschwung wurde ab 1878 durch Charles Louis de Freycinet, im Kabinett Waddington Minister für Öffentliche Arbeiten und seitdem bis in die Zeit des Ersten Weltkriegs hinein häufig Ministerpräsident oder Ressortminister, noch erheblich begünstigt. Die durch das sog. Freycinet-Programm eingeleitete großzügige Förderung des Eisenbahnwesens hat nämlich auch andere Wirtschaftszweige belebt. Die Schwerindustrie dehnte sich rasch aus, was wiederum stimulierend auf die Finanzspekulationen der großen Banken wirkte, so daß zwischen 1879 und 1882 die Dividenden der Banque de France von 11 auf 29, die Creusots von 11,1 auf 25 Prozent kletterten. Diese Konjunktur hatte indes eine Überhitzung und schwere Wirtschaftskrise zur Folge, die im Zusammenbruch der »Union générale« 1882 dramatisch gipfelte. Aber schon 1887 war dieser vorübergehende Abstieg wieder überwunden, so daß die große Teile der europäischen Wirtschaft erschütternde Baring-Krise von 1890 Frankreich kaum berührte und es den englischen Geldmarkt durch Goldsendungen stützen konnte. Auch auf die relativ ungünstige Lage der französischen Wirtschaft um 1900 ist so rasch ein neuer Auftrieb erfolgt, daß Frankreich seine auch weltpolitisch so entscheidende Stellung als fast alleiniger Kreditgeber Rußlands, vor allem beim Ausbau des für einen eventuellen Krieg gegen Deutschland strategisch wichtigen westrussischen Eisenbahnnetzes, bis 1914 mühelos aufrechtzuerhalten vermochte.

Allerdings hat sich dieser in seiner Grundtendenz kontinuierliche ökonomische Aufstieg Frankreichs zwischen 1871 und 1914 nicht auf alle Wirtschaftszweige gleichmäßig erstreckt. Teile der ja nach wie vor dominierenden Landwirtschaft gerieten in eine schwere Krise, als 1875 der Reblausbefall den Weinbau fast vernichtend traf; es hat Jahrzehnte gedauert, bis dieser gerade für Frankreich so wichtige Wirtschaftszweig wieder aufgerichtet war. Die Auswirkungen der damaligen Weinbaupolitik, die seitdem ein besonderes Schmerzenskind aller französischen Regierungen gewesen ist, reichen bis in die 1950er Jahre.

Eine führende Rolle hat Frankreich seit diesem Zeitraum als Eisen- und Stahlproduzent von Weltrang gespielt. Zwar hatte der 70er Krieg zu einem Teilverlust der lothringischen Industrie geführt, aber die Erschließung des Erzbeckens von Briey in dem bei Frankreich verbliebenen Teil Lothringens glich diesen Ausfall völlig aus; die Erfindung des Thomasverfahrens 1878 durch die Engländer Thomas und Gilchrist leitete die moderne Phase der französischen Hüttenindustrie und ihren Aufstieg zur Weltbedeutung ein. Denn jetzt erst wurde die einwandfreie Verhüttung der lothringischen Minette möglich, die mit dem älteren Bessemerverfahren nur sehr bedingt gelungen war. Mit dem Übergang von der Eisen- zur Stahlerzeugung trat die französische Hüttenindustrie in ihre klassische Zeit ein, deren bekanntester Repräsentant Schneider-Creusot gewesen ist. Die Errichtung des Eiffelturmes in Paris anläßlich der dortigen Weltausstellung von 1889 als Stahlkonstruktion war ein Symbol der neuen Zeit; bis 1900 hat sich der Stahl als Baumaterial endgültig durchgesetzt.

Wie überall, so verschwisterten sich auch in Frankreich Eisen und Stahl auf das engste mit der Kohle zur modernen Schwerindustrie, allerdings mit dem Unterschied, daß dieser Rohstoff hier nicht ausreichend vorhanden war. Infolgedessen haben Dampfmaschine und Kohlenbergbau, wenngleich er jetzt einen ungeahnten Aufschwung erlebte, in diesem ganzen Zeitraum nie die Bedeutung erlangt wie in Deutschland und England. Während Frankreichs Eisenerzvorkommen 27 Prozent aller europäischen ausmachten, betrugen seine Kohlenvorräte nur 17 Milliarden Tonnen gegenüber 200, die England, und 400 Milliarden, die Deutschland besaß. So war Frankreich weitgehend auf die Einfuhr aus diesen Ländern angewiesen. Außer in dem nach 1871 neu erschlossenen Becken von Briey und in einigen Regionen Mittel- und Südfrankreichs wurde vor allem in der Borinage bei Valenciennes, besonders aber in den Departements Nord und Pas-de-Calais Kohle gefördert, also in dem Raum um Lille, Lens und Arras.

Die Welt der Technik und Industrie und die damit unlöslich verknüpfte soziale Frage bestimmen nun auch die Literatur und Kunst
der Dritten Republik. Die naturalistische Stilrichtung, die bereits im
Zweiten Kaiserreich entstanden war, gelangt in den letzten Jahrzehnten des 19. Jahrhunderts zu voller Entfaltung, um sich dann zum
Impressionismus zu sublimieren, während gleichzeitig der von Baudelaire herkommende Symbolismus vor allem in der Lyrik von Stéphane
Mallarmé, Paul Verlaine und Arthur Rimbaud ungebrochen weiter-
wirkt. Zum Widerspiegel der leitenden Zeittendenzen wird jedoch der
große naturalistische Roman der Epoche, dessen hervorragendster Repräsentant Emile Zola die Welt der technischen Zivilisation mit all
ihren sozialen Spannungen in seiner vielbändigen Romanreihe ›Les
Rougon-Macquart‹ als erster umfassend dichterisch einfängt und beschreibt.
Dieser neuartige Akzent der französischen Literatur des letzten Jahr-
hundertdrittels ist nicht nur für Zola kennzeichnend. Auch bei den
Gebrüdern Goncourt taucht er auf, die wie Flaubert Erstaunliches mit
ihrer scharfsinnigen Psychologie leisten. Das gilt auch für die anderen
großen Erzähler dieser Zeit, für den Klassiker kunstvoll gebauter
Novellen Guy de Maupassant, für Alphonse Daudet, den Verfasser
der ›Lettres de mon moulin‹, für die vielfach historisierenden Romane
des bissigen Anatole France und vor allem für den subtilsten Meister
französischer Prosadichtung, Marcel Proust. Nur selten klingen bei
ihnen sozialrevolutionäre Tendenzen an wie bei dem in der Dreyfus-
Affäre politisch so engagierten Zola, aber alle betrachten sie die Gesellschaft ihrer Zeit, die aristokratisch und großbürgerlich ist wie bei
Maupassant und Proust oder kleinbürgerlich und bäuerlich wie bei
Daudet mit geistvoller und oft kritischer Skepsis, wollen sie jedoch
nicht verändern. Mit Dichtern wie André Gide, Paul Valéry und Paul
Claudel reichen diese Literaturtraditionen bis in die Mitte des
20. Jahrhunderts hinein. Der größte Vertreter dieser modernen französischen Dichtung zwischen Zola und Sartre ist zweifellos der Essay-
ist, Dramatiker und Romancier Romain Rolland, der sich in seiner
bändereichen Romanfolge ›Jean Christophe‹ in einer Zeit bitteren
Erbfeindbewußtseins leidenschaftlich für eine deutsch-französische
Verständigung einsetzt.
Die sprachliche Meisterschaft der *Fin de siècle*-Dichtung findet ihre
kongeniale Entsprechung in den vielfach programmusikartig wirkenden Werken von Gabriel Fauré, Claude Debussy und Maurice Ravel,
die den musikalischen Impressionismus zum Höhepunkt führen und
Frankreich jetzt auch in diesem Bereich der ästhetischen Kultur, in
dem es nie besonders originell gewesen war, Weltrang verleihen mit
einer Musik, die sich von allen ausländischen Vorbildern gelöst hat,
rein französisch ist und im 20. Jahrhundert etwa in Darius Milhaud
oder Francis Poulenc ebenbürtige Nachfolger finden wird.
Gleichrangig neben Literatur und Musik steht in diesem Zeitraum die

Malerei des französischen Impressionismus, mit der sich die »Moderne« in der bildenden Kunst endgültig und auf breiter Front durchsetzt. Diese in ihrer Oberflächenwirkung unmetaphysische Malerei, die mit Edouard Manet ihren Anfang nimmt, ist künstlerische Entsprechung zum Geist des Positivismus, der damals in Frankreich – neben England – seine große Stunde erlebt. Die Sinnenhaftigkeit dieser Kunst eines Auguste Renoir oder Edgar Degas erwächst aus einer Wirklichkeitsbejahung, die jede Romantik oder Mythologie überwunden hat. Die nicht im Atelier, sondern in der Natur selbst entstandene Freilichtmalerei (Pleinairismus) scheint in den Landschaftsbildern von Pissarro und Sisley, besonders aber von Claude Monet und den Pointilisten Seurat und Signac Entwicklungen des 20. Jahrhunderts schon vorwegzunehmen. Denn die Zertrümmerung des Formgerüsts einer bislang traditionell gegenständlichen Kunst beginnt um die Jahrhundertwende bei so großen Meistern dieser Stilrichtung wie van Gogh, Paul Gauguin, Henri de Toulouse-Lautrec und Paul Cézanne, der wieder das Flächige betont und damit den Weg in den Kubismus weist. Ähnliches gilt für die ideenreiche Plastik eines Auguste Rodin, die ebenfalls Ansätze zur Auflösung der traditionellen Formen erkennen läßt.

Aber auch in der Wissenschaft trägt der Geist des Neuen den Sieg davon. Wir versuchen dies am Beispiel der französischen Geschichtswissenschaft zu exemplifizieren.

Im Laufe des 19. Jahrhunderts hatten sich in Frankreich zwei Methoden der Historiographie ausgebildet, nämlich eine »der großen Linie und des rhetorischen Stils, entstanden auf den Lehrstühlen der Restaurationszeit, und die Geschichtsschreibung, die das Detail sucht«[7]. Während die zuerst genannte Richtung auf eine alte französische Tradition zurückblickte, nach der Geschichtsschreibung zu den belles-lettres gehörte, hatte sich die zweite erst unter dem Einfluß der deutschen Geschichtsforschung entwickelt, wie sie als moderne Wissenschaft von Niebuhr und Ranke begründet worden war. Der Krieg von 1870/71 veranlaßt die Franzosen, von ihren eigenen Überlieferungen manches zu opfern, um sich die offensichtlich erfolgreichen neuen Methoden ihres Gegners anzueignen. Im Zuge dieser Reformbewegung werden nicht nur Elemente der deutschen Universitätsverfassung in Frankreich heimisch gemacht, sondern auch die kritisch-philologische Methode der Geschichtswissenschaft. Bahnbrechend in diesem Sinn wirkt Gabriel Monod, der in Göttingen bei Georg Waitz studiert hat und 1876 die ›Revue Historique‹ nach dem Muster der 1859 von Heinrich von Sybel ins Leben gerufenen ›Historischen Zeitschrift‹ begründet. Gleichzeitig entstehen die bis zur Gegenwart maßgeblichen Forschungs- und Lehrinstitute der französischen historischen Wissenschaft, wie die seit 1868 existierende und das deutsche Seminarwesen in Frankreich einführende Ecole pratique des hautes études und die der Edition mittelalterlicher Quellen und Urkunden dienende Ecole *des chartes.* Es bleibt aber nicht bei diesen rein wissenschaftlichen Bemühungen. Denn die Erfahrungen der *année terrible,* die Ernest Renan bereits 1871 in seinem klassischen Buch ›La réforme intellectuelle et morale‹ schonungslos analysiert, rufen auch dazu auf, die Geschichte pragmatisch auszuwerten. Die Vorstellung, aus ihr sowohl die Diagnose der nationalen Krankheit als auch die Therapie zur Heilung Frankreichs gewinnen zu können, führt 1871 zu der von Hippolyte Taine betriebenen Begründung der *Ecole libre des sciences politiques.* Der Schöpfer dieses elitebildenden nationalpädagogischen Instituts stellt sich darüber hinaus auch als Forscher in den Dienst seines Vaterlandes, indem er selbst den Ursachen der Katastrophe von 1870 in den zahlreichen Bänden der zwischen 1875 und 1894 erschienenen ›Origines de la France contemporaine‹ nachgeht. Zu erkennen glaubt er sie in der Französischen Revolution, der Diktatur Napoleons und dem beide Phänomene vorbereitenden *esprit classique* des 17. und 18. Jahrhunderts.

Was das politische Leben Frankreichs anlangt, so muß man sich vor Augen halten, daß es hier vor der Jahrhundertwende im Gegensatz zu England, den USA und Deutschland keine Parteien im modernen Sinne gegeben hat.[8] Statt dessen bilden sich seit 1871 parteiähnliche Gremien und Organisationen aus: Wahlkomitees fungieren auf lokaler Ebene als lockere Honoratiorenversammlungen, die bestimmte politische und soziale Interessen vertreten, zu deren Realisierung Programme diskutieren, Kandidaten aufstellen und diese in gewissen Grenzen, d. h. mehr durch die Presse als durch Geldzuwendungen unterstützen. Solche Komitees, die meist ein weitgefaßtes weltanschauliches Konzept wie z. B. »republikanisch«, »fortschrittlich« oder »monarchistisch« haben, sind daher in der Regel nur vor Wahlen aktiv. Auch danach bleibt der Kandidat bzw. Abgeordnete seinem Wahlkreis eng verbunden und unterhält zu seinen Wählern persönlichen Kontakt.

Den Komitees entsprechen auf Parlamentsebene die *groupes* und *réunions,* die ebenfalls keine Fraktionen im modernen Sinne sind. In ihnen wird keine Disziplin geübt, die Übergänge sind fließend, und man kann, wie auch mehreren Komitees, verschiedenen zugleich angehören. Der Abgeordnete versteht sich als Repräsentant der ganzen Nation, nicht einer bestimmten Gruppe, was selbstverständlich auch jeden Gedanken an ein imperatives Mandat ausschließt. Die Folge dieser Einstellung und des entsprechenden Verhaltens sind die häufigen Kabinettswechsel während der gesamten Dritten Republik, da es fast stets an stabilen Parlamentsmehrheiten fehlt. Einer allgemeinen Tendenz in Wirtschaft und Gesellschaft zu strafferen Organisationsformen folgend, bilden sich um die Jahrhundertwende allmählich Parteien im eigentlichen Sinne heraus. In engem Zusammenhang damit lebt die prinzipielle Auseinandersetzung über die Alternative Listen- oder Persönlichkeitswahlrecht wieder auf. Zu den Verfechtern des Proporzes gehören z. B. die Sozialisten, an ihrer Spitze Jaurès, die ebenso wie schon Gambetta argumentieren, daß eine solche Regelung stabile Mehrheiten und somit ein stabiles Regierungssystem garantiere. Als Anwälte der Persönlichkeitswahl dagegen treten vor allem die Radikalsozialisten auf, die die Unabhängigkeit des Abgeordneten und seinen lebendigen Kontakt zu den Wählern als höhere Werte erachten. Immerhin wird am 1. 7. 1910 für die Arbeit im Parlament die Regelung getroffen, daß nur noch Vertreter, die einem *groupe* angehören, in Kommissionen gewählt werden können.

Der radikale Flügel der Republikaner, der eigentliche Gewinner des Kampfes um Dreyfus, konstituierte sich im Laufe der anschließenden Auseinandersetzung des laizistischen Staates mit der katholischen Kirche zuerst zu einer einigermaßen modern strukturierten Parteiorganisation. Der *Parti radical et radical-socialiste* entstand 1901 aus einem Wahlkomitee und dem Zusammenschluß der beiden entsprechenden *groupes*, auf die sich der Doppelname bezog. Die Bezeichnung »Radikalsozialismus« könnte den deutschen Betrachter dazu verführen, sie für eine besonders extreme Variante des Sozialismus zu halten. Indessen handelte es sich eindeutig um eine bürgerlich-linksdemokratische Partei, deren Zielsetzungen relativ gemäßigt waren. Und der Name deutet vielmehr auf die Verwurzelung der Partei in den Traditionen der Großen Revolution hin, wodurch sie bis nach 1871 auch wirklich als radikal empfunden wurde. Als sie aber später durch die weit extremeren Bewegungen des Sozialismus und Kommunismus überholt wurde, rückte sie automatisch in die linke Mitte. Die Hinzufügung des Begriffs Sozialismus in den Namen entsprang wohl einer gewissen Konzession an den Zeitgeist, hatte jedoch keine substantielle Bedeutung.

Rechts von den Radikalsozialisten entstanden in den Jahren 1902 und 1903 die *Alliance républicaine et démocratique* und die *Fédération républicaine*, die jedoch eine schwache Basis hatten, weil sich ihre Anhängerschaft, das gehobene Bürgertum, ungern politisch engagierte. Sie stellten gleichsam einen »Generalstab ohne Truppen« [9] dar, besaßen aber andererseits durch ihre Verbindung zu führenden Wirtschaftskreisen, vor allem zum *Comité républicain de commerce, de l'industrie et de l'agriculture,* einen nicht geringen Einfluß. Damit überschauen wir die staatsbejahenden Parteien der bürgerlichen Mitte, die das politische Leben der Dritten Republik von etwa 1900-1940 entscheidend getragen haben.

Ihnen gegenüber spielten die Rechtsoppositionellen, also die seit dem Tode des Herzogs von Chambord (1883) von den Orleanisten geleiteten Monarchisten und die Bonapartisten zumindest im Parlament keine nennenswerte Rolle mehr. Um so spektakulärer trat dagegen etwa seit der Jahrhundertwende die neue Ideologie des »integralen Nationalismus« auf. Dessen bedeutendster Vertreter ist Maurice Barrès gewesen, der sowohl als Schriftsteller als auch als Parlamentarier einen deterministischen Nationalismus gepredigt hat, mit dem Militarismus, Antiparlamentarismus und Antisemitismus wesenhaft verbunden sind, bei dem aber auch sozialistische Tendenzen nicht fehlen.

Der immerhin noch republikanische Nationalismus eines Barrès ist nun durch die von Charles Maurras begründete und geleitete *Action française*, so genannt nach dem gleichnamigen Zeitschriftenorgan (1899-1944), zu einer unverhüllt antirepublikanischen und neomonarchistischen, zugleich antideutsch-revanchistischen Ideologie übersteigert worden. Daß diese Bewegung eindeutig aus der Dreyfus-Affäre entstanden ist, was man schon immer wußte, und daß sie ebenso zweifelsfrei als eine Frühform des Faschismus angesehen werden muß, was lange bestritten wurde, hat in jüngerer Zeit in Deutschland noch einmal Ernst Nolte nachgewiesen. [10]

Aber nicht nur von rechts, sondern auch von links wurde die Dritte Republik etwa seit der Jahrhundertwende permanent und grundsätzlich in Frage gestellt, und zwar durch Sozialismus und Syndikalismus. Denn beide formierten sich jetzt zu sehr ernst zu nehmenden Machtfaktoren, nachdem ihre Entwicklung lange Zeit stagniert hatte. Die Niederlage der Kommune 1871 und die Erinnerungen an ihre Ausschreitungen hatten die Entfaltung des französischen Sozialismus und Syndikalismus bis zur Mitte der 80er Jahre erheblich beeinträchtigt. Der dritte französische Arbeiterkongreß von 1879 in Marseille leitete eine Phase erneuter Aktivität ein: damals wurde auf Initiative von Jules Guesde die *Fédération du parti des travailleurs socialistes de France*, also die französische Sozialdemokratie, begründet. Ein Jahr später nahm sie ein Parteiprogramm an, das Guesde in London zusammen mit Karl Marx und Friedrich Engels ausgearbeitet hatte und das die Zielsetzungen des Marxismus für den französischen Sozialismus verbindlich machte. Aber schon 1883 zerfielen diese Sozialisten in drei verschiedene Richtungen: in die proudhonistischen »Possibilisten«, den marxistischen *Parti ouvrier* unter Guesde und die unter dem Einfluß von Alexandre Millerand und Jean Jaurès stehenden *Socialistes indépendents*. Natürlich war diese in sich so uneinige Bewegung zu politischen Aktionen zunächst wenig fähig, so daß sie zum Sorgenkind der internationalen Sozialdemokratie wurde. Auf entsprechende Initiativen auch von außen hin schlossen sich die verschiedenen Splittergruppen auf dem *Congrès d'unification des forces socialistes françaises* zwischen dem 23. und 25. 4. 1905 in Paris dann zur Einheitspartei unter dem Namen *Parti socialiste unifié, section française de l'Internationale ouvrière* (SFIO) zusammen. Die Auseinandersetzung um ihren politischen Kurs ist in der Zeit vor 1914 zwischen den beiden führenden Persönlichkeiten des französischen Sozialismus, Jules Guesde und Jean Jaurès, ausgetragen worden. Zwar hatte Jules Guesde auf dem Kongreß der II. Internationale zu Amsterdam 1904 durchgesetzt, daß der Reformismus eines Jaurès verworfen und der klassenkämpferische Marxismus vorgeschrieben wurde, aber die repräsentative Gestalt des französischen Sozialismus vor 1914 ist dann doch sein Rivale gewesen. Der hochgebildete Philosophieprofessor, der nicht nur alle Phänomene und Gestalten des deutschen Geisteslebens von Luther bis zum Idealismus genau kannte, sondern gleichzeitig auch mehr aus den humanitären Überlieferungen des französischen Sozialismus heraus lebte als aus der Doktrin des deutschen Marxismus, dessen Terminologie er nur mit Widerwillen benutzte, hat auf weite Sicht den französischen Sozialismus ideologisch im Grunde stärker geprägt als Guesde. Auch hier stellte wiederum die Dreyfus-Affäre die entscheidenden Weichen: während Guesde jede Beteiligung ablehnte, weil diese Auseinandersetzung eine innerbürgerliche sei, die das Proletariat nichts angehe, setzte sich Jaurès mit seinen Anhängern leidenschaftlich für Dreyfus ein, denn er dachte in einem weiteren Sinne als Guesde demokratisch und humanitär. Darüber hinaus wußte Jaurès auch die Spannung von Internationalismus und Nationalismus in sich zur Harmonie zu bringen. Obwohl Kosmopolit, trat er 1913 für die Heeresverstärkung ein, als er Frankreich durch Deutschland bedroht wähnte. Als der Krieg dann wirklich ausbrach, versuchte er durch seinen demonstrativen Appell an die Solidarität des französischen und deutschen Proletariats das Schicksal in letzter Minute aufzuhalten, mit dem Ergebnis, daß er selbst am 31. 7. 1914 das Opfer eines nationalistischen Fanatikers wurde.

Im Gegensatz zu Deutschland hat sich das französische Gewerkschaftswesen, der Syndikalismus, unabhängig von der SFIO entwickelt. Nachdem das Waldeck-Rousseau-Gesetz vom 21. 3. 1884 die Koalitionsfreiheit in begrenztem Maße wiederhergestellt hatte, nahm er einen mächtigen Aufschwung. Seit 1887 bildeten sich sog. Arbeitsbörsen, d. h. örtliche gewerkschaftliche Organisationen, die auch von den Stadtverwaltungen unterstützt wurden und eine erhebliche politische Aktivität entfalteten. Schon 1892 waren sie so zahlreich, daß sie sich in Saint-Etienne zu einer *Fédération des bourses du travail* zusammenschließen konnten. Da sie nur lokale Wirkungsmöglichkeiten hatten, entstanden unabhängig von ihnen alsbald berufsständisch aufgegliederte Landessyndikate, die 1895 eine eigene Dachorganisation, die *Confédération générale du travail* (C. G. T.), begründeten. 1902 vereinigten sich die Arbeitsbörsen mit der C. G. T., wobei deren Prinzipien in dem Einheitsverband dominierten.

Dieser Syndikalismus war weit revolutionärer eingestellt als der parteimäßig organisierte französische Sozialismus und ebenso internationalistisch wie dieser. Er übernahm zwar vom Marxismus den Klassenkampf als Methode, verwarf aber dessen Determinismus als historische Ideologie. Denn die Syndikalisten glaubten, die Herrschaft des Proletariats nicht durch eine Bewegung der Massen, sondern durch die »direkte Aktion« einer entschlossenen Minderheit herbeiführen zu können; sie dachten also elitär, nicht kollektivistisch. Die *action di-*

recte, durch die das Ziel der *émancipation intégrale* – statt schrittweiser Reformen – erreicht werden sollte, kannte als wichtigstes Kampfinstrument den Generalstreik, den Aristide Briand auf dem Sozialistenkongreß von Nantes 1894 zum Programm erhoben hatte. Vorbereitet werden sollte eine solche ökonomisch-politische Großaktion durch passiven Widerstand, Sabotage und Boykott. Diese Ziele des Syndikalismus sind durch die auf der Tagung von Amiens im Jahre 1906 angenommene *Charte d'Amiens* für alle in der C. G. T. vereinigten französischen Gewerkschaften verpflichtend geworden. Seitdem der Staat im Jahre 1901 die letzten Beschränkungen der Koalitionsfreiheit aufgehoben hatte, wuchs der Syndikalismus zu einer bedrohlichen Macht im öffentlichen Leben an, obwohl seine Mitgliederzahl infolge seines elitären Charakters stets verhältnismäßig klein blieb. Die Bergarbeiter spielten dabei die führende Rolle.

Angesichts des Individualismus der französischen Unternehmer kam keine gemeinsame Dachorganisation der Arbeitgeberverbände als Gegengewicht zur C. G. T. zustande; nur in einzelnen Industriezweigen bildeten sich stärkere entsprechende Vereinigungen aus, wie z. B. die *Union des industries métallurgiques et minières*, für die das 1864 begründete und 1884 umgebildete *Comité des forges* sowie die *Union centrale des houillères* Kristallisationspunkte boten. Auf Grund zahlreicher dramatisch verlaufener Ausstandsbewegungen wurde nach dem großen Bergarbeiterstreik von Carmaux am 27. 12. 1892 ein Gesetz beschlossen, das eine schiedsrichterliche Schlichtung von Arbeitskämpfen zwischen den Tarifpartnern vorsah, jedoch in der Praxis keineswegs dazu beitrug, Frankreich von der ersten Stelle der damaligen internationalen Streikstatistik abzusetzen.

Als Theoretiker der syndikalistischen Lehre vom Generalstreik trat Georges Sorel hervor, besonders mit seinem berühmten Hauptwerk von 1908 ›Réflexions sur la violence‹. Es enthält eine militante Kulturkritik, in welcher der Untergang der Bourgeoisie und der Anbruch des neuen Zeitalters des Proletariats verkündet werden. Dabei beruft sich Sorel keineswegs nur auf Proudhon und Marx, sondern zeigt sich ebenso stark durch Nietzsche und den Irrationalismus des *élan vital* Henri Bergsons, des repräsentativsten französischen Philosophen um die Jahrhundertwende, beeinflußt. Später hat sich Sorel, enttäuscht über den Ausgang der »Dreyfus-Revolution«, nach rechts hin orientiert und sich Péguy und der *Action française* genähert.

So haben sich also um die Jahrhundertwende politische, gesellschaftliche und ideologische Wandlungen vollzogen, die das Gesicht des modernen Frankreich vielfach bis in die Gegenwart hinein prägen. Zur gleichen Zeit verbesserte sich auch Frankreichs diplomatische Situation ganz erheblich, was dem wohl bedeutendsten Außenminister der Dritten Republik vor 1914, dem Südfranzosen Théophile Delcassé, zu verdanken war. Von Juni 1898 bis Juni 1905 übte er dieses Amt ohne Unterbrechung aus und überlebte dabei politisch bis auf den letzten alle Ministerpräsidenten, die während dieser Zeitspanne regiert haben, also Brisson, Dupuy, Waldeck-Rousseau, Combes und Rouvier, denn er galt als unersetzlich. Unterstützt von Meisterdiplomaten wie Paul Cambon und Camille Barrère, die als Botschafter Frankreichs Interessen in London und Rom vertraten, und in engem Einvernehmen mit dem Präsidenten Emile Loubet, den er – gedeckt durch entsprechende verfassungsrechtliche Bestimmungen – neben dem Ministerpräsidenten oft als einzigen in die Geheimnisse seiner außenpolitischen Schachzüge einweihte, verstand es Delcassé in den sieben Jahren seiner Amtszeit, Frankreich auf Kosten seines östlichen Rivalen in eine überaus günstige weltpolitische Position zu bringen. Die Isolierung, in die Bismarck die Republik hineinmanövriert hatte, war am Ende vollständig überwunden, und statt dessen sah sich Preußen-Deutschland aller Freunde beraubt. Deswegen hat die deutsche öffentliche Meinung Delcassé oft zornig den Initiator der »Einkreisung« gescholten.

Darüber ist jedoch fast völlig übersehen worden, daß Delcassé seine Amtstätigkeit, die er zur Zeit der Faschoda-Krise aufnahm, mit dem, wenn auch zaghaften, Versuch eingeleitet hat, mit Hilfe des Tauschprojektes Lothringen-Madagaskar eine prinzipielle Bereinigung des deutsch-französischen Verhältnisses herbeizuführen. Dementsprechend sollte Deutschland nach Schleifung der Festungsanlagen um Metz Lothringen an Frankreich zurückgeben und als Kompensation dafür die französische Kolonie Madagaskar erhalten. Überdies sollte Frankreich das Elsaß in einer feierlichen Erklärung endgültig Deutschland überlassen. Diese Anregung vom Jahre 1900 wurde indessen von der deutschen Regierung nicht aufgegriffen, so daß das ganze Projekt schon im Ansatz scheitern mußte.

Daraufhin wandte sich Delcassé entschlossen der natürlich auch vorher nicht aus dem Auge gelassenen Aufgabe zu, Deutschland zu isolieren und Frankreichs diplomatische Situation ihm gegenüber zu stärken. Auf dieser Ebene lag schon ein Vertrag von 1899, der die französisch-russische Militärkonvention noch enger gestaltete. Kurz nach der Jahrhundertwende ging Delcassé daran, Italien, das sich seit seiner Niederlage bei Adua in Abessinien 1896 von seinen mitteleuropäischen Bundesgenossen im Stich gelassen fühlte, in einer Politik der »wechselseitigen Durchdringung der Allianzen« zwar nicht formal-juristisch, aber doch faktisch aus dem Dreibund zu lösen. Zu diesem Zweck baute er zunächst einmal einen zwischen beiden Ländern seit den 1880er Jahren schwelenden Zollkrieg ab und gelangte im Dezember 1900 zu einem ersten kolonialpolitischen Abkommen mit Italien, in dem er Frankreichs Desinteresse an Tripolitanien erklärte. Staatsbesuche des italienischen Königspaares in Paris und des französischen Präsidenten in Rom in den Jahren 1903 und 1904 verdichteten die zwischen beiden Ländern heranreifende freundschaftliche Atmosphäre. So konnten die »lateinischen Schwestern«, wie man sich damals zu sagen angewöhnte, am 1.11.1902 einen Geheimvertrag abschließen, in dem sie noch einmal ihre Interessensphären in Nordafrika abgrenzten, wobei Frankreich auf Tripolitanien und Italien auf Marokko als zukünftigen Kolonialbesitz verzichtete und sich darüber hinaus der Apenninenstaat verpflichtete, nicht an einem gegen Frankreich gerichteten »unprovozierten Angriff« teilzunehmen. Seitdem stand Italiens formell bis 1914 andauernde Zugehörigkeit zum Dreibund nur noch auf dem Papier.

Delcassés epochale Leistung ist jedoch eine grundlegende Verbesserung der französisch-englischen Beziehungen gewesen. Voraussetzung dafür war allerdings jene hybride oder zumindest ungeschickte Politik Deutschlands, die die Möglichkeit eines Bündnisses oder doch wenigstens allianzähnlichen Arrangements mit Großbritannien, über die zwischen 1898 und 1901 verhandelt worden war, nicht wahrzunehmen gewußt hatte. Infolgedessen suchte England sich seit etwa 1902 außenpolitisch neu zu orientieren. Das Zurückweichen der Franzosen in Faschoda und die anschließende englisch-französische Konvention über die Abgrenzung der beiderseitigen Interessensphären im nordostafrikanischen Sahara- und im Sudangebiet hatten schon den Boden dafür bereitet. Die Neigung, kolonialpolitische Reibungsflächen abzubauen, bekundeten seit 1902 nachdrücklich sowohl Delcassé als auch der im Jahr zuvor auf den Thron gelangte und im Gegensatz zu seiner deutschfreundlichen Mutter Viktoria frankophile König Eduard VII. von England sowie dessen Minister Lansdowne und Chamberlain, beide ursprünglich übrigens Anhänger einer Verständigung Großbritanniens mit Deutschland. Wechselseitige Besuche der Staatsoberhäupter, König Eduards in Paris 1903 und Loubets mit Delcassé in London 1904, ebneten der Freundschaft beider Nationen weiter den Weg. Diese Gesten begleiteten Verhandlungen, die am 8. 4. 1904 zu jenem Kolonialabkommen zwischen England und Frankreich geführt haben, das als *Entente cordiale* in die Geschichte eingegangen ist. Der Kerngehalt dieses Meisterstücks der Außenpolitik war ein Interessenausgleich der beiden Großmächte über Hinterindien und Nordafrika, der Ägypten den Engländern und Marokko den Franzosen als koloniales Betätigungsgebiet zuwies. Dieser Vertrag, der zu den wichtigsten in der Geschichte des 20. Jahrhunderts gehört, war kein Bündnis und ursprünglich auch keineswegs gegen Deutschland gerichtet. Jedoch entwickelte sich aus ihm sehr rasch eine freundschaftliche Kooperation der beiden Staaten in Europa wie in der überseeischen Welt, die faktisch die Bewegungsfreiheit der deutschen Politik allenthalben einschränkte.

Jetzt schickte sich Frankreich nämlich an, in Marokko, wo es stets kriegerische Unruhen gab, für Ordnung zu sorgen, was einer *pénétration pacifique* des Scherifenreiches gleichkam. Dabei erkannte es die Rechte Spaniens ausdrücklich in einem Vertrag vom 3. 10. 1904 an, der Marokko in eine sich auf den Küstenstreifen am Mittelmeer erstreckende spanische und eine das gesamte übrige Gebiet umfassende französische Einflußsphäre aufteilte. Es war kein Wunder, daß Deutschland, das in Marokko große, vor allem von der Firma Mannesmann gepflegte wirtschaftliche Interessen hatte, den Eindruck gewann, hier ausgeschaltet zu werden. Jedoch sind die tieferen Gründe, warum Deutschland die erste große Marokkokrise entfesselt hat, keineswegs nur in kolonialpolitischen Rivalitäten zu suchen, sondern auch in dem Wunsch, die Haltbarkeit der *Entente cordiale* zu testen. Zu diesem Zweck drängte der deutsche Reichskanzler von Bülow den Kaiser dazu, der sich übrigens aus einem richtigen Instinkt heraus zunächst gegen die ihm zugedachte Rolle sträubte, am 31. 3. 1905 in Tanger zu landen und eine Rede zu halten, in der sich Wilhelm II. demonstrativ für die Unabhängigkeit des Scherifenreiches einsetzte. Anschließend schlug die deutsche Regierung am 12. 4. eine internationale Konferenz zur Regelung der Marokkofrage vor. Als Delcassé im Vertrauen auf britische Hilfe den Fehdehandschuh aufnehmen und diese Forderung unter Inkaufnahme eines Krieges zurückweisen wollte, fand er jedoch keine Zustimmung im Kabinett und sah sich am 6. Juni zum Rücktritt gezwungen. Seine Nachfolge übernahm Ministerpräsident Rouvier selbst. Wilhelm II. quittierte diesen Erfolg mit der Erhebung Bülows in den Fürstenstand. Das unter dem Einfluß Friedrichs von Holstein stehende Auswärtige Amt lehnte eine direkte Verständigung mit Frankreich ab und bestand auf der internationalen Konferenz, die denn auch zwischen dem 16. 1. und 7. 4. 1906 in der südspanischen Stadt Algeciras stattfand. In den Verhandlungen widersetzte sich Deutschland vergeblich der vorherrschenden Tendenz, die Neuordnung des marokkanischen Polizeiwesens in erster Linie französischen Instrukteuren anzuvertrauen. Immerhin erlangte es das Zugeständnis, daß in Marokko eine »Politik der offenen Tür« betrieben werden solle. Aber insgesamt hatten sich die französischen Wünsche durchgesetzt, da sie von England, Rußland und sogar Italien unterstützt wurden, während Deutschland nur in Österreich einen Sekundanten fand und eine Niederlage einstecken mußte, die seine Isolierung aller Welt kundtat. Die *Entente cordiale* hatte ihre erste Belastungsprobe bestanden.

Etwa gleichzeitig erwies sich die Irrealität eines von Kaiser Wilhelm II. seit 1895 im geheimen verfolgten Planes, Deutschland, Rußland und Frankreich in einem gegen England gerichteten Kontinentaldreibund zusammenzufassen. Statt dessen setzte sich der Quai d'Orsay, durch das undurchsichtige Verhalten des Zaren vorübergehend mißtrauisch geworden, nachdrücklich dafür ein, die kolonialpolitischen Gegensätze zwischen England und Rußland abzubauen. Das Resultat dieser Politik, die ohne Frankreichs Vermittlung nicht so rasch vorangekommen wäre, ist der russisch-englische Vertrag von 1907 über die Abgrenzung der jeweiligen Interessensphären in Persien, Afghanistan und Tibet gewesen, der den in den Folgejahren weiterentwickelten Ausgleich zwischen Rußland und England gebracht hat. Seitdem stand

Großbritannien, ohne allerdings in einem antideutschen Sinne vertraglich gebunden zu sein, praktisch hinter dem Zweibund Frankreich-Rußland, so daß Deutschland für den Fall eines Krieges gegen Frankreich mit einer übermächtigen Koalition von Gegnern rechnen mußte. Die Jahre 1906-1911 standen in Frankreich wieder unter dem Primat der Innenpolitik. Der fortschreitende Demokratisierungsprozeß der Dritten Republik manifestierte sich nicht zuletzt darin, daß von 1906 bis 1909 der Radikalsozialist Georges Clemenceau und anschließend bis 1911 sogar der vom Sozialismus herkommende, inzwischen allerdings ins bürgerliche Lager übergewechselte Aristide Briand als Ministerpräsidenten die Geschicke des Landes leiteten. Ihre Amtszeit war durch harte soziale Konfrontationen gekennzeichnet: nach der furchtbaren Grubenkatastrophe von Courrières vom 10. 3. 1906, die etwa 1100 Menschen das Leben gekostet und zur spektakulären Hilfeleistung einer deutschen Rettungsmannschaft geführt hatte, erfüllte in den Monaten März und April ein gefährlicher Bergarbeiterstreik den Pas-de-Calais und nötigte Clemenceau zu persönlichem Eingreifen; schwierige Situationen schufen auch die großen Ausstände der Postbeamten im März 1909 und der Eisenbahner im Oktober 1910. Letzteren meisterte Briand, indem er die streikenden *cheminots* kurzerhand zum Militärdienst einberief und sie auf diese Weise als Wehrpflichtige zu arbeiten zwang.

Jedoch sind die Jahre der »radikalen Republik«, die etwa vom Ende der Dreyfus-Affäre bis zum Kriegsausbruch von 1914 reicht, darüber hinaus auch durch ein imponierendes Gesetzgebungswerk charakterisiert, das bis in die Gegenwart hinein nachwirkt. Mit der Einführung der progressiven Einkommensteuer, über die seit 1896 verhandelt worden war, wurde um 1910 ein modernes Steuerrecht konstituiert und damit endlich einer alten Forderung der politischen Linksparteien Genüge getan. Nachdem Frankreich schon unter dem Juli-Königtum und dem Zweiten Empire avantgardistische Ansätze zu einer sozialen Gesetzgebung gemacht hatte, kamen diese Bemühungen unter dem Eindruck des Kommune-Aufstandes für viele Jahre ganz zum Erliegen. Sehr zögernd wurden sie erst kurz vor der Jahrhundertwende wiederaufgegriffen, wobei die entsprechenden Maßnahmen Bismarcks Pate standen. Ein Gesetz vom 2. 11. 1892 regelte die Kinder- und Frauenarbeit, zwei weitere vom 12. 6. 1893 und 28. 11. 1912 sicherten bzw. verbesserten den Gesundheitsschutz des Arbeiters, und wiederum ein anderes vom 30. 3. 1900 vereinheitlichte die Betriebsvorschriften und Arbeitszeiten in den einzelnen Werken der gleichen Produktionsrichtung. Anstelle der 1880 im Rahmen des französischen Kulturkampfes abgeschafften Sonntagsruhe wurde am 13. 7. 1906 ein weltlicher *repos hebdomadaire* eingeführt. Das Interesse der Arbeiter an dieser Gesetzgebung suchte man zu steigern, indem man seit dem 11. 8. 1899 die oberste Sozialbehörde, die *Direction du travail, de l'assistance et de la prévoyance sociale,* vorwiegend mit gewählten Amtsträgern besetzte. Seit Oktober 1906 gab es ein eigenes Arbeits- und Wohlfahrtsministerium.

Zusätzlich zur seit 1884 bestehenden Koalitionsfreiheit wurde durch das Gesetz vom 27. 12. 1890 die Stellung der Arbeiter im Betrieb gefestigt, weil sie nunmehr Schadenersatz bei grundloser Entlassung beanspruchen konnten; auch durfte nach einer Verfügung vom 12. 1. 1895 der Arbeitslohn nur noch in beschränktem Umfang gepfändet werden. Am 2. 7. 1890 wurde das als Kontrolle gegen ehemalige *Communards* eingeführte Arbeitsbuch wieder abgeschafft. Die Gemeinden waren seit dem 15. 7. 1893 zur unentgeltlichen Krankenpflege aller Armen gesetzlich verpflichtet. Aus einer Reihe von Vorstufen ist schließlich am 6. 4. 1910 ein Gesetz erwachsen, das einen Versicherungszwang für alle Arbeitnehmer bis zu 3000 Francs Jahreseinkommen verfügte. Am 9. 4. 1898 war schon – allerdings auf der Basis freiwilliger Beiträge – das Problem der Unfallversicherung langfristig gelöst worden. All diese Gesetze sind zwischen 1910 und 1912 in einem *Code du travail* zusammengefaßt worden, wodurch diese epochale sozialgesetzliche und arbeitsrechtliche Entwicklung einen gewissen Abschluß fand.

Zur gleichen Zeit zieht am außenpolitischen Horizont eine neue dunkle Wolke herauf: die zweite Marokkokrise von 1911, die weit drastischer als schon die erste von 1905/06 anzeigt, wie zerbrechlich der Weltfrieden geworden ist. Zwar wird auch sie noch einmal gütlich beigelegt, aber das Gespenst des »Großen Krieges« geht seitdem als latente Drohung in Europa um, und die Angst vor ihm wird durch weitere internationale Krisen, die auf Marokko in kurzem Abstand an den Randzonen des Osmanischen Reiches folgen und dessen Auflösungsprozeß einleiten, gewiß nicht verringert. Verstärkte Rüstungsanstrengungen der Großmächte und natürlich auch Frankreichs sind die Folge. Gleichzeitig betritt eine neue Generation von Politikern die Bühne der französischen Geschichte und beherrscht sie zusammen mit den uns schon bekannten Staatsmännern Briand und Clemenceau in den jetzt anbrechenden stürmischen Jahren. Von ihnen steuern zwischen 1911 und 1914 Joseph Caillaux (1911/12), Raymond Poincaré (1912/13), Aristide Briand (1913), Louis Barthou (1913) und Gaston Doumergue (1913/14) als Ministerpräsidenten das französische Staatsschiff; auf Armand Fallières, den Präsidenten der Republik zwischen 1906 und 1913, folgt am 18. 2. 1913 der sehr energische, ausgesprochen tüchtige und militant-nationalistische Raymond Poincaré als Inhaber des höchsten Staatsamtes, das er bis zum 18. 2. 1920 ausüben wird.

Die Vorgeschichte der zweiten Marokkokrise reicht bis zur Konferenz und zum Vertrag von Algeciras von 1906 zurück. Zwar wich der britische Außenminister dem französischen Wunsch nach Abschluß eines direkten Bündnisses aus, stimmte aber andererseits Kontakten der beiderseitigen Generalstäbe zu. Solche Besprechungen fanden zwischen 1906 und 1914 denn auch häufig statt, und zeitweise nahm auch Belgien, das sich damals schon von Deutschland bedroht fühlte, daran teil. Da hierbei beide Länder ihre militärischen Geheimnisse untereinander austauschten und sich dadurch gegenseitig in die Hand gaben, wurde die juristisch nicht bestehende Bündnissituation de facto doch herbeigeführt.

Allerdings ging dem neuerlichen Streit um das Scherifenreich auch eine zeitweilige Entspannung voraus. Denn die zu Algeciras gesammelten Erfahrungen hatten in Kaiser Wilhelm II. den Wunsch geweckt, dieses heiße Eisen zukünftig nicht mehr anzufassen und den Franzosen in Marokko freie Hand zu lassen. So konnte Frankreich in den beiden folgenden Jahren seine Expansion dort ungestört fortsetzen und sogar die Stadt Casablanca besetzen. Daß die deutsche Regierung damals diese nachgiebige Haltung einnahm und am 9. 2. 1909 sogar ein Abkommen mit Frankreich abschloß, in dem sie ihm eine politische Vorzugsstellung in Marokko zuerkannte, allerdings unter Wahrung der marokkanischen Souveränität und des Prinzips der Offenen Tür für alle Nationen im Marokkohandel, lag an der gleichzeitigen Bosnischen Krise.

Jedoch hat diese gütliche Regelung nicht lange Bestand gehabt. Denn die vor allem zugunsten Deutschlands getroffenen Wirtschaftsbestimmungen des Vertrages von 1909 wurden von den Franzosen keineswegs zur Zufriedenheit der deutschen Kaufleute eingehalten, so daß es bald wieder zu Spannungen zwischen beiden Staaten kam. Als Frankreich erneute innere Unruhen in Marokko, durch die auch das Leben zahlreicher Europäer bedroht war, in den Monaten April und Mai 1911 dazu ausnutzte, auch noch die Städte Rabat und Fez militärisch zu besetzen, steigerten sie sich zur offenen Krise. Hinter der Initiative, die die Reichsregierung jetzt wieder ergriff, stand der damalige Staatssekretär im Auswärtigen Amt von Kiderlen-Wächter, der an die Marokko-Politik seines Lehrmeisters Holstein von 1905 anknüpfte. Ihm schwebte dabei keineswegs mehr das Ziel vor, Marokko als Einflußgebiet für Deutschland zu gewinnen; vielmehr meldete er deutsche Ansprüche in der Absicht an, für den Verzicht darauf größeren französischen Kolonialbesitz in Äquatorialafrika zur Arrondierung Kameruns einzutauschen. Um dies zu erreichen, legte die deutsche Regierung sogar eine im Grunde nicht ernst gemeinte Kriegsbereitschaft an den Tag, indem sie das Kanonenboot »Panther« am 1. 7. 1911 den marokkanischen Hafen Agadir anlaufen ließ und später auch Reservisten an der Westgrenze zusammenzog. Daraufhin wurde die britische Flotte in Alarmzustand versetzt, und der englische und französische Generalstab traten zusammen und entwarfen einen gemeinsamen Aufmarschplan gegen Deutschland. Zwar verhinderte der auf französischer Seite von Caillaux ausgehandelte Marokko-Kongo-Vertrag vom 4. 11. 1911, in dem Deutschland gegen Abtretung von

Teilen Französisch-Äquatorialafrikas (»Antennen«) auf alle seine Ansprüche in Marokko zugunsten Frankreichs verzichtete, wiederum eine kriegerische Auseinandersetzung. Aber die internationale Lage hatte sich durch diese neue Krise weiter gefährlich verschlechtert, und England war noch näher an Frankreich gerückt. Anschließend ist die 1911 abgesprochene direkte Zusammenarbeit beider Generalstäbe durch den Briefwechsel zwischen dem britischen Außenminister Grey und dem französischen Botschafter in London Cambon vom 22./23. 11. 1912 auch noch einmal schriftlich bestätigt worden. Darin vereinbarten die Regierungen gemeinsames militärisches Handeln im Falle eines Angriffs auf einen der beiden Partner. Dieser Briefwechsel aber konnte Frankreich völlig zufriedenstellen, weil er einem Bündnisvertrag an Wert gleichkam.

Nunmehr war Frankreich in die Lage versetzt, Marokko endgültig in sein Kolonialimperium einzugliedern; durch die Konvention von Fez vom 30. 3. 1912 wurde es offiziell französisches Protektorat, mit Ausnahme des größten Teiles des Rif, der Enklave Ifni und Rio de Oros, die in einem Grenzabkommen vom November des gleichen Jahres Spanien überlassen wurden. Die tatsächliche Inbesitznahme erstreckte sich jedoch auf den langen Zeitraum von 1912-1934, in dem der Marschall Lyautey, einer der größten Pioniere der französischen Kolonialgeschichte, als Resident Frankreichs in Marokko amtierte und das Land in einer Kombination von militärischen und diplomatischen Aktionen befriedete.

Die Marokkolösung von 1911, bei der Deutschland im Grunde den kürzeren gezogen hatte, befriedigte weder die französische noch die deutsche Öffentlichkeit und trug vielmehr dazu bei, die schon bestehenden Spannungen weiter zu verschärfen. Die Möglichkeit des »Großen Krieges«, von der zunehmend gesprochen und geschrieben wurde, steigerte den Rüstungswettlauf so bedrohlich, daß in Deutschland die Friedenspräsenz des Heeres auf knapp 800 000 Mann angehoben und in Frankreich die dreijährige Dienstpflicht eingeführt wurde. Besprechungen zwischen dem deutschen Reichskanzler Bethmann Hollweg und dem englischen Kriegsminister Haldane, die seit 1912, nicht zuletzt unter dem Eindruck der beiden Balkankriege von 1912/13, von Zeit zu Zeit stattfanden, um eine Entspannung herbeizuführen, blieben infolge der Flottenfrage ergebnislos. Doch wurden solche Annäherungsversuche zwischen dem Deutschen Reich und Großbritannien fortgesetzt, bis ihnen das Attentat von Sarajewo am 28. 6. 1914 ein jähes Ende bereitete.

Die Nachricht von diesem Mord löste auch in der öffentlichen Meinung der *Entente*-Länder allgemeine Bestürzung aus, die mit Abscheu gegenüber dem Verbrechen gepaart war. Jedoch ist dieses moralische Kapital durch die törichte Politik, die Österreich-Ungarn während der Julikrise gegenüber Serbien betrieb und die am 23. Juli in dem Ultimatum und am 28. Juli in der Kriegserklärung der Wiener Regierung gipfelte, so rasch vergeudet worden, daß man alsbald mit dem Ausbruch eines allgemeinen Krieges zwischen den Mittelmächten auf der einen und der *Entente* auf der anderen Seite zu rechnen begann. Daß der österreichisch-serbische Konflikt nicht mehr lokalisiert werden konnte, trat offen zutage, als sich in seinem Gefolge die deutsch-russischen Beziehungen so zuspitzten, daß das Reich als Antwort auf die Generalmobilisierung Rußlands vom 30. Juli seinerseits am 1. 8. 1914 die allgemeine Mobilmachung und die Kriegserklärung an den Zarenstaat aussprach.

Unmittelbar darauf erreicht der Krieg auch Frankreich. Obwohl der Verlust Elsaß-Lothringens durchaus nicht verschmerzt ist, werden während der Julikrise weder die öffentliche Meinung noch die von dem Präsidenten Poincaré und dem Ministerpräsidenten Viviani (9. 6. 1914-29. 10. 1915) geleitete Regierung in ihrem Handeln entscheidend von diesem Motiv bestimmt; Frankreich denkt zu dieser Zeit keineswegs daran, etwa seinerseits durch eine Zuspitzung der Lage bewußt auf den Krieg hinzuarbeiten. Andererseits wähnt es jedoch seine Sicherheit durch Deutschland latent bedroht und hat sich aus diesem Grund rechtzeitig der Wirksamkeit des Bündnisses mit Rußland versichert, indem es am 23. 7. 1914 anläßlich eines Besuches Poincarés in St. Petersburg die zaristische Regierung wissen läßt, daß sie der Vertragstreue Frankreichs im Falle eines Krieges gewiß sein könne. Nichtsdestoweniger übermittelt man anschließend durch den französischen Botschafter in St. Petersburg Ratschläge zur Mäßigung, die dieser allerdings nur verstümmelt weitergibt. Überdies beginnt die französische Regierung, die in den kritischen Tagen nach dem 23. Juli für einige Zeit faktisch lahmgelegt ist, weil sich ihre wichtigsten Vertreter auf der Rückreise von St. Petersburg nach Paris, d. h. auf hoher See, befinden, vorsichtig und geheim erste militärische Sicherheitsmaßnahmen gegen einen eventuellen Angriff Deutschlands zu treffen.

Denn selbstverständlich ist dem französischen Generalstab der deutsche Kriegsplan in groben Umrissen bekannt. Man weiß, daß der Schlieffenplan das Territorium Belgiens ohne Rücksicht auf dessen auch Deutschland vertraglich bindende Neutralität in sein Kalkül mit einbezieht und daß er, mit Frankreich als fraglosem Gegner rechnend, aus der zwangsläufig gegebenen Zweifrontensituation heraus einen Angriff mit dem größten Teil der Kräfte zunächst im Westen vorsieht. Frankreich wird also in erster Linie die Wucht eines deutschen Ansturms auszuhalten haben. Daß diese Befürchtung nur zu begründet ist, erweist sich gleichzeitig mit der Zuspitzung der deutsch-russischen Beziehungen zum offenen Krieg.

Denn parallel zu dem Ultimatum an Rußland richtet Deutschland ein auf 18 Stunden befristetes Ersuchen an Frankreich, für den Fall eines deutsch-russischen Krieges Neutralität zuzusagen. Um noch zusätzliche Sicherheiten in die Hand zu bekommen, wird der deutsche Botschafter in Paris, Herr von Schoen, angewiesen, die französische Regierung nach einer – aber für ganz unwahrscheinlich gehaltenen – Annahme des Ultimatums aufzufordern, für die Dauer eines deutschrussischen Krieges die Besetzung der Festungen Toul und Verdun durch deutsche Truppen zuzugestehen. Als Schoen am Abend des 31. Juli um 19 Uhr dem französischen Ministerpräsidenten Viviani die deutsche Note überreicht, hält er allerdings diese geheime Zusatzklausel, deren Akzeptierung eine Unterwerfung Frankreichs unter Deutschland ohne Krieg bedeutet hätte, zurück, und er braucht sie auch später nicht mehr zu übergeben. Jedoch wird es dem französischen Geheimdienst während des Krieges gelingen, des Dokumentes habhaft zu werden, es zu entschlüsseln und als eine außerordentlich wirksame propagandistische Waffe gegen Deutschland einzusetzen. Die Reichsregierung betrachtet Vivianis ausweichende Antwort, Frankreich werde so handeln, wie es »die Interessen des Landes« erforderten, bereits als Ablehnung der geforderten Neutralität und ist nunmehr endgültig davon überzeugt, den westlichen Nachbarn in dem bevorstehenden Waffengang zum Gegner zu haben; daher läßt sie Viviani durch Schoen am Nachmittag des 3. August die deutsche Kriegserklärung an Frankreich überreichen.

Inzwischen ist längst erwiesen, daß die in dieser Note enthaltenen Begründungen, nämlich angebliche Verletzungen deutschen Gebietes durch französische Soldaten und Abwurf französischer Fliegerbomben auf deutsche Städte, nicht den Tatsachen entsprachen, sondern auf Irrtümern beruhten. Denn die französische Regierung hatte die einer Teilmobilmachung gleichkommenden Grenzsicherungsmaßnahmen der letzten Tage sehr vorsichtig durchgeführt und, um Deutschland ja keine Vorwände zu liefern, am 30. Juli sogar die Zurücknahme der französischen Truppenteile um 10 km hinter die gemeinsame Grenze befohlen. Auf Grund der deutschen Kriegserklärung an Rußland und des deutschen Ultimatums an die eigene Adresse hatte sie allerdings am 1. August die allgemeine Mobilmachung der französischen Streitkräfte verfügt, wenige Stunden, bevor die deutsche erfolgte.

Als zwei Tage später der Kriegszustand zwischen beiden Staaten formell eintritt, läuft der deutsche Riesenaufmarsch im Westen, der in der Nacht vom 1. auf den 2. August begonnen hat, schon längst auf vollen Touren und hat bereits das Gebiet des neutralen Luxemburg in sein Operationsfeld miteinbezogen. Frankreich muß von jetzt an mit einer deutschen Offensive rechnen, von der jedermann in der Welt annimmt, daß sie sich als die planvollste und furchtbarste Kriegshandlung erweisen wird, die es bis dahin in der Geschichte zivilisierter Staaten gegeben hat. Unter solchen Umständen hängt für Frankreich alles davon ab, welche Reaktion England zeigen wird.

Großbritannien hatte in der Julikrise zunächst eine vermittelnde Haltung eingenommen, in der Hoffnung, einen großen Krieg entweder überhaupt verhindern oder doch wenigstens auf einen Waffengang zwischen den Mittelmächten auf der einen und Rußland sowie dessen

Schützling Serbien auf der anderen Seite eingrenzen und dabei selbst neutral bleiben zu können. Als die Ereignisse jedoch anzuzeigen begannen, daß auch Frankreich in diese Auseinandersetzung einbezogen werden und einen deutschen Angriff zu gewärtigen haben würde, ließ die englische Regierung unmißverständlich durchblicken, daß sie in einem solchen Falle nicht abseits stehen, sondern den Franzosen militärisch zu Hilfe kommen werde. Diese Möglichkeit wird nun Realität, als Deutschland, um den Schlieffenplan verwirklichen zu können, am Abend des 2. August Belgien ersucht, den Durchmarsch deutscher Truppen durch sein Gebiet zu gestatten, der sonst gewaltsam erzwungen werde. Diese offenkundige Verletzung des Neutralitätsvertrages von 1839 durch die Garantiemacht Preußen-Deutschland ruft die Garantiemacht England auf den Plan, als die belgische Regierung am 3. August das deutsche Ansinnen ablehnt und König Albert Großbritannien um Schutz bittet, weil nach der Weigerung Brüssels schon am gleichen Tag der Einmarsch deutscher Truppen in Belgien anläuft. Daraufhin fordert London das Deutsche Reich in ultimativer Form am 4. August zum Rückzug aus dem kleinen, aber wegen seiner strategischen Lage so wichtigen Staat auf, andernfalls der *casus belli* automatisch eintreten werde. Da man in Berlin erwartungsgemäß auf das britische Ersuchen nicht reagiert, sondern den Vormarsch durch Belgien fortsetzt, befindet sich das Inselreich seit der Nacht vom 4. auf den 5. August ebenfalls im Krieg mit Deutschland.

Natürlich ging es England letztlich nicht um die Wahrung der Neutralität eines Kleinstaates, als es im Jahre 1914 eine Entscheidung fällte, die so weittragend war, daß aus einem europäischen Konflikt von Anbeginn an ein den Erdball umspannender Weltkrieg wurde; traten doch zusammen mit dem Mutterland auch die Gliedstaaten des Britischen Empire und alsbald auch sein Bundesgenosse Japan in den Kampf gegen Deutschland ein. Ausschlaggebend für diesen Schritt war vielmehr die Interessenpolitik des Vereinigten Königreiches, die auf der jahrhundertealten Überlieferung beruhte, das Mächtegleichgewicht auf dem Kontinent zu erhalten, und der eine Überrennung des schwächeren Frankreich durch das stärkere Deutschland zuwiderlief. Für Frankreich bedeutete dieser britische Nationalegoismus wiederum die Rettung, da es ohne dessen machtvolle Bundesgenossenschaft der ihm jetzt bevorstehenden schwersten Bewährungsprobe in seiner an Kriegen gewiß nicht armen Geschichte kaum gewachsen gewesen wäre. Die mit dem Aufstieg der Dritten Republik identische *belle époque* aber war im August 1914 unwiderruflich zu Ende, und Lord Greys in diesen Tagen gesprochenes prophetisches Wort galt uneingeschränkt auch für Frankreich: »Jetzt gehen über Europa die Lichter aus!«

2. Bewährung, Niedergang und Katastrophe der Dritten Republik (1914-1940)

Anläßlich der ersten Marokkokrise von 1905 hatte der damalige Chef des deutschen Generalstabes, Graf Schlieffen, den berühmten, nach ihm benannten Plan ausgearbeitet, der die rasche Mattsetzung Frankreichs[11] vorsah, solange die Russen noch im Fernen Osten durch die Japaner gebunden und in Europa nicht zum Eingreifen bereit waren. Obwohl sich inzwischen die militärpolitische Lage Deutschlands so verändert hatte, daß es angebracht gewesen wäre, auf den Kriegsplan Moltkes des Älteren zurückzugreifen, wonach im Fall eines Zweifrontenkrieges Deutschland vereint mit Österreich offensiv gegen Rußland vorgehen, sich im Westen jedoch defensiv verhalten sollte, hielt der jüngere Moltke, der Chef des deutschen Generalstabes im Jahre 1914, trotzdem am Schlieffenplan mit seinem Ziel fest, die französische Armee in einer riesenhaften Umfassungsschlacht, quasi in einem modernen Cannae, auszuschalten und erst anschließend im Osten anzugreifen. Die politischen Risiken, nämlich die Verletzung der Neutralität Belgiens und als deren Folge den Kriegseintritt Englands, nahm man dieses Plans wegen in Kauf. In den Wochen vor Kriegsausbruch hatte der Primat des Militärischen die deutsche Außenpolitik verhängnisvoll lahmgelegt.

Zunächst scheint es aber durchaus so, als werde die Durchführung des Schlieffenplanes gelingen, denn die deutschen Anfangserfolge im Westen sind überwältigend. Nach der raschen Eroberung Belgiens bricht die französisch-englische Maas-Sambre-Front unter dem Ansturm von fünf deutschen Offensivarmeen um den 20. August völlig zusammen. Daraufhin setzen sich Franzosen und Engländer bis Anfang September auf die Linie Basel-Verdun-Marne-Paris ab. Die Deutschen folgen dieser Rückzugsbewegung unaufhaltsam; zwischen Verdun und ihrer rechten Flügelarmee drehen ihre Angriffsheere in gewaltiger Linksschwenkung auf die alliierte Frontlinie ein und erreichen – jetzt von Norden nach Süden vorstoßend und Paris rechts in ihrer offenen Flanke liegenlassend – in den ersten Septembertagen die Marne. Dort stellt sich ihnen Joffre, der französische Generalissimus, erneut zur Schlacht. Dabei gelingt es ihm, am Ourcq in der östlichen Bannmeile von Paris eine neue, die 6. französische Armee aufzubauen. So sind die Deutschen jetzt überflügelt, während gleichzeitig die Geschlossenheit ihrer Angriffsfront durch die – sich im Verlauf der Schlacht auf 40 km verbreiternde – Lücke von Rebais geschwächt ist, die den Gegner zum Einbruch geradezu einlädt.

In der am 6. 9. 1914 entbrennenden Schlacht an der Marne gelingt es den deutschen Heeresführern sogar, zu Beginn des zwischen dem Ourcq und Verdun ausgetragenen Ringens mit der für sie so ungünstigen taktischen Lage fertig zu werden. Dann aber bewegen Bedenken strategischer Art, vor allem Nachschubprobleme, die deutsche Heereslei-

tung dazu, am 9. September alle Vorstöße einzustellen und anschließend durch Oberstleutnant Hentsch den Rückzug hinter die Aisne zu
befehlen, der am 11. 9. 1914 ausgeführt wird und das Ende der deutschen Offensive, damit aber gleichzeitig auch das Scheitern des Schlieffenplanes bedeutet. Als die Angriffswogen der französischen Infanterie am 11. September über deutschen, den Rückzug deckenden Nach-
hutbatterien zusammenschlagen, kann die französische Heeresleitung
dieses Ereignis, eines der konstituierenden der Geschichte des 20. Jahrhunderts, als das »Wunder an der Marne« empfinden, das Frankreich
gerettet hat. Im Herbst 1914 kommt es dann zu jenen ständigen Über-
flügelungsversuchen zwischen Alliierten und Deutschen, die als der
»Wettlauf zum Meere« in die Kriegsgeschichte eingegangen sind. Im
November wird die flandrische Nordseeküste erreicht; die ganze Westfront erstarrt im Stellungskrieg.

Die deutsche Heeresleitung verlegt den Schwerpunkt des Ringens nunmehr in den Osten und wirft im Verein mit den Österreichern den
Gegner in den großen Schlachtenfolgen des Jahres 1915 bis an die
Grenzen des eigentlichen Rußland zurück. In dieser Situation ent-
schließt sich das französische Oberkommando – zusammen mit dem
englischen, das Flandern zu seinem Kriegsschauplatz macht –, selbst
offensiv zu werden in der Hoffnung, die deutschen Linien in frontalem
Angriff durchbrechen, von daher aufrollen und den Gegner aus dem
Land vertreiben zu können. Aus dieser Planung gehen die Winter-
und die Herbstschlacht in der Champagne sowie die Kämpfe im Artois
hervor. Gleichzeitig versuchen die westlichen Alliierten zwischen Februar 1915 und Januar 1916 in einer amphibischen Operation gegen
die Türkei, die seit November 1914 an der Seite Deutschlands im
Krieg steht, sich die Durchfahrt durch die Dardanellen zu erzwingen,
um eine Verbindung zu dem bedrängten russischen Bundesgenossen
herzustellen. Alle diese Unternehmungen scheitern indes; die völlige
Erstarrung des Krieges ist Ende 1915 offenkundig. Auf Grund solcher
Fehlschläge demissioniert im Oktober Frankreichs Ministerpräsident
Viviani, unter dem sich schon kurz nach Kriegsausbruch eine große
Koalition zum Kabinett der *Union sacrée* formiert hatte. An seiner
Stelle bildet Aristide Briand am 29. 10. 1915 eine neue Allparteien-
regierung, in der alle divergierenden Kräfte der Nation zusammengefaßt sind, und leitet sie als Premier und Außenminister in einer
Person bis zum 17. 3. 1917. Er versteht es, trotz großer Widerstände
im eigenen Land und bei den Verbündeten, den Sieg politisch vorzubereiten, indem er das Bündnis mit Großbritannien und das seit Mai
1915 bestehende mit Italien enger gestaltet, eine Vereinheitlichung der
militärischen Kommandogewalt der Alliierten an der Westfront her-
beiführt, gefährliche Erörterungen über die Preisgabe Verduns im
Frühjahr 1916 unterbindet und schließlich die Errichtung und Aufrechterhaltung der Salonikifront Ende 1915 und Anfang 1916 durchsetzt. Gerade diese Maßnahme trägt später Früchte, weil im Herbst

1918 eben im Balkanraum der Zusammenbruch der Verbündeten Deutschlands einsetzt.

Die Entscheidung Falkenhayns, des neuen Chefs der Obersten Heeresleitung, im kommenden Kriegsjahr im Osten zur Defensive und statt dessen im Westen zu erneutem Angriff überzugehen, führt zur deutschen Großoffensive gegen Verdun. Mit dieser Schlacht, die am 21. 2. 1916 von den Deutschen eröffnet wird und nach ungeheuren Opfern auf beiden Seiten Anfang Dezember 1916 in Blut und Schlamm verglüht, ohne daß die Deutschen ihr Ziel, die französische Front an ihrer Gelenkstelle zu durchbrechen und anschließend von beiden Seiten her aufzurollen, erreicht hätten, steigert sich der Krieg zu seinem Höhepunkt. Jetzt nimmt er auch endgültig sein modernes Gesicht an: in tief gestaffelten Schützengräben hinter Stacheldrahtverhauen liegt sich die Infanterie in einem kräfteverzehrenden und nervenzerrüttenden Stellungskrieg gegenüber, in dem oft wochenlang unter gewaltigen Verlusten auf beiden Seiten um wenige Quadratmeter Boden gekämpft wird. Die Somme-Schlacht z. B., die im Sommer und Herbst 1916 der von Verdun parallelläuft, fordert insgesamt ungefähr 1,3 Millionen Tote, Verwundete und Gefangene, bringt aber den Angreifern, Engländern und Franzosen, zu guter Letzt nicht mehr als rund 30 qkm Trichterfeld ein. Denn das »Niemandsland« zwischen den Parteien verwandelt sich in eine vegetationslose Mondlandschaft, zerwühlt von Tage oder gar Wochen dauerndem Trommelfeuer; so verschießen etwa die Engländer an einem Tag der Flandernschlacht von 1917 mehr Munition als im ganzen Krieg von 1870/71 verfeuert worden ist. Dieser Stilwandel des Krieges gegenüber dem 19. Jahrhundert wird natürlich auch im Aufkommen neuer Waffen sichtbar: die Uniformen aller kriegführenden Nationen sind seitdem dem Gelände angeglichen; den gegen Stein- und Granatsplitter und Kopfschüsse schützenden Stahlhelm führen Deutsche, Franzosen und Engländer 1916 ein. Maschinengewehr, Handgranate und Minenwerfer werden neben dem Gewehr zu selbstverständlichen Waffen des Infanteristen, der sich aber im Inferno eines Großkampftages zudem noch der Bedrohung durch Minen, Flammenwerfer, Giftgase und die zum ersten Male als Kampfmittel auftauchenden Kriegsflugzeuge und Panzer – damals noch Tanks genannt – ausgesetzt sieht. Im Grauen der großen Materialschlachten, das selbst durch die Schrecknisse des Zweiten Weltkrieges nicht überboten worden ist, wird der 1914 noch so selbstverständliche Einsatz für den Nationalstaat und die Ehre der Nation mehr oder weniger radikal in Frage gestellt. Der Krieg gilt seitdem nicht mehr unbestritten als legales politisches Instrument, und statt dessen gewinnen die Ideale des Pazifismus und der Völkerverständigung an Boden. Als der eisige »Steckrübenwinter« von 1916/17 sich über die Schlachtfelder Europas legt, haben sich die Offensiven an allen Fronten totgelaufen, und der Kriegführenden bemächtigt sich Erschöpfung und Resignation. Das lenkt den Blick auf die politische

Komponente des Kriegsgeschehens, die seit Anfang 1917 schwergewichtiger zu werden beginnt als die rein militärische, die aber auch vorher natürlich nicht gefehlt hat.

Das wichtigste politische Problem, das vor allem während der ersten Kriegshälfte für beide Parteien bestand und von ihnen auch im Grunde gleichermaßen unvollkommen bewältigt worden ist, war das einer befriedigenden Koordination der politischen und militärischen Kriegführung zwischen den jeweiligen Bundesgenossen. Für Frankreich und die *Entente* in der Situation der äußeren Linie war dies noch schwieriger als für die auf der inneren Linie liegenden Mittelmächte. Vor allem hat sich die militärische Zusammenarbeit zwischen Frankreich und England auf der einen und Rußland auf der anderen Seite als eine von vornherein unlösbare Aufgabe erwiesen. Zwar hatten sich die drei Staaten im Vertrag von London vom 5. 9. 1914 verpflichtet, keinen Separatfrieden zu schließen, ein Abkommen, das am 19. 10. 1915 durch den Hinzutritt Japans erweitert und durch zahlreiche interalliierte Konferenzen bis 1917 häufiger bekräftigt wurde, dessen Unhaltbarkeit sich aber schließlich doch herausstellte. Denn obwohl Frankreich und Rußland sich noch im Februar 1917 in einem Geheimvertrag gegenseitige Unterstützung zur Gewinnung ausgedehnter Territorien an Deutschlands Ost- und Westgrenze zugesagt hatten, schied die östliche Macht vorzeitig aus dem Kampf aus, nachdem die Oktoberrevolution eine völlig neue Situation geschaffen hatte, die im März 1918 zum Frieden von Brest-Litowsk führte, in dem die Mittelmächte Sowjetrußland die harten Bedingungen eines Siegfriedens diktieren konnten.

Viel erfolgversprechender als die im Frühjahr 1917 geführten, aber ergebnislos verlaufenden Geheimverhandlungen Österreichs mit der *Entente,* namentlich mit Frankreich, ist der Friedensfühler gewesen, den der deutsche Reichskanzler Bethmann Hollweg schon im Dezember 1916 ausgestreckt hat. Die Tendenz des amerikanischen Präsidenten Wilson, zum vermittelnden Stifter eines »Friedens ohne Sieg« zu werden, kam dabei der Einsicht Bethmanns entgegen, daß Deutschland einen Siegfrieden nicht mehr gewinnen könne und darum einen Kompromißfrieden anstreben müsse. So richtete sich die deutsche Friedensdeklaration vom 12. Dezember an die Adresse der USA und forderte diese auf, die Westalliierten darüber zu informieren, daß Deutschland zu Verhandlungen bereit sei. Als die *Entente* diesen Vorschlag ablehnte, erließ Wilson an die kriegführenden Mächte wie an die Neutralen am 21. 12. 1916 eine Note, um »einen Meinungsaustausch über ihre Friedensbedingungen und Forderungen anzuregen«. Die Mittelmächte reagierten fünf Tage später positiv und schlugen gleichzeitig die Einberufung einer Friedenskonferenz vor, während die *Entente* am 10. 1. 1917 nur unter der Voraussetzung zustimmte, daß bestimmte Vorbedingungen erfüllt würden, nämlich die Wiederherstellung Belgiens, Montenegros und Serbiens, die Räumung aller besetzten Gebiete unter Zahlung von Reparationen, eine nach dem Nationalitätenprinzip durchgeführte Neuordnung Europas – die einer Auflösung der Donaumonarchie gleichkam –, die Beseitigung der letzten Reste türkischer Herrschaft auf europäischem Boden, die Autonomie Polens innerhalb des russischen Staatsverbandes und schließlich die Garantie dieser zukünftigen Friedensordnung in Europa. Damit aber hatten Frankreich und seine Alliierten zum ersten Male ihre Kriegsziele bekanntgegeben, zu deren Akzeptierung die Mittelmächte damals noch keineswegs bereit waren. Die unmittelbaren Folgen dieser gescheiterten Friedensbemühung waren die Entmachtung und der Sturz Bethmann Hollwegs durch den deutschen Generalstab und die Erklärung des uneingeschränkten U-Boot-Krieges seitens Deutschlands.

Doch haben sich die Hoffnungen, die die deutschen Militärs mit dieser Intensivierung der Kampfhandlungen verknüpften, keineswegs erfüllt. Wohl aber bestätigten sich die Befürchtungen, die Bethmann Hollweg deswegen hegte, in für Deutschland verhängnisvoller Weise. Denn daraufhin brachen die Vereinigten Staaten die Beziehungen zu Deutschland und seinen Verbündeten ab und traten auf Seiten Frankreichs am 6. 4. 1917 in den Krieg ein. Unter ihrem Druck folgten diesem Schritt alsbald auch die Mehrzahl der lateinamerikanischen Staaten sowie Liberia, Siam und China, so daß sich Deutschland 1918 einer Koalition von 29 Staaten gegenübersah. Zur gleichen Zeit, in der Rußland wegen seiner Revolution faktisch aus dem Lager der *Entente* ausschied, so daß der Krieg für die Mittelmächte schon halb gewonnen schien, erhielten die westlichen Gegner Deutschlands durch den Hinzutritt der USA unerschöpfliche und unverbrauchte Hilfskräfte, die das große Ringen eindeutig zugunsten Frankreichs und seiner Bundesgenossen entscheiden sollten. Allerdings dauerte es insgesamt ein gutes Jahr, bis die Hilfe der Amerikaner so ins Gewicht fiel, daß sie für die Alliierten eine wirkliche Unterstützung bedeutete. Zunächst waren Franzosen und Engländer 1917 nach wie vor auf sich gestellt, in einem Jahr, das Frankreich in die ernsteste Krise des gesamten Krieges stürzen sollte.

Trotz des ungeheuren Aderlasses, den ihre Armee in der Schlacht bei Verdun erlitten hat, wagen die Franzosen im April und Mai 1917 unter Nivelle, der am 12. 12. 1916 Joffre als Generalissimus abgelöst hat, eine neue Offensive am Chemin des Dames. Sie bricht aber schon im Anfangsstadium unter so großen Verlusten zusammen, daß im Heer Meutereien aufflammen und in Frankreich eine außerordentliche Kriegsmüdigkeit um sich greift. Um diesen Erschlaffungserscheinungen entgegenzuwirken, wird Nivelle am 15. 5. 1917 durch Pétain ersetzt, jenen erfolgreichen Verteidiger Verduns, der jetzt rigoros die militärische Disziplin soweit wiederherstellt, daß die französische Front, die sich das ganze Jahr hindurch passiv verhält, wenigstens nicht vom Kriegstheater verschwindet. Dies wird nicht zuletzt durch die Deutschen selbst ermöglicht, denen die Schwäche des Gegners verborgen bleibt, so daß sie ihrerseits 1917 im Westen keinen Vorstoß unternehmen, zumal sie ja damals wegen der russischen Revolution den Schwerpunkt des Krieges an die Ostfront verlegen. Als nach dem Rücktritt Briands (17. 3. 1917) und den kurzlebigen Kabinetten Ribot (20. 3.–7. 9. 1917) und Painlevé (12. 9.–13. 11. 1917) am 17. 11. 1917 für den »Tiger« endlich seine große Stunde kommt, hat Frankreich die schlimmste Krise eigentlich schon überstanden. Und doch hat sich Poincaré zu dieser Zeit keinen anderen Rat mehr gewußt, als seinen persönlichen Feind, den 76jährigen Clemenceau, ins Amt des Ministerpräsidenten (1917-1920) und gleichzeitig des Kriegsministers zu berufen. Entschlossen und rücksichtslos unterdrückt dieser jeglichen Defaitismus und erwirkt dabei auch gegen politische Feinde, die – wie Caillaux – aus wirtschaftlichen Erwägungen zu einem Kompromißfrieden raten, entehrende Strafen. Alle Interpellationsgelüste in Kammer und Senat unterbindet Clemenceau herrisch mit den Worten: »*Je fais la guerre!*« Aber er weiß die öffentliche Meinung hinter sich. Sie erblickt in diesem Nachfahren der Jakobiner den *père de la victoire*. Schließlich setzt Clemenceau bei den Engländern und Amerikanern sogar durch, daß sie am 14. 4. 1918 alle ihre in Frankreich und Belgien fechtenden Truppen dem interalliierten Oberbefehl des französischen Marschalls Foch unterstellen. Denn zu Beginn des letzten Kriegsjahres sieht sich Frankreich erneut einer existenzbedrohenden Belastungsprobe ausgesetzt.

Nachdem sie im Osten militärische Rückenfreiheit gewonnen hat, leitet die Oberste Heeresleitung am 21. März eine große Offensive im Westen ein, und zwar mit einer den Ententetruppen zahlengleichen Streitmacht, um den Krieg zugunsten Deutschlands zu entscheiden, ehe die Amerikaner in voller Stärke in Frankreich eingreifen können. Initiator dieses Planes ist der Generalquartiermeister des Heeres, Erich Ludendorff, der zusammen mit Hindenburg seit dem Rücktritt Bethmann Hollwegs in Deutschland die »stille Diktatur« ausübt.

Diese »große Schlacht in Frankreich« bringt den Deutschen zunächst beachtliche Anfangserfolge. Jedoch gelingt es Foch im Laufe des April, den deutschen Angriff aufzufangen; nach mehreren Vorstößen zwischen Mai und Juli erreicht er zwar noch das Marnegebiet, aber damit ist seine Kraft auch erschöpft. Dort gehen die Alliierten am 18. Juli bei Villers-Cotterêts zur Gegenoffensive über, erzielen einen tiefen Einbruch in die Front des Gegners, der diesen zum Zurückweichen zwingt, und bereiten ihm am 8. August – dem »schwarzen Freitag«, wie Ludendorff diesen Tag nennt – eine noch größere Niederlage. Die deutsche Offensive ist endgültig gescheitert, und der alliierte Gegenangriff, jetzt machtvoll unterstützt durch die inzwischen in großer Stärke auf dem Kriegsschauplatz eingetroffenen Amerikaner, rollt seitdem bis November 1918 auf der ganzen Frontlinie zwischen der Nordsee und Verdun unaufhaltsam vor. Gleichzeitig brechen die Bundesgenossen der Deutschen überall zusammen: die Bulgaren im September, die Türken im Oktober und die Ungarn und Österreicher Anfang November 1918. Damit aber hat Deutschland, das seine im Westen zurückweichende Front immerhin noch hält, keine Rückenfreiheit mehr. Der Krieg ist für das Deutsche Reich verloren. Nachdem Ludendorff aus der OHL ausgeschieden ist und jetzt auch diese zum Abbruch des Kampfes rät, richtet die neu gebildete parlamentarische Regierung des Reiches unter Prinz Max von Baden in der Nacht vom 3. auf den 4. Oktober an Präsident Wilson die Bitte um sofortigen Waffenstillstand auf der Grundlage der »14 Punkte«. Einen Monat später bricht in Kiel und Wilhelmshaven die Matrosenmeuterei aus, die sich sofort zu einer Revolution ausweitet, die das ganze Reichsgebiet ergreift, zum Sturz der deutschen Fürsten und am 9. November – ihrem Höhepunkt – auch zur Abdankung und Flucht Kaiser Wilhelms II. und in Berlin zur Proklamierung der Republik führt. Angesichts seiner desolaten militärischen Situation seit Juli und schließlich noch der Novemberrevolution kann Deutschland nun keinen Waffenstillstand mehr auf der Basis von Wilsons »14 Punkte« erhoffen. So ist denn auch der, den Frankreich und seine Verbündeten dem Reich am 11. 11. 1918 im Wald von Compiègne diktieren, entsprechend hart und besiegelt die Niederlage der seit Bismarck stärksten Militärmacht Europas.

Innerhalb von 15 Tagen mußten die deutschen Armeen Frankreich, Belgien, Luxemburg und Elsaß-Lothringen räumen und sich hinter den Rhein zurückziehen. Das linke Rheinufer wurde von den unverzüglich nachrückenden Alliierten besetzt. Ihre drei Brückenköpfe Mainz, Koblenz und Köln sollten sich später in Besatzungszonen verwandeln. Dieser Waffenstillstand war zunächst nur auf 36 Tage befristet und mußte immer wieder erneuert werden. Indem er Deutschland zur Auslieferung von großen Mengen an Kriegsmaterial zwang und zum Verzicht auf die Friedensschlüsse von Brest-Litowsk und Bukarest nötigte, machte er ihm die Fortsetzung des Krieges unmöglich und gab Frankreich Positionen in die Hand, von denen aus es ihn jederzeit in eindeutiger Überlegenheit weiterführen konnte. Frankreich hatte den Krieg gewonnen, so gewonnen, daß die Aushandlung des Friedens kein Problem darstellte, soweit es den geschlagenen Gegner betraf. Wohl aber stand es jetzt vor der Aufgabe, sich mit seinen Bundesgenossen über die zukünftige Ordnung Europas auseinanderzusetzen.

Am 18. Januar – ein von Frankreich aus symbolischen Gründen bewußt gewähltes Datum – des Jahres 1919 trat die Friedenskonferenz der 70 Delegierten Frankreichs und der mit ihm verbündeten oder assoziierten 26 Siegerstaaten ohne die Teilnahme Deutschlands im Spiegelsaal von Versailles zusammen.[12] Wichtiger jedoch als diese Vollversammlung war der oberste Rat der »Großen Zehn«, gebildet aus je zwei Vertretern der USA, Großbritannien, Frankreichs, Italiens und Japans, und im Laufe der Zeit gab schließlich der Viererrat von Wilson (USA), Lloyd George (Großbritannien), Clemenceau (Frankreich) und Orlando (Italien) den Ausschlag. Hierin hat sich wiederum Clemenceau weitgehend durchgesetzt und dem Friedensvertrag seinen Stempel aufgedrückt. Während Wilson seinen humanitären politischen Idealismus zu verwirklichen und Lloyd George Härten abzumildern versuchte, vertrat der französische Ministerpräsident recht erfolgreich eine Politik der Revanche. Immerhin erreichte Wilson, daß am 29. 4. 1919 die Verfassung des Völkerbundes als integrierendes Element in den Friedensvertrag aufgenommen wurde. Diese Weltorganisation sollte nach der Intention ihres geistigen Vaters den Frieden und das neue in den Pariser Verträgen geschaffene politische System garantieren. Die darin vereinigten Staaten verpflichteten sich zu gegenseitiger Hilfeleistung im Falle einer Friedensverletzung durch einen Aggressor. Streitigkeiten von Mitgliedern untereinander sollten durch den in Den Haag angesiedelten Ständigen Internationalen Gerichtshof beigelegt werden. Sanktionen, also bewaffnete internationale Polizeimaßnahmen gegen Friedensbrecher, konnten verhängt werden, wenn die Völkerbundsversammlung oder der Völkerbundsrat sie mit Zweidrittelmehrheit befürworteten. Letzterer setzte sich aus Vertretern der Großmächte und von vier jeweils wechselnden kleineren Staaten zusammen. Zu den zahlreichen Aufgaben, die das Ständige Sekretariat des in Genf beheimateten Völkerbunds wahrzunehmen hatte, gehörte unter anderem die Internationale Verwaltung der seinem Mandat unterstellten Gebiete, die Deutschland bzw. seine Verbündeten für immer oder auf Zeit hatten abtreten müssen. Da Frankreich sich sehr rasch zur Führungsmacht in diesem Weltgremium aufzuschwingen verstand, konnte es den Völkerbund während der Zwischenkriegszeit[13] zu einem wesentlichen Instrument seiner eigenen Außenpolitik machen, zumal weder die USA noch Sowjetrußland beitraten und Deutschland zunächst ausgeschlossen war.

Nachdem die Völkerbundssatzung verabschiedet worden war, wurden die eigentlichen Friedensbedingungen relativ rasch ausgehandelt, so daß sie am 7. 5. 1919 einer von Graf Brockdorff-Rantzau geleiteten deutschen Delegation zu Paris präsentiert werden konnten. Da die von dieser angestrebten Verhandlungen über Milderungen scheiterten, hat sich die Weimarer Nationalversammlung in der Erwägung, daß dieser Vertrag immerhin die Einheit des Reiches gewährleisten, seine Verwerfung aber die Erneuerung des Krieges bedeuten würde, schließlich unter Protest zu seiner Annahme entschlossen. Am 28. 6. 1919 ist der Versailler Vertrag von Deutschland unterzeichnet worden und am 10. 1. 1920 in Kraft getreten.

Allerdings hatte Frankreich keineswegs alle Kriegsziele erreicht, von denen ein großer Teil seiner Politiker und der öffentlichen Meinung geträumt haben mochte, also weder die politische Aufsplitterung Deutschlands noch die Abtrennung des linken Rheinufers vom Reich,

da sich die USA und Großbritannien solchen Bestrebungen widersetzt hatten. Wilson und Lloyd George gaben statt dessen nur eine Garantieerklärung für den Fall eines erneuten deutschen Angriffs ab, die jedoch bald wieder hinfällig wurde, als der amerikanische Kongreß die Ratifizierung des Versailler Vertrages verweigerte und 1921 ein deutsch-amerikanischer Separatfrieden geschlossen wurde. Nichtsdestoweniger waren Frankreichs direkte und indirekte Gewinne sehr groß. Mit der Rückgliederung Elsaß-Lothringens hatte es sein deklariertes Kriegsziel uneingeschränkt erreicht. Im Saargebiet, das unter Völkerbundskontrolle gestellt wurde und nach 15 Jahren durch Volksabstimmung darüber entscheiden sollte, ob es zum Reich zurückkehren, in dem 1919 geschaffenen Status verbleiben oder sich Frankreich anschließen wolle, überließ Deutschland die Kohlengruben unter Wahrung des Rückkaufrechtes französischer Nutzung. Die Unabhängigkeit Österreichs, dessen Bevölkerung damals den Anschluß an das Reich begehrte, mußte von Deutschland als »unabänderlich« anerkannt werden. Das linke Rheinufer sollte von alliierten Truppen, die zu zwei Dritteln aus französischen Kontingenten bestanden, als Reparationspfand besetzt gehalten werden, wobei eine stufenweise Räumung der drei Besatzungszonen um Köln, Aachen/Koblenz und Mainz nach 5, 10 und 15 Jahren vorgesehen war unter der Bedingung, daß Deutschland seine Vertragsverpflichtungen gewissenhaft erfüllen würde. Überdies erhielt Frankreich als Treuhänder den größten Teil der von Deutschland an den Völkerbund abgetretenen Kolonien Togo und Kamerun zur Verwaltung, so wie ihm der Friede von Sèvres mit der Türkei vom 10. 8. 1920 die nahöstlichen Gebiete Syrien und Libanon ebenfalls als Völkerbundsmandate zuwies. Die zu Versailles in ihrer Höhe noch nicht fixierten Reparationen [14], die Deutschland auf Grund des Artikels 231, der das Reich und seine Bundesgenossen als für die Auslösung des Krieges allein verantwortlich erklärte, zukünftig zu leisten hatte, garantierten den Wiederaufbau des Landes, das mehr als jedes andere unter den Kriegseinwirkungen gelitten und 1 140 000 Gefallene zu beklagen hatte. [15]
Diesen direkten Gewinnen, die der Friedensschluß Frankreich einbrachte, traten indirekte zur Seite, die sich aus der Schwächung seines Hauptgegners ergaben. Das Reich verlor mit Elsaß-Lothringen, Eupen, Malmédy, Nordschleswig, dem Memelgebiet, Westpreußen, Posen, Oberschlesien und dem Hultschiner Ländchen ein Achtel seines Gebietes, bewohnt von einem Zehntel seiner Bevölkerung und erfüllt von einem Sechstel seiner Ernten sowie wichtiger Mineralien. Es verzichtete auf alle seine Kolonien und auf neun Zehntel seiner Handelsflotte, nicht zuletzt auch auf seine Auslandsguthaben und weitgehend auch auf seine auswärtigen Geschäftsverbindungen. Die ihm auferlegten Reparationsverpflichtungen überstiegen das ihm verbliebene Volksvermögen um ein Beträchtliches. Die Pariser Vorortsverträge, vor allem der von Saint-Germain (10. 9. 1919) mit Österreich und der von

Trianon (4. 6. 1920) mit Ungarn verstärkten die französische Groß-
machtposition in Europa erheblich, weil durch sie die Donaumonarchie, Deutschlands bisheriger Bundesgenosse, aufgelöst und an ihrer
Stelle mehrere Nachfolgestaaten slawischer Nationalität begründet
oder vergrößert wurden wie Polen, Rumänien, die Tschechoslowakei
und Jugoslawien, die, offiziell als Siegermächte betrachtet, von vornherein auf Seiten Frankreichs standen. Frankreich hat in dieser politischen Einflußzone zu Beginn der 20er Jahre die gegen Deutschland
gerichtete Kleine Entente ins Leben gerufen, indem es Allianzen mit
Polen (19. 2. 1921) und der Tschechoslowakei (25. 1. 1924) abschloß,
während sich etwa gleichzeitig die erwähnten Staaten auch untereinander verbündeten. So hat Frankreich, das seit 1920 auch mit Belgien
verbündet war, um Deutschland allmählich den Ring eines militärischen Bündnissystems gelegt, der es ihm gestattete, den gefährlichen
Nachbarn niederzuhalten. Und doch fühlte es sich so wenig sicher,
daß man seine Haltung als die eines »nervösen Riesen« bezeichnet
hat, [16] weil trotz des Versailler Vertrages das französische *sécurité*-
Bedürfnis gegenüber Deutschland bestehenblieb. Hier wiederum empfand man ihn als Diktat und die zahlreichen Souveränitätsbeschrän-
kungen als besonders demütigend für ein Volk, das ein halbes Jahrhundert hindurch als eines der mächtigsten Europas gegolten und dann
der ganzen Welt vier Jahre lang getrotzt hatte. Namentlich die diffa-
mierenden Bestimmungen des Kriegsschuldparagraphen wurden von
allen deutschen Regierungen unablässig angefochten und die Auslieferung der sog. »Kriegsverbrecher« verweigert.
Das Problematische dieser Friedensregelung zeigte sich aber nicht zuletzt auch darin, daß Sowjetrußland, wo es 1919 entgegen den Wünschen von Churchill, Foch und Clemenceau nur zu einer schwächlichen
Intervention zugunsten der Weißrussen gekommen war, an ihr nicht
beteiligt war und sie stets grollend ablehnte, zumal es den zu Versailles geschaffenen *cordon sanitaire* der baltischen Staaten, Polens und
Rumäniens als gegen sich gerichtet empfand. So wurde es, trotz aller
ideologischen Gegensätze, mit dem ebenfalls geächteten Deutschland
für mehr als ein Jahrzehnt politisch zusammengeführt. Dazu kam
noch, daß sich auch Italien und Japan durch den Vertrag in ihren Erwartungen enttäuscht sahen und die farbigen Völker, von den Alliierten im Krieg gegen den Weißen Mann eingesetzt, ein Selbstbewußtsein
zu entwickeln begannen, welches das Ende der Epoche des Kolonialis-
mus ankündigte und die exotische Welt mit Unruhe erfüllte.
Die innenpolitische Szenerie Frankreichs kurz nach Kriegsende war
verständlicherweise ganz von dem Bewußtsein des Sieges geprägt. So
erbrachten die Parlamentswahlen vom 16. 11. 1919 eine eindeutige
»horizontblaue« Mehrheit für den die Parteien der Rechten und Mitte
zusammenfassenden Nationalen Block, während das von Edouard
Herriot geführte Linkskartell nicht mehr als ein Drittel der Stimmen
auf sich vereinigen konnte. Unter solchen Umständen schien Clemen-

ceau, der den Kabinettsvorsitz Anfang 1920 Alexandre Millerand überließ (19. 1.–23. 9. 1920), um bei den bevorstehenden Präsidentenwahlen für das höchste Staatsamt kandidieren zu können, als *père de la victoire* alle Aussichten auf Erfolg zu haben. Eingedenk des herrischen Auftretens des »Tigers« als Regierungschef entschied sich der Kongreß jedoch für den farblosen Deschanel (18. 2.–16. 9. 1920), und als dieser kurz darauf sein Amt aus Gesundheitsgründen niederlegen mußte, für den energischen A. Millerand (23. 9. 1920–10. 6. 1924). Wie Briand ursprünglich Sozialist, dann aber ins bürgerliche Lager übergewechselt, zeigte sich Millerand bestrebt, über den Parteien zu stehen und begriff sich zuerst als französischen Patrioten und daher – so wie Poincaré – Deutschland gegenüber als rigorosen Vollstrecker des Versailler Vertrages. Derselben Aufgabe fühlten sich die Kabinette von Georges Leygues (24. 9. 1920–10. 1. 1921), Briand (16. 1. 1921 bis 12. 1. 1922) und Poincaré (15. 1. 1922–1. 6. 1924) verpflichtet. Die Politik dieser Regierungen der unmittelbaren Nachkriegszeit beruhte auf dem besonders von Poincaré vertretenen Anspruch auf buchstabengetreue Erfüllung des Versailler Vertrages durch Deutschland. Zwar hatte ihn Poincaré ursprünglich als zu milde mißbilligt, wollte ihn aber jetzt aus einem gerade für die politische Tradition Frankreichs sehr charakteristischen juristischen Denken heraus exakt ausgeführt sehen, auch wenn er damit – wie während des Ruhreinbruchs von 1923 – Frankreich außenpolitisch isolierte. So stehen die frühen 20er Jahre vorwiegend unter dem Primat der Außenpolitik. In diesem Zusammenhang sei nebenbei erwähnt, daß 1921 auch die seit langem schwebenden Verhandlungen zwischen der Kurie und Frankreich über die Wiederaufnahme der 1904 abgebrochenen diplomatischen Beziehungen erfolgreich abgeschlossen wurden.

In den folgenden drei interalliierten Institutionen besaß Frankreich den stärksten Einfluß: in der Rheinlandkommission, in der Militärkontrollkommission, welche die Entwaffnung Deutschlands zu überwachen hatte, und in der Reparationskommission (Repko), deren Vorsitzender zunächst Poincaré und anschließend in den entscheidenden Jahren von 1922-1926 Louis Barthou war. Aus der vertraglich fixierten Wechselwirkung von deutschen Reparationsleistungen und Dauer der alliierten Besatzung konnte nun französischerseits der Gedanke abgeleitet werden, daß eine Nichterfüllung dieser Vorbedingungen durch Deutschland im Grunde wünschenswert sei, weil dann auch für Frankreich die Verpflichtung entfalle, das Rheinland zu räumen, und man infolgedessen darauf hinarbeiten könne, es in einen autonomen, aber von Frankreich abhängigen Vasallenstaat zu verwandeln, dessen Existenz es der französischen Armee gestatte, für immer an der Rheinlinie präsent zu bleiben. In diese Richtung zielten denn auch die systematischen Bemühungen sowohl von Marschall Foch und seinen Korpsgenerälen Mangin (Mainz) und Gérard bzw. de Metz (Pfalz) als auch des französischen Verwaltungsbeamten Tirard, Vorsitzender der in

Koblenz amtierenden und mit außerordentlichen Weisungsbefugnissen ausgestatteten interalliierten Rheinlandkommission, in Wirklichkeit aber vor allem Sachwalter der Interessen seines Landes.

Überdies hat sich Frankreich nicht mit dem ursprünglichen Besatzungsgebiet begnügt, sondern es unter dem durch den Versailler Vertrag sich anbietenden Rechtstitel der »Sanktionen« zwischen 1920 und 1923 beträchtlich ausgeweitet. So wurden am 6. 4. 1920 vorübergehend Frankfurt und der Maingau und am 8. 3. 1921 langfristig die Städte Düsseldorf, Duisburg und Ruhrort okkupiert, vor allem aber am 11. 1. 1923 das Ruhrgebiet besetzt. Ende 1923 hatten die Alliierten insgesamt 234000 Soldaten an Rhein und Ruhr stehen; der von französischen Wirtschaftskreisen gehegte Wunschtraum eines von Frankreich beherrschten zusammenhängenden Industriegebietes von Hamm bis Diedenhofen schien Wirklichkeit geworden zu sein. Dieses Territorium wurde 1921 durch eine Grenze, in die 1923 auch das Ruhrgebiet einbezogen wurde, zollpolitisch vom übrigen Reich abgeschnitten, wobei wiederum die Wiedergutmachungsverpflichtungen zur Begründung herhalten mußten. Tirard, die treibende Kraft dieser von der französischen Regierung zwar faktisch, aber nicht offiziell betriebenen Politik, schien im Spätherbst 1923 unmittelbar vor Erreichung des angestrebten Zieles zu stehen, zumal die Separatistenbewegung im Rheinland und in der Pfalz ihn durchaus unterstützte.

Die interalliierte Kontrollkommission mit Sitz in Berlin und in zahlreichen anderen deutschen Orten stützte ihre Tätigkeit auf die Bestimmung des Versailler Vertrages, daß eine allgemeine Abrüstung aller Nationen erfolgen, aber mit dem besiegten Deutschland der Anfang gemacht werden solle. Kernpunkte waren die Reduzierung von Heer und Marine auf 115000 Mann, die Abschaffung des Generalstabes und schwerer Waffen sowie die dauernde Entmilitarisierung des Rheinlandes einschließlich einer 50-km-Zone auf dem rechten Rheinufer. Diese Auflagen sind zu Beginn der 20er Jahre so vollständig erfüllt worden, daß Stresemann die Auflösung der Kontrollkommission zum 31. 1. 1927 erreichen konnte, obwohl es an zweifellos nicht ganz unberechtigten französischen Klagen über entsprechende deutsche Verstöße während der ganzen 20er und frühen 30er Jahre nie gefehlt hat.

Am stärksten jedoch offenbarte sich der deutsch-französische Antagonismus dieser Zeit in der Reparationsproblematik. Die deutschen Wiedergutmachungsverpflichtungen wurden auf zahlreichen interalliierten Konferenzen, zu denen man schließlich auch Deutschland zuließ, auf 132 Milliarden Goldmark, zahlbar innerhalb von 37 Jahren, festgelegt, von denen wiederum Frankreich 52 Prozent erhalten sollte. Diese Summe wurde Deutschland im Londoner Ultimatum vom 5. 5. 1921 präsentiert und belastete seine Beziehungen zu Frankreich in den Jahren 1921 und 1922 naturgemäß außerordentlich. Als es Ende 1922 mit seinen Zahlungen in Verzug kam, nutzte Poincaré bekanntlich die Gelegenheit, um jene »Politik der produktiven Pfänder« einzuleiten, die zur Besetzung des Ruhrgebietes durch französische und belgische Truppen seit Januar 1923 und zum passiven Widerstand als deutscher Gegenmaßnahme führte. Mit diesem Ruhrkampf war als Nachgefecht des großen Krieges von 1914-1918 eine Art »kalter Krieg« zwischen Frankreich und Deutschland entbrannt, der die Dritte Republik auf dem Höhepunkt ihrer Machtentfaltung zeigte. Englische und amerikanische Vermittlungsversuche stießen bei Poincaré auf taube Ohren. Da der passive Widerstand die Inflation ins Riesenhafte getrieben hatte, mußte die seit dem 12. 8. 1923 amtierende Regierung Stresemann ihn am 26. September bedingungslos abbrechen, ohne daß Frankreich seine Truppen aus dem Ruhrgebiet zurückgezogen hätte.

Andererseits ging aus dieser Konfrontation der von amerikanischer Seite initiierte Dawes-Plan hervor, der unter dem Motto »Business, not politics« die deutsche Zahlungsfähigkeit zunächst einmal überhaupt wiederherstellen und dann weiterhin garantieren sollte, und zwar ohne den Druck von Sanktionen. Im Detail sah er vor, daß Deutschland aus bestimmten »Reparationsquellen« wie Industrie, Eisenbahnen und Zolleinnahmen jene Überschüsse erwirtschaftete, die es ohne Schädigung seiner gesundeten Volkswirtschaft als Reparationen wiederum abführen konnte. Konkret sollte Deutschland, dem eine gewisse Schonfrist von vier Jahren und außerdem USA-Kredite zur Ankurbelung seiner Wirtschaft bewilligt wurden, bis 1927/28 Annuitäten von 1 bis 1,75 Milliarden und ab dem 1. 9. 1928 solche von 2,5 Milliarden Mark zahlen, ohne daß allerdings ein Endtermin festgesetzt worden wäre.

Als dieser Dawes-Plan durch die Londoner Konferenz (16. 7.–16. 8.) 1924 in Kraft gesetzt wurde, war Poincaré bereits nicht mehr im Amt. Denn seine scheinbar so erfolgreiche Ruhrpolitik zog auch in Frankreich wirtschaftliche und politische Rückwirkungen, nämlich eine beginnende Inflation und außenpolitische Isolierung des Landes, nach sich, die bei den Parlamentswahlen vom Mai 1924 einen Stimmungsumschwung herbeiführten. Ihr Ausgang, der eine Linkskoalition unter Herriot, wenn auch nur mit knapper Mehrheit, an die Regierung brachte, bezeugte, daß der Primat von Kriegs- und Außenpolitik, der den Wahltrend seit 1914 durchgängig bestimmt hatte, gebrochen war und in Innen- wie Außenpolitik der starre Nationalismus einer flexibleren Haltung zu weichen begann.

In der französischen Parteilandschaft, die hier für den Zeitraum der Zwischenkriegszeit – zunächst besonders der 20er Jahre – knapp zu skizzieren ist, [17] taucht als Folge der Oktoberrevolution ein neuer Faktor auf. Durch die Abspaltung des linken Flügels der SFIO von der Mutterpartei auf dem Kongreß von Tours Ende 1920 konstituiert sich die Kommunistische Partei als französische Sektion der Kommunistischen Internationale (SFIC) und gewinnt zunächst – nicht zuletzt auch unter Intellektuellen und Künstlern, auf die der Kommunismus stets eine starke Anziehungskraft ausgeübt hat – auf Kosten der Sozialisten eine große Anhängerschaft, die jedoch später wieder zurückgeht und erst zur Zeit der Volksfrontbewegung erneut ansteigt, so daß der französische Kommunismus der Zwischenkriegszeit mit 12,6 Prozent Wählerstimmen im Jahre 1936 seinen Höchststand erreicht. Kurz nach der Entstehung der SFIC etabliert sich im Jahre 1921 auch eine kommunistische Gewerkschaft (CGTU), die eine große doktrinäre Starrheit entwickelt und in zahllosen Streikbewegungen immer wieder bekundet. Beide Organisationen stehen, abgesehen von der Episode der Volksfront, in grundsätzlicher Opposition gegen Staat und Gesellschaft der späten Dritten Republik, deren Sturz sie sich zum Ziel gesetzt haben, um die Diktatur des Proletariats nach sowjetischem Vorbild zu errichten, und dies in enger, teilweise bis zu politischer Hörigkeit gehender Anlehnung an Moskau. Die markanteste Figur des französischen Kommunismus in den 30er und 40er Jahren ist Maurice Thorez.

Die anderen Parteien, die in diesem Zeitraum in Erscheinung treten, sind in ihrer Mehrzahl schon in der Zeit vor 1914 entstanden. Abgesehen von den Kommunisten bildet die Sozialistische Partei (SFIO), deren charismatischer Führer jetzt Léon Blum ist, den äußersten linken Flügel des französischen Parteienspektrums. Die profiliertesten Köpfe der undoktrinären, nicht-marxistischen und zur Mitarbeit in der Regierung bereiten *Républicains socialistes* sind Painlevé, Paul-Boncour und besonders A. Briand, der inzwischen wieder zum gemäßigten Sozialismus zurückgekehrt ist. Die kleinbürgerlich-demokratisch orientierten Radikalsozialisten erstrebten Fortschritte auf evolutionärem Weg und geben sich 1925 mit den ›Propos‹ des unter dem Pseudonym Alain schreibenden E. Chartier ein entsprechendes ideologisches Programm. Vertreten vor allem durch Männer wie Herriot und Daladier, spielen sie im Frankreich der Zwischenkriegszeit eine entscheidende Rolle. Während die sozialistischen Parteien allesamt internationalistisch und pazifistisch eingestellt sind, stehen die Radikalsozialisten außenpolitisch zwar weiter rechts, sind aber grundsätzlich Deutschland gegenüber auch verständigungsbereit.

Weiterhin gibt es die zwischen Liberalismus und Konservatismus angesiedelten Gruppierungen der *Républicains de gauche* (z. B. Tardieu und Leygues), der *Gauche radicale* (Loucheur und Barthou), der *Républicains radicaux*, denen zeitweise Poincaré zuzurechnen ist, und schließlich der *Démocrates populaires*. Trotz ihrer irreführenden Bezeichnungen stellen sie die politische Heimat eines durch Besitz und Bildung ausgezeichneten, national orientierten Bürgertums dar. Auf der anderen Seite dieser bürgerlichen Mitte findet man Parteien, die sich aus der für das moderne Frankreich so typischen Scheu heraus, als »rechts« zu gelten, ebenfalls mit Namen drapieren, welche linke Standorte anzudeuten scheinen, die aber ihrer innen- und außenpolitischen Tendenz nach doch eindeutig nach rechts orientiert sind, wie z. B. die einflußreiche *Union républicaine démocratique* (URD), der Ribot und zeitweilig Poincaré angehören, die *Gauche républicaine démocratique* und die *Alliance démocratique*. Sie bilden Interessen-vertretungen des Großbürgertums, der Schwerindustrie und der außen-politischen Machtansprüche eines Frankreich, das in dieser Zeit die stärkste Militärmacht Europas ist. Ganz rechts von diesen Republika-nern und in eindeutiger Frontstellung zur Republik und Demokratie stehen die längst einflußlos gewordenen Royalisten und Bonapartisten sowie die *Action française* und jene eindeutig faschistischen Gruppen, Organisationen und Verbände, die sich den italienischen Faschismus und schließlich selbst den Nationalsozialismus zum Vorbild nehmen. Das sind der kurzlebige *Faisceau*, die Blauhemden der *Solidarité française*, der *Parti franciste* und vor allem die *Croix de feu* des Obersten de La Rocque, die alle zu Beginn der 30er Jahre als außer-parlamentarische Opposition mit dem Ziel einer Abschaffung der par-lamentarischen Demokratie ins Kraut schießen.

In den 20er Jahren jedoch läßt das parlamentarische Leben Frank-reichs auf Grund eines fast gesetzmäßig verlaufenden Wechsels von ge-mäßigt rechten und gemäßigt linken Kabinetten sowie gelegentlichen großen Koalitionen eine eindrucksvolle Stabilität erkennen, die auf der Toleranz beruhte, welche die jeweils oppositionellen Parteien der gerade regierenden Gruppierung entgegenbrachten. Zunächst kam mit den Kabinetten Herriot (15. 6. 1924–10. 4. 1925), Painlevé (17. 4. bis 27. 10. 1925), Briand (28. 11. 1925–17. 7. 1926) und wieder Herriot (19.–21. 7. 1926) ein Linkskartell zum Zuge. Trotz der diplomatischen Anerkennung der Sowjetunion am 28. 10. 1924 änderte sich übrigens die seit der Oktoberrevolution so distanzierte Haltung Frankreichs gegenüber dem Moskauer Regime noch keineswegs. Nachdem Herriot den autoritären Millerand zum Rücktritt genötigt hatte, erhielt die Republik in Gaston Doumergue einen Präsidenten (1924-1931), der das Land mit Umsicht und politischer Zurückhaltung repräsentierte, während Aristide Briand von 1925 bis Anfang 1932 fast ununterbro-chen die Außenpolitik Frankreichs leitete, wobei er in Gustav Strese-mann einen kongenialen Gesprächspartner fand.

Die uns bereits bekannte Londoner Konferenz vom Hochsommer 1924 wurde zur Wegscheide der französischen Deutschlandpolitik, die von nun an für längere Zeit nicht mehr die Konfrontation, sondern die Verständigung mit dem östlichen Nachbarn suchte. Im Londoner Ab-kommen vom 16. 8. 1924 nahmen die von der Reparationsfrage tan-gierten Regierungen den Dawes-Plan an und legten entsprechende Durchführungsbestimmungen fest. Ebenso wichtig waren aber lang-wierige Verhandlungen zwischen Herriot und Stresemann, deren Er-gebnisse mit Rücksicht auf die öffentliche Meinung Frankreichs nicht in den offiziellen Vertragstext aufgenommen wurden, sondern in einem Briefwechsel ihren Niederschlag fanden. Darin konzedierte die fran-zösische Seite eine schrittweise Räumung des Ruhrgebietes; sie begann mit der Freigabe der Dormunder Zone und endete am 20. 7. 1925, als der letzte französische Soldat Essen verließ. Insofern bewirkte die

Londoner Konferenz nicht nur die Entpolitisierung des Reparations-problems, sondern gleichzeitig auch den Verzicht Frankreichs auf die Fortsetzung seiner seit 1918 in Deutschland auf kaltem Wege betrie-benen militärischen Expansion. Damit aber tauchte die Frage der *sécurité* erneut als Hauptproblem der französischen Außenpolitik auf. Schon bald wurden auf Initiative Herriots und des englischen Premierministers MacDonald Versuche unternommen, den Völkerbund zu einem wirkungsvollen Instrument der Friedenssicherung zu machen, indem sich alle Mitgliedstaaten zu wechselseitigem Beistand gegen einen eventuellen Aggressor verpflich-ten sollten. Entsprechende Verhandlungen sind denn auch zu einem Protokoll gediehen, das zwar am 2. 10. 1924 von der englischen und der französischen Delegation unterzeichnet, vom britischen Parlament jedoch nicht ratifiziert wurde, nachdem die Regierung wieder auf die Konservativen übergegangen war und die Dominions sich einer so weitreichenden Verpflichtung in Europa widersetzt hatten. Daraufhin trat Frankreich um die Jahreswende 1924/25 in bilaterale Verhand-lungen mit England und Belgien ein, die sich zu einer neuen gegen Deutschland gerichteten Entente auszuweiten drohten.

Gustav Stresemann, Deutschlands Außenminister in den Jahren 1923 bis 1929, erkannte aus verschiedenen Symptomen, z. B. dem Aufschub der am 10. 1. 1925 fälligen Räumung der Kölner Besatzungszone, daß jetzt eine für das Reich gefährliche außenpolitische Situation entstehen könnte, wenn dem Sicherheitsbedürfnis Frankreichs nicht in spektaku-lärer Weise Genüge getan würde. So schlug er den Westmächten in einem Memorandum vom 9. 2. 1925 einen Sicherheitspakt vor. Nach langwierigen Verhandlungen, die schließlich zwischen dem 5. und 16. 10. 1925 in der Konferenz von Locarno gipfelten, schlossen Frank-reich, England, Italien und Belgien mit Deutschland einen Vertrag ab, der die Unverletzlichkeit der damals bestehenden Grenzen im Westen garantierte. Damit verzichtete Deutschland freiwillig auf eine Rück-gewinnung Elsaß-Lothringens und sicherte sich gleichzeitig gegen einen eventuellen neuen Ruhreinbruch ab. Die Rheingrenze, deren Kölner Zone kurz danach von den Engländern tatsächlich geräumt wurde, sollte auch nach dem Abzug der alliierten Besatzungstruppen entmili-tarisiert bleiben. Für alle Konfliktsfälle sah man eine schiedsgericht-liche Beilegung vor. In dieses Vertragswerk, das deutlich die Hand-schrift Briands und Stresemanns verrät, waren darüber hinaus Abkom-men des Reiches mit Polen und der Tschechoslowakei eingeschlossen, in denen Deutschland sich verpflichtete, keine gewaltsame Änderung seiner Grenze mit Polen anzustreben, sich aber andererseits eine fried-liche Revision vorbehielt. Entgegen dem ursprünglichen Wunsch Frank-reichs trat dem »West«-Locarno also kein »Ost«-Locarno als Pendant zur Seite. Andererseits erkannte Deutschland Frankreichs Bündnisse mit Warschau und Prag als »Defensiv«-Verträge an, was faktisch ihre weitgehende Entwertung bedeutete, weil nun eine gemeinsame militärische Aktion Frankreichs und seiner ostmitteleuropäischen Bundesgenossen ohne direkte deutsche Aggression gar nicht mehr möglich war. Es ist kein Zufall, daß kurz nach Locarno der Bau jener Maginot-Linie begann, welche die strategisch auch als Ausfallsposition verwertbare Rheinlinie durch ein rein defensives Festungsbollwerk ersetzen sollte.

Der »Geist von Locarno«, den Stresemann und Briand – vor allem letzterer – in mitreißenden Reden als das Morgenrot der Völkerverständigung gefeiert haben und der in einer weitgehend pazifistisch gestimmten europäischen Öffentlichkeit enthusiastisch begrüßt wurde, hat die zweite Hälfte der 20er Jahre zu einer glücklichen Phase in den französisch-deutschen Beziehungen gemacht. Die konsequente Folge dieser Politik war der Eintritt Deutschlands in den Völkerbund am 8. 9. 1926, der als weiterer Fortschritt auf dem Weg zum Frieden begriffen wurde. Als allerdings Briand und Stresemann wenige Tage später, am 17. 9. 1926, in dem vertraulich geführten Gespräch zu Thoiry die Gesamthypothek der deutsch-französischen Schwierigkeiten in einem Anlauf aus dem Weg zu räumen versuchten, stießen sie rasch an die Grenzen der damaligen Verständigungsmöglichkeiten zwischen beiden Nationen. Denn der kühne Plan einer vorzeitigen sofortigen Räumung des Rheinlandes bei gleichzeitiger Rückgabe des Saargebietes gegen eine größere deutsche Finanzhilfe scheiterte am Widerstand der französischen Öffentlichkeit, die sich mit dem Gedanken, die durch Versailles gewonnenen machtpolitischen Positionen aufzugeben, noch keineswegs abfinden konnte. Hinzu kam, daß Poincaré mit einem nur von Sozialisten und Kommunisten gemiedenen Allparteienkabinett der »nationalen Einheit« (23. 7. 1926–6. 11. 1928) erfolgversprechende Maßnahmen einleitete, um den fortschreitenden Währungsverfall aufzuhalten, und daß infolgedessen der zu Thoiry vorgesehenen deutschen Gegenleistung der Boden entzogen wurde.

Die wirtschaftliche Lage Frankreichs in den 20er Jahren war nämlich durch eine schleichende Inflation bestimmt, die um 1926 ihren Höhepunkt erreichte. Sie resultierte nicht zuletzt daraus, daß zahlreiche Staaten, denen Frankreich in der Friedensepoche großzügige Anleihen gewährt hatte, ihren Schuldverpflichtungen jetzt nicht mehr nachkamen. Vor allem betraf das die Sowjetunion, die sich von den Verbindlichkeiten, die das zaristische Regime eingegangen war, nachdrücklich distanzierte. Während des Krieges hatte man den Franc künstlich auf dem Niveau der Zeit vor 1914 zu halten vermocht; sein damaliger Kurswert von 25:1 im Verhältnis zum Pfund Sterling[18] fiel jedoch bis zum Juli 1926 auf etwa 200:1 herab. Mittels zahlreicher Währungsgesetze gelang es Poincaré, den man mit Recht als den Retter des Franc gefeiert hat, in den Jahren 1926-1928 diese Relation auf immerhin 124:1 zu verbessern. Der Effekt seiner Stabilisierungspolitik lief also darauf hinaus, daß sich der Franc nunmehr für längere Zeit auf ein Fünftel seines Vorkriegswertes einpendelte.

Im Gegensatz zu jenen Bevölkerungsschichten, die von Renten oder Einnahmen aus dem Besitz von Wertpapieren oder Immobilien lebten und durch die Geldentwertung vielfach bis an den Rand des Ruins gebracht worden waren, hatten die in der Industrie tätigen Unternehmer und Arbeiter von dieser Entwicklung sogar eher profitiert. Obwohl 1919 generell der Achtstundentag eingeführt und damit die Arbeitszeit spürbar gesenkt worden war, hat sich die industrielle Produktion Frankreichs zwischen 1913 und 1929 um über 48 Prozent gesteigert. Da es zudem so gut wie keine Arbeitslosigkeit gab, erhöhte sich das Durchschnittseinkommen im gleichen Zeitraum um etwa ein Drittel. Auf Grund ihres zunehmenden Schwergewichtes zog die Industrie viele Arbeitskräfte für immer von der Landwirtschaft ab. Der bedenkliche Bevölkerungsrückgang, der nach 1918 weiter fortschritt, wurde durch den starken Zustrom an Ausländern wettgemacht, die sich für dauernd in Frankreich niederließen. Infolgedessen war die wirtschaftliche Gesamtbilanz der 20er Jahre recht positiv: bis zum Ende des Jahrzehnts konnten fast alle Kriegsschäden wieder ausgeglichen werden, und der steigende Wohlstand versetzte zahlreiche Industrie- und Landarbeiter in die Lage, in den (klein-)bürgerlichen Mittelstand aufzusteigen.

Im Bereich der intellektuellen und ästhetischen Kultur erlebt Frankreich in der Zwischenkriegszeit einen glanzvollen Nachsommer. Führend im Weltmaßstab bleibt es nach wie vor in der Malerei,[19] wo sich seit der Jahrhundertwende die durch den Impressionismus schon vorbereitete Überwindung des traditionellen Formgerüstes vollendet. Den Weg in diese Richtung weist der 1903 begründete Künstlerbund der *Fauves,* die mit ihren kontrastierend gegeneinander abgesetzten Farbflächen eine durchaus dekorative Wirkung erzielen und deren maßgeblicher Gestalter Henri Matisse ist. In bewußter Opposition hierzu tritt seit etwa 1908 der Kubismus in Erscheinung, der mit Pablo Picasso das größte malerische Genie dieses Jahrhunderts hervorgebracht hat, dem aber auch so bedeutende Künstler wie Georges Braque, Fernand Léger und Robert Delaunay zuzuordnen sind. Mit den stereometrischen Formgebilden und häufig dreidimensionalen Aspekten des Kubismus erscheint die Malerei der Vergangenheit völlig überwunden und der Durchbruch zu einer ungegenständlichen Kunst vollzogen, die vielfach zum Widerspiegel jenes modernen naturwissenschaftlichen Denkens wird, das dem 20. Jahrhundert seinen Stempel aufdrückt.

Zwar wirkt der aus dem 19. Jahrhundert kommende bürgerliche Gesellschaftsroman noch bis in die Mitte unseres Jahrhunderts hinein nach. Aber mit der Auflösung bürgerlicher Lebensformen im Zeitalter der Weltkriege und kommunistischer oder faschistischer Revolutionen hört er doch auf, das dominierende Ausdrucksmittel der kurz nach der Jahrhundertwende geborenen Generation zu sein. Auch in der Literatur machen Realismus und Impressionismus neuen Stilrichtungen und Gestaltungsweisen Platz, wie dem Expressionismus, Dadaismus, Surrealismus und auch schon Existenzialismus, deren hervorragendste Vertreter z. B. Guillaume Apollinaire, Paul Eluard und nicht zuletzt die großen Dramatiker der Zeit wie Jean Giraudoux und Jean Anouilh sind. Außerdem feiern in der Literatur des *renouveau catholique* bei Paul Claudel, Georges Bernanos und François Mauriac transzendentale Themen eine weit über Frankreich hinaus beachtete Auferstehung, und in der anspruchsvollen Philosophie des Neu-Thomismus, den Jacques Maritain und Emmanuel Mounier vertreten, werden solche Ansätze eines wiedererwachenden religiösen Lebensgefühls inmitten einer vom Laizismus nach wie vor beherrschten Umwelt auch theoretisch begründet.

Abgesehen von der Deutschlandfrage und dem Problem der Inflation hatten die französischen Regierungen um die Mitte der 20er Jahre auch außen- und innenpolitische Aufgaben anderer Art zu bewältigen, wie die elsaß-lothringische Autonomiebewegung von 1927/28, die erst nach ziemlich rigorosem Vorgehen eingedämmt werden konnte, vor allem aber die Aufstände des Abd el-Krim in Marokko und der Drusen in Syrien, die 1925 ausbrachen und nach schweren Kämpfen im folgenden Jahr niedergeworfen werden konnten. Die Mandatsgebiete Syrien und Libanon hatte Frankreich 1920 unter der Auflage erhalten, ihre Unabhängigkeit vorzubereiten; entsprechende Verträge, die es 1936 mit ihnen abschloß, wurden jedoch nicht zum dafür vorgesehenen Zeitpunkt erfüllt, weil da gerade der Zweite Weltkrieg begann, sondern erst nach seinem Ende und auch nur auf Drängen Englands.

Die Stabilisierung des Franc, die 1928 als endgültig gelungen betrachtet werden konnte, brachte Poincaré in den Maiwahlen des gleichen Jahres eine so überzeugende Mehrheit ein, daß er es sich leisten konnte, auch ohne die Radikalsozialisten zu regieren, nachdem deren Minister aus dem Kabinett der *Union nationale* ausgeschieden waren. Der nunmehr stärker konservativ ausgerichtete Regierungskurs blieb auch weiterhin bestimmend, als sich Poincaré 1929 aus Gesundheitsgründen vom politischen Leben zurückzog. Dieser Staatsmann, unter dem Frankreich zum letztenmale in seiner Geschichte – soweit wir sie bis heute übersehen – eine hegemoniale Rolle in Europa spielte, hatte es verstanden, selbst so antirepublikanisch eingestellte politische Denker wie J. Bainville mit einer nach dem Ersten Weltkrieg konservativ gewordenen Dritten Republik auszusöhnen. Abgesehen von zwei durch Briand und Chautemps gebildeten Zwischenkabinetten (29. 7. bis 22. 10. 1929 und 21.–25. 2. 1930), hat André Tardieu bis Dezember 1930 die politische Linie der späten Poincaré-Ära fortgesetzt, wobei sich das Schwergewicht im Inneren noch weiter nach rechts verschob. Jedoch hat all diesen Regierungen Briand als Außenminister angehört, da niemand es wagen konnte, ihn, der als Mann des Friedens in Frankreich und Europa eine ungeheure Popularität genoß, auszubooten.

Seinen Bemühungen um eine dauerhafte Friedenssicherung auf der

Basis der Völkerverständigung kam die Anregung des amerikanischen Außenministers Kellogg durchaus entgegen, zwischen beiden Ländern einen Vertrag zur ewigen Ächtung des Krieges abzuschließen. Er weitete sie jedoch zu einer Einladung an alle Staaten der Welt aus und erreichte es auch, daß der sog. Briand-Kellogg-Pakt am 27. 8. 1928 in Paris von 15 Nationen – unter ihnen Deutschland – feierlich unterzeichnet wurde. Bis 1929 erhöhte sich die Zahl der Signatarstaaten auf 54. Und dieser Vertrag, der eine im Bewußtsein der zivilisierten Menschheit spätestens seit dem Ersten Weltkrieg verankerte Überzeugung gleichsam institutionalisierte, indem er zwar nicht den Krieg schlechthin, wohl aber den Angriffskrieg völkerrechtlich ächtete, blieb auch insofern nicht ohne praktische Konsequenzen, als er 1945/46 zur juristischen Grundlage des Nürnberger Prozesses werden sollte.

Im Zuge dieser Entwicklung der großen internationalen Politik, die mit Locarno eingesetzt hatte und deren Exponenten Briand und Stresemann waren, fand vom 11. 2.–7. 6. 1929 unter der Leitung des amerikanischen Finanzexperten Owen Young in Paris eine Sachverständigentagung zur Revision des Dawes-Abkommens statt, an der diesmal auch Deutschland gleichberechtigt teilnahm. Ihre Ergebnisse wurden auf der Zweiten Haager Konferenz (3.–20. 1. 1930) von allen beteiligten Mächten gebilligt und in Form der Haager Schlußakte ab 1930 in Kraft gesetzt.

Im Gegensatz zum Dawes-Plan bestimmte der Young-Plan nicht nur die Höhe, sondern auch die Zahl der von Deutschland zu leistenden Annuitäten und setzte sie zudem herab, weil er sie mit der Tilgung der alliierten Schulden an die USA verknüpfte. Frankreichs Anteil sollte wiederum 52 Prozent betragen. Die deutsche Gesamtschuld wurde auf 34,5 Milliarden Mark Gegenwartswert, bezogen auf eine natürlich utopische sofortige Abgeltung in einem Male, festgesetzt, zahlbar in 37 langsam ansteigenden (von 1,7 auf 2,3 Milliarden Mark) und 22 etwa konstanten (1,6–1,7 Milliarden Mark) Jahresleistungen, die sich aber auf zusammen rund 112 Milliarden Mark belaufen hätten, wenn die Zahlungen tatsächlich bis zum vorgesehenen Endtermin, also bis 1988, fortgesetzt worden wären. Von den Annuitäten mußten jeweils 660 Millionen Mark unaufschiebbar und ohne Rücksicht auf den deutschen Handel in Devisen entrichtet werden, während für die restlichen »geschützten« zwei Drittel ein Moratorium bis zu zwei Jahren gewährt werden konnte. Andererseits bedeutete es einen Fortschritt, daß die Reparationskommission sowie das interalliierte Kontrollsystem in Zukunft wegfielen und an ihrer Stelle die »Bank für internationalen Zahlungsausgleich« (BIZ) in Basel die treuhänderische Verwaltung der deutschen Leistungen übernahm, da das Reich den Transfer der fälligen Summen in eigener Verantwortung durchzuführen hatte und infolgedessen auch keine Sachwerte mehr gepfändet werden durften. Deutschland erhielt also seine volle wirtschafts- und finanzpolitische Souveränität zurück.

Die mit einem leidenschaftlichen innenpolitischen Kampf verbundene Annahme des Young-Planes durch den deutschen Reichstag hat den Weg zu der auf der Ersten Haager Konferenz (6.–31. 8. 1921) zugestandenen Rheinlandräumung frei gemacht. Bis zum 30. 6. 1930 wurden alle alliierten Truppen auch aus der zweiten und dritten Besatzungszone abgezogen. Stresemann selbst hat diesen spektakulären Erfolg seiner Revisionspolitik nicht mehr erlebt, da er schon am 30. 10. 1929 gestorben war. Seitdem trübten sich die französisch-deutschen Beziehungen zunehmend wieder ein. Die Septemberwahlen von 1930 in Deutschland, die dem Nationalsozialismus gefährlichen Auftrieb gaben, riefen nicht zuletzt in Frankreich Befürchtungen hervor, die wiederum Briands Verständigungspolitik mehr und mehr den Boden entzogen. Außerdem stand Reichskanzler Brüning Frankreich erheblich distanzierter gegenüber als Stresemann, und die seit 1930 von Amerika aus auch auf Europa ausstrahlende Weltwirtschaftskrise wirkte sich in Deutschland im Gegensatz zu dem relativ wenig betroffenen Frankreich besonders dramatisch aus, was den politischen Extremismus überhaupt, vor allem aber die Bewegung Hitlers, außerordentlich begünstigte.

Die aus solchen Entwicklungen für Frankreich erwachsenden Gefahren hatte Briand mit seinem berühmten Europaplan, der die seit Versailles in Europa bestehende *pax francica* wenigstens in ihrer Grundstruktur retten wollte, zu bannen versucht. Im September 1929 trug er in Genf den Vertretern von 27 Nationen den Gedanken einer zunächst ökonomisch bestimmten europäischen Union vor, die sich später zu der politischen Organisation von Vereinigten Staaten von Europa verdichten sollte, wobei die Führungsrolle natürlich Frankreich zugedacht war. Er ging von der Prämisse aus, daß die wirtschaftliche Selbständigkeit der einzelnen europäischen Nationen im Grunde für keine von ihnen mehr tragbar sei. Briand vermochte denn auch zahlreiche Staaten des Kontinents für seine Konzeption zu interessieren. Jedoch war England mit Rücksicht auf sein Empire nicht willens, eigene Souveränitätsrechte preiszugeben. Getreu dem Geiste seiner alten Gleichgewichtspolitik, die es durch ein von Frankreich geführtes Europa gefährdet sah, wirkte es auf Deutschland und namentlich auf den sehr anglophil eingestellten Brüning retardierend ein, indem es dessen Besorgnis, im Falle einer Zusage französischen Vorherrschaftsplänen Vorschub zu leisten, noch verstärkte. So ist Briands kühnes Projekt am Nein Großbritanniens und Deutschlands gescheitert. Dieser Mißerfolg schwächte naturgemäß seine Stellung selbst in Frankreich so sehr, daß er bei den Präsidentschaftswahlen vom Mai 1931 unterlag. An seiner Stelle wurde Doumer, der Kandidat der Rechten und der Mitte, in das höchste Staatsamt gewählt. Jedoch hat sich Doumer seines Sieges nicht lange erfreuen können, da er schon im Mai 1932 von einem russischen Emigranten ermordet wurde. Sein Nachfolger Albert Lebrun (1932-1940) ist dann der letzte Präsident der Dritten Repu-

blik überhaupt gewesen. Briand seinerseits zog sich Anfang 1932 enttäuscht aus der Politik zurück und starb schon am 7. März des gleichen
Jahres auf seinem Landgut Cocherel in der Normandie. Seine Beiset-
zung aber gestaltete sich zu einem spektakulären Ereignis und, wie
sich schon bald herausstellen sollte, gleichsam zum Abschied von einer
ganzen Epoche.

Mit dem Rücktritt Poincarés und dem Tode Briands trat jene Generation von der politischen Bühne ab, der in den stürmischen Jahren
seit der Jahrhundertwende das Schicksal Frankreichs anvertraut gewesen war und die es im großen und ganzen auch gut gemeistert
hatte. Neue Männer nahmen jetzt das Steuer des Staatsschiffes in die
Hand, jedoch blieben auch sie angesichts der Kammerwahlen vom
8. 5. 1932, die zwar einen leichten Linksruck, aber keine eindeutige
Mehrheit ergaben, in der alten Fahrrinne, indem sie die überkommene
Politik eines Ausgleichs zwischen rechts und links fortsetzten mit den
Kabinetten Herriot (1932), Paul-Boncour (1932/33), Daladier, Sarraut
(1933), Chautemps und wiederum Daladier (1933/34). In außenpolitischer Hinsicht mußte Frankreich bereits zu Beginn der 30er Jahre
unter dem Druck der beiden angelsächsischen Mächte seinem wieder
mit größerem Argwohn betrachteten östlichen Nachbarn weittragende
Zugeständnisse machen, die im Grunde auf eine Revision des Vertrages von Versailles hinausliefen. Denn angesichts der katastrophalen
Auswirkungen der großen Krise auf die deutsche Wirtschaft war an
eine Durchführung des soeben in Kraft getretenen Young-Planes nicht
mehr zu denken. So kam es im Juli 1931 zu dem berühmten Tele-
grammwechsel zwischen dem Reichspräsidenten v. Hindenburg und
dem amerikanischen Präsidenten Hoover, als dessen Ergebnis ein ein-
jähriges Moratorium für alle Reparationen gewährt wurde. Dieses
Hoover-Feierjahr wurde von allen Beteiligten sofort angenommen mit
Ausnahme von Frankreich, das Vorbehalte machte und auf der Wei-
terzahlung der im Young-Plan vorgesehenen ungeschützten Annuitäten bestand. Am 19. August bestätigte ein von dem Engländer Layton
geleiteter Sachverständigenausschuß, daß Deutschland auch nach dem
Abschluß des Hoover-Jahres nicht mehr in der Lage sein werde, noch
Reparationen abzuführen. Eine endgültige Regelung wurde schließlich auf der vom 16. 6.–9. 7. 1932 tagenden Konferenz zu Lausanne
getroffen. Demzufolge hatte Deutschland noch eine einmalige Zahlung von 3 Milliarden Reichsmark zu leisten, und danach sollten alle
seine Verbindlichkeiten getilgt sein. Jedoch wurde das Abkommen,
das eine befriedigende Lösung der Frage der alliierten Schulden gegenüber den USA zur Voraussetzung hatte, weder ratifiziert noch trat es
jemals in Kraft; nicht einmal die Restsumme von 3 Milliarden Reichsmark hat Deutschland noch bezahlt. Das Reparationsproblem war
damit endgültig liquidiert.
Gleichzeitig tagte seit dem 2. 2. 1932 eine große internationale Kon-

ferenz in Genf, welche die in der Völkerbundssatzung vorgesehene Abrüstung endlich verwirklichen sollte. Zwar erreichte sie ihr Ziel ebensowenig wie ihre zahlreichen Nachfolgerinnen seitdem, aber für Deutschland war sie im damaligen Stadium doch von Bedeutung, weil Brüning und anschließend v. Papen vor diesem Forum die Forderung vertreten konnten: entweder Abrüstung der anderen Mächte, besonders Frankreichs, zur Angleichung an Deutschland oder (bescheidene) Wiederaufrüstung Deutschlands zur symbolischen Gleichstellung mit den übrigen Staaten. Frankreich suchte sich dieser Alternative zu entziehen, indem es eine internationale Völkerbundsstreitmacht vorschlug und gleichzeitig Sicherheitsgarantien verlangte. Die Angelsachsen suchten zu vermitteln, und Ende 1932 wurde Deutschland die militärische Gleichberechtigung grundsätzlich zugestanden. Die Verhandlungen über die praktische Durchführung dieses Beschlusses zogen sich bis weit in die Zeit nach der Machtergreifung hinein hin.

Denn da Hitler außenpolitische Konfrontationen vorerst noch vermeiden mußte, betrieb er zunächst eine »Politik der friedfertigen Versicherungen und der heimlichen Aufrüstung«[20]. Diese Methode bewährte sich auch, so daß es dem deutschen Diktator gelang, das im Rahmen der Genfer Abrüstungskonferenz weitergeführte deutsch-französische Gespräch über Militärfragen in einem für ihn erfolgversprechenden Sinne in Gang zu halten, wobei er sowohl England als auch das Italien Mussolinis für eine Revision der entsprechenden Einschränkungen des Versailler Vertrages zu gewinnen vermochte. Allerdings stellte sich bereits im Herbst 1933 heraus, daß nicht nur Frankreich Schwierigkeiten machte, diesen Weg weiterzugehen, sondern auch Großbritannien Vorbehalte anzumelden begann. Hitlers Antwort darauf war der spektakuläre Austritt des Deutschen Reiches aus dem Völkerbund am 19. 10. 1933. Ungeachtet dessen befürworteten die ehemaligen Alliierten Frankreichs eine limitierte Aufrüstung Deutschlands auch weiterhin, obwohl sich der Quai d'Orsay unter seinem energischen Chef Louis Barthou nunmehr weiteren Erörterungen dieses gefährlichen Themas unmißverständlich versagte. Während im Frühjahr 1934 gerade ein von Hitler am 18. 12. des Vorjahres eingebrachtes Memorandum, Deutschland eine kurzfristig dienende Armee von 300 000 Soldaten zu konzedieren, diskutiert wurde, warf eine französische Verbalnote dem Reich vor, es rüste bereits auf, obgleich die entsprechenden Verhandlungen noch in der Schwebe seien. Diese Feststellung einer unzweideutigen Verletzung des Versailler Vertrages durch Deutschland hatte die sofortige Einstellung der Abrüstungsgespräche zur Folge.

Kurz zuvor war Frankreich im Inneren von einem Ereignis betroffen worden, das als eine verhängnisvolle Zäsur in der Geschichte der Dritten Republik anzusehen ist; zeigte es doch an, daß die Krise der Demokratie, die für die europäische Geschichte der 30er Jahre so kennzeichnend ist, sogar das bisher so gut funktionierende System der

405

parlamentarischen Demokratie in Frankreich zu erschüttern vermochte, und zwar so nachhaltig, daß seitdem jener Verfall der Dritten Republik einsetzte, der innerhalb von nur sechs Jahren auch zu ihrer Katastrophe führen sollte.[21] Am Abend des 6. 2. 1934 demonstrierten auf der Place de la Concorde mit Stoßrichtung auf die Deputiertenkammer Tausende von Anhängern radikaler Organisationen, vornehmlich die *Action française* sowie die uns bereits bekannten faschistischen Gruppen, aber auch Kommunisten gegen die Regierung Daladier; nur mit Mühe und schließlich mit Hilfe der Schußwaffe konnte die Polizei des Aufruhrs Herr werden, wobei insgesamt 17 Tote und 2329 Verletzte zu beklagen waren.[22] Diesen von der Hauptstadt sogar auf die Provinz übergreifenden Tumulten war der große Finanzskandal um den zwielichtigen Geschäftsmann Stavisky vorausgegangen, der die Regierung Chautemps (27. 11. 1933–27. 1. 1934) schwer kompromittiert und zum Rücktritt gezwungen hatte. Die Rechnung mußte nun Daladier begleichen, dessen soeben (30. 1.) erst gebildetes Kabinett bereits am 7. 2. 1934 einem von Doumergue präsidierten Platz machte, dem profilierte Persönlichkeiten wie Herriot, Tardieu, Pétain und vor allem Barthou als Außenminister angehörten. Dieser Regierung gelang es, die durchaus drohende Gefahr eines Bürgerkrieges abzuwenden sowie zur Stabilisierung des Haushaltes Sparmaßnahmen und eine Notverordnung durchzusetzen. Doumergue ging sogar so weit, im September einen Reformplan vorzulegen, dessen Ziel die Steigerung des Ansehens der staatlichen Autorität war. Zu diesem Zweck sollten die Befugnisse der Volksvertretung eingeschränkt und eine Nationalversammlung nach Versailles einberufen werden, um eine Staatsreform zu diskutieren. Es nimmt nicht wunder, daß Doumergue daraufhin zurücktreten mußte. Ebensowenig wie er vermochten seine Nachfolger Flandin (»Regierung des Burgfriedens«, 9. 11. 1934–30. 5. 1935) und Laval (7. 6. 1935–22. 1. 1936) den besorgniserregenden Anstieg des Kommunismus einzudämmen.

Im außenpolitischen Bereich sah es zunächst so aus, als werde Barthou sein Ziel, Deutschland zu isolieren, auch tatsächlich erreichen, obwohl Italien damals Anstalten machte, vom französischen ins deutsche Lager überzuwechseln. Denn er arbeitete darauf hin, das Bündnissystem Frankreichs in Europa wieder zu festigen und sogar auszuweiten. Zu diesem Zweck schlug er am 27. 6. 1934 einen Ostpakt vor, griff also den alten Gedanken eines »Ost-Locarno« wieder auf, wobei u. a. eine Garantie Frankreichs für die Staaten der Kleinen Entente vorgesehen war. Der Eintritt der Sowjetunion in den Völkerbund am 19. 9. 1934, also ein knappes Jahr nach dem Austritt Deutschlands, signalisierte überdies, daß sich jetzt auch gute Beziehungen zwischen ihr und Frankreich anbahnten. Nach der Ermordung Barthous, der zusammen mit König Alexander von Jugoslawien am 9. 10. 1934 in Marseille dem Attentat eines kroatischen Terroristen zum Opfer fiel, setzte sein Nachfolger Laval, der spätere Ministerpräsident, diese Politik fort. Vorübergehend schienen sich allerdings die deutsch-französischen Beziehungen etwas zu entspannen, als mit der Option der Saarbevölkerung für Deutschland am 13. 1. 1935 ein latenter Konfliktstoff beseitigt war. Laval ging es vor allem darum, Italien wieder an die Seite Frankreichs zu bringen, was ihm auch zunächst gelang, weil sich Mussolini seit Sommer 1934 wegen der mit der Ermordung von Dollfuß zusammenhängenden Ereignisse in Österreich deutlich von Hitler distanzierte. Als dieser am 16. 3. 1935 die allgemeine Wehrpflicht wieder einführte, spitzten sich die deutsch-französischen Beziehungen erneut gefährlich zu. Der deutsche Diktator begründete seinen Schritt mit der Tatsache, daß Frankreich zehn Tage zuvor den Militärdienst auf zwei Jahre heraufgesetzt und das Bündnis mit Belgien von 1920 erneuert hatte. Jedoch geschah außer verbalen Protesten auf die Provokationen Hitlers nichts, was diesen hätte einschüchtern können. Auch die Konferenz von Stresa, auf der Frankreich, Großbritannien und Italien im April 1935 lautstarke Erklärungen gegen weitere Verletzungen von Verträgen abgaben, blieb ohne praktische Konsequenzen, weil Mussolini schon zu dieser Zeit mit dem Gedanken einer Eroberung Abessiniens umging und sich aus diesem Grund nicht mit Hitler anlegen konnte, auf dessen Unterstützung er womöglich bald angewiesen sein würde. Angesichts des zwielichtigen Verhaltens von Italien hat Laval damals die Annäherung an die Sowjetunion vorangetrieben und den Abschluß (2. 5. 1935) eines russisch-französischen Bündnisses von fünfjähriger Laufzeit erreicht. Ihm folgte 14 Tage später ein solches zwischen der Sowjetunion und der Tschechoslowakei, das allerdings nur bei einer Beteiligung Frankreichs an militärischen Operationen wirksam werden sollte.

Diese Bemühungen der französischen Diplomatie, im Osten eine zweite Front gegen Deutschland aufzubauen, wurden allerdings durch die *appeasement*-Politik Großbritanniens gegenüber Hitler, die mit dem deutsch-englischen Flottenabkommen vom Sommer 1935 geradezu spektakulär einsetzte, bis zu einem gewissen Grad unterlaufen. Überdies verstand es Hitler meisterhaft, die Isolierung, in die Italien während seines Abessinienkrieges 1935/36 geriet, auszunutzen, um Mussolini endgültig zu sich herüberzuziehen und jene »Achsenpolitik« einzuleiten, die am 22. 5. 1939 in einem förmlichen Militärpakt zwischen beiden Ländern gipfelte. Italien war damit nicht nur aus dem französischen Allianzsystem herausgebrochen, sondern auch zu einem sich stets sehr lautstark gebärdenden potentiellen Kriegsgegner Frankreichs geworden. Angesichts dieser sich seit 1935 abzeichnenden Entwicklung hat Hitler es gewagt, am 7. 3. 1936 das entmilitarisierte Rheinland durch deutsche Truppen besetzen zu lassen; mit diesem Schritt verletzte er demonstrativ den Versailler Vertrag und brach gleichzeitig auch das Abkommen von Locarno. Als Frankreich sich diesmal aufraffen und mit militärischen Gegenmaßnahmen antworten

wollte, war es England, das dämpfend auf seinen alten Weltkriegs-
alliierten einwirkte, so daß wiederum nichts geschah. Es war offenkundig, daß Mitte 1936 eine für Frankreich äußerst mißliche außenpolitische Situation entstanden war und die *pax francica* von Versailles der Vergangenheit angehörte.

Aber auch im Inneren konnte man von der relativ stabilen Lage der
20er Jahre kaum mehr etwas verspüren. Zwar ist Frankreich von der
Weltwirtschaftskrise nicht so katastrophal betroffen worden wie die
angelsächsischen Länder und Deutschland, und seine Arbeitslosen-
ziffern sind nie so dramatisch angewachsen wie in den erwähnten
Staaten. Jedoch machte sich selbst in Frankreich die seit 1930 eintre-
tende und hier sogar länger als anderswo andauernde Depression so
stark bemerkbar, daß seine Industrieproduktion infolge von Export-
schwierigkeiten zwischen 1929 und 1936 um 22 Prozent sank. [23] Außerdem führten die deflationären Maßnahmen der Regierung, die
unter Laval seit 1935 einen drastischen Charakter annahmen, zu einer
anhaltenden Stagnation der französischen Wirtschaft.

Diese Verschlechterung der ökonomischen Lage Frankreichs hat naturgemäß dem Kommunismus starken Auftrieb gegeben. Als dann Moskau, besorgt durch die immer bedrohlicher werdende Politik Hitlers,
der französischen KP grünes Licht für eine parteipolitische Allianz mit
den Sozialisten und Radikalsozialisten gab, war die Voraussetzung
zur Bildung der sog. Volksfront geschaffen. Die Initiative dazu ging
übrigens ebensosehr von den Sozialisten aus, die auf Grund der wirtschaftlichen Depression gleichfalls an Einfluß zunahmen. 1935 vereinigten sich die verschiedenen Gruppen des französischen Sozialismus
zu einer Sozialistisch-Republikanischen Union, die sowohl mit den
Radikalsozialisten als auch mit den Kommunisten sympathisierte. Die
Wahlen im April und Mai 1936 verhalfen nun dieser Linken zu
einem eindeutigen Sieg, wobei Kommunisten und Sozialisten erhebliche Stimmengewinne verbuchen konnten, die Radikalsozialisten dagegen starke Einbußen erlitten. Immerhin blieben sie das Zünglein an
der Waage, weil es von ihrer Entscheidung abhing, ob ein Links- oder
Rechtsblock die Regierung bilden würde. Da sich die Radikalen diesmal nach links orientierten, kam am 4. 6. 1936 die von dem Soziali-
stenführer Léon Blum geleitete Koalition von Kommunisten, Sozialisten und Radikalsozialisten zustande, die als *Front populaire* in die
Geschichte eingegangen ist und die französische Politik bis 1938 geprägt hat.

Die Bewegung der Volksfront stellte in erster Linie eine Reaktion
auf die faschistischen Machtkonzentrationen in den Frankreich im
Osten und Süden begrenzenden Nachbarstaaten dar. In Spanien löste
diese Entwicklung 1936 bekanntlich jenen Bürgerkrieg aus, der in der
Welt von vornherein nicht als eine nur innerspanische, sondern als
ideologische Auseinandersetzung prinzipiellen Charakters verstanden
wurde. In Frankreich dagegen gelangte die Volksfront nicht über eine

betont militante Sozialgesetzgebung hinaus, d. h., daß bei ihr die innenpolitische Komponente mehr ins Auge fällt als die außenpolitische. Immerhin unterstützte das erste Kabinett Blum die spanische Volksfront gegen ihre faschistischen Gegner ganz offen und erwog für kurze Zeit sogar ernsthaft eine militärische Intervention. Vor allem aber sah es sich gleich zu Beginn mit einer großen Streikbewegung und zum Teil tumultuarisch verlaufenden Fabrikbesetzungen konfrontiert. Daraufhin setzte die Regierung beträchtliche Lohnerhöhungen und soziale Reformen durch, namentlich die Vierzigstundenwoche und den gesetzlich garantierten bezahlten Urlaub. Überdies wurden die Bank von Frankreich und ein Teil der Rüstungsindustrie verstaatlicht. Unmittelbare Konsequenz solcher Maßnahmen war eine schwere Finanzkrise, verbunden mit steigenden Preisen und schließlicher Abwertung des Franc. Der leidenschaftliche Widerstand der Rechten, der sich vor allem in heftigen Angriffen der konservativen Presse artikulierte, konnte angesichts dieser Bedrohung der parlamentarischen Demokratie durch eine Diktatur der Gewerkschaften nicht ausbleiben. So sah sich die nach dem Rücktritt Blums gebildete Regierung Chautemps (22. 6. 1937–10. 3. 1938) veranlaßt, weiteren Experimenten der Volksfrontideologen Einhalt zu gebieten. Als im Frühjahr 1938 ein zweites Kabinett Blum (13. 3.–8. 4.) Anstalten machte, diese Politik wieder zu aktivieren, schob der Senat einen Riegel vor. Blums Nachfolger Daladier (10. 4. 1938–20. 3. 1940) ist es dann gelungen, die innere Krise zu überwinden, wobei er zunächst noch von Sozialisten und Kommunisten unterstützt wurde. Jedoch betrachteten letztere die Bemühungen des radikalsozialistischen Ministerpräsidenten, die sozialpolitischen Ergebnisse der Volksfrontepisode abzuschwächen, nicht zuletzt aber auch seinen außenpolitischen Kurs mit wachsendem Unbehagen, so daß es am 4. 10. 1938 zum endgültigen Bruch zwischen ihnen und der Regierung Daladier kam.

Damals zeigte sich mehr und mehr, daß alle französischen Versuche seit 1933, Hitler zu beschwichtigen und den Weltfrieden zu retten, vergeblich gewesen waren. Als der französische Außenminister Delbos im Dezember 1936 die Länder der osteuropäischen Bundesgenossen bereiste, mußte er erkennen, daß auch dieses Allianzsystem bereits ziemlich entwertet war, weil Polen und Jugoslawien 1934/35 Nichtangriffspakte mit Deutschland und Italien abgeschlossen hatten. Diese für ihn so vorteilhafte Konstellation hatte Hitler dazu nutzen können, im März 1938 den Anschluß Österreichs an Deutschland herbeizuführen, ohne daß Frankreich und seine Bundesgenossen dagegen eingeschritten wären. Die Forderung des deutschen Diktators nach der Angliederung der sudetendeutschen Gebiete beschwor dann nur ein halbes Jahr später doch die Gefahr eines europäischen Krieges herauf. Noch einmal gelang es dank der Verständigungsbereitschaft Daladiers und des britischen Ministerpräsidenten Chamberlain sowie der Vermittlung des damals an einem Krieg noch nicht interessierten

Mussolini, im Münchner Abkommen vom 29. 9. 1938 den Frieden zu retten, aber um den hohen Preis, daß Frankreich seinen tschechoslowakischen Bundesgenossen im Stich ließ. Immerhin handelten Chamberlain und Daladier in dieser bisher bedrohlichsten Krise seit 1918 durchaus im Sinne der weitgehend pazifistisch eingestellten öffentlichen Meinung ihrer Länder, auch als sie unmittelbar nach München bzw. am 6. Dezember zusätzlich noch Nichtangriffserklärungen mit Hitler austauschten.

Natürlich wußte man in Frankreich, dessen Regierung durch François-Poncet, Botschafter der Republik in Berlin bis 1938, ständig vor Hitler gewarnt wurde, zu dieser Zeit noch nichts von der sog. Hoßbach-Niederschrift vom 5. 11. 1937, dem Protokoll jener langen Erklärung, in der sich der »Führer« seinem Außenminister und der Wehrmachtführung gegenüber eindeutig für einen Krieg zur Erweiterung des deutschen »Lebensraumes« ausgesprochen hatte. Doch belehrten die scharfen Ausfälle Hitlers gegen Chamberlain und der italienischen Presse gegen Frankreich, vor allem aber die Vorgänge der »Reichskristallnacht« die beiden westlichen Staatsmänner sehr schnell darüber, daß sie sich in München trotz aller Zugeständnisse nur eine trügerische Ruhe vor dem Sturm eingehandelt hatten. Daladier reiste denn auch schon im Januar 1939 demonstrativ nach Korsika und Tunis, um dort gegen die italienische Annexionspropaganda Stellung zu nehmen, nachdem der südliche Achsenstaat bereits am 22. 12. 1938 das Laval-Mussolini-Abkommen von 1935 gekündigt hatte. Als ihn die Nachricht erreichte, Hitler habe am 15. 3. 1939 die Tschechoslowakei besetzt und als Staatsverband aufgelöst, rief Daladier dem deutschen Botschafter gegenüber aus: »Hitler m'a trompé, il m'a ridiculisé!«

Wie sehr der Ausbruch eines neuen Krieges nur noch eine Frage der Zeit ist, tritt am 21. 3. 1939 zutage, als Hitler Polen vorschlägt, Danzig an Deutschland zurückzugeben und den Bau einer exterritorialen Auto- und Eisenbahn durch den Korridor zu gestatten, wofür das Reich als Gegenleistung eine langfristige Garantie der deutsch-polnischen Grenze übernehmen werde. Dieses unmittelbar nach dem Bruch des Münchner Abkommens erfolgende Ansinnen lehnt die polnische Regierung am 26. März ab, nachdem sie drei Tage zuvor im Korridor eine Teilmobilmachung angeordnet hat. Die fieberhafte Tätigkeit, die die französische und die englische Diplomatie daraufhin entfalten, bezeugt, wie fest die beiden Westmächte jetzt entschlossen sind, die Politik der bloßen Beschwichtigung gegenüber Hitler aufzugeben. England reiht sich am 31. März in das zwischen Frankreich und Polen bestehende Militärbündnis ein, und beide Staaten dehnen ihre Garantieerklärung bis zum Sommer auch auf Rumänien, Griechenland und die Türkei aus.

Inzwischen aber ist schon jene von niemandem für möglich gehaltene Wendung des seit 1933 so schlechten deutsch-russischen Verhältnisses eingetreten, die am 23. 8. 1939 mit der sensationellen Bekanntgabe des Abschlusses eines Nichtangriffspakts alle Welt überrascht. Jetzt wird klar, daß den Verhandlungen zwischen der Sowjetunion und den Westmächten solche zwischen ihr und Deutschland parallelgelaufen sind und daß es Hitler und seinem Außenminister Ribbentrop gelungen ist, bei Stalin und Molotow die Franzosen und Engländer zu überspielen. Auch wenn man selbstverständlich das geheime Zusatzprotokoll noch nicht kennt, das Ostmitteleuropa in eine deutsche und eine russische Interessensphäre aufteilt, zweifelt in Frankreich Ende August niemand mehr daran, daß eine deutsche Offensive im Osten unmittelbar bevorstehe. Im Laufe der jetzt einsetzenden dramatischen · Verhandlungen zwischen Berlin, Paris, London und Rom lassen sowohl England als auch Frankreich nicht den geringsten Zweifel daran, daß man den Krieg zwar nicht wolle und alles Menschenmögliche tun werde, um den Frieden zu erhalten, daß man aber im Falle eines deutschen Angriffs auf Polen seine Bündnispflicht diesem Partner gegenüber erfüllen werde. Jedoch ist Hitler auf Grund seiner bisherigen Erfahrungen mit den Westmächten davon überzeugt, diese würden nur bluffen und im Ernstfall Polen im Stich lassen, und reagiert daher auf alle Friedensbemühungen in so schroffer und ultimativer Form, daß sie scheitern müssen. Der letzte Vermittlungsvorschlag, ein Konferenzangebot des auch jetzt noch nicht kriegsbereiten Mussolini, ist schon überholt, als er in Berlin eintrifft.

Denn inzwischen hat Hitler endgültig den Befehl zum Angriff gegeben. In der Frühe des 1. 9. 1939 überschreiten die deutschen Armeen die polnische Grenze und eröffnen damit den Zweiten Weltkrieg. Die Automatik des Bündnissystems, das Frankreich und Großbritannien mit Polen verbindet, wird jetzt ausgelöst. Am Vormittag des 3. 9. 1939, einem Sonntag, überreichen die Botschafter der beiden Westmächte nacheinander Ultimaten in der Reichskanzlei, in denen Deutschland aufgefordert wird, seine Truppen unverzüglich hinter die Reichsgrenze zurückzunehmen. Da Hitler darauf erwartungsgemäß nicht reagiert, tritt der Kriegszustand noch am selben Tag ein, mit England um 12 Uhr und mit Frankreich um 18 Uhr. Die allgemeine Mobilmachung ist in Frankreich schon am Tag zuvor ausgesprochen worden.

Die Ereignisse scheinen Hitlers Erwartung, daß die Westmächte dennoch nicht wirklich kämpfen würden, zunächst zu bestätigen.[24] Denn sie nutzen die dreifache Überlegenheit, mit der sie in der Maginotlinie ihrem in dem noch höchst unfertigen Westwall auf Verteidigung eingestellten Gegner gegenüberstehen, keineswegs dazu, durch eine Offensive ihren gegen die deutsche Übermacht verzweifelt kämpfenden polnischen Bundesgenossen zu entlasten, so daß Polen bis Ende September von den Deutschen und den schließlich auch noch von Osten her einrückenden Sowjets erobert und als militärischer Faktor ausgeschaltet wird. Im Laufe des nächsten halben Jahres, französischerseits als *drôle de guerre* bezeichnet, gelingt es der Wehrmachtführung, ihre Westarmee so zu verstärken, daß sie im Frühsommer 1940 den Streitkräften der Alliierten, einschließlich denen der Belgier und Niederländer, zahlenmäßig ungefähr gleich, qualitativ aber, vor allem was die Panzerwaffe und die Luftwaffe anlangt, um ein Vielfaches überlegen ist. Im Gegensatz zum Schlieffenplan von 1914, mit dessen Anwendung die Franzosen auch diesmal wieder rechnen, verläuft die in der Morgendämmerung des 10. 5. 1940 einsetzende deutsche Offensive im Westen nach einem von General von Manstein entworfenen Operationsplan: bereits vier Tage später gelingt den deutschen Panzereinheiten bei Sedan der entscheidende Durchbruch durch die französische Front. Die Streitkräfte der Niederlande und Belgiens kapitulieren am 14. und 28. Mai. Anschließend stoßen deutsche Armeen zur Kanalküste vor und kreisen die ganze Nordgruppe der Alliierten in der Schlacht bei Dünkirchen Ende Mai/Anfang Juni ein, so daß das britische Expeditionskorps auf seine Schiffe flieht und sich nach England absetzt, während die Eliteregimenter der französischen Armee diesen Rückzug decken und danach in Gefangenschaft geraten. Die Deutschen dringen jetzt ins Innere Frankreichs vor, durchbrechen im Nordosten an Somme und Aisne die sog. Weygand-Linie, weiter südlich an mehreren Stellen selbst die für uneinnehmbar gehaltene Maginotlinie, die auch von ihrer Rückseite her in die Zange genommen wird und am 22. Juni kapituliert. Zu dieser Zeit ist Paris (14. Juni) längst kampflos in deutsche Hand gefallen und mit Brest (19. 6.) auch der westlichste Punkt Frankreichs. Am 17. Juni erscheinen die Panzerspitzen der Armeen Kleist und Guderian im Raum von Dijon und an der Schweizer Grenze. Als Mussolini, um zur Verteilung der Siegesbeute nicht zu spät zu kommen, am 10. Juni in den Krieg eintritt und eine Front in den Seealpen errichtet, greifen deutsche Panzerverbände von Lyon aus die Franzosen dort bereits im Rücken an, um ihren wenig erfolgreich fechtenden italienischen Bundesgenossen die Situation zu erleichtern. Inzwischen hat sich der deutsche Vormarsch auch über die Loire ausgedehnt und bedroht Südwestfrankreich. So steht schon Mitte Juni fest, daß Frankreich, von seinem englischen Verbündeten im Stich gelassen, angesichts dieser noch sechs Wochen zuvor unvorstellbaren militärischen Katastrophe an weiteren Widerstand nicht mehr denken kann.

Am 11. Juni ist die Regierung Paul Reynaud, die am 20. 3. 1940 das Kabinett Daladier abgelöst hat, nach Tours übergesiedelt, um sich von dort nur drei Tage später weiter nach Bordeaux abzusetzen. Hier tritt sie am 17. Juni zurück mit der Empfehlung, Marschall Pétain das künftige Schicksal Frankreichs anzuvertrauen, da es wohl dem Sieger von Verdun als einzigem gelingen könne, einen nicht allzu harten Waffenstillstand von den Deutschen zu erhalten. Am gleichen Tag bildet der Marschall seine Regierung, präsidiert zunächst von Chautemps (17. 6.–12. 7. 1940), dann von Laval (13. 7.–6. 9. 1940), und bittet um Waffenstillstand. Dieser wird am 22. 6. 1940 im Wald von Compiègne und in dem historischen Eisenbahnwagen vom 11. 11. 1918 zwischen Hitler und dem französischen General Huntziger abgeschlossen. Er sieht eine Besetzung französischen Gebietes nördlich und westlich der Linie Genf, Dôle, Tours, Mont-de-Marsan, spanische Grenze durch deutsche Truppen vor, so daß die Kanalküste und die Biskaya zur Weiterführung von Hitlers Krieg gegen Großbritannien in deutscher Hand bleiben bzw. der deutschen Wehrmacht übergeben werden. Die französische Armee wird bis auf ein kleines Freiwilligenheer und die Kolonialtruppen aufgelöst; die Flotte untersteht weiterhin der französischen Regierung. Deren Sitz wird nach Vichy ins unbesetzte Frankreich verlegt. Dem Waffenstillstand zwischen Deutschland und Frankreich folgt am 24. Juni in Rom der mit Italien, und am gleichen Tag tritt die Waffenruhe ein. In den sechs Wochen dieses Feldzuges haben die Alliierten knapp 2 Millionen Kriegsgefangene verloren, wobei weitaus die meisten davon auf Frankreich entfallen.

Diese Vorgänge bedeuteten praktisch bereits das Ende der Dritten Republik, deren formelle Auflösung am 9./10. 7. 1940 erfolgte, als die beiden Häuser des Parlaments, Senat und Deputiertenkammer, zunächst in getrennten Beratungen und anschließend in gemeinsamer Sitzung mit 569 gegen 80 Stimmen bei 18 Enthaltungen beschlossen, alle Machtbefugnisse Pétain als dem »Chef des Französischen Staates« zur Aufrechterhaltung der Ordnung, zur Wiederherstellung des Landes und zum Abschluß eines Friedensvertrages zu übertragen. Dabei gestand man dem 84jährigen Marschall das Recht zu, eine neue Verfassung, deren Charakter nicht näher bestimmt wurde, vorzubereiten und sogar selbst in Kraft zu setzen, immerhin mit der Einschränkung, daß sie nach Friedensschluß von der Nation zu bestätigen sei. Durch diesen Akt, der das Regime von Vichy aus der Taufe hob, wurde gleichzeitig von den beiden parlamentarischen Gremien die Verfassung der Dritten Republik außer Kraft gesetzt. Am 12. 7. 1940 trat mit Lebrun auch ihr letzter Präsident zurück. In einer nationalen Krise ohnegleichen entstanden, ging die Dritte Republik in einer nationalen Katastrophe von noch größerem Ausmaß unter, nachdem das französische Volk in den 70 Jahren seit Bestehen dieses Staatswesens nicht wenige Höhepunkte seiner so reichen politischen und kulturellen Geschichte erlebt hatte.

Aber selbst in diesem Tiefpunkt der nationalen Existenz Frankreichs fehlte es nicht an einer Stimme der Hoffnung. Sie richtete sich am 18. Juni von London aus über den Rundfunk an alle zu weiterem Widerstand bereiten Franzosen und rief sie unter der Devise, Frankreich habe zwar »eine Schlacht, aber nicht den Krieg verloren«, dazu auf, die Niederlage nicht anzuerkennen, sondern sich um den Initiator dieses Appells zu scharen und an der Seite der Alliierten den Kampf gegen Hitler bis zur Befreiung des Vaterlandes fortzusetzen in einem Ringen, das sich zum Weltkrieg ausweiten und mit dem Sieg der gerechten Sache enden werde. Der Mann aber, der die französische Nation auf diese Weise aufzurütteln versuchte, war der bis dahin kaum bekannte General Charles de Gaulle. Von ihm und seiner politischen Philosophie sollte die jetzt anbrechende Epoche der französischen Geschichte entscheidend geprägt werden.

3. Von de Gaulle zum Gaullismus. Frankreich seit dem Zweiten Weltkrieg (1940-1975)

Vorerst jedoch gehörte Frankreich[25] dem von de Gaulle bekämpften Regime von Vichy[26], das eine eindeutige Diktatur darstellte, in der neben dem Staatschef der Vizepräsident des Ministerrates als Haupt der Exekutive fast unbeschränkte Vollmachten besaß; in dieser Funktion lösten sich Laval (1940), Flandin (1940/41), Admiral Darlan (1941/42) und schließlich wieder Laval (1942/44) nacheinander ab. Das besiegte Frankreich erwartete in dieser Zeit von dem Helden von Verdun das »Unmögliche, nämlich französisch zu handeln und doch nicht die Blitze der Besatzungsmacht auf sich zu ziehen«[27]. Pétain und seine Kabinettschefs versuchten dieser schweren Aufgabe gerecht zu werden, indem sie dem problematischen Staatswesen den Charakter einer patriarchalischen Autoritätsherrschaft gaben und damit die deutschen Sieger zufriedenzustellen hofften. So konnte man auf Zeitgewinn hinarbeiten, eine Haltung, in der nach der Katastrophe viele Franzosen die einzige Chance erblickten. Doch verwirrte das System von Vichy selbst die unter ihnen zunehmend, die anfangs mit ihm sympathisierten, weil es sich immer wieder zur Kollaboration mit der Besatzungsmacht und zu Zugeständnissen an sie gezwungen sah; dabei befanden sich seine Repräsentanten, also vor allem Pétain, Laval und Darlan, stets in der tragischen Situation, es nicht nur den eigenen Landsleuten, sondern trotz allem auch Hitler nie recht machen zu können. Solche Maßnahmen, zu denen der am Ende resultatlos verlaufende Prozeß von Riom gegen die angeblich an der Niederlage Schuldigen ebenso gehörte wie die Einführung einer »Arbeitspflicht« für Männer und Frauen, durch welche die Forderung nach Gestellung französischer Arbeitskräfte für die deutsche Rüstungsindustrie legalisiert, mithin das nationalsozialistische Deportationssystem gutgeheißen wurde, solche Maßnahmen also gefährdeten nicht nur die persönliche Existenz bestimmter Politiker, sondern schließlich Freiheit und Leben jedes einzelnen Franzosen überhaupt. Im Zuge dieser Entwicklung gewannen überdies französische Faschisten wie Marcel Déat, Philippe Henriot und Jacques Doriot Einfluß auf den Vichy-Staat. All dies trug schließlich dazu bei, daß die öffentliche Meinung Frankreichs die echt patriotischen Motive, die Männer wie Pétain oder Laval im Jahre 1940 bewogen hatten, einer undankbaren Aufgabe ihr persönliches Ansehen zu opfern, nicht mehr erkannte, so daß man ihnen im

Herbst 1944 als Verrätern den Prozeß gemacht und sie zum Tod verurteilt hat, wobei allerdings das Urteil gegen den Marschall nicht vollstreckt, Laval aber unter Umständen hingerichtet wurde, die später selbst viele seiner Gegner als fragwürdig empfanden. Die seit dem Waffenstillstand unverhüllt feindselige Einstellung der Engländer, die am 3. 7. 1940 ein vor Oran ankerndes Flottengeschwader des bisherigen Alliierten vernichteten, woraufhin die diplomatischen Beziehungen zwischen Vichy und London abgebrochen wurden, und schon vorher die ausgesprochen egoistische Verhaltensweise der britischen Armee bei Dünkirchen erzeugten Ende 1940 in weiten Teilen des französischen Volkes eine Stimmung, die einer Annäherung an Deutschland, selbst an ein von Hitler beherrschtes, nicht ungünstig war. Jedoch führte die Zusammenkunft Hitlers mit Pétain in Montoire am 24. 10. 1940 zu keinem positiven Ergebnis, weil der deutsche Diktator sein Mißtrauen gegen die Franzosen nicht zu überwinden vermochte und weder die Kriegsgefangenen entließ noch auf Bündnisangebote Darlans einging. So verstärkte sich naturgemäß bei den leitenden Männern Vichys die Haltung des *attentisme*, seitdem auch zwischen Deutschland und der Sowjetunion der Krieg ausgebrochen war und die USA, in Vichy durch den Admiral Leahy diplomatisch vertreten, ab Ende 1941 ebenfalls zu den aktiven Gegnern des Reichs gehörten. Weder Pétain noch Laval oder Darlan glaubten jetzt noch an einen Sieg Deutschlands, obwohl ein französischer Freiwilligenverband auf deutscher Seite an der Ostfront kämpfte und im Sommer 1941 Vichy-Truppen sich in Syrien erfolglos eindringenden Briten und Gaullisten entgegenstellten, ein Vorgang, der sich 1942 in Madagaskar wiederholte, nachdem es übrigens bei der ersten dieser Konfrontationen zwischen Vichy- und de Gaulle-Franzosen bei Dakar im September 1940 ersteren gelungen war, sich zu behaupten. Als dann die Amerikaner und Engländer im November 1942 in den französischen Besitzungen Nordafrikas landeten und damit im Westen die Gegenoffensive gegen Hitler einleiteten, leistete Darlan keinen Widerstand mehr und ging mit seinem militärischen Potential zu den Alliierten über. Da der Admiral kurz darauf ermordet wurde, veränderte dieser Schritt allerdings das Verhältnis der Angelsachsen zu Vichy nicht mehr. Hingegen wuchs Hitlers Mißtrauen gegenüber der französischen Regierung nunmehr so, daß er im November 1942 auch den bislang noch freien Teil Frankreichs von deutschen Truppen besetzen und die kleine 1940 konzedierte Heimatarmee entwaffnen ließ. Die vor Toulon liegende französische Flotte kam dem durch Selbstversenkung zuvor. Ein Protest Pétains blieb völlig wirkungslos. Von jetzt an steigerte sich die Aktivität der französischen *Résistance* tagtäglich. Initiator und Organisator dieser Widerstandsbewegung war der zunächst vom Londoner Exil aus arbeitende de Gaulle[28], den die britische Regierung schon wenige Tage nach seinem berühmten Aufruf als »Führer aller freien Franzosen« anerkannt hatte (28. 6. 1940).

Der General bildete ein »Provisorisches Nationalkomitee«, das er im Anschluß an die Besetzung Nordafrikas durch die angelsächsischen Bundesgenossen nach Algier, also auf französischen Kolonialboden, verlegte und dort in ein »Komitee für die nationale Befreiung« umwandelte. Während er sich selbst dessen politische Führung vorbehielt, verstand er es, die Tätigkeit seines Rivalen, des von den Amerikanern unterstützten Generals Giraud, auf die rein militärische Leitung der »Frei-Französischen Kräfte« zu beschränken. Dabei sah sich de Gaulle von Briten und Sowjets anerkannt, während seine Beziehungen zu den Amerikanern stets gespannt blieben.

Ihre wichtigste Aufgabe erblickte die Exilregierung zunächst einmal darin, der *Résistance*-Bewegung in Frankreich moralisch den Rücken zu stärken, sie materiell zu unterstützen und ihre verschiedenartigen Richtungen, Kommunisten auf der einen und bürgerlich-nationalistische Gruppen auf der anderen Seite, so zu koordinieren, daß die Kämpfer des *Macquis* am Vorabend und während der *Libération* zur FFI-Armee *(Forces françaises de l'intérieur)* und danach mit der gaullistischen Berufsarmee zu einem einheitlichen Heer zusammengefaßt werden konnten. Der Druck der Gestapo, die Gefahr von Geiselerschießungen und die dauernde Furcht, in deutsche Fabriken oder Konzentrationslager deportiert zu werden, verschafften der *Résistance* wachsenden Zulauf: als die Armeen der beiden angelsächsischen Mächte am 6. 6. 1944 in der größten amphibischen Militäraktion der Kriegsgeschichte an der französischen Kanalküste landeten, war sie so zahlenstark, daß sie die Truppenbewegungen und den Nachschub des Gegners durchaus zu stören vermochte.

Auf den ersten Anhieb gelang es dem Oberbefehlshaber der alliierten Streitkräfte, General Eisenhower, in der Normandie einen festen Brückenkopf und damit die von Stalin so lange geforderte »Zweite Front« zu bilden, diesen gegen deutsche Gegenangriffe zu halten und schließlich so beträchtlich auszuweiten, daß die Alliierten seit ihrem entscheidenden Durchbruch durch die deutsche Front am 27. 7. 1944 bei Avranches ihre Offensive rasch über ganz Frankreich ausdehnen konnten. Während die Verbündeten am 15. August auch noch an der südfranzösischen Riviera landeten und anschließend nach Norden vorstießen, waren die Deutschen bereits in vollem Rückzug aus Südwest- und Mittelfrankreich begriffen. Im Herbst 1944 vermochten sie nur noch einige Biskaya-Festungen sowie Elsaß-Lothringen und das Vogesengebiet zu halten. Im Frühjahr 1945 drangen die Alliierten schließlich in einer Endoffensive größten Stils bis über die Elbe hinaus vor, um sich dort mit der Roten Armee zu vereinigen, und zwangen Deutschland am 8. 5. 1945 zur bedingungslosen Kapitulation, die den Zweiten Weltkrieg in Europa beendete.

Um dem französischen Wunsch, an der Befreiung des Vaterlandes auch selbst sichtbar beizutragen,[29] zu entsprechen, verlangsamten die Amerikaner am 20. August, als sie das Weichbild von Paris erreicht hatten, ihren Vormarsch. Die *Résistance* hatte sich dort am Tag zuvor gegen die deutsche Besatzung erhoben und fand nur geringen Widerstand, weil General von Choltitz, der Kommandant von Paris, Hitlers Befehl zur rücksichtslosen Verteidigung ignorierte, um nicht das Odium auf sich zu nehmen, die Welthauptstadt der Zivilisation weitgehender Zerstörung preisgegeben zu haben. So erkämpfte sich die Widerstandsbewegung den zwar nicht schwer errungenen, aber politisch doch sehr wichtigen Prestigeerfolg, daß nicht Amerikaner, sondern Franzosen die Hauptstadt Frankreichs befreit haben. Dieses Ereignis kam de Gaulle, der am 25. 8. 1944 in Paris einzog und hier eine von den Alliierten am 23. Oktober anerkannte provisorische Regierung bildete, sehr gelegen, denn er wollte seinem Land auf jeden Fall ein Mitspracherecht bei der bevorstehenden Friedensregelung sichern. Da dieses Ziel angesichts der distanzierten Haltung der Amerikaner ihm gegenüber nicht gerade leicht zu erreichen schien, ging der General so weit, am 10. 12. 1944 ein Bündnis mit der Sowjetunion abzuschließen, wobei er die sich allerdings schon bald als verfehlt erweisende Hoffnung hegte, die selbständige Position einer dritten Kraft zwischen Angelsachsen und Sowjets einnehmen zu können. Immerhin trug de Gaulles Hartnäckigkeit schließlich den Erfolg davon, daß die Gleichberechtigung Frankreichs von seinen Verbündeten anerkannt wurde, indem es am 1. 1. 1945 einen ständigen Sitz im Sicherheitsrat der soeben gegründeten Vereinten Nationen und überdies eine eigene Besatzungszone in Süddeutschland sowie einen der vier Sektoren Berlins erhielt. So sah sich Frankreich von den Alliierten in der Rolle des Mitsiegers gleichsam offiziell bestätigt. Daß man ihm den Rang eines echten Partners aber doch noch nicht zubilligte, erwies sich, als es weder zu der Konferenz von Jalta noch zu der von Potsdam eingeladen wurde, von den grundlegenden Beschlüssen, welche die »Großen Drei« 1945 über das Schicksal des besiegten Deutschland faßten, also ausgeschlossen blieb.

Aber auch in der öffentlichen Meinung Frankreichs, deren desolate Stimmung zu dieser Zeit ihren philosophischen und dichterischen Ausdruck in den Werken existenzialistisch orientierter Schriftsteller wie J. P. Sartre und A. Camus fand, war damals das Bewußtsein lebendig, den Krieg in Wirklichkeit verloren, die Katastrophe von 1940 trotz 1945 im Grunde nicht überwunden zu haben und einer Erneuerung der Staats- und Gesellschaftsstruktur von innen heraus zu bedürfen. Die Regierung, die de Gaulle am Tag seines Einzuges in Paris übernommen hatte, war zwar »ohne gesetzliche Grundlage«, jedoch »einer allgemeinen Übereinkunft« entsprungen, der wiederum quasi »die Bedeutung einer Volksabstimmung« zukam, [30] weil de Gaulles moralische Autorität bei seinen französischen Mitbürgern, die in ihm den Befreier vom Joch der fremden Besatzung feierten, damals außerordentlich groß war; der Glaube an »die Größe Frankreichs«, den der 1890, also zur Zeit des Höhepunktes auch des französischen Nationalgefühls geborene de Gaulle stets verkörpert hatte, war durch die Haltung des Führers der »freien Franzosen« von 1940-1944 offensichtlich so glänzend bestätigt worden, daß zunächst sogar die jetzt die provisorische Regierung bildenden Vertreter des C. N. R. *(Comité National de Résistance)* mit ihrer unverkennbaren Linksorientierung, wie sie Kommunisten, Sozialisten und dem im November 1944 gegründeten linkskatholischen M. R. P. *(Mouvement Républicain Populaire)* eigentümlich war, sich um den rechtsgerichteten General altfranzösischer Tradition scharten. Und der provisorische Regierungschef tat mit sicherem politischem Instinkt auch das in diesem Augenblick Richtige, indem er, um gleichsam den Willen der *Résistance* zu vollstrecken, nicht nur über die Racheakte der Widerstandkämpfer gegenüber Kollaborateuren und Vichy-Anhängern hinwegsah, sondern gleichzeitig auch die Bergwerke und die Renault-Werke nationalisierte. Dem Beginn in dieser Richtung folgte bald darauf die Verstaatlichung der Bank von Frankreich sowie weiterer Banken und großer Versicherungsgesellschaften und schließlich auch die der Gasund Elektrizitätswerke (1945/46). Eine Art Währungsreform durch Banknotenumtausch brachte dem Staat im Juni 1945 50 Milliarden Francs ein und reduzierte gleichzeitig den Geldumlauf; hinzu kam eine Kapitalabschöpfung durch Erhöhung der Vermögens- und Kapitalzuwachssteuer. Jedoch vermochten diese und andere Maßnahmen der folgenden Jahre die latente Dauerinflation nicht aufzufangen. Eine echte Stabilisierung der Währung gelang erst unter der Fünften Republik mit der Einführung des neuen Franc am 1. 1. 1960. Andererseits zeigte sich aber schon bald, wie groß das politische Mißverständnis war, das zwischen de Gaulle und einem Großteil seiner Gefolgschaft aus der Kriegszeit waltete. Denn der General mit seinem Sinn für Disziplin, Ordnung und Autorität, der sich im Grunde als einzigen Rechtsträger wahrer Macht betrachtete und seine Minister demzufolge lediglich als Handlanger ansah und verachtete, schätzte die *Résistance* eigentlich nur mit Vorbehalt, weil er sie für kommunistisch durchsetzt hielt. Dieser Gegensatz wurde rasch sichtbar, seitdem nach der Volksbefragung vom 21. 10. 1945 eine verfassunggebende Nationalversammlung zusammentrat, die durch die Stimmen von 5 Millionen Kommunisten, 4,7 Millionen Sozialisten, 4,5 Millionen Volksrepublikanern und 1,1 Millionen Radikalen delegiert worden war, also einen ausgesprochenen Linksdrall aufwies, was wiederum geradezu zwangsläufig zum Konflikt mit dem General führen mußte.

Zwar wurde de Gaulle, der sofort seine Befugnisse als provisorischer Verwalter der Staatsgeschäfte an die Nationalversammlung zurückgab, am 13. November von dieser einstimmig wieder zum Regierungschef gewählt. Jedoch geriet er alsbald in solch schwere Auseinandersetzungen mit den Führern der politischen Parteien, daß er am 20. 1. 1946 völlig unerwartet zurücktrat und sich in die Einsamkeit seines

Landsitzes in Colombey-les-Deux-Eglises zurückzog, aus der er erst im Jahre 1958 wieder hervortreten sollte. Die werdende Vierte Republik mußte sich also ihren Weg ohne, ja im Gegensatz zu de Gaulle suchen. Zunächst einmal übernahm der Versammlungspräsident Vincent Auriol interimistisch die Aufgaben eines Präsidenten der Republik, während der Sozialist Félix Gouin ein sich auf die Dreiparteienbasis von Kommunisten, Sozialisten und MRP stützendes Kabinett bildete. Schon jetzt aber sorgte man dafür, daß die Kommunisten keine Schlüsselministerien wie etwa Inneres, Äußeres oder Verteidigung erhielten. Der im Frühjahr vorgelegte Entwurf zu einer neuen Verfassung legte, da die Kommunisten sich leidenschaftlich dafür eingesetzt hatten, den Verdacht nahe, von Moskau inspiriert zu sein, und das französische Volk blieb die Antwort darauf nicht schuldig, als es ihn in der Abstimmung vom 5. 5. 1946 mit 41 gegen 37 Prozent der Wählerstimmen – bei entsprechenden ungültigen – ablehnte und damit auch die erste Nationalversammlung dazu zwang, sich aufzulösen. Die Wahlen vom 2. 6. 1946 zur zweiten verfassunggebenden Nationalversammlung zeigten an, daß der Kommunismus seine ehemalige Führungsrolle im politischen Leben Frankreichs eingebüßt hatte und den Parteien der linken Mitte die nächste Zukunft gehören würde. Konsequenterweise wurde damals der Führer des MRP, Georges Bidault, am 19. Juni zum Ministerpräsidenten gewählt, gleichzeitig aber auch eine Art Burgfrieden zwischen den Parteien verlängert, unter dessen Schutz die zweite Nationalversammlung dann eine Verfassung ausarbeiten konnte, die am 13. 10. 1946 mit 53 gegen 47 Prozent der abgegebenen Wählerstimmen vom französischen Volk bestätigt wurde.

Im Gegensatz zu dem sehr knappen Verfassungstext von 1875 ist die entsprechende Urkunde von 1946 weitschweifig und doktrinär. Unter feierlicher Berufung auf die Menschenrechte von 1789 verkündet sie die Gleichberechtigung von Mann und Frau und garantiert Asylrecht, Arbeitsrecht und Arbeitspflicht, Koalitions- und Streikrecht der Arbeiter sowie deren Mitbestimmung bei der Festsetzung der Arbeitsbedingungen und der Betriebsleitung. Außerdem sollen alle öffentlichen Produktionsmittel, die lebenswichtig sind, verstaatlicht werden; soziale Sicherstellung Arbeitsunfähiger durch die Gemeinschaft wird ebenso gewährleistet wie gleiche Bildungsmöglichkeiten für alle bei staatlicher Leitung des Elementarschulwesens. Eroberungskriegen wird feierlich abgesagt. Diese offensichtliche Reaktion auf die gerade zurückliegenden Ereignisse, die in diesen Grundrechten der Verfassung mitschwingt, kommt besonders deutlich noch darin zum Ausdruck, daß hier jedem Menschen auch nachdrücklich Schutz vor eventuellen Benachteiligungen wegen seiner Abstammung oder Rassenzugehörigkeit zugesichert wird. Die Trennung von Staat und Kirche, die vom Vichy-Regime aufgehoben worden war, wird erneut deklariert.

Die Legislative bilden die Nationalversammlung und der Rat der

Republik, der nach direktem Verfahren durch Gemeinden und Departements gewählt wird und das Recht zur Gesetzesinitiative und zur Begutachtung von Gesetzentwürfen der Nationalversammlung besitzt. An der Spitze des Staates steht der Präsident der Republik. Er wird auf sieben Jahre von beiden Kammern gewählt und kann noch einmal kandidieren. Er hat das Begnadigungsrecht und ist außer bei Hochverrat politisch nicht verantwortlich. Der Ministerpräsident, der nach Zustimmung der Nationalversammlung zu seinem Programm und seiner Ministerliste vom Präsidenten der Republik zu ernennen ist, übt die Exekutive aus, ernennt die Beamten und leitet die bewaffnete Macht. Weitere Organe des Staates sind ein Verfassungskomitee zur Überprüfung der Gesetze, ein (im April 1951 gebildeter) Wirtschaftsrat und ein oberster Verwaltungsrat als höchste Rechtsinstitution. Diese Verfassung galt für den Bereich der Französischen Union. Sie umfaßte das Mutterland einschließlich der überseeischen Departements (z. B. Algerien), die Territorien (Kolonien) und die mit Frankreich assoziierten Staaten (Tunesien, Marokko, Indochina).

Gleich nach der Bestätigung der Verfassung ging man daran, die Organe des neuen Staatswesens einzusetzen. Am 10. November wurde die gesetzgebende Nationalversammlung gewählt, am 8. Dezember der Rat der Republik und am 16. 1. 1947 Vincent Auriol zum Präsidenten der Republik. So war der provisorische Zustand des Nachkriegsfrankreich um die Jahreswende von 1946 auf 1947, also etwa zweieinhalb Jahre nach der Befreiung von Paris, definitiv beendet. Aber jene Instabilität, an der die Dritte Republik in so vielen Phasen ihrer Geschichte gekrankt hatte, fehlte auch dem neuen Regime von vornherein nicht, ja sie war sogar so ausgeprägt, daß die ununterbrochen aufeinanderfolgenden Ministerkrisen das Frankreich der späten 40er und der 50er Jahre häufig zum Gespött nicht nur der französischen, sondern darüber hinaus der Weltöffentlichkeit machten und in den Ruf der Unzuverlässigkeit brachten. Jedoch läßt dieser ständige Regierungswechsel durchaus einen bestimmten Rhythmus erkennen; er vollzog sich nämlich in drei Zyklen bis zum Kabinett Mendès-France 1954/55.[31] Nach seinem Rücktritt geriet Frankreich in eine neue Krise, der noch einmal eine Scheinstabilität zwischen 1956 und 1958, dem Jahr des endgültigen Scheiterns der Vierten Republik, folgte. Daß dieses lang vorausgesehene Ende unvermeidbar wurde, ist letztlich darauf zurückzuführen, daß es – vielleicht außer Mendès-France – keinem der Politiker der Vierten Republik jemals ernstlich um die Stärkung der Regierung und damit des Staatswesens überhaupt ging, sondern stets nur darum, die eigene Partei an der Macht zu halten. Der andauernde Machtkampf der Parteien untereinander, der schließlich nur noch für die Berufspolitiker selbst durchschaubar und interessant war, während die Masse der Bevölkerung dieses Schauspiel mit zunehmender Gleichgültigkeit oder wachsender Entrüstung beobachtete, begann sofort nach dem unerwarteten Rücktritt de Gaulles im

Januar 1946. Damals bildete sich der erste der drei Zyklen aus, die sog. Dreiparteienperiode, in der Kommunisten, Sozialisten und MRP in einem Kabinett vereinigt waren. In dieser Zeit wurde die Verstaatlichung der Bergwerke, der Elektrizitätswirtschaft sowie der großen Geldinstitute vollends durchgeführt. Die Ministerpräsidenten innerhalb jener ersten Phase hießen Félix Gouin (24. 1.–19. 6. 1946), Georges Bidault (19. 6.–10. 11. 1946), Léon Blum (16. 12. 1946–23. 1. 1947) und Paul Ramadier (23. 1.–6. 5. 1947). Letzterer schloß am 6. 5. 1947 in Übereinstimmung mit Präsident Auriol die kommunistischen Minister aus der Regierung aus, weil sie sich des Bruches der Ministersolidarität schuldig gemacht hätten. Dieser Akt ist in der Geschichte der Vierten Republik von einschneidender Bedeutung gewesen, denn die Kommunisten gingen seitdem zum entschlossenen Widerstand gegen den Staat über, so daß dieser wieder eine grundsätzliche Linksopposition als Dauergegnerin zu fürchten hatte. Es ist kein Zufall, daß dieser Vorgang mit der Konferenz von Moskau vom April 1947 zusammenfiel, auf der sich Frankreich zusammen mit England und den USA definitiv von der Sowjetunion trennte und außenpolitisch in die Situation des Kalten Krieges eintrat.

In dieser Zeit entstand der Vierten Republik aber auch eine gefährliche Rechtsopposition in Gestalt der im März 1947 von de Gaulle begründeten »Sammlungsbewegung des französischen Volkes« *(Rassemblement du Peuple Français, R. P. F.)*. Sie entfaltete eine hemmungslose politische Agitation gegen die Vierte Republik, in deren Dienst auch die als Programmschrift konzipierten Kriegsmemoiren des Generals standen.

Aus dieser innenpolitischen Zweifrontenlage ergab sich die Politik des zweiten Zyklus, die der sog. »Dritten Kraft«. Denn infolge des Ausscheidens der Kommunisten mußten die Sozialisten nun stärker den Anschluß nach rechts suchen, d. h. zum MRP noch weit mehr als bisher, und die Radikalen sowie die »Gemäßigten«, wie man eine bislang ja diffamierte traditionelle Rechte jetzt vorsichtig bezeichnete, in die Regierung einbeziehen. Und diese Rechte, die sich ihrem Wesen nach prinzipiell vom RPF unterschied, trachtete instinktiv nach Anlehnung an die linke Mitte. Zwar stellten die Meinungsverschiedenheiten über anstehende Grundsatzfragen, wie z. B. die Alternative Dirigismus oder freies Unternehmertum in der Wirtschaft und vor allem der Laizismus im Bildungswesen, erhebliche Sprengstoffe in dieser Gruppierung dar, die von 1947-1951 das politische Leben Frankreichs bestimmte; aber der sich aus dem gleichmäßigen Druck von rechts und links ergebende gemeinsame Nenner dieser Zweckvereinigung hielt doch die sieben Kabinette Ramadier, Schuman, Bidault, Queuille, André Marie, Pleven und wieder Pleven in einer Art von stillschweigendem Übereinkommen zusammen. Auf diese Weise ist Frankreich um 1950 gar nicht so schlecht regiert worden.

Die Wahlen vom 17. 6. 1951 leiteten den dritten Zyklus ein. Sie basierten auf einem neuen Wahlrecht, das durchaus in der Absicht geschaffen worden war, die Dritte Kraft gegen den Zangenangriff von Kommunismus und Gaullismus zu verteidigen, führten jedoch zu dem völlig unerwarteten Ergebnis, daß das RPF außerordentlich gestärkt daraus hervorging, während die Sozialisten leicht und das MRP schwer geschlagen wurden und die übrigen Parteien sich behaupteten. Eine offene Krise konnte gerade noch vermieden werden, weil beide Extremparteien zusammen hart unter der 50 Prozent-Grenze lagen und es daher weiterhin eine ganz knappe Mehrheit im Widerstand gegen Gaullismus und Kommunismus gab. Aber da diese Übereinstimmung im Negativen bei den staatstragenden Parteien im Grunde zur konstruktiven Behandlung der großen Probleme wie freie Schule, Dirigismus und EVG nicht ausreichte, waren die Kabinette Pleven (8. 8. 1951–7. 1. 1952), Faure (20. 1.–29. 2. 1952), Pinay (8. 3.–23. 12. 1952), René Mayer (8. 1.–21. 5. 1953) und Laniel (28. 6. 1953–12. 6. 1954) nur noch aus Furcht vor dem Rechts- und Linksextremismus imstande, im Rahmen der Verfassung zu regieren, ohne die ihnen gestellten Aufgaben, deren Lösung längst überfällig geworden war, bewältigen zu können.

So fand der energische Mendès-France eine gewaltige politische Konkursmasse vor, als er am 18. 6. 1954 dem Präsidenten René Coty, seit dem 23. 12. 1953 Nachfolger Auriols, sein Kabinett vorstellte. Der neue Ministerpräsident war bislang Führer einer Linksopposition, und so schöpften die Anwälte einer Verständigung Frankreichs mit dem Osten neue Hoffnungen, während die Europäer unter den französischen Politikern das Gebaren des neuen Mannes mit größter Besorgnis betrachteten. Mendès-France, der übrigens puritanische und höchst unfranzösische Lebensgewohnheiten hatte – er war z. B. Milchtrinker und wollte seine Landsleute dazu bekehren –, schlug allerdings einen so autoritären Ton an, daß sich binnen eines halben Jahres »eine instinktive parlamentarische Reaktion«[32] gegen ihn bildete, die ihn schon Anfang 1955 wieder stürzte und die Verwirklichung seines dirigistischen Wirtschaftsprogramms verhinderte. Aber die großen Probleme der Außenpolitik, deren Liquidierung Mendès-France zu Beginn seiner Regierung ankündigte oder durch seine Einstellung erwarten ließ, wurden bis Ende 1954 seinen Intentionen entsprechend gelöst und zum Teil – wie die Frage der deutschen Aufrüstung – in neuem, konstruktivem Sinne geregelt.

Die bedrückendste außenpolitische Hypothek, die Mendès-France 1954 vorfand, war zweifellos der Indochinakrieg.[33] Als die Franzosen im Oktober 1945 in ihre fernöstliche Kolonie zurückgekehrt waren, hatten sie sich nicht entschließen können, dieser die Autonomie zu gewähren, weil sie die dort unter der japanischen Besetzung von 1940-1945 vorgegangene Entwicklung zu nationalem Selbstbewußtsein in ihrer Bedeutung verkannten. Die Träger dieser gleichzeitig sozial-revolutionären Bewegung waren die kommunistisch ausgerichteten Viet Min, die von Nordvietnam aus und unter Führung von Ho Tschi Min im Dezember 1946 den Aufstand gegen Frankreich entfesselten. Diese Rebellion steigerte sich allmählich zu einem regelrechten Unabhängigkeitskrieg, in dem die Franzosen weder durch militärische Maßnahmen, die zu guter Letzt von amerikanischen Waffenlieferungen unterstützt wurden, noch durch Verhandlungen eine Entscheidung zu ihren Gunsten herbeizuführen vermochten. Dieser erbarmungslose und zermürbende Dschungelkrieg wurde endlich sogar zu einem äußerst gefährlichen Spannungsfaktor in der Ost-West-Auseinandersetzung, der häufiger den allgemeinen Weltfrieden elementar bedrohte, und zudem für Frankreich zu einer physischen und moralischen Belastung, die seit der großen militärischen Katastrophe der französischen Indochinaarmee bei Dien Bien Phu am 7. 5. 1954 untragbar war. So fand sich die Regierung Mendès-France zu einem radikalen Verzicht bereit: im Genfer Abkommen vom 21. 7. 1954 gaben die Franzosen ihre Kolonie Indochina auf, die in Nord- und Südvietnam geteilt wurde; auch die Monarchien Laos und Kambodscha, die schon im Verlauf des Krieges weitgehende Autonomie erhalten hatten, erlangten jetzt oder kurz danach unter Abschluß von Bündnis- und Freundschaftsverträgen mit Frankreich ihre volle Souveränität.

Unmittelbar nach der Beendigung der französischen Phase des Indochinakrieges ging Mendès-France auch daran, die nordafrikanischen Probleme zu lösen. Sowohl in Tunis als auch in Marokko war die französische Protektoratsregierung durch den Zweiten Weltkrieg entscheidend geschwächt worden. So entstanden dort nach 1945 nationalistische Unabhängigkeitsbewegungen, die eine Aufhebung der Schutzherrschaft anstrebten: in Tunis das Neo-Destur unter der Leitung Bourguibas, in Marokko die Istiqlal-Partei unter der Führung des Sultans Sidi Mohammed ben Jussuf. Letzterer forderte 1950 die Aufhebung des Protektoratsvertrages und verweigerte 1953 seine Zustimmung zu französischen Reformgesetzen, was ihn seinen Thron kostete. Da sich jedoch sein frankophiler Nachfolger Sidi Mohammed ben Mulay Arafa bei den Marokkanern nicht durchsetzen konnte und die Bevölkerung blutige Aufstände gegen die Franzosen entfesselte, sahen diese sich im November 1955 gezwungen, Sultan ben Jussuf zurückzurufen und ihm eine Revision des Protektoratsvertrages zu gewähren, die einer Autonomie Marokkos gleichkam. Und schon vorher hatte Mendès-France im Spätsommer 1954 Tunesien dieselben Freiheiten zugestanden, so daß Frankreich seit 1955 in Nordafrika nur noch Algerien in Besitz hatte, und auch dies nicht mehr unangefochten, da seit Mitte 1954 in dieser bisher ruhigen Kolonie ebenfalls der offene Aufstand gegen die französische Herrschaft ausgebrochen war.

Jedoch galt zu dieser Zeit die Hauptsorge Frankreichs dem Schicksal der EVG, von der damals der Weiterbestand jener gesamten Deutschland- und Europapolitik abzuhängen schien, die Frankreich seit 1947 verfolgte, nachdem sich herausgestellt hatte, daß eine Mittlerstellung, von der de Gaulle und manche Franzosen seit Ende 1944 geträumt hatten, im Zeichen der großen Ost-West-Konfrontation nicht aufrechtzuerhalten war. War Frankreichs politisches Handeln auch 1945 zunächst noch durch die Sorge um Mitteleuropa bestimmt, so war es die Sowjetunion, die ihm durch ihr rücksichtsloses Verhalten dem Bündnispartner vom Dezember 1945 gegenüber schließlich klar machte, »daß seine eingebildete Rivalität mit Deutschland durch die weltpolitische Entwicklung überholt« war [34] und jener Europakonzeption die Zukunft gehörte, deren Kerngedanke seitdem die deutsch-französische Verständigung ist. [35]

Noch im Herbst 1947 hatten die westlichen Siegermächte es abgelehnt, Deutschland ebenfalls die den Ländern Westeuropas zur Sanierung ihrer Wirtschaft von den USA zugedachte Marshall-Plan-Hilfe zugute kommen zu lassen. So wurde die OEEC *(Organization for European Economic Cooperation)* zunächst ohne die Teilnahme Deutschlands begründet, und erst im Sommer 1948 begann man es sehr zögernd in die neuen Planungen einzubeziehen. In diesem Jahr vereinigten die drei Westmächte ihre Besatzungszonen zu jener Verwaltungseinheit der Trizone, aus der 1949 die Bundesrepublik Deutschland entstanden ist. Bekanntlich waren deren Befugnisse zunächst empfindlich eingeschränkt, vor allem durch das Ruhrstatut, d. h. die Internationalisierung der Ruhrindustrie, die einem Wunsche Frankreichs Rechnung trug. Da dieser Zustand jedoch keine echte Lösung darstellte, mußte versucht werden, aus dem Junktim Bundesrepublik *und* Ruhrstatut herauszugelangen. Ein am 9. 5. 1950 von dem französischen Außenminister Robert Schuman vorgelegter Plan schlug daher vor, die Schwerindustrien beider Länder einer Gemeinsamen Oberbehörde zu unterstellen, um das deutsch-französische Verhältnis zu entgiften. Die leitende Tendenz des Schuman-Planes war also politischer und wirtschaftlicher Natur. Er schuf aber gleichzeitig auch für Italien und die Benelux-Länder die Zwangslage, sich ihm anzuschließen. Mit der Annahme des Planes am 25. 7. 1952 wurde die erste Teilintegration Europas auf einem bestimmten wirtschaftlichen Sektor verwirklicht, indem die sechs Länder Frankreich, die Bundesrepublik Deutschland, Italien, die Niederlande, Belgien und Luxemburg ihre Montanindustrien unter freiwilligem Verzicht auf ihre diesbezüglichen nationalstaatlichen Souveränitätsrechte in der »Hohen Behörde« vereinigten, die ihren Sitz in Luxemburg nahm. Sie war ein Novum in der europäischen Verfassungsgeschichte, denn zum erstenmal gab es jetzt eine Institution mit übernationalen Weisungsbefugnissen. Und ihre bisher schwerste Belastungsprobe hat diese Einrichtung gut überstanden, als de Gaulle nach seiner Machtübernahme im Jahre 1958 entgegen allgemeinen Befürchtungen den Montanvertrag einhielt, auch wenn er der EWG gegenüber zeitweise eine Politik des »leeren Stuhls« betrieb.

Die Dauer des Vertrages ist auf 50 Jahre bemessen, ein Zeichen, daß seine Schöpfer mit einer Weiterentwicklung der Integrationsbestrebungen und ihrer Ausweitung auf andere Sektoren rechneten. In der Tat schuf die Montanunion eine Basis für fernere Abmachungen und diente beim Aufbau weiterer wirtschaftlicher Zusammenschlüsse zum Vorbild, wie sie sich in der Europäischen Wirtschaftsgemeinschaft (EWG) und Euratom darstellen. Begründet als Ergebnis der Messina-Konferenz vom Sommer 1955, sehen EWG und Euratom eine gemeineuropäische Zusammenarbeit auf den Sektoren Verkehr, Energiewirtschaft, Atomforschung sowie allgemeine Wirtschafts- und Sozialpolitik vor. Und entsprechend dem Montanunion-Abkommen wirken auch in den EWG- und Euratom-Verträgen politische Ideen mit.

Analog dazu war die EVG, die Europäische Verteidigungsgemeinschaft, als Meilenstein auf dem Weg zur europäischen Gesamtintegration gedacht. Dieser Plan entstand, als der Ausbruch des Koreakrieges 1950 die Notwendigkeit einer gemeinsamen Verteidigungspolitik der Europäer und Amerikaner unterstrich und in diesem Zusammenhang die vor allem von Washington geforderte Wiederaufrüstung Westdeutschlands zu einem heiß umstrittenen Problem wurde, das von dem französischen Verteidigungsminister Pleven im Sommer 1951 in den Bereich der europäischen Organisationen verschoben und damit für Frankreich scheinbar diskutabel gemacht wurde. Aber die hinhaltende Taktik, die die französische Regierung einschlug, als der am 27. 5. 1952 abgeschlossene Vertrag durch die Nationalversammlung ratifiziert werden sollte, bewies, wie delikat die Frage der deutschen Aufrüstung für die Franzosen auch in dieser Form immer noch war. Die große EVG-Debatte in der französischen Nationalversammlung am 30. und 31. 8. 1954 verlief denn auch so, daß die Ratifizierung des Vertrages verweigert wurde und das ganze Projekt der Europäischen Verteidigungsgemeinschaft, an dem vor allem die USA so brennend interessiert waren, damit überhaupt der Ablehnung verfiel, ohne daß der Ministerpräsident sich irgendwie bemüht hätte, es zu retten. Die Haltung von Mendès-France entsprang gewiß nicht nur persönlichen Antipathien, sondern mehr noch dem Wunsch, einer sehr starken Strömung innerhalb der öffentlichen Meinung Frankreichs gerecht zu werden, die damals für den Gedanken einer so weitgehenden Zusammenarbeit mit Deutschland noch keineswegs reif war. Selbst die »Europäer« in Frankreich, die sich während der Debatte leidenschaftlich für die Annahme des Vertrages eingesetzt hatten, taten dies nicht alle ausschließlich aus Liebe zu Europa, sondern vielmehr, um das in seinem Wiederaufstieg voller Mißtrauen beobachtete Nachbarland kontrollieren zu können.

Selbstverständlich war es Mendès-France klar, daß die Bundesrepublik auch ohne die Zustimmung Frankreichs in einem anderen Rahmen als dem der EVG von den USA aufgerüstet werden würde und daß Frankreich die Isolierung drohte, wenn es weiterhin in dieser Frage

Schwierigkeiten machte. Infolgedessen befürwortete er auf der Pariser Konferenz vom 19.–23. 10. 1954 eine Ersatzlösung, und die Verhandlungen hierüber haben dann auch zu einem positiven Ergebnis im Sinne der amerikanischen Wünsche geführt und die Aussöhnung Deutschlands und Frankreichs vertraglich konstituiert. Auf diese Weise ist die Westeuropäische Union (WEU), also der militärische Bündniszusammenschluß Frankreichs, der Bundesrepublik Deutschland, Italiens und der drei Benelux-Staaten ins Leben gerufen worden, dem darüber hinaus aber auch noch England beitrat. Bei der Begründung der WEU konnte man auf den Brüsseler Vertrag von 1947 zurückgreifen, in dem sich damals die beiden Westmächte formaliter gegen Deutschland, in Wirklichkeit aber gegen Sowjetrußland verbündet hatten; jetzt wurde die Spitze dieses Vertrages ganz offen gegen die östliche Großmacht gekehrt. Indem man die Souveränität Deutschlands durch seine Wiederbewaffnung im Rahmen dieses Vertrages voll wiederherstellte, verfügte man auf Grund eben dieses Abkommens gleichzeitig über die vertragliche Möglichkeit, das Maß der Aufrüstung der Bundesrepublik zu kontrollieren. Überdies wurde die WEU der 1949 gegründeten NATO assoziiert, so daß beide Verteidigungssysteme seitdem unlöslich ineinander verzahnt sind. Im Rahmen dieses Vertrages wurde nun auch die seit Kriegsende strittige Saarfrage zwischen Deutschland und Frankreich durch das sog. Saarstatut geregelt. Es sah die Eingliederung des Saargebietes in die WEU sowie seine Teilnahme an allen westeuropäischen Einrichtungen vor. Durch eine Volksabstimmung sollte die Bevölkerung ein Jahr später über das Statut entscheiden. Sie hat bekanntlich am 23. 10. 1955 stattgefunden, gegen das Saarstatut entschieden und zur Rückgliederung des Saarlandes an Deutschland geführt. Damit war auch der letzte territoriale Konfliktstoff zwischen Deutschland und Frankreich aus dem Wege geräumt.

Die letzte Phase der Vierten Republik, die mit dem Rücktritt von Mendès-France in der ersten Februarwoche 1955 einsetzte, ist innenpolitisch durch die Rückkehr zu einem ähnlichen parlamentarischen Spiel gekennzeichnet, wie wir es aus der Zeit vor 1954 kennen. Allerdings hatten die drei maßgeblichen Kabinette, die von Edgar Faure (1955/56), Guy Mollet (1956/57) und Bourgès-Maunoury (1957/58), eine verhältnismäßig lange Lebensdauer aufzuweisen, in der das Land auf Grund der finanzpolitischen Maßnahmen Edgar Faures wirtschaftlich gut gedieh, während die Außenpolitik Frankreichs in diesen Jahren noch elementarer als vorher schon durch die Kolonialprobleme bestimmt wurde. Zwar hatte Frankreich Indochina, Tunis und Marokko aufgegeben, jedoch war es militärisch stärker denn je zuvor in seinen überseeischen Departements engagiert, da am 1. 11. 1954 in Algerien ein Aufstand ausgebrochen war, der sich rasch zu einem kräfteverzehrenden Guerilla- und Terroristenkrieg gegen die französische Herrschaft entwickelte, in dem die FLN-Bewegung (*Fédération*

de la Libération Nationale) unter der Führung von Ferhat Abbas und
Ben Bella für die Unabhängigkeit eines arabischen Algerien stritt.

Dabei konnten die Algerier auf die Sympathien der von Nasser beeinflußten übrigen arabischen Staaten und der farbigen Völker des 1955
in Erscheinung getretenen Bandung-Blocks zählen, andererseits die
Franzosen aber nicht mehr mit der wohlwollenden Zurückhaltung der
Sowjetunion in dieser Frage rechnen, da diese die Pariser Verträge
von 1954 als einen Affront gegen sich empfunden und am 7. 5. 1955
das Bündnis von 1944 offiziell gekündigt hatte. Seitdem nahm der
Kreml im Algerienkrieg eine deutlich antifranzösische Haltung ein,
die sich im November 1956 zu einer den Weltfrieden gefährdenden
offenen Interventionsdrohung steigerte, als Frankreich sich zusammen
mit England in das Suez-Abenteuer einließ, von dem es sich eine Entlastung in seinem Algerienkrieg versprach. Bekanntlich mußten die
beiden Westmächte ihre Aktion gegen Ägypten denn auch abbrechen
und somit eine schwere politische Niederlage einstecken, die in Frankreich – im Gegensatz zu England, wo man aus diesem Fiasko vernünftige politische Konsequenzen zog – die Ausbildung eines Rechtsextremismus förderte, der im Mutterland von der Poujade-Bewegung und
in Algerien von den weißen Siedlern sowie der dort zu sehr großen
Teilen eingesetzten Armee getragen wurde und sich mehr und mehr
gegen die als zu schwächlich empfundene Parlamentsregierung in Paris
zu richten begann. Obwohl diese seit 1956 unter dem Schlagwort des
»National-Molletismus« [36] immer wieder betonte, daß die überseeischen Departements niemals aufgegeben würden, vermochte sie trotz
zahlreicher entsprechender Demonstrationen den immer stärker auf-
springenden Gegensatz zu den französischen Ultras in Algerien, die zum
erstenmal am 6. 2. 1956 lärmend die politische Bühne betreten hatten,
schließlich so wenig mehr zu überbrücken, daß sich Anfang 1958 jeder
Beobachter dieser Entwicklung besorgt fragte, wie lange der offene
Bürgerkrieg in Frankreich noch hinausgezögert werden könne.

Zum Ausbruch gelangte dieser schwelende Konflikt mit den Vertretern
der *Algérie française* am 13. 5. 1958, als sich in Algier unter der Leitung des Fallschirmjägergenerals Massu ein *Comité du Salut Public*
bildete, das in unverhüllte Opposition zu Paris trat und den womöglich gewaltsam herbeizuführenden Sturz der dortigen Regierung forderte. Als eine Abteilung der Fallschirmjäger Massus am 14. Mai in
Ajaccio auf Korsika landete, drohte diese Revolte auch das Mutterland zu erfassen. Die außerparlamentarischen Kräfte in Frankreich erwiesen sich jetzt als so stark, daß Pflimlin, der Nachfolger von Bourgès-Maunoury und letzte Ministerpräsident der Vierten Republik,
zurücktrat, nachdem frühere Versuche einer Regierungsumbildung
durch Bidault und Pleven schon mißlungen waren. Der Präsident der
Republik, Coty, der bereits etliche Tage vor dem Putsch in Algier
eine solche Lösung erwogen hatte, trat in diesem Augenblick offen an
de Gaulle heran, um wenigstens die rechtsextremistischen Kreise um

die Algeriengeneräle Salan und Massu an einer Machtergreifung zu hindern. Der General versagte sich diesem Ruf nicht, verlangte aber Sondervollmachten für Algerien und darüber hinaus das Recht zur Durchführung einer Verfassungsreform. Beides wurde ihm am 2. Juni von der verängstigten Nationalversammlung bewilligt. Wenn auch damit der Vierten Republik die letzte Stunde geschlagen hatte, so war doch de Gaulle – seinen Intentionen durchaus entsprechend – auf legale Weise zur Macht gelangt und erwies sich überdies rasch, allen Befürchtungen im In- und Ausland zum Trotz, als ein Staatsmann, der sich der republikanischen und demokratischen Tradition Frankreichs verpflichtet fühlte.

Denn die Präambel der Verfassung der Fünften Republik [37], die am 28. 9. 1958 durch einen Volksentscheid mit großer Mehrheit bestätigt und am 5. 10. 1958 im ›Journal officiel‹ verkündet wurde, betont im Sinne der französischen Überlieferung wieder die Menschenrechte und das Prinzip der Volkssouveränität sowie das »gemeinsame Ideal der Freiheit, Gleichheit und Brüderlichkeit« für den Gesamtbereich der Französischen Union. Das »souveräne Volk« übt seine Herrschaft mittels des allgemeinen, gleichen und geheimen Wahlrechts und unter Beibehaltung der Parteien durch eine parlamentarische Repräsentation in zwei Kammern – Nationalversammlung und Senat (= indirekt gewählte Vertretung der Gebietskörperschaften, entsprechend dem Rat der Republik) – aus, in gewissen Fällen aber auch durch ein Referendum. Der Präsident der Republik, wiederum auf sieben Jahre und seit der Verfassungsänderung vom 28. 10. 1962 vom Volk in zwei Wahlgängen direkt gewählt, ernennt jetzt nicht mehr lediglich den vom Parlament designierten Politiker zum Premierminister – diese Bezeichnung löst die bis dahin gebräuchliche *Président du Conseil* ab, weil zukünftig der Staatschef selbst dem Ministerrat präsidiert –, sondern setzt ihn selbständig ein und auf dessen Vorschlag hin auch die anderen Minister. Indem so die »Investitur« des Kabinetts durch die Nationalversammlung entfällt, ist die Exekutive auf Kosten der Legislative entscheidend gestärkt, nicht zuletzt auch darum, weil der Präsident mit beiden Kammern durch dort zu verlesende, aber nicht zu debattierende Botschaften verkehrt. Außerdem hat er das Recht, sich mittels eines Referendums unmittelbar ans Volk zu wenden. Schließlich kann der Präsident laut Artikel 12 der Verfassung die Nationalversammlung auflösen und nach Artikel 16 im Falle eines nationalen Notstandes sogar »die durch die Umstände gebotenen Maßnahmen ... ergreifen« und besitzt dadurch praktisch Befugnisse wie in einer Präsidialdiktatur. Von dieser Machtbasis einer »disziplinierten Demokratie« aus hat de Gaulle, seit dem 8. 1. 1959 Präsident der Republik, zehn Jahre lang ein überaus persönliches Regiment geführt, dessen bewußt stilisiertes Zeremoniell an die Attitüde eines Monarchen erinnerte.

Diese Haltung entsprach als Stilform dem ganz außergewöhnlichen

Ansehen, das de Gaulle in Frankreich genoß und das es ihm ermöglichte, als Repräsentant einer nationalen Willensbildung aufzutreten, die von der gemäßigten Linken bis zur gemäßigten Rechten reichte, die Kommunisten also ebenso ausschloß wie die Rechtsextremisten. Diese hatten zwar de Gaulles Erhebung zur Macht im Mai 1958 überhaupt erst den Boden bereitet, waren aber von der neuen Verfassung wie vor allem von der Algerienpolitik des Generals zutiefst enttäuscht. Denn er erwies sich sofort als der weit vorausschauende Staatsmann, der nicht nur sehr wohl wußte, daß Algerien für Frankreich verloren war, sondern auch entsprechend dieser Einsicht handelte und der dazu in der Lage war, weil er die nötige Autorität besaß, um eine solche Verzichtpolitik betreiben zu können. Sie wurde am 23. 10. 1958 erkennbar, als de Gaulle der FLN einen »Frieden der Tapferen« anbot und damit jene Verhandlungen mit den algerischen Unabhängigkeitskämpfern einleitete, die am 18. 3. 1962 zum Vertrag von Evian, am Tag darauf zur Einstellung der Kampfhandlungen und am 1. 7. 1962 zur Proklamation der Unabhängigkeit Algeriens im Einverständnis mit Frankreich geführt haben.

Dies geschah etwa zur gleichen Zeit, in der Frankreich auch seine schwarzafrikanischen Besitzungen verlor. Unter dem Druck der Emanzipationstendenzen, die sich während des Zweiten Weltkrieges hier wie bei den meisten Kolonialvölkern zu regen begannen, hatte Frankreich 1946 sein Überseereich bereits in eine »Französische Union« verwandelt, die eine »Gleichheit der Rechte und Pflichten« sowohl für das Mutterland als auch dessen Kolonialgebiete verhieß. Da diese Geste die Selbständigkeitsbestrebungen in diesen Territorien jedoch keineswegs einzudämmen vermocht hatte, ging de Gaulle noch einen Schritt weiter, indem er 1958 eine *Communauté française* verkündete, in der die farbigen Völker, soweit sie in ihr überhaupt verbleiben wollten, dem Mutterland als gleichberechtigte und weitgehend autonome Partner zur Seite treten sollten. Jedoch ist auch dieser Versuch, einen nach dem Muster des britischen Commonwealth strukturierten Staatenbund ins Leben zu rufen, schon im Ansatz gescheitert, weil Guinea von vornherein die Mitgliedschaft verweigerte und darum gleich 1958 selbständig wurde, während die als Modell gedachte Mali-Föderation bereits 1960 zerbrach. Daraufhin hat sich de Gaulle entschlossen, alle überseeischen Besitzungen in die Unabhängigkeit zu entlassen, in denen entsprechende Volksabstimmungen dies gefordert hatten. So wurde 1960 zum »Afrikanischen Jahr«, in dem folgende Kolonien Frankreichs ihre uneingeschränkte eigenstaatliche Souveränität erhalten haben: Senegal, Mali (bisher Französischer Sudan), Madagaskar, Mauretanien, Kamerun, Kongo-Brazzaville, Gabun, Tschad, die Zentralafrikanische Republik (bisher Ubangi-Schari) und Togo, die Elfenbein-Küste, Dahomey, Ober-Volta sowie Niger, wobei die fünf zuletzt genannten Gebiete sich in der Union Sahel-Benin staatlich zusammenschlossen. Seitdem gehören Frankreich als »Überseeische Provinzen« nur noch die entweder sehr alten oder relativ neuen Kolonialgebiete in Neufundland (Saint-Pierre und Miquelon), West-Indien (Martinique und Guadeloupe), Guayana, Réunion, Obok (Dschibuti) sowie im Pazifik, nachdem es seine Besitzungen in Indien auf Grund von Volksabstimmungen bereits 1952 (Chandernagor) bzw. 1954 (Pondichéry, Karikal, Mahé, Yanaon) an die Indische Union abgetreten hatte.

Diese größte staatsmännische Leistung de Gaulles, die Auflösung des französischen Kolonialreiches zur rechten Zeit und auf die rechte Weise, deren Kernstück die Verselbständigung Algeriens war, trug ihm aber die erbitterte Feindschaft der rechtsextremistischen Anhänger der *Algérie française* ein. Zwar hatte de Gaulle die gefährlichen Generäle Salan und Massu schon einige Zeit nach seinem Amtsantritt aus Algerien abberufen, konnte es aber dennoch nicht verhindern, daß am 24. 1. 1960 und am 22. 4. 1962 führende Militärs der Algerienarmee in Algier offene Putsche gegen seine Regierung inszenierten und daß sich seit etwa Februar/März 1961 die geflüchteten Akteure dieser Revolten zur Verschwörerorganisation der OAS *(Organisation Armée Secrète)* formierten, die den Präsidenten auch mit verbrecherischen Mitteln zu stürzen trachtete und zahlreiche Attentate gegen ihn anzettelte, die de Gaulle indes stets ohne Schaden an Leib und Leben überstand. Seit 1963 jedoch war die Schlagkraft dieser Bewegung gebrochen und Premierminister Debré (1959-1962) konnte das Algerienproblem als endgültig gelöst erklären.

Nachdem die damit zusammenhängenden innenpolitischen Konflikte abgeklungen waren, entfaltete de Gaulle eine starke außenpolitische Aktivität. Die ihr zugrunde liegende Konzeption hatte er schon in seinen Memoirenwerken entwickelt, und nun spann er sie in seinen zahlreichen Reden weiter aus, besonders anläßlich der rasch berühmt werdenden Pressekonferenzen, die de Gaulle dazu benutzte, in regelmäßigen Zeitintervallen seine politischen Maximen vor der Öffentlichkeit zu dozieren. Diese Doktrin, deren innerfranzösischer Aspekt uns bereits in den Einleitungszitaten dieses Buches begegnet ist und deren entsprechende Zielsetzung der General auch weitgehend zu verwirklichen vermochte, als er 1958 das französische Staatswesen aus einer parlamentarischen Demokratie in eine autoritäre Republik umwandelte, ist der sog. Gaullismus. Als parteimäßige Organisation tritt er zunächst in zwei Varianten auf, als *Union pour la Nouvelle République* (UNR) und *Union Démocratique du Travail* (UDT), später als *Union des Démocrates pour la République* (UDR). In den letzten anderthalb Jahrzehnten hat er inner- und außerhalb Frankreichs leidenschaftliche Anhänger und erbitterte Gegner gefunden, jedenfalls aber das politische Leben unseres westlichen Nachbarlandes entscheidend bestimmt, und er wirkt bis in die Gegenwart hinein nach, wenn auch in sich offensichtlich abschwächender Kraft. Die außenpolitische Komponente des Gaullismus, als deren Kern der Glaube an die *gran-*

deur de France anzusehen ist, hält zwar am Prinzip des Nationalstaates fest, ist aber ansonsten keineswegs dogmatisch starr, sondern
pragmatisch und orientiert sich außerordentlich flexibel an den Ge-
schehnissen. In diesem Sinne zeigte sich de Gaulle entschlossen, den
um die Mitte der 50er Jahre einsetzenden Wandel der internationalen
Gesamtlage rücksichtslos und ohne Sentimentalität gegenüber Freunden von gestern und heute auszunutzen, und zwar im Interesse einer
Erneuerung französischen Weltmachtprestiges. Denn nach seiner Ansicht eröffneten sich seit der Bandung-Konferenz und dem Sichtbar-
werden des Aufstiegs Rot-Chinas neue Perspektiven, führte die Entwicklung weg von der bisherigen starren Ost-West-Block-Alternative
und hin zu einem pluralistischen Staatensystem, in dem wieder das
komplizierte Spiel verschiedener miteinander rivalisierender Großmächte möglich wurde, wie es vom 19. Jahrhundert her bekannt war.
Und im Rahmen dieser veränderten universalen Konstellation sah
de Gaulle auch für Frankreich neue Chancen, aus seinem bisherigen
Schattendasein ins Rampenlicht der großen internationalen Politik
zurückzukehren; wie er dies zu verwirklichen trachtete, beobachtete
die Weltöffentlichkeit noch vor wenigen Jahren immer wieder überrascht und erstaunt, erschreckt oder begeistert, kopfschüttelnd oder
aufhorchend, auf keinen Fall aber neutral, da das so ungewohnt gewordene Schauspiel, Frankreich wieder als ernst zu nehmende Macht
auf der Weltbühne agieren zu sehen, und dessen gewiß unbequemer,
gleichzeitig aber auch faszinierender Regisseur keinen politisch denkenden Menschen gleichgültig lassen konnten, sondern zur Stellungnahme herausforderten.
Die nur schlecht verschleierte Ambition de Gaulles lief darauf hinaus,
Frankreich zur Hegemoniemacht Kontinentaleuropas – zunächst natürlich des außerkommunistischen, als späteres Fernziel aber auch
wohl eines bis zum Ural reichenden Staatensystems – zu erheben.
Diesem Zweck diente der Aufbau der *Force de frappe,* also eines
Nuklearwaffenpotentials, das in der gegenwärtigen Welt die Voraussetzung für einen Großmachtrang darstellt. Nachdem am 13. 2. 1960
der erste Atomversuch Frankreichs in der Sahara unternommen worden war, dem eine Reihe entsprechender Probeexplosionen in der
französischen Südseeregion folgte, hat die französische Regierung
unter starker Vernachlässigung der konventionellen Rüstung ihre
Atomstreitmacht systematisch weiter ausgebaut. Weitere militärpolitische Maßnahmen trugen ausgesprochen antiamerikanische Züge, da
de Gaulles Hegemonialstreben in Westeuropa mit der hier faktisch
bestehenden und in der NATO institutionalisierten Vormachtstellung
der USA kollidieren mußte. Um die französischen Streitkräfte wieder
aus solchen supranationalen Bindungen herauszulösen, machte der
General bereits 1959 die Unterstellung der Mittelmeerflotte unter
NATO-Oberbefehl rückgängig, kündigte 1966 die Mitarbeit in der
militärischen Organisation der NATO auf, ohne allerdings das Bünd-

nis als solches zu verlassen, und entzog den USA das Recht, ihre Stützpunkte auf französischem Boden weiter zu unterhalten. Auch auf der diplomatischen Ebene bemühte sich de Gaulle unablässig, um die Selbständigkeit Frankreichs gegenüber den Vereinigten Staaten zu betonen, wenn er z. B. Rot-China anerkannte (1964), für die Neutralisierung Südostasiens plädierte (1965) oder seine spektakulären Reisen nach Mittel- und Südamerika (1964), Afrika (1966), in die Sowjetunion (1966; Vereinbarung regelmäßiger Konsultationen) und den Fernen Osten (1966), nach Polen (1967; Anerkennung der Oder-Neiße-Grenze), Kanada (1967) und Rumänien (1968) unternahm, wobei sein Auftreten stets ganz bewußt auf die Mentalität seiner jeweiligen Gastgeber abgestimmt und entsprechend wirkungsvoll war. In diesen Rahmen gehört ebenso die proarabische und antiisraelische Haltung der französischen Regierung seit dem Sechstagekrieg von 1967. Gleichzeitig ist nicht zu verkennen, daß de Gaulle mit seinen demonstrativen Auftritten in der Dritten Welt eine alte, von Heinrich IV. über Richelieu bis zu Talleyrand reichende Tradition französischer Außenpolitik fortsetzte, die darin bestand, die Klein- und Mittelstaaten gegen die Großmächte zu unterstützen, damit Frankreich als der Beschützer der Schwachen erscheine.

Die Außenpolitik de Gaulles wies aber nicht nur antiamerikanische, sondern auch antibritische Akzente auf. Denn im Interesse seiner eigenen Europakonzeption mußte er England vom Integrationsprozeß fernhalten und gleichzeitig versuchen, den weiteren Ausbau supranationaler Institutionen zu verhindern oder wenigstens zu verzögern zugunsten eines »Europa der Vaterländer«, in dem auch noch bilaterale Abkommen möglich sein würden. So erstrebte er eine besonders enge Zusammenarbeit mit der Bundesrepublik Deutschland, um beiden Ländern, vor allem aber Frankreich eine Vorrangstellung in der Sechsergemeinschaft zu sichern. Nicht zuletzt diesem Zweck sollte der am 22. 1. 1963 zwischen de Gaulle und Konrad Adenauer abgeschlossene Freundschafts- und Konsultationsvertrag dienen, der die Abmachungen von 1954 vertiefte und festigte und als der feierliche Schlußstrich unter die Jahrhunderte deutsch-französischer Erbfeindschaft anzusehen ist. Da der General jedoch kurz danach sein Veto gegen einen EWG-Beitritt Großbritanniens einlegte, verstärkte sich hier wie in den USA der Eindruck, als segle die Bundesrepublik zu sehr im Kielwasser des gaullistischen Frankreich. Um diesen Argwohn zu zerstreuen, haben Adenauers Nachfolger Ludwig Erhard und sein Außenminister G. Schröder alles getan, um den Elysée-Vertrag zu bagatellisieren, so daß schon bald Mißverständnisse zwischen den Regierungen beider Länder auftauchten und einer konstruktiven Anwendung des Vertrages hindernd im Wege standen. Mitte der 60er Jahre kühlte sich sogar das Verhältnis zwischen Paris und Bonn vorübergehend merklich ab. Erst unter Bundeskanzler Kiesinger ist die Pflege der deutsch-französischen Beziehungen wieder intensiviert worden. Zwar ist es de Gaulle nicht gelungen, Frankreich zur Hegemoniemacht der Sechsergemeinschaft zu erheben, jedoch hat er immerhin so retardierend auf den weiteren Fortgang der europäischen Integrationspolitik eingewirkt, daß er mehr als jeder andere Staatsmann unseres Kontinents den Elan der Einigungsbewegung gedämpft und die Restauration des heute wieder an Boden gewinnenden Nationalstaatsdenkens gefördert hat.

Seitdem die vom Rechtsradikalismus der OAS ausgehende Gefahr gebannt war, bildete sich relativ rasch eine parlamentarische Opposition gegen die autoritäre Regierungsweise des Generals, deren Angriffspunkte nicht nur die Europa- und Verteidigungspolitik waren, sondern auch die Vernachlässigung wichtiger Bereiche der Sozialpolitik, die auf den kostspieligen Aufbau der *Force de frappe* zurückgeführt wurde. De Gaulle versuchte durch die Entlassung seines Ministerpräsidenten M. Debré und dessen Ersetzung durch G. Pompidou (1962-68) seinen Kritikern den Wind aus den Segeln zu nehmen, konnte es indessen nicht verhindern, daß die nichtgaullistischen Parteien sich schon 1963 auf ein einheitliches Programm und für die 1965 bevorstehenden Präsidentschaftswahlen auf den Sozialisten G. Defferre als gemeinsamen Gegenkandidaten einigten. Zwar zerbrach diese vom MRP bis zu den Kommunisten reichende Einheitsfront alsbald wieder, so daß Defferre am 25. 6. 1965 zurücktrat und die von den Kommunisten unterstützte vereinigte Linke der *Union Démocratique et Socialiste de la Résistance* (UDSR) mit François Mitterrand einen neuen Kandidaten aufstellen mußte, während das MRP Jean Lecanuet als eigenen Anwärter nominierte. Jedoch bezeugten die beiden Wahlgänge vom 5. und 19. 2. 1965 unzweideutig, daß de Gaulles Autorität bereits stark in Frage gestellt war, erhielt er doch bei der entscheidenden Stichwahl gegen Mitterrand bei einer Wahlbeteiligung von etwa 84 Prozent nur 55,19 Prozent der Stimmen. Immerhin war er auf weitere sieben Jahre in seinem Amt bestätigt.

Die Maiunruhen des Jahres 1968, hervorgehend aus einer mit Straßenschlachten, starkem Polizeieinsatz und zahlreichen Verhaftungen verbundenen Revolte der Pariser Studentenschaft und gipfelnd in der Solidarisierung eines Teiles der Arbeiterschaft mit den Studenten, die am 16. Mai zu einem Generalstreik führte, haben de Gaulles Ansehen weiter geschwächt. Denn das Staatsoberhaupt hielt sich während der kritischen Tage zu einem Staatsbesuch in Rumänien auf, indessen Premierminister Pompidou die undankbare Aufgabe zufiel, mit diesen revolutionsähnlichen Wirren fertigzuwerden. Er zeigte sich ihr aber so gut gewachsen, daß er das Mißtrauen de Gaulles erregte und im Juli 1968 zugunsten Couve de Murvilles zurücktreten mußte, nachdem schon am 30. Mai die Nationalversammlung aufgelöst worden war. Die daraufhin im Juni 1968 stattfindenden Parlamentswahlen ergaben einen beachtlichen Wahlsieg der Gaullisten (UDR und konservative Koalitionspartner, wie z. B. die Unabhängigen Republikaner Giscard d'Estaings) und brachten der Linken eine schwere Schlappe bei. Dessenungeachtet war das Prestige de Gaulles doch so beeinträchtigt, daß er es für nötig hielt, sich seine Unentbehrlichkeit ausdrücklich bestätigen zu lassen. Daher machte er seinen weiteren Verbleib im Amt von der Zustimmung des französischen Volkes zu einer Verwaltungsreform abhängig, die auf eine Auflockerung des zentralistischen Charakters der Administration sowie auf die Reduzierung von Befugnissen des Senats abzielte. Obwohl diese Pläne an sich recht populär waren, fiel das Referendum darüber am 27. 4. 1969 doch negativ aus. De Gaulle empfand diese Entscheidung mit Recht als ein Plebiszit gegen sich und trat, kompromißlos wie er war, daraufhin unverzüglich von der Staatsführung zurück. Noch vor der Vollendung seines zweiten Memoirenwerkes ist er auf seinem lothringischen Landsitz in Colombey am 9. 11. 1970 gestorben. In ihm verlor Frankreich die gestaltende Kraft, der es nach beispiellosem Zusammenbruch 1940 den Rückgewinn seines nationalen Selbstbewußtseins und das Wunder eines erneuten Aufstiegs zu verdanken hat.

Auf die bange Frage vieler Franzosen, »Was wird nach de Gaulle?«, hat dessen Nachfolger Georges Pompidou (1969-1974) eine das konservative Frankreich befriedigende Antwort gegeben. Denn die Regierung des zweiten Präsidenten der Fünften Republik, deren ausführende Organe die Ministerpräsidenten J. Chaban-Delmas (1969-1972) und P. Messmer (1972-1974) waren, hielt an den innen- und außenpolitischen Grundvorstellungen des Generals fest, wenn sie auch in einigen Bereichen andere Akzente setzte, die anzeigten, daß das System des Gaullismus seine starren Züge aufzugeben und flexibler zu werden begann. Die Opposition bildeten seit November 1971 bzw. Juni 1972 zwei deutlich voneinander unterschiedene Gruppierungen, nämlich das Zweckbündnis der *Réformateurs,* wozu sich das *Centre Démocratique* Lecanuets (seit 1967 Nachfolger des MRP) und die Neuauflage der Radikalsozialisten unter J. J. Servan-Schreiber zusammengeschlossen hatten, sowie die *Union Populaire* aus Sozialisten (Mitterrand) und Kommunisten (Marchais). In der Sozialpolitik wurde das bereits nach den Maiunruhen von de Gaulle verkündete Programm der *participation,* d. h. eine gewisse materielle Beteiligung der Arbeitnehmer am Gewinn, ihr Recht auf innerbetriebliche Information sowie die Konzedierung gewerkschaftlicher Aktivitäten in den Betrieben, weiter diskutiert. Im Bereich der Wirtschaft, die seit Einsetzen der weltweiten Rezession zu Beginn der 70er Jahre auch in Frankreich schwerwiegende Probleme aufwarf, betrieb der Ressortminister Giscard d'Estaing eine Deflationspolitik, die zu Franc-Abwertungen und 1971 zum sog. gespaltenen Devisenmarkt führte, wonach im Falle handelspolitischer Verpflichtungen der Franc dem Dollar gegenüber seinen bisherigen Kurswert behielt, für finanzielle Transaktionen jedoch frei konvertierbar war. Die Außenpolitik Pompidous wies Amerika gegenüber einen geschmeidigeren Charakter auf als die de Gaulles, und hinsichtlich Großbritanniens wurde das Steuer sogar so weit herumgeworfen, daß Frankreich sein Veto gegen dessen EWG-Beitritt aufgab. Seit dem 1. 1. 1973 sind England, Irland und Dänemark Mitglieder der Europäischen Gemeinschaft (EG). Neuerdings stellten bekanntlich die Briten selbst diesen Beitritt wieder in Frage, als wenn sie es darauf abgelegt hätten, die entsprechenden Bedenken de Gaulles nachträglich noch als berechtigt zu erweisen.

Die nach dem frühen Tod Pompidous (April 1974) notwendig gewordene Nominierung von Präsidentschaftskandidaten ließ deutliche Risse innerhalb des Gaullismus erkennen, als es um die Alternative Debré (orthodoxer Flügel) oder Chaban-Delmas (liberaler Flügel) ging. Die Wahl von Valéry Giscard d'Estaing ins höchste Staatsamt, der sich am 5. Mai gegenüber Chaban-Delmas und Mitterrand und am 19. Mai gegenüber letzterem durchzusetzen vermochte, scheint eine Zäsur in der Geschichte des gegenwärtigen Frankreich zu markieren, soweit sich die Entwicklung bis jetzt schon absehen läßt. Vor allem besteht die *majorité sans alternance* de Gaulles und Pompidous, die Frankreich Stabilität und Sterilität zugleich bescherte, heute nicht mehr.[38] Denn zum einen hat das »Zweckbündnis aus pragmatischem Konservatismus« und »Reformismus der Mitte«, zu dem sich seit einem Jahr Giscard d'Estaing und Lecanuet zusammengefunden haben, den orthodoxen Gaullismus an die Peripherie gedrängt, so daß nunmehr längst überfällige Reformmaßnahmen innen- wie außenpolitischer Art möglich geworden sind. Zum anderen aber hat die nur hauchdünne Stimmenmehrheit für Giscard (50,67 Prozent) gezeigt, daß schon bei den nächsten Wahlen die regierende Mitte-Rechts-Koalition aus Gaullisten, konservativen Republikanern und Demokraten durch eine von den Radikalsozialisten über die Sozialisten bis zu den Kommunisten reichende Union der Linksparteien abgelöst werden könnte und Frankreich sich somit »auf dem Wege zu einem alternierenden Zweikoalitionen-System« zu befinden scheint, das dem Zweiparteiensystem Großbritanniens nicht unähnlich wäre. Allerdings würde ein Sieg der Volksfrontkräfte in Frankreich höchstwahrscheinlich für das Land selbst ungleich radikalere Folgen haben und darüber hinaus auch weittragende außenpolitische Konsequenzen für Europa nach sich ziehen. Jedoch scheint schon jetzt in diesem Zweckbündnis ein Erosionsprozeß eingesetzt zu haben, da die Kommunisten den Sozialisten, die sie in der Wählergunst zu überrunden beginnen und sich gegenüber dem Partner stärker zu profilieren trachten, ein tiefes Mißtrauen entgegenbringen. Darin liegt eine nicht unbedeutende Chance für Giscard d'Estaing, durch eine offene und flexible Innenpolitik die Position der Regierungspartei erfolgreich zu verteidigen. Wie dem auch sei, die politische Szenerie ist in Frankreich gegenwärtig so offen, daß entsprechende über den Tag hinausreichende Voraussagen unmöglich sind.

Die Rückgewinnung der zwischen 1934 und 1958 verlorengegangenen politischen Stabilität Frankreichs und der gleichzeitige Vollzug der nicht länger mehr aufschiebbaren Dekolonisation stellen zweifellos wichtige Aspekte der positiven Bilanz dar, die man aus der in mancherlei anderer Hinsicht so fragwürdigen Politik de Gaulles und seiner Nachfolger ziehen kann. In diesen Rahmen gehört aber auch nicht zuletzt die deutsch-französische Verständigung, die schon unter der Vierten Republik mit den Pariser Verträgen von 1954 eingeleitet worden ist und die Charles de Gaulle und Konrad Adenauer mit dem Elysée-Vertrag von 1963 vollendet haben. Und als langfristiges Ergebnis dieser Politik des Ausgleichs dürfte schon heute feststehen, daß die in unseren Tagen konstituierte Freundschaft zwischen beiden Ländern viel mehr geworden ist als nur eine Sache der Regierungen und ihrer Diplomatie. Denn längst haben auch das deutsche und das französische Volk innerlich so zueinandergefunden, daß die Gegensätze beider Nationen in der Tiefe überwunden zu sein scheinen und die deutsch-französische Partnerschaft Grundlage zu werden vermag für jene politische Integration Europas, die Aufgabe und Ziel unseres Jahrhunderts ist und der sich auch das so nationalstaatsbewußte Frankreich nicht wird entziehen können. Denn Frankreich braucht Europa, aber Europa braucht auch Frankreich, dieses nicht ohne Grund so sehr verwöhnte Kind der abendländischen Völkerfamilie.

VI. Frankreichs V. Republik in der nachgaullistischen Ära (1974–1995)

Wenn wir auf die knapp anderthalb Jahrzehnte zurückblicken, die seit der ersten Auflage dieses Buches verstrichen sind, so hat Frankreich in diesem Zeitraum eine Entwicklung durchlaufen, die wir damals als möglich, aber selbstverständlich nicht genau vorhersehbar andeuteten: unser westlicher Nachbar ist inzwischen vollständig in die Europäische Gemeinschaft integriert, und darüber hinaus verdankt der europäische Einigungsprozeß gerade Frankreich wesentliche Impulse. Ferner wurde die Mitte-Rechts-Koalition 1981 durch eine linke Mehrheit abgelöst, die allerdings sowohl innen- wie außenpolitisch letzten Endes weniger radikale Veränderungen bewirkte, als sie noch 1974/75 denkbar erscheinen mußten.

Infolgedessen läßt sich die nachgaullistische Ära in Frankreich, die mit dem Tode Pompidous beginnt, in zwei Abschnitte gliedern, die durch die Präsidentschaften von Valéry Giscard d'Estaing und François Mitterrand markiert sind.

1. Die Präsidentschaft von Valéry Giscard d'Estaing[1] (1974–1981)

Der dritte Präsident der V. Republik, der 48jährige, dem Großbürgertum entstammende ENA*(Ecole Nationale d'Administration)*-Absolvent Valéry Giscard d'Estaing, der von 1959 bis 1962 Staatssekretär im Finanzministerium und von 1962 bis 1965 sowie von 1969 bis zu seiner Wahl dessen Ressortchef gewesen war, sah sich bei seinem Einzug in den Elysée-Palast am 26. 5. 1974 einer Fülle von innenpolitischen Problemen gegenüber. Der Aufschwung der französischen Wirtschaft, verbunden mit einer Modernisierung der Industrie, war seit Beginn der 70er Jahre einer Stagnation gewichen, und diese Situation verschlechterte sich weiter, nachdem die durch den Ölpreisschock von 1973 hervorgerufene weltwirtschaftliche Krise auch in Frankreich das Tempo der Inflation erheblich steigerte und die Arbeitslosenzahlen in die Höhe trieb. Mit den Anfängen dieser Entwicklung war Giscard ja bereits als Finanzminister unter Pompidou konfrontiert worden; jetzt stand er als Staatschef vor der Aufgabe, die dringend notwendigen Reformen, die er in seinem Wahlprogramm auch versprochen hatte, tatsächlich durchzuführen. Daß es am Ende bei halbherzigen Maßnahmen und Korrekturen in weniger wichtigen Bereichen blieb, war nicht nur auf fehlende Finanzmittel, sondern auch auf die Besorgnis zurückzuführen, durch radikalere Eingriffe in das soziale Gefüge die eine oder andere Gruppierung der in sich ja keineswegs einheitlichen Wählerschaft zu irritieren, auf die sich die Mitte-Rechts-Koalition stützte und die sich in der Zusammensetzung der Regierung widerspiegelte: Premierminister war Jacques Chirac, Chef des rechten Flügels der UDR *(Union pour la Défense de la République)*, der als Mitinitiator eines Wahlaufrufs von 43 führenden Gaullisten zum Erfolg Giscards beigetragen hatte. Den Innenminister und einzigen Staatsminister stellten mit Michel Poniatowski, einem engen Vertrauten des Präsidenten, die Unabhängigen Republikaner. Das *Mouvement Réformateur* war u. a. durch Jean Lecanuet vom *Centre Démocratique* als Justizminister vertreten, und vorgesehen war auch Jean-Jacques Servan-Schreiber von den Radikalsozialisten als Reformminister, der jedoch wegen seiner negativen Äußerungen zur französischen Atombewaffnung sein Amt schon nach wenigen Tagen wieder aufgeben mußte.

Auf Grund der divergierenden Elemente im Kabinett – Chirac und die Gaullisten forderten einen antisozialistischen Kurs und deflationäre Maßnahmen, die Reformatoren um Lecanuet setzten sich für eine Zusammenarbeit mit gemäßigten Sozialisten ein – vermochte der Staatspräsident größere Reformvorhaben, wie eine höhere Besteuerung der Bezieher von Kapitaleinkünften und eine entsprechende Entlastung der mittleren und unteren Einkommensschichten entweder nur in abgeschwächter Form, nach langer Prozedur im Parlament und z. T. mit Stimmen aus der Opposition durchzusetzen, oder sie kamen über das Stadium von Kommissionsberatungen erst gar nicht hinaus, wie das von ihm angestrebte Betriebsverfassungsgesetz zur Arbeitermitbestimmung.

So weist die innenpolitische Bilanz der ersten zwei bis drei Jahre der Präsidentschaft Giscard d'Estaings kaum strukturelle Veränderungen auf: Anhebung der Mindesteinkommen und -renten, Herabsetzung der Volljährigkeit auf 18 Jahre, Vereinfachung des Scheidungsrechtes, Erleichterung der Abtreibung (Fristenregelung; Vorlage durch Gesundheitsministerin Simone Veil), Humanisierung des Strafvollzugs, Aufhebung der politischen Filmzensur, Aufspaltung des Staatlichen Rundfunks in drei Fernsehsender und eine Hörfunkanstalt zur Gewährleistung größerer Unabhängigkeit und Möglichkeit zur Anrufung des Verfassungsgerichtshofes *(Conseil constitutionnel)* durch das Parlament (auch von seiten der Opposition) zur Überprüfung von Gesetzen.

Was das äußere Erscheinungsbild anlangt, so legte Giscard d'Estaing einen betont liberalen, bürgernahen Regierungsstil an den Tag, der sich von dem auf feierliche Repräsentation bedachten, quasi-monarchischen Auftreten de Gaulles ganz bewußt abhob. Er verstand sich als Repräsentant einer breiten Mitte, die das ganze Wählerspektrum von gemäßigt links bis rechts einschloß, entsprechend der Erkenntnis: »Frankreich will von der Mitte aus regiert werden«[2], und versuchte, die Franzosen für seine Vorstellung von einer freiheitlichen, fortschrittlichen und sozial gerechten Gesellschaft zu gewinnen.[3]

Die anhaltend schlechte Wirtschaftslage und die Nichteinlösung der Wahlversprechen zu ihrer Besserung ließen jedoch alsbald Unzufriedenheit in der Bevölkerung laut werden, die sich in neu aufflammenden Streikbewegungen äußerte. Bei den Kantonalwahlen vom Frühjahr 1976 errangen die in der Links-Union zusammengeschlossenen Parteien über die Hälfte der Wählerstimmen, und die Regierungskoalition mußte für die nächsten, in zwei Jahren anstehenden Parlamentswahlen um ihre seit 1973 vorhandene Mehrheit der Sitze in der Nationalversammlung fürchten. Die unterschiedlichen Auffassungen darüber, wie man die abgesprungenen Wähler zurückgewinnen könne, ob durch eine energischere Eindämmung der Inflation und vorverlegte Neuwahlen (Chirac) oder durch ein Entgegenkommen gegenüber den Forderungen der Sozialisten, um ihnen einen Teil ihrer Klientel abspenstig zu machen (Lecanuet und seine seit Frühjahr 1976 im *Centre des Démocrates Sociaux*, CDS, vereinten Anhänger), führten schließlich zum Rücktritt Jacques Chiracs, der sich vom Staatspräsidenten nicht genügend unterstützt sah. Er betrieb daraufhin entschlossen die Reorganisation der Gaullisten, die ab Dezember 1976 als *Rassemblement pour la République* (RPR) und innerhalb der Regierungskoalition selbstbewußter und kritischer auftraten, und er selbst errang im folgenden Frühjahr mit dem Amt des Bürgermeisters von Paris eine starke, eigenständige Position, von der aus er seine weitere politische Karriere aufbauen konnte.

An Stelle von Chirac berief Giscard am 25. 8. 1976 den bisherigen Außenhandelsminister Raymond Barre zum Premierminister, der keiner Partei angehörte und als ehemaliger Professor für Wirtschaftswissenschaften und Vizepräsident der EG-Kommission geeignet schien, die Wirtschaftskrise erfolgreich zu meistern. In Übereinstimmung mit dem Präsidenten, der ja selbst Finanzexperte war, richteten sich Barres Bemühungen vor allem auf die Stabilisierung des Franc und die Beseitigung des beträchtlichen Handelsbilanzdefizits, das er durch gezielte Unterstützung wettbewerbsfähiger Unternehmen innerhalb von zwei Jahren abbauen und sogar in einen kleinen Überschuß verwandeln konnte, allerdings um den Preis, daß viele unrentable Firmen schließen mußten und so die Arbeitslosenzahl weiter stieg. Um Devisen zu sparen und in der Energieversorgung eine größere Unabhängigkeit zu erreichen, wurden die Ölimporte gedrosselt und der Bau von Kernkraftwerken vorangetrieben (bis 1981: 30 in Betrieb, 25 im Bau, 10 geplant; Anteil des Atomstroms 37%, vorgesehene Steigerung bis 1990 70%)[4]. Des weiteren gelang es dem Premierminister, der – als Nachfolger von Jean-Pierre Fourcade – gleichzeitig auch Finanz- und Wirtschaftsminister war, durch den nach ihm benannten »Plan Barre«, nämlich durch rigorose Sparmaßnahmen, Steuererhöhungen und Preis- und Lohnfixierungen die Konjunktur etwas zu beleben und die Inflationsrate unter 10% zu drücken; andererseits jedoch erreichte die Zahl der Arbeitslosen, die 1974 erst 400 000 betragen hatte, im Jahr 1978 1,4 Millionen. Lediglich jugendliche Erwerbslose erhielten dank eines Programms, das der seit August 1976 amtierende Arbeitsminister Christian Beullac ausgearbeitet hatte, etwas bessere Chancen auf dem Arbeitsmarkt.

Trotzdem vermochten die Regierungsparteien ihre Mehrheit in der Nationalversammlung bei den Wahlen vom März 1978 zu behaupten. Das RPR gewann 154 Mandate, und die eigentliche bürgerliche Mitte, die *Union pour la Démocratie française* (UDF), zu welchem Wahlbündnis sich die Unabhängigen Republikaner Giscards, die Réformateurs und das CDS von Lecanuet unmittelbar zuvor zusammengeschlossen hatten, konnte 124 Sitze für sich verbuchen. Zu diesem Erfolg hatte indes in erster Linie der Zerfall der Links-Union beigetragen, denn im Vorfeld der Parlamentswahlen hatte die Kommunistische Partei (PCF) unter Führung von Georges Marchais seit dem Frühjahr 1977 versucht, ihr eigenes Profil gegenüber der Sozialistischen Partei (PS) schärfer zu umreißen, das unter ihrer Hinwendung zum sogenannten »Eurokommunismus« und zu einer gewissen Demokratisierung gelitten hatte. Sie verlangte daher die Aufnahme radikaler Projekte in das gemeinsame Wahlprogramm, wie sehr weitgehende – und im Grunde unfinanzierbare – Sozialleistungen, die Nationalisierung zahlreicher Wirtschaftsunternehmen und die Koordinierung entsprechender Maßnahmen durch einen Minister aus den eigenen Reihen. Die Sozialistische Partei, vor die Alternative gestellt, entweder durch Eingehen auf solche Forderungen entscheidende Wählerstimmen von der linken Mitte zu verlieren oder durch Ablehnung den Bruch mit den Kommunisten zu riskieren, entschloß sich zu letzterem. Diese Auseinandersetzungen und ihr Ergebnis, die getrennte Wahlkampfführung, kosteten die Linksparteien den bis dahin als sicher vorausgesagten Wahlsieg, und daran vermochte auch ein gewisses Einlenken der PCF vor dem zweiten Wahlgang nichts mehr zu ändern. Sie gewannen zusammen nur rund 200 von insgesamt 491 Sitzen (PS: 113, PCF: 86).

Dieser – eigentlich unerwartete – Erfolg, der ja mehr der selbstverschuldeten Schwäche der Opposition als der Überzeugungskraft der eigenen Politik zu verdanken war, schien jedenfalls Giscards Balancieren zwischen dem gaullistischen und dem reformatorischen Pol im Regierungslager zu bestätigen und veranlaßte ihn um so weniger, in den bis zur Präsidentenwahl noch verbleibenden drei Jahren einschneidende Reformvorhaben in Angriff zu nehmen und damit seine gefestigte Position womöglich aufs Spiel zu setzen. Da jedoch die wirtschaftlichen Probleme nicht nur die gleichen geblieben waren wie zu Beginn seiner Amtszeit, sondern sich sogar noch verschärften, sollte sich diese relative Unbeweglichkeit der Innenpolitik letztlich negativ für ihn auswirken, an der auch eine Kabinettsreduzierung und -umbildung Ende März 1977 nichts Wesentliches geändert hatte, die Barre durch Ausschaltung des parteipolitisch sehr exponierten »Triumvirats« der Staatsminister Poniatowski (Giscardin, Inneres), Lecanuet (CDS, seit 1976 Minister für Planung und Raumordnung) und Olivier Guichard (RPR, seit 1976 Justizminister) mehr Bewegungsfreiheit verschaffen sollte. Nachfolger wurden Christian Bonnet als Innenminister und Alain Peyrefitte als *Garde des Sceaux* (Justizminister). Michel Poniatowski war fortan als Sonderbotschafter Giscards in schwierigen Missionen, z. B. Ende Dezember 1978 beim Schah von Persien, vielfach im Ausland tätig. Die auswärtige Politik betrachtete der Staatspräsident, hier ganz in der Tradition de Gaulles stehend, als seine ureigene Domäne. So berief er als Ressortminister Berufsdiplomaten (Jean Sauvagnargues 1974–76, Louis de Guiringaud 1976–78, Jean François-Poncet 1978–81), welche die französische Außenpolitik repräsentierten, ohne bestimmenden Einfluß auf sie zu nehmen. Es waren einerseits wirtschaftliche Interessen und andererseits das seit Begründung der V. Republik wieder zutage tretende Bestreben, die Rolle Frankreichs auf der Weltbühne auszuweiten und stärker ins Licht zu rücken, die diesen Präsidenten bewogen, Probleme der Weltwirtschaft, des Nord-Süd-Gefälles, der in den 70er Jahren sich abzeichnenden Entspannungspolitik, der Integration Europas und in diesem Rahmen der deutsch-französischen Zusammenarbeit zu Schwerpunkten seiner Außenpolitik zu machen.

Die Erkenntnis, daß die Rohstoffvorräte der Erde begrenzt sind und ein ungehemmtes industrielles Wachstum weder möglich noch auch vertretbar wäre, die sich damals durchzusetzen begann, ließ auch die gegenseitigen Abhängigkeiten zwischen den Industrienationen und den Ländern der Dritten Welt sichtbarer werden. Giscard d'Estaing erreichte es durch eine geschickte Diplomatie, Frankreich als Interessenanwalt der unterentwickelten Länder und quasi als Dolmetscher im Nord-Süd-Dialog auftreten zu lassen. So waren die französischen Kommissionsmitglieder auch maßgeblich an der Vorbereitung des – 1979 zum erstenmal verlängerten – Abkommens von Lomé vom 28. 2. 1975 beteiligt, wodurch 46 Staaten Afrikas, der Karibik und des Pazifikraumes (sogenannte AKP-Staaten) ihre Waren zollfrei in die Europäische Gemeinschaft einführen können und diese ihnen einen Ausgleich für mögliche Devisenkurs- und Preisschwankungen garantiert, um die für die Volkswirtschaften dieser Länder unverzichtbaren Exporterlöse stabil zu halten. Entsprechend seinen Vorstellungen von einer *Nouvel ordre économique international* lud Giscard Ende 1975 Vertreter der Entwicklungsländer, der erdölfördernden Staaten und der Industrienationen zu einer Konferenz über internationale wirtschaftliche Zusammenarbeit (»Nord-Süd-Konferenz«) ein, um über Probleme wie die Schuldenlast der Dritten Welt, Rohstoffpreise und den Dollarkursverfall zu diskutieren und im gegenseitigen Interesse die Beziehungen aller Beteiligten auf eine neue Basis zu stellen. Der seit 1973 in Brüssel tätige und seit 1978 speziell für Kontakte zur Dritten Welt zuständige französische EG-Kommissar Claude Cheysson (der spätere Außenminister unter Mitterrand) prägte dafür den Begriff *trilogue*. Zwar erbrachten diese Konferenz und die entsprechenden Folgeveranstaltungen 1976 und 1977 keine konkreten Ergebnisse, steigerten aber Frankreichs Prestige im Nord-Süd-Dialog. Das besondere Augenmerk Giscard d'Estaings galt natürlich den ehemals französischen Kolonien – von deren Restbeständen übrigens 1976 die Komoren mit Ausnahme der Insel Mayotte, Mitte 1977 Djibouti und 1980 die

Neuen Hebriden (bis dahin englisch-französisches Kondominium) die Unabhängigkeit erlangten – und hier wiederum vor allem dem frankophonen Afrika, das er in seiner Amtszeit auch häufig bereiste. Er rief als ständige Einrichtung jährliche Treffen mit rund 20 afrikanischen Staats- und Regierungschefs ins Leben, die abwechselnd in Paris und in einer der Hauptstädte der beteiligten Länder stattfanden, um deren spezielle Probleme in der Wirtschafts-, Sozial-, Außen- und Verteidigungspolitik zu beraten. Seine Bemühungen, auch englischsprachige afrikanische Staaten in diese Konsultationen einzubeziehen, stießen auf wenig Gegenliebe und versandeten schließlich. Neben der Entwicklungshilfe, die im internationalen Vergleich keineswegs zu den bedeutendsten zählt, war Frankreich noch auf einem anderen Sektor in Afrika präsent, dem militärischen, da es mit den meisten seiner ehemaligen Kolonien Militärhilfe- oder Beistandsvereinbarungen abgeschlossen hatte und in einigen von ihnen Stützpunkte unterhielt. Auf Grund dessen kam es zu direkten oder indirekten Interventionen Frankreichs, um gemäßigte und befreundete Regierungen gegen Angriffe von außen oder innen zu unterstützen: 1977 Flugzeuglieferung an Marokko für dessen Hilfeleistung in Zaire zugunsten von Mobutu; 1978 Einsatz französischer Fallschirmtruppen in der Provinz Shaba/Zaire zur Befreiung von 3000 Europäern aus der Gewalt von Rebellen, die von Angola her eingedrungen waren und zur Demonstration für Mobutu; 1977 und 1978 Unterstützung der mauretanischen Regierung durch französische Flugzeugangriffe gegen die Polisario-Aufständischen; 1978 und 1980 Eingreifen französischer Fremdenlegionäre und Flugzeuge auf Bitten der Regierung des Tschad gegen Rebellen und libysche Annexionsabsichten und 1980 Entsendung von Kriegsschiffen und Flugzeugen aus Anlaß eines ebenfalls von Libyen geschürten Aufstandes in Südtunesien. Ein besonderes und für Giscard d'Estaing nicht gerade ruhmvolles Kapitel bildeten seine engen Beziehungen zur Zentralafrikanischen Republik und ihrem größenwahnsinnigen Diktator Bokassa, dessen prunkvolle, diejenige Napoleons I. bewußt imitierende Kaiserkrönung am 4. 12. 1977 französischerseits finanziert wurde und in aller Welt, besonders in den schwarzafrikanischen Staaten, heftigen Anstoß erregte. Es war aber auch ein französisches Truppenkontingent, das im September 1979 den Sturz des »Kaisers« herbeiführte, der Anstalten machte, mit dem Revolutionsführer Gadhafi zu kooperieren und sich zu diesem Zweck gerade in Libyen aufhielt.
Natürlich bestimmten die französische Afrikapolitik nicht nur uneigennützige Motive, sondern nicht zuletzt wirtschaftliche Interessen, d. h. die Gewährleistung einer ausreichenden Versorgung der französischen Industrie mit Rohstoffen. Daß als eine Art Nebeneffekt damit auch noch Frankreichs Rolle als Vorkämpfer des Westens in diesem Teil der Erde ins Licht rückte, paßte durchaus in Giscards weltpolitisches Konzept. Mußte doch der Eindruck entstehen, als trete Frankreich allein dem offenkundigen Bestreben des Ostblocks, namentlich der Sowjetunion, entgegen, Macht und Einfluß in der Dritten Welt zu gewinnen, sei es durch die Ent-

sendung von »Beratern«, sei es durch Stellvertreterkriege, weil die übrigen Westmächte, insbesondere die USA, vor einer direkten Konfrontation zurückscheuten. In diesem Sinne war auch die Präsenz einer kleinen französischen Flotte im Persischen Golf seit 1975 von Bedeutung, die 1979 durch die Einrichtung eines Luftstützpunktes in Djibouti noch unterstrichen wurde.

Die Abhängigkeit von Erdölimporten aus dem arabischen Raum, die trotz aller Maßnahmen zur Sicherung des Energiebedarfs aus anderen Quellen nach wie vor bestand, sicherte dem Nahostkonflikt naturgemäß einen besonderen Stellenwert innerhalb der französischen Außenpolitik. Unter der Leitung Giscard d'Estaings war es ihr Anliegen, die Beziehungen zu Israel zu verbessern und gleichzeitig die traditionell guten zu den arabischen Staaten aufrechtzuerhalten, die nicht nur als Öllieferanten, sondern auch als Waffenankäufer für die französische Wirtschaft von Bedeutung waren und sind. – Eine Sonderrolle spielte dabei der Libanon als ehemaliges Mandatsgebiet, und ein gewisses Verantwortungsgefühl Frankreichs vor allem für die christlichen Maroniten dokumentierte sich in der Bereitschaft, französische Truppen nach Beginn des Bürgerkrieges zur Waffenstillstandsüberwachung dorthin zu entsenden (1976) und die UN-Friedenstruppe 1978 durch 1300 französische Soldaten zu verstärken. – Der Staatspräsident reiste zwar selbst nicht nach Israel, jedoch stattete Außenminister Sauvagnargues dem jüdischen Staat bereits im Herbst 1974 einen Besuch ab, wobei er in Beirut Yassir Arafat traf, was in Israel wiederum Irritationen auslöste, ebenso wie die Abschiebung von Abu Daud Anfang 1977 nach Algerien, der an der Ermordung israelischer Sportler 1972 in München maßgeblich beteiligt gewesen war. Im Oktober 1975 durfte die PLO ihr erstes Informationsbüro in einem westlichen Land in Paris einrichten, und wiederum ein Jahr später wurde in einer Verlautbarung des Außenministeriums das Recht der Palästinenser auf einen eigenen Staat anerkannt. Darüber hinaus beteiligte sich Frankreich nicht nur aktiv an den Bemühungen der Europäischen Gemeinschaft, im Nahostkonflikt zu vermitteln und die gegnerischen Parteien an den Verhandlungstisch zu bringen, sondern erreichte auch eine offizielle Stellungnahme aller Mitgliedsländer der EG zu dieser Frage, die den eigenen Vorstellungen entsprach, nachdem sich die skeptische französische Beurteilung der voraussichtlichen Resonanz des Camp-David-Abkommens von 1978 zwischen Israel und Ägypten in den anderen arabischen Nachbarstaaten bestätigt sah. Die Gipfelkonferenz des Europäischen Rates von Venedig verabschiedete im Juni 1980 eine Erklärung, die unter Berufung auf die UN-Resolutionen 242 und 338 das Existenzrecht aller Nationen der Region anerkannte, also auch Israels und des palästinensischen Volkes, eine umfassende Regelung der Grenzprobleme unter internationaler Garantie sowie den Rückzug Israels aus den 1967 besetzten Gebieten forderte und die Bereitschaft der EG unterstrich, sich aktiv an Friedensverhandlungen, in die auch die

PLO einbezogen werden müsse, zu beteiligen und deren Ergebnisse mitzugarantieren.

Solche Gipfeltreffen der europäischen Staats- und Regierungschefs hatte es vorher schon sporadisch gegeben (z. B. Den Haag 1969, Paris 1972), sie wurden aber erst auf der Tagung in Paris am 9. und 10. Dezember 1974 als regelmäßige, wenigstens dreimal pro Jahr stattfindende, auch die Außenminister einbeziehende Einrichtung zur Förderung der wirtschaftlichen Kooperation und der seit 1970 praktizierten »Europäischen Politischen Zusammenarbeit (EPZ)« unter dem Namen »Europäischer Rat« begründet. Bereits damals wurde sichtbar, daß die zukünftige französische Europa-Politik das Schwergewicht auf eine besonders enge Abstimmung und Kooperation mit der Bundesrepublik Deutschland verlagern würde, nachdem eine von Pompidou noch in Erwägung gezogene Anlehnung an Großbritannien wegen dessen starker Bindung an die USA und ambivalenter Haltung zur europäischen Integration sich als wenig sinnvolle Alternative herausgestellt hatte. Zu den Gründen, die für eine Intensivierung der Beziehungen zum Nachbarland sprachen, gehörte auch das Interesse Frankreichs, die Bundesrepublik auf diese Weise an einem — im Zuge der Entspannungspolitik für möglich gehaltenen – Abgleiten in neutralistisches Fahrwasser zu hindern. Diese Entwicklung einer engen deutsch-französischen Partnerschaft wurde überdies durch das gute persönliche Einvernehmen zwischen Valéry Giscard d'Estaing und Helmut Schmidt sehr gefördert, die sich bereits aus ihrer gemeinsamen Tätigkeit als Finanzminister unter Präsident Pompidou bzw. Bundeskanzler Willy Brandt kannten und schätzten, wobei ihr Kontakt um so reibungsloser verlief, als sie sich ohne Dolmetscher mühelos englisch unterhalten konnten. Unmittelbar nachdem sie beide die politische Führung in ihren Ländern als Präsident der Republik und als Bundeskanzler übernommen hatten, trafen sie am 31. 5. 1974 auf Initiative von Giscard im Elysée-Palast zusammen, um ihre zukünftige Politik in möglichst vielen Bereichen aufeinander abzustimmen und gegenseitige Konsultationen vor allen wichtigen Entscheidungen zu vereinbaren. Das betraf ebenso eine gleichgerichtete Haltung gegenüber der Sowjetunion wie gegenüber den USA, eine enge Zusammenarbeit sowohl in Verteidigungsfragen als auch vor allem in der Wirtschafts- und Finanzpolitik, die beiden gleichermaßen besonders am Herzen lag. In vielen Punkten hat sich das damals verabredete gemeinsame Vorgehen bewährt und zu für beide Staaten vorteilhaften Ergebnissen geführt; aus deren unterschiedlicher äußerer, innerer und wirtschaftlicher Situation ergaben sich jedoch manchmal zwangsläufig auch getrennte Wege.

Im Ost-West-Verhältnis erweckte die französische Außenpolitik den Eindruck einer gewissen Zwiespältigkeit: auf der einen Seite betonte sie ihre Zuverlässigkeit in der Westeuropäischen Union (WEU) und im Atlantischen Bündnis, ohne sich allerdings etwa erneut in die militärische Integration der NATO und das Konzept der Vorwärtsverteidigung einbinden zu lassen (1976 Scheitern eines entsprechenden Vorstoßes des französischen Oberbefehlshabers General Méry am Veto der Sozialisten und Gaullisten), auf der anderen Seite unterstrich sie wiederholt die Bedeutung der unabhängigen Verteidigungsfähigkeit Frankreichs und der nuklearen Abschreckung zum Schutz des eigenen Territoriums, wenn sie dabei auch hin und wieder die Bereitschaft durchblicken ließ, im Ernstfall auch die angrenzenden Gebiete der Nachbarn einzubeziehen.

– Ein unter dem Eindruck der Afghanistan-Krise im Juli 1980 von Giscard und Schmidt unter dem Motto der »Schicksalsgemeinschaft« beider Länder entwickelter Plan zu einer »Deutsch-französischen Verteidigungsinitiative«, nämlich deutsche und französische Truppen im Ernstfall unter gemeinsamen französischen Oberbefehl zu stellen, den nuklearen Schutzschirm der Force de frappe auch auf die Bundesrepublik auszudehnen und diese als Gegenleistung an den Kosten zu beteiligen, wurde infolge der Abwahl Giscards 1981 und Schmidts 1982 zunächst nicht realisiert. – Des weiteren unterstützte die französische Außenpolitik die Entspannungsbemühungen, und Giscard d'Estaing prangerte sogar mehrfach die – nach seiner Ansicht zu emotionale und überzogene – Menschenrechtskampagne des amerikanischen Präsidenten Carter als schädlich für diesen Prozeß an, so auf der Konferenz für Sicherheit und Zusammenarbeit in Europa (KSZE, 1973–75) in Helsinki, bei der Frankreich die Initiativen der EG-Staaten, insbesondere der Bundesrepublik, für Freizügigkeit, Meinungsfreiheit, ungehinderten Informationsaustausch und Durchsetzung der Menschenrechte als Gegenleistung für die Anerkennung der Grenzziehung in Europa mittrug und zu den Unterzeichnern der Schlußakte gehörte. Auf der gleichen Konferenz jedoch und auch bei anderen Gelegenheiten (z. B. beim Breschnew-Besuch in Paris 1977) bekundete Giscard Verständnis für die Sicherheitsinteressen der Sowjetunion und ihr Gefühl der Bedrohung durch das NATO-Militärpotential, und an den Rüstungskontrollverhandlungen, die vor allem die Bundesrepublik, weil in ihrem vitalen Interesse liegend, voranzutreiben trachtete, nahm Frankreich nicht aktiv teil, denn es wollte verhindern, ebenso wie Großbritannien, daß die eigene Atomstreitkraft in sie einbezogen würde. Es setzte jedem entsprechenden Ansinnen die Feststellung entgegen, daß die französische nukleare Abschreckung einen wesentlichen Beitrag zu einer von den USA unabhängigen, eigenständigen Verteidigung Europas darstelle.

In der zweiten Hälfte der 70er Jahre wurde nicht nur die französische Atomrüstung modernisiert, sondern auch die lange Zeit zugunsten der Force de dissuasion vernachlässigte konventionelle Bewaffnung auf den neuesten Stand gebracht und verstärkt (unter Verteidigungsminister Yvon Bourges), um nicht der Bundeswehr allein in Europa die ganze Last und Verantwortung auf diesem Sektor zu überlassen. Das widersprach keineswegs den von der französischen Außenpolitik konsequent betriebenen Entspannungsbemühungen, vielmehr entsprach es ihrer Überzeugung, daß diese nur auf der Grundlage eines wirklichen Kräftegleichgewichts zwischen Ost und West erfolgversprechend verlaufen könnten, und angesichts der Erkenntnis, daß sich gerade in diesen Jahren die Waagschale mehr und mehr zugunsten der Warschauer-Pakt-Staaten neigte, war es gerade der französische Staatspräsident, dessen Land formell gar nicht am NATO-Nachrüstungsbeschluß beteiligt war, der ihm den wichtigsten Impuls gab[5]. Im Januar 1979 trafen sich die Staats- und Regierungschefs der USA, Frankreichs, Großbritanniens und der Bundesrepublik Deutschland auf Guadeloupe und diskutierten die Reaktion des Westens auf den forcierten Ausbau der sowjetischen eurostrategischen Waffen. Der Vorschlag Carters, amerikanische Mittelstreckenwaffen in Europa zu stationieren und derjenige Callaghans, dies jedoch erst nach einem Scheitern von Verhandlungen zur Begrenzung dieser Waffensysteme zu tun, wurde von Giscard um den wesentlichen Punkt einer Fristsetzung für solche Verhandlungen ergänzt: der Sowjetunion müsse die feste Entschlossenheit der NATO vor Augen geführt werden, daß nach Ablauf dieser Zeitspanne die amerikanischen Mittelstreckenwaffen tatsächlich installiert würden, falls bis dahin kein Vertrag über die Reduzierung der SS-20-Raketen zustande gekommen sei, denn sonst könne die UdSSR die Verhandlungen nach Belieben hinziehen. So kann man Giscard d'Estaing durchaus als einen der Väter des sogenannten »Doppelbeschlusses« bezeichnen, der im Dezember des gleichen Jahres vom Ministerrat des Nordatlantischen Bündnisses angenommen wurde.

Gleichwohl versuchte der französische Staatspräsident seine Rolle als eine Art Vermittler in den Ost-West-Beziehungen weiterzuspielen, was sich beim Auftreten neuer Spannungen durch den Einmarsch sowjetischer Truppen in Afghanistan Ende Dezember 1979 deutlich zeigte. Zwar verurteilten die EG-Außenminister – also auch der französische Ressortchef – Mitte Januar 1980 in einer gemeinsamen Stellungnahme das sowjetische Vorgehen auf das schärfste, und Giscard selbst unterzeichnete am 5. Februar zusammen mit Helmut Schmidt eine Erklärung, in der sie darüber hinaus die negativen Auswirkungen des militärischen Eingreifens in Afghanistan auf die gesamte Entspannungspolitik hervorhoben und eine deutliche Warnung an die Adresse der Sowjetunion richteten. Jedoch war Frankreich nicht bereit, sich an Wirtschaftssanktionen oder anderen Boykottmaßnahmen seitens der USA, wie der Nichtteilnahme an den Olympischen Spielen in Moskau, zu beteiligen. Und die selbst vor einer verbalen, quasi »moralischen« Unterstützung zurückscheuende Reaktion des französischen Staatspräsidenten auf die Solidarnosc-Bewegung in Polen 1980/81[6] machte deutlich, daß er alles vermeiden wollte, was als Einmischung in die Herrschaftssphäre der UdSSR hätte ausgelegt werden können, ganz im Gegensatz zu der Mehrzahl der Franzosen, die leidenschaftlich für Lech Walesa Partei ergriff. Sein nicht mit den westlichen Partnern vorher abgesprochener – selbst der Bundeskanzler wurde nur unmittelbar vor dem Abflug informiert – Blitzbesuch in Warschau Mitte Mai 1980, wo er mit Breschnew zusammentraf, um ihn zu einem wenigstens teilweisen Truppenrückzug aus Afghanistan zu veranlassen, erregte sofort die heftig-

sten Reaktionen, vor allem in den USA. Man interpretierte dieses Vorpre-
schen als den Versuch, Frankreichs Prestige gegenüber der Sowjetunion
auf Kosten eines einheitlichen Vorgehens aller Bündnispartner aufzuwerten und der Bundesrepublik bei dem Bemühen, den Faden der Entspannungspolitik wieder anzuknüpfen, den Rang abzulaufen, stand doch für
den Juni ein lange vorbereiteter Besuch des Bundeskanzlers in Moskau
bevor[7]. Es gab aber auch die Meinung – und gerade Helmut Schmidt hat
sie vertreten –, daß Giscard d'Estaing angesichts der sich abzeichnenden
Verhärtung im Ost-West-Verhältnis durchaus im Interesse der Atlantischen Allianz gehandelt habe, als er »den ersten Schritt« tat, um »die über
Moskau verhängte Scheinquarantäne« zu durchbrechen[8].
Andererseits ließ die französische Haltung zur sowjetischen Afghani-
stanintervention einmal mehr erkennen, wie sehr sich die französisch-
amerikanischen Beziehungen in der zweiten Hälfte der 70er Jahre verschlechtert hatten. Diese negative Entwicklung hatte schon im Jahr zu-
vor das französische Verhalten gegenüber dem im Herbst 1978 aus dem
Irak ausgewiesenen Ayatollah Khomeini schlaglichtartig beleuchtet.
Frankreich gewährte diesem gefährlichsten Gegner des Schahs nicht nur
Asyl, sondern ermöglichte ihm auch den Aufbau einer regelrechten
Hofhaltung und Propagandaorganisation zur Vorbereitung des Um-
sturzes in Persien und stellte ihm für den Flug nach Teheran am 1. 2.
1979 auch eine Air-France-Maschine zur Verfügung. Da der radikale
Machtwechsel im Iran vor allem die USA an einer besonders empfindlichen Stelle ihrer Nahostpolitik traf, zu deren bevorzugten Garanten ja
der nunmehr entmachtete Schah gehört hatte, mußte die Begünstigung
dieser Revolution – die Frankreich indes später nicht vor Konflikten
mit dem Khomeini-Regime und brutalen Terrorakten seiner fanatischen
schiitischen Anhänger bewahrt hat – von der westlichen Supermacht als
Brüskierung und als Manifestation antiamerikanischer Ressentiments
empfunden werden.
Die französisch-amerikanischen Differenzen hatten ihre Ursache jedoch nicht nur in solchen außenpolitischen Kontroversen und in dem
unterkühlten persönlichen Verhältnis zwischen Jimmy Carter und Valéry Giscard d'Estaing, der als Realpolitiker kein Verständnis für den
engagierten Moralismus und die Weltverbesserungsabsichten des amerikanischen Präsidenten aufbrachte, während dieser zunehmend Zweifel
an der Zuverlässigkeit und Bündnistreue des französischen Staatschefs
hegte. Vielmehr lag der wichtigste Konfliktherd im Bereich der Wirt-
schafts- und Finanzpolitik. Bereits in den zwei Jahren von 1972–74, in
denen sie beide gleichzeitig Finanzminister waren, hatten Giscard d'Estaing und Helmut Schmidt versucht, auf die Nixon-Administration einzuwirken, um die amerikanische Wirtschafts- und Währungspolitik zu
einer Kursänderung zu bewegen, denn der Vietnam-Krieg hatte ein beträchtliches Haushaltsdefizit zur Folge, das wiederum zu erhöhter
staatlicher Kreditaufnahme, Preisanstieg und Kaufkraftverlusten des
Dollar führte, so daß nach dem Bretton-Woods-System eine Stützung

des Dollar hätte erfolgen müssen. In diesem amerikanischen Ort waren 1944/45 auf einer Konferenz die Weltbank und der Internationale Währungsfonds (IWF) ins Leben gerufen und außerdem ein Abkommen der Zentralbanken geschlossen worden, das die unbegrenzte Konvertibilität (Eintauschbarkeit) des Dollar gegen Gold zum Fixpreis von 35 Dollar je Unze und feste Wechselkurse (Paritäten) der anderen Währungen gegenüber dem Dollar als Leitwährung festsetzte. Für den Fall von Kursschwankungen als Folge von Handelsbilanzüberschüssen (hohe Exporte) oder -defiziten (hohe Importe) war bei Über- oder Unterschreiten einer gewissen Bandbreite die Intervention der betreffenden Zentralbank zur Wiederherstellung der vereinbarten Parität vorgeschrieben. Aus diesem weltweiten Währungsgefüge waren die USA bereits im Sommer 1971 ausgeschert, als Präsident Nixon die Goldkonvertibilität des Dollar aufhob und sich – im Interesse der eigenen Exportwirtschaft – nicht bereit fand, den Preisverfall des Dollar auf den Devisenmärkten aufzufangen. Damit wurden die »starken« Währungen wie D-Mark und Yen wiederholt zu Aufwertungen gezwungen und Spekulation und Inflation weiter angeheizt. Giscard und Schmidt versuchten nun Ende 1972 und Anfang 1973 gemeinsam mit ihren Kollegen Shultz (USA), Barber (Großbritannien) und Fukuda (Japan) in der sogenannten »Library Group« , zu der sie sich inoffiziell und unter strikter Geheimhaltung ihrer Beratungen zusammengefunden hatten[9], eine Lösung der Krise zu finden, konnten am Ende als einzigen Ausweg aber doch nur die Freigabe der Wechselkurse (März 1973), das sogenannte »Floating« beschließen, obwohl sie es als höchst schädlich für den freien Welthandel erachteten. Die damals noch für die nahe Zukunft geplante Rückkehr zu festen Wechselkursen und die Schaffung einer neuen Weltwährungsordnung im Rahmen des IWF wurde durch die bald darauf einsetzende Ölkrise verhindert, die ihrerseits in den ölimportierenden Ländern die Haushaltsdefizite und die Inflation in die Höhe trieb und gleichzeitig den Grundstein für die rapide ansteigende Verschuldung der Entwicklungsländer legte[10].

Auf diesem Hintergrund entwickelten Giscard d'Estaing und Helmut Schmidt den Plan zu einer Weltwirtschaftskonferenz der führenden westlichen Industrienationen, und nachdem sich während der Helsinki-Konferenz im Sommer 1975 auch ein gutes Einvernehmen zwischen Giscard und dem neuen amerikanischen Präsidenten Ford, der ein Jahr zuvor an Nixons Stelle getreten war, eingestellt hatte, wurde dort ein erstes derartiges Treffen vereinbart. So kamen auf Einladung des französischen Staatspräsidenten am 15. und 16. November des gleichen Jahres auf Schloß Rambouillet die Staats- und Regierungschefs der USA, Frankreichs, Großbritanniens, Italiens, der Bundesrepublik Deutschland und Japans zusammen, um die Probleme der Weltwirtschaft zu diskutieren. Zu der zweiten Tagung in Puerto Rico im Sommer 1976 wurde auch der kanadische Ministerpräsident hinzugezogen, und von da an wurden diese »Weltwirtschaftsgipfel der Sieben« zu einer ständigen Einrichtung, die in jedem Sommer in einem der Teilnehmerländer stattfindet. Giscard d'Estaing hat in seiner Amtszeit außerdem noch an den Konferenzen in London (1977), Bonn (1978, von da an auch Teilnahme des jeweiligen Präsidenten der EG-Kommission), Tokio (1979) und Venedig (1980) teilgenommen. Ihr Nutzen besteht weniger in konkreten Vereinbarungen, als vielmehr in dem regelmäßigen persönlichen Kontakt der leitenden Staatsmänner, der ein besseres Verständnis für die speziellen Probleme der jeweils anderen fördert und das Bewußtsein der gemeinschaftlichen Verantwortung für das Funktionieren der Weltwirtschaft wachhält. Sie tragen auch zu einer gewissen Disziplinierung der nationalen Egoismen bei, weil jeder der sieben Regierungschefs zu gewärtigen hat, auf dem nächsten Gipfeltreffen gegenüber seinen Kollegen Rechenschaft darüber ablegen zu müssen, ob er die ihm – im Interesse aller – beim vorhergehenden übertragenen »Hausaufgaben« im Rahmen der Volkswirtschaft seines eigenen Landes zumindest in Angriff genommen, wenn schon nicht erledigt hat. Unter der knapp zweieinhalbjährigen Amtsführung von Gerald Ford zeichnete sich eine Besserung der Lage ab, weil dieser Präsident sich bemühte, die Inflation in den USA wenigstens zu dämpfen. Auch das Klima zwischen Paris und Washington erwärmte sich wieder, aber unter seinem Nachfolger Carter kühlte es ab 1977 schnell ab, denn dieser zeigte sich nicht nur außerstande, die Talfahrt des Dollarkurses abzubremsen (1969: 1 Dollar = 4,– DM; 1972: 3,22 DM; 1973: 2,58 DM; 1977: 2,90 DM; 1980: 1,71 DM), sondern versuchte darüber hinaus, seine Partner zu einer ebenfalls inflationären Haushalts- und Finanzpolitik zu bewegen, um die Konjunktur weltweit zu beleben, wobei ihm die Bundesrepublik und Frankreich – letzteres gestand unter Bedenken zu, eine erhöhte Staatsverschuldung im Interesse des Wachstums in Kauf zu nehmen – auf dem Bonner Wirtschaftsgipfel von 1978 sogar entgegenkamen. Außerdem hatte er bereits Anfang 1977 massiven, wenn auch vergeblichen Druck auf die deutsche und französische Regierung ausgeübt, um die Lieferung von Kernkraftwerken an Brasilien bzw. Pakistan zu verhindern, was empörte Reaktionen in beiden Ländern hervorrief. Ein weiterer Streitpunkt war der Versuch, den EG-Agrarmarkt für verstärkte Einfuhren von amerikanischem Getreide und Futtermitteln zu öffnen, wogegen vor allem Paris in Brüssel Widerstand forderte, der wiederum von Washington als Protektionismus eingestuft wurde. Und schließlich schuf seine die Importe subventionierende Energiepolitik keinen Anreiz für Bedarfsdrosselungen in den USA, so daß er die zweite Ölpreissteigerung mit verursachte.

All diese Erfahrungen veranlaßten die verantwortlichen Politiker der EG-Länder, eine gemeinsame Finanzpolitik anzustreben, um die europäischen Währungen nicht noch weiter in den Strudel der Dollarkrise hineinziehen zu lassen. Es gab zwar schon eine Art von europäischem Währungsverbund, nämlich die sogenannte »Schlange«[11]. Nach der teilweisen Freigabe der Wechselkurse 1971 hatte sich schnell herausgestellt, daß allzu große Schwankungen der Paritäten innerhalb der EG wegen der damit automatisch verbundenen Preisdifferenzen den freien Handel im gemeinsamen Markt empfindlich beeinträchtigen würden. Daher vereinbarte man im Frühjahr 1972 konstante Abstände der europäischen Währungen untereinander, die sich damit wie die Wirbel einer Schlange unter der Haut nicht einzeln seitwärts – d. h. im Verhältnis zum Dollar oder anderen außereuropäischen Währungen –, sondern nur alle gemeinsam nach vorn oder rückwärts bewegen konnten, und jede beteiligte Zentralbank sollte das eventuelle Ausscheren ihres eigenen Gliedes aus der »Schlange« durch Intervention verhindern. Die allgemeine Freigabe der Wechselkurse 1973 und die Ölpreissteigerungen trieben die Kurse der starken Währungen, namentlich der D-Mark derart in die Höhe, daß die gesamte »Schlange« nach oben gezogen wurde und die schwachen Währungen an ihrem Ende dieser Bewegung folgen mußten, um sie nicht auseinanderzureißen. So sah sich die französische Regierung gezwungen, den Franc aufzuwerten, also Devisen zu verkaufen; da sie sich das angesichts ihrer mangelnden Reserven nicht unbegrenzt leisten konnte und auch deswegen keine neuen Kredite (etwa beim 1973 gegründeten Europäischen Währungsfonds, EWF) aufnehmen wollte, verließ der Franc auf Drängen des damaligen Finanzministers Giscard d'Estaing Anfang Januar 1974 die »Schlange«, in die der Staatspräsident Giscard ihn im Sommer 1975 allerdings wieder einfügte. Anfang 1976 ergab sich auf Grund steigender Importe und eines weiteren Kursanstiegs der D-Mark dieselbe Zwangslage wie zwei Jahre zuvor, so daß der Franc am 15. März, und diesmal definitiv, aus der »Schlange« herausgenommen wurde. Die Erneuerung der europäischen Währungsordnung erschien nunmehr dringend geboten, und daher ergriffen Giscard d'Estaing und Helmut Schmidt die Initiative, indem sie eine Expertenkommission mit der Ausarbeitung konkreter Vorschläge betrauten. Diese kam zu dem Resultat, daß ein Gemeinschaftssystem erst dann funktionieren könne, wenn nicht nur die Zentralbanken der Länder mit einer schwachen Währung, sondern auch diejenigen der Staaten mit einer starken Währung zu Interventionsmaßnahmen verpflichtet würden, falls sich der Abstand zwischen dem höchsten und niedrigsten Kurswert innerhalb der ganzen Gruppe über ein bestimmtes Maß hinaus zu vergrößern drohe, wenn also mit Hilfe des EWF, in den jeweils 20% der nationalen Geldreserven einzubringen waren, eine stärkere Solidarität der »Reichen« gegenüber den »Armen« praktiziert werde, als sie innerhalb der »Schlange« an den Tag gelegt wurde. Für dieses Konzept versuchten beide, der französische Präsident und der deutsche Bundeskanzler, die maßgeblichen Fachleute im eigenen Land, wie die Notenbankpräsidenten, und ihre Partner in der EG zu gewinnen, was ihnen bis zum EG-Gipfel in Bremen am 6./7. 7. 1978 auch weitgehend gelang. Dort wurde der Vertrag über das »Europäische Währungssystem« (EWS) ausgearbeitet, den die neun damaligen EG-Mitgliedsstaaten unterzeichneten, wobei Großbritannien allerdings nicht am System der festen Kurse und des Interventionszwangs teilnahm und Italien als Sonderkondition ein Abweichen seiner Lira vom festgesetzten Mittelkurs um 6% zugestanden wurde, während die Bandbreite bei allen übrigen Währungen 2,25% beträgt. Da man auch eine – vorerst fiktive – europäische Währungseinheit als Umrechnungsfaktor benötigte, zu der jede nationale Währungseinheit in einer bestimmten Parität stehen sollte, schlug Giscard als Bezeichnung hierfür die englische Version des Begriffes, nämlich »European Currency Unit« vor, abgekürzt »ECU«, und erreichte damit zweierlei: man kam den ja nicht sehr integrationswilligen Briten entgegen und verwendete gleichzeitig einen für französische Ohren vertraut klingenden Namen, denn der »Ecu« war eine vom Mittelalter bis zum 18. Jahrhundert in Frankreich gebräuchliche Gold- und Silbermünze. Mittlerweile können auf ECU lautende Konten unterhalten und Geschäfte auf seiner Basis abgewickelt werden.

Diesem wichtigen Schritt auf dem Wege der europäischen Einigung folgte die Erweiterung der EG um Griechenland als 10. Mitgliedsstaat, das den Beitritt im Mai 1979 beantragte und am 1. 1. 1981 vollzog[12].

Ebenso wie in Portugal im April 1974 und in Spanien im November 1975 – die beide erst 1986 EG-Mitglieder wurden – war auch in Griechenland im Sommer 1974 die Diktatur durch eine demokratische Regierungsform abgelöst worden, und in Frankreich hatte man diese Vorgänge mit demonstrativer Sympathie begleitet, indem etwa der französische Staatspräsident Karamanlis bei dessen Rückkehr nach Griechenland unterstützte und an der Inthronisation von König Juan Carlos in Madrid teilnahm; die portugiesischen Sozialisten fanden dagegen mehr politische und finanzielle Hilfe bei der PS Mitterrands.

Der Beitritt Griechenlands und der voraussehbare von Spanien und Portugal, die sich ebenfalls schon um Aufnahme bewarben, belastete das Sorgenkind der EG, den Gemeinsamen Agrarmarkt, mit zusätzlichen Problemen, denn zum einen benötigten sie als gegenüber den älteren Mitgliedsstaaten quasi »unterentwickelte« Länder großzügige Unterstützung aus dem 1975 gegründeten »Regionalfonds«, und zum anderen verschärften sie den Wettbewerb im Bereich der Obst- und Weinproduktion vor allem zu Lasten der italienischen und französischen Landwirte.

Der Agrarmarkt stellte – und stellt – auch einen der wenigen hartnäckigen Streitpunkte zwischen der französischen und der deutschen Regierung dar, weil bei Aufwertungen der D-Mark gegenüber dem französischen Franc bzw. dessen Abwertung ihr gegenüber auch die landwirtschaftlichen Produkte der Bundesrepublik teurer und die Frankreichs billiger werden, was bei dem hohen Warenaustausch gerade zwischen diesen beiden Ländern zu Wettbewerbsverzerrungen führt, die man dann wiederum durch den jeweils heftig umstrittenen, mal eingeführten, mal wieder abgeschafften Grenz- oder Währungsausgleich zu beseitigen versucht. Deutsch-französische Unstimmigkeiten über solche Ausgleichszahlungen waren auch der Grund, warum das EWS nicht schon am 1. 1., sondern erst am 13. 3. 1979 in Kraft trat.

Wenn es unter der Präsidentschaft Giscard d'Estaings zu negativen Reaktionen in der öffentlichen Meinung Frankreichs im Verhältnis zur Bundesrepublik kam, wie etwa im September 1974, als Helmut Schmidt sein Veto gegen eine EG-Agrarpreiserhöhung einlegte, so war daher auch meist ein Rivalitätsempfinden gegenüber dem wirtschaftlich anscheinend erfolgreicheren Nachbarn im Spiel. Abgesehen davon löste die Nachricht, daß der 8. Mai als Nationaler Gedenktag nach 1975 nicht mehr gefeiert werden solle, Empörung aus und fand selbst in Deutschland nicht nur Zustimmung. Ab 1981 wurde er dann unter Mitterrand gesetzlicher Feiertag. Eine von wieder aufflammenden antideutschen Ressentiments zeugende Pressekampagne gab es allerdings im Herbst 1977, als sowohl die terroristischen Anschläge in Deutschland wie die Gegenmaßnahmen von seiten der Regierung und der Justiz als Ausdruck einer im deutschen Volkscharakter begründeten »Gewalttätigkeit« interpretiert wurden – damals hatte Frankreich seine eigenen Erfahrungen mit dem international verflochtenen Terrorismus ja noch vor sich –, bis die Ermordung von Hanns Martin Schleyer und die Entführung der Lufthansamaschine soviel Anteilnahme und Solidarität weckten, daß dahinter solche Anschuldigungen in den Schatten traten.

Die Vorbereitungen zur ersten Direktwahl des Europäischen Parlaments, die im September 1976 vom Ministerrat der EG beschlossen und auf den 10. 6. 1979 gelegt worden war, offenbarten unübersehbar deutlich, daß die Gaullisten innerhalb der Regierung im Grunde nicht mehr als Koalitionspartner, sondern schon als Opposition anzusehen waren. Denn obwohl Giscard d'Estaing sich bereits Ende 1976 vom Verfassungsrat hatte bestätigen lassen, daß die Durchführung der Direktwahl der französischen Verfassung nicht zuwiderlaufe – vorausgesetzt, das Europäische Parlament erhalte keine so weitgehenden Befugnisse, daß die Souveränität Frankreichs tangiert werde –, lief das RPR unter Chirac Sturm gegen die von ihm befürchtete Übertragung von Rechten der Nationalversammlung auf die Straßburger Deputierten und gegen einen drohenden Ausverkauf nationaler Interessen zugunsten der gesamteuropäischen, wie es sich auch jedem Ansatz zur Kompetenzerweiterung der europäischen Exekutivorgane stets vehement widersetzte. Die Wahlkampfführung der Gaullisten zwang selbst die *Giscardins* zu Zugeständnissen an antieuropäische, nationale Empfindungen und den Präsidenten persönlich zu der Versicherung, daß man ein Absinken Frankreichs in die außenpolitische und wirtschaftliche Bedeutungslosigkeit nicht dulden und es unter keinen Umständen zu einem bloßen Befehlsempfänger supranationaler Institutionen degradieren lassen werde. Der Wahltag bescherte jedoch den grundsätzlich pro-europäisch eingestellten Parteien einen deutlichen Vorsprung vor den Gaullisten und Kommunisten: bei nur 61% Wahlbeteiligung errang die PCF 20,4% und das RPR sogar nur 16,2% der abgegebenen Stimmen, während die PS

23,5% und die UDF 27,6% gewannen. Die Spitzenkandidatin der Union, die Gesundheitsministerin Simone Veil, wurde am 17. 7. 1979 zur Präsidentin des Europäischen Parlaments gewählt (bis 1982). Jedenfalls konnte dieses Wahlergebnis, ähnlich wie das von 1978, als Bestätigung der Politik von Giscard d'Estaing interpretiert werden und seine Aussichten zu einer Wiederwahl 1981 in einem günstigen Licht erscheinen lassen, obwohl sich an der schlechten Wirtschaftslage Frankreichs nichts geändert hatte. Sie verschärfte sich sogar noch durch die Auswirkungen der nach dem zweiten Ölpreisschock von 1979/80 weltweit beschleunigten Rezession. Die rigorose Stabilitätspolitik des Präsidenten und seines Premiers sowie des Finanz- und Wirtschaftsministers René Monory (an den Barre dieses vorher ja auch von ihm selbst wahrgenommene Ressort 1978 abgegeben hatte) trieb die Arbeitslosenzahlen weiter in die Höhe, ohne die Inflation in den Griff zu bekommen. Daran änderte auch Barres Kursänderung ab 1980 nichts Wesentliches mehr, als er durch staatliche Unterstützung und steuerliche Anreize die Unternehmer zu verstärkten Investitionen zu ermuntern versuchte. Die Inflationsrate stieg auf über 13%, und die Arbeitslosenquote erreichte mit 1,6 Millionen fast 7%. Es kam zu Streiks der Arbeiter in den Stahlwerken und in der Autoindustrie, vor allem in den staatlichen Renault-Werken und zu Studentenunruhen wegen der schlechten Arbeitsbedingungen der in Vincennes befindlichen und vorwiegend von Ausländern frequentierten Universität Paris VIII.
Auf der anderen Seite erschien die Alternative zu Giscard eher geschwächt. Die Kommunisten widersetzten sich einer Neuauflage der Links-Union und stellten Georges Marchais als eigenen Kandidaten auf. Innerhalb der Sozialisten wurde darüber diskutiert, ob eine Bewerbung des zweimaligen Verlierers (1965 und 1974) Mitterrand überhaupt sinnvoll sei und man sich statt seiner nicht besser auf den – laut Umfrageergebnissen sehr populären – Michel Rocard einigen sollte. François Mitterrand gelang es indes im Oktober 1980, sich gegen seinen Konkurrenten durchzusetzen und die PS hinter sich zu scharen. Der erste Wahlgang am 26. 4. 1981 brachte noch keine spektakulären Überraschungen: von den angetretenen zehn Kandidaten erhielten Giscard d'Estaing 28,3%, Mitterrand 25,8%, Chirac 18% und Marchais 15,3% der Stimmen. Wenn auch Giscard 4% weniger als im ersten Wahlgang 1974 auf sich vereinen konnte, so rechnete man doch angesichts seines leichten Vorsprungs vor Mitterrand allgemein immer noch mit seinem Sieg, hatte er doch auch die Stichwahl vor sieben Jahren nur mit einer hauchdünnen Mehrheit gewonnen. So wirkte die Nachricht, die am Abend des 10. Mai 1981 über Rundfunk und Fernsehen ausgestrahlt wurde, wie eine Sensation: François Mitterrand war mit einem Stimmenanteil von 51,75% zum vierten Präsidenten der V. Republik gewählt worden!
Welches waren nun die eigentlichen Gründe für diesen letzten Endes unvorhergesehenen Wechsel an der Spitze Frankreichs? Auf der Seite des Amtsinhabers waren mehrere Ursachen zusammengekommen: in weiten Kreisen herrschte der Eindruck vor, daß von seinem 1974 bekundeten Re-

formeifer so gut wie nichts in die Tat umgesetzt worden sei; daß er sich durch seine Höhenflüge auf Weltwirtschafts- und EG-Gipfel mehr und mehr von den realen Bedürfnissen und Wünschen des französischen Volkes entfernt habe; daß er nur das Funktionieren des Wirtschafts- und Finanzapparates im Auge gehabt, aber kein Verständnis und keine Anteilnahme für die Sorgen und Nöte der Arbeitslosen und der durch Konkurs um ihre Existenz gebrachten mittleren und kleinen Familienunternehmen bezeugt habe. Darüber hinaus hatte Giscards Ansehen in der öffentlichen Meinung auch durch einige Skandale, wie zwei Morde an Politikern und den Selbstmord eines Ministers, alle drei letztlich ungeklärt, sowie die Affäre um die Diamanten des »Kaisers« Bokassa, und nicht zuletzt durch seinen zunehmend autoritär wirkenden Regierungsstil stark gelitten. Die Gaullisten hatte er dadurch gegen sich aufgebracht, daß er ihre regierungsinterne Opposition mit der Androhung von vorgezogenen Parlamentswahlen in Schach hielt. Als Reaktion darauf hatten sie nicht nur eigene Kandidaten für den ersten Wahlgang ins Rennen geschickt (Michel Debré, Jacques Chirac), sondern konnten sich auch nicht dazu überwinden, ihren Anhängern für den zweiten Urnengang die Wahl Giscard d'Estaings vorbehaltlos zu empfehlen.

Der Herausforderer profitierte hingegen von dem sowohl Giscard als auch ihn selbst attackierenden Wahlkampf der Kommunisten, der ihn so weit von der extremen Linken abgrenzte, daß er auch nicht eindeutig sozialistisch gesinnten Wählern als akzeptable Alternative erscheinen konnte, und in der Stichwahl entschieden sich die Parteigänger Marchais' selbstverständlich dann doch für ihn. Der mit sechs Millionen hohe Anteil der Erstwähler, deren Altersgrenze ja durch Giscard auf 18 Jahre herabgesetzt worden war, trug ebenfalls nicht unerheblich zu Mitterrands Erfolg bei, da in dieser Wählerschicht der Wunsch nach einer grundlegenden Erneuerung von Staat und Gesellschaft besonders ausgeprägt war.

So war also an diesem 10. Mai 1981, den jubelnde Mitterrand-Anhänger in einer Art Volksfest auf der Place de la Bastille ausklingen ließen[13], der Präsident »zum Anfassen«, der »freundliche Nachbar von nebenan«, den Giscard in der ersten Phase seiner Amtszeit so bewußt dargestellt hatte, der sich aber in den Augen vieler Franzosen mehr und mehr zu einem kühl über ihre persönlichen Anliegen hinwegschreitenden, von der Arroganz der Macht beflügelten Technokraten gewandelt hatte[14], von einer respektheischenden, jedoch auch strenge Güte ausstrahlenden Vaterfigur abgelöst worden, die eine gemessene, zuweilen fast steif anmutende Würde an den Tag legte. Daß sich hinter diesem äußeren Erscheinungsbild ein »Fuchs«[15], ein »Florentiner«, ein Jünger Machiavellis, ein »Großmeister des Ränkespiels«[16] verbarg, der in einem langen politischen Werdegang alle Strategien und Taktiken des Umgangs mit Parteiapparaten, Parlamenten und Regierungen meisterhaft zu beherrschen gelernt hatte, wußten nicht nur seine Gegner, sondern auch seine engsten Freunde und Vertrauten; sie brachten ihm dieselbe Loyalität entgegen, die er ihnen bezeugte, und nicht wenige seiner bisherigen Weggefährten sollten nach und nach auf den Ministerlisten erscheinen.

François Mitterrand[17], Jahrgang 1916, absolvierte ein Studium der Rechts- und Politikwissenschaft, rief nach seinem eigenen Entkommen aus der deutschen Kriegsgefangenschaft eine Fluchthilfeorganisation ins Leben, betätigte sich aktiv in der Résistance, geriet bei seinen ersten Kontakten mit de Gaulle in London und Algier sogleich in einen Gegensatz zu ihm und dem vom Ausland aus operierenden Widerstand, gehörte nach dem Krieg als Vertreter des UDSR-*(Union Démocratique et Socialiste de la Résistance-)*Flügels der Sozialisten verschiedenen Kabinetten der IV. Republik insgesamt vierzehnmal als Minister in wechselnden Fachbereichen an, wurde 1971 Erster Sekretär der in *Parti Socialiste* (PS) umbenannten *Section Française de l'Internationale des Ouvriers* (SFIO) – nicht zuletzt dank der Unterstützung der linksintellektuellen CERES-*(Centre d'Etudes, de Recherches et d'Education Socialistes-)* Gruppe unter Jean-Pierre Chevènement – und unterschrieb in dieser Funktion Ende Juni 1972 das mit den Kommunisten ausgehandelte »Gemeinsame Regierungsprogramm«, das als Grundlage für eine Art Neuauflage der Volksfront von 1936 dienen sollte, die die Links-Union als Ziel anstrebte. Seine politischen Vorstellungen fanden ihren Niederschlag in zahlreichen Büchern, die von der in Frankreich so selbstverständlichen Verbindung von Politik und Literatur, von Macht und Geist Zeugnis ablegen[18]. Als Präsidentschaftskandidat der Vereinigten Linken (*Fédération de la Gauche Démocrate et Socialiste* bzw. *Union de la Gauche*) war er 1965 de Gaulle und 1974 Giscard d'Estaing unterlegen. Die Links-Union war 1977 auseinandergebrochen; François Mitterrand trat 1981 nicht als »Volksfront«-Vertreter zur Wahl an, sondern als Sozialist. Er gewann, und es spielte letztlich keine Rolle mehr, daß er den Sieg – in Umkehrung der Konstellation bei der Parlamentswahl von 1978 – eher der Zerrissenheit des bürgerlichen Lagers als der Stärke des sozialistischen verdankte: er war am Ziel.

2. Die erste Hälfte der Präsidentschaft von François Mitterrand[19] (1981–1989)

Bereits während der Feierlichkeiten zur Einführung des neuen Präsidenten, die am 21. 5. 1981 im Festsaal des Elysée-Palastes im Beisein höchster Repräsentanten des öffentlichen Lebens aus Parlament, Verwaltung, Militär, Universitäten und Religionsgemeinschaften sowie ausländischer Staatsgäste mit dem in der V. Republik üblichen quasi-monarchischen Zeremoniell begangen wurden, ließ die Haltung Mitterrands deutlich seine Entschlossenheit erkennen, die ihm jetzt übertragene Machtfülle – die er unter de Gaulle noch aufs schärfste verurteilt hatte – auch für sich ungeschmälert in Anspruch zu nehmen. Zwei Tage später zollte er den ideellen Paten seines Regierungsprogramms in einer medienwirksam inszenierten »Wallfahrt« zum Panthéon seinen Tribut, wobei Spitzenvertreter des Sozialismus aus Frankreich und Europa – u. a. auch Willy Brandt – ihn bis zum Eingang geleiteten. Im Inneren legte der Präsident je eine rote Rose, das Symbol der Sozialistischen Internationale, auf drei Sarkophagen nieder: dem des 1914 ermordeten Gründervaters des französischen Sozialismus Jean Jaurès, dem des von der Gestapo 1943 umgebrachten Begründers des *Conseil national de la Résistance* Jean Moulin – eine betonte Hommage an die innerfranzösische Résistance – und dem des Arztes Victor Schoelcher, der als Deputierter von Martinique und Guadeloupe das Dekret zur Abschaffung der Sklaverei (1848) vorbereitet und mit durchgesetzt hatte, also gleichsam als Anwalt der Dritten Welt gelten konnte[20].

Zwischen diesen beiden öffentlichen Auftritten zu seiner Inauguration hatte Mitterrand bereits seine ersten Amtshandlungen vorgenommen, indem er am 22. Mai Neuwahlen zur Nationalversammlung anordnete und eine – im Hinblick darauf – interimistische Minderheitsregierung unter Pierre Mauroy (Bürgermeister von Lille) als Premierminister bildete.

Die Wahlen zur Nationalversammlung am 14. und 21. Juni brachten den Sozialisten den Aufschwung, den Mitterrand sich als Folge seines eigenen Sieges davon versprochen hatte: sie wurden mit einem Stimmenanteil von 37,7% stärkste Fraktion und erreichten mit 285 Sitzen eine stabile absolute Mehrheit, zu der auch Abgeordnete von mit ihnen verbündeten kleineren Gruppen, wie dem *Mouvement des Radicaux de Gauche* (MRG) gehörten. Demgegenüber schrumpfte die PCF mit 16,2% auf die Hälfte ihrer Mandate (44) und zur kleinsten Fraktion zusammen. Die bürgerliche Mitte und Rechte mußte ebenfalls starke Stimmenverluste hinnehmen; das RPR kam nur noch auf 20,8% und 88 Sitze (−67) zusammen mit neun Vertretern rechter Splittergruppen, die UDF auf 19,2% und 63 Abgeordnete (−57). Die Gründe für den Erfolg der Sozialisten lagen wieder mehr in der Schwäche ihrer Gegner als in ihrer eigenen Stärke, denn die Verwirrung und Entmutigung der Mitte-Rechts-Parteien, die noch unter dem Schock des 10. Mai standen, hatten zu einer relativ großen Wahlenthaltung ihrer Klientel geführt (Wahlbeteiligung 70% bzw. 75%), und andererseits wirkte sich die sogenannte »Schweigespirale« zugunsten der PS aus, da auch viele bürgerlich orientierte oder unentschlossene Wähler auf die Seite der voraussichtlichen Sieger gezogen wurden[21].

Der Präsident hatte sein Ziel erreicht: er benötigte keine Koalition zur Durchsetzung seiner Gesetzesvorhaben in der Nationalversammlung und konnte daher die bereits Ende Mai begonnenen Verhandlungen mit den Kommunisten über eine gemeinsame Regierungsbildung aus der Position der Stärke heraus zügig beenden. Marchais erklärte sich ohne Vorbedingungen zur Annahme des sozialistischen Regierungsprogramms bereit und akzeptierte auch die ausschließliche Kompetenz des Staatspräsidenten in der Außen- und Verteidigungspolitik; er setzte lediglich einen Ministerposten mehr als vorgesehen für die PCF durch und die Mitsprache bei der Auswahl der betreffenden Anwärter. So erschienen auf der Kabinettsliste – neben einigen Vertretern des MRG und dem Außenhandelsminister Michel Jobert (Außenminister unter Pompidou) von dem sehr kleinen *Mouvement des Démocrates* – auch vier Kommunisten für die Bereiche Transport (Charles Fiterman), Gesundheit (Jack Ralite), Beamtenschaft und Verwaltungsreform sowie Berufsausbildung. Die Mehrzahl der insgesamt 31 Kabinettsmitglieder (unter Giscard waren es 18 bzw. 15 gewesen) stellten indes die Sozialisten, wobei die Gewichte zwischen dem gemäßigten, quasi »sozialdemokratischen« Flügel mit Jacques Delors (Wirtschaft und Finanzen), Michel Rocard (Wirtschaftsplanung und Raumordnung) und Alain Savary (Erziehung) und dem linken Parteispektrum mit Jean-Pierre Chevènement (Forschung und Technologie, ein Jahr später auch Industrie) und Robert Badinter (Justiz) in etwa ausbalanciert waren und durch die »Mitte«, nämlich Pierre Mauroy (wieder Premierminister), Gaston Defferre (Inneres; Bürgermeister von Marseille, 1969 Präsidentschaftskandidat), Claude Cheysson (Äußeres), Charles Hernu (Verteidigung) und Jack Lang (Kultur), auch in diesem Gleichgewicht im Sinne Mitterrands gehalten wurden. – Rocard, Chevènement, Jobert und Fiterman erhielten mit dem Titel »Staatsminister« zugleich das Recht, über ihren engeren Fachbereich hinaus an der Erörterung politischer Probleme teilzunehmen. – Mit dieser Mannschaft, zu der noch der Erste Parteisekretär Lionel Jospin, der Fraktionsvorsitzende Pierre Joxe, der Präsident der Nationalversammlung Louis Mermaz und last but not least der enge Vertraute und Berater Mitterrands, Jacques Attali, gehörten, setzte der Präsident innerhalb von zwei Jahren die wichtigsten Vorhaben seines 110 Punkte umfassenden Wahlprogramms in die Tat um.

Großbanken und große Industrieunternehmen, darunter auch die seit langem durch hohe öffentliche Kredite gestützte Stahlindustrie, wurden gegen Entschädigungen in Form von verzinslichen Obligationen (Wert: ca. 40–50 Milliarden Francs) verstaatlicht. Zur Beteiligung der Arbeitnehmer an der Kontrolle der Unternehmensführung wurde die direkte Wahl von Vertretern in die Aufsichtsräte durch die Belegschaft selbst – nicht etwa die Entsendung von Gewerkschaftsseite – beschlossen und Tarifverhandlungen zur zukünftigen Festlegung von Lohnhöhe und Arbeitszeit vorgeschrieben, um staatliche Interventionen möglichst zu vermeiden. Diese zunächst für den öffentlichen Dienst eingeführten Regelungen sollten schrittweise auf alle Betriebe übertragen werden. Allerdings griff der Staat anfangs doch noch selbst in das soziale Gefüge ein, um einen gewissen Ausgleich im Einkommensgefälle zu erreichen, indem die festgesetzten Mindestlöhne, Mindestrenten und Familienzulagen erheblich erhöht, das Rentenalter auf 60 Jahre gesenkt, die wöchentliche Arbeitszeit auf 39 Stunden bei gleichem Lohn herabgesetzt, 5 Wochen bezahlten Urlaubs vorgeschrieben und der Mieterschutz erweitert wurden.

Als Ergänzung dieser Maßnahmen nach der anderen Seite sahen sich die Besserverdienenden zu höheren Abgaben an den Fiskus verpflichtet und die Besitzer von Vermögen in Millionenhöhe zu einer Sondersteuer herangezogen. Der steigenden Arbeitslosigkeit suchte die Regierung durch die Aufstockung der Stellenpläne im öffentlichen Dienst um zunächst 40 000, im Folgejahr um 125 000 neue Arbeitsplätze, durch die finanzielle Förderung der Einstellung von Jugendlichen und durch die erneute Subventionierung konkursbedrohter Firmen Herr zu werden.

Im Bereich der Justiz setzte Minister Badinter gegen die Bedenken des Innenministers Defferre und des Premierministers Mauroy, die als Bürgermeister von Großstädten ein offenes Ohr für die Einwände der Polizei hatten, die Aufhebung der nach seinem Vorgänger so genannten *Lex Peyrefitte* durch, mit deren Hilfe gewalttätige Ausschreitungen bei Demonstrationen schärfer geahndet worden waren, und ebenso – nach heftigen Kontroversen innerhalb der Parteien und der Öffentlichkeit – die Abschaffung der Todesstrafe (18. 9. 1981).

Ein weiteres großes Reformvorhaben betraf den Rückzug der Zentralgewalt aus der Regionalverwaltung, der in zwei Schritten im September 1981 und März 1982 vollzogen wurde, indem die – von Napoleon I. geschaffene – Institution der Präfekten als oberstes Exekutivorgan auf Départementsebene unter Verlust dieser Amtsbezeichnung in eine bloße Kontrollinstanz *(Commissaire de la République)* umgewandelt wurde, deren bisherige Befugnisse auf die Präsidenten der Generalräte übergingen[22].

In diesem Bereich zeichneten sich alsbald erste Mißerfolge der Regierung ab, denn die Kantonalwahlen vom März 1982 – bei denen übrigens auch Giscard d'Estaing in seinem Heimatdépartement kandidierte und damit seine Rückkehr in die aktive Politik ankündigte – brachten der Opposition fast zwei Drittel der Mandate ein, nachdem sich ihre Kandidaten schon im Januar bei vier Nachwahlen zur Nationalversammlung gleich im ersten Wahlgang durchgesetzt hatten. Dies war ein deutlicher Hinweis, das Tempo der Reformen nicht weiter zu forcieren, sondern eher zu drosseln. Es mangelte nicht an weiteren Warnsignalen: in den ersten Monaten des Jahres 1982 erschütterte eine Serie von Attentaten und Terroranschlägen – gipfelnd in den Bombenexplosionen im Schnellzug Paris–Toulouse (29. 3.) und in einer Seitenstraße der Champs-Elysées (22. 4.) –, bei denen Tote und zahlreiche Verletzte zu beklagen waren und hinter denen man teils arabische Extremisten, teils korsische Separatisten, teils die *Action directe* vermutete, die französische Öffentlichkeit und entfachte die Diskussion um die Strafrechtsreform, die Amnestierung von Gewalttätern und die Gewährung von Asyl für baskische, italienische und deutsche Terroristen aufs neue[23].

In der Wirtschaft bewirkten die Entscheidungen der Regierung das Gegenteil der angestrebten Verbesserung. Die Investitionen im öffentlichen Bereich trieben die Staatsverschuldung weiter in die Höhe, und der Kreditbedarf des Staates heizte die Inflation an. Die Vermögenssteuer hatte schon im Vorfeld ihrer angekündigten Einführung zu einer beträchtlichen Kapitalflucht ins Ausland geführt, die man auch durch strengste Devisen- und Grenzkontrollen nicht wirksam aufhalten konnte, und die privaten Unternehmer, die durch höhere Steuern und Sozialabgaben sowie steigende Zinsen ihre schlimmsten »Volksfront«-Befürchtungen bestätigt sahen und hinter all dem erste Schritte auf dem Wege zur Planwirtschaft argwöhnten, zeigten wenig Neigung, ihrerseits in die Ausweitung der Produktion und damit in die Schaffung neuer Arbeitsplätze zu investieren, zumal die infolge der Lohnerhöhungen gesteigerte Nachfrage der Verbraucher sich mehr auf Importgüter als auf im Inland hergestellte Waren richtete. So sank die Zahl der Arbeitslosen keineswegs, sondern stieg bis auf zwei Millionen im Jahre 1982 an.

Auf der anderen Seite machten die Kommunisten und ihre Gewerkschaft CGT *(Confédération Générale du Travail)* kein Hehl aus ihrer Enttäuschung über die nach ihrer Ansicht nicht weit genug reichenden Maßnahmen. Namentlich die CGT, die von der Leitung der verstaatlichten Unternehmen ausgeschlossen blieb und zahlreiche Mitglieder an die Konkurrenten *Force Ouvrière* und CFDT *(Confédération Française Démocratique du Travail)* verlor, versuchte unter ihrem neuen, radikalen Generalsekretär Henri Krasucki Ende 1981/Anfang 1982 durch Streiks und andere Aktionen Druck auf die Regierung auszuüben.

Diese kam jedoch durch handels- und währungspolitische Erfordernisse in Zugzwang: das französische Außenhandelsbilanzdefizit nahm in besorgniserregendem Tempo zu, und der Franc mußte innerhalb des EWS Mitte Juni 1982 zum zweiten Mal (zuerst Oktober 1981) seit der sozialistischen Regierungsübernahme gegenüber der D-Mark abgewertet werden. Daraufhin warf Jacques Delors das Steuer herum und leitete, trotz der Proteste vom linken Flügel der Sozialisten und von seiten der Kommunisten, mit dem Einverständnis Mitterrands Kurskorrekturen ein, wie einen viermonatigen Lohn- und Preisstopp, den Wegfall des automatischen Inflationsausgleichs, Erhöhung von Mehrwertsteuer und Sozialversicherungsbeiträgen und Verringerung des Haushaltszuwachses, die zunächst als bloße Unterbrechung der sozialistischen Reformen erscheinen mochten, sich aber alsbald als erste Schritte auf dem Wege zu einer grundlegenden Umorientierung der Wirtschaftspolitik erweisen sollten. Der Elan des ersten Jahres, die Zuversicht, mit einem mehr oder weniger dirigistischen Konzept und der Belebung der Kaufkraft die Inlandproduktion und damit auch die Schaffung neuer Arbeitsplätze wirksam fördern zu können, waren gebrochen und machten einer realistischeren Einschätzung der Lage Platz. Eine vorsichtige Rückkehr zu marktwirtschaftlichen Prinzipien kündigte sich an. Die Stahlkrise, die sich auch in Frankreich durch rapide sinkenden Absatz bemerkbar machte, zwang zu der Einsicht, daß marode Industriezweige und Unternehmen nicht dadurch konkurrenzfähig wurden, daß man sie mit ständigen staatlichen Finanzspritzen künstlich am Leben erhielt, es sei denn, man leugnete die weltwirtschaftlichen Verflechtungen und entschloß sich zu einer protektionistischen Abschottung des französischen Marktes, was aber auch ein Ausscheren aus dem europäischen Verbund bedeutet hätte. Mitterrand folgte jedoch nicht den entsprechenden Forderungen der Gruppe um Chevènement, der Kommunisten und der CGT, sondern ließ Delors freie Hand, als dieser ab 1983 einschneidende Haushaltskürzungen vornahm und den Zuwachs von fast

30% noch 1982 auf unter 10% 1984 reduzierte, den Franc innerhalb des EWS mit deutscher Hilfe, d. h. bei gleichzeitiger höherer D-Mark-Aufwertung, abwertete (21. 3. 1983), Subventionen auslaufen ließ, die Unternehmenssteuern zur Belebung privater Investitionen senkte und der Stahl- und Schwerindustrie eine »Gesundschrumpfung« verordnete, die mit dem Abbau von Arbeitsplätzen verbunden war. Der Präsident redete nunmehr selbst einer gewinnorientierten Unternehmensführung und Wirtschaftsplanung das Wort und sah sich darin von der ihm nahestehenden Gewerkschaft CFDT sogar unterstützt.

Für die kommenden Jahre kündigte Wirtschafts- und Finanzminister Delors eine noch strengere Haushaltsdisziplin an, indem staatliche Sozialleistungen eingeschränkt und die 1981 vorgenommene Aufblähung des öffentlichen Dienstes durch die Nichtbesetzung von jährlich 25 000 frei werdenden Planstellen schrittweise wieder rückgängig gemacht werden sollten. Im Gegensatz zu den Reaktionen im eigenen Lager erhielt Delors für seine Maßnahmen viel Beifall sowohl von seiten der Opposition (Raymond Barre) als auch von internationalen Institutionen wie Weltbank und Weltwährungsfonds, weil er das enorme Haushaltsdefizit und die Inflation zu reduzieren und die französiche Außenhandelsbilanz zu verbessern vermochte[24].

Auch in anderen Bereichen erlitt die Regierung Mauroy mit ihren 1981 eingeleiteten Reformvorhaben Schiffbruch. Ein Gesetz, das die Konzentration von Presseorganen in einer Hand über eine bestimmte Größenordnung hinaus verhindern sollte, faßte der konservative Großverleger Robert Hersant – zu Recht – als persönliche Kampfansage gegen sein Imperium (*Le Figaro* und etwa ein Drittel aller Provinzblätter) auf und entfesselte eine jahrelange heftige Pressekampagne dagegen, bis es schließlich 1984 an der Hürde des Verfassungsrates scheiterte. Die Krankenhausreform zur Abschaffung der Privatstationen und Einschränkung der Chefarztbefugnisse fiel nach lautstarken Protesten der Betroffenen gemäßigter als geplant aus und führte zur Ablösung des kommunistischen Ressortministers Ralite. Wenn schon die Kostenübernahme von Schwangerschaftsabbrüchen durch die gesetzliche Krankenversicherung nur verhaltene Einsprüche seitens kirchlicher Kreise hervorgerufen hatte, so provozierte die Absicht, den sehr renommierten, überwiegend katholischen Privatschulen die staatliche finanzielle Unterstützung zu entziehen und sie in das allgemeine Schulwesen zu integrieren, einen Sturm der Entrüstung und trieb ihre Verfechter – Eltern, Schüler, nicht sozialistisch orientierte Lehrer, Oppositionspolitiker – im Sommer 1984 zu Hunderttausenden auf die Straße. Vor diesen Massendemonstrationen wich die Regierung zurück und ließ damit einen weiteren Kernpunkt aus dem gemeinsamen Programm fallen. Damit aber war das Maß für die Kommunisten voll, die schon den Kurswechsel in der Wirtschaftspolitik nur zähneknirschend hingenommen und mit einem Absinken ihres Stimmenanteils auf 11% bei den Wahlen zum Europäischen Parlament am 17. 6. 1984 bezahlt hatten. Sie kündigten ihre Mitarbeit im Kabinett auf, als

Pierre Mauroy wegen der Rücknahme des Schulgesetzes am 17. Juli demissionierte.

Präsident Mitterrand berief daraufhin den erst 38jährigen Industrie- und Forschungsminister (seit 1983) Laurent Fabius zum Premierminister, der den Kommunisten nochmals drei Ministerposten anbot; als die PCF, wie erwartet, ablehnte, bildete er eine rein sozialistische Regierung, in der einige Schlüsselpositionen neu besetzt wurden: das Innenministerium übernahm Pierre Joxe, das Wirtschafts- und Finanzministerium Pierre Bérégovoy (bisher seit 1983 Soziales), während Jacques Delors zum Präsidenten der EG-Kommission gewählt wurde und dieses Amt am 6. 1. 1985 antrat. Außenminister Claude Cheysson wurde erst Ende des Jahres durch Roland Dumas, den bisherigen (seit Dezember 1983) Minister für Europäische Angelegenheiten und engen Vertrauten Mitterrands, ersetzt. Außerdem wechselte Michel Rocard auf den Stuhl des Landwirtschaftsministers, und J.-P. Chevènement, der ebenso wie Michel Jobert im März 1983 aus dem Kabinett ausgeschieden war, trat als Erziehungsminister wieder ein.

Die marktorientierte Wirtschaftspolitik wurde fortgesetzt mit dem Ziel, auch kleinere und mittlere Unternehmen durch steuerliche Anreize zu technischen Innovationen zu ermuntern und die französische Produktion insgesamt auf den modernsten Stand der Entwicklung zu heben und damit weltweit wieder konkurrenzfähig zu machen. Die Energieversorgung durch Atomstrom wurde weiter gefördert, nachdem bereits 1981 der Ausbau von sechs noch unter Giscard d'Estaing geplanten Kraftwerken beschlossen worden war, sehr zur Enttäuschung der französischen Umweltschützer, der *écologistes*, die zwar nicht das kompromißlose Engagement gegen die zivile Nutzung der Kernkraft an den Tag legen wie die Grün-Alternativen diesseits des Rheins, sich aber von Mitterrand doch eine gewisse Einschränkung dieser Art der Energiegewinnung versprochen hatten.

Die langsame Erholung der Wirtschaft, mit der auch ein Absinken der Inflationsrate auf unter 5% parallel lief, zeitigte jedoch noch keine positiven Folgen auf dem Arbeitsmarkt; vielmehr erhöhte sich auf Grund der Entlassungen im Zuge von Betriebssanierungen die Zahl der Erwerbslosen auf 2,5 Millionen und die Quote auf 11% im Jahre 1985. Doch nicht nur diese Entwicklung mußte der Regierung im Hinblick auf die 1986 bevorstehenden Wahlen zur Nationalversammlung Sorgen bereiten. Die Wahlen zum Europäischen Parlament im Juni 1984 und die Kantonalwahlen im Frühjahr 1985, bei denen in 69 von 95 Départements die Kandidaten der bürgerlichen Mitte siegten, ließen ebenso wie demoskopische Analysen eine Mehrheit von Gaullisten und Giscardianern auch für das kommende Frühjahr als ziemlich sicher erscheinen, und in der öffentlichen Meinung wurde bereits das Für und Wider einer dann unausweichlichen *cohabitation* zwischen dem sozialistischen Staatspräsidenten und einem bürgerlichen Premierminister erörtert.

In dieser Lage entschloß sich François Mitterrand, eine bisher auf Eis gelegte Forderung seines 110-Punkte-Wahlprogramms von 1981 zu verwirklichen: die Einführung des Verhältniswahlrechts. Damit riskierte er zwar auch Verluste der Sozialisten, hoffte aber eine absolute Mehrheit der Mitte-Rechts-Parteien zu verhindern und sie dadurch zu einer Koalition mit den Sozialisten zu zwingen, weil die Alternative, ein Zusammengehen mit der »Nationalen Front«, für sie nicht in Frage kommen konnte. Bei der Europawahl von 1984, für die ja das Verhältniswahlrecht galt, hatte nämlich diese rechtsextreme, rassistische und fremdenfeindliche Bewegung unter ihrem Führer Jean-Marie Le Pen einen Aufsehen erregenden Stimmenanteil von über 11% errungen, etwa den gleichen wie die Kommunisten, bei den Kantonalwahlen mit 9% hingegen nur zwei Vertreter in die Generalräte entsenden können. Seinen Zulauf erhielt dieser Bretone mit der etwas undurchsichtigen Vergangenheit als Algerienkämpfer vor allem dort, wo es einen hohen Anteil an zugewanderten Nordafrikanern gab, wie in Marseille, im Gebiet um Nizza, wo bis vor kurzem auch das Auftreten reicher Ölscheichs böses Blut erregt hatte, im Elsaß und in Lothringen, wobei es unter den Arbeitern, kleinen Handwerkern und Ladenbesitzern nicht wenige gab, die sich von der PCF enttäuscht ab- und ihm zugewandt hatten, so daß Erinnerungen an den Mitte der 50er Jahre in dem gleichen Sozialmilieu erfolgreichen Poujadismus wach wurden[25]. Die im April eingebrachte Regierungsvorlage, die gleichzeitig die Anzahl der Sitze in der Nationalversammlung von 491 auf 577 erhöhte, stieß denn auch nur bei den Anhängern des *Front National* (FN) auf einhelligen Beifall, während bei den Sozialisten die reinen Funktionäre, die sich davon bequeme Listenplätze versprachen, dafür waren, aber die mit ihrem Wahlkreis persönlich verbundenen Abgeordneten eher Bedenken äußerten. Michel Rocard legte sogar aus Protest sein Ministeramt nieder, weil er in der Wahlrechtsänderung eine Gefährdung der politischen Stabilität erblickte, die bisher die V. Republik vor einem Rückfall in die Zustände vor 1958 mit den ständig wechselnden Regierungsmehrheiten bewahrt hatte. Darin war er sich mit der Opposition einig, die angesichts der beabsichtigten Schwächung ihrer Erfolgschancen von vornherein das andere Kalkül Mitterrands durchkreuzte, indem sie ihre internen Streitigkeiten um den Führungsanspruch (Chirac—Giscard—Barre) zugunsten eines Abkommens (10. 4. 1985) hintanstellte, wonach RPR und UDF nur gemeinsam und ohne andere größere Partner eine Regierung bilden würden[26]. Ende Juni verabschiedete die Nationalversammlung das entsprechende Gesetz, und die Wahl zur Nationalversammlung am 16. 3. 1986 bestätigte in etwa die vorausgesagten Ergebnisse: die PS verlor gegenüber 1981 6%, blieb aber stärkste Partei und erhielt 216 Sitze; PCF und FN erzielten mit 9,8% bzw. 9,7% (im Süden 25%!) den gleichen Anteil (je 35 Sitze), und letztere verhinderte dadurch eine absolute Mehrheit von Gaullisten und Giscardianern, die zusammen nur auf 277 Mandate kamen und Abgeordnete von Splittergruppen benötigten, um eine knappe Majorität von 291 Sitzen zustande zu bringen. Diese kleinen Parteien – *Parti républicain* als Rest der Unabhängigen Republikaner, *Parti radical* als rechte Restgruppe der Radikalsozialisten, deren linke das MRG war, *Parti social-démocrate* – waren dann auch mit Ministern oder Staatssekretären in der Regierung vertreten. Staatspräsident Mitterrand zog sehr schnell die Konsequenzen aus dieser Situation und berief, wie vorher angekündigt, schon am 20. März einen Premierminister, der sich auf die Mehrheit in der Nationalversammlung stützen konnte, und das war Jacques Chirac als Führer der Gaullisten, der stärksten Gruppe innerhalb des liberal-konservativen Lagers.

Damit war die lange vorausgesehene *cohabitation* – oder *coexistence,* wie die Beteiligten lieber sagten, um die mit dem anderen Begriff verknüpften intimen Assoziationen zu vermeiden – Wirklichkeit geworden, und es trat der in der fast 30jährigen Geschichte der V. Republik nie dagewesene Zustand ein, daß es nunmehr in Frankreich zwei Machtzentren gab, den Elysée-Palast und das Hôtel Matignon, den Amtssitz des Premierministers. Ersten Meinungsumfragen und Zeitungskommentaren zufolge begrüßten die Franzosen in ihrer überwiegenden Zahl diese Lösung als die Überwindung einer seit der Revolution andauernden Polarisierung in links und rechts, in Jakobiner und Girondisten, in Republikaner und Monarchisten, in Fortschrittliche und Konservative, als einen Zwang zum Ausgleich der Gegensätze, der sich innerhalb der Gesellschaft längst vollzogen und dem die Politik nun zu folgen habe. Es gab indes auch Beobachter, die bezweifelten, ob diese »Harmonie« wohl lange andauern werde, und insbesondere Raymond Barre betätigte sich als Kassandra, indem er auf die verfassungsrechtlichen Probleme der Kompetenzverteilung hinwies; er beteiligte sich nicht an dieser sozialistisch-bürgerlichen Muß-Ehe, sondern hielt sein Pulver trocken für die 1988 fällige Präsidentschaftswahl.

Die neue Regierung ging sofort daran, ihr etwa 30 Punkte umfassendes Programm in die Tat umzusetzen, wobei sie sich zunächst von der Nationalversammlung – deren Präsident wieder, wie schon 1978–81, Jacques Chaban-Delmas war, den Chirac gegen entsprechende Ambitionen Giscards durchgesetzt hatte – durch ein sogenanntes »Ermächtigungsgesetz« die Vollmacht geben ließ, ihre Vorhaben auf dem Wege von Erlassen durchzuführen. Das bedeutete, daß die betreffenden Regierungsvorlagen, die in der *loi d'habilitation* nur allgemein umschrieben waren, im einzelnen nicht mehr beraten und abgeändert werden konnten, ein verfassungsmäßiges Verfahren, dessen sich auch schon frühere Regierungen und ebenso die Sozialisten 1981/82 zur schnelleren Durchsetzung ihrer Vorhaben bedient hatten. Allerdings war nicht genau geklärt, ob der Präsident die Unterschrift unter solche »*ordonnances*« verweigern durfte, was Mitterrand nämlich für bestimmte Sachbereiche (bei Einschränkung sozialer Errungenschaften, bei Privatisierung von vor 1981 verstaatlichten Unternehmen) vorher angekündigt hatte, so daß dann die geplanten Maßnahmen die normale Gesetzgebungsprozedur doch hätten durchlaufen müssen. Wenn auch dieser Punkt strittig blieb, so konnte der Präsident jedenfalls auf diese Weise sein Mißfallen zum Ausdruck bringen und Verzögerungen verursachen[27].

Anfang August wurde die Reprivatisierung der 1981 verstaatlichten Unternehmen angeordnet, wobei in großen Werbeaktionen auch kleine Sparer zum Aktienkauf ermuntert wurden. Der engagierteste Verfechter dieser Maßnahme war der einzige »Staatsminister« im Kabinett, Wirtschafts- und Finanzminister Edouard Balladur, der engste Berater Chiracs und eine Art »Graue Eminenz«. Nach einer politischen Karriere unter de Gaulle und Pompidou war er während der Präsidentschaft Giscards sehr erfolgreich als Spitzenmanager in der Elektronik-Industrie tätig gewesen und brachte diese Erfahrungen aus der Privatwirtschaft in sein neues Amt ein. Unter seiner Ägide wurde sogar ins Auge gefaßt, die Renaultwerke und diejenigen Großbanken in private Aktiengesellschaften zu überführen, die von de Gaulle direkt nach dem Krieg nationalisiert worden waren. Es zeigte sich hieran deutlich, daß der neogaullistische Wirtschaftsliberalismus eher an Pompidou als an de Gaulle selbst anknüpfte. In diesen Zusammenhang gehört auch der Verkauf von Teilbereichen des öffentlich-rechtlichen Fernsehens (Sender TF 1) und von neu geschaffenen TV-Kanälen an private Betreiber im April 1987, für den der sehr eigenwillige und umstrittene Kulturminister François Léotard (Chef der *Parti républicain*) verantwortlich war. Die Zusatzsteuer auf Großvermögen wurde unter der Zuständigkeit des Budget-Ministers [28] Alain Juppé ebenfalls wieder abgeschafft und auch die Wahlrechtsänderung von 1985 am 11. 7. 1986 rückgängig gemacht, so daß jetzt erneut das Mehrheitswahlrecht mit zwei Wahlgängen gilt.

Die gezielte Förderung privater Investitionen, vor allem im Bereich modernster Techniken, die schon unter der Regierung Fabius eingeleitet worden war, führte zwar zu weiteren Spitzenleistungen im Bereich der Luft- und Raumfahrtindustrie, des Fernmeldewesens und des Eisenbahnschnellverkehrs, zum Aufstieg Frankreichs an die 4. Stelle im Weltexport und zu einem Wirtschaftswachstum von 2,2% (1987), konnte aber dennoch keine nennenswerten Erfolge auf dem Arbeitsmarkt erzielen, denn die Erwerbslosenzahl sank nicht unter 2,6 Millionen[29].

Mit einem besonders gravierenden Problem wurde Premierminister Chirac unmittelbar nach seinem Amtsantritt konfrontiert: am selben Tag, am 20. 3. 1986, explodierte eine Bombe in einer Einkaufspassage der Champs-Elysées und forderte zwei Todesopfer und 28 zum Teil Schwerverletzte. Dies bedeutete eine weitere Eskalation in einer seit 1982 nicht abreißenden Kette von Terroranschlägen, deren Abstände sich ab 1985 verdichteten und – mit Ausnahme der Attentate auf Schnellzüge (1982, 1983, 17. 3. 1986 Paris−Lyon), die eher die Handschrift des berüchtigten »Carlos« und des internationalen Terrorismus trugen – alle auf das Konto libanesischer pro-iranischer oder pro-syrischer Terrorgruppen gingen, die sich unter verschiedenen Bezeichnungen dazu bekannten und in französischen Gefängnissen inhaftierte Mitglieder dieser Organisationen freipressen sowie Frankreich dazu zwingen wollten, seine Präsenz im Nahen Osten und seine Militärhilfe an den Irak aufzugeben. Parallel dazu und zu demselben Zweck wurden im Libanon seit Anfang 1985 vier Franzosen als Geiseln gefangengehalten, zu denen am 8. 3. 1986, also unmittelbar vor der Parlamentswahl, noch vier Mitglieder eines französischen Fernsehteams hinzukamen. Trotz des Einsatzes von Spezialeinheiten der Polizei konnten die Täter nicht ermittelt und weitere angedrohte Bombenanschläge nicht verhindert werden, wie der am 17. 9. 1986 vor einem Pariser Kaufhaus, dem wieder Tote und Verletzte zum Opfer fielen. Man vermutete hinter den jüngsten Anschlägen auch Racheakte gegenüber dem neuen Premierminister, war dieser doch stets ein überzeugter Befürworter der militärischen Unterstützung des Irak gewesen.

Die Jahreswende 1986/87 bescherte der Regierung Chirac jedoch noch andere innenpolitische Turbulenzen. Erziehungsminister René Monory und sein für Forschung und Hochschulen zuständiger Kollege Alain Devaquet wollten mit Hilfe eines neuen Hochschulgesetzes das Problem der Überfüllung an den Universitäten in der Form lösen, daß strengere Leistungsmaßstäbe für die Zulassung angelegt, die Studiengebühren erhöht und die Hochschulen je nach ihrer Qualität unterschiedlich eingestuft werden sollten. Das führte Ende November/Anfang Dezember zu zweiwöchigen Protestdemonstrationen der Studenten, die nach dem durch Polizeiprügel verursachten Tod eines algerischen Kommilitonen in eine förmliche Revolte umzuschlagen drohten, wobei sich die Empörung in erster Linie gegen den Innenminister Charles Pasqua richtete. Die Regierung war klug genug – wie ihre Vorgängerin 1984 –, das geplante Hochschulgesetz fallenzulassen und die Demission Devaquets anzunehmen. Nach dieser Erfahrung zog sie es auch vor, andere ursprünglich noch vorgesehene Reformen, wie die von Justizminister Albin Chalandon entworfene Privatisierung der Gefängnisse und Erschwerung der Einbürgerung nicht mehr weiter zu verfolgen. Kurz danach kam es zu wilden Streiks bei der Eisenbahn und den Elektrizitätswerken sowie zu Protestaktionen von Lehrern gegen die Kompetenzerweiterung für Direktoren. Präsident Mitterrand, der sich verfassungsgemäß in die Innenpolitik nicht direkt einschaltete, nutzte immerhin die Gelegenheit, sich durch demonstrative Sympathiebekundungen gegenüber den Studenten und den Streikenden von seinem ungeliebten *cohabitation*-Partner Chirac zu distanzieren. Dieser hatte noch vor seiner Ernennung das dem Präsidenten laut Verfassung zustehende Aufsichtsrecht über die Außen- und Verteidigungspolitik (Ressortminister: Jean-Bernard Raimond und André Giraud) ausdrücklich anerkannt, und Mitterrand nahm seinerseits dieses Recht nach wie vor ungeschmälert für sich in Anspruch[30]. So ergab sich jedenfalls in diesen Bereichen eine Kontinuität der Entwicklung seit 1981.

Entgegen manchen Erwartungen hatten sich auch schon beim Amtswechsel von Valéry Giscard d'Estaing zu François Mitterrand keine grundlegenden Veränderungen in der französischen Außen- und Verteidigungspolitik ergeben, sondern nur Akzentverschiebungen. So betonte der sozialistische Präsident weniger den wirtschaftlichen Aspekt, als vielmehr den der Menschenrechte, als er auf einer seiner ersten größeren Auslandsreisen, bei seinem Staatsbesuch in Mexiko am 20. 10. 1981, den Unterdrückten in aller Welt die Unterstützung Frankreichs bei ihrem Kampf um persönliche und politische Freiheit zusicherte, ehe er an der sich anschließenden Nord-Süd-Konferenz in Cancun teilnahm. Gerade in Mittelamerika beschränkte sich Frankreich auch nicht auf diese verbale Solidarität, sondern stärkte der Regierung in Nicaragua durch Waffenverkäufe und der salvadorianischen Widerstandsbewegung durch die Anerkennung ihrer Ziele den Rücken, obwohl es sich damit in Gegensatz zu der Politik der USA in dieser Region brachte und dem Verdacht aussetzte, vor der Kehrseite der dortigen Entwicklungen (Verfolgung der Indios, Pressezensur, Parteienverbot) die Augen zu verschließen. Die Vermutung lag nahe, daß hier der Einfluß des für den Bereich Lateinamerika zuständigen Präsidenten-Beraters Régis Debray wirksam war, der auf eine bewegte Vergangenheit als Guerillero an der Seite Che Guevaras in Bolivien zurückblickte. Immerhin versuchte Mitterrand bei einem Kurzbesuch in Washington im März 1982 die Wogen zu glätten, indem er Präsident Reagan erklärte, daß Frankreich keine neuen Konflikte heraufbeschwören, sondern bei der Bewältigung der bestehenden vermitteln wolle, und Außenminister Cheysson ließ bei seiner Visite in Kuba im Sommer 1983 durchaus Kritik an der Menschenrechtsauffassung und -praxis Fidel Castros anklingen. In die Schlagzeilen geriet Frankreichs Südamerikapolitik wegen seiner Waffenlieferungen an das damals noch von den Militärs regierte Argentinien, als seine überaus wirkungsvollen Exocet-Raketen den NATO-Partner Großbritannien im Falkland-Krieg im Sommer 1982 vorübergehend in Bedrängnis brachten.

Ende 1982 nutzte Präsident Mitterrand die Gelegenheit eines Staatsbesuches in Indien, um die Politik der »Blockfreiheit« gegen die Teilung der Welt in Ost und West demonstrativ zu unterstützen und damit die Unabhängigkeit der französischen Außenpolitik vom »System von Jalta« zu unterstreichen, übrigens ganz im Sinne des von seinem Außenminister Cheysson ja bereits früher ins Spiel gebrachten »Trilogs«[31]. Gleichzeitig sicherte er Premierministerin Indira Gandhi zu, Frankreich werde der indischen Atomindustrie die zu ihrer weiteren Entwicklung erforderlichen Uranmengen liefern, die ihr die Vereinigten Staaten verweigerten.

Wer nach den guten Beziehungen zu den frankophonen Staaten Schwarzafrikas unter Giscard nun einen abrupten Wechsel unter dem sozialistischen Präsidenten (und seinen Afrika-Berater Guy Penne) und von ihm – wie seine Parteifreunde – eine deutliche Distanzierung von diktatorischen Regimen erwartet hatte, sah sich getäuscht und berücksichtigte zu wenig, daß Mitterrand aus seiner Zeit als Überseeminister während der IV. Republik etliche Staatschefs der ehemaligen französischen Kolonien, wie z. B. Félix Houphouet-Boigny von der Elfenbeinküste, persönlich recht gut kannte. Der Wunsch nach guter Zusammenarbeit im politisch-wirtschaftlichen Bereich überwog ideologische Gegensätze, wie die französisch-afrikanischen Gipfelkonferenzen von Paris (November 1981) und Vittel (Oktober 1983) oder auch der Staatsbesuch

Sekou Tourés von Guinea in Paris im September 1982 deutlich erkennen ließen.

Ein Sonderkapitel bildete wiederum der Tschad, dem französische Truppen bereits unter Giscard gegen libysche Invasionsabsichten zu Hilfe geeilt waren. So ungern Präsident Mitterrand sich auch in den Bürgerkrieg einmischen wollte, der zwischen den »Rebellen« Weddeis (1979–82 Präsident des Tschad) und den Truppen des amtierenden Staatschefs Habré tobte, so konnte er sich doch weder den Appellen der meisten schwarzafrikanischen Präsidenten auf den Konferenzen von Vittel und Bugumbura/Burundi (1985), noch der Einsicht verschließen, daß nur Habré auf die Dauer eine gewisse Stabilität garantieren und dem libyschen Vordringen Einhalt gebieten könne. Daher wurde sowohl 1983 (»Operation Manta«) als auch 1985 ein kleines französisches Truppenkontingent zur Unterstützung Habrés gegen den von Gadhafi protegierten Weddei in den Tschad entsandt. Dies hinderte Frankreich auf der anderen Seite jedoch nicht, Flugzeuge an Libyen zu verkaufen und auch andere arabische Staaten, wie Saudiarabien (Vertrag über Flugabwehrwaffen 1984), Ägypten (Vertrag über Mirage-Kampfflugzeuge 1982) und namentlich den Irak mit Waffen zu versorgen, wobei nicht nur die französische Industrie weiterhin am Ausbau des schon vor 1981 begonnenen Atomkraftwerks beteiligt war, sondern gerade dieser Staat auch modernstes Kriegsgerät erhielt bis hin zu den berühmten Exocet-Raketen (Juli 1983). Diese wirksame Unterstützung des Gegners im Golfkrieg hat vor allem den unversöhnlichen Haß der vom Iran und von Syrien gelenkten Terrororganisationen auf Frankreich gerichtet, der sich in den schon erwähnten blutigen Attentaten entlud. Der von Zeit zu Zeit laut werdenden internationalen Kritik an seinen Waffenlieferungen auch in Spannungsgebiete pflegt Paris mit dem Argument entgegenzutreten, daß die eigene Rüstungsindustrie allein von Inlandaufträgen nicht leben und nur durch Auslandsbestellungen rentabel und auf dem modernsten Stand produzieren könne und daß bei einem französischen Verzicht auf dieses lukrative Geschäft eben andere Staaten die Lücke ausfüllen würden. Überdies benötigt Frankreich die dadurch eingenommenen Devisen für den teuren Erdölimport.

Trotz dieser intensiven Kontakte zur arabischen Welt gestaltete sich das Verhältnis zu Israel seit dem Amtsantritt Mitterrands etwas entspannter, denn er kannte das Land bereits von früheren Aufenthalten und stattete ihm auch als erster Präsident der französischen Republik einen offiziellen Staatsbesuch ab, bei welcher Gelegenheit er am 4. 3. 1982 vor der Knesset sowohl das Existenzrecht Israels als auch das Heimatrecht der Palästinenser hervorhob. Präsident Mubarak gegenüber trat er im gleichen Jahr in Ägypten allerdings für einen unabhängigen Palästinenserstaat ein, womit er zwar an Giscard anknüpfte, aber von der offiziellen EG-Linie abwich. Wenn auch Mitterrand das Camp-David-Abkommen positiver beurteilte als sein Vorgänger, so forderte doch auch er stets eine Gesamtlösung unter Einschluß aller am Konflikt Beteiligten, also auch der PLO, und insofern erfüllten sich die israelischen Erwartungen auf eine stärkere Rückendeckung durch die neue französische Regierung nicht. An dieser Haltung Frankreichs hielt auch das Kabinett Chirac fest; die empörte Zurückweisung der Äußerungen Le Pens, wonach der Holocaust im Rahmen des Zweiten Weltkrieges nur ein »Detail« gewesen sei, und die sofortige demonstrative Ankündigung eines Israel-Besuches des Premierministers gingen über eine moralische Unterstützung nicht hinaus. – Und dies alles geschah vor dem Hintergrund des Prozesses (Sommer 1987) gegen den ehemaligen Gestapo-Chef von Lyon, Klaus Barbie, der Jean Moulin auf dem Gewissen hatte, eines Verfahrens, das in Frankreich die Schatten der Vergangenheit – auch die eigenen Verstrickungen – vorübergehend wieder heraufbeschwor. – Hingegen wurde PLO-Chef Yassir Arafat konkrete Hilfe zuteil, als ihm französische Soldaten im September 1982 die Flucht aus dem von israelischen Truppen eingeschlossenen Beirut ermöglichten und als es ein gutes Jahr später ein französisches Schiff war, auf dem er von Tripolis aus der Bedrohung durch seine pro-syrischen Opponenten in der PLO entkam. – Der umstrittene offizielle Empfang Arafats Anfang Mai 1989 in Paris durch Präsident Mitterrand setzt diese Tradition fort, allerdings mit einem inzwischen wesentlich gemäßigter und kompromißbereiter auftretenden PLO-Führer, den selbst die USA als Gesprächspartner akzeptieren, und mit der Einschränkung, daß Frankreich den jüngst proklamierten Palästinenserstaat nicht anerkennt.

Das Engagement im libanesischen Bürgerkrieg in Form von französischen UNO-Kontingenten endete im März 1984 mit dem Abzug der letzten Truppen. Es kostete mehr als 100 Soldaten das Leben und konnte doch die Geiselhaft französischer Staatsbürger und die Etablierung Syriens als des entscheidenden Machtfaktors in diesem anderthalb Jahrzehnte während, immer mörderischer und undurchschaubarer werdenden Kampf aller politischen Gruppierungen des Libanon gegeneinander und untereinander nicht verhindern. Als Frankreich im April 1989 ein Lazarettschiff nach Beirut entsandte, konnte es erst nach demütigenden Verhandlungen mit Syrien und dem Zugeständnis, nicht nur christliche, sondern auch muslimische Libanesen ärztlich zu versorgen, vor Anker gehen. Auch persönliche Appelle des französischen Präsidenten an die Regierungen in Washington, London und Moskau, zugunsten der hart bedrängten Maroniten wenigstens diplomatisch zu intervenieren, haben bis jetzt zu keinem Ergebnis geführt[32].

Im westlichen Mittelmeerraum galt das französische Interesse in erster Linie Algerien, dessen sozialistische Regierung seit Anfang der 80er Jahre einen gemäßigteren, nicht mehr so betont pro-sowjetischen Kurs einschlug und sich um eine Intensivierung der Zusammenarbeit mit Frankreich bemühte. Das zog gleichzeitig eine Abkühlung der Beziehungen zu Marokko nach sich, das seine Ansprüche auf das ehemals spanische Rio de Oro gegen die von seinem Nachbarn unterstützten Saharouis tangiert sah. Wenn es auch nicht gelang, das Problem der algerischen Einwanderer zu entschärfen, das die französische Innenpolitik belastete, so erreichte man doch im Bereich der Wirtschaft für beide Seiten nützliche Übereinkünfte. Denn am 3. 2. 1982 wurde in Algier ein Vertrag über die Lieferung von algerischem Erdgas an Frankreich abgeschlossen, der dem Maghreb-Staat die jährliche Abnahme einer bestimmten Menge zu höheren Preisen als auf dem Weltmarkt garantiert und Frankreich außer der Aussicht auf einen Absatzmarkt für seine Industrieprodukte auch die Gewähr bietet, nicht allein von Erdgaslieferungen aus der UdSSR abhängig zu sein.

Unmittelbar vorher war nämlich im Rahmen der EG ein entsprechendes Handelsabkommen mit der östlichen Supermacht getroffen worden, dessen Vorbereitung eine heftige Kontroverse mit den Vereinigten Staaten ausgelöst hatte. Auf dem Weltwirtschaftsgipfel Anfang Juni 1982 in Versailles wollte Präsident Reagan den beteiligten europäischen Regierungschefs – gegen ein Eingehen auf deren währungspolitische Wünsche – einen Verzicht auf das Kompensationsgeschäft mit der UdSSR abringen, wonach jene die Röhren für die Pipeline aus Sibirien und diese das Erdgas liefern sollten. Im Verein mit Bundeskanzler Schmidt und Premierministerin Thatcher widersetzte sich Präsident Mitterrand dieser Forderung, und als die US-Regierung kurz danach den europäischen Tochterfirmen amerikanischer Unternehmen die Zulieferung von Material für diese Gasleitung untersagte, fiel die Reaktion des EG-Gipfels Ende Juni in Brüssel nur deshalb nicht so scharf aus, wie François Mitterrand vorschlug, weil Margaret Thatcher und Helmut Schmidt für Mäßigung plädierten und schließlich auch erreichten, daß das amerikanische Embargo im Dezember wieder aufgehoben wurde.

Isoliert betrachtet, schien diese Auseinandersetzung die negativen Erwartungen zu bestätigen, die man in den Partnerländern an die Wahl Mitterrands zum Präsidenten der Republik und an die Bildung seiner sozialistischen Regierung unter Einbeziehung kommunistischer Minister geknüpft hatte[33]. Jedoch handelte es sich hierbei um eine rein ökonomisch begründete, noch dazu im europäischen Konsens getroffene Entscheidung, die keineswegs eine außenpolitische Kehrtwendung signalisierte. Von einer – womöglich ideologisch fundierten – Annäherung an die Sowjetunion konnte unter Mitterrand weniger die Rede sein als unter seinem Vorgänger. Zwar beteiligte er sich ebenso wie dieser nicht an Sanktionen gegen die UdSSR, stellte aber von vornherein klar, daß die französische Regierung das sowjetische Vorgehen in Afghanistan und gegenüber Polen als gravierende Verletzung des Selbstbestimmungsrechtes der Völker verurteile, und in diese im gemeinsamen Regierungsprogramm fixierte Haltung waren auch die kommunistischen Kabinettsmitglieder eingebunden. So gab es lange Zeit keine Kontakte auf höchster Ebene mehr, und erst im Juni 1984 konnte Moskau Präsident Mitterrand als offiziellen Staatsgast begrüßen.

Auch im Bereich der Verteidigungspolitik verwirklichten sich die Hoffnungen – der extremen Linken – oder Befürchtungen – der Militärs –

keineswegs, die die Präsidentschaft eines Sozialisten zunächst auslöste, der den Aufbau der *Force de frappe* unter de Gaulle noch heftig kritisiert hatte. Anstelle eines für möglich gehaltenen Einfrierens des Nuklearpotentials wurde sein Ausbau bzw. seine Modernisierung sogleich nach dem Amtsantritt Mitterrands ohne Unterbrechung fortgesetzt, zunächst noch nach den von seinem Vorgänger übernommenen Plänen, an die sich neue, den zukünftigen militärtechnischen Erfordernissen angepaßte Entwürfe anschlossen. So wurden – und werden weiterhin – auf dem Atoll Mururoa, das zu dem Übersee-Territorium Polynesien gehört, Atombomben getestet, darunter auch die inzwischen serienreife Neutronenbombe, deren im Juli 1977 von Präsident Carter geplante und im April 1978 wieder abgesagte Stationierung in Europa damals so heftig umstritten war. Während Australien und Neuseeland jedesmal gegen die französischen Atomversuche im Pazifik protestieren und Paris darauf ebenso regelmäßig mit dem Hinweis reagiert, es handele sich bei der Insel um französisches Gebiet und bei den Tests um eine conditio sine qua non der legitimen nationalen Selbstverteidigung, werden die entsprechenden, fast schon zur Routine gewordenen Meldungen von der Weltöffentlichkeit im allgemeinen kaum zur Kenntnis genommen. Im September 1985 allerdings gerieten sie doch allenthalben in die Schlagzeilen, als französische Geheimdienstagenten mit dem Auftrag, ein Schiff der Organisation »Greenpeace« am Auslaufen aus dem Hafen von Auckland in Richtung Mururoa zu hindern, die »Rainbow Warrior« versenkten, wobei ein Mensch getötet wurde. Der Umstand, daß die Täter gefaßt und identifiziert werden konnten – sie wurden von einem neuseeländischen Gericht zu mehrjährigen Haftstrafen verurteilt –, wirbelte soviel Staub auf, daß Präsident Mitterrand den verantwortlichen Verteidigungsminister Charles Hernu entlassen und durch Paul Quilès ersetzen mußte. Die französische Öffentlichkeit erregte sich weniger über die Aktion selbst, als vielmehr über die Art und Weise ihrer Durchführung, die ein zweifelhaftes Licht auf die Qualität der eigenen militärischen Abwehr warf.

Frankreichs Atomstreitmacht, die sowohl land- (Plateau d'Albion, Provence) und seegestützte (Atom-U-Boote) Raketen größerer Reichweite (3000–4000 km), also strategische Waffen, als auch taktische (*»préstratégique«*) Raketen kürzerer Reichweite (Pluton, Hadès: 150–480 km) umfaßt, untersteht ebensowenig wie seine konventionellen Einheiten dem integrierten NATO-Oberbefehl, sondern allein der Verfügungsgewalt des Präsidenten der Republik, und insofern konnte Frankreich die von 1980 bis 1983 in den europäischen Partnerländern, namentlich in der Bundesrepublik hitzig geführte sogenannte Nachrüstungsdebatte aus der Position des unbeteiligten Beobachters verfolgen. Im Gegensatz zu Giscard d'Estaing, der es vermieden hatte, direkt in sie einzugreifen, bezog Mitterrand sofort öffentlich Stellung, und zwar in einer Pressekonferenz am 24. 9. 1981: »Allein das Gleichgewicht der Kräfte ist eine Gewähr für den Frieden. Aus diesem Grund habe ich die öffentliche Meinung mit dem Hinweis auf den sowjetischen Rüstungsvorsprung in Europa alarmiert[34].« Damit spielte er auf die SS-20-Raketen an, die das Übergewicht des Warschauer Paktes im Verhältnis zur NATO noch zu verstärken drohten. Diese entschiedene Parteinahme für den Standpunkt der Atlantischen Allianz verbesserte das Klima zwischen Washington und Paris erheblich, denn sie räumte die latenten Zweifel an der Bündnistreue Frankreichs aus dem Weg. Auch der persönliche Kontakt zwischen den beiden neuen Präsidenten, Reagan und Mitterrand, gestaltete sich unproblematischer, als dies unter ihren jeweiligen Vorgängern der Fall gewesen war. Bei ihrem ersten Zusammentreffen auf dem Weltwirtschaftsgipfel in Ottawa (20./21. 7. 1981) saßen sie sogar zusammen auf der Anklagebank, Reagan wegen der amerikanischen Hochzinspolitik, Mitterrand wegen seiner expansiven Finanz- und Haushaltspolitik. Im wirtschaftlichen Bereich blieben die Spannungen auch bestehen, aber nicht auf bilateraler, sondern auf europäischer Ebene. Denn einerseits waren die Weltwirtschaftsgipfel der folgenden Jahre von den mit schöner Regelmäßigkeit wiederkehrenden Forderungen der übrigen Regierungschefs gekennzeichnet, Präsident Reagan solle seine Haushaltsausgaben einschränken, die enorme Staatsverschuldung abbauen und damit die Ursache für den hohen Kapitalimport aus den anderen Ländern beseitigen, der – auf Grund von steigenden Dollarkursen (1985: 1 Dollar = 3,47 DM) und Zinsen – ihren Volkswirtschaften erheblichen Schaden zufügte, und zum anderen setzten sich die Teilnehmer des Versailler Gipfels (4.–6. 6. 1982), besonders vehement übrigens François Mitterrand, gegen die Versuche des amerikanischen Präsidenten zur Wehr, die Partner – als Reaktion auf die Verhängung des Kriegsrechts in Polen durch General Jaruzelski Mitte Dezember 1981 – zu wirtschaftlichen Sanktionen gegen die UdSSR und die polnische Regierung zu veranlassen, was sie als handelspolitische Bevormundung empfanden (Erdgas-Röhren-Abkommen!)[35]. – Allerdings ging der französische Präsident erheblich weiter als seine westeuropäischen Verbündeten und rückte – trotz seiner Mißbilligung des sowjetischen Drucks auf Polen – seine eigene Außenpolitik ins Zwielicht, wenn er bereits Ende 1981 durch Claude Cheysson die Nichteinmischung Frankreichs in die inneren Verhältnisse Polens betonen ließ und vier Jahre später General Jaruzelski sogar offiziell in Paris empfing, also das Weiterbestehen »normaler« Beziehungen auch mit dem Militärregime suggerierte. Das schloß allerdings die gleichzeitige materielle und ideelle Unterstützung von Solidarnosc gleichsam hinter den Kulissen keineswegs aus.

Unbeschadet der Tatsache, daß sich der wirtschafts- und finanzpolitische Konsens zwischen der Bundesrepublik und Frankreich mit dem Wechsel von Giscard d'Estaing zu François Mitterrand durch dessen »Sozialismus à la française« in sein Gegenteil verkehrte, betonten Bundeskanzler Schmidt und Präsident Mitterrand in ihrer Gemeinsamen Erklärung bei den deutsch-französischen Konsultationen vom 24. und 25. Februar 1982 in Paris, daß ihre beiden Länder sich intensiv darum bemühen wollten, die schädlichen Folgen der amerikanischen Hochzinspolitik zu begrenzen. In demselben Kommuniqué hieß es, nach der

Feststellung der »weitgehenden Übereinstimmung« beider Regierungen im außenpolitischen Bereich, am Schluß:»Der Bundeskanzler der Bundesrepublik Deutschland und der Präsident der Französischen Republik haben im Geist des deutsch-französischen Vertrags vom 22. Januar 1963 beschlossen, daß ihre beiden Länder die Abstimmung ihrer Außenpolitik noch enger gestalten werden. In diesem Geist haben sie ebenfalls beschlossen, einen vertieften Meinungsaustausch zwischen beiden Regierungen über Sicherheitsfragen zu führen[36].« Diese Absichtserklärung knüpfte also an den von Giscard d'Estaing und Helmut Schmidt ab Sommer 1980 bereits erörterten Plan einer deutsch-französischen Verteidigungsinitiative an und stellte wie dieser den Versuch dar, die im Elysée-Vertrag enthaltenen Bestimmungen über eine intensive Zusammenarbeit zwischen beiden Ländern in allen außen- und verteidigungspolitischen Fragen aus ihrem Dornröschenschlaf zu wecken, in den sie aus jeweils unterschiedlichen Gründen – der Widerstand der »Atlantiker« hier, die Konzentration auf die nationale, »unabhängige« Verteidigung dort – schon kurz nach ihrer Festlegung gesunken waren.

Helmut Kohl, der nach einem konstruktiven Mißtrauensvotum vom 1. 10. 1982 Helmut Schmidt als Bundeskanzler ablöste, suchte als ersten ausländischen Regierungschef Präsident Mitterrand bereits drei Tage später in Paris auf, um die nahtlose Fortsetzung der deutsch-französischen Kooperation zu dokumentieren, und bei den ersten Konsultationen nach dem Regierungswechsel in Bonn am 21./22. Oktober wurde, unter Berufung auf die Erklärung von Mitterrand und Schmidt, beschlossen, daß die Außen- und Verteidigungsminister beider Länder sich in halbjährlichem Turnus zur gemeinsamen Erörterung außen- und sicherheitspolitischer Probleme treffen und diese Gespräche von einem Lenkungsausschuß aus deutsch-französischen Expertengruppen (7. 12. 1982 Konstituierung des »Deutsch-französischen Ausschusses für Sicherheit und Verteidigung«) vorbereitet und koordiniert werden sollten.

Da Mitterrand unmittelbar nach seinem Amtsantritt zu erkennen gegeben hatte, daß er eine deutsch-französische Zusammenarbeit auf dem Verteidigungssektor im Rahmen der WEU anstrebe, wohl um die übrigen NATO-Partner, vor allem die USA, nicht zu irritieren, stellt sich die Frage, was ihn zu dieser Initiative bewogen haben mochte, denn der Schluß der Gemeinsamen Erklärung vom 25. 2. 1982 ging auf seinen ausdrücklichen Wunsch zurück[37]. Der Grund lag in der zunehmenden Besorgnis, mit der man in Frankreich die bundesdeutschen Protestkundgebungen gegen die im NATO-Doppelbeschluß vorgesehene Stationierung amerikanischer Pershing-II-Raketen und Cruise Missiles beobachtete, denn an diesen im Oktober 1981 einsetzenden Demonstrationen, als deren Gipfel für 1983 ein »Heißer Herbst« angekündigt wurde, nahmen nicht nur die »üblichen« Gruppen wie Friedensbewegung und Grün-Alternative teil, sondern auch Repräsentanten des öffentlichen Lebens und Abgeordnete der Regierungskoalition. In der französischen öffentlichen Meinung, die auf Grund der – mehrheitlich gebilligten – eigenen *Force de dissuasion* eine relativ gelassene und nüchterne Einstellung zur Nuklearbewaffnung an den Tag legt, weckten diese als emotional aufgeladen empfundenen Massenproteste erneut die Furcht vor den *incertitudes allemandes*. Waren die Bundesdeutschen im Begriff, dem psychologischen Druck des Kreml – keine Fortsetzung der Abrüstungsverhandlungen im Falle der Stationierung – nachzugeben? Drohte ein Ausscheren des wichtigsten kontinentalen Bündnispartners aus der NATO-Strategie, das auf andere als Signal wirken und die Abkoppelung Europas vom atomaren Schutzschild der USA zur Folge haben könnte? Würden die neutralistischen Tendenzen am Ende die Oberhand gewinnen, in deren Hintergrund das nationale Interesse stand, den vom Wohlwollen der Sowjetunion abhängigen Ausbau der Kontakte zum anderen deutschen Staat nicht zu gefährden? Hinzu kam, daß sich in der Bundesrepublik und in Frankreich in ihrem jeweiligen Verhältnis zum Kommunismus und damit auch zur UdSSR eine gegenläufige Entwicklung vollzogen hatte. Während der hier in den Anfangsjahren sehr engagierte Antikommunismus sich zunehmend abschwächte, auch als Folge der neuen Ostpolitik und verstärkter Kontakte mit dem Ostblock, die diesen als nicht mehr so bedrohlich erscheinen ließen, wandelte sich dort die noch aus der Résistance und der Waffenbrüderschaft mit der Sowjetunion herrührende und nicht nur in der Arbeiterschaft, sondern auch in Intellektuellenkreisen weitverbreitete Zustimmung zur marxistischen Weltanschauung und ihrer Manifestation in der KPdSU seit Mitte der 70er Jahre vielfach in ihr Gegenteil um. Man denke nur an den vom marxistischen Saulus zum antikommunistischen Paulus bekehrten, zu den sogenannten »neuen Philosophen« zählenden André Glucksmann. Der Abstieg der PCF von einem realen Machtfaktor unter der IV. Republik zu einer Randgruppe im Parteienspektrum, zu dem der steile Aufstieg der Sozialisten unter Mitterrand parallel verlief, war zugleich Ursache und Folge dieses Prozesses, der vor allem aber durch die sowjetischen Unterdrückungsmaßnahmen gegenüber den Volksaufständen in Ungarn und Polen, der Tschechoslowakei, in Afghanistan und dann wieder in Polen und ebenso gegenüber den Dissidenten im eigenen Land hervorgerufen wurde, an deren Schicksal die Weltöffentlichkeit, aufgerüttelt durch den »Archipel Gulag«, mehr und mehr Anteil nahm. Zwar erschien die Sowjetunion den Franzosen nunmehr nicht gerade als »das Reich des Bösen«, aber doch als der einzige potentielle Angreifer, der nur durch ein Gleichgewicht der Kräfte und das für ihn unkalkulierbare Risiko der nuklearen Vergeltung abgeschreckt werden konnte. Aus dieser Sicht heraus mußte die französische Außenpolitik alles daransetzen, diejenigen Kräfte in der Bundesrepublik zu unterstützen, die den Zusammenhalt des Atlantischen Bündnisses in ihren Augen gewährleisteten, indem sie den 1979 gemeinschaftlich gefaßten Beschluß in die Tat umsetzten, dessen Ziel ja nicht eine neue Rüstungsspirale war, sondern die Demonstration der Entschlossenheit, das bestehende Ungleichgewicht der Kräfte zwischen Warschauer Pakt und NATO nicht länger hinzunehmen.

Diesem Zweck diente die Rede des französischen Staatspräsidenten zum 20. Jahrestag des Elysée-Vertrages am 20. 1. 1983 vor dem Deutschen Bundestag, in der er sich demonstrativ auf die Seite der Bundesregierung stellte und damit den Grundstein für ein auch persönlich enges Vertrauensverhältnis zu Bundeskanzler Kohl legte, so daß sich eine für die deutsch-französische Zusammenarbeit ähnlich günstige Konstellation wie unter Giscard d'Estaing und Helmut Schmidt ergab, nur sozusagen mit umgekehrtem Parteiabzeichen. Dieser gute und – soweit das bei einer so verschlossen wirkenden Persönlichkeit wie François Mitterrand überhaupt möglich ist – fast freundschaftliche menschliche Kontakt bewährte sich auch bei den gar nicht so seltenen Divergenzen in Detailproblemen, indem beide im Bewußtsein der grundsätzlichen Übereinstimmung in den Existenzfragen ihrer Nationen den Ausgleich im persönlichen Gespräch suchten und oft genug auch fanden. Als Präsident Mitterrand und Bundeskanzler Kohl am 22. 9. 1984 in Verdun an der Feierstunde zum Gedenken an die Gefallenen beider Weltkriege teilnahmen, wurden Erinnerungen wach an zwei ähnliche Zusammenkünfte aus der jüngsten Vergangenheit: an die Messe in der Kathedrale von Reims am 8. 7. 1962 im Beisein von Charles de Gaulle und Konrad Adenauer und an den – dem Temperament der beiden Staatsmänner entsprechend – etwas nüchterner und weniger feierlich verlaufenden Besuch, den Valéry Giscard d'Estaing und Helmut Schmidt am 14. 9. 1978 dem Aachener Dom abstatteten. Waren es bei den beiden ersten Gelegenheiten Zentren sowohl der nationalen als auch der gemeinsamen abendländischen Kultur, die den Schauplatz für diese Begegnungen abgaben, so war es diesmal eine Stätte, die einen Tiefpunkt im Verhältnis der beiden Nachbarländer symbolisiert. Um so eindrucksvoller war das Bild der beiden Männer vor der Weite des Schlachtfeldes, die da sekundenlang Hand in Hand verharrten und in dieser unpathetischen, wie selbstverständlich wirkenden Geste mehr noch als durch Worte die endgültige Versöhnung ihrer Völker über die Gräber der Opfer der »Erbfeindschaft« hinweg sinnfällig zum Ausdruck brachten.

Bei seinem Berlin-Besuch im Oktober 1985 zeichnete Mitterrand den deutschen Bundeskanzler dadurch aus, daß er, entgegen den bisherigen Gepflogenheiten des französischen Protokolls bei solchen Anlässen, die üblichen Besichtigungen mit ihm zusammen unternahm, um so die Bindung Westberlins an die Bundesrepublik zu unterstreichen. Was die »deutsche Frage« betrifft, die seit den »Perestrojka«- und »Glasnost«-Initiativen des neuen Kreml-Chefs Michail Gorbatschow und den Entwicklungen in Osteuropa wieder in die Diskussion gelangt ist, so reichen die Reaktionen in Frankreich von der grundsätzlichen, in der Furcht vor einem übermächtigen westlichen Nachbarn begründeten Ablehnung jeglicher Wiedervereinigungsambitionen auf seiten der extremen Linken und traditionalistischen, sich auf François Mauriac berufenden Rechten (hier mit der Nuance: Schulterschluß zwischen Deutschland und der UdSSR zwecks erneuter Aufteilung Polens) bis zu der Anerkennung des Rechtes der Deutschen auf nationale Selbstbestimmung, das auch eine Wiederherstellung der Einheit einschließt, und der Bekundung von Verständnis für den entsprechenden deutschen Wunsch auf seiten der Sozialisten und der bürgerlichen Mitte, wobei aber stets betont wird, daß damit keine Entstabilisierung der europäischen Mitte verbunden sein dürfe und eine Lösung der »deutschen Frage« nur im Rahmen eines auch Osteuropa umspannenden gesamteuropäischen Friedenskonzeptes gefunden werden könne. –

Dem besonderen Verhältnis zur Bundesrepublik Rechnung tragend, gestalten sich die seit Februar 1973 offiziellen diplomatischen Beziehungen Frankreichs zur DDR korrekt, aber nicht gerade intensiv. Der zwischenstaatliche Handel beträgt nur etwa 2,5% desjenigen mit der Bundesrepublik, soll indes weiter ausgebaut werden. Es gibt zwar ein DDR-Kulturinstitut in Paris (seit 1983) und seit 1984 ein französisches Pendant in Ostberlin, aber wenig Kontakte auf höchster Ebene (Besuche von Außenminister Cheysson und Premierminister Fabius im Januar 1984 bzw. Juni 1985), wenn auch Staats- und Parteichef Erich Honecker mit seinem offiziellen Staatsbesuch in Paris vom 7. bis 9. Januar 1988 ein lang erstrebtes Ziel erreicht hat, in wenigstens einer der Hauptstädte der drei ehemaligen Westalliierten empfangen zu werden. –

Die 1982 beschlossene engere deutsch-französische Zusammenarbeit im militärischen Bereich stieß bei ihrer Verwirklichung immer wieder an die Grenzen, die ihr der besondere Charakter der französischen Verteidigungsdoktrin zwangsläufig setzt. Wegen der in den 60er Jahren von den USA entwickelten Strategie der *flexible response* und der damit verbundenen Unsicherheit, ob und wann Europa im Konfliktfall mit dem amerikanischen Atom-Schutz rechnen könne, war ja de Gaulle aus der militärischen Integration der NATO ausgetreten und hatte sich auf den Ausbau einer »unabhängigen Verteidigung« konzentriert. Seitdem hatte sich Frankreich in seine nukleare Festung zurückgezogen und ging im Grunde davon aus, daß ein Angriff zunächst von der Bundeswehr und den amerikanischen Truppen aufgehalten bzw. zurückgeschlagen würde und erst dann, wenn der Gegner dieses Vorfeld trotzdem zu überrennen vermöchte, die französischen Streitkräfte auf den Plan treten und ihn mittels eines atomaren »Warnschusses« zurückschrecken sollten. Daher weist die französische Staatsführung nach wie vor jeden Versuch von sowjetischer Seite zurück, das französische Atompotential in die Abrüstungsverhandlungen mit einzubeziehen. Es setzte sich aber zunehmend die Einsicht durch, daß man dem deutschen Partner damit die undankbare Rolle des »ersten Gliedes«[38] zuwies und sein Land als »Glacis« des eigenen »Sanktuariums« betrachtete. Daraus resultierte die von Zeit zu Zeit auflebende Diskussion innerhalb der französischen Generalität und politischen Öffentlichkeit über eine mögliche Beteiligung französischer Streitkräfte an der Vorne-Verteidigung, die hier schon erwähnt wurde (General Méry unter Giscard).

Während es jedoch seit den 70er Jahren eine stillschweigende Übereinkunft gab, wonach sich die in Deutschland stationierten konventionellen französischen Kontingente im Ernstfall an den Gegenoperationen der übrigen NATO-Truppen beteiligen würden, und die Kontakte zwischen den deutschen und französischen Generalstäben auch nach 1966 weiter bestanden, kam weder eine Re-Integrierung der französischen Streitkräfte in die Befehlsstruktur des Bündnisses, noch eine deutsche Beteiligung an der französischen *Force de dissuasion* in Frage, weil die Entscheidung über ihren Einsatz allein dem Präsidenten der Republik anheimgestellt ist und er diese Verantwortung mit niemandem teilen kann. So richteten sich die Anstrengungen der beiderseitigen Verteidigungsexperten seit 1983 darauf, einen Ausweg aus diesem Dilemma zu finden, der den »gemeinsamen Sicherheitsinteressen«, wie Charles Hernu im Juni 1985 formulierte, gerecht würde, wobei es in Frankreich in allen Parteien, mit Ausnahme der Kommunisten, Befürworter einer Ausdehnung der französischen Nukleargarantie auf Deutschland gibt, die zudem versichern, daß sich die französischen Kurzstreckenwaffen niemals gegen deutsches Territorium richten würden. Da sie aber aus der Logik der Geographie heraus kaum einen anderen Weg einschlagen könnten, ist ihr Wert mittlerweile auch umstritten. So nahmen an den Regierungskonsultationen im Dezember 1985 erstmals auch die beiderseitigen Generalstäbe teil; ferner wurden 1985/86 Austauschprogramme für die Ausbildung von Offizieren und Soldaten beschlossen und der Einsatz der neuen französischen Schnellen Eingreiftruppe *(Force d'Action Rapide, FAR)* auch in der Bundesrepublik bei dem ersten gemeinsamen Manöver (»Kecker Spatz« – »Moineau Hardi«) im September 1987 erprobt. Im Juni des gleichen Jahres regte Bundeskanzler Kohl die Bildung einer deutsch-französischen Brigade an, die mittlerweile in Böblingen stationiert ist. Daneben gibt es auch eine enge Zusammenarbeit in der Rüstungsindustrie und bei der Entwicklung gemeinschaftlicher Waffensysteme. Vor allem aber erklärte sich Präsident Mitterrand bei den deutsch-französischen Konsultationen vom 27. und 28. 2. 1986 in Paris bereit, den Bundeskanzler »über den eventuellen Einsatz der prästrategischen französischen Waffen auf deutschem Gebiet zu konsultieren, und zwar in den Grenzen der außerordentlichen Schnelligkeit, mit der solche Entscheidungen zu treffen sind«[39], wobei er indes wiederum auf seine alleinige Entscheidungsbefugnis verwies.

Trotz dieser Übereinstimmung in Sicherheitsfragen kam es 1985 zu erheblichen Differenzen wegen des von Präsident Reagan entworfenen SDI-(Strategic Defense Initiative-)Programms, das die Bonner Regierung positiv aufnahm und an dem sich möglicherweise deutsche Firmen beteiligen wollten, während Frankreich es strikt ablehnte, nicht zuletzt mit Rücksicht auf die Glaubwürdigkeit der eigenen Abschreckungsstrategie. Die Meinungsverschiedenheiten wurden schließlich in persönlichen Erörterungen zwischen Mitterrand und Kohl im Anschluß an den Bonner Weltwirtschaftsgipfel (2.–4. 5. 1985) im Sinne einer gesamteuropäischen, abwartenden Haltung und durch die Zustimmung der Bundesregierung zu dem von Mitterrand als Gegeninitiative zu SDI vorgeschlagenen EURE-KA-Programm beigelegt. Die »European Research Coordination Agency«, die daraufhin am 17. 7. 1985 auf einer Konferenz in Paris mit Teilnehmern aus 17 westeuropäischen Ländern begründet wurde, hat die Aufgabe, die Erforschung und Anwendung ziviler Hochtechnologie-Projekte in Europa zu koordinieren und die Zusammenarbeit der entsprechenden Einrichtungen und Unternehmen zu gewährleisten und zu fördern, um damit ihre Wettbewerbsfähigkeit gegenüber der Konkurrenz aus den USA und Japan zu stärken. Mittlerweile sind 20 Länder mit insgesamt 165 Vorhaben daran beteiligt.

Auch in anderen Bereichen, wie in der Luft- und Raumfahrt, sind zukunftsweisende Initiativen von Frankreich, das in Toulouse ein hochmodernes entsprechendes Industrie-Zentrum besitzt, ausgegangen und haben sich zu erfolgreichen deutsch-französischen oder europäischen Unternehmen entwickelt, wie der Airbus, die Ariane-Träger-Rakete in Kourou/Französisch Guayana, die mittlerweile die Hälfte des Weltmarktes für die Beförderung kommerzieller Satelliten beherrscht, oder die Europäische Weltraumorganisation ESA (European Space Agency) mit der Beteiligung an Spacelab und Columbus und der Entwicklung eines europäischen Raumgleiters »Hermes« (im Oktober 1986 deutsche Zusage mit Beteiligung von 30%, Frankreich 45%). – Ein englisch-französisches Großprojekt, das im Gegensatz zu dem mehr dem Prestige der europäischen Luftfahrt gegenüber den USA dienenden Überschallflugzeug Concorde auch Gewinn abzuwerfen verspricht, ist der Bau des Tunnels unter dem Ärmelkanal, der am 29. 7. 1987 vertraglich festgelegt wurde, nachdem Großbritannien den Plan lange Zeit sehr dilatorisch behandelt hatte, und der 1993 fertiggestellt sein soll. Die unterschiedlichen Bezeichnungen »Eurotunnel« bzw. »Channel Tunnel« sagen einiges über die für die beiden Partner typischen Betrachtungsweisen aus. –

Ebenso arbeiten Frankreich und die Bundesrepublik eng in der Grundlagenforschung und bei der zivilen Nutzung der Kernenergie zusammen, in jüngster Zeit auch auf dem Gebiet der Entsorgung (statt in Wackersdorf Wiederaufarbeitung bei Cogéma in La Hague, Vertragsunterzeichnung am 6. 6. 1989 durch Umweltminister Töpfer und Industrieminister Fauroux), aber auch die beiderseitigen Kernkraftgegner, wie die deutsch-französische Demonstration am 15. 6. 1986 im Dreiländereck gegen das grenznahe Kraftwerk Cattenom belegt. Da alle Ressortminister regelmäßige bilaterale Konsultationen abhalten, ergibt sich in den entsprechenden Bereichen, wie z. B. Verkehr, Post- und Fernmeldewesen, Telekommunikation, Umweltschutz usw., gleichfalls eine fruchtbare Kooperation.

Im Bereich der Kultur, deren besondere Pflege schon im Elysée-Vertrag vereinbart worden war, wurden ergänzende Abkommen getroffen, so bei den Regierungskonsultationen am 5./6. 2. 1981, noch unter Giscard d'Estaing als Präsident und Helmut Schmidt als Bundeskanzler, zur Intensivierung des Sprachunterrichts und der Zusammenarbeit auf Hochschulebene und im Medienbereich, und dann wieder beim deutsch-französischen »Kulturgipfel« (27./28. 10. 1986) in Frankfurt, wo erneut die Förderung der gegenseitigen Sprachkenntnisse und von deutsch-französischen Studienabschlüssen sowie die Erweiterung von Programmen zum Austausch und zur Begegnung (Schul- und Berufsausbildung, Theater, Fernsehen – deutsch-französischer »Kulturkanal« – und Hörfunk, Sport usw.) verabredet wurde. Die Bilanz der kulturellen Verflechtungen seit 25 Jahren kann sich durchaus sehen lassen: 1400 Städte-, 2 000 Schul- und 100 Hochschulpartnerschaften, dazu Millionen Teilnehmer am Deutsch-französischen Jugendwerk, dies alles zwischenmenschliche Begegnungen, die die papierenen Verträge erst mit Leben erfüllen. In diesem Zusammenhang darf die Pionierarbeit nicht vergessen werden, die seit Jahrzehnten vom Deutsch-französischen Institut in Ludwigsburg und von den Zwillings-Zeitschriften »Dokumente«/»Documents« geleistet wird.

Was die Europapolitik im eigentlichen Sinne anlangt, so versuchte Präsident Mitterrand bereits kurz nach seinem Amtsantritt Anstöße zu einer Wiederbelebung der EG *(relance européenne)* zu geben, und zwar durch die Memoranden vom 3. 10. 1981 und 26. 4. 1982 – übrigens auch in seiner Rede vor dem Deutschen Bundestag –, die jedoch auf Zurückhaltung bei den Partnern stießen, die sich entweder, wie England, mit einer effektiveren Ausgestaltung des Krisenmanagements im Rahmen der EPZ begnügen wollten oder, wie die Bundesrepublik, an den darin vorgeschlagenen protektionistischen Außenhandelsbegrenzungen Anstoß nahmen, was im Oktober 1982 zu einer Kontroverse im EG-Ministerrat zwischen dem französischen Außenhandelsminister Michel Jobert und Bundeswirtschaftsminister Graf Lambsdorff führte. Zudem sahen beide Denkschriften keine institutionellen Erneuerungen vor wie die gleichzeitig erarbeitete Initiative von Bundesaußenminister Genscher, die einen »Vertrag über die Europäische Union« (»Europäische Akte«) zum Inhalt hatte und den Zweck verfolgte, der Europäischen Gemeinschaft nach außen hin, im Ost-West-Verhältnis und gegenüber der Dritten Welt, mehr Gewicht zu verleihen und in ihrem Inneren den Interessenausgleich zwischen den auf unterschiedlichen wirtschaftlichen und sozialen Entwicklungsstufen stehenden Partnerländern zu erleichtern. Diese »Genscher-Colombo-Initiative« – so genannt wegen des einzigen (italienischen) Außenministers, der sie zusätzlich unterstützte – erreichte lediglich eine »Feierliche Deklaration zur Europäischen Union« auf dem EG-Gipfel in Stuttgart (19. 6. 1983), die zunächst ohne praktische Konsequenzen blieb, zumal man sich über Finanzierungs- und Agrarmarktprobleme nicht einigen konnte. Die Ratssitzung in Athen (4.–6. 12. 1983) brachte ebensowenig eine Einigung in den strittigen Fragen zustande wie die von Brüssel (19./20. 3.1984), was vor allem am Widerstand der britischen Premierministerin lag, während Frankreich und die Bundesrepublik, die seit der Umorientierung der französischen Wirtschaftspolitik auch in diesem Bereich wieder harmonierten, sich in intensiven bilateralen Kontakten um eine Entschärfung der Krise bemühten. Nunmehr befürwortete auch Präsident Mitterrand eine Kompetenzerweiterung der europäischen Institutionen, namentlich der EG-Kommission, und Mehrheitsentscheidungen im Ministerrat mit erheblich eingeschränktem Vetorecht, wie er in einer Rede vor dem Europäischen Parlament im Mai ausführte. – Die Mitte Juni 1984 zum zweiten Mal direkt gewählte Versammlung erhielt wiederum einen französischen Präsidenten, den letzten Premierminister der IV. Republik und Straßburger Bürgermeister Pierre Pflimlin (CDS, bis 1987). – Auf dem Gipfel von Fontainebleau (25./26. 6. 1984) konnte schließlich das »Paket« (britischer Beitrag, Erhöhung der Gemeinschaftsmittel, Abbau der Grenzausgleichsbeträge für deutsche Bauern) verabschiedet werden. Der seit dem 6. 1. 1985 amtierende – vor kurzem wiedergewählte – sehr energische Präsident der EG-Kommission Jacques Delors (der »beste Präsident seit Walter Hallstein«, wie man in Brüssel anerkennend sagt) bemüht sich seitdem zusammen mit seinen Kollegen, der Probleme, die die Stahlkrise und der europäische Agrarmarkt aufwerfen, Herr zu werden, wobei jeder seiner Vorschläge zum Subventionsabbau hart umkämpft und oft durch Ausnahmeregelungen so verwässert wird, daß das Ergebnis, wenn es denn zu einer Einigung kommt, seinen eigentlichen Zweck verfehlt. Auf der Mailänder Ratstagung (28./29. 6. 1985) unternahmen Deutschland und Frankreich einen gemeinsamen Vorstoß zur Koordinierung der europäischen Außen- und Sicherheitspolitik, der in einen Vertragsentwurf zu einer »Europäischen Union« gefaßt war und ebenso wie der vorausgegangene Genscher-Plan und andere entsprechende Initiativen schließlich in die »Einheitliche Europäische Akte (EEA)« einfloß, die am 17. 2. 1986 in Luxemburg von den meisten Partnerländern und am 28. 2. 1986 in Den Haag auch von den restlichen Mitgliedsstaaten unterzeichnet wurde. In diesem grundlegenden Dokument ist die bis dahin in den einzelnen Bereichen von EG und EPZ praktizierte europäische Zusammenarbeit sowie ihr weiterer Ausbau in der Zukunft in Form eines völkerrechtlich verbindlichen Vertrages verankert, der gleichzeitig auch die Aufgaben und Rechte der europäischen Institutionen definitiv regelt[40a]. Im September 1987 verabredeten Mitterrand und Kohl, einen deutsch-französischen Verteidigungsrat bilden zu wollen, und dieses Vorhaben, das zu einem Vertragsabschluß über den »Gemeinsamen Rat für Verteidigung und Sicherheit« und den »Finanz- und Wirtschaftsrat« am 22. 1. 1988 beim deutsch-französischen Regierungstreffen anläßlich des 25. Jahrestages des Elysée-Vertrages führte, forderte die Kritik von Premierminister Chirac heraus, der es als lediglich »symbolische« Maßnahme bezeichnete, die zudem die »besondere Position« Frankreichs innerhalb der NATO beeinträchtigen könne[40]. In diesen Äußerungen warf der bevorstehende Wahlkampf um das Präsidentenamt[41] schon deutliche Schatten voraus, in dem Chirac sich als Kandidat auch außenpolitisch profilieren mußte. Denn im Gegensatz zur Innen-, Sozial- und Wirtschaftspolitik hatte es in diesem Bereich in den zwei Jahren der *cohabitation* kaum Differenzen zwischen dem Präsidenten und seinem Premierminister gegeben, wenn man einmal davon absieht, daß Mitterrand sich von vornherein einer Berufung Jean Lecanuets zum Außenminister widersetzt hatte und daß sie in der Neukaledonien-Frage, die allerdings aus französischer Sicht ein innenpolitisches Problem ist, konträrer Meinung waren. In dem Übersee-Territorium gab es eine Unabhängigkeitsbewegung der Kanaken, der Frankreich im Juli 1985 mit einem Gesetz über eine gewisse Teilautonomie (Wahl von vier Regionalparlamenten, für die Zukunft vorgesehene Volksabstimmung) Rechnung zu tragen versucht hatte. Die Aufstände schwelten aber weiter und führten auch zu Gewaltaktionen. Mitterrand befürwortete eine weitergehende Autonomie der Neukaledonier, während Chirac sich strikt dagegen aussprach. Im übrigen trat ihre persönliche Rivalität natürlich offen zutage, so z. B. bereits im Sommer 1986, als beide kurz hintereinander vor verschiedenen Truppenteilen ihre Kompetenz in Verteidigungsfragen betonten. Bei offiziellen Anlässen, wie den Weltwirtschafts- oder EG-Gipfeln, bot sich den Fernsehzuschauern in den zwei Jahren der *cohabitation* stets der gleiche Anblick: auf dem obligatorischen »Gruppenbild mit Dame« erschien ein vor Aktivität geradezu vibrierender Jacques Chirac mit Optimismus ausstrahlendem Gesichtsausdruck neben dem wie zu einem Denkmal erstarrten François Mitterrand mit seinem gefroren wirkenden, kaum erkennbaren Lächeln. Es gab auch Probleme im Atmosphärischen, denn Chirac mußte sich neben dem eingespielten Duo Mitterrand-Kohl wie ein lästiger Eindringling vorkommen. In jedem Falle war er bestrebt, seine außenpolitischen Qualitäten unter Beweis zu stellen, um aus dem Schatten des amtierenden Präsidenten herauszutreten. So reiste er im Juni 1987 nach Moskau, wo er jedoch offenbar in seiner temperamentvollen, gelegentlich undiplomatischen Art einen weniger starken Eindruck hinterließ als im Juli des Vorjahres der verschlossene, distanziert und wachsam auftretende und taktisch versiertere Präsident.

Daß François Mitterrand auch ein überaus geschickter Wahlkampfstratege ist, der die Erwartungen und Meinungen, die Vorlieben und Abneigungen, kurz die Grundstimmung seiner potentiellen Wähler mit psychologischem Einfühlungsvermögen zu erfassen vermag, bewies er Anfang 1988 einmal mehr. Während alle Welt darauf wartete, daß er seine erneute Kandidatur bekanntgeben werde, hielt sich die »Sphinx im Elysée-Palast« bedeckt und stellte die sozialistischen Wahlmanager vor das Problem, welchen der beiden möglichen Kandidaten sie in ihrer Kampagne herausstellen sollten, Mitterrand selbst oder Michel Rocard, der als einziger prominenter Sozialist noch in Frage kam und ja schon 1981 in der Diskussion gewesen war. Er war nach wie vor auf Grund seines freimütigen, aber auch etwas schüchtern wirkenden Auftretens populär und schlug sich wacker in den Wahlversammlungen, indes Mitterrand wie ein Geist unsichtbar über ihm zu schweben schien. Die Werbefachleute glaubten schließlich den Ausweg aus diesem Dilemma in Form eines Plakates gefunden zu haben, auf dem eine Männerhand sich einem lachenden Säugling entgegenstreckte, unter der Überschrift

»Génération Mitterrand«, wobei offenbleiben konnte, wer am Ende der Hoffnungsträger sein würde, der die angesprochene Jugend Frankreichs in die in diesem Bild mitschwingende bessere Zukunft führen sollte. Auf diese Weise ließ Mitterrand die Angriffe seiner Konkurrenten längere Zeit sozusagen ins Leere laufen, weil sie keinen konkreten Gegner, sondern nur ein eher vages Programm ins Visier nehmen konnten. Der Hauptkontrahent, Premierminister Jacques Chirac, wurde unter dem Slogan »Der Wille – der Eifer – der Mut – oui, c'est Chirac!« gleichzeitig als Garant der Kontinuität – er hätte ja mit derselben Parlamentsmehrheit weiterregieren können – und der Bewegung gegen Stagnation und verkrustete Strukturen angepriesen. Auf der Negativseite seiner Regierungsbilanz standen zwar sinkende Exportzahlen, die das Handelsbilanzdefizit, namentlich gegenüber der Bundesrepublik, erneut zu steigern drohten, eine dem deutschen Partner abgerungene DM-Aufwertung im Januar 1987, die das unvermeidliche Absinken des Franc im Rahmen des EWS nach außen hin aufgefangen hatte, und die anhaltend hohe Arbeitslosenzahl von 2,6 Millionen. Jedoch konnte er auf der Habenseite wiederum ein ansehnliches Wirtschaftswachstum, eine Inflationsrate von 2 bis 3%, zunehmende Investitionsbereitschaft, Spitzenleistungen in zukunftsorientierten Wirtschaftszweigen und Erfolge im Kampf gegen den Terrorismus verbuchen. Denn im Februar 1987 war es gelungen, drei führende Köpfe der »Action directe« in einem abgelegenen Bauerngehöft in der Provinz dingfest zu machen, wobei ein ganzes Waffenarsenal, Unterlagen über verübte und zukünftig geplante Anschläge und das sogenannte »logistische« Material der Terroristen den polizeilichen Spezialfahndern in die Hände fiel. – Mittlerweile, seit Mai 1989, stehen diese »Historischen Chefs«, deren vorheriger Hungerstreik für bessere Haftbedingungen übrigens in Frankreich kein nennenswertes Presseecho fand, in Lyon vor Gericht. –

Der zweite Kandidat der Mitte, Raymond Barre, der Anfang 1987 in den Meinungsumfragen recht weit vorn gelegen hatte, weil die Franzosen seine skeptische Beurteilung der »cohabitation« bestätigt fanden, fiel in der Wählergunst wieder zurück, weil er sich nicht scheute, die Finanz- und Wirtschaftslage realistisch darzustellen und ein radikales Sparprogramm sowie eine große Steuerreform anzukündigen.

Der rechtsextreme Präsidentschaftsanwärter Jean-Marie Le Pen ritt auf seiner üblichen Welle, indem er die Werte der »Tradition«, Ordnung und Sitte, Kirche und Familie, Jeanne d'Arc und Vaterland beschwor, und das alles unter dem Motto: »Frankreich den Franzosen«.

Die Kommunistische Partei schickte nicht etwa den immerhin eine gewisse Popularität genießenden Exminister Charles Fiterman, sondern den weithin unbekannten Funktionär André Lajoinie in das für ihn von vornherein aussichtslose Rennen, da Georges Marchais sich keiner erneuten Blamage aussetzen wollte. Und schließlich gab es noch den unabhängigen Kandidaten Pierre Juquin, den u. a. wegen seiner unorthodoxen Sympathiebekundungen für die polnische Arbeiterbewegung aus der PCF ausgeschlossenen Renegaten, der sich – gestützt auf einige andere Abweichler von der reinen Lehre und auf möglichen Zulauf aus den Reihen der »écologistes« – gleichfalls keine ernsthaften Hoffnungen machen konnte, ebensowenig wie der aus dem Elsaß stammende offizielle Vertreter der Grünen, Antoine Waechter.

Am 22. März hatte das Rätselraten ein Ende: François Mitterrand stieg vom Olymp herab und begab sich in die Kampfarena, zur Begeisterung seiner Anhänger, die ihrem *tonton* (Onkel), wie er mit dem von Sicherheitsbeamten geprägten Code-Namen vertraulich und respektvoll zugleich genannt wurde, huldigten wie einem Monarchen. Er selbst wählte jedoch, in richtiger Einschätzung des republikanischen Geistes, der in den Herzen seiner Landsleute stets lebendig war, die Rolle des erfahrenen Staatsmannes, dessen bewährter Führung man sich getrost anvertrauen könne, weil er über den Parteienhader hinweg die Einheit der Nation verkörpere.

Beim ersten Wahlgang[42] am 24. 4. 1988 ergaben sich folgende Stimmenanteile: Mitterrand 34,1%, Chirac 19,9%, Barre 16,6%, Lajoinie 6,8% – ein neuer Tiefpunkt der PCF –, Waechter 3,8% und Juquin 2,1%. Für die eigentliche Sensation aber sorgte nicht das Abschneiden der beiden Hauptkontrahenten, sondern die 14,4% des FN-Führers Le Pen, der in einzelnen Regionen sogar rund ein Viertel der Wählerstimmen auf sich vereinen konnte, nämlich im Süden (Marseille) über 28%, im Norden (Roubaix) 24,6% und im Osten (Elsaß) fast 22%. Die Kommentatoren beschäftigten sich am folgenden Tag fast ausschließlich mit Le Pen und sahen schon die Parteienlandschaft Frankreichs ebenfalls als »radikal verändert« an, wie er es selbst formulierte, nachdem der Nationalen Front die Aufgabe der Mehrheitsbeschaffung zugefallen zu sein schien. Es erschien eigentlich unmöglich, daß Chirac, der mit mindestens 23% gerechnet hatte, die fehlenden 31% am 8. Mai dazugewinnen konnte, wenn auch Barre eine entsprechende Empfehlung an seine Anhänger aussprach; aber wie würden sich die Protestwähler Le Pens entscheiden, die sich zu etwa 40% aus Arbeitern rekrutierten und in ländlichen Gebieten aus Bauern, die mit der EG unzufrieden waren? Die Kommunisten forderten, wenn auch widerwillig, ihre Wähler zur Stimmabgabe für Mitterrand auf. Die Fernsehdiskussion zwischen den beiden Kandidaten für die Stichwahl offenbarte unversöhnliche Gegensätze, die sich in den zwei Jahren der *cohabitation* nur noch gesteigert hatten, und die sehr persönlichen Angriffe Chiracs auf den Präsidenten schadeten ihm selbst mehr als diesem.

In dem Bemühen, als der starke »Retter« Frankreichs zu erscheinen, beging Chirac nun jedoch den Fehler, nicht auf Finanzminister Balladur zu hören, der zu Mäßigung und Konzentration auf die entscheidende Wählerschicht der Mitte riet, sondern statt dessen Innenminister Pasqua freie Hand zu lassen, der durch markiges Auftreten die Wähler Le Pens anzuziehen und durch spektakuläre Aktionen die Öffentlichkeit unmittelbar vor dem entscheidenden Datum zugunsten Chiracs zu beeinflussen gedachte: die drei letzten Geiseln aus dem Libanon kehrten heim, wobei unklar blieb, ob man sie in Teheran womöglich freigekauft hatte, 23 in Neukaledonien von der kanakischen Befreiungsbewegung gefangengehaltene französische Polizisten wurden von einer Geheimdienst-Spezialeinheit und Marinesoldaten befreit, und schließlich wurde auch noch ein an der Versenkung der »Rainbow Warrior« beteiligter weiblicher Geheimdienst-Offizier aus neuseeländischer Haft entlassen. Das Gegenteil der erhofften Wirkung trat ein; die Wähler durchschauten die Absicht dieser allzu perfekt terminierten Sensationsmeldungen und waren verstimmt.

Am Abend des 8. Mai stand schon bald das Ergebnis fest: François Mitterrand war als erster Präsident der V. Republik zweimal direkt vom Volk gewählt worden, und zwar mit 54 Prozent der Wählerstimmen (bei einer Beteiligung von 84,7% gegenüber 81,38% am 24. April), fast soviel wie die 55,2%, die de Gaulle bei seiner Wahl 1965 erhalten hatte. Und wieder fand eine Siegesfeier statt, dieses Mal auf der Place de la République, wo sich vor allem Nord- und Schwarzafrikaner einfanden, die sich durch Mitterrands Wahl von der Furcht, ausgewiesen zu werden, befreit fühlten.

Chirac hatte schon vor der Entscheidung seinen Rücktritt als Premierminister angekündigt, den er am 9. Mai auch vollzog. Mitterrand seinerseits, der im Wahlkampf von einer »Öffnung zur Mitte«, zu den Liberalen von UDF und CDS gesprochen hatte, erklärte, einen Regierungschef aus der *majorité présidentielle* berufen zu wollen, wobei Pierre Bérégovoy, Michel Rocard und Jacques Delors im Gespräch waren. Giscard d'Estaing, der bereits seit längerer Zeit »diskrete Kontakte« zum Elysée-Palast unterhielt[43], kündigte – ebenso wie z. B. Raymond Barre und Simone Veil – eine »konstruktive Opposition« seitens der UDF an, d. h. man werde der neuen Regierung nicht von vornherein das Mißtrauen aussprechen, sondern sich von Fall zu Fall für Unterstützung oder Ablehnung entscheiden.

Bereits am 11. Mai ernannte der wiedergewählte Präsident Michel Rocard, der nicht gerade zu seinen Vertrauten gehört, aber schon so oft hinter ihm hatte zurückstehen müssen, zum Premierminister. Trotz aller Beteuerungen von beiden Seiten, es mit der vielbeschworenen *ouverture*, also miteinander versuchen zu wollen, gelang es dem neuen Gespann Mitterrand –Rocard nicht, mehr als drei Anwärter auf einen Ministerposten aus der bürgerlich-liberalen Mitte für die »Präsidenten-Mehrheit« zu gewinnen. Daraufhin löste Mitterrand, zwar entgegen seiner vor der Wahl geäußerten Absicht, aber nach Lage der Dinge konsequenterweise die Nationalversammlung auf und setzte die Neuwahlen auf den 5. und 12. Juni fest, wozu ihn seine Partei schon am 8. Mai gedrängt hatte, weil sie sich davon einen ähnlich großen Sieg erhoffte wie 1981. Diese Erwartungen erfüllten sich jedoch nicht, denn die wahlmüden Franzosen blieben zu fast 30 Prozent den Urnen fern und verteilten ihre Stimmen im ersten Wahlgang fast gleichmäßig auf die PS (39,2%) und den bürgerlichen Block (40,9%); PCF (10%) und FN (8,8%) erzielten in etwa dasselbe Ergebnis wie 1986.

Für den zweiten Wahlgang rechneten sich die Sozialisten noch Chancen für die angestrebte absolute Mehrheit aus, und Pierre Mauroy, mittlerweile – gegen den Wunsch Mitterrands – Erster Sekretär der PS, versuchte durch Absprachen mit den Kommunisten dieses Ziel zu erreichen, indem der jeweils aussichtsreichste Kandidat von der anderen Seite unterstützt werden sollte, was sich in den meisten Fällen zugunsten der sozialistischen Mandatsbewerber auswirkte[44].

Die Wahl vom 12. Juni bestätigte indes die Patt-Situation. Zwar gewannen die Sozialisten (PS und MRG) 60 Sitze hinzu und verfügten jetzt über 276, zur absoluten Mehrheit fehlten ihnen aber immer noch 13 Mandate. Der Bürgerblock brachte es auf insgesamt 271 Abgeordnete, wobei das RPR etwa ein Sechstel seiner bisherigen Mandate einbüßte und von den Giscardianern, die nur zwei verloren, erstmals überholt wurde. Das Zweckbündnis UDF zeigte aber Zerfallserscheinungen, denn Raymond Barre plante eine Art französischer F.D.P., also eine liberale Volkspartei zu gründen, und das CDS, das jetzt gestärkt mit 52 Deputierten in die Nationalversammlung einziehen konnte und am ehesten geneigt schien, auf Angebote der Sozialisten einzugehen, beschloß unter seinem Vorsitzenden Pierre Méhaignerie, eine eigene Fraktion zu bilden. Am linken Rand verlor die PCF acht von ihren 35 Sitzen, und die Nationale Front erlebte ein Debakel, denn sie büßte bis auf eines alle Mandate ein, die sie 1986 dem Verhältniswahlrecht zu verdanken gehabt hatte, und blieb selbst in Marseille erfolglos, was möglicherweise auch eine Reaktion auf das internationale Echo darstellte, das Le Pens Abschneiden im ersten Präsidentschaftswahlgang hervorgerufen hatte.

Die Franzosen hatten also die *majorité présidentielle* gestärkt, ohne jedoch einer Partei das Übergewicht zu verleihen und damit wiederum signalisiert, daß sie keine ideologische Polarisierung wünschten, aber auch keine Neuauflage der mit soviel Unzuträglichkeiten und Reibungsverlusten behafteten *cohabitation*.

Unter den verschiedenen, rein rechnerischen Möglichkeiten der Bildung einer Parlamentsmehrheit schied die Koalition mit den Kommunisten von vornherein aus, denn sowohl PS als auch PCF hatten ihre Lehren aus den drei gemeinsamen Regierungsjahren gezogen. Ebenso lehnte Mitterrand eine »große Koalition« mit der UDF ab, die Valéry Giscard d'Estaing und UDF-Präsident Jean Lecanuet noch am Wahlabend vorgeschlagen hatten. Wenn er sich also nicht auf das Risiko einer Minderheitsregierung einlassen wollte, blieb nur die »kleine« Lösung übrig, ein Zusammengehen mit dem liberalen Zentrum. Entgegen manchen Erwartungen nahm der Präsident keinen Wechsel an der Spitze vor, sondern beauftragte nach der Konstituierung der neuen Nationalversammlung (23. Juni.) den bis dahin geschäftsführenden Premierminister Michel Rocard erneut mit der Kabinettsbildung. Die Ministerliste[45] enthielt wieder vier Staatsminister: Pierre Bérégovoy (Finanzen und Wirtschaft), Roland Dumas (Äußeres), Lionel Jospin (Erziehung) – alle drei PS – und Maurice Faure (MRG, Wohnungsbau). Die wichtigsten anderen Ressorts besetzten Pierre Arpaillange (Justiz, parteilos), Jean-Pierre Chevènement (Verteidigung, PS), Pierre Joxe (Inneres, PS), Jean-Pierre Soisson (Arbeit, Parti républicain), Jacques Pelletier (Entwicklungshilfe, UDF), Jack Lang (Kultur, PS), Jean-Marie Rausch (Außenhandel, CDS), der als »Barrist« gilt, und Michel Charasse (Budget, PS). Außerdem kamen noch drei weitere Minister und Staatssekretäre aus dem bürgerlichen Lager. Es gibt auch wieder, anders als im Kabinett Chirac, ein Ministerium für *Affaires européennes*, das Edith Cresson (PS) innehat.

Noch am Abend seiner Wahl am 8. Mai hatte Präsident Mitterrand als wichtigste Aufgaben einer neuen Regierung nationale Solidarität, soziale Gerechtigkeit, Abrüstung und Hilfe für die Dritte Welt herausgestellt und nach der Parlamentswahl die innenpolitischen Prioritäten noch präzisiert: Verbesserung der Berufsausbildung, Steigerung der Investitionen, Erhöhung der Kredite für Forschung und Erziehung und Modernisierung der Industrie[46]. Die nationale Solidarität war mit der Öffnung zur Mitte, die den Dialog im Inneren fördern und Spannungen abbauen sollte, bereits auf den Weg gebracht und wurde im Sommer durch eine vom Parlament beschlossene Regelung für Neukaledonien auch auf das Übersee-Territorium ausgedehnt. Entsprechend einer Übereinkunft, die führende Vertreter von Religions- und Weltanschauungsgemeinschaften aus Frankreich (Kardinal Jean-Marie Lustiger, ein Repräsentant der Reformierten Kirche, der Großmeister der Freimaurerloge) als unabhängige Vermittler zusammen mit dem Führer der kanakischen Unabhängigkeitsbewegung und dem Sprecher der weißen Bevölkerungsgruppe *(Caldoches)* ausgehandelt hatten, um das Problem aus dem Parteienstreit herauszunehmen, sollen nach einer Übergangszeit von zehn Jahren die Einwohner von Neukaledonien allein, also ohne Beteiligung des Mutterlandes, in einer Volksabstimmung über das weitere Schicksal ihrer Heimat entscheiden. – Der sozialen Gerechtigkeit diente die Wiedereinführung der Vermögenssteuer, die zur Unterstützung sowie beruflichen und sozialen Wiedereingliederung der am Rande des Existenzminimums lebenden ärmsten Bevölkerungsschichten verwendet werden soll, aber niedriger angesetzt wurde, als es den Vorstellungen des Finanzministers entsprach, weil weder Mitterrand noch Rocard eine erneute Kapitalflucht und Zurückhaltung bei Investitionen provozieren wollten.[47]. – Was er unter Hilfe für die Dritte Welt versteht, hat der Präsident Ende Mai 1989 durch einen Schuldenerlaß für die ärmsten unter den Ländern, denen Frankreich Kredite gewährt hatte, demonstriert, womit er einer im Nord-Süd-Dialog häufig erhobenen Forderung entsprach. – Bekanntlich ist Frankreich nicht direkt in die Abrüstungsverhandlungen eingeschaltet, und so hat Präsident Mitterrand lange gezögert, ehe er zu dem sogenannten »Raketenstreit« in der NATO Stellung bezog. Im Rahmen einer zweistündigen Pressekonferenz am 18.5. 1989, die wie zu de Gaulles Zeiten im Festsaal des Elysée-Palastes stattfand, nahm er eine vermittelnde Haltung zwischen Bonn auf der einen (Entscheidung über Modernisierung der Lance-Raketen erst 1992) und Washington und London auf der anderen Seite (keine Parallelverhandlungen über Reduzierung von Kurzstreckenwaffen vor erfolgreichem Abschluß der Wiener Konferenz über konventionelle Abrüstung, keine dritte Null-Lösung) ein und kündigte an, diese auch bei seinem Wochenendbesuch am 19. Mai in Kanada und am 20./21. Mai in den USA vertreten zu wollen. Das »Gesamtkonzept« der NATO, das am 30. 5. 1989 beim Jubiläums-Gipfel anläßlich des 40jährigen Bestehens des Nordatlantischen Bündnisses auf Initiative von George Bush, des seit 20. 1. 1989 amtierenden Präsidenten der Vereinigten Staaten, beschlossen wurde, entspricht daher durchaus Mitterrands eigenen Vorstellungen, da es durch die Einführung des Zeitfaktors – Beschleunigung der Wiener Verhandlungen bei konkreten westlichen Reduzierungsangeboten – beide Positionen in Übereinstimmung und Staatspräsident Michail Gorbatschow in Zugzwang bringt.

Wenn Präsident Bush in seiner Grundsatzrede in Boston am 21. Mai, im Beisein des französischen Präsidenten, den Westen vor »Selbstgefälligkeit« gegenüber den Entwicklungen im Ostblock und vor blindem Vertrauen gegenüber der Sowjetunion warnte, so stimmte Mitterrand darin völlig mit ihm überein, denn er brachte auf der erwähnten Pressekonferenz und in den folgenden Tagen in Zeitungsinterviews Besorgnisse darüber zum Ausdruck, daß die Deutschen sich in bezug auf die Abrüstungsinitiativen Gorbatschows »zu stark aus dem Fenster lehnten« und man in Frankreich nicht mehr abschätzen könne, wie sich die deutsch-sowjetischen Beziehungen in den kommenden zwanzig Jahren entwickeln würden. Auch in den Kommentaren der französischen Medien tauchten entsprechende Befürchtungen und der Begriff *Gorbimania* für das deutsche Eingehen auf sowjetische Vorschläge auf, wobei dies wiederum mit innenpolitischen Problemen – Wahlverluste der Regierungsparteien – in Verbindung gebracht wurde[48].

Hinter alldem steht nicht nur die französische Entschlossenheit, jeden Versuch, auch die eigenen Kurzstreckenwaffen zur Disposition zu stellen und die Bindung der USA an Europa zu lösen, schon im Keim zu ersticken, sondern ebensosehr die jetzt wiederbelebte Sorge, die Bundesrepublik könne in den Sog der sowjetischen Einflußsphäre geraten. Und daran ändert – jedenfalls auf absehbare Zeit – auch das verführerische Bild vom »Gemeinsamen europäischen Haus« nichts, das Michail Gorbatschow so unermüdlich propagiert und das ja durchaus Erinnerungen an de Gaulles Vision von einem »Europa vom Atlantik bis zum Ural« wachruft.

Europa war denn auch das zweite Schwerpunktthema in der großen Pressekonferenz des französischen Staatspräsidenten vom 18. 5. 1989, denn am 1. Juli übernimmt Frankreich turnusgemäß die Rats-Präsidentschaft innerhalb der EG. Als dringendste Probleme, die einer baldigen Lösung harren, hat er dabei Wirtschaft und Währung, soziale Absicherung, Kulturförderung und Umweltschutz genannt; außerdem sei eine Öffnung der EG nach Osten wünschenswert, ein Beitritt der Türkei und womöglich auch Österreichs könne aber erst nach einer Konsolidierung der Gemeinschaft ins Auge gefaßt werden. Und dies scheint angesichts der Herausforderungen, mit denen der Europäische Binnenmarkt zukünftig jeden Teilnehmerstaat konfrontiert, dringend nötig zu sein. Denn bis Ende 1992 sollen innerhalb der Europäischen Gemeinschaft alle Grenzen wegfallen – so bestimmt es die »Einheitliche Europäische Akte«, die am 1. 7. 1987 in Kraft getreten ist –, die bislang noch den ungehinderten Warenaustausch einschränken. Dazu ist aber eine Angleichung der indirekten Steuern (Mehrwert- und Verbrauchssteuern) erforderlich, deren Höhe in den Mitgliedsländern stark variiert.

Der erste Kompromißvorschlag der EG-Kommission für eine einheitliche Mehrwertsteuer-Spanne wurde zunächst im September 1988 von Premierminister Rocard abgelehnt, weil dem französischen Staat dadurch ein Steuerausfall von jährlich 95 bis 120 Milliarden Franc (Anteil der z. T. 33% betragenden Mehrwertsteuer an den Staatseinnahmen: rund 20%) drohe, den er angesichts seiner Vorhaben zur Verbesserung der Wirtschaftslage (Beschäftigungsplan zur Drosselung der Arbeitslosigkeit, Senkung der direkten Besteuerung der Unternehmen zur Steigerung ihrer Konkurrenzfähigkeit gerade im Hinblick auf den Binnenmarkt) nicht kompensieren könne. Der zweite Kompromißvorschlag zur Einführung eines Mindestsatzes scheiterte im Mai 1989 nunmehr am Veto der Bundesrepublik, ebenso wie der 1988 einvernehmlich ausgearbeitete Plan, in allen Mitgliedsländern Kapitalertragssteuern in annähernd gleicher Höhe direkt »an der Quelle«, also am Ort der Ertragsentstehung, zu erheben, dem wiederum Frankreich durchaus zugestimmt hatte. Zu den »Vier Freiheiten« des kommenden Binnenmarktes gehören nämlich außer dem freien Waren- und Dienstleistungsverkehr auch die freie Niederlassung und der freie Kapitalfluß. Und letzterer ist bisher ebenfalls durch ganz unterschiedliche fiskalische Bestimmungen der EG-Staaten behindert, ohne deren Angleichung, sowohl hinsichtlich der Höhe wie des Einziehungsmodus, auch das Kapital nicht wirklich frei fließen könnte, denn es strömte dann ja stets nur in die Länder ohne Quellensteuer. Damit entfiele aber eine wesentliche Voraussetzung für den von Jacques Delors erarbeiteten Stufenplan zur Schaffung einer europäischen Wirtschafts- und Währungsunion, der mit der Kapitalliberalisierung am 1. 7. 1990 eingeleitet werden soll. Er sieht außerdem eine gegenseitige Abstimmung der Wirtschafts- und Haushaltspolitik der Mitgliedsstaaten vor, größere Unabhängigkeit der Notenbanken von ihren Regierungen, entsprechend dem Vorbild der Deutschen Bundesbank, den Beitritt der noch nicht integrierten Länder Großbritannien, Griechenland, Spanien und Portugal zum EWS, die Errichtung eines europäischen Zentralbanksystems und am Ende die Einführung einer einheitlichen Währung (ECU), das alles jedoch mit langen Erprobungsphasen und ohne zeitliche Festlegung, die dem Ministerrat vorbehalten bleibt. Diesem Plan stimmen vor allem Frankreich, Italien und Spanien ohne Einschränkung zu, die sich davon eine Stabilisierung ihrer Währungen versprechen, während Großbritannien und Dänemark sich eher skeptisch bis ablehnend zeigen. Die Bundesrepublik hat hier entscheidendes Gewicht, wenn die Bedenken ihrer Währungs- und Stabilitätshüter von der Bundesbank, womöglich in eine inflationäre Entwicklung hineingezogen zu werden, ausgeräumt werden können[49].

Die eben angedeuteten Differenzen in der Europapolitik haben Präsident Mitterrand dazu bewogen, in seiner Pressekonferenz von einem »Mangel an bilateraler Kooperation« zu sprechen und zu fragen, welche Europapolitik die Deutschen eigentlich anstrebten.

Die dritte Direktwahl zum Europäischen Parlament am 18. 6. 1989 findet denn auch in Frankreich ein viel breiteres Echo als in der Bundesrepublik, wo man sie vorwiegend unter dem innenpolitischen Aspekt einer »Testwahl« zur Kenntnis nimmt, obwohl das Europäische Parlament seit 1979 gegenüber der vorschlagenden EG-Kommission und dem letztlich entscheidenden Ministerrat durchaus schon in wichtigen Problemkreisen (Umweltschutz!) die Initiative ergriffen und sich, gestützt auf die Europäische Akte, einige substantielle Rechte erkämpft hat, wie die Ratifizierung von außenpolitischen und Handelsverträgen (z. B. Beitritt neuer Mitgliedsländer, Lomé-IV-Abkommen 1989 mit inzwischen 66 AKP-Staaten) und darüber hinaus anstrebt, auch an EG-Haushaltsentscheidungen maßgeblich mitzuwirken. Im allgemeinen sind es auch wenig bekannte Kandidaten, die sich hier zur Wahl stellen, und es drängt sich gelegentlich der Eindruck auf, daß man das Europäische Parlament und die europäischen Institutionen als eine Art Abstellgleis für verdiente, aber in Bonn und anderswo nicht mehr »verwendbare« Politiker ansieht. Ganz anders in unserem Nachbarland: dort kandidiert die Prominenz aus allen Parteien und präsentiert sich allabendlich zu den besten Sendezeiten einem großen Fernsehpublikum. Die Liste der Sozialisten führt Laurent Fabius an, derzeit Präsident der Nationalversammlung, gefolgt von der Straßburger Bürgermeisterin Cathérine Trautmann. Im bürgerlichen Lager bewerben sich Valéry Giscard d'Estaing, der dafür eintrat, einen »Europäischen Präsidenten« als eine Art «Staatsoberhaupt» der Gemeinschaft zu wählen an Stelle des jetzt halbjährlich wechselnden EG-Ratspräsidiums, ferner Raymond Barre und Simone Veil, um nur einige zu nennen. Auch die grünen *écologistes* haben eigene Kandidaten nominiert. Und da in Frankreich eine Ämterkumulierung durchaus üblich ist – man bleibt beispielsweise Bürgermeister, auch wenn man Minister oder gar Premierminister wird –, erwartet auch niemand, daß die als Abgeordnete ins Europäische Parlament gewählten Politiker ihre Funktionen in Frankreich aufgeben[50]. Lediglich als der Premierminister Interesse an einer europäischen Kandidatur durchblicken ließ, winkte der Elysée-Palast ab, so daß Michel Rocard solche Ambitionen rasch wieder dementierte[51].

In diesem Jahr 1989, mit dem unsere Betrachtung der letzten anderthalb Jahrzehnte französischer Geschichte abschließt, feiert Frankreich den 200. Geburtstag seiner Großen Revolution, und es fügt sich passend dazu, daß es Gastgeber der KSZE-Folgekonferenz ist, die Präsident Mitterrand am 30. Mai eröffnete und auf der das Thema der Menschenrechte breiten Raum in den Diskussionen einnimmt. Welche Bedeutung unsere Nachbarn diesem Gedenkjahr beimessen, geht daraus hervor, daß es sogar in der Ressortumschreibung für den im Juni 1988 ernannten Kulturminister Jack Lang ausdrücklich auftaucht *(Culture et communication, grands travaux et bicentenaire)* und daß Staatspräsident Mitterrand persönlich den Historiker Michel Vovelle mit der wissenschaftlichen Vorbereitung der Revolutionsfeierlichkeiten betraut und damit auch einen bestimmten Akzent gesetzt hat, indem er sich für den »Jakobiner« unter den Geschichtswissenschaftlern und nicht für den gleichsam »revisionistischen« Anwärter und Rocard-Freund François Furet entschied[52]. François Mitterrand wird nicht verfehlen, die republikanischen Ideale von »Freiheit, Gleichheit und Brüderlichkeit«, über die in diesem Jubeljahr mehr denn je auch kontrovers diskutiert wird, überzeugend und würdevoll nach innen wie nach außen zu repräsentieren, und dabei kommt ihm gewiß zugute, daß er auch der nie ganz verstummenden monarchistischen Unterströmung in Frankreich entgegenkommt, nicht nur durch solche Gesten, wie seine Teilnahme an der Tausendjahrfeier der Krönung Hugo Capets am 3. 4. 1987 in der Kathedrale von Amiens, mit der er dem Begründer des französischen Königtums – und damit letztlich auch der Einheit der Nation, die die Französische Revolution vollendete – seine Reverenz erwies, sondern vor allem durch seinen Regierungsstil, der alle Prärogativen des Präsidentenamtes, dieses »Wahlkönigtums« der V. Republik, voll ausschöpft. Von einigen Vertrauten umgeben – einem devoten Hofstaat, wie seine Kritiker monieren –, thront er gleichsam im Elysée-Palast, erhaben über die Niederungen des politischen Alltags, aber sich stets die letzte Entscheidung vorbehaltend, und das nicht nur in der *domaine réservé* der Außen- und Verteidigungspolitik. Wenn man ihn mit de Gaulle vergleicht und ihm nachsagt, er trage »seit 30 Jahren... ein unaufhörliches, heroisches, teils direktes, teils posthumes Duell« mit dem Begründer der V. Republik aus[53], so ordnet er mittlerweile das persönliche Element der großen historischen Dimension unter, wenn er erklärt: »Für mich stellt de Gaulle vor allem die Beherrschung seiner selbst dar, Voraussetzung zur Beherrschung der Geschichte... Mein Ehrgeiz und mein Wille bestehen darin, mich in eine Überlieferung Frankreichs einzufügen, die sich jeder Form von Selbstaufgabe versagt.« Und erinnern nicht wichtige Grundzüge des *Mitterrandisme* an den Gaullismus: in der Außenpolitik die Betonung einer eigenständigen Rolle Frankreichs – als souveräner Staat wie auch als Mitglied einer selbstbewußten Europäischen Gemeinschaft – zwischen den zu »Jalta« geschaffenen beiden Blöcken der westlichen und östlichen Supermacht und gegenüber der Dritten Welt; in der Wirtschafts- und Sozialpolitik der – bei aller Annäherung an liberale, marktwirtschaftliche Prinzipien – immer noch vorhandene dirigistische Etatismus?

Wie auch immer die Geschichte die Präsidentschaft von François Mitterrand einmal bewerten wird, sie kann sie jedenfalls auch an dem mes-

sen, was er sich selbst, anknüpfend an die Ideale, unter denen die Französische Revolution angetreten ist, zum Ziel gesetzt hat[54]:
»Was ich für mein Land wünsche, für die Entwicklung der Republik und ihre Institutionen, das ist die Vertiefung der Demokratie, eine Hinwendung zu mehr Gerechtigkeit, zu mehr Freiheit. Ich möchte der Ausbeutung des Menschen durch den Menschen ein Ende setzen, soweit ich die Macht und die Zeit dazu habe. Das ist ein großer Ehrgeiz. Ich möchte, daß Frankreich zu einer Botschaft von universaler Bedeutung zurückfindet, wie das 1789 der Fall war und zwei- oder dreimal in den folgenden beiden Jahrhunderten. Die Begegnung Frankreichs mit dem Sozialismus sollte wie ein Erwachen die ganze Welt aufrütteln.
Mir ist die Größe Frankreichs aufgetragen worden. Dazu gehört das Wohlergehen der Nation, und das ist keine leichte Aufgabe in dieser Krise, die uns schüttelt. Wenn ich der Kultur und der Forschung die Priorität einräume, so deshalb, weil ich der Überzeugung bin, daß wir die *grandeur* in der Politik nur erreichen können, wenn sie sich aus den Quellen des Geistes nährt. Wissenschaft, Technik und Kultur sollen dazu beitragen, daß der menschliche Geist sich durch seine eigene Bemühung bestätigt. Wenn Frankreich auf diese Weise zur Welt spricht, dann werde ich eine Spur in der Geschichte meines Landes hinterlassen.«

3. Die zweite Hälfte der Präsidentschaft von François Mitterrand (1989–1995)

Fast sechs Jahre nach dem Erscheinen der vierten Auflage dieses Buches überblicken wir die zweite und letzte Amtszeit von François Mitterrand nahezu vollständig, so daß es möglich erscheint, eine vorläufige Bilanz zu ziehen. Wenn wir uns dabei an dem Zitat orientieren, das den vorhergehenden Abschnitt beschließt, dann fällt ins Auge, daß er seinen Wunsch, »eine Spur in der Geschichte« seines Landes zu hinterlassen, am sichtbarsten im Bereich der Kultur, speziell der Architektur, verwirklicht hat. Seit Napoleon III. hat kein französisches Staatsoberhaupt soviel zur Neugestaltung der Silhouette von Paris beigetragen wie François Mitterrand. Auf seine Initiative gehen solche – von international renommierten Architekten geplante – bauliche Großprojekte zurück wie die Glaspyramide im Innenhof des Louvre (Einweihung am 29. 3. 1989), die *Grande Arche* als internationales Kongreßzentrum, die *Opéra de la Bastille*, die im *Parc de la Villette* gelegene *Cité de la Musique* und die neue *Bibliothèque de France* mit ihren eindrucksvollen Türmen.
Diese, die Attraktivität der Weltstadt an der Seine steigernden Repräsentationsbauten brachten jedoch keine unmittelbaren Vorteile für die Einwohner, von denen sogar nicht wenige in die Peripherie abwanderten, teils wegen steigender Mieten, teils wegen des zunehmenden Verfalls innerstädtischer Wohnbezirke. Zur Sanierung solcher Stadtteile im Rahmen eines Fünf-Jahres-Plans rief Mitterrand im Dezember 1990 ein eigenes *Ministère de la ville* ins Leben.

Die seit der sozialistischen Regierungsübernahme 1981 angestrebte und im Bereich der politischen Institutionen teilweise verwirklichte Dezentralisierung erstreckte sich auch auf das kulturelle Leben, in dem das bisherige Monopol der Hauptstadt zugunsten bedeutender Provinzstädte eingeschränkt wurde, die durch Museen, Kunstausstellungen, Theater-, Opern- und Filmfestspiele internationale Besucherströme anlocken. Nicht zuletzt sorgte die Verlagerung wichtiger Institutionen aus Paris in andere Landesteile für eine Steigerung des kulturellen Prestiges der entsprechenden regionalen Zentren. Als Beispiel sei hier nur Straßburg genannt, das Ende 1991 Sitz der Verwaltungshochschule ENA wurde und überdies den deutsch-französischen Fernsehsender ARTE beherbergt, der – schon 1986 geplant und 1990 formell beschlossen – seit Ende Mai 1992 ein anspruchsvolles Informations- und Kulturprogramm in beiden Sprachen ausstrahlt, wobei die angeschlossenen französischen Sender aus Paris und die von ARD und ZDF gebildete deutsche Programmzentrale aus Baden-Baden ihre jeweiligen Vorschläge nach Straßburg zur Koordinierung weiterleiten.

Daß demgegenüber Paris nichts von seinem alten Glanz als kultureller Mittelpunkt Frankreichs verloren hat, beweisen stets aufs neue die glanzvollen Inszenierungen nationaler Feste, wie etwa die 100-Jahr-Feier zum Bau des Eiffelturms (31. 3. 1989), die Zweihundertjahrfeier zur Erklärung der Menschenrechte (26. 8. 1989) und vor allem natürlich das *Bicentenaire* vom 14. Juli 1989, das mit einem Aufwand ohnegleichen begangen wurde, der nicht nur Beifall, sondern auch Kritik auslöste. Parallel zu einem internationalen Historikerkongreß über »Das Bild der Französischen Revolution«, der im Beisein zahlreicher Staats- und Regierungschefs aus aller Welt stattfindenden Militärparade und dem abendlichen Volksfest unter dem Motto der *Marseillaise* tagte auch noch vom 14.–16. 7. 1989 der Weltwirtschaftsgipfel in Paris, so daß Frankreich um die Jahresmitte 1989 die Augen der Welt auf sich gerichtet fühlen konnte.

Das änderte sich jedoch im Hochsommer und Frühherbst, als die DDR-Flüchtlinge in den bundesdeutschen Botschaften von Prag und Warschau und die Öffnung der ungarischen Grenze nach Österreich die Aufmerksamkeit auf sich lenkten und ein historischer Prozeß in Gang kam, der die Ideale der Französischen Revolution von Freiheit und Demokratie, Selbstbestimmung und Menschenrechten aufgriff und wie diese zweihundert Jahre zuvor grundlegende Veränderungen in Europa und darüber hinaus nach sich ziehen sollte. Innerhalb der nun einsetzenden Emanzipation der mittel- und osteuropäischen Staaten von ihrer Beherrschung durch die Sowjetunion bildete die unblutig verlaufene Revolution in der DDR ein herausragendes Ereignis. Die sich daraus ergebende Vereinigung der beiden deutschen Staaten begann sich bereits mit dem »Zehn-Punkte-Programm zur Überwindung der Teilung Deutschlands und Europas« abzuzeichnen, das der deutsche Bundeskanzler Helmut Kohl in einer Rede vor dem Deutschen Bundestag am 28. 11. 1989 vortrug und in dem er »konföderative Strukturen zwischen beiden Staaten in Deutschland«

skizzierte, die zu einer »bundesstaatlichen Ordnung« ausgeweitet werden sollten[55]. Diese Rede richtete sich über Deutschland hinaus an alle Staaten des europäischen Kontinents, also an die Partnerländer in der EG, vor allem aber an die vier Siegermächte des Zweiten Weltkriegs, die seit 1945 in Deutschland Truppen stationiert hielten und in Berlin sogar Hoheitsrechte ausübten. Zwar wurden die Vereinigten Staaten, die Sowjetunion, Großbritannien und Frankreich in dem Dokument nicht namentlich erwähnt, jedoch so eindeutig angesprochen, daß sie diesen Appell nicht überhören konnten. Sie reagierten denn auch wie von Kohl erhofft: im Verlauf der am 13. 2. 1990 im kanadischen Ottawa tagenden internationalen Konferenz, die unter dem Stichwort »Offener Himmel« Abrüstungsfragen erörterte, schob sich die deutsche Frage in den Vordergrund der Diskussionen, mit dem Ergebnis, daß die Außenminister der vier Besatzungsmächte sowie der Bundesrepublik Deutschland und der Deutschen Demokratischen Republik beschlossen, das Problem der deutschen Einheit in sogenannten »Zwei-plus-Vier-Gesprächen« einer konstruktiven Lösung entgegenzuführen. Zur Realisierung ihres Beschlusses trafen sich die »Sechs von Ottawa«[56] in der ersten Hälfte des Jahres 1990 zu intensiven Verhandlungen in Bonn, Berlin, Paris und Moskau. In diesem Rahmen wurden alle mit der Vereinigung zusammenhängenden Fragen grundlegend erörtert und schließlich auch befriedigend beantwortet, wobei in den Gesprächen, die der sowjetische Präsident Michail Gorbatschow und Bundeskanzler Hemut Kohl Mitte Juli 1990 in Moskau und vor allem in Archys im Kaukasus miteinander führten, der entscheidende Durchbruch erzielt wurde: die Zustimmung der UdSSR nicht nur zur Vereinigung der beiden deutschen Staaten, sondern auch zur Bündnisfreiheit, also vollen Souveränität des geeinten Deutschland, das die Gebiete der Bundesrepublik, der DDR und Berlins umfassen würde. Während der Übergangszeit von drei bis vier Jahren, innerhalb derer die Sowjetunion ihre Truppen aus der DDR abzuziehen sich verpflichtete, sollten auf deutschen Wunsch hin Kontingente der drei Westmächte, mithin auch französische, im bisherigen Umfang in Berlin stationiert bleiben, und Deutschland versicherte seinerseits, seine Streitkräfte bis 1994 auf 370 000 Mann zu verringern und wie bisher auf die Herstellung und den Besitz von sowie die Verfügung über atomare, biologische und chemische Waffen zu verzichten.

Die Frage der Grenzen des vereinigten Deutschland war nun in dieser Übereinkunft vor allem nach Meinung Polens, das sich hierin – in Form einer ausdrücklichen Erklärung Mitterrands gegenüber Staatspräsident Jaruzelski und seinem Premier Mazowiecki bei ihrem Besuch in Paris am 9. März – von Frankreich unterstützt fand, nicht mit der wünschenswerten, eindeutigen Klarheit geregelt, so daß es darauf drängte, an der Schlußrunde der »Zwei-plus-Vier-Gespräche« in Paris in der Person seines Außenministers teilzunehmen. Diese Konferenz legte den »endgültigen Charakter der Grenzen Deutschlands« in ihrem Beschluß vom 17. 7. 1990 fest[57]. Zur Bestätigung dieses definitiven Grenzverlaufs verpflichtete sich Deutschland, mit Polen einen völkerrechtlich verbindlichen Vertrag über ihre gemeinsame Grenze abzuschließen – was die Anerkennung der Oder-Neiße-Linie bedeutete – und auch in Zukunft keine Gebietsansprüche gegenüber anderen Staaten zu erheben bzw. solche nicht in eine neue gesamtdeutsche Verfassung aufzunehmen. Entsprechende bindende Erklärungen der Bundesrepublik und der DDR würden die vier Siegermächte förmlich entgegennehmen und garantieren.

Damit war der Weg frei für die Unterzeichnung des »Vertrages über die abschließende Regelung in bezug auf Deutschland[58], die am 12. 9. 1990 in Moskau feierlich vollzogen wurde, wobei der französische Außenminister Roland Dumas auf Bitten Hans-Dietrich Genschers in letzter Minute verhinderte, daß ihr britischer Kollege Hurd wegen eines Detailproblems seine Unterschrift verweigerte[59]. Da die Ratifizierung des Vertrages und damit seine Inkrafttreten vor der staatlichen Vereinigung Deutschlands am 3. 10. 1990 nicht mehr zu erreichen war, wurde am 1. 10. vor dem KSZE-Treffen in New York von den Außenministern ein Dokument unterzeichnet, wonach die alliierten Vorbehaltsrechte in Deutschland vom Vollzug der deutschen Einheit an ausgesetzt waren.

Die soeben skizzierte Entwicklung der deutschen Frage in den Jahren 1989 und 1990 ist von Deutschlands Nachbarstaaten und westlichen Verbündeten mit größter Aufmerksamkeit und auch mit Beunruhigung verfolgt worden. Abgesehen von den USA, wo man diesen Prozeß im großen und ganzen mit Zustimmung und aktiver – vor allem von Präsident Bush und Außenminister Baker gewährter – Hilfestellung begleitete und förderte, erhoben sich bei den Bündnispartnern, so in den Benelux-Ländern, namentlich in den Niederlanden, aber auch in Dänemark, Italien und Großbritannien besorgte Stimmen, welche die eventuellen politischen Folgen einer deutschen Wiedervereinigung kritisch analysierten und kommentierten. Nicht zuletzt wurden die deutsch-französischen Beziehungen einem ausgesprochenen »Härtetest« unterworfen[60]. Auf die Öffnung der Berliner Mauer am 9. 11. 1989 reagierte Frankreich »gespalten: die Presse enthusiastisch, das politische Frankreich zurückhaltend«[61]. Man kann diese ambivalente Haltung Frankreichs gegenüber den auf den 9. November folgenden Ereignissen in Berlin und in der DDR zum einen aus Tagespresse[62] und Meinungsumfragen[63] und zum anderen aus programmatischen Verlautbarungen offizieller Stellen und Persönlichkeiten ablesen. Von der freudigen, teilweise begeisterten Zustimmung der öffentlichen Meinung hoben sich die eher gedämpften Kommentare der Politiker deutlich ab. Sie entsprachen der von offizieller französischer Seite bisher vertretenen Auffassung zur deutschen Frage[64], deren Lösung allerdings bis zum Auftreten Gorbatschows auf der weltpolitischen Bühne als ferne Zukunftsvision erschien, und liefen darauf hinaus, daß die Befreiung der Menschen von Unterdrückung zu begrüßen und der Wunsch der Deutschen nach staatlicher Einheit grundsätzlich legitim sei, jedoch nur in einem langsamen Prozeß, in Übereinstimmung mit den vier Alliierten des Zweiten Weltkriegs und den europäischen Nachbarstaaten sowie gemäß den KSZE-Prinzipien, d. h. unter strikter Beachtung der bestehenden Grenzen verwirklicht werden könne. In diesem Sinne äußerten sich etwa Außenminister Dumas[65], der Gaullistenchef und Pariser Bürgermeister Chirac[66], Premierminister Rocard[67] und nicht zuletzt Staatspräsident Mitterrand selbst[68].

Wenn aus diesen ersten, verständnisvollen Reaktionen auf den Mauerfall noch ein vorsichtiger Optimismus herausklang, so wurde dieser schon bald wieder gedämpft, denn in Frankreich wuchs die Sorge vor einer zu rasch herbeigeführten und nicht mehr kontrollierbaren Wiedervereinigung Deutschlands. Die zumindest als mangelnde Rücksichtnahme auf den eng verbundenen Partner, wenn nicht gar als diplomatische Brüskierung empfundene Eile, mit welcher der deutsche Bundeskanzler sein grundlegendes Zehn-Punkte-Programm der Öffentlichkeit präsentierte, ohne sich vorher mit Mitterrand beraten oder ihn wenigstens informiert zu haben, rief bei diesem eine tiefgreifende Verstimmung hervor. Daran hatte offenbar auch der Besuch des deutschen Außenministers in Paris am 30. 11. 1989 nichts geändert, bei dem der Präsident die deutsche Einheit als »geschichtliche Notwendigkeit« bezeichnet und von Genscher die Zusicherung erhalten hatte, daß sich an der deutschen »Europapolitik... nichts ändern« werde[69]. Diese Haltung Mitterrands im Spätherbst und Winter 1989 war keineswegs unverständlich, zumal angesichts der verklausulierten Formulierungen, in denen Helmut Kohl damals die Anerkennung der Oder-Neiße-Linie als endgültiger Ostgrenze Deutschlands zur Sprache brachte. Der französische Präsident seinerseits absolvierte seinen seit 1988 (Visite Honeckers in Paris) geplanten Staatsbesuch in der DDR vom 20. bis 22. Dezember 1989, ohne die Etablierung einer demokratisch gewählten Regierung abzuwarten. Diese Geste löste nicht nur in Deutschland Befremden aus, konnte sie doch als überflüssige und unzeitgemäße Unterstützung der Eigenständigkeit des ostdeutschen Teilstaates und der erkennbar interimistischen Staats- und Regierungsspitze Gerlach/Modrow interpretiert werden. Daß Mitterrand zudem die Gelegenheit nicht wahrnahm, vor seiner Rückreise zusammen mit Helmut Kohl an der spektakulären Öffnung des Brandenburger Tores am 22. Dezember teilzunehmen, wurde in bundesdeutschen Medien als eine verpaßte Chance zur Demonstration der deutsch-französischen Freundschaft bedauert.

Weitaus größere Besorgnisse auf deutscher Seite aber mußte jenes plötzliche Treffen Mitterrands mit Gorbatschow am 6. 12. 1989 in Kiew hervorrufen, bei dem der französische Präsident die aktuelle Lage in Europa mit der des Jahres 1913 verglichen haben soll und sein sowjetischer Gesprächspartner angeblich durchblicken ließ, seine Zustimmung zu einer deutschen Wiedervereinigung würde seinen sofortigen Sturz zur Folge haben, eine Einschätzung, die Mitterrand wiederum mit einer gewissen Genugtuung den Medien gegenüber andeutete. Beide Staatsmänner stimmten jedenfalls in ihren Warnungen vor einer Destabilisierung der politisch-militärischen Situation in Mitteleuropa überein. Eben diese Sorge spricht sehr deutlich aus den Darlegungen des französischen Präsidenten in einer Pressekonferenz zum Abschluß der Europäischen Ratstagung drei Tage später in Straßburg, wenn er nachdrücklich die Einbettung der deutschen Frage in den Prozeß der europäischen Einigung und die beschleunigte Weiterentwicklung und Stärkung der europäischen Gemeinschaftsstrukturen forderte[70], wie es auch in der gleichzeitigen Erklärung des Europäischen Rates zu lesen war[71].

Am Ende seines Staatsbesuches in der DDR unterstrich Mitterrand am 22. 12. 1989 vor der internationalen Presse – nachdem er schon zwei Tage zuvor in seiner Tischrede in Ostberlin »die Einhaltung der Abkommen und Verträge« und »die Unverletzlichkeit der Grenzen« angemahnt hatte – nochmals diesen Gesichtspunkt, indem er betonte, er habe nicht die »Absicht, Deutschland zu diktieren, welches sein zukünftiger Status sein wird, . . . aber sobald es sich um den Status Europas handelt, dann betrifft uns das, und wir müssen darauf achten, daß kein Ungleichgewicht entsteht, das letztlich in einer Wiederherstellung des Europas der Kriege enden würde«[72]. Ergänzt wurden solche besorgten Einschätzungen der Situation durch weitere gewichtige Stimmen aus der politischen Elite Frankreichs, z. B. die von Michel Debré, dem ehemaligen, langjährigen Premierminister unter de Gaulle, der das deutsche Pendeln zwischen West- und Ostorientierung in den letzten zwei Jahrhunderten bis hin zum Hitler-Stalin-Pakt als erneut heraufziehende, also hochaktuelle Gefahr für Frankreich interpretierte[73]. Im gleichen Sinne argumentierte Verteidigungsminister Chevènement zugunsten einer Aufrechterhaltung des französischen Militärpotentials als eines Stabilitäts- und Friedensgaranten für den ganzen Kontinent, falls es zu einem erneuten »Einverständnis« oder aber zu einem Zusammenstoß zwischen »Slawen und Germanen« kommen sollte[74].

Die Diskussion der deutschen Frage fand nicht nur auf der politisch-diplomatischen Ebene statt, in sie schalteten sich auch angesehene französische Publizisten ein, wie z. B. Joseph Rovan, der als Ausweg aus dem Dilemma von wechselseitigen Ängsten und Mißverständnissen ebenfalls für »ein Mehr an europäischer Integration« plädierte[75], und Alfred Grosser, der die Frage der zukünftigen Hauptstadt in den Mittelpunkt eines historischen Rückblicks stellte, in dem er die Bedeutung der westalliierten Präsenz für die Freiheit und den Schutz Berlins, der »letzte(n) Klammer um die Einheit der deutschen Nation«, hervorhob und den Deutschen einen beängstigenden Mangel an Erinnerungsvermögen und Dankbarkeit vorwarf[76].

Auf deutscher Seite war man naturgemäß bestrebt, der Furcht vor einem erneuten Vormachtstreben Deutschlands, wie sie ja nicht nur in Frankreich – und dort gelegentlich sogar in Form von Reminiszenzen an die Begründung des Deutschen Reiches 1870/71 und von Vergleichen Kohls mit Bismarck[77] – zu Tage trat, glaubwürdig entgegenzuwirken. So faßte etwa Altbundeskanzler Helmut Schmidt die historische Bedeutung der deutsch-französischen Beziehungen, auch und gerade im Hinblick auf die Weltmeinung, in dem Satz zusammen: »Die französische Nation ist die einzige, die in den Augen all unserer Nachbarn die deutsche Einheit legitimieren kann«[78]. Diesem Ziel diente ebenso eine Rede von Bundeskanzler Kohl am 17. 1. 1990 in Paris, in deren Mittelpunkt die Versicherung stand, daß die Deutschen »diesen Weg vor allem auch zusammen mit Frankreich gehen (wollen), mit dem uns eine enge und kostbare Freundschaft verbindet«, daß es keine Grenzdiskussion und Gefährdung der europäischen Friedensordnung im Gefolge der Wiedervereinigung geben werde und daß die von Deutschland gewünschte »dauerhafte Aussöhnung« mit Polen dessen Gewißheit, »in sicheren Grenzen zu leben«, zur Voraussetzung habe. Deutsche Einheit und europäische Integration seien keine gegensätzlichen, sondern einander bedingende Prozesse[79].

Kurz zuvor, am 4. 1. 1990, hatte Helmut Kohl François Mitterrand in dessen Privathaus in Latché (Südwestfrankreich) aufgesucht, und beide hatten im persönlichen Gespräch offenbar wieder zu ihrer früheren Übereinstimmung zurückgefunden, was nicht zuletzt in ihren darauf folgenden mehrfachen gemeinsamen Initiativen für eine Politische Union Europas zum Ausdruck kam. Außerdem gab die französische Regierung ihre Vorbehalte gegen eine schnelle Vereinigung der beiden deutschen Staaten nunmehr auf, zumal das Ergebnis der Volkskammerwahl vom 18. 3. 1990 ein jahrelanges Hinauszögern als illusorisch erscheinen ließ. Und schließlich zeichnete sich ja im Verlauf der Zwei-plus-Vier-Gespräche eine auch Frankreich befriedigende Lösung der Grenz- und Bündnisprobleme ab, so daß sich die deutsche Einheit, wie von Paris gefordert, in den Rahmen des gesamteuropäischen Friedens- und Einigungsprozesses einfügte. Den Schlußpunkt setzte die KSZE-Konferenz in Paris (19.–21. 10. 1990), die nicht nur die Institutionalisierung dieser Konferenz (mit Sekretariat, ständigen Vertretern, festen Tagungsterminen und Aufgabenverteilung; seit der Konferenz von Budapest Anfang Dezember 1994 Umbenennung in OSZE = Organisation für Sicherheit und Zusammenarbeit in Europa), sondern auch die »Charta von Paris für ein neues Europa« (Verzicht auf Gewaltanwendung, Einhaltung von Demokratie und Rechtsstaatlichkeit, Achtung der Menschenrechte) beschloß, welche die quasi formelle Beendigung des »Kalten Krieges« bedeutete.

Die Aufteilung der Welt in zwei gegensätzliche Machtblöcke, das namentlich in Frankreich seit de Gaulle so suspekte »System von Jalta« war schon vorher brüchig geworden. Der Antagonismus der Weltmächte USA und UdSSR mit ihrer Strategie der gegenseitigen Abschreckung hatte seit 1945 auch ihre jeweilige Klientel in anderen Weltteilen in Schach gehalten und meistens verhindert, daß Konflikte in Form von Kriegen ausgetragen wurden. Eine Ausnahme bildete allerdings der Nahe Osten, und hier bahnte sich denn auch erneut eine Auseinandersetzung an.

Im Windschatten der Ereignisse in Mittel- und Osteuropa besetzten am 1./2. 8. 1990 irakische Truppen das Scheichtum Kuwait, das der Diktator Saddam Hussein el-Takriti dem eigenen Staatsverband als Provinz eingliederte. Im Verlauf der dadurch ausgelösten »Golfkrise« gelang es dem amerikanischen Präsidenten Bush und seinem Außenminister Baker auf diplomatischem Wege, eine Anti-Irak-Koalition ins Leben zu rufen und ihr vom Sicherheitsrat der UNO den Auftrag erteilen zu lassen, diesen Bruch des Völkerrechts wieder rückgängig zu machen, notfalls mit kriegerischen Mitteln, wobei zum ersten Mal in der Geschichte der Vereinten Nationen von den USA und ihren Verbündeten eingebrachte Resolutionen nicht am Veto der Sowjetunion scheiterten, vielmehr von ihr mitgetragen wurden. Die irakische Invasion stellte ja eine über Kuwait hinausreichende Gefährdung der für die Ölversorgung der westlichen Welt so wichtigen Golf-Anrainerstaaten (Saudi-Arabien, Vereinigte arabische Emirate) dar und nicht zuletzt auch eine zunächst indirekte, später direkte Bedrohung Israels. Daher rief sie auch die europäischen Alliierten der USA auf den Plan, die sich mit unterschiedlichen Truppenkontingenten (Deutschland wegen verfassungsrechtlicher Bedenken nur finanziell) an der Koalition beteiligten. Frankreich kündigte bereits am 9. 8. 1990 die Entsendung des Flugzeugträgers *Clemenceau* in die Krisenregion an und sicherte wenig später den bedrohten Golfstaaten verstärkte Militärhilfe zu, wobei Mitterrand die Meinung vertrat, die »Logik des Krieges«[80] breche sich Bahn (21. 8.). Auf das gewaltsame Eindringen irakischer Soldaten in die französische Botschaft in Bagdad am 15. September reagierte Paris mit der Operation *Daguet*, durch die 5000 Soldaten und umfangreiches Luft- und Boden-Kampfgerät an den Golf verlagert wurden. Zwar unterstrich der französische Präsident am 24. 9. vor der UNO die Entschlossenheit seines Landes, an der Befreiung Kuwaits mitzuwirken, ließ aber durchblicken, daß man sich weiter um eine diplomatische Beilegung des Konflikts, wodurch der freiwillige Rückzug der irakischen Truppen erreicht werden sollte, bemühen werde. In diesem Sinne äußerte sich Mitterrand gleichfalls auf seiner Pressekonferenz vom 9. 1. 1991, betonte aber nichtsdestoweniger, daß nach Ablauf des UNO-Ultimatums am 15. 1. Kriegshandlungen »legitim« wären. Ein Versuch in letzter Minute, die Vorlage eines Friedensplanes durch den französischen Vertreter im Sicherheitsrat (14. 1.), scheiterte an der Ablehnung der USA und Großbritanniens. Die Regierungserklärung von Premierminister Rocard in einer außerordentlichen Sitzung der Nationalversammlung am 16. 1., wonach die Befreiung Kuwaits nunmehr mit militärischen Mitteln erfolgen solle, fand die Zustimmung von 523 Abgeordneten bei 43 Gegenstimmen (davon 7 PS- und 26 PCF-Vertreter). Gleichzeitig wurde eine Botschaft des Präsidenten der Republik verlesen, in der er versicherte, Frankreich werde »den Rang, die Rolle und die Aufgabe, die ihm zukommen«, erfüllen; daß sein Land dieses Versprechen tatsächlich eingehalten habe, konnte er nach dem Ende des Golfkrieges in einer Fernsehansprache (3. 3. 1991) »mit Stolz« verkünden[81].

Zu den schärfsten Kritikern der offiziellen französischen Haltung im Golfkonflikt gehörte von vornherein Verteidigungsminister Chevènement. Er zog kaum zwei Wochen nach Beginn der Kampfhandlungen die Konsequenz aus seiner Überzeugung, daß dieses Vorgehen den französischen nationalen Interessen zuwiderlaufe, und trat zurück. Sein Amt übernahm Innenminister Pierre Joxe, dessen Ressort wiederum Philippe Marchand übertragen wurde. Diese spektakuläre Demission blieb jedoch nicht die einzige Veränderung innerhalb der 1988 gebildeten Regierung. François Mitterrand hatte ja bereits in seiner ersten Amtszeit mit den beiden sozialistischen Kabinetten und mit der *cohabitation* erfahren müssen, daß sich ideologische Konzepte kaum je ohne Abstriche und Konzessionen an die Realität verwirklichen lassen, und ebenso stießen die nach seiner Wiederwahl und der Regierungsbildung unter Rocard vorgetragenen innenpolitischen Vorhaben – nationale Solidarität, mehr soziale Gerechtigkeit, Modernisierung der Industrie, Investitionssteigerungen, Förderung von Berufsausbildung, Forschung und Erziehung – alsbald an gesellschaftspolitische und finanzielle Grenzen. Bereits Ende September 1988 gab ein Streik der Krankenschwestern das Signal für eine grundsätzliche Auseinandersetzung um die Arbeitsbedingungen und Lohntarife im öffentlichen Dienst, die sich – begleitet von weiteren Streiks und Protestdemonstrationen (Nah-, Fern- und Flugverkehr, Postzustellung, Bergbau und Werften) und wiederholten Lösungsvorschlägen des Premierministers – bis 1990 hinzog. Die mit den Gewerkschaften vereinbarte Tarifreform sollte stufenweise innerhalb von sieben Jahren realisiert werden und etwa 40 Milliarden Francs kosten. Streiks gab es auch in der Automobilindustrie (Sept. 1989) und bei Krankenhausärzten (Jan. 1990) sowie Protestaktionen von Lehrern (Febr. 1989) und Schülern (Nov. 1990), die Erziehungsminister Jospin zu finanziellen Zusagen veranlaßten.

Damit wurden die Bemühungen von Wirtschafts- und Finanzminister Bérégovoy, durch Ausgabendisziplin das Haushaltsdefizit schrittweise zurückzuführen, immer wieder in Frage gestellt. Der Kabinettsbeschluß, zur Sanierung der Sozialversicherung eine allgemeine Abgabe (*Contribution sociale généralisée*, CSG) zu erheben, erregte sowohl bei Gewerkschaften wie Arbeitgebern, bei der Rechtsopposition wie bei den Kommunisten schärfste Ablehnung und konnte in der Nationalversammlung nur mit ganz knapper Mehrheit durchgesetzt werden (16. 11. 1990). Auf ähnlich erbitterten Widerstand stieß das Regierungsvorhaben (Juni/Nov. 1991), die Kosten im Gesundheitswesen durch Steigerung der Krankenversicherungsbeiträge und Leistungskürzungen zu reduzieren. Auf derselben Ebene lagen Vorschläge von Premierminister Rocard, zur langfristigen Sicherung der Rentenzahlungen die Beitragsjahre um vier bis fünf zu verlängern. Andererseits wurde der unter der Regierung Chirac eingeschränkte Mieterschutz wieder erweitert (Juni 1989).

Im Bereich der Wirtschaftspolitik lag der Schwerpunkt auf der Förderung der Konkurrenzfähigkeit französischer Unternehmen für den ab 1993 sich öffnenden europäischen Binnenmarkt. In diesem Zusammenhang gehören der zügige Ausbau der Hochgeschwindigkeits-Bahnstrecken (*TGV Atlantique*, Paris–Le Mans, Sept. 1989, Paris–Bordeaux, Sept. 1990), inländische Betriebsübernahmen (*Air France*, Jan. 1990) sowie Fusionen und Beteiligungen mit ausländischen Unternehmen (*Unisor-Sacilor* + Saarstahl,

April 1989; *Renault* + Volvo, Febr. 1990), aber auch Umwandlungen staatlicher Unternehmen in Aktiengesellschaften mit staatlichem Mehrheitsanteil (*Renault* und *LaPoste/France-Télécom*, April 1990) und Steuerentlastungen zur Steigerung der Investitionsbereitschaft, bei gleichzeitiger Erhöhung der Vermögenssteuer (Sept. 1990).

Einen schon länger schwelenden Konflikt, nämlich die von Gewaltakten begleiteten Selbständigkeitsbestrebungen der Korsen, versuchte die Regierung durch ein Autonomiestatut beizulegen, dessen Annahme in der Nationalversammlung (12. 4. 1991) eine erregte Diskussion über den darin enthaltenen Begriff eines »korsischen Volkes« vorausging, den die Rechtsopposition strikt ablehnte und der selbst die Regierungsfraktion entzweite.

In der Frage der Integration von Ausländern wurden auf Vorschlag von Innenminister Joxe die rigiden Vorschriften der *loi Pasqua* von 1986 durch erleichterte Einreise- und Aufenthaltsbestimmungen ersetzt (Mai 1989), und der Premierminister beauftragte einen *Haut conseil à l'intégration* mit der Schaffung besserer Lebensbedingungen für Ausländer (6. 12. 1989). Seine Bemühungen (Mai 1990), über Parteigrenzen hinweg die Probleme von Einwanderung und Integration mittels einer von allen politischen Gruppierungen getragenen »Charta« zu lösen, scheiterten am Widerstand der Rechtsopposition, welche die Ausländerpolitik der Regierung ebenso – nur mit entgegengesetztem Vorzeichen – kritisierte wie die angesehene Organisation *SOS-Racisme* in Form eines »Manifestes für die Integration« (28. 4. 1990). Wie wichtig deren Engagement gegen Rassismus und Fremdenfeindlichkeit ist, wurde durch die Schändung eines jüdischen Friedhofs in Carpentras unterstrichen, die Bestürzung und Abscheu hervorrief und eine spontane Protestdemonstration von 200 000 Teilnehmern, darunter der Staatspräsident und sein Premier, auslöste (14. 5. 1990). Etwa ein halbes Jahr vorher sah sich Erziehungsminister Jospin gezwungen, in einer heiklen Streitfrage – die bis heute (Nov. 1994) andauert – Stellung zu beziehen, die den laîzistischen Charakter des französischen öffentlichen Schulwesens betraf, wonach das Zurschaustellen religiöser Symbole in diesem Bereich der geforderten strikten weltanschaulichen Neutralität zuwiderläuft. Abgesichert durch ein Gutachten des Staatsrats, erließ er Anfang November 1989 Regeln, die das Tragen des islamischen Kopftuchs in Klassenräumen verboten; wegen dieser Demonstration ihres Glaubens waren zuvor einige islamische Schülerinnen vom Unterricht ausgeschlossen worden, was wiederum eine wochenlange öffentliche Kontroverse ausgelöst hatte.

Weit mehr Aufmerksamkeit und kritische Reaktionen in den Medien riefen zwei am 22. 12. 1989 verabschiedete Gesetze über die Parteien- und Wahlkampffinanzierung hervor, die mit einer Amnestie für in entsprechende dubiose Praktiken verwickelte Politiker verknüpft waren und im April und Mai 1990 zur Niederschlagung von Verfahren wegen illegaler Parteispenden und anderer finanzieller Unregelmäßigkeiten gegen einen ehemaligen Minister und einige Abgeordnete führten. Auch die

»Pechiney-Affäre«, ausgelöst durch die Übernahme der amerikanischen Firma *Triangle* durch den staatlichen Konzern *Pechiney* im Januar 1989, in die ein hoher Beamter des Wirtschaftsministeriums und zwei Mitterrand-Freunde involviert waren – teils als Vermittler von Insider-Informationen, teils als Nutznießer damit erzielter illegaler Gewinne –, warf ein schlechtes Licht auf die Korruptionsanfälligkeit der Politiker.

Die Desillusionierung der Franzosen zeigte sich bei den Urnengängen nach 1988 in einer zunehmenden Wahlenthaltung, wenn auch noch nicht sogleich in Verlusten für die Sozialisten[82], zu denen es allerdings bei der Europawahl vom 18. 6. 1989 – im Vergleich zu den Parlamentswahlen 1988 – kam, bei der die vereinigte Rechte die meisten Stimmen erhielt, der *Front National* wie 1984 abschnitt und die Grünen zum ersten Mal über 10 Prozent erreichten[83].

Daß die Unzufriedenheit mit der Regierungspolitik langsam, aber stetig zunahm, veranlaßte schließlich auch die Sozialistische Partei, den Premierminister zu kritisieren, namentlich wegen seiner Vernachlässigung der sozialen Probleme (Juni 1990). Obwohl sich Rocard mit einer positiven Bilanz seiner bisherigen Tätigkeit und der Darlegung zukünftiger Vorhaben verteidigte, wollten Gerüchte über Unstimmigkeiten zwischen ihm und Präsident Mitterrand nicht verstummen, zumal dieser sich kurz zuvor in die Diskussion um »soziale Ungleichheiten« eingeschaltet und eigene Initiativen angekündigt hatte, z. B. zur Anhebung von Niedriglöhnen. Ein knappes Jahr konnte sich Rocard danach noch im Amt halten, bis er es am 15. 5. 1991 auf Wunsch Mitterrands zur Verfügung stellen mußte, der es der bisherigen Europa-Ministerin Edith Cresson übertrug, von der er sich eine Popularitätssteigerung der sozialistischen Regierung versprach. Die Ministerliste blieb mit wenigen Ausnahmen[84] die gleiche wie unter Rocard. Aber auch die Probleme, deren Lösung von der neuen Premierministerin erwartet wurde, waren noch dieselben: die sich durch die beginnende Rezession verschlechternde Wirtschaftslage, welche Betriebsschließungen und den weiteren Abbau von Arbeitsplätzen zur Folge hatte (z. B. bei *Air France, Unisor-Sacilor, Renault*), die infolgedessen anhaltend hohe Erwerbslosenquote mit steigender Tendenz (1990: 9%, 1991: 9,5%, 1992: 10%), eine Entwicklung, die Frau Cresson mit steuerlichen Erleichterungen für die Unternehmen, vor allem die mittleren und kleinen, einzudämmen versuchte und durch die gleichzeitige Förderung von Berufsausbildung und Forschung. Die immer noch nicht im nationalen Konsens entschärfte Ausländerproblematik entlud sich in gewalttätigen Auseinandersetzungen jugendlicher Demonstranten mit der Polizei, vielfach als Ausdruck der Perspektivenlosigkeit auf beiden Seiten: der durch die Propaganda der Nationalen Front aufgehetzten jungen Franzosen wie der dagegen aufbegehrenden Heranwachsenden maghrebinischer Herkunft. RPR-Chef Chirac goß im Sommer 1991 durch herabwürdigende Äußerungen über den Lebensstil vor allem nordafrikanischer Einwanderer noch Öl ins Feuer und forderte damit Präsident Mitterrand zu einer scharfen Erwiderung heraus. Maßnahmen zur Ausweisung illegaler Immigranten, die teilweise von Gerichten wieder aufgehoben wurden, schürten die Besorgnisse der Betroffenen, und auch der Vorschlag von Giscard d'Estaing, statt des in Frankreich geltenden *droit du sol* das *droit du sang* einzuführen – bekanntlich wird in Deutschland seit längerem darüber diskutiert, ob umgekehrt das bestehende Staatsbürgerschaftskriterium der »Abstammung« durch das des »Geburtslandes« ersetzt werden sollte –, trug nicht zur Beruhigung der Lage, sondern zu weiteren Kontroversen bei.

Damit nicht genug, gab es erneute Enthüllungen von Parteispendenaffären, die die PS ins Zwielicht rückten, und schließlich auch noch einen »Aids-Skandal« um HIV-infizierte Blutkonserven aus den 80er Jahren, der jedoch – anders als der deutsche Parallelfall – durch sofortige Entschädigungen von staatlicher Seite (Dez. 1991) und durch Anklageerhebung gegen die damals verantwortlichen Sozial- und Gesundheitsminister sowie sogar gegen den einstigen Premier L. Fabius (Dez. 1992; Febr. 1993 Feststellung der Verjährung) aus den Schlagzeilen verdrängt wurde.

Nicht zuletzt fand sich die Regierung seit Herbst 1991 mit anhaltenden Protesten, spektakulären Großdemonstrationen und gewalttätigen Aktionen der Bauern konfrontiert, die ihre Existenz durch die geplante EG-Agrarreform bedroht sahen und sich auch nicht durch die Ankündigung von staatlichen Hilfsmaßnahmen beschwichtigen ließen. Als dann im März 1992 die Regional- und Kantonalwahlen schwere Verluste von über 10 Prozent der Stimmen für die PS – bei etwa gleichbleibendem Anteil von RPR und UDF, aber hohen Gewinnen für den FN (13%) und die Grünen (14%) – ergaben, schlug nach 11 Monaten die Stunde des Rücktritts auch für Edith Cresson.

An ihrer Stelle berief Präsident Mitterrand am 2. 4. 1992 den als Finanzexperten angesehenen Pierre Bérégovoy zum Premierminister, der bei seinem Einzug ins *Hôtel Matignon* die Auswahlkriterien des Staatschefs mit ebensoviel Ironie wie Resignation kommentierte: bei Fabius habe seine Jugend, bei Rocard seine intellektuelle Brillanz und bei Edith Cresson die Tatsache, daß sie eine Frau sei, den Ausschlag gegeben; am Ende habe er ihn selbst ernannt – aber da sei es schon zu spät gewesen[85]. Das neue Kabinett wies einige Veränderungen gegenüber seinem Vorgänger auf: Jack Lang (PS, Erziehung und Kultur), Roland Dumas (PS, Äußeres) und Michel Delebarre (PS, öffentlicher Dienst) fungierten als Staatsminister; Michel Vauzelle (PS, Justiz), Paul Quilès (PS, Inneres und öffentliche Sicherheit), Pierre Joxe (PS, Verteidigung) und Michel Sapin (PS, Wirtschaft und Finanzen) übernahmen weitere Schlüsselministerien. Ein gewisses Erstaunen erregte die Ernennung des agilen Unternehmers Bernard Tapie zum Stadtminister, der allerdings seine Pläne zur Sanierung maroder Vorstädte nicht verwirklichen konnte, weil er schon im Mai wegen Unterschlagungsverdacht vor Gericht kam und deshalb zurücktrat.

Der Premierminister legte in seinem Regierungsprogramm besonderes Gewicht auf die Bekämpfung der Korruption bei politischen Amtsinhabern und auf eine Wahlrechtsreform, die Mitterrand bereits im November ins Gespräch gebracht hatte mit dem Ziel einer Verkürzung der Amtszeit des Präsidenten und der Ergänzung des Mehrheitswahlrechts durch teilweise Berücksichtigung der verhältnismäßigen Stimmenanteile. Es war aber von vornherein klar, daß eine solche Reform vor den im März 1993 anstehenden Parlamentswahlen nicht mehr erreicht werden konnte.

In der Wirtschaftspolitik beanspruchte der Landwirtschaftssektor zunehmend die Aufmerksamkeit Bérégovoys, weil der entsprechende EG-Beschluß zur Agrarreform (21. 5. 1992), der die Verhandlungen in der GATT-Runde erleichtern sollte, nicht nur einen – knapp gescheiterten – Mißtrauensantrag der Opposition (Rechte und Kommunisten) zur Folge hatte, sondern auch eine erneute Protestwelle seitens der dadurch benachteiligten Bauern auslöste. Der sogenannte »Blair-House«-Kompromiß (19. 11. 1992) zwischen den USA und der EG-Kommission über den Abbau von Agrarsubventionen wurde in der Nationalversammlung einhellig von Regierungs- und Oppositionsseite abgelehnt, woran sich später (19. 2. 1993) sogar die Drohung anschloß, ihn im EG-Ministerrat notfalls durch ein französisches Veto zu Fall zu bringen.

In der Finanzpolitik hatte sich Bérégovoy im Laufe seiner Ministertätigkeit den Ruf eines entschiedenen Anwalts des *franc fort* erworben, weil jegliche Abwertung nach seiner Ansicht soziale Ungerechtigkeiten (»Steuer für die Armen«) zur Folge hatte. So wehrte er auch als Regierungschef zwei durch Währungsspekulationen verursachte Krisen ab (Sept. 1992 und Jan. 1993) und hielt den Franc durch gemeinsame Stützungsmaßnahmen von *Banque de France* und Deutscher Bundesbank stabil, obwohl der Preis, den die französische Wirtschaft dafür zahlen mußte (hohe Zinsen, Exportbeeinträchtigung), nicht wenigen Kritikern als zu hoch erschien, die dafür plädierten, es den Briten und Italienern (16./17. 9. 1992) gleichzutun und das EWS zu verlassen.

Die weiter ansteigende Arbeitslosenquote (1993: 10,8 %) zwang Bérégovoy zudem zu erhöhten Sozialausgaben zu Lasten der Haushaltssanierung, und die anderen ökonomischen Daten gaben – abgesehen von der Inflationsrate (1990/91: 3,2%, 1992: 2,4%, 1993: 2,3%) – wenig Anlaß zu Optimismus (Bruttoinlandsprodukt, BIP, 1992: + 1,3%, 1993: −0,9%); Handelsbilanz: 1992: −5,5 Mrd. Ecu, 1993: −0,2 Mrd. Ecu, bei allerdings wieder steigenden Exportzahlen)[86].

Diese Fakten boten den Sozialisten keine gute Ausgangsbasis für den Wahlkampf um die Sitze in der Nationalversammlung, und gerade, als er Anfang Februar 1993 in seine heiße Phase eintrat, brachten Presseenthüllungen den Premierminister selbst in eine prekäre Situation. Man unterstellte ihm, 1986 ein Darlehen von einer Million Francs in Wirklichkeit als Geschenk erhalten zu haben, und da der Kreditgeber der – mittlerweile verstorbene – Roger-Patrice Pelat war, einer der Profiteure der Insidergeschäfte im Pechiney-Skandal von 1989, in den überdies Bérégovoys damaliger Kabinettschef verwickelt gewesen war, schien der Verdacht nahezuliegen, auch Bérégovoy selbst könne schon vor ihrer Aufdeckung von diesen anrüchigen finanziellen Transaktionen gewußt, aber quasi aus

»Dankbarkeit« geschwiegen haben, obwohl ihm damals nichts dergleichen nachzuweisen war. Der Premierminister beteuerte, er habe das Darlehen längst zurückgezahlt, die eine Hälfte in Antiquitäten, die andere per Scheck, aber gerade diese Form erschwerte ihm den unzweifelhaften Nachweis, so daß der diskriminierende Verdacht in den Augen der Öffentlichkeit weiter auf ihm lastete, ausgerechnet auf einem Politiker, der bis dahin als persönlich integer gegolten und sich die Bekämpfung der Korruption zum Ziel gesetzt hatte.

Es gab indes auch parteiinterne Gründe, die im Frühjahr 1993 einen Wahlerfolg der Sozialisten eher unwahrscheinlich machten. Bereits auf einem Parteitag im März 1990 war es zu Flügelkämpfen innerhalb der PS gekommen, welche die Frage des Nachfolgekandidaten für die Präsidentenwahl 1995 zum äußeren Anlaß hatten und in deren Verlauf sich drei Richtungen herausschälten, hinter deren Protagonisten sich jeweils ein Viertel bis ein Drittel der Delegierten zusammenscharten: Mauroy/Jospin, Fabius und Rocard. Mauroy, der dabei noch einmal als Erster Sekretär bestätigt worden war, trat am 7. 1. 1992 zurück. Seinen Posten übernahm Fabius, der wiederum in seiner Funktion als Präsident der Nationalversammlung von Henri Emmanuelli (22. 1.) abgelöst wurde. Als gegen diesen ehemaligen Schatzmeister der PS ein halbes Jahr später Ermittlungen wegen illegaler Parteispenden eingeleitet wurden, stellte sich der außerordentliche Parteitag von Bordeaux (10.–12. 7. 1992) hinter ihn und beurteilte die entsprechende Medienkampagne als gegen die Partei als Ganzes gerichtetes »Manöver«. Bei dieser Gelegenheit wurde aber auch – ebenso wie schon mit einem im Dezember 1991 verabschiedeten neuen Programm – der Versuch gemacht, zur Gemeinsamkeit zurückzukehren, indem man Michel Rocard zum »natürlichen« Kandidaten der Sozialisten für die Mitterrand-Nachfolge erklärte. Überdies einigte man sich auf »Erste Vorschläge für einen Regierungsvertrag«, die als Einladung zur Zusammenarbeit an die Grünen interpretiert werden konnten.

Diese selbst waren aus kleinen Anfängen in den 70er Jahren entstanden und hatten die verschiedenen, unter teils recht blumigen Namen auftretenden lokalen Gruppierungen der »Ökologen« 1984 zur Partei *Les Verts* zusammengeschlossen[87]. Die beiden Führer, Antoine Waechter und Brice Lalonde, verfolgten allerdings durchaus unterschiedliche Ziele, die man in etwa mit denen der »Fundamentalisten« bzw. »Realpolitiker« innerhalb der deutschen Grünen vergleichen könnte. Waechter verficht quasi die »reine Lehre«, den absoluten Vorrang des Umweltschutzes vor anderen politischen Problemen und lehnt jede Zusammenarbeit mit den großen Parteien ab, wohingegen Lalonde die Notwendigkeit von Kompromissen und einer Kooperation mit den Sozialisten vertritt, um wenigstens ein Minimum der eigenen Vorstellungen verwirklichen zu können. Konsequenterweise gründeten er und seine Anhänger eine eigene Partei *Génération écologie* (GE), die sich 1990 von den weiter von Waechter geführten *Les Verts* trennte, und er selbst trat, um die *majorité présidentielle* zu stärken, als Umweltminister in die Regierung ein, wobei er in seiner zweijährigen Amtszeit (bis April 1992) immerhin als Erfolg verbuchen konnte, daß Pläne für den Bau einer Atommülldeponie sowie für die Flußregulierung der Loire vorerst auf Eis gelegt wurden.

Das hinter diesen gemäßigten Umweltschützern stehende Wählerpotential hatte Michel Rocard offensichtlich auch im Sinn, als er die PS aufforderte, ihre veralteten, starren Strukturen aufzubrechen und in einer zeitgemäßen, großen »Bewegung« alle reformwilligen Kräfte von links bis rechts, von den Kommunisten über die Ökologen bis hin zum Zentrum, zusammenzufassen, um so eine breite Basis in der Bevölkerung für Reformen in Staat und Gesellschaft zu gewinnen. Diese Rede Rocards fand umso mehr Beachtung, als sie auf dem Höhepunkt des Wahlkampfes Mitte Februar 1993 gehalten wurde, und François Mitterrand zögerte denn auch nicht, diesen eigenmächtigen Vorstoß seines ehemaligen Premierministers indirekt zu rügen, indem er seine Partei auf ihre eigenständigen sozialistischen Programmziele verwies, die es zu verdeutlichen gelte.

Auch innerhalb des RPR tauchte im Februar 1990 zum ersten Mal eine von Charles Pasqua und Philippe Séguin initiierte, von der Gesamtlinie der Partei nach rechts abweichende Gruppe auf, die sich jedoch gegen die Zwei-Drittel-Mehrheit der Anhänger des wiedergewählten Parteichefs Jacques Chirac und des ebenfalls bestätigten Generalsekretärs Alain Juppé nicht durchsetzen konnte, obwohl sie später (Okt. 1992) sogar ein eigenes »Gegenprogramm« entwarf. Abgesehen davon demonstrierte die Rechtsopposition jedoch Einigkeit: im Juni 1990 verständigten sich RPR und UDF auf ein Wahlbündnis als *Union pour la France* (UPF) und im April des Folgejahres auf die Aufstellung gemeinsamer Kandidaten für alle anstehenden Wahlen. Ebenso wurde zwei Monate danach eine »Charta« unterzeichnet, wonach vor der Präsidentenwahl über einen einzigen UPF-Anwärter intern abgestimmt werden sollte. Diese Abkommen wurden im Januar und Februar 1993 durch die Veröffentlichung einer einheitlichen Wahlliste und eines *Projet de l'Union pour la France* noch einmal bekräftigt.

Es lag indes weniger an der Überzeugungskraft dieses oppositionellen Regierungsprogramms, als an der mangelnden Fähigkeit der Sozialisten, ihre Wählerschaft für die bisherige Regierungspolitik zu begeistern und zu mobilisieren, daß die Urnengänge vom 21. und 28. 3. 1993 mit einem Triumph der Rechtsparteien endeten. Zwar gewannen RPR und UDF an Wählerstimmen nur 0,6% bzw. 0,1% hinzu, aber der Anteil der PS (einschließlich MRG und *majorité présidentielle*) wurde praktisch halbiert und sank von 37,5% auf 19,2%. Das Mehrheitswahlrecht bewirkte nach dem zweiten Wahlgang eine Sitzverteilung, nach der die UPF 449 Mandate gewann – wobei das RPR die UDF (zusammen mit Zentristen: CDS, Parti Républicain, Parti Radical und Parti Social-Démocrate) anders als 1988 überflügelte – und zusammen mit kleineren rechten Partnern sogar 485 Abgeordnete in die Nationalversammlung entsenden konnte, mehr als vier Fünftel der insgesamt 577.

Demgegenüber mußte sich die PS mit 67 Sitzen begnügen, d. h. einen

Verlust von 209 hinnehmen. Die PCF konnte sich mit 9,2% und 24 Mandaten (1988: 11,3%/27) auf ihrem bisherigen Niveau halten, während die Ökologen (GE, *Les Verts* und kleinere Umweltgruppen) es zwar auf 10,7% (+10,3%) der Wählerstimmen brachten, aber nicht in der Nationalversammlung vertreten waren, ebenso wie der *Front National,* der trotz 12,6% (+2,8%) seinen einen Sitz einbüßte[88]. Zum Präsidenten der Nationalversammlung wurde am 2. 4. Philippe Séguin (RPR) gewählt. Es ist viel darüber gerätselt worden, was Pierre Bérégovoy bewogen haben mochte, sich am 1. Mai in seiner Heimatstadt Nevers das Leben zu nehmen: die Wahlniederlage der PS, zu der die Kredit-Affäre möglicherweise auch etwas beigetragen hatte, das Gefühl, von seinen sozialistischen Parteifreunden nicht vorbehaltlos unterstützt zu werden oder das deprimierende Bewußtsein, die ihn tief verletzenden Zweifel an seiner Glaubwürdigkeit und Integrität als Mensch und Politiker nie vollends ausräumen zu können – wie auch immer, sein Freitod erschütterte Frankreich schockartig und verursachte eine tagelange, sowohl von Fernseh- und Zeitungskommentatoren, als auch von Politikern aller Richtungen geführte Auseinandersetzung über die Verantwortung der Justiz (ein mit Pelats Hinterlassenschaft befaßter Richter hatte den Stein ins Rollen gebracht) und der Medien, insbesondere des »Enthüllungsjournalismus«, dessen Daseinsberechtigung einzig darin bestehe, dem »Moloch öffentliche Meinung« ständig neue Opfer anzubieten[89]. Das Ehepaar Mitterrand nahm demonstrativ an den Trauerfeierlichkeiten in Nevers teil, und der Präsident betonte, es könne keine Rechtfertigung dafür geben, daß man die Ehre und letzten Endes das Leben eines Mannes »den Hunden vorgeworfen« habe, womit seine Ankläger gleichzeitig die Grundrechte der Republik, die den Schutz der Würde und der Freiheit eines jeden Bürgers garantierten, verletzt hätten[90]. Als dieses Ereignis eintrat, war die neue Regierung schon einen Monat im Amt. Auf Grund des Wahlergebnisses ernannte Staatspräsident Mitterrand am 29. 3. 1993 Edouard Balladur (RPR), den Wirtschafts- und Finanzminister der ersten *cohabition* von 1986–88, zum Premierminister, der einen Tag später sein Kabinett vorstellte; ihm gehörten an als Staatsminister: Simone Veil (UDF, Gesundheit, Soziales, Stadt), Charles Pasqua (RPR, Inneres und Raumordnung), Pierre Méhaignerie (CDS, Justiz) und François Léotard (*Parti Républicain,* Verteidigung); als Minister: Alain Juppé (RPR, Äußeres), François Bayrou (CDS, Bildung) und Edmond Alphandéry (CDS, Wirtschaft und Finanzen), um nur die wichtigsten zu nennen[91]. Es stellte sich nun die Frage, ob dieser zweiten *cohabitation* zwischen einem sozialistischen Präsidenten und einer konservativen Regierung weniger interne Konflikte und größerer Erfolg beschieden sein würden als der ersten und ob vor allem Mitterrand sich in seiner »Domäne« Außen- und Verteidigungspolitik würde behaupten können. Der Golfkrieg[92] hatte in Frankreich vielfach Erinnerungen an den Algerienkrieg geweckt, aber auch in Algerien selbst, ebenso wie in Tunesien,

Marokko, Libyen und bei den Palästinensern, wo allenthalben Saddam Husseins »anti-imperialistische« Propaganda ein breites Echo und vielfach antifranzösische Demonstrationen hervorgerufen hatte. Kritiker des pro-amerikanischen »atlantischen« Kurses, den Mitterrand im Golfkonflikt eingeschlagen hatte, erblickten darin einen Bruch mit der traditionellen pro-arabischen Politik Frankreichs und das Ende seiner Rolle als tonangebende Macht im Kreise der europäischen und nordafrikanischen Mittelmeer-Anrainerstaaten. Jean-Pierre Chevènement, der eine Unterstützung des Irak mit seiner laîzistischen Ausprägung als einer Art Bollwerk gegen islamisch-theokratische Tendenzen (wie etwa im Iran) befürwortete, gehörte dazu, auch Régis Debray, beide vom linken, betont antiamerikanisch eingestellten Flügel der PS, aber auch Philippe Séguin vom rechten Spektrum des RPR. Daß Frankreich seine über hundert Jahre während Schutzmachtfunktion im Libanon aufgegeben und das Land damit praktisch dem Einflußbereich Syriens überantwortet hatte, wurde ebenfalls als außenpolitischer Prestigeverlust beklagt. Nicht zuletzt führte man wirtschaftliche Interessen ins Feld, hatte doch Frankreich seit den 70er Jahren seinen Export von Rüstungsgütern in die Maghrebstaaten und in den Nahen Osten, namentlich in den Irak, auf mehr als vier Fünftel seiner entsprechenden Produktion gesteigert und drohte nun seinen wichtigsten Absatzmarkt zu verlieren.

Es gab denn auch in den letzten vier Jahren einige französische Vorstöße im Sicherheitsrat, die Sanktionen gegenüber dem Irak zu lockern. Die unverändert harte Haltung der USA, die immer wieder die Erfüllung aller einschlägigen Sicherheitsrats-Resolutionen zur Vorbedingung machte, wurde im übrigen auch von zwei Mitgliedern der konservativen Regierung, von Außenminister Juppé und Verteidigungsminister Léotard erst jüngst (Okt. 1994) kritisiert.

Um Frankreichs mediterrane Politik wiederzubeleben, besuchte Außenminister Dumas im Mai 1991 Algerien und regte bei dieser Gelegenheit eine Institutionalisierung der wirtschaftlichen Zusammenarbeit zwischen Algerien, Tunesien, Marokko, Mauretanien und Libyen *(Union du Maghreb Arabe)* auf der einen und Portugal, Spanien, Italien und Frankreich auf der anderen Seite an. Solche Neuansätze, ergänzt durch die Verstärkung der Wirtschafts- und Finanzhilfe an Algerien, wurden alsbald wieder in Frage gestellt, als zur Jahreswende 1991/92 ein Militärputsch in Algier die ersten freien Wahlen, deren vorläufige Ergebnisse der »Islamischen Heilsfront« *(Front Islamique du Salut, FIS)* einen überwältigenden Sieg verhießen, abrupt abbrach und damit auch den gerade erst in Gang gekommenen Demokratisierungs- und Liberalisierungsprozeß. Daß sich Frankreich, ebenso wie seine westlichen Partner, nicht entschließen konnte, diesen Staatsstreich zu verurteilen und statt dessen das autoritäre Regime stillschweigend tolerierte – und zwar aus Furcht vor den Auswirkungen einer Regierungsübernahme durch die radikalen Fundamentalisten zum einen in Algerien selbst, zum anderen in der angrenzenden Region bis hin zu den islamischen Staaten Schwarzafrikas und nicht zuletzt im eigenen Land wegen der zu erwartenden Flüchtlingsströme –, trug ihm nicht nur die erbitterte Gegnerschaft der »Islamischen Heilsfront« ein, sondern kostete es auch viele Sympathien auf seiten der nicht fundamentalistischen, demokratischen Opposition. Die Mordanschläge der FIS gegen in Algerien lebende Ausländer trafen in der Mehrzahl der Fälle Franzosen, und auch in Frankreich selbst gab es Terrorakte (von denen die Entführung einer *Air-France*-Maschine von Algier nach Marseille mit vier Geiselmorden und der geplanten, gerade noch verhinderten Sprengung über Paris – 24.–26. 12. 1994 – eine spektakuläre Eskalation darstellte), die Premierminister Balladur schließlich zu energischen Maßnahmen, wie der am 9. 11. 1993 im ganzen Land gleichzeitig durchgeführten Durchsuchungs- und Verhaftungsaktion und seinen Innenminister Pasqua im Laufe des Sommers 1994 zu systematischen polizeilichen Personenkontrollen bei nordafrikanischen Einwohnern veranlaßten. Aus dem Umstand, daß Deutschland diskrete Kontakte zur Führung der »Islamischen Heilsfront« unterhält und damit bisher einen gewissen Schutz von Deutschen in Algerien gewährleistet, haben sich sogar zeitweise Spannungen mit Frankreich ergeben, weil der Eindruck entstand, die Aktivitäten hier lebender FIS-Anhänger würden geduldet oder zumindest zu nachlässig verfolgt.

Dessen ungeachtet war die französische Diplomatie seit 1992 bestrebt, die Fäden zu den weniger radikalen Vertretern der Heilsfront nicht ganz abreißen zu lassen, und auch die konservative Regierung scheint sie seit dem Sommer 1994 im geheimen wieder aufzugreifen, worauf möglicherweise die Auslieferung des international gesuchten Top-Terroristen Illich Ramirez Sanchez, alias »Carlos« aus dem streng islamischen Sudan an Frankreich (15. 8. 1994) zurückzuführen ist, wo man ihm mehrere blutige Anschläge auf französische Einrichtungen im In- und Ausland innerhalb der letzten zwanzig Jahre zur Last legt. Präsident Mitterrand selbst machte Anfang 1995 den Vorschlag, eine im Sommer in Rom stattfindende Tagung der algerischen demokratischen Opposition zu einer EU-Konferenz auszuweiten und dazu auch Vertreter der FIS einzuladen, um den inneralgerischen Dialog und Demokratisierungsprozeß wieder in Gang zu bringen, und forderte damit eine scharfe Reaktion des Regimes des Generals Zeroual heraus, das sich jede Einmischung in die inneralgerischen Angelegenheiten verbat.

Im Hinblick auf das arabisch-israelische Verhältnis betonte Präsident Mitterrand bei seinem Staatsbesuch in Israel (25.–27. 11. 1992, anschließend in Jordanien), dem zweiten seit 1982, wieder das Recht der Palästinenser auf einen eigenen Staat und forderte die israelische Regierung zu Gesprächen mit der PLO-Führung auf. Die während und kurz nach dem Golfkrieg etwas entspannteren Beziehungen zu Israel kühlten sich vor allem seit dem Amtsantritt der konservativen Regierung 1993 wieder ab zugunsten einer pro-arabischen, aber strikt anti-fundamentalistischen Politik.

Was Schwarzafrika anlangt, so pflegt Frankreich weiter seine engen wirtschaftlichen und kulturellen Beziehungen zu den frankophonen ehemaligen Kolonien in West- und Zentralafrika (z. B. Weiterführung der von Giscard d'Estaing begründeten jährlichen franko-afrikanischen Gipfeltreffen), jedoch führte seine – auch unter Mitterrand fortgesetzte – traditionelle Politik der Unterstützung selbst diktatorischer Regime (etwa im Tschad, in Mali, Kamerun oder Togo und notfalls sogar durch französische Fallschirmjägereinsätze) zunehmend zu kritischen Stellungnahmen auch im eigenen Land, so daß sich hier ein Wandel andeutet zu mehr Einflußnahme auf die afrikanischen Partner zugunsten der Einführung bzw. Einhaltung von Demokratie und Menschenrechten[93]. Auf dieser Linie lag auch der Einsatz französischer Truppen (*Opération Turquoise*, 26. 6.–21. 8. 1994) in Ruanda, die in den dortigen Bürgerkriegswirren im Auftrag der UNO bis zum Eintreffen anderer Kontingente humanitäre Hilfe leisteten. Die Durchsetzung demokratisch-rechtsstaatlicher Prinzipien nach Abschaffung der Apartheid und den ersten freien Wahlen in Südafrika im April 1994 wurde in Frankreich wie in der ganzen Welt begrüßt, und François Mitterrand besuchte als erstes ausländisches Staatsoberhaupt (4.–5. 7. 1994) nach der Wahl Nelson Mandelas zum Präsidenten die Republik am Kap.

Es gehört zu den Charakteristika der französischen Außenpolitik, daß sie ihre diplomatischen und wirtschaftlichen Beziehungen stets durch kulturelle Aktivitäten begleitet und abstützt, wofür etwa die regelmäßigen »Frankophonie-Gipfel« (z. B. Nov. 1991 in Paris, Okt. 1993 auf Mauritius) Zeugnis ablegen, an denen französischsprachige Staaten aus aller Welt teilnehmen. Auf der Basis der die beiden Vietnam-Kriege überdauernden Geprägtheit des Landes durch französische Sprache und Zivilisation konnte Frankreich auch seine Kontakte zu Vietnam in den letzten Jahren intensivieren. Mitterrand nutzte seine offizielle Visite in Hanoi (9.–12. 2. 1993), den ersten Besuch eines französischen Staatschefs dort seit 1945, um das Embargo der USA als nicht mehr berechtigt und den französischen Indochina-Krieg als »einen Irrtum« zu bezeichnen. Er begab sich auch nach Dien Bien Phu, auf den Schauplatz der für Frankreich so folgenschweren Schlacht von 1954, ehe er nach Kambodscha weiterreiste, wo er für die Einigung des Landes unter Prinz Norodom Sihanouk plädierte.

Vietnam gehört inzwischen auch zu jenen südostasiatischen Ländern, die einen enormen Wirtschaftsaufschwung erleben und als Absatzmärkte der Zukunft von den alten Industriestaaten heftig umworben werden. So zögerte Frankreich – im Gegensatz zu Deutschland – z. B. nicht, Waffen an Taiwan zu liefern und dadurch Verärgerungen in China zu riskieren, die jedoch nicht lange andauerten. In Südkorea gelang der französischen Wirtschaft ein besonders großes Geschäft, als die TGV-Hersteller – gegen die deutsche Konkurrenz des ICE – den Zuschlag für den Bau eines Hochgeschwindigkeits-Bahnnetzes erhielten (21. 8. 1993).

Mit dem Begriff »Entwicklungshilfe« verbindet die französische Politik weiterhin in erster Linie die Dritte Welt, aber seit der Wende im Osten

Europas stößt sie damit bei ihren westlichen Partnern häufig auf einschränkende Vorbehalte, so z. B. Präsident Mitterrand beim G 7-Gipfel 1989 oder der französische Vertreter beim EU-Außenministertreffen in Brüssel (16. 2. 1995) mit Abgesandten der AKP-Staaten, weil die entsprechenden Kapazitäten der einzelnen Gebernationen wie auch der EG/EU zunehmend von der Unterstützung der mittel- und osteuropäischen Reformstaaten auf ihrem schwierigen Weg in die Marktwirtschaft beansprucht werden. Wohl war es gleich zu Beginn dieses Prozesses Frankreich (Nov./Dez. 1989), in der Person Mitterrands und des EG-Kommissionspräsidenten Delors, das den Anstoß zu einem Hilfsprogramm im Rahmen der OECD *(Organization for Economic Cooperation and Development,* 24 Mitgliedsstaaten) und zur Etablierung einer »Europäischen Bank für Wiederaufbau und Entwicklung (EBWE)« gab; diese sogenannte »Osteuropa-Bank« mit Sitz in London war ursprünglich von Giscard d'Estaing angeregt und von Jacques Attali gefördert worden, der auch 1991 ihr erster Präsident wurde, allerdings im Juni 1993 wegen des Vorwurfs verschwenderischer und der Aufgabenstellung nicht entsprechender Amtsführung zurücktreten mußte. Der finanzielle Anteil Frankreichs an solchen Aktivitäten nimmt sich jedoch eher bescheiden aus, und auch seine Handelsbeziehungen und Investitionen im ehemaligen Ostblock erreichten zumindest in den frühen 90er Jahren nicht das Niveau anderer westlicher Partner.

Hingegen war Frankreich durchaus bestrebt, die ehemaligen Ostblockstaaten politisch stärker an sich zu binden, denn es lebten die aus historischer Erfahrung genährten Besorgnisse wieder auf, die dort deutlich erkennbare Tendenz zur Zersplitterung in »Volksstämme« könne am Ende zur Bildung von Kleinststaaten führen, die sich dann wiederum an große Nachbarländer – wie Italien, Österreich, Ungarn, vor allem aber Deutschland – anlehnen oder gar anschließen wollten. So wurden im Jahre 1991 in Paris zweiseitige, unter die Begriffe »Freundschaft«, »Kooperation«, »Solidarität« und »Entente« in jeweils wechselnden Kombinationen gefaßte Verträge abgeschlossen mit: Polen am 9. 4., Ungarn am 13. 9. (Staatsbesuche von Mitterrand in Budapest, 18./19. 1. 1990, und von József Antall in Paris, Juni 1990 und Mai 1991), der ČSFR am 1. 10. und Rumänien am 20. 11. (Staatsbesuch Mitterrands in Bukarest, 19. 4. 1991, Betonung auf Demokratisierung und Menschenrechtsfragen) sowie schließlich mit Bulgarien am 18. 2. 1992. Die Abkommen mit den drei erstgenannten Staaten enthielten zwar die Zusage, Frankreich werde sich für den von ihnen gewünschten EG-Beitritt einsetzen, aber dem steht die offensichtliche französische Tendenz entgegen, diese Frage eher dilatorisch zu behandeln. Die bilateralen Beziehungen zu Polen, demgegenüber sich Frankreich von jeher als eine Art Schutzmacht empfunden hat, gestalteten sich besonders eng und wurden durch die Beteiligung Deutschlands trilateral erweitert (regelmäßige Treffen der drei Außenminister, das dritte am 11./12. 11. 1993 in Warschau).

Die von den Präsidenten Mitterrand und Václav Havel initiierte internationale Konferenz (Prag, 12.–14. 6. 1991) zwecks Erörterung der »Grundlagen einer Europäischen Konföderation« endete ohne konkretes Ergebnis, weil Mitterrands Konzept einer lockeren Staatengemeinschaft von den direkt betroffenen Ländern Mittel- und Osteuropas als wenig befriedigende Ersatzlösung für einen baldigen EG-Beitritt angesehen wurde und auch bei den übrigen Teilnehmern kein positives Echo fand. Er hatte diesen Plan zum ersten Mal in seiner Neujahrsbotschaft 1990 entworfen und brachte ihn noch einige Male (z. B. im Frühjahr 1992 in Form einer organisatorischen Verflechtung mit dem Straßburger Europarat) erneut ins Gespräch mit dem Ziel, das durch den Zerfall der Weltmacht UdSSR zwischen West- und Osteuropa entstandene Vakuum auszufüllen und den Einfluß der verbliebenen Supermacht USA in Europa einzuschränken, ohne jedoch feste wirtschafts- und sicherheitspolitische Bindungen mit den Reformstaaten einzugehen.

Daß der französische Präsident sein latentes Mißtrauen gegenüber dem sowjetischen Staatschef Michail Gorbatschow – trotz dessen Staatsbesuch in Paris (4.–6. 7. 1989), trotz seiner eigenen Zusage (vor dem Europäischen Parlament in Straßburg, 25. 10. 1989), dessen Reformkurs unterstützen zu wollen, trotz der für einen Moment demonstrierten Übereinstimmung in der Beurteilung der deutschen Frage (Kiew, 6. 12. 1989) und endlich trotz des mit ihm abgeschlossenen französisch-sowjetischen »Entente- und Kooperationsvertrages« (Rambouillet, 29. 10. 1990) – nie zu überwinden vermochte, ließ seine zwiespältige und keineswegs entschieden ablehnende Reaktion auf den Moskauer Putschversuch vom 18. 8. 1991 immerhin so deutlich erkennen, daß er wegen dieser Fernsehansprache (19. 8.) auch im eigenen Land auf Unverständnis und Kritik stieß[94]. Nach dem Ende der Sowjetunion (5. 9. 1991) und der Begründung der »Gemeinschaft Unabhängiger Staaten« (GUS, 8. 12. 1991) wurde der französisch-sowjetische Vertrag hinfällig. An seine Stelle traten entsprechende Kooperationsverträge mit einzelnen Mitgliedstaaten der GUS, von denen die »Erben« des sowjetischen Nuklearpotentials besondere Beachtung fanden, am wichtigsten der mit Rußland (7. 2. 1992, wobei Präsident Boris Jelzin – anders als noch zehn Monate zuvor – mit allen protokollarischen Ehren empfangen wurde). Eine vergleichbare Übereinkunft wurde mit der Ukraine während des Staatsbesuchs von Präsident Leonid Krawtschuk (16./17. 6. 1992) unterzeichnet.

Die Beziehungen zu den USA waren zu Beginn der 90er Jahre durch die GATT-Verhandlungen (GATT = *General Agreement on Tariffs and Trade* = Allgemeines Zoll- und Handelsabkommen, seit 1948) in ihrer seit 1986 laufenden »Uruguay«-Runde zeitweise stark belastet. Die von der EG-Kommission mit den USA ausgehandelten Lösungen zum Abbau von Agrarsubventionen und protektionistischen Handels- und Zollschranken stießen in fast allen beteiligten Ländern auf Proteste der Landwirte; besonders in Frankreich hatten die Bauern mit ihren z. T. in Gewalttätigkeiten ausartenden Demonstrationen, wie wir sahen, schon die sozialistischen Regierungen unter Druck gesetzt, den sie gegenüber dem Kabinett Balladur noch verstärkten (Sept. 1993), weil diesem nicht mehr viel Zeit blieb, bis zum vorgesehenen – und nach dem Willen der übrigen 116 Staaten auch definitiven – Ende der GATT-Runde im Dezember 1993 zu einer Einigung zu gelangen. Der Premierminister lehnte denn auch zu wiederholten Malen den »Blair-House-Kompromiß« ab (13. 5., 8. 6., 25. 8. 1993), obwohl schließlich auch Außenminister Juppé (bei seinem Treffen mit seinem deutschen Kollegen Kinkel in Dresden, 25. 8. 1993) für einen raschen Vertragsabschluß plädierte, ebenso wie Staatspräsident Mitterrand (25. 10. 1993) und vor allem Kommissionspräsident Delors. Balladur lenkte ein und sicherte den französischen Landwirten finanzielle Kompensationen zu (15. 11.), so daß endlich am 15. 12. 1993 die Vertragsunterzeichnung in Genf stattfinden konnte (Ratifizierung durch die EU am 22. 12. 1994). In dem Abkommen war allerdings der Film- und Fernsehbereich ausgeklammert worden, da Frankreich einen Schutz der europäischen Filmproduktion gegenüber der erdrückenden amerikanischen Konkurrenz durchsetzen möchte (51% Anteil bei TV-Ausstrahlung), während seine EU-Partner eine direkte finanzielle Förderung auf nationaler und EU-Ebene vorziehen. An die Stelle der bisherigen GATT-Runden ist nunmehr als ständige Institution die WTO *(World Trade Organization)* mit Sitz in Genf getreten.

Der einen beträchtlichen Prozentsatz der EG/EU-Haushaltsmittel beanspruchende Agrarsektor bietet immer wieder Angriffsflächen für Kontroversen der Mitgliedsländer, wie u.a. der gelegentlich groteske Züge aufweisende sogenannte »Bananen-Krieg« schlaglichtartig beleuchtet, als dessen Ergebnis die Einfuhr von »Dollar-Bananen« aus Südamerika kontingentiert und mit Zöllen belegt wurde zugunsten des Imports von »Kolonial-Bananen« aus den AKP-Ländern, eine Verordnung, zu der Frankreich maßgeblich beigetragen hat und die besonders in Deutschland höchst umstritten ist.

Unbeschadet der Tubulenzen, die das deutsch-französische Verhältnis während des deutschen Einigungsprozesses und auch später noch gelegentlich trübten, lief die Zusammenarbeit im eingespielten, institutionalisierten Rahmen im wesentlichen reibungslos weiter mit den regelmäßigen Regierungskonsultationen, deren sechzigste seit Abschluß des Elysée-Vertrages (3./4. 12. 1992) z. B. unmittelbar vor den offiziellen Feiern zu seinem 30. Jahrestag (21. 1. 1993 in Bonn) stattfand, und mit den Treffen auf der Ebene der Ressortminister, etwa im »Verteidigungs- und Sicherheitsrat«, im »Finanz- und Wirtschaftsrat«, im »Kulturrat« (alle drei seit 22. 1. 1988), im »Umweltrat« (seit 2. 11. 1989) oder in sonstigen gemeinsamen Gremien. Auch stattete Bundespräsident Richard von Weizsäcker seinen ersten Staatsbesuch nach Vollendung der deutschen Einheit dem Nachbarland ab (21.–23. 3. 1991).

Das zeitweise gestörte Einvernehmen zwischen den beiden Trägern des Internationalen Karlspreises der Stadt Aachen (gemeinsame Verleihung am 1. 11. 1988) begann sich wieder einzustellen, nachdem es Präsident Mitterrand und Bundeskanzler Kohl bei ihrem Gespräch in Latché (4. 1.

1990) offenbar gelungen war, ihre politischen und persönlichen Differenzen weitgehend auszuräumen. So zollte der französische Staatschef der wiedergewonnenen Souveränität Deutschlands bereits bei den Konsultationen in München (17./18. 10. 1990) insofern Tribut, als er die Reduzierung der 46 000 auf deutschem Boden stationierten französischen Soldaten um 20 000 innerhalb von zwei Jahren ankündigte; im Rahmen des alliierten Truppenabzugs aus Berlin verließ im Sommer 1994 auch das französische Kontingent die Stadt endgültig. Bei seinem Besuch in den neuen Bundesländern im September 1991 forderte Mitterrand die französische Wirtschaft nachdrücklich auf, sich dort zu engagieren. Dessen hätte es kaum bedurft, denn die großen französischen Konzerne, vor allem die bereits in der Bundesrepublik ansässigen oder mit westdeutschen Unternehmen kooperierenden (allerdings weniger kleinere und mittelständische Unternehmen) hatten bereits eine große Anzahl ostdeutscher Betriebe erworben und standen 1992 in bezug auf das Volumen von Investitions- und Beschäftigungszusagen an der Spitze aller ausländischen Investoren in der ehemaligen DDR (z. B. Zweidrittel-Beteiligung von *Elf-Aquitaine* am Konsortium für Minol, Leuna, Zeitz), geleitet wohl auch von der Erwägung, einer zukünftig noch stärkeren deutschen Konkurrenz auf dem europäischen Markt auf diese Weise zuvorzukommen[95].

Vor allem aber waren die deutsch-französischen Zusammenkünfte auf höchster Ebene wieder – wie schon ab 1984/85 – durch gemeinsame Initiativen zur Intensivierung der europäischen Integration gekennzeichnet, wie etwa den von Mitterrand und Kohl an den irischen EG-Ratspräsidenten gerichteten Vorschlag (18. 4. 1990), die in der EEA und im Delors-Plan (vgl. S. 479 und 487) vorgesehene Ausweitung der Europäischen Gemeinschaft zur »Europäischen Union«, also die Wirtschafts- und Währungsunion und die Politische Union bereits zum 1. 1. 1993, gleichzeitig mit der Öffnung des Binnenmarktes, zu realisieren. Die Binnenmarktvereinbarungen traten tatsächlich zum vorgesehenen Zeitpunkt in Kraft, wobei die Frage der Mehrwertsteuer durch ein Provisorium (Erhebung im Warenherkunftsland gemäß dort geltender Sätze) vorläufig gelöst wurde. Hingegen mußte der in der EEA nicht enthaltene freie grenzüberschreitende Personenverkehr durch ein zwischenstaatliches Abkommen geregelt werden. Keimzelle war das von Mitterrand und Kohl am 13. 7. 1984 vereinbarte »Saarbrücker Abkommen«, das Kontrollen an den beiderseitigen Grenzen auf Stichproben beschränkte und nach dessen Muster am 14. 6. 1985 in einem kleinen luxemburgischen Grenzort das nach ihm benannte »Schengener Abkommen« zwischen Frankreich, Deutschland, Belgien, Luxemburg und den Niederlanden vertraglich festgelegt wurde. Wegen der sich daraus ergebenden Probleme der Sicherheitspolitik und der Immigration wurde in einem Staatsvertrag zwischen den Innenministern fünf Jahre später zusätzlich beschlossen, daß Personenkontrollen nur noch an den Außengrenzen der EG stattfinden und Visa gegenseitig anerkannt werden, für Asylverfahren der »Eintrittsstaat« zuständig ist und ein alle beteiligten Länder erfassendes »Schengener

Informations-System« (SIS) mit der Zentrale in Straßburg die Computer-Fahndung nach Straftätern koordiniert, die auch über die Binnengrenzen hinweg verfolgt werden können. Dieses zweite, ergänzende »Schengener Abkommen« wurde am 19. 6. 1990 wiederum von den genannten fünf Staaten unterzeichnet; Italien, Spanien, Portugal und Griechenland sind ihm bis 1992 beigetreten, während Dänemark nur durch einen Beobachter vertreten ist und Großbritannien und Irland einen Beitritt bisher ablehnen. Die ursprünglich für den 1. 1. 1992, dann für den 1. 1. 1993 geplante Verwirklichung wurde immer wieder hinausgezögert, weil die Voraussetzungen in den einzelnen Ländern noch nicht erfüllt waren (in Griechenland und Italien sind sie es bis heute noch nicht). So konnte in Frankreich erst nach langwierigen parlamentarischen Debatten am 19. 11. 1993 eine Verfassungsänderung zur Modifizierung des Asylrechts von Nationalversammlung und Senat beschlossen werden, und außerdem benötigte »SIS« eine unerwartet lange Vorbereitungszeit, bis es endlich im Dezember 1994 alle Anforderungen erfüllte. Mithin gibt es ab 26. 3. 1995 keine Personenkontrollen an den Binnengrenzen der EU mehr, auch nicht mehr im Flugverkehr und gegenüber Reisenden aus Drittländern, aber dafür umso schärfere an den Außengrenzen.

Bei der EG-Ratstagung in Dublin (25./26. 6. 1990) wurde die deutsch-französische Anregung aufgegriffen und beschlossen, ab Dezember Regierungskonferenzen zur Ausarbeitung eines neuen europäischen Vertragswerks abzuhalten. Die oft sehr schwierigen Verhandlungen zogen sich über ein Jahr hin und standen manches Mal vor dem Scheitern, wovor Mitterrand und Kohl unermüdlich warnten (z. B. Mitte Nov. 1991) und wofür sie vor allem die zögernde Haltung Großbritanniens verantwortlich machten.

Als es dann endlich auf dem EG-Gipfel in Maastricht (9.–11. 12. 1991) zur Einigung über den »Vertrag über die Europäische Union« (Wirtschafts- und Währungsunion = WWU und Gemeinsame Außen- und Sicherheitspolitik = GASP) kam, bezeichnete der französische Staatspräsident ihn als eines der wichtigsten Ereignisse der zweiten Jahrhunderthälfte und deutete die Möglichkeit eines Referendums in Frankreich an. Nach der Unterzeichnung des Vertrages durch die zwölf Außen- und Finanzminister am 7. 2. 1992 ebenfalls in Maastricht wurde der Nationalversammlung der Regierungsentwurf zu einer Verfassungsänderung zugeleitet, die vor der Abtretung von Souveränitätsrechten an die europäischen Institutionen erforderlich war.

Bereits vor den parlamentarischen Debatten hierüber und parallel zu ihnen setzten sich angesehene Publizisten mit dieser Frage auseinander, wobei sie neben den bis dahin dominierenden ökonomischen Argumenten für oder wider die Union vor allem ihre politisch-kulturellen Auswirkungen analysierten. Den einen erschienen sie als durchaus tolerabel, weil ein »europäischer Patriotismus« die geistige Verwurzelung in der eigenen Nation unangetastet ließe, während die anderen den drohenden Verlust der nationalen, historisch gewachsenen politisch-kulturellen Identität beklagten und eine zunehmende Entfremdung der Bürger von der direkten demokratischen Teilhabe an politischen Entscheidungsprozessen voraussagten, die nur im überschaubaren und vertrauten regionalen und nationalen Rahmen möglich sei.

Die Anfang Mai 1992 beginnenden Erörterungen in der Nationalversammlung ließen Befürworter und Gegner der Europäischen Union in z.T. heftigen Wortgefechten aufeinanderprallen. Die Ablehnung durch den FN und die PCF stand von vornherein fest, aber auch im RPR erhob sich lebhafter Widerspruch, wohingegen sich UDF und PS mit wenigen Ausnahmen zustimmend äußerten. Die Begründungen für ein »Ja« zur EU lassen sich unter den Stichworten zusammenfassen: Friedenssicherung, Stärkung der Wirtschaftskraft und Konkurrenzfähigkeit Europas gegenüber den USA und Japan, erweiterte Möglichkeiten zur Durchsetzung französischer Interessen in diesem Rahmen (z. B. Befreiung vom finanzpolitischen »Diktat« der Deutschen Bundesbank), noch festere Einbindung des durch die Vereinigung gewichtiger gewordenen deutschen Partners. Die Verfechter eines »Nein« führten demgegenüber ins Feld: die Selbstfesselung Frankreichs durch seine Unterordnung unter die alles reglementierende und vereinheitlichende, ausufernde Brüsseler Bürokratie, das »demokratische Defizit« infolge nicht ausreichender Kontrollbefugnisse des Europäischen Parlaments und Entmachtung der nationalen Volksvertretungen, zusätzlich die Gefahr einer erdrückenden wirtschaftlichen Dominanz Deutschlands und einer sicherheitspolitischen Abhängigkeit von den USA (Chevènement) und schließlich die unvermeidliche Preisgabe des innersten Kerns der Nation, ihrer »Seele« quasi, durch den Verlust ihrer Souveränität, die auch nicht teilweise geschmälert werden dürfe (Séguin)[96].

Am Ende stimmten sowohl der Senat (17. 6. 1992, nach Einfügung einer das kommunale Wahlrecht für EU-Bürger einschränkenden Bestimmung und der Verpflichtung der Regierung, Gesetzentwürfe auf EU-Ebene rechtzeitig vorher beiden Kammern vorzulegen), als auch die Nationalversammlung (19. 6., mit 388 gegen 43 Stimmen bei Nichtteilnahme der RPR-Abgeordneten) der Verfassungsänderung zu, die der aus beiden Kammern gebildete Kongreß am 23. 6., wiederum ohne Beteiligung des RPR, billigte. Nach der Veröffentlichung im *Journal officiel* (26. 6. 1992) hätte also der Ratifizierung eigentlich nichts mehr im Wege gestanden. Das negative Ergebnis der (ersten) Volksabstimmung in Dänemark (2. 6. 1992) bewog Präsident Mitterrand jedoch, die Idee eines Referendums über die Annahme des Maastricht-Vertrages wieder aufzugreifen, das auf den 20. September angesetzt wurde, und selbst engagiert um die Zustimmung der Franzosen zu werben, die er aufforderte, das Plebiszit nicht als eine Entscheidung für oder gegen seine Person und Amtsführung zu mißdeuten.

Trotz der in früheren Umfragen festgestellten überwiegenden Europa-Akzeptanz in Frankreich fiel das Ergebnis des Referendums mit 51,04% Ja- und 48,95% Nein-Stimmen bei rund 70-prozentiger Wahlbeteiligung[97] recht knapp aus und ließ auch in seiner Verteilung soziologische Unterschiede zwischen Stadt und Land, Bürgertum und Bauern- sowie Arbeiterschaft erkennen.

Die Ratifizierung des Maastricht-Vertrages durch die zwölf EG-Staaten zog sich allerdings noch über ein Jahr hin. Den Schlußpunkt setzte Deutschland, als es am Abend des 12. 10. 1993 die entsprechende Urkunde in Rom hinterlegte, nachdem das von Bayern angerufene Bundesverfassungsgericht am gleichen Tag alle Einwände zurückgewiesen hatte. Mithin konnte der Vertrag[98] am 1. November 1993, fast ein Jahr später als darin vorgesehen, in Kraft treten, und die »Europäische Gemeinschaft« hatte sich in die »Europäische Union« verwandelt.

Was bedeutete dies nun im einzelnen?

1. Die von den Regierungen Deutschlands und Frankreichs nachdrücklich gewünschte föderative Ausrichtung der Union mit dem Ziel der Errichtung eines europäischen Bundesstaates[99] wurde auf Grund des britischen Widerstandes nicht als Programm festgeschrieben und statt dessen die viele Interpretationen zulassende Formulierung von »einer immer engeren Union«, zu der die »Völker Europas« zusammenwachsen sollten, aufgenommen. – Auf Grund der »europäischen Staatsbürgerschaft« erhält jeder EU-Bürger in jedem anderen Mitgliedsstaat das aktive und passive Wahlrecht auf kommunaler Ebene (in Frankreich, wie erwähnt, in eingeschränktem Maße, in Deutschland noch kaum realisiert) und bei der Europawahl. –

2. Die Aufgabenbereiche der Union wurden aufgeteilt in

a) die im eigentlichen Sinne betriebene Gemeinschaftspolitik, in die zu den bisherigen Sachgebieten wie Agrarmarkt, Regionalförderung, Außenhandelsbeziehungen etc. auch Verbraucher-und Umweltschutz, Industriepolitik, Forschung, Kultur, Sozialpolitik (Arbeitsbedingungen, Mitbestimmung, Gleichstellung von Mann und Frau – dies alles ohne Beteiligung Großbritanniens) und vor allem die Wirtschafts- und Währungsunion integriert wurden; Initiativrecht der EU-Kommission, deren Amtszeit der fünfjährigen Wahlperiode des Parlaments angeglichen wurde, und des Ministerrats sowie Mehrheitsentscheidungen wurden festgeschrieben.

b) die Kooperation auf den Feldern Justiz, Polizei, Asyl- und Einwanderungspolitik, die der Zuständigkeit der Kommission weitgehend entzogen ist und den Innen- und Justizministern vorbehalten bleibt, die sich von Fall zu Fall auf gemeinsame Regelungen einigen können;

c) die gemeinsame Außen- und Sicherheitspolitik, bei der dem Europäischen Rat der Staats- und Regierungschefs das Recht auf Vorschläge und (einstimmige) Entscheidungen über »Gemeinsame Aktionen« zusteht, deren Durchführung der Ministerrat (der Außen- und ggf. auch der Verteidigungsminister) mit Zweidrittelmehrheit beschließt; auch hier sind die Kompetenzen der Kommission begrenzt.

3. Die Zuständigkeit des Europäischen Parlaments beschränkt sich auf die unter 2a) aufgeführten Gemeinschaftsaufgaben. Zu seinen bereits durch

die EEA 1987 etwas erweiterten Rechten, wie Zustimmung zu Außenhandelsverträgen, zur Assoziierung von Drittstaaten und Aufnahme neuer Mitglieder (vgl. Anm. 40a) ist die Bestätigung des vom Ministerrat benannten EU-Kommissionspräsidenten und der von diesem – auf Vorschlag der Einzelregierungen – berufenen Kommissionsmitglieder hinzugekommen. Das am 12. 6. 1994 zum vierten Mal direkt gewählte Europäische Parlament[100] konnte dieses neue Recht schon wahrnehmen. Die Amtszeit von Jacques Delors, die beim Ratstreffen in Lissabon (26./27. 6. 1992) um weitere zwei Jahre verlängert worden war, endete definitiv zum 31. 12. 1994. Zum neuen EU-Kommissionspräsidenten hatten Präsident Mitterrand und Bundeskanzler Kohl, die für ihre unmittelbar bevorstehenden, aufeinander folgenden EU-Ratspräsidentschaften (1. 7.–31. 12. 1994 Deutschland, 1. 1.–30. 6. 1995 Frankreich) bereits eine enge Koordinierung verabredet hatten, Jean-Luc Dehaene ausersehen, jedoch verhinderte der britische Premier John Major auf dem EU-Gipfel in Korfu (24. 6. 1994) die Wahl des als Verfechter einer föderativen Integration geltenden belgischen Ministerpräsidenten. Der von Kohl daraufhin auf einem Sondergipfel (15. 7.) vorgeschlagene luxemburgische Regierungschef Jaques Santer wurde nicht nur vom EU-Rat akzeptiert, sondern auch wenig später vom Europäischen Parlament auf seiner konstituierenden Sitzung (21. 7.) – wenn auch mit knapper Mehrheit – bestätigt, ebenso wie die EU-Kommission als Ganzes am 18. 1. 1995, nach vorausgegangener Kritik in den Anhörungen an der Ressortverteilung – die Santer daraufhin modifizierte – und an einzelnen Kommissaren, z. B. an der ehemaligen Europa- und Premierministerin Edith Cresson. Seit 1. 1. 1995 befinden sich in der Kommission auch Vertreter aus den drei neuen Mitgliedsstaaten Österreich, Schweden und Finnland.

Das ebenfalls in Maastricht beschlossene Prinzip der »Subsidiarität«, d. h. möglichst wenig bürokratischer Zentralismus zugunsten eigenverantwortlicher Verwirklichung der Brüsseler Zielvorgaben auf nationaler und regionaler Ebene, erweist sich im Falle einer übergeordneten »Europa-Polizei« als eher hinderlich, denn der Aufbaustab von »Europol« arbeitet bisher ohne Rechtsgrundlage, weil es auch auf dem letzten EU-Gipfel in Essen (9./10. 12. 1994) unter deutscher Ägide nicht zu verbindlichen Vereinbarungen kam, und es ist keineswegs sicher, daß es Frankreich auf dem Ratstreffen in Cannes im Juni 1995 gelingen wird, eine entsprechendes Statut durchzubringen, angesichts der geringen Neigung der meisten Regierungen (und hier vor allem der Innenminister), einen Teil ihrer nationalen Souveränitätsrechte im Polizeibereich abzutreten. Trotz des ihm schon zugewiesenen umfangreichen Aufgabenfeldes – Drogenbekämpfung, Geldwäsche, Auto-, Menschen- (Prostitution) und sogar Atomschmuggel, aber nicht Terrorismusbekämpfung – muß sich das Europol-Team in Den Haag auf die koordinierende Unterstützung der jeweiligen Ermittlungen in den Mitgliedsstaaten beschränken, ohne selbst z. B. an den Außengrenzen als übergeordnete Instanz – wie Interpol – tätig werden zu können.

Ebenso wie der Zeitplan für das Inkrafttreten der EU nicht eingehalten werden konnte, wurde auch der am 3. 5. 1992 in Porto abgeschlossene Vertrag über den »Europäischen Wirtschaftsraum (EWR)« erst mit einjähriger Verspätung am 1. 1. 1994 verwirklicht, der die Handels- und Wirtschaftsbeziehungen zwischen EU und Europäischer Freihandelszone (EFTA = *European Free Trade Association*) liberalisiert. Zur EFTA gehören u. a. weiterhin die Schweiz und Norwegen, nachdem ihre Bürger den Beitritt zum EWR im Dezember 1992 bzw. zur EU im Herbst 1994 abgelehnt haben.

Verzögerungen in der Realisierung der Wirtschafts- und Währungsunion, dem Herzstück des Maastrichter Vertrages, sind jetzt schon absehbar. Geplant war: Anfang 1994 Beginn der zweiten Stufe der WWU (erste Stufe: Liberalisierung des Kapitalflusses zum 1. 7. 1990) mit der Errichtung eines Europäischen Währungsinstituts (EWI). Ende 1996: Bericht der EU-Kommission und des EWI über den Stand der Vorbereitungen in den einzelnen Mitgliedsländern, d. h. welche von ihnen die sogenannten »Konvergenzkriterien«[101] erfüllen. Auf dieser Basis Entscheidung des Ministerrates mit Zweidrittelmehrheit über den Beginn der dritten Stufe der WWU, der mindestens sieben (seit Beitritt der drei neuen Mitglieder acht) »startbereite« Länder zur Voraussetzung hat und frühestens zum 1. 1. 1997 erfolgen könnte, aber spätestens bis zum 1. 1. 1999 erfolgen muß. Daher bis Ende 1998 – falls vorher keine Terminierung möglich – erneute Beschlußfassung des EU-Rates nach gleichen Konvergenzkriterien über diejenigen Mitgliedsstaaten, die – ohne den Zwang zu einer Mindestanzahl – in die letzte Phase der WWU eintreten können. Danach alle zwei Jahre Überprüfung der restlichen Länder mit dem Ziel ihres Beitritts. Ab 1. 1. 1999 demnach Umwandlung des EWI in die Europäische Zentralbank, Übergabe der Kompetenzen, Gold- und Devisenreserven der beteiligten Notenbanken an die EZB, nach einem halben Jahr endgültige Fixierung der Wechselkurse der europäischen Währungen, etwa um die Jahrtausendwende Einführung der einheitlichen europäischen Währung, wobei Großbritannien und Dänemark, um den Vertragsabschluß nicht zu gefährden, zugestanden wurde, auch dann noch für die Beibehaltung der eigenen Währung zu optieren.

So sah also der zu Maastricht beschlossene »Fahrplan« aus, von dem tatsächlich eine Station termingerecht installiert werden konnte, nämlich das Europäische Währungsinstitut, das unter der Leitung des Ungarn und naturalisierten Belgiers Alexandre Lamfalussy, zuvor Generaldirektor der BIZ (Bank für Internationalen Zahlungsausgleich), am 1. 1. 1994 seine Tätigkeit in Frankfurt/Main aufnahm. Bis zur Vollendung der WWU müssen indes noch mannigfache Hindernisse überwunden werden: von vornherein erfüllte nur Luxemburg alle Konvergenzkriterien; in den Jahren 1992/93 lag Frankreich mit Inflationsraten von 2,4% und 2,3% in der Preisstabilität weit vor Deutschland mit seinen – wenn auch durch die Kosten der Vereinigung bedingten – 4,6% und 4,3% und dem EG-Durchschnitt. Das französische Haushaltsdefizit hatte im Mai 1993 341

Milliarden Francs erreicht, 4,8% des BIP, also mehr als die zugestandenen 3%[102]. Die Schlußlichter bei den gesamten Staatsschulden in Prozenten des BIP bildeteten 1993 Belgien (132%), Griechenland und Italien (je 107%)[103]. Immerhin erlangte die *Banque de France* am 5. 1. 1994 die geldpolitische Unabhängigkeit von Weisungen der Regierung, womit eine wichtige Maastricht-Forderung erfüllt ist.

Das durch den Austritt Großbritanniens und Italiens im September 1992 bereits erschütterte EWS geriet im Sommer 1993 durch erneute Spekulationen gegen den französischen Franc in die Gefahr, auseinanderzubrechen. Die Rettungsaktion der EG-Finanzminister, die in der Nacht vom 1. zum 2. August die Bandbreiten für Wechselkursschwankungen (nach oben bzw. nach unten) von bisher 2,25% auf 15% erhöhten, rettete das EWS zwar auf dem Papier, setzte es aber de facto außer Kraft. Diese finanzpolitischen Turbulenzen hatten auch ernsthafte Verstimmungen zwischen Deutschland und Frankreich zur Folge, da man in Paris die – inflationsbedingte – Weigerung der Deutschen Bundesbank, ihre Leitzinsen zu senken, für den anhaltenden Druck auf den Franc verantwortlich machte. Da England und Italien bis jetzt nicht wieder eingetreten sind und auch Griechenland noch nicht integriert ist, befinden sich gegenwärtig – nach dem Beitritt Österreichs am 9. 1. 1995 – nur zehn von den 15 EU-Ländern im EWS; allerdings ist durch die Erweiterung der Bandbreiten die Erfüllung des betreffenden Konvergenzkriteriums erleichtert worden. Dennoch gibt es genug skeptische Stimmen, die eine Verwirklichung der WWU zum 1. 1. 1997 für sehr fraglich halten – so Bundeskanzler Kohl im August 1993, Bundesbankpräsident Tietmeyer im November 1994, Finanzminister Waigel im Februar 1995 und vor allem der englische Premier Major, zuletzt im Februar 1995 –, wohingegen Frankreich immer wieder darauf drängt, den Zeitplan einzuhalten, und so fand denn auch das sogenannte »Schäuble-Papier« (1. 9. 1994) gerade in Frankreich besondere Aufmerksamkeit, zumal Präsident Mitterrand sich zum gleichen Zeitpunkt in demselben Sinne äußerte. Es ging in diesen »Überlegungen zur europäischen Politik« zwar generell um eine Reform der europäischen Institutionen (z. B. Stärkung der Stellung des Parlaments und der EU-Kommission als einer Art »Regierung«, Straffung der Bürokratie etc.), die bei der Regierungskonferenz 1996 (Maastricht II) in Angriff genommen werden sollte, und außerdem um Probleme der Osterweiterung, aber im Mittelpunkt der dadurch ausgelösten Diskussionen stand doch die Idee eines »Kern-Europa«, gebildet aus Frankreich, Deutschland und den Benelux-Ländern, mit dem man die vertiefte Integration, also die tatsächliche Realisierung von WWU und GASP beginnen müsse, auch wenn andere Länder erst später so weit seien. Besonders betont wurde die enge Kooperation zwischen Deutschland und Frankreich, um ihrer traditionellen Funktion als »Antriebsmotor« erneut gerecht zu werden und um ein Auseinanderdriften der EU in einen von Frankreich angeführten Süd-West-Flügel und einen um Deutschland gescharten Nord-Ost-Flügel zu verhindern.

Damit erhielt die schon länger andauernde Kontroverse um das »Europa der zwei Geschwindigkeiten« neue Nahrung, die auch eine Erörterung darüber bedingte, ob nicht die Konvergenzkriterien abgemildert werden sollten, um auch Staaten mit hohem Haushaltsdefizit und hohen Staatsschulden (Belgien) den Weg in die WWU zu öffnen, wenn denn nur erfolgversprechende Anstrengungen zum Abbau erkennbar seien. Auch als eine Antwort auf diese Thesen entwickelte Giscard d'Estaing in einem langen Aufsatz in *Le Figaro* im Januar 1995 – nach einem historischen Rückblick auf die europäischen Einigungsbemühungen seit Kriegsende – seine Vorstellungen von einem »Europa der Macht« (*l'Europe-puissance*), das die WWU und ebenso die »föderative politische Union« verwirklichen könne und ebenfalls aus den fünf »Kernländern«, etwas später um Italien und Spanien ergänzt, bestehen sollte. Die Alternative hierzu bilde ein »Europa des Raumes« (*l'Europe-espace*), das darüber hinaus auch alle übrigen Staaten, einschließlich der drei neuen und der osteuropäischen Beitrittskandidaten, umfassen würde. Man müsse sich nun zwischen diesen beiden Möglichkeiten entscheiden. Giscard selbst plädierte entschieden für das »Kern-Europa« und vor allem auch für eine rasche Einführung der europäischen Währung, zu deren Gunsten die D-Mark aufgegeben werden müsse. Wenig später trat auch Premierminister Balladur nachdrücklich für den frühestmöglichen Termin ein und versicherte, Frankreich werde bis 1997 alle Kriterien erfüllen[104].

In seiner Abschiedsrede vor dem Europäischen Parlament am 19. 1. 1995 setzte sich Jacques Delors für einen »Bund der Nationalstaaten", für eine stärkere Koordination der Außen- und Verteidigungspolitik und eine »europäische Wirtschaftsregierung« und dafür ein, dies alles auf der Regierungskonferenz 1996 vertraglich fest zu verankern. Parlamentspräsident Klaus Hänsch betonte in seinem Dank an den scheidenden EU-Kommissar dessen große Verdienste um die Wiederbelebung der europäischen Einigungsbemühungen nach der Stagnation Mitte der 80er Jahre, ebenso wie das zuvor schon Helmut Kohl auf dem Essener Gipfel getan hatte.

Frankreich hielt jedenfalls an seiner Überzeugung fest, daß eine Erweiterung der EU um Polen, Ungarn, die Tschechische und die Slowakische Republik, Rumänien und Bulgarien, die zuletzt wieder auf dem Essener Gipfel im Dezember 1994 erörtert und in Aussicht gestellt worden ist, auf absehbare Zeit nicht in Frage komme, weil sie einerseits die vertiefte Integration innerhalb der EU im Sinne des Maastricht-Vertrages gefährde und andererseits die östlichen Reformstaaten politisch und wirtschaftlich überfordere.

Die französische Außenpolitik[105] hatte es in den Jahrzehnten nach 1945 verstanden, trotz der Zugehörigkeit zum Westen eine durchaus eigenständige Richtung zu verfolgen, etwa mit der Unterstützung der Dritten Welt und der Bewegung der Blockfreien. Sie dachte deshalb auch nicht daran, die eigenen Interessen in jedem Falle und vollständig der zu Maastricht beschlossenen gemeinsamen Außen- und Sicherheitspolitik unterzuordnen, die nach einer Formulierung von R. Dumas, keine »*politique unique*«, sondern eine »*politique commune*« sein werde, mit dem weiterbestehenden »Vorrecht« Frankreichs, seine besondere »Rolle« auf der internationalen Bühne zu spielen, etwa in Afrika. Von daher ist auch die Festlegung auf einstimmige Beschlüsse des EU-Rates bei Entscheidungen über »Gemeinsame Aktionen« im Rahmen der GASP zu verstehen, weil sie die Gefahr ausschließt, von der Mehrheit überstimmt zu werden. Andererseits ermöglicht sie natürlich meist nur Einigungen auf dem kleinsten gemeinsamen Nenner, die kaum wirkungsvolle Aktivitäten nach sich ziehen können.

Gewöhnt an den relativ berechenbaren Zustand nach »Jalta«, begrüßte die französische Außenpolitik den Reformprozeß im Osten und den anschließenden Zerfall der UdSSR, wie wir schon sahen, nicht mit ungeteilter Freude. Denn das bis dahin einigermaßen ausgewogene Kräfteverhältnis zwischen den Blöcken geriet dadurch aus dem Gleichgewicht. Sie mußte also vor allem daran interessiert sein, auch die gemeinsame europäische Außenpolitik im Sinne ihrer eigenen Bemühungen zu beeinflussen, auch unter den veränderten Gegebenheiten wenigstens ein Minimum an Stabilität aufrechtzuerhalten. Das jüngste Beispiel hierfür ist die EU-Konferenz für Stabilität in Europa (26./27. 5. 1994 in Paris) unter Teilnahme der mittel- und osteuropäischen Staaten. Dazu gehörte nicht zuletzt, daß man den alsbald einsetzenden Prozeß der Auflösung größerer Staatsgebilde in Ost- und Südosteuropa zumindest nicht noch förderte. So verlangten der Austritt Sloweniens und Kroatiens aus der Jugoslawischen Republik (Dezember 1990) und die dort beginnenden Kämpfe von der EG eine angemessene Reaktion, die im Gefolge von Maastricht bei einer Außenministertagung (16. 12. 1991) in der Form erfolgte, daß man sich auf Vorbedingungen (z. B. Respektierung von Gewaltlosigkeit, Demokratie und Minderheitenrechten) für die Anerkennung neuer Staaten einigte; wenn sie diese Kriterien erfüllten und den ausdrücklichen Wunsch äußerten, könne den jugoslawischen Teilrepubliken ab dem 15. 1. 1992 die diplomatische Anerkennung gewährt werden. Daß Deutschland sie entgegen dieser Vereinbarung bereits am 23. 12. 1991 vollzog, erregte vor allem in Frankreich Mißfallen über die »Eigenmächtigkeit« der deutschen Außenpolitik, zumal angesichts der gemeinsamen Jugoslawien-Erklärung von Kohl und Mitterrand bei dessen Staatsbesuch im September 1991. Der nach der Unabhängigkeitserklärung von Bosnien-Herzegowina (Okt. 1991/März 1992) dort ausgebrochene Krieg führte von Zeit zu Zeit erneut zu deutsch-französischen Spannungen, vor allem wenn von deutscher Seite die Aufhebung des Waffenembargos gegen Bosnien gefordert wurde (zuletzt vor den deutsch-französischen Konsultationen vom 29./30. 11. 1994 in Bonn), was das französische UNO-Blauhelm-Kontingent in indirekte Gefahr bringen könnte. In der Bosnien-Frage besteht eher eine Achse Paris-London, denn nicht nur haben beide Friedens-Truppen dort stationiert, sondern sie stehen sich auch im Hinblick auf ihre Einstellung zur serbischen Seite in diesem Konflikt nahe, die Erinnerungen an die

Bündniskonstellationen aus den beiden Weltkriegen weckt. Die Vereinbarung einer engeren militärischen Zusammenarbeit zwischen Präsident Mitterrand und Premierminister Major auf einem französisch-britischen Gipfeltreffen am 18. 11. 1994 in Chartres[106] war vordergründig auf Einsätze in Bosnien gerichtet, betraf darüber hinaus aber auch eine von der NATO unabhängige Stärkung der Sicherheitspolitik im Rahmen von EU und WEU. Die Schwierigkeiten, zu einer echten gemeinsamen europäischen Außenpolitik zu gelangen, die auch konkrete Erfolge aufzuweisen hat, offenbaren sich gerade am Beispiel des Krieges auf dem Balkan, wo weder die beiden UNO-EG/EU-Vermittlerpaare Cyrus Vance-Lord Carrington und Thorvald Stoltenberg-Lord Owen, noch die neuerdings eingeschaltete »Bosnien-Kontaktgruppe« (USA, Rußland, Frankreich, England, Deutschland) bisher mit ihren diversen Friedensplänen ein Ende der Kämpfe erreichen konnten. Gerade erst (14. 2. 1995) hat Frankreich im Rahmen dieser Kontaktgruppe eine internationale Konferenz mit allen Beteiligten über das Jugoslawien-Problem vorgeschlagen.

Gleichzeitig wird an diesem Beispiel deutlich, daß die EU im militärischen Bereich nicht als Gemeinschaft auftreten kann, die beispielsweise angedrohten Sanktionen auch Taten folgen lassen könnte, sondern nur ihre einzelnen Mitglieder mit ihren nationalen Streitkräften unter dem Dach bzw. im Auftrag von UNO und NATO. Dieser Mangel bewog vor allem Frankreich, zusammen mit Deutschland die Initiative zum Ausbau der europäischen Sicherheitspolitik zu ergreifen, und zwar in der gemeinsamen Botschaft von Mitterrand und Kohl vom 6. 12. 1990 an die EG-Regierungskonferenz, in einem gemeinsamen, von den Außenministern Dumas und Genscher erarbeiteten Papier vom 4. 2. und bei einem Treffen von Mitterrand und Kohl am 14. 10. 1991.

Dabei muß aber betont werden, daß Frankreich sich die Verfügungsgewalt und den Oberbefehl über seine Streitkräfte in jedem Falle vorbehält, nicht zuletzt über sein Nuklearpotential. Immerhin regte Mitterrand im September 1991 an, die Atomarsenale in Europa einer »strikten Kontrolle« zu unterwerfen, und erklärte bei derselben Gelegenheit, Frankreich werde die Zahl der wegen ihrer Reichweite umstrittenen Kurzstreckenraketen *Hadès* auf dreißig beschränken und diese einlagern. Außerdem wurde die Aussetzung der französischen Atomversuche im Pazifik (8. 4. 1992) am 6. 10. 1993 ausdrücklich erneuert, und Präsident Mitterrand widersetzte sich Anfang Mai 1994 energisch dem Vorhaben der konservativen Regierung, sie wieder aufzunehmen, wobei er sich auf seine Entscheidungskompetenz in diesem Bereich berief.

Das Ziel der französischen Vorstöße in Richtung auf eine gemeinsame europäische Verteidigungspolitik ist im Grund dasselbe, das de Gaulle 1966 dazu veranlaßte, die militärische Integration der NATO zu verlassen und die *force de frappe* aufzubauen: die Erreichung einer möglichst großen Unabhängigkeit von den USA. Es bedeutet keinen Widerspruch dazu, daß Verteidigungsminister Joxe am 2. 12. 1992 ankündigte, Frankreich wolle zukünftig (bei weiter bestehender militärischer Nicht-Integration) an der Erarbeitung einer neuen NATO-Konzeption – also auf politischer Ebene – mitwirken, d. h. seine »Politik des leeren Stuhles« aufgeben, und daß sein Amtsnachfolger Léotard dann tatsächlich an der NATO-Tagung in Sevilla (29./30. 9. 1994) teilnahm, auf der die anstehenden Probleme, wie die Bedingungen von »Out-of-area«-Einsätzen sowie für die Aufnahme der Visegrád-Staaten und der Baltischen Republiken, der Widerstand Rußlands dagegen und sein Zögern, der »Partnerschaft für den Frieden« ebenfalls beizutreten, erörtert wurden.

Denn Frankreich will den »europäischen Pfeiler« der Atlantischen Allianz stärken und zu diesem Zweck die Westeuropäische Union (WEU) von einem bloßen Konsultationsforum (auf Außen- und Verteidigungsminister-Ebene sowie im parlamentarischen Rahmen, aber ohne militärische Integration der nationalen Streitkräfte unter gemeinsamem Oberbefehl) in eine echte Verteidigungsallianz umwandeln, die auch als solche nach außen hin auftreten könnte, nicht etwa als »Unterorganisation« der NATO, sondern auf gleicher Ebene mit ihr als Organ der Politischen Union der EU. Dazu müßte allerdings die Zahl der bisherigen Mitglieder der WEU (Deutschland, Frankreich, Benelux-Länder, Großbritannien, Italien, Spanien und Portugal) um die restlichen EU-Staaten ergänzt werden. Von Fall zu Fall konnten immerhin Einsätze von Truppenteilen im Rahmen der WEU auch bisher schon koordiniert werden, aber stets nach entsprechenden Entscheidungen über die Beteiligung eigener Streitkräfte auf nationaler Ebene, so etwa die Flottenpräsenz 1990/91 im Persischen Golf und seit Juli 1992 der mit der NATO abgestimmte Adria-Einsatz zur Überwachung des Embargos über Restjugoslawien.

Um ihre gemeinsamen sicherheitspolitischen Vorstellungen wenigstens im Ansatz auch schon zu verwirklichen, kündigten Mitterrand und Kohl bereits im Oktober 1991 die Bildung eines deutsch-französischen Armeekorps als Basis für den allmählichen Ausbau zu einer europäischen Streitmacht im Rahmen der WEU an, setzten bei den Regierungskonsultationen vom 21./22. 5. 1992 dessen Truppenstärke auf 35 000 bis 45 000 Mann fest und legten am 2. 12. desselben Jahres einen Entwurf über seine Einbindung in die NATO vor. Am 5. 11. 1993 konnte das seit Juni um belgische (und luxemburgische) Soldaten erweiterte »Eurokorps« sein Hauptquartier in Straßburg beziehen. Inzwischen sind auch Angehörige der spanischen Streitkräfte integriert.

Die Realisierung dieses deutsch-französischen Gemeinschaftsprojektes zeigt an einem Beispiel, daß die enge Zusammenarbeit der beiden Nachbarstaaten nach wie vor eine wichtige Antriebskraft für die europäische Integration darstellt. Es läßt aber andererseits auch das Bemühen Frankreichs erkennen, das größer und gewichtiger gewordene Deutschland[107] in einem sich erweiternden Europa noch stärker an sich zu binden, um zu verhindern, das es selbst – nach der Nord- und Ostausdehnung der EU durch Schweden, Finnland und Österreich, ganz abgesehen von der möglichen Aufnahme weiterer östlicher Staaten – an den Rand gedrängt und Deutschland allein die Mitte, das »Herz Europas«, einnehmen würde.

Aus dieser Sorge sind letzten Endes auch die kritischen Äußerungen des französischen Botschafters Scheer im März 1994 über die deutsche Außenpolitik seit 1989 und über ihren seit Sommer 1992 als Nachfolger Genschers amtierenden Chef Klaus Kinkel zu erklären, die in Bonn Irritationen auslösten, und ebenso der Vorschlag von Premierminister Balladur, einen neuen, den veränderten Gegebenheiten entsprechenden »Elysée-Vertrag« abzuschließen; obwohl dies nur ein Punkt in seinen ausgedehnten Betrachtungen über den Zustand der EU und Frankreichs Rolle in ihr war, erregte er die meiste Aufmerksamkeit und vor allem Befremden, zumal er während der deutsch-französischen Konsultationen im November 1994 publiziert wurde[108].

Mittlerweile überwiegt das Bemühen, demgegenüber die Gemeinsamkeiten zu betonen, wie aus dem von den beiden Außenministern Juppé und Kinkel verfaßten Artikel über Deutschland, Frankreich und Europa, veröffentlicht in der FAZ und in Le Monde, hervorgeht, in dem auch der französischen Überzeugung von der politischen und kulturellen Bedeutung des europäischen Südens und der Mittelmeerwelt für das ganze Europa Rechnung getragen wird[109].

Nach rund zwei Jahren der erneuten cohabitation läßt sich feststellen, daß Präsident Mitterrand seinen dominierenden Einfluß auf die Außen-, Verteidigungs- und Europapolitik durchaus behaupten konnte und daß sich die französische Außenpolitik in ihren Grundlinien zwar nicht verändert hat, aber häufig andere Akzente als unter den sozialistischen Regierungen gesetzt wurden und sich auch die Tonart im Umgang mit Verbündeten und Partnern nicht selten verschärft hat. Der Premierminister, selbst dem gemäßigten Flügel der Gaullisten angehörend, sah sich einige Male genötigt, auf die Meinung der »Ultras« aus den eigenen Reihen – wie Séguin oder Pasqua –, die nationalistisch, anti-amerikanisch, euro-kritisch bis anti-europäisch und teilweise sogar rassistisch eingestellt sind, Rücksicht zu nehmen und auch auf die Anhänger Chiracs, zu denen etwa Alain Juppé zählt, die zwar weniger radikal auftreten, aber nichtsdestoweniger im Konfliktfall die Interessen und die Souveränität Frankreichs über die Einbindung in internationale Vertragsgemeinschaften stellen. Die Auseinandersetzungen um das GATT-Abkommen und um den Maastricht-Vertrag sind dafür nur zwei Beispiele.

Aus dieser Konstellation, die man auch als »doppelte cohabitation« für Balladur bezeichnet hat[110], ergab sich manches Mal mehr Übereinstimmung zwischen dem sozialistischen Staatspräsidenten und dem gaullistischen Premier als zwischen diesem und seinen Parteifreunden. Da Edouard Balladur zudem im persönlichen Umgang liebenswürdig, konziliant und gelassen, ja gravitätisch wirkt, war bei gemeinsamen öffentlichen Auftritten auf nationalem und internationalem Parkett von Mitterrand und ihm nichts von der gelegentlich fast feindseligen Spannung zu bemerken, welche die erste cohabitation mit dem impulsiven und eigenwilligen Premierminister Chirac so schwierig gestaltet hatte, daß sich Staats- und Regierungsspitze praktisch gegenseitig blockierten.

Auch im Bereich der Innenpolitik kam es zu weniger direkten Konflikten zwischen Mitterrand und Balladur, als man auf Grund der unterschiedlichen Auffassungen erwarten konnte, nicht zuletzt natürlich, weil der Präsident hier kaum Einwirkungsmöglichkeiten besitzt. Von den in seiner Regierungserklärung vom 8. 4. 1993 als geradezu umwälzende Reformen angekündigten Maßnahmen konnte Premierminister Balladur bei weitem nicht alle und auch den Rest nicht ohne Abstriche verwirklichen. In einigen Fällen blieb auch der erhoffte Erfolg aus. Die wirtschaftliche Situation war 1993, wie in den meisten anderen Industrienationen, durch anhaltende Rezession und hohe Arbeitslosigkeit gekennzeichnet, so daß sowohl auf der EG-Ratstagung in Kopenhagen (Juni 1993), als auch auf dem G 7-Sondergipfel (März 1994) in Detroit diese Probleme im Mittelpunkt der Diskussionen standen und auch in Frankreich das Programm der neuen Regierung dominierten. Es sei hier mit seinen Ergebnissen in Stichworten skizziert:

1. *Wirtschaftsbelebung: Geplant:* direkte Förderung von Bau- und Landwirtschaft, Abgabensenkung für Unternehmen, niedrigere Zinsen. *Ergebnis:* Abgabensenkung unzureichend, Gewerbesteuerreform verschoben. Senkung der kurzfristigen Zinsen (nach Unabhängigkeit der *Banque de France,* Jan. 1994), aber Erhöhung der marktabhängigen langfristigen Zinsen. Öffentliche Kritik erreicht (Mai 1993) weitere wachstumsfördernde Maßnahmen, u. a. nicht geplante direkte Konsumförderung beim Kauf neuer Autos, finanziert durch hohe Staatsanleihe *(Emprunt Balladur,* 110 Milliarden Francs). Erfolg dennoch unbefriedigend, vor allem im Hinblick auf

2. *Beschäftigungssituation: Geplant:* Verhinderung von Stellenabbau und Schaffung neuer Arbeitsplätze durch Fünfjahresplan von Arbeitsminister Giraud (Okt. 1993, Lockerung von Arbeitsrecht- und Arbeitszeitvorschriften, Senkung von Sozialabgaben, Verbesserung der Lehrlingsausbildung); Integration junger Berufsanfänger durch Reduzierung des Einstiegslohnes auf 80% des gesetzlichen Mindestlohnes (SMIC) per Dekret (3. 3. 1994). *Ergebnis:* Praxisnahe Reform der Lehrlingsausbildung nach deutschem Muster unterbleibt. *»SMIC-Jeunes«*-Dekret nach tagelangen Protestdemonstrationen von Schülern und Studenten am 30. 3. 1994 zurückgezogen, statt dessen staatliche Lohnzuschüsse. Trotz Giraud-Plan weitere Massenentlassungen zwecks Betriebssanierungen, »Beschäftigungspakt« vom Herbst 1994 ebenfalls wirkungslos. Arbeitslosenzahl November 1994: 3,35 Millionen = 12,5%, darunter auch viele Höherqualifizierte.

3. *Haushaltssanierung:* Defizit im Mai 1993: 341 Milliarden Francs = 4,8% BIP *(Rapport Raynaud). Geplant:* a) Einsparungen von Soziallasten, b) Abbau von Arbeitsplätzen im öffentlichen Dienst und in Staatsfirmen, c) Reduzierung von Subventionen, d) Privatisierung von Staatsunternehmen. *Ergebnis:* a) Kostensenkung im Gesundheitswesen und bei der Rentenfinanzierung (Anhebung des Renteneintrittsalters auf über 60 Jahre = Abschaffung einer sozialistischen Errungenschaft nach 1981)

unzureichend: entsprechendes Defizit steigt von 96 Millionen Francs 1993 auf 110 Millionen 1994/95. b) Sanierungspläne für *Air France* und andere staatliche Unternehmen, verbunden mit Massenentlassungen, werden nach gewerkschaftlichen Protestaktionen und Streiks (tagelange Blockierung des Flugverkehrs) im öffentlichen Dienst (Sept.-Nov. 1993) gestoppt, Entlassungen von Balladur verboten. c) Gewalttätige Proteste von Bauern (Sept. 1993, wegen GATT), Fischern (Febr. 1994, Rennes) und Demonstrationen von Bergleuten (Febr. 1994, gegen Grubenschließungen) führen zur weiteren Erhöhung statt Senkung von Subventionen, d) Privatisierungsgesetz (8. 7. 1993) ermöglicht Verkauf von Staatsunternehmen (z. B. *Elf-Aquitaine, Rhône-Poulenc, Banque Nationale de Paris*, Versicherungsgruppe *UAP*) mit Erlös von über 100 Milliarden Francs. Wegen Begrenzung ausländischer Anteile aus Nicht-EU-Ländern auf 20% scheitert geplante Fusion *Renault*-Volvo (bereits seit 1990 Kapitalbeteiligung und Zusammenarbeit). Für 1994 vorgesehene Privatisierung von *Renault* (ältestes Staatsunternehmen) unterbleibt. Privatisierungserlös wird zur Defizitreduzierung und für laufende Haushaltsausgaben benutzt, nicht zum Schuldenabbau, daher: 1994 Defizit auf 300 Milliarden reduziert, aber die gesamten Staatsschulden von 2000 Milliarden Francs Anfang 1993 auf mehr als 2900 Milliarden Ende 1994 gestiegen. Vergleich: Defizite der öffentlichen Hände 1992: 2,2%% des BIP, 1994: 5,6%.

4. Familienförderung: Gesetz vom 12. 7. 1994 unzureichend, geringfügige Unterstützung.

5. Bildungswesen: a) Geplante Universitätsreform im Juli 1993 wegen Einspruch des Verfassungsrates aufgegeben. Einführung verschärfter Zulassungsbedingungen nach Studentendemonstrationen fallengelassen (Febr. 1995). b) Vorgesehene Reform der *loi Falloux* (vgl. S. 311) zur finanziellen Unterstützung von Privatschulen durch lokale Behörden wird nach Zurückweisung durch den Verfassungsrat und auf Grund zweier Großdemonstrationen (17. 12. 1993 und 16. 1. 1994, umgekehrte Stoßrichtung wie 1984; auch Mitterrand erklärt sich öffentlich dagegen) am 14. 1. 1994 zurückgenommen.

Besonders von Innenminister Pasqua betriebene Vorhaben:

6. Ausländerproblematik: a) Verschärfung der Bedingungen für den Erwerb der französischen Staatsangehörigkeit (24. 6. 1993). b) Restriktive Regelung der Einwanderungs- und Aufenthaltserlaubnis für Ausländer (13. 7. 1993). c) Weitgehende Einschränkung des Asylrechts wegen Schengener Abkommen nach Einspruch des Verfassungsrates (Verletzung von Grundrechten) modifziert (in anderen EU-Ländern abgewiesene Asylbewerber können in Frankreich nochmals überprüft werden, 27. 10./19. 11. 1994). Scharfe Kritik Pasquas am Verfassungsrat wird von diesem und Mittterrand zurückgewiesen.

7. Justiz (Hoher Gerichtshof, Richteramt) – und Strafprozeßreform (13. 7. 1993) und im Bereich Innere Sicherheit Erweiterung der Polizeibefugnisse für verschärfte Personenkontrollen (10. 7. 1993).

8. Raumordnung: Geplant: Großzügige staatliche Investitionen zur Verbesserung von Wirtschaftslage, Infrastruktur und Lebensverhältnissen in unterentwickelten Provinzregionen. Stärkere Einwirkung der Zentralgewalt mit Kompetenzerweiterung der Präfekten, um nationalen gesellschaftlichen Zusammenhalt wiederherzustellen, also Gegenmaßnahmen zur sozialistischen Dezentralisierung. *Ergebnis:* nach vielen Entwürfen und Diskussionen auf regionaler Ebene Gesetz vom 23. 12. 1994: enthält aus Kostengründen und wegen fehlender regionaler Mitarbeit mehr Absichtserklärungen als konkrete Beschlüsse.

Zusammenfassend läßt sich demnach feststellen, daß der Reformeifer des Kabinetts Balladur zunehmend nachließ und der Premierminister immer dann von ursprünglichen Vorhaben abrückte oder sie zumindest abschwächte, wenn sich ihm energischer Widerstand entgegenstellte, so daß man diese geschmeidige Anpassung an die jeweiligen Umstände auch *méthode Balladur* genannt hat. Dementsprechend richtete sich die Aufmerksamkeit der Franzosen im zweiten Jahr der *cohabitation* nicht mehr so stark auf die – hier angedeuteten – Aktivitäten der Regierung wie noch am Anfang, zumal sie von einer Reihe bedeutender Ereignisse gefesselt wurde. Durch den im März 1994 beginnenden und mit der Verurteilung zu lebenslanger Haft endenden Prozeß gegen den ehemaligen Lyoner Polizeichef des Vichy-Regimes, Paul Touvier, geriet das jahrzehntelange Tabu-Thema »Kollaboration« in die öffentliche Diskussion. Präsident Mitterrand, der sich für deren Beendigung im Namen der Versöhnung aussprach, mußte sich ein knappes halbes Jahr später mit Enthüllungen über seine Kontakte zu extrem rechten Kreisen in den 30er Jahren und zu Vertretern des Vichy-Regimes Anfang der 40er Jahre – etwa zu René Bousquet, mit dem er bis zu dessen Ermordung im Juni 1993 befreundet war – auseinandersetzen. Sein Auftritt in einem langen Fernsehinterview am 12. 9. 1994 zu dem aufsehenerregenden Buch »Une jeunesse française« von Pierre Péan wirkte einerseits menschlich bewegend und achtunggebietend durch die stoische Haltung gegenüber seiner schweren Krankheit, die ihn so sichtbar gezeichnet hatte, andererseits aber wenig überzeugend, was die Rechtfertigungsversuche seiner politischen »Jugendsünden« vor Eintritt in die *Résistance* anlangt, etwa die angebliche Ahnungslosigkeit im Hinblick auf die Mithilfe des Vichy-Regimes bei der Judenverfolgung[111]. Immerhin hatte er bereits 1993 darauf verzichtet, so wie vorher jedes Jahr am 11. November Blumen auf das Grab Pétains zu legen, und am 3. Februar angeordnet, daß zukünftig am 16. Juli ein nationaler Gedenktag abgehalten werden sollte zur Erinnerung an die Auslieferung von in Paris zusammengetriebenen Juden an die Vernichtungslager durch die Vichy-Polizei, ein Ereignis, dessen 50jähriges Gedenken 1992 begangen worden war.

Zum Zeitpunkt des Interviews, also im Herbst 1994, konnte François Mitterrand auf ein Jahr zurückblicken, das ihm noch einmal besondere Anlässe geboten hatte, die französische Republik in medienwirksamen Inszenierungen nach innen und außen zu repräsentieren: Eröffnung des Kanaltunnels gemeinsam mit Königin Elizabeth II. am 6. Mai; Feierlichkeiten zum 50. Jahrestag der alliierten Landung in der Normandie (»D-Day«) vom 5. bis 6. Juni im Beisein der britischen Monarchin und des amerikanischen Präsidenten Bill Clinton; als Ausgleich für die auf Wunsch französischer und britischer Veteranenverbände nicht erfolgte Einladung des deutschen Bundeskanzlers hierzu nahm der Präsident mit Helmut Kohl zusammen an einem deutsch-französischen Jugendtreffen in Heidelberg teil (8. 6.) und setzte gegen öffentliche Kritik durch, daß Angehörige des Eurokorps, darunter deutsche Panzer, an der Militärparade zum 14. Juli beteiligt wurden. Der Bundeskanzler konnte dies, begleitet von Nachkommen deutscher Widerstandskämpfer, auf der Tribüne neben Mitterrand miterleben. Schließlich folgten noch die Feiern zum 50. Jahrestag der Befreiung von Paris vom 23.–26. August, wobei zum feierlichen Pontifikalamt am 25. 8. Kardinal Lustiger auch den Vorsitzenden der deutschen Bischofskonferenz, Bischof Karl Lehmann, eingeladen hatte, eine bewußte Geste im Sinne der deutsch-französischen Freundschaft.

Eine solche war auch die Einladung des französischen Präsidenten an den deutschen Bundespräsidenten Roman Herzog und an Bundeskanzler Kohl, an der 50-Jahr-Feier des Kriegsendes am 8. Mai 1995 in Paris teilzunehmen. Gleichzeitig äußerte er den Wunsch, im Rahmen der deutschen Feierstunde in Berlin am gleichen Tag das Wort zu ergreifen. Die das Ende des Zweiten Weltkriegs am 8./9. Mai 1945 nach einem halben Jahrhundert ins Gedächtnis rufenden Festveranstaltungen, die Staatsoberhäupter und Regierungschefs aus aller Welt vereinten, boten den Anlaß für die letzten Auftritte François Mitterrands als Repräsentant Frankreichs, und er absolvierte diese strapaziöse Reise quer durch Europa in vier Tagen mit der gewohnten Souveränität und Selbstdisziplin: in London das Bankett beim *Lord-Mayor* am Abend des 6. Mai und den Gottesdienst am Mittag des folgenden Tages in der St.-Pauls-Kathedrale mit anschließendem Essen im Buckingham-Palast; in Paris am 8. Mai vormittags die festlich-bunte, auf die Zurschaustellung militärischer Stärke verzichtende Parade auf den *Champs-Elysées*, an der Wagen mit Fahnenträgern aller am Zweiten Weltkrieg beteiligten Nationen, darunter auch Deutschlands, teilnahmen, und am Abend die Feierstunde im Deutschen Schauspielhaus in Berlin, bei der Mitterrand die abschließende, mit stehendem Beifall bedachte Rede hielt, eine bewegende Bilanz seines politischen Lebens und seines sich aus der Gegnerschaft im Krieg zur Versöhnung und Freundschaft entwickelnden Verhältnisses zu den Deutschen, wobei seine wohlwollende Beurteilung der deutschen Soldaten in Frankreich selbst auch Kritik auslöste. In Moskau schließlich, am 9. Mai, war Mitterrand zwar beim Abendempfang im Kreml anwesend, aber – wie auch die anderen westlichen Staatsgäste – nicht bei der Truppenparade, und zwar aus Protest gegen den seit Ende 1994 von Rußland in Tschetschenien geführten Krieg; gemeinsam mit Helmut Kohl fehlte er überdies beim Vorbeimarsch der Kriegsveteranen vor dem Lenin-Mausoleum auf der Gästetribüne.

Es entbehrt nicht einer gewissen Symbolik, daß François Mitterrand, der die Möglichkeiten zur quasi-monarchischen Repräsentation Frankreichs nach außen hin, welche die Verfassung der V. Republik dem Staatsoberhaupt einräumt, stets sehr bewußt genutzt hat, seine Präsidentschaft mit solch spektakulären Auftritten im europäischen Rahmen beenden konnte, wenige Tage vor der Übergabe des Amtes an seinen Nachfolger. Die beiden Wahlgänge zur Präsidentschaftswahl waren auf den 23. April und 7. Mai 1995 festgelegt worden. Am 7. April wurde im *Journal officiel* die endgültige Kandidatenliste veröffentlicht, die neun Namen enthielt: Arlette Laguiller (Extreme Linke), Robert Hue (PCF, seit Januar 1994 Nachfolger von Georges Marchais), Dominique Voynet *(Les Verts)* Lionel Jospin (PS), Edouard Balladur (RPR), Jaques Chirac (RPR), Philippe de Villiers (MPF), Jean-Marie Le Pen (FN) und Jacques Cheminade (rechtsstehender Außenseiter). – Was die PS anlangt, so geriet sie nach den verlorenen Parlamentswahlen in eine schwere Führungskrise. Am 3. April 1993 wurde Laurent Fabius zum Rücktritt gezwungen, sein Amt als Generalsekretär übernahm zunächst provisorisch, ab 24. Juli offiziell, Michel Rocard. Nach den wiederum erheblichen Verlusten bei der Europa-Wahl (−9,1%) verlor Rocard die Vertrauensabstimmung, verzichtete auf den Parteivorsitz und gleichzeitig auf eine Kandidatur für die Präsidentenwahl. Sein Nachfolger wurde Henri Emmanuelli. Nachdem Mitterrand erwartungsgemäß am 14. Juli offiziell auf eine erneute Kandidatur verzichtet hatte, richteten sich im Spätherbst 1994 alle Hoffnungen auf Jacques Delors, der ihnen jedoch am 11. Dezember eine Absage erteilte, weil er keine Chance sah, seine Vorstellungen angesichts der Mehrheitsverhältnisse im Parlament und zusammen mit einer konservativen Regierung zu verwirklichen. Daraufhin bezeugten Pierre Joxe, Jack Lang, Lionel Jospin und Henri Emmanuelli Interesse an einer Kandidatur. Nach einem internen Klärungsprozeß blieben Jospin, der etwas blasse, aber persönlich und politisch integre Universitätsprofessor und ehemalige Erziehungsminister, und Emmanuelli, auf den im März ein Gerichtsverfahren wegen der bereits erwähnten Parteispendenaffäre wartete, übrig, deren Kandidaten-Duell durch eine Urabstimmung der Parteibasis am 4. Februar 1995 mit Zweidrittelmehrheit zugunsten des von Mauroy und Rocard unterstützten Jospin und gegen seinen von Mitterrand, Fabius und Lang protegierten Rivalen entschieden wurde.

Auf seiten der Konservativen erschien es nach den Wahlabsprachen von Anfang 1993 lange Zeit als selbstverständlich, daß Jacques Chirac der gemeinsame Kandidat sein würde. Da sich indes Premierminister Balladur trotz seiner nicht durchweg glänzenden Regierungsbilanz, jedoch getragen von dem 1994 einsetzenden Wirtschaftsaufschwung, einer anhaltenden Beliebtheit bei den Franzosen erfreute, die wohl nicht zuletzt auf seine vertrauenerweckende Ausstrahlung als undoktrinärer Pragmatiker zurückzuführen war, preschte Chirac mit seiner Kandidatur schon am 4. November 1994 vor. Am 8. Januar 1995 meldete sich auch der wertkonservative, aus der Vendée stammende Maastricht-Gegner Philippe de Villiers an, der bei der Europa-Wahl erstaunliche 12,3% der Stimmen gewonnen und am 20. November 1994, nach seinem Austritt aus der

UDF, ein »*Mouvement pour la France*« gegründet hatte. Da Giscard d'Estaing und Raymond Barre sich nicht – wie zeitweise erwartet – zur Wahl, vielmehr auf die Seite Balladurs stellten, blieb den konservativen Parteien eine weitere Zerreißprobe erspart. Nachdem Innenminister Pasqua ins Lager Balladurs übergewechselt war – wohl in der Hoffnung, unter ihm Premier zu werden –, gab dieser schließlich am 18. Januar 1995 seine Kandidatur für das höchste Staatsamt offiziell bekannt. Schon vorher hatten ihm Meinungsumfragen einen deutlichen Vorsprung vor seinem Rivalen Chirac und auch vor Jospin prophezeit, obwohl seine Regierung durch Korruptionsaffären, die zwei Minister in Untersuchungshaft gebracht und einen zum Rücktritt gezwungen hatten, im Herbst 1994 wochenlang öffentlicher Kritik ausgesetzt gewesen war, die man durch einige eilends verabschiedete Gesetze (Dezember 1994) gegen Korruption und illegale Parteienfinanzierung zu beschwichtigen versucht hatte.

Balladur setzte unter dem auf de Gaulle anspielenden Motto »*Croire en la France*« auf eine kontinuierliche Entwicklung statt auf abrupte Veränderungen und wurde gern mit dem Bürgerkönig Louis Philippe verglichen[112]. Nur einen Monat später jedoch wurde der demoskopische Höhenflug Balladurs jäh gebremst: die Aufdeckung einer von ihm und dem Innenminister zu verantwortenden Telefon-Abhöraktion im Zusammenhang mit richterlichen Ermittlungen gegen RPR-Funktionäre, ein von Pasqua daraufhin als Ablenkungsmanöver öffentlich hochgespielter Fall von Wirtschaftsspionage durch Angehörige der US-Botschaft und schließlich die Publikation von Börsengewinnen in Millionenhöhe, die Balladur, allerdings vor 1993 und legal, erzielt hatte, führten einen Stimmungsumschwung zu seinen Ungunsten herbei.

Es kam jedoch noch etwas Grundsätzlicheres hinzu. Wer neuer französischer Präsident werden wollte, mußte der von vielen politischen Beobachtern diagnostizierten doppelten Identitätskrise der Franzosen Rechnung tragen, die sich nach außen in einer zunehmenden Unsicherheit über Frankreichs Rolle in der Welt und nicht zuletzt innerhalb Europas manifestierte, und im Inneren in der Ungewißheit über die persönliche Stellung in der Gesellschaft ausdrückte, denn nicht nur wuchs die Anzahl derer, die als Arbeitslose und Sozialhilfeempfänger unter die Armutsgrenze zu sinken drohten, sondern auch die Noch-Besitzenden mußten fürchten, alsbald selbst auf dieses Niveau herabgedrückt und an den Rand der Gesellschaft gedrängt zu werden.

Zur Heilung dieses »sozialen Bruches«, durch den die klassische politische Konfrontation zwischen »Links« und »Rechts« von der gesellschaftlichen zwischen »Unten« und »Oben« abgelöst wurde, propagierten sowohl Jospin – »*La France plus juste*« –, als auch Chirac – »*La France pour tous*« – einen »echten Wechsel«, und jeder empfahl sich selbst als dessen zuverlässigsten Garanten, während sie Balladur als unbeweglich, untätig und unfähig zu Veränderungen bezeichneten, was dieser wiederum mit dem Vorwurf an beide Konkurrenten beantwortete, unhaltbare, mithin unseriöse Versprechungen zu machen.

Chirac, der einen – von Juppé und Séguin unterstützten – sehr dynamischen, auch alle Teile der französischen Provinz einbeziehenden Wahlkampf führte und namentlich junge Menschen für sich einzunehmen vermochte, wurde in allen Meinungsumfragen (bei allerdings über einem Drittel noch Unentschiedener) für den ersten Wahlgang ein deutlicher Vorsprung vor Jospin und Balladur vorausgesagt, so daß sein Abschneiden am 23. April eine Überraschung bedeutete: bei einer Wahlbeteiligung von 78 Prozent entfielen auf Jospin 23,30%, auf Chirac 20,84% und auf Balladur 18,58% der Stimmen[113]. Der geringe prozentuale Abstand zu Chirac erleichterte es Balladur, sich sofort hinter seinen bisherigen, parteiinternen Konkurrenten zu stellen und seine Wähler aufzufordern, das Gleiche zu tun. – Er selbst reichte am 10. Mai seinen Rücktritt als Premierminister ein. –

Trotz seines für die Sozialisten unerwarteten und daher ermutigenden Erfolges konnte Jospin, der im Verlauf des Wahlkampfes erheblich an Profil gewonnen hatte und von Delors nachdrücklich, von Mitterrand zurückhaltend unterstützt wurde, auf der linken Seite des Wählerspektrums nicht mit einem für den Sieg im zweiten Wahlgang ausreichenden Stimmenreservoir rechnen. Auch die für Chirac, Balladur und de Villiers abgegebenen Voten ergaben zusammen noch keine über 50 Prozent liegende Mehrheit für den Pariser Bürgermeister. So kam es darauf an, wie sich die Anhänger Le Pens entscheiden würden, der besonders in den Departements mit hohem Ausländeranteil an der Bevölkerung (Mittelmeer, Südosten, Elsaß, z.T. über 25%) und überdies bei einem guten Drittel der Arbeitslosen mit seiner die Ausländer zu Sündenböcken für die sozialen Probleme stempelnden Propaganda Zustimmung gefunden hatte. Er selbst gab keine Empfehlung ab, deutete aber an, daß er allenfalls den »ehrenwerten« Sozialisten Jospin für das kleinere Übel im Vergleich zu dem »Verräter an der Rechten« Chirac halte. Dennoch war abzusehen, daß seine Wähler, soweit sie sich beim zweiten Mal nicht überhaupt enthielten, in der Mehrzahl für Chirac stimmen würden.

In dem seit 1974 traditionellen Fernseh-Duell der zwei verbliebenen Kandidaten, das diesmal am 2. Mai nach peniblen Vorbereitungen und Absprachen der beiderseitigen Wahlkampfleiter stattfand, wurden jedoch die Nationale Front und ihr Führer noch nicht einmal erwähnt. In einer sachlichen Atmosphäre und ohne polemische Attacken trugen Jospin und Chirac ihre jeweiligen Auffassungen zu den von den Journalisten angeschnittenen Problemkreisen vor: Institutionen und Verwaltung, Wirtschaftsförderung, Arbeitslosigkeit, Soziallasten und Steuern, Bildungsreform, um nur die wichtigsten zu nennen. Dabei waren ihre Analysen und Programme durchaus nicht in jedem Falle völlig gegensätzlich, sondern wiesen in manchen Punkten sogar Ähnlichkeiten oder Gemeinsamkeiten auf. Am Ende der zweistündigen Diskussion wurden in wenigen Minuten noch die Themen Außen-, Verteidigungs- und Europapolitik gestreift, die hier genau wie im vorangegangenen Wahlkampf zugunsten der innenpolitischen Probleme in den Hintergrund rückten[114].

Daß Frankreich seit dem 1. 1. 1995 die EU-Ratspräsidentschaft innehatte, schien daher in den ersten vier Monaten fast in Vergessenheit geraten zu sein. Um so mehr Aufsehen – und empörten Protest von seiten Jospins – erregte der am 5. Mai veröffentlichte Vorschlag Chiracs, nach der Regierungskonferenz von 1996 über die Weiterentwicklung des Maastricht-Vertrages erneut ein Referendum abzuhalten, mit der Begründung, daß die von Maastricht II zu erwartenden Ergebnisse, z. B. eine Reform der Institutionen, den Abschluß neuer Verträge und deren Ratifizierung bedingten, wozu man die Meinung der Franzosen einholen müsse, was gleichzeitig den Zweck und seinen eigenen Wunsch erfüllen würde, »die Franzosen mit Europa zu versöhnen«[115]. Damit war kurz vor dem zweiten Wahlgang das Thema Europa doch noch einmal in die Diskussion gelangt, übte aber wohl kaum noch Einfluß auf die Entscheidung der Franzosen aus, welchem Kandidaten sie am ehesten zutrauten, den ersehnten »Wechsel« herbeizuführen, Jospin (»le vrai changement«) oder Chirac (»le véritable changement«).

Diesmal sagten die Meinungsumfragen ein Kopf-an-Kopf-Rennen voraus, tatsächlich fiel am 7. Mai der Vorsprung Chiracs mit 52,64% der Stimmen doch recht deutlich aus[116]. Andererseits erzielte Jospin mit seinen 47,36% ein so respektables Ergebnis, wie es zu Beginn des Wahlkampfes niemand einem sozialistischen Kandidaten zugetraut hätte und befestigte damit seine Stellung als neuer Hoffnungsträger der PS, der fähig erschien, die Partei aus ihrer Krise herauszuführen und eine tonangebende Rolle bei ihrer Entwicklung weg vom Sozialismus und hin zur Sozialdemokratie zu spielen, dabei aber den Übergang vom »Mitterrandismus« zu einer erneuerten Parteilinie ohne harten Bruch zu vollziehen.

Die Anhänger Chiracs feierten seinen Sieg in der Nacht zum 8. Mai auf der *Place de la Concorde* fast so begeistert, wie diejenigen Mitterrands dessen Erfolg am 10. Mai 1981 auf der *Place de la Bastille*, und der designierte Präsident konnte bereits am folgenden Vormittag auf der Ehrentribüne neben seinem noch amtierenden Vorgänger der Parade zur 50-Jahr-Feier des Kriegsendes beiwohnen. Am Morgen des 17. Mai stattete Chirac dem Grab de Gaulles in Colombey einen Besuch ab, eine ebenso programmatische Geste der Hommage an den Schöpfer des Gaullismus, wie es die Mitterrands am 23. Mai 1981 gegenüber seinen im *Panthéon* ruhenden politischen Vorbildern gewesen war. Danach erfolgte die feierliche Amtsübergabe im Elysée-Palast, einmal durch Mitterrand, der anschließend verabschiedet wurde, sodann durch den Präsidenten des Verfassungsrates Roland Dumas, der das offizielle Endergebnis der Wahl verkündete. Die Überreichung der Insignien des Großmeisters der Ehrenlegion bildete den krönenden Abschluß, und am Nachmittag fuhr Chirac inmitten der Republikanischen Garde über die *Champs-Elysées* zur traditionellen Kranzniederlegung am Grabmal des Unbekannten Soldaten unter dem *Arc de Triomphe*.

Nach dieser zeremoniellen Prachtentfaltung der V. Republik wird der Alltag ihren neuen Präsidenten rasch einholen. Denn Chirac, der in seinem ja bereits im Spätherbst 1994 begonnenen Wahlkampf die soziale Komponente des Gaullismus wiederentdeckt (z. B. Beschlagnahme von leerstehenden Wohnungen für Obdachlose im Dezember), sich zum Anwalt der Armen und Schwachen erklärt und – obwohl selbst ENA-Absolvent – die Arroganz und Allmacht der aus den *Grandes Ecoles* hervorgegangenen Technokraten und Bürokraten angeprangert hatte, ist sich natürlich bewußt, welche großen Hoffnungen er geweckt hat, und drückte denn auch in seiner ersten kurzen Ansprache nach der Amtsübernahme den Wunsch aus, sie im Laufe seines Septennats erfüllen zu können und außerdem zu erreichen, daß die Franzosen unter seiner Ägide selbstbewußter, patriotischer und – immerhin – europäischer werden mögen.

Die Frage, ob es ihm gelingen würde, alle seine Wahlversprechen einzulösen, beschäftigte die Kommentatoren schon vor dem 7. Mai, und nicht wenige äußerten sich sehr skeptisch über die Möglichkeit, einige kaum miteinander zu vereinbarende Ziele in der Praxis zu realisieren: Lohnerhöhungen (zwecks Steigerung der Binnennachfrage) trotz des Risikos von Rationalisierungen, also Entlassungen; Senkung der Sozialabgaben trotz erheblicher Defizite in den Kassen von Kranken- und Rentenversicherung; vor allem Abbau der Staatsschulden und des Haushaltsdefizits trotz Senkung der direkten Steuern – bei nur »provisorischer« Anhebung der Mehrwertsteuer – und trotz beträchtlicher neuer Subventionen zur Wirtschaftsbelebung und Schaffung von Arbeitsplätzen (besonders für Langzeitarbeitslose), und das alles auch noch, ohne die Stabilität des Franc zu erschüttern und die sehr niedrige Inflationsrate wieder in die Höhe zu treiben.

Bei manchen politischen Beobachtern löste auch die Vorstellung Unbehagen aus, daß nunmehr fast ganz Frankreich von derselben Seite des Parteien-Spektrums regiert werden würde, angesichts eines rechten Präsidenten mit einer erdrückenden rechten Parlamentsmehrheit hinter sich und in den meisten Departements ebenfalls rechts stehenden Mandats- und Amtsinhabern.

In Deutschland erregt naturgemäß die Haltung des neuen französischen Staatspräsidenten zur deutsch-französischen Zusammenarbeit und zur Europapolitik die meiste Aufmerksamkeit und auch latente Besorgnisse, ob beides zukünftig noch so reibungslos vonstatten gehen würde wie bisher, zumal in der regierenden Koalition divergierende Standpunkte hierzu vertreten sind, nicht nur zwischen UDF und RPR, sondern auch innerhalb der Gaullisten selbst. In einer Darlegung seines außenpolitischen Programms Mitte März 1995[117] verwies Chirac nachdrücklich auf das Erbe de Gaulles, dessen Bewahrung Frankreich dazu verpflichte, nicht auf seinen besonderen »Rang« in der Welt und auch in Europa zu verzichten. Demgemäß müsse bei der EU-Regierungskonferenz 1996 das Schwergewicht der Reformen auf eine Verkleinerung und Kompetenzeinschränkung der Europäischen Kommission zugunsten der Stärkung des Ministerrates und des Europäischen Rates gelegt werden, weil »Europa ... nicht seine Mitgliedstaaten ersetzen« dürfe. Daher solle auch die Mitwirkung der nationalen Parlamente bei der EU-Gesetzgebung – also weniger die des Europäischen Parlamentes – garantiert werden. Er befürwortete eine rasche Osterweiterung, aber mit abgestuften Integrationsgraden. Wie er an anderer Stelle erklärte, hält er eine Realisierung der Währungsunion erst 1999 für möglich.

Zur Befriedigung seiner zukünftigen deutschen Gesprächspartner betonte Chirac jedenfalls zu wiederholten Malen die besondere Bedeutung der deutsch-französischen Zusammenarbeit als »Motor« und »Herz« der europäischen Einigung. Die Ernennung seines langjährigen Weggefährten Alain Juppé, der als überzeugter Europäer und Vertreter einer am Maastricht-Vertrag orientierten Wirtschafts- und Finanzpolitik gilt, zum Premierminister bereits am Abend des 17. Mai wurde in Bonn gleichfalls als Anzeichen für eine beabsichtigte Kontinuität in der französischen Deutschland- und Europapolitik gewertet, ebenso wie die Vergabe (18. 5. 1995) der in diesem Zusammenhang wichtigen Ministerien für Wirtschaft und Finanzen sowie des Äußeren an zwei Giscard-Anhänger von der UDF: Alain Madelin und Hervé de Charette[118].

Vor allem aber fand das erste Treffen zwischen Jacques Chirac und Helmut Kohl schon am Abend des 18. Mai statt, nachdem vorher beide getrennt Abgeordnete des Europäischen Parlaments und dessen Präsidenten Klaus Hänsch besucht hatten. Dieser frühen Begegnung zwischen dem französischen Staatspräsidenten und dem deutschen Bundeskanzler an diesem geschichtsträchtigen »europäischen« Ort wurde in beiden Ländern eine herausragende Bedeutung und geradezu Signalwirkung zugemessen.

Wenn man dies alles berücksichtigt und bedenkt, daß am Beginn der vierzehnjährigen Amtszeit Mitterrands durchaus noch nicht vorauszusehen war, welche enge Zusammenarbeit im Sinne der europäischen Einigung und sogar persönliche Wertschätzung sich zwischen ihm und Helmut Kohl entwickeln würde, so kann man wohl mit vorsichtigem Optimismus in die deutsch-französische und europäische Zukunft blicken.

Wenden wir uns am Ende noch einmal dem scheidenden Präsidenten zu und dem, was er sich am Beginn seiner Amtszeit zum Ziel gesetzt hatte: man wird angesichts der zunehmenden Abwendung vieler Menschen vom politischen Leben und wachsender sozialer Probleme kaum davon sprechen können, daß Frankreich in den beiden Septennaten unter der Ägide Mitterrands »eine Vertiefung der Demokratie, eine Hinwendung zu mehr Gerechtigkeit, zu mehr Freiheit« erlebt habe, ebensowenig wie »Frankreichs Begegnung mit dem Sozialismus ... die ganze Welt« aufgerüttelt hätte oder es – ohne Rücksicht auf nationale und wirtschaftliche Interessen – außerhalb seiner Grenzen etwa allenthalben und ausschließlich für Demokratie, Selbstbestimmungsrecht der Völker und Menschenrechte im Sinne »einer Botschaft von universeller Bedeutung« eingetreten wäre. Aber diese Beurteilung trifft im Grunde auf alle Industrienationen zu und nicht nur auf Frankreich allein.

François Mitterrand hat, unbeschadet aller Kritik, die man gewiß an manchen seiner Entscheidungen oder Unterlassungen üben kann, das unbestreitbare Verdienst, auf dem von seinen Vorgängern gelegten soliden Fundament die deutsch-französische Zusammenarbeit und Freundschaft weiter ausgebaut und Frankreich noch fester in die Europäische Gemeinschaft eingegliedert zu haben, wohl auch aus der Einsicht heraus, daß für sein Land *grandeur* im klassischen Sinne, nämlich als die einer aus der Völkerfamilie herausragenden, in ungeschmälerter Souveränität ihren Weg gehenden Nation unter den Bedingungen weltweiter gegenseitiger Abhängigkeiten ohnehin nicht mehr zu erreichen gewesen wäre und daß Frankreich in der Gegenwart seinen »Rang« und seine »Rolle« nur noch im Zusammenspiel mit Staaten von gleicher Sinnorientierung und Zielrichtung zur Geltung bringen kann.

Er gehört zu jener Generation von Politikern und Staatsmännern – aber auch von ganz einfachen Menschen »guten Willens« –, die nach den Verheerungen durch zwei Weltkriege damit begonnen haben, auf den Trümmern des alten Kontinents ein neues Europa der Freiheit, Rechtsstaatlichkeit und des Friedens aufzubauen. Daß dies kein leichtes Unterfangen war, daß es ein hohes Maß an Selbstüberwindung kostete – und manch einen wohl heute noch kostet –, die »eigene Geschichte zu besiegen«, ebenso wie die sich daraus ableitenden Vorurteile und über die Verletzungen der Vergangenheit hinweg den Blick auf die Gegenwart und in die Zukunft zu richten, um dem Gegner von einst die Hand zur Versöhnung und Zusammenarbeit zu reichen, das alles hat François Mitterrand in seiner Antrittsrede als amtierender EU-Ratspräsident vor dem Europäischen Parlament in Straßburg am 17. Januar 1995 keineswegs verhehlt. Mit der gleichen Eindringlichkeit beschwor er jedoch die unausweichliche Folge der gegenteiligen, vergangenheitsorientierten Haltung, nämlich einen erneut aufkommenden Nationalismus, der wiederum gleichbedeutend mit Krieg sei. – Die grausame und blutige Wahrheit dieser Erkenntnis wird uns auf dem Balkan seit nunmehr fast vier Jahren täglich und im Sinne des Wortes vor Augen geführt. – Er rief die Europa-Abgeordneten dazu auf, das »Europa der Kulturen«, welches das »Europa der Nationen gegen das der Nationalismen« sei, zu schützen und zu bewahren[119].

Von den gleichen, aus der Vergangenheit gewonnenen Erkenntnissen und in die Gegenwart und Zukunft gerichteten Wünschen war auch seine Abschiedsrede in Berlin, sein »Vermächtnis« geprägt: die »Botschaft«, daß der 8. Mai 1945 ein »Sieg der Freiheit über Unterdrückung«und vor allem ein »Sieg Europas über sich selbst« gewesen sei. Aus den »Erfahrungen all derer, die gekämpft haben«, sei der »Geist, der uns vereint«, hervorgegangen, und in diesem »Geist des Friedens« gelte es, Europa, »das Heimatland und das Vaterland dieser Europäer« und damit die Zukunft unseres Kontinents zu gestalten[120].

Fünfzig Jahre nach dem Ende des Zweiten Weltkriegs hat Deutschland allen Grund, für die deutsch-französische Zusammenarbeit, die in über 30 Jahren alle Wechsel der Staats-und Regierungschefs in beiden Ländern und alle Konflikte, wie sie auch in einer guten Beziehung nicht ausbleiben, ohne schwerwiegende Schäden überdauert hat, dankbar und dessen eingedenk zu sein, daß sie »eine kostbare, pfleglich zu behandelnde Errungenschaft« ist, wie es einmal Altbundeskanzler Helmut Schmidt formuliert hat[121]. War und ist sie doch eine der wesentlichen Voraussetzungen für die Wiederaufnahme des 1945 geschlagenen und geächteten Feindes in die Gemeinschaft der europäischen Völker, der er seither als vollgültiges, geachtetes – und hoffentlich nie wieder gefürchtetes – Mitglied angehören darf.

Das ist ein Erbe, das jeder neue Verantwortungsträger diesseits und jenseits des Rheins von seinem Vorgänger zu übernehmen, zu bewahren und weiterzugeben hat, so auch Jacques Chirac, der fünfte Präsident der V. Französischen Republik.

Anmerkungen

Einleitung: Die Grundlagen

1 Vgl. Ch. de Gaulle, Memoiren der Hoffnung, Die Wiedergeburt, 1958 bis 1962, Wien/München/Zürich 1971, S. 7 f. (die Zitate daselbst).
2 Zum französischen Selbstverständnis vgl. u. a. H. O. Sieburg, Deutschland und Frankreich in der Geschichtsschreibung des 19. Jahrhunderts, Wiesbaden 1954; ders., Deutschland und Frankreich in der Geschichtsschreibung des 19. Jahrhunderts (1848-1871), Wiesbaden 1958 (dort weitere Literatur). Außerdem: K. Epting, Das französische Sendungsbewußtsein im 19. und 20. Jahrhundert, Heidelberg 1952.
3 J. Michelet, Tableau de la France, in: Introduction à l'histoire universelle, Tableau de la France, Préface à l'histoire de France, hg. v. Charles Morazé, Paris 1962, S. 158.
4 A. Cobban, The social interpretation of the French Revolution, Cambridge 1964, S. 7.
5 J. Moreau, Die Welt der Kelten, Stuttgart 1958, S. 10.

I. Das Mittelalter (843-1483)

1 P. E. Schramm, Der König von Frankreich, Das Wesen der Monarchie vom 9. zum 16. Jahrhundert, 2 Bde., ²1957, Bd. I, S. 49.
2 Vgl. R. Holtzmann, Französische Verfassungsgeschichte von der Mitte des 9. Jahrhunderts bis zur Revolution, Neudruck WBG, München 1965, S. 6 bis 49. Auch weitere institutionsgeschichtliche Abschnitte unserer Darstellung sind dem Grundlagenwerk von Holtzmann vielfach verpflichtet. Zum Lehnswesen sind überdies heute vor allem die stark sozialgeschichtlich orientierten Bücher von M. Bloch heranzuziehen: La société féodale, La formation des liens de dépendance, Paris 1949, und La société féodale, Les classes et le gouvernement des hommes, Paris 1949. Den allgemeinen politischen Rahmen dieses Zeitraums umreißt Ch. Petit-Dutaillis, La monarchie féodale en France et en Angleterre, Xᵉ-XIIIᵉ siècle, Neuaufl. Paris 1950.
3 Das französische Fürstentum des frühen Hochmittelalters ist in den letzten Jahren Gegenstand intensiver Forschung gewesen, an der nicht zuletzt deutsche Historiker maßgeblich beteiligt gewesen sind, vor allem W. Kienast mit seinem Buch: Der Herzogstitel in Frankreich und Deutschland (9.-12. Jahrhundert), München 1967, und K. F. Werner, Untersuchungen zur Frühzeit des französischen Fürstentums (9.-10. Jahrhundert), WaG XVIII/1958, S. 257-289, XIX/1959, S. 146-193, und XX/1960, S. 87-119. Hier und bei Kienast die Verweise auf die französische Literatur.
4 Der Beiname »Capet« leitet sich wahrscheinlich davon her, daß das Kloster St. Martin zu Tours, wo nach der Legende der Mantel (cappa) des Heiligen aufbewahrt wurde, zum Benefizialbesitz der Robertiner gehörte, die hier häufig als Laienäbte fungierten. Vgl. Holtzmann, Französische Verfassungsgeschichte, S. 153.
5 Ebda., S. 95.
6 Ebda., S. 111.
7 Vgl. K. Jordan, Das Reformpapsttum und die abendländische Staatenwelt, WaG XVIII/1958, S. 133 f.
8 Vgl. H. E. Mayer, Geschichte der Kreuzzüge, Stuttgart ²1968.
9 So R. Hamann, Geschichte der Kunst von der altchristlichen Zeit bis zur

Gegenwart, Neuaufl. Berlin 1935, S. 166, dessen Abschnitt über »Die Mittelalterliche Kunst in Frankreich« (S. 138-214) wir hier folgen.

10 Diese Angaben nach E. Kirsten, in: Raum und Bevölkerung in der Weltgeschichte, Bevölkerungs-Ploetz, Würzburg ³1968, Bd. 2, S. 311.
11 L. Buisson, Ludwig IX. und das Recht, Freiburg 1954.
12 So L. v. Ranke, Französische Geschichte, vornehmlich im XVI. und XVII. Jahrhundert, Ausg. in 2 Bdn., hg. von O. Voßler, Stuttgart 1954, Bd. I, 1, S. 90. Geradezu als Begründer der *religion de la monarchie* wird Ludwig IX. von Petit-Dutaillis, Monarchie féodale, S. 427, bezeichnet.
13 Formulierung von Voege, zit. bei Hamann, Geschichte der Kunst, S. 180.
14 Vgl. F. Kern, Die Anfänge der französischen Ausdehnungspolitik bis zum Jahre 1308, Tübingen 1910.
15 Holtzmann, Französische Verfassungsgeschichte, S. 252.
16 Als beste moderne Gesamtdarstellung gilt E. Perroy, La guerre de Cent ans, Paris 1945, die eine reiche Auswahlbibliographie enthält. Einen vortrefflichen, problemreichen Überblick bietet Ph. Contamine, La guerre de Cent ans, Paris 1968, (= Que sais-je?, Bd. 1309).
17 Eine klassische Darstellung über Burgund ist zu verdanken J. Calmette, Les grands ducs de Bourgogne – Philippe le Hardi, Jean sans Peur, Philippe le Bon, Charles le Téméraire, Paris 1959 (deutsche Ausg. München 1963).
18 Aus der unermeßlichen Literatur sei auf die neueste wissenschaftlich zuverlässige deutsche Darstellung verwiesen: A. Mirgeler, Jeanne d'Arc und die Zukunft Europas, Stuttgart 1952, und auf R. Schirmer-Imhoff: Der Prozeß Jeanne d'Arc, 1431-1456, München 1961.
19 Die Zahlen bei E. W. Buchholz, in: Raum und Bevölkerung, Bd. 3, S. 18.
20 Holtzmann, Französische Verfassungsgeschichte, S. 435.
21 Ranke, Französische Geschichte, Bd. I, 1, S. 105.

II. Die neuere Zeit (1483-1789)

1 Ch. Terrasse, François Iᵉʳ, Le roi et le règne, 2 Bde., Paris 1943; Neuaufl. 1949-1950; deutsche Ausg. Hamburg 1948.
2 Zum Problem der Ämterkäuflichkeit vgl. M. Göhring, Weg und Sieg der modernen Staatsidee in Frankreich, Vom Mittelalter bis 1789, Tübingen 1946, S. 2 ff., und vor allem ders., Die Ämterkäuflichkeit im Ancien régime, Berlin 1938, (= Historische Studien, Bd. 346).
3 So J. Huizinga in seiner Untersuchung über »Wachstum und Formen des nationalen Bewußtseins in Europa bis zum Ende des 19. Jahrhunderts«, in: Im Bann der Geschichte – Betrachtungen und Gestaltungen, deutsche Ausg. von W. Kaegi u. a., Akademische Verlagsanstalt Pantheon 1942, S. 165.
4 Zur kirchengeschichtlichen Situation Frankreichs im 16. Jahrhundert generell: P. Imbart de la Tour, Les origines de la Réforme, Bd. 1: La France moderne, Melun 1948; Bd. 2: L'église catholique, La crise et la renaissance, Melun 1946; Bd. 3: L'évangelisme (1521-1538), Paris 1914; Bd. 4: Calvin et l'institution chrétienne, Paris 1935.
5 Beste, heute noch maßgebliche gedrängte Gesamtdarstellung: A. de Lévis-Mirepoix, Les guerres de religion (1559-1610), Neudruck Paris 1954.
6 E. Marcks, Gaspard v. Coligny, in: Männer und Zeiten – Aufsätze und Reden zur Neueren Geschichte, Bd. I, Neudruck Leipzig 1912, S. 62 ff.
7 Beste moderne Monographien und Biographien: G. Pagès, Naissance du Grand Siècle, La France de Henri IV à Louis XIV, 1598-1611, Paris 1948; M. L. Saint-René-Taillandier, Heinrich IV. von Frankreich, München 1947.
8 Vgl. Mémoires du Chanoine Jean Moreau sur les guerres de la Ligue en Bretagne, hg. von H. Waquet, Quimper 1960 (= Archives historiques de Bretagne, Nr. 1), S. 273-286, bes. S. 277 f.

9 Die demographischen Angaben nach E. W. Buchholz, in: Raum und Bevölkerung, Bd. 3, S. 20 ff.
10 H. Sée, Histoire économique de la France, Bd. I, Paris ²1948; deutsche Ausg.: Französische Wirtschaftsgeschichte, Bd. I, Jena 1930, S. 83.
11 So H. Hauser, zit. bei H. Sée, ebda., S. 109.
12 Zum Folgenden vgl. R. Mousnier, Ein Königsmord in Frankreich, Die Ermordung Heinrichs IV., Berlin 1970.
13 Ebda., S. 259.
14 Zur Gesamtentwicklung vgl. G. Pagès, La monarchie d'Ancien régime en France (de Henri IV à Louis XIV), Paris 1928.
15 Neuere Biographien: A. Bailly, Der Kardinal als Diktator, Das Leben Richelieus, Leipzig 1937; W. Andreas, Richelieu, Göttingen ²1967 (= Persönlichkeit und Geschichte, Bd. 11), und bes. C. J. Burckhardt, Richelieu, 3 Bde. u. 1 Reg.-Bd., München 1941-1967.
16 Zit. b. Bailly, Der Kardinal als Diktator, S. 51.
17 Ebda., S. 161.
18 So Holtzmann, Französische Verfassungsgeschichte, S. 397.
19 Vgl. Bailly, Der Kardinal als Diktator, S. 285.
20 Vgl. dazu z. B. die »Introduction générale« zu dem von G. Hanotaux und A. Martineau hg. repräsentativen Werk: Histoire des colonies françaises et de l'expansion de la France dans le monde, Bd. I, Paris 1929. An neueren kolonialgeschichtlichen Darstellungen wurden hier herangezogen: H. Blet, Histoire de la colonisation française, Bd. I, Paris/Grenoble 1946, vor allem aber G. Hardy, Histoire de la colonisation française, Paris ⁵1947, S. 35-47.
21 Eine moderne Biographie verdanken wir A. Bailly, Mazarin, Paris 1942 (deutsche Ausg. Innsbruck 1947).
22 Ranke, Französische Geschichte, Bd. I, 10. u. 11. Buch, S. 288.
23 Epochendarstellungen und Biographisches: A. de Saint-Leger/Ph. Sagnac, La prépondérance française, Louis XIV, 1661-1715, Paris ³1949 (= Peuples et civilisations, Bd. 10); A. Bailly, Le règne de Louis XIV, Paris 1946; P. Gaxotte, Ludwig XIV., Frankreichs Aufstieg in Europa, München 1951. Überwiegend außenpolitisch ist L. André, Louis XIV et l'Europe, Paris 1950 (= L'évolution de l'humanité,Bd. 64).
24 Pagès, La monarchie d'Ancien régime, S. 136.
25 Zu diesem Problem vgl. die die Forschung zusammenfassende Untersuchung von F. Hartung, L'Etat c'est moi, in: HZ 169/1949, S. 1-30.
26 Zum Folgenden vgl. C. J. Burckhardt, Der Honnête Homme, Das Eliteproblem im 17. Jahrhundert, in: Gestalten und Mächte – Reden und Aufsätze, München 1941, S. 71-96. Die nachstehenden Zitate daselbst.
27 Diese Zahlen nach E. W. Buchholz, in: Raum und Bevölkerung, Bd. 3, S. 21.
28 Die Verschuldung betrug 2936 Millionen Livres. Vgl. dazu W. Treue, Wirtschaftsgeschichte der Neuzeit im Zeitalter der industriellen Revolution 1700-1960, Stuttgart 1962, (= Kröner Taschenausgabe, Bd. 208), S. 89.
29 P. Hazard, La crise de la conscience européenne (1680-1715), 2 Bde., Paris 1935; deutsche Ausg. Hamburg ⁵1939.
30 Dieser Ausspruch ist ungefähr drei Wochen vor Ludwigs Tod am 10. 8. 1715 gefallen, als der König den jungen damals fünfjährigen zukünftigen Ludwig XV. zu sich kommen ließ, ihn segnete und ihm folgenden Ratschlag für seine Regierung gab: »J'ai trop aimé la guerre, ne m'imitez pas en cela, non plus que dans les trop grandes dépenses que j'ai faites.« Statt dessen solle er sich stärker der Wohlfahrt seiner Untertanen annehmen. Vgl. dazu Saint-Léger/Sagnac, Louis XIV, S. 646; dort auch das Zitat.
31 Epochendarstellungen und Biographisches: P. Gaxotte, Ludwig XV. und sein Jahrhundert, München 1954; J. Levron, Ludwig XV., Der Vielgeliebte, Stuttgart 1967.

32 Treue, Wirtschaftsgeschichte der Neuzeit, S. 85–154.
33 Die Bevölkerungszahlen nach Buchholz, in: Raum und Bevölkerung, Bd. 3, S. 22.
34 Vgl. M. Braubach, Versailles und Wien von Ludwig XIV. bis Kaunitz, Die Vorstadien der diplomatischen Revolution im 18. Jahrhundert, Bonn 1952.
35 Vgl. St. Skalweit, Frankreich und Friedrich der Große, Der Aufstieg Preußens in der öffentlichen Meinung des »Ancien régime«, Bonn 1952.
36 Holtzmann, Französische Verfassungsgeschichte, S. 502.

III. Das Zeitalter der Großen Revolution und Napoleons (1789-1815)

1 Aus der Fülle der die Epoche von 1789 bis 1815 behandelnden Gesamtdarstellungen kann hier nur auf einige wenige Werke verwiesen werden: E. Schmitt (Hg.), Die Französische Revolution, Anlässe und langfristige Ursachen, Darmstadt 1973 (= Wege der Forschung, Bd. 293); R. Rémond, La vie politique en France depuis 1789, Bd. 1 (1789-1848), Paris 1965; A. Fugier, La Révolution française et l'Empire Napoléonien, Paris 1954 (= Histoire des relations internationales, Bd. 4).
2 F. Meinecke, Die Entstehung des Historismus, Bd. I: Vorstufen und Aufklärungshistorie, München/Berlin 1936.
3 Ebda., S. 82.
4 Zum Folgenden vgl. E. Weis, Geschichtsschreibung und Staatsauffassung in der französischen Enzyklopädie, Wiesbaden 1956.
5 Neueste biographische Würdigungen verdanken wir P. Lafue, Louis XVI, L'échec de la révolution royale, Paris 1946, und B. Fay, Ludwig XVI. oder das Ende einer Welt, München 1956.
6 Vgl. Treue, Wirtschaftsgeschichte der Neuzeit, S. 138.
7 Mitgeteilt bei Buchholz, in: Raum und Bevölkerung, Bd. 3, S. 23.
8 Neueste und abschließende Untersuchung: J. Egret, La Pré-Révolution française, 1787-1788, Paris 1962.
9 Vgl. dazu A. Golecki, Die Menschenrechtserklärungen des Marquis de Lafayette, in: GWU 22/1971, S. 130-147.
10 Vgl. dazu Treue, Wirtschaftsgeschichte der Neuzeit, S. 96 f., und besonders E. Naujoks, Die Französische Revolution und Europa, Stuttgart 1970, S. 29.
11 Vgl. Treue, Wirtschaftsgeschichte der Neuzeit, S. 142.
12 Aus der Fülle repräsentativer moderner Gesamtdarstellungen seien hervorgehoben: A. Aulard, Histoire politique de la Révolution, Paris ⁶1926; A. Mathiez/G. Lefebvre, La Révolution française, Bd. 1-2, Paris 1922 bis 1927; Bd. 3, Paris ²1950; G. Lefebvre, La Révolution française, Paris ³1951; A. Soboul, Précis de l'histoire de la Révolution française, Paris ³1971; F. Furet/D. Richet, Die Französische Revolution, Frankfurt 1968; M. Göhring, Geschichte der Großen Revolution, 2 Bde., Tübingen 1950/51; K. Griewank, Die Französische Revolution, Graz/Köln ²1958.
13 Zur Verfassungsentwicklung seit der Revolution vgl. die von J. Godechot hg. und kommentierte Textsammlung: Les Constitutions de la France depuis 1789, Paris 1970, S. 5–141. Zur Institutionsgeschichte der ganzen Epoche von 1789-1815 ebenfalls J. Godechot, Les institutions de la France sous la Révolution et l'Empire, Paris ²1968.
14 Griewank, Französische Revolution, S. 67.
15 Treue, Wirtschaftsgeschichte der Neuzeit, S. 142.
16 Die Zahlen ebda., S. 144.
17 Griewank, Französische Revolution, S. 86.
18 Vgl. F. Ponteil, Histoire de l'enseignement en France, Les grandes étapes, 1789-1964, Paris 1966.
19 Angesichts des außerordentlichen Reichtums an biographischer und mono-

graphischer Literatur können hier nur ganz wenige Werke genannt werden: P. Geyl, Napoleon for and against, London 1964; A. Fournier, Napoleon I., Eine Biographie, 3 Bde., Leipzig/Prag/Wien 1885-1889, seitdem zahlreiche Auflagen; G. Lefebvre, Napoléon, Paris ⁴1953 (= Peuples et civilisations, Bd. 14); L. Madelin, Histoire du Consulat et de l'Empire, 16 Bde., Paris 1937-1952; W. Andreas, Das Zeitalter Napoleons und die Erhebung der Völker, Heidelberg 1955; F. Sieburg, Napoleon, Die Hundert Tage, Stuttgart 1956 (seitdem weitere Auflagen); H. O. Sieburg (Hg.), Napoleon und Europa, Köln 1971 (= NWB, Bd. 44) (dort auch historiographiegeschichtlicher Abriß und weiterführende Auswahlbibliographie).
20 O. Roquette (Hg.), Gespräche mit Goethe in den letzten Jahren seines Lebens von J. P. Eckermann, Stuttgart o. J. (ca. 1910), Bd. III, S. 143.
21 So F. Crouzet in seinem Aufsatz »Kriege, Kontinentalsperre und wirtschaftliche Veränderungen in Europa 1792-1815«, in: Sieburg (Hg.), Napoleon und Europa, S. 242.
22 So A. Thibaudet, Geschichte der französischen Literatur von 1789 bis zur Gegenwart (1935), Freiburg/München ²1954, S. 17 f.
23 Der Begriff »Restauration« leitet sich ab von Karl Ludwig von Hallers Werk: »Restauration der Staatswissenschaften oder Theorie des natürlichen geselligen Zustandes, der Chimäre des künstlich-bürgerlichen entgegengesetzt«, ein die leitende politische Tendenz der Jahrzehnte von 1814/15 bis 1848 theoretisch begründendes Werk, das in 6 Bänden seit 1816 erschien. Der tragende Begriff dieses Buches ist dann zur Epochenbezeichnung eines ganzen Zeitalters geworden. Zur speziellen französischen Situation der Jahre 1814/15 vgl. F. Ponteil, La chute de Napoléon Iᵉʳ et la crise française de 1814-1815, Paris 1943.
24 Vgl. z. B. D. Cooper, Talleyrand, München 1962 (= dtv-Taschenbücher, Bd. 62); J. Orieux, Talleyrand, Die unverstandene Sphinx, Frankfurt 1972.
25 Vgl W. Köllmann, in: Raum und Bevölkerung, Bd. 4, S. 11. Zu den Kriegsverlusten kommen noch Bevölkerungsverluste in Höhe von etwa 300 000 Menschen durch Emigration.
26 So Huizinga, Im Bann der Geschichte, S. 180. Ich folge hier Huizinga auch sonst. Vgl. außerdem H. O. Sieburg, Deutschland und Frankreich, 1954, S. 17 ff.
27 Zum Folgenden vgl. das Kapitel »Die historische Bedeutung der französischen Revolution« in: F. Schnabel, Deutsche Geschichte im 19. Jahrhundert, Bd. I, Freiburg, ²1937, S. 108 ff., besonders S. 120-131.

IV. Von der Restauration zur Republik. Frankreich im 19. Jahrhundert (1815-1871)

1 Godechot (Hg.), Constitutions, S. 215.
2 So von R. v. Thadden, Restauration und napoleonisches Erbe, Der Verwaltungszentralismus als politisches Problem in Frankreich (1814-1830), Wiesbaden 1972.
3 R. v. Albertini, Freiheit und Demokratie in Frankreich, Die Diskussion von der Restauration bis zur Résistance, Freiburg/München 1957, S. 13. – Zur Geschichte des historisch-politischen Denkens vor dem allgemeinhistorischen Hintergrund vgl. überdies: Sieburg, Deutschland und Frankreich in der Geschichtsschreibung des 19. Jahrhunderts, 1954. Zur politischen Geschichte vgl. u. a. J. Droz/L. Genet/J. Vidalenc, L'époque contemporaine, Bd. I: Restaurations et révolutions (1815-1871), Paris 1953 (= Slg. Clio, Bd. 9, 1); F. Ponteil, La monarchie parlementaire, 1815-1848, Paris 1949.
4 Zit. b. Th. Flathe, Das Zeitalter der Restauration und Revolution, 1815 bis 1851, Berlin 1883, S. 238.

5 Vgl. dazu Karl Hillebrand, Geschichte Frankreichs von der Thronbesteigung Louis Philipps bis zum Falle Napoleons III., 1. Abtlg.: Geschichte des Juli-Königtums 1830-1848, 2 Bde., Gotha ²1881. Da nur die 1. Abtlg. erschienen ist, pflegt das Werk lediglich unter dem entsprechenden Untertitel zitiert zu werden. Die Charakteristik Louis Philippes findet sich in Bd. I, S. 1 ff. – Ein gutes Konzentrat der modernen Forschungslage zur Geschichte der Julimonarchie findet man in dem vortrefflichen Überblick von Ph. Vigier, La Monarchie de Juillet, Paris 1962 (= Que sais-je?, Bd. 1002).

6 Zit. bei Albertini, Freiheit und Demokratie, S. 18, ein Werk, dem ich hier folge.

7 Vgl. zu diesem Problem das grundlegende Werk von A.-J. Tudesq, Les grands notables en France (1840-1849), Etude historique d'une psychologie sociale, 2 Bde., Paris 1964.

8 Zit. b. Flathe, Restauration und Revolution, S. 327.

9 Ebda., S. 498.

10 Treue, Wirtschaftsgeschichte der Neuzeit, S. 469, in Anlehnung an Sée, Französische Wirtschaftsgeschichte, Bd. II, Jena 1936, S. 288

11 Albertini, Freiheit und Demokratie, S. 29-35.

12 Zit. v. Th. Ramm (Hg.), Der Frühsozialismus, Stuttgart 1956 (= Kröner Taschenausgabe, Bd. 223), S. XV. Vgl. außerdem zum Folgenden L. v. Stein, Geschichte der sozialen Bewegung in Frankreich von 1789 bis auf unsere Tage, 3 Bde., Leipzig 1850, und Sieburg, Deutschland und Frankreich (1848-1871), S. 39-44.

13 Zit. bei Flathe, Restauration und Revolution, S. 490.

14 Zit. bei Albertini, Freiheit und Demokratie, S. 20.

15 Ebda.

16 Ebda., S. 42. Einen die neuesten Forschungsergebnisse verarbeitenden Überblick über die innenpolitische Entwicklung Frankreichs von der 48er Revolution bis zu den Anfängen der Dritten Republik gibt R. Rémond, La vie politique en France depuis 1789, Bd. 2: 1848-1879, Paris 1969. Behandlung der Zweiten Republik dort auf S. 9-127.

17 Von den zahlreichen Darstellungen, die das Gedenkjahr 1948 auch in Frankreich hervorgebracht hat, ist J. Dautry, Histoire de la Révolution de 1848 en France, Paris 1948, marxistisch gefärbt. Grundlegend ist immer noch P. de la Gorce, La Seconde République française, 2 Bde., Paris 1887.

18 Vgl. A. de Tocqueville, Erinnerungen, Stuttgart 1954, bes. S. 192 ff. Das Originalwerk erschien unter dem Titel »Souvenirs« postmortal und zensuriert 1893.

19 Albertini, Freiheit und Demokratie, S. 43.

20 Grundlegende ältere Gesamtdarstellungen sind immer noch P. de la Gorce, Histoire du Second Empire, 7 Bde., Neuaufl. Paris 1951/52, und C. Bulle, Geschichte des Zweiten Kaiserreiches und des Königreiches Italien, Berlin 1890. Einen modernen Überblick unter besonderer Heraushebung des Innenpolitischen enthält u. a. Rémond, La vie politique en France, Bd. 2, S. 129-229.

21 Albertini, Freiheit und Demokratie, S. 44, dem auch die nachstehende Interpretation des bonapartistischen Regimes verpflichtet ist. Vgl. ebda., S. 46 f.

22 Sée, Französische Wirtschaftsgeschichte, Bd. II, S. 281 f.

23 Vgl. dazu Treue, Wirtschaftsgeschichte der Neuzeit, S. 459-511, hier bes. S. 471. Zur Sozialpolitik Napoleons III.: G. Duveau, La vie ouvrière en France sous le Second Empire, Paris 1946.

24 J. Dittrich, Bismarck, Frankreich und die spanische Thronkandidatur der Hohenzollern, München 1962.

1 J. Bainville, Histoire de deux peuples, La France et l'empire allemand, Paris 1915; mir vorliegend in der 100. Aufl. unter dem Titel: Histoire de deux peuples continuée jusqu'à Hitler, Paris 1933, S. 223 f.; deutsche Ausg. unter dem Titel: Bainville, Geschichte zweier Völker, Frankreichs Kampf gegen die deutsche Einheit, Hamburg 1939; das Zitat dort auf S. 177 f. – Aus der großen Fülle der Gesamtdarstellungen zur Geschichte der Dritten Republik seien hier genannt: P. Renouvin/E. Préclin/G. Hardy, L'époque contemporaine, Bd. II: La paix armée et la grande guerre (1871–1919), Paris 1947 (= Slg. Clio, Bd. 9, 2); J. Chastenet, Histoire de la Troisième République (1871-1940), 7 Bde., Paris 1952-1963; M. Baumont, Gloires et tragédies de la Troisième République, Paris 1956; von älteren Darstellungen als brauchbare konzentrierte Faktenzusammenstellung die betr. Kap. bei G. Egelhaaf, Geschichte der neuesten Zeit vom Frankfurter Frieden bis zur Gegenwart, Stuttgart [3]1911, S. 79-90 und 342-361 sowie 494-507.

2 Eine von der marxistischen Interpretationsweise abweichende Deutung entwickelt H. Lefebvre, 26 mars 1871, La proclamation de la Commune (Les trente journées qui ont fait la France), Paris 1956. Einer der besten Kenner der Bewegung ist G. Bourgin, La Commune, 1870-1871, Paris 1939; zusammenfassend ders., La Commune, Paris 1953 (= Que sais-je?, Bd. 581). Einen konzentrierten deutschen Überblick über die Kommune-Forschung enthält die Einleitung zu: H. Swoboda (Hg.), Die Pariser Kommune 1871, München 1971 (= dtv-Taschenbücher, Bd. 734), S. 7-14.

3 Die Zahlenangaben bei Baumont, Gloires et tragédies, S. 54 f.

4 Zitate bei G. Egelhaaf, Geschichte der neuesten Zeit, S. 48 f.

5 Zum neuesten Stand vgl. A. Hillgruber, Die »Krieg in Sicht«-Krise 1875 – Wegscheide der Politik der europäischen Großmächte in der späten Bismarck-Zeit, in: E. Schulin (Hg.), Gedenkschrift Martin Göhring, Studien zur europäischen Geschichte, Wiesbaden 1968, S. 329-353.

6 Sée, Französische Wirtschaftsgeschichte, Bd. II, S. 285.

7 Vgl. Thibaudet, Geschichte der französischen Literatur, S. 325; zum Folgenden vgl. überdies S. 255 ff.

8 Vgl. R. v. Albertini, Parteiorganisation und Parteibegriff in Frankreich 1789-1940, in: HZ 193/1961, S. 529–600, dem die nachfolgenden Ausführungen verpflichtet sind.

9 Ebda., S. 584.

10 E. Nolte, Der Faschismus in seiner Epoche, München [4]1971; ders., Zur Phänomenologie des Faschismus, in: VfZG 1962, S. 373 ff.

11 Aus der umfangreichen französischen Literatur zum Ersten Weltkrieg sei hier auf folgende Werke hingewiesen: Histoire de la guerre mondiale, 4 Bde., Paris 1936-1937 (mehrere Militärschriftsteller als Verfasser); G. u. E. Bonnefous, Histoire politique de la Troisième République, Bd. 2: La Grande Guerre, 1914-1918, Paris 1957; Chastenet, Histoire de la Troisième République, Bd. 4: Jours inquiets et jours sanglants, 1906-1918, Paris 1957; P. Renouvin, Les crises du XXe siècle, T. 1: De 1914 à 1929, Paris 1957 (= Histoire des relations internationales, Bd. 7). Die modernste deutsche Gesamtbehandlung der Jahre 1914-1918 verdanken wir H. Herzfeld, Der erste Weltkrieg, München [3]1974 (= dtv-Weltgeschichte des 20. Jahrhunderts, Bd. 1). Zur französischen Rheindiskussion vgl. W. Kern, Die Rheintheorie der historisch-politischen Literatur Frankreichs im 1. Weltkrieg, Diss. Saarbrücken 1973.

12 Zum Frieden von Versailles und den Pariser Vorortverträgen vgl. G. Schulz, Revolutionen und Friedensschlüsse 1917-1920, München [3]1974 (= dtv-Weltgeschichte des 20. Jahrhunderts, Bd. 2); G. Wormser, La république de Clemenceau, Paris 1961, S. 339-360; J. Bainville, Les conséquences politiques de la paix, Paris 1920; P. Rain, L'Europe de Ver-

sailles, 1919-1939, Les traités de paix, leur application, leur mutilation, Paris 1945; H. Herzfeld, Die moderne Welt, 1789-1945, T. II: Weltmächte und Weltkriege – Die Geschichte unserer Epoche, 1890-1945, Braunschweig ³1960, S. 188-203.

13 Maßgebliche allgemeine Darstellungen der internationalen Politik dieses Zeitraumes verdanken wir u. a.: M. Baumont, La faillite de la paix, 1918 à 1939, 2 Tle., Paris ⁴1960/61 (= Peuples et civilisations, Bd. 20); J. B. Duroselle, Histoire diplomatique de 1919 à nos jours, Paris 1953; H. Graml, Europa zwischen den Kriegen, München ²1974 (= dtv-Weltgeschichte des 20. Jahrhunderts, Bd. 5).

14 Maßgebliche französische Darstellung: E. Weill-Raynal, Les réparations allemandes et la France 1918-1936, 3 Bde., Paris 1947.

15 Vgl. Köllmann, in: Raum und Bevölkerung, Bd. 4, S. 154.

16 W. Näf, Die Epochen der neueren Geschichte, Staat und Staatengemeinschaft vom Ausgang des Mittelalters bis zur Gegenwart. Bd. 2, München 1970 (= List Taschenbücher, Bd. 361-363), S. 439.

17 Zu diesem Thema vgl. F. Goguel, La politique des partis sous la Troisième République, Bd. I (1871-1932) u. Bd. II (1933-1939), Paris 1946; Albertini, Parteiorganisation, bes. S. 593-600; A. Zévaès, Histoire du socialisme et du communisme en France de 1871 à 1947, Paris 1948; G. Walter, Histoire du parti communiste français, Paris 1948. Gute konzentrierte Überblicke enthalten R. A. C. Parker, Das 20. Jahrhundert, 1918-1945, Frankfurt 1969 (= Fischer Weltgeschichte, Bd. 34), bes. S. 172 bis 177, und F. Siebert, Aristide Briand, Staatsmann zwischen Frankreich und Europa, Zürich/Stuttgart 1973, S. 704.

18 Die Zahlen bei Parker, Das 20. Jahrhundert, S. 165 ff., dem ich hier folge.

19 Aus der unübersehbaren Literatur sei hier genannt: Ch. Terrasse, Die französische Malerei des 20. Jahrhunderts, Paris 1939.

20 So E. Kordt, Wahn und Wirklichkeit, Die Außenpolitik des Dritten Reiches, Stuttgart ²1948, S. 60, dem ich hier folge.

21 Diese Endphase der Dritten Republik ist das Thema der eindrucksvollen, wenn auch keineswegs unumstrittenen Darstellung von W. L. Shirer, The collaps of the Third Republic, New York 1969.

22 Die Zahlen bei Parker, Das 20. Jahrhundert, S. 177.

23 Vgl. dazu die Tabelle, ebda., S. 168.

24 Militärgeschichtliche Darstellungen des Zweiten Weltkrieges aus französischer Sicht verdanken wir R. Ceré/H. Peyret, Chronologie du conflit mondial, 1939-1945, Paris 1946-1948, und L. M. Cassin, Histoire militaire de la Seconde Guerre mondiale 1939-1945, Paris ²1951.

25 Eine der ersten zusammenhängenden Gesamtdarstellungen der französischen Geschichte in diesem Zeitraum enthalten die von A. Prost und J. L. Monneron verfaßten Abschnitte in: L.-H. Parias (Hg.), Histoire du peuple français, cent ans d'esprit républicain (1875-1963), Paris 1964, S. 375-599. Sehr zeitgebunden wirkt A. Werth, Der zögernde Nachbar – Frankreich seit dem letzten Weltkrieg, Düsseldorf 1957. Zur Verfassungsentwicklung des Gesamtzeitraumes vgl. Godechot, Constitutions, S. 339 bis 484.

26 Maßgebliche Darstellung: R. Aron/G. Elgey, Histoire de Vichy, 1940-1944, Paris 1954. Zur Lage Frankreichs in diesem Zeitraum vgl.: Hoover-Institution (Hg.), France during the German occupation (1940-1944), 3 Bde., Stanford 1958/59.

27 F. Sieburg, Kleine Geschichte Frankreichs, Frankfurt 1953, S. 186.

28 Aus der umfangreichen biographischen Literatur seien hervorgehoben: A. Fabre-Luce, De Gaulle – Zwischen Tadel und Bewunderung, Hamburg 1961, und R. Aron, Charles de Gaulle, Paris 1964.

29 Zur Geschichte der Befreiung Frankreichs ist wiederum maßgeblich R. Aron, Histoire de la Libération de la France (juin 1944 à mai 1945), Paris 1959.

30 So A. Siegfried, Frankreichs Vierte Republik 1959, S. 219.
31 Vgl. ebenda, S. 143; ich folge hier Siegfried.
32 Ebenda, S. 161.
33 Zum Problem der Auflösung des französischen Kolonialreiches vgl. X. Yacono, Les étapes de la décolonisation française, Paris 1971, und F. Ansprenger, Auflösung der Kolonialreiche, München 1966 (= dtv-Weltgeschichte des 20. Jahrhunderts, Bd. 13), S. 78–110 u. 209–254.
34 So R. J. Guiton, Paris-Moskau, Die Sowjetunion in der auswärtigen Politik Frankreichs seit dem 2. Weltkrieg, Stuttgart 1956, S. 264.
35 Gesamtdarstellungen über das Europa-Problem und das deutsch-französische Verhältnis liegen bisher vor mit den Büchern von W. Wagner, Europa zwischen Aufbruch und Restauration, München 1968 (= dtv-Weltgeschichte des 20. Jahrhunderts, Bd. 14), und G. Ziebura, Die deutsch-französischen Beziehungen seit 1945 – Mythen und Realitäten, Pfullingen 1970.
36 Unter diesem Stichwort beschreibt Werth, Der zögernde Nachbar, S. 473 bis 504, die politische Situation Frankreichs zwischen 1956 und 1958.
37 Zu den Anfängen der Fünften Republik vgl. die Werke von A. Siegfried, De la IVᵉ à la Vᵉ République, Paris 1958, und A. Mohler, Die Fünfte Republik – Was steht hinter de Gaulle?, München 1963.
38 Vgl. hierzu W. Loth, Sozialisten und Kommunisten in Frankreich: Zwischenbilanz einer Strategie, in: Europa-Archiv 2/1975, S. 39 ff; die Zitate daselbst.

VI. Frankreichs V. Republik in der nachgaullistischen Ära (1974–1995)

1 Vgl. zu den Präsidentschaften Valéry Giscard d'Estaings und François Mitterrands: René Rémond (avec la collaboration de Jean-François Sirinelli), Notre siècle de 1918 à 1988, tome 6 der »Histoire de France«, hg. v. Jean Favier, Paris 1988. Die Zahlenangaben bei Wahlergebnissen sind – bis auf die von 1988 – hieraus entnommen, denn dieses Buch ist vorwiegend innenpolitisch orientiert; Ernst Weisenfeld, Frankreichs Geschichte seit dem Krieg. Von de Gaulle bis Mitterrand, München 2. Aufl. 1982; ders., Welches Deutschland soll es sein? Frankreich und die deutsche Einheit seit 1945, München 1986; Wilfried Loth, Geschichte Frankreichs im 20. Jahrhundert, Stuttgart/Berlin/Köln/Mainz 1987; Alfred Grosser, Affaires extérieures. La politique de la France 1944–1984, Paris 1984, deutsche Ausgabe: Frankreich und seine Außenpolitik 1944 bis heute. München/Wien 1986 und dtv, München 1989; Hg. K. D. Bracher, Th. Eschenburg, J. C. Fest, E. Jäckel, Geschichte der Bundesrepublik Deutschland, Bd. 5/II: Wolfgang Jäger, Werner Link, Republik im Wandel, 1974–1982. Die Ära Schmidt, Stuttgart/Mannheim 1987, hier: Werner Link, Außen- und Deutschlandpolitik in der Ära Schmidt 1974–1982, bes. die Kapitel: Europapolitisches und weltwirtschaftliches Krisenmanagement, S. 277–290 und »Europäisierung« durch deutsch-französische Zusammenarbeit, S. 341–353; Hg. Robert Picht, Das Bündnis im Bündnis. Deutsch-Französische Beziehungen im internationalen Spannungsfeld, Berlin 1982; Deutschland–Frankreich. Ein neues Kapitel ihrer Geschichte, 1948–1988 – France–Allemagne. Un nouveau chapitre de leur histoire, Chronologie–Documentation, erarbeitet von den Zeitschriften Dokumente und Documents und vom Deutsch-Französischen Institut Ludwigsburg, Bonn 1988; Deutschland–Frankreich. Ein neues Kapitel ihrer Geschichte 1948–1963–1993. France-Allemagne. Un nouveau chapitre de leur histoire. Chronologie–Documentation, erarbeitet von den Zeitschriften Dokumente und Documents und vom Deutsch-Französischen Institut Ludwigsburg, Bonn 1993 (im Folgenden »Dtl.-Frk. 93« abgekürzt) Rainer Barzel, 25 ans de coopération franco-allemande – 25 Jahre deutsch-französische Zusammenarbeit. Bericht des Koordinators für die deutsch-französische Zusammenarbeit, Stand: 30. November 1987, hg. vom Presse- und Informationsamt der Bundesregierung, Bonn/Hof 1988; Valéry Giscard d'Estaing, Le pouvoir et la vie, Paris 1988, deutsche Ausgabe: Macht und Leben, Frankfurt/Berlin 1988; Helmut Schmidt, Menschen und Mächte, Berlin 1987; Ders., Die Deutschen und ihre Nachbarn,

Berlin 1990. Peter Scholl-Latour, Leben mit Frankreich. Stationen eines halben Jahrhunderts, Stuttgart 1988. Ulrich Wickert, Frankreich. Die wunderbare Illusion, Hamburg 1989; Franz-Olivier Giesbert, Le Président (Mitterrand), Paris 1990; Pierre Péan, Une jeunesse française. François Mitterrand 1934–1947, Paris 1994; Catherine Nay, Le Noir et Rouge ou l'histoire d'une ambition, Paris 1984. Deutsche Ausgabe: Mitterrand. Anatomie einer Karriere, Zürich/Köln 1986; Hg. Landeszentrale für politische Bildung Baden Württemberg, Frankreich. Eine politische Landeskunde, Kohlhammer-Taschenbücher »Bürger im Staat« (Nr. 1088), Stuttgart 1989; Hg. dies., Europa 1992, daselbst (Nr. 1099), Stuttgart 1993; Hg. L. Albertin, M. Christadler, G. Kiersch, A. Kimmel, R. Picht, G. Ziebura, Frankreich-Jahrbuch 1988, Opladen 1988; Hg. Deutsch-Französisches Institut in Verbindung mit L. Albertin, M. Christadler, G. Kiersch, A. Kimmel, R. Picht, G. Ziebura, Frankreich-Jahrbuch 1989, Opladen 1989; Hg. Deutsch-Französisches Institut in Verbindung mit L. Albertin, M. Christadler, G. Kiersch, I. Kolboom, A. Kimmel, R. Picht, Frankreich-Jahrbuch 1990, Opladen 1990; Hg. Dies., Frankreich-Jahrbuch 1991, Opladen 1991; Hg. Dies. und H. M. Bock, Frankreich-Jahrbuch 1992, Opladen 1992; Hg. Dies. wie 1990, Frankreich-Jahrbuch 1993, Opladen 1993; Hg. Dies. und H. M. Bock, Frankreich-Jahrbuch 1994, Opladen 1995 (im Folgenden »Frk.-Jb.« + Jahreszahl abgekürzt); Hg. Günter Trautmann, Die häßlichen Deutschen? Deutschland im Spiegel der westlichen und östlichen Nachbarn, Wissenschaftliche Buchgesellschaft, Reihe »Ausblicke«, Darmstadt 1991; Rheinischer Merkur, Jahrgänge 1989 – Anfang 1995; Die Zeit, Jahrgänge 1989–1994; Saarbrücker Zeitung (Sbr. Ztg.), Jahrgänge 1989 – Anfang 1995; Le Monde, Jahrgänge 1993 – Anfang 1995; Vierteljahresschrift Modern and Contemporary France, Harlow, Jahrgänge 1992–1994. François Mitterrand/Elie Wiesel, Mémoire à deux voix, Paris 1995.

2 Zitiert bei E. Weisenfeld, Frankreichs Geschichte . . ., a.a.O., S. 255.
3 Vgl. V. Giscard d'Estaing, Démocratie Française, Paris 1976.
4 Diese Zahlen in: Der Frankreich Brockhaus, Wiesbaden 1982, S. 83 und S. 168.
5 Vgl. H. Schmidt, Menschen und Mächte, a. a. O., S. 231 f.
6 Vgl. A Grosser, Frankreich und seine Außenpolitik, a. a. O., S. 358. Dort Zitat eines Fernsehinterviews von Giscard vom 27. 1. 1981.
7 Vgl. W. Loth, Geschichte Frankreichs . . ., a. a. O., S. 236; Werner Link, Außen- und Deutschlandpolitik, a. a. O., S. 349; E. Weisenfeld, Welches Deutschland . . ., a. a. O., S. 126.
8 H. Schmidt, Menschen und Mächte, a. a. O., S. 107; vgl. auch A. Grosser, Frankreich und seine Außenpolitik, a. a. O., S. 349 und S. 355 f.
9 Dieser private »Club« der fünf Finanzminister war nach der Bibliothek des Weißen Hauses, dem Ort ihrer ersten Zusammenkunft, so benannt. Vgl. V. Giscard d'Estaing, Macht und Leben, a. a. O., 109; vor allem H. Schmidt, Menschen und Mächte, a. a. O., S. 190 ff, der eine vorzügliche, auch für Nicht-Experten verständliche Analyse der komplizierten wirtschafts- und währungspolitischen Zusammenhänge bietet.
10 Vgl. H. Schmidt, Menschen und Mächte, a. a. O., S. 200 f.
11 Vgl. zum Folgenden V. Giscard d'Estaing, Macht und Leben a. a. O., S. 119 ff; Werner Link, Außen- und Deutschlandpolitik, a. a. O., S. 286 ff; Das Bündnis im Bündnis, a. a. O., S. 163 f.
12 Vgl. zum Folgenden A. Grosser, Frankreich und seine Außenpolitik, a. a. O., S. 343 ff.
13 Vgl. die Schilderung von P. Scholl-Latour, Leben mit Frankreich, a. a. O., S. 248.
14 Vgl. ebenda, S. 102.
15 Ebenda, S. 608 und E. Weisenfeld, Frankreichs Geschichte . . ., a. a. O., S. 279.
16 Der Ausdruck »Florentiner« stammt von François Mauriac, zitiert bei P. Scholl-Latour, Leben mit Frankreich, a. a. O., S. 117; dort auch die beiden anderen Charakterisierungen von ihm selbst.
17 Vgl. zum Lebenslauf Mitterrands E. Weisenfeld, Frankreichs Geschichte

a.a.O., S.231−236 und P.Scholl-Latour, Leben mit Frankreich, a.a.O., S.604ff und S.564.

18 Vgl. die Bibliographie in: Cathérine Nay, Le Noir et Rouge ou l'histoire d'une ambition, Paris 1984; deutsche Ausgabe: Mitterrand. Anatomie einer Karriere, Zürich/Köln 1986, S.426.

19 Vgl. zur Präsidentschaft François Mitterrands die unter Anm. 1 aufgeführte Literatur.

20 Vgl. zur Amtseinführung am 21.5. 1981 und zur Panthéon-Zeremonie am 23.5. 1981 die überaus anschaulichen Schilderungen von P.Scholl-Latour, Leben mit Frankreich, a.a.O., S.112f und S.248−250.

21 Vgl. die Wahlanalyse von Otto B.Roegele, »Die Lust auf etwas Neues«, in: Rheinischer Merkur/Christ und Welt, Nr 26 vom 26.6. 1981.

22 Dabei handelt es sich um die Selbstverwaltungsorgane der Départements, die bis dahin nur beratende Funktion hatten. Gewählt werden sie nach Kantonen, einer ebenfalls noch aus der Französischen Revolution stammenden Verwaltungseinheit zwischen Arrondissement und Gemeinde, die nur noch als Wahlbezirk von Bedeutung ist. Jedes der rund 3000 französischen »Cantons« entsendet einen gewählten Vertreter in den »Conseil général« des zugehörigen Départements; bei den alle drei Jahre stattfindenden Kantonalwahlen wird jeweils nur die Hälfte der Mandate neu besetzt.

23 Vgl. Klaus Huwe, »Das Vertrauen zehrt sich auf«, in: Rheinischer Merkur/Christ und Welt, Nr. 18 vom 30.4. 1982.

24 Vgl. Klause Huwe, »Fanfarenstöße zum Abschied«, in: Rheinischer Merkur/Christ und Welt, Nr. 19 vom 11.5. 1984 und Joachim Starbatty, »Europa braucht kein Einheitsgeld«, in: ebenda, Nr. 10 vom 10.3. 1989.

25 Vgl. zum Phänomen Le Pen und des »Front National« R. Rémond, Notre siècle, a.a.O., S.873f und die sehr eingehenden und scharfsinnigen Analysen von P.Scholl-Latour, Leben mit Frankreich, a.a.O., an verschiedenen Stellen, z.B. S.629. Außerdem Peter Exner, »Frankreich den Franzosen«. Die Renaissance des französischen Rechtsextremismus im Front National, in: Geschichte in Wissenschaft und Unterricht, 6/1989, S.333−348.

26 Vgl. hierzu Klaus Huwe, »Die Macht wird mit der Axt verteidigt«, in: Rhein. Merkur, Nr. 16 vom 13.4. 1985 und R. Rémond, Notre siècle, a.a.O., S.883ff.

27 Vgl. zu diesem Punkt Thierry Bréhier, »Les premières décisions de M. Chirac. Le Parlement dessaisi, le Conseil constitutionnel écarté«, in: Le Monde, 43.Jg., Nr. 12798 vom 22.3. 1986 und R. Rémond, Notre siècle, a.a.O., S.893ff.

28 In Frankreich gibt es eine Art von Rangordnung der Minister, nämlich die eigentlichen »ministres« der klassischen Ressorts und ihnen »beigeordnet« (»Auprès du ministre . . .«) die sogenannten »ministres délégués«, die mit der Wahrnehmung spezieller Bereiche aus den »Großministerien« beauftragt (»chargé«) sind, z.B. »Budget« und »Außenhandel« als Zweige des Wirtschafts- und Finanzministeriums, »Forschung und Hochschulen« als zum Ministerium für »Nationale Erziehung« zugehörig etc..

29 Vgl. hierzu Klause Huwe, »Ein Land, das sich am liebsten aufs Ruhekissen legen möchte«, in: Rhein. Merkur, Nr. 17 vom 22.4. 1988.

30 Vgl. André Fontaine, »A défaut d'état de grâce«, in: Le monde, 43.Jg. Nr. 12798 vom 22.3. 1986: »Jacques Chirac . . . lui a reconnu sans difficulté le droit de regard qu'il réclamait, Constitution en main, sur les affaires étrangères et la défense.«

31 Vgl. Gerd Ressing, »Ehe zu dritt ohne Erlaubnis«, in: Rhein. Merkur, Nr. 49 vom 3.12. 1982.

32 Vgl. Klaus Huwe, »Angst vor der Courage«, in: Rhein. Merkur, Nr. 18 vom 5.5. 1989. Im August 1989 erneute diplomatische Offensive Frankreichs, zugleich auch im Auftrag der EG, durch Entsendung von Sonderbotschaftern in arabische und andere Hauptstädte und des für die »Frankophonie« zuständigen Ministers Decaux in den Libanon, die zwischen syrischen Truppen und den Christenmilizen des Generals Aoun tobenden Kämpfe in und um Beirut zu beenden. Außerdem Entsendung von Kriegs-

schiffen zur Evakuierung französischer Staatsbürger.
33 Vgl. hierzu das bei A. Grosser, Frankreich und seine Außenpolitik, a. a. O., S. 362 zitierte Kommuniqué des State-Departments vom 24. 6. 1981.
34 Zitiert ebenda, S. 379.
35 Die auf Eingriffe in ihre nationale Souveränität stets sehr empfindlich reagierenden Franzosen prägten dafür den Begriff »économie dominante«, vgl. H. Schmidt, Menschen und Mächte, a. a. O., S. 325.
36 Zitiert nach E. Weisenfeld, Welches Deutschland . . ., a. a. O., S. 137. Vgl. auch W. Link, Außen- und Deutschlandpolitik, a. a. O., S. 348.
37 Vgl. E. Weisenfeld, Welches Deutschland . . ., a. a. O., S. 137 sowie zum Folgenden die sehr eingehende Analyse der Meinungsbildung in Frankreich und der sich daraus ergebenden außen- und verteidigungspolitischen Konsequenzen ebenda, S. 138 ff; außerdem A. Grosser, Frankreich und seine Außenpolitik, a. a. O., S. 377–386.
38 Vgl. das Referat von Raymond Aron bei einem deutsch-französischen Seminar am 22. 9. 1983; Zitat daraus abgedruckt in: Deutschland–Frankreich. Ein Kapitel ihrer Geschichte, a. a. O., S. 77: »Zum ersten Mal seit sehr langer Zeit stehen wir nicht im ersten, sondern im zweiten Glied. Das bedeutet, die Franzosen haben zum ersten Mal seit sehr langer Zeit in der Geschichte möglicherweise nicht Angst vor der Stärke der Deutschen, sondern davor, daß sie schwach werden könnten.«
39 Zitiert ebenda, S. 85.
40 Zitiert ebenda, S. 91.
40a Veröffentlichung der deutschen Fassung der »Einheitlichen Europäischen Akte« in: Bundesgesetzblatt, Teil II, Heft 39 (S. 1102) vom 24. 12. 1986. – Durch die EEA sind nicht zuletzt die Rechte des Europäischen Parlaments erweitert worden. Es sind jetzt jeweils zwei Lesungen von Gesetzesvorlagen der EG-Kommission oder des EG-Ministerrates vorgeschrieben, in denen das Europäische Parlament Abänderungswünsche vortragen kann. Wenn sie nicht berücksichtigt werden, kann das Parlament mit der qualifizierten Mehrheit von 260 Stimmen seiner 518 Mitglieder den betreffenden Ministerratsbeschluß ablehnen, der dann gegen seinen Willen nur noch auf Grund eines – sehr schwer erreichbaren – einstimmigen Votums des Ministerrates durchgesetzt werden könnte. Zu diesen und weiteren Kompetenzen und Einflußmöglichkeiten des Europäischen Parlaments sowie zu seiner Arbeitsweise vgl. die Artikel in Merkur extra »Europa«, in: Rhein. Merkur/Christ und Welt, Nr. 24 vom 16. 6. 1989, S. 29–31. – Der Präsident des Europäischen Parlaments wird jeweils für die Hälfte einer Legislaturperiode gewählt (2½ Jahre): S. Veil 1979–82; P. Dankert (Niederlande) 1982–84; P. Pflimlin 1984–87; Sir H. Plumb (Großbritannien) 1987–89; ab Mitte 1989 E. Barón Crespo (Spanien).
41 Vgl. zu allen mit dem Wahlkampf zusammenhängenden Themen vor allem Peter Scholl-Latour, Leben mit Frankreich, a. a. O., S. 120 (Auftreten vor der Truppe), S. 307 f (Moskaureisen), S. 117, 175, 602, 604 (»Sphinx«), S. 176 (Rocard), S. 554 (Wahlplakate), S. 175 (Wirtschaftslage), S. 602 f (Chirac), S. 176 f (Barre), S. 621 ff (Le Pen), S. 573 (Lajoinie), S. 560 ff (Juquin), S. 601 ff (Mitterrand, Kandidatur und Sieg), S. 612 f (Siegesfeier) und Klaus Huwe, »Ein Land . . .«, vgl. Anm 29.
42 Vgl. zum Folgenden Rudolph Chimelli, »Das Ende der alten Ordnung«, in; Süddeutsche Zeitung Nr. 96 vom 26. 4. 1988 und Lutz Hermann, »Le Pen hat das Parteienspektrum durcheinander gewirbelt«, in: Saarbrücker Zeitung vom 26. 4. 1988. Zum Endergebnis der Wahl vgl. Saarbrücker Zeitung Nr. 108 vom 9. 5. 1988, darin auch »François Mitterrands Triumph« von Lutz Hermann, und Nr. 109 vom 10. 5. 1988.
43 Peter Scholl-Latour, Leben mit Frankreich, a. a. O., S. 637. Vgl zur ersten Regierungsbildung und Parlamentsneuwahl ebenda, S. 613 f und S. 632–638; außerdem: Saarbrücker Zeitung Nr. 109 vom 10. 5. 1988.
44 Vgl. hierzu Peter Ruge, »Rückschlag für Sozialisten«, in: Die Welt vom 6. 6. 1988 und Klaus Huwe, »Zu müde für den Urnengang«, in: Rheinischer Mer-

kur, Nr. 24 vom 10. 6. 1988. – Zur Stichwahl vgl. Saarbrücker Zeitung Nr. 136 vom 14. 6. 1988 und Nr. 137 vom 15. 6. 1988, darin Lutz Hermann, »Kalte Dusche für Mitterrand« und »Mitterrand betont Öffnungskurs«.

45 Vgl. Le Monde, vom 30. 6. 1988, S. 8; dort und auf S. 9 Porträts der neuen Minister.

46 Vgl. Saarbrücker Zeitung, Nr. 108 vom 9. 5. 1988 und Nr. 137 vom 15. 6. 1988 (»Mitterrand betont Öffnungskurs«).

47 Vgl. Klaus Huwe, »Champagner zum Frühstück im Louvre«, in: Rheinischer Merkur Nr. 31 vom 29. 7. 1988. Dort auch Analyse der Spannungen innerhalb der Regierung.

48 Vgl. zu diesem Komplex: Korrespondentenbericht im Deutschlandfunk am 18. 5. 1989; Klaus Huwe, »Angst vor der Courage«, a. a. O.; Lutz Hermann, »Paris gegen baldige dritte Null-Lösung«, in: Saarbrücker Zeitung Nr. 114 vom 19. 5. 1989; »Bonn sieht Annäherung im Raketenstreit«, in: Saarbrücker Zeitung, Nr. 115 vom 20./21. 5. 1989; »Bush warnt vor Selbstgefälligkeit«, ebenda, Nr. 116 vom 22. 5. 1989; Lutz Hermann, »Mitterrands Sorgen über den Bonner Kurs«, ebenda, Nr. 117 vom 23. 5. 1989; »Bush setzt Gorbatschow unter Zugzwang«, und Walter W. Weber, »Bush ergreift die Offensive«, ebenda Nr. 122 vom 30. 5. 1989; »Raketenstreit beigelegt – Nato einigt sich auf Gesamtkonzept« und Volker Jacobs, »Erst Bauchschmerzen, dann Jubel«, ebenda, Nr. 123 vom 31. 5. 1989; Guenter de Thier, »Bushs Akzent-Verschiebung«, ebenda, Nr. 126 vom 3./4. 6. 1989; Thomas Kielinger, »Die Brücke von Brüssel«, in: Rhein. Merkur, Nr. 22 vom 2. 6. 1989, dort weitere Artikel zum Thema. Vgl. auch »Der Raketenstreit fördert neue Angst vor Deutschland . . .«, 5 Artikel in: »Die Zeit«, Nr. 20 vom 12. 5. 1989; S. 51; Simon Head im Raketen-Streit um die Strategie« und Christoph Bertram, »Die Nachkriegszeit ist vorüber«, in: »Die Zeit«, Nr. 22 vom 26. 5. 1989; Dieter Buhl, »Sanft im Ton oder weich im Kern?«, Christoph Bertram, »Happy-End auf dem Gipfel des Streits« und Gerhard Spörl, »Das Drängen hat sich ausgezahlt«, in: »Die Zeit«, Nr. 23 vom 2. 6. 1989. Die Franzosen empfingen das Ehepaar Gorbatschow bei seinem offiziellen Staatsbesuch Anfang Juli 1989 freundlich, aber bei weitem nicht so enthusiastisch wie die Bundesbürger kurz zuvor. Auf der anderen Seite sind durchaus Ansätze zu einer Wiederbelebung und Intensivierung der französichen Ostpolitik erkennbar, die Mitterrand zu Beginn seiner zweiten Amtszeit ankündigte: Staatsbesuche 1988 in der Tschechoslowakei und in Bulgarien; für die zweite Hälfte 1989 geplante Visiten in Ungarn und der DDR. Während seines Aufenthaltes in Warschau (15./16. 6. 1989) begrüßte Mitterrand ausdrücklich den durch die Gespräche am »Runden Tisch« in Gang gesetzten Demokratisierungsprozeß in Polen, der diesem Land auch einen Weg in das bereits bestehende »Gemeinsame europäische Haus«, nämlich die EG als freien Zusammenschluß souveräner Staaten, eröffne. Bei dieser Gelegenheit bedankte sich Lech Walesa besonders für die französische Unterstützung der polnischen Arbeiterbewegung während der Jahre der Unterdrückung. Vgl. Lutz Hermann, »Mitterrand bei Jaruzelski«, in: Saarbrücker Zeitung Nr. 136 vom 15. 6. 1989 und »Mitterrand begrüßt Änderungen in Polen«, in: ebenda, Nr. 137 vom 16. 6. 1989.

49 Vgl. zu diesen komplizierten Zusammenhängen: Peter Ruge »Paris blockiert EG-Steueranpassung«, in: Die Welt vom 12. 9. 1988; Werner Frey, »Rocards Sorge um die Verarmung des Staates«, in: Rhein. Merkur, Nr. 39 vom 23. 9. 1988; Joachim Starbatty, »Europa braucht kein Einheitsgeld«, ebenda, Nr. 10 vom 10. 3. 1989; Petra Münster, »Langer Anlauf zum großen Sprung«, ebenda, Nr. 19 vom 12. 5. 1989; »Keine EG-weite Quellensteuer«, in: Saarbrücker Zeitung, Nr. 116 vom 22. 5. 1989; dort auch Helmut J. Weiand, »Start mit gezogener Bremse«; Thomas Hanke, »Feilschen um Europa« und Wilfried Kratz, »Kreuzzug gegen Brüssel«, in: »Die Zeit«, Nr. 22 vom 26. 5. 1989; Franz Vorholz, »Europa vernichtet den Wohlstand«, in: »Die Zeit«, Nr. 23 vom 2. 6. 1989. Am 19. 6. 1989 Beitritt Spaniens und Portugals zum EWS mit Bandbreite von 6%.

50 Vgl. zur Europawahl in Frankreich die Sendung »Schauplatz Europa« in Südwest 3, moderiert von Reinhard Kleinmann, am 9. 5. 1989, 19.30 Uhr. Außerdem: »Das Interview der Woche« im Deutschlandfunk am 11. 6. 1989, 11.30 Uhr; Katharina Focke interviewt von Hans Jörg Krieger. Vgl. auch Anm. 40a.

51 Vgl. Klaus Huwe, »Das Märchen vom König Franz und seinem Hofstaat«, in: Rhein. Merkur, Nr. 2 vom 13. 1. 1989.

52 Vgl. hierzu und zum französischen »Historikerstreit«: Fritz Klinggräff und Alexander Smoltczyk, »Das ungeheure Ereignis«, in: »Die Zeit«, Nr. 38 vom 16. 9. 1988, S. 61 f; »Radikal von Anfang an«, ZEIT-Gespräch mit François Furet in: »Die Zeit«, Nr. 21 vom 19. 5. 1989.

53 So Alain Duhamel in »Le Monde«, zitiert bei Peter Scholl-Latour, Leben mit Frankreich, a. a. O., S. 615, dort auch das folgende Zitat.

54 So im Dezember 1982 in einem Interview gegenüber P. Scholl-Latour auf dessen entsprechende Frage hin; zitiert ebenda, S. 611

55 Vgl. dazu Lothar Rühl, Zeitenwende in Europa. Der Wandel der Staatenwelt und der Bündnisse, Stuttgart 1990, S. 340.

56 Eduard Schewardnadse, Die Zukunft gehört der Freiheit, Hamburg 1991, S. 237.

57 Zit. in Renata Fritsch-Bournazel, Europa und die deutsche Einheit, Bonn/München 1990 (im Folgenden »Fritsch-B.« abgekürzt), S. 141.

58 Zit. daselbst, S. 136–138.

59 Ausführlicher Bericht darüber bei: Beate Gödde-Baumanns, Frankreich und die deutsche Einheit: 1870/71–1989/90, in: Deutschland und der Westen im 19. und 20. Jahrhundert, Bd. 2 (HMRG, Beiheft 11), Wiesbaden/Stuttgart 1994, S. 118 (Im Folgenden »Gödde-B.« abgekürzt).

60 Vgl. Fritsch-B., a.a.O., S. 237–249 und W. Loth in Frk.-Jb. 1992, S. 47–54.

61 So Horst Teltschik (als Eintragung vom 11. 11. 1989) in: 329 Tage – Innenansichten der Einigung, Berlin 1991, S. 26.

62 Vgl. hierzu Gödde-B., a.a.O., S. 110 und Dtl.-Frk. 93, S. 105.

63 Bei einer gleichzeitig in Deutschland und Frankreich Mitte September 1989 durchgeführten Meinungsumfrage hielten 79% der Franzosen das Streben nach Einheit für berechtigt, aber nur 68% der Deutschen, vgl. Fritsch-B., a.a.O., S. 241. Ergebnis einer Umfrage des Instituts Louis Harris direkt nach der Maueröffnung, abgedruckt in Le Figaro vom 13. 11. 1989: die deutsche Wiedervereinigung ist für Frankreich »Gut«: 60%, »Schlecht«: 19%. Sie wäre ein Hindernis für die Konstruktion Europas: 18% »Ja«, 70% »Nein«. – Ergebnis einer SOFRES-Umfrage, abgedruckt in Le Figaro vom 29. 11. 1989: 60% der Franzosen glauben an die deutsche Wiedervereinigung, 47% erwarten davon eine Stärkung der EG, vgl. dazu Dtl.-Frk. 93, S. 135.

64 Vgl. dazu S. 474 in diesem Buch sowie E. Weisenfeld, Welches Deutschland . . ., a.a.O., z. B. S. 181 f.

65 In einer Rede vor der Nationalversammlung am 7. 11. 1989, zit. bei Fritsch-B., a.a.O., S. 239 f. Außerdem in einem RTL-Interview Mitte Oktober, vgl. Dtl.-Frk. 93, S. 105.

66 In einer Rede am 8. 11. 1989 vor dem »Französischen Institut für Internationale Beziehungen« mit dem Akzent auf der »Überwindung von Jalta«, zit. bei Fritsch-B., a.a.O., S. 239.

67 Vgl. Dtl.-Frk. 93, S. 105.

68 In Pressekonferenzen mit Gorbatschow (5. 6. 1989), vgl. Dtl.-Frk. 93, S. 105 und mit H. Kohl (3. 11. 1989), vgl. Fritsch-B., a.a.O., S. 238.

69 Bericht über diese Unterredung bei Gödde-B., a.a.O., S. 118f.

70 Vgl. Fritsch-B., a.a.O., S. 241.

71 Zit. in Dtl.-Frk. 93, S. 107.

72 Das Zitat aus der Tischrede in Dtl.-Frk. 93, S. 109; das Zitat aus der Pressekonferenz in Fritsch-B., a.a.O., S. 111.

73 So in einem Artikel »Quand Rapallo peut remplacer Yalta?« in: Le Monde vom 14. 11. 1989.

74 So in einer Rede vor den Absolventen des »Institut des Hautes Etudes de

Défense Nationale« vom 21. 5. 1990, zit. bei Fritsch-B., a.a.O., S. 179.

75 Joseph Rovan, »Rückzug auf den Nationalstaat? Wieder einmal eine deutschfranzösische Krise«, in: FAZ vom 8. 2. 1990.

76 Alfred Grosser, »Die moralische Verpflichtung bleibt«, in: Sonderausgabe »Die Hauptstadtfrage« des Bonner Generalanzeigers vom 9./10. 6. 1990.

77 Vgl. hierzu Gödde-B., a.a.O., S. 111 ff. Dort auch Abdruck entsprechender Karikaturen.

78 Helmut Schmidt, »Nicht die Chance verpassen. Auf dem Weg zur deutschen Einheit haben wir schon viel Porzellan zerschlagen«, in: Die Zeit vom 9. 3. 1990.

79 Rede Helmut Kohls am 17. 1. 1990 auf einer Konferenz des »Bureau International de Liaison et de Documentation« und des »Institut Français des Relations Internationales« in Paris, zit. in Dt.-Frk. 93, S. 111 und bei Fritsch-B., a.a.O., S. 244.

80 Zit. in: Frk.-Jb. 1991, S. 257.

81 Zit. daselbst, S. 259.

82 Kantonalwahlen vom 25. 9./2. 10. 1988: Enthaltungen: 50,9% bzw. 53%, gleichbleibende Verteilung in 71 »rechte« und 30 »linke« Departements. Kommunalwahlen 12./19. 3. 1989: Wahlenthaltungen: 27,2%/26,9%. Linke: 48%, Rechte: 50,3%. Vgl. Frk.-Jb. 1989, S. 218 und 220.

83 Europawahl vom 18. 6. 1989: Wahlenthaltung: 51,2%. UDF-RPR: 28,9%, PS: 23,6%, FN: 11,7%, Grüne: 10,6%, Zentristen (bei Europawahl getrennt von UDF): 8,4%, PCF: 7,7%. Präsident: 1989–1992: E. Barón Crespo (Spanien), 1992–1994: E. Klepsch (Deutschland, EVP-Fraktion), Vgl. Frk.-Jb. 1989, S. 226.

84 Fünf statt bisher vier Staatsminister: außer Bérégovoy, Dumas und Jospin neu Jean-Pierre Soisson (statt M. Faure) für öffentliche Dienste und Verwaltungsreform (Zentrum, vorher für Arbeit) und Michel Delebarre (PS) für Städtebau und Raumordnung. Justiz: Henri Nallet (PS), Soziales und Integration: Jean-Louis Bianco (parteilos), Arbeit und Berufsbildung: Martine Aubry (PS). Vgl. Frk.-Jb. 1991, S. 264.

85 Vgl. Le Figaro vom 3. 5. 1993, S. 3.

86 Vgl. Frk.-Jb. 1994, S. 252 und Le nouvel Observateur vom 13. 5. 1993, S. 30 f.

87 Vgl. zum Folgenden G. Fuchs/U. Scholze in: Frk.-Jb. 1992, S. 185–196.

88 Vgl. Frk.-Jb. 1993, S. 289.

89 Le nouvel Observateur vom 13. 5. 1993, S. 34. Vgl. dazu auch Le Figaro vom 3.–6. 5. 1993, Le Monde vom 4.–11. 5. 1993 und L'Express vom 13. 5. 1993.

90 Zitiert in: Le Figaro vom 6. 5. 1993, S. 8.

91 Vgl. Frk.-Jb. 1993, S. 290.

92 Vgl. zum Folgenden J.-J. Lüsebrink in: Frk.-Jb. 1992, S. 127–140 und W. Schütze, daselbst, S. 103–114.

93 Vgl. hierzu St. Brüne, daselbst, S. 141–152.

94 Vgl. zum Vorstehenden H. Stark, daselbst, S. 115–126 und A. Kimmel, daselbst, S. 37–46.

95 Vgl. hierzu R. Lallement, daselbst, S. 197–207.

96 Vgl. hierzu H. M. Bock, daselbst, S. 9–31.

97 Vgl. daselbst, S. 241.

98 Vertragstext veröffentlicht im Bulletin der Bundesregierung Nr. 16/1992 vom 12. 2. 1992.

99 Vgl. hierzu z. B. die Ausführungen von Außenminister Dumas vor der Nationalversammlung am 27. 11. 1991, zit. in: Frk.-Jb. 1992, S. 85 und S. 228.

100 Europawahl vom 12. 6. 1994: Wahlbeteiligung: 52,7%. PCF: 6,9%, PS (Rocard): 14,5% (–9,1%), MRG (Tapie): 12%, Ökologen zusammen: 4,9% (–5,7%), UDF-RPR: 25,6% (–3,3%), Philippe de Villiers (Maastrichtgegner aus UDF-RPR): 12,3%, FN (Le Pen): 10,5% (–1,2%). Präsident: 1994–1996 Klaus Hänsch (Deutschland, Fraktion der Sozialisten). Die RPR-Abgeordneten schlossen sich nicht, wie vereinbart, zusammen mit UDF der EVP-Fraktion (Europäische Volkspartei) an, bildeten eigene Fraktion. Vgl. Frk.-Jb. 1994, S. 255.

101 *Konvergenzkriterien:* 1.) Preisstabilität: Inflationsrate maximal 1,5% über derjenigen der drei stabilsten Länder. 2.) Haushaltsstabilität: a) Staatsdefizit höchstens 3% des Bruttoinlandprodukts (BIP), b) Gesamte Staatsschulden maximal 60% des BIP. 3.) Wechselkursstabilität: mindestens 2 Jahre vor Überprüfung Einhaltung der normalen EWS-Bandbreiten durch die betr. Landeswährung. 4.) Zinsstabilität: langfristige Zinsen höchstens 2% über den entspr. Sätzen der drei stabilsten Länder. 5.) Unabhängigkeit der nationalen Notenbanken von Weisungen ihrer jeweiligen Regierungen.

102 Vgl. *Le Monde* vom 7. 5. 1993.

103 Vgl. Die Zeit, Nr. 42 vom 15. 10. 1993, S. 27.

104 Das sogenannte »Schäuble-Papier« ist am 1. 9. 1994 erschienen als Drucksache der CDU-CSU-Fraktion des Deutschen Bundestages unter dem Titel: »Überlegungen zur europäischen Politik«; mittlerweile auch als Broschüre, ohne Verfassernamen, unter dem Titel: »Überlegungen zur europäischen Politik. Vorschläge für eine Reform der EU«, Bonn 1995. Vgl. dazu auch Rhein. Merkur, Nr. 40 vom 7. 10. 1994, S. 7 (dort Karl Lamers und Günter Rinsche als Verfasser genannt) und *Le Monde* vom 9. und 19. 11. 1994: – Der Aufsatz von V. Giscard d'Estaing ist erschienen in *Le Figaro*, vom 10. und 11. 1. 1995, jeweils S. 1, 5 u. 6; vgl. dazu z. B. Sbr. Ztg., Nr. 24 vom 28./29. 1. 1995, S. 8; zu Giscards Ansicht über die Euro-Währung vgl. auch seinen Aufsatz in: Die Zeit, Nr. 41 vom 8. 10. 1993, S. 25. Zu Balladur vgl. *Le Monde*, vom 25. 1. 1995.

105 Vgl. zum Folgenden auch J. Schild in: Frk.-Jb. 1992, S. 79–101, dort auch angeführte Zitate.

106 Vgl. *Le Monde* vom 19. 11. 1994, Titelseite, wo ausdrücklich auf den 90. Jahrestag des Abschlusses der »Entente Cordiale« Bezug genommen wird.

107 Laut der letzten Volkszählung von 1990 beträgt die französische Bevölkerungszahl (incl. Überseegebiete) 58,4 Millionen, ein Plus von 2,2 Millionen innerhalb von 8 Jahren. In Deutschland leben heute rund 80 Millionen Menschen. Vgl. Frk.-Jb. 1990, S. 254.

108 Vgl. zu Scheer: Die Zeit, Nr. 13 vom 25. 3. 1994 und Rhein. Merkur, Nr. 12 vom 25. 3. 1994. Zu Balladur: *Le Monde* vom 30. 11. 1994, S. 1, 9 und 10: »Pour un nouveau traité de l'Elysée« par Edouard Balladur.

109 »Allemagne et France, pour l'Europe«, par Alain Juppé et Klaus Kinkel, in: *Le Monde* vom 14. 1. 1995. – Diesen Gesichtspunkt, nämlich ein gemeinsames europäisches, speziell deutsch-französisches Konzept auch in der Verteidigungspolitik gegenüber dem militanten islamischen Fundamentalismus zu entwickeln, betonte ebenfalls Verteidigungsminister Léotard mehrfach bei seinen Treffen mit seinem Kollegen Rühe. Darüber hinaus solle die demokratische Opposition in arabischen Ländern stärker unterstützt werden. Er plädierte ebenfalls für eine koordinierte Rüstungspolitik und den forcierten Ausbau des Eurokorps zu einer Art »Schneller Eingreiftruppe« zur Konfliktbeilegung und humanitären Hilfe, z. B. in Afrika. Vgl. Rhein. Merkur, Nr. 4 vom 27. 1. 1995, S. 7.

110 Joseph Rovan im Rhein. Merkur, Nr. 45 vom 5. 11. 1993 und H. Uterwedde in Frk.-Jb. 1994, S. 11–32. Zu den folgenden Ausführungen über die Innen- und Wirtschaftspolitik vgl. daselbst und vor allem *Le Monde* vom 19. 1. 1995, S. 9, 10 und 11, dort auch statistisches Zahlenmaterial, ebenso wie in *Le Monde* vom 25. 1. 1995. Neueste Werte in *Le Figaro* vom 11. 5. 1995, S. 20.

111 Vgl. *Le Monde* vom 14. 9. 1994, S. 1 und 2–7.

112 So Alfred Grosser in einem Interview im Deutschlandfunk in »Hintergrund Politik« am 6. 2. 1995, in dem er alle Kandidaten treffend und geistvoll charakterisierte. Vgl. auch Rhein. Merkur, Nr. 6 vom 10. 2. 1995, S. 5. Zu den einzelnen Kandidaten bzw. ihren Programmen vgl.: zu Delors: *Le Monde* vom 13. 12. 1994 (»Je ne veux pas être le président de la République pour devenir un roi fainéant et avoir un maire du palais à Matignon qui fait une politique contraire à ma pensée«). Zu Chirac: *Le Monde* vom 19. 12. 1994 und 10. 1.

1995; zu Jospin: *Le Monde* vom 11. 1. 1995; zu Balladur: *Le Monde* vom 19. 1.
1995. Zu allen neun Kandidaten im Vergleich vgl. *Le nouvel Observateur*
vom 20. 4. 1995, S. 5 ff.; *L'Express* vom 6. 4. 1995, S. 25 ff. und vom 20. 4. 1995,
S. 13 ff.

113 Vgl. *Le Monde* vom 26. 4. 1995, S. 10. Die übrigen Ergebnisse: Le Pen 15%,
Hue 8,64%, Laguiller 5,3%, de Villiers 4,74%, Voynet 3,32% und Cheminade
0,28%. Dort auch eine Analyse von Pascal Perrineau zu dieser »Krisenwahl«.
Weitere Analysen und Kommentare in *L'Express* vom 4. 5. 1995, S. 12 ff., in
der Sendung »Kandidat 2000« in ARTE am 23. 4. 1995 sowie von A. Grosser
und A. Glucksmann im Deutschlandfunk am 24. 4. 1995. – Zu den Voraussagen vgl. *L'Express* vom 6. 4. 1995, S. 24 und vom 20. 4. 1995, S. 12.

114 Zu dem Fernseh-Duell vgl. die Zusammenfassung mit ausführlichen Kommentaren in *Le Monde* vom 4. 5. 1995; außerdem A. Grosser im DLF am 3. 5.
1995.

115 Vgl. *Le Monde* vom 6. 5. 1995, dort auch eine vergleichende Darstellung der
Wahlprogramme von Chirac und Jospin.

116 Amtliche Bekanntgabe der Wahlergebnisse am 13. 5. 1995, vgl. *Le Monde* vom
14./15. 5. 1995 und *Le Figaro* vom 15. 5. 1995. Wahlbeteiligung: 79,66%.

117 Vgl. Sbr. Ztg. vom 17. 3. 1995, und zum Folgenden auch *Le Monde* vom 6., 9.
und 10. 5. 1995. Dort außer deutschen auch andere ausländische Pressereak-
tionen zur Wahl Chiracs. Außerdem die Sendung »Kandidat 2000« in ARTE
am 7. 5. 1995, an der u.a. Robert Picht vom Deutsch-Französischen Institut
Ludwigsburg teilnahm, und das Interview vom H. Engelkes mit J. Chirac in
der Sendung »Tagesgespräch« in 3sat am 16. 5. 1995.

118 Vgl. Sbr. Ztg. vom 19. 5. 1995, dort S. 3 Ministerliste (z. B.: Verteidigung:
Charles Millon (UDF) und Inneres: Jean-Louis Debré (RPR, Sohn von Michel
Debré). – Zu Chirac und Juppé vgl. Sbr. Ztg. vom 18. 5. 1995, S. 4 und Rhein.
Merkur Nr. 19 vom 12. 5. 1995, S. 6.

119 Bericht darüber mit Redeauszügen in *Le Monde* vom 19. 1. 1995 (»Le natio-
nalisme, c'est la guerre«. – »L'Europe des cultures, c'est l'Europe des nations
contre celle des nationalismes«).

120 Deutsche Übersetzung der ganzen Rede in Sbr. Ztg. vom 11. 5. 1995, S. 16;
Rede-Auszüge und Kommentare in *Le Monde* vom 10. 5. 1995. Kritische
Stimmen daselbst vom 11. und 13. 5. 1995. – Bilanzen der »Ära Mitterrand« in
L'Express vom 12. 1. und 30. 4. 1995; in der Dokumentation »Ein Skizzen-
buch« in ARTE am 3. 5. 1995; von H. Ménudier im DLF am 9. 5. 1995; in
Le Monde vom 11. 5. 1995 (dort auch ein Beitrag von Helmut Kohl) und in
Le Figaro vom 10., 11., 12., 13./14. und 15. 5. 1995.

121 In: Die Zeit, Nr. 18 vom 29. 4. 1994, S. 9.

Auswahlbibliographie

Die in den Anmerkungen genannte Literatur wird hier nicht mehr aufgeführt.

I. Bibliographien

Comité français des Sciences historiques (Hg.), Bibliographie annuelle de l'histoire de France du cinquième siècle à 1939 (seit 1964 bis 1945), Paris 1956 ff (ab 1955 auch Nachholbände für zwischen 1941 und 1954 erschienene Publikationen).

K. F. Werner, Literaturbericht über französische Geschichte des Mittelalters, Veröffentlichungen 1952/54—1960; in: Sonderheft 1 (Literaturberichte über Neuerscheinungen zur außerdeutschen Geschichte, hg. v. W. Kienast) der HZ, 1962, S. 467—612.

J. Ehlers, Literaturbericht über »Frankreich im Mittelalter. Von der Merowingerzeit bis zum Tode Ludwigs IX. (5./6. Jh. bis 1270). Neuerscheinungen von 1961—1971«, in: Sonderheft 11 der Historischen Zeitschrift (HZ), München 1982

H. O. Sieburg, Literaturbericht über französische Geschichte der Neuzeit, Veröffentlichungen 1945—1963, in Sonderheft 2 (Literaturberichte . . .) der HZ, 1965, S. 277—427

P. C. Hartmann, Literaturbericht über »Französische Geschichte 1914—1945. Neuerscheinungen von 1964—1978«, in: Sonderheft 13 der HZ, München 1985

M. Erbe, Zur neueren französischen Sozialgeschichtsforschung – die Gruppe um die »Annales«, Bd. 110 »Erträge der Forschung«, Darmstadt 1979

Zur regelmäßigen Information über Neuerscheinungen zur französischen Geschichte sind heranzuziehen die Rezensionsabschnitte der Zeitschriften »Gallia« (gewidmet der Antike und erscheinend in Paris) sowie – für Mittelalter und Neuzeit – »Francia – Forschungen zur westeuropäischen Geschichte«, München 1973 ff

II. Quellensammlungen

Der Orientierung über das einschlägige Pariser Bibliothekswesen dient der von der »Direction des Bibliothèques et de la Lecture« herausgegebene »Répertoire des Bibliothèques et Organismes de Documentation«, Paris 1971 (733 S.); »Supplément«, Paris 1973 (265 S.). Ein analoges Gesamtverzeichnis für die einzelnen Archive der französischen Hauptstadt gibt es bislang nicht; jedoch liegt seitens der größeren Archive in der Regel jeweils ein kleiner »Guide« vor. Das Deutsche Historische Institut hat innerhalb der Reihe »Dokumentation Westeuropa« das Buch von Peter Claus Hartmann herausgegeben: »Pariser Archive, Bibliotheken und Dokumentationszentren zur Geschichte des 19 und 20. Jahrhunderts – Eine Einführung in Benützungspraxis und Bestände für Historiker, Politologen und Journalisten«, München 1976

Ministère de l'Instruction publique (bzw. Education nationale) (Hg.), Collection de documents inédits relatifs à l'histoire de France, Paris 1836 ff

E. J. de Laurière u. a. (Hg.), Ordonnances des rois de France de la 3e race, Paris 1723—1849

C. B. Petitot u. a. (Hg.), Collection complète des mémoires relatifs à l'histoire de France (1180—1763), Paris 1819—1829

J. F. Michaud/J. F. Poujoulat (Hg.), Nouvelle collection des mémoires (13. bis 18. Jh.), Paris 1836—1839

L. Halphen (Begr.), Les classiques de l'histoire de France au Moyen Age, Paris 1923 ff

Académie des Inscriptions (Hg.), Chartes et diplômes, Paris 1908 ff

W. Näf u. a. (Hg.), Quellen zur neueren Geschichte, Bern 1944 ff (Hefte 1, 2, 4, 5, 8, 9, 10, 14/15, 27/28/29)

J. Lestocquoy u. a. (Hg.) Acta Nuntiaturae Gallicae, Rom/Paris 1961 ff

Ministère des Affaires étrangères (Commission des Archives diplomatiques (Hg.), Recueil des instructions données aux ambassadeurs et ministres de France depuis les traités de Westphalie jusqu'à la révolution française, Paris 1884 ff

M. Mavidal/E. Laurent (Begr.), Archives parlementaires de 1787 à 1860, Recueil complet des débats législatifs et politiques des chambres françaises, Paris 1864 ff

Ministère des Affaires étrangères (Commission de publication des documents relatifs aux origines de la guerre de 1914 (Hg.), Documents diplomatiques français (1871–1914), Paris 1929–1959

Ministère des Affaires étrangères (Commission de publication des documents relatifs aux origines de la guerre de 1939–1945) (Hg.), Documents diplomatiques français (1932–1939), Paris 1964 ff

III. Darstellungen

1. Gesamtdarstellungen

E. Lavisse (Hg.), Histoire de la France depuis les origines jusqu'à la révolution, 9 Bde. in 18 Tln., Paris 1900–1911

E. Lavisse (Hg.), Histoire de la France contemporaine jusqu'à la paix de 1919, 10 Bde., Paris 1920–1922

G. Hanotaux (Hg.), Histoire de la nation française, 15 Bde., Paris 1920 bis 1929

Ch. Seignobos, Histoire sincère de la nation française. Essai d'une histoire de l'évolution du peuple français, Paris 1933 (deutsche Ausg.: Geschichte der französischen Nation, Kreuznach ²1947)

L. Mirot, Manuel de géographie historique de la France, 2 Bde., Paris ²1948 bis 1950

E. Perroy, R. Doucet, A. Latreille u. a. (Bearb.) Histoire de la France pour tous les Français, 2 Bde., Paris 1950

L. H. Parias (Hg.), Histoire du peuple français des origines à nos jours, 4 Bde., Paris 1951–1954

P. Gaxotte, Histoire des Français, 2 Bde., Paris 1951

J. Calmette, Trilogie de l'histoire de France, 3 Bde., Paris 1948–1952

A. Maurois, Histoire de France, Paris 1947, Neuaufl., Paris 1958 (deutsche Ausg. Zürich 1951)

M. Reinhard (Hg.), Histoire de France, 2 Bde., Paris 1954/55

A. Guérard, France – A modern History, The University of Michigan Press 1959

W. Loth, Frankreich-Ploetz, Französische Geschichte zum Nachschlagen, Freiburg/Würzburg, 2. Aufl. 1985/88

G. de Bertier de Sauvigny, Histoire de France, Paris 1977. – Deutsche Ausgabe von Kurt Sontheimer: Die Geschichte der Franzosen, 1980

G. Duby/R. Mandrou, Histoire de la Civilisation française, 2 vol., Paris 8. Aufl. 1977

Histoire de France. Ouvrage en trois volumes, publié sous la direction de G. Duby, Paris 1970–72

Histoire économique et sociale de la France, dirigée par Fernand Braudel et Ernest Labrousse, 4 vol., Paris 1970–82

Histoire de France, sous la direction de Jean Favier, 6 vol., Paris:

Tome 1: K. F. Werner, Les origines (avant l'an mil), 1984
Tome 2: J. Favier, Le temps des principautés (de l'an mil à 1515), 1982
Tome 3: J. Meyer, La France moderne (de 1515 à 1789), 1985
Tome 4: J. Tulard: Les révolutions (de 1789 à 1851), 1985
Tome 5: F. Caron, La France des patriotes (de 1851 à 1918), 1985
Tome 6: R. Rémond, Notre siècle (de 1918 à 1988), 1988

2. Darstellungen größerer Zeitabschnitte, einschließlich Monographien und Biographien

A. Lognon, La formation de l'unité française, Paris 1922

H. Zimmermann, Im Bann des Mittelalters, ausgewählte Beiträge zur Kirchen- und Rechtsgeschichte, Festgabe zu seinem 60. Geburtstag, hg. v. I. Eberl u. H. H.

Kortüm, Sigmaringen 1986; darin: Frankreich und Reims in der Politik der Ottonenzeit, S. 1–69

J. Ehlers, Geschichte Frankreichs im Mittelalter, Stuttgart 1987

J. Evans, Life in Medieval France, London 1957 (deutsche Ausg.: Das Leben im mittelalterlichen Frankreich, Köln 1961)

A. Corvoisier, La France de 1492 à 1789, Paris 1972

J. Voss, Geschichte Frankreichs, Bd. 2: Von der frühneuzeitlichen Monarchie zur Ersten Republik, 1500–1800, München 1980

I. Mieck, Die Entstehung des modernen Frankreich, 1450–1610. Strukturen, Institutionen, Entwicklungen, Stuttgart 1982

P. Erlanger, Bartholomäusnacht. Die Pariser Bluthochzeit am 24.8. 1572, Dt. Ausg. v. N. Klocke, München 1966

Ders., Louis XIV, Paris 1971; dt. Ausg., Ludwig XIV. – Das Leben des Sonnenkönigs, Frankfurt 1976

Hg. H. Duchardt/E. Schmitt, Deutschland und Frankreich in der frühen Neuzeit, Festschrift für H. Weber zum 65. Geburtstag, Bd. 12 Sammlg. »Ancien Régime, Aufklärung und Revolution«, München 1987

H. Quaritsch, Souveränität – Entstehung und Entwicklung des Begriffs in Frankreich und Deutschland vom 13. Jahrhundert bis 1806, Bd. 38 der »Schriften zur Verfassungsgeschichte«, Berlin 1986

A. Cobban, A history of modern France, London 1965, dt. Ausg.: Frankreich von Ludwig XIV. bis de Gaulle, München 1966

W. Mager, Frankreich vom Ancien Régime zur Moderne. Wirtschafts-, Gesellschafts- und politische Institutionengeschichte 1630–1830, Stuttgart 1980

M. Erbe, Geschichte Frankreichs von der Großen Revolution bis zur Dritten Republik 1789–1884, Stuttgart 1982

Wirtschaft und Gesellschaft in Frankreich seit 1789, hg. G. Ziebura unter Mitwirkung von H. G. Haupt, Köln/Berlin 1975

G. Ziebura, Frankreich 1789–1870. Entstehung einer bürgerlichen Gesellschaftsformation, Frankfurt/New York 1979

G. Wright, France in modern times, 1760 to the present, Chicago/London ²1962

E. Schmitt, Einführung in die Geschichte der Französischen Revolution, München 1976, 2. Aufl 1980

Hg. R. Reichardt und E. Schmitt, Handbuch politisch-sozialer Grundbegriffe in Frankreich 1680–1820, bisher 10 Bde., München 1985 ff

F. Furet/D. Richet, La Révolution, 2 vol. Paris 1965–68; dt. Ausg.: Die Französische Revolution, Frankfurt 1968, 2. Aufl. München 1981

M. Vovelle, Breve storia della rivoluzione francese (übersetzt nach französischem Originalmanuskript), Rom 1979; dt. Ausg.: Die Französische Revolution – Soziale Bewegung und Umbruch der Mentalität, München 1982

Hg. E. Schmitt u. R. Reichardt, Die Französische Revolution – Zufälliges oder notwendiges Ereignis?, 3 Bde., München 1983

Hg. R. Koselleck u. R. Reichardt, Die Französische Revolution als Bruch des gesellschaftlichen Bewußtseins, München 1988

Hg. Institut für Marxistische Studien und Forschungen, 1789–1989 – Die Französische Revolution – Revolutionstheorie heute, Frankfurt 1988

E. Schulin, Die Französische Revolution, München 1988

Hg. H. Timmermann, Die Französische Revolution in Europa, 1789–99, Sammelband enthaltend mehr als 40 Beiträge eines internationalen Kolloquiums für Historiker vom 26.9.–1.10. 1988 in der Europäischen Akademie Otzenhausen, Saarbrücken-Scheidt 1988

E. Lever, Ludwig XVI., Stuttgart 1988

G. Chaussinand-Nogaret, Mirabeau, Stuttgart 1988

Ders., Madame Roland, Stuttgart 1988

F. Bluche, Danton, Stuttgart 1988

B. Vinot, Saint-Just, Stuttgart 1989

M. Gallo, Robespierre, Stuttgart 1989

F. Herre, Napoleon Bonaparte, Wegbereiter des Jahrhunderts, München 1988

J. Orieux, Talleyrand ou le Sphinx incompris, Paris 1970; dt. Ausg.: Talleyrand – die unverstandene Sphinx, Frankfurt 1972

D. W. Brogan, The French Nation, From Napoleon to Pétain, 1814 to 1940, London ²1957

P. Renouvin, Le XIXᵉ siècle, vol. I: De 1815 à 1871, L'Europe des nationalités et l'éveil de nouveaux mondes, Paris 1954

R. Poidevin/J. Bariéty, Les relations franco-allemandes 1815–1975, Paris 1977; dt. Ausg.: Frankreich und Deutschland, die Geschichte ihrer Beziehungen, 1815–1975, München 1982

Hg. R. Poidevin/H.-O. Sieburg, Aspects des relations franco-allemandes 1830–1848 – Deutsch-französische Beziehungen, 1830–1848, Metz 1978

Hg. dies, Aspects des relations franco-allemandes à l'époque du Second Empire, 1851–1866 – Deutsch-französische Beziehungen im Zeitalter des Second Empire, 1851–1866, Metz 1982

Ch. Bloch, Die Dritte französische Republik – Entwicklung und Kampf einer Parlamentarischen Demokratie (1870–1940), Stuttgart 1972

J.-M. Mayeur, La vie politique sous la Troisième Republique, 1870–1940, Paris 1984

J. Chastenet, Gambetta, Paris 1968

P. Renouvin, Histoire des Relations Internationales, t. VII/VIII: Les crises du XX³ siècle, Paris 1958

M. Baumont, L'essor industriel et la Première Guerre Mondiale, Coll. Peuples et Civilisations, vol. XVIII, Paris 3ᵉ éd. 1965

M. Ferro, La grande guerre, 1914–1918, Paris 1969

P. Erlanger, Clemenceau, Paris 1968

G. Suarez, Briand, sa vie, son oeuvre, 6. vol., Paris 1938–52

J. Chastenet, Raymond Poincaré, Paris 1948

Hg. K. G. Faber, R. Poidevin, H.-O. Sieburg, J. Bariéty, Problèmes de la Rhénanie 1919–1930 – Die Rheinfrage nach dem Ersten Weltkrieg, Metz 1975

J. Bariéty, Les relations franco-allemandes après la première guerre mondiale, 10. nov. 1918–10. janv. 1925. De l'exécution à la négociation, Paris 1977

J.-B. Duroselle, La décadence, 1932–1939, Paris 1979

Ders., L'abîme, 1939–1945, Paris 1982

M. Bloch, L'étrange Défaite, Paris 1957

H. Michel, La Deuxième Guerre Mondiale, Coll. Peuples et Civilisations, t. XXI, vol. 1–2, Paris 1968/69

R. Aron, Histoire de Vichy, 1940–44, Paris 1954

E. Jäckel, Frankreich in Hitlers Europa. Die deutche Frankreichpolitik im Zweiten Weltkrieg, Stuttgart 1966

H. Michel, La France sous l'occupation, Paris 1959

A. Mallet, Pierre Laval, 2 vol., Paris 1955

J. F. Sweets, Choices in Vichy France. The French under Nazi Occupation, New York/Oxford 1986

Hg. F. Bédarida, Normandie 44. Du débarquement à la libération, Paris 1987

J. Lacouture, De Gaulle, 3 vol., Paris 1984–86

J. Chapsal, La vie politique en France de 1940 à 1958, Paris 1984

H.-P. Schwarz, Vom Reich zur Bundesrepublik Deutschland. Deutschland im Widerstreit der außenpolitischen Konzeption in den Jahren der Besatzungsherrschaft 1945–49, Neuwied 1966

R. Hudemann, Sozialpolitik im deutschen Südwesten zwischen Tradition und Neuordnung, 1945–53. – Sozialversicherung und Kriegsopferversorgung im Rahmen französischer Besatzungspolitik, Mainz 1988

A. H. V. Kraus, Die Saarfrage (1946–55) in der Publizistik – Die Diskussion um das Saarstatut vom 23. 10. 1954 und sein Scheitern in der deutschen, saarländischen und französischen Presse, Saarbrücken 1988

J. Chapsal, La vie politique sous la Vᵉ République, Paris 2. Aufl. 1984

Personenregister

Beullac 439